ZHONGGUO ZHISHICHANQUAN NIANJIAN

中国知识产权年鉴

主办 ● 国家知识产权局

知识产权出版社

图 1　　2003 年 9 月 12 日国家知识产权局局长王景川在中国北京国际科技产业博览会上。

图 2　　2003 年 8 月 25 日国家知识产权局田力普副局长在欧亚知识产权局首脑会议上作专题发言。

图 3　2003 年 12 月 18 日国家知识产权局李玉光副局长率团访问欧洲专利局慕尼黑总部。

图 4　2003 年国家知识产权局张勤副局长就专利技术转化问题接受中央电视台记者的采访。

图5　　2003年2月28日国家工商行政管理总局在北京召开“纪念《商标法》实施二十周年座谈会。

图6　　2003年3月26日全国版权局长会议在重庆召开。

图7　　2003年12月19日国家版权局、北京市版权局联合在北京举行"全国打击盗版软件专项治理北京销毁盗版制品仪式。

图8　　2003年全国法院专利审判工作座谈会召开。

图 9　科技部副部长李学勇在全国科技法制与知识产权工作会议上。

图 10　2003 年全国科技法制与知识产权工作会议召开。

图 11　2003 年国家林业局举办第五期植物新品种保护培训班。

图 12　德国植物新品种保护局局长会见中国林业植物新品种保护代表团。

知识产权出版社
Intellectual Property Publishing House

编辑部

编辑部由总编室、五个编辑室、出版部、发行部及城市节奏股份有限公司组成。经过二十多年的发展，从业人员的业务水平不断提高，知识层次和年龄结构日趋合理，现已拥有一支高学历、经验丰富的老、中、青编辑队伍；图书品种、码洋持续攀升，新书和重印书总量超过三百种，码洋已突破六千万元，年增长率达63%。

编辑部近年来在知识产权类、法律类和建筑类图书出版方面取得了较大的成就，出版了《中国专利教程》、《知识产权问答丛书》、《知识产权译丛》、《高等教育法学专业案例教材》、《新编高等教育知识产权法学系列教材》等经典系列丛书；另外，《监理工程师系列教材》、《英才教程》两套书取得了较好的社会效益和经济效益。与此同时，外版书所占比重逐年增大，编辑部还承担了由国家知识产权局主办的《中国知识产权年鉴》、《中国发明与专利》期刊的编辑出版工作。

2003年，我社出版的《加州大学伯克利分校环境结构中心系列丛书》荣获第十一届全国优秀科技图书三等奖；《图解知识产权ABC》荣获全国优秀科普作品三等奖；《新京剧故事》获得北京市第三届蒲公英奖。

中国知识产权年鉴编辑部
联系电话：(010) 82000860－8132　E－mail：zlr@cnipr.com

知识产权出版社按需出版工程介绍

知识产权出版社简介

依法出版专利文献：知识产权出版社成立于1980年。建社二十多年来，依法出版专利文献，其出版载体经历了由纸张、缩微胶片、CD-ROM光盘、互联网和DVD光盘的发展过程。到目前为止已出版的专利文献达170万件，1700多万页，2004年将出版专利文献30多万件。

信息与技术服务：近年来依托互联网开发了专利信息服务平台，利用专利战略分析系统，为国内外机构提供专利信息服务；利用对数据的深度加工，开发出中国中西药专利数据库等多种专业数据管理系统，为国家知识产权局提供了优质服务。

图书出版：知识产权出版社是经国家批准，拥有图书出版、电子出版、网络出版及按需出版多种方式的国家级出版单位。新书和重印书总量超过300种（不含按需出版），码洋已突破6000万元，年增长率达63%。

按需出版：知识产权出版社多年来集数据加工、技术研发、信息服务、编辑出版、印刷装订、发行于一体，提供多种形式的、全方位的服务。在强大的网络销售管理系统的支持下，中国专利文献信息均已采用按需出版方式出版发行，分类专利文献的出书品种已达千余种。知识产权出版社于2004年4月16日在全国正式启动"按需出版工程"项目，7月创建专业网站——中国按需出版网（www.cnbod.com），同时建立按需出版图书数据库，近期内使5万种以上的断版图书和大量短版图书实现按需出版。

新闻出版总署图书管理司司长阎晓宏在按需出版新闻发布会上回答作者提出的问题

董铁鹰社长在接受中央电视台采访

我们的优势和特点

除图书出版之外，积极采用新技术，广泛开展信息服务。

OCR数据处理系统：2000年成功投产OCR光学字符识别生产流水线，用于专利文献、断版图书的出版，日加工数据量为26000万字节，差错率万分之一以下。

数码印刷系统：拥有目前国内最大的数字化印刷系统，在网络系统中大量使用高速数码印刷设备（包括：DP180、DT135、DC2060等）以实现图书出版，每周生产5万册图书。

广泛开展合作：已与全国近600家图书馆全面合作，年底前将对近万种图书进行老书复权，重新出版；

来宾到我社参观按需出版

地址：北京市海淀区马甸南村1号　邮编：100088　电话：010-82000890

并与200多家出版社、杂志社建立了业务联系，资源共享，互惠互利。近期内将在国内十个主要地区建立按需出版的分支机构。

重视保护知识产权：作为“知识产权出版社”，办社宗旨就是保护知识产权。由于我们的出版服务能够维护作者、出版者以及不同读者的权益，在出版界已经形成了良好的商业信誉，我们的合作伙伴来自全球各地，如：英国图书馆，美国化学文摘社，日本，韩国，中国联想、华为、海尔、方正、北大、清华、中科院等等。

多年来，知识产权出版社与国际国内的知识产权相关部门建立了良好的工作关系，如：各国知识产权局、国家新闻出版总署、国家工商总局商标局、国家知识产权局、最高人民法院等政府部门，并与他们共同参与全国打盗版、打假行动，维护了知识产权。

按需印刷现场

按需出版的潜在市场

中国图书出版市场巨大。目前，全国大学的科研院所已达3400家，全国有几万家科研单位，各省市级图书馆总数在1800～2000个之间。这些均是我们的潜在客户群体，特别是对于学术性较强、科技含量较高的科技图书以及小语种的外文图书，其印量一般在300～3000册左右，市场需求巨大。

2004年我们与北大方正集团合作，在全国建立近百家数码印刷连锁店，提供本地按需出版、按需印制的服务，同时发展代理商，在不同省市建立代办处，开展按需出版业务。

专利文献的按需出版

我们的合作模式

互为业务代理、建立代销店：合作方相互提供图书资源，通过网络传输图书数据，并建立数据安全保障体系，在本地印刷、销售。通过建立有效的知识产权保护措施、防盗版技术手段和监督保障实施办法，对图书的印刷、销售进行监督核查，并提供监督印刷、发行全过程的条件，使中文图书可以在海外顺利出版发行，同时使国外印数小的图书在中国大陆按需出版，方便读者阅读外文图书。

合资组建公司：共同投资组建合资公司，参与图书策划、印制、发行等出版活动。

出版原文图书、期刊：我社建立专业出版印刷厂和书库，优质完成小批量图书的原版出版工作；设立专门办公室，检查知识产权保护；与各地知识产权管理机构建立联系，打击侵权盗版。

图书的按需出版

传真：010-82000890　邮箱：　bod@cnipr.com　www.cnbod.com

知识创造财富
世界因你精彩
百分百国际传媒

北京市柳沈律师事务所

LIU, SHEN & ASSOCIATES

本事务所：

★ 是集法律、专利、商标代理为一体的合伙制律师事务所

★ 有为国内外客户多年服务积累的工作经验，熟悉并适应国内外客户的工作方式

★ 以中、英、德、法、日等多语种为工作语言，便于进行工作交流

★ 有大批在国外特别是英、美、德、法、日等国系统培训过的专利、商标和法律人员

★ 现有执业律师23名，专利代理人和专利工程师100余名，研究生以上学历人员80余名

★ 有先进的计算机管理系统及现代化的通讯设备

★ 能够保证向客户提供全面、快捷、高质量的服务

业务范围：

※ 代理在中国及向国外申请专利

※ 代理在中国及向国外申请商标注册

※ 代理在香港及澳门申请专利、注册商标

※ 代理专利、商标、版权、不正当竞争等知识产权的争议、侵权、行政处理、调解

※ 代理专利、商标、著作权、海关保护备案

※ 代理计算机软件、著作权、互联网域名登记

※ 提供技术贸易及其它知识产权的法律服务

中國商標專利事務所有限公司

China Trademark & Patent Law Office Co., Ltd.

Outline 概述

中国商标专利事务所有限公司(原中国商标专利事务所)成立于1990年，是经中华人民共和国政府授权的知识产权代理机构，也是中国成立最早、规模最大的知识产权代理机构之一，其主要业务范围是承担中华人民共和国境内外商标、专利、著作权等知识产权法律事务代理。

中国商标专利事务所有限公司主要由一批长期服务于知识产权领域的、具有丰富的实践经验的商标代理人、专利代理人和律师组成，能够熟练地运用英语、法语、日语等多种语言从事代理工作，为国内外客户提供商标、专利、著作权、知识产权海关备案等全方位的知识产权保护服务。当客户的商标、专利、著作权等知识产权受到侵害时，我们的知识产权法律专家可以及时依法提供相应的行政或司法救济方面的非诉讼、诉讼服务。

中国商标专利事务所有限公司自成立以来，一直得到中国政府有关知识产权主管部门和司法部门的大力支持。同时，积极参加世界性和地区性知识产权组织举办的各种活动，与全球150多个国家和地区的许多有影响的大公司、企业、律师机构等有着广泛的业务联系和长期的合作伙伴关系。

中国商标专利事务所有限公司深知在经济全球化进程日益加快、科学技术迅猛发展的21世纪，知识产权保护的重要性，始终坚持以“快捷、优质、高效、周到”为服务宗旨，竭诚为国内外客户的商标、专利、著作权等知识产权提供全方位的法律服务。

BRIEF INTRODUCTION

China Trademark & Patent Law Office Co.,Ltd.(former China Trademark & Patent Law Office),founded in 1990,handles trademark,patent, copyright and intellectual property-related legal affairs,as one of the leading intellectual property agencies authorized by the government of the People’s Republic of China.

China Trademark & Patent Law Office Co.,Ltd.consists of experienced trademark attorneys,patent attorneys and lawyers,providing legal services relating to trademark,patent,copyright and customs recordal,with English,French and Japanese as working languages in addition to Chinese.Our litigation team acts efficiently on behalf of our clients when infringement cases arise.

China Trademark & Patent Law Office Co.,Ltd.has obtained strong support from the competent intellectual property authorities and judicial departments of the government.We attend actively the activities organized by the international and regional intellectual property organizations.We have established longstanding and fruitful relationships with many big companies,corporations and law firms in more than 150 countries and regions.

China Trademark & Patent Law Office Co.,Ltd.recognizes the great importance of intellectual property protection in the 21 th century when the economic globalization expedites and the scientific technology develops rapidly.We sincerely wish to continue our efforts to offer our clients high-speed,efficient and qualified service.

中华版权代理总公司

中华版权代理总公司(CAC)创建于1988年，是经国务院批准设立的我国第一家版权代理机构，也是目前我国业务规模最大、代理版权种类最多的唯一一家国家级综合性版权代理机构，隶属于新闻出版总署(国家版权局)。1998年中国版权保护中心成立后，新闻出版总署(国家版权局)将公司划归中心管理。公司的宗旨是依照《中华人民共和国著作权法》及相关法律、法规的规定，维护著作权人和作品使用者及传播者的合法权益，鼓励创作和传播，繁荣科学文化艺术，促进版权代理、影视、戏剧、计算机软件、电子出版物、数字化制品和网络传输等版权产业的方方面面的发展，逐步形成全新的、多方位的“一站式”版权服务模式，并将在各地设立多家分支机构。

主要业务包括：

1. 代理洽谈、签订图书等各类作品的版权转让和许可使用合同

经过16年的发展，公司共代理签订版权贸易合同5000余项，合作伙伴遍及美国、英国、俄罗斯、德国、法国、日本、意大利、新加坡、韩国、马来西亚、加拿大、西班牙、丹麦、荷兰、挪威、瑞典、瑞士、捷克、匈牙利、保加利亚、比利时、乌克兰、格鲁吉亚、以色列等国家和我国的香港、澳门、台湾，在国内外版权界、出版界享有良好的信誉。

2. 代理收取和转付著作权使用报酬

接受著作者和作品使用者的委托，以民事代理的方式收取和转付法定许可条件下报刊社、出版社、网站等使用者使用各类作品的报酬。目前已为十余万作者转付著作权使用费近千万元，积累了大量的作者资源。

3. 代理调解和处理版权纠纷

公司站在公平、公正的立场，协调解决各类版权纠纷。

4. 组织国内外版权贸易洽谈、交流和考察活动

5. 提供法律咨询与服务

6. 提供版权信息服务

随着公民版权保护意识的提高和社会公众对维权工作的日益重视，中华版权代理总公司在版权的社会服务方面发挥着越来越重要的作用。常务副总经理，法人代表齐相潼表示，中华版权代理总公司愿在著作权人、作品使用者和广大公众之间架起一座智慧的桥梁，共同开创中国版权保护事业的美好未来。

中国版权访俄团访俄期间拜访俄前总理普里马科夫(所著《大政治年代》和《临危受命》由中华版权代理总公司代理在中国出版)。中为新闻出版署前署长宋木文，右为中华版权代理总公司常务副总经理齐相潼

中华版权代理总公司与世界知识产权组织代表座谈版权保护问题

《中国知识产权年鉴(2004)》编辑委员会名单

陈美章　（北京大学知识产权教学研究中心教授）
陈　涛　（国家工商管理总局商标评审委员会助理巡视员）
陈昭宽　（中国版权研究会常务副理事长）
张景安　（科学技术部政策法规司司长）
屈景明　（中国音乐著作权协会常务副总干事）
胡佐超　（国家知识产权局协调司司长）
胡　倬　（中国知识产权报社社长）
赵国虹　（知识产权研究会秘书长）
赵　宏　（商务部条法司贸易法规处处长）
袁　德　（中华全国专利代理人协会秘书长）
段玉萍　（国家版权局版权司信息宣传处副处长）
黄英达　（科学技术部科学技术奖励工作办公室主任）
曹中强　（中华商标协会秘书长）
董铁鹰　（知识产权出版社社长）

年鉴编辑部名单

主　　编：田力普

副 主 编：邓　军　欧　剑　赵　刚　段玉萍
向良穗　韩秀成　王永昌　张锦锐

编　　辑：张丽荣

特约编辑：（按姓氏笔画排序）
于　芳　（外经贸部条法司贸易法规处）
毛金生　（国家知识产权局发展规划司综合计划处）
冯宏声　（国家版权局版权司信息宣传处）
刘　宁　（国家知识产权局办公室宣传处）
孙　璐　（中国知识产权研究会）
戎　华　（国家工商局商标局综合处）
黄发吉　（国家林业局科技发展中心）
邰中林　（最高人民法院民事审判第三庭）
孙俊立　（农业部植物新品种保护办公室）

编辑说明

一、《中国知识产权年鉴》是反映我国知识产权界工作基本状况的大型资料性工具书，2001年11月创刊，每年出版一卷，2004卷反映的是2003年度我国知识产权工作情况，2004年11月出版。

二、本期文字由“领导讲话”、“特约文章”、“概况”、“大事记”、“新闻百条”、“统计资料”、“专利奖项、先进人物”、“法律、法规、规章及司法解释”、“典型案例”、“名录”、“出版物”、“索引”十二部分组成。

三、“领导讲话”刊登的是2003年中，国家领导人、国家新闻出版总署、国家工商总局、最高人民法院领导，有关知识产权问题的重要讲话。

四、“特约文章”部分，是由知识产权界有关领导、专家、学者，对2003年发生的一些重大、热点问题，发表的观点和论述。

五、“概况”一栏，全面报道了我国知识产权界专利、商标、版权、农林植物新品种保护、司法保护工作情况及我国知识产权界社团活动情况。

六、“大事记”中，记录了2003年我国专利、商标、版权、农林植物新品种等的行政和司法保护的重大事件。

七、“新闻百条”栏目，内容摘自知识产权相关报刊，记载的大多是有代表性的事件，其中大部分为首次发生的事件。

八、“统计资料”收集了专利、商标、版权、植物新品种、司法保护的重要统计数据。

九、“专利奖项、先进人物”刊登了2003年第八届中国专利金奖项目简介、国家版权局2003年先进集体及先进个人。

十、“法律、法规、规章及司法解释”栏目刊登的是2003年公布和新修订的知识产权法律法规、规章及最高人民法院的司法解释和专家对新修订知识产权法律法规的评析。

十一、“典型案例”分为知识产权司法案例、国家知识产权局专利复审案例、国家工商行政总局商标局案例、国家版权局行政执法案例、全国知识产权社团案例及各地方专利案例等。

十二、“名录”刊登了全国和地方知识产权行政主管部门体改后的机构通讯录。

十三、“出版物”栏目刊登的知识产权类新书目，由国家新闻出版总署图书在版编目中心提供，2003年出版的新书。

十四、“索引”是为了便于读者查寻书中详细案例及图表，由编辑制作的检索工具。案例可按汉语拼音检索，图表按时间顺序检索。

编辑说明

目　　录

大事记

专利奖项、先进人物

法律、法规、规章及司法解释

典型案例

Contents

Speeches by the Leading Governmental Officials

Special Contributions

Surveys

Patent Prizes and Advanced Individuals

Laws, Regulations, Rules, and Judicial Explanations

Typical Cases

Directory ………… (519)

Publications of Intellectual Property ………… (523)

Index ………… (530)

认清形势　明确任务
大力推进实施知识产权战略

——在全国专利工作会议上的讲话

国务院副总理　吴　仪

这是我分管知识产权局以来第一次和大家见面，首先向大家表示问候。自20世纪80年代以来，我一直负责中美知识产权谈判和WTO谈判的工作，对知识产权工作，包括专利工作很有感情。所以，景川同志请我参加这次会议并讲话，我很高兴地同意了。景川同志的工作报告会前送我看过了，我原则同意。下面，我讲几点意见。

一、充分认识做好知识产权保护工作的重要性和紧迫性

党的十六大提出了“全面建设小康社会”的战略目标和走新型工业化道路的经济发展模式，并明确要求“完善知识产权保护制度”。对此，我们必须深入学习，认真领会，坚决贯彻。

第一，加强知识产权工作，是促进国民经济发展，提高国际竞争力，维护国家经济安全的要求。当今世界，在科技、经济和综合国力竞争日益激烈的国际环境下，知识产权制度作为激励创新意识，优化资源配置，推进技术创新、转移和扩散的重要法律制度，已日益成为决定一个国家经济发展和在国际分工格局中地位的关键因素之一，在国家科技进步和经济社会发展中的战略地位也进一步提高，已成为世界各国发展高科技，增强本国国际竞争力，维护国家利益和经济安全的战略性武器。上个世纪七八十年代以来，国际知识产权领域的竞争与发展已充分说明了这一点。

第二，加强知识产权工作，是全面建设小康社会，走新型工业化道路的要求。知识产权制度是世界各国普遍采用的促进科技创新与进步的基本法律制度。完善知识产权制度，有利于形成国内科技创新的强大动力机制，营造更具吸引力的引进国外资金和先进技术的良好环境。通过完善知识产权制度，能极大地调动千百万科技人员发明创造的积极性，充分利用国内国外的科技资源，推进我国产业结构优化升级，形成以高新科技产业为先导、基础产业和制造业为支撑、服务业全面发展的产业格局，加快培育和发展国家核心竞争力，大幅度增强国家综合实力。

第三，加强知识产权工作，是完善市场体系，规范市场秩序，建设社会信用体系的要求。加快建设全国统一市场，完善市场监管体系，健全产品质量监管机制，严厉打击制假售假、商业欺诈等违法行为，维护和健全市场秩序，是完善社会主义市场经济体制的重要任务。保护知识产权，严厉打击各种侵犯知识产权的行为，是整顿和规范市场经济秩序的一项重要内容。完善知识产权制度，同时也是建设社会信用体系的重要环节。我们已经明确，要在本届政府任期内，建立起社会信用体系的基本框架。我以为，缺少完善的知识产权制度，社会信用体系就缺了一个重要的支撑。我们一定要大力整顿和规范市场秩序，培育和发展专利等知识产权市场，使知识产权工作为建立健全现代市场体系和建设社会信用体系作出应有的贡献。

第四，加强知识产权工作，是贯彻落实人才强国战略的要求。知识产权的发明者、创作者和设计者都是我国亟需的优秀人才。我们不仅要大力培养和引进这样的优秀人才，还要切实保护他们依法享有的权益，为他们提供成长和施展才华的良好环境。加强知识产权保护，是落实党和国家“尊重劳动、尊重知识、尊重人才、尊重创造”重大方针的具体体现，是激发全民族尤其是广大科技人员发明创造和智力创作积极性的重要制度保证，是人才成长的重要激励机制。

二、当前我国知识产权工作面临的形势和基本任务

自20世纪80年代以来，世界科学技术进步日新月异，经济全球化和知识经济的发展进程加快，世界范围内新一轮的经济结构调整和技术转移正在兴起，企业间的竞争日趋激烈，全球经济、科技发展的格局发生了重大而深刻的变化。这些都对国际范围内的知识产权保护产生了深刻的影响，国际知识产权制度的变革与发展，进入了空前活跃的阶段。许多国家都在实施或着手制定以专利战略为主的知识产权战略，并把它作为振兴本国经济、增强国际竞争能力的重大举措。知识产权的创造、管理、实施和保护在国际经济、科技、贸易活动中的地位与作用得到了历史性的提升。美国、日本等发达国家通过巩固和发展知识产权优势，强化知识产权保护，努力增强在国际经贸活动中的竞争能力。在这种形势下，发展中国家在面临经济全球化机遇的同时，也面临来自知识产权方面的严峻挑战。从世界范围来看，围绕着分享科技进步带来的利益这一实质问题，发展中国家与发达国家在调整知识产权国际规则过程中，存在着利益上的差异，知识产权国际规则调整的任务还十分艰巨。

我国的知识产权事业在改革开放以来的短短20多年的时间里，走过了发达国家数百年走过的历程，取得了举世公认的成就。

首先，我国已经建立起了符合国际规则的、适应我国国情的、比较系统的知识产权法律法规体系。20年来，我们先后公布实施了专利法、商标法、著作权法、反不正当竞争法、计算机软件保护条例等知识产权方面的法律法规，并按照WTO的有关要求，全面清理了有关法律法规，并对与WTO规定不一致的规定进行了全面修订。与此同时，我国还积极履行保护知识产权的国际义务，相继加入了世界知识产权组织和《保护工业产权巴黎公约》、《商标国际注册马德里协定》、《国际专利合作公约》等一系列国际知识产权公约。

第二，我国已经建立起了具有鲜明特色的知识产权执法保护体系，加大了知识产权保护力度。我们建立了司法和行政执法“两条途径、并行运作”的知识产权保护机制，既具有司法执法的严谨公正性，又具有行政执法的快捷方便性，得到了国际社会的广泛认同。以2002年为例，我国共查处专利纠纷案件1 442件，查处假冒他人专利177件，冒充专利行为案件1 679件；共查处各类商标违法案件39 105件，收缴和消除违法标识1.53亿件。各地海关和公安机关也都分别查处了大量相关案件。另外，全国法院系统共受理知识产权一审案件6 201件，比上年同期上升17.78%。

第三，知识产权管理体系的建设取得了很大进步。我们根据自己的国情，分别设置了专利、商标和著作权工作的政府管理机关，负责相关知识产权的行政执法和管理工作。1998年，国务院将原中国专利局更名为国家知识产权局，并赋予知识产权局统筹协调涉外知识产权事宜的职能。各省、自治区和直辖市也都建立了知识产权局，并向地、市、县延伸。政府知识产权管理机关的设置，不仅强化了知识产权行政执法工作，而且还通过宣传培训、政策引导、提供公共服务等措施，大大推进了我国知识产权事业的发展。与此同时，我们还从无到有，造就了一支较高素质的专业人才队伍。

但是，我们也要清醒地看到，我国知识产权工作起步晚，缺乏经验，再加上我国市场经济体制还不完善，我国的知识产权工作还存在许多问题。一是我国企事业单位知识产权意识还很淡薄，尊重他人知识产权、保护自身合法权益的观念和能力普遍缺乏，运用知识产权制度参与市场竞争尤其是国际市场竞争的准备和经验不足，拥有自主知识产权的核心技术匮乏等已成为制约我国经济发展的瓶颈；二是知识产权管理与经济、科技、外贸管理的衔接不够，在经济、科技、外贸管理工作中还需进一步加强知识产权保护意识、进一步强化知识产权政策导向；三是知识产权保护不力的状况还没有完全改观，特别是在某些地区、某些领域，侵犯知识产权、制假售假的违法行为还比较严重，这种状况不仅有害于我们建立良好的投资环境，而且损害了我国知识产权权利人和发明创造者的利益，不利于我国拥有自主知识产权的核心技术与配套技术的开发和产业化。当前国际国内形势的发展，对我国知识产权工作提出了更高的要求。可以说，我国经济能否真正融入经济全球化的大潮，很大程度上取决于我国能否加快完善知识产权制度，加快提高自主知识产权的创造、管理、实施和保护能力；取决于我国的企业能否尽快提高掌握和运用知识产权制度的能力与水平，尽快提高创造拥有自主知识产权的核心技术的能力。

党中央、国务院对知识产权工作非常重视。特别是近年来，党中央、国务院领导同志对知识产权工作作出了一系列重要指示，国务院有关部门加大了对知识产权工作的支持力度，全社会的知识产权保护意识日益提高，这些都为知识产权事业的发展提供了机遇。我们知识产权战线的同志们要把握机遇，迎难而上，战胜困难，开创新的局面。

根据党的十六大、十六届三中全会的精神和

知识产权工作发展的要求，今后一个时期，我国知识产权工作的基本任务有以下三个方面。

第一，要充分发挥知识产权制度的作用，推进科技创新与发展，为国家经济发展服务。要大力营造知识产权法制环境与政策环境。要加强知识产权法制建设，切实改变知识产权领域有法不依、执法不严的状况，既要尊重他人的知识产权，也要保护自己的知识产权，特别是要善于保护自己的知识产权。要加强知识产权政策环境建设，在遵循 WTO 和有关国际规则的基础上，实行适合我国国情的政策，以更好地维护我们的利益。要把改善政府的知识产权管理职能和企事业单位建立健全知识产权管理制度作为重要切入点，大幅度提高我国自主知识产权的数量和质量，使知识产权真正成为科技创新工作的重要手段和直接目标。

第二，要在知识产权国际规则的调整过程中，赢得主动权，维护国家利益与经济安全。要加强对知识产权国际规则调整动向和趋势的研究，准确把握我们国家的根本利益和长远利益所在，努力使知识产权国际规则的调整与完善能够使各国共享科技进步带来的利益。

第三，要大力加强包括政府管理体系、司法体系、企事业单位工作体系和中介服务体系在内的整个知识产权工作体系、技术基础和人才队伍的建设，为更加有效发挥知识产权制度的作用奠定牢固的基础。

三、实施知识产权战略需要认真抓好的几项重点工作

实施知识产权战略，要重点抓好以下工作：

(一)加快有中国特色的知识产权法律法规体系的建设。目前，我国知识产权法律法规体系框架已经初步形成，各项知识产权专门法律也基本适应了 WTO 的要求，在国家经济、科技和社会发展中发挥了重要作用。但是，无论是从我国知识产权工作实践的客观要求来看，还是与发达国家知识产权法律体系比较来看，我国的知识产权法律法规体系建设都还有待进一步加强。我国的知识产权法律法规体系建设，要遵循几个相结合的原则，即遵守国际规则与符合我国国情相结合，前瞻性与阶段性相结合，借鉴与创新相结合，可操作性与灵活性相结合。特别是要结合我国的国情，从有效促进我国经济结构的战略性调整、产业结构的优化升级和科技创新活动的开展，大幅度提升我国自主创新能力和自主知识产权产出的能力出发，制定和完善有关法律法规，逐步形成内容完整、特色鲜明、内在协调、体系完善的知识产权法律法规体系。要坚持做到，既有利于科技的创新，也有利于技术的转移与扩散；既有利于引进国外先进技术与资金，也有利于国内的自主创新；既适应于当前我国生产力发展的水平，也要着眼于我国经济的长远发展。我们要在加强研究的基础上，使知识产权法律法规进一步完善，使知识产权制度更加符合我国的国情，维护国家的根本利益和经济安全。

(二)加强知识产权执法，营造良好的知识产权保护环境。要从健全现代市场体系的高度，把加强知识产权执法作为整顿和规范市场经济秩序的重要内容，切实予以加强，以营造良好的知识产权保护环境。要不断完善人民法院和知识产权行政机关两条途径、并行运作的知识产权保护机制；要全面加快行政执法能力建设，强化行政执法手段，严格行政执法程序，规范行政执法行为，大幅度提高执法保护的水平和效率；要支持和鼓励建立知识产权自律和维权性组织，逐步健全行业自律、舆论监督、群众参与的知识产权监督体系，逐步建立自觉尊重他人知识产权，善于规避他人权利、有效保护自身权益的长效机制；要注意总结侵权行为发生的规律，实行打击与防范相结合、治标与治本相结合的方针，扩大部门间联合执法，跨地区联合执法的范围和效能，努力在源头上切断侵权产品进入流通领域的途径；要坚持不懈地开展知识产权法制宣传和教育工作，努力营造全社会尊重和保护知识产权的良好氛围；通过采取综合性措施，切实加大知识产权保护力度，严肃查处和坚决打击侵犯知识产权、制假售假的违法行为，大力维护和整顿市场秩序。

(三)引导和帮助企事业单位重视知识产权工作，培育和提升其运用知识产权制度的能力和水平。加强企事业单位的知识产权工作，对促进我国的自主技术创新、技术转移与扩散，增强企业竞争力，具有十分重要的作用。要积极推进企事业单位建立和完善知识产权管理制度，使知识产权管理工作切实纳入企事业单位的研发、生产与经营的全过程。要引导行业、企业认真研究、善于防范技术性贸易壁垒，在积极引进和采用已有国际先进技术标准的同时，高度重视创造和依法获得原始性专利，并以核心专利技术为依托，建立起先进的技术标准，构筑自己的技术壁垒和防范他人的技术壁垒。

要通过政策引导和试点示范，增强知识产权竞争能力。国家知识产权局要会同有关部门，抓紧研究制定在符合 WTO 规则基础上的有利于我国自主知识产权创造与应用的扶持政策，包括贷款、税收、人事等方面的政策，研究提出对拥有自主知识产权的高新技术产品和项目予以重点扶持的政策，不断提高创造、管理、实施和保护知识产权的意识和能力。要从政府层面推动开展知识产权试点示范工作，重点围绕中心城市、产业园区和重点企事业单位，通过规范管理、人才培养、发展计划等环节，以大幅度提高自主知识产权的数量与质量、增强知识产权竞争能力为目标，开展试点示范工作，争取用不太长的时间，使我国在若干关键领域和技术发展前沿，掌握一批拥有自主知识产权的核心技术，培育出一批核心竞争能力强的大企业和企业集团，建立我国拥有自主知识产权的高新技术产业和出口基地。

（四）加快知识产权人才培养和信息网络基础设施建设的步伐。知识产权人才培养和基础设施建设对于我国知识产权事业能否快速、持续发展关系重大，要采取切实、有力的措施，加快发展的步伐。

随着我国知识产权事业的快速发展，人才培养问题日益突出。国家知识产权局要会同教育部等有关部门，制定加快知识产权人才培养的方案。一方面，要逐步在大学设立知识产权必修课，使大学生掌握知识产权基本知识；另一方面，要加快知识产权高级专门人才培养的步伐，建设一支不仅能熟练掌握国内相关法律和相关业务，而且熟悉和掌握 WTO 有关规则以及主要贸易伙伴国知识产权法律和实务技能的高级人才队伍，以适应知识产权事业快速发展的需要。

要加快发展以信息技术为核心、以网络为纽带的知识产权信息基础设施建设。国家知识产权局要组织“专利信息服务平台”、“知识产权管理平台”和“知识产权远程教育平台”的建设，开发规模大、质量高、专业化的专利信息资源库群和通用的、面向公众的、方便实用的专利信息检索系统、专家咨询系统和专利信息分析系统等等。建立这个系统，要花钱，要使这个系统顺利运转，仍需要财政部门继续给予大力支持。要通过持续不断的努力，争取在不长的时间内，缩短我国与发达国家之间在知识产权信息基础设施方面的差距，为我国知识产权事业的发展提供强大的技术和信息支撑。

（五）切实加强知识产权管理部门的自身建设。各级知识产权管理部门是负责知识产权工作的职能部门，是实施知识产权战略的组织保障，在我国知识产权事业发展中肩负着重大的职责和使命。国家知识产权局还有统筹协调涉外知识产权事务的职责，地方知识产权局承担着专利行政执法的职能。希望各级知识产权管理部门按照中央关于加快转变政府职能，把工作着力点转到为市场主体服务和创造良好发展环境上来的要求，切实加强自身建设，提高管理水平。我在这里提出以下几点要求。

第一，要按照解放思想、实事求是、与时俱进的要求，大力开拓知识产权工作的新局面。当前国际国内形势发展很快，对知识产权工作提出了许多新的要求和挑战。在新的形势面前，我们不能满足已有的成绩，不能拘泥于一些固有的思想观念和做法，而是要按照十六大提出的“发展要有新思路，改革要有新突破，开放要有新局面，各项工作要有新举措”的要求，努力开拓知识产权工作的新局面。

第二，要加强学习，善于学习。知识产权工作是一项专业性很强的工作，我们要十分注意加强学习。知识产权战线的广大干部职工要加强对世界知识产权发展的历史、理论、法律和各项专业知识的学习，要加强对国际贸易和知识产权规则的学习，要加强对主要贸易国在知识产权方面的有关法律规定和实务技能的学习，要善于借鉴其他国家发展的经验和教训，特别是要把国外的成功经验和规律性的东西与我国的国情相结合，不断丰富和充实我国知识产权事业发展的理论、法律、政策与操作知识，培养一大批懂业务、会管理，熟悉国际规则，爱岗敬业、恪尽职守的专门人才。

第三，要具备战略思维能力和世界眼光，敏锐洞察和准确把握国际知识产权保护制度发展的总体态势，扩大国际交流与合作，以负责任和建设性的态度积极参与知识产权国际规则的变革和发展进程，维护我国的根本利益和经济安全。

（六）要把知识产权工作提到各级政府的重要议事日程上来。中央各有关部门要进一步加大对知识产权工作的支持力度，从机构设置、人员编制、经费和基本建设等各方面予以保障；地方各级人民政府也要加强对知识产权工作的领导，进一步完善具有中国特色的地方知识产权管理体系；要加快建立和完善知识产权工作的统筹协调机制，切实保障各项方针政策的贯彻落实。

我国知识产权事业的成就，是在党中央、国务院的正确领导下取得的，是实践邓小平理论和“三个代表”重要思想的重要成果，是知识产权战线广大干部职工艰苦创业、努力开拓和无私奉献的成果。尤其是最近两年，知识产权战线的工作取得了许多新的成绩和经验。我代表国务院，向全国广大知识产权工作者表示衷心的感谢。希望全国知识产权战线的广大干部职工继续深入学习贯彻邓小平理论、“三个代表”重要思想和党的十六大、十六届三中全会精神，在以胡锦涛同志为总书记的党中央领导下，继续开拓创新，使知识产权工作为全面建设小康社会作出更大贡献。

全面建设小康社会开创商标工作新局面

——在纪念《商标法》实施二十周年座谈会上的讲话

国家工商行政管理总局副局长　李东生

值此《中华人民共和国商标法》实施二十周年之际，我们召开这次座谈会，畅谈二十年来我国商标事业取得的巨大成就，共商开创商标工作新局面的大计，描绘商标事业发展的美好未来。

1983年3月1日实施的《商标法》是在总结我国商标管理历史经验的基础上，借鉴其他国家商标立法的有益成果，结合我国经济发展的实际情况制定的，是我国第一部规范和调整商标使用的法律，是我国商标法律体制的奠基石。二十年来，我们以这部法律为基础确立了中国的商标法制，并使之不断得到完善。1983年，为了保证《商标法》的实施，国务院批准国家工商行政管理局发布了《商标法实施细则》，此后，国家工商行政管理局又陆续发布了一系列的规定，这些法规和规定保证了《商标法》的实施。1993年，为了适应建立市场经济体制的要求，适应国际商标领域不断发生的新变化，全国人大常委会对《商标法》进行了第一次修订。该次修订的主要内容是将《商标法》的调整范围由商品商标扩展到服务商标，使服务商标像商品商标一样，可以通过注册受到法律的保护。从此，我国步入了当时为数不多的保护服务商标的国家行列。2001年，全国人大常委会对《商标法》进行了第二次修订。此次修订的内容较多，几乎涉及到商标领域的各个方面。经过修订，扩大了商标法的保护范围，如增加了保护地理标志的规定，使三维标志、颜色组合标志也可以作为商标获得注册；完善了商标注册程序，如细化了处理注册商标争议的程序，增加了商标注册的司法审查程序等；强化了商标专用权的保护力度，如加强了行政机关查处商标侵权行为的手段，增加了诉前制止商标侵权的司法程序等。修订后的《商标法》适应了我国经济形势发展的需要，适应了加入世界贸易组织（WTO）的需要，得到了社会各界的普遍欢迎，也得到了国际社会的认可。

《商标法》实施二十年来，我国的商标事业有了长足的发展。1983年，我国的商标注册申请量，即全年商标局收到的商标注册申请的数量不足2万件，其中来自国外的申请为1 687件；2002年，我国的商标注册申请量已达到37万多件，其中来自国外的申请为5万多件。1983年底，我国的注册商标数量为9万多件，而2002年底达到了166万多件。商标注册申请量和注册商标数量的大幅度上升，既反映了我国经济的快速发展，也反映了商标使用者对于我国商标法制的信心，证明我国的商标法制是完全成功的。这既是商标立法的成功，也是商标法律实施的成功。

二十年来，工商行政管理机关作为《商标法》的行政执法部门，充分发挥职能作用，与有关部门一道为实施《商标法》，推进我国商标事业的发展，做了大量的工作，取得了一定的成绩。

一、全社会的商标意识有了很大的提高，初步形成了学习商标法律、遵守商标法律的社会风气

法律是人们行为的准则，要使法律得到有效的实施，首要的问题就是要使人们对法律有所了解。二十年来，各级工商行政管理机关始终将宣传《商标法》作为一项重要任务来完成，坚持不懈地运用各种形式宣传普及《商标法》。在严格执行法律这个最好的宣传方式之外，各级工商行政管理机关还组织了丰富多采的法律宣传活动，从简单的法律条文解释，到结合案例的分析，使宣传活动适应了不同社会层面的需要，将法律宣传逐步深化；宣传方式也从街头宣传、报刊等传统媒体的宣传发展到今天借助于互联网的宣传，使宣传的效率大大提高。这些宣传活动促进了商标法律知识的普及，极大地提高了全社会的商标法律意识。1994年，在中央领导同志的亲自关心下，中华商标协会成立了，在政府和企业、社会之间架起了一座新的桥梁，有力地促进了商标事业在社会主义市场经济条件下的进一步发展。二十年前，人们对注册商标是陌生的，甚至知道注册商标的程序的人也为数很少，以致当时有关商标的报道多是企业因不懂法被他人控告侵权之类的话题；今天，绝大多数经营者已经知道商标专用权要通过注册来获得，广大消费者也都知道认牌购货，有关企业利用商标法律发展壮大的报道越来越多。商标法律的普及促使企业自觉地维护商标权益，维护其商标信誉；商标法律的普及，也使广大消费者认牌

购物形成风尚，既有利于维护自己的消费权益，也在客观上促进了企业间的公平竞争。

二、商标执法队伍不断壮大，初步形成现代化的商标管理体制

我国的商标管理体制是集中注册，双轨保护。即由国务院工商行政管理部门商标局负责商标注册，由各级工商行政管理机关和司法机关实施法律保护。二十年来，伴随着《商标法》的实施和商标注册、管理任务的不断增加，商标执法队伍不断壮大，执法人员的素质相应提高，执法的技术手段也有所加强。特别是1998年，工商行政管理部门实行了省以下垂直领导，完善了管理体制，进一步提高了商标执法队伍的战斗力。商标管理体制的改革和完善，有效地保证了《商标法》的正确实施。

三、商标专用权得到有效保护，商标违法行为得到了遏制

保护商标注册人的商标专用权是商标法的核心。商标专用权是一项重要的知识产权，代表着注册人的经济利益；商标专用权还是商标使用的秩序，体现着公平竞争的要求。因此，对商标专用权的切实保护既是对注册人利益的维护，也是对市场经济秩序的维护。《商标法》实施二十年来，工商行政管理机关始终将保护商标专用权作为商标工作的中心任务，查处了大量的商标侵权案件。与此同时，各级人民法院也处理了许多的商标纠纷，对于构成犯罪的还追究了行为人的刑事责任。对商标侵权行为的不断打击，有效地维护了经济秩序，维护了商标注册人的利益，树立了我国保护知识产权的国际形象。近年来，注册商标大量增加，使用商标的商品交易量更是大幅度上升，但商标侵权的发案数量并未随之增长，这说明商标违法行为得到了遏制，对商标专用权的保护取得了成效。

四、我国企业创立了一批有竞争力的商标，为接受加入WTO所带来的挑战创造了条件

对商标专用权的有效保护，维护了公平的竞争秩序，极大地激发了企业利用商标参与市场竞争的积极性，促使企业注重商品质量，维护商标信誉，为企业创立驰名商标提供了良好的社会环境。二十年来，在"同仁堂"、"全聚德"等一批传统的老字号不断发扬光大的同时，我国企业又创造了如"海尔"、"联想"等一批在国内外均有影响的商标，大大提升了我国企业的市场竞争力。我国加入WTO一年多来，之所以国内市场波澜不惊，外贸出口持续快速发展，一个重要原因就是我国企业已经拥有了这样一批有竞争力的商标。

五、积极参与商标保护的国际合作，不断提升我国在国际商标领域的作用

改革开放是我们的一项基本国策。二十年来，我们积极开展商标国际交流，参与商标领域的国际合作。通过开展交流，了解了其他国家在商标方面的经验，也加深了国际对我国商标法制的了解。1983年以来，我国先后加入了《保护工业产权巴黎公约》、《商标国际注册马德里协定》、《商标注册用商品和服务国际分类尼斯协定》、《商标国际注册马德里协定有关议定书》等一系列有关商标的国际条约，为我国企业开辟了在国外取得商标保护的便利途径，也为外国商标在我国取得保护提供了方便。2001年，伴随着我国加入世界贸易组织，《与贸易有关的知识产权协定》在我国开始全面适用，我国与国际商标领域的交流范围进一步扩大。我们积极参加了世界知识产权组织(WIPO)和世界贸易组织的活动，参与商标国际规则的制定，在国际商标领域发挥了更大的作用。

回顾《商标法》实施的二十年，我们可以说：《商标法》实施的二十年，是我国商标法制不断完善的二十年；是全社会商标法律意识不断增强的二十年；是商标执法队伍不断壮大的二十年；是商标专用权的保护力度不断加大的二十年；是消费者的合法权益保护水平不断提高的二十年；是我国在国际商标领域发挥作用越来越大的二十年。这些成绩是在党中央、国务院的正确领导下取得的，是全体工商行政管理人员辛勤劳动的结果，也是有关部门的合作和大力支持的结果。在此我代表国家工商行政管理总局向长期合作和支持我们商标工作的各有关部门，向所有关心和支持商标工作的同志们、朋友们，表示崇高的敬意和衷心的感谢。

同志们，党的"十六大"提出了全面建设小康社会的总体目标，商标工作一定要更新观念，坚持与时俱进。我们要不断研究新情况，制定新举措，解决新问题，总结新经验，开创商标工作的新局面，努力营造全面建设小康社会所需要的市场经济环境。为此，应当抓好以下几个方面的工作：

第一，要更新观念，牢固树立促进发展的思想。党的十六大将发展作为执政兴国的第一要务。商标工作直接面对经营者和消费者，与经济发展有着密切的关系，因此商标工作者要牢固树立促进发展的思想，要增强为发展服务的意识，围绕发展做好商标工作。例如，要充分认识到商标对于促进农村经济发展的作用，特别是认识到地理标志作为证明商标、集体商标注册对于提高农业产业化经营水平，促进农业结构调整和增加农民收入的作用。要积极宣传保护地理标志的意义，力争使我国现有的大部分地理标志尽早地获得商标专用权，充分发挥商标工作促进农村经济发展的作用。

第二，要继续加大商标专用权保护力度。保护商标专用权是《商标法》的核心，也是我们商标工作的重要任务，一刻都不能放松。要采取有效措施坚决消除商标行政执法中存在的地方保护主义；要提高工作效率，解决商标侵权案件处理过程中的久拖不决问题，充分维护注册人的利益；要注意研究商标侵权的新动向、新问题，不断提高商标办案质量。

第三，要继续加强商标法制建设。加入WTO后，我国的商标法制面临着更高的要求，需要我们在法制建设方面付出更多的努力。我们要在认真学习、执行《商标法》、《商标法实施条例》的基础上，制定必要的规章规定，以保证法律法规的正确实施。我们要继续加大商标行政执法的透明度，要借助现代化手段及时公布有关文件规定和信息，方便公众的查询，使商标执法工作接受社会的监督，不断增强我们依法行政的自觉性。

第四，要进一步提高商标注册工作的管理水平。目前我国的年商标注册申请数量已居世界各国的前列，申请数量的不断上升给管理工作提出了新的要求。面对发展中出现的各种问题，我们要通过不断深化改革和采用先进科技手段来予以解决。要采取各种有力措施，进一步加强商标注册工作的力量，进一步提高商标注册工作的效率和质量。

第五，要进一步提高商标行政执法队伍的素质。经过二十年的努力，我们已经建立了一支很有战斗力的商标行政执法队伍。但是，加入WTO后所面临的新形势和全面建设小康社会所面临的新任务都对这支执法队伍提出了更高的要求。我们要进一步加强干部的教育培训工作，不断提高执法人员的政治素质和业务素质，提高执法水平，努力造就一支具有蓬勃朝气、昂扬锐气、浩然正气的商标行政执法队伍。

第六，要进一步加强商标领域的国际交流与合作。随着2001年我国加入了世界贸易组织，商标工作已经大踏步地走向国际舞台。在WTO、WIPO等有关国际组织中，要根据我国经济发展和国家利益的需要，更加积极地参与商标国际规则的制定。要在学习他国先进经验的同时，积极向世界宣传我国的商标法制，增进国际社会对我国商标制度的了解，努力在国际上树立我国保护知识产权的良好形象。

同志们，回顾过去，我们为商标工作取得的成绩感到欣慰；展望未来，我们为商标事业的光明前景备受鼓舞。我们相信，在党中央和国务院的正确领导下，在有关部门的大力支持和配合下，在全体商标工作人员的共同努力下，我们一定能够与时俱进，开创商标工作的新局面，为全面建设小康社会作出应有的贡献。

深入学习贯彻十六大精神
全面开创版权保护工作新局面

——在全国版权局长会议上的报告

国家新闻出版总署署长　石宗源

2003年，是全面贯彻落实党的十六大精神、全面建设小康社会的开局之年，做好2003年的版权保护工作，对于实现十六大提出的奋斗目标，完成十六大针对知识产权保护工作提出的各项要求，具有十分重要的意义。这次会议的主要任务是：深入学习贯彻十六大精神和“三个代表”重要思想，认真总结改革开放以来版权保护的经验，进一步解放思想、与时俱进，开创我国版权保护工作的新局面。

一、改革开放以来我国版权保护的历史回顾

改革开放以来，特别是十三届四中全会以来的十三年，在社会主义市场经济体制逐步建立的过程中，我国的版权立法逐渐完善、版权执法体系日臻健全，版权产业蓬勃发展、社会公众的版权法律意识不断增强，初步建立起了一套既适应社会主义市场经济体制发展要求，又符合国际版权规则和我国国情的比较完整的现代版权保护制度，开启了我国现代版权保护工作的新篇章，主要表现为：

(一)版权法律法规基本完善，法律体系基本成型

新中国成立后，由于主客观条件的限制，版权保护特别是版权法律制度基本上是个空白。党的

十一届三中全会后，建立现代化的版权保护制度提上了国家立法部门的重要议事日程。1979年，时任中共中央秘书长、中宣部部长的胡耀邦同志在国家出版局上报的关于制订版权法、建立版权管理机构的报告上批示："请你们尽快着手，组织班子，草拟版权法"，从而拉开了人民共和国建立现代版权保护制度的帷幕。经过11年的艰苦努力，1990年9月，第七届全国人大常委会第十五次会议审议通过了《中华人民共和国著作权法》，改变了新中国成立以来在版权保护方面长期没有专门法律的局面。1991年，国务院又相继颁布实施《中华人民共和国著作权法实施条例》、《计算机软件保护条例》。1994年7月，第八届全国人大常委会第八次会议审议通过了《关于惩治侵犯著作权的犯罪的决定》；1997年3月，第八届全国人大第五次会议审议通过新修订的《中华人民共和国刑法》，新增了侵犯著作权犯罪的内容。这些法律和行政法规的颁布实施，不仅构筑了中国版权法律制度的基础，而且标志着中国特色社会主义的现代版权法律体系已经建立并逐步成型。

随着我国市场经济体制的建立，以及全球经济一体化进程的加快和我国加入WTO的需要，为适应国内外不断变化的新形势、新情况，2001年以来，我国对有关版权的法律法规进行了全面修订。修订后颁布实施的《中华人民共和国著作权法》、《中华人民共和国著作权法实施条例》、《计算机软件保护条例》从形式到内容上都更加完备，更加成熟，更加符合我国社会主义市场经济和国际规则的要求。

在版权法律制度逐步完善的同时，各地根据实际情况，结合版权保护的重大问题或专项工作，也出台了相应政策或地方性法规，从而使全国版权管理工作进一步走上了法制化、制度化和规范化的轨道。这对加强版权管理，规范市场秩序，维护合法权益，促进版权产业的发展起到了重要作用。

(二)版权执法体制逐步健全，执法队伍逐步优化

改革开放以来，我国建立起了司法保护与行政管理并行的执法体系，这是我国版权保护制度的一个显著特点。最高人民法院和北京、上海、天津、江苏、广东、福建、四川等省市在高级人民法院和部分中级人民法院，设立了专门审理包括版权在内的知识产权案件的法庭，为版权所有者依法保护自己的正当权益提供了坚强有力的支持。除司法保护外，我国建立了版权行政管理体系。1985年国务院批准成立国家版权局，主管全国的版权行政管理工作。1987年3月，甘肃省率先成立了省级版权局。之后，全国三十一个省、自治区、直辖市相继成立了版权局，部分省会城市和中心城市以及地州市根据本地经济建设和文化发展的需要也成立了版权局。在机构建设方面，我国已形成了国家局、省(自治区、直辖市)版权局以及中心城市版权局的层级管理体系，版权行政执法体制逐步健全。近年来，版权行政管理队伍不断壮大，一大批有志于版权保护事业、政治素质高、专业知识强的年轻同志充实到版权行政管理队伍中来，使版权管理队伍的整体素质明显提高。地方各级版权局通过富有成效的工作，日益显现出版权保护工作对推动本地经济、促进文化发展的重要作用，从而引起了各级党委、政府对版权工作的重视、关注和支持，版权行政管理在政府工作总格局中的地位日益显现并逐步加强。

(三)行政执法力度不断加大，打盗维权效果明显

加强版权行政执法，依法制裁各种损害公众利益的侵权盗版行为，保护版权所有者的合法权益，维护正常的社会主义市场经济秩序，是各级版权行政管理部门的最重要的职责之一。各级版权行政管理部门通过强化执法手段，规范执法行为，不断提高执法水平和执法效率，坚决打击各种侵权盗版行为，为培育和维护中华民族的智力创新精神和创新体系服务，为整顿和规范市场经济秩序服务，取得了显著的成效。据不完全统计，1995年至2002年全国版权行政管理部门共收缴侵权盗版制品1.97亿件；受理侵权案件18 654起，其中结案17 997起，有效地维护了市场经济秩序和中外版权所有者的合法权益。同时，全国性的反盗版组织系统也正在逐步建立与完善。自1998年以来，全国有21个省(区市)以及一些中心城市成立了反盗版组织，并开展了反盗版工作；2002年10月，全国性的反盗版组织——中国版权协会反盗版委员会成立，它对配合司法行政机关打击侵权盗版、维护权利人的权益起到了积极的作用。

(四)社会服务体系初具规模，版权产业蓬勃发展

版权社会服务体系是否完善，是衡量一个国家版权保护制度是否健全的重要标准。改革开放以来，我国在建立和完善版权法律制度，强化版权司法和行政管理的同时，十分注重版权社会服务体系的建设。1988年成立了中华版权代理总公司；1990年成立了中国版权研究会，该研究会于2002年改名为中国版权协会；1993年成立了中国音乐著作权协会；1998年成立了中国版权保护中心。此外，中国文联、中国作协、中国电影家协会等作者协会团体和图书出版、音像制作、软件开发等版权产业的行业协会成立了专门的版权维权组织，全国20多个省(区市)以及一些中心城市成立了版权协会，国家版权局批准成立了28家版权代理机构，中国文字作品版权集体管理组织和中国音像制品版权集体管理组织也正在筹建中。目前，我国已初步建立了由版权集体管理机构、版权代理机构、版权保护协会以及各相关行业协会和

权利人组织等组成的版权社会管理和服务体系。这些版权社会服务机构在我国的版权保护事业中已经并将继续发挥更加积极的作用，大力推进和促进文学艺术、新闻出版、广播影视、信息软件等版权相关产业的发展。

(五)宣传普法工作卓有成效，版权意识逐步提高

在公民中普及版权法律常识，增强全民的版权意识，是著作权法能够得到有效实施的基本前提，也是我国版权法制建设的有机组成部分。自著作权法颁布实施以来，各级版权部门始终把宣传普法作为版权工作的重要任务，下大力气抓紧抓好。特别是著作权法修订颁布以后，各级版权部门加大了宣传培训的力度，通过开展各种形式的主题宣传活动，举办各种类型的专题报告会、研讨会和培训班，利用广播电视、报刊书籍和网络等媒体开展多角度、多层面的宣传，不断提高社会公众尤其是领导干部的版权法律和版权保护意识，进一步增强了人民群众知法、守法的自觉性，同时也提高了广大的作者、艺术表演者、出版者、软件开发者等版权所有者运用法律维护自己合法权益的意识和能力。在全社会初步形成了尊重劳动、尊重知识、尊重人才、尊重创造和尊重版权、保护版权的良好氛围，为我国版权事业的长远发展打下了坚实的基础。

(六)国际交流合作不断拓展，我国在国际版权界的地位不断增强

改革开放以来，我国在建立和健全版权保护制度的同时，还加强了版权领域的国际交流与合作。1980年我国加入了世界知识产权组织；1992年加入了《伯尔尼保护文学和艺术作品公约》和《世界版权公约》；1993年加入了《保护录音制品制作者防止未经许可复制其录音制品公约》；2001年加入了世界贸易组织。我国不但积极加入国际版权多边公约，而且积极与有关国家开展版权双边合作，积极参加制订新的国际规则的多边谈判和国际会议，和广大发展中国家站在一起，为改变对发展中国家不利的国际版权保护制度做出了努力，得到了发展中国家的赞许和世界知识产权组织的肯定。版权国际交流和合作的不断拓展，展现了我国对外开放的新形象，加强了我国在国际版权领域的地位。2003年4月，世界知识产权组织领导人会议将在我国召开，这是国际社会对中国知识产权保护工作的充分肯定，必将有力地推进我国版权事业的进一步发展。

回顾过去，我们感到欣慰。这些发展与成绩来之不易，它是我们版权战线上的同志们在党中央和国务院的正确领导下，在立法、司法机关和有关政府部门、社会团体以及广大版权所有者的支持下，以愚公移山的精神，顽强拼搏，艰苦奋斗的结果，我们应当十分珍惜它。当然，在充分肯定版权保护工作取得可喜成绩的同时，我们还必须看到我国版权保护工作中存在的突出问题和困难：侵权盗版活动仍然存在，有的地区还十分猖獗；全社会的版权法律意识还不高，对侵权盗版的极端危害性认识不足；版权执法体制和执法队伍不能适应形势的要求。我们必须清醒地认识到：我国正处于并将长期处于社会主义初级阶段，人民日益增长的物质文化需要同落后的社会生产之间的矛盾仍然是我国社会的主要矛盾。由于我国实行现代版权保护制度的历史较短，还处在一个初步发展阶段，其总体状况与国家经济和社会发展的要求，特别是与十六大提出的全面建设小康社会战略目标的要求还不相适应；与日趋激烈的国际知识产权竞争态势，特别是与我国入世后所面临的严峻挑战，还有不相适应之处。对版权保护工作的现状和所面临的困难，各级版权行政管理部门的领导和同志们务必要有充分而又清醒的认识，要把可能遇到的困难预料得更充分一些，把可能面对的挑战估计得更严重一些，前瞻性地提出应对预案和工作方案，视困难为动力，变挑战为机遇，始终把版权保护工作置身于国家政治、经济、科技、文化发展的大局中整体推进，从鼓励和保护民族创新精神、维护国家利益和促进现代化建设的高度，知难而上，奋发进取，不辱使命，努力做好版权保护工作。

二、深入学习贯彻十六大精神，用十六大精神统领版权保护工作的全局

党的十六大是我们党在新世纪召开的第一次全国代表大会，也是我们党在开始实施社会主义现代化建设第三步战略部署的新形势下召开的一次十分重要的会议。这次会议为我国在新时期、新阶段的新发展确定了奋斗目标，也为进一步完善我国的版权保护制度提供了强劲的精神动力。深入学习贯彻十六大精神，是全党全国的首要政治任务。各级版权行政管理部门要紧密联系工作实际，认真学习并准确把握十六大的精神实质，以十六大精神统领版权保护工作的全局，充分认识新时期新阶段做好版权保护工作的重要性，进一步明确新时期新阶段版权保护工作的目标和方向，与时俱进，开拓创新，努力开创我国版权保护工作的新局面。

(一)以十六大精神统领版权保护工作的全局，必须深刻领会和全面贯彻“三个代表”重要思想

江泽民同志在十六大报告中指出：“‘三个代表’重要思想是对马克思列宁主义、毛泽东思想和邓小平理论的继承和发展，反映了当代世界和中国的发展变化对党和国家工作的新要求，是加强和改进党的建设、推进我国社会主义自我完善和发展的强大理论武器，是全党集体智慧的结晶，是

党必须长期坚持的指导思想”。学习贯彻十六大精神，首先要抓住“三个代表”重要思想这个灵魂，全面领会、深刻理解、准确把握“三个代表”对版权保护工作的重要指导作用，坚持以“三个代表”重要思想统领版权保护工作的全局。

现代版权保护制度以激励创新、保护智力创造性劳动成果为基本出发点，以促进文学艺术和科学事业的发展与繁荣为目标，它不仅为先进生产力的发展提供法律保障，而且版权作为“智力成果权”本身就是先进生产力的重要组成部分。在信息社会和知识经济时代，版权保护对先进生产力的发展所具有的推动和加速作用愈益凸显出来。版权保护涉及新闻出版、广播影视、文化娱乐、教育科研以及包括网络服务、计算机软件在内的信息产业等众多领域。按照国际通行的定义，如果将版权产业界定为创作、传播、复制、发行文学艺术和科学作品相关领域的话，那么版权产业就代表着科技含量高、经济发展最为迅速的先进生产力。特别是随着数字技术、网络传输等高新技术的发展和在社会各领域的广泛应用，版权产业在许多国家的经济体系中所占比重快速提升，并正在成为各国经济新的增长点，逐步成长为新经济中的支柱产业。从这个意义上说，版权保护制度不仅维护了智力成果创作者的合法权益，更重要的是为先进生产力的持续发展、为国民经济的快速增长起到了保驾护航的作用。健全和完善版权保护制度，是发展先进生产力的题中应有之义。

牢牢把握先进文化的前进方向，必须全面贯彻党的文化发展方针，必须在大力发展先进文化、支持健康有益文化的同时，努力改造落后文化，坚决抵制腐朽文化。侵权盗版是违背人类文明基本准则的一种丑恶文化现象，打击侵权盗版正是为保护和促进先进文化的发展创造必不可少的环境和条件。同时，我们还要看到，尊重劳动、尊重知识、尊重人才、尊重创造这些现代版权保护的基本理念，本身也是中国先进文化的重要内核。完善的版权保护制度，不但对鼓励优秀作品的创作与传播，推动先进文化的繁荣与发展，促进社会主义物质文明、政治文明和精神文明建设具有十分重要的作用，而且对在吸收外来优秀文化成果的基础上，充分挖掘本土传统文化资源的现代价值，培育和发展中国的先进文化同样具有十分重要的意义。

版权保护的受益者既有文学、艺术和科学作品的创作者与传播者，也有利用文学、艺术和科学作品来提高自身科学文化素质、参与社会文化经济活动的广大消费者。有效的版权保护能够充分体现和维护人民群众的根本利益，促进文化事业和版权产业的繁荣与发展。充分发挥版权制度的激励作用，鼓励文学家、科学家、艺术家和版权产业界为社会提供更多的高质量的精神和物质产品，不断满足人民群众日益增长的多层次物质文化需求，是版权保护工作的基本出发点和必然归宿，也是版权保护工作实践“三个代表”重要思想的必然要求。

全面深入地学习领会、贯彻落实十六大精神，就要把版权行政管理工作放在实践“三个代表”重要思想的高度来认识，充分认识做好新时期新阶段版权保护工作的重要性。坚持把“三个代表”重要思想作为衡量版权保护工作得失的标准，使版权保护工作与先进生产力的发展要求一致，与先进文化的前进方向一致，与促进“三个文明”协调发展这个大目标相一致，进一步增强版权保护工作的政治意识、大局意识、责任意识，努力提高依法行政的自觉性和坚定性，为促进我国社会主义文化和科学事业的发展与繁荣做出积极贡献。

（二）以十六大精神统领版权保护工作的全局，必须牢固树立发展为第一要务的思想

江泽民同志在十六大报告中强调指出：“党要承担起推动中国社会进步的历史责任，必须始终紧紧抓住发展这个执政兴国的第一要务，把坚持党的先进性和发挥社会主义制度的优越性，落实到发展先进生产力、发展先进文化、实现最广大人民的根本利益上来，推动社会全面进步，促进人的全面发展。”做好新时期的版权保护工作，最重要的任务之一就是要为经济建设服务，促进版权产业的发展。具体讲，就是要使版权保护工作为我国的经济发展和社会全面进步提供强大的智力支持和法制保障，把潜在的版权价值转化为现实的生产力，增强和提高我国的“软国力”，实现版权保护与经济发展和社会全面进步的良性互动。

版权作为一种智力成果，在推动人类文明进步和经济发展中扮演着十分重要的角色，尤其在知识经济时代，这种作用更加明显。版权产业以智力成果为资源，以知识创新为动力，在一些发达国家的经济体系中占有十分重要的地位，在经济发展和对外贸易中发挥着重要的作用。以美国为例，在过去的二十年里，美国 GDP 中版权产业的增长速度年均7%，是国民经济同期增速的两倍。2001 年，美国核心版权产业创造了大约 5 351 亿美元的产值，占 GDP 的5.24%，创造的就业机会将近 800 万个，出口总额超过 889 亿美元。我国经过 20 多年改革开放，在发展市场经济和知识经济过程中，以文学艺术、新闻出版、广播影视、信息软件等产业为重点的版权产业正在形成并迅速发展，有的已具有相当的规模和实力，在经济发展过程中展现了强劲的后发优势。以图书出版为例，1992 年，我国图书发行金额为 100.7 亿元，占当年 GDP 的0.38%，2001 年增长到 408.9 亿元，占当年

GDP的0.43%,年均增长率为22.5%,是同期国民经济增速的2.4倍。再看看软件产业的情况,我国的软件产业1992年的产值为43.7亿元,占当年GDP的0.16%,2002年增长到1 100亿元,占当年GDP的1.07%,年均增长38%,是同期国民经济增速的4倍。软件产业已成为国民经济的重要支柱产业,有力地促进了经济增长和经济结构调整,丰富和改善了人们的物质文化生活,增强了综合国力,对国民经济增长起到了突破性重大带动作用。特别是2000年国务院颁布实施18号文件以来,软件产业发展更为迅猛。随着我国软件产业发展环境的进一步改善和国内信息化建设对软件需求的不断增长,预计今后几年我国软件产业销售额和出口将继续保持30%~35%和50%~60%的增长,到2005年我国软件销售额将达到2 500亿元。党的十六大提出:"坚持以信息化带动工业化,以工业化促进信息化,走出一条科技含量高、经济效益好、资源消耗低、环境污染少、人力资源优势得到充分发挥的新型工业化路子。"走新型工业化之路,把我国版权产业的发展提到了前所未有的重要地位。

改革开放以来,虽然我国的版权产业有了长足的发展。但是我们必须看到,我国实行现代版权保护制度的时间还不长,版权作为知识经济发展的重要动力源的作用还没有充分发挥出来。我国的文学艺术、新闻出版、广播影视、信息软件等相关版权产业的发展潜力还非常大。因此,版权保护工作必须着眼于与产业发展相结合,准确把握版权保护与经济发展的关系,把发展经济、为产业服务作为版权保护工作的着力点和立足点。

发展版权产业,就是要更多地把作品的创作、开发和利用当作一种经济活动,按照社会主义市场规律的要求来加以推动和促进。作品的创作是一种精神和智力活动,而作品的传播和营销,却是一种经济活动,一定要符合市场法则。就是创作活动本身,也不能仅靠精神鼓励,也需要一定的经济基础。没有物质刺激与经济补偿,创作活动也就无法进行。因此,创作活动也要用价值规律作为基本的准则。版权,是其所有者的一种重要的经济权利。版权部门必须牢固树立符合社会主义市场经济要求的版权保护观,并以此来加强和改进我们的工作。只有牢牢把握住发展这个执政兴国的第一要务,始终坚持以经济建设为中心,冲破一切妨碍发展的思想观念,改变一切束缚发展的做法和规定,革除一切影响发展的体制弊端,才能真正促进版权产业的蓬勃发展。

(三)以十六大精神统领版权保护工作的全局,必须做到解放思想、实事求是、与时俱进

"创新是一个民族进步的灵魂,是一个国家兴旺发达的不竭动力,也是一个政党永葆生机的源泉"。版权保护工作必须紧密结合中国特色社会主义的实际,以创新为动力,解放思想、实事求是、与时俱进,在深入创新上下功夫,着力开创新时期版权工作的新局面。

一要把保护创新作为版权工作的出发点。创新是知识经济时代的根本要求和基本特征,版权保护制度的产生,就是源于对智力创新成果的保护,保护创造是版权保护最基本的品格。十六大报告重点强调创新是我们长期坚持的治党治国之道,强调"必须把增强民族创新能力提到关系中华民族兴衰存亡的高度来认识","把弘扬民族精神作为文化建设极为重要的任务"。实施版权保护制度,就是要着力保护中华民族伟大复兴所赖以实现的我们民族的伟大创新精神和创新能力。

二要版权保护工作自身也要着力进行体制和机制的创新。朱镕基同志2001年12月13日和李长春同志2003年1月14日视察新闻出版总署(国家版权局)时都强调,新闻出版、版权行政管理部门要转变政府职能,依法加强社会监管。如何加快版权管理体制和管理机制的转变,是各级版权行政管理部门当前面临的重大而又紧迫的课题。版权行政管理从本质上讲,就是版权行政管理部门依照《中华人民共和国著作权法》和其他相关的法律、法规,履行宏观调控、社会监管、政策咨询和公共服务的职能。版权行政管理部门转变职能、加强监管,其最终目的就是为了营造良好的版权保护社会环境,建立规范有序的版权活动和版权市场秩序,促进文学艺术和科学事业的繁荣与发展。为了实现政府职能的转变,各级版权行政管理部门在依法加强社会监管,特别是加强行政执法的同时,还必须进一步增强服务意识,提高服务水平,改进服务方式,完善服务体系,注重社会监管和公共服务的并重推进。做到既严格执法,又注重社会服务;既有效地遏制侵权盗版行为,又积极促进版权产业的发展。在继续加大力度打击各种侵权盗版行为、营造良好的版权保护社会环境的同时,还要对产业发展进行宏观研究、制定切实可行的版权保护政策,为相关产业提供政策咨询和服务;宣传普及版权法律法规,提高全社会版权保护法律意识。通过深入研究,积极探索,创新工作思路,实现版权行政管理部门政府职能的真正转变。

版权行政管理部门转变职能,关键是加强社会监管,核心是依法行政。社会监管是版权行政管理部门的责任和义务,是建立规范有序的版权活动和版权市场秩序的前提;依法行政就是版权行政管理部门按照法定授权和法定程序来实施行政行为,是依法治国的必然要求。因此,我们必须严格执法程序,规范行政行为。2003年版权行政管理部门将采取一系列措施来加强依法行政的力

度。首先对《著作权行政处罚实施办法》进行重新修订，严格规范版权行政管理部门的行政监管、执法程序。其次在全国版权管理部门全面建立和推行行政执法责任制，以此来推动和促进全国版权部门职能的转变。推行行政执法责任制，是2003年新闻出版总署(国家版权局)机关的一项重要的工作，要根据《著作权法》和《计算机软件保护条例》、《著作权法实施条例》所确定的原则，建立健全以履行法定职责为主要内容、以层级监督为主要形式的行政执法责任制，以保障版权行政行为的合法正确和版权法律法规的有效实施。

三要在队伍建设方面创新。要坚持以人为本，树立人才兴业的观念，重视干部队伍政治思想和科学文化素质的提高，加快干部队伍年轻化、知识化、专业化进程，建立健全竞争激励机制，积极探索版权专业人才资源配置新路子。要在干部正常交流轮岗的基础上，从实际工作出发，尽量保持版权队伍的相对稳定性。要大力开展版权队伍的教育培训工作，不断提高版权干部队伍的政治素质和专业知识水平，全力打造学习型团队。要深入开展评选"双先"活动，大力加强职业道德教育和行业作风建设，把版权队伍建设成为"政治合格，业务精通，作风过硬"的坚强队伍，以适应新时期版权保护工作不断发展的需要。

(四)以十六大精神统领版权保护工作的全局，必须不断完善版权法制建设

十六大指出，全面建设小康社会，必须"走新型工业化道路，大力实施科教兴国战略和可持续发展战略"，"要鼓励科技创新，在关键领域和若干科技发展前沿掌握核心技术和拥有一批自主知识产权"，并且明确提出要完善知识产权保护制度。

版权保护制度，是走新型工业化道路的重要法律保障，是知识经济时代将智力资源作为第一要素进行资源配置的法律条件，是知识经济实现资产投入无形化的基础。版权保护制度，已成为知识经济时代法律制度的重要内容。版权作为知识产权的重要组成部分，在信息化带动新型工业化的进程中将发挥越来越重要的作用。

版权行政管理部门肩负着制定版权保护政策法规、加强法制建设的责任，从我国的实际情况出发，加强调查研究，努力探索和把握社会主义市场经济体制下版权保护工作的规律，逐步完善版权保护制度，是我们当前和今后相当长时期内的一项重要任务。我们要在认真做好调研工作的基础上，按照十六大报告提出的"进一步健全社会主义民主制度，加强社会主义法制建设，加强立法工作，提高立法质量"的要求，全面贯彻"三个代表"重要思想，充分考虑中国政治、经济、文化、科技的发展状况，注重立法工作的前瞻性，积极做好著作权法配套法规规章的制定和修改工作，进一步完善我国的版权保护制度，为2010年形成中国特色社会主义法律体系贡献我们的智慧和力量。

三、解放思想、实事求是，与时俱进、开拓创新，切实做好2003年各项工作

如何推进2003年的版权工作，《国家版权局2003年工作要点》已经进行了总体规划。2003年版权保护工作的总体思路是：高举邓小平理论伟大旗帜，以"三个代表"重要思想统领全局，深入学习宣传贯彻落实十六大精神，解放思想，实事求是，与时俱进，完善立法、加强监管、严格执法、强化宣传，以中心城市为重点，全面做好版权保护工作，服务版权产业，促进经济发展，为社会主义现代化建设服务，为全面建设小康社会，开创社会主义事业新局面做出应有的贡献。版权行政管理工作的主要思路是：继续加大社会监管和行政执法力度，坚决打击各种危害公共利益的侵权盗版行为；深入调查研究，认真做好著作权法配套法规、规章的制订工作；加大宣传力度，进一步提高全社会的版权保护意识和版权所有者的维权能力；增强服务意识，促进版权产业的发展。2003年版权保护工作的总体思路和主导方向已经确定，下一步关键在于抓落实。

(一)切实加强监管，严格执法，坚决打击侵权盗版行为

朱镕基总理在2003年的政府工作报告中强调："整顿和规范市场经济秩序是一项长期的任务，必须坚持不懈地进行下去。要标本兼治，重在治本。继续抓好专项整顿，突出重点，严厉打击制假售假等违法犯罪行为。抓紧查处破坏市场经济秩序的大案要案"。目前，各种不法之徒的侵权盗版活动十分猖獗，他们的违法行为严重挫伤了广大文学、艺术和科学作品作者与传播者进行创造性劳动的积极性，阻碍文学艺术、新闻出版、广播影视、信息软件等产业的繁荣与发展；严重破坏市场经济秩序，损害版权所有者和广大人民群众的根本利益；严重违反我国签署的国际版权条约，损害我国政府的国际形象。因此，各级版权行政管理部门必须切实加强社会监管和行政执法，加大打击力度，下大力气扭转和遏制侵权盗版屡禁不止的状况。

首先，要突出"重点地区、重点产业和重点部位"。所谓重点地区，就是指经济文化发达、版权相关产业密集的中心城市；所谓重点产业，就是指新闻出版、广播影视、计算机软件等以版权为动力源的相关产业；所谓重点部位，就是指以版权为主要资源的高科技园区，销售版权产品的书报刊、音像电子出版物和软件市场，以及其他大型集市贸易市场。抓住了重点就抓住了根本，治理好了重点地区、重点产业和重点部位，我国版权保护的整体环境就将极大地改善。

其次，要坚持专项治理与日常监管相结合，标本兼治、整体推进。2003年版权执法的专项治理工作的主要任务是：1．“两会”期间和“世界知识产权领导人会议”前的打击侵权盗版专项斗争；2．春秋两季打击“两教”侵权盗版专项斗争；3．落实《振兴软件产业行动纲要》打击软件侵权盗版专项斗争。“两会”已经胜利闭幕，接下来，我们还要通过三个专项治理，为“世界知识产权领导人会议”营造良好的社会氛围，遏制教材、教辅和软件盗版猖獗的势头。各级版权行政管理部门在专项治理工作中，要确定重点治理目标，制定治理工作方案，做好检查落实工作。加强日常监管是版权行政管理部门经常性、制度性的治本工作，是营造良好的版权保护社会环境的基础。刘云山同志在2003年全国“扫黄”、“打非”工作小组第一次全体会议上强调：要在全社会开展“拒绝盗版”活动，并将其纳入公民诚信教育和文明创建活动，形成抵制盗版、保护知识产权的自觉意识和良好氛围。各级版权行政管理部门要认真贯彻云山同志的重要指示精神，充分发挥公民诚信教育和文明创建活动的政治优势，把反盗维权的工作与文明创建活动结合起来，延伸到企业、街道和社区，逐步形成全社会拒绝盗版的良好风气。

第三，要发挥中心城市在打击侵权盗版工作中的重要作用。中心城市版权行政管理部门处于反盗维权工作的第一线，直接承担着社会监管和行政执法的任务。国家版权局和各省级版权局要转变观念，加强政策法规的制定和版权管理工作的宏观指导，下移执法重心，延伸管理队伍，充分调动中心城市版权局的积极性，支持和帮助中心城市版权行政管理部门开展工作，并通过中心城市的工作，以点带面，将版权保护工作不断推向深入。

第四，各级版权行政管理部门在社会监管和行政执法工作实践中要加强与相关政府部门的配合，形成打击侵权盗版行为的合力。十六大报告强调，深化行政管理体制改革，要提高行政效率，降低行政成本。目前，全国的版权行政管理部门机构还不健全，队伍还不充实，装备还不先进，手段还不强硬，这就要求我们在加强版权社会监管和促进版权产业发展方面，特别是在严厉打击各种侵权盗版活动时，主动争取党和政府的领导，主动争取“扫黄”“打非”、文化、公安、工商、海关等部门的支持，形成合力，共同推进版权保护这项社会系统工程的有效实施。

第五，查处大案、要案。各级版权行政管理部门在专项治理和日常监管工作中，要注重大案要案的查处。在打击流通渠道违法行为过程中，要重视对生产源头侵权盗版行为的查处，要注重深挖线索、追根溯源，坚决打击制作盗版教材教辅、盗版光盘和盗版软件的违法犯罪行为。对在全国有影响的大案要案，要及时与国家版权局沟通，以便统一协调、会同各方面力量，提高办案效率。

（二）继续推进地方政府部门带头使用正版软件

软件产业是信息产业的核心，是国民经济发展的基础性和战略性产业，是信息化建设的关键环节。党中央、国务院一贯高度重视软件产业的发展，2000年以来陆续出台了有关促进软件产业发展、打击盗版软件方面的政策文件。朱镕基同志2002年明确提出“我国软件产业要力争两年赶上印度”。李岚清同志多次强调，促进软件产业发展，必须坚决打击盗版软件的违法行为，必须在全社会推进使用软件正版化工作，政府部门必须在使用软件正版化方面起带头作用。在岚清同志的倡导下，2001年10月，国务院办公厅发出了《关于使用正版软件清理盗版软件的通知》（国办函[2001]57号）。根据国办函[2001]57号文件精神，国务院和各省级政府部门开展了使用正版软件清理盗版软件工作。国务院系统在岚清同志亲自督导下，于2002年5月全面实现了办公通用软件正版化。各省、自治区、直辖市根据国办函[2001]57号文件要求积极推进政府部门带头使用正版软件，北京、上海、广东、浙江四省市以及广州、苏州等中心城市基本实现了政府办公通用软件正版化，天津、黑龙江、广西、贵州等省、市、自治区政府部门清理盗版软件、使用正版软件的工作也取得了明显成效。但是，从总体上来看，这项工作进展不太理想。2002年9月，国务院办公厅转发了国务院信息化工作办公室会同有关部门制定的《振兴软件产业行动纲要（2002年至2005年）》。《纲要》再次重申，“政府部门要率先垂范，带动企事业单位和全社会使用正版软件和国产软件”。2003年2月25日至26日，国务院信息化领导小组办公室、信息产业部、财政部、科技部、计委、国家版权局等九部委在北京联合召开了“贯彻落实《振兴软件产业行动纲要》工作会议”，吴邦国同志在这次会议上所做的书面讲话中指出，“振兴软件产业已经成为当务之急，是我们义不容辞的责任”。因此，希望大家进一步统一思想，提高认识，增强责任感和紧迫感，按照党的十六大提出的以信息化带动工业化、以工业化促进信息化、走新型工业化道路的要求，认真贯彻落实国办函[2001]57号文件精神，认真贯彻落实《振兴软件产业行动纲要》，继续推动各省、自治区、直辖市政府部门清理盗版软件、使用正版软件和国产软件，力争在较短时间内完成这项工作。

（三）增强服务意识，促进版权产业的发展

十六大提出的全面建设小康社会的目标，是中国特色社会主义经济、政治、文化全面发展的目标，是与加快推进现代化相统一的目标。版权保护工作必须服从服务于全面建设小康社会的目标，紧紧围绕经济繁荣、产业发展来开展工作。

版权行政管理部门要牢固树立以版权保护促进产业发展的观念。版权保护工作不仅仅是反盗维权，而且是贯穿于智力成果的创作、使用、交易全过程。因此，版权保护工作服务经济、促进产业发展还有许多工作领域需要我们去开拓。各地版权行政管理部门在加强监管、维护正常市场经济秩序的同时，要根据本地区经济、文化发展特点和产业布局，有针对性地开展鼓励智力成果创作、规范智力成果使用、协调智力成果权交易等工作，促进区域经济和版权相关产业的发展。在这方面，我们部分省市已经积累了一些成功经验。比如：福建德化通过版权保护促进了陶瓷业的发展；江苏南通通过版权保护规范了志浩花布市场经营秩序，繁荣了一方经济；四川省以及成都市版权保护示范点和工作站进工业园区、进大型企业，促进了企业自主知识产权的创新，带动了产业的发展。他们的经验值得全国各地借鉴。各地版权行政管理部门要增强服务意识，根据本地区的实际大胆创新，充分发挥版权保护在促进经济繁荣和产业发展中的作用。

（四）加大宣传力度，提高全民族版权保护意识

我国版权保护工作实践表明，对于处在社会主义初级阶段的人口大国，要消除侵权盗版丑恶现象，真正发挥版权保护在“鼓励有益于社会主义精神文明、物质文明建设的作品的创作和传播，促进社会主义文化和科学事业的发展与繁荣”中的作用，仅靠加强监管还是不够的。提高和增强公民的版权意识和版权所有人的依法维权能力，是版权法制建设的重要组成部分。在目前，增强版权意识，提高维权能力，更具有特殊重要的意义。犯罪分子之所以敢明火执仗地侵权盗版，在一定程度上与公民的版权保护意识淡薄以及版权所有者的维权能力虚弱有很大的关系。因此，加大版权保护宣传力度，提高全社会的版权保护意识，是各级版权行政管理部门当前乃至今后相当一个时期的重要任务。

抓版权保护的宣传普及，首先要做好领导干部的宣传工作，使各级领导充分认识到，在高新技术迅猛发展的知识经济时代，版权保护工作在全面建设小康社会、推进社会主义现代化建设进程中的重要作用，积极争取各级领导对版权保护的关心和支持；其次要加强对公众的宣传教育，使社会各界都能认识到，纵容盗版就是纵容犯罪，就是对国家和民族创新精神的损害，而创新精神的衰落，必然影响到经济发展和社会全面进步，最终危及人民群众的自身利益，通过宣传教育，在全社会形成拒绝盗版的良好社会风气；第三要加强对版权所有者的宣传，使权利人认识到，打击侵权盗版不光是国家和政府的事，是维护其自身的合法权益的需要，动员版权所有者结成广泛的联盟，运用法律武器追究侵权盗版行为人的责任，增强版权所有者反盗维权自觉性和主动性。

各地版权行政管理部门在宣传普及版权法律知识工作中要不断创新，要利用以案说法、公益广告、宣传招贴画等手段来扩大宣传面和宣传效果。2003年各级版权行政管理部门还要抓住世界知识产权领导会议在我国召开的契机，积极宣传我国在保护知识产权、打击侵权盗版方面所做的工作及取得的成效，进一步提升我国保护知识产权良好的国际形象。

（五）加快立法进程，完善法规规章

为适应我国社会主义市场经济体制要求，全球高新技术迅猛发展趋势，特别是加入WTO的需要，从2001年年底起，全国人大常委会、国务院陆续修订了《中华人民共和国著作权法》、《计算机软件保护条例》和《中华人民共和国著作权法实施条例》，我国的版权法律制度得到了进一步完善。根据著作权法的要求，国务院和国家著作权行政管理部门还需制定大量的行政法规和部门规章。虽然2002年国家版权局在各地版权行政管理部门的支持配合下，法规规章的起草工作取得了突破性的进展，但从整体看，版权行政管理部门所承担的立法工作任务仍然十分繁重。

2003年是调查研究之年，中央宣传思想领导小组已就宣传文化领域有关“文化建设和文化体制改革”调研工作做了专门部署。国家版权局根据中央宣传思想领导小组的统一部署，已对“版权保护与版权产业的发展”、“版权集体管理制度的建立与发展”以及“加入WCT、WPPT两个新条约对中国的影响”等调研课题进行安排。我们要把调研工作与立法工作有机结合起来，在深入调研的基础上积极推进法规、规章的起草工作，尽快完成制定著作权法配套法规规章的工作任务。

各地版权行政管理部门，除继续支持国务院法制办和国家版权局制订与著作权法配套法规规章外，还要结合本地区的情况，争取本地立法部门的支持，制订本地区实施版权法律法规、强化版权行政管理的具体办法。

各级版权行政管理部门在做好以上重点工作的同时，还要加强版权行政管理机构和队伍建设，加强对版权行业协会和版权集体管理机构的指导，加强对版权贸易的法律服务和示范引导，全面推进版权保护工作。

同志们，让我们紧密地团结在以胡锦涛同志为总书记的党中央周围，以“三个代表”重要思想统领版权保护工作的全局，深入学习贯彻十六大精神，解放思想，实事求是，与时俱进，开拓创新，在全面建设小康社会、推进社会主义现代化建设进程中，努力开创我国版权保护工作的新局面。

在全国法院专利审判工作座谈会上的讲话

最高人民法院副院长　曹建明

在全党和全国各族人民深入学习贯彻党的十六届三中全会精神的形势下，今天我们在这里召开全国法院专利审判工作座谈会，深入分析当前专利审判工作面临的新形势和紧迫任务，重点研究专利侵权判定基准等涉及国家专利战略和完善国家创新保护机制问题，这是贯彻十六届三中全会关于“建立归属清晰、权责明确、保护严格、流转顺畅的现代产权制度”，“依法保护各类产权”，“全面推进经济法制建设”，“加强对法律法规的解释工作”重要精神的具体步骤和务实举措。

党的十六届三中全会是在全党兴起学习贯彻“三个代表”重要思想新高潮，全国各族人民沿着党的十六大指引的方向满怀信心全面建设小康社会的历史进程中召开的重要会议。这次全会，对于全面推进我国改革开放和社会主义现代化建设，把中国特色社会主义伟大事业继续推向前进，具有重大的现实意义和深远的历史意义。从初步建立社会主义市场经济体制到完善社会主义市场经济体制，这是党在新世纪新阶段作出的重大历史性决策，也是对全党新的重大历史性考验。全会通过的《中共中央关于完善社会主义市场经济体制若干问题的决定》，是进一步深化经济体制改革，促进经济和社会全面发展的纲领性文件，对完善社会主义市场经济体制的各个方面作出了全面规划和工作部署，必将为全面建设小康社会提供体制保证。作为当前全党和全国工作的一项重要任务，就是要学习好贯彻好落实好党的十六届三中全会精神。下面我就专利审判工作如何贯彻落实十六届三中全会精神问题，以及专利审判工作的形势和任务，谈几点意见。

一、全国专利审判工作的基本形势

1985年4月，《中华人民共和国专利法》的施行，标志着我国专利司法保护工作的正式启动。十八年的专利审判工作取得了很大的成绩，国内外同行和社会各界也给予很高的评价。但是，应当清醒地看到，我国的专利审判工作不仅要面对巨大的案件压力，而且还要面对严峻的国际挑战，特别是与当前我国的改革开放新形势和市场经济发展的要求，与党和国家的中心工作任务和经济发展、社会进步的要求还不很适应，专利审判工作面临着前所未有的新形势。

（一）专利审判工作的现状和案件压力

专利审判成绩巨大。经过十八年的努力奋斗，我国的专利司法保护从无到有，执法水平不断提高，工作基础日益扎实，依法及时公正地审理了大量专利纠纷案件，卓有成效地保护了专利权。从1985年至2003年上半年，全国法院共受理一审专利纠纷案件14 969件，审结13 827件，其中侵权纠纷约占80%以上。2002年全国法院新收一审专利纠纷案件占全部新收一审知识产权案件的33.55%。自2001年以来，人民法院还受理了一批申请诉前采取责令停止侵犯专利权行为和诉前证据保全的案件。另外，北京市高级法院和第一中级法院的知识产权专门审判庭还审理了大量专利行政复审和无效宣告请求案件，从1993年至2003年10月，共受理一审案件452件。不少专利案件的审理引起了国际和国内的广泛关注。在不断总结审判经验的基础上，最高法院自1985年起先后制定和公布了多个专利民事司法解释，建立和完善了一系列重要的专利审判制度和法律适用原则。最高法院先后指定了47个中级法院作为专利纠纷案件的第一审法院，对专利纠纷案件实行相对集中管辖。针对知识产权案件的专业性特别是专利案件的技术性特点，最高法院和各高级法院、各省会市以及许多较大城市中级法院都建立了知识产权专门审判庭；没有成立专门审判庭的，也基本上做到了由专门的合议庭负责审理专利案件。各级法院普遍注重专利审判人才的培养，初步形成了一支注重理论与实践的结合、准确适用法律、政治过硬、作风优良、廉洁奉公的专利法官队伍。

专利审判任务越来越重。自人民法院开展专利审判工作以来，专利案件特别是专利侵权案件的数量持续增长。从1998年至2002年，全国法院受理的一审专利纠纷案件平均每年递增15.68%，高于全部知识产权案件平均增幅近五个百分点，与近年一般民事案件数量相对稳定、略有升降的局面形成了鲜明对比；在数量上，与专利行政执法机关处理的专利案件相比，自1990年以来也一直居于高位。随着国外企业在多个领域的核心技术在我国获得专利授权，特别是中国加入世界贸易组织，中国对外贸易不断扩大，国外对中国知识产权保护关注的重点必将转移到对权利的保护上来，涉外专利纠纷很有可能在一段时间内比较集中地出现。北京市法院知识产权专门审判庭受理的专利行政案件自2001年新修订的专利法施行以来也成倍增长，从2000年至2002年平均年递增162%。可以预见，专利案件数量持续上升的势头短期内将不会改变，专利审判任务在相当长的一个时期内将面临巨大的案件压力。

专利审判也遇到了许多司法难题。目前专利审判仍面临着许多复杂、疑难的法律适用问题，需要通过完善立法和制定司法解释等予以明确和规范；我国专利法实施的时间还不长，专利保护的实际运作机制还不很顺畅；专利案件审理周期相对较长，因中止诉讼导致的案件久拖不决的问题还比较突出；各地专利审判发展水平不很平衡，执法经验和水平也还有所差异，专利审判的整体水平有待进一步提高；专利法官队伍的职业化建设有待进一步加强，提高队伍的整体素质仍是需要着力解决的问题。

(二)专利审判面临着严峻的国际挑战

在知识经济的时代背景下，国际知识产权保护态势正在发生深刻变化，发达国家不断强化知识产权保护，大幅提升知识产权保护水平，制定并实施知识产权战略，极力推进国际知识产权规则朝有利于发达国家的方向变革；传统国际法上的执法主权原则在知识产权领域受到挑战，国际知识产权正在从关注规则的建立向侧重于关注执法问题的方向发展。近年来，美国、日本、欧洲均在推行其知识产权战略。美国在2002年出台了21世纪战略规划，旨在建立以市场为先驱的知识产权制度。最近美国有一些人批评、指责中国的贸易政策，中国对知识产权保护问题是其关注的重点之一。日本将其“技术立国”的国策修改为以“知识产权立国”，在2002年底制定了知识产权基本法，2003年3月政府内阁又成立了首相亲自挂帅的知识产权战略本部，制定了“知识产权战略推进计划”，司法制度改革和政府支持以打击国外侵权均是其知识产权保护战略的重点。欧盟也一直通过多种渠道对我国的知识产权保护工作施加影响。目前发达国家还正在努力把知识产权执法问题作为世界知识产权组织的主要议题，该组织最近就成立了专门负责审议有关知识产权执法问题的执法咨询委员会。发达国家推行知识产权战略的目的是，以知识产权保护来推动其国内经济的发展和扩张其在全球的经济战略，以保持其大国地位和在全球的影响力；其关注的重点是知识产权的国际保护，明显有指向包括中国在内的发展中国家的倾向。

未来世界的竞争主要是技术和智力资源的竞争。目前世界经济正在恢复中，而我国经济快速发展，中国市场对于跨国公司而言愈显重要。我国与国际经贸关系也会越来越紧密，相互依赖性增强。一些跨国公司更加注重通过专利战略和国际技术标准，通过行使知识产权的方式，以增强其技术垄断地位。毋庸置疑，专利审判作为知识产权执法的重要内容，将越来越多地成为国际和国内关注的执法热点。近年来，我国与某些国家的贸易摩擦时有发生，我国企业在知识产权领域特别是专利问题上遭遇的跨国纠纷不断。在这种严峻的国际挑战和日趋激烈的国际竞争面前，如何处理好专利案件特别是涉外专利案件，将是对我国专利审判工作的重大考验。

(三)党和国家的战略决策和经济发展、社会进步对专利审判工作提出了新要求

人类社会正在进入知识经济的崭新时代。知识经济是以科学技术为第一生产要素的智力经济。鼓励发明创新，依法保护专利权，有利于促进社会生产力和国民经济发展，符合最广大人民群众的根本利益。党的十六大明确提出要“大力实施科教兴国战略”，“完善知识产权保护制度”，“鼓励科技创新，在关键领域和若干科技发展前沿掌握核心技术和拥有一批自主知识产权”。2002年中央经济工作会议也再次强调要实施专利战略，迅速提升我国拥有自主知识产权的能力。十六届三中全会又提出要“营造实施人才强国战略的体制环境，加快国家创新体系建设”。在法律制度体系中，专利制度与科学技术、科技人才有着最直接、最显著的特殊联系。“专利制度就是给智慧之火添加利益之油”，是直接激励科技创新、保护科技人才的制度，具有其他任何制度所不能替代的独特作用。党和国家的一系列方针、政策表明，实施专利战略包括专利保护战略，已成为我国全面建设小康社会战略措施的重要组成部分。专利制度的核心是对发明创造专利权实行有效的保护，专利司法保护是保护专利权最有力的方式和重要的途径。如何通过专利审判工作为实现党和国家的这些战略、方针提供有力的司法保障，是对新时期人民法院工作提出的新的、更高的要求。

改革开放以来，“科技是第一生产力”已经成为全民共识，科技进步呈加速发展的态势，自主知识产权有所积累。本月16日，使用我国拥有完全自主知识产权的“神舟”飞船进行首次载人航天飞行的成功，实现了中国人千百年来飞天的梦想，也标志着我国向科技大国的稳步迈进。但是，目前我国的经济实力和科技水平与发达国家相比仍然存在着较大差距，我国的自主知识产权竞争能力与发达国家的差距则更加明显。截至2003年8

月底,我国专利受理量累计突破182万件,授权累计100万件。从数量指标看,我国已经成为一个专利大国。但是按照综合指标衡量,我国还远非专利强国。在真正体现技术创新的领域,已授权的12万件发明专利中,国内申请仅占1/3略强;而在技术含量低的领域,目前已授权的近88万件实用新型和外观设计专利中,国外申请仅占不到4%。针对我国现阶段的科技发展水平和专利状况,如何通过专利司法保护为提升我国的自主知识产权竞争能力,加速科技进步作出贡献,是各级法院和专利法官需要认真思考的问题。

我国专利制度实施已近二十年,不仅大大激发了人们的发明创造的积极性,也使专利意识和权利观念深入人心,权利人比以往任何时候都更加注重通过法律手段打击侵权,维护权益,社会比以往任何时候都更加关注专利执法的及时、有效和公平、公正。面对人民群众的迫切需要和社会进步的客观要求,如何通过专利审判贯彻"司法为民"思想,践行"公正与效率"的工作主题,仍需要各级法院和专利法官作出不懈的努力。

二、开拓进取,扎实工作,开创专利审判工作的新局面

当前,我国的发展正处在一个关键时期。"历史机遇是一副光荣的重担,严峻挑战是一种强大的动力。"在经济全球化和科技进步加快的国际环境中,在全面建设小康社会的新形势下,专利审判任务艰巨,责任重大。各级法院和专利法官要从战略的高度充分认识做好专利审判工作的重要性,解放思想,实事求是,与时俱进,开拓创新,努力推动专利审判工作上一个新台阶。

(一)全面贯彻十六届三中全会精神,进一步明确专利审判工作的指导思想

各级法院和专利法官要把对专利审判工作的认识统一到党的十六大和十六届三中全会精神上来。要从实践"三个代表"重要思想,特别是实践"代表中国先进生产力的发展要求"的高度,从为建成完善的社会主义市场经济体制提供有力的司法保障的高度,进一步牢固树立专利审判工作为党和国家的中心工作和大局服务的指导思想,明确专利审判的司法原则,准确定位我国的专利审判工作。

专利审判必须坚持执法统一原则。社会主义市场经济是竞争经济,更是法制经济。按照十六届三中全会精神,"建设统一开放竞争有序的现代市场体系"和"完善经济法律制度"是完善社会主义市场经济体制的目标和任务;"强化市场的统一性,是建设现代市场体系的重要任务"。为此,要"加快建设全国统一市场",要"全面推进经济法制建设,加强执法和监督,确保法律法规的有效实施。"统一的市场要求有统一的规则,要求有统一的法制,要求有统一的司法和行政执法。作为经济法制建设的重要内容,专利审判要做到,在全国统一执法尺度,实现同样或者类似案件的裁判结果相互协调和社会效果基本一致,营造一个公平统一和可预见的专利司法保护环境。

专利审判必须坚持依法平等保护原则。十六届三中全会明确提出建立现代产权制度,并明确指出"产权是所有制的核心和主要内容,包括物权、债权、股权和知识产权等各类财产权","要依法保护各类产权,健全产权交易规则和监管制度,推动产权有序流转,保障所有市场主体的平等法律地位和发展权利"。在知识经济时代,以技术和信息为表现形式的专利等知识产权已构成现代社会最重要的财产类型之一。专利审判要做到,凡是法律赋予的权利和依法应当享有的利益,不论当事人的身份、地域、经济状况,一律予以平等保护,营造一个人人可以平等受益的专利司法保护环境。

专利审判必须坚持适度保护原则。按照十六届三中全会关于"促进商品和各种要素在全国范围自由流动和充分竞争","维护公平竞争"的要求,专利审判要做到,不仅要保障专利权人合法的技术垄断权益,也要保障技术市场中技术的自由流动和充分竞争,注意私权与公众利益的合理界定,既要避免保护不力,也要防止权利的滥用,营造一个公平竞争、能够"让一切创造社会财富的源泉充分涌流"的专利司法保护环境。

专利审判必须坚持利益平衡原则。十六届三中全会提出,要"统筹国内发展和对外开放","完善对外开放的制度保障,更好地发挥外资的作用,增强参与国际合作和竞争的能力"。专利审判要做到,依法对中外当事人的专利权予以平等保护;正确处理好遵守国际规则与维护国家利益的关系,既要适应国际规则,又要始终维护国家利益,促进国内企业开拓市场、技术创新的能力,营造一个符合市场经济、国家发展和世贸组织规则要求的专利司法保护环境。

(二)坚持"公正与效率"的工作主题,贯彻"司法为民"思想,依法保护专利权

肖扬院长在2003年8月召开的全国高级法院院长会议上指出,"三个代表"重要思想的本质特征是"立党为公,执政为民",贯彻于人民法院工作的实际,就是要牢固确立"司法为民"的思想。确保司法公正,提高司法效率,是审判工作的基本价值取向和最高理念,是践行"司法为民"思想的核心内容。审判案件既要追求实体公正,做到认定事实的证据确实、充分,适用法律正确无误,裁判体现立法本意;又要追求程序正义,严格按照法

定程序审理案件,保障当事人的各项诉讼权利。专利审判也不例外。专利审判要贯彻十六届三中全会提出的“依法保护各类产权”的要求,依法办案。

要高度重视专利案件的审理时间问题。清理超审限案件,是当前各级法院的一件大事和衡量工作得失的首要指标。专利侵权案件审理周期普遍较长,这里面既有案件专业性和审判规律性等客观方面的原因,但也有工作安排和审理法官的畏难情绪或者主观努力的原因。面对专利案件持续上升的态势,有关法院要对专利案件的审判效率问题给予格外重视,从审判制度、审判方式、人员调配、审判作风等各方面作出积极努力,做到审理流程的良性循环。目前因当事人向专利复审委员会提出宣告专利权无效的请求而导致法院中止诉讼,造成专利案件拖延的问题比较突出。2002年全国1 106件未结专利侵权一审案件中,因这种原因中止诉讼的就占337件。在现有专利保护体制下解决这一问题,特别需要专利法官提高自身的审查判断能力,参照已有规定,根据个案案情,依据对专利权稳定性的判断,适时、积极作出程序上的处理。

涉及专利案件审理工作中的一些更多的具体问题,志培同志将在会议总结时作出安排。我在此就不再多讲。

(三)加强专利法官队伍的职业化建设,提高队伍整体素质

要开创专利审判工作的新局面,最根本的是要建设一支优秀的专利法官队伍。当前各级法院要按照十六届三中全会关于“坚持以人为本”,“创新人才工作机制,培养、吸引和用好各类人才”,“培养和造就大批适应现代化建设需要的各类人才”,“为改革和发展提供强有力的组织保证”的要求,充分考虑专利审判专业性强、审理难度大、倍受国际社会关注的特点以及专利案件迅速增长的趋势,重视并强化专利法官队伍的职业化建设,加快专业型人才的培养步伐,全面提高专利法官队伍的整体素质,努力培养出一支廉洁的、有专业特长、有丰富审判实践经验并取得优异工作实绩的专利法官队伍。

各级法院要注意从具有理工专业背景、外语基础较好、精通法律、熟悉国际条约的人员中培养、选拔专利法官,配齐、配强专业审判人员;要充分考虑专利审判工作的特点,在任务指标、业务考核、培训深造、国际交流等方面作出科学、合理的安排;要充分考虑专利法官成长的规律,确保专利法官队伍的相对稳定,不能因为人员调整而削弱专利审判力量。

多年的专利审判实践已经证明,专业培训是迅速提高专利法官的专业知识和审判技能的有效途径。为贯彻十六届三中全会关于“多层次、多渠道、大规模地开展人才培训,重点培养一批高层次和高技能人才”的要求,最高法院将进一步加大对全国专利法官专业培训的力度;有关法院也要从实际出发,因地制宜,主动想办法,通过培训和地区间的业务交流等形式,加强对本地区专利法官的培训工作。

专利法官必须从党和国家的工作大局出发,紧紧围绕审判这个中心,充分认识肩负的历史责任,不断学习新知识、研究新情况、解决新问题、进行新探索,不断提高司法水平。要加强学习法律理论和法律知识,做到深谙法理、精通法律、熟悉相关国际公约和条约;要注意学习科技知识,做到理解涉及案件技术对比的技术原理和内容;要跟踪研究国内和国际知识产权保护的最新动态,保持对技术进步与法律保护的关系的敏感性;要拓展国际视野,开展比较研究,在借鉴他人经验的基础上探索具有中国特色的专利司法保护之路。

在这里,我要特别强调,全体专利法官和全体知识产权审判人员要按照十六届三中全会提出的“坚持立党为公、执政为民,务必继续保持谦虚谨慎、不骄不躁的作风,务必继续保持艰苦奋斗的作风,坚决抵制各种不良风气的侵蚀”,“尤其要加强作风建设,做到为民、务实、清廉”的要求,树立正确的指导思想,端正对专利审判工作的态度,兢兢业业,无私奉献,克服困难,自力成才,秉公执法,清正廉洁,不断提高自身的政治、业务素质和司法职业道德修养。

三、开好会议,圆满完成专利侵权判定基准问题的调研

党的十六届三中全会提出“建立归属清晰、权责明确、保护严格、流转顺畅的现代产权制度”;“要依法保护各类产权,健全产权交易规则和监管制度,推动产权有序流转”;“要加快建设全国统一市场”。专利侵权判定的首要问题就是要依法合理界定专利权利范围,统一的专利审判的执法标准直接关系到全国统一技术市场的建设。目前专利审判面临许多执法原则、标准和方法等问题,其中问题最多、难度最大的就是专利侵权判定基准问题,这已成为统一专利执法原则、提高专利司法水平的一个重大课题。为尽快解决这一难题,最高法院决定把“专利侵权判定基准问题”作为本院2003年的重点调研课题之一。本课题的调研得到了与会代表所在单位的大力支持,进展比较顺利。提交本次会议讨论的《最高人民法院关于审理专利侵权纠纷案件适用法律若干问题的规定(会议讨论稿)》,是本课题调研取得的初步成果。可以说,这项工作也是最高法院贯彻落实十六届三中全会关于“加强对法

律法规的解释工作，加大执法力度，提高行政执法、司法审判和检察的能力和水平，确保法律法规的有效实施，维护法制的统一和尊严”的精神的一项具体而重要的举措。

会议期间，大家要对司法解释稿进行重点讨论。目前国际上虽然在专利侵权判定的原则上已形成了一些共识，但国外尚无权威的规范性文件对此予以系统总结，各国在许多具体问题上做法也不一致。我们的调研和司法解释可以说是一项具有开创性的工作。大家一定要本着严谨认真、高度负责的态度，以饱满的工作热情，做到理论密切联系实践，深入细致，畅所欲言。

会议还要就有关专利案件审判中的问题进行经验交流。作经验交流的单位都是办理专利案件较多、实践经验较丰富的法院，他们在审判工作中的许多具体做法和切身体会值得大家学习和借鉴。事实上，司法解释只能就一些实践中具有普遍意义的、比较突出的法律适用问题作出规定，审判工作中的许多具体操作问题需要法官自己去探索，需要我们相互学习，交流经验，共同提高执法水平。

专利侵权判定基准等法律适用问题不是通过一次会议就可以彻底解决的。会后最高法院在吸收大家意见的基础上，还要向有关部门和专家以及社会各界广泛征求意见，听取建议。希望大家一如既往，在会后继续关注和支持这项工作，提意见，出点子，想办法，积极提供案例，以期尽早取得确定性的研究成果，指导审判实践。

总之，这次会议既是一次专题的司法理论研讨会，也是一次深入的经验交流会和难得的业务培训会，同时也是学习贯彻落实十六届三中全会精神，推动我国专利审判工作上台阶的动员会和工作部署会。会议要达到统一认识，提高专业执法水平的目的。希望大家珍惜时间，集思广益，深入探讨，满载而归。

这次会议得到了山东省委、省政法委的高度重视和山东省高级人民法院的大力支持和协助。让我们以热烈的掌声向他们表示衷心地感谢！

同志们，十八年的专利审判，时间虽然不是很长，但我们已经处于知识产权审判的历史潮头。站在新的起点上，机遇与挑战并存，困难与希望同在，各级法院和专利法官要以“三个代表”重要思想和十六届三中全会精神为指导，以“公正与效率”为主题，践行“司法为民”思想，抓住机遇，迎难而上，努力工作，开拓创新，为全面开创专利审判工作新局面，为建成完善的社会主义市场经济体制，为实现全面建设小康社会的奋斗目标，作出新的、更大的贡献。

深入贯彻十六大精神，努力实践三个代表，全面开创科技法制建设和知识产权工作新局面

——在全国科技法制和知识产权工作会议上的工作报告

科技部副部长　李学勇

在党的十六届三中全会胜利闭幕不久，我们今天在这里召开全国科技法制和知识产权工作会议。十六届三中全会作出的《关于完善社会主义市场经济体制若干问题的决定》，明确提出了完善社会主义市场经济体制的目标、任务、指导思想和原则，并对各个方面的工作作出了规划和部署，必将为全面建设小康社会提供有力的体制保障。当前，摆在我们面前的一项重要任务，就是深入学习好、贯彻好、落实好党的十六大和十六届三中全会精神，紧密结合科技工作的实际，扎实工作，狠抓落实，加速科技进步，为全面建设小康社会提供强大支撑。

党的十六大和十六届三中全会都对加强社会主义法制建设提出了明确要求。我们召开全国科技法制和科技创新知识产权工作会议，是贯彻十六大和十六届三中全会精神的一次实际行动。这次会议的任务是：高举邓小平理论伟大旗帜，全面贯彻落实十六大和十六届三中全会精神，深入实践三个代表重要思想，总结近年来科技法制建设和科技创新知识产权工作的经验，认真分析存在的问题，研究和部署下一步的重点任务，与时俱进，开拓创新，努力开创科技法制建设和科技创新知识产权工作的新局面。

参加今天会议的有全国人大教科文卫委员会、全国人大常委会法工委、国务院法制办、最高人民法院等立法和司法机关的有关负责同志，有教育部、国家税务总局、国家知识产权局等国务院部门和直属机构的有关负责同志，有各省、自治

区、直辖市、计划单列市和副省级城市科技管理部门的领导，以及部分科研机构、高新技术产业开发区和法学界的代表。让我们向参加今天会议的部门负责同志和与会代表表示热烈的欢迎。

下面，我代表科技部作工作报告，谈四个方面的内容。

一、我国科技法制建设和科技创新知识产权工作不断取得新突破，为加速科技进步提供了重要保障

科技法制建设和科技创新知识产权工作是全面贯彻依法治国方略、深入实施科教兴国战略的重要任务，是保障和促进科技进步的关键措施。2000年全国科技法制和知识产权工作会议以来，在依法治国方略和科教兴国战略的指引下，在各级人大、相关部门的大力支持和科技界的共同努力下，科技法制建设和科技创新知识产权工作不断跃上新的台阶，取得了显著成效。

(一)科技法制建设不断深入

一是国家科技法律和行政法规制定取得重要进展。继《科技进步法》、《促进科技成果转化法》之后，全国人大教科文卫委员会牵头开展了又一部科技专项法《科学技术普及法》的研究起草工作，各级科技行政管理部门积极配合全国人大立法调研，以科普管理工作实践和地方科普立法经验，为这部法律的出台作出了重要贡献。在积极推动科技专项立法的同时，科技部继续争取其他领域立法对科技工作的支持，在《中小企业促进法》、《政府采购法》等相关经济立法中加入促进科技进步的措施，体现《科技进步法》的精神，如在《中小企业促进法》中建议增加了技术创新专章，在《政府采购法》中建议加入了有关促进科技产业发展的相关条款等。科技部还会同相关部门启动了生物安全、信息技术安全等方面立法的前期调研工作。

在法规政策建设方面，围绕科技基础条件平台建设的新任务，以科技资源保护和共享为目标，已陆续启动了国家科研设施的建设和运行、科学数据的汇交和使用、各类自然科技资源库的建设和共享等方面的立法研究工作，有三项条例已列为国务院2003年立法计划调研项目，并取得相关部门的大力支持；其中国家大型科学仪器设施管理条例、实验动物管理条例修订的调研和起草工作已初步完成，将尽快报送国务院。

二是在国家立法推动下，地方科技立法更加活跃和多样化。全国大部分省、市、自治区以及有立法权的地区都根据《科技进步法》的规定，结合本地方科技进步的需要，制定了各具特色的科技进步实施条例和其他地方性科技法规，不仅数量多，将近200多部，而且调整领域广，操作性强，调整范围包括科技进步、技术市场管理、科学技术普及、成果推广、高新技术产业开发区、民营科技企业等；一些地方还在技术秘密、科技投入、风险投资、科研机构、科技人员、科技条件建设等方面进行了立法探索和尝试，为国家立法积累了宝贵经验。地方立法作为国家立法的重要补充，已成为我国科技法制建设的一个重要组成部分。在依法行政方面，部分地方科技管理部门建立了包括行政执法责任制、考核评议制、过错责任追究制和依法赔偿制等科技行政执法责任制度体系。

三是一系列部门规章和规范性文件的颁布实施，有效促进了法律法规的贯彻落实和科技管理的规范化。围绕《国家科学技术奖励条例》的贯彻实施，科技部先后发布了《国家科技奖励条例实施细则》、《省、部级科学技术奖管理办法》、《社会力量设立科学技术奖管理办法》、《关于受理香港、澳门特别行政区推荐国家科学技术奖的规定》四个部门规章，规范了科技奖励工作的各个方面。为进一步完善科技计划管理，科技部颁布了《国家科技计划管理暂行办法》、《国家科技计划项目管理暂行办法》两个部门规章，对科技计划的设立、计划项目的实施提出基本规范，同时又以科技部令的形式向社会发布《国家科技计划项目评估评审行为准则与督查办法》，实现对计划项目评估评审活动的公众监督。此外，《关于非营利性科研机构管理的若干规定》、《科技类民办非企业单位登记审查与管理暂行办法》等规范性文件的实施，为科研机构立法做好了前期准备。

四是推动了科技法规和规章制定工作的规范化。严格规章制定程序，是进一步提高立法质量的重要环节。为此，根据《立法法》和《国务院规章制定程序条例》的要求，科技部发布第八号令，重新修订《科学技术部规章制定程序的规定》，进一步科学划分规章与规范性文件、“红头文件”的界限，强调规章的规范性和社会公开性，以改变重红头文件、轻部门规章的习惯做法；建立法规、规章立法规划和计划制度，强化规章出台前的法制审查工作，明确法制部门与业务部门在立法工作上的职责分工，保证法规、规章制订工作围绕科技工作的中心任务，有计划、有步骤、有重点地稳步进行，实现科技法规、规章与法律的协调统一性。

为保证科技法制的统一和适应我国加入世贸组织、改革行政审批制度的要求，近年来各级科技管理部门开展了三次大规模法规、规章和规范性文件清理工作，废止、修订了不符合世贸组织规则、不适应科技发展或过期的规章和政策性文件。为适应政务公开的要求，科技部已决定建立科技部公报制度，作为今后科技管理部门公开政令、宣传政策法规的公众渠道。

五是科技法制宣传与培训更加广泛和深入。

配合国家“四五”普法，各级科技管理部门在当地党委、政府的统一部署下，面向科技人员、科研机构和社会公众，广泛、深入地开展了科技法律、知识产权和市场经济法律的宣传培训工作，并呈现出科技法制宣传培训与科技改革和发展紧密结合，法律知识专门培训与科技管理培训相结合，报刊杂志、宣传挂图等传统形式与政务网站等多种新型宣传培训形式相结合的新特点，科技管理干部的法治化管理水平和广大科技人员的法律素质得到了普遍提高，为推进科技进步奠定了良好的社会基础。

(二)科技创新知识产权工作取得了突破性进展

在立法机关和知识产权管理部门的努力下，我国已基本建立起与国际标准接轨的知识产权法律制度，为科技进步提供了重要的环境条件。同时，加强科技创新的知识产权管理已经提到科技工作的重要议事日程，并取得了突破性进展。

一是将“专利战略”确立为新阶段科技发展的三大战略之一，初步形成了科技创新活动的知识产权导向。在科技发展中实施专利战略，加强知识产权工作，就是要在深入分析、准确把握国际科技、经济竞争格局和发展态势的基础上，立足于我国的科技创新优势和潜力，对各个层次的重大科技创新活动按照掌握核心技术及其知识产权的目标要求进行战略部署，运用知识产权制度进一步形成激励创新、加速创新成果扩散和应用的体制和机制，使科技创新活动不断取得新的突破，构建起以自主知识产权为支撑的技术权利保障体系，为全面建设小康社会提供强大科技动力。这已成为新阶段科技工作的首要任务。

为推动专利战略的实施，国家各类科技发展计划不断加大对自主知识产权项目的支持力度，中小企业科技创新基金、国家高新技术产业开发区以及科技企业孵化器、生产力促进中心等对自主知识产权项目予以优先支持，科技基础条件平台建设把扶持专业化的专利信息服务作为科研环境建设的重要方面，转制科研机构产权制度改革和股权激励试点工作积极落实知识产权奖励政策，从而构成了多层次的知识产权导向机制。一些地方科技管理部门围绕提高当地的科技创新能力和效率，也提出了各自的知识产权工作目标和任务。

二是科技计划知识产权管理制度已基本建立。2002年国务院办公厅转发了科技部、财政部《关于国家科研计划项目研究成果知识产权管理的若干规定》，2003科技部发布了《关于加强国家科技计划知识产权管理工作的规定》。上述文件明确规定要把专利权、植物新品种权、计算机软件著作权、技术秘密等知识产权的取得、保护和运用，作为科技计划实施的重要目标，并在项目申请、立项、评审、执行、验收各环节，落实了科技计划管理单位、项目承担单位、项目参与人员的知识产权管理责任；同时基本解决了多年来我国科技计划项目知识产权权责不清的问题。目前，“十五”863计划、科技攻关计划管理制度及项目合同中均增加了知识产权内容，各个重大科技专项招标指南都明确提出了知识产权产出的目标要求。863计划2002年已申请发明专利1418项，部分申请已获得授权；并获得新品种保护权90项。一些地方也开始落实国家关于科技计划知识产权管理的规定，如上海市科委发布具体办法，在对40余项计划项目合同进行知识产权审查时，对近1/3未约定知识产权目标的项目，要求进行重新调整和补充。

在2003年防治SARS科技攻关中，为避免在知识产权上受制于人，科技部会同国家知识产权局提请总指挥部以急电形式发布了《关于加强非典型肺炎防治科研成果的知识产权保护和管理工作的通知》，要求各地、各部门从保护国家利益和安全的高度重视和加强相关知识产权工作；此后科技攻关组向防治SARS科技攻关项目承担单位发布《关于加强防治SARS科技攻关项目知识产权管理的通知》，并设立知识产权与法务工作小组，全面参与科技攻关组活动，为防治SARS科技攻关项目及时提供知识产权服务并进行监督；国家知识产权局向攻关组提供了SARS相关专利数据库，专利代理人协会向攻关单位推荐了一批专利代理机构。这些措施为科技攻关活动依靠科技、战胜“非典”提供了极为有效的知识产权服务。

三是重点科技发展领域的专利发展态势分析工作为实施专利战略提供了重要支撑。突破国外专利壁垒，掌握自主知识产权，必须对相关科技领域的知识产权国际发展态势进行跟踪、分析和评估，在此基础上形成我国的知识产权战略对策，并以此指导科研机构、高校和企业的科技创新活动。为此，科技部会同有关部门，在高清晰度电视国内外专利状况汇总分析方面进行了成功实践，为引导该项目的开展、保护自主知识产权发挥了重要作用；目前又选择了功能基因组、节水、奶业等重大专项，组成有知识产权法律专家、技术专家、知识产权实务人员、专利审查人员、信息分析机构和人员组成的工作组，针对专业领域搜集整理国内外专利和非专利信息，通过权利状况分析和技术分析，提出我国应重点发展的技术方向，确定科研开发的技术路线及其知识产权目标。基因技术等领域的知识产权分析工作已取得进展，将对本领域的科研开发工作实施专利战略提供重要依据。

四是建立了知识产权资助机制。根据科技部、财政部相关文件中关于“在国家有关科研计划经费中可以开支知识产权事务费”的规定，科技部已先后设立了国家转基因植物研究与产业化专项申请专利及植物新品种权补助金、863计划国际专利补助金等，鼓励和扶持国家科技计划项目成果申请国内外专利，目前已有14个项目、20项专利获得了补助。同时，科技部在国家科技计划管理制度中明确要求项目承担单位应当安排知识产权管理和保护的工作经费，并进一步明确"国家科技计划项目经费中可以列支知识产权事务经费，用于专利申请和维持等费用"。很多省、市甚至县级科技管理部门也都相继设立了知识产权补助金，作为推进科技创新知识产权工作的一项重要措施，如江苏省及其13个省辖市都设立了知识产权补助金，广东省科技厅从民营科技发展经费中拿出一定比例用于民营科技园的知识产权培训和辅导工作等。

五是在国家科技计划带动下，一批以技术合作和知识产权分享为纽带的知识产权联盟已经形成。在科研开发和知识产权上实行分工与合作的战略联盟，是多个创新主体强强联合，有效配置科技资源，合理分享创新成果，共同推动高科技产业发展的重要途径。科技部以国家科技计划为引导，已与有关部门共同推动建立了第三代移动通讯战略联盟、电动汽车战略联盟等。其中第三代移动通讯战略联盟以国家科技计划研究开发项目为基础，由项目承担单位中国电信科学院牵头，吸引华为、中兴通讯、巨龙等8家企业加盟，通过共同参加研究开发，合理分享知识产权，形成科技创新、知识产权保护和产业应用相结合的创新与产业化机制，大幅度提高了企业科研投入效率，加速了研究开发和产业化的进程。在地方，一批高新技术产业开发区也在积极推动知识产权联盟的形成和发展，进一步探索其有效途径和成熟模式。

同志们，我们在科技法制建设和科技创新知识产权工作中取得的每一项成绩，都凝聚着各级科技管理部门和全国科技界的辛勤努力，更离不开立法机关和国务院各有关部门的大力支持。请允许我代表各级科技管理部门，向他们表示衷心的感谢。

在肯定成绩的同时，还要清醒地认识到，我们的工作中仍然存在不少问题，距离新时期加速科技进步的要求还有较大差距。个别科技管理部门对科技法制建设和科技创新知识产权工作重要性的认识还不到位，推进立法和制度建设的积极性、主动性还远远不够，仍然存在重政策轻法律、重成果轻知识产权等问题。我们的科技立法和制度建设工作还缺乏系统性、前瞻性，跟不上科技发展的步伐，许多领域和环节还存在法制空白点；法律实施、制度落实的保障体系和监督机制也没有完全建立，已经颁布的法律和制度尚未发挥出应有的效用。一些法律条文过于原则，同时又缺乏具体的配套制度，难以操作。虽然我们已经建立了与国际接轨的知识产权制度，但是企业、科研机构、大学等创新主体的知识产权保护、管理和运用能力亟待提高，普遍存在自主知识产权总量不多、质量不高、保护不力等问题，我国在知识产权方面受制于人的局面还没有从根本上扭转。

已经取得的成绩，是新时期加速推进科技法制建设和科技创新知识产权工作的重要基础；仍然存在的问题，明确地告诫我们今后的任务还十分艰巨。我们要认真总结成功的经验，进一步予以丰富和发展；更要高度重视存在的不足和差距，深入分析原因，有针对性地找出解决问题的途径和对策，使科技法制建设和科技创新知识产权工作，在新的起点上与时俱进，开拓创新，不断跃上新的台阶。

二、深入学习领会党的十六大和十六届三中全会精神，进一步认识科技法制建设和科技创新知识产权工作的重要性、紧迫性

党的十六大确立了全面建设小康社会的奋斗目标，系统提出了社会主义法制建设的指导思想、基本原则和目标；刚刚结束的十六届三中全会通过的《决定》，再次强调了法律制度在社会主义市场经济体制中的地位和作用。党的十六大同时提出，走新型工业化道路，全面建设小康社会，必须充分发挥科学技术作为第一生产力的重要作用，鼓励技术创新，在关键领域和若干科技发展前沿掌握核心技术，拥有一批自主知识产权。十六大和十六届三中全会为加强科技法制建设和科技创新知识产权工作指明了方向，提出了更高要求。深入学习、认真领会、准确把握新时期、新阶段提出的新要求，对于我们进一步做好今后的工作具有十分重要的意义。

第一，加强科技法制工作是社会主义法制建设的必然要求。全面建设小康社会，要以邓小平理论和三个代表重要思想为指导，以经济建设为中心，推进中国特色社会主义经济、政治和文化的全面进步，促进物质文明、政治文明和精神文明的协调发展。其中一个重要方面，就是要使我们的"社会主义法制更加完善，依法治国方略得到全面落实"。完善的法制环境是现代文明的重要标志，是政治文明建设的重要内容，也是促进经济建设和社会进步的重要保障。胡锦涛总书记明确指出，"依法治国，就是广大人民群众在党的领导下，依照宪法和法律规定，通过各种途径和形式管理国家事务，管理经济文化事业，管理社会事务，保证国家各项工作都依法进行，逐步实现社会主义民主的制度化、法律化"。温家宝总理在第一次国务院全体会议上提出，要将"民主科学决策，依法行政，人民监督"作为政府工作的基本准则。在加速推进社会主义现代化建设的进程中，科技越发展，经济越繁荣，社会越进步，就越需要加强法制建设，以引导和规范社会经济生活；在完善社会主义市场经济体制的深化改革中，从事关全局的经济转轨，到不断深化的制度创新；从推动政府转变职能、加强宏观调控，到规范各类市场经济主体的技术经济行为，同样需要强有力的法制环境作保障。在发展社会主义民主政治的实践中，更需要全面落实依法治国的方略，使人民的政治、经济和文化权益得到充分保障。

社会主义法制建设涉及政治、经济、科技、文化和社会生活等各个领域，科技法制建设对于保障科技第一生产力发展具有重要意义。在全面推进社会主义法制建设的实践中，科技管理部门必须努力提高自身的法律素质，保证法律法规的有效实施，维护法律的统一和尊严，特别要在加强科技法制建设方面率先垂范，勇于实践，为建设完备的、有中国特色的社会主义法治环境作出我们应有的贡献。

第二，加强科技法制建设是新形势下加速科技进步，深入实施科教兴国战略的迫切需要。科技和法律是现代文明的"双翼"。当代科学技术飞速发展，新的科学技术领域和创新组织形式大量涌现，在为人类社会带来巨大文明与进步的同时，也对我们已有的社会关系乃至伦理道德产生了重大冲击。如基因技术的研究和应用，对人的隐私、人类伦理和民族安全都构成了潜在威胁；信息技术的迅速普及，已使网络安全、电磁波污染等成为人们普遍关注的社会问题；科技中介、风险投资等科技服务活动与科技创新的广泛结合，对规范社会技术经济行为提出了新的要求。面对科学技术进步带来的新挑战，我们必须通过加强科技法制建设，进一步确立和实施稳定、规范的制度和规则，一方面积极促进、科学规范新兴技术的研究开发，正确定位各类新兴机构和组织在市场经济和科技创新中的地位和作用，合理调整各种新型的社会关系，为科学技术的发展提供更加牢固的基础、持久的动力和广阔的空间；另一方面，要以法律为武器，最大限度地趋利避害，使我们在切实消除可能出现的负面影响基础上，尽情享受科技进步带给我们的最新文明成果。

党的十六大围绕全面建设小康社会的奋斗目标，在经济建设、政治建设、文化建设的各个方面都对科技进步提出了一系列重要任务。落实十六大关于科技发展的战略部署，需要科技界以高度的历史责任感在各个领域顽强拼搏，创新创业，勇攀高峰；也需要全社会的广泛支持、深入参与和共同推动。为此，我们必须按照依法治国方略的要求，把科教兴国战略和可持续发展战略，把党和国家促进科技改革与发展的重大方针、政策和措施，把科技界在科技改革与发展实践中创造出的成功经验等，通过立法程序及时上升为国家法律，强化为全社会的共同责任和义务。只有这样才能够充分运用法律的指引性、规范性、强制性功能，使科教兴国成为政府、公民和社会组织的共同行动，在全社会得到广泛、深入的贯彻实施。

第三，加强科技法制建设是科技管理部门转变政府职能、实现依法行政的基本途径。党的十六大和刚刚闭幕的十六届三中全会，都对进一步转变政府职能、依法行政提出了明确要求。近年来，《行政诉讼法》、《国家赔偿法》、《行政处罚法》、《行政复议法》、《立法法》、《行政许可法》等规范政府行政行为的法律相继出台，对行政机关的立法、执法、行政管理及其监督等作出了全面规定，也对依法行政提出了新的更高要求。加强科技法制建设，推进依法行政，是我们建立适应社会主义市场经济的行政管理体制的必然选择，也是我国加入世贸组织、进一步扩大对外开放的切实需要。

据了解，在2003年"两会"期间，有关科技工作的提案数量最多，其中加强科技法制建设的提案尤为突出。这一方面表明广大科技工作者和社会各界的法律意识进一步增强，也从一个侧面反映了我们的科技法制建设工作还很薄弱，科技立法任务还很艰巨。近年来日渐增多的科技行政复议案件也在提醒我们，科技管理部门所承担的公共科技资源分配、科技活动评价、科技创新创业扶持政策的具体落实等重要职责，直接关系到社会公共利益和广大科技人员的切身利益，必须按照三个代表重要思想的要求，按照全面贯彻依法治国方略的要求，高度重视科技法制建设，严格执行法定权限和程序，依法行政，使一切行政行为符合法律、法规的规定，保证科技工作在法制轨道上有效运行。

同志们，强调科技法制建设的极端重要性，就是要让我们充分认识到，法制已越来越成为保障和促进科技进步的主要手段；科技管理部门必须转变不适应依法治国方略要求的管理观念、管理方法和管理手段，使科技工作的各个方面、各个环节遵循社会主义法制要求，主动并善于运用各种法律制度推动科教兴国战略的深入实施。知识产权制度作为保护发明创造、鼓励成果扩散的一项基本法律制度，在促进科技进步中发挥着十分重要的作用，特别是在现代科学技术日新月异、成果转化周期大为缩短、高新技术产业蓬勃发展的时代背景下，知识产权制度已成为强化科技创新能力、增强经济竞争力、提升综合国力的重要手段，其战略地位日益突出。因此，我们必须从事关我国科技、经济和社会发展全局的高度，充分认识知识产权的战略意义，着力提高运用知识产权制度促进科技创新的能力。

第一，掌控知识产权已成为国际科技、经济竞争的关键。在世界经济全球化不断发展的今天，知识产权制度已越来越被发达国家用作国际竞争工具，使国家间技术先进性的竞争演变成技术垄断性的竞争，使知识产权成为当代科技竞争的主要表现形式和谋取市场独占权的重要手段。知识产权的拥有量和质量已直接关系到一个国家的创新空间和经济安全，成为综合国力和国际竞争力的重要组成部分。联合国教科文组织分析认为，专利已经不能看作是一种工业手段，而是“处于知识前沿的技术能力的标志”；OECD、世界银行等国际组织把专利等指标作为评价一个国家科技竞争力的重要指标。随着科技创新能力知识产权化的趋势日益突出，世界各主要国家纷纷采取行动，美国从 20 世纪 80 年代已开始推行其知识产权战略，把知识产权作为国际竞争的重要武器，制定了一系列法律和政策，在 2002 年又发布了知识产权《21 世纪战略计划》。日本于 2002 年颁布了《知识产权基本法》和战略大纲。新兴工业化国家也采取了相应的政策和措施，以大幅增加国内外的专利申请数量。

我国作为发展中国家，面临着缩小与发达国家差距和突破发达国家知识产权壁垒的挑战。竞争形势和竞争手段的新变化，要求我们必须调整科技发展战略，把掌握自主知识产权作为创新活动的重要目标，从跟踪模仿为主转向自主创新，实现技术跨越发展，无论是在基础研究和战略高技术研究领域，还是在产业技术领域，都要着力强化原始性创新能力，将我国的科技能力转化为知识产权竞争力。

第二，加强我国的科技创新知识产权工作已成为当务之急。我国加入 WTO 以后，关税壁垒将日渐消失，知识产权争夺已不可避免地扩展到国内市场，一些跨国公司纷纷以现有和潜在产品在我国大量申请专利，在知识产权方面“跑马圈地”。据统计，在我国通讯、半导体等领域的授权专利量中，外国公司占到90%以上；在生物行业这一比例也达到了90%，在医药和计算机行业这一比例超过70%。这种状况已对我国的科技创新和经济发展构成了相当程度的冲击和挑战。特别是随着我国科技、经济实力和综合国力的日益增强，世界主要国家已将我国视为强有力的竞争对手，在国际市场上越来越多地利用知识产权对我国进行围堵，造成近年来我国制造业产品的出口频频受阻，一些企业已为此付出了沉重代价。

经过各有关方面的不懈努力，我国各类创新主体的专利申请量已有较大幅度增长，但发明专利申请量仍然较低，核心技术的专利申请更少。2002 年我国各类创新主体在国内提出的专利申请中，发明专利申请的比例约为19%，而同期外国公司在我国提出的专利申请中，发明专利申请的比例高达85%。形势严峻，形势逼人。大幅度提高我国的自主知识产权数量和质量，尽快扭转在知识产权上受制于人的不利局面，是我国科技界面临的一项迫在眉睫的重大任务。

第三，加强科技创新知识产权工作是新时期赋予科技管理部门的重要使命。科技创新成果是自主知识产权的主要来源，科技管理部门承担着优化配置公共科技资源、组织实施国家各级各类科技发展计划、制定科技创新政策、指导各类创新主体的科技创新活动和高新技术产业开发区发展等重要职责。我们所承担的这些工作，其目标导向直接关系到我国各类科技创新活动的价值取向；我们能否把知识产权管理贯穿于研究开发、成果转化和高新技术产业培育的各环节，直接关系到我国自主知识产权的数量和质量。如果我们认识不到位，重视不够，忽视我们自己所处的位置和应当发挥的关键作用，就会影响我国科技创新能力的提高，使科技在经济建设和社会发展中难以发挥出应有的作用。令人十分高兴的是，大部分地方科技管理部门、高新技术产业开发区和各类科技创新主体都已经认识到了这一点，特别是 2002 年科技部提出在科技发展中实施专利战略以来，有的已做了大量工作并取得了重要进展。这次会上我们就邀请了部分单位介绍经验，希望大家相互学习，相互借鉴，进一步提高认识，把科技创新知识产权工作摆上更为重要的位置，在科技管理中不断强化知识产权目标导向，完善相关政策措施，大幅度提高我国自主知识产权的数量和质量，切实履行好我们的职责。

同志们，随着社会主义市场经济体制的不断完善、依法治国方略的全面贯彻和科教兴国战略的深入实施，科技工作法制化、创新成果知识产权化将成为新阶段我国科技发展的重要特征，我们必须认真研究和把握这一趋势，努力做到“三个转变”，即：转变主要依靠行政手段、强调成果管理的做法，更加注重运用法律手段、注重知识产权管理；转变只关注法律制度的制订环节、忽视实施环节的做法，做到既关注制订，也关注实施，更关注实效；转变只重视科技法律制度、忽视其他法律制度的观念，既重视运用科技法律制度，又善于综合运用经济、知识产权等其他法律制度，为科技进步和创新提供有力保障。

三、新时期推进科技法制建设和科技创新知识产权工作的总体思路和重点任务

根据党的十六大和十六届三中全会对科技进步提出的新任务、新要求，结合科技改革与发展工作已经采取的新举措、新步骤，今后一个时期推进科技法制建设和科技创新知识产权工作的总体思

路是：以邓小平理论和三个代表重要思想为指导，全面贯彻党的十六大和十六届三中全会精神，按照完善社会主义市场经济体制的总体部署，以激励创新为核心，以提升综合国力和国际竞争力为根本出发点，着力构建与新阶段科技发展要求相适应的法制环境和知识产权推进机制，服务于科技改革与发展，为在全面建设小康社会的进程中充分发挥科技第一生产力的作用，提供有力的制度保障。

未来五年的主要工作目标是：在各方面的共同努力下，力争初步建立起适应社会主义市场经济体制和科技发展要求的、统一协调的科技法律框架，形成保障和规范重大科技工作、重要科技创新活动和各类科技创新主体的法律制度体系，在探索建立法律实施、制度落实的保障体系和监督机制方面取得实质进展，使科技事业发展与科技体制改革基本纳入法制化轨道。在科技发展中形成实施专利战略的总体布局，建立起比较完备的科技创新知识产权管理制度、政策导向机制和中介服务体系，各类科技创新主体的知识产权意识和能力普遍增强，我国自主知识产权的数量和质量有较大幅度的提高，在关键领域和若干技术前沿取得一批核心技术的自主知识产权，成为参与国际竞争的重要手段。

近期的重点任务是：

(一)结合中长期科技发展规划的研究制定，对科技法制建设和科技创新知识产权工作进行前瞻性部署。根据十六大关于“制定科学和技术长远发展规划”的要求，研究制定我国中长期科技发展规划是当前科技工作最重要的任务。规划制定工作将认真落实科教兴国战略，紧紧围绕全面建设小康社会的目标，研究确定科技发展、创新体系建设和完善法制环境的任务，凝练一批重大科技问题、科技专项和科技工程，对科技工作进行全局性、战略性、前瞻性布局。其中一个重要方面就是要构建保障科学技术快速、健康发展的法制、政策和知识产权制度环境。为此，规划战略研究工作专门设立了“科技发展法制和政策环境建设”专题，组织科技、法律和知识产权方面的专家进行深入、系统的研究，全面评估现有科技法律和政策环境，进一步理清科技法制与知识产权制度在保障和促进科技进步方面的功能和特点，准确定位各类创新主体、社会各相关方面在推进科技进步中的责任和义务。在此基础上，紧紧围绕未来我国科技发展的目标和需求，系统地、前瞻性地提出我国科技法制和科技创新知识产权制度建设目标、重点任务和工作进程，纳入中长期科技发展规划。

各地方也要立足于当地科技、经济、社会的长远发展目标和区域创新体系建设的需要，针对科技发展面临的科技投入、创新体系建设、创新创业法律环境、技术市场、高新技术及其产业发展等重大问题，组织开展宏观战略研究，提出科技法制建设和科技创新知识产权工作的中长期目标、不同发展阶段的重点任务和实施方案，以全面指导今后的工作。

(二)配合全国人大，积极推进《科技进步法》的修改完善。《科技进步法》颁布实施十年来，对确立我国科技工作管理体制、引领我国各项科技事业沿着法治化轨道发展起到了重要作用。随着我国现代化建设事业的飞速发展和社会主义市场经济体制的不断完善，科技工作的环境条件已发生巨大变化，科技改革和发展的目标任务也已按照新时期、新阶段提出的新要求进行了相应调整。因此，近年来“两会”代表、委员和科技界开始关注《科技进步法》的修改完善问题。全国人大常委会对此高度重视，已经研究确定将《科技进步法》的修改列入本届人大立法计划，并于10月29日正式启动了《科技进步法》的执法检查，结合执法检查征求有关方面对修改完善《科技进步法》的意见和建议。修改完善《科技进步法》是科技界的一件大事，事关科技发展的全局。科技部和地方科技管理部门要积极配合全国人大，认真总结十年来贯彻实施《科技进步法》的成功经验，及时反映存在的问题，为《科技进步法》的修改提出积极的建议。特别要注意总结归纳全国和地方在社会主义市场经济条件下推动科技进步和科技创新的有效措施，如建设国家创新体系，建立科研机构新体制，发展科技中介机构，实施人才、专利和技术标准战略等，为进一步丰富促进科技进步的法律制度献计献策。

(三)为科技工作的重点任务提供制度规范。针对科技基础条件平台建设中科学数据、仪器设备、自然资源标本等未能充分共享的问题，要进一步加快相关立法进程，确立国家投入所形成的科技资源保护和管理目标，明确政府、单位、使用者的权利和义务，建立健全开放与共享的运行机制，提高科技资源的使用效率，使之更加有效地为科技创新服务。抓紧对科技企业孵化器、生产力促进中心、技术交易机构等各种科技中介机构的调研，提出普遍性的行为规范，推动科技中介机构立法。总结科研机构改革的经验，深入研究市场经济体制下各类科研机构的特点、地位、作用、管理运行规律和相应的扶持政策，为科研机构法的制定做好前期准备。继续推动生物安全立法、信息技术安全立法、人类胚胎干细胞伦理准则的研究起草工作，规范新兴科学技术的研究开发活动。地方科技立法一方面要与国家法律、行政法规相一致，通过制定实施条例和办法，保证国家法律的贯彻实施；另一方面要在国家立法时机尚不成熟的领域继续大胆探索，结合本地实际开展有利于地方科技发展的立法实践，为国家的相关立法创造条件。

（四）切实加强法律实施工作。贯彻落实各项法律制度，是科技管理部门的法定职责。各级科技管理部门必须对此给予高度重视，努力抓好各项法律的贯彻实施，保证科技工作的各个方面、各个环节都要符合相关法律的要求，体现法律的精神。同时，要在现行法律框架下，加大政策制定力度，通过更具针对性、更有操作性的各项政策将科技法律规定的精神、原则、措施落到实处，保证法律的全面贯彻和深入实施。

法不足以自徙。法律的宗旨能否实现，法律的效果能否达到，其中一个重要环节是法制监督。我们要按照行政审批制度改革和《行政许可法》的要求，继续做好行政许可项目清理、调整；要研究建立科技法律、法规、规章的实施监督机制，积极配合各级人大和相关部门，进一步加强监督检查工作，有重点地开展相关科技法律法规和政策实施情况的调研，掌握实施效果，及时发现问题，予以协调解决，使国家和地方出台的促进科技进步与创新的法律法规和推进科技体制改革的各项政策，切实发挥出应有的作用。

加强法制宣传，提高法律素质，既是创造科技进步良好外部环境的条件，又是推进科技法律实施工作的重要基础。要继续配合国家"四五"普法工作，以科研机构、高新技术企业为重点对象，以科技法律、市场经济法律和知识产权法律为重点内容，有计划、多层次地开展法制宣传培训，进一步提高广大科技人员的法律素质。各级科技管理部门和领导干部更要带头学法、用法，率先垂范。

（五）加速推进专利战略的有效实施。专利战略是新阶段科技发展的重要战略之一。科技部将会同有关部门，对事关综合国力和国际竞争力的重大科技领域、重要高新科技产业和国民经济重点行业，以掌握核心技术及其知识产权为主要目标，在国家层次上组织实施专利战略；同时，将充分发挥行业部门和协会的组织协调作用，在行业共性技术或关键技术领域，组织骨干企业和相关科研机构、高等院校协同创新，掌握和分享知识产权。地方科技管理部门要根据区域科技、经济发展的总体部署，组织实施专利战略，提升区域创新能力和竞争优势。要采取有效措施，大力引导各类创新主体在国内外市场竞争中立足于自身的优势，选择切实可行的知识产权对策和专利战略推进措施。目前，科技部、国家知识产权局正在研究制定《实施专利战略、加强知识产权工作纲要》，将对上述工作作出进一步部署。

（六）进一步强化科技计划的知识产权管理工作，在实施专利战略中发挥重要示范带动作用。各级科技管理部门要进一步修订和完善相关科技计划的管理规定，在科技计划管理部门、项目管理单位、项目承担单位之间建立责权明确的知识产权工作制度，在项目任务书、合同书和评审指标体系、验收评审中完善知识产权指标并增加其权重，规范和强化科研立项查新和知识产权分析，在计划管理的相关环节吸收知识产权专家参与，或委托知识产权中介机构对项目知识产权工作提出评估意见。继续深入开展重点科技发展领域的国内外专利发展态势分析，为国家科技计划重点项目确立明确的知识产权目标提供支撑。

同时，要针对科技计划知识产权管理中存在的问题，抓紧研究制定相关政策。科技部将会同有关部门，抓紧研究起草职务发明条例，理顺职务发明人与单位的责权利关系；研究制定国际科技合作中的知识产权管理办法，保护我国利益；制定涉及国家重大利益的计划项目知识产权保护和管理政策，建立重大科技成果的确认程序、管理措施、使用和推广制度；研究提出自主知识产权认定规则，指导各级科技管理部门在各项政策适用方面向有自主知识产权的项目、单位和人员倾斜。针对某些特殊专业领域如软件、基因技术、遗传资源等，在掌握国外知识产权保护最新状况的基础上，提出有利于我国的法律保护措施和审查授权策略建议。

地方科技管理部门要根据《关于国家科研计划项目研究成果知识产权管理的若干规定》和《关于加强国家科技计划知识产权管理工作的规定》，制定具体实施办法，确定当地科技计划重点支持的方向领域、技术突破点和知识产权目标，解决制约当地产业和经济发展的技术和知识产权瓶颈问题。

（七）大力加强各类创新主体的知识产权能力建设。深入实施专利战略，关键是要充分调动企业、科研机构和大学等创新主体的积极性和创造性，切实增强他们的知识产权管理能力。为此，各级科技管理部门要以科技计划的实施为载体，积极联合知识产权管理部门，在总结国内外成功经验基础上，研究制定各类创新主体的知识产权示范制度，形成系列示范文本并予以推广，包括创新主体的科技成果知识产权管理办法和流程、技术秘密保护制度、技术合作中的知识产权管理等，以指导各类创新主体实现知识产权管理科学化、制度化。要大力开展人员培训，针对科研管理人员、研究开发人员的不同需求，相应开展知识产权知识培训、战略管理培训和实务辅导，培养一批既懂技术又懂知识产权的科技管理队伍，普遍提高科研人员的知识产权意识，使创造知识产权、保护知识产权成为创新主体和科技人员的自觉行动。同时，要继续积极引导建立以科技计划项目研究开发为龙头，企业、科研机构和大学共同参与的知识产权战略联盟，形成联盟成员优势互补、协同配套、风险共担、权益共享的运作机制，实现技术及知识产权在联盟中的扩散和应用。

科技部将就上述工作开展相关试点，选择一批转制科研机构、国家科技计划项目承担单位、高新技术产业开发区和民营科技企业等，在知识产权能力建设方面率先进行探索和实践，希望地方科技管理部门与我们共同推动。

（八）大力发展科技创新知识产权中介服务体系。要充分发挥科技信息、知识产权代理、技术评估、法律服务等机构在知识产权方面的重要服务功能，鼓励其建立为科技创新提供知识产权信息支撑的专业信息库和服务网络，开展方便、快捷的检索、查新、分析、预测、预警服务和知识产权事务服务；特别要注重从根本上改变科研立项与专利技术分析和技术预测相脱节的现象，避免重复研究和资源浪费。要通过科技基础条件平台建设，在科技计划重点领域、高新技术产业开发区重点产业、重点高新技术企业、行业骨干科研机构建立一批专门的知识产权信息库，及时更新，为科技创新中的知识产权工作提供持续服务。积极支持专利代理机构、评估机构、法律服务机构与各类创新主体建立紧密的合作关系，深入到科研开发和产业化工作的全过程，从科研项目知识产权工作方案制定、研究各阶段成果技术秘密保护或知识产权申请、到技术转让或入股等各个环节，实现知识产权管理服务等工作与科技创新活动的有机结合。

四、贯彻落实的几点要求

第一，要切实加强对科技法制和科技创新知识产权工作的领导。科技法制建设和科技创新知识产权工作，服务于科技改革与发展的各个方面，是科技管理部门的基础性工作。科技法制工作做得如何，知识产权保护和管理得如何，关系到科技事业发展的全局，不仅会影响科技能力的发挥，还会影响经济的发展和社会的进步。因此，各地要从落实依法治国方略和科教兴国战略的高度，切实把科技法制建设和科技创新知识产权工作放在改革、发展和稳定的大局中去把握，放在现代化建设的主旋律中去谋划，放在全面建设小康社会的目标中去部署，从科技工作的全局和长远着眼，研究确定科技法制建设和科技创新知识产权工作的重点和任务。特别是科技部门的主要领导干部要增强科技法律意识和知识产权意识，加强领导，统筹规划，积极争取当地党委和政府的支持，从人员配备、经费安排、条件建设等方面切实采取有效措施，为本单位科技法制建设和科技创新知识产权工作的有效开展提供支持，创造条件。

第二，要转变职能，依法行政。党的十六届三中全会指出，要形成以道德为支撑、产权为基础、法律为保障的社会信用制度。政府守信是前提，法律是政府取信于民的基本途径。已经进行两年多的行政审批制度改革和刚刚出台的《行政许可法》，是规范政府行为的重要举措；设权须法定、有权必有责、用权受监督、侵权须赔偿，是依法行政的基本要求。目前，科技部保留了40余项行政许可项目，地方科技管理部门也会保留相当一部分。这些审批工作都需要根据《行政许可法》的规定建章立制，包括设定依据的法定化、审批事项的公开化、程序的规范化、审批权力的制约化、以及责任追究制等等。国务院法制办一周前刚刚在这里召开的“贯彻实施《行政许可法》会议”，已对此作出了明确部署。各级科技管理部门要在贯彻实施《行政许可法》中走在前面，以此为契机，全面清理科技管理的法规和政策，通过制定、废止和修订工作进一步规范科技管理，实现依法行政。

第三，要进一步改进工作作风，注重联合与协作，积极探索推进科技法制建设和科技创新知识产权工作的新机制。科技法制建设和科技创新知识产权工作涉及面广、综合性强，为此，必须按照三个代表重要思想的要求，本着对事业负责、对法律负责、对人民负责的精神，密切与法制机关、知识产权管理部门和其他部门的联系与沟通，加强协作共同推进。我们要充分认识到，科技法制建设与科技创新知识产权工作并不是独立于科技工作之外，而是贯穿于科技发展的全过程，是科技工作实现规范管理、提高科技资源效益的重要手段。为此，要切实做到“两个结合”，即科技法制工作与科技管理工作的结合，科技创新知识产权工作与科技发展工作的结合，合理分工，统筹协调。

目前，科技部与国家知识产权局已建立了专利工作联席会议制度，生物安全、科技基础条件平台建设等方面的立法研究也都采取了部门联合的工作方式。科技法制建设与科技创新知识产权工作要注重科技管理部门之间的交流与合作，部门与地方之间的联结与互动，努力形成共同推进的新局面。

第四，要加强队伍建设。科学技术迅猛发展，知识更新越来越快，实践中的新情况、新问题不断出现，科技法制建设和科技创新知识产权工作的任务越来越重。在科技法制建设和科技创新知识产权工作中贯彻十六大精神，全面落实“三个代表”重要思想，关键在于有一支政治强、业务精的高素质干部队伍。大家要充分认清自身肩负的使命，以高度的政治责任感和历史使命感，保持昂扬向上的精神状态，按照“发展要有新思路，改革要有新突破，开放要有新局面，各项工作要有新举措”的要求，抓住重点，关注热点，突破难点，以创新的锐气、开放的眼光，在科技创新、理论创新、制度创新等方面不断探索，开创科技法制和科技创新知识产权工作的新局面。

同志们，新的起点，新的目标，科技法制建设与科技创新知识产权工作任重而道远。让我们紧密团结在以胡锦涛同志为总书记的党中央周围，高举伟大旗帜，以邓小平理论和“三个代表”重要思想为指导，以饱满的政治热情，奋发向上的精神面貌，求真务实的工作作风，开拓进取，与时俱进，把科技法制建设和科技创新知识产权工作推上一个新的阶段，为推进科技进步和全面建设小康社会做出更大贡献！

中国经济市场化的进程与中国商标事业的发展

国家工商行政管理总局商标局局长　安青虎

1978年中国实行改革开放政策以来，中国经济取得了举世瞩目的成就，中国商标事业也获得了长足的发展。下面，我就25年来中国经济市场化的进程与中国商标事业的发展作一简要介绍。

一、改革开放使中国经济持续快速健康发展

(一)经济体制改革不断深化

25年来，中国经济体制改革的历程笔者以为大致可分为三个阶段。

1.探索经济体制改革目标阶段(1978.12~1992.9)

1978年12月，党的十一届三中全会决定把全党和全国的工作重点转移到经济建设上来。1982年9月，党的十二大提出经济体制改革问题，强调"正确贯彻计划经济为主、市场调节为辅的原则，是经济体制改革中的一个根本性问题"，"允许对于部分产品的生产和流通不作计划，由市场来调节"。1984年10月，党的十二届三中全会通过《关于经济体制改革的决定》，认为"商品经济的充分发展，是社会经济发展的不可逾越的阶段，是实现我国经济现代化的必要条件"，突破了"把计划经济同商品经济对立起来的传统观念"，并提出"我国社会主义经济是在公有制基础上的有计划的商品经济"。1987年10月，党的十三大提出"一个中心，两个基本点"(以经济建设为中心，坚持改革开放，坚持四项基本原则)是党在社会主义初级阶段的基本路线，并提出"社会主义有计划商品经济的体制，应该是计划与市场内在统一的体制"。1989年11月，党的十三届五中全会通过《关于进一步治理整顿和深化改革的决定》，指出"改革的核心问题，在于逐步建立计划经济同市场调节相结合的经济运行机制"。经过十多年经济体制改革的探索，到1992年春天，小平同志南巡讲话指出："计划多一点还是市场多一点，不是社会主义与资本主义的本质区别。计划经济不等于社会主义，资本主义也有计划；市场经济不等于资本主义，社会主义也有市场。计划和市场都是经济手段。"这一精辟论断，"从根本上解除了把计划经济和市场经济看作属于社会基本制度范畴的思想束缚，使我们在计划与市场关系问题上的认识有了新的重大突破"。(十四大报告语)

2.建立社会主义市场经济体制阶段(1992.10~2000.9)

经过近14年理论和实践的探索，中国经济体制改革出现重大突破，取得重大成果。1992年10月，党的十四大把建立社会主义市场经济体制确定为中国经济体制改革的目标，从此中国的经济体制改革进入了一个目标明确的新阶段。1993年3月，全国人大将"实行社会主义市场经济"写入宪法，把实行社会主义市场经济体制作为国家经济体制改革的目标模式以立法形式确定下来。同年11月，党的十四届三中全会通过《关于建立社会主义市场经济体制若干问题的决定》，把党的十四大提出的建立社会主义市场经济体制的目标和原则具体化、系统化，确立了社会主义市场经济体制的基本框架，并指出"建立社会主义市场经济体制，就是要使市场在国家宏观调控下对资源配置起基础性作用"。1997年9月，党的十五大进一步明确了经济体制改革的目标，力争到2010年"形成比较完善的社会主义市场经济体制"。

3.完善社会主义市场经济体制阶段(2000.10~今)

在确立社会主义市场经济体制改革目标后，经过8年奋斗，2000年10月，党的十五届五中全会宣布，中国的"社会主义市场经济体制初步建立，市场机制在配置资源中日益明显地发挥基础

性作用，经济发展的体制环境发生了重大变化”，并指出“十五”时期我国经济社会发展的主要奋斗目标之一是，“完善社会主义市场经济体制迈出实质性步伐”。2002年11月，党的十六大又将“完善社会主义市场经济体制”确定为我国本世纪头二十年经济建设和经济体制改革的主要任务之一，并将“在更大程度上发挥市场在资源配置中的基础性作用，健全统一、开放、竞争、有序的现代市场体系”，鼓励、发挥和调动一切积极因素，“让一切创造社会财富的源泉充分涌流”。上周，党的十六届三中全会通过《关于完善社会主义市场经济体制若干问题的决定》，“强调为适应经济全球化和科技进步加快的国际环境，适应全面建设小康社会的新形势，必须按照十六大提出的建成完善的社会主义市场经济体制和更具活力、更加开放的经济体系的战略部署，加快推进改革，进一步解放和发展生产力，为经济发展和社会全面进步注入强大动力”，并认为“建成完善的社会主义市场经济体制”是“具有重大现实意义和深远历史意义的决策”，为加快推进改革、进一步解放和发展生产力作出新的战略部署。

(二)对外开放不断扩大

在不断深化经济体制改革的同时，中国把对外开放作为长期的基本国策和加快社会主义现代化建设的战略措施，不断扩大对外开放。1979年7月，中共中央和国务院确定在深圳、珠海、汕头和厦门试办出口特区。1980年5月，中共中央和国务院批准创办深圳、珠海、汕头和厦门四个经济特区，中国的对外开放迈出了实质性的第一步。1983年4月，中共中央和国务院决定对海南岛也实行经济特区的优惠政策，第七届全国人大第一次会议正式通过了建立海南省和海南经济特区两项决定，海南岛成为我国最大的经济特区。1984年5月，中共中央和国务院决定全部开放沿海的上海、天津、大连、青岛等14个港口城市。1985年2月，中共中央和国务院批准建立长江三角洲、珠江三角洲和闽南三角区沿海经济开放区，1988年初又批准建立辽东半岛和山东半岛沿海经济开放区。

1992年小平同志的南巡讲话，彻底解除了中国长期以来姓“社”姓“资”的抽象争论的束缚，进一步解放了思想，加快了对外开放的步伐。1992年6月，中共中央和国务院决定开放长江沿岸的芜湖、九江、岳阳、武汉和重庆5个城市。不久，又批准了合肥、南昌等17个省会城市为内陆开放城市，同时逐步开放内陆边境的黑河、塔城、瑞丽等沿边城市，逐步形成了全方位、深层次的对外开放格局。

2001年中国加入世贸组织，中国开始积极履行有步骤开放市场和放宽市场准入条件的承诺，进一步扩大对外开放的深度和广度，标志着中国的对外开放进入了一个新阶段。2002年11月，党的十六大提出，新世纪新阶段对外开放要有新局面，要全面提高对外开放水平，“要适应经济全球化和加入世贸组织的新形势，在更大范围、更广领域和更高层次上参与国际经济技术合作和竞争，充分利用国际国内两个市场，优化资源配置，拓宽发展空间，以开放促改革促发展”。刚刚闭幕的党的十六届三中全会提出，“要加快建设全国统一市场，大力推进市场对内对外开放，大力发展资本和其他要素市场，促进商品和各种要素在全国范围自由流动和充分竞争”，并“要深化涉外经济体制改革，完善对外开放的制度保障，更好地发挥外资的作用，增强参与国际合作和竞争的能力”，强调改革与开放的协调发展，为建立更具活力、更加开放的经济体系提出新的要求。

另外，随着中国对外开放的不断扩大，出国留学人数也迅猛增长。中国出国留学人数由1978年的860人增加到2002年的12.5万人，25年增加144倍。25年来，中国累计出国留学人员达到58.3万多人，分布在世界100多个国家或地区，留学规模和数量在中国历史上是前所未有的。同时，来华留学生数量逐年增长，从1979年到2002年的24年累计接受了约54.2万人次各类来华留学生。仅2002年全年就接受了来自175个国家的85 829名各类留学生，分布在全国31个省、自治区、直辖市的395所高等院校和其他教学机构。这从一个侧面反映了中国对外开放的程度。

(三)经济不断健康发展

在中国实现以经济建设为中心的历史性转折后，1982年党的十二大提出，“从1981年到本世纪末的20年，我国经济建设总的奋斗目标是，在不断提高经济效益的前提下，力争使全国工农业的年总产值翻两番，即由1980年的7 100亿元增加到2000年的28 000亿元左右。”1987年党的十三大进一步明确提出，“我国经济建设的战略部署大体分三步走。第一步，实现国民生产总值比1980年翻一番，解决人民的温饱问题。这个任务已经基本实现。第二步，到本世纪末，使国民生产总值再增长一倍，人民生活达到小康水平。第三步，到下个世纪中叶，人均国民生产总值达到中等发达国家水平，人民生活比较富裕，基本实现现代化。”1997年9月，党的十五大提出新世纪的目标是，“第一个十年实现国民生产总值比2000年翻一番，使人民的小康生活更加宽裕，形成比较完善的社会主义市场经济体制；再经过十年的努力，到建党一百年时，使国民经济更加发展，各项制度更加完善；到世纪中叶建国一百年时，基本实现现代化，建成富强民主文明的社会主义国家。”这实际上把“第三步”分为两个阶段，即头20年和后30

年两个阶段。2001年党的十六大明确提出新世纪头20年的奋斗目标是,“国内生产总值到2020年力争比2000年翻两番,综合国力和国际竞争力明显增强”,这进一步明确了“第三步”的两个阶段。

不断深化的改革和不断扩大的开放,使中国经济持续快速健康发展,GDP的年平均增长率达到9.4%,实现了经济建设“前两步”战略部署的预期目标。1978年中国国民生产总值仅为3 624.1亿元,1980年增长到4 517.8亿元,到1987年增长到11 954.5亿元,同年党的十三大宣布已经实现“第一步”的任务,提前三年实现了国民生产总值比1980年翻一番的目标。2000年中国国民生产总值达到88 228.1亿元,同年10月党的十五届五中全会宣布,中国“已经胜利实现了现代化建设的前两步战略目标”。从新世纪开始,中国开始进入“第三步”战略部署的新阶段。在世界经济低迷的国际大背景下,中国经济在2001年和2002年仍然达到了7.3%和8%的增长速度。2002年国内生产总值突破10万亿元,这为实现十六大确定的头20年翻两番的目标打下了坚实的基础。

在深化改革和扩大开放的同时,中国积极引进国外的资金、技术和管理经验,发展与世界各国的经贸往来,有力地推动了中国国民经济的发展和社会主义市场经济的完善,使中国成为对外贸易增长最快的国家之一。1978年中国的进出口贸易总额为206.4亿美元,2002年则达到6 207.7亿美元,增加30多倍,在世界贸易中的排名由第32位上升至第5位。其中,中国的出口总额由1978年的97.5亿美元增长至2002年的3 255.7亿美元,增加32倍多;中国的进口总额也由1978年的108.9亿美元增长至2002年的2 952.0亿美元,增加26倍多。同时,中国积极融入经济全球化,使中国日益成为全球最主要的市场之一,而且成为世界上引进外资最多的发展中国家。1983年中国的外商直接投资为9.2亿美元,2002年则达到527.43亿美元,超过美国成为全球吸引外资最多的国家,增长57倍多。截止2002年底,全国共批准外商投资企业424 196家,合同外资8 280.60亿美元,实际使用外资4 479.66亿美元。世界500强企业中,已有近400家在中国投资了2 000多个项目。

另外,随着对外开放的逐年扩大,旅游经济也迅猛增加。1978年中国的入境旅游人数为180.92万人,2002年则达到9 790.83万人,25年累计接待入境旅游者9.1亿人次,年均增长20.3%;1978年旅游外汇收入为2.63亿美元,2002年则达到203.85亿美元,25年累计旅游外汇收入1 469亿美元,年均增长21.1%,中国入境旅游人数和外汇收入在世界旅游排名中分别由第48位和第41位双双跃升到第5位。同时,国内旅游迅速发展,1993年国内旅游者4.1亿人次,国内旅游收入846亿元;2002年国内旅游人数达8.78亿人次,比1993年增加114%,国内旅游收入3 878亿元,比1993年增加358%。截至2003年10月,中国公民自费组团出境旅游的国家或地区已达28个,出境旅游也呈逐年稳步增长的趋势,仅2002年出境人数为1 660万人次,中国已成为亚洲地区增长最快的客源输出国。中国正在向世界旅游强国迈进,旅游业已经成为中国第三产业中最具活力与潜力的新兴产业,旅游经济已经成为国民经济新的增长点。

不断深化的改革和不断扩大的开放,使中国经济持续快速健康地发展,同时改革开放和持续快速健康发展的经济,推动着中国的城市化进程,中国的城市化水平大幅度提高,城市化率每年平均提高近1%。1978年中国有192个城市,城镇人口为17 245万人,城市化率仅为17.92%;到2002年,中国城市增加到了662个,城镇人口50 212万人,城市化率达到39.09%,正在接近世界平均47%的水平。城市化水平的不断提高,使城市经济在整个国民经济发展中的主导作用不断增强。1990年全国地级以上城市国内生产总值为6 708亿元,占当年全国国内生产总值18 547.9亿元的36.2%;2001年全国地级以上城市国内生产总值则达55 057亿元,比1990年增长7.2倍,占当年全国国内生产总值95 933.3亿元的57.4%。随着城市化水平的提高和城市规模的扩大,中国已形成了以上海、广州和北京为中心的长江三角洲、珠江三角洲和环渤海三大城市经济群体,成为推动中国经济快速增长的三大经济引擎。

(四)对产权在经济体制改革中的作用的认识不断深化

从一定意义上讲,现代市场经济是产权经济,产权是适应现代市场经济发展要求而出现的经济范畴,市场经济的全部活动都是以产权为基础并围绕产权展开的。中国对产权的认识也是随着经济市场化的进程不断深化的。

1992年10月,党的十四大在把建立社会主义市场经济体制确定为中国经济体制改革目标的同时,提出产权问题,认为“通过理顺产权关系,实行政企分开,落实企业自主权”来转换国有企业特别是大中型企业的经营机制是“建立社会主义市场经济体制的中心环节”。1993年11月,党的十四届三中全会进一步指出,“建立社会主义市场经济体制,就是要使市场在国家宏观调控下对资源配置起基础性作用。为实现这个目标,必须坚持以公有制为主体、多种经济成分共同发展的方针,进一步转换国有企业经营机制,建立适应市场经济要求,产权清晰、权责明确、政企分开、管理科学的现代企业制度。”1997年9月,党的十五大再次指出,“要按照产权清晰、权责明确、政企分开、管理科学的要求,对国有大中型企业实行规范的公司制改革，使企业成为适应市场的法人实体和竞争主体”。

2003年10月，党的十六届三中全会对产权作出了全面而深刻的阐述，认为“产权是所有制的核心和主要内容，包括物权、债权、股权和知识产权等各类财产权。建立归属清晰、权责明确、保护严格、流转顺畅的现代产权制度，有利于维护公有财产权，巩固公有制经济的主体地位；有利于保护私有财产权，促进非公有制经济发展；有利于各类资本的流动和重组，推动混合所有制经济发展；有利于增强企业和公众创业创新的动力，形成良好的信用基础和市场秩序。这是完善基本经济制度的内在要求，是构建现代企业制度的重要基础。要依法保护各类产权，健全产权交易规则和监管制度，推动产权有序流转，保障所有市场主体的平等法律地位和发展权利。”

可以看出，在探索经济体制改革目标阶段，在党的重要会议和重要文件中都没有提到产权问题。在建立社会主义市场经济体制阶段，党的十四大提出产权问题，十四届三中全会和十五大从转换国有企业经营机制和建立现代企业制度层面强调产权问题，目的是要理顺国有企业的产权关系，建立现代企业制度，使国有企业真正成为适应市场经济的竞争主体，进一步推动社会主义市场经济体制改革的进程。到了完善社会主义市场经济体制阶段，党的十六届三中全会对产权和建立健全现代产权制度作出全面而深刻的阐述，并明确提出产权不仅包括有形的物权、债权、股权等，而且包括无形的知识产权，肯定了知识产权也是所有制的核心和主要内容的一部分，明确了知识产权在现代产权制度中的地位以及构建现代企业制度在经济市场化进程中的作用。

综上所述，中国自1978年以来的25年，是不断深化经济体制改革和不断扩大对外开放的过程，是探索社会主义制度与市场经济有机结合的途径和方式的过程，是经济体制改革在理论和实践上取得重大进展的过程，是从计划经济到商品经济再到市场经济的过程，是不断解放和发展生产力的过程，也是对产权在经济市场化进程中的作用的认识逐步深化和中国知识产权事业迅速发展的过程。25年稳步推进、日益深化的改革开放和市场化进程，表明了中国坚持以经济建设为中心，坚持社会主义市场经济的改革方向，坚持把发展作为党和国家的第一要务，坚持聚精会神搞建设、一心一意谋发展和坚持为实现中华民族伟大复兴而不懈奋斗的坚定决心和坚实步伐。

二、伴随中国经济持续快速健康发展的中国商标事业

商标是重要的知识产权之一，随着中国经济持续快速健康的发展，中国商标事业取得长足发展。

(一)商标法制不断完善

为适应改革开放和经济发展的需要，1982年8月，全国人大常委会制定并颁布了《中华人民共和国商标法》(以下简称《商标法》)，并决定从1983年3月1日起施行。《商标法》是改革开放以来中国颁布的第一部知识产权法律，为中国经济的不断发展奠定了坚实的知识产权法律基础。为配合《商标法》的实施，国务院于1983年3月颁布了《中华人民共和国商标法实施细则》(以下简称《商标法实施细则》)，并于5年后对其进行了第一次修改。

1993年2月，全国人大常委会对《商标法》作了第一次修改。此次修改将服务商标纳入商标保护范围，加大了对商标侵权假冒行为的打击力度，进一步完备了商标注册程序。1993年7月，根据修改后的《商标法》，经国务院批准对《商标法实施细则》进行了第二次修改。此次修改将集体商标和证明商标纳入商标法律保护范围，增加了对“公众熟知的商标”的保护规定。

2001年10月，全国人大常委会对《商标法》作了第二次修改。此次修改，将立体商标和颜色组合商标纳入商标保护范围，加大对驰名商标的保护力度，规定以商标制度来保护地理标志，增加商标侵权程序的司法审查，进一步加大对商标侵权假冒行为的打击力度。2002年8月，根据修改后的《商标法》，国务院对《商标法实施细则》进行了第三次修改，并颁布了《商标法实施条例》。

依据《商标法》及《商标法实施条例》，国家工商行政管理总局先后制定了《商标评审规则》、《驰名商标认定和保护规定》、《集体商标、证明商标注册和管理办法》、《马德里商标国际注册实施办法》等行政规章，最高人民检察院和公安部共同制定并发布了《关于经济犯罪案件追诉标准的规定》，最高人民法院也先后发布了《关于审理商标民事纠纷案件适用法律若干问题的解释》等多个有关商标的司法解释。

此外，中国的《刑法》、《民法通则》、《反不正当竞争法》、《海关法》、《知识产权海关保护条例》等法律法规中也含有商标保护的内容。

经过25年的商标法制建设，中国的商标法律制度不断完善，形成了以《商标法》为基础、内容比较健全的商标法律体系。

(二)商标申请量不断增长

25年来，中国的商标注册工作笔者认为也大致分为三个时期。

1. 恢复发展时期(1978~1992)

1978年11月，工商行政管理总局发出《关于清理商标的通知》，开始对全国商标进行清理登

记，并于1979年11月1日恢复全国商标统一注册工作。恢复统一注册后的最初五年，中国的商标年申请量为2万件左右。1985年，随着经济体制改革由农村向城市的转移，中国开始大力发展“有计划的商品经济”，商标年申请量比前几年翻了一番，接近5万件，结束了改革开放初期年申请量2万件左右的徘徊局面。1986年以后，商标申请量逐年增加，到1992年达到9.3386万件，是恢复全国商标统一注册最初几年年平均申请量的4倍。从1979年11月1日到1992年底，累计核准注册商标达37万多件。

2. 快速发展时期（1993～1999）

随着1992年春小平同志的南巡讲话和同年10月党的十四大将建立社会主义市场经济体制确定为经济体制改革的目标，中国进入新的经济振兴时期，中国商标事业也进入快速发展时期。1993年中国商标申请量突破10万件，达13.2323万件，比1992年增加3.8937万件，增长41.7%；在此之后，中国商标年申请量均保持在10多万件的水平上，到1999年，年申请量达到17万件。累计核准注册商标达到115万件。

3. 高速发展时期（2000～今）

从2000年开始，随着中国进入完善社会主义市场经济体制阶段，中国的商标事业也步入高速发展时期。2000年中国商标年申请量突破20万件，达22.3177万件，比1999年增加5万多件，增长30.7%；2001年申请量达到27万多件，比2000年增加近5万件；2002年商标申请量则飙升至37.1936万件，比2001年增加10万余件，增长37.5%。2003年商标申请量为45.2095万件，比2002年增加8万余件，增长21.6%。从1979年恢复全国商标统一注册算起，如果以10万计，中国商标年申请量突破10万件用了14年时间，从10万件到20万件用了7年时间，从20万件到30万件用了2年时间，从30万件到40万件仅用了1年时间；从1979年截至2003年底，中国累计核准注册商标达197.3万多件。中国商标申请量和注册商标数量的大幅上升和加速发展，一方面反映了中国经济的持续快速健康发展，另一方面也反映了中国商标事业的蓬勃发展和全社会商标意识的日益提高。

（三）商标行政执法力度不断加大

中国对商标专用权保护采用行政和司法的双轨制度，切实保护了注册商标专用权。25年来，全国各级工商行政管理机关充分发挥商标行政执法网络健全、程序简便、快捷高效的优势，以保护注册商标专用权为核心，积极履行行政执法职责，查处了大量的商标侵权假冒案件和一般商标违法案件。其中，1995年至2003年上半年，全国各级工商行政管理机关共查处商标侵权假冒案件和商标一般违法案件291 857件，其中涉外商标案件14 053件，收缴和消除侵权假冒商标标识约24.98亿件（套），罚款总额约11.1亿元，责令侵权人赔偿被侵权人的经济损失3 848.69万元，移送司法机关追究刑事责任673人。这些案件的查处，有效地保护了国内外商标权人的注册商标专用权，切实维护了消费者的合法权益，有力地保障了公平竞争、统一有序的市场经济秩序，改善了中国的投资环境，树立了中国保护商标专用权的良好国际形象。目前，商标行政执法正在按照《商标法》及《商标法实施条例》的规定、国务院关于整顿和规范市场经济秩序的要求和工商总局的部署，进一步加大商标行政执法力度，切实保护注册商标专用权。

（四）商标领域的国际交流与合作不断加强

随着改革开放的不断深入，中国先后加入6个商标领域的国际组织或条约：1980年加入《建立世界知识产权组织公约》，1985年加入《保护工业产权巴黎公约》，1989年加入《商标国际注册马德里协定》，1994年加入《商标注册用商品和服务国际分类尼斯协定》，1995年加入《商标国际注册马德里协定有关议定书》，2001年加入世界贸易组织并履行《与贸易有关的知识产权协议》。在充分享受有关商标国际条约规定的权利的同时，中国也不断完善中国的商标法律，积极履行相关商标国际条约规定的义务，加大对商标权的保护力度。

在1980年中国正式成为世界知识产权组织成员国后，除与世界知识产权组织的真诚友好合作外，中国积极发展与世界各国商标主管机关的交流与合作，先后与法国工业产权局建立中法商标工作组制度、与泰国智慧财产厅签订商标领域双边合作备忘录、与日本特许厅建立中日商标首脑会谈机制、与欧洲内部市场协调局开展中欧知识产权合作垂直项目。通过与世界知识产权组织和其他国家的交流与合作，使中国了解了世界商标领域的最新发展动态，也使国际社会了解了中国的商标立法、司法、行政执法等方面的情况，增进了与世界各国在商标领域的交往，提高了中国在世界知识产权界的国际地位。

与此同时，随着中国改革开放的深入和投资环境的改善，尤其是加入世贸组织和融入经济全球化，中国巨大的市场，使越来越多的外国商品涌入中国，越来越多的国外企业来中国投资办企业，外国在中国申请和注册商标的数量及其在我国年申请量中的比例也不断增长。1982年国外商标申请量为1 565件，占全年申请量的8.4%；1992年国外商标申请量达到1.0958万件，占全年申请量的12.1%。1993年，国外商标申请超过2万件，并且以后逐年增长。中国正式成为世贸组织成员后的第一年即2002年外国商标申请量比2001年增长25.2%，达5.0902万件，占全年申请量的13.7%。1979年前，来中国注册商标的国家或地区为20个，注册商标共5 130件；到2003年底，在中国注册商标的国家或地区已增加到129个，累计注册商标达36.1795万件。外国在华累计注册商标量占中国累计注册商标总量的比例由1979年的15.7%增至2003年的18.3%，增加了近3个百分点。这些都从一个侧面映射出中国改革开放和经济发展的成就，也反映了外国商标权人对中国商标法制的信心。

（五）商标从业人员不断增加

25年来，随着中国商标事业的不断发展和全社会商标意识的不断提高，中国的商标从业人员不断增加。全国工商行政管理系统有了一支专业的商标管理队伍和具有商标管理职能的人员，商标局从1978年恢复之初的4个处、20多人发展到现在16个处、200多人，商标评审委员会也由小到大、逐步健全。全国的商标代理机构由改革开放初期的一家发展到目前的840多家，商标代理人员由改革开放初期的数十人增加到现在的数千人。许多企业组建了知识产权管理部门，拥有了自己的商标管理人员。中华商标协会及许多地方商标协会先后成立。新闻界出现了一批像《中华商标》、《中国工商报·商标世界》、《经济日报·中国商标》等商标专刊或专版，媒体日益关注知识产权问题，报道、熟悉商标的记者日渐增多。北大、人大等高等院校设立了专门的知识产权学院，中国社会科学院成立了知识产权研究中心，研究商标的专家学者越来越多。法院、检察院、公安机关、海关等机构熟悉商标业务的工作人员也越来越多。

下面，再把25年来中国商标事业的发展放在中国经济发展“三步走”战略的背景下加以分析：

1982年党的十二大提出中国实现国民经济20年翻两番的目标：“前十年主要是打好基础，积蓄力量，创造条件，后十年进入一个新的经济振兴时期。”自1978年以来的25年，中国商标事业的发展水平与十二大提出的中国经济发展的上述预期目标基本相符，与笔者前述经济体制改革历程的三个阶段更是密切相关。

前十年，即上个世纪80年代，在探索经济体制改革目标阶段，中国提出经济体制改革问题，作出《关于经济体制改革的决定》，中国国民经济翻了一番，经济规模明显扩大，为后十年发展打好了基础、积蓄了力量、创造了条件。在此阶段，中国制定并颁布了《商标法》及《商标法实施细则》，商标年申请量从2万件逐步上升到9万多件，13年累积申请量57.6561万件，商标年均申请量4.4351万件（年均增长率为13.6%）；13年累计核准注册商标34.3903万件。中国商标事业处于恢复发展时期。

后十年，中国确定了经济体制改革的目标，进入建立社会主义市场经济体制和新的经济振兴阶段，把实行社会主义市场经济写入宪法，通过《关于建立社会主义市场经济体制若干问题的决定》，国民经济实现了翻第二番的目标，经济规模进一步扩大。在此阶段，中国第一次修改了《商标法》，并修改了《商标法实施细则》，制定了《驰名商标认定和保护暂行办法》，商标年申请量跃过10万件大关并接近20万件，7年累积申请量107.6043万件，年均申请量15.372万件（年均增长率为10.1%），是前13年年均申请量的3.5倍。中国商标事业进入快速发展时期。

进入新世纪，中国的社会主义市场经济体制初步建立，步入完善社会主义市场经济体制的阶段，国民经济在更大规模上开始向翻第三番迈进。十六大作出完善社会主义市场经济体制的战略部署，十六届三中全会通过《关于完善社会主义市场经济体制若干问题的决定》，作出建成完善的社会主义市场经济体制的重大战略决策。与此同时，中国第二次修改《商标法》及其相关法规规章，商标法制进一步完善，中国商标事业步入高速发展时期。在十五届五中全会宣布基本建成社会主义市场经济体制后的2000年，中国的商标年申请量突破20万件；在十六大宣布全面建设小康社会的2002年，商标申请量突破30万件，达37.2万件；在十六届三中全会作出建成完善的社会主义市场经济体制战略决策的2003年，商标申请量突破40万件，达45.2万件。这一申请量不仅打破美国2000年年申请量37.5万件的世界纪录，而且比该记录超出8万件。中国的商标年申请量已连续两年位居世界第一。

2000年至2003年的4年实现“三级跳”，商标年申请量连续跃过20万件、30万件和40万件三个大关。如果将中国的经济体制改革分为两个阶段，即探索经济体制改革目标阶段和建立、完善社会主义市场经济阶段，并将中国商标事业的发展作相应的考察，那么，1980年至1992年13年的商标申请总量为57.6561万件，年平均申请量为4.4351万件，年平均增长率为13.6%；1993年至2003年11年的商标申请总量为239.3668万件，年平均申请量为21.7606万件，年平均增长率为16.5%。后11年的商标申请总量、年平均申请量和年平均增长率分别比前13年增加181.7107万件、17.3255万件和2.9%。

显而易见，无论是将中国过去25年的市场化进程分为三个阶段还是两个阶段，随着经济体制改革和经济市场化进程的不断深化和社会主义市场经济的不断发展，中国商标事业的发展节奏越来越快，两者的互动关系日益密切和明显。

综上所述，改革开放25年来，中国商标事业一方面伴随着经济体制改革的不断深化、对外开放的不断扩大和经济的不断健康发展而迅猛发展，另一方面商标事业的不断发展又对中国经济的持续快速健康发展起到了巨大的促进作用。21世纪的经济是知识经济，21世纪的市场竞争是商标（品牌）竞争。在知识经济和商标（品牌）竞争时代，知识产权在产权中的地位及其在经济市场化进程和经济发展中的作用必然进一步增强，商标这一知识产权对于经济市场化进程和中国经济发展的作用也将日益显著。中国是一个发展中的市场经济国家，在致力于建成完善的市场经济体制、全面建设小康社会和实现中华民族伟大复兴的新时期新阶段，中国的商标事业必定会伴随经济、社会和文化的不断发展以及现代产权制度的建立健全和现代企业制度的构建而获得更大的发展，并对经济、社会和文化的发展起到更为重要的作用。

加强知识产权保护　促进版权产业发展

沈仁干

一、全面领会和准确把握“三个代表”重要思想的丰富内涵，进一步加强版权保护工作

把版权保护工作放在实践“三个代表”重要思想的高度来认识，坚持把“三个代表”重要思想作为衡量版权保护工作得失的标准，充分认识做好新时期新阶段版权保护工作的重要性。

现代版权保护制度以激励创新、保护智力创造性劳动成果为基本出发点，以促进文学艺术和科学事业的发展与繁荣为目标，它不仅为先进生产力的发展提供法律保障，而且版权作为“智力成果权”本身就是先进生产力的重要组成部分。在信息社会和知识经济时代，版权保护对先进生产力的发展所具有的推动和加速作用愈益突显出来。版权保护涉及新闻出版、广播影视、文化娱乐、教育科研以及包括网络服务、计算机软件在内的信息产业等众多领域，版权产业在一定程度上反映着以这些领域为代表的科技含量高、经济发展迅速的先进生产力。特别是随着数字技术、网络传输等高新技术的发展和在社会各领域的广泛应用，版权产业在许多国家的经济体系中所占比重快速提升，并正在成为各国经济新的增长点和新经济中的支柱产业。从这个意义上说，健全和完善的版权保护制度不仅维护了智力成果创作者的合法权益，更重要的是为先进生产力的持续发展、为国民经济的快速增长起到了保驾护航的作用。

牢牢把握先进文化的前进方向，必须全面贯彻党的文化发展方针，必须在大力发展先进文化、支持健康有益文化的同时，努力改造落后文化，坚决抵制腐朽文化。侵权盗版是违背人类文明基本准则的一种丑恶文化现象，打击侵权盗版正是为保护和促进先进文化的发展创造必不可少的环境和条件。同时，我们还要看到，尊重劳动、尊重知识、尊重人才、尊重创造这些现代版权保护的基本理念，本身也是中国先进文化的重要内核。完善的版权保护制度，不但对鼓励优秀作品的创作与传播，推动先进文化的繁荣与发展，促进社会主义物质文明、政治文明和精神文明建设具有十分重要的作用，而且对在吸收外来优秀文化成果的基础上，充分挖掘本土传统文化资源的现代价值，培育和发展中国的先进文化同样具有十分重要的意义。

版权保护的受益者既有文学、艺术和科学作品的创作者与传播者，也有利用文学、艺术和科学作品来提高自身科学文化素质、参与社会文化经济活动的广大消费者。有效的版权保护能够充分体现和维护人民群众的根本利益，促进文化事业和版权产业的繁荣与发展。只有发展了先进生产力，才能为发展先进文化和满足最广大人民群众的根本利益创造物质条件；只有发展了先进文化，才能为发展先进生产力提供精神动力和智力支持，为人民群众提供最好的精神食粮。充分发挥版权制度的激励作用，鼓励文学家、科学家、艺术家和版权产业界为社会提供更多的高质量的精神和物质产品，不断满足人民群众日益增长的多层次物质文化需求，是版权保护工作的基本出发点和必然归宿，是发展先进生产力和先进文化的根本目的。它为先进生产力和先进文化的进一步发展提供了永不衰竭的动力，也是版权保护工作实践“三个代表”的必然要求。以“三个代表”重要思想统领版权保护工作的全局，为新时期的版权保护工作提供了衡量标尺和工作思路。

二、坚持发展为第一要务，促进版权产业发展

唯物史观认为，生产力和生产关系是社会生产方式不可分割的两个方面。其中，生产力是最活跃、最革命的因素，是推动社会发展的最终决定力量。代表先进生产力的发展要求，就是要使我们的理论、路线、纲领、方针、政策，符合生产力发展的规律，体现不断推动社会生产力的解放和发展的要求，尤其体现推动先进生产力发展的要求。我们党成立以来的一切奋斗，无论是革命、建设，还是改革，都是为了解放和发展生产力。因此，版权保护工作也一定要符合推动先进生产力发展的要求，要为我国的经济发展和社会全面进步提供强大的智力支持和法制保障，把潜在的版权价值转化为现实的生产力，增强和提高我国的“软国力”，实现版权保护与经济发展和社会全面进步的良性互动。

做好新时期的版权保护工作，最重要的任务之一就是要为经济建设服务，促进版权产业的发展。版权产业作为既传统又现代的产业，在促进经济增长、参与国际竞争、培育民族精神、提高国民素质、推动社会全面进步方面发挥了十分重要的作用。正确认识版权产业在我国国民经济发展中的重要作用，推动版权产业走上良性循环、健康发展的轨道，已经成为我国目前版权保护的重点工作。

版权作为一种智力成果，在推动人类文明进步和经济发展中扮演着十分重要的角色，尤其在知识经济时代，这种作用更加明显。知识经济是建立在知识和信息的生产、分配和使用之上的经济，它是和农业经济、工业经济对应的一种经济形态，其最重要的特征是把知识作为资源和资本来发展经济，它是以信息产业、软件产业、咨询产业等高科技产业为基础的新型经济。20世纪七八十年代，西方发达国家以信息技术为代表的高科技的兴起，不但形成了一定规模的产业群，还带动传统产业的改造，大大促进了生产力的快速发展，对经济增长作出了越来越大的贡献。其中，版权产业是这些产业群中最典型的代表。

按照国际通行的定义，版权产业的主要组成行业包括：图书、报纸、杂志的出版、印刷、发行；音像制品和电子出版物（包括激光唱盘、视盘）的出版、复制、发行；电影、电视片的制作、发行、放映；广播电视节目的制作、播放（包括有线与卫星播放）；音乐、戏剧、舞蹈、杂技的演出；广告的设计与传播；工艺美术品的设计、制作与销售；艺术建筑的设计与施工；时装的设计、展览与制作；计算机程序设计与软件的制作和销售；信息数据库的开发与利用；数码通信与信息高速公路等。版权产业以智力成果为资源，以知识创新为动力，在一些发达国家的经济体系中占有十分重要的地位，在经济发展和对外贸易中发挥着重要的作用。

从美国国内生产总值来看，在过去的20年中，美国GDP中版权产业的增长速度平均为7%，在GDP中所占比率的增长率是其他产业的两倍多。2001年，美国经济大幅下滑，GDP实际增速从上一年度的4.14%降至1.18%，然而，版权产业却能“逆势而行”，虽然比上一年8.36%的增长速度下降了很多，但仍能达到3.34%的增长速度，创造了大约5 351亿美元的产值，占GDP的5.24%，创造的就业机会将近800万个，出口总额超过889亿美元。并且，从1996年开始，版权产业的增速几乎是整体经济增速的5倍。比较各类产业，2001年，核心版权产业超过制造业中的任何部门。此外，仅一个核心版权产业就超过了食品、饮料、纺织品、仪器、纸张、飞机、皮革、烟草、家具、石油、煤炭、木制品以及初级金属制造业等之总和。

从就业情况来看，1977年版权产业就业总人数为300万，2001年增至800万，占美国总就业人数的6%，年平均增长率为4.1%，占全国总就业比例从3.3%增至5.9%；核心版权产业就业增长尤快，1977年，核心版权产业的就业人数不到150万，而2001年发展到470万，年平均增长率接近5%，占全国总就业人口比例从1.6%增至3.5%。

从对外贸易上看，美国在国际贸易中的贸易赤字逐年上升，但版权产业作为美国出口最重要的部分，增长速度令人吃惊。1991年美国核心版权产业外销总额为361.9亿美元，2001年上升到889.7亿美元，年平均增长率为9.41%。从2000年至2001年，核心版权产业增长了4.1%，其中，计算机软件和电影部门出口比较突出。计算机软件的国外销售始终保持最高，从1991年的196.5亿美元发展到2001年的607.4亿美元；电影的国外销售从1991年的70.2亿美元增至2001年的146.9亿美元。美国经济学家研究认为，以信息革命为中心的高新技术产业，对美国上世纪90年代经济增长的贡献率达到30%。而迪斯尼娱乐等文化企业，则已跻身世界大型企业500强，这是人类历史上从没有的事情。

在其他发达国家，版权产业也为本国的经济发展作出了巨大的贡献。上个世纪80年代末，发达国家版权产业在国民生产总值（GNP）中所占的比重大体是2%～3%。例如，奥地利是2.06%，荷兰是2.77%，芬兰是2.92%，澳大利亚是3.09%。到90年代初，这些国家版权产业占GNP上升到3%～6%，根据1993年的统计，澳大利亚为3.1%，德国为2.9%，荷兰为4.5%，新西兰为3.2%，瑞典为6.6%。近年来，英国的版权产业平均发展速度以近两倍于经济增长率，仅文化产业的年产值达600亿英镑，从业人员占全国总就业人数的5%。

作为发展中国家的印度，1996年版权产业占国内生产总值(GDP)5.6%。据世界知识产权组织估计，无论在发达国家还是发展中国家，国内生产总值(GDP)中版权产业所占份额大约在3%～6%左右。

由于版权产业在国民经济中的作用越来越大，主要西方大国加大了对版权的法律保护。1994年4月15日签字的《世界贸易组织协定》的附件中，专有一个《与贸易有关的知识产权协定》，该协定十分明确地将版权纳入世界贸易的范围。美国根据其《综合贸易法案》"特殊301"条款，上世纪80年代便开始借口版权受到侵犯，对贸易伙伴实施贸易报复。

在我国，版权在促进文学、艺术、文化与教育事业发展方面的作用，逐渐被人们认识，但在促进社会经济发展，特别是直接促进社会经济发展的作用，则尚未得到普遍的认同和受到应有的重视。我国没有进行过版权产业产值的调查与统计，版权产业的产值在国民生产总值中占多大比例无法确定。据有关部门统计，2002年，我国图书、期刊、报纸、音像、电子等出版产业的产值1 476.8亿元，广播电视产业为514亿元，软件产业为1 100亿元，占全国GDP(102 398亿元)的3%。如果把影视业、娱乐业、广告业、建筑艺术等产业的产值统计进来，估计我国的版权产业的产值将占我国GDP的6%左右。

因此，版权保护工作必须着眼于与产业发展相结合，准确把握版权保护与经济发展的关系，把发展经济、为产业服务作为版权保护工作的着力点和立足点。只有牢牢把握住发展这个执政兴国的第一要务，始终坚持以经济建设为中心，冲破一切妨碍发展的思想观念，改变一切束缚发展的做法和规定，革除一切影响发展的体制弊端，才能真正促进版权产业的蓬勃发展。

三、发展我国版权产业值得注意的几个问题

作为文化艺术与高新技术结合的版权产业，怎样适应市场机制、遵循价值规律，参与国内与国际市场竞争，谋求自身的发展；作为政府主管部门，考虑到版权产业涉及国家意识形态、文化政策的特殊情况，怎样加强和改善宏观调控，正确运用宏观调控的方式与手段，鼓励与帮助版权产业沿着正确的方向，快速持续与健康发展，可能是摆在版权工作者面前的一项紧迫而重要的课题。

版权产业提供的产品与服务，主要不是满足人们物质生活方面的需求，而是满足人们精神生活方面的需求。版权产业的文化特性，决定了版权产业在社会主义市场经济体制下，为社会提供商品与服务，既要遵循价值规律，适应市场机制；又要首先考虑社会效益，不能受制于市场机制。能否正确处理这一矛盾，关键在于改善与加强对版权产业的宏观调控。而正确地运用法律、经济、行政手段对版权产业进行宏观调控，似应理顺以下几种关系：

(一)作品创作者、传播者与广大公众之间的利益关系

版权产业要拥有取之不尽、用之不竭而且受广大公众欢迎的优秀作品，首先必须保护和激发广大作者的创作积极性。要保护和激发作者的创作积极性，则必须依法保护作者的正当权益。为保护版权，鼓励有益于社会主义精神文明、物质文明建设的作品的创作与传播，促进社会主义文化和科学事业的发展与繁荣，国家已经制订了版权法律，协调作品创作者、传播者和广大公众之间的利益关系，政府有关部门则应当采取有效措施，保障法律的实施，积极认真地理顺上述三方面的利益关系。

(二)版权的国内保护与国际保护的关系

为发展和繁荣我国的文化科学事业，加强中外文化科学交流，我国不仅制定了国内版权法律，建立了执法机构，而且加入了保护版权的主要国际公约《伯尔尼公约》与《世界版权公约》以及《唱片公约》。此外我国还加入了世界贸易组织，承认《与贸易有关的知识产权协定》。我国作者和作品传播者的版权在世界上绝大多数国家受到保护，同样，我国也要保护外国作者受上述公约与协定保护的作品。近年来，一些惟利是图者，其中包括一些中外合资企业，无视国家法律和国际公约，大肆进行盗版活动，将国外的激光唱盘、激光视盘、娱乐软件和电影片大量复制发行，甚至出口到东南亚地区与拉美国家，严重侵犯外国版权所有者的利益。对这种严重损害我们国家形象的犯罪行为，政府主管部门必须采取严厉的打击措施。在严厉打击盗版等严重侵权行为的同时，我们应当加强对干部与广大公众的教育与宣传，使他们了解保护版权的重要性，正确处理版权的国内保护与国际保护的关系，既要为我国作品在外国受到保护创造良好环境、也要为外国作品在我国得到保护提供条件，树立我国版权产业界的良好形象，从而推动和发展我国的对外文化科学和经济的交流与合作，为我国深化改革、扩大开放创造有利的国际环境。

(三)依靠政府帮助与自谋发展、自我保护的关系

我国的版权产业，特别是国营的新闻、出版、广播电视、文艺演出、软件开发等方面的企事业单位，以往过多地强调其行业的意识形态或高新技术特点，习惯于把自己与上级政府主管部门捆绑在一起。当自己的经营活动有意无意侵犯了作者的权益或其他版权所有者权益的时候，他们总是自觉或不自觉地以国家利益的代表者自居，要求受害者牺牲自己利益来服从他们所代表的"国家

利益”；而当别人侵犯了他们的利益的时候，他们往往不去找侵权者交涉，也不愿意通过司法程序追究侵权者的责任，而是去找上级主管部门，要求上级主管部门为他们解决问题。把自己置身于上级主管部门保护之下的依赖性，使这些产业在市场经济条件下，由于缺乏开拓精神而难以参与激烈竞争，谋求自身的发展。政府主管部门有责任帮助版权产业逐步减少对政府的依赖，制定有利于版权产业发展的政策，鼓励和扶持他们大胆地利用国内、国际两种资源，积极参与国内与国际市场的竞争。版权产业界则应当立足内部力量的挖掘，充分调动一切可以调动的积极因素，在注重社会效益的前提下，不断革新，向生产的深度与广度进军。

(四)正确处理数量与质量的关系

我国的版权产业在由计划经济体制向社会主义市场经济转轨的过程中，如何实现其经济增长方式由粗放型向集约型转变，而且不改变其文化与高新技术产业的特点，应当正确处理版权产业经营机构、版权从业人员与版权产品三个方面的数量与质量的关系。过去一些“大而全”、“小而全”、“条块分割”、“以我为核心”的小农经济式的运行机制与管理模式应当改变。新闻出版部门“四级办电视，五级办广播”、“一个部门一报一刊一社”的做法，应予以抛弃。让版权产业走内涵式的发展道路，争取建立一批以北京、上海、天津、广州等中心城市为总部的全国性版权产业集团，如广播影视集团、出版集团、文艺演出集团、各种软件开发集团等，使他们提供的产品与服务占领全国80%以上的市场，并创造条件在海外设立分支机构，逐步进入国际市场，向世界各国人民提供中华民族的优秀精神产品。总之，我们要想各种办法，采取果断措施，全面控制数量，提高版权产业的产品与服务质量，用优秀的作品、科学的信息满足广大公众精神方面的需求，促进我国社会主义现代化建设，促进人类文明的发展。

人民法院对网络环境下著作权的司法保护

——如何理解和适用最高法院新修改的对网络著作权保护的司法解释

蒋志培

近几年来，随着我国信息产业的飞速发展，网民已有7 950万户，上网计算机3 089万台，有近59.6万个网站。上网用户数量已经超过日本，仅次于美国跻身世界第二位。计算机网络已经深刻影响着我国社会的方方面面。不同民事主体和他们的利益也不断发生碰撞，加之网络违法、侵权行为和犯罪的出现，人民法院受理涉及网络的纠纷已经层出不穷。其中网络著作权纠纷首先“登台亮相”，因此首先得到国家、社会和人们的特别的关注。2001年修改后的著作权法确认了网络传播权，而在这部法律修改前建立和不断完善的网络著作权司法保护机制，以它独特的魅力，规范和调整着我国网络虚拟世界的著作权等民事关系，并给其他法学领域和立法积攒和创造了可贵的经验。

1998年美国颁布了千禧年版权法(DMCA)，应对了网络对著作权保护的挑战。不少人士谈起美国的千禧年版权法(DMCA)津津乐道，谈到美国某个联邦法院的某个案例来也津津有味。但在该法案颁布两年里，中国也有了自己的“DMCA”，而在中国“DMCA”公布实施前后我国法院已经审判了上百件的网络著作权纠纷案件。

2000年12月，最高人民法院公布施行了《关于审理涉及计算机网络著作权纠纷案件适用法律若干问题的解释》，这一司法解释正是被一些专家特别是国际专家称之为与美国DMCA相媲美的一个法律机制。正是这个机制因应了我国网络事业的飞速发展，不同程度地规范和促进了我国网络信息事业有序发展的法制环境的形成。

2003年12月，最高人民法院根据著作权法的修改和审判实践做出了《关于修改〈最高人民法院关于审理涉及计算机网络著作权纠纷案件适用法律若干问题的解释〉的决定》，并重新公布了修改后的司法解释，使网络环境下著作权司法保护机制日臻完善。修改后的司法解释共九条，其实质性规定包括：

一、诉讼管辖

司法解释的第一条结合计算机网络的特点对网络著作权侵权纠纷案件的管辖作出了规定。网络著作权侵权纠纷案件由侵权行为地或者被告住所地人民法院管辖。侵权行为地包括实施被诉侵权行为的网络服务器、计算机终端等设备所在地，对难以确定侵权行为地和被告住所地的，原告发现侵权内容的计算机终端等设备所在地可以视为侵权行为地。

为什么将网络服务器、计算机终端的所在地解释为侵权行为地并作为管辖的标准，实际上那些涉嫌侵权的行为都是通过这些设备进行的，行为人的位置变动性较大，但他们使用设备的位置相对固定。因此，针对此类案件的特点，选择这样的管辖连接点，方便受害者选择法院起诉，也方便法院行使管辖权和审判。对设备的位置不能确定的情况下，原告也可以在自己发现侵权内容的设备所在地的法院起诉。这样既避免了完全破坏民事诉讼法规定的原告就被告住所地诉讼的基本管辖原则，同时又辅之以难以确定的以原告发现侵权内容的计算机终端所在地视为侵权行为地，使原告的诉讼权利得到全面保障。

二、作品的传播权属于作者

作品的表现形式包括对作品的数字化代码形式，作品的数字化又推动着作品的计算机网络传播方式的发展。针对网络信息技术对作品著作权这一最突出的挑战，司法解释规定数字化的作品仍旧受到著作权法的保护，其著作权仍然属于原作品的著作权人，未经许可、不支付费用的上载、传播、复制等都属于侵权行为。受到侵害的权利人可以向享有管辖权的法院提起诉讼，也可以依照著作权法第四十九条、第五十条的规定在诉前申请法院作出停止侵权和财产保全、证据保全的裁定，也可以在提起诉讼时申请法院先行裁定停止侵害、排除妨碍、消除影响等各项临时措施。

三、对限制的部分作品允许转载、摘编

著作权法第三十二条第二款规定："作品刊登后，除著作权人声明不得转载、摘编的外，其他报刊可以转载或者作为文摘、资料刊登，但应当按照规定向著作权人支付报酬。"著作权法的这项规定能否适用在计算机网络环境下，一种观点说不行，尽管网络上传播的是"豆腐块"文章，但是如果要使用，既要付费又要许可，否则不能完全的保护著作权。这种主张与计算机网络充斥的"海量信息"，并且经常隐去其作者信息，又要求广泛、快捷传播来体现互联网价值的网络环境形成尖锐的矛盾和冲突。

最高法院采纳了将著作权法前项规定适用于网络作品传播的立场，该司法解释第三条规定，已经在报刊上刊登或者网络上传播的作品，除著作权人声明或者上载该作品的网络服务提供者受著作权人的委托声明不得转载、摘编的以外，网站予以转载、摘编并按有关规定支付报酬、注明出处的，不作为侵权行为。但网站转载、摘编作品超过有关报刊转载作品范围的，应当认定为侵权。

该项司法解释澄清了三个问题：一是网络上允许转载、摘编作品的范围不得超过著作权法第三十二条第二款规定的作品范围，主要是短小的文字作品，录音和录像制品、摄影作品、电影作品、计算机软件等等都被排除在外；二是作品的转载等使用者应当支付报酬；三是作品在使用时要注明出处。这样我国在有新的相关立法前，网络作品转载的规定，可以适用于从网络到纸介、纸介到网络、网络到网络，以及纸介到纸介的作品转载行为。但是无论是网络上还是报刊杂志上的作品，只要权利人在自己作品登载时简单注明"不得转载"字样，司法解释关于转载的规定将不再适用。这就是说，注明不得转载的作品的转载和摘编，仍旧需要经过权利人的许可才行。

国内国外一些人士对此条司法解释规定的理由不太理解，最高法院审判委员会的大法官们做出这样的选择，有何理由？2003 年 7 月笔者在美国费城出席中美网络法圆桌会议时向中美两国网络法律专家们说明：

三年前，当中国最高法院审判委员会的大法官们作出这项司法解释的规定时，他们考虑了以下因素：1. 中国著作权法第三十二条第(二)项规定，一定范围的作品在支付报酬、注明作者的情况下可以不经许可而转载，这是做出司法解释的法律依据；2. 著作权法最基础的理论之一是著作权人与社会公众对信息获取权益的"平衡理论"，这是作出司法解释的法学理论基础；3. 网络服务提供者，特别是他们设立的网站，在特定的功能上，与报刊杂志社等的功能相同，他们都是传播作品等信息产品的媒介，他们的著作权法律地位应当相等；4. 作出的司法解释该项决定所涉及的作品范围很有限，而且这部分作品的著作权人可以通过注明"不得转载"等简单方式就可以获得更充分的著作权法保护；5. 在司法实践中，这种机制可以大量减少网络著作权纠纷，至少是减少那些不必要的仅仅为取得许可的纠纷。这就减轻了当事人的负担和法院的诉讼资源，更重要的是该项司法解释会适应高速发展的信息网络的发展，律师们也可以在诉讼外大显身手。

作为著作权法理论基石的"平衡理论"，被许多国家作为宪法的条文而立法规定，它的要旨是在为了鼓励作品充分涌现而对著作权给以所必须的保护，与为了保持一个民主和有教养的社会，必须向公众提供各种作品以满足他们需要之间保持平衡。保持这样一个平衡说起来容易做起来难。在当今时代，这种平衡的保障不仅仅是一国的事，更具有国际性。在高科技发展得如此快、如此先进的情况下，这种平衡仍旧是不可或缺的。网络环境下对著作权的法律保护，或许就是对著作权法的基石——平衡理论，即对作者创作权与公众获得信息权之间保持平衡进行检验的一块试金石。

四、网络服务提供者著作权法律责任承担

网络服务提供者的法律责任，主要是指网络服务提供者对他人利用其所提供的服务实施侵犯著作权行为所应承担的法律责任。网络服务提供者直接实施侵权行为所应承担的法律责任，可以直接适用现行法律的有关规定予以认定，不是此处要讨论的问题。

根据提供网络服务内容的不同，网络服务提供者可分为提供连线服务的网络服务提供者和提供内容服务的网络服务提供者，前者指仅提供连线、接入等物理基础设施服务的网络服务提供者，后者指提供大量各类作品、新闻等信息内容的网络服务，包括 BBS(电子布告板)、Newsgroup(邮件新闻组)、聊天室等有关内容服务的网络服务提供者等等。

由于上述两类网络服务提供者对网络信息进行编辑控制能力有所不同，其所应当承担的法律责任也应不尽相同。司法解释设置网络服务提供者的著作权法律责任，要达到两个目的：一是要依法制止和制裁网络侵犯著作权的行为；一是要给网络服务提供者提供一个法律责任的“安全港湾”。司法解释的规定尽量明确网络服务提供者对著作权侵权的过错责任，不使其轻易承担过重的责任，以保护和促进新兴的网络产业的健康发展；同时也对其行为做出约束，明确在何种情况下网络服务提供者应当承担侵权责任，以促使网络服务提供者进行自我约束和自我保护，维护著作权人的合法权益。

第一，提供连线服务的网络服务提供者，因其对网络信息不具备编辑控制能力，对网络信息的合法性没有监控义务，因此对他人在网络上实施的侵权行为没有主观过错，根据民法通则第一百零六条的规定，不必承担法律责任，侵权的法律责任应由行为人本人承担。

第二，网络服务提供者，如果通过网络参与实施侵犯著作权的行为，或通过网络教唆、帮助他人实施侵犯著作权行为，根据民法通则第一百三十条的规定，属于共同侵权，应当与直接实施侵权行为的人承担连带责任。

第三，提供内容服务的网络服务提供者，由于对网络信息具有一定的编辑控制能力，因此在明知侵权发生或经著作权人提出确有证据的警告后，负有采取移除侵权内容等措施停止侵权内容继续传播的义务。网络服务提供者违反上述义务的，主观上具有过错，客观上实施了不作为的侵权行为，根据民法通则第一百三十条的规定，与行为人构成共同侵权，应当承担连带责任。

第四，提供内容服务的网络服务提供者，在著作权人要求其提供侵权人网络注册资料的情况下，负有提供该注册资料的协助义务。网络服务提供者无正当理由拒绝提供的，违反了上述义务，主观上负有过错，客观上实施了不作为的侵权行为，根据民法通则第一百零六条的规定，应当承担相应的侵权责任。

第五，著作权人向网络服务提供者提出警告或索要注册资料请求必须具备一定的形式要件，必须根据情况提供三类资料：一是著作权人的身份证明，包括身份证、法人执照、营业执照等有效身份证件；二是著作权权属证明，包括有关著作权登记证书、合法出版物、创作手稿等证据材料；三是侵权情况证明，包括被控侵权信息的内容、所在网络传播位置等。

只要符合上述形式要件，就应当视为著作权人已提出确有证据的警告或索要请求，网络服务提供者应当采取相应的措施；反之，如果不符合上述形式要件，而且著作权人没有说明正当理由的，则视为未提出警告或索要请求，网络服务提供者可以置之不理。这样规定，一方面可以方便网络服务提供者及时作出所载内容是否侵权的判断，另一方面也可以避免网络服务提供者陷入过多的侵权纠纷中。

网络服务提供者在著作权人提出上述资料后仍不采取措施的，著作权人在提起诉讼时可以申请法院先行裁定停止侵害、排除妨碍、消除影响，中国法院将从切实保护著作权人的合法权益出发，对申请人的申请予以准许。

第六，网络服务提供者应著作权人的要求采取移除等措施制止侵权行为，是维护著作权人合法权益的合法行为，不应为此向被控侵权人承担违约等法律责任。如果著作权人指控的侵权不成立，而网络服务提供者采取措施给被控侵权人造成损失的，网络服务提供者不必为此向被控侵权人承担赔偿责任，该责任应由提出不当警告的著作权人承担。网络服务提供者应当恢复原来被错误移除的作品内容。

五、对破坏、避开保护著作权技术措施行为法律责任的追究

最高法院对该司法解释的修改中惟一增加的一条是第七条，该条规定：“网络服务提供者明知专门用于故意避开或者破坏他人著作权技术保护措施的方法、设备或者材料，而上载、传播、提供的，人民法院应当根据当事人的诉讼请求和具体案情，依照著作权法第四十七条第(六)项的规定，

追究网络服务提供者的民事侵权责任”。这是针对计算机网络上日益猖獗的故意破坏、避开著作权人为保护其作品著作权的技术措施的行为加强制裁的一项规定。

技术措施是权利人主动采取的一种对其著作权或者邻接权自我保护措施。飞速发展的网络技术带来了诸多版权法新问题，并对传统版权法带来严重的冲击，人们不得不更加突出地发挥技术保护手段的作用。

根据国家版权局统计，1998 年盗版软件市场的规模达到了 22 亿人民币，较 1997 年的 15.6 亿人民币增长了41.3%，这一比率明显高于正版软件市场的增长率。而在 2001 年，全国各地方版权行政管理机关共收缴各类盗版品 6 175 万余件，其中盗版软件 412 万件，是历年收缴盗版品最多的一年。

然而国内对计算机软件的侵权活动不但没有得到有效遏制，反而开始逐步向有组织、有计划和批量化生产发展，盗版的蔓延大大损害了软件权利人的利益，影响了我国软件产业的健康发展。虽然国家对软件进行法律保护的法律规定从立法条文、执法程序到法律责任等方面已经明确具体，但现实的情况并不容人们乐观。有的地方、有的领域软件盗版十分严重，但是近年来，法院受理的软件侵权纠纷收案量却有所下降。权利人意识到从外部环境来达到保护权利人合法权益的途径，已经不能从根本上解决权益受到侵害的问题。

技术保护措施，也就是权利人主动运用技术手段，对计算机软件等作品进行保护和管理的一种方式。此种技术措施的功能主要是管理和保护权利人对作品享有的合法权利，防止他人的侵权行为。软件企业能否提高软件的技术保护措施如加密等的质量、高度和可靠性，对从根本上杜绝盗版具有一定的重要意义。在法律环境上，立法者和司法者能否为事关软件事业健康发展的一种措施，提供些法律环境上的帮助呢？

我国法律和行政法规对著作权技术保护措施的合理性与合法性给予充分肯定。新修改的著作权法第四十七条第(六)项规定：“未经著作权人或者与著作权有关的权利人许可，故意避开或者破坏权利人为其作品、录音录像制品等采取的保护著作权或者与著作权有关的权利的技术措施的”，“应当根据情况，承担停止侵害、消除影响、赔礼道歉、赔偿损失等民事责任；同时损害公共利益的，可以由著作权行政管理部门责令停止侵权行为，没收违法所得，没收、销毁侵权复制品，并可处以罚款；情节严重的，著作权行政管理部门还可以没收主要用于制作侵权复制品的材料、工具、设备等；构成犯罪的，依法追究刑事责任。”“法律、行政法规另有规定的除外”。

软件保护条例第二十四条第(三)项规定：“故意避开或者破坏著作权人为保护其软件著作权而采取的技术措施的”，“除《中华人民共和国著作权法》、本条例或者其他法律、行政法规另有规定外，应当根据情况，承担停止侵害、消除影响、赔礼道歉、赔偿损失等民事责任；同时损害社会公共利益的，由著作权行政管理部门责令停止侵权行为，没收违法所得，没收、销毁侵权复制品，可以并处罚款；情节严重的，著作权行政管理部门并可以没收主要用于制作侵权复制品的材料、工具、设备等；触犯刑律的，依照刑法关于侵犯著作权罪、销售侵权复制品罪的规定，依法追究刑事责任。”

修改后的著作权法虽然增加了保护“技术措施”的规定，但在实践中如何适用，特别是对于网络上发生的对故意避开或者破坏技术措施的方法、设备或者材料，进行上载、传播、提供的行为如何处理，网络服务提供者的责任如何，成为实践中亟待解决的法律问题，所以利用这次司法解释修改的机会增加此项内容。

著作权人经常采用的技术措施的种类。根据国际立法实践来看，技术措施可以分为两类：一类是控制访问的技术措施；另一类是控制作品使用的技术措施。侵害著作权人所采取的技术措施也主要有两类：一类是规避访问控制技术措施；一类是规避作品使用控制技术措施。

这些规避行为通常表现为“未经版权人许可，对加密的作品进行解密，或对技术措施进行躲避、绕过、移动、关闭或妨碍。”在侵权的构成要件上，此种行为学理上被称为“附属的侵权行为”，此种附属侵权行为法律责任的追究，要考虑行为人的主观方面，即其设计或生产的“主要目的”是否为规避受版权保护的技术措施。此外，具有“商业目的”的拥有该类装置，以及此类装置的进口、发行、销售、出租或广告行为，都可能被认为具有合格的构成侵权的主观要件。当然，如同所有权利一样，对此种技术措施的保护也存在权利的限制和例外。

目前权利人采用的技术保护措施主要包括反复制设备、控制进入受保护作品的技术保护措施、追踪系统、标准系统、电子版权管理系统以及电子水印、数字签名等等。

技术保护措施的合法性及对其的限制。权利人所采取的技术措施，要受到著作权法的保护其本身必须符合我国的法律、行政法规的规定，必须具有合法性。其合法性有以下含义：1. 其保护的是受著作权法保护的特定作品，其限制的是未经有关作者授权或者未经法律允许的行为。不是自己的作品，或者公有领域的作品，所采取的技术措施不具有合法性。2. 权利人所采取的技术保护措施只能是防御性的，不能是攻击性的。不管被攻击的对象是知情或不知情，是合法或具有非法目的的软件复制者，所采取的技术措施不得损害公共的利益如植入病毒等。3. 所采取的技术措施对侵权盗版活动的障碍，不能超出制止侵权行为所必须的限度。4. 技术保护措施只能被用来保护法律赋予的权利，不能用来限制公众对该作品的合理使用，损坏对权利保护与公众利益之间的平衡。5. 法律、行政法规另有规定的除外，例如法律法规有关侵害消费者知悉权、选择权、安全和公平交易等利益的，侵害个人隐私权如过度收集个人信息等，妨碍公共利益的如对政府的执法等公务活动，以及非营利公益事业的图书馆、档案馆和教育机关等的豁免等，凡是法律法规另有规定的，应当从其规定。与其冲突的所采取的技术措施，不受法律保护。

对著作权人采取的保护其著作权或者邻接权的技术措施的保护，并不是绝对的。一些发达国家一般都对技术措施的保护做了例外的规定，如美国的《千年数字化版权法》。国际上一般认为对技术措施法律保护的例外和豁免主要包括：1. 反向工程；2. 执法和情报活动；3. 加密研究；4. 安全测试；5. 保护个人身份信息；6. 对非营利性图书馆、档案馆和教育机构的豁免；7. 对广播组织的豁免等等。

对该项司法解释规定的适用。适用司法解释的该条规定，要建立在对著作权法规定的避开和破坏技术措施行为准确认定的基础上。要明确该项规定的实质，是针对网络服务中对避开、破坏技术措施行为的帮助等共同侵权行为的，不涉及网络环境以外的情形。那些专门上载、传播和提供破坏、避开他人权利保护技术措施的人，自己不出面、不实施避开、破坏行为，规避法律的追究，而在他们的网络服务中大肆提供专门用于侵权行为的方法、设备和材料，引诱教唆更多的人来违法，自己获得利益。网络上的此种行为已经很突出，构成了对我国软件著作权保护的威胁。

适用司法解释此条规定应当注意以下问题：第一，行为人所上载、传播、提供的方法、设备或者材料是专门用于避开或者破坏作品著作权保护技术措施的；第二，所指的避开或者破坏保护著作权技术措施的行为，是指构成违反著作权法第四十七条第六项规定的行为；第三，网络服务提供者明知第一种所述的情形；第四，此种法律责任的追究，应当根据当事人的诉讼请求，人民法院不依职权进行；当事人的范围应当包括该作品的著作权人及利害关系人；第五，应当根据案件的具体情况，包括行为人行为的情节，等追究其相应的民事责任，民事责任形式为停止侵权行为等。

修改后的著作权法对侵犯网络传播权行为民事赔偿等责任的追究作了比较详细的规定，最高人民法院《关于审理著作权民事纠纷案件适用法律若干问题的解释》也作了进一步的司法解释，所以本司法解释将原来第九条、第十条的相关规定予以删除。同其他知识产权侵权纠纷一样，网络著作权侵权案件赔偿数额的确定，同样也允许权利人作出选择，一般权利人可以选择三种方式：一是权利人因侵权行为所受实际损失，包括直接经济损失和预期应得利益的损失；二是侵权人因侵权行为所得利益；三是法定赔偿，在前述方法不好确定的情况下，由法官根据案情确定赔偿额，最高赔偿额上限可达人民币 50 万元。

根据著作权法第五十八条的规定，信息网络传播权的保护办法由国务院另行制定。但保护办法的起草和出台还需要时间，为了保证人民法院审理网络著作权纠纷适用法律的连续性，在有关行政法规出台之前，该司法解释经过修改后仍应严格继续适用。同时要不断总结审判实践经验，为立法提出建议，不但要更完善地解决前述问题，同时还应当解决数字化图书馆、远程教育，尤其是我国西部特困人群的网络阅览和教育，等特殊问题，使网络环境下著作权保护机制更加合理、有效和完善。

我国农业植物新品种保护现状及发展对策

农业部科教司副司长　陈凤秀

在我们深入贯彻实施《植物新品种保护条例》并取得初步成效的今天，大家相聚一起，交流品种权实施的有益经验，探讨品种权保护的有效方法，研究今后一个时期植物新品种保护发展对策，意义十分重大。希望通过本次会议，进一步推进农业科技创新及种业发展，为开创农业植物新品种保护工作的新局面建立一个新的起点。参加这次会议的代表主要来自农业科研、教学单位和种子企业。本次会议还得到了最高人民法院和有关省中、高级人民法院的大力支持。在此，我代表农业部科教司、农业部植物新品种保护办公室对法院系统、农业企事业单位同志们的到来表示热烈欢迎和衷心感谢！下面，我就农业植物新品种保护工作讲几点意见。

一、农业植物新品种保护工作取得显著成效

1999年4月23日，我国启动实施了《中华人民共和国植物新品种保护条例》，并加入了国际植物新品种保护公约。四年多来，在有关部门特别是在国家知识产权局、人民法院的大力支持下，在农业行政部门、企事业单位的共同努力下，植物新品种保护事业取得长足发展，取得了显著成效，主要表现在以下几个方面：

（一）植物品种保护名录不断扩大，品种权申请和授权数量大幅度上升

植物新品种保护条例实施以来，农业部共发布了五批植物品种保护名录，保护的属、种达到41个，包括大田作物、蔬菜、果树和观赏类植物。保护名录的不断扩大，为越来越多的育种者提供了保护空间和公平竞争的平台，品种权申请和授权数量也大幅度上升。

截止2003年9月30日，我部共受理品种权申请1093件，包括来自韩国、荷兰、日本等国外申请13件。1999～2002年的受理申请分别为115、112、227、290件，2003年前三季度受理申请349件，比2002年同期的186件增长近一倍。按申请数量排名，前十个省依次是：四川149件、吉林109件、辽宁105件、河南93件、山东86件、河北67件、北京62件、江苏60件、湖南51件、黑龙江50件。

经审查合格，2003年品种权授权总量达到255件，大大超过了前三年167件的总和。品种权授权速度的加快，为充分发挥植物新品种保护制度效应奠定了良好基础。

（二）植物新品种保护组织管理不断加强

一是组建了管理机构。自《条例》实施以来，农业部组建了农业部植物新品种保护办公室和农业部植物新品种复审委员会，负责《农业植物新品种保护条例》的组织实施。成立了农业部植物新品种繁殖材料保藏中心、农业部植物新品种测试中心和分中心，负责新品种繁殖材料保藏和新品种测试等工作。这些机构的建立为《条例》实施的提供了有力的组织保障。

二是逐步完善了规章制度。我部先后组织制定了《农业植物新品种保护条例实施细则》、《农业部植物新品种复审委员会审理规定》、《农业植物新品种权侵权案件处理规定》、《农业植物新品种权代理规定》等规章制度，最高人民法院还发布了《关于审理植物新品种纠纷案件若干问题的解释》，明确了人民法院受理植物新品种案件的种类、管辖范围等，为《条例》的实施创造了良好的发展环境，为品种权人提供了有效的保护。

三是开展了技术支撑体系建设。为了保证品种权审查的科学性和权威性，在借鉴UPOV推荐的植物新品种测试技术规范的基础上，结合我国实际情况，我部组织全国有关科研教学单位研制了玉米、水稻等57种植物新品种测试指南，其中29种测试指南已基本成熟，即将以国家或行业标准予以公布实施。这对保障《条例》的实施以及开展新品种测试的国际合作奠定了良好基础。

（三）公众的品种权保护意识不断提高

加强植物新品种保护的宣传是植物新品种保护工作的重要组成部分。四年多来，我部在全国近20个省、市举办了新品种保护基本知识和行政执法培训班30余次，培训人员2万多人。与此同时，通过拍摄新品种保护电视专题节目，出版《植物新品种保护基础知识》、《品种权代理人考试大纲》、《中国农业植物新品种保护》等书籍和宣传手册，大力宣传《植物新品种保护条例》，普及植物新品种保护知识，使广大农业行政和企事业单位人员新品种保护意识逐步提高，应用品种权战略的能力不断加强。

（四）新品种保护行政执法工作不断加强

侵犯品种权和假冒授权品种行为能否得到有效遏制是植物新品种保护事业成败的关键。为了加强新品种保护行政执法工作，2002年我部下发了《关于加强农业植物新品种保护工作的意见》，并选择黑龙江、山东、江苏、四川、云南和陕西等6个省开展植物新品种保护试点，宏观引导与试点结合，以期在制度建设、机制构建、宣传培训、队伍建设特别是行政执法方面探索经验，以点带面，推动全国农业植物新品种保护工作的开展。2000～2002年，全国提起行政诉讼的品种权侵权案件共91件，绝大多数得到较好处理。行政执法作为司法保护的有效补充，对我国品种权案件的查处发挥了重要作用。

（五）新品种保护国际交流与合作富有成效

作为UPOV成员国，我国在积极参加该组织活动的同时，与美国、英国、德国、荷兰、日本、新西兰、澳大利亚等UPOV成员国开展了广泛地交流与合作。通过考察培训、技术研讨等方式，学习借鉴各国在品种权保护方面的成功经验和有益做法。与UPOV多次联合在我国召开国际植物新品种保护研讨会和技术协调会议，并应UPOV邀请，派员赴韩国、越南、柬埔寨、缅甸、菲律宾、新加坡等亚洲国家介绍中国植物新品种保护制度建设与发展，树立了我国在亚洲地区新品种保护领域的良好形象。日本和韩国拟与我国开展植物新品种测试的区域合作，以增强新品种测试的权威性，并提高测试工作效率。2003年8月，越南农业部来我国考察植物新品种保护制度的实施，并希望明年派人到我国学习新品种测试技术，以促进越南植物新品种保护制度的实施。可以预见，我国周

边国家植物新品种保护制度的实施，将有利于我国种业科技走出去战略的实施。

(六)品种权实施成效显著

据2002年对123个授权品种情况调查统计结果，品种权实施效果十分显著。4年来，获得各种收入2.1亿元，其中品种权许可转让收入3 047万元，开发纯收入1.7亿元，通过诉讼获得赔偿476万元，平均每个授权品种获得收入169万元。而这些品种在我国未实行植物新品种保护制度的1998年，仅有收入共260万元。另据2003年对500多个品种权和品种权申请的调查，截止到2003年6月，新品种推广面积达到6.4亿亩，增产粮食563.2亿公斤，单位所得效益达19.7亿元，社会新增效益223.7亿元。

植物新品种保护制度的建立与实施极大地调动了育种人员的积极性，吸引了大量社会资金投入农作物育种科研与开发活动，有效地配置了社会资源。据对500多个品种权或品种权申请的统计，近几年的育种科研与开发的总投入为3.3亿元，平均每个品种投入66万元，其中政府投入11万元，仅占17%，企业、育种单位、合作方及其他方式投入高达55万元，占83%。初步形成了政府引导，社会多元投入的农作物育种科研的投入机制。

随着授权品种数量不断增加和品种权实施逐步深入，侵犯品种权案件数量也呈上升趋势。据初步统计，近几年提起司法和行政诉讼的品种权案件约140起。获得赔偿额从2000年的3万元增加到2002年的476万元。在2002年结案案件中，品种权人胜诉达61.6%。

二、植物新品种保护面临的新形势

短短四年，我国植物新品种保护事业从无到有，从小到大，取得了一定成绩，积累了一定经验，为新品种保护事业长远发展奠定了良好基础。进入新的世纪，加入世界贸易组织，使我国农村经济、农业生产和农业科技正在发生着深刻变化，植物新品种保护工作面临着新的形势。

从国际范围看，受世界经济格局变化和发展的影响，国际植物新品种保护出现了一系列重大变化。

第一，植物新品种保护制度在世界各国迅速建立。1961年建立了《国际植物新品种保护公约》，根据《公约》建立了“国际植物新品种保护联盟”(UPOV)，属政府间国际组织。其目的是确保该联盟成员国以一套统一、明确的原则为基础，通过提供专有产权，承认植物育种者的成就。1961～1991年的30年时间里，UPOV成员国只有22个。1991年，世界贸易组织签署了《与贸易有关的知识产权协议》。该协议第27条第3款规定：“各成员应规定通过专利或一种有效的专门制度或通过这两者的组合来保护植物新品种。本项规定应在《世界贸易组织协定》生效之日起4年后进行审议”。这个协议的签署，首次将知识产权保护与贸易挂起钩来，并引入了争端解决机制，极大地促进了各国对农业领域知识产权保护的重视，越来越多的国家纷纷立法保护植物新品种，并加入《国际植物新品种保护公约》。到2003年9月底，UPOV成员国已经达到53个，观察员国家及组织80多个。预计3～5年后，UPOV成员国将达到100多个。

第二，《公约》经1972、1978和1991年三次修改，育种者权利进一步扩大。主要表现在以下几个方面：

一是农民特权受到进一步限制。从各国情况看，对农民自繁自用授权品种繁殖材料被排除在育种者权利保护范围之外，即“农民特权”。1991年以前UPOV公约也坚持了这个原则。1978文本承认农民利用授权品种在自己的土地上以种植为目的生产种子的行为不受品种权的约束，是出于公共利益的考虑，即属于品种权的“强制性例外”。之后，越来越多的育种者要求进一步扩大权利范围，限制“农民特权”。因此，修改后的《公约》1991文本将“农民特权”由原“强制性例外”改为“非强制性例外”。这表明，UPOV成员国政府可以自行规定“农民特权”的有无及享有程度，条约不再对此作“强制性”要求，这实际上是为加强育种者权利提供了更大的空间，不少发达国家已对“农民特权”作出限制。

二是保护期限进一步延长。1978年公约规定，一般植物的保护期限为15年，林木、果树等木本植物为18年，而1991年文本则把保护期限分别规定为20年和25年，使育种者权利得到延伸。

三是保护客体从繁殖材料延伸到了品种收获物及其加工产品。过去，各国植物新品种保护的客体仅为授权品种繁殖材料，即未经品种权人许可，以商业目的生产和销售授权品种繁殖材料属侵权。现在，不少国家已将保护客体从授权品种繁殖材料扩大到其收获物及加工产品，并且许诺销售、贮藏、进出口等行为也属侵权。其结果是，即使保留农民无偿使用授权品种繁殖材料的特权，但在生产出粮食、蔬菜、水果、花卉等农产品进行商业销售时也须得到育种者的许可，“农民特权”仅限于自繁自用。另外，对于将授权品种繁殖材料带到不受保护的国家种植，再将收获物返销回国的行为，将受到育种者权利限制。品种权壁垒正在成为提升国家农产品竞争力，保护本国农产品贸易和农民利益的重要手段。日本是实施1991年公约文本的国家。在2003年出台的《种苗法修正案》中，进一步加大了对上述侵权行为的处罚力度，以最大限度的保护本国育种家、农民和企业的利益。

四是派生品种的使用受到限制。各国以往的法律规定,人们对授权品种进行有限的改良后,其品种可以受到单独的保护而不受原品种育种者的任何限制。随着现代生物技术的发展,通过基因导入、诱变等方法改良出新品种已不再困难,原品种育种者要求与后者分享利益。因此,1991年公约文本引入了依赖性派生品种概念,对利用授权品种改良获得的依赖性派生品种虽然可以单独申请品种权,但是进行商业开发时需要经过原品种权人的许可,强化了原创育种者的权利。

五是保护范围将扩大到所有植物。1978年公约文本对成员保护植物的范围只规定了最低限,即成员国在加入UPOV公约后的8年内,其保护的属或种至少要达到24个。成员国可以根据本国农业生产、农产品贸易等情况酌情选择并分期公布受保护的植物种类。而1991年文本则要求其成员国最迟10年内,把保护范围扩展到所有植物属或种。

第三,新品种审查测试向国际化发展。为保证各成员国在植物新品种审查测试方面具有共同的基础,UPOV制定了一套详尽的关于对植物新品种的特异性、一致性和稳定性进行审查测试的总体原则,并为200多个植物属和种制定了具体的测试指南。为了保证新品种测试的科学性、公正性和高效率,UPOV及有关发达国家正极力推进区域内新品种测试的国际合作,根据各国技术力量、植物资源以及生态类型等情况,承担不同植物新品种测试任务。这种合作是建立在相互信任和签订双边或多边协议的基础上进行的,当申请人想在多国获得保护时,可以降低费用,节省时间。同时,可以促进区域内新品种测试专业化发展,减少审批机关行政成本,并保证测试结果的一致性。目前,新品种审查测试国际合作主要有以下两种形式:

委托测试:根据双边协议,A国委托B国测试。UPOV鼓励这种委托测试,并制定了"UPOV政府协议样板"以帮助那些希望进行委托测试的国家。这种合作形式在欧洲一些国家较为普遍。例如,英国为许多欧洲国家测试苹果和菊花,法国为其他国家测试玉米,德国为其他国家测试草莓等。

购买外国测试报告:一国的审批机关可以从另一国购买已完成的测试报告,本国不再进行测试,以缩短审批进程。

第四,生物技术在新品种保护中的作用日趋重要。目前,国际上对植物新品种的特异性、一致性和稳定性进行测试鉴定的方法通常采用外观形态特征描述法,其存在的主要问题,一是测试周期长,少则一年,多则几年,影响审批效率;二是田间测试受环境影响大,测试结果不稳定;三是费用相对较高;四是对转基因植物新品种特异性采用外观形态特征描述很难鉴定。因此,寻找简单、快速、准确的测试技术就成为国际植物新品种审查测试领域的研究热点和发展方向。美国、日本等发达国家在此方面的研究已开展多年,并日渐成熟。

此外,利用DNA指纹图谱鉴别品种真伪快捷、准确,可以为品种权案件处理提供有力的技术支持。这在我国品种权侵权案件司法审判中已被采用,并受到越来越多的国家的推崇。

第五,《生物多样性公约》原则与植物知识产权挂钩的呼声日趋高涨。我国既是WTO成员又是《生物多样性公约》的成员。WTO关于《与贸易有关的知识产权协议》明确成员有义务对植物新品种给予知识产权保护,但没有就如何保护作出详细规定。《生物多样性公约》对传统知识、遗传资源和民间文化明确了"国家主权"、"知情同意"和"利益分享"三原则,但未能在TRIPS以及UPOV公约中得到体现,执行现行的TRIPS及UPOV公约不能阻止生物剽窃。把他人资源最终变成自己财产的做法引起了很多发展中国家的强烈不满和国际社会的激烈争议。特别是发展中国家,坚决要求进一步审议TRIPS协议,并与《生物多样性公约》的规定协调一致。即申请人在申请有关生物技术知识产权保护时应提供其所利用的遗传资源信息。如果来自他国,则应有证明其合法来源的手续。获得知识产权保护后,其利益应与他国分享。否则可以驳回或宣告无效,并酌情追究其赔偿责任。我国是八大作物起源中心之一,生物遗传资源非常丰富,也是发达国家紧盯不舍的重要地区与对象,《生物多样性公约》与TRIPS协议协调一致有利于我国利益的保护。

从国内来看,知识产权保护工作的大环境十分有利。调整农业结构,培育和发展一批有竞争力的农业企业包括种子企业,发展农业产业化,建设良种繁育等农业体系成为应对入世后农业国际竞争的重大举措。加入世界贸易组织使得知识产权工作的重要性日益突显,为我国农业知识产权工作营造出更为有利的大环境。围绕实施科教兴农战略和加强农业技术创新及其产业化的要求,国家采取了一系列重要措施,农业科技体制改革正在进一步深化,国务院办公厅转发了科技部、财政部《关于国家科研计划研究成果知识产权管理若干规定的通知》,农业部下发了《关于加强农业植物新品种保护工作的意见》。我国农业科技、农村经济和农产品贸易正在发生一系列积极变化。

特别要指出的是,温家宝总理对我国知识产权工作发展曾做出重要批示:"在科技进步和经济全球化迅猛发展的新形势下,国际竞争的一个焦点就是知识产权。我国加入世贸组织后,做好知识产权的工作尤为重要和迫切。知识产权工作一要加强专利战略研究，正确选择科技创新的重点和目标，培育、形成我国的科技优势和知识产权优势。二要深化改革，建立有利于技术创新及其产业化的科技管理体制和专利管理体制，培育和发展一批拥有自主知识产权的企业和企业集团。三要加强专利工作体系和专利工作综合能力建设，提高专利工作整体水平。四要加强专利工作队伍建设，培养大批懂业务、会管理、熟悉法律和国际规则的专利人才。”党中央、国务院对知识产权工作高度重视，并为今后的发展指明了方向，提出了明确要求。

面对新的形势，我们对植物新品种保护事业发展中的困难和问题应当有一个清醒的认识。总体来看，我国植物新品种保护事业还在发展初期，与我国农业科技、农业生产和农村经济发展要求还有差距，与国际植物新品种保护发展形势还不相适应。农业行政和企事业单位、人员的品种权意识淡薄的状况还未根本扭转，掌握和运用新品种保护制度的能力和水平不高；新品种保护管理与科技管理脱节的现象比较严重；新品种保护行政执法力量薄弱；品种权审批技术支撑体系建设亟待加强；农产品贸易知识产权预警系统尚未建立等等。存在这些困难和问题，与我国植物新品种保护工作起步较晚、基础较差的客观原因有关，也反映了我国农业科技和农村经济整体水平比较低的实际状况。这就需要我们增强做好植物新品种保护工作的自觉性，强化新品种保护管理，克服前进中的困难，解决发展中的问题，推进我国植物新品种保护制度的全面深入实施。

三、推进植物新品种保护工作再上一个新台阶

植物新品种保护是我国实施知识产权战略的重要组成部分。为了适应我国农业进入新阶段的新形势，积极应对加入世界贸易组织的挑战与机遇，进一步促进和保障我国农业科技自主创新，结合我国农业植物新品种保护工作的实际，我们组织制定了《农业植物新品种保护规划(2003～2010年)》。明确了新时期植物新品种保护工作目标和任务。

主要目标任务是：到2005年，品种权年申请量达到600件；受保护的植物属和种达到50个；植物新品种保护技术支撑体系基本建立，培养一批具有较高素质的品种权审查、测试及管理队伍；建立起以品种权为核心的农产品国际贸易安全预警信息系统基本框架。到2010年，品种权年申请量达到1 000件；受保护的植物属和种达到100个；建立起与国际接轨的植物新品种保护技术支撑体系；建立健全农产品国际贸易安全知识产权预警信息系统，培养高素质的品种权审查、测试、管理、行政执法及中介服务队伍，使我国植物新品种保护管理达到国际先进水平。

为了完成上述目标和任务，推进植物新品种保护工作再上一个新台阶，今后两年我部将重点抓好以下工作：

(一)加强宣传培训，提高农业行政、企事业单位人员知识产权意识和管理水平。坚持不断地利用各种媒介和各种渠道，大力宣传知识产权在世界贸易组织中的地位和作用，突出宣传品种权与农业科技创新、农业结构调整以及农产品国际贸易的关系。分层次、分类别地举办育种人员、种子生产经营人员、品种权代理人员、行政执法人员、审查测试人员培训班和研讨班。探索新品种保护远程教育新路子，充分利用网络技术，逐步开展远程教育工作，以适应广大农村和农业企业学习了解新品种保护知识的需要。

(二)继续开展试点工作，推动《条例》深入贯彻实施。根据农业部《关于加强农业植物新品种保护工作的意见》和“推进农业植物新品种保护工作试点方案”的精神，我部将继续在全国有关省市开展植物新品种保护试点，在政策引导、机制构建、体系建设、宣传培训、行政执法等方面进行全面建设，摸索方法，积累经验，有计划、有步骤地推进《植物新品种保护条例》在全国的深入实施。

(三)加快新品种检测技术研究，增强保护能力。围绕我国具有科技和资源优势并且种植面积较大的农作物，组织开展新品种测试指南、DNA检测方法和技术规程研究，实现对不同品种的快速、准确鉴定，保障品种权审批的科学性，为品种权案件的有效查处提供强有力的技术支持。

(四)实施“推进品种权实施计划”，促进具有自主知识产权的成果的推广应用。按照政府支持，企业参与的形式，办好“品种权实施现场观摩及交易会”，按不同作物和生态类型，选择部分授权新品种集中种植和组织现场观摩，大力宣传展示授权新品种。从品种权实施的关键环节上，通过政府引导，实现品种权实施中资金、技术和市场的有效链接，促进农业科技和种子产业化，增强持续发展能力。

(五)加强行政执法，为种子产业化营造良好的市场环境。加强对农业行政部门人员的培训，提高执法人员素质，加大行政执法力度，进一步防范和惩治品种权侵权行为，切实保护品种权人的合法权益，提高公众对新品种保护制度的信赖度。

(六)加强对国际植物新品种保护规则的研究，积极参与国际规则的制定。积极参加国际多边及双边活动，派出人员参加UPOV理事会、技术工作组会议，参与国际规则的制定，反映我国在植物新品种保护方面的意志和主张，促进我国种业国际贸易发展。适应国际植物新品种保护的发展趋势,加强审查测试的国际合作。

(七)加强政策研究,增强工作的前瞻性。首先,我国植物新品种保护制度实施已近5年,实践经验需要认真总结,以便更好地指导今后的工作;其次,人大代表多次提案,要求制定《植物新品种保护法》,增强品种权保护力度;第三,实施UPOV公约1991年文本国家越来越多,进一步扩大育种者权利是发展趋势。明年6月,UPOV要与我国合作在北京召开国际会议,主题之一即是宣传实施公约1991年文本的好处。如果我国实施公约1991年文本将对我国农业科技、农业生产和农村经济发展带来怎样的影响?面对国内外新品种保护新形势、新情况,我们必须加强新品种保护政策贮备,加紧理论研究,增强新品种保护工作的前瞻性,做到未雨绸缪。

(八)加强品种权保护综合能力建设,提高审批效率。建设品种权审查数据库,加快品种权信息化进程,为实现品种权审查计算机自动检索,以及品种权信息公开、共享等目标打下良好基础。制订更加详尽、统一的审查指南、品种命名规则以及内部运行程序,加强培训,不断提高审查员的业务素质,更好地为广大品种权申请人服务。

浅谈抗"非典"斗争中的专利保护

张清奎

2003年以来,SARS——一种从未听过的病毒,对人类发起了突如其来的袭击。在世界卫生组织的倡导和关注下,各国科学家纷纷开展了对SARS病毒的研究。为了响应党中央、国务院"依靠科学、战胜非典"的号召,我国医疗卫生战线广大的科技工作者更是一马当先,在抗击"非典"的科研第一线对"非典"病毒及其防护技术进行了艰苦卓绝的攻关,并逐步取得了不少卓有成效的科研成果。为了合理地保护抗"非典"斗争的智力成果,为更多更好的先进技术的产生和应用保驾护航,本文简要介绍一些与抗"非典"有关的专利保护知识。

一、专利保护的利弊分析

随着知识经济和市场全球化的到来,广大科技工作者越来越多地认识到了专利保护乃至知识产权保护的重要性。但另一方面,尤其是在涉及公共健康的领域,国内外还有不少科学家对专利制度持不同的态度。认为专利保护不应当渗透到医疗卫生领域,更不应当影响公共健康,抗"非典"过程中产生的智力成果应当归全人类共享。为此,首先让我们分析一下专利保护的利弊关系。

1. 专利保护的积极作用

正如《中华人民共和国专利法》(以下简称专利法)第一条所述,专利保护的目的在于"鼓励发明创造,有利于发明创造的推广应用,促进科学技术进步和创新"。发明创造需要风险投资,尤其是治疗各种疾病用的药品类型的发明,必须投入大量的人力、物力和资金,耗费大量的时间和创造性的劳动,才有获得成功的可能。而一旦开发出新药,他人即可随意仿制,发明人得不到任何回报,就会严重挫伤其积极性,以至于根本没有人会去主动开发新药。专利制度通过给发明创造者一定时间独占市场的权利,使其得到适当的回报,能够收回研究开发所付出的投入,并能够继续开展新的发明创造活动,促进产品的更新换代。专利权人只有在其发明创造实施即产业化以后才能得到上述回报,这就从客观上促进了其专利技术的实施,从而从根本上解决科研与生产两张皮的问题。再者,专利制度一方面促进了技术情报的提前公开,使得人们可以在更新更高的起点上研究开发药品或工艺,避免低水平的重复研究;另一方面,专利保护可以有效地制止仿制,使得人们不得不把有限的人力、物力和资金等资源用于研究开发新药品和新工艺,由此提高资源利用的效率,促进整个科学技术的发展。可以说,专利制度是一个企业、行业乃至一个国家在市场经济条件下加速技术创新、大幅度提高生产力及国际竞争能力最行之有效的措施。

2. 专利保护的负面影响

当然,专利制度也有不利的方面,例如某些缺乏资金且创新能力不强的国家和企业不再能够无偿地使用权利人先进的科研成果,这会在一定程度上限制专利技术的推广应用;另外,由于专利权的独占性,会在一定程度上抑制其他人的自由竞争,造成某些与公共健康有关的产品,例如药品和医疗器械等在专利保护期间价格偏高,从而加重消费者的负担。

然而,利与不利既是相对的,也是可以互相转化的。在公共健康领域,专利保护也可以刺激和促使更多更好的药品和医疗器械等更快地出现，人命关天，有比没有强，多比少强，为此付出一定的代价是值得的。总体考虑，权衡利弊，笔者认为，专利保护仍是利大于弊。

二、可以申请专利的主题

在目前新闻媒体所报道的各国抗击SARS科技工作者已经取得或即将取得的科技成果中，有不少是可以申请专利保护的。例如，以下各类发明创造就有可能得到专利保护。

1. 微生物菌种和遗传物质

这里所说的微生物，包括各种细菌、真菌、放线菌、病毒、原生动物和藻类等。虽然中国专利法对微生物一直没有作出明确的规定，但是依据《中华人民共和国专利法实施细则》（以下简称专利法实施细则）第二十五条和《审查指南》第二部分第十章的相应规定，微生物菌种属于可授予专利的主题，因而可以得到专利保护。而遗传物质如基因、DNA、RNA和染色体等，都属于生物化学物质，因而也可以像其他化学物质一样被授予专利。

然而，对于未经人类的任何技术处理而存在于自然界的微生物菌种和遗传物质，由于属于专利法第二十五条第一项所述的科学发现，因而不能授予专利权。另外，由自然界分离、筛选或者培养的微生物或遗传物质还必须可以重复获得并且具有特定的工业用途或者在产业上有利用价值，否则，不能重复得到或没有特定用途的微生物菌种和遗传物质由于不具备专利法第二十二条要求的实用性，也不能被授予专利权。

由此可见，分离得到的SARS的病原体冠状病毒和与非典型肺炎疾病相关的基因，如果能够用来诊断和治疗非典型肺炎疾病，也可以像制备其他化学物质一样用来制备抗"非典"的化学合成药或中药的原料药化合物并一样申请物质专利并获得较有力的法律保护。这种病毒和基因一旦被授予专利权，任何人为了生产经营目的制造、使用、销售、许诺销售和进口该受保护物质的行为都要经过专利权人许可才行，否则就有可能被追究侵权责任。但是，为了科学试验目的和个人消费目的的制造、使用和进口行为不受此限制。

2. 生物制品和各种医药制剂

生物制品是指用微生物、微生物代谢产物、动物毒素、人或动物的血液或组织等经加工制成，作为预防、诊断和治疗特定传染病如"非典"或其他有关疾病的免疫制剂，如抗"非典"的疫苗、抗SARS病毒的血清、干扰素、蛋白酶抑制剂、抗菌素等。由于1992年修改后的专利法第二十五条删除了对"药品和用化学方法获得的物质不授予专利权"的规定，因此，生物制品也可以获得产品专利。

由活性组分和载体及辅料组成的药物制剂发明，可以申请用可由该药品诊断或治疗的病症限定的药物制剂产品专利。例如写成"预防非典的中药组合物"、"SARS冠状病毒诊断试剂"、"基因诊断试剂盒"和"抗非典消毒剂"等等，以便与其发明的实质内容相适应。

这里还应提到，如果所涉及的药物制剂是医生根据具体病人的病情所开具的处方，以供药房按此处方配药，则这种药品由于不具备工业实用性而不能被授予专利权。

3. 医疗器械和防护用具

在预防、诊断和治疗"非典"等疾病过程中使用的医疗器械，例如"胶体金检测试条"、"空气中SARS病毒快速富集装置"、"SARS快速早诊断基因芯片"、"不接触就能测试体温的仪器"和"荧光定量PCR快速检测仪"等发明创造，以及在防治"非典"科技攻关中产生的防护用具，例如生物防护服、生物防护口罩、正压医用安全头罩、传染病员运送隔离舱、带隔离舱的全封闭担架和传染病员负压救护车等，都是可以申请专利的主题。

而且，除了发明专利以外，这种类型的发明创造也可以申请实用新型和外观设计专利保护。其中申请实用新型专利保护时，产品必须有形状和构造方面的改进；申请外观设计专利保护时，产品的外观应当是形状、图案或色彩方面的富有美感的新设计。这两种专利的保护期（最长10年）虽然比发明专利（最长20年）短，但不需要经过实质审查，授权程序比较快捷。

4. 上述产品的制备方法

在1985年4月1日中国实行专利制度后，即可对药物化合物、微生物菌种和遗传物质、生物制品和各种医药制剂以及医疗器械和防护用具等上述产品产业化且有专利性的制备方法授予专利权。这种制备方法被授予专利后，任何单位或者个人未经专利权人许可，都不得为生产经营目的使用其专利方法。1993年1月1日实行修改后的专利法以后，这种方法专利保护的效力还可以延伸到依照该方法所直接获得的产品，即不得为上述目的使用、销售、许诺销售或者进口依照该方法所直接获得的产品。然而，使用该专利方法以外的其他方法制造该产品，或者使用、销售或进口用其他方法获得的相同产品，并不侵犯该方法专利权。由此可见，这种方法专利保护的效力相对低于产品专利的保护效力。

需要指出的是，上述产品的制备方法必须具有可重复性。例如由自然界筛选特定的微生物的方法和通过物理化学方法进行人工诱变生产新微生物的方法往往不能满足上述可重复再现的要求,从而不能被授予专利权。

对于用微生物等生物材料作为原料或工具来生产生物制品的方法专利申请,如果所使用的生物材料是公众不能得到的,在这种情况下,为了满足专利法第二十六条的要求,就应当按照专利法实施细则第二十五条的规定到国务院专利行政管理部门认可的保藏单位保藏所涉及的生物材料,并在说明书中写明保藏单位和保藏号。

这里所说的"公众不能得到的"是指:个人或者单位持有的、在不是用于专利程序的保藏单位保藏并对公众不公开发放的生物材料;或在申请日(优先权日)前公众不能得到的生物材料,如通过筛选、突变等手段新创制的微生物。国务院专利行政管理部门认可的保藏单位是指布达佩斯条约承认的生物材料样品国际保藏单位。其中包括位于北京的中国微生物保藏管理委员会普通微生物中心(CGMCC)和位于武汉的中国典型培养物保藏中心(CCTCC)。

如果所使用的微生物等生物材料是公众可以得到的,例如:

(1)可在国内外市场上买到;

(2)可以按照说明书所述的方法重复得到;

(3)已在其他用于专利程序的生物材料样品保藏单位保藏,并在申请日(优先权日)之前已经公告或授权。

这样的生物材料均不要求保藏。

5. 上述产品的用途专利

根据专利法的有关规定,即使上述产品本身早已公开,由于已经丧失了新颖性不再可能获得专利,但发现新的用途即用作药品的活性成分治疗 SARS,仍有可能申请用途专利。例如使用一种叫做三氮唑核(Ribavirin)的抗病毒药物来治疗 SARS、使用已知的中药复方治疗 SARS 以及使用血清、干扰素和蛋白酶抑制剂来治疗 SARS 等新的用途都有可能获得专利保护。

至于其权利要求的写法,中国国家知识产权局只接受药品制备方法类型的形式,即"××物质用于制备治疗 SARS 的药品"或"××物质在制备治疗 SARS 的药品中的应用"等类似方式,而不允许写成"××物质用于治疗 SARS"。否则将视为疾病的治疗方法予以驳回。

三、不授予专利权的范畴

考虑到国家和社会的利益以及专利制度固有的负面作用,我国专利法也对专利保护的范围作了某些限制性的规定。与抗"非典"斗争有关的主要有以下几条:

1. 对违反国家法律和社会公德的专利申请不授予专利权

例如,假如有人提出利用克隆人的技术参与 SARS 的治疗,或者通过消灭可能携带 SARS 病毒的动物和虐待 SARS 患者防止疾病的传播,则不可能被授予专利权。当然,目前还没有报道过类似的有害建议。

2. 对纯粹的科学发现不授予专利权

例如,如果仅仅发现了导致 SARS 的冠状病毒,或者甚至完成了冠状病毒的全基因测序,仍然属于科学发现阶段,还不能申请专利保护,必须能够将其独立地分离出来,并找到了具体、可信和实质性的用途,才能变成有授权前景的发明专利申请。

3. 对智力活动的规则和方法不授予专利权

例如,我国广大医务工作者在抗"非典"第一线总结出来的"早发现、早报告、早隔离、早治疗"等一系列行之有效的防范措施,由于没有构成采取技术手段解决技术问题的技术方案,而仅仅涉及智力活动的规则和方法,所以不能被授予专利权。

4. 疾病的诊断和治疗方法不授予专利

出于人道主义的考虑和社会伦理的原因,医生在诊断和治疗过程中应当有选择各种方法和条件的自由。另外,这类方法直接以有生命的人体或动物体为实施对象,无法在产业上利用,不属于专利法意义上的发明创造。此类疾病的诊断和治疗方法不能被授予专利权。

例如,新闻媒体报道的使用一种叫做三氮唑核(Ribavirin)的抗病毒药物来治疗 SARS、使用已知的中药复方治疗 SARS 以及使用血清、干扰素和蛋白酶抑制剂来治疗 SARS 等方法本身都得不到专利保护,而只能保护其在制药厂制备抗 SARS 药品过程中的应用。

然而,也可以列举若干不视为"疾病的诊断和治疗方法"的例外情况。例如:物品的消毒方法、在人或动物体之外进行的化验方法、食品中非典病毒的测定方法、尸体的测试及处理方法、非诊断和治疗目的的测定生理参数的方法等等,都有可能在中国得到专利保护。

值得注意的是,涉及"疾病的诊断和治疗方法"的发明在某些国家,例如美国,是有可能得到专利保护的。

5. 对动物和植物品种不给予专利保护

由于专利法第二十五条第四项规定,对"动物和植物品种"不授予专利权,因此,不论是用传统的生物学方法饲养或培育的动物和植物新品种,还是通过基因工程的 DNA 重组技术或现代杂交技术得到的转基因试验动物或中草药新植物,目前在中国都不给予专利保护。例如美国科学家近期开发出的防止 SARS 用的猴子动物模型,就属于这种在我国不给予专利保护的情况。然而,对于符合条件的植物新品种,可以通过 1997 年 10

月1日起开始施行的《中华人民共和国植物新品种保护条例》进行保护。

需要提出的是,涉及"动物和植物品种"的发明在某些国家,例如美国、日本和欧洲,是有可能得到专利保护的。

四、防止专利权滥用的手段

为了兼顾和平衡专利权人与专利技术的使用者和社会公众之间的利益,合理地照顾公共利益和保证公共健康,防止专利权的滥用,力求使专利制度收到最佳的社会效益,专利法还规定了如下一些防止权利滥用的手段。

1. 不构成侵权的行为

专利法第六十三条明确规定,有下列情形之一的,不视为侵犯专利权:

(1)专利权人制造、进口或者经专利权人许可而制造、进口的专利产品或者依照专利方法直接获得的产品售出后,使用、许诺销售或者销售该产品的;

(2)在专利申请日前已经制造相同产品、使用相同方法或者已经作好制造、使用的必要准备,并且仅在原有范围内继续制造、使用的;

(3)临时通过中国领陆、领水、领空的外国运输工具,依照其所属国同中国签订的协议或者共同参加的国际条约,或者依照互惠原则,为运输工具自身需要而在其装置和设备中使用有关专利的;

(4)专为科学研究和实验而使用有关专利的。为生产经营目的使用或者销售不知道是未经专利权人许可而制造并售出的专利产品或者依照专利方法直接获得的产品,能证明其产品合法来源的,不承担赔偿责任。

2. 专利实施的强制许可

专利法第六章第四十八条至第五十五条详细规定了可以利用国家政府机构的行政命令强制许可实施某些专利的情况,主要包括:

(1)防止权利滥用(第四十八条)

"具备实施条件的单位以合理的条件请求发明或者实用新型专利权人许可实施其专利,而未能在合理长的时间内获得这种许可时,国务院专利行政部门根据该单位的申请,可以给予实施该发明专利或者实用新型专利的强制许可。"

(2)紧急状态或公共利益需要(第四十九条)

"在国家出现紧急状态或者非常情况时,或者为了公共利益的目的,国务院专利行政部门可以给予实施发明专利或者实用新型专利的强制许可。"

(3)依存专利(第五十条)

"一项取得专利权的发明或者实用新型比前已经取得专利权的发明或者实用新型具有显著经济意义的重大技术进步,其实施又有赖于前一发明或者实用新型的实施的,国务院专利行政部门根据后一专利权人的申请,可以给予实施前一发明或者实用新型的强制许可。"

因此,我国医疗卫生战线广大的科技工作者在抗"非典"斗争中应当积极地利用专利制度有效地保护自己的智力成果,而不必过多地顾虑专利制度的负面作用。得到专利保护后,如果愿意发扬无私奉献的国际共产主义精神,不愿意单纯追求物质和经济利益,专利权人还可以将其专利无偿地贡献给社会或某些发展中国家;但如果不寻求专利保护,又未采取任何防卫措施,则还存在被别人抢先申请专利,反过来限制自己使用该先进技术来维护公共健康的风险。对于某些个人或私营机构在我国申请的抗"非典"专利,也不必过度恐惧其技术和市场的垄断作用,必要时还可以依靠专利法的强制许可手段对其加以限制。总而言之,只要大家万众一心,积极攻关,并合理地利用知识产权保护制度,人类就可以在不远的将来战胜"非典",我国在抗"非典"的斗争中就能走在世界的前列。

我国著作权集体管理的立法现状

许　超

根据欧洲大陆法系学者的观点,著作权集体管理制度是广义著作权保护制度的组成部分之一①。著作权集体管理是知识产权保护中非常特殊的一种制度,这种制度只产生于著作权保护领域,在专利、商标和其他知识产权领域没有这种制度。在我国,著作权集体管理制度更是一个全新事物。虽然我国第一部著作权法诞生于1910年,但是著作权集体管理制度直到1992年我国第一家著作权集体管理组织的诞生才算初步建立。另外,与对著作权实体法、邻接权、国际著作权条约

① A. DIETZ:《迪茨教授关于修改中国著作权法的报告草案——应中华人民共和国国家版权局的要求所作的详细评论》(中英对照),载《知识产权研究》杂志第十卷第190页、234页,中国方正出版社2000年12月出版。

的研究相比,我国学者对著作权集体管理制度的研究,投入的力量很少。因此,在建立我国著作权集体管理制度过程中,来自国内专家的意见和经验显得不多。这也说明,著作权基础理论问题是十分重要的,还有待于我们进行深入的研究。

2001年10月,修改后的《中华人民共和国著作权法》(以下简称著作权法)专门就著作权集体管理进行了规定。这一规定的意义至少在于以下几个方面:第一,以立法的形式确认了著作权集体管理是著作权保护制度的组成部分;第二,为著作权集体管理组织的建立直接赋予立法依据;第三,说明在建立著作权保护制度方面,我国的立法更加接近欧洲大陆法系的立法模式,因为只有欧洲大陆法系国家的著作权立法包含著作权集体管理部分,英美法系国家的版权立法一般不涉及著作权集体管理①。(就著作权使用费发生争端而建立的解决机制问题除外)

本文试就我国著作权法关于著作权集体管理的规定以及我国著作权集体管理条例的制定进行粗浅的分析,不对的地方,欢迎指正。

一、我国著作权法的规定

修改后的著作权法第八条规定:"著作权人和与著作权有关的权利人可以授权著作权集体管理组织行使著作权或者与著作权有关的权利。著作权集体管理组织被授权后,可以以自己的名义为著作权人和与著作权有关的权利人主张权利,并可以作为当事人进行涉及著作权或者与著作权有关的权利的诉讼、仲裁活动。

著作权集体管理组织是非营利性组织,其设立方式、权利义务、著作权许可使用费的收取和分配,以及对其监督和管理等由国务院另行规定。"

这条规定至少包含了以下五部分内容:

(1)著作权人和与著作权有关的权利人(以下统称著作权人)加入著作权集体管理组织,以自愿为基础,而不是由法律强制规定必须加入。这一原则与大多数国家的做法是一致的,体现出立法人在制定著作权集体管理制度方面已经充分认识到,著作权首先是私权,集体管理组织的建立也应引进竞争机制。但是,也有少数国家(例如意大利)②从法律上就规定某些权利(例如公开表演权和广播权)只能由国家指定的某个集体管理组织管理;或者实际上只有一家垄断性的集体管理组织管理某些权利(例如俄罗斯)③。这表明,各国在制订著作权集体管理制度的规定时,首先是从本国的实情出发的。我国著作权法在修改时,是采取多数国家的自愿制,还是意、俄等国的强制式,曾有不同的意见,后来根据多数人的意见采取了目前的立法模式。至于这种模式是否与我国的实情相符,仍需由实践检验。

(2)著作权集体管理组织管理的权利必须是经著作权人授予的,未经著作权人授予的权利,集体管理组织不得管理。这里涉及的问题与上一个问题有密切的关系,其核心是对于非会员的权利,集体管理组织是否有权管理。如果集体管理组织无权管理非会员的权利,在实践中会出现一个难以解决的问题:当集体管理组织向使用人发放使用许可证或者收取使用报酬时,使用人会因为集体管理组织发放的许可证不能涵盖所要使用的全部作品而不愿领取许可证;还会因为向集体管理组织支付的使用报酬不包含非会员的而不愿向集体管理组织支付报酬。其实际结果可能就是使用人使用他人的作品并不存在法律上的障碍,而集体管理组织收取报酬却不一定有保证。考虑到我国著作权法有多处法定许可规定,即使用人可以不经著作权人许可就可以使用他人已经发表的作品,只需按照规定支付报酬,上述担心不是不可能的。

(3)著作权集体管理组织可以以自己的名义开展活动和参加诉讼与仲裁。本来,这是不言而喻的。但是,只因我国长期实行计划经济,且缺乏集体管理制度的实际经历,不得不以法定的形式予以规定④。这一点亦足以证明,著作权保护在我国尚处于初级阶段,要走的路还很长。

(4)著作权集体管理组织只能是非营利性组织。根据我国民法的规定,法人分为企业法人和事业法人两种。这既不同于英美法系国家,也不同于民商分立的欧洲大陆法系国家的法人制度。根据我国的法人制度和著作权法第八条的规定,著作权集体管理组织只能是社团法人或者"事业单位"。然而,无论是社团法人还是事业单位,都不能完全涵盖集体管理组织的特征。著作权集体管理组织向使用人发放许可证和收取报酬的行为,实质上是一种经营行为。集体管理组织的非营利性并不表现在其经营性行为上,而是在于集体管理组织应当将收入(在扣除必要的行政开支后)百分之百地分给著作权人这条基本原则上。著作权集体管理组织的法人属性问题也说明,我国民事立法已经远远不能适应我国由计划经济向

---

① 详见拙文:《著作权疑难问题评析》第250页,浙江教育出版社2000年7月出版。

② 意大利著作权法第180条规定:"凡作为居间人直接或间接介入、居间、代理或代表,或转让行使表演、朗诵、播放、机械录制和电影制片的权利,均由意大利著作权组织保留独占资格。"

③ 无论是前苏联,还是苏联解体后的俄罗斯,只有一家垄断性的著作权集体管理组织——VAAP,该组织管理各类作品的著作权。

④ 详见拙文:《评中国第一起著作权集体管理机构参与的诉讼》,载《中国专利与商标》杂志1998年第4期。

市场经济的转变。对于类似著作权集体管理组织这样的具有强烈市场经济色彩的组织形式,亟需在法律上明确其法律地位。

(5)关于著作权集体管理组织的具体办法由国务院另行规定。这表明,关于著作权集体管理组织,除了著作权法第八条的规定外,国务院还将制定专门的行政法规。从目前各国及地区的情况看,大部分欧洲大陆法系国家的著作权法虽然包含著作权集体管理的内容,但是通常都是在著作权法中单列一章予以规定。专门为著作权集体管理立法的只有德国、日本和我国台湾省。两者相比,著作权集体管理单行立法形式更有利于著作权集体管理制度的建立和完善,是一种更为先进的立法形式。显然,我国著作权法选择的立法形式更接近国际发展趋势。

著作权法第八条的规定还说明,著作权集体管理与版权代理是两种不同的行为。由于过去总有人将两者混淆,愚以为有必要在此顺便予以澄清。

首先,著作权集体管理与版权代理的区别不在于前者主要以信托方式管理权利(集体管理组织根据许可,也可以代理他人著作权)①,后者以代理方式进行交易,而在于两者的组织性质和经营模式有着本质的区别。

其次,就组织性质而言,著作权集体管理组织是著作权人自己的组织,版权代理人不是著作权人,而是著作权人与使用人之间的中间人。另外,著作权法已经规定,集体管理组织必须是法人单位,且只能是非营利性组织;而版权代理机构可以是法人也可以是个人,且既可以是营利性,也可以是非营利性组织或者个人。

第三,著作权集体管理组织通常以自己的名义活动;而版权代理机构通常以被代理人名义活动。

第四,著作权集体管理组织面向全国的使用人,提供全球的作品;而版权代理面向特定的使用人,提供特定的作品。

第五,著作权集体管理组织采取分散收费,集中分配的收费与分配形式,因此各国的普遍情况是一类作品通常只设立一家;而版权代理机构则不存在这种情况,通常是多家竞争。

第六,著作权集体管理组织的收入较固定,主要来自于著作权人本人无法主张的所谓"小权利",例如公开表演权、广播权;而版权代理机构的收入不固定,代理的权利主要是大权利,例如出版权、戏剧表演权,很少涉及小权利。

第七,著作权集体管理组织的广泛代表性决定其必须接受政府的监督;而版权代理是纯私权交易,政府一般不予干涉。

总之,著作权集体管理与版权代理虽然字面上相近,但内容不尽相同,两者在著作权制度中的地位也相差甚远。有无著作权集体管理制度,关系到作者能否实现公开表演权和广播权②。因此,欧洲人将其视为广义著作权的组成部分。

二、我国《著作权集体管理条例(送审稿)》简介

根据修改后的著作权法第八条,国务院著作权行政管理部门起草了我国第一部《著作权集体管理条例》(送审稿)(下称送审稿),并报国务院审议。目前,国务院立法部门正就送审稿广泛征求各方面的意见。送审稿共6章35条,归纳起来,有以下十个方面的内容:

(一)立法目的

送审稿第一条就开宗明义地规定,制定著作权集体管理条例的目的在于"有效实施著作权法,便利著作权人和与著作权有关的权利人(下称'权利人')行使权利,规范著作权集体管理业务活动。"

具体说,制定著作权集体管理条例的立法目的包含三个内容:第一,有效实施著作权法是立法的总目的。第二,便利著作权人和与著作权有关的权利人行使权利,表明著作权集体管理的特点,即通常所说的"一站式服务",在立法时应予以充分考虑。这也说明,立法的重点应放在如何使制定出的规定起到方便权利人实施权利的位置上。第三,规范著作权集体管理业务活动,目的在于防止全国各地蜂拥而上地设立著作权集体管理组织。著作权集体管理不同于一般的民事代理,不能简单地适用一切事务由当事人合同约定的原则。著作权集体管理组织也不能像版权代理公司那样在各省都成立,而应根据著作权人的授权和全国的总体需要设立。

(二)定 义

由于著作权集体管理对于很多人来说尚属陌生的概念,送审稿第二条对于什么是"著作权集体管理组织"、什么是"著作权集体管理"、什么是"著作权集体管理合同",作了释义性规定。

"'著作权集体管理组织',是指依法成立、经权利人授权、为权利人的利益,对权利人的著作权或者与著作权有关的权利进行集体管理的非营利

---

① 日本著作权与邻接权管理业务法第二条(2)规定:"委托人委托受托人作为代表或代理人授予作品等的使用许可,并相应进行著作权等管理的委托契约。"

② 1989年鄙人随中国版权代表团访问德国慕尼黑马克斯-普兰克外国与国际专利、著作权与竞争法研究所(现知识产权研究所),该所所长F.BEIER教授说,如果一个国家没有著作权集体管理制度,著作权法规定的权利中的一半将是一纸空文。

性组织。”同著作权法第八条相比，送审稿对于著作权集体管理组织的定义除了增加“依法成立”的条件外，没有增添更多的新内容。

“‘著作权集体管理’，是指著作权集体管理组织以自己的名义，与使用者订立著作权或者与著作权有关的权利许可使用合同(下称‘权利许可使用合同’)，向使用者收取使用费，向权利人分配使用费，以及进行涉及著作权或者与著作权有关的权利的诉讼、仲裁活动。”这条定义的重要之处在于细化了著作权法第八条关于“为著作权人和与著作权有关的权利人主张权利”一句的内容，指明著作权集体管理组织的主要工作是与使用者订立许可使用合同，向使用者收取使用费，向权利人分配使用费，以及进行诉讼、仲裁活动。

“‘著作权集体管理合同’，是指权利人授权著作权集体管理组织对其权利进行集体管理的协议。”这条定义的意义在于区分著作权集体管理组织通常遇到的最主要的两类合同：与著作权人签订的著作权集体管理合同，和与使用人签订的权利许可使用合同。

关于著作权集体管理合同，送审稿第七条规定了合同必备条款：授权管理的权利种类和期限；管理的作品、录音录像制品；著作权人的权利；使用费分配标准和办法；著作权人与著作权集体管理组织发生争议时的解决办法。送审稿第十九条还规定，权利人与著作权集体管理组织订立著作权集体管理合同后，不得在合同约定期限就同一作品、录音录像制品等另授权他人管理或者行使同一权利第二十八条规定，著作权人可以随时终止合同，合同的终止自集体管理组织收到退出通知书起六个月后生效。集体管理组织不得再与使用者订立许可使用合同，但前合同效力持续至合同期满。期满前，权利人仍有要求分配使用费、查阅有关业务文件的权利以及交纳管理费的义务。

关于与使用人签订的权利许可使用合同，送审稿规定了合同应具备的必备条款：许可使用的权利种类、许可使用的范围和期限、使用费收取标准和办法、仲裁条款、违约责任等。

(三)设 立

送审稿第四条规定了成立著作权集体管理组织的条件：

(1)有规范的名称和相应的组织机构；

(2)有固定的住所；

(3)有与其业务活动相适应的专职工作人员；

(4)有符合有关登记管理条例规定的数额的资产和经费来源；

(5)取得全国性相关行业组织的认可，并能够广泛代表该相关行业权利人的利益；

(6)有独立承担民事责任能力。

值得一提的是，“取得全国性相关行业组织的认可，并能够广泛代表该相关行业权利人的利益”这一条件。如前所述，一类作品只设立一家著作权集体管理组织，这是世界各国的通例，我国也不例外。送审稿为设立著作权集体管理组织规定的条件是与国际惯例相符的。

送审稿第五条规定了申请成立著作权集体管理组织应当提交的文件：

(1)著作权集体管理组织名称；

(2)管理的权利范围和作品、录音录像制品等种类；

(3)著作权集体管理组织章程草案；

(4)著作权集体管理合同必备条款；

(5)权利许可使用合同必备条款；

(6)使用费收取标准和办法草案；

(7)使用费分配标准和办法草案；

(8)能够证明本条例第四条所述条件的有关材料；

(9)国务院著作权行政管理部门指定的其他有关事项或者材料。

送审稿第九条规定，国务院著作权行政管理部门应当自收到申请成立著作权集体管理组织的文件之日起六十日内，做出批准或者不予批准的决定，并书面通知申请人。不予批准的，应当说明理由。第十条规定，不予批准成立著作权集体管理组织的几种情况，包括申请成立的集体管理组织与已批准成立的组织有相同或者相似名称的、不符合成立著作权集体管理组织的条件之一的、申请文件中有违法或者虚假内容的、申请不符合法定程序，经国务院著作权行政管理部门要求限期补正而未补正的等。

(四)与著作权人的关系

根据我国著作权法第八条的规定，著作权集体管理组织与著作权人之间是授权与被授权的关系。

此外，根据各国著作权法的普遍规定，送审稿第十七条还增加了集体管理组织的义务：除非违反其章程，著作权集体管理组织不得拒绝与著作权人签约。

从外国，特别是欧洲大陆法系国家的规定看，著作权集体管理组织与著作权人的关系还可以分为与会员的关系和与非会员的关系。

1. 与会员的关系

(1)特别是传统的著作权集体管理组织在与著作权人签约时明确规定，该组织同会员之间是行纪(信托)关系。例如德国音乐作品著作权集体管理组织 GEMA 章程第二条第二款规定：“本社团信托管理由其会员或者第三人为集体管理目的通过多边或者双边契约转让的权利。本社团为维护受让的权利，可从事一切必要的活动。”

(2)除了行纪(信托)关系,集体管理组织同会员间也可以是代理关系,例如《日本著作权与邻接权管理业务法》第二条(2)规定:"委托人委托受托人作为代表或代理人授予作品等的使用许可,并相应进行著作权等管理的委托契约。"

总之,著作权集体管理组织与会员之间的关系由法律或者章程规定。

2. 与非会员的关系

著作权集体管理组织除了代表会员收取使用报酬,还有权收取某些非会员的报酬,并有义务将这些报酬分配给非会员。一般来说,这种非会员的报酬主要来自两方面:第一,法律规定的非自愿许可情况下,著作权人应当获得的报酬,例如来自公共借阅权、私人复制权等方面的报酬。对于这些报酬,法律在规定非自愿许可的同时,规定这些报酬只能通过著作权集体管理组织主张。第二,来自广播权、表演权,特别是机械表演权等个人无法实现的所谓"小权利"的收入。由于集体管理组织具有很强的代表性,在收取这些报酬时往往连同非会员的报酬一起收取。但是集体管理组织有义务将报酬分配给非会员。

西方国家,特别是欧洲大陆法系国家的著作权集体管理组织与非会员的这种关系在法理上好像有些讲不通,但是,在实际效果上起到非常积极的作用。首先,使非会员也切实得到应得的报酬。试想,如果没有集体管理组织的帮助,个人如何取得这些报酬?使用人也无法计算出某个具体的个人应得的数额。其次,大大方便了使用人。使用人在向集体管理组织一次支付报酬后就履行了付酬义务。最后,这种做法促使非会员积极加入集体管理组织。集体管理组织的不断完善与壮大无疑是有益于建立健全著作权交易的良性环境的。由此可见,欧洲大陆法系国家在立法时也是从实际生活出发的。

由于我国著作权法强调集体管理组织与著作权人之间的授权关系,送审稿在非会员问题上不可能与法律相差太远。但是,考虑到我国著作权法的法定许可条款非常多,十多年的执法实践又证明,仅靠个人的力量是无法保证这些来自法定许可的报酬权的。而借助集体管理组织的力量,多少可以改善这方面的实施状况。因此,送审稿第二十九条规定:"使用者依照著作权法第二十三条、第三十二条第二款、第三十九条第三款、第四十二条第二款或者第四十三条规定支付使用费,自使用作品之日起两个月内未能支付给权利人的,应当将使用费交由有关著作权集体管理组织转付权利人。使用者通过著作权集体管理组织向权利人转付使用费时,应当同时提供其使用的有关作品名称、权利人姓名或者名称、使用的方式、数量、时间等有关使用情况,并按国务院著作权行政管理部门制定的标准向有关著作权集体管理组织交纳管理费。著作权集体管理组织应当自收取本条第一款所述使用费之日起,至少每两个月按国务院著作权行政管理部门指定的方式进行一次公告,载明被使用的作品名称、权利人姓名或者名称,并按法规、规章规定的或者经备案并公告的使用费标准和办法向权利人分配使用费。权利人有查阅、复制使用费分配报告及其他有关业务文件的权利。"

(五)管理范围

与各国著作权集体管理制度大体相同,送审稿第三条规定,著作权集体管理组织管理著作权人的出租权、表演权、广播权、信息网络传播权及复制权等权利人本人难以有效行使的权利。这里所说的复制权指音乐作品的录制权。

从送审稿的规定不难看出,著作权集体管理组织管理的主要是著作财产权,并且是著作权人本人难以有效行使的权利。著作人身权不由集体管理组织管理。这一点也是与各国的通例相符的。

(六)诉权

根据著作权法第八条的规定,送审稿第二条规定,著作权集体管理组织有权以自己的名义进行涉及著作权或者与著作权有关的权利的诉讼、仲裁活动。

从各国的情况看,著作权集体管理组织的诉权来自几个方面:第一,法律直接规定,例如法、德、西、日等国的著作权法或者著作权集体管理单行法;第二,集体管理组织的章程规定或者与著作权人签定集体管理合同约定集体管理组织的诉权。

原则上,集体管理组织有自诉的权利,但是,如果取得的是代理权,集体管理组织只能代理诉讼,除非另有授权或者约定。

(七)收费与分配

收费与分配是著作权集体管理组织的最主要的工作。可以说,没有这两项工作,著作权集体管理组织就失去存在的意义。过去对著作权集体管理组织的称呼是:"版税征集协会(license royalty collecting society)"。但是这种称呼有过分强调经济属性之嫌,引起很多著作权集体管理组织的反感。他们认为著作权集体管理组织的任务不只是收钱与分钱,还致力于弘扬优秀的文学艺术作品,扶持年轻作者的创作,改善作者社会福利待遇等事业,因此,正确的称呼应该是"集体管理(collective administration)"。送审稿有多条规定涉及收费与分配问题,归纳起来,有如下几个方面:

(1)集体管理组织向使用者发放的使用许可是非专有许可。这一规定与以下内容有直接的关系,即集体管理组织在向使用人发放许可时不得适用歧视原则。

(2)集体管理组织不得拒绝与使用者订立许可使用合同。这与以上提到的非歧视原则是一致的。

(3)原则上,收费标准由集体管理组织和使用人约定。

(4)法定许可情况下的收费标准由法律规定。

(5)收费标准应公平、公开。

(6)集体管理组织扣除的管理费,应当仅限于维持其正常业务活动所必须的范围。

(7)使用者向集体管理组织支付报酬时,应当提供其使用的作品、录音录像制品等名称、权利人姓名或名称、使用的次数及其他有关使用情况。

(8)集体管理组织分配报酬,应当编制报酬分配报告,载明报酬收取总额、管理费数额、权利人姓名或名称、作品或录音录像制品等名称、使用情况、各权利人或其他受益人分配数额等事项。报酬分配报告应当至少保存五年。

外国,特别是欧洲大陆法系国家关于著作权集体管理的收费与分配方面的规定与以上内容大致相当,但是,还有一些内容没有被送审稿吸收,其实仍具有借鉴价值:

(1)使用人不同意收费标准的,可先行支付报酬,使用后提起仲裁或者诉讼。这种规定类似于我国民法中的先行给付。其好处是,第一,保证著作权集体管理组织能够收到一定的报酬;第二,不妨碍使用人使用,尤其不会影响使用人的经营活动;第三,使用人保留诉讼或者仲裁的权利,保证了使用人与集体管理组织的平等地位。同时,法院判决或者仲裁裁决使收费标准保持公正与公平。

(2)通常,集体管理组织同使用人的联合组织签订一揽子合同,同单个使用人约定收费标准。这样做的好处是可以降低集体管理组织签约成本和调查作品使用状况的成本,使用人也可以通过一揽子合同享受优惠折扣。

(3)集体管理组织在分配时应按照统一的标准分配,不得任意分配,以防止对权利人的歧视。

(4)集体管理组织收费可以通过各地的分支机构分头进行,但是分配只能全国统一进行,这是因为作品的使用是全国性的,甚至全球性的,任何分支机构都没有能力完成分配的工作。

(八)争端解决机制

对于与著作权集体管理组织发生的争端,除通过人民法院诉讼解决外,送审稿还参照外国包括英美法系和欧洲大陆法系国家的做法,提供了其他解决争端的途径。

送审稿第二十三条就使用费标准与集体管理组织发生的争议,提供了三种选择方案:

(1)由国务院著作权行政管理部门根据任何一方的请求做出裁定;

(2)可以达成仲裁协议请求仲裁;

(3)可以参照适用国务院著作权行政管理部门制定发布的指导性标准和办法。

送审稿提供三种选择方案,是因为在起草过程中对于集体管理组织的争端解决机制众说不一,送审稿将各方面意见归纳成目前比较集中的三种方案,最后在广泛听取社会各界的意见后,再由国务院立法部门决定是否采用或者采用哪一种方案。

送审稿第二十四条规定,两个以上集体管理组织就同一使用方式向同一使用者收取使用费的,应当事先协商确定一个代表统一收取,然后在有关各方之间协商分配。协商不成的,通过两种选择方案解决:

(1)由国务院著作权行政管理部门根据任何一方的请求作出裁定;

(2)可以达成仲裁协议请求仲裁机构仲裁。

与上一条相同,两种选择方案最终是否采用,采用哪一种,将在广泛听取社会各界意见后由立法部门决定。

(九)监 督

如上所述,在大部分国家和地区,一类作品通常只存在一家著作权集体管理组织,这样,无形中著作权集体管理组织事实上处于一种垄断的地位。这种垄断对于著作权保护有其有利的一面,但是也存在滋生官僚主义、滥用职权的潜在危险。为了防止出现对垄断权的滥用,大部分国家和地区都建立了政府监督著作权集体管理组织的制度。这是为什么要对著作权集体管理组织进行监督的第一个原因。

第二,基于第一点,凡建立政府监督制度的国家和地区都在著作权法的相关章节或者关于著作权集体管理的专门立法中作出相应的规定,从履行法律义务的角度要求著作权集体管理组织接受政府的监督,要求政府相关部门切实履行监督义务。例如法国、意大利、西班牙、瑞士等国的著作权法和德国、日本以及我国台湾省关于著作权集体管理的专门立法都有相关的规定。

第三,著作权集体管理组织在向使用人发放许可和收取费用时不是代表某一位作者,而是代表某类作品的全体作者。与著作权集体管理组织进行交易的使用者,也往往不是某个特定的企业,而是某类企业的行业协会。因此,著作权集体管理组织的经营活动不同于一般的民事代理或者行纪或者信托行为,交易双方已经远远超出一般民事代理或者行纪或者信托行为的当事人的概念范围。不仅如此,著作权集体管理组织与使用人的交易结果还直接涉及消费者和广大公众的利益。也就是说,著作权集体管理组织的经营活动已经不仅仅是一般的民营或者私营企业的行为，而是可能同时涉及社会公众利益的行为。因此，对于著作权集体管理组织的活动就不能简单适用一般交易适用的贸易自由、契约自由等原则，在必要的时候，国家要对其进行干涉。

送审稿第四章也规定了政府对著作权集体管理组织的监督。负责监督集体管理组织的政府部门是国家版权局，其监督范围是：

(1)著作权集体管理组织的业务活动是否符合本条例及其章程的规定；

(2)要求著作权集体管理组织提供其全部活动情况、账簿及其他有关业务文件；

(3)可派代表列席著作权集体管理组织的会员代表大会、理事会等重要会议；

(4)对著作权集体管理组织每年的预算和结算报告进行核查；

(5)著作权集体管理组织执行机构负责人违反本条例损害权利人利益或者拒绝接受国务院著作权行政管理部门的监督管理的，可撤销其职务；

(6)其他有关事项。

(十)罚 则

送审稿第五章为罚则。虽然修改后的著作权法第五章“法律责任与执法措施”，特别是第四十六条和第四十七条，已经对各种侵权行为应承担的法律责任作了非常详细的规定，但是，对于著作权集体管理组织违反法律法规或者章程规定、使用人隐瞒真实的使用情况，以及擅自从事集体管理活动等各类违法行为，没有明确的规定。因此，送审稿对于各种与著作权集体管理有关的违法行为，专门制定了罚则。具体地说，有以下四种情况：

(1)送审稿第三十二条规定，国家版权局对于集体管理组织的下列情形应当要求限期改正，逾期不改的，应当撤销其集体管理资格，并由有关登记管理机关撤销其登记：

①拒绝提供或者提供虚假的年度决算报告或者其他有关业务文件的；

②自依法登记之日起六个月内未开始进行著作权集体管理业务活动，或者连续中止著作权集体管理业务活动六个月以上的；

③进行营利性业务活动的；

④实施不符合本条例或者其章程规定的其他行为的。

(2)送审稿第三十三条规定，著作权集体管理组织违反该条例或者其他有关法律、法规的规定，或者违反其章程的规定，给权利人造成损害的，应当承担相应的民事责任。制定这一条规定的原因是修改后的著作权法对于集体管理组织侵害著作权人权利的行为没有提及，对于这类行为也应当予以规范。

(3)送审稿第三十三条还规定，使用者不提供有关使用情况或者提供情况严重不实，给权利人造成损害的，应当承担相应的民事责任。这条规定主要针对使用人违反送审稿关于要求使用人提供使用作品的情况规定的行为。使用人不提供使用作品的情况，不仅有可能减少集体管理组织应得的收入，而且会加大集体管理组织分配的难度。

(4)送审稿第十六条规定：“除依本条例的规定成立的著作权集体管理组织外，其他组织和个人不得进行著作权集体管理业务活动。”第三十三条规定：“其他组织或者个人违反本条例第十六条规定的，国务院著作权行政管理部门应当责令其停止活动，没收其违法所得，并可以处以十万元以下的罚款。”这两条规定的目的在于防止任何擅自从事集体管理活动的行为。

以上仅是鄙人对我国著作权集体管理制度以及正在征求意见的著作权集体管理条例的粗浅认识。正确理解应以条文为准。

直面专利战 应对专利战

韩秀成

几年前，曾经被国人看作是危言耸听的专利战，时下已是车轮滚滚，大有黑云压城之势！

专利战争，虽不见硝烟，但其火药味已日益浓烈地在全球市场上蔓延开来；虽不见枪炮，但已闻滚滚而来的轰鸣之声。专利战争、专利战略，从来没有像今天这样为世界各国所广泛关注和重视。若干年前，曾经认为那些为专利战深感忧虑而呐喊的有识之士是在故弄玄虚的官员、企事业单位负责人，也不得不静下心来清理纷繁的头绪，并且披挂上阵，应对接踵而至的专利诉讼战。日趋频繁的专利战，身价不断攀升的专利战略，昭示着我们：在 21 世纪，一个企业、一个国家要登上或稳居经济、科技强势地位，就必须直面专利战，重视研究和善于运用专利战略，去打赢专利战争。

一、发达国家跨国公司间的专利战

专利诉讼战,是真正的专利战,这是为维护各自的权益而进行的面对面的争夺战。专利诉讼战的日趋频繁和加剧,是专利技术战日趋激烈的必然结果。专利诉讼的能力,归根结底是自己的权益受到他人侵犯和威胁时,企业所具有反击能力,有无能力进行强有力的专利诉讼,直接关系到本公司的权益,甚至成败。因此,专利诉讼战可以说是专利技术争夺战的升级,是维护企业自身根本权益的关键一役。也正因为它具有如此的重要性,专利诉讼战在全球范围内,越来越频繁,越来越激烈,侵权赔偿数额也越来越惊人。

全球范围内大规模专利战火的激烈燃起,准确地讲始自上个世纪70年代末,尤其是在工业发达国家跨国公司企业之间的专利诉讼战。美国阿莱德公司从1973年开始,平均每年投资700多万美元开发非结晶金属材料,并于当年在美、日、欧洲国家申请了非结晶金属制造法专利。就是这项专利,在随后几年围绕非结晶金属展开的专利激战中,为阿莱德公司发挥了重大作用。1983年3月11日,阿莱德公司以专利权受到不正当竞争行为侵犯为由,向美国ITC(国际贸易委员会)起诉,指控日本的新日铁、日立金属国际有限公司以及西德的巴克姆施梅尔采、西门子等公司侵犯其专利权。经过长达一年多的调查、审理,ITC于1984年10月15日作出最终裁定,决定全面禁止进口新日铁、日立金属、TDK三家日本公司和联邦德国巴克姆施梅尔采等公司的非结晶金属制品。这一裁定结果,就意味着将上述公司挤出了美国市场,这对正在紧锣密鼓、轰轰烈烈地着手以新材料为新事业的支柱进行大力开发的日本企业来说无疑是致命的打击。更令日本企业遗憾的是,日立金属、日立制作所、松下电器、索尼、新日铁等赖以开发的非结晶金属技术,是仅仅比阿莱德公司晚申请专利几个月的日本东北大学增本教授设计出来的非结晶金属制造装置技术。数月之差,对于一个公司地位、命运的影响竟是如此之大。不仅如此,阿莱德公司还紧追不舍,在将他们挤出美国市场的同时,还迫使东芝、三井造船、三井石油化学、日立制作所、三井物产五家日本企业合资筹办的"日本非结晶金属公司"交付了总额为2 300万美元的使用专利权的订金,此外,在销售产品时还要提取产品价格3%的专利使用费。

专利战就是这样,虽没有硝烟、没有炮火,然而,给对方的打击往往是致命的。

1983年1月,因受当时英镑危机影响变得很不景气,并且早已被人们遗忘了的英国莫林公司(现为莫林斯·皮埃尔西公司)因为18年前在美国申请的关于机床工业的核心技术FMS的基本专利获得批准,而名声大震。按照美国专利法规定,专利权的有效期为从专利权批准之日起17年。那么,这一专利的有效期就要持续到20世纪末。这一消息对出口额3 000多亿日元,47%出口美国的日本机床工业简直是大难从天降。这项专利的成立,使得日本的产品要出口美国就会导致侵权。果然,在第二年的7月,莫林公司在东京召集日本国内约60家NC机床和机械厂家召开了美国专利说明会,并提出了交纳150万美元合同金,且在出口该系统时再提成出口价格的15%作为专利使用费。在这种情况下,日本企业不得不尊重英方的权利,满足其要求。

由于专利诉讼战的胜败关系到企业的兴衰与成败,因此世界各国越来越多的企业对专利诉讼问题非常重视,无不将其作为维护企业形象、权益的一种重要手段,将其作为一种重要的经营手段。美国的利发克技术开发公司,就是一家专门靠专利诉讼发家的公司。该公司专门从发明人或中小企业手中购买专利权,然后以专利权人的身份与其他企业签订专利实施许可合同,收取高额专利使用费;或者以手中的专利权为武器,对侵犯其专利权的企业提起诉讼,迫使其支付侵权赔偿费。在近5年的时间里该公司先后把2 000多家企业送上了法庭,控告这些企业侵犯了他们的专利权。仅1988年,该公司就获得7 000多万美元的专利损失赔偿费,纯利多达2 000多万美元。可谓专利诉讼的"暴发户"。

众所周知,CDMA技术的专利掌握在世界通信鼻祖美国高通公司手中。高通公司在上世纪80年代成功掌握并运用了CDMA技术后,向美国标准组织(TIA)和世界标准组织(ITU)申请将CDMA列为世界移动通信标准,并将与CDMA有关的大大小小1 400多项技术全都申请了专利。所以到今天,无论谁要发展CDMA系统,都必须要坐在谈判桌前与高通公司谈专利费的问题。高通也成了世界上数一数二的靠卖技术与专利而得以在竞争激烈的无线通信业一言九鼎的大企业,无怪乎有人把它称做"知识产权专卖店"。韩国政府在1992年经过长期的市场研究与论证,决定在GSM与CDMA两套移动通信标准系统中选择了后者。1993年,以三星电子、SK、LG电子为主的四家企业与高通公司签署了有关使用CDMA技术专利的协议。协议中规定,高通公司除了向这四家企业分别收取约1亿美元的入门费外,还要求他们必须购买自己的芯片,并且按照手机和设备销售额上缴给高通提成(出口产品为5.25%,内需产品为5.75%)。从1995~2001年,韩国企业向高通公司总共支付了约7.6亿美元,还花费了16亿美元用于购买高通公司的芯片。

在当年,拥有有效专利5 000多件的美国主要芯片制造商德克萨斯仪器公司,不仅是主要的芯片制造商,而且还是一个有名的从事专利诉讼的公司。1986年,该公司曾迫使8家日本公司和一家韩国公司支付其专利使用费。数年来,该公司的这类收入已达6亿多美元,并且靠通过专利诉讼收取专利使用费、专利损失赔偿,成了该公司收入的一项主要来源。美国德克萨斯州另一公司起诉日本7家公司,最后这7家日本公司每家付出了高达3 000万美元的专利费,从1986~1993年,德州这家公司共获得20亿美元的收入。而美国公司开始群起效仿德州这家公司的做法,让更多的日本企业付出了惨重的代价。直到上世纪90年代初以后,日本公司开始直面美国企业界的这种知识产权挑战,局面才得到逐步缓解。

据报载,2003年8月,美国联邦法院判决美国新泽西州皮斯卡塔韦爵士摄影公司在与日本富士胶卷之间的一次性相机专利侵权案中败诉,并赔偿富士胶卷2 300万美元。

自上个世纪80年代以来,美国的公司企业,尤其是高技术公司,越来越多地将专利诉讼作为公司的一种经营策略和经营手段,以最大限度地打击竞争对手,保护自己的优势地位。日本企业的高技术,多数引自美国。因此,美国公司尤其注意日本企业的动向,一旦发现侵权,立即提出起诉。迄今为止,美国公司在电子、电器技术方面已把雅马哈等20多家企业送上了法庭,迫使东芝、日立等公司与其实施许可合同,弄得日本企业胆战心惊。因为美国的这类公司不是生产厂家,日本企业既无法与其签订交叉许可合同,又不能提起反诉,所以日本企业无可奈何。面对美国公司企业发起的一次又一次的专利诉讼战,日本企业不得不"俯首称臣"、"割地赔款"。如美国霍尼威尔公司诉日本美能达公司侵犯其照相机"自动聚焦"专利一案。起初,美国人没有告美能达,等到美能达赚了大钱时,霍尼威尔在1986年把美能达推上了被告席。这是当今许多大公司采取的一个策略。这场官司持续了6年,最终以美能达败诉,赔偿霍尼威尔6 000多万美元而告终。此外,美能达为能够继续使用该专利,还支付了3 000多万美元的许可费。

大量的专利诉讼案,时间如同马拉松,旷日持久。是什么力量驱使他们不惜一切代价把官司打到底的呢?巨额利益使然。在漫长的诉讼中,打出了市场,打出了巨额赔偿,打出了企业的声誉。

在接连不断的专利诉讼战中,当首推宝丽来与柯达两公司围绕一次成像技术而展开的长达14年的专利诉讼大战。这是专利史上一个著名的案子。在这场专利诉讼战中,创下了赔偿损失的最高世界纪录。宝丽来公司一次成像技术拥有150项专利,柯达公司侵犯了其中的7项专利权,经过十多年的诉讼之战,美国联邦法院终于在1990年作出最终判决:柯达公司生产、销售的一次成像技术侵犯了宝丽来公司的专利权,柯达公司赔偿宝丽来经济损失9.095亿美元。

这就是专利诉讼战的作用。在激烈的专利诉讼战中,树立起了企业的权威,维护了企业的权益,进一步巩固了企业在竞争中的优势地位。

二、滚滚而来的专利战

中国入世两年后的今天,重述若干年前讲过的发生在外国公司之间的专利战,恐怕已不再是杞人忧天,耸人听闻,而从中可以悟出些专利战争的真谛。

如果说在改革开放前,中华民族长期游离于世界大市场之外,不曾听专利战争之枪炮声,也不曾见专利战争之硝烟。国门打开之后,特别是中国加入世界贸易组织后,专利战火已日益猛烈地在中华大地上烧灼起来。国外一些大企业、大跨国公司在将其竞争的战略目标对准中国市场的同时,一张宽广无边的专利之网已先期形成。我们的一些企业已经几次三番,甚至是前赴后继地在无知的状态中跌入外商早已布下的专利网。严阵以待的外商们也已几次三番地向我们的企业或是向我们的政府主管部门发起专利攻势。为了国家的形象,为了庄严的承诺和法律尊严,不管是因为已知还是无知而落入他人专利网或侵犯他人专利权的人们和企业都付出了沉重的代价。

如果说,在七八十年代专利之战主要在企业与企业之间进行,那么进入80年代以后。随着知识产权在国际经济科技竞争中地位的迅速提升,特别是知识产权被引入世贸组织,并成为该组织的三大支柱之一后,知识产权战略已经被一些发达国家作为振兴其国家经济的重要政策,像日本甚至提出"知识产权立国战略"。基于这样的背景,知识产权之争,专利之战,已上升为政府与政府间、国家与国家之间的战争。知识产权保护不力,侵犯知识产权已是政府间交锋的事情,关系到国家、企业核心竞争能力的提升,关系到国家安全等重大问题。最具代表性的,多数开始于1991年6月的中美知识产权谈判。中美两国政府间的这次关于知识产权问题谈判,经过半年的激烈交锋,最终达成了两国政府《关于保护知识产权的谅解备忘录》。这次交锋惊动了中国最高决策层,在古老的华夏大地上产生的震动,无异于一场强烈地震。毋庸讳言,这次谈判中国作出了巨大让步,承诺给予化学物质、药品以专利保护,并且打破专利保护之国际基本规则,给予美国在中国不具备专利条件的药品和农业化学物质以行政保护。也毫无疑问,经过这次激烈交锋之后,我国知识产权保护水平向前大大前进了一步,国人的知识产权意识有了一个飞跃。可以毫不夸张地说,透过这次交锋举国上下真真正正地领教了知识产权的威力。

今天中国企业的专利战故事也许就是发生在国外若干年前的专利战争故事的翻版。台湾知识产权专家、咨讯工业策进会科技法律中心智能财产组组长袁建中2002年在大连的一次论坛上指出,5年前,台湾IT领域的主流厂商的世界市场份额与日俱增,正准备打造自主品牌的时候,计算机领域的老大IBM等美国厂商向他们发起专利大战。对此准备不足的台湾厂商面对国外厂商拿出来的厚厚的专利资料束手无策,只能签订城下之盟。代价是每年向国外专利厂商支付专利费100多亿美元。目前内地面临的专利压力就是5年前台湾的翻版。我们是台湾的翻版,又何尝不是外国企业的翻版。从发展到强大需要一个过程,在当今全球范围内知识产权保护不断强化的知识经济时代,一个企业、一个国家,要发展要强大,在崛起的过程中,都免不了要经历受制于人、被人打压这样一个阶段。

中国加入世贸组织后,将会比以往任何一个时候更加深刻地感受到经济全球化大潮的气势之凶猛。自2001年12月我国成为世界贸易组织成员之后不到两年的时间里发生的我国DVD整机生产厂家大规模遭遇日立、松下、三菱电机、时代华纳、东芝、JVC6C联盟以及3C、1C等跨国公司指控侵犯其核心专利纠纷案,我国打火机出口欧盟因核心知识产权问题受阻案,美国思科公司诉深圳华为知识产权案,我国摩托车企业受控侵犯日本专利案,美国动用337条款对中国进行电池侵犯其知识产权案,以及日本欲收取我国数码相机专利费、丰田公司发难吉利轿车侵犯其知识产权案等一系列重大涉外知识产权案件,已有20余起。频繁发生的跨国知识产权纠纷案,已经让我们尤其是一些大企业,感觉到了专利战争山雨欲来风满楼的火药味。据2003年9月16日《中国知识产权报》报道,我国企业因知识产权纠纷引发的诉案赔偿额已达10多亿美元。其中,最具影响力的DVD机事件,因专利侵权,致使我国的生产厂商每生产1台DVD机仅付给“6C联盟”的专利许可费就是4.5美元,目前已赔付30亿元人民币,据称今后还将陆续赔付200多亿元人民币。中国,为加入世界贸易组织走过了一段漫长的征程。我国目前就知识产权方面应对入世的态势看,从观念和规则上真正入世,路程恐怕要更长。应当明白,这路程越是漫长,我们付出的代价就越沉重。

三、直面专利战　应对专利战

专利战争车轮滚滚,的确让我们特别是我们的广大企业颇有些感到措手不及,甚至是束手无策。但无论如何,我们必须认真对待,潜心研究,早谋良策,在专利战中学会灵活运用专利战略战术,力争以最可能小的代价赢得专利战争的主动权,为我国经济的发展营造良好的国内外市场竞争环境,从而大幅度提升我国综合国力。

首先,澄清模糊认识。专利战频发于前,当务之急要尽快澄清一些有碍于正确理解和运用知识产权规则的模糊认识。认识不清,就会失去战机。面对跨国公司频繁发起的大规模、大范围的知识产权诉讼案,社会上有这样一种观点:认为跨国公司不择手段、太狡猾,遍布地雷阵,往往等我们做大了再来打击挤压我们,布下了口袋让我们往里钻。这种认识的潜层意思是,跨国公司本就不应该这样做。这种认识是一种非常简单的低级的错误认识。这里所说的低级错误是指,跨国公司只不过运用了国际上通用的知识产权规则,最大限度的保护了其经济利益与合法权益,而我们的企业甚或是有关人士不懂知识产权规则,更不知道这其中对于企业、对于国家还有战略的奥秘。在市场规则面前,对于任何个人、法人乃至于国家,一律是平等的,关键是看你会不会用,如何用。对于我们的企业来说,关键是要重视知识产权规则研究与运用,让其成为我们手中的武器,而不是一味地抱怨人家如何“不择手段”。

其次,丢掉幻想,应对实战。社会上,包括一些媒体仍流行这样一种观点,缴专利使用费以及知识产权使用费,是一种“心痛”。言下之意,他们不应该收费。国内一家大报载,一说到CDMA技术(码分多址)的专利,都是韩国人的切肤之痛。据该文介绍这切肤之痛是,“从1995年到2001年,韩国企业向高通总共支付了约7.6亿美元,还花费了16亿美元用于购买高通的芯片。”然而,仔细看下去,痛又何来。“据统计,从1996年到2001年年底,无线通信产业给韩国经济带来了125万亿韩元(约合8 620亿人民币)的效益,并创造了142万个工作岗位。”不仅如此,从1996年4月,韩国三星电子在世界上率先实现了CDMA技术的民用化和商用化至今,韩国CDMA取得了巨大的成功,仅韩国一国的CDMA手机用户就占到全世界用户总数的1/3。为了减少对高通技术的依赖,韩国通信企业加快了自主研发的脚步。三星电子2001年在美国取得了超过1 400项专利,在所有申请专利的企业中位居第五,排在日本松下之前。如今的三星也成为继诺基亚、摩托罗拉之后的第三大手机供应商。可以说三星有今天,高通“功不可没”。二战后的日本从1950年到1975年的25年间,花了573亿美元引进先进技术25 700件(其中专利技术占80%以上)。如果所有这些技术日本都要自己从头搞起的话,所需经费大约1 800~2 000亿美元。正是这573亿美元“心痛”,换取了一个崛起的日本。

是喜是忧，是痛还是乐，不言自明。

动别人的有形财产付费不心痛，花成千上万亿元巨资引进设备甚至成为废铜烂铁不心痛，为什么交专利许可费（当然，也不能交冤枉钱）就不应该，就心痛？归根结底，还是观念问题。既然我们承认知识产权是一种财产权，那么，我们就应该尊重它，保护它，没有未经权利人许可，就随便使用的道理，尤其是无偿使用。自从我国实行了专利制度，就已经宣布了技术大锅饭的结束。加入世界贸易组织后，就更不会有“免费的午餐”，专利使用费该交的一定要交，不该交的坚决不交，这就要求我们学会运用知识产权规则。

第三，学会以夷制夷，跑马圈地。一个时期以来，新闻媒体炒作比较热的莫过于外商运用专利“跑马圈地”。新闻导向在一定程度上有专利制度保护了外国人利益的倾向，这在一定程度上也附和了社会上一些人的看法。与发达国家比、与跨国公司比，我们的经济实力、技术水平和创新能力，远不是对手。用世界银行的话说，就是许多工业化国家的公司，正在取得知识产权的优势地位，其知识产权往往覆盖了基本的研究手段和市场化产品，给新的公司和研究者进入新的全球工业领域造成困难。对于我们发展中国家来说，更是如此。但是在知识产权保护下的技术转移，并非完全是坏事，文中谈到的日本、韩国已经充分说明了这一点。我国家电等行业有今天的局面，也证明了这一点。有利于先进技术的引进是我国专利法的立法宗旨。更何况，世界银行说的“给新的公司和研究者进入新的全球工业领域造成困难”，并非是说没有了一点可能，并非他们已经覆盖了全部。我们应该学习外商运用知识产权制度将自己的利益、自己的市场争取最大化的做法。我们的技术水平低、技术创新能力差，但我们也自有我们的一些技术优势，比如超导、基因、钕铁硼、国宝中药等方面，也是可以跑马圈地的，但是在一定程度上甚至是在较大程度上，本该属于我们的地盘，也被外商圈走了。老祖宗留给我们的宝贵遗产——中药，据说在1996年我们的市场份额还是5%，近几年只剩下3%，真是无颜以对祖宗。正如自1992年就开始主持入关谈判工作的原外经贸部副部长、中国贸易谈判首席代表龙永图在2001年3月博鳌亚洲论坛会议期间接受记者采访时所说，“入世”给我们带来的最大风险是我们不熟悉规则，不作准备。只要我们充分准备，重视知识产权规则的研究和运用，即使在外商占绝对优势的技术领域，我们也是可以有所作为的。没有基本专利，我们可以倾力自主研发创新，力争形成基础专利，如果一点可能没有，可以较多地形成外围专利。一味的依赖，一味的引进，是不会成为技术强国、经济强国的。只有形成“你中有我，我中有你”的局面，我们才能有所主动，才能增加竞争中胜算的可能性。我们只有这一条路。世界上所有实行专利制度的国家和地区，还没有哪一个因为实行专利制度而失败的。

第四，建立协调一致的应对机制。时下，无论是官员还是专家学者，大凡谈到入世后的知识产权对策，基本包括提高对知识产权重要性的认识，实施知识产权战略，将知识产权战略纳入各级政府的重要日程，大力培养熟悉知识产权国际规则的高级人才，建立和完善知识产权规章制度等。这些措施，无疑都是很重要的，但以当前的现状看，当务之急是尽快建立协调一致的知识产权纠纷应对机制。没有团结一心、协调一致的应对机制，上述措施落实得再有力，其作用也会因为没有整合成合力而化为乌有，也会因为内耗被抵消。有了协调一致的应对机制，就可以把政府、中介机构、行业协会、企事业单位等各种力量或优势，形成一种力量、一种利益。在这种机制下，无论谁出面，都是一种声音、一种力量、一种利益（民族利益）的代表。而时下的状况，各种角色错位或者不到位。各自发出各种不同的声音，各自代表着各自不同的利益，更有甚者，为了自己的蝇头小利，不惜出卖民族的利益，与跨国公司一道算计于我们本就步履维艰的企业。机制的建立，是应对实战的武器，更是一种服务，是政府义不容辞的责任。没有有效的机制，只是呼吁、呐喊，让我们的企业如何去重视知识产权保护和战略的运用，单枪匹马的去与跨国公司抗衡，结果不言自明。

当年，日本人面对美国强大的知识产权攻势，曾经发出了“到了美国人算总账的时候了”的感叹。惟愿我们不会在日后成为他们的翻版。

在知识经济时代，面对汹涌澎湃的经济全球化的大潮，我们要提升核心竞争力，要增强综合国力，要自立于世界强国之林，必须深刻认识专利战，善于运用专利战略，打赢专利战。因为专利权乃至整个知识产权是知识经济之魂，是科技经济实力的象征。

充分运用《中华人民共和国反不正当竞争法》保护企业知识产权

国家工商行政管理总局公平交易局局长　刘佩智

以专利、商标、版权为主要组成部分的知识产权，是随着市场经济的发展而产生，并随着科学技术的发展而发展起来的，是当代社会的重要财富。制定和实施与之相适应的法律，加以确定、引导、促进、保障、规范和制约，是完善社会主义法制建设的一个重要方面。自20世纪80年代初至今，全国人民代表大会及其常务委员会先后颁布了商标法、专利法、著作权法、反不正当竞争法等法律，初步建立起较为完善的知识产权法律制度。《中华人民共和国反不正当竞争法》(以下简称《反不正当竞争法》)实施十年来，在保护知识产权方面发挥了积极的作用。

一、《反不正当竞争法》与知识产权保护

《反不正当竞争法》与其他知识产权法有着十分密切的关系。主要表现在：

一是从法律调整的范围来看，《反不正当竞争法》与其他知识产权法对某些行为共同进行了规范，产生了法律竞合，例如，注册商标同时成为《反不正当竞争法》和《中华人民共和国商标法》(以下简称《商标法》)的保护对象，又如，知名商品特有的包装、装潢可同时成为《反不正当竞争法》、《中华人民共和国专利法》(以下简称《专利法》)和《中华人民共和国著作权法》(以下简称《著作权法》)的保护对象。

二是从保护知识产权的作用看，《反不正当竞争法》对知识产权提供附加保护。在知识产权保护方面已有专项立法的情况下，《反不正当竞争法》的重要意义在于保护现有知识产权专项立法不能保护的成果，以及制止超出现有专项法律保护范围的不正当竞争行为，对知识产权提供附加保护。例如，已为相关公众知悉的未注册商标被擅自作相同或类似使用，或者在不相同或不类似商品上擅自将众所周知的他人注册商标作相同或近似使用，或者将他人商标不以商标形式而作相同或类似使用等行为，可由《反不正当竞争法》提供补充保护。

又如，《反不正当竞争法》对《专利法》保护之不足的缺陷起到了弥补作用。一般来说，商品的包装装潢已申请了外观设计专利的，则按《专利法》的特别规定进行保护，不再适用《反不正当竞争法》关于禁止仿冒包装装潢的一般规定，这是法律适用的一般原则，但当《专利法》与《反不正当竞争法》产生竞合时，从制止不正当竞争、保护在先权利的角度出发，可适用《反不正当竞争法》对知识产权进行宽保护。

案例：河北承德的露露集团生产的露露牌杏仁露在市场上深受消费者喜爱，其包装装潢独具特色，已成为消费者选购该商品的标识，而一些不法厂家为了搭知名商品的便车，对露露牌杏仁露的包装装潢进行仿冒。其中，河北石家庄某食品有限公司将擅自使用的与露露牌杏仁露的包装装潢相近似的包装装潢向国家专利局申请了外观设计专利，以此来仿冒露露牌杏仁露的包装装潢，对抗在先使用的权利人，造成市场的误认、混淆，达到鱼目混珠的目的。工商行政管理机关依据《反不正当竞争法》和国家工商行政管理总局《关于禁止仿冒知名商品特有的名称、包装、装潢的不正当竞争行为的若干规定》即33号令，对石家庄某食品有限公司依法给予了行政处罚。针对仿冒品通过申请专利的方式达到其掩盖侵权目的的新型违法现象，结合《反不正当竞争法》、《专利法》和《专利法实施细则》的有关规定，国家工商总局于2003年3月27日在《关于擅自将他人知名商品特有的包装、装潢作相同或者近似使用并取得外观设计专利的行为定性处理问题的答复》中明确："知名商品特有的包装、装潢是《反不正当竞争法》保护的一项重要权利，对其应当按照使用在先的原则予以认定和保护。经营者擅自将他人知名商品特有的包装、装潢作相同或者近似使用，并取得外观设计专利的行为，侵害他人知名商品特有的包装、装潢的在先使用权，造成或者足以造成购买者误认或者混淆的，违反了《反不正当竞争法》第五条第(二)项的规定，构成不正当竞争行为，应当按照《反不正当竞争法》和国家工商行政管理总局《关于禁止仿冒知名商品特有的名称、包装、装潢的不正当竞争行为的若干规定》予以查处。"由此说明，《反不正当竞争法》对利用专利仿冒他人在先使用的包装装潢的不正当竞争行为是禁止的，从而对知识产权起到了补充保护的作用。在《专利法》和

《专利法实施细则》修改以后，工商行政管理机关可以依据《反不正当竞争法》制止仿冒知名商品特有的包装、装潢的不正当竞争行为，主要基于以下几点理由：一是《反不正当竞争法》与《专利法》的立法宗旨一致，都旨在保护权利人在先取得的合法权利，例如，依据《反不正当竞争法》以及国家工商总局规章第 33 号令的有关规定，对知名商品特有的包装、装潢按照使用在先的原则予以认定和保护；同样，《专利法》第二十三条规定"授予专利权的外观设计，应当同申请日以前在国内外出版物上公开发表过或者国内公开使用过的外观设计不相同和不相近似，并不得与他人在先取得的合法权利相冲突"。这说明专利权不能与他人的在先权利相抵触、相冲突，装潢权是《反不正当竞争法》保护的由经营者在市场竞争中自然形成的一项知识产权，理应依法受到保护。二是撤销侵权专利的程序规定为依据《反不正当竞争法》保护在先使用的装潢权提供了有力的补救措施。《专利法实施细则》第六十五条第三款规定："以授予专利权的外观设计与他人在先取得的合法权利相冲突为理由请求宣告外观设计专利权无效，但是未提交生效的能够证明权利冲突的处理决定或者判决的，专利复审委员会不予受理。"这说明装潢的在先使用权人要向专利复审委员会申请对方专利无效时，还必须提供生效的能够证明权利冲突的行政执法机关的处理决定或人民法院的判决，才能得到专利复审委员会的受理。由此可见，工商行政管理机关依据《反不正当竞争法》处理仿冒包装、装潢的行为，会成为当事人解决专利争议的先决条件。三是依据《反不正当竞争法》保护装潢的在先使用权，既弥补了《专利法》对专利权保护之不足，缓解了因授予外观设计专利权只作形式审查备案，不作相对交互实审造成的诸多矛盾和纠纷，又保护了社会公众利益，维护了公平竞争的市场秩序，体现了《反不正当竞争法》在保护知识产权方面所发挥的作用。

再如，《反不正当竞争法》对《著作权法》保护之不足的缺陷也起到了弥补作用。根据我国《著作权法》的规定，著作权法的保护对象是文学、艺术作品。而作品的标题因其不是独立的作品，只是作品的一部分，则无法受《著作权法》的单独保护。一旦某一作品的标题被他人擅自在其他作品或非相同、非类似商品上作抄袭或模仿使用时，创作人的合法权利则受到了侵害。在这种情况下，对具有独创性的作品标题即作品名称（俗称"书名"）可以依据《反不正当竞争法》第五条第（二）项关于保护知名商品特有的商品名称的有关规定进行保护。例如，如果擅自将《还珠格格》这一作品名称用作其他作品的名称或者作品以外的商品名称。虽然作品的内容不同，不存在作品抄袭、模仿的情况，或者将该名称使用于不同的商品类别上，在《著作权法》难以规制此种行为时，可以将《还珠格格》作为知名商品特有的名称适用《反不正当竞争法》进行补充保护，制止擅自使用《还珠格格》这一名称造成或足以造成市场混淆的违法行为。这说明，在对作品名称的保护上，在防止对作品来源产生混淆方面，《反不正当竞争法》能够弥补《著作权法》保护的不足。其理由是：(1)虽然作品作为一种特殊的商品，一般情况下应受著作权法的保护，但是目前许多国家或地区的著作权制度均未对作品名称提供保护，我国《著作权法》对此也未作规定。因此，运用《反不正当竞争法》的有关规定保护作品名称应该是对作品名称最有效的保护方式。(2)作品（书刊）因其在市场上流通，具有一般商品的属性，作品名称（书名）实质上就是商品名称。冒用他人作品名称就是在书名上"搭便车"，从而引起市场混淆。对这一行为可以适用《反不正当竞争法》的仿冒理论予以制止。(3)作品名称因其是否具有独创性，又分为通用名称和特有名称。通用名称因为不具有识别性特征，不会发生对作品来源的混淆，如《成语故事》等，因此法律不保护作品的通用名称。具有独创性的作品名称因其是作者的智力创作成果和智慧结晶，蕴含了一定的市场信誉、市场知名度和市场占有量，应当受到法律保护，一旦被他人擅自作相同或近似使用，则可适用《反不正当竞争法》作为仿冒知名商品特有的商品名称的不正当竞争行为予以制止。

从维护市场竞争秩序的角度来看，《反不正当竞争法》与其他知识产权法的关系为一般规定与特别规定之间的关系。其他知识产权法有专门规定的，优先适用其规定来保护知识产权，其他知识产权法没有规定的，则适用《反不正当竞争法》对知识产权进行补充保护。

二、《反不正当竞争法》规定的与知识产权有关的不正当竞争行为

我国《反不正当竞争法》规定的 11 种不正当竞争行为中，包括了以下与知识产权有关的不正当竞争行为：

1. 仿冒行为

仿冒行为是指擅自使用他人的商业标识或商业信誉，或者使用与他人的商业标识相近似的标识，从而造成市场误认或混淆的行为。包括《反不正当竞争法》第五条规定的假冒他人注册商标行为，仿冒知名商品特有的名称、包装、装潢行为，仿冒他人企业名称或者姓名行为。

2. 虚假表示行为

虚假表示行为是指《反不正当竞争法》第五条第（四）项规定的，在商品上伪造或者冒用认证标

志、名优标志等质量标志，伪造产地，对商品质量作引人误解的虚假表示。

3. 虚假宣传行为

虚假宣传行为是指《反不正当竞争法》第九条规定的，经营者利用广告或者其他方法，对商品的质量、制作成分、性能、用途、生产者、有效期限、产地等作引人误解的虚假宣传。

4. 侵犯商业秘密行为

按照《反不正当竞争法》第十条第三款的规定，商业秘密是指不为公众所知悉、能为权利人带来经济利益、具有实用性并经权利人采取保密措施的技术信息和经营信息。

侵犯商业秘密的行为主要有四种：(1)非法获取商业秘密，包括以盗窃、利诱、胁迫或者其他不正当手段获取权利人的商业秘密；(2)披露使用或者允许他人使用非法获取的商业秘密；(3)违反约定或者违反权利人有关保守商业秘密的要求，披露、使用或者允许他人使用其所掌握的商业秘密；(4)第三人明知或应知前述三种违法行为，仍获取、使用或者披露他人的商业秘密，视为侵犯商业秘密。

5. 商业诋毁行为

商业诋毁行为是指经营者违反《反不正当竞争法》第十四条的规定，捏造、散布虚假事实，损害竞争对手的商业信誉和商品信誉的行为。

三、工商行政管理机关贯彻执行《反不正当竞争法》，保护知识产权的工作情况

工商行政管理机关是国家主管市场监督管理和行政执法的政府职能部门，也是《反不正当竞争法》的行政主管机关，承担着制止垄断和不正当竞争，维护公平竞争市场秩序的重要职责。十年来，工商行政管理机关认真贯彻执行《反不正当竞争法》，在保护知识产权方面发挥了积极的作用。

1. 建立专门的执法机构，加强反不正当竞争执法工作

《反不正当竞争法》颁布实施后，为适应反不正当竞争执法工作的需要，各级工商行政管理机关在较短的时间内相继设立了专门的《反不正当竞争法》执行机构，国家工商行政管理总局设立了公平交易局，省、地(市)、县三级地方工商行政管理机关也设立了相应的组织机构——公平交易处、科、股或公平交易分局(局)，承担该法的执行任务。1998年工商行政管理机关体制改革，实行省以下垂直领导后，反不正当竞争执法队伍的建设得到了进一步加强。至目前，工商行政管理系统共有反不正当竞争执法人员6.8万名。

2. 完善反不正当竞争的配套规章

为更好地开展反不正当竞争执法工作，国家工商行政管理总局积极开展了制定《反不正当竞争法》配套规章的工作。至目前，国家工商行政管理总局先后制定并颁布了六部《反不正当竞争法》的配套规章。其中与知识产权保护有关的两部，分别是《关于禁止仿冒知名商品特有的名称、包装、装潢的不正当竞争行为的若干规定》和《关于禁止侵犯商业秘密行为的若干规定》。

3. 依法查处了大量不正当竞争案件

依法查处不正当竞争行为是工商行政管理机关反不正当竞争工作的重点。据统计，自1993年12月至2003年9月底，全国工商行政管理机关共查处不正当竞争案件19.5万件，案值150.27亿元，罚没款金额21.89亿元。其中查处仿冒等涉及知识产权的不正当竞争案件111 481件。

4. 开展了反不正当竞争领域法制宣传和国际交流，提高了该法的社会影响和国际影响

四、进一步发挥《反不正当竞争法》在保护知识产权方面的积极作用的意见和建议

1. 要推动《反不正当竞争法》的修订

任何法律制度都不是一成不变的，都要随着时代的前进而不断地发展和完善。现行《反不正当竞争法》自身的不足使其不能完全适应保护知识产权，维护公平竞争的市场秩序的需要，亟待加以完善。如《反不正当竞争法》的调整范围应拓宽。从保护知识产权的角度，应进一步明确对未注册商标的反不正当竞争保护、进一步完善对侵犯商业秘密的反不正当竞争保护等。充分体现《反不正当竞争法》对知识产权的附加保护。同时《反不正当竞争法》还应增加对知识产权滥用的反垄断规定，从而使对知识产权的保护既充分、有效，又合理、适度。再如《反不正当竞争法》的执法手段要强化，要进一步加大知识产权保护的执法力度，要在法律中赋予执法机关对与违法行为有关的财物查封、扣押等强制措施。

2. 要进一步加大反不正当竞争执法力度

对利用企业名称制造市场混淆等侵犯知识产权的不正当竞争行为进行重点打击，发挥《反不正当竞争法》保护知识产权的积极作用。

3. 企业要加强竞争法律意识

一是要认真学习、了解和掌握《反不正当竞争法》。一些企业根本不知道《反不正当竞争法》，或者对法律内容了解甚少。企业对知识产权要在思想上意识到，行动上保护好，遇到被侵权时能拿起法律武器依法保护，才能使知识产权真正发挥推动企业发展的作用。二是企业所设计、创作并推向市场的商品或服务的名称、包装、装潢等起美化或识别作用的标识应当具有独创性，体现自己的风格、特色，才能得到法律的保护，也才能提高企业的市场声誉。

对我国知识产权战略的思考

陈美章

随着我国市场经济体制的建立、发展以及加入世界贸易组织,随着世界性的科技进步、经济全球化和贸易自由化的进一步发展,我国将面临日趋激烈的国际竞争。如何借鉴、吸取有益的先进经验,正确地制定和运用知识产权战略,发展本国经济,参与世界竞争,推动社会发展,已经成为人们十分关注的问题,也是我们需要认真研究和思考的问题。

一、知识产权战略的地位和作用

(一)知识、知识产权、知识产权制度

知识是一种认识,是人们在认识世界和改造世界的实践中所获得的认识和经验的总和;① 知识是一种资源,是生产诸要素中最重要的一种资源;知识是一种财富,是取之不尽,用之不竭的财富;知识是一种力量,是推动人类社会向前发展最重要的力量。21世纪是人类不断创造、积累、传播和应用知识的世纪,人类将运用知识创造财富,增加人民福利,促进经济发展,推动社会进步。

知识产权是一种法权,它是民事主体在科学、技术、文化、艺术领域里对其智力创造成果依法享有的专有权利;知识产权是一种无形财产,它具有无形性,专有性、时间性、地域性等特点,具有可观的经济价值;知识产权是一种标志,是一个国家文明和发达程度的标志,也是一个国家综合竞争能力的标志;知识产权又是一种竞争资源,它是国家和企业参与竞争,求得生存和发展的重要竞争资源。知识产权从本质上讲,是智力成果在市场交易中获得的权利。因此,知识产权的产生、行使和保护是与市场交易息息相关的。

知识产权制度是当今国际上通行的通过维护人类创造特权,从而促进人类解放,加速生产力发展最有效的一种法律制度。知识产权制度"像一把开启束缚人类创造力枷锁的钥匙,为发挥人的聪明才智提供了广阔的新天地。"② 知识产权制度在激发人们的创造热情,优化配置资源,引进外来科技、文化等方面具有无可比拟的作用,是经济和社会发展的加速器。

(二)知识产权战略

"战略"一词源于军事学。毛主席在《中国革命战争的战略问题》中就提到:"战略问题是研究战争全局的规律性的东西"。从军事学的角度看,战略可以定义为研究战争全局的规律性的科学,是指对战争全局的谋划指导。我国《辞海》对"战略"一词所下的定义是:战略是重大的、带有全局性的或决定全局的谋划。从这个定义出发,我们对"战略"有以下几点理解:一是战略是一种谋划,是一种对涉及重大的,带全局性的事件的谋划;二是战略是分层次的,有国家的战略和地方的战略,有政治、经济、文化、科技、教育不同行业的战略;三是战略具有系统结构,要解决重大的,带全局性的问题或事件,则要有战略思想、战略目标、战略方案、战略步骤、战略重点等。

知识产权战略可以理解为:有效地运用知识产权保护制度,为充分维护自身的合法权益,获得和保持竞争优势并遏制竞争对手,谋求最佳的经济利益而进行的全局性谋划和采取的重要策略和手段。知识产权战略可分三个不同的层次;国家知识产权战略、行业知识产权战略和企业的知识产权战略。

(三)知识产权战略的地位与作用

改革开放20年来,一方面我国经济取得了突飞猛进的发展,人均GNP(国民总收入)从1980年的290美元,上升到2000年的840美元,创造了"人类发展的奇迹";另一方面与发达国家相比,如2000年美国人均GNP为34 100美元,日本人均GNP为35 620美元,③ 仍有很大的差距。我国面对着实施怎样的发展战略,才能尽快的赶上或接近世界发达国家水平的新问题。

21世纪,人类进入了知识经济的新时代。知识经济就是以知识为基础的经济,在知识经济中,知识成为生产诸要素中最重要的要素。国内外的实践证明,知识对经济增长具有极其重要的作用。世界银行曾对许多国家经济增长差异进行的分析表明,物质资本只能解释这些差异的不到30%,其余的70%以上直接或者间接地取决于构成全要素

---

① 《现代汉语词典》.1996年修订版,商务印书馆,第1621页。

② 刘春田.《中国知识产权二十年》.专利文献出版社,第90页。

③ 《中国现代化报告——2003》.北京大学出版社,第142页。

生产率(TFP)的无形因素,主要是知识因素。[1] 有资料统计,当今世界在20世纪初技术进步对经济增长的贡献率为5%~20%,20世纪中叶上升到50%左右,20世纪80年代上升到60%~80%。[2] 技术进步对经济的贡献已明显超过资本和劳动的贡献。由于美国、日本、韩国成功地实施了知识产权战略,使知识在经济增长中所占的比重达到70%以上。然而知识产权对经济增长的作用并不是自然而然产生的,它是与知识产权资源在一个国家中的优化配置、有效利用、全面实施密切相关的。据统计,近20年来,对我国经济增长的贡献,资本和劳动力投入占72%,技术进步占28%。[3] 与发达国家相比,既有很大差距,又有很大的发展空间。

由此可见,知识产权战略在我国经济发展中占有重要的地位,正确地制定和有效实施知识产权战略,对于优化资源配置,激发创造热情,促进技术进步,保持竞争优势,推动经济发展具有重要的作用。

二、美、日、韩的知识产权战略

我国知识产权制度建立较晚,对知识产权战略的研究和运用处于起步阶段,这与我国经济的飞速发展以及世界经济发展全球化的大趋势极不适应。为了使我国在激烈的国际竞争中处于有利地位,学习和研究国外知识产权战略的先进经验十分必要。

(一)美国的知识产权战略

1. 美国知识产权战略的特点

美国是当今世界头号经济、科技强国,也是知识产权战略的创始国,实施知识产权战略已有90年历史。美国为了维护和巩固其在市场竞争中的优势,实施了进攻性的知识产权战略。其特点如下:一是通过制定各种法律,促进技术创新和技术转移,提高产业技术竞争能力。如1980年出台《拜杜法案》(Bi-do)明确规定,大学、非营利机构和中小企业对联邦资助形成的发明拥有所有权。1980年出台的《技术创新法》要求一些主要的国家实验室建立开发和技术应用办公室,促进技术转移;1986年出台的《联邦技术转移法》规定了联邦实验室转移技术的任务,允许职务发明人提取不低于15%的专利收入。二是把专利制度与贸易战略结合起来,保护美国的国外市场。1988年修订的《综合贸易竞争法》追加了"特殊301条款",主要用于对不遵守美国知识产权规定的国家实行贸易制裁,以保证美国专利权人在海外的利益。三是利用公平竞争政策保护国内市场。1994年,美国根据乌拉圭回合协议修订了《关税法》第337条"关于不公平竞争的规定,"授权国际贸易委员会(ITC)管理国外贸易侵犯美国专利法、商标法、著作权法的案件,以阻止外国侵权产品进入美国市场。

2. 美国面向21世纪的知识产权战略

为了保持美国在世界上头号强国的地位,美国专利商标局制定了面向21世纪的美国知识产权战略。其战略目标是建立保持美国发明人在全球竞争优势所需要的专利商标制度,将专利商标局发展成一个以质量为核心,对市场变化反应灵敏的市场驱动型知识产权机构。为了实现这一目标,五年战略计划主要采取以下几个步骤:一是加强员工培训,改革工作流程,提高人才队伍素质;二是改进服务,加强与申请人的沟通,以市场为导向,提供客户满意的产品和服务;三是加强与欧洲、日本和其他国家知识产权组织的合作与联系,推动知识产权制度全球一体化;四是发展电子政务,实施专利和商标申请处理的自动化;五是通过立法进行收费制度调整,提高专利费用。

(二)日本的知识产权战略

1. 日本知识产权战略的特点

日本是世界上实施知识产权战略最为成功的国家,也是从知识产权战略中崛起的国家。二次大战以后,日本实施赶超战略,走了一条引进技术,消化吸收、技术创新的发展道路。其战略特点如下:一是日本政府高度重视知识产权战略。2003年2月25日日本政府内阁会议决定在内阁增设知识产权战略本部,由首相小泉纯一郎任部长,副部长由内阁官房长官、负责科学技术的大臣、文部科学大臣、经济产业大臣担任。有专长的成员包括大公司的总裁,著名的大学和研究所的专家及律师等。[4] 二是根据国家发展阶段适时地调整国家专利战略。20世纪50~70年代,实施构筑小型专利防卫网的专利战略,使欧美的基础性关键专利技术在其专利网中失灵。70~80年代,日本的专利战略转向技术创新,向自主专利战略过渡。20世纪90年代,日本加大基础研究投入,采取促进原创技术的专利战略,增强高新技术领域的竞争力。

2. 日本面向21世纪的知识产权战略

日本面向21世纪的知识产权战略有四大支柱,即创造,保护、应用知识产权战略和人才培养战略。并采取以下措施落实该战略:一是制定《知识产权基本法案》,为实施知识产权战略提供

---

① 胡鞍钢.《中国战略构想》.浙江人民出版社,第23页。

② 陈昌柏.《知识产权经济学》.北京大学出版社,第23页。

③ 冯晓青.《企业知识产权战略》.知识产权出版社,第53页。

④ 国家知识产权局编.《专利工作动态》.2003,(6):8。

法律保障。《基本法案》把创造、保护、利用知识产权作为国家知识产权战略目标。二是加强组织保证。2002年成立由政府、企业和学术界代表组成的知识产权战略会议；2003年组建由首相小泉纯一郎为部长的知识产权战略本部。三是制定知识产权战略计划，加强对知识产权管理的宏观指导。四是明确各政府部门在实施知识产权战略中的职责，加强政府部门对知识产权管理支持的力度。五是加强“世界专利”工作，争取实现美、欧对日本审查结果的尊重和相互认证，逐步实现世界统一的专利体系。六是鼓励原创技术，促进基础研究为产业服务。七是培养知识产权专业人才。

(三)韩国的知识产权战略

除美国、日本外，韩国也是知识产权战略运用较为成功的国家。由于韩国是后发国家，对我国更具借鉴意义。韩国是世界上专利申请增长最快的国家，如韩国的三星Samsung公司，1990年在美国只有几项专利，现在已有两万多项专利，平均每年以200项专利的速度增长。韩国1992~1997年，在美国申请的专利的年增长率为27.9%，这比新西兰(第二位)的16.9%。我国台湾地区(第三位)的15.7%，以色列(第四位)的13.3%高得多。①如今韩国仍保持专利增长率世界第一的位置。韩国这样令人注目的成果是与其政府和企业高度重视知识产权战略分不开的。

韩国的主要经验是适时地自国外引进技术，通过学习、吸收、改进，实现自主研究，形成了雄厚的技术创新能力和基础。政府采取的是自主研究开发和吸收引进先进技术并举的方针，具体做法如下：一是放松了对引进技术的限制，使企业能够自由引进所需要的技术；二是继续充实和完善有关法律法规，对所有产业实行平等对待的原则；三是政府与企业合作，研究开发关键产业技术；四是健全和完善国家的技术开发资金援助制度。由于这些措施的实施，使韩国逐步走上了自主开发，创新技术的道路。

(四)外国知识产权战略对我国政府的启示

1.更加重视知识产权工作

日本政府为实施知识产权战略，增强国际竞争力，2002年建立了由小泉首相任最高领导的日本知识产权战略会议制度，提出了“知识产权立国”的口号。2003年内阁增设了由小泉首相担任部长的日本知识产权战略本部。由于知识产权工作涉及众多部门和领域，我国政府是否应该由一位高层领导人切实负责我国的知识产权战略发展工作，以促进我国知识产权事业的健康发展。

2.制定我国面向21世纪的知识产权战略

美国和日本政府都相继制定了面向21世纪的知识产权战略。我国是否应由政府牵头，制定我国面向21世纪的知识产权战略，提出战略思想，明确战略目标、战略途径、战略方案，制定战略措施，以调动全国人民和各级组织的积极性，发展我国的知识产权事业。

3.整合全国的知识产权管理机构

政府应整合全国的知识产权管理资源，组建高效、权威的知识产权管理机构。建议国家成立知识产权部，主管全国的知识产权工作。地方组建知识产权局，主管地方的知识产权工作。

4.适时地完善政策和法律环境

政府应根据我国发展所处的阶段，有针对性地修改相关的知识产权法律，适时地出台相应的知识产权政策，以利于我国知识产权战略的有效实施。

5.大力培养知识产权专业人才

从本质上讲，知识产权是人的智力劳动创造的成果。要发展我国的知识产权事业，最根本的是要培养大批合格的知识产权专业人才，因为人才既是知识产权的创造者，又是知识产权的管理者和使用者。

三、对我国知识产权战略的思考

(一)对我国知识产权战略目标的思考

1.确定我国知识产权战略目标的原则

由于知识产权具有时间性、地域性和专有性的特点，制定我国知识产权战略目标的基本原则就是要充分考虑我国的国情、技术、经济和社会所处的发展阶段以及世界发展的大趋势，适应我国全面建设小康社会战略目标的需要。

首先，从我国知识产权基本国情看，到2002年底，我国专利受理总量累计达到1 622 631件，注册商标总量达到166.5万件，版权保护等也在突飞猛进的发展。如果单用这几个数据来衡量，我国已经进入了世界知识产权大国的行列。但从每百万居民知识产权拥有量来考察，我国又不是知识产权强国。据1998年世界银行统计②，日本每百万人口居民申请国内专利数为2 837件，居世界131个国家之首。美国为518件，排名第8。而我国仅有11件，排在第48位。差距何等之大。如果按照知识产权的综合指标来考察，中国并非是知识产权强国。此外，我国的经济实力、科技水平、自主知识产权竞争能力与发达国家相比仍然存在较大差距。

其次，从世界知识产权制度变化的大趋势看，发达国家不断地强化知识产权保护，大幅度提升

① 中国知识产权研究会.《知识产权》.2003年，增刊:39页。

② 北京大学出版社.《中国现代化报告——2003》.175页。

知识产权保护水平，制定并实施知识产权战略，极力推进国际知识权规则的变革，实行知识产权制度直接与贸易挂钩。我们要对这种发展态势进行跟踪和研究，及时制定相应的对策。

第三，要坚持走自己的发展道路，我国知识产权发展战略应在充分借鉴国外先进经验的基础上，立足于如何使这一战略更加适应我国自身经济、科技、文化发展的需要。立足于如何更有效地维护我们的国家利益，维护国家经济安全和国家主权，尽快制定出一套具有中国特色的知识产权发展战略。

2. 我国知识产权的战略目标

根据上述的原则，我国知识产权发展的战略目标是：从国家的整体利益出发，以培育和发展国家综合竞争能力为龙头，以大幅度提高自主知识产权的数量和质量为核心，以提高知识产权保护和管理的综合能力为重点，以推动技术创新、技术扩散，提高产业技术水平为目的，以完善知识产权的法律环境、政策环境、市场环境为内容，实现我国由知识产权大国到知识产权强国的转变。使我国知识产权工作真正的做到为我国先进生产力和先进文化的发展服务，为广大人民群众的根本利益服务，为全面建设小康社会的战略目标服务。

3. 我国知识产权战略的基本内容

战略具有系统结构，它包括战略思想，战略目标、战略途径、战略方案、政策法规、动态调节等。战略思想是一种总体考虑，属于观念范畴，是形成战略的前提，决定战略的总方针。战略目标是沿着战略思想所指引的方向实现的目标，它应符合实际，符合历史发展趋势。战略途径是指为实现战略目标所选择的有效路径。战略方案是实现战略目标而采取的方案、手段等。

我国知识产权战略的基本内容应包括以下几方面内容：一是指导思想（或战略思想）。根据我国国情和所处的发展阶段，实施知识产权战略是我国实现四个现代化的重要手段。二是战略目标。简单地讲就是要实现由知识产权大国向知识产权强国的过渡。三是战略途径。实行“两条腿走路”的策略，一抓技术引进，二抓自主知识产权。四是政策法律。要建立健全创造、保护、利用知识产权的法律和政策体系。五是组织保障。明确各政府部门在实施知识产权战略中的地位、作用和职责，建立政府部门与企业之间的沟通渠道，加强知识产权相关部门之间的合作与协调。六是战略方案。应指出实施知识产权战略所采取的策略、步骤和重点，包括加强知识产权制度的基础设施建设（软件和硬件）。七是战略规划。制定面向21世纪的国家知识产权战略规划，行业和企业制定各自的知识产权战略规划。八是培养人才。加速培养多层次的知识产权专业人才，提高全民的知识产权意识。

（二）对我国知识产权战略途径的思考

1. 正确认识我国的科技国情

中国是一个发展中国家，还处于社会主义初级阶级，不仅在经济上与发达国家有较大的差距，而且在科技方面也与发达国家有较大的差距。具体表现在以下几个方面：

一是我国与发达国家在知识创新能力方面有较大的差距。国际上通常以在《科学引文索引（SCI）》上发表文章的多少来衡量一个国家的知识创新能力。据联合国教科文组织发表的《1998年世界科学报告》统计，① 1995年中国以出版物衡量的科学成果仅占世界总数的1.6%，同期印度和中亚地区这一比例为2.1%，日本和新兴工业国家为10.1%，西欧为35.8%，独联体国家为4.0%，北美地区为38%，大洋洲为2.8%。发达国家占93.1%。1990～1995年期间，在SCI发表论文总数排列前20个国家中，中国居第15位，排在荷兰、西班牙、印度、瑞典、瑞士之后。

二是我国与发达国家在技术创新能力方面的差距也十分显著。国际上把每百万人口居民申请国内发明专利数来衡量一个国家技术创新能力的重要标准。据世界银行统计，1999年我国每百万人口居民申请国内发明专利数为12件，排在第44位。与日本的2 846件，韩国的1 189件相比差距甚大，再从技术创新经费投入和人员投入看与发达国家相比，也有较大的差距。据世界银行统计，② 2000年我国技术创新经费投入（R&D）占国民总收入（GNP）的比例为1%，低于世界平均值2.1%；2000年我国每万人口中从事研究和开发的科学家和工程师为5人，远低于发达国家平均的33人。又据联合国教科文组织统计，③ 1995年我国在欧洲申请的专利数占世界总量的0.1%。在美国申请的占0.2%。

三是我国科技产出效率大大低于世界平均值。1995年，根据研究与开发的成果占世界总量比重与研究开发支出占世界总量之比，中国SCI投入产出效率仅相当于世界平均水平的1/3，中国欧洲专利投入产出效率仅相当于世界平均水平的2%。中国美国专利投入产出效率仅相当于世界平均水平的4%。如果我们用单位科技人员SCI和专利数作为衡量科技劳动生产率的话，那么中国科技人员的劳动生产率也大大低于世界平均水

① 胡鞍钢.《中国战略构想》.浙江人民出版社，第16页。

② 北京大学出版社.《中国现代化报告——2003》.173、174页。

③ 胡鞍钢.《中国战略构想》.浙江人民出版社，第18页。

平。从总体上看,我国既不是世界知识创新大国,也不是世界技术创新大国,无论是SCI论文数还是专利数占世界总量的比重,不仅大大低于我国人口占世界总人口的比重(21.3%),而且也明显低于我国GDP占世界总数的比重(10%以上),而发达国家在知识创新和技术创新方面均占绝对优势。

2. 日、韩知识产权战略给我们的启示

日、韩都是靠知识产权战略崛起的国家,也是世界上实施知识产权战略最为成功的国家。以日本为例,二次大战以后,日本实施赶超战略,走了一条引进技术,消化吸收、技术创新的发展道路。20世纪50年代至70年代,日本实施构筑小型专利网的专利防御战略。针对企业引进专利技术和仿制为主的特点,日本采取了构筑专利网和保护国内市场的专利战略,使欧美的基础性关键技术在其专利网中失效,通过消化吸收和改进引进技术,逐步实现技术自主化。1950~1976年,日本共花了60亿美元,引进1 700多项先进技术,创造了2 000亿美元的社会财富,节省了几倍的时间和几十倍的经费,成为世界第二经济大国。20世纪70~80年代,经过20多年的追赶,日本制造业能力迅速增加,某些领域甚至超过美国,企业专利数量也位居世界前列。此时,日本的专利战略转向技术创新,形成自主专利。20世纪90年代日本进一步调整专利战略,采取了促进原创技术的专利战略,一方面加大基础研究投入,另一方面对公有机构拥有的知识产权采取放权政策,鼓励大学与产业结合,向企业转移技术。进而日本提出了知识产权立国的口号,政府和企业共同制定知识产权战略。

3. 我国应采取的知识产权战略途径

为了实现我国由知识产权大国向知识产权强国过渡的战略目标,使知识产权在振兴我国科技和经济中发挥举足轻重的作用。根据我国的基本国情、科技国情以及全面实现小康社会的目标,借鉴国外的有益经验,建议我国知识产权战略途径实行“两条腿走路”的方针,既抓引进技术,又抓自主知识产权。具体可分阶段进行:在现阶段(大约2000~2010年)应以引进技术(专利)为主,有重点的开发自主知识产权,一方面积极引进发达国家的技术和装备,进而消化吸收、技术创新,并形成自主的技术和专利。这样做既能节省时间和成本,又可能跨越某些技术发展阶段,直接采用国际最新实用性技术,这是事半功倍的事情。另一方面,要积极地有选择有重点地开发自主知识产权。第二阶段(大约2010~2020年)应以技术引进和开发自主知识产权并重。第三阶段(大约2020~2030年)应以开发自主知识产权为主,以技术引进为辅。

在经济全球化和加入WTO的形势下,要正确地理解和处理引进技术和自主开发的关系。自主开发不一定要自己去研究开发每一个单项技术,也可以通过成熟技术的自主集成获得集成技术的知识产权;自主开发不必从头做起,也可利用已有技术改进和创新;自主开发不一定是自己独立开发,也可以开展国际合作;自主开发不等于完全利用中资进行开发,也可以吸引外资进行开发,但应注意知识产权的归属等国际合作中的知识产权问题,要依法约定。

(三)对政府在知识产权战略中作用的思考

政府是国家行政机关,是国家最高权力机关的执行机关。它应按照代表先进生产力、先进文化、最广大人民群众根本利益的要求,履行自己的职责。对于政府在知识产权战略中应扮演什么角色,承担什么责任,发挥什么作用,归纳起来主要是:

1. 整合知识产权管理资源,组建国家知识产权部

考虑到我国知识产权产业已发展到相当规模,约占国内生产总值的7%以上。① 无形资产有其独特的管理规律,是个涉及众多领域和部门的行业。特别是我国加入WTO后,随着经济全球化和知识产权国际化的趋势,我国需要和其他国家及国际组织交往,对一些重大而敏感的问题作出快速反应。政府需要整合全国的知识产权管理资源,将国家知识产权局、商标局、版权局合并,组建一个统一、权威、高效的知识产权管理部门——国家知识产权部。负责管理全国的知识产权工作。同时,考虑到知识产权涉及众多部门和领域,需要与国外及国际组织打交道,也可以借鉴日本的经验成立知识产权战略部,以利对外事务的协调管理。

2. 完善知识产权法律体系

知识产权本身就是依法获得的一种权利,需要依法保护和管理。同时,由于知识产权具有地域性和时间性的特点,知识产权法律体系又需要因时间、地域的变化而不断地修正和完善。修订和完善知识产权法律,一要符合国际知识产权保护规则适时完善我国的法律体系,遵守我国已经加入的国际公约;二要充分考虑我国的国情,保护国家利益,保护权利人的利益,推动我国经济、科技和社会发展。

在用法律保护国家利益方面,美国和韩国的经验值得我们借鉴和参考。美国为了促进创新和政府技术转移,提高产生技术竞争能力,20世纪80年代相继出台了《拜杜法案》、《技术创新法》、《联邦技术转移法》、《中小企业创新发展法》;美国

---

① 陈美章.《知识产权》.2002,(5):3页。

为了保护其国外市场，在《综合贸易竞争法》中，增设了“301条款”和“特殊301条款”；为了保护美国国内市场，修正了《关税法》第337条“关于不公平竞争的规定”。又如韩国，20世纪80年代为产业技术进步提供法律保障，先后制定了《研究组合育成法》、《遗传工程育成法》、《新技术金融支持法》、《技术开发促进法》、《产业发展法》等，促进了韩国的技术进步。

我国可参照以上原则和国外有益的经验，适时地修改已有的知识产权法律，并尽快出台与知识产权有关的反垄断法规，特别是要制定促进我国技术创新和技术引进的法律、法规。

3. 制定和完善与知识产权战略相关的政策

政策是指国家为实现一定历史时期的路线而制定的行动准则。政策比法律更灵活、更快捷，政府制定和完善与知识产权战略相关的政策，主要应注重以下几方面：

一是增加对知识创新经费的投入。据世界银行统计，① 2000年我国R&D支出占GNP比重为1%，低于世界平均值2.1%，而瑞典为3.8%，日本为2.8%，韩国为2.7%，美国为2.5%，埃及为1.9%，俄罗斯为1.1%。发达国家R&D支出占GNP比重较高的原因之一是非政府R&D支出占R&D总支出的比重在50%以上。因此，我国政府在增加对R&D投入的同时，应鼓励非政府组织对R&D的投入，争取10年翻一番，到2010年，我国对R&D的投入占GNP的比重可以达到2%。

二是大力发展国际贸易，鼓励引进国外新技术，特别是要吸引跨国公司投资R&D和高新技术产业。发展国际贸易是发展中国家从国外获取知识和技术最为重要的方式。鉴于现阶段我国自主技术创新能力不足，目前我国追赶先进国家最好的技术路线就是实行贸易自由化，特别是技术贸易自由化。调整技术进口限制政策，鼓励技术引进，促进技术交流和技术交易。同样，开放的投资体制对于引进知识和技术也是十分重要的，跨国公司是全球知识创新和技术创新的主要来源，跨国公司的R&D支出占世界R&D支出的80%。

三是制定鼓励创新的知识产权权属政策和奖励政策。知识产权从本质上讲是人的智力劳动创造的成果，没有人的积极性，就不会有智力成果，也就不会有知识产权。因此，政府在制定知识产权权属政策时，应更加重视和保护发明人的利益，原则上讲技术创新带来的收益40%左右应归创新者个人所有，使他们获得与其创新付出接近的回报。这样做可以激励更多的人提高科技创新能力，为国为民创造更多的财富。

四是制定有利于技术利用和扩散的政策。知识产权只有在使用中才能产生效益，因此政府对各类知识产权应制定宽松的、有利于技术利用和扩散的政策。对政府投资获得的技术，有的其知识产权可归研发单位所有，有的可规定技术转移的任务，对发明人要实行有足够力度的奖励。对民间技术的利用和扩散应主要靠市场机制来调节，同时政府应制定相应的政策，促进民间技术的利用和扩散。

4. 建立和维护公正的市场秩序

知识产权制度是市场经济的产物，知识产权的运行应遵循市场经济的规律，依靠市场发挥知识产权的作用。知识产权市场的主体是知识产权的拥有者和使用者，知识产权市场的客体是知识产权和知识产品，知识产权的运行机制就是市场运行的机制，既包括一般的市场运行机制即供求机制、风险机制、竞争机制，也包括知识产权市场特有的转化机制和产权约束机制。政府要通过行政权力建立和维护公正的市场秩序。

首先，要通过制定我国的法律和政策，如《专利法》、《商标法》、《著作权法》、《反不正当竞争法》及相关的政策等，建立公正的市场秩序，使知识产权的生产、运行、转化等能够做到公正的市场化。应明确规定职务发明可以参与分配，分配比例由市场效益决定；知识产权入股市场化，由市场决定知识产权投资人的入股比例；知识产权转化的市场化，运用市场机制，引导社会资本投向知识产权转化，来实现经济效益和社会效益。

其次，要通过行政执法维护公正的市场秩序，严厉打击假冒伪劣、非法仿制和一切违反知识产权法律法规的行为。

第三，政府采取措施，逐步在我国建立起信用制度。诚信是市场经济的基础，信用环境是知识产权市场可持续发展的必要条件。政府应通过多种途径，采取多种措施，在我国逐步地建立起信用制度，以维护公正的社会秩序。

5. 加强知识产权技术支撑体系的建设

知识产权对经济和社会发展的推动作用，是通过知识产权信息的收集、传播和利用来实现的，知识产权信息是一种集技术、法律、商务、信息于一体的综合性信息资源，这种信息具有新颖性、全面性、系统性和便捷性。它包括专利信息、商标信息、版权信息等。仅就专利信息而言，全世界发布的专利文献总数已达3 000多万件，并以每年100多万件的速度增长。世界上每年发明成果的90%~95%都能在专利文献中找到。借助于专利文献提供的技术和法律信息。可以缩短科研时间40%，节省科研经费60%。

21世纪是信息世纪。世界各国都十分重视

---

① 北京大学出版社.《中国现代化报告2003》. 171~172页。

知识产权信息的收集、贮存、传播和利用，并把高新技术成果运用于信息管理，实现了存贮载体光盘化、磁介质化，检索方式机算机化、联机化、网络化。如欧洲专利局建立了116个指定的专利信息中心，形成了欧洲专利信息服务网络。美国专利商标局自20世纪70年代起即在每个州设立了专利信息中心，形成了全美专利信息网。

我国自20世纪80年代起已设有62个专利文献服务网点。自1998年起，国家知识产权局开始实施中国专利信息工程，该工程预计2005年完成。届时将形成包括省级专利机关、重点城市、大企业、科研单位和高等院校等1 000多家网点单位在内的专利信息网，实现全国专利信息资源共享。建议在此基础上，国家增加投入，扩展信息范围，把商标、版权等知识产信息包括在内。扩大地域范围，把省会城市、知识产权行业协会、企业协会等都包括在内。建立一个信息资源丰富、管理规范的知识产权信息服务体系。

(四)对企业知识产权战略的思考

企业是我国社会主义市场经济的主体，也是利用知识产权资源、实施知识产权战略的主战场，制定和实施企业知识产权战略对于我国经济和技术的发展具有至关重要的作用。

1. 我国企业知识产权管理的现状

我国共有大中型企业10万多个，加上中小企业和乡镇企业共有3 500多万个。2000年，我国企业共申请各种专利45 862件，仅占国内申请总数的1/3左右。如果按全国10万家大中型企业计算，每个大中型企业的年专利申请量只有0.46件，也就是说平均有一半的大中型企业一年也没有提出一件专利申请。1985～2000年，我国各类企业共申请各类专利211 635件，按此计算，16年来平均每个企业申请专利只有0.0064件，平均每个大中型企业申请专利只有2件，这与日本有的大企业年专利申请超过2万件相比，差距何等之大。据国家知识产权局的调查，我国企业专利技术实施率约为40%左右，比发达国家平均专利实施率60%要低，比日本和美国70%～80%的实施率更低。再如，国家知识产权局曾对我国500家大中型企业的专利工作进行了调查，仅就制定专利开发计划而论，69%的企业没有制定。但制定和实施企业知识产权战略，提高科学技术因素在企业发展中的作用却是不容忽视的。

2. 实施企业知识产权战略

企业知识产权战略，就是企业为获取并保持市场竞争优势，运用知识产权保护制度，谋取最佳经济效益和社会效益的策略和手段。它的制定和实施对于建立企业现代化制度、促进企业结构调整、优化配置资源、推动企业技术进步、防止无形资产的流失，提高企业竞争力等方面都具有极为重要的作用。并将会提升国家的综合国力。因此，发展企业的知识产权战略意义深远。

3. 政府对企业的政策和措施

由于我国知识产权制度起步较晚，企业的知识产权意识和能力较弱。在这种情况下，需要政府通过加强指导和服务，并制定相应的政策，提高企业管理、运用知识产权的能力。具体讲主要有以下几个方面：

一是培训企业领导和知识产权管理人员，使他们懂得知识产权的基本知识以及企业如何利用知识产权发展自己，提高企业的知识产权法律保护意识。

二是帮助企业建立知识产权管理机构，建议大型企业要建立知识产权管理部门，中型企业应有专人负责，小型企业要有人兼管。在此基础上研究和制定企业的知识产权发展战略。

三是建立面向企业的知识产权服务中心，为企业提供法律咨询和知识产权信息服务，鼓励企业申请专利和注册商标，并为其提供帮助，扶持企业的发展。

四是制定鼓励企业增加R&D投入的政策。据统计，在市场经济发达的国家中，R&D总经费中起码50%左右来自于企业，R&D总经费支出中起码60%用于企业，而中国R&D总经费来源于企业的仅为37%。① 要鼓励企业增加对R&D的投入，政府应采取优惠政策，包括将企业R&D投入可作为所得税抵扣项目，对企业进口新技术设备实行减免关税，降低引进技术和先进设备成本。同时，对中小企业政策性金融机构应设立“新技术产业化贷款”(低息贷款)以支持中小企业的技术创新和技术改造。

五是制定奖励政策，台湾地区每年对实施知识产权战略作出成绩的企业和个人进行表彰，并有重大奖励，这对知识产权的普及起到了较好的作用。政府也应制定对企业知识产权工作实行奖励政策。

(五)对知识产权教育和专门人才培养的思考

世界各国的历史经验证明，一个国家的综合国力取决于这个国家的经济实力，而这个国家的经济实力又取决于这个国家的科技水平。一个国家的科技水平又表现为一个国家的知识产权的占有量。而一个国家的知识产权占有量又最终取决于这个国家的教育水平，核心是教育和人才的培养。

1. 加强国民的整体素质教育

知识产权是人类发明创造依法获得的一种权利，这种权利的获得依赖于人的素质。这种素质

---

① 国家统计局、国家科委编:《中国科技年鉴(1998)》.40、232、233页。

按照国际通行的衡量标准,可以用大学入学率、中学入学率和成人识字率三个指标来衡量。据中国现代化战略研究课题组提供的相关数据,世界上每百万人口居民专利的占有量与这个国家的大学入学率、中学入学率及成人识字率具有十分密切的关系。一个国家的大学入学率,中学入学率及成人识字率越高,则这个国家的每百万人口的专利占有量就越多。相应地这个国家就越富有。据世界银行提供的数据,[①]1997 年我国每百万人口国内专利申请量为 11 件,这低于世界平均水平 131 件,名列第 48 位。大学入学率仅为6%,低于世界平均数19%,排名第 92 位。中学入学率为70%,排名世界第 55 位。成人识字率为83%,低于世界平均数93%,排名第 57 位。

从根本上讲,知识产权存在于人们的头脑之中,存在于那些经过良好教育,具有一定的科学文化素质的人的头脑之中,特别是那些具有创新意识,能够不畏艰险,在科学崎岖小路上勇于攀登的人的头脑之中,他们将最终改变我国每百万人口知识产权拥有量低的落后状况。

2. 培养知识产权专门人才

为了适应我国知识产权制度发展和加入世贸组织后的需要,我国应在现有知识产权教育的基础上,加强知识产权队伍建设,培养大批懂业务、会管理、熟悉法律和国际规则的知识权人才。为此,

一要在大学设立知识产权法律公共基础课,作为必修课,对每一位未来的知识产权创造者进行知识产权的基础知识教育。这既是一种基础理论教育,又是一种道德品质教育,使大学生将来成为合格的知识产权创造者和保卫者。

二要在有条件的普通大学中设立知识产权本科生专业或二学位专业,培养知识产权专门人才。随着我国经济、科技和社会的发展,我国将需要大量的知识产权专门人才,目前我国仅有个别几所大学培养知识产权人才,远不能满足对知识产权人才日益增长的需要,为此建议在有条件的大学建立知识产权专业、系或学院,培养更多的知识产权本科生和双学位学生。

三要在国家重点大学设立知识产权硕士和博士培养点,培养高层次和知识产权教学和研究人才,知识产权综合型人才,以适应国际竞争的需要。

四要通过成人教育和多种形式的专业培训,培养数以万计的知识产权实务工作者。如法律工作者、管理工作者、中介服务工作者、企业知识产权管理人员等,以适应知识产权事业发展对专业人才的需要。

3. 提高全民的知识产权意识

大学培养知识产权专门人才的数量毕竟是有限的,而人民大众是知识产权取之不尽,用之不竭的源泉。从根本上讲,要提高一个国家的知识产权水平,发挥其效益,还必须针对不同对象,采取多种形式,提高全民的知识产权意识,形成一个尊重知识产权的良好氛围。为此,对各级领导干部要加强知识产权重要性的培训,使他们了解知识产权制度在经济、科技和社会发展以及国际竞争中的重要作用,从而明确自己的责任,实现知识产权管理的目标;对企业单位的管理人员,作为知识产权管理的主体,要使他们了解知识产权制度对企事业单位发展的作用,懂得如何用好自己的知识产权,尊重他人的知识产权,如何通过知识产权赢得市场竞争优势,促进企业发展;对广大群众,特别是知识产权的发明人、权利人和使用人,要通过培训使他们懂得发明创造依法获得的权利,将受到法律的保护,它不仅利国利民,而且会给自己带来巨大的利益,从而调动广大人民群众发明创造的积极性,提高全民的知识产权意识,从根本上促进知识产权事业的发展。

总结:本文从知识、知识产权、知识产权制度的基本概念入手,分析了知识产权战略的地位和作用,简要地介绍了美国、日本、韩国知识产权战略的可借鉴经验,在此基础上,着重对我国国家知识产权战略的战略思想,战略目标、战略途径、政府在知识产权战略中的作用、企业知识产权战略及知识产权人才培养等问题,进行了研究和探讨。

---

① 中国现代化战略课题组编 .《中国现代化报告——2002》. 北京大学出版社,168、170、172 页。

论植物新品种保护制度对中国农业发展的影响①

陈 超 林祥明

植物新品种保护制度是农业领域最重要的知识产权制度之一，是政府在新时期鼓励创新、促进农业产业化和投资的一种有效机制。我国于1999年加入国际植物新品种保护公约，正式启动实施《中华人民共和国植物新品种保护条例》（以下简称条例）。条例实施4年多来，植物新品种保护制度效应日益凸现。发达国家出于保持农产品竞争优势以及保障国家经济战略安全的考虑，纷纷采用植物新品种保护制度来垄断优势技术并寻求全球保护，以控制国外农产品的进口和保护本国农产品的出口。我国农产品在国际市场上将面临巨大压力。

一、我国植物新品种保护制度实施的积极效应

我国植物新品种保护制度实施4年多来，制度效应日益显现，有力地促进了农业科技创新，推进了种子产业市场化发展，提高了农产品的竞争力，对我国农业健康、稳定发展产生了积极的影响。

（一）促进了农业科技创新

植物新品种是育种者对作物种质资源的创新，是农业领域提高产量、改良品质的重要革新。植物新品种保护制度有效地配置了资源，保证了新品种的市场需求，保护了育种者权益，从而促进了农业种质资源源源不断地创新。随着我国知识产权制度国际化进程的加快，我国的保护名录也将继续扩大，这将引导我国育种技术创新的客体范围进一步扩大，使农业科技创新呈现良性循环的发展态势。

1. 品种权申请数量增势迅猛

截止到2003年12月31日，全国农业植物新品种的申请总量为1 311件，其中国外申请13件。在这些申请中，玉米、水稻、大豆、普通小麦等大田作物共1 203件，大白菜、马铃薯、辣椒属等蔬菜68件，果树30件，花卉20件。在总申请量中，2001年为227件（占1999～2001年总申请量的50%）；2002年290件；2003年申请量为567件，比2002年增长了96%。可见申请量呈现迅速增长的势头，这是在没有实施植物品种权制度以前从来不曾有过的景象。

2. 条例实施后，玉米、水稻、小麦和大豆审定的品种数量大幅上升

从表1中可看出，条例的实施，极大地促进了科技创新，1999～2002年4年间较1995～1998年相比，全国各省（市）玉米、水稻、小麦和大豆新品种审定数分别增长了137%、108%、34%和35%。

全国各省（市）主要农作物新品种审定数及比较（1995～2002年）

表1 单位：个

年度＼品种	玉米	水稻	小麦	大豆	总计
1995	70	100	56	49	275
1996	49	87	50	48	234
1997	77	120	76	40	313
1998	98	142	81	34	355
小计	294	449	263	171	1 177
1999	89	140	81	42	352
2000	161	244	86	49	540
2001	210	321	91	62	684
2002	237	231	95	78	641
小计	697	936	353	231	2 217
1999～2002较1995～1998的增长率（%）	237	208	134	135	188

3. 申请保护的新品种种类多样化

从历史发展来看，植物新品种保护制度是在技术创新中产生和发展的。技术创新不断扩大植物新品种保护制度的保护范围，也推动了植物新品种保护制度的国际化进程。到目前为止，农业部共发布了5批保护名录，使所保护的以主要农作物为主的属和种达到41个。由图1可见，大田作物是申请的热点，占申请量的91%，占授权品种

① 本项研究是国家知识产权局软科学项目“植物新品种保护制度对中国农业发展的影响与作用研究”的研究内容之一。

的94%。其中，玉米的申请量最大达到609件，占45.1%；其次是水稻，达到432件，占32%。2002年以来还新增了甘薯、食用萝卜、黄瓜、兰属、菊属、百合属、桃和牧草酸模属等多种植物的申请。申请保护的新品种种类多样化，反映出我国农业结构调整的政策正在逐步呈现效力，育种技术创新不断向广度和深度方向发展。

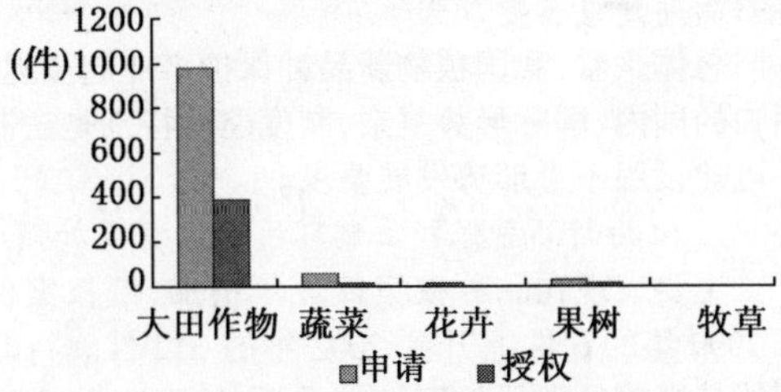

图1　1999～2003年品种权申请品种结构分布图①

(二)推动和规范了种子产业的市场化

种子是农业科技创新的核心产品。从这个意义上说，是植物新品种保护制度将市场机制引入种子产业，使我国的育种科研单位和种子企业在市场竞争中能按照市场规律进行重新优化组合，有效地解决了我国原有的育种科技资源分散、重点不突出、信息不顺畅等问题。植物新品种保护制度有效地配置了资源，促进了种子产业的市场化发展。

1. 企业将成为品种权的主体

我国研发活动层次的划分大概是：大专院校和科研院所主要从事基础研究，企业从事应用研究。随着科技体制的改革，企业必然要符合市场经济的发展规律，成为研发活动的主体。由图2可见，在植物品种权申请主体中，科研院所仍然是主力军，人力优势与资本优势尽显无遗；企业紧随其后(33%)，但其拥有的品种权数量与科研机构不相上下，品种权的实施率最高；而教学机构由于社会分工不同，技术创新成果转化的能力较前两者要弱。值得关注的是近年来社会个人育种特别是农民育种力量在不断增强。但无论是从规模还是发展潜力来看，随着时间的推移，在市场机制的驱动下，企业在育种技术创新中必将代替科研院所而成为技术创新的主体。这已经是一个共识性

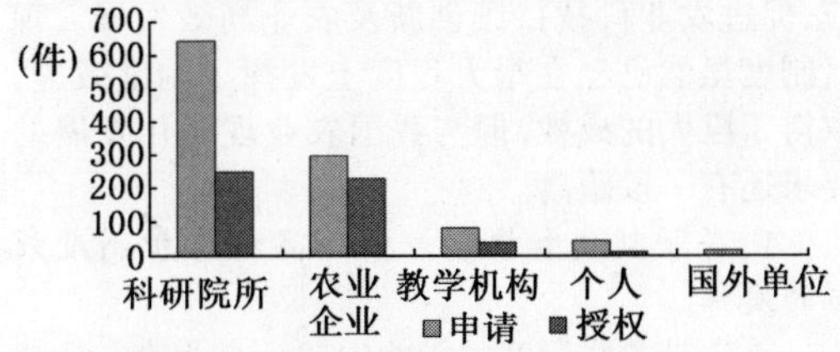

图2　1999～2003年品种权申请单位性质分布图

的预见。

2. 新品种研发投入构成多元化

技术创新的重要环节是R&D，R&D投入结构反映了技术创新的活跃程度。由图3可见，自植物新品种保护制度实施以来，本单位是植物育种研发的主要投资者，投资额已经远远超过了政府公共投资。而在政府公共投资中，84.6%用于育种科研，新品种的开发投入则主要依赖于本单位资金。近年来出现了合作方投资及其他第三方的资本，研发投资结构多元化的趋势比较明显。一方面，这种多元化的投资格局有利于育种技术创新成果快速市场化，并形成风险共担的利益共同体，增强了企业抵御风险的能力；另一方面，这种多元化的投资格局可以聚集足够的资本，有利于我国植物育种技术升级与设备更新，并可以充分发挥我国的科研优势与种质资源优势，加快农业科技创新的速度。

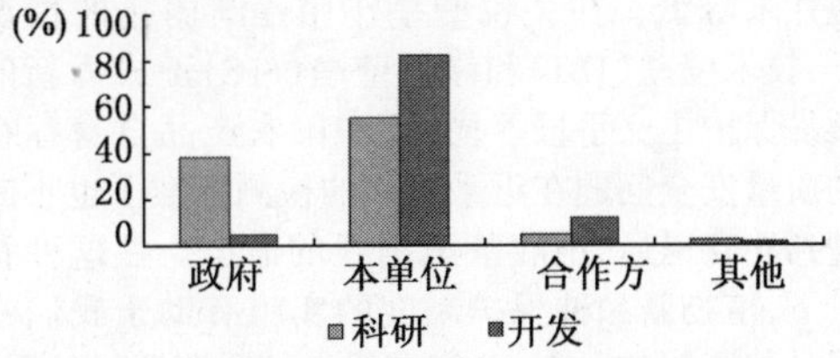

图3　1999～2003年同期植物新品种研发投资结构分布图

3. 品种权实施走向市场化、规范化

目前，我国植物品种权主要有4种实施方式：自己实施、独占许可、转让实施及合作实施。2003年6月农业部对81家单位306件已授予品种权或已申请保护的植物品种权实施情况进行了初步调查。结果如图4所示：接近60%的品种权由本单位自己实施，其余由独占许可、转让、合作方式实施，独占许可实施份额稍高于其他二者，表明品种权的实施正在走向市场化，这大大促进了育种资源的优化组合，提高了资源的利用效率。此外，

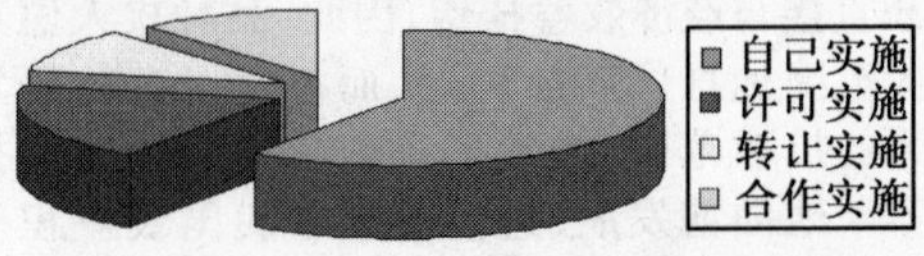

图4　1999～2003年新品种权实施情况图

---

① 由于我国植物新品种保护制度才实施4年，还没有积累完整的有关植物品种权方面的各年度资料，故大部分数据只能反映一个时间阶段的情况。本文所用的数据除注明出处的以外，均来自于2003年6月农业部植物新品种保护办公室对全国育种组织进行的问卷调查，涉及到306个已授权品种。

调查显示这306件品种权实施合同总金额在1亿元左右，合同履行状况绝大部分正常，没有产生纠纷事件，说明我国植物品种权实施正在走向规范化、成熟化。

（三）提高了农产品竞争力

随着全球经济一体化进程的不断加速，农产品的竞争优势突显为低成本和高差异。植物新品种是育种工作者对植物种质资源的技术创新结果，因此，它是农业科技创新活动中最活跃的因素，是农产品降低成本和创造差异的主要途径。

1. 催化农业标准化的发展

竞争全球化和区域经济一体化的迅速发展，使农产品、农业技术以及信息的相互交流和交换越来越频繁，农业标准的国际化将成为世界农业发展的趋势之一。欧、美、日、澳等国高度现代化的农业无不以高度的标准化为基础。入世后，我国农产品进入国际市场的大门虽然敞开了，但门槛并未降低。在关税壁垒作用逐渐弱化的情况下，技术壁垒（TBT）和绿色壁垒（SPS）正成为新的贸易保护主义手段。同时，中国农产品自身存在的质量安全问题在近乎苛刻的检测标准下也不断遭到外商退运、拒收甚至销毁的命运。在这种背景下，植物新品种保护制度的实施有助于我们掌握品种资源的所有权，依靠优良种质资源，提高植物品质，应对国外的技术壁垒。同时，该制度的实施，能带动我国一些外向型农产品向精致产业发展，催生一系列的标准，进而带动我国整体农业与国际接轨。

2. 提高经济效益

经济学的成本—收益理论表明，任何投入都应追求最大的经济效益。植物新品种研发投入的经济效益可以用新品种的市场价值来衡量。通过表2中的数据我们可以看到，品种权的实施并没有影响新品种的推广。反之，由于品种权保护了新品种的利润空间，品种权人预期收益稳定，巨额收益不仅弥补了研发成本，还形成了再次创新的动力。此外，由于推广种植面积直接与经济效益挂钩，因此，品种权人愿意更大范围地推广新品种，从而拓宽了育种研发成果的扩散范围，推动了我国植物育种活动持续不断地向前发展，进而推动了我国农业积极健康地向前发展。

表2 1999~2003年品种权实施效益情况

项目	总计	平均到每个品种
销售量（亿公斤）	10.80	0.036
推广面积（亿亩）	6.70	0.022
增产（亿公斤）	563.20	1.800
单位所得税（亿元）	19.80	0.065
社会新增效益（亿元）	225.70	0.700

二、我国植物新品种保护事业面临的挑战

将植物新品种保护提升到国家经济安全战略的高度，加强制度的建设与实施，充分发挥品种权的制度效应，是新世纪中国农业发展的重要战略任务之一。植物新品种保护制度在我国是一个新兴的事业，任重而道远，目前，我国在制度建设与制度效应发挥等方面仍然面临着许多挑战。

（一）制度建设需要加强

总体来看，我国植物新品种保护事业起步迟，面临的国内、国际形势复杂，制度建设特别是法制环境建设跟不上形势发展要求。

1. 植物新品种保护法制环境建设需要加强

主要表现在品种权案件逐年增加，侵权案件从1999年的6件上升到2002年的312件。行政调处是当前处理侵权案件的重要处理方式，它适应市场经济高效运转的要求。但随着我国市场经济的不断完善，有必要进一步加强品种权的法制建设，逐步把品种权建设转到法治的轨道上来。从根本上讲，要有效的发挥制度效应，就必须加强植物新品种保护的环境建设。

2. 制度建设需要更好的适应国际形势

目前，我国加入的是UPOV（国际植物新品种保护联盟）1978年文本公约，而发达国家大都以UPOV公约1991年文本为蓝本制定本国的新品种保护法律。1991年文本较之1978年文本有两项重大变革：其一是对品种权人的权利范围大幅扩充，限制所有为商业目的而增殖的行为；其二是农民只有在保障品种权人合法权益的条件下，才能够以繁殖为目的使用自身收获的种子。更为重要的是，1991年文本还规定品种权人的权利范围不仅限于繁殖材料，更涉及收获材料及直接加工产品。发达国家利用1991年文本的新内容设置贸易壁垒，以控制品种权进而控制农产品的进出口贸易，对包括我国在内的发展中国家的"侵权"农产品课以"品种权费"，这将对我国农产品出口带来长期的负面影响，进而对我国的经济安全构成威胁；而我国目前实施的条例，不能够按"对等原则"，对外国侵犯我国品种权的农产品实施或设置贸易壁垒。

（二）制度效应发挥欠缺

植物新品种保护制度应该充分发挥制度效应，促进农业科技持续创新及农业高效发展。现行制度虽然已经在很大程度上发挥了制度效应，取得了巨大的成效，但与我国农业现代化发展的要求还有一段距离。

1. 关联制度和机制影响新品种保护制度效应的发挥

首先是关联制度的影响问题。企业确实从品种权制度中尝到了甜头，于是尽力申请并取得品种权，以获得更大收益；而科研机构一直享受国家拨款，对于经济收益并不重视，他们只重视技术创新成果数量，而不看重成果转化，这既与我国长期对科研机构的绩效评价体系有关，更与目前财政制度特别是公共财政制度关联。其次是机制问题。企业机制灵活，完全是在市场经济的指挥棒下运作；而科研机构相对来说，机制僵化，与市场脱节，受行政影响较多。

2. 新品种价值增值不高

通过品种权制度的建立与实施，植物新品种的经济效益有了质的飞跃，育种者收益显著增加。然而，由于受保护的品种有限且集中于常规品种，真正出口创汇的保护品种很少。在接受农业部调查的306个已授权品种中，只有5个品种出口外销且都是粮食作物，如吉林省农科院水稻所出口水稻种50万公斤，收入100万元；河南农科院出口小麦种55万公斤，收入55万元。这说明，一方面我国企业还需要进一步加强开拓市场尤其是国际市场的能力；另一方面我国还要加强条例的实施，引导并鼓励企业走向市场，树立品牌，增加产品的附加值，以充分体现技术创新的市场价值。

三、我国植物新品种保护事业的展望

我国已经加入WTO，我们在承受WTO规则约束的同时也享受着世界经济一体化所带来的利益。尽管与发达国家相比还存在较大差距，但我国的植物新品种保护事业必须尽快与国际接轨，充分分享知识产权制度全球化带来的好处。为此，我们认为当前我国植物新品种保护事业将要着重在以下几个方面作出努力：

（一）鼓励申请提高科研单位与企业的创新积极性

品种权申请的数量不仅是衡量我国植物新品种保护制度成败的重要标准之一，同时也是显示我国现代化农业技术创新能力的重要标志之一。因此，加强品种权申请数量是当前首要解决的问题。

1. 改革现有的农业科研成果评价体系

目前，农业对科技成果管理与鼓励措施的许多方面的重点仍停留在鼓励技术创新上，而非创新成果的商品化、产业化上。只有加强对农业科研立项过程中知识产权状况的分析和评估，改革农业科技成果管理和鉴定的方式，以成果创新与成果转化并举，把农业科研机构的品种权申请数量纳入到评价指标体系中来，才能真正实现与国际接轨，推动农业科技的产业化发展。

2. 扩大保护范围

农业部在实施《条例》4年来已公布了41个农业植物的属和种可以给予保护，再加上国家林业局所公布的属和种，我国早已超过UPOV的最低要求。但从我国农业育种的实际情况和育种者的要求来看，还远远不够。因此，必须加快扩大保护属种的力度，除了按计划继续扩大主要农作物品种保护的属和种以外，对于那些独具特色、经济价值较好、国际竞争能力较强、产业化程度较高的特色品种将尽快纳入保护范围，以满足国内外更多育种者的要求，促进技术创新。

3. 加大保护力度

在接受农业部调查的306个已授权品种中，约37.6%的新品种存在品种权被侵犯而得不到有力保护的问题，给社会和育种者造成了巨大的经济损失。所以，一方面，社会要普及品种权法律知识。因为目前人们对品种权的法律意识不强，究其原因，主要还是因为社会法制宣传不到位，人们没有这方面的概念。另一方面，相关部门要制定详细、具体的惩罚条款。做到有法可依，有法必依，以加快诉讼过程。目前，虽有法可依，但实施起来困难重重。对于各种侵权行为究竟应该受到什么惩罚规定不明。倘若在侵权行为所造成的损失方面有详细的尺度规定，会更有利于执法。我们建议，如果举证困难，可推行举证方倒置的方式，即"谁主张，对方举反证"，一经侵权，则先封库，优先保护被侵权方利益，过错方承担损失。

（二）提高政府在技术创新中的职能

市场机制的存在带来了一系列筛选、淘汰的动态过程，这些是政府控制所做不到的，但同样是市场机制，在基础薄弱的环节方面却缺乏功效。科技发展不可能只在市场利益的驱动下完成，再发达的国家都不是纯粹的市场经济，都有政府控制介入其中。我国农业一直以来都是一个弱质产业，长期受到资金匮乏的困绕，入世后面临着全球激烈的竞争，更需要政府机制的介入。

1. 加大对农业育种技术创新的资金投入

美国目前将GNP的2.6%投入到国家的各种研发中，日本投入2.8%，而我国只有0.6%，分摊到农业领域的更是少之又少。在接受调查的这306个授权品种中，有27.8%的植物新品种因缺乏资金而影响到品种权的实施，资金缺乏已经成为一部分企业和个人育种的"瓶颈"，严重阻碍了研发的进行及对研发成果的权益维护。因此，我们在鼓励大力发展市场经济的同时，也要加大政府机制的作用。对于农业育种技术创新领域来说，一方面，要增加政府的公共投资，另一方面，也要给予企业和私人在贷款政策方面的一条通道。

2. 建立包括品种权在内的农业知识产权国家补偿机制

农业科研与推广是公益性的部门，这是由农业的基础地位决定的。农业技术创新成果应用于农业生产过程，因其地域的分散性而难以做到保密，所以它的成果是一种典型的公共物，这就很难区分农业科技的受益者，并依其受益大小来支付技术创新成本。然而，农业生产的长周期和自然影响的非可控性，使得农业科研与推广具有较长周期、较大风险和较高成本的特征。这些特征必然导致我国的农业科研与推广的社会性属性，其成果应用的主要效益是社会效益，其成本支付的主体应当是社会的代表——政府和社会财团。此外，农业的弱质性也决定了以农业科研与推广工作为谋生手段是没有竞争力的，其成果本身不能直接给研究与推广者提供生存、发展与享受所需要的物质基础。因此，需要建立包括品种权在内的农业知识产权国家补偿机制，使农业技术创新有足够的发展后劲，真正实现可持续发展。

结 语

植物新品种保护事业在当前来看是我国农业发展过程中的新生事物，任重而道远，它需要全社会的关注和支持。提高我国农业植物新品种保护的行政管理水平及技术支撑能力，增加我国植物新品种保护总量，增大我国农业科技资源的无形资产比重，从关键环节上提高我国农业的科技创新水平和持续发展能力，从而建立一个与国际接轨的植物新品种保护体系，以适应我国农业发展新阶段、新格局的需求，逐步建立以品种权为“龙头”的农产品贸易体系，最终提高我国农产品的国际竞争力，提高农民的就业水平，这是我们共同努力和奋斗的目标。

参考文献

1 Julian M. Alston, Raymond J. Venner. The effects of the US Plant Variety Protection Act on wheat genetic improvement[J], Research Policy 31, 2002.

2 Gokhan Ozertan. Intellectual Property Rights Protection of Reproducible Biotechnology Innovation , Dissertation of Bogazici University Istanbul Turkey[M], 2001.

3 林祥明等．全国农业专利现状、问题及对策研究．见：农业知识产权研讨会论文集[M]. 2001年12月

4 陈怡臻，郭华仁，谢铭洋．植物专利新法对于种苗产业的冲击——试论植物育种家权利范围及其限制．见：种苗事业座谈会论文集[M]．台湾台中，1997

5 蒋和平，孙炜琳．我国农业植物新品种保护的现状与对策．见：农业知识产权研讨会论文集

全国知识产权工作概况

专利工作

1. 专利申请状况

2003年,国家知识产权局共受理三种专利申请308 487件,比上年的252 631件,增长了55 856件,增长率为22.1%。

截至2003年12月31日,知识产权局已累计受理专利申请1 931 118件。其中国内专利申请1 595 415件,占专利申请总量的82.6%;国外专利申请335 703件,占专利申请总量的17.4%。

自1994年我国正式成为PCT成员国,截至2003年12月31日,国家知识产权局共收到国际申请5 537件;收到国际申请检索本5 418件,完成国际检索报告4 936件;收到国际初步审查要求书2 990件,完成国际初步审查报告2 425件;进入中国国内阶段的国际申请,发明125 547件,实用新型220件。2003年共收到国际申请1 165件;收到国际申请检索本1 198件,完成国际检索报告1 169件;收到国际初步审查要求书708件,完成国际初步审查报告656件;进入中国国内阶段的国际申请,发明24 516件,实用新型192件。

2003年专利申请的特点是:(1)从三种专利申请的数量来看,发明、实用新型专利申请均突破十万件。发明专利申请105 318件,比上年的80 232件,增长31.3%;实用新型专利申请109 115件,比上年的93 139件,增长17.2%。专利申请形成“三分天下”格局。三种专利占总量的比例分别为:发明34.1%、实用新型35.4%、外观设计30.5%。(2)从国内、外的构成来看,国内虽仍以实用新型、外观设计专利申请为主,但发明专利所占比重有所增加,达22.6%;国外申请以发明专利为主,占到84.8%。(3)从三种专利的国内外构成来看,发明专利国内申请56 769件,国外申请48 549件,八年来国内数量首次超过国外。我国自1994年成为PCT成员国以来,国外发明专利申请剧增,国内发明专利申请一直处于下风,2003年这一局面得到扭转。实用新型和外观设计的国内申请所占比重(92%以上)与往年相比变化不大。

2. 专利申请的地区、行业和国别分布状况

2003年国内专利申请量分省市计的排列顺序与上年相比有所变化,位居前十名的省市依次是:广东、上海、浙江、江苏、台湾、北京、山东、辽宁、四川、福建。

2003年职务申请与往年比增长速度快、增幅大。来自国内企业的专利申请量为84 117件,比上年的68 962件,增长22.0%;来自国内大专院校的专利申请量为10 252件,比上年的5 981件,增长71.4%;来自国内科研院所的专利申请量为6 998件,比上年的5 373件,增长30.2%。

截至2003年12月31日,来我国申请专利的国家和地区共有125个,2003年向我国提出专利申请的国家和地区共有90个。新增加的国家(地区)有9个:安提瓜和巴布达、文莱、中非共和国、西撒哈拉、马里、塞舌尔、苏丹、特立尼达和多巴哥、赞比亚。申请量排在前十位的国家和地区依次是:日本、美国、韩国、德国、法国、荷兰、瑞士、英国、意大利、瑞典。

3. 专利申请在各技术领域的分布状况

2003年,对发明和实用新型专利申请按IPC分类,共完成195 123件,比上年的181 373件,增长7.6%。

从2003年发明专利申请的分类情况看,其特点是:(1)有关医用、牙科用、梳妆用的配制品(A61K)的申请第12次列在申请总量首位,国内申请占到3/4;电数字数据处理(G06F)的申请名列第二,国内申请占到1/2以上;有关半导体器件(H01L)的申请名列第三,其中国外申请占2/3强。

(2)有关医用、牙科用、梳妆用的配制品(A61K)及有关电数字数据处理(G06F)的申请连续八年名列国内三甲。(3)国外申请排名前10位的小类与2002年相比没有变化。比重占优势的主要为有关信息存贮(G11B)、有关杂环化合物(C07D)、有关图像通信(H04N)等的申请,其数量均占到申请总量的70%左右。

由于2003年实用新型专利99%是国内申请,因此有关排名实际上反映了国内实用新型专利申请的状况。有关用于贮存或运输物质的容器或包装(B65D)的申请第十次位居首位,有关电数字数据处理(G06F)、有关电传导的连接等(H01R)的申请分列第二、第三位。

4. 专利申请的审批状况

截至2003年12月31日,国家知识产权局已累计授予专利权1 065 261件。2003年授予专利权182 226件,比上年的132 399件,增长37.6%。

2003年,公布发明专利申请77 472件;全年发明专利实审请求生效量为67 634件;实质审查中驳回的发明专利申请3 833件,视为撤回的16 861件;授予发明专利权37 154件,比上年的21 473件,增长73.0%。

2003年,授予实用新型专利权68 906件,比上年的57 484件,增长19.9%;驳回215件,(视为)撤回12 308件。

2003年,授予外观设计专利权76 166件,比上年的53 442件,增长42.5%;驳回32件,(视为)撤回5 311件。

专利复审与专利权无效宣告

1. 机构设置

2003年11月,经中央机构编制委员会办公室批准,专利复审委员会由国家知识产权局专利局内设机构调整为国家知识产权局直属事业单位。

2. 受理复审请求与结案

专利复审委员会自1985年以来共受理复审请求6 577件。2003年受理复审请求1 813件,比2002年增加了852件,增长了88.6%。在2003年的复审请求中,涉及对审查部门驳回发明专利申请决定不服的复审请求和对发明专利权的撤销请求审查决定不服的复审请求共1 742件,占当年请求总量的96.1%;涉及对审查部门驳回实用新型专利申请决定不服的复审请求和对实用新型专利权的撤销请求审查决定不服的复审请求共64件,占当年请求总量的3.5%;涉及对审查部门驳回外观设计专利申请决定不服的复审请求和对外观设计专利权的撤销请求审查决定不服的复审请求共7件,占当年请求总量的0.4%。2003年全年复审请求审理结案1 235件,至2003年底正在审理的复审请求案件为1 240件。

3. 受理专利权无效宣告请求与结案

自1985年以来共受理无效宣告请求10 407件。2003年受理无效宣告请求1 813件,比2002年增加了61件,增长了3.4%。在2003年的无效宣告请求中,涉及发明专利权的无效宣告请求170件,占当年请求总量的9.4%;涉及对实用新型专利权的无效宣告请求834件,占当年请求总量的46%;涉及外观设计专利权的无效宣告请求809件,占当年请求总量的44.6%。全年无效宣告请求审理结案1 617件,至2003年底正在审理的无效宣告请求案件为1 580件。

4. 专利行政诉讼

自1985年以来对专利复审委员会作出的复审请求审查决定、无效宣告请求审查决定和其他通知不服,向北京市第一中级人民法院起诉和向北京市高级人民法院上诉的案件累计已达792件。其中针对复审决定起诉和上诉的有115件,针对无效宣告请求审查决定起诉和上诉的有668件,针对其他通知起诉和上诉的有9件。人民法院已审理结案的有621件。2003年向北京市第一中级人民法院起诉和向北京市高级人民法院上诉的案件总计342件。其中对驳回发明专利申请或发明专利权撤销请求审查程序以后的复审请求审查决定起诉和上诉的20件;对发明专利权无效宣告请求审查决定起诉和上诉的41件;对驳回实用新型专利申请的复审请求审查决定起诉和上诉的2件;对实用新型专利权无效宣告请求审查决定起诉和上诉的175件;对外观设计专利权无效宣告请求审查决定起诉和上诉的100件;对其他通知不服起诉和上诉的4件。

国家知识产权局专利管理工作

1. 知识产权制度示范园区工作

在前两年试点工作的基础上,2003年又启动了中关村国家知识产权制度示范园区工作。目前已建立5个示范园区。2003年示范园区工作主要有以下几个方面:一是制定、颁布实施《中关村国家知识产权制度示范园区工作方案》、《包头稀土高新区实施知识产权制度示范园区工作方案》;二是分别与武汉市人民政府、陕西省人民政府和长春市政府组织举办武汉·中国光谷知识产权保护论坛、杨凌农业知识产权保护论坛和长春医药知识产权论坛,在社会上引起良好的反响;三是开展知识产权诊断和信息服务,组织开展专利战略与政策研究以及培训工作,制定相应规章制度等,对提高企事业单位掌握和运用知识产权的能力和水平,产生了积极的影响。

2. 专题数据库建设

一是完善杨凌农业知识产权信息中心和中国光谷知识产权信息中心建设；二是完成中国石油化工专利信息平台及网站、长春中国医药知识产权信息中心及网站和济南数控机床及重型锻压设备知识产权信息数据库的建设工作，并对外服务；三是着手建设沈阳装备制造业专利数据库和重庆摩托车知识产权信息中心。

3. 部委专利管理工作

2003年部委专利管理工作主要从以下方面开展：一是推动有关行业、部门制定知识产权管理规章制度，如与建设部共同颁发了《工程勘探设计咨询业知识产权保护与管理导则》，参与制定交通部《交通行业知识管理办法（试行）》；二是与科技部合作开展奶业和节水农业专利战略研究；三是协助国防科工委等部门根据行业发展的需要，在相关领域开展知识产权政策与战略研究工作；四是参加商务部、全国整规办和国家环保总局有关协调机制。通过这些工作，国家知识产权局加强了与有关行业、部门的联系和沟通。

4. 城市专利试点工作

2003年，根据《促进技术创新城市专利试点工作导则》，为客观、科学、公正地评价城市专利试点工作，从专利工作角度反映城市的竞争力和创新能力，国家知识产权局制定了《专利工作评价标准（修订）》，在试点城市中试行。国家知识产权局还印发了《关于申报专利工作试点城市若干意见的通知》，根据形势需要及城市专利试点工作的实际情况，进一步明确了城市专利试点工作的重点。国家知识产权局要求全国专利工作试点城市上报统计数据，根据《专利工作评价标准（修订）》对试点城市进行考核评价，并对新申报城市进行全面深入的调研论证。有进有出、滚动发展、严格考核、各级互动的城市专利试点工作机制已经形成。在国家知识产权局的部署和指导下，在试点城市市委、市政府的高度重视和领导下，地方知识产权局扎实工作，城市试点工作取得了明显成效，主要标志为：一是试点城市社会公众的知识产权意识明显增强，企业、院校、科研机构运用专利制度推进技术创新的自觉性得到提高；二是试点城市在知识产权管理制度建设方面取得明显成效，通过地方立法与制订地方行政法规，完善政策体系，初步建立起了专利管理与经济管理、科技管理相互融合，协调发展的机制；三是各试点城市市委、市政府会议将知识产权工作纳入议事日程，成立了以主管市长为组长的城市专利试点工作领导小组，以市政府名义出台试点工作方案，并开始将知识产权工作纳入城市科技、经济发展评价体系；四是试点城市中的知识产权管理工作体系建设明显加强，普遍建立了知识产权工作的统筹协调机制；五是各试点市知识产权保护力度加大，依法强化了知识产权行政执法，在整顿和规范市场经济秩序中发挥了重要作用，为各项试点工作的开展提供了基础条件；六是试点城市普遍建立了技术创新主体和广大发明人依法获得自主知识产权的激励机制，专利申请量和授权量较试点前增幅明显加大，发明专利在三种专利中的比例明显提高；七是部分试点城市结合本市优势产业率先开展地方专利战略的研究运用工作，开始运用专利战略实现科技创新资源的优化配置。城市专利试点工作对于适时促进地方，尤其是大中城市知识产权综合能力建设产生了越来越大的作用。2003年国家知识产权局审批的试点城市为：长沙、苏州、无锡、大连。截至2003年底，全国专利工作试点城市共有28个。

5. 企事业专利试点工作

2003年，国家知识产权局对第一批全国企事业专利试点工作进行了验收和总结，对取得的经验和存在的困难、问题进行研究，提出解决办法，进而将这些经验和办法升华至能够指导全国企事业专利工作向前发展的政策和策略。年内出台了《关于全国第一批企事业专利试点单位总结试点工作经验的通知》、《试点单位专利工作考核评价表》、《企事业单位专利工作管理制度制定指南》、《关于第一批全国企事业专利试点单位总结验收的通知》等文件。

国家知识产权局组织了全国的相关人员培训班，而且以资金、人员、教材等形式积极支持各地方知识产权局开展培训工作，培训了一批企业专利工作骨干。

鉴于第一批试点工作在全国已取得了很好的成绩，国家知识产权局于2003年10月发文，决定开展第二批全国企事业专利试点单位专利试点工作。

6. 无形资产评估工作

为规范现有的专利产权评估市场，国家知识产权局在两年前曾组织国内多名专家开展了《专利产权评估指南》等指导性文本，这个文本在2003年初正式脱稿，目前正与财政部协商共同发文事宜。

7. 企业专利战略研究

2003年与有关地方知识产权局开始了《企业专利战略指南》的起草工作。

8. 全国专利实施与产业化工作

促进专利技术产业化示范工程总结工作

2003年，国家知识产权局印发了《对促进专利技术产业化示范工程项目进行总结的通知》，第二期示范工程共73个项目全部完成实施方案要求的目标，进入考核验收总结阶段。结合新时期我国专利工作面临的新形势、新要求，国家知识产权局对示范工程工作进行了总结验收工作。

国家专利产业化工程试点工作　为推动我国专利实施与产业化促进机制和平台的建立,2003年国家知识产权局新批准南京理工大学国家大学科技园、江苏中医药试点基地、中国河南专利孵化转移中心为国家专利产业化工程试点基地。加上2002年批准的湖北省专利创业孵化园、宁夏新材料工业科技园、宁波江东创业中心,国家知识产权局共批准了6个国家专利产业化工程试点基地。上述6个试点基地,按照试点方案,积极推进试点工作,取得了明显成效。

9. 全国专利市场管理工作

专利权质押工作　2003年,国家知识产权局办理专利权质押、变更、注销共60件。其中,办理专利权质押55件,办理专利权质押注销的1件,不符合登记要求的3件,尚无登记意见的1件。

专利实施许可合同备案工作　2003年,全国专利实施许可备案共办理1 000余件。国家知识产权局直接办理301件,较2002年增加近1倍;地方省市知识产权局办理700余件。2003年专利实施许可备案工作在2002年启动了出版公告的基础上,又在国家知识产权局政府网站开通了查询专栏。

专利广告出证工作　2003年,国家知识产权局直接办理专利广告出证59件。

10. 全国性专利展会工作

国家知识产权局参加组织了在陕西杨凌举办的中国杨凌农高会。本届农高会,国家知识产权局展团共组织了20个省、市、区的知识产权局分团,布展35个标准展位,1个特装展位。参展单位包括了研发实力雄厚的科研院所和大学约20家。本届农高会国家知识产权局展团规模大,参展人员多、规格高;所展示的项目数量多、水平高、产业化前景好,交易活跃。参展项目共获大会颁发的后稷特别奖1项,后稷奖5项,会期签订各类合同及协议总额6.2亿元。

国家知识产权局还参与主办了2003年中国北京国际科技产业博览会,成功组织了国际知识产权论坛。此外,还成功组织了辽宁2003年中国国际专利技术产品交易会、2003年中国合肥高新技术项目与资本对接会、山东曲阜全国专利技术展览交易会。

11. 中国专利奖评选工作

2003年,国家知识产权顺利完成了第八届中国专利奖的评选工作。本届中国专利奖共收到国务院各部委、直属机构、总公司、地方专利管理机关和中国科学院、中国工程院院士推荐的255项专利项目。先由国家知识产权局中国专利奖评审办公室初步审核,再由机械、电学、化学、物理、外观设计各专业评审组提出初步评审意见,然后由评审委员会评选出获奖项目及其奖励等级,最后向社会公布并征求意见,无异议或异议理由不成立的确定为获奖项目。

与往届中国专利奖的评选相比,本届中国专利奖优先考虑了高新技术领域的专利,并强调了发明创造的原创性,共评出中国专利金奖13项。其中11项为发明专利,2项为实用新型专利。本届中国专利金奖由国家知识产权局和世界知识产权组织联合颁发。另评出中国专利优秀奖94项。

12. 专利代办处申请论证审批

根据《设立专利代办处申报办法》的要求,2003年,国家知识产权局批准设立重庆、昆明、北京专利代办处。截止到2003年底,专利代办处已达17个。

法律事务

1. 法规建设工作

为充分调动广大科技工作者和企事业单位从事发明创造并进行转化实施的积极性,规范管理和提高企事业单位的知识产权竞争力,增加我国自主知识产权的总量,国家知识产权局向国务院提出制定《职务技术成果条例》的立法建议,并被列入2003年立法计划。2003年,国家知识产权局广泛收集了国内外的相关资料,在不同层面听取科研院所、大专院校和企事业单位的意见和建议,在此基础上,形成了《职务技术成果条例》的初稿。

现行的《专利代理条例》(以下简称条例)是1991年颁布施行的。在专利代理机构完成脱钩改制工作之后专利代理行业发生了深刻变化,迫切需要对条例进行重新修订。按照国务院2003年立法计划的要求,国家知识产权局启动了条例的修订工作。4月,两次召开会议就《〈专利代理条例〉修改草案(征求意见稿)》广泛征求意见。9月份,将修改后的征求意见稿再次向全国征求意见,并在11月份开会进行讨论。在广泛听取意见的基础上,知识产权局对草案进行了进一步的修改和完善。《专利代理条例》的修订将促进我国专利代理行业的健康发展。

为了适应当前的形势,规范对专利代理行业的管理和监督,在《专利代理条例》尚未修订的情况下,国家知识产权局在广泛听取各方面的意见和建议的基础上,出台了《专利代理管理办法》。该办法自2003年7月15日起施行。

标注专利标记和专利号是专利权人依法享有的一项权利,但不当的标注行为也可能损害社会公共利益。为规范专利权人行使这项权利的行为,维护正常的市场经济秩序,按照《中华人民共和国专利法实施细则》(以下简称专利法实施细则)的要求,国家知识产权局制定了《专利标记和专利号标注方式的规定》。该规定的出台不仅将使权利人明确如何正确行使标注权,并使不当的标注行为得到纠正。

《中华人民共和国专利法》《(以下简称专利法)及其实施细则从1985年起就规定了有关专利实施强制许可制度,但一直没有制定相应的实施办法,缺乏可操作性。为了落实专利法有关强制许可的规定,2003年6月13日国家知识产权局正式出台了《专利实施强制许可办法》,规定了专利实施强制许可请求的提出和审批程序,使我国的专利保护制度更趋完善。

2. 专利行政执法联合机制

根据我国加入WTO后执法工作新形势的需要,我局拟在全国范围内建立跨区域、跨部门的专利行政联合执法机制,并制定了具体方式和步骤。该联合执法机制的运行将使各地知识产权局在执法中的协作和配合得到加强,从而提高行政执法的效能。2003年4月,国家知识产权局在上海召开专利行政执法联合机制研讨会。与会代表就全国专利行政联合执法机制的范围和运行程序等问题进行了讨论,对联合执法提出了建设性的意见和建议。在吸取各地意见和建议的基础上,国家知识产权局对行政执法联合机制进行了修改。

2003年4月,来自北京、天津、上海、黑龙江、山东、江苏、浙江、安徽、福建、江西、湖北、广东、云南、四川、宁夏、深圳十六省区市知识产权局的代表签订省际间专利行政执法协作协议,在针对跨地区专利违法行为的执法工作中开展协作和配合。

10月,国家知识产权局在云南省昆明市举办全国专利行政执法培训班。本次培训针对执法工作的需要设置了相关课程,对执法实践提供了指导。来自28个省、自治区和直辖市管理专利工作部门的近百名执法人员参加了学习。

2003年,河北、天津、四川、贵州、江苏、云南、江西、河南、广西等省、自治区和直辖市知识产权局对本辖区内的近500名专利行政执法人员进行了培训。

3. 专利代理管理工作

根据《专利代理条例》和《专利代理管理办法》的有关规定,国家知识产权局于2003年9月至10月对全国专利代理机构和专利代理人进行了年检。在年底前,对首批通过此次年检的435家专利代理机构予以公告,并要求不符合有关规定的专利代理机构和代理人限期进行改正。

为推进专利代理管理的标准化,国家知识产权局按照《专利代理人代码标准》于2003年启用新的专利代理人代码,并开始对全国专利代理人换发新的资格证书和专利代理人执业证。

为加强对专利代理机构和代理人的监督,根据《专利代理惩戒规则(试行)》的有关规定,国家知识产权局和各省、自治区、直辖市知识产权局分别成立了专利代理惩戒委员会。

为促进西部地区专利事业的发展,国家知识产权局于2003年3月在成都市举办了西部12省区专利代理人资格考试培训班。

2003年12月举办了PCT实施细则及其指南宣讲会,介绍修改后的PCT实施细则及指南。59家涉外代理机构的130名专利代理人参加了学习。

2002年10月底举办了全国专利代理人资格考试。2003年元月,为录取的439人发放了《专利代理人资格证书》。圆满完成了2002年专利代理人资格考试工作。

4. 行政复议

2003年,国家知识产权局共受理51件行政复议案件。其中不服专利申请视为撤回的7件,不服专利权终止的6件,不服不予恢复权利的11件,不服视为未要求优先权的8件,不服视为放弃取得专利权的权利的4件,不服视为未提出的3件,不服不作为的3件,不服著录项目变更的2件,不服滞纳金的1件,不服不予退款的1件,不服PCT申请不予进入国家阶段的1件,不服专利申请日的确定的1件,不服分案申请视为未提出的1件,不服不予减缓费用的1件,不服不予受理专利申请的1件。在这51件行政复议案件中,国家知识产权局变更原具体行政行为的有22件,未结案9件。

2003年,国家知识产权局应诉的行政诉讼案件有17件,其中不服专利权终止的4件,不服视为放弃取得专利权的权利的4件,不服不作为的3件,不服著录项目变更的2件,不服不予受理复议申请的2件,不服PCT申请不能进入国家阶段的1件,不服不予恢复专利权的1件。在应诉的17件行政诉讼案件中,已经结案9件,未结的8件中涉及赔偿的有1件。

专利行政执法

党的十六大明确提出了完善知识产权保护制度的要求。十六届三中全会关于建立我国现代产权制度的要求中,包括了完善知识产权保护制度,这是我国知识产权保护工作的指针。整顿和规范市场经济秩序,是我国一项长期重大任务。2003年4月召开的全国整顿与规范市场经济秩序工作会议,将打击侵犯专利权列入全国整规工作重点任务之一,国家知识产权局也新增为全国整规工作领导小组成员单位。

根据全国整规工作会议精神和全国整规工作计划,国家知识产权局于2003年4月成立了以主管局长为组长的整规工作领导小组。5月出台了知识产权局系统整规工作计划。各省、自治区、直辖市知识产权局根据这一计划,成立了本单位整规工作领导小组,结合本地实际情况,出台了整规工作计划或方案,并积极采取措施,特别是在流通领域采取了专项执法行动,促进了知识产权保护水平的提高与整规工作的深入开展。5月,根据全国整规办要求,本着标本兼治,加大治本力度的精神,国家知识产权局报送了本系统信用体系建设方案。非典期间,国家知识产权局印发了《关于加强抗击非典中的知识产权保护工作的通知》,各地区据此加大了对医药、食品领域知识产权保护的力度。

2003年,已有20余省份实施了专利保护条例。部分副省级专利工作试点城市也实施了专利保护或管理条例,为进一步完善我国专利保护提供了法律依据。

在所有的涉外知识产权案件中,我国都坚持依法公正处理的原则。国家知识产权局要求各地方知识产权局依照法律,保护国内外知识产权权利人的合法权益。各级地方知识产权局积极并指导国内企业在研究开发及生产销售活动中注意避免侵犯他人的知识产权。

2003年2月,国家知识产权局向各地知识产权局印发了《进一步提高知识产权打假工作水平》的通知,要求各地知识产权局结合当年工作中的突出问题,加大行政执法力度,加大对涉外、重大案件的处理力度,提高执法协作水平与办案效率,进一步消除地方保护主义,确保世贸组织知识产权协议在我国的施行。

2003年7月国家知识产权局发出通知,要求各省、自治区、直辖市专利工作试点城市知识产权局创造条件,尽快采取措施实施当地知识产权保护状况年度发布制度。目前,上海、武汉已开始实施当地知识产权保护状况年度发布制度,许多省份与试点城市正在做相应的准备工作。

国家知识产权局每年均召开知识产权局系统执法工作会议,对提高执法水平、严格依法保护国内外知识产权权利人的合法权利工作提出要求。

根据国家知识产权局与公安部、国家工商总局联合印发的《关于在查处侵犯知识产权违法犯罪案件工作中加强协作配合的通知》,3月份召开了三部门有关司局参加的2003年执法联席会议。会议就进一步加大对知识产权违法犯罪行为的打击力度,加强案件移交等执法协作工作作出了部署,建议增加最高人民法院、最高人民检察院有关庭室为会议成员单位,并已得到了最高人民法院、最高人民检察院的同意。会议纪要已印发全国各地,地方有关系统积极贯彻落实纪要精神,进一步提高了知识产权执法协作水平。

地方知识产权局发挥行政执法程序简捷、专业力量较强的优势,并利用行政执法见效快的特点,高效地受理处理专利纠纷、打击假冒他人专利行为和冒充专利行为。2003年全年地方知识产权局受理的专利纠纷案件为1 517件,结案1 237件,查处冒充专利1 873件,查处假冒他人专利164件。

国家知识产权局对地方知识产权局采取专项执法行动提出要求,并作出部署。例如,2003年的3.15国际消费者权益保护日和4.26世界知识产权日以及抗击非典期间,各地知识产权局都协调当地有关执法部门采取了集中公开的专项执法行动,尤其是开展了流通领域的知识产权打假行动。国家知识产权局还组织了跨地区的联合执法行动。

国家知识产权局12月23日在京召开全国专利行政执法工作会议。就知识产权局系统贯彻落实全国整规工作部署的情况进行检查总结,研究解决当前专利行政执法中的突出问题,部署下一阶段的工作。

宣传、培训和学术活动

1. 宣 传

2003年,面对国际国内对知识产权工作提出更高要求,特别是上半年突如其来的非典疫情在全国蔓延肆虐的形势下,国家知识产权局的知识产权宣传工作同其他各条战线一样,经受住了严峻的考验,战胜了非典,不断地向全社会宣传我国的知识产权法律政策,提高社会公众的知识产权意识,取得了成绩。

在这一年中,国家知识产权局的宣传工作坚决贯彻落实党的十六大、十六届三中全会的精神,紧紧围绕党中央、国务院作出的重大决策和战略部署,提高服务意识,从宣传知识产权工作是服从服务于我国经济建设这一大局出发,一方面,大力宣传全民族创新意识和创新能力的提高;另一方面,努力营造良好的知识产权保护环境,让世界全面了解一个真实的中国,为我国扩大对外交流合作创造有利条件。

在这一年中,国家知识产权局进一步加强了与新闻媒体的交流,加强了对记者的知识产权知识的指导。进一步加强了局内有关部门的合作,提高了宣传工作的质量。

在这一年中,国家知识产权局继续加强对地方知识产权宣传工作的指导与管理,使中央和地方的宣传活动能够上下呼应,形成全国一盘棋。

尽管"世界知识产权领导人会议"因非典原因未能举行,但宣传准备工作还是较充分的:拍摄了电视专题片《知识产权在中国》,制作并散发了宣传画册、法律汇编等宣传资料。非典期间,借助媒体宣传对防治非典科研成果的专利申请;突出报道国家知识产权局上下一手抓“防治非典”,一手抓专利审查所取得的成绩。对“中国—欧盟知识产权合作项目”、“中、日、韩三方会谈”等重要活动,以及“知识产权发展战略研讨”、“中国大连专交会”等活动,都进行了较广泛的宣传报道。积极组织策划媒体对国家知识产权局领导及有关部门的采访。努力准备深度报道知识产权问题的电视栏目——《知识财富》,拟在2004年播出。从2003年起,将做专利节目的地方电视栏目有机地联合在一起,以后每年的4.26都将推出一台由百姓参与并评出发明创造奖的专题节目。2003年首届颁奖晚会取得了成功。为了早日将知识产权知识带入大中小学课堂,国家知识产权局协助创建了全国少创委网站,组织编写了《学会发明创造》(小学版),组织了“全国中小学劳技作品邀请赛”的宣传工作。为专门反映知识产权工作服务于“三农”问题,国家知识产权局与有关部门共同制作,并在中央电视台农业频道播出了八集系列专题片《现代农业与专利》,受到了广大农民朋友及农业科技工作者的普遍欢迎。将近年终之时,为总结知识产权政务信息宣传工作,国家知识产权局在海口市召开了全国专利政务信息工作会议,会上,还向获得2002年度专利政务信息工作奖的先进单位和先进个人颁发了证书。

2. 培 训

(1)社会培训

为认真贯彻落实党的十六大提出的“完善知识产权保护制度”任务,适应当前形势和知识产权事业发展的需要,不断提高全社会知识产权保护意识,进一步提升企事业单位掌握和运用知识产权的能力和水平,增强我国自主知识产权的产出能力,大力培养知识产权人才队伍。2003年,国家知识产权局继续加大全国知识产权培训工作力度,共举办了20多期培训班,在社会上引起了良好的反响。

培训内容以知识产权法律法规、WTO与贸易有关的知识产权基本规则、知识产权战略和策略、关键领域和若干科技发展前沿核心技术与自主知识产权的保护、国际知识产权制度发展趋势等为主展开,为各级党政领导干部、企事业单位、高新技术园区负责人和科技研发人员、知识产权工作者提供了实践和理论政策上的指导。

为了提高我国高新技术园区的知识产权保护工作,增强高新技术企业掌握和运用知识产权制度的水平,国家知识产权局和科技部火炬中心联合举办了两期培训班。

——全国高新区管委会主任培训班的举办,使全国53家高新区的领导人对知识产权保护面临的新形势、高新技术企业如何运用知识产权战略等知识有了比较深入的了解。

——国家科技企业孵化器主任培训班突出了知识产权保护对企业,尤其是高技术企业和中小企业生存和发展重要性的讲解。

为促进专利试点城市知识产权工作,国家知识产权局举办了专利试点城市知识产权培训班。

第五期全国知识产权局局长培训班的举办,为各省市知识产权局领导及时更新知识、掌握了解最新的知识产权发展信息提供了很好的机会。标准化与专利保护、贸易进出口中的知识产权问题等专题的介绍,受到大家的欢迎。

为充分发挥地方开展知识产权培训的积极性和优势,国家知识产权局委托各地举办了50多期不同层次和类型的培训班。培训以地方各级领导、企事业单位科技研发人员、专利行政执法人员等为对象,着重开展了知识产权法律、知识产权战略和专利行政执法理论和实践等培训。

(2)局内培训

2003年,局内培训更加科学化、规范化、系统化,对局内人员进行了业务、外语、法律、高新技术等方面的培训,在广泛研究国内外资料的基础上,根据国家知识产权局的实际情况,制定了我局人力资源培训大纲,为国家知识产权局今后的培训系统化、规范化提供了一个基本的框架。在部门推荐、调查问卷和研究的基础上,建立国家知识产权局的兼职培训教师师资库,目前培训教师信息库共包括149人。对2003年新入局人员272人,进行了4个月的集中培训。组织编写了《发明专利实质审查基础教程》、《发明专利实质审查基础教程答案》和《发明专利实质审查标准案例》,修订了EPOQUE检索教材,这些教材为统一授课标准、保证授课质量和统一审查标准奠定了基础。组织举办了人力资源、高新科技、知识产权法律、诉讼、美国专利制度、加拿大专利制度、美国专利文献检索等15次讲座,参加人数达到2 000余人次;组织审查员参加各种学术会议和进行实习、调研、在职进修、在职学历教育等。根据国家人事部公务员管理的要求,2003年继续为新入局的272名人员举办为期一周的新入局人员公务员初任培训班,并进行了公务员宣誓仪式。对国家知识产权局约250名职工进行公务员普法培训。为审查部门举办英语口语班以及日语、法语、德语培训班,后备干部英语集中脱产强化班。为提高国家知识产权局教师的水平,2003年国家知识产权局举办了第一届约100人参加的“教师教学能力培训班”和“发明专利审查教师培训班”,培训内容包括授课方法、现代教学理念和方法、成人培训规律等等内容,为提高国家知识产权局兼职教师的业务水平起到积极作用。

为了适应国家知识产权局目前1 500人和大量新审查员入局的培训需要，拟建立国家知识产权局的多媒体网络教学系统项目，现已经完成对该项目进行调研和立项前期准备工作。

(3)中国知识产权培训中心的培训工作

开展知识产权远程教育是局党组2002年下达给培训中心的一项重要任务。中国知识产权培训中心经过近两年的努力，建立了知识产权远程教育平台，并在2003年开设了两期课程。第一期课程为《知识产权法律基础》，注册人数1 017人；第二期课程为《知识产权法律基础》和《专利文献信息与检索》，注册人数达1 361人。参加两期课程学习的高校学生达到了426人。

2003年，中国知识产权培训中心紧紧围绕国家知识产权局制定的全国知识产权培训计划开展培训工作，共组织完成各类培训班22期，培训人员3 000余人。这些培训以各级领导干部，重点技术领域企事业单位领导、科技人员，专利审查员、专利代理人、知识产权管理人员为重点对象，以与"入世"有关的知识产权基本规则、进出口贸易中的知识产权问题、专利审查与代理中的新问题、重点技术领域专利战略及高新技术领域的知识产权保护、专利文献在企业技术创新中的应用等为主要内容，邀请国家知识产权局、国家工商行政管理总局商标局、国家版权局、中国社会科学院、著名大学、大型企业等单位的官员、专家学者、知识产权管理人员等当堂授课，培训形式灵活多样，受到了广泛好评。

培训中心2003年还完成国家知识产权局下达的全国知识产权培训项目两项。

继续做好高层次知识产权专门人才的培养培训工作，培训中心与中国政法大学联合举办了新一期民商法学研究生班，来自国家知识产权局、国家工商行政管理总局商标局、法院、知识产权代理机构的近70人报名参加学习。

为西藏培养知识产权人才是培训中心贯彻西部大开发战略的一项重要工作，始于2000年的这项工作2003年已是第4期，2003年培训中心根据当地的实际需要，在局有关部门的支持下，为西藏举办了领导干部知识产权培训班。

为进一步贯彻中央和国务院领导有关指示精神，培训中心继续做好对县以上领导干部进行知识产权培训这项工作，在地方知识产权局的大力协助下，全年共为江苏、天津、广东、陕西、河北、安徽、内蒙、贵州、青海9个省、市、自治区举办了针对县级领导干部的知识产权培训班，培训领导干部720余人。

探讨知识产权前沿领域问题的保护是培训中心关注的目标之一，2003年培训中心与中国社科院联合举办了"商业标示权利冲突及其解决对策理论研讨会"，对有关理论问题进行了多角度的探讨。

举办国际性、地区性的研讨培训活动是中国知识产权培训中心的一项重要任务，2003年培训中心承办了国家知识产权局主办的三地知识产权研讨班；继续实施与美国马歇尔法学院的合作，组织了赴美国马歇尔法学院学习人员的国内阶段的学习；培训中心与韩国国际知识产权研修学院的合作从2003年正式启动，双方进行了互访，交流了培训经验，加强了彼此了解；培训中心继续WIPO世界学院中文远程教育课程的组织管理工作，共举办3期课程，759人参加了学习；培训中心2003年还接待来自美国、欧洲、日本、韩国等国家和地区知识产权机构、大学的来宾20余人。

中国知识产权培训中心二期教学楼工程进展顺利，已于12月实现结构封顶。

3. 学术活动

"中国知识产权研究会三届二次理事大会暨2003年学术年会"于4月3日至4日在北京昌平举行。来自全国各地的研究会理事、优秀论文作者、特邀代表170多人出席会议。会议审议并通过了研究会工作报告和章程修正案，增补理事、常务理事、副理事长、常务副理事长共17人，增加常务理事单位、副理事长单位6家。本届年会共征集到论文118篇，从中评选出一等奖2篇，二等奖5篇，三等奖9篇，优秀奖23篇。

7月29日，中国知识产权研究会主办的"互联网与知识产权保护专家论坛"在北京举行。

中国知识产权研究会主办的知识产权保护实务培训班先后于8月、11月和12月在大连、深圳、北京举行，研究会主办的专利申请审查专题系列讲座每月举办一期。讲课的专家分别来自国家知识产权局、国家工商总局、北京市高、中级人民法院和中国社科院等具有实际经验的单位。

应中国知识产权研究会的邀请，日本知识产权协会（JIPA）代表团24人于2003年10月15日~19日来华访问，并进行了学术交流活动。该代表团主要成员是日本大企业的知识产权部门负责人。

10月23日，中国知识产权研究会和有关单位联合在北京举办了中国企业如何运用美国知识产权保护制度报告会。来自全国各地与知识产权有关的代表大约200人出席了会议。会上，有关专家详细介绍了美国337条款及中国企业应采取的对策。

2003年，中国知识产权研究会定期编辑出版《知识产权》杂志（双月刊），全年共6期，通过邮局公开发行。为扩大信息量，杂志在2003年增至64页。同时编辑出版了增刊一期。研究会还编辑出版了《各行业专利技术发展程度和趋势预测报告》和《商标与商号的权利冲突问题研究》。

自动化工作

2003年国家知识产权局各个信息化建设项目按照既定计划顺利实施。部分新项目已经陆续投入使用,已经并将继续为知识产权事业的发展发挥更大作用。

1. 专利审批流程管理系统(CPMS III)

继续开展测试和试运行工作。自2月份起,初审流程子系统、PCT子系统、实审流程子系统等陆续开始试运行;10月,新申请不再进入CPMSII系统,正式切换至CPMSIII系统工作,接收新启用的长申请号。

2. 电子申请系统

搭建完成了局内测试环境,进入到在真实运行环境下、由真实用户对系统进行测试的阶段,并在国家知识产权局政府网站上发布了有关通知,同时颁布了《有关专利电子申请的试行规定》(征求意见稿)和《专利电子申请请求类文件类型定义(DTD)试行草案》(征求意见稿),并组织了有关培训工作。

3. 辅助审查系统

经过测试,系统功能基本满足了审查工作要求,并将继续进行中试,近600台测试终端应用软件已经安装完成。

4. 电子文档系统

图形文档系统升级所需设备全部到货并顺利完成安装和验收,目前整个系统运行正常;数码文档系统完成了需求分析以及系统原型设计、数据库环境准备、系统调试,并开始进行单元测试。

5. 检索系统和数据库建设

编码数据加工,按期完成加工任务,截至2003年12月的中国专利全文已全部转换为XML格式;中药专利文献数据库完成了3 000件数据的验收工作;外观设计检索系统于8月份启动,1985年以来的光盘数据现已全部导入外观设计数据库;外观扫描图形切图项目于6月启动,加工完成了1999年以来的有关图形数据切图;西药检索数据库完成了一期数据库的设计及数据标引;非专利文献数据库系统完成了硬件升级,各客户端软件已经全部安装到位;药学文摘数据库有关购买药学文摘数据库源数据的合同已全部执行完毕,数据得到及时更新。

6. 全国专利信息服务平台

对专利信息服务平台的使用对象进行了全面细致的调研,撰写了专题调研报告和专利信息服务平台建设方案初稿,并向全国专利工作会议提交了有关专题报告。

7. 全国专利管理信息平台

启动并完成了项目招标工作,在广东省组织召开了十余家省级知识产权局参加的"全国专利管理信息平台技术方案论证会",确定了技术方案,完成了软硬件支撑平台的采购、安装调试、模块开发等工作,进入试运行阶段。

8. 部门级信息管理系统

完成了制作标书、项目前期调研、招投标、商务谈判、拟订合同、需求调研等,预计明年上半年建设完成并投入使用。

9. 网络应用和管理

加强局内网站管理与整合,制定了《局内网站管理办法》,开发了新的局内网页;按照国家要求,完成了网络的物理隔离,为国家知识产权局的网络安全提供了必要的技术保障;完成了电话交换机扩容,国家知识产权局电话号码由6209局割接为6208局;在主楼与两个外租办公地点之间架设了微波备用线路中继站,解决了网络通讯质量不稳定的问题;与EPO派来的技术人员共同完成了对EPOQUE检索系统的升级改造工作。

10. 标准化工作

完成了8个标准项目。包括:专利申请号标准;专利文献号标准;专利文献种类标识代码标准;专利电子数据标准的第一部分;专利电子数据标准的第二部分;项目式表格格式规则;专利业务基础标准术语;国家知识产权局标准化总体规划。国家知识产权局的第32号局长令颁布了《专利申请号标准》(ZC 0006－2003)。

11. 积极参与WIPO SCIT的有关国际标准化工作

国家知识产权局对于WIPO的标准化工作的进展始终给予高度关注。2003年,组织翻译、出版了最新版本的WIPO标准文本;建立了相应的WIPO SCIT工作机制等。

12. 开展与信息化建设有关的国际交流和合作

成功参与组织了中日韩三局自动化专家合作组(JEGA)第一次会议。制定了三方合作框架,筹建中日韩三局合作网站,制定有关专利优先权文本交换的技术解决方案,并积极组织参与实施中日韩三方电子词典、优先权文本交换等项目,为三方合作奠定了良好基础;与EPO谈判,就EPOQUE有关的系列合作项目达成共识,与欧盟建设性地拓展合作范围。

13. 其他工作

为保证新业务楼顺利搬迁,自动化部等有关部门精心组织、精心施工,按时完成了各项工作,保证了新业务楼的如期正常使用;大力宣传国家知识产权局信息化建设的最新进展情况,筹备制作了首批信息化建设宣传材料,包括宣传册、power point、光盘等;适应工作需要,健全工作机构,成立了自动化部立项管理处,及时完成了处室人员配置和组建工作,并很快投入正常运行;保证现有系统设备的正常运行,为知识产权工作特别是专利审查业务提供了坚实的技术保障。

专利文献服务与知识产权出版物

1. 专利文献服务

专利文献的收集与交换。国家知识产权局全年共收集到30个国家及国际组织的全文专利说明书约110万件,日本早期专利文献1 707万件;收集了可检索88个国家和国际组织专利数据的光盘;收集了来自28个国家及国际组织的专利公报49种。全年共向20个国家寄送中国专利文献;并应一些国家专利局和国际专利组织要求,寄送其所需的中国专利说明书;向20个国家和国际组织寄送了2002年的《中华人民共和国国家知识产权局年度报告》。

非专利文献的收集。其中,中文数据库:《中国期刊全文数据库》共收录1994年以来的期刊5 300种;《中国重要报纸全文数据库》收录了2000年6月以来在国内公开出版发行的430种重要报纸。外文数据库:《Chemical Abstracts》美国化学文摘收录了9 000种主要科学杂志和45个专利局约803 500件最新科学文献;《EMBASE》荷兰医学文摘收录110多个国家和地区的生物医学以及与医学相关的期刊5 400余种。这些数据库均为审查员开放,提供局域网检索服务。2003年收集的印刷刊物包括108种中文期刊和212种外文期刊,购买了近1万册中文图书和外文图书。

为了给审查和研究工作提供更全面且专业的检索来源,2003年还配置了《超星数字图书馆》和Lexis-Nexus检索资源。其中,Lexis-Nexus拥有世界各国的法律、政治、经济31亿件的文件信息;《超星数字图书馆》拥有1990年以来54万种中文图书数据。

专利文献与信息服务。2003年上半年,北京地区遭遇非典型性肺炎的影响,国家知识产权局文献对外的社会服务工作受到较大影响,曾经闭馆一段时间。但是,国家知识产权局还是充分利用专利文献电子化、网络化手段,加大电子文献接收、发送业务的力度,加快专利文献委托服务的质量与速度,尽量满足公众的需要。全年总计接待咨询、浏览的读者近1.2万人次。非典期间,成功地在福州举办了以专利文献信息为主题的培训班。

促进专利信息的利用与传播。2003年,国家知识产权局在以往的基础上,继续加强了对专利文献资源优势的利用,为地方企业的技术研发,提供所需专业数据库并进行专利信息分析。完成了兰州中石油集团"石油化工专利数据库"、长春"药物专利数据库"的建库安装任务和武汉"光谷"、西安"杨凌"等项目的数据更新任务。目前济南"数控机床专利数据库"的装库工作正在进行,同时重庆"摩托车(汽车)专利数据库"的数据测试、沈阳装备制造业、包头稀土、成都IT、上海集成电路等专利数据库的前期论证工作也在同步进行中。在非典期间,利用"中外专利检索系统"完成了"抗SARS专题数据库",并及时送交全国防治非典指挥部科技攻关组,为支持全国防治非典科技攻关工作做出了贡献。

国际知识产权信息报道。2003年,《知识产权简讯》共出版62期,《知识产权速递》72期,及时报道了国际知识产权领域的最新动态、重大消息。

专利文献研究工作。2003年4期《专利文献研究》(季刊)共收录37篇文章,约18.4万字,订户达1 083个;其副刊《分类动态》(月刊)共出版10期,收录33篇文章,约10万余字。2003年《专利文献研究》着重对IPC分类研究、发展,以及专利文献信息分析、研究等专题进行了报道。

2. 知识产权出版物

2003年,知识产权出版社依法出版公布(公告)发明、实用新型和外观设计专利255 942件,其中授权公告的实用新型专利68 530件,授权公告的发明专利35 934件,授权公告的外观设计专利74 006件,依法公布的发明专利申请77 472件,总件数比2002年增长了32%。出版纸件专利公报53期,共计69 820册,复印专利说明书13 170 343面。2003年,电子出版系统投入运行,大大提高了出版质量和出版效率。中国专利说明书出版载体自2003年起采用DVD光盘,共出版中国专利说明书DVD光盘52期(每周一盘)。国家知识产权局政府网站(www.sipo.gov.cn)自开通以来,除按法定出版日期向公众公布(公告)发明、实用新型和外观设计专利信息外,为了公众能更好地从政府网站上获取其他知识产权信息,政府网站进行了多次改造,增加了许多方面的内容,目前,政府网站每天主页的访问量已达到7 000人次,专利检索35 000人次。为了满足公众对专利信息的特殊需要,2003年出版社开展了按需出版业务,按照客户的要求,采用数字印刷系统出版分类专利公报105种。

2003年,共出版图书222个品种,其中图书新品种136个,重印图书86种。出版的《中华人民共和国知识产权法律法规选编(中英文对照)》、《WTO知识产权协定常识问答》、《专利申请须知》(第四版)、《知识产权在中国(画册)》、《中国知识产权年签2003》等知识产权类图书产生了良好的社会效益和经济效益。在国家新闻出版总署组织的评奖中，出版的《图解知识产权ABC》荣获第五届全国科普作品三等奖。

经国家科委、国家新闻出版总署批准，由知识产权出版社与中国发明协会合作创办的《中国发明与专利》杂志试刊号正式出版发行。

国际活动

2003年，国家知识产权局以更加积极的姿态参与国际知识产权制度的发展和变革，国际合作工作有了明显的开拓和发展。

1. 多边合作

世界知识产权领导人会议的筹备。自2002年8月至2003年4月，国家知识产权局积极筹备了原定于2003年4月26日在京召开的世界知识产权领导人会议。由于非典的影响，会议未能如期举行。但是，由于我国政府对知识产权工作的高度重视，使筹备工作得到了广泛的宣传；另一方面，会议的筹备工作也在一定程度上提高了公众的知识产权意识，进一步加强了国内知识产权相关部门的合作与配合。

出席WIPO遗传资源、传统知识和民间文艺政府间委员会第五次会议。WIPO遗传资源、传统知识和民间文艺政府间委员会第五次会议于2003年7月7日至15日在瑞士日内瓦总部举行。由国家知识产权局、国家版权局及我驻日内瓦代表团等部门代表组成的中国代表团参加了该会议，并就民间文艺、传统知识、资助土著人参会等问题阐述了中国政府的观点。

出席世界知识产权组织亚太地区知识产权局局长圆桌会议。8月25日至29日，田力普副局长赴斯里兰卡科伦坡出席了世界知识产权组织(WIPO)亚太地区知识产权局局长圆桌会议，并于8月29日至30日顺访马来西亚知识产权局。在亚太地区知识产权局局长圆桌会议期间，田力普副局长向与会的亚太地区各国知识产权局主管官员介绍了中国的知识产权实践，进一步探索了与亚太各国知识产权主管部门开展合作的新方式，为我国进一步发展与亚太各国，特别是东盟国家的合作奠定了良好的基础。

出席世界知识产权组织成员国大会第三十九届系列会议。世界知识产权组织成员国大会第三十九届系列会议于9月22日至10月1日在瑞士日内瓦召开，以国家知识产权局局长王景川为团长的中国政府代表团参加了本次会议。在此次大会上，王景川当选为成员国大会副主席。会议期间，WIPO总干事伊德里斯博士会见了王景川局长暨中国代表团一行，双方就国际专利制度、遗传资源、传统知识及民间文艺等国际知识产权热点问题交换了意见和看法。

11月8日，世界知识产权组织传统知识司司长Anthony Taubman先生一行三人来华考察中国传统知识，特别是传统中医药的保护状况与经验，并在京举办"传统中医药与知识产权保护"高层圆桌会议。

中日韩三局第三次局长政策对话会议。11月14日，中日韩三局第三次局长政策对话会议在北京举行。在此次会议上，三位局长回顾并评价了自第二次政策对话会议以来中日韩三局的合作情况，对利用专利信息交流联系人机制和自动化联合专家组第一次会议给予了高度评价，并通过了自动化联合专家组的合作建议。三局局长还交流了各自的最新进展，以及为缩短审查周期、提高审查效率和质量所采取的相应举措；就三局与东盟国家知识产权局的合作以及共同关心的全球知识产权问题交换了看法。会后，三局局长签署了会谈备忘录。

出席欧亚地区知识产权局首脑会议。11月17日至22日，田力普副局长率我局代表团对新加坡进行了工作访问。访问期间，田力普一行出席了由欧洲专利局及新加坡知识产权局联合举办的欧亚地区知识产权局首脑会议。田力普代表国家知识产权局分别就面向未来的知识产权政策和战略及中国专利信息系统的现状和展望做了专题发言，详细介绍了我国的知识产权体制、未来发展方向和国家知识产权局专利信息系统的发展状况。访问期间，田力普副局长还与新加坡知识产权局局长举行了双边会谈，就未来两局间的合作内容进行了广泛深入的探讨并签订了会谈要点。

2. 双边合作

9月13日至24日，王景川局长应邀率代表团对奥地利、英国进行了工作访问。在奥期间，王景川与奥地利专利局代理局长苏巴进行了深入而富有成效的会谈。苏巴局长对两局过去12年的合作给予了高度评价，同时也表达了加强双边合作、进一步深化合作内容的意愿。在英期间，王局长与英国专利局局长举行了双边高层会谈，两局局长相互介绍了本局的最新发展情况，对未来双边合作的设想提出了各自的看法，并对未来两局的合作提出了分清层次、逐步深入、保留现有规模并适当扩展的新模式。

9月15日至28日，杨正午副局长率团前往德国、意大利和丹麦，考察了德国专利商标局、欧洲专利局、意大利专利商标局、意大利米兰企业家协会、意大利商标设计事务所、丹麦专利商标局等机构的财务管理体制和预算编制方法等情况，全面了解了他们的组织结构、人员构成、财务机制、预算收入来源及构成和预算编制内部程序等。

9月17日至21日，田力普副局长率团访问德国。访德期间，田力普副局长分别拜会了德国专利商标局、德国马普知识产权、竞争和税法研究所及欧洲专利局。在工作会谈中，中国代表团与上述机构回顾了合作历史，就当前知识产权热点问题交流了观点和看法，并就未来合作提出了进一步设想。

10月8日至23日，张勤副局长率团访问埃及和南非，这是国家知识产权局首次派遣正式代表团出访非洲。访问期间，张勤副局长分别与埃及专利局、南非公司和知识产权注册局签署了会谈纪要，并与埃及知识产权保护联席机构进行了会谈，确立了两国知识产权主管部门的合作关系，为国家知识产权局与非洲地区知识产权机构开展合作打下了基础。

10月15日至26日，局党组成员邢胜才率代表团一行6人对匈牙利、俄罗斯两国专利局进行了工作访问。中匈、中俄双方充分肯定两局间的人员互访、业务交流、问题探讨与经验借鉴对促进中匈、中俄两局间的工作发展和国际合作发挥的积极作用，此外，还分别就继续开展中匈、中俄双边合作达成共识。为双方未来合作奠定了良好基础。

国家知识产权局与欧洲专利局第14次混合委员会会议。10月21日至22日，欧洲专利局局长英戈·柯贝尔先生一行访华并与国家知识产权局王景川局长、田力普及李玉光副局长在上海举行了两局第14次混合委员会会议。会议期间，双方签署了两局2004年度技术合作纪要，并就建立两局战略合作伙伴关系达成共识。

中欧国际研讨会。10月23日至24日，在欧盟—中国知识产权合作项目框架下，国家知识产权局与欧洲专利局在北京凯宾斯基饭店共同举办了“中国与欧洲知识产权保护合作回顾、现状及展望”国际研讨会。国家知识产权局、商务部、国家版权局和国家工商行政管理总局商标局的有关领导、欧洲专利局局长、意大利驻华大使、欧盟驻华使团副团长、欧盟官员、国内外知识产权知名专家及各界参会代表300多人出席了研讨会。期间，中欧双方还就知识产权合作、中国的知识产权保护等问题举行了中外记者招待会。

11月13日第九次中韩两局局长会议在北京举行。会上，中韩两局局长介绍了各自的发展现状和未来计划，回顾了上一次两局局长会议以来两局合作的最新进展，并就共同关心的问题交换了意见。两局局长还表示明年将在人员互访、信息交流、培训、现有技术联合检索、电子交换优先权文本、知识产权保护和执法、以及国际知识产权事务方面进一步加强交流与合作，并签署了会议纪要。

11月15日，第十次中日两局局长会议在北京举行。中日两局局长重申了知识产权领域合作的重要性，表示愿意在知识产权领域加强合作，以促进中日经贸发展。通过对话，双方增进了理解和信任。此外，两局局长还就明年的合作事项进行了讨论，确立了合作的原则。

12月9日至17日，王景川局长率国家知识产权局代表团对墨西哥、巴西进行了访问。此次访问实现了发展中大国知识产权部门之间的高层政治对话，增进了相互理解和共识，拓宽了双方在包括遗传资源和传统知识保护在内的知识产权领域的合作。

12月14日至24日，李玉光副局长率团访问西班牙专利商标局、欧洲专利局和德国专利商标局，为国家知识产权局与上述机构在2004年的合作奠定了基础。访问期间，代表团还与西班牙专利商标局举行了第二次混合委员会会议，签署了2004年双方合作执行计划。

3. 其他

9月9日，王景川局长和田力普副局长分别会见了来访的美国约翰马歇尔法学院前任院长Robert Johnston教授夫妇和副院长Dorothy Li教授。王局长回顾了国家知识产权局与马歇尔法学院10年来的合作情况，并对取得的成绩表示满意。他指出，到目前为止，国家知识产权局已约有70名人员先后赴马歇尔法学院学习和进修，他们现在已成为各业务部门的骨干力量，并且不少人员已经走上了领导岗位，正在为中国知识产权事业的发展发挥着重要作用。

关于港澳知识产权事务

12月9日，田力普副局长会见了来国家知识产权局访问的澳门特区知识产权厅代理厅长陈子慧，双方就加强专利审查方面的合作达成了共识。

12月11日至12日，国家知识产权局、香港特别行政区政府知识产权署、澳门特别行政区政府经济局在中国知识产权培训中心成功举办了内地与香港、澳门知识产权研讨会。该研讨会是三局联合举办的第4次会议。来自三地的知识产权官员、专家、学者、律师150人就三地知识产权的最新发展，如何利用知识产权促进经济发展，知识产权与中小型企业，知识产权的司法保护等主题进行了沟通与交流。国家知识产权局副局长李玉光、香港特区政府知识产权署署长谢肃方、澳门特区政府经济局代副局长戴建业分别在开幕式和闭幕式上致辞。

12月25日至27日，李玉光副局长访问了香港特别行政区政府知识产权署，为2004年的合作奠定了基础。

（国家知识产权局宣传处刘宁根据《国家知识产权局2003年报》整理提供）

商标工作

2002年,我国商标注册申请量在2000年、2001年每年递增约5万件的情况下陡然增加10万件,商标异议申请量也从2000年的4 618件增加到6 250件。面对各类商标申请量连年大幅增长带来的越来越大的工作负荷,国家工商行政管理总局商标局(以下简称商标局)在2003年初提出了"五个努力"(努力提高工作效率,努力提高工作质量,努力加强对商标行政执法工作的指导,努力提高干部素质,努力转变工作作风)和"五个力争"(力争商标注册周期整体上比2002年有所缩短,力争完成的商标审查总量比2002年有所增加,力争工作失误有所减少,力争商标保护工作更见实效,力争干部的思想、业务和作风素质有新的提高)的工作目标。一年来,商标局根据职能和国家工商行政管理总局的有关要求,齐心协力、真抓实干,实现了年初确定的工作目标,商标注册和管理工作均取得新的进展。

一、商标注册工作的效率和质量进一步提高

2003年全年共受理各类商标申请59.9万件,比2002年增加10.6万件,完成的受理工作量增幅为21.5%。其中受理商标注册申请45.2万件,比2002年增加8万件。我国的商标注册申请量已连续两年世界第一。在商标申请量连续两年增量达10万件而人员没有增加的情况下,商标申请受理工作仍有条不紊地开展。实收并上缴商标规费100.1万笔,共6.8亿元,比2002年增加37.4万笔,共2.3亿元。

2003年共实质审查各类商标申请48.2万件,比2002年增加6.5万件,完成的工作量增幅为15.6%,其中实质审查(包括初步审定公告和驳回、部分驳回)商标注册申请33.5万件,比2002年增加7.4万件,完成的工作量增幅为28.1%。审查员实质审查商标注册申请(包括初步审定公告和驳回)人均3 854件,比2002年增加846件,审查员完成的工作量人均增幅为28.1%。共核准注册商标24.3万件,比2002年增加3万件,增幅为14.1%。据抽样调查,2003年的商标注册平均周期为14个月,比2002年缩短3个月。

2003年对1979年以来的商标统计数据根据同一口径进行了整理复核,发现2002年前二十几年的中国注册商标累计总量漏计7万多件。截至2003年底,我国已累计核准注册商标197.3万多件。

2003年商标档案立卷、归档共81.4万件,比2002年增加12.1万件,完成的工作量增幅为17.5%。在商标注册程序中共发出各种文件129.5万份,比2002年增加22.2万份,完成的工作量增幅为20.7%。

二、商标行政执法工作更见成效

2003年,根据国家工商行政管理总局工作部署的有关精神,商标局确定商标行政执法工作的重点是:严厉查处食品、药品、交通运输工具及其零配件等关系人民生产和生活安全的商品上发生的商标侵权行为,保护驰名商标权、奥林匹克标志专有权。全年进行了如下工作:

全国工商行政管理系统突出执法重点,大力开展商标行政执法工作,全年共查处各类商标违法案件37 489起,其中国内商标侵权案件24 395起,涉外商标侵权案件2 093起,收缴和消除商标违法标识8 745.5万件,收缴直接用于商标侵权的模具、印版等作案工具15 597件,销毁违法物品5 754.9吨,罚款2.4亿元,移送司法机关追究刑事责任案件45起52人。

加强了对地方商标行政执法工作的指导。认真研究地方工商局关于重大、疑难商标侵权案件的请示,及时慎重作出批复,依法、妥善处理疑难商标案件。在成都召开了商标行政执法研讨会,对商标行政执法中遇到的普遍性问题进行了专题研讨。

组织、协调和督促有关地方工商局对商标侵权假冒现象严重的地区、商品进行专项整治,对被侵权假冒严重的商标进行重点保护,在全国范围内初步形成了整体打击商标侵权行为的合力。在商标局协调北京、上海、浙江、广东、福建五省市工商局开展的专项市场清理行动中,共出动执法人员4万多人次,检查企业近5万家,查处了1 400多件商标违法案件。在第29届奥运会会徽向社会正式公布后,向全国工商行政管理系统发文部署了专项保护行动。指导地方工商局查处了一些重大商标侵权案件。指导有关地方工商局对广交会、全国糖酒交易会、大连服装节等大型商品交易活动进行商标监管。随着《驰名商标认定和保护规定》于2003年6月1日生效,商标局开始受理并审查驰名商标认定申请。

加强了与其他知识产权执法部门的沟通和协作。和国家工商行政管理总局公平交易局、公安部经济犯罪侦查局、国家知识产权局协调管理司召开了2003年工作联席会议,就加强知识产权保护工作中的协调配合取得了一致意见,并就进一步加强知识产权犯罪案件移送工作中的协作达成了共识。此外,还参加了公安部、最高人民检察院等部门组织的有关研讨会和培训班。

三、地方商标工作紧跟经济发展积极活跃地开展

一些地方工商局努力探索和创新，更为紧密地结合当地经济发展开展商标工作，在商标工作和经济发展相结合方面走出了新路，如：

——深圳市工商局在"商标·市场·效益"主题宣传活动中，举办了"商标战略高层论坛"。商标局、香港特别行政区知识产权署、世界知识产权组织等单位的领导和专家学者应邀在论坛上发表专题演讲，深入探讨了商标与市场、效益的紧密联系。通过此次活动，商标在帮助企业开拓市场和提高效益方面的重要作用得到更广泛的认识和重视。

——上海市工商局和商标局、国际商标协会联合举办了"商标与城市经济国际研讨会"。国家工商总局、上海市政府、国际商标协会等单位的领导出席了会议。这次会议深入研讨了商标在城市经济乃至国家经济发展中的重要作用，对加强商标的培育、管理、保护和运作，充分发挥商标在地方经济发展中的作用产生了积极而深远的影响。

——四川省工商局和农业厅联合举办了"商标与农业产业化系列论坛"。工商、农业两个系统的有关人员和农业方面的专家学者共300多人出席了会议，分管工商的副省长和分管农业的副省长也都出席了会议。对利用商标推进农业产业化、促进农村经济发展进行了积极探讨。

商标行政执法区域性协作进一步加强。2003年，华东六省一市、东北三省四市、淮海经济区、西部十二省市等原有的区域性商标保护协作网相继召开年会。交流商标保护工作情况，总结商标保护协作经验；北方十一省、市工商局召开商标办案协作会议，达成了商标保护协作协议。区域性商标保护协作工作的开展，促进并增强了商标保护的区域性协作，为发展区域性经济创造了良好的市场秩序。

上海、浙江、广东、福建、江西、山东、山西、重庆、陕西、黑龙江、安徽、四川、吉林、新疆、海南等地方开展了新一轮著名商标认定工作。云南、广西开展了首次著名商标认定工作，认定了一批具有较高知名度和良好声誉的商标为著名商标，并采用召开颁证大会、开展专题宣传、开辟或拓展著名商标展示街等方式对这些商标进行了大力宣传，同时对这些商标给予了充分、有效的保护。自开展著名商标认定工作以来至2003年底，全国除香港、澳门和台湾外的其他31个省、自治区、直辖市都开展了著名商标认定工作，共认定著名商标8 013件。这些工作的开展，对于提高本地企业和社会公众的商标意识，扶持名优产品，促进地方经济发展起到了积极作用，得到了地方政府的重视和充分肯定。

四、及时做好商标行政审批项目取消后的后续监管和衔接工作

在行政审批制度改革中，商标印制业务管理人员资格核准、印制商标单位审批、商标代理组织审批和商标代理人资格核准等事项被作为需要改革的行政审批项目予以取消。根据国务院的有关要求，国家工商行政管理总局陆续出台了《关于商标印制行政审批项目取消后做好商标印制管理工作若干问题的通知》、《关于商标印制监管有关问题的答复》和《关于商标代理行政审批取消后有关工作的通知》，对相关工作的衔接和后续监管作出认真部署。

采用新的办法后，商标代理机构数量不断增加。自2003年5月20日至2003年12月底，商标局共收到新设商标代理机构备案694件，全国商标代理机构总数增加到841家，新设商标代理机构绝大多数2003年已开展商标代理业务。同时，结合商标代理行政审批制度改革，积极推进了商标代理机构脱钩改制工作，完成脱钩改制的商标代理机构已达65家，占应脱钩改制的89家商标代理机构的73%。

为适应商标代理机构脱钩改制和商标代理行政审批取消后的新形势，商标局提请国家工商行政管理总局于2003年5月发出了《关于停止商标代理机构使用〈工商行政管理商标注册收费专用收据〉有关问题的通知》，将专用收据的使用方式由原来的各商标代理机构从商标局领取自行使用，改变为由商标局每月末为各商标代理机构直接开具。

五、把做好地理标志商标注册工作作为为"三农"服务的重要措施

为促进农村经济发展，支持农民增加收入，商标局努力做好地理标志商标注册工作。改进了审查地理标志证明商标和集体商标的程序，并相对固定了3位审查员从事地理标志商标审查工作，委托地方工商局进行地理标志商标的实地调研，加快了审查地理标志商标的步伐。2003年，共受理地理标志证明商标和集体商标申请84件，初步审定地理标志证明商标32件，核准注册地理标志证明商标21件，我国核准注册的地理标志证明商标已由2002年底的79件增加到2003年底的100件。

六、商标法制进一步完善

根据实施《商标法》和《商标法实施条例》的需

要，国家工商行政管理总局发布了《驰名商标认定和保护规定》、《集体商标、证明商标注册和管理办法》、《马德里商标国际注册实施办法》三个部门规章，基本完成了部门规章与《商标法》和《商标法实施条例》的配套工作，进一步完善了我国的商标法律制度，适应了我国加入世贸组织的要求。

为进一步加强工商行政管理队伍建设，国家工商行政管理总局还制定了《工商行政管理部门商标注册、管理和评审工作守则》，有力地推动了全国各级工商行政管理机关在商标注册、管理和评审工作中秉公执法、廉洁自律、忠于职守、文明服务的工作作风。

七、商标宣传进一步深入

现行《商标法》制定于1982年8月23日，自1983年3月1日开始实施，2003年3月1日是其实施二十周年。商标局和国家工商行政管理总局商标评审委员会、中华商标协会在北京钓鱼台国宾馆共同举办了“纪念《商标法》实施二十周年座谈会”。全国各地方工商局也都普遍结合本地实际，开展了丰富多彩的宣传纪念活动。

为了系统学习研究《商标法》、《商标法实施条例》以及相配套的行政规章，商标局和国家工商行政管理总局培训中心共同举办了全国商标法律培训班。对全国副省级以上工商局的商标处处长、业务骨干共100余人进行了系统培训，部分地方工商局分管商标工作的负责人也参加了培训，培训班的授课人均为商标局处级以上干部。

此外，商标局还积极参加了中华商标协会、中国知识产权研究中心等有关单位组织的研讨会和北京大学知识产权学院成立十周年纪念活动等社会活动。并应邀在会议上发表演讲或者作会议发言，进一步加强了商标法律和商标知识的宣传。

八、商标领域的国际交流与合作更为活跃

根据年初的工作安排，加强了与世界知识产权组织以及和我国经贸往来较多的国家的商标主管机关的交流，增进了彼此的沟通和了解。中欧知识产权合作垂直项目（商标和地理标志）顺利实施，完成了商标管理自动化、人力资源管理、商标档案管理、地理标志保护、商标使用证据等7个交流项目。与欧洲商标局合作出版了《怎样在欧盟注册商标和保护商标》一书。恢复了中断两年之久的中日商标首脑会谈。韩国特许厅长官访问了商标局。与美国在商标领域展开了多渠道的交流。参与了世界贸易组织、世界知识产权组织和亚太经合组织等国际组织的有关活动和一些国际规则的讨论。派人出访了瑞士、德国、西班牙、日本等国家，参加了世界知识产权组织、日本特许厅等组织的各种培训。重视每一项涉外活动，将其作为宣传我国商标法制及商标工作的重要渠道和向外国同行学习的机会。据统计，2003年，商标局接待了34个外国团组共137人次的来访，派出了35个代表团组共52人次出访或者参加有关国际会议。

九、电子政务建设继续推进，商标工作透明度进一步增强

与国家工商行政管理总局信息中心一起完成了商标注册与管理自动化系统三期工程立项报告的起草工作。确定三期工程的目标是实现网上公告、网上查询、网上申请和网上付费，以及进一步提高商标局办公自动化的整体水平，争取在电子政务上尽快达到世界同行的先进水准。

经过认真的准备，在国家工商行政管理总局信息中心的支持下，于2003年11月开通了中国商标网，公布商标法律、法规、规章和其他规范性文件，公布商标注册和管理的有关信息，公布商标注册申请程序、收费标准和有关要求，开辟了咨询园地，设置了英文网页。该网站一开通即成为热门网站，每天的点击数达20万次以上，27个国家和地区的人进行过访问。目前，该网站已成为商标局一个重要的对外窗口和沟通桥梁，方便了国内外公众了解中国的商标法律制度、商标注册程序和商标工作状况。

在开通中国商标网的基础上，于2003年12月开始在网上滚动发布处于三个月异议期内的12期《商标公告》，包括全部初步审定公告的商标和有关商标的注册、变更、续展、转让、异议、注销、撤销、评审、商标使用许可合同备案、送达公告等信息。《商标公告》在网上的发布，为商标注册人维护自己的商标权益提供了便利，同时也增强了公众对商标注册工作的监督力度。

与中国商标网配套的中国商标服务网开通以来运行良好，该网站以有偿的方式提供商标查询、《商标公告》数据下载、《注册商标汇编》数据查阅服务，以无偿的方式提供商标申请后状态查询、根据商标注册号检索《商标公告》期、《领取商标注册证通知书》查询服务，方便了商标申请人以及其他社会公众。

十、商标局的干部队伍建设进一步加强

为应对商标注册申请量连年大幅上升的形势，更好地完成商标注册与管理任务，商标局向国家工商行政管理总局提出了关于调整商标局部分处的设置的建议，国家工商行政管理总局于2003年3月批复，同意将商标局由13个处调整为16个处，增加两个审查处和1个异议裁定处。此外，为适应入世后的商标外事和法律工作及培养复合型人才，将综合处负责商标业务国际合作和交流的职能划转到法律事务处，使商标局的法律和外事工作都得到充实和加强。

认真组织符合任职资格的干部参加国家工商行政管理总局机关处级和司级干部的竞争上岗，积极配合人事司等有关部门做好干部考察工作。在此过程中，注重思想政治工作，努力保证全局干部思想稳定和各项工作的正常开展。在这次竞争上岗中，商标局67名干部报名参加，45名干部的职务得到提升，其中晋升为正司级的干部1名，副司级的干部4名，正处级的干部15名，副处级的干部25名。同时，结合竞争上岗工作，交流了19名处级以上干部，其中3名交流到其他司局，16名在商标局内部交流，增强了商标局工作和干部队伍的活力。

重视以良好的作风为商标申请人服务，认真接待和处理商标申请后查询。据不完全统计，全年共接待来人来函查询1 244件，对发现的问题都予以了及时处理。

（国家工商总局商标局）

商标评审工作

2003年，商标评审委员会共受理商标评审申请9 967件，比上年度增长了60%，其中，驳回商标注册申请和撤销注册商标复审申请8 241件，商标异议复审申请和商标争议裁定申请1 726件；审理商标评审案件2 152件，其中，审理驳回商标注册和撤销注册商标复审1 895件，审理商标异议复审和商标争议裁定257件；应诉案件81件，上诉案件17件。

一、以提高案件审理质量为核心，适度加快办案进度，兼顾效率与公平

2003年通过组、处、委三种合议审理方式，在实践中不断总结案件审理工作经验，坚持审理标准的一致性原则，坚持审理中对所有当事人一视同仁的原则，坚持案件裁决中的少数服从多数原则，以保证商标评审案件的质量和公正裁决。

为解决案件审理周期较长的问题，一方面通过逐步健全完善评审标准，使案件审理工作有章可循，来提高案件的审结数量；另一方面，依靠辅助人员的力量，通过协助办案，促进了审理效率的提高。

二、坚持程序与实体并重，体现公开透明原则

为确保各方当事人的平等诉权，继续严格执行《商标评审规则》中确立的合议、回避、证据交换等制度，严格把握独任评审的有关规定。同时，利用国家工商行政管理总局网站公布商标评审案件的审理程序，使办理商标评审事宜的当事人可在网上进行查询，了解工作流程。借助新闻媒体发布典型案例，为当事人熟悉商标评审案件的审理程序和裁决依据提供一定的帮助。

在试行《禁用标志评审审查基准》、《商标的显著性特征及禁注标志评审审查基准》、《复制、模拟或翻译他人驰名商标评审审查基准》等12项评审审查基准的基础上，通过评审实践不断完善商标评审基准。进一步明确了《商标法》第十五条中代理人即经销商和代理商的概念和个案中对驰名商标的认定等问题。

三、以司法审查为契机，提高自身工作水平

随着商标评审案件裁决量的增加，应诉工作的数量也随之增长。为尽快适应法院的审判思路，一方面与法院加强业务交流，另一方面让原案件审理人员参与应诉工作，同时组织案件审理人员学习应诉案件的法院判决书，及时发现并修正案件审理中存在的问题，促进了审理水平的提高。

四、进一步扩大对外交流的途径

先后派员赴法国、日本、韩国等学习国外的商标审查理论与实务，与美国、日本、韩国、香港等地的知识产权人士共同交流探讨知识产权保护体系、商标的审查标准、驰名商标保护等问题；组织广大干部积极参加与欧盟合作项目档案、使用证据、人力资源等内容的研讨会，“INTA中国商标论坛”以及知识产权诉讼事务培训班。

五、规范计算机操作规程，不断提高办公自动化水平

在实现商标注册与管理自动化系统二期工程的基础上，及时提出改进、完善有关商标评审自动化系统的意见并对个别流程进行了调整和完善。形式审查部门起草了关于“商标评审案件审理的计算机操作规程”，以实现规范化操作。

（国家商标评审委员会）

版 权 工 作

2003年，中国政府的各级版权行政管理部门以“三个代表”重要思想为指导，深入贯彻落实十六大精神，坚持版权保护工作为全面建设小康社会和推进现代化建设服务的目标，按照国务院整顿和规范市场经济秩序工作的统一部署，把打击各种损害公共利益的侵权盗版活动作为版权保护工作的重中之重来抓，强化监管、加强执法、增强服务、扩大宣传，在维护民族创新精神，促进产业发展、规范市场秩序、深化对外开放等方面取得了显著成绩。

2003年，中国政府强化了执法措施，加大了对各种侵权盗版行为的打击力度，坚持专项治理与日常监管相结合，标本兼治，整体推进，在执法工作中取得了显著成绩。根据国家版权局的统计，2003年全国各级版权行政管理机关共受理案件23 013件，与上一年比增长近2.6倍；结案22 429件，结案率为97.46%。其中作出行政处罚21 032起，调解1 173起，移送司法机关224起。受理案件并作出行政处罚数量较多的五个地区为广东、广西、河南、江苏、福建。

各级版权行政管理部门在加强日常监管的同时，国家版权局在2003年还组织了三次全国性的集中专项治理行动。3月至4月，为纪念4.26世界知识产权日，中国政府有关部门部署了全国春季打击侵权盗版专项治理；8月至9月，新闻出版总署、国家版权局、教育部、全国扫黄打非办等有关部门联合部署2003年秋季打击盗版教材、教辅读物的专项治理行动；9月至11月，国家版权局部署全国范围内的打击盗版软件专项治理行动，在治理行动中，版权执法部门共出动执法人员15万人次，检查市场2万个、摊点6.7万个，检查企业500多家，学校8 000所，收缴各类盗版制品1 290万件（张），共对2 542家侵权单位进行了行政处罚，罚款281万元，取缔非法商家1 981家。三次的集中专项治理工作均取得了圆满成果。

为配合著作权相关法律法规的修改，使著作权执法工作更加适应形势的需求，国家版权局对《著作权行政处罚实施办法》进行了修改，2003年7月24日，国家版权局局长石宗源签署国家版权局局长令，正式颁布新《著作权行政处罚实施办法》，该办法于2003年9月1日起开始施行。新修订的《实施办法》从形式到内容对版权行政执法做了进一步完善，对保障著作权行政执法秩序、规范版权行政管理部门行政执法行为、推进版权行政执法工作具有十分重要的意义。

中国政府继续加强对版权贸易工作的指导，各级版权行政管理部门通过多种工作形式促进版权贸易的深入开展，提高出版社的版权贸易水平。根据各地版权局的统计汇总，2003年，全国各出版社共引进图书版权12 516项，比上一年有所增加；国内各出版社图书版权输出数量也有较大幅度增长，仅在2003年北京国际图书博览会期间就达成图书版权输出意向3 000多项。其中引进数量较多的五个地区是北京、上海、广西、辽宁、海南；输出数量较多的五个地区是北京、上海、江苏、辽宁、广东。

2003年，中国政府在版权保护的宣传工作方面更加重视面向公众与社会的宣传普及。5月初，国家版权局制作了“盗版绝路、请勿前行”和“支持正版软件”两条电视公益广告，于5月底6月初分别在中央电视台和北京、上海、天津、山东、江苏、吉林、福建、广东、四川、内蒙、湖南等地电视台进行播放。9月，为配合打击盗版软件专项治理行动，国家版权局制作了两种反盗版公益宣传海报，并分发全国各地版权局组织张贴。同时，国家版权局继续保持与国内外媒体的合作关系，在国内中央级媒体发布近200条消息。各地方的版权行政管理部门在日常的宣传工作中同样采取了多种形式，开展面向社会的普及性宣传。

中国政府在宣传版权保护的工作中注重对执法工作的配合，结合典型案件强化宣传，通过以案示法等形式向社会开展宣传。

中国政府在2003年排除各种不利因素，继续保持与各国际版权组织的合作关系。2003年11月3日～5日，中国代表团一行4人，赴日内瓦参加世界知识产权组织版权常设委员会第10次会议，本次会议的议题是广播组织的版权问题。在11月3日举行的会议上，沈仁干副局长当选为版权常设委员会副主席，并代表中国代表团就网络广播、广播节目的加密、解密等问题在大会上做了发言。2003年11月20日～28日，国家版权局与世界知识产权组织联合举办的“关于《世界知识产权组织版权条约》(WCT)和《世界知识产权组织表演和录音制品公约》(WPPT)中的‘向公众传播权’巡回研讨会”，研讨会就世界知识产权组织在1996年通过的《世界知识产权组织版权条约》(WCT)、《世界知识产权组织表演和录音条约》(WPPT)中提出的基于新技术环境下产生的信息网络传播权的有关概念与相关问题进行了研讨。研讨会于北京、上海、成都三地分别举行。

（国家版权局信息宣传处）

司法工作①

2003年是贯彻落实党的十六大和十六届三中全会精神、完善社会主义市场经济体制战略、开始实施和全面建设小康社会的第一年。一年来,全国法院及其知识产权审判人员认真学习“三个代表”重要思想和胡锦涛总书记“七一”讲话精神,努力实践“公正与效率”的工作主题,以“回顾过去、开拓未来”教育活动和司法大检查为契机,切实贯彻司法为民的工作要求,努力完成知识产权审判工作的各项任务,为提高全国知识产权审判工作的整体水平,为树立我国依法保护知识产权的国际形象,作出了不懈的努力,取得了新的成绩。

一、充分发挥各项知识产权审判职能,依法受理和审结大批知识产权案件

知识产权作为一种重要的财产权,不仅受到民事法律的保护,而且受到行政法律和刑事法律的保护。相应地,依据有关程序法,我国知识产权司法保护工作既包括知识产权民事审判,也包括知识产权行政审判和刑事审判。当然,知识产权在本质上是一种私权,因此,对其司法保护主要是民事司法保护。

随着形势的发展和法制的健全,我国知识产权民事审判领域在不断拓宽。目前人民法院受理的知识产权民事案件覆盖了TRIPS协议规定的所有领域的知识产权,包括专利(发明、适用新型、外观设计)和植物新品种、商标、著作权和邻接权以及计算机软件、集成电路布图设计、商业秘密、地理标识等;也包含与知识产权相关领域的许多新类型案件,如计算机网络著作权、计算机网络域名、实用艺术作品、民间文学艺术、原产地名称、商标与企业名称的冲突、诉前临时措施以及确认不侵权诉讼等纠纷;当然也包括传统的调整知识产权横向流转关系的技术合同诉讼和对知识产权提供附加或兜底保护的不正当竞争诉讼。

2003年,全国地方法院共新收知识产权一审、二审、再审民事案件9 271件,同比上升18.86%;审结8 978件,上升25.36%;未结案件2 816件,上升11.22%。全年共受理知识产权民事一审案件6 983件:其中专利案件2 110件,著作权案件2 493件,商标案件926件,技术合同案件1 105件,植物新品种案件100件,技术秘密等其他知识产权案件249件。审结6 880件。受理知识产权民事二审案件2 237件,审结2 064件;受理再审案件51件,审结54件。再审结的案件,涉外知识产权案件占有一定比例,占2.83%。其中涉外案件94件,涉港案件58件,涉台案件42件,没有涉澳案件。在各类知识产权案件中,侵权、权属案件比例高,占79.25%。案件上诉率高,2003年二审收案占一审判决和裁定驳回起诉的71.86%,再审案件较少。全年结案诉讼标的总金额近15亿元。

本年度的知识产权民事案件与一般民事案件相比,案件绝对数量不大,但持续明显增长。一审收案2003年同比增长12.61%,二审收案2003年同比增长44.88%,增长幅度之大,与法院民事案件数量整体有所下降形成鲜明对比。也表明入世和修法对知识产权审判工作已产生深刻影响。在各类知识产权案件中,著作权案件上升幅度最大,新收同比上升36.68%。特别是在经济相对发达地区,著作权纠纷增长幅度更为明显:江苏2003年就同比增长了63.04%;商标权案件次之,同比上升30.98%;专利权案件略有上升,同比上升1.39%;技术合同案件下滑,同比下降16.16%。除北京、广东等经济发达地区案件增长较快以外,一些中西部地区和一些省份案件增长十分引人注目:宁夏2002年仅9件知识产权案件,2003年却达到了47件;甘肃一审收案同比上升88.6%;辽宁一审收案是2002年的1.53倍;湖南一审收案同比增长59.6%;云南全省2000年仅受理25件知识产权案件,2003年却达到了119件。但有的省份案件增幅不大,如上海、安徽、浙江;甚至个别省份还略有下降,如福建。

由于经济和科技发展的地区不平衡,案件分布仍呈现明显的地区不平衡。案件主要集中在广东、山东、北京、江苏、浙江、上海等经济文化发达地区,2003年这6省市新收一审知识产权民事案件约占全国的64.21%,且有进一步向这些地区集中的趋势(2002年这一比例是62.18%)。经济欠发达地区案件总量仍然较少,如青海全年共受理7件知识产权一审民事案件。这种地区的部分不平衡也明显表现在各省份之内,基本集中在各地的省会城市、经济特区、沿海开放城市和经济发达城市,其他地方则案件分布很少,有的中院几乎全年没有知识产权案件。如湖南集中在长沙、常德、益阳,辽宁集中在沈阳和大连,福建集中在福州、厦门、泉州,新疆集中在乌鲁木齐和石河子。

各省基本均受理了涉及各主要类型的知识产

① 本文涉及全国的司法统计资料主要源自最高人民法院研究室统计处,涉及最高法院和地方法院的案例、数据、活动等信息源自最高法院民三庭2003年工作总结和有关高级法院为《中国知识产权年鉴》提供的工作情况介绍,以及一些知识产权法官的会议演讲材料。

权案件，但案件类型在地区之间分布也不平衡。如在经济相对落后地区，专利纠纷仍然居多；植物新品种权案件主要集中在农业大省山东、河南和甘肃等地。涉及技术内容的案件中，仍然以实用新型和外观设计专利案件居多，但涉及高精尖技术的案件也越来越多。如湖南长沙中院受理的长沙通程数控设备有限公司诉曾韬、长沙弘力精密机械公司、中南大学技术秘密侵权案，涉及具有世界顶尖水平、精度可以稳定达到国际标准六级以上的我国第一台拥有自主知识产权的数控磨齿机、数控铣齿机。

案件审判效率和审判质量均有所提高。本年度最高人民法院在全国法院系统开展了以清理超审限案件为重点的“公正与效率”司法大检查，各级法院狠抓案件审限问题，做到尽量缩短审限，降低诉讼成本，提高诉讼效率。绝大部分知识产权案件能够在审限内审结，全年结案升幅比收案高8.83个百分点，结案率比上年高2.86个百分点，全国法院清理知识产权超审限案件取得一定成效。但是，因知识产权授权和维持程序与侵权诉讼程序往往交错进行，合同诉讼与侵权诉讼、权属诉讼相互牵连，部分案件审理周期仍较长，中止诉讼较多。在未审结的2 375件案件中，中止诉讼的326件，其中专利侵权案件就有258件。在注重提高审判效率的同时，确保审判质量。全国知识产权案件二审判决改判率为18.70%，裁定发回重审率为6.69%。上海全年知识产权民事二审案件改判率仅3.2%，无发回重审的案件。各级法院高度重视知识产权案件裁判水平的提高，特别是甘肃、宁夏等西部地区的法院，文书写作水平普遍有所提高。

重视调解在解决纠纷中的作用。各级法院将调解贯穿于审判工作的全过程，积极加强庭前和庭后调解，针对不同案情、不同当事人的具体情况，悉心做好思想工作，及时化解矛盾，既保护当事人的合法权益，又维护了社会稳定，取得了良好的法律效果和社会效果。如陈勇诉天津天狮生物工程有限公司等专利侵权案，双方因同一专利曾发生一系列纠纷，矛盾长达八年之久。本案二审期间，在最高人民法院主持下，当事人于2003年初达成一揽子解决所有争议的和解协议并即时执行，既注意依法平等保护当事人的合法权益，也体现了对当事人之间利益的合理平衡，实现办案法律效果和社会效果的有机统一。北京高院成功调解审结了北京恒升远东电子计算机集团诉北京市恒生科技发展公司等侵犯“恒升”商标权纠纷案和法国拉科斯特衬衫股份有限公司诉香港鳄鱼恤有限公司侵犯“鳄鱼”商标权纠纷案，四川高院成功调解泸州太阳神酒厂与泸州市江阳区三桥酒业有限公司商标转让合同纠纷案，得到了广泛、积极的舆论评价。据统计，在全国审结的全部一审知识产权民事案件中，调解结案的占12.48%，裁定撤诉结案的占36.92%；在地方法院审结的一审知识产权民事案件中，调解或经调解撤诉方式审结的案件，四川占59%、上海占56.6%、福建占48.8%、云南占45.6%、安徽占37.5%、重庆占25%。新疆高院在知识产权案件审判中提出了“一二三四五”法院调解新模式（一、调解工作树立“司法为民”思想，二、坚持自愿原则和合法原则，三、兼顾法律效果、社会效果和政治效果，四、遵循“察”、“问”、“劝”、“断”四道程序，五、做到面对面调解与背对背调解相结合、法制教育与思想教育相结合、依靠法院力量与依靠社会力量相结合、庭中调解与庭后调解相结合、“热处理”与“冷处理”相结合）。上海高院还专门组织召开了“知识产权案件调解、撤诉经验交流研讨会”。

在侵权民事责任承担方式的应用上，停止侵害、赔偿损失仍然是最主要的裁判形式。但在个别案件中，出于保护社会公共利益的需要，有的法院尝试不判令被告承担停止侵害的民事责任，但会加大被告承担的赔偿等其他责任。如北京一中院一审的中国音乐著作权协会诉图书大厦、东方音像制品出版社等《激情燃烧的岁月》VCD光盘侵权案，原告要求第一被告停止销售的请求法院未予支持。赔礼道歉、消除影响过去是知识产权侵权案件的判决所普遍适用的民事责任形式，许多法院已经注意到这种民事责任形式应当仅适用于针对人身权利和商誉损害的情形，但仍然有不少法院在一些专利和商标侵权案件的判决中适用了这两种民事责任方式。

高额索赔侵权案件的增多，裁判确定的赔偿数额有所提高，特别是适用法定赔偿办法的案件明显增加，并在一些案件中依法适用最高法定赔偿额，加大了知识产权司法保护力度。2003年，上海法院共有5起案件适用法定最高50万元的赔偿额。如上海一中院审理的北京华宇创新科贸有限责任公司诉上海浦东新区张江化纤机构配件厂专利侵权纠纷一审案和上海二中院审理的（加拿大）迪斯克瑞特逻辑有限公司诉上海中乐影视文化有限公司侵犯计算机软件著作权一审案。有关法院认真审判对侵犯知识产权的刑事被告人提起的民事侵权赔偿诉讼，强化对知识产权的“立体”司法保护，仅上海浦东新区法院就受理了8起此类案件。上海二中院还审结了对侵犯《辞海》著作权构成犯罪的刑事被告人提起的民事侵权赔偿诉讼，判决三被告连带赔偿经济损失人民币50万元，同时对侵权的主要责任人陕西省汉中印刷厂作出罚款人民币6万元的民事制裁。

最高人民法院民三庭全年共受理各类知识产权案件54件：其中，二审案件7件，申请再审案件

37件(包括国家知识产权局专利复审委员会申请再审案件7件),请示案件10件。2002年旧存案件17件:其中,二审案件6件,提审案件1件,申请再审案件7件,请示案件3件。以上合计71件。共审结各类案件54件:其中二审案件10件,提审案件1件,申请再审案件33件,请示案件10件。另外,处理当事人来信180余件,接待当事人来信、来访100余人次;接待下级法院研究案件、业务咨询20余件次。最高人民法院在本年度主要审理了"84"消毒液不正当竞争案、LG电梯商标侵权案(裁定中止诉讼)、(美国)伊莱利利公司诉江苏豪森药业股份有限公司专利侵权案、福建省乔丹体育用品有限公司诉晋江市阳新体育用品有限公司不正当竞争纠纷案等二审案件;答复了"张小泉"商标侵权案、"五朵金花"著作权案、谷建芬著作权案等请示案件;妥善处理了国家邮政局著作权申请再审案、郭天翔著作权申请再审案等申请再审案件;及时办理了北大方正、蓝星集团等全国人大代表建议案件。其中有些案件是多年来知识产权界一直争论、具有审判指导意义的典型案件。

人民法院对知识产权的行政司法保护,主要是依法履行对涉及知识产权行政执法的司法复审职能,支持正确的行政执法行为,纠正少数违法行政行为。2003年,全国地方法院共受理专利行政案件298件,审结304件;受理商标行政案件71件,审结66件;受理版权行政案件20件,审结22件。从整体来看,知识产权行政诉讼案件逐年上升。特别引人注目的是,新修改的专利法和商标法将所有专利和商标的授权和维持程序改为司法终局裁决以后,以专利复审委员会和商标评审委员会为被告的诉讼案件迅速增长。2003年北京一中院受理专利复审和无效行政案件259件,商标评审和撤销行政案件66件。

人民法院进一步加大对知识产权的刑事司法保护。全年共受理知识产权刑事案件401件,审结399件,生效判决涉及551人。审结的案件主要集中在侵犯商标犯罪,共329件,占全部知识产权犯罪案件的82.45%;其次是侵犯商业秘密罪,共50件,占12.53%;其他知识产权犯罪较少,涉及著作权犯罪21件,假冒专利罪1件。需要说明的是,目前司法统计尚不能准确反映出知识产权刑事司法保护的实际状况。其主要原因是实践中有大量侵犯知识产权犯罪是按照刑法规定的生产、销售伪劣商品罪和非法经营罪来定罪处罚的。例如涉及著作权的犯罪就多以非法经营罪来处理。总体看,知识产权刑事案件还偏少,但上升较快,仅上海法院全年受理一审知识产权刑事案件48件,审结51件,与2002年相比分别上升41.2%,54.5%;共同犯罪、单位犯罪较多;犯罪手段复杂,多属智能型犯罪;连续性犯罪和跨地区犯罪现象比较突出;判处刑期较短,多在三年以下,但并处罚金情况较多。

二、典型、疑难案例不断涌现,新类型案件层出不穷

2003年,各级法院严格依照法律、法规和司法解释的规定,妥善审结了一批争议大、社会影响大的复杂、疑难案件和新类型案件,取得了良好的法律效果和社会效果。许多案件的裁判成为中国知识产权保护的优秀范例,并具有很强的实践指导意义,为相应的立法和司法解释提供了实践经验。

(一)著作权案件

涉及新的作品类型的案件增多。北京二中院一审、北京高院二审的黑龙江省饶河县四排赫哲族乡人民政府诉郭颂、中央电视台等侵犯著作权案,人民法院尝试对尚无法律明确、具体规定的民间文学艺术作品进行保护。明确了民间音乐曲调属于民间文学艺术作品,认定涉案《乌苏里船歌》系源于赫哲族传统民间曲调的改编作品;并尝试解决涉案权利主体、诉讼代表、权利内容和保护方式等问题。青海西宁中院受理的大通回族土族自治县桥头镇下庙一村117名村民诉青海侨佳音像有限公司、甘肃省音像出版社民间社火表演侵权案,社会影响大。在法院主持下,当事人达成调解协议,青海侨佳音像有限公司停止制作、发行《青海社火》VCD光碟,并给予参与社火表演的117名农民13 000元的补偿。云南高院终审的赵继康诉曲靖卷烟厂侵犯著作权和不正当竞争纠纷案,涉及电影文学剧本《五朵金花》这一作品名称被他人作为香烟商标使用是否侵权的问题。这是我国首例涉及作品名称能否享有著作权的案件,法院认定涉案作品名称尚不能单独成为作品,原被告之间也不存在竞争关系,据此驳回了原告的诉讼请求。北京一中院受理的北京枫丹丽舍房地产开发有限公司诉北京天龙苑房地产有限公司著作权侵权案,涉及建筑作品的认定和侵权判定及侵权救济等问题。河北高院终审的王小蕙诉石家庄市引水入市工程指挥部办公室、曲阳县建来石材雕刻有限公司著作权侵权案和安徽高院终审的南京新世纪雕塑有限公司诉倪永茂等著作权侵权案,均涉及作为城市景观的雕塑作品的保护问题。

权利人注重保护其法定的新的权利类型。北京二中院审结的中国音乐著作权协会诉广州网易计算机系统有限公司、北京移动通信有限责任公司侵犯信息网络传播权案,对在网络环境中如何调整ISP、IAP、ICP三者的关系以及在现有法律环境和技术发展状况下网络服务商应否承担民事责任的问题作出了认定。该案被《最高人民法院公报》所采用。北京一中院审结的正东唱片有限公司诉纯音歌舞公司著作权侵权案,涉及"卡拉OK厅"侵犯机

械表演权的问题；北京一中院受理的正东唱片有限公司诉世纪悦博公司案、上海二中院受理的（台湾）华纳国际音乐股份有限公司诉上海市榕树下计算机有限公司案、四川成都中院受理的正东唱片有限公司诉四川公用信息产业有限责任公司案，均涉及未经许可提供网上音乐下载、试听服务侵犯录音制作者邻接权的问题；北京一中院受理的中国音乐著作权协会诉长安商场著作权侵权案，涉及使用背景音乐是否侵犯广播权的问题。

在侵权判定方面，根据不同的作品使用方式，依法论理。北京一中院受理的九歌泰来公司诉总政话剧团、长安影视公司等著作权侵权案，涉及电影《激情燃烧的岁月》是否剽窃了小说《父亲进城》的故事情节、对白等问题。法院认定，虽然两部作品在部分情节、对白上相同，但所占比例很小，不构成实质性相似。安徽高院终审的胡跃华诉羊城晚报社著作权侵权案，认定被告对原告投稿的《女记者毒贩体验七昼夜》一文有关文字、地点、人名的删改以及配图和说明，属于对作品内容的擅自修改，且对创作背景、内容及在整体和细节上违背了作者的真实思想表达，构成对原告对其作品的修改权和保护作品完整权的侵犯。安徽合肥中院审结的北京东方恒润科技有限公司诉合肥市科技馆著作权侵权案，涉及被告在馆内有偿放映原告摄制的《史前历险》和《森林探险》两部电影的行为。法院认定被告关于其系非盈利的社会公益事业单位和在馆内短暂试播和科普教育的抗辩理由，既不属于合理使用，也不构成法定许可，已经构成对著作权人有关权利的侵犯。宁夏高院终审的崔振玺诉固原市人民政府著作权侵权案，法院认定在作为词作者的原告与曲作者没有关于词曲不能分割使用的特别约定的情况下，他人仅对曲作品的使用并不构成对词作者权利的侵犯。辽宁沈阳中院审结的辽宁益通机械汽车信息有限公司诉辽宁省信息中心著作权侵权案，法院认定原告在其网站会员区发布的文章仅向特定的会员收费提供，不属于“在网络上传播的作品”，被告无权转载、摘编。

著作权案件的审判越来越为社会所关注，一批争议大、社会影响大的案件得以审结，取得了良好的法律效果和社会效果。如，北京高院审理的全国数十家期刊社诉重庆维普公司侵犯著作权案，是目前国内涉及当事人最多的著作权侵权案件之一，为媒体所广泛关注。上海高院终审的《霓虹灯下的哨兵》作品署名权案和上海二中院调解的小说《陈香梅传》著作权侵权案，也一度成为舆论的热点。

（二）商标权案件

在商标民事诉讼中，最突出的现象是涉及权利冲突的案件可谓此起彼伏。

涉及注册商标与企业名称相冲突的案件越来越多。2003年，仅上海法院受理此类案件就超过10件，有的还涉及历史因素，审理难度大。辽宁沈阳中院审结的大厂回族自治县福华肉类有限公司诉呼建刚商标侵权，即不正当竞争案，法院认定在被告登记取得“沈阳市皇姑区京福华酒店”企业名称之前，原告“京福华”餐饮类商标已经注册并在沈阳当地知名，被告的登记行为构成不正当竞争；被告在店面招牌等经营和宣传活动中使用“京福华肥牛”字号的行为也构成对原告商标的侵犯。并根据被告所缴营业税推算出其营业额后按照餐饮服务业的合理利润率计算赔偿额。江西高院终审的南昌电缆有限责任公司诉江西赣昌电缆有限公司商标侵权案，法院认为，被告将与原告“赣昌”注册商标相同的文字作为企业名称在相同或者类似商品上虽作非突出的使用，但考虑到原告“赣昌”牌系列产品在省内有相当的知名度，被告法定代表人曾经租赁经营原告下属企业并依约合法经营过“赣昌”牌产品，被告在经营中将原告下属企业的名称与自己的名称并用，易使相关公众产生与原告产品的误认，已经构成商标侵权。陕西高院终审的菲林投资有限公司诉西安爱家商贸有限公司商标侵权案，法院认定原告“爱家”注册商标核定服务项目第35类与被告作为从事商品销售的商业企业在提供的服务上差异很大，不属于相同或者类似的服务，不易造成相关公众的误认，据此驳回了原告的诉讼请求。上海二中院一审的杭州张小泉剪刀厂诉上海张小泉刀剪总店等商标侵权和不正当竞争案，法院作出被告不构成商标侵权和不正当竞争的判决。

出现了涉及注册商标与地理标志的冲突问题的案件。上海二中院受理浙江省食品公司诉上海市泰康食品有限公司侵犯其“金华火腿”注册商标专用权案，原告主张其享有“金华火腿”注册商标专用权，而被告主张其销售的是标示有“金华火腿”地理标志的商品。

一个已注册商标是否会侵害另一个在先注册商标的商标权的问题，争议较大。在北京高院调解处理了北京恒升远东电子计算机集团诉北京市恒生科技发展公司等商标侵权案之后。北京一中院又受理了成都市雅绅精细化工公司诉天津汉高洗涤剂有限公司商标侵权案，涉及“威白”与“威百”的注册商标间的侵权之争。江苏高院终审的丹阳市合成日用化工厂诉常州市五兔王胶水厂、蒋文忠商标侵权案，法院认定被告组合使用其分别注册的“玉虎”、“兔王”时突出强化“玉”与“兔”字形排列，淡化“虎”与“王”的标识作用，属于滥用权利，构成对原告“玉兔”注册商标的侵犯。四川高院终审的四川小天鹅饮食文化有限责任公司诉重庆小天鹅集团成都小天鹅饮食文化有限公司商标侵权案,法院对原告"天鹅"文字图形组合商标按照整体判断原则,结合该商标的显著性,认定被告仅使用有关文字,不足以使消费者误认,不构成商标侵权。但被告在服务项目上注册的"天鹅"图形商标不能扩大使用到原告已经注册"天鹅"图形的商品类别上,被告在其产品包装袋上使用的天鹅图形与原告"天鹅"图形商标近似并足以造成误认,构成商标侵权。

对于注册商标与外观设计专利相冲突的案件,人民法院依法保护在先权利。四川高院终审的北京葡萄酒厂、四川省泸州东方酒厂诉四川泸州荣成华酒业有限公司商标侵权纠纷案,依法认定被告不能以其获得外观设计专利的外包装盒对抗北京葡萄酒厂在先获得的"中华"文字图形组合注册商标。

涉及商标合理使用的认定,成为社会关注的热点问题。如厦门华侨电子企业有限公司与四川长虹电器股份有限公司等之间就使用 HDTV 标识的纠纷,分别被上海、厦门、北京和广州等地四个中院受理。因在面粉产品上使用"雪花粉"名称问题,内蒙古杭后金穗食品工业有限责任公司不仅在内蒙古巴盟中院提起商标侵权诉讼,还在北京一中院提起行政诉讼,将国家工商行政管理总局推上被告席。江苏高院终审的徐州汉都实业发展有限公司诉 TCL 集团股份有限公司商标侵权案,法院以被告在销售推广 TCL 王牌彩电活动中使用"千禧龙大行动"文字并非作为商标使用。系对叙述性词汇的正常使用,不会造成相关公众对商品来源的误认或者借用他人商标谋取不正当利益为由,认定不构成对原告"千禧龙 QIANXILONG"文字商标专用权的侵犯。河北高院终审的张家口市宝通建筑配套制品厂诉张家口市桥西区鑫昕建材厂商标侵权案,法院二审认定,"变压式"文字既是在第 19 类产品上注册的商标,也是该类产品分类中的一个种类。被告在介绍自己产品的宣传中和在销售发票上对"变压式"文字的使用是作为区别产品种类的合理使用,原告无权禁止。上海二中院受理的日本国小野食品兴业株式会社诉山东绿润食品有限公司等商标侵权案,原告将其开发的食品加工技术命名为"新含气"调理技术,将采用该技术加工的产品命名为"新含气"调理食品,并将"新含气"注册为商标,原告起诉被告在产品包装上使用"新含气"标识侵犯其商标权。

一些涉及商标保护理论的深层次问题在实际案例中出现。北京一中院受理并审结的香格里拉国际饭店管理公司诉黄惠娟商标侵权案,被告将原告享有专用权的商标"香格里拉"、"SHANGRI-LA"组合并稍加改动后,作为其餐厅的招牌申请了外观设计专利,但其并未用于实际经营,法院认定这种行为已经构成侵权。该案涉及的即发侵权问题引起了广泛的探讨,类似的问题也存在于将他人享有著作权的作品作为商标表示进行注册的行为。如江西景德镇中院审理的秦丽蓉诉杨嘉玉等商标侵权案,涉及商标权人对近似商标的有"禁"无"行"的权利范围和权利行使问题。该案被告在同一产品上除了使用原告已经许可其使用的注册商标之外,又使用了另一个与原告商标近似的商标,被告以其有权使用原告许可的商标为基础,引用商标扩张保护原理,主张即使其另使用了近似商标,也不构成对原许可商标的侵犯。法院认定近似商标并非原告注册商标的附属商标,商标注册人无权许可他人使用未注册的近似商标,但有权禁止他人包括商标被许可人使用近似商标。

出现了涉及不动产商品及服务的注册商标的侵权案件。如上海一中院受理的深圳市美地置业发展有限公司诉上海市龙仓置业有限公司等商标侵权案,涉及对"香榭里"等不动产商品及服务的注册商标的侵犯问题。

新修订的商标法仅规定了更换商标这一种显性商标反向假冒行为,对于去除原商品商标后,无标识再次出售的隐性反向假冒行为,没有予以明确。如江苏南通中院受理的如皋市印刷机械厂诉如皋市铁德物资有限责任公司商标侵权案,该院认定被告在收购原告售出的"银雉"牌印刷机械后去除该商标并修整后再行出售的行为,剥夺了公众对生产者及其所生产商品的商标认知的权利,割断了商标权人与使用者的联系,直接侵犯了商标权人标识其商标的权利并造成了损害,构成对原告注册商标专用权的侵犯。

人民法院受理的商标案件中涉及知名品牌的案件越来越多。根据商标法第十三条、第十四条,《最高人民法院关于审理商标民事纠纷案件适用法律若干问题的解释》第二十二条,《最高人民法院关于审理涉及计算机网络域名民事纠纷案件适用法律若干问题的解释》,自 2001 年 7 月以来,全国法院应当事人的请求在个案中共认定了 11 件驰名商标。分别为:北京高院认定的"du pont"商标(化工、电子等)、上海高院认定的"舒肤佳"商标(香皂)、浙江高院认定的"红蜻蜓"商标(皮鞋)、福建高院认定的"拼 pin"商标(休闲服装)、山东潍坊中院认定的"仙霞"商标(服装)、山东青岛中院认定的"白雪"商标(文具)、湖北高院认定的"立邦"(涂料)、"国美"(国美电器)及"劲牌"商标(白酒)、海南高院认定的"再林"商标(药品)、河北高院认定的"撒可富"商标(化肥)。

商标行政诉讼中存在的主要问题是相同或类似商品、相同或近似商标的判定以及原产地名称、通用名称的判定等。例如,北京一中院受理的林丽贞诉国家工商行政总局商标评审委员会、第三人上海永和大王餐饮有限公司、世纪投资有限公司商标撤销行政纠纷案，涉及"永和"是否为豆浆类产品的原产地名称。北京一中院受理的陆丰市全美实业有限公司诉国家工商行政总局商标评审委员会、第三人中山凯达精细化工股份有限公司商标撤销行政纠纷案，涉及"灭害灵"是否为商品的通用名称问题。

(三)专利权案件

在专利民事诉讼中，发明和实用新型专利保护范围的确定、等同原则的适用、公知技术抗辩等依旧是审判的难点问题，但是外观设计专利无效行政案件中的专利性判断和侵权诉讼中的相似性判断成为当前法院专利案件审判中最主要和最紧迫的问题之一。例如，外观设计专利是否应引入创造性的标准和是否应当保留"美感"标准的问题，在理论上引发了广泛的探讨；而对相同或者相近似性的判定主体，是一般消费者、特定消费者，还是专业设计人员，以及整体判断和要部判断方法的具体适用和关系问题，在实践中争议很大。

在理解相关技术原理的基础上，知识产权法官努力对涉案技术对比问题独立作出判断。重庆高院终审的重庆博德现代厨房设备有限公司诉重庆峡江燃气具有限公司专利侵权案，法院根据有关词典、技术工具书等的解释，认定被控侵权产品使用的滑动套与原告专利所采用的活塞结构不同，功能上也有明显区别，也非普通技术人员可以想到的简单替换，因此不构成等同技术特征。

对于一些过去在审判实践曾经被运用但并无法律依据且争议颇大的侵权判定原则和方法，各地知识产权法官已经形成基本共识，如应当摈弃适用"多余指定原则"判定专利侵权。陕西高院终审的西安沙尔特宝电气有限公司诉西安铁路牵引电器研究所专利侵权案，一审法院认定"一种司机控制器"实用新型专利独立权利要求中的"警惕装置"为非必要技术特征，二审法院排除适用所谓的"多余指定原则"，依法认定被告不构成侵权。

人民法院准确对涉诉专利有关行为予以法律定性。福建高院终审的福建汇天生物药业有限公司诉宁夏启元药业有限公司专利侵权案，涉及原告的"山楂精制备工艺"发明专利。法院认定行政机关对行政相对人(原告)的行政许可行为(质量标准批复)不能当然就意味着向社会的公开，该行政许可批复文件所载技术内容不能当然被认定为公知技术。宁夏高院终审的宁夏香山酒业(集团)有限公司诉新疆粮油集团伊犁金谷酒业有限责任公司外观设计专利侵权案，法院认定被告盛装白酒的酒瓶系委托他人以其提供的样品制作，与原告享有外观设计专利的酒瓶设计形状基本相同，构成外观设计专利侵权。陕西高院终审的何金洪诉西安泰森电器有限公司专利侵权案，法院认定被告在原告实用新型专利授权日之前的行为不构成专利侵权。

涉及发明人奖励和报酬的案件增多。如上海一中院审结的陈宏远诉上海交运股份有限公司职务发明设计人奖励和报酬纠纷案、江苏南京中院一审的昊大新等5人诉新光集团有限公司发明人奖金报酬纠纷案。

一些具有较大社会影响的专利案件得以稳妥处理。如(美国)伊莱利利公司诉江苏豪森药业股份有限公司"吉西他滨"药品制造方法专利侵权案，最高人民法院在二审中明确指出，获得被控侵权产品生产方法不同于专利方法的有关技术信息并进行质证是专利权人的正当诉讼权利，鉴定机构依据未经双方当事人质证或者核对的证据材料所作出的鉴定结论不是合法有效的证据，据此将该案发回重审。

(四)植物新品种权案件

植物新品种权案件数量增长虽然很快，但总体看，这类案件的审判尚处于起步和经验摸索的阶段，特别是涉及侵权判定的原则和对比方法，亟需予以总结和明确。甘肃兰州中院受理的河南省农业科学院粮食作物研究所诉张掖市种子公司侵犯植物新品种权案，法院认定被告从种子管理站获得的种子生产许可证不能对抗品种权人的权利，案外人(植物新品种实施被许可人)向被告调拨种子的行为并非委托代繁，被告构成对原告植物新品种权的侵犯。法院还按照被告种植亩数、亩产并参照被许可人实施获利情况确定合理利润判决了本案的赔偿额。安徽合肥中院审结的合肥丰乐种业股份有限公司诉安徽隆平高科种业有限公司、济源市农业科学研究院等侵犯植物新品种权案，当事人争议的主要问题涉及植物新品种许可使用合同和相关的植物新品种权及申请权转让合同的效力问题，法院认定申请权和品种权的变动不构成对原告享有的独占使用权的妨碍，但他人的实施行为则构成对原告独占使用权的侵犯。

(五)不正当竞争案件

商业秘密案件越来越多，不仅受保护的客体在不断扩展，而且有不少涉及商业秘密侵权的案件，先进行刑事程序然后权利人又追究民事责任，容易引发程序上的交叉和冲突。上海浦东新区法院受理的上海世大信息集成技术有限公司等诉上海得梦石信息科技有限公司等侵犯商业秘密案，该案原告将软件的数据库结构、源代码、目标代码作为商业秘密来保护，原告以侵犯商业秘密之诉保护其计算机软件作品。

不正当竞争行为的表现形式花样翻新。上海二中院一审的中国标准缝纫机公司上海惠工缝纫机三厂诉上海海菱缝纫机设备有限公司等不正当竞争案，涉及被告将原告的注册商标登记为自己企业名称中的字号和将原告的企业名称中的字号注册为自己的商标的行为，法院判决被告的行为构成不正当竞争。上海一中院审结的上海市第一百货商店股份有限公司诉上海荣立商贸中心不正当竞争案，涉及被告假冒原告名义举办展销会的行为；福建宁德中院受理的宁波华能国际贸易有限公司诉福建天龙电机有限公司不正当竞争案，原告主张被告侵犯其商品条形码；上海二中院受理的上海世博会事务协调局诉上海弘辉房地产开发有限公司侵犯著作权、特殊标志权、专有名称权案，涉及使用与"世博会"徽标相近似的标识以及"世博会"的宣传口号等行为；福建厦门中院受理的厦门精通科技实业公司与程丽敏等不正当竞争案，涉及竞业禁止要求赔偿的问题；江苏高院终审的南通豪达电器有限公司诉江苏浩大铜业股份有限公司不正当竞争案，法院认定被告因过错造成覆盖原告网页的行为构成不正当竞争；北京一中院受理的三七二一科技有限公司诉百度在线网络技术(北京)有限公司、北京百度网讯科技有限公司不正当竞争案，涉及被告采用技术手段而非传统的不正当的商业手段来实现不正当竞争的目的的行为。还出现了公用企业利用自身优势限制竞争的案件，如北京一中院受理的赛恩(天津)新技术有限公司诉中国华北电力集团公司北京供电公司不正当竞争案。

山东高院终审的山东龙大企业集团有限公司诉莱阳鲁花浓香花生油有限公司不正当竞争案，法院并未将"龙口粉丝"这一当地企业通用的著名的产品名称本身认定为原告的知名商品，而是认定原告生产的"龙大"牌龙口粉丝系其知名商品；明确对知名商品特有装潢的保护应当针对装潢整体而非装潢组成部分的单独保护，在判断是否因装潢的使用而造成对他人商品的混淆时，即使装潢中的突出部分相同或者近似，但如果其他突出部分或非突出部分左右了消费者对商品的印象，一般不宜认定有混淆的可能。上海二中院受理并审结了因不服世界知识产权组织仲裁与调解中心转移域名的裁决而提起的域名归属纠纷案，该案系首例不服世界知识产权组织仲裁与调解中心的裁决而提起的域名民事纠纷案，涉及法院是否应当受理此类纠纷及当事人举证责任的承担等新问题。

最高人民法院也通过二审案件的审理明确了处理不正当竞争案件的一些具体法律适用问题。在北京地坛医院诉江苏爱特福药物保健品有限公司仿冒知名商品特有名称案中，最高人民法院认为，知名商品的特有名称是指不为相关商品所通用，具有显著区别性特征，并通过使用使消费者将该商品与其他经营者的同类商品相区别的商品名称；"84"消毒液虽为原告研发，但在有关技术转让中未对其名称作任何约定，以致于成为该类商品的名称被普遍使用，且各企业在使用时均为各自商标与"84"消毒液文字的组合，仅凭"84"消毒液名称已不能区别该商品的来源，其已成为通用名称。在福建省乔丹体育用品有限公司诉晋江市阳新体育用品有限公司不正当竞争案中，最高人民法院明确，企业不规范使用企业名称属于应当依法承担行政责任的问题，不能因此对其受损害的相关民事权利就不予保护；企业存在不规范使用商标的行为，也不能因此否认使用人有关商誉的存在和相关合法权益的保护；只要经营者主观上存在过错，其产品装潢与他人在先使用在产品上的装潢相同或者近似并足以造成混淆或者误认的，即可认定该在先产品为知名商品；对包装物特有装潢侵权的后果，是造成购买者对被包装产品的混淆或者误认，在该包装物习惯上与产品一起出售时，可以将侵权人使用侵权包装物销售产品所获得的利润作为依据侵权获利确定赔偿额的重要因素。

(六)知识产权合同案件

2003 年法院受理的技术合同案件与 2002 年相比，有所下降，但涉及著作权和商标权的合同纠纷有所增加。南京中院一审、江苏高院终审的江苏聚荣制药集团公司诉南京先登医药科技开发有限责任公司技术合同纠纷案，因国家药品监督管理局新发布的行政规章将原二类新药的 8 年保护期改为 5 年监测期等问题，对在此之前双方签订的技术合同中的权利义务内容有直接影响。法院认定该规章的发布在本案中属不可抗力，会对当事人合同履行利益产生一定影响，但尚不足以产生本质影响，不会导致合同目的根本无法实现，据此驳回了被告关于解除合同的反诉请求。陕西西安中院终审的陕西亚新广告传播有限公司诉福州绿野音像有限公司、厦门音像出版社著作权侵权案，原告授予案外人对《猎豹出击》电视连续剧在中国大陆 8 年的 ID、DVD、VCD、录像带出版发行权，被告又从该案外人处获得授权并出版发行。法院认为原告的授权不仅有期限，还附有在电视台首播后方可上市销售的条件，所签协议系著作权许可使用合同而非著作权转让合同。案外人并未获得著作权人对再许可的明确授权，被告有关其获得合法授权的主张不能成立，已构成对原告著作权的侵犯。重庆高院终审的重庆市梅溪榨菜有限公司诉重庆市渝派榨菜有限公司商标使用许可合同纠纷案，涉及违约责任与侵权责任的竞合和商标权利穷竭问题。法院认定他人获得被告产品并将该产品销售到原告的市场范围，不属于被告的经销行为，不存在对原被告之间关于市场划分协议的违约事实。

(七)诉前临时措施案件

人民法院依据新修订的有关知识产权法律和

相关的司法解释，积极、慎重采取诉前临时措施。但不同地区的法院在一定程度上，对这类案件的执法原则和标准不尽一致。上海法院系统全年受理申请诉前责令停止侵权行为案件13件，裁定诉前停止侵权行为11件，对41件案件采取了诉前或诉中证据保全措施（目前尚无全国司法统计结果）；北京法院目前尚无正式采取诉前禁令措施的案件。最高人民法院在2003年底通过对美国伊莱利利公司与常州华生制药有限公司专利侵权纠纷案件指定管辖请示案的个案批复，明确指出：采取诉前责令停止有关行为的措施涉及双方当事人重大经济利益，既要积极又要慎重。在审查权利人提出的诉前责令被申请人停止有关行为的申请和当事人对人民法院因此作出的裁定的复议申请时，要重点判断被申请人构成侵权的可能性。特别是在专利侵权案件中，如果被申请人的行为不构成字面侵权，其行为还需要经进一步审理进行比较复杂的技术对比才能作出判定时，不宜裁定采取有关措施；在被申请人依法已经另案提出确认不侵权诉讼或者已就涉案专利提出无效宣告请求的情况下，也要对被申请人主张的事实和理由进行审查，慎重裁定采取有关措施。

（八）确认不侵权案件

继最高人民法院在2002年7月，在苏州龙宝生物工程实业公司与苏州朗力福保健品有限公司专利纠纷案中批复，人民法院可以受理请求确认不侵权诉讼之后，北京一中院在2003年受理的中国社会科学出版社诉费德里克·沃恩有限公司（英国）请求确认不侵犯商标权纠纷案，原告请求确认其出版的“彼得（peter）兔”系列图书不侵犯被告的商标权。这是第一起涉及请求确认不侵犯著作权的案件，该案尚在一审之中；北京二中院在2003年受理的国家海洋局海洋出版社诉周小璞等31人请求确认不侵犯著作权纠纷案，是第一起涉及请求确认不侵犯商标权的案件，该院已裁定驳回起诉并发生法律效力。由于确认不侵权诉讼是一种全新的诉讼类型，实践中有许多亟待明确的问题。最高人民法院2003年底处理的美国伊莱利利公司与常州华生制药有限公司专利侵权纠纷案件指定管辖请示案，解决了针对同一法律事实或者法律关系提起的，确认不侵权诉讼与诉前临时措施案件和侵权诉讼在程序衔接上的案件移送管辖与合并审理的问题。但这类案件的管辖确定依据、受理条件和裁判形式以及诉讼费用的负担等问题仍有待明确。

三、依法起草司法解释性文件，不断完善诉讼制度

2003年，最高人民法院民三庭共承担了1件司法解释的修订和2件知识产权司法解释的起草工作任务，制定了2件关专利纠纷案件指定管辖的批复。在起草司法解释过程中，注重调查研究工作，采取座谈会、公开征求意见等多种形式，尽可能地听取多方面的意见，努力规范司法解释制定程序，增强司法解释起草工作的民主性和透明度。地方法院也积极探索和大力实施完善知识产权诉讼制度的具体措施。

（一）修改网络著作权司法解释

为适应中国入世的需要，我国对著作权法作了比较大的修改。增加了不少新的内容，不少条文有了改动，根据原来法律作出的司法解释也要进行相应的修改。虽然著作权法规定网络传播权的保护办法由国务院另行制定，但从起草到出台还需要时间。即使有了相关行政法规，人民法院审判案件中遇到的特殊问题仍然需要以司法解释进行规范。为保证法院审判网络著作权案件适用法律的连续性和维护法律文件的一致性，需要对2000年12月发布的《最高人民法院关于审理涉及计算机网络著作权纠纷案件适用法律若干问题的解释》的有关条文进行修改。为此，最高人民法院审判委员会于2003年12月23日讨论通过了修改决定，并随后重新公布了修改后的网络著作权司法解释。

此次修改涉及原司法解释十条中的五条，增加了一条。修改后的司法解释新增加了两项重要内容：(1)根据修改后的著作权法第四十九条、第五十条规定的“诉前临时措施”制度，增加了在网络环境下适用“禁令”的规定。对网络服务提供者的侵权行为，著作权人可以在“诉前申请人民法院做出停止有关行为和财产保全、证据保全的裁定，也可以在提起诉讼时申请先行裁定停止侵害、排除妨碍、消除影响，人民法院应予准许。”这种措施在网络环境下的适用对遏制网络侵权盗版具有重要意义。(2)增加了对网络服务提供者上载、传播、提供故意避开或者破坏他人著作权技术保护措施的法律责任。修改后的司法解释第七条规定：“网络服务提供者明知专门用于故意避开或者破坏他人著作权技术保护措施的方法、设备或者材料，而上载、传播、提供的，人民法院应当根据当事人的诉讼请求和具体案情，依照著作权法第四十七条第（六）项的规定，追究网络服务提供者的民事侵权责任。”另外，考虑到网络服务提供者特别是网站在特定的功能上与报刊杂志社等的功能相同，都是传播作品等信息产品的媒介，同时为在保护著作权人与保障社会公众对信息获取需求之间实现利益平衡和适应高速发展的信息网络业的发展需要，对于网络转载、摘编的法律责任问题的规定在这次修改中基本予以保留，即坚持了将著作权法第三十二条第二款的规定适用于网络作品传播的立场。

最高法院的网络著作权司法解释，过去就已经被一些人称为中国的数字千年版权法。根据这一司法解释，我国法院已经审判了上百件的网络著作权纠纷案件，有效规范了我国网络虚拟世界的著作权等民事关系。对该解释的这次修改，使网络环境下著作权司法保护机制更趋完善，为我国大力发展版权产业、信息网络产业等新兴产业提供了可靠的司法保障环境。

（二）起草专利侵权判定基准司法解释稿

现行的司法解释虽然对专利侵权判定基准等问题有所涉及，但仍然是针对个别问题的零散性解释，缺乏相对比较系统、全面的解释，一些已有规定还需要作出进一步的澄清解释。少数地方法院已在实际运用的某些专利侵权判定的原则和方法，由于没有明确的法律依据，经常受到质疑，需要进一步总结、升华。另外，专利案件的审理涉及许多具体的技术对比判定原则和方法，专利法及其实施细则没有也不可能对此作出具体规定。为公正、有效、合理地保护专利权，明确、规范和统一专利侵权案件的具体司法标准，2003年7月初，最高人民法院在本院调研和各地法院协助调研中所提出的意见和建议的基础上，吸收近年来一些地方法院审判实践经验的总结和指导意见以及有关专家、学者的研究成果，依据知识产权国际公约的有关规定，并借鉴国外有关法律和法院判例，起草出《最高人民法院关于审理专利侵权纠纷案件若干问题的规定（草稿）》（计174条）。经合议庭讨论，将该《草稿》修改为《征求意见稿》（计132条3万余字），下发各高院和部分中院征求意见，同时向郑成思、尹新天、李政等专家、学者书面征求意见，另在"中国知识产权保护"网站公开《征求意见稿》。2003年10月，在吸收各方面意见和建议的基础上，经民三庭第一合议庭讨论，形成《最高人民法院关于审理专利侵权纠纷案件若干问题的规定（会议讨论稿）》（计71条1万7千余字），提交全国法院专利审判工作座谈会进行了比较广泛深入的讨论，形成了比较成熟的条文草案。该项司法解释工作引起了包括美国专利商标局在内的国外有关方面的广泛关注，有关司法解释稿已被翻译成英、日文，美国知识产权法协会（AIPLA）还专门针对许多条文提出了意见。国家知识产权局、专利代理人协会等机构和一些律师、专利代理人等实务工作者反应也很热烈，以各种形式提出了修改建议。

（三）进一步修改技术合同法司法解释稿

为了贯彻实施好合同法，正确审理技术合同纠纷案件，解决近年来技术合同审判实践中反映出来的一些新问题，最高人民法院民三庭负责了有关技术合同部分司法解释的起草工作。自1999年10月以来，前后八易其稿，经最高人民法院审判委员会民事委员两次会议讨论，于2003年6月形成《合同法解释（三）（送审稿）》（计95条14 000字），并于同年11月通过人民法院报、中国法院网等媒体向社会公开征求意见。

（四）对知识产权案件审理中出现的新问题及时作出批复

针对东部地区一些城市经济发展比较快、专利申请量上升、专利纠纷数量增大的新情况，最高人民法院依法指定宁波、苏州两市中级法院审理部分专利纠纷案件。使目前全国具有专利纠纷案件管辖权的中级法院达到48个，进一步优化了地方专利案件审判力量的配置，使专利审判格局更趋合理化。2003年4月15日，最高人民法院作出《关于对江苏省高级人民法院〈关于当宣告专利权无效或者维持专利权的决定已被提起行政诉讼时相关的专利侵权案件是否应当中止审理问题的请示〉的批复》，进一步明确有关专利侵权案件原则上可以不中止诉讼，但法院根据现有证据材料认为继续审理与相关行政案件的判决结果可能发生冲突的，经当事人书面申请，也可以中止诉讼。2003年7月31日，针对江苏高院的请示，最高人民法院作出《关于对TCL集团公司在产品促销活动中使用与汉都公司注册商标相近的"千禧龙"文字是否构成商标侵权请示的批复》，对在产品促销活动中使用与他人注册商标相同或者相近似文字是否构成商标侵权问题，提出要考虑注册商标的知名度与显著性以及使用的具体情形的判断原则。

（五）地方法院努力依法规范知识产权审判工作

（1）对知识产权案件实行相对集中管辖的工作取得了新的进展。全国现有404个地方中级法院和3 133个基层法院，目前知识产权案件与一般民事案件相比相对较少。为保证案件审理质量和效率，也为有利于培养专业法官、积累审判经验和强化工作指导，从2000年起，最高人民法院逐步对普通知识产权案件实行相对集中管辖，要求一般由中级以上法院负责受理知识产权民事一审案件。2003年又有一些省份出台规定，明确知识产权案件的受理范围和管辖标准，如广东、云南、河南、青海、新疆、江西、甘肃等地。2003年全国由中级以上法院审理的一审知识产权案件已经达到84.76%。

（2）有的高院还根据法律和司法解释的规定，结合审判实践制定了对一些法律适用问题的指导性意见。如北京高院制定了《关于商标与使用企业名称冲突纠纷案件审理中若干问题的解答》；江苏高院制定了《关于适用责令停止侵犯知识产权行为若干问题的实施意见（试行）》和《关于审理商业秘密案件有关问题的意见》；浙江高院在对专利侵权损害赔偿、商标权跨领域保护和侵害商业秘密纠纷案件的审理等问题进行专题调研的基础上,形成了《关于知识产权民事案件若干问题的讨论综述》,对相关问题提出了原则性的指导意见。

(3)积极推进知识产权审判方式改革。许多法院特别注意深化知识产权裁判文书制作改革,如上海法院在裁判文书制作上,推行难案精写,简案简写,有的法院还尝试在裁判文书中公开合议庭不同意见;河南高院强调裁判文书的"五个公开"(公开审判经过、公开诉辩意见、公开举证质证、公开认证、公开说理);陕西高院强调主审法官庭前向合议庭通报案情,并注意对弱势群体的当事人实行诉讼指导,依法行使释明权。

四、组织召开业务会议,加强工作部署和业务指导

(一)全国法院专利审判工作座谈会

针对我国专利审判工作面临的新形势,为研究解决专利司法实践中的突出问题,制定我国的专利侵权判定基准,进一步提高专利审判的整体水平,最高人民法院于2003年10月27日~29日在山东济南召开了首次全国法院专利审判工作座谈会。各高级法院和具有专利案件管辖权的中级法院知识产权法官近百人参加了这次会议。最高法院副院长曹建明在会上发表了重要讲话。就专利审判工作如何贯彻落实十六届三中全会精神,如何践行"司法为民"的思想作出了重要指示。明确提出了专利审判必须坚持执法统一,必须坚持依法平等保护,必须坚持适度保护和必须坚持利益平衡的四项司法原则。会议重点讨论了《最高人民法院关于审理专利侵权纠纷案件适用法律若干问题的规定(会议讨论稿)》这一司法解释稿,北京高院、山东高院和南京中院、佛山中院还做了大会经验交流发言。最高人民法院民三庭庭长蒋志培在会议总结时针对专利审判工作中遇到的问题提出了一系列具体执法意见。本次会议达到了研讨司法解释稿、共同提高专业执法水平的目的,赢得了很好的社会评价,对推动我国专利审判工作上新台阶具有十分重要的意义。

(二)西部地区法院知识产权审判实务研讨会

针对西部地区法院知识产权审判工作相对薄弱、知识产权法官急需培训而经费困难的问题。为切实提高西部地区知识产权审判队伍的业务水平,加强东西部知识产权审判经验的交流,促进全国知识产权审判工作的协调发展。最高人民法院于2003年8月12日~14日在青海西宁召开了西部地区法院知识产权审判实务研讨会。对120多名西部地区的知识产权法官通过以会代训的形式进行了专题培训。

(三)其他全国性和区域性会议

重庆高院承办的第七届全国部分省市知识产权审判工作座谈会于2003年9月24日~27日在重庆召开,集中研讨、交流了反不正当竞争审判理论与实务问题。来自全国21个高院、31个中院和2个基层院的法官代表和专家学者等共120余人参加会议,提交了涉及不正当竞争案件审判问题的论文42篇,会后形成了专题的论文综述。许多高级法院还专门召开会议研究部署本地区的知识产权审判工作,如江西高院召开了全省首次知识产权审判工作会议,陕西高院召开了全省知识产权审判工作座谈会。

五、大力开展调查研究,不断总结审判经验

(一)启动专利侵权判定基准问题调研

专利侵权判定基准问题是各国普遍面临的司法难题,目前国际上虽然在专利侵权判定基准问题上已形成了一些共识,但国外尚无权威的规范性文件对此予以系统总结,各国在许多具体问题上的做法也不尽一致。我国专利审判目前面临许多执法原则、标准和方法等问题,其中问题最多、难度最大的就是专利侵权判定基准问题,这已成为统一专利执法原则,提高专利司法水平的一个重大课题。鉴此,最高人民法院决定将"专利侵权判定基准问题"作为该院2003年重点调研课题之一,由该院民三庭负责承办。2003年3月底即向各高级法院发出电传,要求就专利侵权案件审判实践中遇到的难点、热点问题,重点就案件实体审理中存在的问题提交书面调研报告,并要求各地在调研中要特别注意听取具有专利案件管辖权的一审法院的意见和建议。通过广泛调研,不仅形成了专题调研报告,而且起草了专利侵权判定基准的司法解释稿,加速了调研成果的转化,保证了司法解释的针对性和实效性。

(二)圆满完成知识产权刑法保护问题调研

知识产权刑法保护问题是最高人民法院2002年的八个重点调研课题之一,由该院研究室、民三庭和刑二庭共同承担。2003年5月完成了《知识产权刑事法律保护有关问题的调研报告》的起草工作,对目前法院系统审理侵犯知识产权犯罪案件的现状和法律适用中存在的问题作了较为深入系统的分析,并提出下一步工作的具体对策和建议,共计31 000字。该调研课题的完成,为及时制定适合我国知识产权保护水平和现状并符合入世要求的、具有较强操作性的刑事司法解释奠定了扎实的工作基础。

(三)地方法院适时积极开展各种专题调研

北京高院将"关于审理商标民事纠纷案件情况的调查研究及规范性意见"作为2003年全市法院知识产权审判的重点调研课题,同时就"涉外知识产权案件法律适用问题"开展调研。北京高院还组织召开了"外观设计专利无效行政诉讼和专利侵权诉讼研讨会”和“涉外知识产权案件法律适用问题研讨会”,北京海淀区法院组织召开了“影视创作中导演与制片方法律关系研讨会”;上海高院完成了“知识产权诉讼中的证据保全问题研究”调研并召开了“戏剧作品版权纠纷案件研讨会”;浙江高院完成了“知识产权审判中适用证据规定存在的问题、原因与对策分析”的调研;重庆高院完成了“反不正当竞争案件审判理论与实务”的调研;辽宁高院完成了《全省知识产权案件审判工作的现状、发展趋势及对策》的调研报告;甘肃高院开展了“植物新品种司法保护”的专题调研;福建高院民三庭参加了福建省重点软课题“福建省自主知识产权发展战略对策研究”的调研。

六、加强业务学习和专业培训,积极开展知识产权法制宣传和对外司法交流

各级法院的知识产权法官积极参加各种业务培训班。由于受“非典”疫情的影响,最高人民法院原定在国家法官学院举办的知识产权培训班没有能够进行,北京、江苏、广东等高级法院自己组织了专题培训班,邀请著名专家、学者和资深法官讲授知识产权法学理论和审判实务;许多法院开展了集中学习研讨案例、组织庭审观摩和评比裁判文书等活动;广西等地还派出知识产权法官到工作基础较好的东部地区法院定期参与办案,学习经验;各级法院积极创造条件,推荐优秀法官到国外、境外学习交流,参加上级法院和各自法院组织的业务培训。据统计,30%以上的上海知识产权法官在2003年参加了国内外专门学习和培训。

许多法院开展了各种形式的法制宣传活动,不断扩大知识产权审判的影响。以纪念第三个“世界知识产权日”和“商标法实施二十周年”为契机,许多法院组织了宣传纪念活动。如最高人民法院筛选了7件典型知识产权案例在《人民法院报》和有关网站公布;福建高院民三庭与省电视台、福建法制报及相关媒体合作,制作了特别节目。2003年8月,为纪念北京市高、中两级法院成立知识产权审判庭十周年,北京市有关法院以“回顾过去,开拓未来”为主题,组织了一系列活动。另外,湖南高院与长沙中院联合、河南高院与郑州中院联合,分别召开了企业知识产权保护座谈会;河北高院与河北省知识产权法学会联合举办了专利权的司法与行政保护研讨会;青海高院与青海省知识产权局联合编写印制了知识产权常识宣传册,向社会散发。

一些法院积极开展案例的评析、编撰和出版工作以及司法判例上网工作,公开司法案例,接受社会监督,提供执法借鉴。自2003年11月起,北京市法院系统实现了所有知识产权裁判文书上网公开。北京高院民三庭编辑出版了《北京知识产权审判丛书》一套四册,并继续与中国社会科学院知识产权中心合作编辑出版了3期《知识产权办案参考》;上海高院编写出版了《知识产权案例精选(2001~2002)》一书;安徽高院编撰了《法官解析知识产权案例》一书。广大知识产权审判人员勤奋好学,致力研究,成果突出。知识产权法官发表的文章和著述已经成为我国知识产权法学文献的重要来源。仅上海法院知识产权审判人员全年就发表专业论文130多篇,北京高院民三庭为配合做好法制宣传工作全年发稿200余篇。

知识产权法官利用外事接待和出访工作机会,大力宣传我国知识产权司法保护的成就。全年仅最高人民法院民三庭就承担了日、美等国代表团的接待任务6次。有不少知识产权法官在出访活动中用英文发表演讲,全面阐述我国知识产权保护的立场,客观展示了我国知识产权审判工作所取得的成绩。针对一些外国人对我国知识产权法律和审判工作的一些错误认识,及时予以澄清,维护了我国法院知识产权司法保护的良好国际形象。

2003年全国知识产权审判工作成绩巨大,但是也要清醒地看到,人民法院知识产权司法保护工作面临的案件压力越来越大,司法难题层出不穷。特别是在知识经济的时代背景下,国际知识产权保护态势正在发生深刻变化,党和国家的战略决策和经济发展、社会进步对知识产权审判工作提出了越来越高的要求。我国知识产权审判面临着严峻的国际挑战和紧迫的国内发展需求,在可以预见的一个相当长的时期内,任务将越来越重。站在新的起点上,机遇与挑战并存,困难与希望同在,各级法院和全体知识产权法官将抓住机遇,迎难而上,努力工作,开拓创新,为全面开创我国知识产权审判工作的新局面而不懈努力。

(最高人民法院民三庭　中林撰稿)

农业植物新品种保护

2003年,农业部在植物新品种保护宣传培训、执法检查、促进品种权实施等关键环节加大工作力度,增强广大农业科技人员保护品种权的意识和信心,使《植物新品种保护条例》实施取得了新的重要进展。2003年,农业部受理品种权申请567件,比2002年增长了96%;授予品种权261件。1999~2003年,农业部共受理品种权申请1 311件,授予品种权428件。围绕植物新品种保护制度的深入实施,2003年农业部主要开展了以下工作。

一、开展行政执法检查和试点工作,促进新品种保护工作全面开展

2002~2003年,农业部在黑龙江、山东、江苏、四川、云南、陕西6个省开展植物新品种保护试点工作。两年来,试点工作取得了明显成效:试点省主要育种企事业单位基本建立了新品种保护规章,调动了各方面保护知识产权的积极性;试点省都建立了新品种保护财政专项资金渠道,各省为10~50万元不等,保障了新品种保护工作正常开展;试点省品种权申请数量大幅度上升;试点省行政执法工作得到加强,种子市场环境得到改善;农业系统人员品种权保护意识明显增强,依法维权以及守法生产经营的良好氛围已逐步形成。

2003年1月,农业部下发《关于开展全国农业植物新品种保护执法检查的通知》,要求各省对本区域内侵犯品种权和假冒授权品种行为发生和查处情况以及新品种保护行政执法体系建设情况进行自查,同时,农业部派调查组赴有关省抽查。通过执法检查活动,强化了植物新品种保护行政执法工作,增强了育种者对植物新品种保护的信心。

二、扩大受保护植物范围,保护更多的育种者权益

2003年8月5日,农业部第32号部令发布了第五批农业植物新品种保护名录,新增保护植物属、种11个。包括:高粱、大麦属、苎麻属、苹果属、柑橘属、香蕉、猕猴桃属、葡萄属、李、茄子和非洲菊。至此,使受保护的农业植物属、种达到41个。

2003年农业部组织14个农业科研单位启动了20种植物测试指南的研制,为进一步扩大保护名录、规范新品种测试技术奠定了基础。

三、扩大品种权代理队伍,更好地满足育种者的需求

为满足广大育种者对品种权代理服务的需要,农业部组织编写了《品种权代理考试大纲》,并于2003年3月27日在全国11个省同时举办"植物新品种权代理人资格考试"。通过择优录取,52名考生获得代理人资格,使农业植物新品种权代理人增加到157人。

根据《农业植物新品种权代理规定》,农业部于2003年8月27日批准众合诚成知识产权代理有限公司从事国内农业植物新品种权代理事务。

四、加强培训,增强品种权保护意识

2003年10月9日~12日,农业部在湖北宜昌召开"品种权实施研讨会",全国主要种子企业和育种单位代表参加了会议,最高人民法院和部分省中、高级法院领导和法官应邀参加了会议。会议通过交流品种权实施中取得的经验,分析问题,研讨发展对策等,进一步增强了与会人员保护品种权的意识和信心,提高了维权的水平。

2003年10月13日~17日,农业部、国家林业局、荷兰驻华使馆在上海联合举办了"中荷植物新品种保护及测试技术交流研讨会"。从事品种权审查测试工作的管理和技术人员及荷方专家50余人参加了会议。中荷双方交流了新品种保护,特别是新品种DUS测试技术经验,相互学习,取长补短,提高管理水平,促进中荷植物新品种保护事业共同发展。

2003年8月28日~29日,农业部植物新品种保护办公室在新疆召开了"植物新品种测试技术交流会"。农业部植物新品种测试中心和14个分中心人员参加了会议。会议主要研讨新品种测试技术标准,并对我国现有植物新品种测试指南作了具体修改。会议还邀请德国联邦植物新品种保护局Johann Habben博士介绍了国际植物新品种测试技术进展。通过交流,与会代表了解了国际植物新品种测试技术发展趋势,对我国新品种测试指南的修改意见达成了共识。

五、广泛、深入地开展国际合作与交流

为推动亚洲国家地区植物新品种保护制度的发展,2003年3月和11月,UPOV两次特邀农业部人员参加了在柬埔寨、缅甸、新加坡、老挝举办的"植物新品种保护研讨会",向与会人员介绍中国实施植物新品种保护制度的进展、新品种测试指南研制及新品种测试等情况。

2003年9月,农业部派员参加了在日本召开的国际植物新品种保护联盟生化、分子技术和DNA指纹图谱技术工作组(BMT)第8届会议与国际植物新品种保护联盟农作物技术工作组(TWA)第32届会议。这是中国首次派员参加UPOV技术工作组会议。我方代表对水稻育性等有关技术问题发表了意见,并坚持其在UPOV测试指南中体现,同时建议中国可以作为茶叶新品种测试指南研制的组长单位。

2003年4月和10月,农业部分别派员参加了在日内瓦举行的UPOV理事会、行政与法律委员会、顾问委员会等会议,以及WIPO与UPOV联合召开的国家研讨会。向UPOV成员介绍了中国植物新品种保护新进展,就"农民免责"的问题提出了看法。

2003年11月,农业部组团赴德国植物新品种保护局考察了解德国植物新品种保护制度,重点了解德国植物新品种保护法律、新品种审查测试技术及未来发展趋势等。这对完善我国植物新品种保护制度,改进新品种测试技术,提高审批工作的科学性、权威性具有良好的促进作用。

2003年农业部分别接待了日本、越南、韩国植物新品种保护考察团，介绍了我国植物新品种保护制度实施情况，与各个考察团探讨了今后植物新品种保护合作事宜。

（农业部科技教育司）

林业植物新品种保护工作

2003年，进一步加强林业植物新品种保护工作，切实履行国际植物新品种保护公约。以新品种权代理机构的管理来提高林业植物新品种权的申请数量和质量，以植物新品种保护代理、测试和信息三个网络建设来促进林业植物新品种保护工作的不断深入，以行政审批制度改革为契机来规范植物新品种权的审批。并积极参与国际植物新品种保护事务来加强交流和合作。

一、以发展代理机构为突破口，提高了林业植物新品种权申请量和申请质量

品种权代理，是指品种权代理机构根据委托人（包括单位和个人）的授权，以他们的名义，向品种权审批机关依法申请品种权和办理其他有关品种权事务的法律行为。品种权代理是整个植物新品种保护体系中不可缺少的重要工作，是品种权申请人、品种权人与品种权审批机关之间的“桥梁”。

2003年，充分发挥国家林业局指定的林业植物新品种代理机构的作用，调动代理机构的积极性，大大增加了林业植物新品种权申请量，提高了品种权申请质量和效率。

(1)增加了林业植物新品种权申请量

2003年林业植物新品种权申请量达到48件。而2002年全年申请量仅为17件。2003年比2002年增加了31件，增加182%。2003年的48件申请中由林业植物新品种代理机构代理申请的37件，占总数的77.1%，代理机构的作用非常明显。

(2)提高了品种权申请质量

由于通过代理机构的代理，2003年的新品种权申请质量明显提高，代理申请的形式审查基本上都是一次通过。因为代理人都是经过国家林业局植物新品种保护办公室专门培训并考试合格的人员，他们熟悉新品种权申请文件的填写要求，也懂法律和植物育种知识，所以，代理的申请质量高。

(3)国外申请量大增，材料齐全

《中华人民共和国植物新品种保护条例》（以下简称《植物新品种保护条例》）规定，中国的品种权申请者可以直接或通过代理机构向审批机关国家林业局申请，国外的品种权申请者应该通过代理机构申请。通过鼓励代理机构积极与国外育种单位和种苗公司联系，使大量国外的优良植物品种在中国申请品种权保护。2003年通过代理机构代理向国家林业局申请的国外植物新品种权申请共35件，占5年国外总申请量46件的76.1%。由于代理机构的努力工作，这些代理申请材料也非常齐备。

(4)提高了审批的效率

品种权从准备到申请，到授权，到实施，要经过一个复杂的过程，这个过程是通过文件、信件在品种权代理人与品种权审批机关之间多次往返完成的。有了代理机构的专门运作，加快了审批的进程。同时也有效地维护了品种权委托人的合法权益。2003年共完成植物新品种权申请的初步审查32件并公告，实质审查12件，对符合授权条件的7件申请办理了授权手续。

二、以林业宏观战略研究为指导，建立健全林业植物新品种保护“三个”网络体系建设

林业科技发展战略问题是林业宏观战略研究的一个重要方面，林业植物新品种保护成为其重要内容。林业植物新品种权是林业知识产权的主体，是林业科技创新工作的重要组成部分。为此，提出建立健全林业植物新品种代理网络体系、林业植物新品种测试体系、林业植物新品种保护信息网络系统这三大网络建设。2003年有效地开展了这方面的工作。

(1)加快植物新品种代理机构建设速度，建立全国林业代理网络体系。在下发评审林业植物新品种代理机构的通知后，全国各地积极组织申报，经组织评审共有北京、安徽、黑龙江、福建、浙江、甘肃、广东、海南、湖北、湖南、山西、上海、云南13个省市16个单位的申请条件合格，并批准成为国家林业局第二批林业植物新品种保护代理机构。

2003年11月27日～29日，在广西南宁又组织了有全国林业植物新品种代理机构人员参加的国家林业局第五期林业植物新品种保护培训班。提高代理机构中植物新品种权代理人的业务素质，为开展植物新品种权代理工作打好基础。

(2)启动全国林业植物新品种测试体系。测试机构负责对植物新品种权申请进行实质审查，并根据测试结果写出测试报告，国家林业局主要根据测试报告决定是否授予植物新品种权。在已有7个测试机构的基础上，2003年又考察了辽宁、山东、河南、黑龙江、内蒙古、河北等省市，计划按植物种类在全国筹建若干个测试站（基地），按气候带形成测试网络，完善测试体系。

2003年，经过积极工作和努力争取，林业植物新品种测试基地建设的财政专项业务费得到了国家财政部的批准，使全国林业植物新品种测试体系的业务工作有了基本的经费保证。

(3)完善林业植物新品种保护信息网络系统。建立植物新品种保护信息网络即是《国际植物新品种保护公约》和我国《植物新品种保护条例》的要求,也是做好植物新品种保护工作的一项基础性工作。2003年进一步加强对林业植物新品种保护网站(http://www.cnpvp.net)的维护,每月更新1次网页信息,及时公告植物新品种审查以及相关事项,增加信息量和可使用性,使网站点击率不断上升,宣传林业植物新品种保护工作,增加透明度,服务社会。

2003年,继续编辑出版《林业植物新品种保护公报》,包括植物新品种政策法规、初审公告、授权公告和其他公告。按照我国植物新品种保护条例的要求及时准确的向社会公告相关事项,并免费发送到全国,收到了良好的社会效果。同时,加强与国家知识产权局、有关新闻媒体的密切联系,注重信息的交流和沟通。

三、以行政审批制度改革及落实《中华人民共和国行政许可法》为契机,进一步完善林业植物新品种权审批项目的监管体系,增加审批透明度

(1)建立相关制度,加强品种权审批的监管

为配合国家行政审批制度的改革,迎接《中华人民共和国行政许可法》的实施,建立了植物新品种权审批的相关制度,加强对林业植物新品种权审批项目的监管。如制定了林业植物新品种权审批工作规则、审批工作人员分工、植物新品种权审批程序等等。建立了内部监督约束机制,使审批人员有章可循、依法办事。

(2)完善法规体系,规范品种权相关审批行为

植物新品种权的复审、终止、无效请求和更名审批是国务院保留的一项行政审批项目,2003年制定了林业植物新品种复审委员会复审规则、植物新品种权复审相关法律文书等,规范了林业植物新品种权的复审工作;草拟了林业植物新品种权代理规则,加强对代理机构的管理;还起草了国家林业局植物新品种测试合同,确保新品种的测试工作顺利开展。

(3)制定测试技术标准,扩大植物新品种保护名录

根据国际植物新品种保护联盟的要求,对植物新品种保护名录中每个属(种)都要制定相应的测试指南(田间测试技术标准),作为对新品种进行田间测试的准则。2003年,在调查收集和实际试验的基础上,编制完成《杨属植物新品种测试技术规程》和《牡丹植物新品种测试技术规程》,即将发布实施。正在编制蔷薇属、一品红、木兰属测试技术规程,逐步建立林业植物新品种测试标准体系。

根据《国际植物新品种保护公约》和我国《植物新品种保护条例》的规定,我国采取公布保护名录的方式确定植物新品种保护范围。目前,国家林业局已公布了3批45个属(种)的植物新品种保护名录。2003年又在征集第4批中华人民共和国植物新品种保护名录,不断扩大保护范围。

四、坚持“走出去,请进来”的原则,积极参与植物新品种保护国际事务

(1)积极参加UPOV系列国际会议,参与国际规则的讨论和制定

2003年,积极创造条件参加国际植物新品种保护联盟组织的国际会议。派2人参加了在菲律宾举行的第四届亚洲地区植物新品种保护技术会议,派3人参加了4月在日内瓦举行的UPOV顾问委员会会议、品种命名工作组会议和有关课题研究小组会议,派5人参加了10月在日内瓦举行的UPOV理事会会议、顾问委员会会议、行政法律委员会会议。利用机会参加UPOV国际规则的讨论和制定,表达我国的观点,表明我们的态度,使我国的植物新品种保护工作融入到UPOV大家庭之中。

(2)组织上海中荷植物新品种保护研讨会

根据中荷两国政府植物新品种保护有关问题的协定,国家林业局、农业部、荷兰大使馆联合在上海举办了一期植物新品种保护研讨会。我们积极组织全国林业植物新品种测试机构和相关单位的人员15人参加了研讨会,4名荷兰植物新品种保护专家在研讨会上讲课,两国官员在一起讨论了两国在植物新品种保护领域的进一步合作意向和合作领域。研讨会对促进我国植物新品种保护工作特别是新品种测试工作非常有帮助。

(3)派员访问植物新品种保护发达国家,促进交流合作

在植物新品种保护方面,还积极引进国外的先进技术和经验。4月份派3人赴德国植物新品种保护局访问,讨论引进植物新品种图像识别和鉴定技术等有关问题,保证了“948”项目的顺利实施,加强了与德国有关部门的交流合作。10月份访问了欧洲植物新品种保护委员会和荷兰植物育种者权益保护委员会,增进了双方的了解和友谊,在植物新品种保护的人员交流和培训等领域达成了合作意向。

(4)制定“走出去,请进来”的交流合作计划

为了深入的开展实质性的国际交流合作,2003年,组织申报了植物新品种测试专业技术人员赴欧洲学习进修的计划,还计划在2004年聘请德国、荷兰植物新品种测试专家来华到林业植物新品种测试中心具体指导工作。项目计划已经上报到国家外国专家局。

(国家林业局)

集成电路布图设计申请登记公告

2001年10月1日《集成电路布图设计保护条例》实施以来，截至2003年12月31日，国家知识产权局共收到集成电路布图设计申请438件，予以登记公告并发出证书366件；2003年全年收到集成电路布图设计申请193件，予以登记公告并发出证书204件。

（国家知识产权局宣传处刘宁）

全国知识产权社团工作

中国知识产权研究会（第三届）

名誉理事长　任建新　顾　明　黄坤益　高卢麟
理　事　长　姜　颖
常务副理事长　杨正午
副　理　事　长　（按姓氏笔画为序）
丁忠泽　王化鹏　白大华
刘佩智　吴伯明　杨绵绵
陈昭宽　陈美章　林柏楠
郑成思　侯　林　段瑞春
须一平　钱永铭　曹建明
彭言智　李　勇　南存辉
林伟雄
秘　书　长　赵国虹
副　秘　书　长　张锦锐　范汉云　郜中林　刘波林

2003年，中国知识产权研究会在知识产权主管部门及民政部的支持下，在全体职工的积极努力下，主要开展了以下活动。

一、学术活动与国际交流

1. 召开三届二次理事大会暨2003年学术年会

4月3日～4日中国知识产权研究会在北京昌平召开三届二次理事大会暨2003年学术年会。来自全国各地的研究会理事、优秀论文作者、特邀代表170多人出席。会议审议并通过了研究会工作报告和章程修正案，增补了理事。此次年会共征集到论文118篇，从中评选出一等奖2篇，二等奖5篇，三等奖9篇，优秀奖23篇，并在年会上举行了优秀论文交流和颁奖活动。

2. 举办互联网与知识产权保护专家论坛

针对互联网发展中出现的一些与知识产权密切相关的问题，7月29日，中国知识产权研究会举办了“互联网与知识产权保护专家论坛”。中国知识产权研究会名誉理事长高卢麟，以及有关方面的专家许超、罗东川、邹忭和唐广良在会上做了精彩的演讲，并回答了代表提出各种问题。

3. 知识产权保护实务培训班

中国知识产权研究会主办的知识产权保护实务培训班先后于2003年8月、11月和12月在大连、深圳、北京举行。同时研究会主办的专利申请审查专题系列讲座每月举办一期。讲课的专家分别来自国家知识产权局、国家工商总局、北京市高、中级人民法院和中国社科院等具有实务操作经验的单位。

4. 接待日本知识产权协会（JIPA）代表团

应中国知识产权研究会的邀请，以日本知识产权协会（JIPA）代表团24人于2003年10月15日～19日来华访问，并进行了学术交流活动。该代表团主要成员是日本大企业的知识产权部门负责人。

5. 举办美国知识产权保护制度报告会

10月23日，中国知识产权研究会和有关单位联合在北京举办了中国企业如何运用美国知识产权保护制度报告会。来自全国各地知识产权有关的方方面面的代表大约200人出席。会上，有关专家详细介绍了美国337条款及中国企业应采取的对策。

二、咨询服务与课题研究

1. 咨询服务

研究掌握国内外知识产权形式的新发展与变化，解答国内外来访或来函、来电人的各种咨询问题，口头与书面回答媒体关于知识产权热点动态的各种问题，加强知识产权的咨询和服务。完善与知识产权有关的司法与技术鉴定机构的建设，认真、公正的完成技术鉴定项目。

2. 课题研究

中国知识产权研究会与北京市第一中级人民法院和人民大学法学院共同完成了“商标与商号的权利冲突问题研究”的重点软科学课题。在充分调研和与国家工商总局商标局、公平交易局、企业名称注册局及上海、广东、温州等地区商标部门、企业讨论的基础上，在研究分析了一些典型案例之后，形成课题研究报告。

三、编辑出版

1. 编辑出版《知识产权》杂志

2003年，中国知识产权研究会定期编辑出版

《知识产权》杂志(双月刊),全年共6期,通过邮局公开发行。为扩大信息量,杂志在2003年增至64页。知识产权杂志着重于深入理论研究,宣传普及知识产权相关知识。

2. 编辑出版《知识产权》杂志增刊

2003年,在征集评选优秀论文的基础上,编辑出版《知识产权》杂志增刊一期。此期增刊刊登了获奖的39篇论文,内容主要为我国知识产权保护现状及发展趋势,修改后的专利法、商标法、著作权法的介绍和今后完善立法的建议,典型案例的评析。

3.《知识产权在中国》宣传画册的编辑

为配合国家知识产权局准备召开的知识产权领导人大会,中国知识产权研究会承担了《知识产权在中国》宣传画册工作。积极开展画册的图片与资料收集、方案设计、整体策划工作,圆满完成任务,编辑了《知识产权在中国》的宣传画册。

4. 编辑出版知识产权书籍

作为研究成果,研究会编辑出版了《各行业专利技术发展程度和趋势预测报告》和《商标与商号的权利冲突问题研究》。

中国知识产权研究会进一步加强了学会自身建设,同时为会员逐步建立了登记、办证、跟踪服务等正规化的服务体系。开展了以"会员答疑录"、"研究会简讯"和"研究会报摘"等灵活多样的宣传方式,加强与理事、会员、各地方各部门研究会以及分支机构、工作委员会的合作,增强了社会影响力。

中华商标协会

名誉会长 薄一波

顾　　问 张劲夫　吕　东　袁宝华　邹　瑜　曾宪梓

会　　长 刘敏学

副 会 长 周明臣　葛文耀　宣捍栋　赵新先　李安建　刘保孚　马爱国　寿彩凤　高德康　周中琦　袁世寰　须一平;刘家骧　李福成　南存辉　王光兴　刘瑞旗

(以上5人为2003年11月27日在一届五次理事会增补的副会长)。

秘 书 长 曹中强

副秘书长 陈炎兵　刘春田

在国家工商行政管理总局党组的直接领导下,在商标局、商标评审委员会等有关业务司局的指导帮助下,在各地工商局的大力支持和广大会员的积极配合下。协会紧紧围绕"依法维护会员的商标权益,协助会员创立驰名商标,增强全社会的商标意识,提高商品和服务质量,促进经济发展与繁荣"的宗旨。按照协会章程,遵循民主办会的原则,与国际惯例接轨,充分利用改革开放带来的大好机遇,树立自身的良好形象。努力实现"三个高度信任",即在企业中赢得高度信任,在社会上享有高度信任,在政府中博得高度信任,积极主动地、富有创造性地开展工作,并取得了一定的成绩。

一、以《商标法》实施二十周年为契机,做好《商标法》的宣传、普及工作

(一)纪念《商标法》实施二十周年座谈会

为了总结宣传20年来商标事业发展的巨大成就,应对加入世界贸易组织的挑战,进一步提高全社会的商标意识,促进我国社会主义市场经济的发展,由我会和商标局、商标评审委员会承办,国家工商行政管理总局2月28日在北京召开"纪念《商标法》实施二十周年座谈会"。全国人大副委员长蒋正华为商标法实施20周年题词:"宣传贯彻商标法律、支持推动企业发展"。国家工商总局局长王众孚、全国人大法工委副主任卞耀武、国家工商总局副局长李东生、最高人民法院副院长黄松有、国家版权局副局长沈仁干、协会会长刘敏学以及来自各界近200名代表出席。国家工商行政管理总局副局长李东生在会上作了题为《全面建设小康社会,开创商标工作新局面》的主题发言。

(二)成功举办"恒源祥杯第三届中国商标大赛"

经国家工商总局批准,在商标局、商标评审委员会指导下,协会与中国报协行业报委员会主办了恒源祥杯第三届中国商标大赛。中央电视台等20多家媒体参与协办。大赛由"中国商标高层论坛"、"中国商标20年有奖征文"、"《商标法》知识竞赛及商标问卷调查"以及"中央电视台电视特别节目"、"闭幕晚会"等活动组成。

1. 举办"中国商标高层论坛"。2003年1月16日,来自全国人大、国务院法制办、国家工商总局、最高人民法院、最高人民检察院、公安部、海关总署、国家知识产权局、国家版权局等政府部门和司法部门的官员们齐聚于"恒源祥杯2003中国商标高层论坛"共商发展大计。

2. 录制电视特别节目——"以标为证"。2003年4月14日,为了纪念"4.26世界知识产权日","恒源祥杯第三届中国商标大赛电视特别节目——以标为证"在中央电视台录制。国家工商总局副局长李东生在现场接受了采访。电视特别节目于4月25日晚在CCTV-2播出。

3. 开展了《商标法》知识竞赛及商标问卷调查活动。在《中华商标》杂志、中国工商报等20多家媒体刊登了调查问卷;公布了"2002中国十大

公众喜爱商标”、“2002 中国十大公众认知商标”、“2002 中国十大具有潜力商标”、“2002 中国人喜爱的外国商标”。

(三)出版图书

编辑出版了《中国商标报告》、《决胜新世纪人世看中国品牌》、《中外企业商标名鉴》、《中华珠宝商标集》等商标类专业书籍。

(四)制作纪念品

与通达商标服务中心合作,制作纪念商标法实施 20 周年纪念邮票。

(五)商标培训与商标调研工作

1. 协会组织有关人员积极深入企业进行调研,了解企业发展与商标情况,同企业领导座谈,共同商讨企业在商标管理工作中的经验和不足,制定企业商标发展战略,增强企业的商标意识和运用水平。我会先后与中国移动通信集团公司等 15 家企业进行了座谈。

2. 2003 年 3 月 21 日 ~ 22 日,我会与浙江省商标协会在浙江省温州市共同举办了“涉外商标与国际贸易专题讲座”。来自企业和商标代理机构的代表近百人参加了讲座。

3. 2003 年 8 月 27 日 ~ 29 日,我会与北京市高级人民法院在北京联合举办了“知识产权诉讼实务培训班”。企业代表、商标代理人、律师近 200 人参加了培训。

4. 2003 年 9 月 12 日,在北京举办了由全国性行业协会参加的“证明商标、集体商标实务讲座”。邀请了国家工商总局商标局、中国皮革工业协会就《商标法》概述、证明商标与集体商标审查准则、证明商标管理经验等方面的内容进行了演讲。有 40 余家行业协会的 70 余名代表参加了讲座。

5. 2003 年 9 月 24 日 ~ 27 日,我会与新疆自治区工商局、新疆自治区商标协会在乌鲁木齐市联合举办了“商标法律实务培训班”。邀请国家工商总局商标局、北京市第一中级人民法院、中国社会科学院知识产权中心、中国连锁经营协会、中国北京全聚德集团有限责任公司、无锡小天鹅股份有限公司就《商标法》概述及《驰名商标认定和保护规定》、商标国际注册,地理标志,品牌连锁与特许经营,知识产权诉讼中的若干问题进行了授课和演讲。来自全国各地的企业、商标代理机构和工商行政管理部门的代表 240 余人参加了培训。

(六)进一步做好《中华商标》杂志、《会员通讯》期刊、中华商标网的工作

2003 年 2 月 28 日,《中华商标》理事会在北京成立。国家工商总局商标局、商评委、地方工商管理机关和知识产权界的理事会专家委员会成员以及理事会首批会员企业代表共计 140 余人参加会议。审议通过了《中华商标理事会章程》。确定了以“会员制”为服务模式,以“专家委员会”为理论支持群体,以“商标工作研讨会”为论坛,辅之以日常工作中的商标宣传、法律法规咨询服务等,为会员单位在实施商标战略过程中提供专业的理论指导和媒体支持。2003 年,《中华商标》杂志共出版发行 76 期,《会员通讯》至今共发行109 期。

开通了“中华商标网”,通过网站宣传了商标法律、法规,及时提供了商标信息,反馈了商标协会工作动态,交流了会员单位商标工作经验。在维护原有栏目的基础上,2003 年开通了“商标代理机构”宣传栏目,建立了“中华品牌保护系统”、“驰名商标”及“著名商标”宣传栏目。“中华商标网”的建设为会员及公众学习商标知识,掌握商标工作动态提供了有效的宣传途径。

二、加大对商标专用权的保护力度,依法维护企业商标权益工作

为依法维护会员的商标权益,更好地为会员企业服务。协会继续配合会员企业免费开展商标监测工作,经监测,有 70 家企业注册的 75 例商标(初审公告阶段)与我会 23 家会员企业已在先注册的商标构成近似。商标监测报告反馈给相关会员企业,受到会员企业的普遍欢迎。自 2003 年 11 月 1 日起,还扩大了监测范围,开展了对港、澳、台地区的商标监测工作。

三、商标代理行业自律及商标鉴定工作

(一)商标代理行业自律工作

2003 年 3 月 12 日,我会在京召开了由部分商标代理机构负责人参加的座谈会,就商标代理实行行业自律,成立代理分会等有关问题进行了讨论,并将讨论意见汇总上报国家工商总局。

1. 5 月 20 日,召集北京地区的商标代理组织的理事单位座谈讨论国家工商总局发布的《关于停止商标代理机构使用“工商行政管理商标注册收费专用收据有关问题的通知》并提出了书面建议。

2. 5 月 28 日,召集北京中北商标事务所、贸促会专利商标事务所等理事单位,研究商标代理人加入中华商标协会有关事宜。

3. 6 月 10 日,我会召开北京地区商标代理组织负责人座谈会,进一步讨论商标代理行政审批取消后商标代理行业发展和有关立法问题。会后向商标局报送了《商标代理条例》草拟稿。

(二)成立了中企商标鉴定中心

经国家工商行政管理总局批准,2003 年 4 月 18 日我会成立了“中企商标鉴定中心”,并设有专家委员会。为工商行政管理机关及司法机关进行商标注册、管理等提供鉴定及咨询服务。11 月 27 日,经最高人民法院审核批准为商标司法鉴定机构。中心自成立以来对“恒生”与“恒昇”电脑;韩

国LG与北京兰光电梯案中商标是否近似,是否造成混淆的问题,美孚石油有限公司、香港美孚石油有限公司商标使用许可合同纠纷案等问题召开了专家会,出具了法律咨询意见书。

四、加强商标领域的交流与合作

(一)接待来访工作

协会领导2003年以来先后会见了马来西亚自创品牌协会刘访云副会长,美国专利商标局、美国通用电气公司的商标专家,英国瑞奇集团首席知识产权顾问INTA前主席孟方睿先生,国际商标协会中国代表陈昱女士,美国NBA产物股份有限公司知识产权及法律总顾问ATALA DEUTSCH女士,日本知识产权协会代表团,日立(中国)投资有限公司代表团,韩国三星公司代表团,台湾菸酒股份有限公司董事长黄营杉先生,台湾金门酒厂实业股份有限公司董事长李荣文一行。

接待日本本田技研工业株式会社、日本弁理士会常务理事别所先生,就本田"HONDA"商标案件委托中企商标鉴定中心进行鉴定一事进行了商讨;会见日本弁理士会产业竞争委员长佐滕先生,双方讨论今后开展商标领域交流活动有关事宜。

(二)出访工作

1. 2003年10月18日~26日,应法国制造商联合会总经理杰克奎斯·柏斯的邀请,由《中华商标》杂志社主编张燕宾率团的中华商标协会代表团共七人赴法国巴黎参加"法中知识产权研讨会"。访问期间,代表团拜访了法国的工业产权局、法院、商标民间社团等部门,并向与会的法国同行介绍了中国商标法律的情况。

2. 2003年11月22日~12月3日,应西班牙专利商标局、德国专利商标局的邀请。以中华商标协会副秘书长陈炎兵为团长的中华商标协会考察团,成员包括国务院法制办、国家工商总局法规司、商标局的有关领导一行10人,前往西班牙、德国就商标代理工作进行考察访问。考察团访问了欧洲商标局、德国专利商标局、德国专利律师协会、西班牙专利商标局、西班牙专利商标律师协会等单位和团体。就欧洲商标代理行业的历史沿革、现状及未来发展方向、商标代理的资质情况进行了详细考察,并与国外同行进行了充分交流。通过考察,就如何改进我国商标代理行业自律等问题向国家工商总局及国务院法制办提出了建议。

3. 2003年12月2日~12月25日,由我会秘书长曹中强率团赴日本,参加日本海外技术者研修协会举办的"商标注册与评审研修班"。课程包括:日本商标法、日本商标登记、评审制度、立体商标、商标诉讼制度、商标管理等。商标局、商标评审委员会、人民法院、代理机构、会员企业等有关人士共29人参加了研修班。

(三)合作与研讨

1. 2003年3月17日,中华商标协会与国际商标协会(INTA)在北京共同举办"INTA中国商标论坛"。来自国家工商总局商标局、美国专利商标局、美国通用电气公司以及北京、香港、台湾的商标专家,就商标国际注册、管理和强化商标权利的保护、本土化商标、纪念中国商标法实施20周年、驰名商标的保护、地理标志等有关专题发表演讲并展开讨论。

2. 2003年11月3日~11月4日我会与中华全国专利代理人协会、日本国际贸易促进委员会中国专利协力会在厦门联合主办了"中日知识产权研讨会"。

通过与各国商标民间组织、企业界、知识产权界的联系和交往,不仅宣传了中国商标法律制度,同时汲取了各国商标组织的工作经验和运作方式,为协会今后的改革、发展起到良好的借鉴作用。

五、开展商标评估及社会公益活动

为了更好地配合国家的经济体制改革,为广大企业提供以商标评估为主的商标法律服务,我会中企商标评估中心为大红鹰集团的"五一"商标进行了商标评估。

2003年上半年,我国大部分地区发生了非典疫情。为了表达对抗非典一线医护人员的支持,5月30日,协会和常务理事单位上海三枪(集团)有限公司将1万件背心捐献给小汤山医院。

由于非典型肺炎疫情的影响,中华商标协会代表团和许多商标代理机构及律师事务所未能参加在荷兰阿姆斯特丹举行的INTA第125届年会。协会秘书长特致函INTA执行主席阿兰·朱森先生,表达了希望将未能参会并已交纳的注册费给予退还的愿望,通过努力,INTA同意将上述人员的注册费退回,挽回经济损失55 400美元。

六、协会的自身建设

按照《章程》和民主建会的原则,2003年11月27日在海口市召开了中华商标协会第一届第六次理事会。大会总结了2003年度协会的工作情况及2004年工作安排,审议通过了《工作报告》、《年度财务决算与财务预算的报告》、《入会条件及入会程序》、《会费缴纳办法》,增补了常务理事单位18家、常务理事个人12人、理事单位28家。在理事会期间召开了第一届第六次常务理事会,通过了增补的5家副会长单位。

加强了制度建设和人员管理,使工作人员的素质、工作能力、管理水平、服务质量也得到进一步提高。协会坚持抓好党组织建设。在国家工商总局党组和总局机关党委的领导下，协会认真抓了党中央、国务院重要文件的学习传达和各项教育。

中国音像协会

会　长	刘国雄
副会长	朴东生　谢明清　周慧琳　王岩镔
	许　超　廖小勉　赵大新　王笑然
	马润生　李建臣　周建潮　荀晓敏
	石礼文　张增顺　孙　弋
秘书长	王　炬
副秘书长	郭中华　朱　禾　刘文和

2003年中国音像协会主要开展了以下工作：

1. 承办第三届“全国优秀文艺音像制品奖”评选活动，褒扬优秀音像出版物，推动音像出版事业繁荣

由新闻出版总署和中国音像协会共同主办的两年一届的政府奖项“全国优秀文艺音像制品奖”，旨在引导和鼓励文艺类音像出版单位坚持“二为”方向，以“三个代表”重要思想和党的十六大精神为指导，多出优秀音像制品，繁荣音像出版事业。

2. 为首批中国音像业“明星发行品牌”授牌

为打造中国音像明星品牌，促进民族文化产业繁荣发展，中国音像协会应会员单位的提议，依据上年度经营状况，于2003年第一季度向社会推荐“2002年度明星发行品牌”。首批有15个品牌荣获“明星发行品牌”称号。

3. 建立“音像版权权利人出版节目网络通报查询系统”

为最大限度地维护音像权利人的合法权益，便捷地为权利人、音像制作者和复制传播者提供准确的版权信息。中国音像协会于2003年7月1日启动了“音像版权权利人出版节目网络通报查询系统”，充分利用电子网络技术加大版权保护力度。

4. 与文化部文化市场司合作建立全国音像市场监督员网

为打击音像制品走私、盗版等违法经营活动，充分调动音像经营单位保护自身合法权益、参与打击违法经营的积极性，加强对音像市场日常监督。文化部文化市场司和中国音像协会合作，于2003年建立了音像市场监督员制度，首批130位由音像从业人员骨干、媒体记者组成的音像市场监督网在全国范围形成。一年来，通过活跃在音像市场前沿的市场监督员反馈的信息，对非法音像制品的流通起到了有效的监督和遏制。

5. 倡议发起“开发大西北、音像边疆行”捐赠活动

为响应中央开发西部的战略决策，中国音像协会秘书处向全国会员单位发出“开发大西北、音像边疆行”捐赠活动的倡议。在短短的一个月时间内，就有30多家会员单位参加了活动，共捐赠资金和音像制品折合人民币近150万元。在捐赠音像制品给新疆阿勒泰地区教育、教学、宣传部门和单位的同时，还在当地建设了一个现代化的电脑教育教学室。

6. 主办第四届“中国金唱片奖”评选活动，推动民族音像产业发展

由中国音像协会、中央人民广播电台、中国国际广播电台、中央电视台和中国唱片总公司共同主办的“中国金唱片奖”，是业内历史最悠久的专业奖项之一，迄今为止有百余位海内外知名艺术家获得过此项大奖，在海内外产生了巨大的影响。

7. 举办《文化体制改革及音像产业发展研修班》，引导全行业与时俱进，共谋发展

为深入贯彻党的十六届三中全会《中共中央关于完善社会主义市场经济若干问题的决议》和全国思想工作会议精神，总结推广文化产业发展成功经验，拓展音像产业发展思路。中国音像协会在中宣部、新闻出版总署、文化部等有关主管部门的大力支持下，举办了《文化体制改革及音像产业发展研修班》，组织会员单位聆听中央精神，与主管领导交流互动，探讨民族音像产业发展新路径。

中国发明协会

理事长	倪志福
常务副事长	聂　力
副理事长	明廷华　蒋民宽　唐新民　李永安
	郭晓东　胡　伟　王　选　谢丽娟
	赵忠贤　张　耀　周国泰　朱育理
	包起帆　台震林　李　昌　张岐山
秘书长	明廷华
副秘书长	李德威　杨启文　常毅民

遵循十六大提出的关于“发展要有新思路，改革要有新突破，开放要有新局面，各项工作要有新举措”的要求，2003年协会按照年初所制定的计划全面开展工作。现将2003年的工作情况总结如下：

一、抗击“非典” 坚守工作岗位

突如其来的“非典”给人们的健康造成了威胁，也给工作带来了困难，但协会能够坚决贯彻执行党中央、国务院的指示，一手抓抗击“非典”，一

手抓好业务工作。一方面，协会领导、工作人员，严格按照上级的要求，听从命令、服从指挥、管好自己、管好亲属，努力切断“非典”传播的渠道，保证了领导、工作人员及家属的安全。另一方面，“非典”期间，协会工作人员始终坚守工作岗位，保证一些能够做的工作，如第十四届全国发明展览会的招展工作等，继续进行，同时积极推动发明人为抗击“非典”做贡献。协会与中国技术市场报共同宣传了发明界抗击“非典”的先进事迹。协会又会同佛山发明协会一起，接受香港中兴科技集团有限公司董事长袁仕杰博士的委托，克服了种种困难向小汤山医院、人民日报社和科技日报社赠送他的最新发明产品，价值299 200港元的800台“祖科光电子杀菌杀病毒机兼离子空气净化器”。其中400台是协会工作人员冒着酷暑直接从机场取货后送到小汤山医院的。按照国务院有关会议的精神和国家知识产权局的要求，协会顾全大局、承担经济损失，毅然取消了即将启程赴巴黎参展的活动。

由于协会的上述表现，协会不但受到了国家科技部的通报表彰，而且经国家科技部推荐，民政部7月8日作出决定，授予中国发明协会“抗击非典先进全国性社会团体”荣誉称号，并在7月11日人民日报第6版向全社会公布。这是在国家科技部主管的32家全国性科技社团组织中惟一一家获此殊荣的社团，也是科技部、民政部对协会工作的肯定和激励。

二、召开发明工作座谈会，总结交流经验，促进协会的工作

抗击“非典”取得初步胜利后，根据倪志福理事长关于要大力加强调查研究的意见和不少省、市、自治区发明协会的要求，协会于7月29日～31日在上海召开了“发明协会工作座谈会”。协会领导和33个地方协会的代表以及有关单位和媒体人员等共70多人出席了会议。倪志福理事长自始至终出席座谈会，座谈会结束时做了重要讲话。聂力常务副理事长主持了座谈会。

座谈会以在新形势下如何进一步活跃群众性发明创造活动为主题，采取专题发言与自由发言相结合，交流讨论与实地考察相结合的形式，为与会代表交流、探讨搞好协会工作提供了一次很好的机会。会议开得热烈活跃、生动活泼，取得很好的效果。

此次座谈会充分展现了近年来各地发明协会的工作成果和许多宝贵的工作创新经验。特别是上海发明协会的工作已经走在全国的前头，他们开展的系列评奖工作已发展成为一个成熟的、在社会上有较大影响的活动系列，有力地推动了上海的群众性发明创造活动向纵深发展。此外，他们在筹集发明基金、组织活动和竭诚服务上下功夫，努力把上海发明协会建设成“发明者之家”。不仅得到了政府的大力支持，而且与发明企业家的关系非常密切，也得到了他们的大力支持。使得协会的实力和活力大为增加，影响日益扩大，其经验值得各地发明协会学习与借鉴。北京发明协会及国防专利局等精心组团参加全国发明展览会的经验，以及广东、云南、武汉、河北、新疆、大连、佛山、延边、威海等发明协会各有特色的经验也给大家留下了深刻的印象。事实证明，发明协会在促进科技进步和经济发展中有着不可替代的作用，是政府工作的必要补充，也是促进科技事业发展的一条重要途径。

荣获全国发明展览会金奖的上海发明人郁竑、邱蔚然，在会上做了专题发言，生动具体地介绍了他们在发明协会和各有关方面的大力支持下，将研发出的发明成果产业化所取得的成绩和积累的经验，使与会代表深受启发。项政校长所介绍的上海闵行中学进行创新教育的新鲜经验使大家开阔了眼界。

与会代表一致认为，这次座谈会开得很好，密切了联系，增进了友谊，开阔了思路，学到了经验，鼓舞了斗志，对做好发明协会的工作很有帮助。大家希望这样的交流座谈会今后能经常召开。

此外，应河北省人民政府的邀请，倪志福理事长一行4月26日专程赴石家庄出席河北省优秀发明奖颁奖仪式。应佛山市人民政府的邀请，12月12日常务副理事长聂力一行出席了“首届佛山市发明创新成果展览暨技术交易会”。这既是协会领导到基层进行调研，也支持了地方发明协会的工作，密切了与地方发明协会的关系。

三、成功举办第十四届全国发明展览会

由国家科技部、国家知识产权局、全国总工会、中国发明协会和厦门市人民政府共同主办的第十四届全国发明展览会经过10个多月的筹备，于10月24日～28日在厦门市国际会展中心隆重举行，并取得了圆满成功。主要体现在以下四个方面：

1. 各方密切合作，参展积极性高

尽管受到“非典”疫情的影响，但由于主办单位的重视，各地发明协会和各有关单位战胜困难、密切合作、参展积极性高。协会和厦门市等单位的领导都十分重视招展工作，尤其是聂力常务副理事长亲自给总装备部、北京市、中国电子科技集团等单位的领导写信，收到了很好的效果。本届全国发明展览会共有来自24个省市自治区、国务院有关单位、解放军总装备部、香港和台湾地区以及韩国的39个展团参展，参展项目1 100多个。各地区和部门、单位的领导都对参展工作很重视，尤其是厦门、福建、国防专利局、北京、上海、广东等展团展位数都在10个以上。由于组团参展工作成绩显著，国防专利局展团、北京展团、天津展团、上海展团、大连展团、厦门展团、福建展团、广东展团、广州展团、湖南展团、新疆展团、贵阳展团、云南展团、黑龙江展团14个展团获得了组委会颁发的“优秀展团奖”。

2. 充分展示发明项目，技术贸易活跃

本届发明展技术贸易活跃，累计签订合同项目49项，合同金额6.47亿元，其中正式成交金额1.24亿元，意向成交金额5.23亿元，还有不少项目将在会后进一步洽谈转让许可，共同开发。国防专利局展团的参展项目“一种可喷涂于多种包装材料表面的新型涂料”(第一发明人为解放军军械工程学院李广志)不仅技术水平高(已获发明专利权)，而且已得到了广泛应用，为此，在本届展览会上获得了世界知识产权组织金奖，受到了许多用户的青睐。广东佛山市冯季强发明的“卫仁经络理疗器”，技术水平高(已获发明专利权)，广泛应用后取得很好效果，在本届展会上签订代销合同书2 800万元。中国中医科学院屠呦呦教授的重要发明成果“双氢青蒿素及其应用”的展示和推介，受到了境内外许多投资商的广泛关注，为转让实施创造了重要条件。本届发明展览会对展示最近几年的发明成果并促进转让发挥了积极作用。

3. 参展项目技术含量较高，大批优秀发明成果获奖

这次参展项目中有不少是技术含量高、应用前景好的发明，其中有些项目已获国家和省(市)的发明奖和科技进步奖。经过中国发明协会评审委员会在北京初评和到厦门后与福建省、厦门市有关专家共同评选，共评出获奖项目651项。其中金奖154项、银奖229项、铜奖268项。在获奖项目中又评选出获专项奖项目41项。全国发明展览会奖是迄今为止在科技类展览会上国家科技部批准的惟一一个社会力量设立的奖项，评选程序规范科学，评选认真严格，因而在社会上有较大的影响。

4. 积极营造崇尚发明创造的社会氛围

展览会期间，吸引了厦门及周边地区的社会各界群众2万多人次，特别是该市教育局，组织了3 500多名中小学生参观展览会，给青少年上了一堂生动的科技发明大课。同时，组委会还专门举办了“发明创造与知识产权保护论坛”。两位著名知识产权专家从理论与实践的结合上精辟地阐明了知识产权保护对推动发明创造和企业发展的作用，对提高一个国家、一个地区核心竞争力的作用。这次展览会的举办，对厦门市营造尊重知识、爱惜人才、崇尚发明创新、重视知识产权保护的良好氛围起到了很好的推动作用。

倪志福理事长亲自到厦门出席开幕式并参观。王选同志亲自发了贺信，各主办单位都派人出席展览会的活动。这对办好这届展览会起到了重要作用。

此外，在办好第十四届全国发明展览会的同时，还作为主办单位之一参与了第五届重庆高交会的举办工作，并同样作为主办单位之一参与了浙江永康市“第八届中国五金博览会”的举办工作。

四、举办评选、竞赛活动，推动群众性发明创造

为了直接鼓励、推动群众性发明创造活动，尤其是青少年的发明创造活动，协会与有关单位合作，共同举办了4个评选、竞赛活动，取得了良好的效果。

1. 我会与中国青少年科技辅导员协会联合举办了“第三届全国教育工作者发明与科教制作展评”。由于“非典”疫情影响，参评作品采取了网上展示评选的形式。自6月27日网上展示开通以来，共有6 000多人次对展示主页进行了点击。经评委会参考网上观众提出的意见，对参评的作品进行了终评。共评出一等奖51件、二等奖110件、三等奖142件。中央教育电视台专门为此摄制了颁奖晚会节目，并于9月6日和9月8日向全国播出。王大珩院士亲临节目摄制现场并做重要讲话。

2. 我会与中国教育学会、中央教育科学研究所联合举办了“第二届全国中小学劳技教育创新作品邀请赛”。在学校领导、劳技教育课指导教师和学生家长的积极热情支持下，广大中小学生踊跃参赛，全国参赛项目达3 500多件，26个省、市、自治区经过评审推荐有731件作品参加全国评比。11月15日～17日在中华世纪坛举行了经过初评评出的182件优秀作品展示评审活动。这次邀请赛共评出金奖57件、银奖80件、铜奖194件，优秀奖260件，另外还评出优秀小论文69篇，成绩突出的137名辅导老师获得园丁奖。11月17日在人民大学附中举行了隆重的颁奖仪式。这一活动为广大中小学生和指导教师提供了展示创新作品的机会，对促进中小学的发明创造活动进而促进素质教育，具有一定作用。

3. 由宋庆龄基金会、中国发明协会、中国教育学会和全国少工委主办的“第三届宋庆龄少年儿童发明奖评选”活动取得了圆满成功。本届评选活动共收到包括澳门特别行政区在内的全国27个省、市、自治区推荐上报的发明作品和创意作品各500多件，这些作品是经过地方组织单位从40 000多件上报作品中选拔推荐上来的，基本囊括了全国少年儿童小发明的最新成果和创意作

品。初评委员会对各地选送的参评作品进行了初评,确定了192件作品进入终评,最终评出发明作品金奖5件、银奖14件、铜奖30件、优秀奖140多件,以及与此相关的园丁奖、优秀科技辅导员奖和组织奖。根据宋庆龄基金会主席胡启立同志的提议,本届活动还新增设了"科技创意奖"。本届活动评出最佳创意奖5个、优秀创意奖20个。12月20日下午在钓鱼台国宾馆举行了气氛热烈的颁奖仪式,上午举行了获奖代表与院士、科学家见面会,赵忠贤院士等三位专家的讲话,受到了热烈欢迎。该奖的设立已获科技部批准,而且一届比一届办得好,对培养少年儿童的创新意识和创新能力将发挥越来越显著的作用。

4. 我会同教育部关心下一代工作委员会、中国关心下一代工作委员会办公室、中国少年先锋队全国办公室、中国科学技术协会青少年工作部共同主办了"第二届中小学生信息技术创新与实施竞赛"。竞赛活动包括:信息技术基础知识竞赛、电脑DIY装机技能竞赛、网络中文知识竞赛、网络英文知识竞赛、智能机器人竞赛(含网络虚拟机器人编程比赛)、CG电脑动画与手工绘画创作竞赛(含二维与三维动画、平面设计、主题创作和科学幻想绘画)以及班级主题网页制作竞赛,受到了广大中小学校和中小学生的欢迎和参与。

五、与上海市发明协会、天津市经济技术开发区管委会签订了合作协议

1. 经过与上海市发明协会、上海市科委多次磋商,2003年10月正式与上海市发明协会签订了2004年在上海市举办第五届国际发明展览会的协议。此后又报经国家科技部批准立项,同时国家科技部、上海市人民政府、全国总工会、国家知识产权局正式来文同意作为支持单位。

2. 经过近一年时间的酝酿,在倪志福理事长、聂力常务副理事长的亲自关心、重视下,2003年12月9日正式签订了《中国发明协会与天津市经济技术开发区合作协议》。协议是本着双方优势互补、互惠互利的原则签订的。合作的主要内容有四项:

第一项是将中国发明协会原来举办的全国发明展览会与国际发明展览会合二为一统称国际发明展览会,固定在天津经济技术开发区举办,每年举办一次。固定在一个地方举办,改变了打一枪换一个地方的做法,有利于积累办展经验,逐步提高质量,扩大影响,创出品牌。

第二项是2004年12月作为纪念天津经济技术开发区成立20周年的一项内容,在天津经济技术开发区举办"获奖科技成果展示交易会",主要展示交易近10年来获国家技术发明奖和科技进步奖的成果,获全国发明展览会和(中国)国际发明展览会金奖发明成果以及获其他社会力量设立的科技奖的项目,以促进转化实施。

第三项是发明协会帮助天津经济技术开发区在展览会后挑选一部分好的项目建立常设技术展示交易厅。

第四项是联合国家科技奖励办公室等单位发出在天津建立当代科技成就博览馆的倡议。

六、宣传和组织工作取得一定进展

经过努力,国家科技部和新闻出版署批准我会和知识产权局出版社作为主办单位创办《中国发明与专利》,10月份已出版了《试刊》,在第14届全国发明展览会上受到发明人和有关人士的好评。《中国发明与专利》于2004年1月已正式按期出刊发行。

我会申报的《中国与美、欧(洲)、日鼓励发明创造机制对比研究》软课题,已获国家知识产权局批准。开展这一软课题研究的出发点是,结合发明协会近20年来促进群众性发明创造活动的实践,力争从比较研究中得到一些规律性的认识和有益的启示,以拓宽协会工作的思路,并向有关主管部门提出完善我国鼓励发明创造机制的建议。

我会的会员发展工作有一定进展,单位会员和个人会员较2002年均有所增加。2003年在加强会员发展工作的同时,加强了与地方发明协会的联系,尤其是发现一些地、县成立发明协会后,及时与他们取得联系,寄送材料,并请他们参加活动。经过多年的努力,广西壮族自治区发明协会作为全国31个省市自治区中的第29个省市级发明协会终于成立。为此,中国发明协会领导特别到会表示祝贺和支持。

七、给发明人一些实际的帮助

在我国目前市场经济秩序尚存在比较严重的混乱现象的情况下,一些不法之徒往往利用发明人急于转化其成果或获得什么奖的心理,大肆进行欺骗活动。2003年以来,这些不法之徒胆子更大,竟盗用国际组织名义甚至盗用中央在人民大会堂召开重要会议的场景(故意弄得模糊不清),以发大奖、授荣誉称号为诱饵,招揽发明人参加他们的活动。在我们接到发明人打来的询问电话及其收到的邀请信函之后,立即与不法之徒所在地发明协会取得联系,请帮助核实并向上级主管部门报告。在查清事实真相后,我们与"科技日报"联系,在该报显著位置予以曝光,并电话告知有关发明人。既有力地打击了不法之徒的欺骗行为,也避免了发明人上当受骗。

2003年7月是五笔字型问世20周年纪念。为了让社会了解王码集团20年来持续作出的一系列重要发明,总结宣传他们走过的历程,积累的经验,9月3日在人民大会堂新闻发布厅举行了纪念五笔字型问世20周年"王码走向国际研讨会"。各有关方面领导、发明人、企业家、投资商和新闻界的朋友300多人出席了座谈会。这次座谈会的召开收到了好的效果,在业界产生了热烈的反响。

上海一位有影响的发明人近年来又作出了一项重要发明,为了取得专家的认可并经过必须的程序,尽快将发明成果推向市场,这位发明人请求协会给以支持和帮助。为此,协会帮助他从北京请了专家到现场进行实地考察,对发明成果给予了实事求是的评价肯定,并提出了不少很好的建议。目前,协会正在积极帮助这位发明人将其成果推向市场。

八、组织出国参展和发展与境外组织的交流合作

虽然组团赴巴黎参展活动因"非典"原因未能成行,但协会仍然积极开展对境外的交流活动。2003年7月组织了25个项目参加了首届汉城国际学生发明展览会。由于参展项目水平较高,受到了主办单位的热情称赞,全部项目均获奖,其中金奖10项,银奖9项,铜奖6项,我会还获优秀组团奖。

聂力常务副理事长于10月22日会见了新到任不久的香港生产力促进局主席梁君彦、总裁杨国强、副总裁姜永正博士一行。在共叙友谊的同时,双方就在新形势下如何加强合作的问题交换了意见。

在第14届全国发明展举办期间,倪志福、聂力等协会领导还会见并宴请了新当选的韩国发明振兴会会长、台北市发明者协会会长、香港发明协会会长,增进了友谊并为进一步加强交流与合作创造了条件。

综上所述,在国家科技部、国家知识产权局和全国总工会的大力支持下,在协会理事会、常务理事会,尤其是倪志福理事长的领导下,经过各地发明协会、单位会员、个人会员的共同努力,一年来协会的工作是有成绩的,影响力也在逐步扩大。今后,我们要继续按照倪志福理事长的要求,认清形势,拓展视野,把握机遇,进一步增强责任感和使命感,找准切入点,在促进科技创新方面发挥我们应有的作用。

国际保护知识产权协会(AIPPI)中国分会(第五届)

会　　长　王景川
常务副会长　马　跃
副 会 长　段瑞春　沈仁干　田力普　蒋志培　安青虎　李　勇
秘 书 长　陆普舜
副秘书长　范汉云　文希凯　樊卫民
顾　　问　崔玉山　高卢麟　于友先　费宗祎　马连元　李必达　郭寿康

2003年,AIPPI中国分会主要开展了以下工作:

1. 部分会员参加了原拟于2003年4月24日~26日在北京举办的世界知识产权领导人会议及其产业和非政府组织论坛的工作;
2. 指定了参加2003年10月在瑞士卢塞恩召开的AIPPI执委会执委;
3. 数名会员以执委的名义参加了在瑞士卢塞恩召开的执委会会议及知识产权讨论会;
4. 完成180、181、182、183议题中国分会报告的撰写工作;
5. 与AIPPI日本、韩国分会商定2004年中、日、韩三国交流会将于9月在日本召开;
6. 首次派人参加177题《实质性商标法的协调》和185题《知识产权权利的实施》两个特别委员会的工作;
7. 2003年12月1日,分会网站正式开通。国家知识产权局局长兼国际保护知识产权协会中国分会会长王景川致词祝贺;
8. 2003年,吸收60多名新的会员入会;
9. 召开了五届三次理事会。

中国版权协会

名誉理事长　任建新　石宗源
顾　　问　(依姓氏笔画为序)
于友先　刘　杲　江　平
许力以　宋木文　柳谷书
郭寿康　黄曙海
理 事 长　沈仁干
常务副理事长　陈克勤　陈昭宽
副 理 事 长　(依姓氏笔画为序)
王化鹏　王自强　王庚年
刘春田　杨德炎　吴明山
陈建功　郑成思　赵大新
柳传志　蒋志培　廖　奔
秘 书 长　齐相潼
常务副秘书长　邹建华
副 秘 书 长　翟丽凤　张树英　邹　忭

中国版权协会2003年认真贯彻党的十六大精神,以邓小平理论和"三个代表"重要思想为指导,依据《中国版权协会章程》以及民政部批准的业务范围,积极开展版权宣传普及和专业培训,组织学术讨论和信息交流,推进版权社会服务、反盗维权等方面工作，同时，调整了协会日常办公机构，并开展了有效的工作。

一、加强协会组织建设

根据《最高人民法院对外委托司法鉴定管理规定》和协会工作的性质，向最高法院和北京市高级法院申报将中国版权协会鉴定委员会列入司法鉴定机构名册。为此，经征求有关方面意见，在原中国版权研究会鉴定委员会的基础上作了调整，制定了鉴定委员会章程、鉴定收费标准和鉴定人报酬支付办法等。最高人民法院于5月22日在《人民法院报》发布公报，将中国版权协会列入司法鉴定人名册。北京市高级法院也确认了鉴定委员会的司法鉴定人资格。

协会更名换届后，活动领域更大，任务更重，特别是我国加入世界贸易组织后，版权贸易活动不断增多，反盗维权的任务也越来越重。针对这些情况，协会调整了各专业委员会的设置。2003年经民政部批准，协会成立了版权贸易委员会、反盗版委员会。此外，为响应党的十六大提出的积极发展文化产业的号召，申请成立了版权产业委员会。目前，包括学术委员会在内，协会共有五个专业委员会，各专业委员会已陆续开展工作。

二、开展版权宣传普及

编印了中国版权协会宣传册，为扩大对外交流，编写了中英文对照的协会简介。协会会刊《版权动态》成为传递版权信息和联系版权各界的有效手段，协会秘书处设专人负责，按时出版，受到有关方面的欢迎。

2003年初，协会与中国知识产权研究会合作，并由千龙新闻网承办"中国企业知识产权保护水平调查"，活动结束后，写出调查报告，在网上正式发布。

《中国版权》杂志是中国版权协会主办的版权领域惟一的刊物。沈仁干主编提出，杂志不是为少数人服务的，要跳出小圈子，要让广大作家、科学家、艺术家来谈版权，设作者园地，要增加杂志的可读性。2003年杂志在内容上，一是增加了"人物访谈"栏目，采访了出版家聂震宁、书法家沈鹏、摄影家解海龙，书法家关东升等；二是栏目的设置和文章力求贴近版权实践，贴近产业发展，其中"案例分析""法官述评"栏目，依靠多年来在司法实践第一线工作的法官，选择具有影响和示范性的案例，形成固定的栏目；三是针对目前学术界关注知识产权及版权的讨论，主动地联系知名学者和一些活跃的年轻专家，积极参加各种学术活动，综合反映版权研究的新动态；四是在我国文化产业发展中积极探索版权保护的地位和作用，版权产业处于我国文化产业中的核心地位，政府大力推动文化产业，版权大有用武之地，刊物开辟了"产业报告"栏目，研究和探讨我国文化产业发展中的版权保护等问题。

三、开展专业培训

经新闻出版总署批准，2003年协会举办了音像、软件两个专业的版权合同培训班。培训班注重理论联系实际，针对音像和电子出版物以及软件行业的实际，介绍有关合同的法律法规、基础知识、主要内容、注意事项等，并做了案例剖析。

软件培训班是在国家版权局打击盗版软件专项治理行动期间举办的，课程设置包括软件著作权保护的法律法规和打击盗版软件专项治理及防止侵权的应对措施的内容，也请国家信息化领导小组办公室、信息产业部领导介绍我国软件开发现状、发展趋势及相关政策等，既解决版权保护最基本的合同问题，又深入到软件产业，密切联系产业实际，对此，学员普遍比较满意。

协会秘书处组建不久，通过开展培训工作，在组织、课程设置等方面不断摸索，积累经验，为今后的培训工作更加完善，打下基础。

四、举办版权研讨和交流活动

11月，在佛山举办了"实用艺术作品版权保护交流研讨会"。从1999年开始，国家版权局对实用艺术作品的版权保护进行了多次研讨，掌握了大量的材料。为筹备此次会议，协会负责人到福建、广东、江苏，浙江和上海等地进行了调研，为会议召开做了比较充分的准备。"实用艺术作品版权保护交流研讨会"于2003年11月15日～17日在佛山召开。来自全国18个省、自治区、直辖市的108名代表参加了会议。包括立法、司法和版权行政管理部门的领导，法律专家，律师和实用艺术作品的创作者及生产企业的代表。有23个单位或个人提交了有关材料(在会议的基础上准备编印《文集》)。国家版权局副局长沈仁干出席会议并讲话，对此次大会作了充分的肯定。

与中国电视艺术家协会卡通委员会和北京中视金网有限责任公司，在青岛举办"国际卡通艺术论坛"期间，共同主持了"动画作品版权交易会"，为推动动画产业发展和版权保护进行了调研和准备。

随着互联网、新技术应用的不断加强，网络及新技术引发的版权纠纷不断出现，为展开讨论并制定"信息网络传播权"法规作准备，在版权司的支持下，协会与《中国电子商务年鉴》编辑部共同组织了《数字技术对著作权制度的影响》文集的编纂工作。

与中国版权保护中心、江苏省版权局合作开展了"版权保护与版权产业发展"征文活动，并在

《中国版权》杂志上开设专栏。

五、反盗维权

支持知名人士——中国书法家关东升，反盗维权。“中国书法家关东升诉道·琼斯侵权案”由北京市一中院作出判决后，针对本案引发的作家、艺术家如何依靠法律维护自身的权益等问题，中国版权协会与民盟中央办公厅于2003年10月16日联合召开“关东升诉美国道·琼斯公司著作权侵权纠纷案座谈会”。国家版权局副局长沈仁干、民盟中央副主席王维城出席会议并讲话，民盟法制委员会主任黄景钧，文化委员会主任、作家梁晓声，中国版权协会副理事长、人大教授刘春田，北大副教授韦之等在会上发了言。

为维护创作者权益，推动动画产业发展，举办了“蓝猫”卡通维权座谈会。倍受媒体关注的国产卡通片“《蓝猫淘气3000问》被盗版侵权案”，11月5日由香港法院作出初审判决。以我国动画产业的版权保护暨“蓝猫”著作权案为例，中国版权协会和中国版权保护中心于2003年11月28日联合主办“维护创作者权益，推动动画产业发展”座谈会。国家版权局副局长沈仁干出席并讲话，中央政法委综法办副主任李宝柱，最高人民法院民三庭副庭长罗东川，以及人大法工委、国务院法制办、国家工商局、国家版权局版权司、全国扫黄办、音像司的有关领导出席会议。三辰影库董事长徐永光、湖南省长沙市新闻出版局副局长舒华在会上介绍了有关情况，中国视协卡通艺委会秘书长傅铁铮也在会上作了发言。中央电视台对座谈会进行充分报道，产生了广泛的影响。

在我国经济发展和对外开放不断深化的过程中，版权涉及的范围越来越广阔；在政府推动的文化产业形成与发展过程中，版权的作用也越来越重要。我国的版权制度已初步建立，如何扎根在中国的土地上，如何深入文化产业，推动产业发展，是当前十分迫切的问题。版权协会聚集了我国版权领域的专家、学者，联系着版权立法、司法和行政部门，面对权利人的利益和文化企事业的发展，版权协会在著作权法的实施和版权社会服务中的作用越来越重要。我们将与会员单位、理事及专业委员会密切联系，推动我国著作权法的实施和版权事业的发展，为我国版权事业发展努力工作。

中国专利保护协会(第一届)

名誉会长　徐匡迪　王　选　严义埙　姜　颖
会　　长　郭晓东
秘 书 长　胡佐超
副 会 长　(按姓氏笔画为序)：
于　勇　王兴旺　王雄姿　付　彦
闫希军　何士友　宋柳平　张千兵
邱则有　南存辉　贺志强　殷顺海
康克军　喻子达

2003年5月，在国家知识产权局及国务院主管领导的同意下，国家民政部正式批准成立中国专利保护协会筹备组。2003年10月9日，中国专利保护协会在京召开成立大会。

中国专利保护协会是在国家知识产权局和民政部主管下的民间团体，其性质既区别于中介机构又不同于一般行业协会，是为企业服务的非营利性组织。保护协会将站在企业的立场上，从企业利益出发，为企业谋利益，为企业说话，为企业办事。中国专利保护协会作为介于政府和企事业之间的非政府组织，成为政府与企业沟通的桥梁，以保证企事业单位在市场竞争中的合法权益，并促进企事业单位在知识产权法律的保护下健康发展。中国专利保护协会的成立是政府职能的转变，是政府管理企业专利工作机制的转变，是我国专利保护工作发展的一个重要进程。

中国专利保护协会将维护会员的合法权益，在公共服务的平台上，开展有效信息的交流、整合、分析、研究，提高会员自觉运用专利制度的意识与能力。对会员遇到的重大专利纠纷案件，保护协会将提供有别于司法和行政执法部门的法律援助服务，建立“诚信、公正、实效、创新”的服务信誉。专利保护协会的服务宗旨是：为企业说话，为企业办事，为企业振臂。

我国政府十分重视知识产权保护事业的发展，作为主管部门的国家知识产权局，对中国专利保护协会给予了宏观上的正确指导和政策上的大力扶持，使其得以迅速发展，并健康成长。

中国专利保护协会在国家知识产权局和国家民政部的指导下，将按照国家法律法规和章程的规定，建立自我教育、自我保护、自我约束、自我发展的机制，积极为会员开展各项服务工作。协会将加强行业自律，引导企事业法人会员依法管理，提高会员开展专利工作的水平，促进企事业专利工作的健康发展。为会员组织各种活动；为会员定期通报国内外有关工作动向及相关法律政策；举办各种培训班和研讨会，以及其他考察活动；向政府反映会员的意见和要求，促进国内专利保护环境的不断改善，增强会员与政府机构以及会员之间的联系，沟通信息、交流经验；积极开展国际企事业专利保护、管理的交流与合作，与国外同类组织交流和协调，保护我国企事业单位在国际市场竞争中的知识产权，并为之提供其他相关服务。

保护协会下设综合信息部、会员联络部、法律事务部、合作交流部。

2003年中国专利保护协会主要开展了以下工作。

一、协会成立

在国家知识产权局领导和有关部门的大力支持下，中国专利保护协会于2003年10月正式成立。按照法律程序，大会选举产生了协会的会长、副会长、秘书长和理事会。

中国专利保护协会是经民政部批准的社团法人组织，其业务主管部门为国家知识产权局。中国专利保护协会是以企事业法人会员为主的非营利、全国性社会团体，是为社会提供公正的公共服务的民间社团组织。

全国政协副主席、中国工程院院长徐匡迪，全国政协副主席、中国科学院院士、中国工程院院士王选，全国人大常委会委员、全国人大法律委员会委员、前国家知识产权局局长姜颖，全国人大常委会委员、全国人大财经委员会副主任委员严义埙担任了中国专利保护协会的名誉会长。

协会的成立，在社会上引起极大的反响。新闻媒体纷纷报道协会成立的消息；一些外国在华投资的企业发来贺电，并关注着协会的发展动态；国外相关机构也给予极大的关注，并借来华访问的机会拜会协会的领导。

二、协会工作

协会成立以后，协会工作人员接到并答复了会员和希望成为会员单位的大量咨询电话和信函。协会的工作开始走向正轨。

在完成会员基础建设的情况下，协会举办了第二次知识产权保护研讨会。研讨会邀请了WTO研究、法律以及国家标准方面的专家，针对目前我国企业面临的进入国际市场的风险，针对企业面临的知识产权保护问题以及产业结构调整中所遇到的标准中的知识产权问题，到会作了专题报告。从会后调查结果看，前来参加研讨会的会员和其他企事业单位的人士认为，这次研讨会的主题非常有针对性，并对研讨会给予了高度评价。

协会每月编辑出版《知识产权信息专递》(试刊)，从公共信息平台选取有针对性的信息重新加工撰写，讨论研究后写出评论。通过调查，会员非常欢迎该刊物为企事业会员提供的增值信息。

在国家知识产权局的帮助下，协会为了宣传我国知识产权保护的方针政策，将建设专利保护网。通过网络，协会与会员可以及时交流，会员需求直接快速地传递到协会，协会工作人员在第一时间给予会员最需要的帮助。目前网络建设初见成效，2004年初将与广大会员见面。

中国音乐著作权协会

中国音乐著作权协会成立于1992年12月17日。是由国家版权局和中国音乐家协会共同发起并经国家版权局2号公告批准成立的目前中国大陆惟一的著作权集体管理组织。主要管理音乐作品的录制权、表演权和广播权。

2003年，协会虽受SARS等多种社会因素的影响，但是，在主席、总常务副总干事的领导下，在全体员工的努力下，各方面的工作仍是稳步发展，取得了较好的成绩。

一、会员发展

截止到2003年底，会员人数3 200人，管理的音乐作品1 400万首。包括华纳、环球、索尼、BMG等国际著名公司在内的众多出版公司都委托协会在大陆管理其音乐作品，大大加强了协会的代表性。

随着协会的发展壮大，过去使用的数据库CISCOM系统已不能够满足国际标准及协会业务发展的需要。协会自2002年9月开始与CASH合作并签定协议，共同开发DIVA数据库系统。2003年9月初已成功地完成了旧系统转换成新系统的功能，实现了电脑系统的全面升级。随着DIVA系统程序的不断改进以及资料的补充及完善，该系统在不久的将来一定会成为全球最庞大、信息资源最丰富、数据处理最便捷的中文作品数据库。

为了更有效地保障会员的海外收益，根据多方提供的海外演出信息，再经会员核实作品资料，与10多个海外协会进行了作品资料的交换工作。本年度制作完成了71部电影、22部电视连续剧音乐提示卡(CUE－SHEET)资料。其中包括电影《和你在一起》、《苏州河》、《巴尔扎克与小裁缝》、《益西卓玛》，40集电视连续剧《大宅门》、21集《白领公寓》、18集《大雪小雪又一年》、100集《自古英雄出少年》等。

二、许可业务

2003年度共收取使用费2 750万元，比2002年增张了52%，是协会成立以来最高收费记录，使协会的收费额连续三年增长50%。

复制权的管理取得了较大的进展，尤其是在手机内置铃声方面取得了较大的进展。2002年提起的TCL移动通信有限公司侵权一案备受社会各界关注，加上良好的新闻宣传效果，促使很多国内外手机厂商向协会交付著作权使用费，在一定的范围内规范了市场。在广告和影视使用音乐作品方面也有较大的进展，协会在这两个行业中的影响也越来越大，为将来规范市场打下基础。

但在录音、录像、图书等传统行业,因受网络等新兴科学技术冲击及行业自身无序发展的影响,行业不是很景气,协会在这方面的许可收入呈现下滑趋势,明年协会将加强对此方面的管理力度。

2002年底,协会成功地与中国移动通信集团公司签署了合作备忘录,就网上使用音乐作品进行铃声下载涉及的著作权保护问题达成了共识。此举为2003年度网络方面的工作,特别是手机振铃下载的著作权保护工作的开展,奠定了坚实的基础。协会与众多的网络服务提供商签署了铃声下载许可协议,初步形成了一个公平环境下的网络音乐市场。

在表演权的管理方面,协会通过设在全国各地的17家地方办事处操作,在北京、上海、天津、内蒙、苏州、深圳、重庆、西安、四川、南京等地都取得了较大的进展。有众多的商场、酒店、歌舞厅、现场演出从协会取得了许可,共收取使用费300多万元。

三、法律诉讼

2003年涉及法律诉讼的案件17个。现已结案8个,8个正在审理之中,正在向最高人民法院申诉的1个。

受案的法院有:北京第一中级人民法院、北京第二中级人民法院、北京市海淀区人民法院、北京市朝阳区人民法院、天津中级人民法院、天津市高级人民法院、深圳市中级人民法院、广州中级人民法院、西安市中级人民法院、最高人民法院。

案件的类别有:电视剧使用音乐作品、出版MP3/VCD音像制品、引进版、手机内置铃声、儿童早教机、演唱会、商场背景音乐、卡拉OK歌厅。

涉案的当事人所在地:北京、天津、广东、福建、上海、湖北、河南、陕西。其中TCL手机内置音乐铃声侵权案、长安商场背景音乐侵权案、电视剧《激情燃烧的岁月》使用音乐诉讼案等,引起社会的广泛关注。先后在中央电视台的《今日说法》、《法制在线》栏目播出,平面和网络媒体也广泛作了报道,大大提高了协会的影响和知名度。

四、使用费分配

2003年由CASH和我协会共同开发的DIVA系统进行了最后的调试和测试工作。在此期间,CASH根据我协会的实际情况进行了大量的程序修改工作,使之更适应我协会的工作流程和分配规则。我们自己的分配工作也通过向海外协会的学习得到了进一步的完善,我们正在努力使分配工作向更加完善、合理、公正、公平的方向发展。

随着许可工作的发展和技术手段的不断进步,我协会的分配也在不断细化。在以前每年两次复制权、一次海外和一次表演权分配的基础上增加了每年两次的网络权分配,并将根据实际情况进一步使分配周期更加合理。2003年共投入分配2 750万元,其中200万元由海外协会进行分配。

(中国音乐著作权协会)

中华全国专利代理人协会(第六届)

会　长 高卢麟

副会长 吴秉芬　李　勇　李　强　丁英烈

顾　问 须一平　戈　泊　李雒英　金纪民

秘书长 袁　德

副秘书长 董马林　庄一方

常务理事 牛煜华　王雄杰　刘天语　刘激扬　许宗富　张天安　李　悦　杨学明　林柏楠　郑泰强　闻秀元　郭　防　郭晓东　谢丽娜　楼高潮

理　事(按姓氏笔画为序)

丁纪铁　丁英烈　丁洪学　丁　琛　万学堂　马　浩　马铁良　牛煜华　王达佐　王里歌　王明霞　王　勇　王晓彬　王雄杰　王　覞　王　魏　韦庆文　冯忠亮　史卫义　叶学军　白志斌　任　虹　刘小敏　刘天语　刘东升　刘　兰　刘　芳　刘激扬　安　丽　朱　源　许宗富　邬震中　何梅生　余　刚　吴秉芬　吴　磊　张天安　张　刚　张建成　张　怡　张松亭　张海旭　张爱群　张　慧　李　勇　李恩泰　李　悦　李　强　李德魁　杨学明　汪旭东　沈根水　肖剑南　陈纪纲　周春发　林柏楠　林建军　林德纬　罗建民　郑小粤　郑泰强　姚姣阳　赵　正　赵彦雄　赵　洪　赵蓉民　闻秀元　徐申民　徐小明　徐关寿　郭中民　郭　防　郭晓东　陶　涛　高卢麟　崔滨生　梁　挥　黄泽雄　温　旭　焦锋锐　谢丽娜　楼高潮　缪　蕾　蔡学俊　蔡晓红　樊　戎　魏启学

委员会

组织委员会　李　强　牛煜华

奖惩委员会　吴秉芬　郭晓东

国际合作委员会　高卢麟　李　勇

专家委员会　丁英烈　闻秀元

培训教育委员会　刘天语　楼高潮

费用协调委员会　王雄杰　郭　防

支持西部地区代理工作委员会　郑泰强

会刊编辑委员会　由会长、副会长及协会秘书处组成

2003年3月,中华全国专利代理人协会召开了第六次全国会员代表大会,选举了新一届的协会领导。2003年新机构、新成员在“热情服务,提高能力,倡导自律,规范管理”方针指导下,主要完成了以下工作:

一、完成秘书处交接工作

1. 完成与上届秘书长的工作交接;

2. 完成上届秘书长的离职审计,包括国家知识产权局审计和民政部二级审计;

3. 民政部办理法人变更手续;

4. 上报国家计委审批的收费许可;

5. 有关税务、银行等一系列变更手续;

二、建章立制工作

1. 根据民政部要求,协会成立党支部,董马林同志任党支部书记。

2. 根据需要,秘书处成立三个内设机构。

(1)综合部(部长王福盛)

职能:a. 处理日常事务性工作;

b. 会费收缴和财务管理;

c. 安排会务和培训班的具体组织工作;

d. 组织全国专利代理人考试及监考;

e. 制定物资、财务计划。

(2)管理部(部长董马林,副部长安京生)

职能:a. 发放代理人资格证书

b. 审核和发放代理人执业证书,办理执业证书的变更和回收;

c. 组织和制定专利代理人行业执业规范和道德标准;

d. 参与国家知识产权局领导的惩戒委员会工作,执行惩戒条例;

e. 执行专利代理行业的各种管理职能。

(3)对外交流及培训部(部长庄一方)

职能:a. 拟定专利年度执业培训计划;

b. 组织开展专利代理的执业培训;

c. 协助国知局专利代理人考前培训;

d. 开展专利代理人提高培训、国际培训工作;

e. 组织聘请教师;

f. 组织编写教材;

g. 编制国际交流和国际会议年度计划;

h. 负责与外国专利代理组织、国际专利代理组织的交流和合作;

i. 负责参与国际会议和国际活动的具体工作;

j. 办理相关的各种出国手续;

k. 负责学术交流和研究活动;

l. 负责组织研究知识产权法规和专利代理制度建设的意见;

m. 负责编辑《中国专利代理》刊物纸件和电子件;

n. 宣传代理工作;

o. 开展咨询工作。

3. 建立章程,使协会工作制度化、规范化

(1)制定“代理人换证办法”,“代理人执业证书管理办法”;

(2)制定协会网站管理办法;

(3)制定协会内部的各种管理规定。

三、自动化工作

根据在第六次全国会员代表大会上宣布的计划,实施以下自动化系统工作:

1. 建立 acpaa 网站,4月1日开通,作为信息平台,交流平台、管理平台、服务平台收到很好效果,已有超过3万人次的点击率;

2. 租用大型服务器,开通了 ADSL 线路、设立了大型电子信箱,已给每位理事、常务理事、副会长、会长各一个专用免费电子信箱;

3. 建立了准确可靠的全国专利代理机构和专利代理人数据库(多次校对和自校);

4. 建立开发了代理人执业证书打印程序和系统,同时购置了设备;

5. 建立全国专利代理机构查询系统和全国专利代理人电子执业证书查询系统;

6. 已完成为全国专利代理机构开发的标准管理软件。其内容包括:①标准管理软件;②装入有关该事务所的数据;③电子申请三合一。

四、培训工作

1. 基本思路

(1)送培训上门,就近培训,降低培训成本;

(2)初级、中级、高级多层次培训;

(3)利用地方培训设施和优惠政策,为我协会所用。

2. 培训计划

(1)在东、西、南、北、中规划九个培训基地:北京、广州、厦门、苏州、武汉、西安、昆明、大连、成都,分别利用当地培训中心、当地的优惠政策办培训班。

(2)把清华法学院作为高级人才基地(已签约):

a. 通过法学院进入清华前沿科学的院系学习;

b. 与美国 Franklin Pierce law center 有协议,可请对方到中国来上课、发证书(或美国证书),全部采用英语教学。

3. 聘用教师队伍

(1)形式:①专职和兼职相结合;②执法人员(包括审查、司法)和代理人相结合。

(2)来源:中法、高法,国家知识产权局、复审、审查部、代理人中的专家。

4. 举办了二期上岗培训班和二期执业培训班

五、国际交流

1. 3月,进行了"中日代理人协会"交流会和"中日韩三方代理人协会"首次交流会;

2. 6月15日组织41家涉外代理机构参加日本的2003年弁理士年鉴及上网站、把涉外代理机构推向国际市场。

3. 7月,协会与EPO国际合作部领导人会谈,争取与EPO的交流和沟通;

4. 9月召开中韩代理人协会交流会,请韩国代理人讲解电子申请;

5. 9月底与APAA三位副会长谈台湾问题,谈中华全国专利人加入APAA的问题。

6. 11月在厦门召开中日知识产权研讨会,会议内容以专利诉讼和专利战略为主,并取得圆满成功;

7. 11月,日本弁理士协会软件委员会访问本协会,双方交流软件与电子商务的专利申请问题;

8. 11月,日本《2003年弁理士协会年鉴》出版商访问本协会,研究合作问题。

六、承担软课题和建立高水平的代理国家队

1. 与广东省知识产权局联合研究开发"知识产权中介服务人才数据库"的软课题。

2. 在抗"非典"期间,为国家争取抗"非典"知识产权,建立一支抗"非典"国家队,取得很好的成效,得到国家科委的好评,并评出抗"非典"知识产权服务先进单位;

3. 与国家科技部沟通,正在建立一支为国家知识产权战略大目标服务的代理人队伍。为国家科技部确定的12个领域中的高技术获取自主知识产权服务。

七、全国专利代理人换证工作

全国有代理人资格的7 000人,有执业资格的3 700人,全部换证。现在,已申请换证的539个专利代理机构,共3 300人,全部完成审核、颁证工作,其相关信息资料进入全国专利代理机构数据库。数据处理,采用多重校核,本人网上校核后,打印颁证。全部上网入全国专利代理机构查询系统。

专利代理人的执业证书采用二证同步发放,即颁发纸件证件的同时,电子执业证公开上网。

八、强化行业管理

1. 对全国执业代理人进行全面整顿

在全国执业代理人换证过程中,通过重新审核和颁证,对全国执业专利代理人进行全面的审核和整顿。

2. 加强行业自律教育

在上岗培训中,增加了"专利代理管理办法""专利代理职业道德规范"的培训;使新代理人从开始工作就要"依法从业,按规办事"。

3. 多次召开协会会长会议研究行业管理

4. 处理参加APAA会议问题

首先协会发文要求专利代理机构和专利代理人不得参加APAA会议;对某个专利事务所参加APAA会议进行了通报批评;

5. 代理价格的标准调查(使用美元还是人民币作为基价)

九、组织专利代理机构和代理人参加专利代理管理办法和专利代理条例的修改

1. 组织了专利代理管理办法修改郑州讨论会;

2. 起草了修改意见,正式上报国家知识产权局;

3. 沟通法院等部门,力争专利代理人法律地位。

十、其他方面的服务和工作

1. 为将代理机构推向国际市场,将代理机构名录刊登入日本弁理士手册并上日文网站,制作英文网站,将其推向欧美市场;

2. 与日方出版商谈判,使每个专利代理事务所向日方支付出版费由400美金降至200美金;

3. 向国家知识产权局反映抗"非典"情况,争取到特殊司法救济;

4. 为代理人服务及向西部倾斜的检索卡;

5. 免费参加全国发明展览会;

6. 出版二期《中国专利代理》,重新设计、改版。

协会经过一年的努力,全面并超额完成了2003年所定计划,工作取得了很大进展。在2004年初的全国专利工作会议上,作了大会发言,向全国介绍了我协会的工作进展和经验。

应当说,协会2003年的工作仅仅是基础性的工作,要把协会做优做大做强还有大量的工作要做。我们将在全体会员的支持下在2004年把工作做得更好。

中华版权代理总公司版权贸易和版权代理工作的回顾与展望

中华版权代理总公司成立于1988年4月,是我国最早成立并开展版权代理和版权贸易业务的专业机构。十多年来走过了一段艰辛且富有意义

的路程。

一、祖国大陆与台、港、澳地区的版权贸易与版权代理

中华版权代理总公司从成立到1991年我国加入世界版权公约和伯尔尼公约前，这段时间的主要任务是为解决祖国大陆、香港、台湾三地之间版权交往中的问题，进行三地版权代理业务和开展版权贸易活动。向台湾、香港推荐大陆作家的作品，为大陆引进台湾、香港作家的作品，在大陆和台港架起了一座文化交流的桥梁。

在这段时间，我公司为大陆地区引进图书、音像作品达2 000余种，其中有台、港作家罗兰、席慕蓉、琼瑶、刘墉、梁羽生、钱穆、扶忠汉等人的作品。向台、港、澳地区推荐的作品达3 000余种。其中包括老一辈作家、学者和一大批有影响的中青年作家的作品，如鲁迅、沈从文、钱钟书、萧乾、巴金、老舍、茅盾、曹禺、郁达夫、丁玲、冰心、唐敖庆、朱光潜、张洁、王蒙、王朔、舒婷、斯好等。我国著名相声艺术大师侯宝林、刘宝瑞先生也将自己的相声作品委托本公司代理推荐。

由我公司推荐和引进的作品中既有文艺作品，又有学术专著，涉及众多领域。推荐的作品有：曹禺的《北京人》、钱钟书的《谈艺录》和《管锥编》、王蒙的《坚硬的稀粥》、王朔的《顽主》和《编辑部的故事》；还有《沈从文全集》；张洁、舒婷、斯好等的散文集；中央马列编译局翻译的马克思《资本论》三卷；广西教育出版社出版的《中韩经济产业体系年鉴》、《人民第一》。其他如《中国法律大全》、《藏经一百天》、《中国仙话》、《炼油工业加氢催化剂》、《中国服饰史》以及一些中医、中药、医疗保健方面的作品。

引进的作品有：《罗兰小语》、《罗兰散文集》等20余部作品；三毛作品全集；琼瑶作品集；廖辉英、古龙、梁羽生、席慕蓉等著名作家的多部作品；扶忠汉的《双向式英语》(先后印刷20多次)；台湾著名学者刘毅的《托福考试系列教材》十几种及几十盘录音磁带(为大学生所广泛阅读)。

除了开展版权贸易代理业务外，我公司还把维护大陆和台、港、澳著作者和作品使用者的权益作为重要任务，帮助著作权人解决了多起著作权纠纷。例如：《罗兰小语》盗版案、席慕蓉作品在大陆被侵权案等等。协助大陆和台、港、澳作品使用单位妥善处理相互使用作品的授权问题，例如：浙江文艺出版社、人民文学出版社、文联出版公司、时代文艺出版社等使用林语堂作品，沈阳鸿翔电脑影音公司使用台湾影视声像作品，北京儿童电视艺术中心与海珍宝公司、台湾王府公司与甘肃省音像出版社的版权授权等等。并为大陆和台、港、澳的作者追回数量可观的稿酬和赔偿金。

为了促进大陆与台湾著作权人和出版单位相互之间的版权交流，我公司还与台湾著作权人协会签订了相互合作、促进版权交流的协议。

我公司还积极协助地方版权机构开展版权贸易业务，先后帮助陕西、吉林、湖北、安徽、云南、辽宁等省举办了省级版权贸易洽谈会。大部分都取得了良好的成效，如1991年陕西的版权贸易洽谈会，与外商签订了123项版权贸易协定。有力地促进了地方版权贸易工作的开展。

中华版权代理总公司在这一时期按照新闻出版署和国家版权局的要求积极开拓，努力工作，在推动大陆与台、港、澳地区间的版权贸易，沟通版权关系和促进出版文化交流方面做了许多卓有成效的工作。同时，也为我国版权贸易工作的开展探索了路子，摸索出了一些经验。

二、开展国际间的版权贸易和版权代理

1991年，我国正式实施了《中华人民共和国著作权法》，随后又相继加入了《伯尔尼公约》和《世界版权公约》。我国版权保护工作走入法制的轨道并全面展开。为了适应新形势，国家版权局及时地作出指示，中华版权代理总公司的业务由大陆和台、港、澳地区转向全世界。由此，我公司的业务方向发生了明显的转移。在继续做好台、港、澳地区版权代理和版权贸易业务的同时，我公司开展了亚非和欧洲、美洲、大洋洲地区的版权贸易和代理业务，并在沟通国内外版权贸易信息，宣传版权法律知识，协调解决版权纠纷方面主动开展工作。

在代理的作品范围上也扩展到文字、美术、摄影、电影、电视、曲艺、舞蹈、音乐作品以及计算机软件等。

我们的工作得到了许多作家、翻译家、画家、摄影家、词曲作家、戏曲家、电影制片人和出版单位的支持，使版权代理工作的发展有了可靠的保证。

开展国际版权代理和版权贸易是一项十分复杂而且困难的工作。首先，我国版权立法时间不长，刚加入国际版权组织，版权保护工作在国内才起步，而国际文化出版界对我们又很不了解。我们一方面要积极宣传自己，一方面要了解世界，国外的文化出版界也在积极了解我们，版权代理的困难和机遇并存。

面对这种形势，我公司通过参加国际书展、组团出访、信息交流等方式与国外出版商、版权代理机构、著作者建立关系。相继与俄罗斯著作权协会、日本著作权联合代理公司签订了版权合作协议；又同美国、英国、德国、法国等国家的版权机构以及出版单位建立联系并开展业务。

到目前为止，经我公司代理的版权贸易业务

范围已包括：俄、日、英、法、德、韩、比利时、奥地利、以色列、意大利、瑞士、澳大利亚等国家和地区。其中，代理引进了俄罗斯的版权有3 000多种，俄罗斯较著名的近现代文学作品大多已经引进，其他国家的作品也引进上百种之多。

截至目前，据不完全统计，我公司引进国外作品达4 000多种，推荐国内作品5 000余种。这里面凝聚了我公司全体工作人员的辛勤劳动，同时体现了版权贸易和代理工作从无到有，从小到大，在我国发展壮大的过程。随着版权代理工作在国际文化交流方面日益发挥的重要作用，版权代理机构的作用越显重要。

三、经验与体会

中华版权代理总公司从事版权代理和版权贸易工作已经十多年。公司始终坚持将社会效益放在第一位，将开拓版权代理业务、促进文化交流、维护著作权人和作品使用者的权益、宣传普及著作权知识作为根本职责。我公司已培养出一支业务熟练的专业代理人员队伍，开拓了国际版权代理和版权贸易市场，在海内外建立起一批长期合作的版权贸易客户群。同时也取得了进行国际版权代理和版权贸易的经验。

1. 通过代理的方式进行版权贸易是一项特殊工作。形象地说，是一个担子挑两头，一头是权利方，另一头是使用者，只有平衡好两者关系，这副担子才能挑起来。因此，从事版权代理和版权贸易的工作必须有良好的政治素质和业务素质。

2. 通过版权代理机构进行的版权贸易收益和投入不成正比。一部作品代理成功后，代理机构的收益仅是权利人报酬的10%左右。然而，在版权代理工作过程中，从寻找选题、确定选题、联系授权、寻找使用者、协调权利方与使用方关系、签订合同、转付稿酬、转递样书、直到监督合同履行以及处理合同履行过程中出现的矛盾和问题，代理机构需投入大量人力物力，支付大量费用。因此从事版权代理工作必须将社会效益放在首位，以促进文化交流为根本目的。

3. 版权代理和版权贸易必须形成一套完整的法律体系和行为规范。近年来，我国的版权代理机构发展很快，已成立28家。版权贸易的发展也十分迅速，除了通过版权代理机构进行版权贸易外，各图书、音像出版社都可以与海外出版商和著作权人直接联系进行版权贸易。更有许多个人和单位自行从事版权代理和版权贸易活动。由于我国版权法规还不健全，版权代理和版权贸易工作行为规范也未形成，市场无序竞争给版权代理机构的发展带来了负面影响，因此，应当尽早促进版权代理社会规范。

4. 必须利用现代信息技术手段。当前，高新技术飞速发展，信息高速公路、网络传输、新的传播媒体的出现，对作品的使用方式带来极大挑战，同时也对版权代理和版权贸易的方式提出更高的要求。我们必须紧跟形势，服务于新技术条件下的版权使用方式。

5. 版权代理应当形成规模经营，在国际版权贸易市场上树立威信。我国的版权代理机构，发展时间长的已有十多年，短的也有三五年，目前规模都不大。国内的版权代理机构要发展，应尽快形成规模经营，形成"拳头"，增加实力，提高人员素质和专业水平，增强市场竞争意识，采取先进技术手段，提高竞争力。只有这样，版权代理和版权贸易工作才能取得长足发展。

四、发展与展望

2001年我国加入了WTO，对知识产权保护方面的相关法律和法规先后进行了修改，更加适应国际知识产权保护的规范。随着市场经济的深化改革和发展，版权保护在国际经济贸易中的地位也越来越明显。同时，我国文化体制的改革，也为版权代理工作带来了新的发展机遇。在这种形势下，中华版权代理总公司正在抓紧调整工作方向和经营战略，转变经营思想，提高服务意识，积极寻找快速发展的路子。

1. 中华版权代理总公司要以促进文学、艺术和科学作品的创作与传播，服务于著作权人及相关权利人和相关产业界为根本宗旨。以中介服务为基本工作方法，做文化交流的桥梁，版权贸易的纽带。

2. 中华版权代理总公司将以开放的思路、改革的意识，大胆创新、积极探索新形势下的版权代理之路。采取内改外联的方式，很快扩大规范、增强实力、拓展经营服务范围。

3. 中华版权代理总公司将以代理授权为中心，忠实的服务于权利人，为权利人经营和管理好版权权利，使版权权利得到最大的市场化，并通过版权权利的市场化产生良好的经济效益。

4. 中华版权代理总公司将采用信息化技术，建立著作者、作品使用者和版权权利内容数据库，建立版权贸易交易平台，逐步使版权代理服务实现信息处理，以更方便、更快捷的方式服务于广大著作权权利人和版权产业界。

中华版权代理总公司已经走过了15年的历史，为今后的发展奠定了良好的基础，我们希望通过不断地总结经验，调整思路，改革创新，取得更大的发展。

中国版权保护中心常务副主任
中华版权代理总公司常务副总经理 齐相潼

地方知识产权工作概况

北京市

专利工作

2003年是我国加紧制定和实施知识产权战略，大力推进知识产权的创造、管理、保护与利用的重要一年，也是北京市委、市政府加强知识产权保护，优化首都发展环境的关键一年。在这一年里，北京市知识产权局以"三个代表"重要思想为指导，坚持"发展是第一要务"的基本方针，紧紧围绕国家知识产权局有关加强知识产权工作的战略部署和北京市委市政府关于加快首都经济建设这一中心工作，挖掘潜力，加强管理，整合资源，科学指导，把首都知识产权事业不断推向前进，为优化知识产权保护环境和首都发展环境作出了积极贡献。

一、克服"非典"影响，促进北京专利申请量快速增长

2003年，北京市知识产权局克服"非典"疫情的不利影响，加大了对企业和个人发明创造的奖励力度，启动了奖励向国外申请专利的单位和个人的工作，相继出台了对专利试点单位的专利申请进行全额资助以及对获得国外授权专利的部分单位进行奖励的鼓励政策，有效地促进了北京专利申请量的增长。据统计，2003年北京市知识产权局共发放专利申请资助金526万元，资助专利申请7 226件。北京的年专利申请量达到17 003件，与2002年相比，增长了22.84%。其中，发明专利申请量高达7 833件，同比增长35.4%，实用新型6 665件，外观设计2 505件，与2002年相比，分别增长了12.58%和17.22%。

二、建立中关村国家知识产权制度示范园区，加强统筹协调，提升北京核心竞争力

中关村国家知识产权制度示范园区的构建，是国家知识产权局和北京市人民政府根据国务院《听取中关村科技园区建设情况汇报的会议纪要》精神以及首都高新科技产业发展战略的实际需要做出的重大战略决策。2003年10月，中关村国家知识产权制度示范园区正式对外挂版，中关村知识产权促进局、国家知识产权局北京专利代办处、知识产权巡回审理庭、市工商局驻园区商标办事处、北京市版权局软件登记中心和版权服务中心等6家机构进驻园区，面向中关村的高新技术企业群体开展知识产权相关服务。示范园区的建立，为加快北京高新技术产业的发展，提升北京核心竞争力，提供了有力的保障。2003年，北京市进一步加强了知识产权统筹协调，积极推动各知识产权办公会议成员单位和各区县的知识产权工作，形成了各部门相互协同的知识产权工作合力。

三、知识产权普法宣传有声有色，政务信息工作及知识产权国际交流与合作卓有成效

2003年，北京市知识产权局不断扩展知识产权宣传范围，积极摸索普法宣传新模式，在全市范围内开展了面向不同群体和不同层面的知识产权普法宣传工作，加强了对知识产权重大事件和工作动态的新闻报道，全年共通过电视、广播、报刊发布知识产权新闻宣传稿件170篇次。2003年，北京市知识产权局策划组织了"4.26"知识产权普法宣传等重大宣传活动，在典型事例和优惠政策的宣传上加大了力量投入，相继组织开展了《北京晚报》96万份知识产权宣传特刊"走"进千家万户，知识产权普法宣传进社区、进街道、进企业，在北京电视台播放知识产权公益广告和专题片——《知识产权在北京》，在北京电视台《北京新闻》节目后打出知识产权宣传字幕，认定首批知识产权示范校，以及面向两院院士的知识产权普法宣传等一系列宣传活动，将北京的知识产权宣传工作不断推向前进。2003年，北京市知识产权局对知识产权政务信息工作、网站建设以及知识产权国际交流与合作给予了高度重视，先后制定和实施了《北京市知识产权局政务信息工作管理办法》、《北京市知识产权局政务信息工作奖励办法》，使北京知识产权政务信息工作取得了突破性进展。2003年，北京市知识产权局共在局网站、《专利工作动态》和北京市政府《昨日市情》等载体上发布知识产权政务信息稿件400余篇，被国家知识产权局评为2003年全国知识产权政务信息工作先进单位。及时有效的知识产权普法宣传和政务信息发布与传播，为提高全社会的知识产权保护意识，优化首都发展环境，营造了良好的知识产权社会宣传氛围。与此同时，北京市知识产权局积极实施“走出去，请进来”战略，加强知识产权国际交流与合作，充分了解国际知识产权保护的最新形势，学习和借鉴美、欧、日、澳等国家和地区在知识产权保护及战略运用方面的有益经验，取得了丰硕成果。

四、构建政策法规体系，加强知识产权保护

为了给北京加快推进知识产权创造、管理、保护与利用提供有力的政策和法律保障，北京市知识产权局进一步加快了《北京市专利条例》的立法工作，制定了《北京市无冒充专利商场管理办法》、《北京市专利申请资助奖励办法》和《关于促进专利权质押和专利项目贷款的暂行办法》等一系列政策性文件，有效地促进了专利新技术的产生、管理与转化，进一步加强了专利行政执法，维护了首都的专利市场秩序。据统计，2003年北京市知识产权局共受理专利纠纷案件23件，审理结案29件，共立案查处冒充专利案件3件，行政罚款2件。为净化首都专利商品市场，杜绝假冒、冒充专利商品进入流通领域，2003年，北京市知识产权局与北京市商委共同认定了北京翠微大厦等51家大中型商场为北京市“无冒充专利商场”，使冒充专利商品从源头得到了有效控制。据抽检统计，北京流通领域冒充专利行为的比例已从1997年的25%下降至2003年的5.29%。

五、加强中介服务机构管理，提高知识产权服务水平

2003年，北京的专利代理机构总数达到123家，为加强对代理机构行为规范化、服务标准化的监管，北京市知识产权局组织设立了由专利管理人员和专利代理人协会资深人士共同组成的北京市专利代理人惩戒委员会，对专利申请人投诉的部分专利代理机构的违规行为依法进行了处理，有效地规范了北京的专利代理服务市场，维护了专利申请人的合法权益，为加强行业自律，提高北京知识产权服务水平和服务信誉，构建了良好的监督机制。

六、推动专利试点工作，促进专利技术产业化

2003年，北京市知识产权局确定了大唐电信集团、中星微电子公司、北新建材公司等100家企业为北京市专利试点企业，并对其主要领导和业务骨干进行了专利基本知识培训，使企业的专利保护意识和能力得到进一步提高。2003年，北京市知识产权局进一步加强了对专利实施资金的管理，优先支持符合北京产业发展方向的专利实施项目，并制定了对试点企业的专利申请费进行全额资助的优惠政策。据统计，2003年，北京市知识产权局共对23个专利实施项目进行了资金支持，并购置了七国两组织的专利检索数据库，为加强企业专利申请，开展专利战略研究，提供了有效的支持。与此同时，北京市知识产权局不断拓宽融资渠道，促进专利技术产业化。2003年，北京市知识产权局共推荐31家企业申请专利权质押担保贷款，帮助北京科净源公司等3家企业成功获得北京商业银行650万元专利质押贷款，有力地支持了7项专利新技术的产业化。2003年，北京市知识产权局共登记专利实施许可合同117份，合同成交额高达1.6亿元，其中实现合同68份，合同实现金额同比增长102%。

工作力度的不断加大和制度建设的日益加强，使北京知识产权的创造、管理、保护与利用取得了重要进展，科学运用知识产权战略，积极参与国际竞争，已经成为众多企业、高校和科研机构的共识。在“三个代表”重要思想指导下，在国家知识产权局和市委市政府的领导与支持下，北京的知识产权工作一定会更加卓有成效，一定会在“坚持科学发展观，全面建设小康社会”的伟大进程中作出积极的贡献。

（北京市知识产权局）

商标工作

根据北京市局2003年工作要点，商标处确定了2003年度工作仍以大力查处假冒商标和商标侵权案件为重点，特别是大力保护奥林匹克标志专用权。在京郊通过引导农副产品实施商标战略促进农村经济发展。主要做了以下几项工作。

一、按照工商总局的统一部署，组织了纪念商标法实施20周年纪念活动

1. 全市共组织不同层次的宣传、咨询、研讨、讲座活动20余次，受众达20 000余人。印制、发放有关商标法宣传材料150 000余份。通过发放宣传材料、展示驰名著名商标、进行真假商品对比，增加群众的参与性和互动性，提高了群众对商标法的理解。正在局长陪同商标局安青虎局长视察了西城、东城、海淀的咨询活动。

2. 为了营造宣传氛围，各分局组织企业在辖区主要街道和建筑物上设立了纪念商标法的广告牌、灯箱和条幅。据统计在全市范围内设置户外宣传广告66块、悬挂条幅130条、制作宣传展板71块。同时，充分发挥首都媒体集中的优势，通过广播电台、电视台、共播发新闻、专题、宣传口号114条次，利用报纸发布相关宣传内容共计33条。

二、继续加大对奥林匹克标志的保护力度

为纪念4月1日国务院《奥林匹克标志保护条例》实施一周年，商标处和奥组委法律部共同组织，在国家图书馆音乐厅召开了近千人的保护奥林匹克标志宣传动员大会，全市各主要商业企业、各大宾馆、旅游景点、市场主办单位及各广告经营单位，媒介单位的负责人参加了大会。有效地提高了全社会的奥林匹克标志保护意识。40余家新闻媒体做了跟踪报道。

2003年全年共受理奥组委投诉的侵犯奥林匹克标志案件45件，罚款53万元。其中海淀分局办理15件，罚没款34万元。占全市的64.15%。延庆分局加强对旅游景点的监督检查，多次发现和查处侵犯奥林匹克标志行为，累计罚款10 876元。朝阳、宣武、东城、西城分局保护奥运标志成效突出。在保护奥林匹克标志工作中，无论是奥组委投诉的还是各分局检查发现的案件，各分局都做到了件件有结果，件件有答复。奥组委对我局奥林匹克标志保护工作给予了较高的评价。

三、贯彻《中华人民共和国商标法》(以下简称商标法)及其实施条例，继续加大查办商标案件力度

2003年由于“非典”的原因，各项工作都不同程度地受到一些影响，但是全市商标监管干部坚决贯彻市局“干部不倒、工作不断、秩序不乱”的要求，在北京市局及分局的领导下，通过开展集中专项整治与狠抓商标大案要案。使2003年商标办案工作取得了较好的成绩。

1. 2003年共办理假冒商标和商标侵权案件1 036件，罚款526万元，没收销毁假冒侵权商标标识115万件(套)，查扣物资案值4 194万元，移送司法机关2案2人，办案数量比2002年减少200件，但罚款数额增加40%。

2. 全年共组织开展多次专项整治活动。为了配合支持世界知识产权领导人会议在北京召开，按照全国整顿和规范市场秩序领导小组办公室等五部委的部署，商标处组织全系统在3月底至4月初对全市开展了专项打假联合行动。在此次专项检查工作中，对全市1 002家大型商场、服装市场、小商品市场、星级饭店及印刷企业进行了检查。查获假冒注册商标商品5 756件(套)；立案104件，暂扣的假冒注册商标商品案值600余万元。

四、继续落实争创无假冒商标示范商场工作

配合北京局的食品安全工程，商标处在组织大中型商业企业争创无假冒商标示范单位的基础上，有针对性地对66家挂牌的“示范单位”中的36家商场制度落实的情况进行了检查。从抽查的情况看有关商场基本上都能按照要求建立商标档案，理清了各级代理关系，规范了供货商的经营行为。个别商场过去存在的如商品代理关系不清、注册证过期等问题得到解决。无假冒商场工作已经成为商业企业加强内部管理，树立商业企业形象的一项有效措施。

五、充分发挥商标监管工作的职能作用，寓服务于监管之中

1. 各分局在商标监管工作中，积极发挥主观能动性，注重找好商标监管与促进辖区经济发展的切入点，帮助指导企业，培育区域性品牌。

2. 在涉农分局重点开展了引导农村经济组织注册原产地证明商标和集体商标的工作。目前北京市有效的农产品注册商标已达1 359件，2003年市局强调要在帮助引导农民把品牌做大做强，形成带动区域经济的龙头上下工夫。事实证明，及时注册和合理有效使用证明商标、集体商标和龙头企业商标对促进农村经济发展，带动农民共同富裕以及增加农民收入将起到积极作用。

六、加强信息和调研工作，抗击非典和基础工作两不误

1. 2003年全市商标监管干部认真落实市局党组“干部不倒、工作不断、秩序不乱”的要求，在非典期间狠抓了基础工作，大部分分局都通过多种形式对干部进行了业务培训。

2. 重视和加强调研工作，是提高业务素质，提升商标工作水平的重要手段。2003年各区县分局均加强了这两方面的工作。全年市局共收到各分局报来的信息541条。

3. 商标处编纂了《商标案例选编》，发到基层工商所，对于提高商标监管干部的执法办案能力起到了积极的作用。

七、为了促进中关村科技园区的知识产权工作，商标处配合市知识产权在示范园区设立了驻园商标办事处，为科技园区的企业提供优质服务，目前正在试运转中

以上是2003年北京市商标系统的工作总结，各分局在全面完成各项工作的基础上，各有突破和创新，主要是通过总结经验，加强各分局之间的交流与沟通，促进相互学习，取长补短，为做好2004年的商标工作打下良好的基础。

(北京工商行政管理局商标处)

版权工作

2003年，北京市版权局认真贯彻落实全国版权工作会议精神，紧紧围绕版权保护为经济建设服务的宗旨，以软件保护为突破口，努力开创著作权管理与保护工作的新局面。

一、制定政策 、规范管理

2003年是北京市版权局的“软件年”，为贯彻落实国务院《振兴软件产业行动纲要》精神，积极优化首都软件产业发展环境，北京市版权局将促进北京地区软件产业发展作为首要工作来抓，树立了版权保护为促进首都软件产业发展服务的理念，在软件保护工作方面取得许多突破。市政府高度重视软件知识产权保护工作，主要领导反复强调保护知识产权的重要性，并亲自部署落实工作，多次强调要把北京建成全国计算机软件保护最好的城市之一，并以政府令和地方立法形式制定北京市计算机软件保护办法，对软件给予重点保护，努力为企业创造最好的法制环境和市场环境。

1. 为更好地实施国家版权局、信息产业部、公安部、国家工商行政管理总局《关于贯彻落实〈振兴软件产业行动纲要〉打击盗版软件工作安排的实施方案》，北京市版权局、市科委、市公安局、市工商局共同调查研究，广泛听取有关部门及专家学者意见，研究制定了《关于加强计算机软件保护工作的意见》。2003年10月10日，北京市政府办公厅正式转发了这个文件，要求全市各部门认真贯彻落实。文件明确阐明了充分认识加强计算机软件保护工作的重要性，明确了保护工作的指导思想和工作思路，提出了加大打击计算机软件侵权行为力度、进一步推进计算机软件正版化、建立健全计算机软件著作权保护的社会监督体系和中介服务体系、鼓励对计算机软件著作权和软件产品进行登记保护等一系列加强计算机软件保护的主要措施。这是北京市在著作权保护方面颁布实施的第一个政策性文件。该文件是北京市出台的第一个全面贯彻落实著作权法的政策性文件。“意见”的颁布实施，为北京市规范版权行政管理，打击软件盗版行为，优化发展环境提供了良好的政策依据。

2. 颁布实施《北京市鼓励软件著作权登记办法》。通过该办法，向社会提出了对于本市软件著作权人的软件著作权登记，实行免收代办费和每件登记享受300元补贴的承诺。以此鼓励本市的软件著作权登记。

二、创新体制、健全机构

1. 转变政府职能，成立北京版权保护中心。2003年初，随着北京版权保护中心正式对外办公，局机关以往承担的涉外合同审核登记等项事务性工作划转到北京版权保护中心，版权行政管理和社会服务职能得到重新调整，政府部门将主要力量投入到应履行的社会监管上来。北京市版权局认真理顺管理思路，着重在做好规划、宣传、组织、协调、推动方面找准定位，在努力营造良好的版权保护社会环境、文化环境和市场环境上下功夫。该中心2003年共完成图书(期刊)引进版权登记9 000件，引进软件、电子出版物登记536件，进行作品自愿登记347件。

2. 大力推进版权行政管理体制改革，构建市和区县两级著作权行政管理机构。自1991年市政府成立版权局以来，北京市著作权行政管理和行政执法职能完全由市级版权行政管理部门承担。北京市的18个区县人民政府都没有执法权，由于监管不到位，许多地区出现管理的“真空”和“死角”。虽然经过十余年努力，但由于种种原因版权执法权下放始终未能实现。为了彻底解决这一问题，2003年下半年，北京市版权、科技、法制部门成立专题小组，进行了大量调查研究，提出了适应新形势、创新管理体制、构建两级执法体系的工作方案，并上报市政府。10月8日，北京市编制办、市版权局和市法制办联合签发了《关于由区县文化委员会承担本行政区域著作权行政管理职能和行政执法职能的通知》，决定进一步深化版权管理体制改革，依法对区县一级人民政府承担版权执法职能进行授权，从根本上解决了长期困扰北京市著作权管理“高位截瘫”的问题，使北京市改革版权管理体制迈出关键性一步。

3. 成立软件著作权登记办事机构。为了从根本上解决北京地区软件著作权登记难的问题，北京市版权局、市科委、中关村管委会共同研究提出了北京建立软件著作权登记机构的建议和工作方案。在国家版权局的大力支持下，8月5日，国家版权局和中国版权保护中心正式批准成立中国版权保护中心计算机软件著作权登记北京代办处，并正式对外挂牌办公，这也是国家批准成立的第一家省级代办处。该办事处依照国家版权局的授权，在中国版权保护中心的指导下，开展北京地区计算机软件著作权登记工作。按照市政府要求，在北京软件登记中心进行著作权登记的一律免收登记费，所有登记工作在20天内完成。

4. 集中版权服务资源，增强版权社会服务功能。为了方便权利人，北京市版权局整合全市主要的版权服务机构，将原分散办公的北京版权保护中心、中国版权保护中心计算机软件著作权登记北京代办处、中国音乐著作权协会北京办事处、北京版权保护协会反盗版工作委员会和北京版权代理公司等五大机构组合在一起，成立中关村版权保护中心。组成集版权登记、版权代理和版权保护功能三位一体的服务机构，软件产业发展的硬件环境得到进一步的改善。

三、政府带头，推动行业软件正版化

1. 市级机关带头实现软件正版化。为了给社会作出表率，继 2001 年对全市 67 家政府系列的委办局及有行政职能的局级事业单位计算机软件正版化之后，根据北京市市属部门软件正版化工作的整体部署，2003 年实现了市委、市人大、市政协、市法院、市检察院等单位办公软件正版化。通过两轮采购活动，北京市完成了市属党政机关服务器及客户端软件的正版化工作。政府采购的计算机办公软件主要涉及操作系统、办公套件、数据库、安全软件等四大类通用软件产品。

2. 普及版权知识，提高社会版权保护意识。近年来，北京市版权局除了日常的街头宣传、公益广告和电视专题节目等形式的宣传以外，还组织编写了《图解知识产权 ABC》、《版权保护宣传手册》等通俗读物予以免费发放。为提高企业版权意识，市版权局与北京软件产业促进中心和北京软件行业协会共同编写了《软件版权保护手册》，使软件企业和相关行业了解软件版权知识，清楚自己的权利和义务，利于进一步提高企业软件保护意识。

四、加大各类软件著作权侵权案的查处

2003 年，北京市版权局抓住重点，深挖根源，共完成著作权行政处罚案查办 16 件，罚款 42.3 万元。在办理的音像制品著作权侵权案及集中专项治理行动中共没收侵权音像制品 422 529 盘、侵权软件 60 余万张。在行政处罚的同时进行和直接进行著作权纠纷调解 16 件，共落实对著作权人赔偿 180 余万元。为了更好地整顿和规范市场秩序，北京市版权局重点把精力放在查办大案要案和有社会影响力的案件上，形成打击一个、警示一片的效果，北京市版权局集中力量加大对典型软件侵权案件的查处。

1. 龙发侵权使用软件案件。根据权利人举报，北京市版权局立案对龙发公司使用计算机软件情况实施现场检查。调查表明，龙发公司 9 个经营点 37 台计算机中正在使用的 14 种 119 件软件属于侵权复制，涉及对软件著作权人构成直接经济损害 100 余万元。2003 年 3 月对龙发公司作出了责令停止侵权复制使用计算机软件、罚款人民币 27 万元的著作权行政处罚决定。其中罚款决定在超过法定时限 25 天后得以执行，而民事赔偿问题经人民法院审理作出了 149 万元的判决。目前，该案经过几家报纸的适度报道和业内口口相传，已引起家装行业较强反响。

2. 新浪侵权传播软件案件。针对互联网上侵权传播作品现象渐趋严重的问题，北京市版权局加大监管力度，于 2003 年上半年查结了北京新浪互联信息服务有限公司通过信息网络侵权传播计算机软件案，这是北京市版权局针对网络领域著作权侵权行为下达的第二份处罚决定。新浪公司的案件是根据 2002 年 10 月 10 日 Final Data 有限公司(韩国)的投诉作出的。调查证实，新浪公司通过信息网络侵权传播了他人享有著作权的计算机软件。鉴于新浪公司的侵权行为在权利人敦促下已先期终止，决定从轻课以 5.7 万元的罚款。新浪公司经办案人员一个多月的调解和敦促，承诺以两种方式共赔偿权利人人民币 15 万元。与新浪案相关的赛迪公司因独立通过信息网络侵权传播上述软件另案受到查处。

以上处罚个案经多家媒体报道，在相关行业产生了巨大影响，这些案件的查处对同类侵权行为起到了震慑作用，对全社会起到了警示作用，著作权行政执法探索了经验。

五、继续推进行业软件正版化工作

根据北京市版权局针对企业最终用户软件正版化等工作的具体目标、措施，在前两年工作基础上继续从面上开展软件著作权保护工作。根据印刷排版系统国产软件在国内的优势地位，以及北京地区印刷企业逐渐走向规模化、正规化的趋势，于 2003 年 4 月 14 日以北京市新闻出版局、北京市版权局名义向 1 800 余家在京印刷企业下发了《关于在印刷企业中贯彻软件条例推行软件正版化的通知》。“通知”的下发，为整个印刷行业软件正版化打下了基础。目前，正抓紧收集、汇总“通知”下发后的反馈信息，并对部分企业进行了软件正版化工作的劝导。下一步拟对印刷行业内侵权严重、又消极对待正版化推进工作的企业实施行政处罚，并结合相关媒体的多角度报道，使该行业的正版化推进工作有实质性进展。

2003 年 10 月份，北京市版权局委托北京电子商会计算机行业分会对在京计算机企业预装软件的情况又做了一次全面深入的调查、摸底，并提出了巩固整治成效的具体要求。被调查的企业包括联想、清华同方、北大方正等知名品牌电脑企业 30 家，清华紫光、TCL、恒升等品牌笔记本电脑及服务器的生产、销售厂商 10 余家。调查结果显示，众多品牌电脑企业在预装软件时均自觉经过授权合法使用了国产 LINUX 系统软件，其中八亿时空、金博士电脑等 10 余家电脑企业合法预装该

软件的比重占到了总预装量的90%以上。另据行业协会了解,若干企业根据客户需要预装 Windows 等软件时也基本实现了正版化。上述企业对该次调查积极配合,主动落实协会要求,并提出大量有利于推进正版化工作的意见。此次调查表明,在多方努力下,电脑企业预装软件的正版化状况已有明显改善,成绩喜人。尊重他人知识产权,奉行诚信原则的经营理念已在众多电脑制售企业中逐步树立并巩固下来。

六、开展打击软件盗版专项治理行动

2003 年 9 月至 12 月,在国家版权局的统一指挥下,北京市版权局联合市科委、公安、工商等部门制定并实施了“枫叶行动”——2003 年北京市打击软件盗版专项行动计划。三个多月时间,北京市各部门密切协作、共同努力,出动执法人员 15 000 人次,集中清理大型电子市场 22 个,查缴盗版软件 60 余万张,软件市场秩序明显好转,电脑制售企业预装软件的整治成果得到进一步巩固,打击终端用户非法复制软件的行动得到进一步推进,针对网络领域传播作品行为的版权监管逐渐深入,打击软件盗版专项治理行动取得预期成效。12 月 18 日,在北京亦庄经济开发区对“枫叶行动”收缴的盗版制品进行了大规模的集中销毁活动。

(北京市版权局)

天 津 市

专利工作

2003 年,天津市知识产权局以促进技术创新、增强天津市经济、社会可持续发展能力为目标,坚持为广大企事业单位及社会公众服务为宗旨,围绕天津市重点行业、支柱产业、高新技术领域,充分发挥政府的宏观管理职能,积极推进天津市专利事业发展,在政府相关部门的协同配合和全市企事业单位的共同努力下,战胜和克服非典造成的困难,圆满完成了既定的各项工作。天津市知识产权局还光荣地被评为 2003 年全国专利工作先进局。

一、专利申请数量与质量稳步提高(见天津市 2003 年专利申请授权状况)

天津市 2003 年专利申请授权状况

		总累计	当年累计	按三种专利分类			按申请人分类					
				发明	实用新型	外观设计	非职务发明	职务发明				
								小计	大专院校	科研单位	工矿企业	机关团体
申请	数量	37 570	6 812	3 328	2 713	771	3 358	3 454	436	193	2 791	34
	比例			48.9%	39.8%	11.3%	49.3%	50.7%	6.4%	2.8%	41.0%	0.5%
授权	数量	19 456	2 505	241	1 547	717	1 536	969	175	97	675	22
	比例			9.6%	61.8%	28.6%	61.3%	38.7%	7.0%	3.9%	26.9%	0.9%

呈现的主要特点:

1. 连续快速增长,两年实现专利申请量翻一番

2003 年天津市专利申请量在 2002 年大幅增长的基础上,保持了快速增长的势头,再次取得较大幅度提高,专利申请量达到 6 812 件,同比增长 27.1%。居全国各省、自治区、直辖市第 11 名(含港、澳、台,其中台湾省为第五名),各主要指标均进入全国前十名。通过两年的努力,天津市专利申请量实现翻一番,成为近年全国专利申请量增长最快的地区之一。全年授权量为 2 505 件,累计授权 19 456 件。

2. 发明专利成为天津市专利申请的主要构成

2003 年天津市发明、实用新型、外观设计专利申请分别为 3 328 件、2 713 件、771 件,其中发明专利申请所占比重达到 48.9%,成为天津市专利申请量的主要构成。与 2002 年相比,2003 年天津市发明专利申请量同比增长 60.8%,超过全国平均增幅 18.2 个百分点,发明专利申请量居全国第五名。

3. 职务专利申请首次超过非职务专利申请

2003 年天津市职务专利申请 3 454 件,占当年专利申请量 50.7%,首次超过非职务专利申请,职务专利申请所占比重进一步提高。与 2002 年相比,2003 年职务专利申请同比增长 45.2%,超过全国平均增幅 19.1 个百分点,职务专利申请量已升至全国第八名。

4. 企业专利申请的主体地位逐步确立

2003年天津市企业专利申请2 791件,占全市年专利申请量的41.0%、职务申请量的80.8%,企业专利申请的主体地位已初步确立。天津市企业专利申请与2002年对比,同比增长48.8%,超过全国平均增幅26.8个百分点。企业专利申请量居全国各省、自治区、直辖市第八名。

二、知识产权保护环境建设有了初步进展

依法起草的《天津市专利保护办法》已被列入市政府规章计划;"调处专利纠纷网络请求"和"假冒、冒充专利网络举报"系统正式开通;依据与五部门联合签发的《关于印发〈关于打击侵犯知识产权违法犯罪活动保护公民法人和其他组织合法权益的实施意见〉的通知》开展专项治理活动。与北京、上海等16个省市的知识产权局签订《省际间专利行政执法协作协议》,建立了省际间专利行政执法协作机制。专利执法手段逐步实现了从单一执法向联合执法、从单一城市执法向省际间协作执法的根本性转变,为营造本市优良的经济运行环境作出了贡献。

以队伍建设、制度建设为重点,以提高试点单位运用知识产权能力和专利申请数量为目标,强化目标管理的工作思路。全面推进区县专利工作试点工作,区县专利管理工作体系初步建立。

三、专利技术实施转化效益显著

与农业银行天津分行签订了《专利权质押担保银政合作框架协议》,目前已确定5家企业筛选入围。开展了"天津市专利奖"评审活动,确定了全市20项重点专利实施项目,天津市××××公司荣获全国专利金奖。

专利项目产业化初具规模,形成了以自主开发为主,技术引进为辅,产业化规模不断扩大,经济效益不断增长的态势。据天津市知识产权局对全市专利实施的抽样调查显示,在实施的1 090项专利项目中,年新增产值超百万的472项,新增产值768 355.7万元,较2002年同比增长48.4%;新增利税96 239.5万元,较2002年同比增长70.4%。

四、企事业单位运用知识产权制度的能力有所提高

以提高试点单位运用知识产权能力和专利申请数量为目标,强化目标管理的工作思路,在几个企业中开展了专利试点工作,各单位按照试点工作的要求,都制定了与本单位相适应的工作制度,逐步将专利管理工作纳入企业开发、生产、经营、销售、对外谈判等各个环节。多数试点单位建立了信息数据库或建立了定期检索专利信息的制度。通过试点,试点企业专利申请量大幅增长,2003年专利申请将达到600件,同比增幅接近50%,增幅高于全市的平均水平。天津天士力集团有限公司被评为全国专利工作先进单位。

组织、指导工程机械研究院等五家企事业单位,完成了企业层面的专利战略研究课题,探索出一套开展企业专利战略研究的方法,为推动全市更多重点行业、企业开展专利战略研究奠定了示范基础。

五、知识产权服务体系框架初步建立

知识产权服务体系框架初步建立主要包括:成立了知识产权服务中心、知识产权司法鉴定中心、天津仲裁委员会知识产权咨询接待站和天津市知识产权司法鉴定中心,首家涉外专利代理事务所也正式挂牌。

出台了《天津市代理机构暂行管理办法》,成立了天津市专利代理惩戒委员会,制定了《天津市专利代理惩戒委员会工作规程》。

六、知识产权宣传工作普遍开展

全年举办了各级领导干部知识产权专题讲座、各类知识产权宣传普及和学习活动,全年有4 000余人次参加。据不完全统计,全年在各类媒体刊登了知识产权方面的报道200余篇,取得了积极的宣传效果。国家教委还正式批准在天津设立高等教育自学考试知识产权管理(本科)专业,使天津市知识产权教育逐步走向了正规。

(天津市知识产权局)

商标工作

2003年的商标工作紧紧围绕年初提出的工作思路,认真贯彻十六大精神,以三个代表为核心,充分发挥商标监管职能,坚持宣传、服务、保护并举,以增强企业和全社会的商标意识为目标,以驰著名商标企业和大中型骨干支柱企业为重点,以严厉查处商标假冒侵权行为为手段,紧紧围绕营造宽松的工商政策环境,高效的优质服务环境和公平的竞争交易环境开展各项工作。商标系统主要做了以下工作:

一、开展商标法规宣传,促进全社会特别是企业商标意识提高

2003年的商标管理工作紧密结合天津市实施经济发展三步走和推进五大经济发展战略的实际,市局和各分局充分利用报纸、电视、电台等新闻媒体、设点咨询、走访企业等各种机会大力宣传商标法，提高全社会特别是各类企业的商标意识。

一是大力开展商标法宣传工作，进一步提高了企业和全社会对商标知识的了解和认识。在世界知识产权日期间，市局组织蓝天集团、郁美净集团等九户企业在新闻媒体上专刊发表实施商标战略促进企业发展的经验材料，收到了良好效果。二是深入开展重点企业上门服务活动，结合争创驰、著名商标工作，市局和各分局先后走访了东洋油墨公司、圣发烛业公司、渤海证券有限责任公司等525余户重点企业及北辰区政府、建材业协会、武清自行车行业协会等有关方面，宣传申请认定著名商标和注册集体商标、证明商标的重要性，促进企业对无形资产的资本化运做。三是及时帮助指导企业解决实际问题，在获悉桂发祥商标在加拿大被抢先申请注册后，在北京尚未解除“非典”控制的情况下，市局领导亲自带队到商标局汇报，研究出我国商标主管机关出函解决此事的方案办法；对国内企业抢注天津市黄瓜研究所“春一”、“春二”等商标事宜，为维护著名商标企业的合法权益，也专门与商标评审委进行汇报协调，得到了企业好评。

二、开展了首批著名商标的复审和第三批著名商标的认定工作

在广泛征求社会意见和有关部门及行业协会意见的基础上，对天津市首批著名商标申请延续认定的96件和新申请认定的56件商标，按规定程序予以认定。新认定的47件著名商标，产品规模较大的28件，其中经济指标处于全国同行业前列的7件，主要经济指标处于本市同行业前列的19件，获得本市百强私企称号的2件。截至目前，天津市已累计认定有效著名商标212件。通过开展著名商标认定工作，有效加强了对著名商标的宣传和保护。据初步调查，天津市1999年认定的首批著名商标，70%的企业生产经营规模呈上升和发展趋势。84户企业的95件商标合法权益也在商标异议、争议和司法审判中得到了及时有效的维护，占著名商标的45%。

三、建立快速反应机制，加大商标专用权保护力度

商标办案工作按照年初制定的工作方案努力建立快速反应机制，进一步树立服务意识，提高商标执法工作水平，继续狠抓大案要案，依法严厉打击侵犯商标专用权和奥林匹克标志专有权的行为。

1. 建立全市商标管理企业联系点、商标管理市场监测点及工商所联系点网络，提高商标行政执法效能。一是加强与重点企业的联系和对重点市场的监测。建立企业服务联系点210户，作到专人负责，保证24小时热线联系，及时满足企业商标专用权保护的需求，帮助企业维权50余件。二是以大型批发市场和商品集散地为重点，建立商标管理监测点42户，定期联系反馈场内重点销售商品商标使用情况，掌握商标假冒侵权的特点、动向，有针对地开展专项治理，发现案件线索30余件。三是确立了42个工商所为商标监管业务下所试点单位，积极发挥工商所作用，不断完善商标监管体制，使工商所逐步承担起对企业注册商标使用的管理、未注册商标使用的检查和商标印制企业的管理工作，并在辖区内分局商广科的培训指导下参与办理商标假冒侵权案件。全市各级工商行政商标系统通过建立企业联系点，市场监测点和工商所商标监管试点网络，共为企业服务办实事1 630件(包括帮助企业到外地打假)，查处商标违法案件53件，罚款总额70.3万元。

2. 积极做好日常商标案件的投诉、举报和大要案件的查处工作。按照市局2003年工作部署的要求，各分局采取主动出击与受理投诉相结合的办法，认真查处大案要案特别是侵犯驰名、著名商标案件。2003年全市各级工商行政管理机关商标系统共查处各类商标违法案件418件，比上年同期增长2.1%。收缴和消除违法商标标识65万件，同比减少35%。罚款总额264.4万元，同比增长34.3%。收缴直接用于商标侵权的模具、印版11件。罚款额万元以上的大要案件94件，罚款额在10万元以上的3件。

3. 适时开展专项治理和集中清理工作。全年共集中清理和专项治理四次，主要是以食品、药品和其他关系人民生命安全的商品为重点和侵权较严重范围较大的案件，进行了集中清理和开展专项治理活动。全市各级商标系统执法人员共出动2 100余人次，出动车辆460余台次，检查各类商场、市场950余户，检查各类商品27 630余件，收缴侵权物品8 583件，收缴和消除商标标识4.1万件，查处各类商标违法案件103件。有效地遏制了侵犯他人注册商标专用权行为。

四、加强基础工作，使商标管理工作再上新台阶

会同天津局信息中心对商标管理软件进行了进一步完善并投入使用，对微机操作人员进行了培训，提高了相关人员的操作水平，提高了商标管理水平和效率。结合新商标法和商标法实施条例的施行，开展了对市局和东丽、河东、河北等分局的相关人员的培训，提高了相关执法人员的业务水平和能力。

（天津工商行政管理局商标监管处）

河北省

专利工作

2003年,河北省知识产权局在国家知识产权局及省委、省政府的正确领导和大力支持下,努力克服"非典"影响,在知识产权法规体系建设、管理机构队伍建设、推动专利技术开发及其产业化、依法行政、宣传培训等方面均取得了良好进展,较好地完成了年初制定的各项任务目标,知识产权工作为促进全省经济、社会持续发展发挥了积极作用。

一、多部门协调运作的知识产权管理格局已基本形成

河北省知识产权局一是6月份联合省公安厅、省工商行政管理局召开知识产权保护工作联席会议,就进一步加强河北省有关部门间的协作配合,建立预防、打击知识产权违法犯罪协作机制,共同做好知识产权司法和行政保护工作达成了广泛共识。二是会同省科技厅、省公安厅、省农业厅、省工商行政管理局、省新闻出版局、省政府法制办公室等六个部门,召开省知识产权办公会议、办公室组成单位协调会议,统一了与会单位的思想,明确了有关单位知识产权管理工作的责任和目标,为省知识产权办公会议制度的启动奠定了基础。三是会同省发明协会、省科技厅、省教育厅、省人事厅、省总工会、共青团河北省委等七部门联合开展的"第四届河北省发明创造优秀青少年奖"评选活动取得圆满成功。四是与省发明协会、河北电视台联合开办的《发明空间》电视栏目已播发50多期,在全省乃至全国产生了较大反响。

二、专利申请量、授权量保持稳定增长

2003年,河北省专利申请量、授权量保持了稳定增长。据统计,全省全年专利申请量5 623件(同比增长9.1%),其中发明专利989件,占18.8%,实用新型专利3 277件占58.3%,外观设计专利1 357件,占24.1%;非职务发明专利4 437件,占78.9%,职务发明专利1 186件,占21.1%。职务发明专利申请中,大专院校92件,科研单位80件,工矿企业1 001件,机关团体13件。截止2003年12月底,全省累计专利申请达49 846件。

2003年,河北省授权专利3 572件(同比增长6.6%),其中发明专利273件,占7.6%,实用新型专利2 195件占61.5%,外观设计专利1 104件,占30.9%;非职务发明专利2 660件,占74.5%,职务发明专利912件,占25.5%。职务发明专利授权中,大专院校30件,科研单位59件,工矿企业809件,机关团体14件。截止2003年12月底,河北省累计专利授权达30 310件。

三、宣传和培训工作有效开展

一年来河北省知识产权局组织开展的宣传和培训活动有:

1. 3月20日,组织召开河北省知识产权宣传培训工作会议,对全年工作进行了安排、部署,表彰了一批在宣传、培训工作上有突出贡献的先进个人,同时为"河北省新世纪巾帼发明家"颁发了奖品和证书。

2. 组织开展了向全省各市县"四大班子"领导赠送《中国知识产权报》活动,共赠报432份,使省、市两级四大班子领导实现人手1份。

3. 6月30日~8月10日,联合法制办、工商局、版权局举办了有121 049人参加的河北省"古城杯"知识产权法律知识百题竞赛活动。省、市两级实行公务员管理的单位绝大部分参加了本次竞赛。参与者当中党政干部占55.3%;企事业单位人员占43.8%;社会公众占0.9%。这次活动无论是从组织形式、组织程度上,还是从活动规模、活动效果上,都取得了新突破,积累了新经验,受到国家知识产权局领导的好评。

4. 10月28~31日,联合省科技厅举办的由80多名县长、市、县科技局长、省科技厅处长参加的河北省县处级领导干部知识产权培训班取得圆满成功,赢得了省科技厅领导的高度评价。

5. 7月21~25日联合国家专利局文献部举办的由110多名企事业单位管理骨干参加的"河北省企事业单位专利文献应用与信息检索培训班",深化了知识产权工作,提高了企事业单位利用专利信息资源的能力和水平。

另外,为加强全省专利行政执法队伍建设,分别在廊坊、承德举办了两期专利行政执法人员培训班,培训各市、县专利行政执法人员200余人。

据统计,河北省一年来共举办大型知识产权宣传活动28次,《中国知识产权报》、《河北日报》、河北电视台等省部级报台刊播河北省专利宣传稿件62篇次,市级报、台刊播230余篇次。

四、知识产权法制政策环境得到明显改善

修改后的《河北省专利保护条例》已于2003

年11月29日经省人大十届六次常委会审议通过，在知识产权法规政策和知识产权管理体系上，形成一套比较完整的机制。一是增加了改革科技计划管理体制，把知识产权管理纳入科技计划管理工作全过程的条款。二是增加了充实各项科技管理工作的知识产权内涵，将知识产权作为重要内容纳入科研计划项目评审、高新技术企业资格认定、科技奖励评审的条款。一些市、县和企业相继制定了加强知识产权保护工作的意见或激励政策。

五、专利行政执法取得新成绩

为全面、深入贯彻落实全国整顿规范专利商品市场经济秩序工作会议精神，河北省成立了整顿规范市场经济秩序工作领导小组，制定了2003年整顿和规范市场经济秩序工作计划，为进一步完善公平竞争的市场经济秩序提供了保障。2003年“3.15”打假活动中，省、市知识产权管理部门积极与公安、工商、技术监督等部门联合，对商场、集贸市场进行查处，既净化了市场又起到了宣传作用。

在专利行政执法工作中，河北省知识产权局重点抓了秦皇岛、衡水、承德三个专利行政执法试点市的工作。同时，也加强了对其他市专利行政执法工作的指导。据不完全统计，全省共立案调处专利纠纷案件49起，查处假冒、冒充专利案件76起，有效地维护了市场经济秩序，保护了专利权人和社会公众的合法权益。

六、专利技术实施和产业化效果突出

2003年专利技术实施和产业化重点抓了列入河北省科学技术研究与发展计划的“纳米硅胶弹压触头一体化门极装置”、“6MY88－17B毛刷锯齿轧花机”等7项重大专利实施项目和2001年列入国家知识产权局“促进专利技术产业化示范工程”的4个项目。在本年度的项目管理中，河北省知识产权局贯彻执行2003年4月科技部下发的《关于加强国家科技计划知识产权管理工作的规定》的通知精神，要求项目承担单位要具备完善的知识产权管理制度，有专门的管理机构和管理人员，有用于知识产权管理和保护的工作经费，为项目指定知识产权协调员，在项目执行过程中跟踪该领域的知识产权动态，及时采取措施调整研究方向。由于采取了这些措施，实施项目不仅取得了较好的经济、社会效益，同时也提高了实施项目的创造性和知识产权产出能力。

七、国家知识产权局石家庄专利代办处取得初步成效

石家庄代办处于6月23日揭牌正式运行，半年时间内受理专利申请1 343件（省内951件，省外392件），其中发明266件，实用新型791件，外观设计286件；受理专利收费2 638笔，收费95万余元。国家知识产权局在年度工作检查中，对石家庄专利代办处工作给予了充分肯定。

八、改制后的专利代理机构呈现好的开局

各专利代理机构完成脱钩改制。2003年河北省专利代理机构共代理专利申请1 989件。受理的其他业务量为：专利无效22件，专利诉讼25件，专利转让10件、办理许可3件，复审2件，专利咨询二千人次以上。为强化对专利代理机构的管理，按照国家知识产权的工作部署，9月1日至10月31日期间，河北省知识产权局组织全省14家专利代理机构及专利代理人进行年检。各专利代理机构及专利代理人均符合要求，全部通过年检。

（河北省知识产权局 贾向东）

商标工作

2003年，河北省商标广告管理工作以邓小平理论和“三个代表”重要思想为指导，认真贯彻党的十六大和中央经济工作会议精神，解放思想，实事求是，与时俱进。大力整顿和规范市场经济秩序，加大执法力度，严厉打击商标侵权假冒和虚假违法广告行为；推进名牌战略实施，为营造统一开放、竞争有序的市场秩序做出了积极努力，取得了显著成效。2003年主要抓了以下几项工作：

一、商标管理工作

1. 加大商标执法力度，严厉打击商标侵权假冒行为。为深入贯彻《中共中央关于完善社会主义市场经济体制若干问题的决议》精神，认真落实国家工商总局“商标管理要以商标办案中心”的总体要求，加大了商标执法力度，特别是加强了对驰名、著名商标和国际奥委会徽记侵权假冒行为的查处。据统计，河北省2003年共查处各类商标违法案件1 698件，其中商标侵权假冒案件655件，商标一般违法案件1 043件，收缴和消除违法商标标识164.5万件（套），销毁侵权物品21.53吨，罚没款421.5万元。

该局的主要做法是：一是将商标办案工作作为规范和整顿市场经济秩序和行政执法的一项重要任务常抓不懈。要求市、县商标管理部门把主要力量用在商标办案上，积极指导、配合基层工商局、所，大力推广巡查制，主动出击，开拓案源，做到及时发现、及时查处、及时结案。二是重点做好对办案工作的指导和督查工作，及时答复市、县局有关商标办案的请示,同时对省局交办的案件加强了督查力度,限期用书面形式报告查处结果。2003年省局书面答复商标办案请示23件,向各市下达督办通知书12件,在规定期间内做到了件件有结果,对有重大影响的案件派人督察办理。三是加强商标案件查处工作的协调配合,形成查处商标案件的合力。进一步加强了省际之间的协调,特别是加强与北方十省市、区商标保护协作单位的密切合作,签署驰著名商标保护协议,配合办案,加强了对河北省企业的保护力度。四是加大对工商所办案的指导力度,提高工商所商标办案水平。利用召开全省商标广告管理会议,对基层工商所办案工作进行了部署,要求各地市商标广告管理部门积极指导配合基层工商所,结合企业巡查制,扩大案源,进一步推动了工商所商标办案工作的开展。五是重点打击针对奥林匹克标志和徽记的侵权假冒行为,对该类违法行为严惩不怠,有效促进了奥运会市场计划的启动,保证了河北省乃至全国的知识产权保护形象。

2. 强力推进名牌战略实施,大力鼓励、扶持民营企业争创驰著名商标工作。2003年国家对驰名商标认定和保护办法作了重大调整,河北省局及时适应新的形势和要求,依照各案认定、突出保护的原则,向国家工商总局申请认定驰名商标申请8件,其中5件有望于2003年底被认定为驰名商标。

河北省局向省政府起草了《关于培育民营企业品牌工作的报告》,确定了11家民营企业作为重点帮扶对象。目前,河北省13件驰名商标中有5件归属于民营企业,新申报认定的8件驰名商标中有5件是民营企业的,2003年新认定的111件著名商标有45%隶属民营企业。

依据《河北省著名商标认定和保护条例》的规定,对127件新申请认定著名商标的材料进行了审核,依照法定程序,认定111件为河北省著名商标;同时对2000年认定的已到期限的138件著名商标予以延续认定。到目前为止,河北省有效著名商标总数已达397件。

3. 适应新形势,转变商标监管方式,严厉打击商标非法印制行为。2003年下半年对所有印制单位进行了一次商标印制专项检查,结合基层工商局、所,加强了对所有印制单位的日常巡查,对发现的非法印制假冒侵权商标标识案件从重从严处理,扩大了商标印制监管的广度和深度。

同时大力加强企业商标工作,努力提高企业商标意识。各地在大力抓好商标监管的同时,深入企业积极宣传商标法律法规,帮助引导企业注册自己的商标,并指导商标知名度较高的企业,开展防御性商标注册。据不完全统计,2003年河北省发展注册商标近6 400件。

4. 积极推进、努力参与《河北省著名商标认定和保护条例》的修改工作,改善著名商标的立法保护环境。河北省局整合各方面意见,努力扩大著名商标的保护范围和支持力度,积极配合、参与省人大的有关工作,多次加班,几易其稿,起草了《河北省著名商标认定和保护条例》修改稿,努力为著名商标企业的发展营造良好的法律环境。

二、广告管理工作

1. 认真完成2002年度本级广告经营单位资格检验工作。截至2003年4月30日,省直广告经营单位共有275家参加了年检,并按照国家工商总局的要求统一换发了新的广告经营许可证。其中广告公司168家,其他媒体及事业单位107户。经统计,275家广告经营单位2002年度的广告经营额73 620万元,从业人员1 572人,媒体及事业单位广告经营额为62 538万元,是公司实体单位广告经营额10 082万元的6倍多。河北电视台一家的广告经营额近4亿元,占省直单位广告经营额的54.3%。媒体及与媒体有关的代理公司的经营额占全部经营额的85%以上。

2. 按照国家工商总局、卫生部、国家中医药管理局的工作部署,认真开展了对医疗广告的专项治理工作。根据三部局文件《关于规范医疗广告活动加强医疗广告监管的通知》精神,河北省局制定下发了《规范医疗广告活动,加强医疗广告监管,开展医疗广告专项治理实施方案》,并于2月26日召开了全省医疗广告专项治理工作电视电话会议。

3. 在防"非典"期间,严厉查处以防"非典"名义发布违法广告的案件。2003年4月29日,全省工商行政管理系统召开了"加强市场监管做好非典防治工作"电视电话会议,下发了"关于进一步加强市场监管严厉查处利用防治非典进行虚假广告宣传的紧急通知"。《通知》要求各级广告监管机关,要统一思想,统一认识,要站在政治的高度和对社会对人民负责的高度,立即行动起来掀起一个对有关防治非典商品和服务广告的监督检查高潮,对假借防非典名义,进行虚假夸大广告宣传、欺骗误导消费者的行为及时予以严厉查处。在防"非典"期间,全省共查处违法广告案件651起,案值149.98万元,罚没款81.02万元。

4. 进行药品广告和房地产广告市场专项整治活动。根据河北省政府下发的2003年整顿和规范市场经济秩序8个专项整治方案的部署,涉及广告处的有两项整治工作,一是配合省药监局药品市场专项整治,二是配合省建设厅房地产市场专项整治。为了配合搞好这两项工作,及时制定了《河北省工商系统2003年房地产广告专项整治活动方案》和《河北省工商系统2003年药品广告专项整治活动方案》，对这两项工作进行了全面部署。

5. 继续开展了对电视、报纸媒体广告的监测，加强了对媒体广告的监管力度。一是共发布监测通报12期，其中对全省日报、晚报、广播电视报抽查监测通报4期、对省会12家报纸监测通报4期，对省会电视媒体广告监测通报4期；二是通过监测对省会6家报纸广告违法率较高的媒体发出了行政告诫通知书，并责成石家庄市工商局对典型违法广告进行了立案查处。据统计，共立案查处广告违法案件178起，罚没款93.81万元。

6. 加大违法广告查处力度，强化广告监管工作。各市按照河北省局的工作部署认真开展了对违法医疗广告、药品广告、房地产广告的专项治理活动；在防"非典"期间，严厉查处以防"非典"名义发布违法广告的行为。同时，各市也加了对报纸、电视广告的定期监测，发现违法广告及时予以查处。据统计，2003年上半年共立案查处广告违法案件1 465件，罚没款564.079万元，其中医疗违法广告案件187件，药品违法广告案件235件，房地产违法广告案件40件。与2002年同期比较查处案件总数增加522件，同比增长55.4%；罚没款增加337万元，同比增长147.8%。

2003年河北省的商标广告管理工作虽然取得了一定成绩，但仍存在一些问题：一是商标广告管理部门的监管领域仍需进一步拓宽，执法力度尤其是针对媒体广告违法的处罚力度仍需进一步加大；二是对新时期广告监管新方式、新方法研究探索不够（如网络广告形式），监管方式与新形势发展不相适应；三是由于基层队伍机构设置的调整，基层商标广告管理人员减少，队伍素质亟待提高。上述问题有待在今后的工作中逐步加以解决。

（河北省工商行政管理局）

司法工作

河北省法院系统自上个世纪80年代开始受理知识产权案件以来，一贯重视知识产权的保护工作。由于知识产权案件属新类型案件，专业性较强，因而在开展知识产权审判工作的初期，省高院要求各级法院选派文化水平高、业务素质强的人员审理知识产权案件，并要求各地法院注意积累审判经验，培养和引进专业人才，为开创河北省知识产权审判工作的局面打下良好的基础。

伴随改革开放的进程，知识产权案件不断增多，为适应这一形势的需要，一些具备条件的法院成立了知识产权审判庭或合议庭，实现了知识产权案件的集中管辖。河北省共有11个中级人民法院，其中石家庄、保定、秦皇岛、唐山、邢台等地的中级人民法院设有知识产权审判庭。河北省高级人民法院由民三庭负责审理知识产权案件，该庭设庭长1人，副庭长2人，现有审判人员15人，其中博士2人，硕士7人，大学本科学历6人。

2003年，全省法院全年共受理知识产权案件237件（含旧存案件48件），其中石家庄中级人民法院受理知识产权案件数量最多，全年共受理各类知识产权案件84件。在各级党委的正确领导下，全省各级法院和从事知识产权审判的法官开拓进取、共同努力，审判了一批在社会上有影响的知识产权案件，维护了知识产权权利人的合法权益，树立了河北省法院系统公正司法、廉洁高效的形象。

一、秉公办案，确保司法公正

2003年河北省法院全年审理的知识产权案件日渐多样化，涉及专利、著作权、商标、技术合同、商业秘密、不正当竞争、计算机软件、植物新品种、网络域名等多种纠纷，其中不乏专业性强、法律关系复杂、审理难度大的案件。对部分专业性强的案件，审判人员能做到虚心请教，广泛听取各方面的意见，采取走访有关部门、召开专家学者论证会或研讨会等措施了解相关专业知识，并建立了委托技术鉴定制度，使审判人员能对专业技术问题作出正确的判断，保证了案件审理的客观公正。在审判中，审判人员努力工作，严格依法办案，重事实，讲法律，不搞地方保护主义，不办关系案、人情案，极大地树立了河北省法院系统公正司法的形象。

二、追求程序公正和审判效率，推行当庭宣判

在知识审判中，全省法院积极探索审判方式改革，力求程序公正与实体公正的统一，为此建立了一系列制度，包括：庭前证据交换；庭前调解；落实公开审判制度，提前向社会公开开庭时间和地点；庭长担任审判长或直接承办案件；和新闻媒体建立信息沟通渠道，自觉接受新闻监督，同时加强知识产权保护的宣传，等等。为解决审判效率不高问题，河北省高院在全省推行民事审判当庭宣判制度，河北省高院民三庭在实施这一措施上身体力行，共有18件案件当庭结案，在全省起到了模范带头作用，受到当事人的好评。

三、树立精品意识，提高裁判文书质量

通过组织法律文书的讲解、研讨等多种形式，探讨裁判文书的写作方法，强化裁判文书中对证据采纳、事实认定和适用法律的解释说明部分内容，使法官的审理过程中的思维逻辑清晰地展现出来，既便于接受当事人和社会的监督，也便于当事人接受裁判结果。全省知识产权案件裁判文书的质量,较之上一年度有大幅度提高。

四、加强知识产权审判队伍建设

全省各级法院一直重视知识产权审判队伍建设,采取灵活多样的形式提高审判人员的业务水平。省高院举办了数期知识产权培训班,并于7月份与河北省知识产权法学会联合组织了《专利权的司法与行政保护》研讨会,这些措施都极大地促进了全省知识产权审判水平的提高。全省各级法院还创造和提供各种条件,支持审判人员攻读硕士、博士学位,现在有大量的从事知识产权审判的法官在外进修和学习,为全省知识产权审判工作的进一步发展提供了人才上的保证。

2003年全省法院共受理一审知识产权案件193件（包括旧存案件45件），其中专利案件74件，著作权案件40件，商标权案件26件，技术合同案件36件，其他案件17件，审结155件；受理二审知识产权案件44件（包括旧存案件3件），其中专利权案件8件，著作权案件4件，商标权案件5件，技术合同案件12件，其他案件15件，审结37件。分析2003年的知识产权案件，有如下特点：

1. 全省知识产权案件数量较少,但呈明显上升趋势。与经济发达地区相比,河北省知识产权案件数量不多,这与河北省整体经济水平不高有很大关系,有的欠发达地区全年内竟无一件知识产权案件。但是,随着近年来河北省改革开放的意识不断加强,部分地区的经济日趋活跃,企业和公民的法律意识日益增强,知识产权保护政策和司法判例的广泛宣传和报道,对知识产权案件数量的上升起到了强有力的推动作用。

2. 专利案件数量最多,但整体上专利技术含量不高,争议标的较小。知识产权案件中,专利案件所占比例最大,约占三分之一。但从实际情况看,所涉专利方面绝大多数是实用新型和外观设计专利,科技含量低,市场价值不高。造成这种状况的原因是,民间拥有数量巨大的专利,但是在依靠科技创新和将高新技术转化为现实生产力方面,还存在着不足。

3. 著作权案件上升幅度大，案件类型增多，著作权案件数量较之往年有大幅度的增加，而且所涉内容除传统的书稿、图片著作权案件外，还涉及雕塑、计算机软件、光盘等著作权纠纷。这一方面说明，文学艺术界、科技界人士维护自己知识产权的意识在全面提高；另一方面，一些单位和个人对知识产权法律知识的掌握水平和对他人知识产权的尊重程度还未达到应有的水平。另外，在与著作权有关的活动中，当事人对一些事项约定不明，也是引起著作权纠纷发生的重要原因。

4. 商标权案件增多,且涉案标的呈增大趋势。市场的不规范,诚信的缺乏,对制假贩假打击不力,是商标侵权案件增多的主要原因。在商标权案件中,原告请求的赔偿数额呈增大趋势,个别案件的索赔额高达近千万元。这说明伴随市场化程度的提高,企业对自己商标权的维护也越来越重视,商标作为无形资产的价值越来越得以体现,当然其中也有部分当事人对自己的商标价值估计过高。

5. 新型知识产权案件不断出现,法官面临知识更新的挑战。植物新品种纠纷、网络域名纠纷等这样的新型知识产权案件开始出现,审理这些案件不仅要求法官有较高的法律素养,还要求法官有对自然科学、社会科学有广泛的涉猎。法官面临着提高法学理论水平和完善知识结构的紧迫任务。

（河北省高级人民法院民三庭供稿）

山西省

商标工作

2003年,山西省商标监管工作,以“三个代表”重要思想为指导,紧紧围绕“增强五种意识,创造五个环境,促进经济发展”的工作主题,按照国家工商总局商标局总体工作要求和省局的具体工作安排,以保护商标专用权为核心,深入开展商标法律学习宣传,积极引导企业和个人注册商标,实施品牌战略,推进经济结构调整,同时,不断提高监管水平,加大执法力度,打击商标侵权假冒行为,有效地维护了市场经济秩序。一年来,全省商标工作战线上的广大干部兢兢业业,工作卓有成效。现总结如下：

一、以《中华人民共和国商标法》(以下简称商标法)实施二十周年为契机,认真进行商标法律培训,积极开展商标法律宣传

1. 认真进行商标法律培训学习。为了促进山西省各级工商行政管理机关的学习、培训工作,省局并于2003年8月份举办了由地(市)分管局长及商广科长、县局股(科)长参加的商标法律培训班,共培训干部180余人,邀请国家工商局商标局的专家授课,系统地学习了商标法,提高了商标监管干部的业务水平,收到很好的效果。

2. 积极开展商标法律宣传。一年来,在山西省局安排部署下,全省各级工商部门充分发挥新闻媒体作用,综合利用报纸、杂志、广播、电视、户外广告、板报、悬挂标语、横幅、设立咨询点、举办培训班等形式,有计划、有步骤地进行宣传,使商标法律深入人心。全省以市(地)工商局为单位,组织开展了《商标法》实施20周年纪念活动,分别邀请当地有关部门、行业组织、企业代表、著名学者参加,举办了形式不同的纪念活动。据不完全统计。一年来,全省共发放宣传材料40万余份,出动宣传车656台次,张贴标语、悬挂条幅1 162条,收到了较好的社会效果。

二、强化商标行政执法,严厉查处商标侵权行为,保护商标专用权

打击商标侵权行为,规范商标使用秩序是创造公平竞争、规范有序市场秩序的重要内容。山西省各级商标监管部门,以食品、药品、交通运输工具及其零配件等关系人民生产和生活安全的商标侵权行为为重点,对生产、流通、印制领域实施全方位监管,坚持日常监管与专项执法相结合,严厉打击侵犯驰名商标和著名商标专用权和其他商标侵权行为。

在国家取消商标印制许可制度后,工商部门对商标印制的监管方式发生了重大变化,全省各级工商部门及时调整工作重心,由过去的资格审核转移到日常行为监管上来,加强日常巡查工作,加大对商标印制企业的监管力度,严厉查处印制商标标识过程中的违法行为,杜绝假冒侵权源头。截止年底,全省共查处商标非法印制案件26件。

截止2003年底,全省共查处一般商标违法案件171件,商标侵权案件324件,罚款金额116.376万元,收缴销毁商标标识46.6余万套(件),没收销毁侵权商品15.42吨,没收、销毁专门用于制造侵权商品、伪造注册商标标识的工具35件(套)。

三、大力实施农副产品商标战略,促进全省农业产业结构调整

为了促进山西省农业产业结构的调整,服务农村经济发展加快农副产品市场化、商品化步伐,提高市场竞争力,省局2003年6月制定下发了《山西省农副产品商标发展战略实施方案》,在全省大规模地展开了农副产品商标战略工作。

全省各市工商局,抽调商标管理骨干人员,深入农副产品加工企业和农户,宣传普及商标法律知识,提高农副产品生产、经营者商标意识,同时对各地的农副产品商标注册情况,进行了调查摸底。

目前,山西省实施农副产品商标战略第一阶段工作已圆满完成,阶段性成果显著。据不完全统计,截止2003年底,全省共有农副产品注册商标2 624件,未注册商标227件,2003年新申请农副产品注册商标254件。同时为了更好地交流经验,促进工作,省局于2003年10月成功召开了"全省推进农副产品商标战略临猗现场会"。

四、加强对企业商标工作的指导,鼓励和帮助企业争创著名商标、驰名商标

针对山西省企业商标工作与经济发达地区相比相对落后,企业商标意识淡薄,不能适应当前形势发展需要的客观实际,山西省各级商标监管部门定期深入企业,及时掌握企业使用商标动态,发现和解决企业在商标使用方面出现的问题对企业进行有针对性的宣传、指导。在发展商标战略方面,积极帮助企业实施商标战略,确定重点企业和重点行业,进行重点指导、重点扶持,分层次指导企业争创著名、驰名商标。继2003年5月省局认定恒康等38件商标为山西省著名商标后,又有海鑫、银湖等15件商标申报山西省著名商标。同时三维集团、南风集团也正积极进行驰名商标的申报。

五、加强对基层商标行政执法工作的指导和全省大案要案查处工作的督查。近一年来,没有申请复议和提起诉讼的商标案件发生,确保了商标工作质量

为加强省际间商标监管工作交流、沟通与协作,加大驰名商标、著名商标省际间保护力度,山西省局成功地主持召开了北方九省(直辖市)、二市工商局商标办案协作会。会上,讨论并签订了《北方九省(直辖市)、二市商标保护协作协议》,受理了17户被侵权假冒严重的著名商标、驰名商标企业的现场投诉,交流了一年来商标办案工作经验和行政执法情况,交换了各自的商标管理的规范性文件和著名商标名单,探讨了在新形势下如何加强对驰名商标、著名商标的保护措施,研究了新形势下加强省际间商标保护的有关问题。

(山西省工商行政管理局)

版权工作

2003年,山西省版权局在局党组的领导下,按照国家版权局的部署和要求,抓著作权法律法规的宣传,开展打击盗版软件专项治理行动,抓盗版侵权案件的查处,推动版权贸易和各项版权管理工作的开展,取得了较好成绩。截止到11月底,查缴盗版软件12万余盘,受理盗版侵权案件9

起，结案5起；作品登记38件，版权贸易登记43件，代理登记计算机软件13件，代收报刊转摘稿酬上交中国版权保护中心30余万元。具体情况和做法是：

一、宣传著作权法律法规

宣传普及著作权法律法规，提高全社会的著作权法律意识，是版权工作的一项基本任务。2003年，《中华人民共和国著作权法》被列入省"四五"普法教育，省版权局和省依法治省办公室联合下发了《关于在全省开展著作权法律学习宣传教育活动的通知》，各市地和部分省直厅局按照《通知》的要求制订了在本地区和本部门开展学习教育活动的安排计划，把著作权法律法规作为一项重要的普法内容来抓好学习。其次，为配合报刊处对全省报纸从业人员的换证培训，对省内2 000多名新闻从业人员进行了著作权法律培训，此外，对部分出版社编辑人员、部分电脑和软件销售人员，也进行了宣传和教育。

二、开展打击盗版软件专项治理行动

2003年8月底，国家版权局发出通知，要求在全国开展一场打击盗版软件的专项治理行动。为此，省版权局于9月3日下发了《关于在全省开展打击盗版软件专项治理行动的实施方案》，经过必要的准备和发动之后，从9月9日正式展开大规模的查缴行动。这次专项治理行动，山西省版权局坚持以省城为重点，首先和太原市版权局共同对省城软件市场展开连续几天的查缴行动。接着，针对全省有9个地市没有版权管理机构的情况，由省局版权处逐一下到各地市，和当地文化新闻出版部门共同开展联合查缴行动。在对11个地市开展联合查缴行动的过程中，我们特别注意了舆论宣传工作，每到一个市地检查，都请当地报纸电视台等新闻媒体参加，及时报道宣传，使专项治理行动在全省造成了声势，扩大了影响，大大提高了社会各界对盗版软件危害性的认识。此次专项治理行动于10月底结束，历时两个月。全省共出动人员9 400余人次，车辆212台次，收缴盗版软件52 400余盘，取缔经营户16家，责令整改的27户，有效地遏制了盗版软件泛滥的势头，较好地规范了全省的软件市场。

三、查处盗版侵权案件

2003年下半年，山西省版权局接到举报，中国致公出版社严重侵犯山西省希望出版社、教育出版社专有出版权，出版了两出版社出版的《中学生英语日记选评》和《高中生英语日记示范大全》的盗版本。经和对方交涉协商解决无望后，2003年，山西省版权局对这两起侵权案件进行了查证落实工作，并向新闻出版总署图书司检举反映了致公出版社和无证经营的不法书贩合作买卖书号的问题。10月23日，总署根据山西省版权局的举报查证落实后，给致公出版社下达了违规通知单，要求他们对买卖书号的问题进行检查整改，新闻出版报也在头版作了报道，对图书出版业中的违规行为给予了有力的打击。

2003年7月份，山西省版权局接到上海立信出版社的投诉，反映太原立信会计学校连续5年将该社出版的《会计学原理》一书的盗版本作为教材卖给学员使用的违法事实。经立案后，山西省版权局两次对该校进行了突击检查，收缴了现场存放的盗版教材。此后，针对该会计学校法人代表在长达四个多月的时间里拒不提供盗版教材来源，拒不交待错误事实的情况，11月14日，山西省版权局对其下达了罚款5万元的行政处罚决定，并在省内报纸上公开报道，有效地打击了其发行盗版教材的不法行为。

此外，山西省版权局还受理了山西教育出版社就解放军长城出版社严重侵犯其专有出版权的投诉，在行政调解无效的情况下，已走司法程序起诉。一年来，山西省版权局共受理侵权投诉9起，目前已结案的5起。为规范出版市场秩序做出了努力。

四、推动版权贸易工作的开展

近两年来，山西省的版权贸易工作有了较好的发展，继希望出版社引进的《史努比》系列和《动物百科》成为国内畅销的品牌书之后，人民出版社在2003年引进的《中学生探索百科》也畅销全国。为了进一步推动版权贸易工作的开展，2003年3月份，省版权局联合省版权协会和省出版协会三家发出通知，决定于4月份再次召开版权贸易工作交流会。后由于"非典"的影响，会议推迟到8月份正式召开。在这次交流会上，各个出版社认真总结回顾了一年来各自开展版权贸易工作的情况、做法和经验，从而达到了互相交流，互相学习，互相促进的目的，大大提高了抓好版权贸易工作的自觉性。在随后北京举办的图书贸易博览会上，山西省引进输出版权的种类比2003年有了较大增长。仅是山西科技出版社就达成输出20多种书的版权协议。全省全年共引进输出版权43种，比2003年增长57%。

五、做好其他各项版权管理工作

2003年，为了简化行政职能，山西省版权局参照国家版权局的做法，把作品登记，版权合同登记等原属版权行政管理范畴的多项工作改到版权协会和版权事务所进行，这样既突出和强化了监管职能，也有利于此类版权管理事业的更好发展。2003年，山西省作品自愿登记38件，比2002年增长20%，版权合同登记43件，比2002年增长57%，报刊转摘稿酬收转继续维持在三十多万的较高水平上，受到了国家版权保护中心的好评。计算机软件代理登记和2002年持平，案件代理9件，已结案5件，向法院提起诉讼的两件，还在协商解决的两件。

六、2003年版权工作存在的问题

一是没有积极推动省级机关软件正版化工作，其次是著作权法的宣传力度还不够，三是对软件市场的查处时紧时松，不能常抓不懈。此外，背景音乐收费工作没有有效开展起来，这虽有非典的影响，但主要是抓得不力。这些问题，有待在新的一年里努力改进。

（山西省版权局）

内蒙古自治区

专利工作

内蒙古的知识产权工作在国家知识产权局和自治区党委、政府的正确领导下，围绕自治区全面建设小康社会，实现新型工业化的目标，充分发挥知识产权制度的作用，紧紧抓住“一条主线，两个重点”，强化与科技、经济的结合，为推进全区改革开放、科技创新体系建设、经济发展、投资贸易的知识产权保护环境建设作贡献，促进科技创新、经济和社会的发展。

一、发挥知识产权制度的作用，促进科技创新体系建设和经济发展

两年来，内蒙古自治区知识产权局深入贯彻国家“关于加强地方专利管理工作的若干意见”精神，把工作的重点进一步调整到为科技创新、经济发展服务上，强化知识产权管理和保护，积极推进区域制度创新，优化创新环境，使知识产权事业获得了长足的进展。

1．将知识产权工作与全区科技工作相结合，促进高新技术产业的发展

加快高新技术产业发展是内蒙古自治区实现走新型工业化道路的关键。内蒙古自治区知识产权局首先把专利战略推进工程列入自治区科技生产力布局136工程、5226科技计划体系中，在宏观战略层面上，实现了知识产权发展战略与科技发展战略的有机结合。通过组织实施自治区重点科技领域产业化专利发展战略研究，推进全区高新技术产业的自主知识产权化和自主知识产权高新技术的产业化，提升自治区五大科技领域产业化的自主知识产权优势和市场竞争力。在微观管理层面上，将知识产权管理工作融入科技管理工作的全过程中。建立了运用知识产权制度促进科技创新的利益激励机制，强化了自治区各类科技计划、项目承担单位自主知识产权的保护和管理，使知识产权工作贯穿于科技计划项目的申请立项、实施、验收和转化等环节的管理全过程。明确重大基础性研究和攻关项目以发明专利的获得为立项的目标和验收指标，科技项目可以列支专利申请费用和维持费用，并在科技三项经费中设立了对发明专利的资助基金。通过科技计划项目的实施和对发明专利的资助，有力地提高了全区自主知识产权的数量和质量。

在工作重点上，内蒙古自治区知识产权局加强国家专利试点城市、示范园区、试点企业、产业化示范工程以及自治区级专利试点工作的实施力度。集中精力，抓好国家级包头稀土高新区实施知识产权制度示范园区工作。包头稀土资源得天独厚，稀土科研开发力量雄厚，是举世瞩目的稀土工业基地，被誉为世界的“稀土之都”。作为稀土大国的主要资源地和产业化基地的包头稀土高新区，尽快实施知识产权制度示范，进一步改善包头稀土高新区招商引资环境，提高吸引人才和投资创业的能力，扩大利用国内外投资的规模，加快“二次创业”进程，形成外资密集、内外结合、带动力强的经济增长区域，是十分必要和紧迫的。目前包头稀土高新区已建立、完善了知识产权工作体系，着手制定示范园区政策规章，营造良好的知识产权法律环境；稀土知识产权信息网已经开通，开始为示范园区提供知识产权服务。包头稀土高新区积极组织实施知识产权战略，拥有自主知识产权的新经济增长点不断涌现，专利申请总量达800多件，其中稀土发明专利达120多件，有些已达到产业化规模。通过有效地发挥知识产权制度作用，2002年包头稀土高新区内的注册企业已达958家，实现技工贸总收入70.5亿元、财政收入3.1亿元。形成了以稀土原料——稀土功能材料——稀土功能器件等为龙头，生物医学工程、新材料、光电一体化和电子信息为主导的高新技术产业发展格局。

2．将知识产权工作与全区经济工作相结合，推进内蒙古名牌战略的实施

做大做强特色产业是内蒙古自治区知识产权

局实现新型工业化的根本途径。内蒙古自治区知识产权局把知识产权工作与自治区实施的180项工业重点项目建设以及电力、煤炭、化工和建材等传统产业的优化提升相结合，推进自治区名牌战略的实施。充分发挥内蒙古草原、耕地、森林面积和农畜产品绿色、纯天然、无污染的优势，全力打造草原绿色品牌，突出特色食品（乳制品、草原牛羊肉）、羊绒、制药（中、蒙药现代化、生物药产业化和兽药）、饲料（品质好、安全高效的配合饲料、浓缩饲料和添加剂混合饲料）等市场潜力大的产业，加快农牧业产业化进程，打造出自治区发展新型工业化的特色王牌。

在工作重点上，内蒙古自治区知识产权局选择"鄂尔多斯"、"伊利"、"鹿王"、"仕奇"、"蒙牛"、"草原兴发"、"河套王"、"宇航人"和"蒙西"等特色产业、优势企业和品牌，组织开展内蒙古特色产业、优势企业和名牌产品知识产权试点工作。通过试点工作引导和帮助企业强化专利、商标、原产地名称和商业秘密等知识产权的管理和保护，开展产业和企业知识产权战略研究。通过知识产权试点，做大做强一批特色产业、优势企业，创出一批著名品牌、驰名商标，鼓励名牌产品走向国际，提高内蒙古特色产业、优势企业和品牌的知名度和国际市场占有率。

内蒙古自治区知识产权试点鄂尔多斯羊绒集团是靠引进国外技术成长起来的大（企业）集团。近年来，企业已把知识产权工作融入技术创新全过程，形成了以自主开发为主，技术引进为辅的技术创新机制。企业集团中心设有知识产权部，组织开展企业专利战略研究，建立了专利产权管理制度和奖励制度，兑现与专利发明有关的奖金68万元。企业拥有专利34件，近三年专利技术产业化实现销售收入9亿元、利税2亿元。同时还拥有注册商标200多件，其中"鄂尔多斯"为中国驰名商标，无形资产价值达41亿元。

内蒙古自治区知识产权试点草原兴发股份有限公司是依托内蒙古草原畜产品资源发展壮大起来的大企业。近年来企业建立了博士后科研工作站，投入1 000万元资金，加大了草原品牌畜产品的深加工研究开发力度，获得13件原创专利，形成了企业的畜产品深加工专利和核心技术群。

内蒙古自治区知识产权试点内蒙古伊利实业集团股份有限公司是以开发液态奶、冷饮系列产品为主的企业集团。企业设有知识产权办公室，各子公司有知识产权专管人员，并由集团公司总裁垂直领导；并实现了知识产权战略与技术创新战略的结合，知识产权管理制度健全，建有知识产权信息管理系统；目前，企业自主开发技术占90%以上，企业拥有专利155件，近三年专利产品创新盈利8亿元。

二、加强与科技、经济工作的紧密结合，发挥知识产权制度作用

由于内蒙古地处边疆，科技经济欠发达，区域技术创新能力不强。面对国内外市场的激烈竞争，全区绝大多数企业还不善于运用或未掌握知识产权保护手段，只有少数大企业走上了运用知识产权制度求生存、谋发展的道路。在政府职能转变的过程中，如何从整体上推进制度创新，优化开放环境，促使技术创新主体在提高科技、经济产出能力的同时注重创新能力的产出提高，这不仅是自治区政府的中心工作，同时也是知识产权主管部门的中心工作。

面对新形势，内蒙古自治区充分发挥内蒙古知识产权局与科技厅合署办公的有利条件，把知识产权工作与科技创新、经济发展的结合作为工作的切入点，从专利事业的圈子中跳出来，把工作的重点调整到运用知识产权制度搞好社会公共服务和优化改革开放环境方面。通过运用发挥现代市场经济的基本制度——知识产权制度的作用，激活各类市场主体的积极性和创造性。运用知识产权制度这一机制调整市场行为，努力推进公平、合理的创新环境，优化吸引人才、吸引投资，推进区域科技创新和特色产业、优势企业发展的开放环境形成。

内蒙古自治区的知识产权工作以宣传培训为先导，坚持常抓不懈。两年来，在内蒙古电视台播出了《入世之际话专利》等多种题材的电视专题片，组织开展了宇航人杯有奖征文活动，举办了4.26世界知识产权日大型宣传庆祝活动。在全区范围内举办了不同层次的知识产权培训班15期，培训人员达1 500人。为适应我国入世后形势发展的需要，内蒙古自治区还在内蒙古大学开办了知识产权方向同等学历研究生班，自治区知识产权局和政府有关厅局、部门工作人员及专利代理人72名学员参加了研究生班学习。经两年的研究生班学习与实践，为自治区培养出了一批知识产权方面的中高级管理人才和专业人才。

为了进一步规范全区专利行政执法行为，树立执法新形象，出台了《内蒙古自治区专利行政执法工作规程》，并为全区专利行政执法人员统一着装和检索电脑配备。按照新《中华人民共和国专利法》的规定，内蒙古自治区积极组织专利行政执法活动，多次与工商局、公安厅在全区范围内组织开展流通领域冒充专利行为的市场检查和综合整治。另外，协同人民法院对近年来发生的几起重大、跨省的知识产权侵权案件进行了处理。

三、与时俱进，努力开创知识产权工作新局面

今后一个时期，内蒙古自治区知识产权工作将以十六届三中全会精神为指导，面对新形势，努力把握机遇，以构建与社会主义市场经济发展相适应的区域知识产权管理体系为基础，从实践出发，坚持有所为，有所不为，以加强与科技、经济工作结合，提高企业运用知识产权制度的能力和水平为重点，以形成拥有自主知识产权的产品群、产业群为主攻方向，全面提高知识产权管理和保护能力，优化知识产权法治环境，促进科技创新和经济发展。

强化知识产权工作与科技工作、经济工作的结合，紧紧抓住“一条主线，两个重点”，把知识产权工作融入科技领域产业化，特色产业、优势企业和名牌产品的技术创新全过程中。在国内外市场竞争中运营知识资产的能力及运用知识产权战略的能力。通过分类指导、加强服务，扶持一批能够运用知识产权制度、提高创新能力和竞争实力的知识产权密集区域和特色产业、优势企业和名牌产品不断地发展壮大。

召开自治区人民政府知识产权协调指导办公会议，修正职能，调整成员单位，建立工作制度，完善工作机制。统筹协调全区知识产权立法、执法和涉外知识产权事宜，营造有利于促进科技创新、经济发展的知识产权法治环境。落实《内蒙古自治区人民政府关于加强知识产权工作的意见》，研究制定《内蒙古自治区专利管理条例》，修订《内蒙古自治区查处冒充专利行为办法》，形成与国际接轨，符合现代市场经济的分配制度和经营管理制度以及知识产权管理和保护体系。

建立和完善内蒙古自治区知识产权服务中心、专利代理服务、知识产权研究会、发明协会等社会中介服务机构。围绕国家包头稀土高新区知识产权制度示范园区、特色产业、优势企业和高新技术产业发展，收集、储存国内外有关领域的科研、生产和应用等方面的信息，为全区提供专利代理、信息检索、咨询评估和知识产权战略研究等方面的服务。以知识产权中介服务机构为支撑，建立专利管理信息跟踪和预警机制，为科技创新以及国内外合作、贸易投资服务。

围绕内蒙古自治区知识产权的重点工作，加大知识产权的宣传培训力度。选派一批管理和技术人员，接受知识产权的专业培训，培养出一批懂业务、会管理、熟悉法律和国际规则，适应知识产权工作发展需要的复合型人才。

2003 年内蒙古自治区专利申请与授权量统计

数量单位：件

申请量	总累计数	当年数	发明	实用新型	外观设计
	12 424	1 394	242	716	436
	非职务发明创造专利	职务发明创造专利			
		大专院校	科研院所	工矿企业	社会团体
	1 018	6	11	357	2
授权量	总累计数	当年数	发明	实用新型	外观设计
	6 969	816	82	419	315
	非职务发明创造专利	职务发明创造专利			
		大专院校	科研院所	工矿企业	社会团体
	565	2	13	235	1

（内蒙古自治区知识产权局）

辽宁省

专利工作

一、综述

2003 年辽宁省专利申请量稳步增长，发明、实用新型、外观设计三种专利共申请 13 545 件，比 2002 年的 9 848 件增长 37.5%，位居全国第六；三种专利申请授权 5 656 件，比 2002 年的 4 551 件增长 24.3%，位居全国第七。由国家知识产权局、辽宁省人民政府、中国贸促会主办，国家知识产权局协调管理司、辽宁省知识产权局、辽宁省财政厅、大连市人民政府、中国专利技术开发公司承办的 2003 年中国专利技术与产平交易会品交易会在大连成功举行；会议期间的知识产权保护高层论坛影响广泛。葫芦岛专利技术园区成立后，经过近三年的建设与发展，园区已初具规模，征地一平方公里，基础设施建设也基本完成，16 000 平方米标准化工业厂房交付使用，创业中心大厦 8 000 平方米主体工程完成。北宁市、大石桥市、东港市三个专利工作试点城市工作进展顺利。沈阳金属所、大连化物所等科研院所的高质量专利申请大幅增长，已进入全国申请专利前 10 位的科研院所名单，分别列第三名和第四名。在国家知识产权局的支持下，辽宁省有近百名从事专利工作的人员接受了专利行政执法培训，专利行政执法水平和能力进一步提高。全省专利管理体系进一步加强，到目前为止，已有沈阳、大连、阜新等 8 个市成立了知识产权局，另有9个县(市、区)成立了县级知识产权局。

二、专利申请与授权

截止2003年末，辽宁省累计申请发明、实用新型、外观设计三种中国专利93 675件，累计申请授权51 621件。2003年当年申请13 545件，其中发明2 572件、实用新型7 868件、外观设计3 105件，个人申请11 199件、大专院校申请378件、科研单位申请486件、工矿企业申请1 365件、机关团体申请111件；2003年当年专利权授予5 656件，其中发明650件、实用新型3 891件、外观设计1 115件，其权属为：个人4 454件、大专院校114件、科研单位294件、工矿企业772件、机关团体22件。

三、专利受理

沈阳专利代办处2003年受理专利申请11 645件，其中：发明2 674件、实用新型5 914件，外观设计3 057件。在受理的专利申请中，辽宁省内的专利申请9 025件，占77.5%，其他省区2 620件，占22.5%。

四、专利技术实施与产业化

辽宁省在13户专利技术产业化示范企业中，形成了一批像沈阳协合集团、大连路明集团、营口盼盼集团、鞍山聚龙集团等依靠专利技术发展起来的企业集团。以大连路明集团为核心组建了“大连光产业园”，营口盼盼集团建设了“盼盼工业园”。据2003年的不完全统计，全省专利技术与产品实现产值248.18亿元，实现利税35.99亿元，创汇2.98亿美元。鞍山钢铁集团公司的“采用液相催化氧化法进行气体脱硫的工艺方法和装置”等5项专利技术获得中国专利优秀奖；大连轻工业学院金凤燮的“酶转化法生产Rh2等人参稀有皂苷”获得2003年度“国家技术发明二等奖”。

辽宁省专利试点取得新进展，大连市被国家知识产权局批准为专利试点城市；葫芦岛国家专利技术园区2003年技工贸总收入完成1.5亿元，利税总额2 123万元，入驻企业达到78家。共实现投资总额38 683万元，其中外资额560万美元。在2003年中国专交会上，涉及机械、电子等9大领域的5 100多项国内外专利和1 000多家企业参展。

五、专利行政执法

2003年辽宁省、市两级专利行政执法部门共受理各类专利纠纷案件35件，结案28件，查处冒充专利和假冒他人专利行为301起。累计受理专利纠纷案件403件，结案355件，结案率为88.1%。

辽宁省先后下发了《关于进一步开展知识产权打假工作的通知》和《关于印发2003年整顿和规范市场经济秩序工作方案的通知》，对开展知识产权打假和加强知识产权保护、规范市场经济秩序工作做了全面部署。阜新、鞍山等市相继开展了知识产权集中专项打假和联合执法活动，对假冒、冒充专利商品进行了清理，对专利违法行为进行了纠正。

(辽宁省知识产权局　张驰)

商标工作

2003年，辽宁省商标广告管理系统牢固树立营造良好市场环境，服务经济发展的指导思想，全面贯彻落实省局“执法服务环境年”工作部署，以争创驰名商标为切入点，充分发挥职能作用，积极引导、扶持企业争创驰名商标；全力实施“安全消费工程”，严厉查处商标违法行为，加大了商标专用权保护力度；切实加强医疗、药品、保健食品广告监管，积极推行信用管理机制，维护群众健康消费安全。各项工作取得了一定成效，2003年，全省查处商标违法案件2 008件，罚没款总额888万元；查处广告违法案件6 483件，罚没款总额1 361万元。加快了争创驰名商标梯队建设，认定省著名商标126件，完成了18户认定驰名商标企业的申报材料。

一、强化基础，扎实工作，进一步推进了辽宁省争创驰名商标工作

一是制定鼓励企业争创驰名商标的政策措施，为开创辽宁省驰名商标工作局面，营造了良好的政策环境。为加快推进全省争创驰名商标工作，省局在深入调研的基础上，综合各市在推进争创驰名商标工作中的有效措施，代省政府起草了《关于进一步加强争创中国驰名商标工作的意见》，突出强调争创驰名商标的重要性和紧迫性，提出了具体财税扶持政策，明确了各级政府和相关部门的职责、任务和要求。2003年，全省商标广告系统以争创驰名商标，实施名牌战略为契机，通过省、市媒体舆论宣传、深入企业调研、召开研讨会等形式，广泛宣传商标法律知识及商标在经济生活中的作用，争创驰名商标对省经济振兴的意义。从而有力提高了社会商标意识，对企业利用品牌开拓市场，起到了积极的推动作用。突出表现为三个方面：第一，企业争创驰名商标的主动性明显增强。在各市的积极配合下，全省共完成18件申请认定驰名商标的相关材料，上报的数量和材料质量居全国前列。第二，申请认定省著名商标的积极性明显提高。2003年，全省共有200多件商标申请认定省著名商标，申请数量超过往年，其中大连市就有80多件。第三，商标申请量和注册量明显增加，商标在促进经济发展中的作用越来越突出。大连市在品牌兴市，铁岭、阜新、辽阳、葫芦岛、盘锦等市在引导农产品品牌市场化等方面都做了大量工作，取得了明显成效。2003年，全省共认定126件商标为辽宁省著名商标，进一步夯实了争创驰名商标的基础和梯队准备。三是突出重点，全力支持企业争创驰名商标。省、市局采取分类指导的方式，按照确定的争创驰名商标工作时间表，有针对性地解决企业申报方面的具体问题。千方百计完善申报要件。目前，全省已组织完成“舒丽雅”、“三征”、“实德”、“珍奥”、“咯咯哒”、“圣亚”、“哥俩好”、“黄海”、“瓦轴”、“雪花”等18户争创驰名商标企业的申请材料，并将这18户企业的申请及时报到了国家工商总局。四是进一步完善了辽宁省争创驰名商标战略梯队。经过对驰名商标战略梯队企业的调查研究，进行认真筛选，在全省263件省著名商标中确定了50户企业为全省争创驰名商标战略梯队。按照“申报一批，准备一批，培育一批”的要求，确定了第二批申报重点企业。

二、加大商标违法行为查处力度，切实保护商标专用权

《中华人民共和国商标法》修改颁布后，商标权保护发生了很大变化，由注重公权到注重私权，由行政执行为主到行政与司法并重，给商标执法带来了很大影响。同时，随着市场经济的快速发展，品牌带来的巨大经济效益使得一些经营者在竞争中采取不正当手段谋取非法利益，傍名牌等形式的商标侵权行为大量产生，严重扰乱了正常的市场秩序，侵害了商标权人和消费者的合法权益，社会反响较大。为深入实施“消费安全工程”。2003年，全省将打击商标侵权行为的重点放在食品、化妆品、服装、鞋、服饰、种子等与人民群众生活密切相关的类别上，治理的重点是大型商场、超市、连锁店、专营专修店等商品集中交易的场所。着力解决当前社会反响较大的违规使用“华伦天奴”、“鳄鱼”、“老爷车”、“BOSS”等知名商标进行宣传，误导消费，损害知名商标权人合法权益的问题。省局通过直接查处中兴商标侵权案，以案例指导的方式下发通知，各市组织专门力量，结合地域特点，开展了傍名牌专项整治行动。沈阳、大连、抚顺、辽阳、葫芦岛、锦州、朝阳等市对整治行动高度重视，认真贯彻实施，取得了明显成效。同时，为加强商标执法，规范执行行为，适应新《中华人民共和国商标法》立法原则和精神，提高商标执法水平，省局还在沈阳、锦州等市分组举办“商标执法案例分析会”，以典型案例提高和带动全省商标执法工作。目前，全省共查处侵犯商标专用权案件1 058件，罚没款578万元。

（辽宁省工商行政管理局）

版权工作

一、创新性地开展了作品版权登记工作

辽宁省版权局6月4日，对沈阳杂技团的大型杂技晚会节目“天幻”，杂技节目“双人批条”、“力量”进行了版权登记，这在全国杂技类作品中是首次进行版权登记，起到了示范的作用。6月18日，在鞍山举行了著名摄影家、雷锋生前战友张峻拍摄的雷锋照片版权登记仪式，并授予张峻“依法维权先进个人”的称号。余献朝局长宣读了表彰决定、并向张峻同志颁发了版权登记证书。瞿勇副局长在会议上作了重要讲话。省内重要媒体对登记仪式进行了报道，新华社发了新闻通稿。该项工作在全国引起了很大的震动，反响很好。

二、扎扎实实地狠抓了行政执法工作

2003年7月3～9日，辽宁省版权局分别在丹东市和朝阳市召开全省新闻出版、版权行政执法片会，各市局主管局长、处(科)长参加会议。首先各市做汇报，重点是2003年全省局长会议后的工作情况和对会议的落实情况。余献朝局长在丹东片会上作了重要讲话，并传达了中央和省有关文化体制改革的精神。瞿勇副局长主持了两个片会并作了重要讲话。两个片会还就队伍建设和人员素质问题进行了研究。

三、召开了全省首次版权贸易工作经验交流会

2003年8月5日，辽宁省版权局在大连召开了首次全省版权贸易工作经验交流会。辽宁人民出版社、东北财经大学出版社、辽宁教育出版社、大连理工大学出版社、辽宁科学技术出版社、沈阳出版社在会上介绍了经验。余献朝局长和瞿勇副局长分别在会上作了重要讲话。对这次会议，各出版单位高度重视，认真准备，没有安排发言的单位也向会议提交了版权贸易工作总结。会议发言很有质量，会议成果比较明显。

四、参与全省报业新闻采编人员资格培训工作

2003年下半年，辽宁省版权局参与全省报业新闻采编人员资格培训工作。派员担任教师，为省局直接办的十期培训班和沈阳市、锦州市的三期培训班两千余人，讲授了《出版管理条例》和《中华人民共和国著作权法》课程。

五、组织全省图书出版社参加第十届北京国际图书博览会

六、组织打击盗版教辅教材和盗版软件两项专项斗争

辽宁省版权局为了贯彻执行《中华人民共和国著作权法》等法律、法规，规范版权市场秩序，保护著作权人合法权益，进一步促进版权产业的发展，根据国家版权局和新闻出版总署等有关部委的部署，2003年，进行了两次打击盗版教辅教材和盗版软件的专项斗争。各市局领导重视，行动积极主动迅速，全省共出动行政执法人员4 943人次；检查市场277个；检查摊位3 433个；收缴盗版教辅教材44 806册；收缴盗版软件光盘86 415盘；检查学校1 399所；对48家违法单位进行了处罚；罚款180 319元；查获非法预装软件47家；取缔商户33家。

七、日常工作有条不紊地进行

截至目前，全省共受理案件300多件；收缴盗版品200多万盘(张)；进行作品自愿登记323件；计算机软件登记7件；计算机软件认证5件；出版外国图书引进版权合同登记274件；输出19件(不完全统计)；接待版权咨询约170人次；接待新闻采访约70次；发表版权文章和消息20篇。

八、狠抓了处内建设

2003年为辽宁省版权局"机关作风建设年"。根据局党组的要求，按照"机关作风建设年"的标准，辽宁省版权局注重一手抓工作，一手抓建设，全面加强版权法规处的思想建设和业务建设。一是加强学习，重点是学习"三个代表"重要思想，学习版权、法规方面的有关业务知识。采用集体学和自学的方法。二是抢时间工作，高效率、高质量地开展各项工作，将"非典"损失降低在最低程度。三是提出做"五种人"，即：做政治上的明白人，经济上的清白人，作风上的正派人，工作上的能干人，人民群众的贴心人。辽宁省版权局的同志在人员少、任务重、时间紧、要求高的情况下，积极主动努力地工作，不辞辛苦，高标准、高质量的完成了各项任务。

(辽宁省版权局)

司法工作

随着知识经济时代的来临，知识产权保护已经成为整顿和规范市场经济秩序，为市场经济发展创造公开、公正、公平的竞争环境的重要手段。知识产权司法保护在辽宁省经济建设、文化建设及社会生活中的重要地位和积极作用日益彰显。近年来，辽宁省知识产权纠纷案件数量逐年上升，审判领域不断拓展，案件类型结构日趋多样。这一趋势在2003年表现得尤为突出。

2003年，全省法院系统共受理知识产权一审案件237件(其中，省法院受理了一审商标侵权纠纷案件1件)，审结188件，受理的案件中涉及专利权纠纷103件，涉及商标权纠纷36件，涉及著作权纠纷80件，涉及商业秘密纠纷4件，涉及植物新品种纠纷10件，涉及技术合同纠纷4件。在上述案件中，具有涉外因素的案件有6件，外方当事人国籍以韩国、日本为主，案件类型主要为著作权和专利权侵权纠纷。省高级法院在2003年审理的知识产权案件共计53件，其中二审52件，一审1件。

与前三年相比，2003年辽宁省知识产权案件数量大幅度增加，分别是2002年的1.53倍，2001年的2.12倍和2000年的1.87倍。在各类知识产权案件中，专利权纠纷案件所占比重较大，占43.6%；著作权、商标权纠纷案件其次，分别占33.9%和14.8%。著作权、商标权案件增长十分显著，其中著作权案件比2002年增长2.2倍，比2001年增长4.7倍，比2000年增长10.4倍；商标权案件分别比2002年、2001年、2000年增长了1.1倍、34倍和35倍。省法院在2003年审理的知识产权案件则超过了前三年审理知识产权案件的总和。

2003年辽宁省知识产权审判工作，主要呈现如下特点：

一、知识产权案件类型不断丰富

2003年辽宁省丹东市中级人民法院审理了沈阳电视台诉风城有线电视台侵犯播映权纠纷，沈阳市中级人民法院审理了科学技术成果转化索要奖励纠纷和请求确认驰名商标纠纷。辽宁省知识产权案件类型进一步扩展到专利权、商标权、著作权、技术合同、商业秘密、计算机网络著作权、网络域名、不正当竞争、植物新品种、科技成果权、播映权等诸多领域，知识产权案件类型不断丰富。

二、专利案件比重有所下降，案件类型保持多样

2003年，辽宁省法院审理的专利纠纷案件占知识产权案件总数的43.6%，与其他类型知识产权案件相比，专利案件数量比重仍然较大。但是，随着新类型知识产权案件的不断出现，专利案件的比重正呈现出逐年下降的趋势。近三年辽宁省受理的一审专利纠纷案件占全部知识产权案件的比重为：2000年88.9%，2001年78.3%，2002年66.9%。虽然专利案件比重有所下降，但案件类型却十分丰富，几乎囊括了几年来辽宁省受理的所有专利权纠纷案件类型，既包括专利侵权纠纷、专利权权属纠纷、专利实施许可合同纠纷，还包括专利权转让合同纠纷等多种类型的专利纠纷。

三、知识产权纠纷案件地区分布不均衡

辽宁省知识产权纠纷案件分布地区差异较大，主要集中在沈阳、大连这两个经济、文化、科技比较发达的地区。2003年，沈阳、大连两地受理知识产权案件数量分为120件和97件，而辽宁省其他地区知识产权案件的总和仅为18件。专利纠纷案件在知识产权案件中所占比重最大，其案件数量地区差异性表现也就更为明显。辽宁省有专利案件管辖权的沈阳、大连、葫芦岛三个中级法院，大连中院和葫芦岛中院仅负责审理本行政区域内的专利案件，沈阳中院则负责审理大连、葫芦岛两地以外全省12个市的专利纠纷案件。2003年沈阳中院受理专利纠纷案件67件，大连中院受理专利纠纷案件32件，而葫芦岛中院受理的专利纠纷案件仅为4件。

2003年，辽宁省加大了对知识产权的司法保护力度，从实体和程序两方面做到了切实保护当事人的合法权益，维护了法律的权威，制裁了侵权行为。

在实体方面，以沈阳中院为代表，在法定幅度内加大了对权利人的赔偿额度，有力的制裁了知识产权侵权行为。知识产权案件多为侵权纠纷，而赔偿数额的确定是审理侵权纠纷的难点，当原告无法证明被告所获收益及其所受实际损失，而被告又拒绝提供相关证据的情况下，只能适用法定赔偿额度。以往辽宁省法院依据法定赔偿额确定的具体赔偿数额往往偏低，这很不利于对权利人的保护。2003年，以沈阳中院为代表的部分中级法院根据本地区的实际，在法律和司法解释的幅度内，加大了法定赔偿的数额，打击制裁了侵权人的侵权行为。

在程序方面，加强证据保全环节，有效地保护了权利人的合法权益。在当事人获取证据存在困难的情况下，如果法院能够及时保全到相关证据，则有利于案件公正高效地审结。为此，辽宁省法院在强化当事人举证责任的同时，遇到当事人无法举证的情况，法官通常告知其可以向人民法院提出调查取证的请求，对于当事人提出的证据保全请求，人民法院在审查批准后会及时采取强制措施。在法院采取了证据保全措施后，部分案件的被告或是主动向法院提出调解请求并积极配合法院调解工作，或是庭外与原告和解由原告撤诉。加强证据保全环节使侵权人逃避法律制裁的几率大大减少，既促进了案件的及时高效审结，又有利地保护了权利人的合法权益，取得了良好的法律效果和社会效果。

面对知识产权案件逐年递增的趋势，辽宁省高级人民法院民四庭积极开展调研活动，先后在省级以上刊物及最高法院组织的部分省市知识产权审判研讨会上发表了《如何看待专家鉴定在知识产权案件中的作用》和《商业秘密侵权案件若干问题探析》等理论文章。

此外，为了全面了解和掌握全省知识产权案件审判现状，辽宁省高级人民法院民四庭还在全省范围内组织开展了首次针对全省知识产权审判的调查研究，形成了题为《辽宁省知识产权案件审判工作的现状、发展趋势及对策》的调研报告。调研报告从机构设置、人员配备、案件数量、案件类型等信息入手，分析了2000年以来辽宁省知识产权审判的特点及存在的主要问题，对进一步做好辽宁省知识产权审判工作提出了前瞻性建议和对策，为领导决策提供了充分的参考意见。

2003年，全省法院系统还加大了知识产权审判宣传力度，结合审判方式改革，通过与媒体合作等多种方式，提高了广大群众知识产权保护意识，同时也展示了辽宁省知识产权审判法官的风采，弘扬了辽宁省法院公正、公平、开放的形象。

（辽宁省高级人民法院民四庭）

吉林省

专利工作

一、专利及知识产权宣传培训工作

吉林省知识产权局一是利用新闻媒体，举办专题、专栏节目，组织、采写新闻报道，请领导同志发表电视讲话、发表专题文章，宣传知识产权知识和知识产权工作。二是在全省范围内开展了知识产权知识问卷调查活动；利用开展“吉林省十佳专利发明人”评选活动的契机，进行面向全社会的专利知识宣传。三是利用内部刊物等向各级领导干部和有关方面反映、通报专利等知识产权工作情况，介绍有关知识。四是通过举办知识讲座、报告会和培训班等形式，对各级领导干部、管理人员和科技人员进行知识产权和相关知识的培训。全年共举办了8次知识讲座、一次专题论坛和一期培训班。

二、推动企事业单位加强专利及知识产权工作

吉林省知识产权局一是推动企事业单位建立知识产权管理制度。在试点工作的基础上,形成了以加强专利管理为主要内容的《吉林省企业知识产权管理制度规范》、《吉林省大专院校知识产权管理制度规范》和《吉林省科研院所知识产权管理制度规范》等,计划在适当时机出台,为全省的企事业单位建立专利管理制度提供一个可借鉴的蓝本;同时,帮助长春高新技术产业开发区制定了《长春高新技术企业知识产权制度建设指南》。二是推动企事业单位进行专利检索工作,以提高技术和产品的研发水平、节省研发时间和经费,避免与已获得专利权的技术和产品发生冲突,在对外经济技术交流与合作中占有主动权及有利于长远的发展。三是推动和帮助企事业单位积极运用专利制度促进技术创新,提高综合竞争能力。在中国第一汽车集团公司、吉林化纤集团有限责任公司和中国科学院长春光学精密机械与物理研究所已被列为第一批"全国企事业专利试点单位"的基础上,并积极推荐吉林省农业科学院、四平市巨元换热设备有限公司为第二批"全国企事业专利试点单位",吉林经济技术开发区为"国家专利产业化试点基地"。

三、努力提高专利信息服务工作水平

吉林省知识产权局一是争取、促成了"长春·中国医药知识产权信息中心网站"的建设和开通。这个网站是目前全国仅有的三个知识产权信息中心网站之一。除医药信息外,该网站信息库还包括汽车、新材料、微电子等领域的专利信息;二是建成了可为全省企事业单位和社会公众提供服务的吉林省知识产权局网站;三是建立了拥有3万多条国内外专利信息的玉米深加工专题数据库。在"非典"肆虐期间,我们建立了拥有25 401条国内外专利信息的供公众查询的专题数据库,免费向有关企业、大专院校和科研院所发放了专题专利数据库光盘,对开展防治"非典"科技攻关活动起到了积极的作用。据不完全统计,在抗"非典"期间,吉林省与防治"非典"有关的专利申请达80多件。

四、积极促进专利技术实施

吉林省知识产权局一是积极组织企事业单位和发明人参加各种专利技术展览会,帮助专利权人寻求专利技术转化的途径。二是与有关部门共同举办了中国吉林首届网上科技成果暨专利技术交易会,开办了"专利超市"。在展交会期间直接参加交易的科技成果和专利技术5 400多项,签订专利技术转化协议项目450个,签约金额2.68亿元。"专利超市"已经成为经常性的专利技术交易场所。

五、大力加强专利工作队伍建设

吉林省知识产权局始终坚持把加强机关自身建设作为头等大事来抓,开展了创建学习型机关活动,被省直机关党工委评为"先进基层党组织"、"学、做、创活动组织工作先进单位"。

为了进一步健全专利工作体系,吉林省知识产权局设立了专利代办处。对外称国家知识产权局长春专利代办处,对内为吉林省知识产权局的内设机构。专利代办处的主要任务是受国家知识产权局委托,受理吉林省及周边地区的专利申请。专利代办处于2003年4月26日正式受理业务。

吉林省知识产权局加强了专利代理行业监管工作。召开了全省专利代理管理工作会议,就规范专利代理的执业行为,努力在专利代理行业营造诚信服务、公平竞争的氛围提出了明确、具体的要求。成立了专利代理惩戒委员会,制定了《吉林省专利代理惩戒规程》。

六、专利申请及授权情况

2003年吉林省专利申请受理量为4 267件。其中发明专利申请1 172件,占27.5%,实用新型专利申请2 268件,占53.1%,外观设计专利申请827件,占19.4%;职务发明创造专利申请1 789件,占41.9%,非职务发明创造专利申请2 478件,占58.1%。在职务发明创造中,大专院校职务发明创造申请187件,占10.5%,科研单位职务发明创造专利申请299件,占16.7%,工矿企业职务发明专利申请1 263件,占70.6%,机关团体职务发明专利申请40件,占2.2%。

2003年专利申请受理量比2002年增长25%。其中,发明专利申请增长16.7%,实用新型专利申请35.8%,外观设计专利申请11.9%。职务发明创造申请增长15.4%,非职务发明创造申请增长33.0%。

在职务发明创造中,大专院校职务发明创造申请增长35.5%,科研单位职务发明创造专利申请增长17.7%,工矿企业职务发明专利申请增长11.8%,机关团体职务发明专利申请增长42.9%。

2003年吉林省专利申请授权量为1 690件,其中发明专利授权量233件,占13.8%,实用新型专利授权量1 049件,占62.1%,外观设计专利授权量408件,占24.1%。职务发明专利申请授权589件,占34.9%,非职务发明专利申请授权1 101件,占65.1%。在职务发明中,大专院校职务发明申请授权71件,占12.0%,科研单位职务发明专利申请授权132件,占22.4%,工矿企业职务发明专利申请授权378件,占64.2%,机关团体职务发明专利申请授权8件，占1.4%。

2003年专利申请授权量比2002年增长12.1%。其中，发明专利申请授权量增长48.4%，实用新型专利申请授权量增长16.3%，外观设计专利申请授权量减少8.9%。

职务发明申请授权量增长11.3%，非职务发明申请授权量增长12.6%。在职务发明中，大专院校职务发明申请授权量增长61.4%，科研单位职务发明专利申请授权量增长69.2%，工矿企业职务发明专利申请授权量减少5.0%，机关团体职务发明专利申请授权量减少11.1%。

（吉林省知识产权局）

商标工作

2003年吉林省商标监督管理工作按照国家工商总局和省局的工作部署，认真贯彻党的十六大会议精神，以三个代表思想为指导，与时俱进、开拓进取、全面推进、整体升位的总体思路，继续以保护商标专用权为核心，严厉查处商标侵权假冒案件，不断推进商标监管职能到位，充分发挥商标管理协会的作用，大力开展了宣传普及商标法律法规，指导企业商标管理工作，使全省商标执法与监督管理工作取得了令人可喜的成就。

一、加大了商标监管力度，使执法办案工作取得新变化

1. 狠抓大要案件的查处，进一步提高商标执法办案水平。2003年，该局把加大商标监管力度，强化执法办案工作作为全省商标管理的中心任务。把群众关心、政府关注的商标侵权大要案件作为打击的重点。截止目前，全省共查处各类商标违法案件405件，罚没款为231.69万元，收缴各种侵权假冒商标标识40.6万件，捣毁制假窝点6个。有效地保护了商标专用权的合法权益，维护了正常的市场经济秩序，为加快全省经济的发展做出了积极的贡献。

2. 下大力指导基层工商分局（所）商标执法工作，不断推进商标监管职能整体升位。一是继续深入贯彻了吉林省基层商标办案工作经验交流会精神，使基层工商分局（所）商标执法重心下移工作真正落到实处。二是从日常监管入手，指导基层商标监管。三是建立商标执法联系点，深入基层指导办案。

3. 基层工商分局（所）查处商标违法案件增多，质量提高。省局2003年以主要精力指导全省基层工商分局（所）商标办案工作，各地采取了有效措施促进基层商标执法工作。由于各市、州局指导工作有力、措施得当，使基层分局（所）商标执法人员素质明显提高，商标监督管理职能的进一步到位，使全省查处各种商标违法案件显著增多。全省查处的各种商标违法案件405件，基层办案占整个商标案件的60%，而且万元以上的案件明显增多，案件质量逐渐提高。

二、加大对吉林省驰、著名商标的保护力度，积极开展打假维权专项治理

1. 开展了保护“一汽”驰名商标，对汽车零部件假冒、侵权行为进行专项整治。2003年一季度，全省集中对汽车零部件生产和加工企业、经销单位、汽车修配、专修公司、专卖店的生产经销中的商标使用情况进行专项治理，重点是查处涉及假冒“一汽”商标的违法行为，共检查2 380余户生产与经销企业和专卖店，对261户企业进行边检查、边指导、边规范，及时发现和查处了34户假冒侵权商标行为，共罚款11.9万元。

2. 开展了对侵犯“长白山”、“泉阳泉”商标违法行为进行了专项治理活动。从第二季度开始，各地结合本地实际，集中时间、集中力量，组织开展了以保护“长白山”、“泉阳泉”牌系列饮品为重点的，保护该省著名商标为内容的专项整治活动。全省共检查各类经销商、加工企业2 850余户，立案查处125件，端掉制假黑窝点6个。强化了基层工商分局（所）执法办案的能力，有力地打击了商标违法行为。

3. 开展了对酒类行业及在企业名称中侵犯亚泰著名商标权的整治活动。吉林市9～10月份全地区统一行动，对酒类行业商标违法行为集中进行治理，检查酒类生产和经销企业401户，下达限期整改通知51份，立案查处12起，捣毁制假黑窝点1个。长春市集中对在企业名称中侵犯亚泰著名商标权行为进行专项治理，对已经核发营业执照的企业名称进行全面清查，对已经登记注册与“亚泰”名称相同或者近似的企业名称，凡未经亚泰集团有限公司授权使用的，通知相关的企业限期办理更名手续，对未经授权擅自使用亚泰字样的两户企业进行罚款处理。

三、继续加强对商标印制的管理，打击非法印制商标行为

1. 从抓印制企业制度落实，承接商标印制入手，做好“两证”取消后的商标印制管理。各地从对商标的印制、流通、使用监管入手，切实加大监管检查力度，从源头遏制商标侵权行为。

2. 召开印制企业商标法律理解与适用座谈会。为做好两证取消后印刷企业商标印制管理工作，吉林市组织117户印刷企业召开商标法律理解与适用座谈暨依法印制经验交流会。

四、加强了对商标管理执法人员的业务培训，提高商标办案整体素质

一是9月中旬，吉林省局集中组织了县以上商标管理人员和部分基层工商分局(所)骨干人员共计210人参加的业务培训。这次培训内容完全从实际出发，本着学以致用，注重实效的原则，促进了基层分局法律法规理论研讨的热情，收到了比较好的效果。

二是各地采取了各种形式的商标法律法规业务培训。长春市共举办七期商标法律法规培训班，共培训基层执法人员450余人；辽源市采取以干代训的方式，将基层工商分局(所)中的优秀人员抽调市局进行为期三个月的法律法规、实际执法办案等内容的集中培训，为基层培养商标管理的业务骨干。通化市除集中组织培训外，还结合经济户口的建立集中对辉南县九个基层分局专管员进行面对面的业务指导与培训。

五、大力加强对商标管理协会的指导，不断提高企业商标法律意识

以纪念商标法实施20周年、世界知识产权日3周年为契机，大力宣传普及商标法律知识。为了纪念《中华人民共和国商标法》施行20周年，在全省范围内掀起了一个宣传普及《中华人民共和国商标法》声势浩大的系列宣传活动。

同时精心组织了"通药杯"吉林省商标法律知识电视大奖赛。此次活动的开展积极地提高和增强了企业商标法律意识，吉林电视台在吉林卫视频道转播，并两次播放，收效甚佳。

六、《吉林省著名商标认定和保护办法》立法，并依法认定省著名商标195件

1.《吉林省著名商标认定和保护办法》经过3年的努力，于2003年8月22日省政府常务会议讨论通过，以政府令形式予以发布，于11月1日起执行。

2.12月11日召开正式施行《吉林省著名商标认定和保护办法》暨2003年认定的吉林省著名商标新闻发布会。有省政府领导、省著名商标企业、各新闻媒体单位及有关单位近300人参加了会议。

3.认定省著名商标。省局依据省政府颁布的《吉林省著名商标认定和保护办法》认定省著名商标195件。

七、召开全国闲置商标转让意向洽谈会，开辟吉林省商标闲置转让市场

8月19日至21日，在延吉市举办了全国闲置注册商标转让、许可意向洽谈会。全国有14个省、市、自治区，48个各级商标管理部门、商标代理机构、企业共计120人参加。国家商标局、中华商标协会派人到会指导，提交会议闲置注册商标502件，涵盖43个类别。让闲置注册商标活起来，开辟全国闲置注册商标转让市场，为市场经济发展服务的举措，受到了国家工商总局领导的充分肯定和赞扬。

（吉林省工商行政管理局监管处）

版权工作

一、宣传、普及《中华人民共和国著作权法》

1.为了适应执法重心下移，提高行政执法水平的需要，7月22日，省版权局举办市州版权干部培训班。主要内容是传达全国版权局长会议精神，深入学习著作权法及其实施条例、著作权行政处罚实施办法。雒书秋副局长出席培训班并讲话。此后，各市州局也举办了有关培训。

2.为配合"12.4"全国法制宣传日，进一步提高社会公众的版权法律意识，根据局里的统一安排，吉林省版权局举办了系列宣传活动：在全省出版物市场张贴版权保护公益海报300张；印发计算机软件著作权保护宣传材料；为著作权人进行为期近一个月的免费作品自愿登记。

3.与省信息产业厅、省税务局、省外贸厅联合举办全省软件企业培训班，170多家软件企业负责人参加了培训。

4.与知识产权局联合举办高新企业知识产权培训班，40多家高新企业负责人参加了培训。

5.针对长春税务学院某大学生自觉销毁盗版制品一事，吉林省版权局与新文化报联合展开公开讨论，在社会上引起强烈反响。

6.全年接待法律咨询350多人次。

二、严厉打击侵权盗版活动

1.开展打击软件盗版专项治理行动

根据国家版权局、信息产业部、公安部、国家工商总局的部署，由吉林省版权局牵头，联合信息产业、公安、工商等部门，对吉林省2003~2005年打击盗版软件工作进行了部署。9月2日，吉林省版权局下发了《吉林省版权局关于开展打击软件盗版专项治理行动的紧急通知》，要求各市州版权(新闻出版)局精心组织、周密安排、集中力量、统一行动，对全省软件市场、软件预装领域的违法活动以及通过互联网进行的非法传播软件行为进行集中治理。此次专项治理行动，全省共出动检查人员1 468人次，出动车辆315台次，检查场所八百余家，收缴盗版软件128 810张〈盘〉，查处无证从事软件经营单位8家，查处未经授权擅自安装软件40起，罚款21 000元。通过专项治理行动，严厉打击了非法制作、销售盗版软件和通过互联网进行的非法传播行为，集中整治了非法进行软件预装的硬件生产、销售和提供系统集成服务的企业，有效遏制了软件侵权盗版猖獗的势头，规范了软件市场秩序。

2. 根据新闻出版总署、教育部、国家版权局、全国"扫黄"办《关于开展2003年秋季盗版教材、教辅读物专项治理行动的通知》的要求，积极参与了打击"两教"专项治理行动。据统计，在这次专项治理行动中，省及各市州共组织集中检查32次，出动人员1 740人(次)，车辆350台(次)，检查学校印刷企业一千三百余家，收缴盗版教材、教辅共计五十余万册。专项治理期间，各级新闻媒体共播发报道六十余篇。专项治理行动取得了阶段性成果。

3. 全省全年共查处侵权盗版案件363起，结案率为100%。共收缴盗版制品1 074 476件，罚款31.6万元。

三、大力推进版权贸易

吉林省的版权贸易近几年一直处于全国的前列。在年初召开的全国版权局长会议上，吉林省做了《推进版权贸易，促进跨越发展》的大会发言。

2003年，吉林省版权局组团参加了第55届法兰克福国际书展，共签约6项，达成合作意向近50项，八十余册，其中不少图书是2004年国外即将出版的图书。

虽然受到"非典"的影响，2003年吉林省的版权贸易仍然保持着稳定发展的势头，引进图书较2002年有所增长。全年共引进图书版权226项；输出版权10项。

四、加强版权行政管理工作

1. 全年共调解著作权纠纷10起。

2. 在全省有关报刊社开展著作权行政执法检查，对43家报刊转载、摘编作品是否按规定署名并支付报酬的情况进行了检查。这次检查对于报刊社贯彻落实著作权法，加强内部版权管理，提高版权保护水平起到了一定的作用。这是吉林省版权局坚持每年一个主题开展的第四次执法检查。

3. 开展了第二次全省"无盗版书书店"评选活动，有30家书店获"无盗版书书店"称号，其中新华书店21家，个体书店9家。原评选的61家，除有两家因违规被摘牌外，其余59家仍保留"无盗版书书店"称号。国家版权局对吉林省开展的这项活动予以肯定。

4. 进一步推进软件正版化工作。全省邮政广告系统全部实现了正版化。另有10余家工程设计单位实现了软件正版化。各市州也大力推进了广告、喷绘、印刷企业的软件正版化工作。国外权利人对吉林省的工作表示满意。

5. 全年进行作品自愿登记35件。

6. 全年代理计算机软件著作权登记91项。

（吉林省版权局）

黑 龙 江 省

专利工作

"飞雪迎春万象新，扬帆擂鼓踏征程"。从旧岁到新春，龙江大地在"两风"建设的吹拂下、在振兴老工业基地的号角声中，黑龙江省经济和社会发展呈现出勃勃的生机。在聚精会神搞建设、一心一意谋发展，求真务实、干事创业的良好氛围中，黑龙江省知识产权工作在国家知识产权局的亲切关怀下，通过全省知识产权战线广大职工的共同努力，取得了显著成绩，2003年全省专利申请量达到4 972件，同比增长13.2%，专利授权量达到2 794件，比2002年增长34.1%。

一、求真务实，为招商引资营造良好的环境

为进一步提高全社会知识产权保护意识，强化专利保护措施，加速与国际接轨，黑龙江省知识产权局深入开展了知识产权宣传培训工作，加强了地方性法规建设，进一步扩大了国际交流与合作，努力为招商引资创造良好的舆论环境、法制环境和国际合作环境。

在宣传方面，继续坚持"三围绕和三突出"的做法，全面贯彻省委刘东辉副书记的批示精神，充分利用各种纪念日组织丰富多彩的宣传活动。同时依靠广播、电视、报刊等各种新闻媒介的大力支持，掀起了宣传专利法和普及知识产权知识的新高潮。各市、地也广泛开展知识产权宣传工作，形成"星火燎原"之势。

在培训方面，为进一步引导广大企事业单位充分运用知识产权战略进行技术创新活动，创造和拥有更多的自主知识产权，2003年，黑龙江省知识产权局将企业、大专院校、科研单位作为培训重点，通过举办专题培训班、研讨会、专题讲座等多种形式，加强对企事业单位主管领导和专(兼)职管理人员的培训。通过省、市(地)大规模的宣传和培训,使全省各级领导干部、管理人员、科研和教学人员以及社会公众的知识产权保护意识有了大幅度提高,较好地营造了尊重知识、保护知识产权的社会氛围。

同时,加速了地方法规建设进程,专利法规建设取得了突破性进展。2003年,黑龙江省知识产权局针对该省专利保护工作实际需要,在充分调查研究和借鉴其他兄弟省市经验的基础上,研究起草了《黑龙江省专利保护条例》初稿,在省政府法制办、省人大教科文卫委员会、法制委员会的大力支持下,该局经过反复修改,经省政府常务会通过后,于2003年12月13日在省十届人大常委会第六次会议上表决通过,并于2004年3月1日颁布实施。《黑龙江省专利保护条例》是该省首部专利保护地方法规,对加强全省知识产权管理和保护,提高自主创新能力将发挥极大地推动作用。

为应对经济全球化的挑战,黑龙江省知识产权局进一步加强了国际交流与合作。组团对韩国和北欧国家的知识产权机构进行了考察访问,学到了很多先进的经验,为今后开展国际合作奠定了基础。

二、推进专利技术实施,促进黑龙江省经济发展

为加速专利技术实施和转化,培育新的经济增长点,为黑龙江省老工业基地振兴提供技术和新产品储备,黑龙江省知识产权局积极实施"专利战略推进工程",推进专利技术产业化,不断提高专利技术实施在全省经济发展中的贡献率。

2003年,黑龙江省知识产权局选择了一批具有较高科技含量的专利技术,作为全省专利技术产业化示范工程的项目,予以扶持,以推进专利技术实施和产业化进程。目前,这些项目已显现出明显的经济效益 。同时,该局继续为全省自然科学基金的申报者提供立项前检索查新服务,避免了科学研究工作的重复和科技资源的浪费,提高了全省科技工作者的知识产权保护意识。此外,黑龙江省知识产权局还为全省广大企事业单位和发明人提供了专利申请补贴资金资助,解决了他们的实际困难,激发了他们发明创造的积极性,为创造和取得更多自主知识产权,为促进全省经济发展起到了积极的推动作用。

三、强化基础建设,提高服务功能和手段

2003年,黑龙江省知识产权局积极争取国家知识产权局的支持和省政府有关部门的支持,强化服务意识,抢抓机遇,大胆创新,切实完善基础建设,进一步提高了知识产权服务功能。

为方便黑龙江省广大企事业单位及发明人准确、及时、快速地申请专利,取得更多的自主知识产权,国家知识产权局在该省设立了国家知识产权局哈尔滨专利代办处。在代办处人员缺乏、资金紧张的情况下,黑龙江省知识产权局为其提供了人力、物力、财力保障,使哈尔滨专利代办处的业务得以顺利开展,并扶持其逐步走入正轨,受到国家知识产权局及全省广大企事业单位和发明人、申请人、代理人的好评。

为配合老工业基地振兴,黑龙江省知识产权局经过一年多的探索与实践,对该局网站进行了改版,使黑龙江省知识产权事业有了一个面向全国乃至全世界宣传服务的窗口,而且还使广大从事和关心知识产权事业的人们多了一个了解、交流信息的园地。同时,经多方努力,黑龙江省知识产权局建立了国际及国内专利文献数据库。通过数据库,为全省企业以及大专院校、科研单位提供直接快捷地检索服务,从而更加直接地为我省经济发展、科技创新服务。

四、强化文明建设,营造良好的机关作风

按照"三个代表"的要求,黑龙江省知识产权局积极引导干部树立正确的世界观、人生观、价值观,弘扬艰苦奋斗、爱岗敬业和无私奉献精神,进一步树立服务意识,改进工作作风,提高服务质量,以勤奋、务实、廉洁、创新、高效的工作作风,努力塑造专利和知识产权战线良好的精神风貌和行业形象。在"三个代表"重要思想的感召下,全局上下形成团结一致、艰苦奋斗、爱岗敬业、勇于奉献的精神风貌。黑龙江省知识产权局继2002年后再次被国家知识产权局评为"全国先进知识产权局"。

硕果累累,说明过去;展望未来,任重道远。

大风起兮云飞扬。在求真务实之风、廉洁从政之风、真抓实干之风的鼓舞下,黑龙江省知识产权局将以戮力同心、共谋大业的精神,为知识产权事业的发展、为实现人民热切盼望的小康目标做出更大的贡献!

(黑龙江省知识产权局)

商标工作

2003年,黑龙江省各级工商行政管理机关商标监管部门在国家工商总局商标局指导下和省局党组的领导下,坚持以"三个代表"重要思想为指导,全面履行法律所赋予的职责,大力推进工商所商标监管工作的开展,加大打击商标违法行为的力度。充分发挥商标监管职能作用,积极引导企业运用商标战略开拓市场,切实为努力快发展,全面建设小康社会服务,全面完成了年初确定的工作任务。主要体现在以下几方面:

一、以《中华人民共和国商标法》实施20周年为契机，采取多种有效形式，学习宣传新商标法律知识

一是举办黑龙江省《工商向导》杯新商标法律知识竞赛。各地按省局要求，认真组织，精心安排，注重实效，共有近25 000余人参加了竞赛。通过省局下发文件，各地认真组织系统内外有关人员学习新的商标法律知识，认真做好准备，分别答卷，省局抽调省工商干校的部分教师，集中进行封闭判卷，竞赛结果经哈尔滨市公证处公证，鸡西市局荣获优秀组织一等奖，大庆、鹤岗市局获二等奖，牡丹江、齐齐哈尔、哈尔滨市工商局获三等奖，有14人获得了优秀奖。二是精心组织了全系统的新商标法律知识培训。为准确领会、全面贯彻新修改的商标法律知识，使从事商标监管工作的人员更加熟悉商标法律，更多知晓商标法律，提高全省商标监管干部的法律素质，省局于11月上旬举办了由全系统商标监管干部参加的近400人的商标法律培训班。参加培训人员之多，课堂纪律之好，内容之丰富，形式之生动都是空前的，切实达到了预期目的，得到各方好评。

二、全面履行法律赋予的商标监管职责，严厉打击商标侵权行为，进一步整顿和规范市场经济秩序

全省各级工商行政管理机关商标监管部门，认真贯彻修改后的《中华人民共和国商标法》及其实施条例，按照年初国家工商总局和省局商标监管工作的总体部署和要求，切实履行法律赋予的职责，突出重点，加大商标行政执法力度，进一步整顿和规范市场经济秩序，为维护市场经济秩序。全省共查处各类商标违法案件934件，罚没款412.2万元，收缴和销毁商标标识272.5万件。

1. 全面落实监管重心下移的要求，完善基层工商所商标监管基础建设，发挥职能，推进监管到位。黑龙江省局于3月份在佳木斯市汤原县召开了全省工商所商标监管工作现场会，会上五个单位从自身实际出发，系统地介绍了如何发挥工商所商标监管职能作用的经验，省局领导作了系统的讲话，提出了明确的要求。2003年以来，各联系点突出了查大案，查要案，查社会反响大的案件。

2. 强化商标日常监管，规范商标印制行为，做好注册商标验证工作。各地认真执行和贯彻落实上级的精神，及时转变职能，改变监管方式，把商标监管工作的中心从资格审查转变到行为监管上来。2003年商标验证与以往不同的是基层工商所参与了此项工作，体现了商标管理职能的下移，为工商所全面履行商标管理职能打下了良好的基础，各地的验证率达到了90%以上。

3. 召开了东北三省四市商标保护网协作会议，建立了商标行政保护协作机制，推动了地区间的商标执法协作。2003年8月，省局承办了第五次东北三省四市商标保护网协作会议。商标保护协作网的建立，在充分发挥商标监管职能，严厉打击商标侵权、假冒行为、保护商标专用权、维护企业及广大消费者合法权益等方面起到了积极作用；对支持引导企业实施品牌战略、提高品牌市场竞争力、扩大品牌效益、促进地方经济发展发挥了重要作用，受到了广大企业的欢迎，也得到了各级政府的重视和支持。

三、充分发挥商标监管职能作用，积极引导相关企业和组织实施商标战略，努力为地方经济发展服务

一是积极主动为企业争创驰名商标开辟“绿色通道”。省局在5月份召开了全省著名商标企业争创中国驰名商标座谈会，有15个规模较大、商标知名度较高、要求较强的企业负责人参加了座谈会，会上系统讲解了认定驰名商标的有关规定，省局主要负责人参加会议并明确提出省工商局要采取广泛宣传、提前介入、加快速度、主动协调、跟踪问效等五项措施，为争创驰名商标企业开辟“绿色通道”。

二是积极主动引导黑龙江省企业及相关组织申请注册“农产品”商标，特别是证明商标、集体商标注册，进一步增强企业的商标意识，提高注册商标的数量和质量。

三是认定了知名、著名商标，提升了黑龙江省产品市场竞争力。按照省政府绿色食品推进方案，2003年个案认定省著名商标16件，其中有7件是取得绿色食品标志品牌，便于黑龙江省企业开拓市场，以利于突出黑龙江省特点、比较有优势的绿色食品的保护，各地也针对当地的绿色食品推进方案，认定了知名商标。

（黑龙江省工商行政管理局）

版权工作

黑龙江省版权局在2003年全面开展版权保护和版权管理各项工作中，紧紧抓住了强化社会监管这条主线，遵循国家版权局以“重点地区、重点产业、重点部位”为中心的工作要求，下大功夫坚决查处各种侵权盗版案件，对不法分子给予了有力打击，在社会上产生了良好影响。

一、持续开展了打击盗版图书特别是盗版教材教辅的斗争

在图书盗版方面，影响最广泛的、危害最大的、出版社损失最多的是教材教辅书的盗版活动。因此,打击盗版教材教辅书,维护出版单位和著作权人的合法权益始终是黑龙江省版权局开展工作的重点。在2003年里,黑龙江省版权局对盗版活动特点有了进一步了解,因而打击就更准确更有力。

一是黑龙江省版权局狠抓盗版的起点——在印制环节上截住盗版的源头。盗版教材教辅书,有相当大的数量是在黑印刷点印制的,找到它们相当的困难。但是由于这两年黑龙江省版权局和省反盗版联合会在社会上的影响越来越大,得到人民群众更多的支持,举报的人越来越多,因此黑龙江省版权局一年中查实了十多家盗印教辅书案件,特别是在哈尔滨市抓到了几家几年来都在从事不法活动的盗印大户。例如4月20日在幸福乡靠河寨、8月8日在哈尔滨前进路商务学院后院、9月18日在道里区城清三道街查到了三个盗印教辅书规模较大的无照印刷厂。第一个案子,盗印教辅书有黑龙江人民出版社的《学习辅导》、教育出版社的《学习指要》、《学习指导》,特别是有东北林大出版社的《基础知识实力训练丛书》,PS版20张,硫酸纸30张,封面50 000张,散页40 000张,林大社的领导连夜赶到靠河寨,大家忙到很晚才回到城里。第二个案子,盗印了省内外8个出版社的教辅书,数量比前一个案子还多,黑龙江少儿社社长也到现场参与工作。第三个案子也是主要盗印黑龙江少儿出版社的《状元陪练》2 200余册,还有9 500张散页。这些黑印刷点的查处,社会反响很大,对盗印者是强有力的打击。

二是狠抓销售盗版的重心——在批发这个部位上削弱盗版的实力。前两年,黑龙江省版权局根据举报和有关的出版社到外县外市地去查盗版教辅书,有许多时候都说是从哈尔滨批发过去的,于是黑龙江省版权局放小抓大,紧紧抓住了哈尔滨,抓住了书刊批发这个重点。2003年,经群众举报,在公安部门的配合下,黑龙江省版权局先后查清了四家批发业户销售盗版教辅书的事实,特别是找到了其中的两个黑书库,这两个黑书库,一个藏有盗版教辅书5 000册,另一个库的盗版教辅书装了两个集装箱,其中除了有黑龙江省4家出版社的教辅书的盗版制品,其余全是外省几个出版社畅销教辅书的盗版制品。对这几家批发业户的查处,在盗版教辅书的流通环节上打到了要害,有力地震慑了不法分子,对批发业户起到了警示作用。

2003年里,黑龙江省版权局和哈工大出版社、工程大学出版社等出版单位有关人员曾一起去绥化、鸡西、克东、拜泉、明水、巴彦、肇东等地集、个体书店查证核实盗版案件,均取得实效。

二、积极开展打击制作、销售、预装盗版软件,企业擅自安装未经授权软件的集中治理行动

按照国家版权局《关于开展打击软件盗版专项治理行动的通知》要求,黑龙江省版权局省在2003年秋季开展了打击盗版软件专项治理行动。经过事先周密部署,9月29日上午9点,全省统一行动,对软件市场同时进行突击检查,全省共出动执法人员、机关处室干部、公安部门和相关部门人员共1 250人次,车辆450余台次,共收缴盗版软件11万余盘,各市地精心组织,新闻媒体都进行了现场采访和报道,全省13个市地的新闻采访录像都在规定时间传到了省电视台新闻部,当晚黑龙江电视台《新闻联播》节目进行了专题报道,给予这次行动很高的社会评价。黑龙江省版权局多次到企业用户检查软件安装情况,先后到黑龙江省公众信息产业集团、黑龙江邮政易通信息网络有限责任公司等20多家进行检查,均发现有使用盗版软件的情况,在黑龙江省版权局督促下,现正逐步纠正。前不久接到省绿盾公司投诉,该公司2003年10月份从某公司购进60余台计算机,其按合同预装的软件没有取得授权,微软(中国)有限公司派法律部负责人专程来哈,确认全部为盗版制品。这是一起数额较大的预装盗版软件案件,黑龙江省版权局正在依法查办。

三、坚决打击销售盗版光碟不法行为

2003年新年刚过,1月15日,黑龙江省版权局就组织力量到北京街音像市场和教化电子大世界进行检查,共收缴盗版音像制品9 670盘,打响了新的一年反盗版的第一仗。此后又多次到市场去检查,尤其是下大力气抓好对大案要案的查办。例如8月份接到一位学生家长举报,他儿子因为偷看盗版和淫秽光碟,高考名落孙山。愤怒的家长暗访了一个多月,终于查明了情况。根据他的举报信息,黑龙江省版权局和哈尔滨市公安局治安支队的同志们一起,清晨采取行动,几经周折在南岗区教化电子大世界附近一个普通民宅里,挖出长期贩卖盗版光碟和淫秽光碟其发行网络遍及全省的黑窝点,当场收缴盗版和淫秽光碟两万余张。接着黑龙江省版权局顺藤摸瓜,在哈尔滨铁路局新闻出版处和铁路公安局、货运站派出所的大力协助下,在火车站叫"滨广快运"的货站截获由广州发来的1 080张光碟,其中有240张色情光碟。黑龙江省版权局根据案情马上移交给市公安局,市检察院以最快速度下达批捕通知,现该业主已被依法追究刑事责任,成为黑龙江省版权局省2003年此类案件的第一大案,广东省版权局也协助黑龙江省版权局追查源头,由此黑龙江省版权局斩断了一条由广东到黑龙江的贩盗贩黄的黑通道。黑龙江电视台《新闻夜航》、《生活报》和《黑龙江晨报》对此都进行了报道。2003年冬季,黑龙江省版权局还应吉林省某音像出版社的举报和请求,派人连夜赶到齐齐哈尔市,追查30箱由哈市运往齐市的盗版音像制品。业主中途逃跑，给办案带来极大困难，黑龙江省版权局对举报人所指的库房无法采取措施，请求省公安厅治安处前来协助，该处派人急速赶来齐市，协调齐市公安局摸黑到几个居民区，到处寻找业主，齐市文化市场稽查队的同志们顶着深冬的严寒，对举报人认定的库房换班死看死守一整夜加半个白天，齐市公安局办妥必要手续之后，将库房强行打开，当看到里面确实装着满满一屋子的盗版光碟时，所有的人包括举报的吉林某音像社的同志都一块石头落了地。对这些销售盗版光碟的较大案件的查处，有力地打击了不法分子，震慑了一大片，有效地维护了音像出版单位和著作权人的合法权益。

另外，黑龙江省版权局先后到沃尔玛、买卖街玩具城等市场制止销售《铁甲小宝》的盗版制品，收缴了500多件盗版玩具。黑龙江省版权局还根据黑龙江省作家栾景林的投诉，先后三次同他一起到市场检查，共查出30多册他的作品《追凶》的盗版制品，两个个体书店因此受到行政处罚。初步统计，在2003年里，黑龙江省版权局直接查处和指导市地局查处盗版案件近百件，全省出动人员11 800余人次，出动车辆1 850余辆次，收缴盗版图书136 600册，八开散页16万张，盗版音像制品191 870盘，盗版软件152 000件，自筹资金奖励举报有功人员10多人次。

通过对这些侵权盗版案件的有力查处，壮大了版权管理部门的声威，维护了正常的市场经济秩序，有利于促进版权产业的发展。哈工大出版社一套畅销教辅书由于黑龙江省版权局对盗版者穷追不舍，其发行量提高了15%，地图出版社的一张《哈尔滨导游图》也是由于黑龙江省版权局端掉了盗制的黑窝点，发行量提高了69%。

在强化社会监管，大力查处各种盗版案件的过程中，黑龙江省版权局有这样几点体会：

第一是，面对盗版现象比较严重而黑龙江省版权局版权管理机构不健全、执法人员过少的现实，省版权局既要组织全省各市地坚决打击侵权盗版，又要亲临第一线，狠抓大案、要案、难案，这就要求黑龙江省版权局必须带头不怕苦，不怕累，发扬一种与盗版分子拼搏的精神。一年来，局党组在全面部署版权工作的同时，把狠抓大案要案作为重点工作目标责任，主管局长经常亲自到办案现场。根据案情，黑龙江省版权局有时要起大早，有时要贪大黑，有时星期天不休息，有时一个人在夜里跟举报人跑到几十公里以外的郊区，有时要掏个人的钱奖励举报者。这些做法，赢得了时间，提高了办案效率，也得到了出版社和举报人的信任和拥戴。

第二是，要坚持依法办案。2003年黑龙江省版权局曾查到一家医药卫生书店，根据它的有效单据，黑龙江省版权局组织人用了一个多月的时间查实其销售盗版书的非法经营额高达118万元之多，店主托人捎话，要给黑龙江省版权局30万元钱了事，黑龙江省版权局坚持依法将此案移交公安部门，后来业主被追究刑事责任，黑龙江省版权局虽然一分钱没得，但维护了法律的尊严，震慑了不法分子，在社会上产生了很好影响。由于黑龙江省版权局办每个案子都很公正，不受其他因素左右，社会上口碑很好，有人在举报信上说黑龙江省版权局是“包公”，办案特别较真儿，群众送表扬信，出版单位送锦旗，这些都为黑龙江省版权局版权工作的深入开展创造了更好的条件。

第三是，要千方百计发动大家都来打击盗版。黑龙江省版权局版权管理人员很少，而打击盗版的任务又如此繁重，这就需要黑龙江省版权局要以各种方式联合和调动社会各方面的力量来一起开展工作。经过几年的努力，黑龙江省版权局目前已经开始形成以省版权局为核心，以反盗维权为旗帜的一支联合大军。首先是省局和各市地新闻出版、版权部门相互尊重，密切配合，省局的要求、部署能够在各市地认真得以落实，有的市地还做得相当出色。其次是黑龙江省版权局得到全省书、报、刊出版单位的大力支持，省和地市党报以及众多期刊都自觉自愿地为反盗维权做贡献，特别是黑龙江省多家出版社，他们主动查找线索，及时报给黑龙江省版权局，不遗余力地配合黑龙江省版权局办案，有的副社长多次亲自开车拉着黑龙江省版权局去外地办案。还有就是要和文化、公安、教育、工商各部门相互配合，现在省公安厅治安总队、哈尔滨市公安局治安支队已经成为黑龙江省版权局的坚强后盾，许多案子都有他们的配合，黑龙江省版权局办案中遇到难题，他们随时出发支援黑龙江省版权局，这更使黑龙江省版权局无所畏惧。还有省和各市地新华书店一直讲黑龙江省版权局打盗版就是对他们最大的支持，所以他们经常给黑龙江省版权局传递信息，主动监督市场，从各方面帮助黑龙江省版权局。还要特别重视新闻媒体的舆论宣传作用。一年中省内几家大报、电台、电视台经常报道反盗维权的情况。黑龙江省版权局的举报电话被省内几家出版社印在自己比较畅销的教辅书上，这样就有更多的人随时打电话给黑龙江省版权局举报盗版信息，黑龙江省版权局对每个信息都安排落实，因此群众更信任黑龙江省版权局，举报者很踊跃。此外省软件协会等多家行业协会都与黑龙江省版权局关系融洽，配合默契。前不久召开的省反盗版联合会2003年年会是一次反盗维权联合大军的大检阅，130多名版权产业单位负责人和相关部门的负责人和代表欢聚一堂，黑龙江省版权局表彰了10个反盗维权先进集体和26个先进个人，省反盗版联合会又以图书、音像、软件、印刷等类别划分几个组，选出了小组长，准备2003年更有组织地更广泛地开展反盗维权工作。比如2003年为了更有力地打击教材教辅盗版不法行为，黑龙江省版权局准备和省教委联合组织开展“拒绝盗版教材教辅进课堂——全省千名校长、万名教师、百万大中小学生联合签名活动”，各市地新闻出版版权部门、教委、新华书店、出版社等都将参与工作，同时设立举报电话，组织相关力量，发现盗版信息，立即查证核实，在依法查处的同时，马上把正版书送进课堂。同时黑龙江省版权局在各地市都设立版权局的工作也在加紧进行。

自古以来，得道多助，失道寡助，虽然黑龙江省版权局面前的困难很多，路也很长，但打击侵权盗版的事业是推动版权产业发展乃至整个社会发展的正义的光荣的事业，黑龙江省版权局要满怀社会责任感，长期坚持不懈地向前努力，黑龙江省版权局相信，版权局的牌子会越擦越亮，打击侵权盗版的成果会更加丰硕。

（黑龙江省版权局）

上海市

专利工作

一、概况

2003年上海的知识产权工作围绕科教兴市的主战略，以制定并贯彻落实上海市政府《关于进一步加强知识产权工作的若干意见》为主线，按照市委书记陈良宇同志的有关指示精神，以加强上海知识产权的制度建设和能力建设为工作目标，全市各政府部门将知识产权的管理、保护和实施融入科技创新与经济发展，从观念确立、机制更新、政策保障到携手运行，有效地加大了全市知识产权工作的推进力度。在上海市区县政府的支持和领导下，区县知识产权局根据本地特点，充分发挥管理职能，开展了形式多样的宣传、培训，企业试点，政策制定和市场规范工作，取得了卓有成效的进展，大大增加了上海市知识产权工作的覆盖面。全市的年专利申请量再创历史新高，发明专利申请量加速提升，保护机制再趋完善，宣传培训形式多样，实施效益不断提高，知识产权为上海科技和经济发展的激励、保障作用得到了进一步体现。

二、上海市政府出台《关于进一步加强知识产权工作的若干意见》

为了应对入世挑战，实施“科教兴市”战略，2003年7月30日，在分析上海市知识产权工作近年来取得的成绩和需要进一步突破瓶颈问题的基础上，市政府对2000年《关于加强本市知识产权工作的若干意见》进行修订，出台了《关于进一步加强知识产权工作的若干意见》。该“意见”在六个方面：(1)强化企业知识产权工作，提高企业核心竞争力；(2)强化高校和科研院所知识产权工作，加快知识产权人才培养；(3)优化知识产权保护环境，提高全社会知识产权意识；(4)建设信息服务平台，构筑知识产权研究高地。加快建设高水平的信息系统；(5)健全知识产权服务体系，拓展知识产权服务市场；(6)完善知识产权管理体系，创新知识产权工作协调机制；提出了23条措施。

三、上海市向外国驻沪领馆通报知识产权

2003年3月13日，上海市知识产权联席会议办公室与市外办在虹桥迎宾馆联合举行“2002年上海知识产权保护状况领馆通报会”，介绍上海2002年知识产权保护情况并回答了有关问题。19家驻沪领馆的26名官员出席了通报会。市知识产权局、版权局、工商局、文广影视局和上海海关分别通报了各自领域的知识产权保护情况，通过案例的方式介绍解决知识产权纠纷的行政途径，并回答了领馆官员提出的知识产权刑事保护以及跨地域保护等问题。会上，市知识产权联席会议办公室还向各领馆发放了《2002年上海知识产权保护状况》白皮书。

5月27日，上海市外经贸委、市知识产权局、市工商局、市版权局、上海海关联合发布了《关于加强对外经济贸易中知识产权保护的意见》，对外经贸活动中涉外合同的签订、企事业开展货物、服务、技术进出口贸易、设立中外合资、合作企业、到海外投资、承包工程、参加涉外会展等涉及专利、商标、版权等知识产权的有关事项提出了意见；对纠纷的解决途径提出了办法；对外经贸行业协会提出了要求；对本市外贸企业实施创新技术和产品的知识产权有效管理等提出了具体的指导意见。

四、携手推进知识产权宣传

为了落实上海市委组织部、市委宣传部、市人事局、市知识产权局联合颁发的《关于加强知识产

权知识学习宣传加速推进知识产权战略的实施意见》，市委组织部和市知识产权局联合举办了局级领导双休日两个半天的“科教兴市与知识产权战略”报告会。市知识产权部门、经委、科委的主管领导向1 200名有关领导做了推进知识产权工作的报告。市有关企业以亲身经历介绍了知识产权促进本企业经济发展的经验、教训；市教委与市知识产权局共同组织知识产权专家编写《知识产权干部读本》，现25万字的书稿已完成，不久将出版发行；市委宣传部、市知识产权局委托东方电视台拍摄的《走通华山天险一条路，科教兴市与知识产权发展》电视宣传片于2003年12月13日在东方电视台新闻娱乐频道向全市播出，以其为内容的DVD光碟正在制作。

五、高校知识产权教育、研究机构迈新步

为多渠道培养知识产权人才，满足上海知识产权事业未来发展的需要，继上海大学知识产权学院、复旦大学知识产权研究中心，交通大学知识产权研究中心，华东政法学院知识产权研究中心后，2003年同济大学又成立了知识产权学院，这是本市第二家设立知识产权学院的高校。华东政法学院成立了知识产权法研究中心，并增设了知识产权法学专业。上海中医药大学成立中医药知识产权研究中心。

2003年11月1日由上海市知识产权局和上海市教委共同举办的“知识产权与大学生在一起”主题宣传活动在上海大学举行，当日举行了尊重保护知识产权承诺的大学生千人签名及各有关高校、协办单位的优秀发明创造成果的展示活动。主会场对获优秀专利一等奖、二等奖、三等奖的68名大学生、研究生进行了表彰和奖励，大学生代表宣读了“尊重知识产权，保护知识产权倡仪书”。上海华诚律师事务所发布首批设立百万元知识产权人才培养基金，上海有关科学家、企业家建言尊重保护知识产权。上海大学与上海外贸学院大学生代表队还同时举行了一场题为“盗版软件的个人最终用户是否应当承担法律责任”的辩论赛。来自复旦大学、同济大学等29所高校的1 600名大学生参加了本次活动。

上海市知识产权局与上海市教育委员会出台《推进高等院校知识产权工作的若干意见》。包括“一项计划三个支撑点”，即推进高校行动计划和硕、博士生专项资助、创建示范高校、培养人才规划三个支撑点，全方位地推进高校的知识产权工作。2003年上海高校专利申请同比增长99.8%。上海交通大学的专利申请达到了693件，同比增长105.6%，其中发明专利658件，在全国高校系统中，年专利申请量跃居第二。

六、知识产权宣传进家庭

上海市知识产权局将知识产权的实务知识、典型案例、保护规范、服务信息整编成新民晚报4个版面的知识产权特辑，10月19日120多万份新民晚报特刊进入上海的千家万户，并同时分送给上海的高校、研究所和企业，此外，还组织了知识产权的专家分别在东方网和上海东方广播电台对市民进行了我国入世与知识产权形势、专利申请和保护、专利战略、著作权和知识产权海关保护的系列讲座，并直接与市民对话解答疑难问题，实现了知识产权宣传的全社会大面积覆盖。

七、上海专利申请、授权量创历史新高

上海市2003年专利申请量为22 374件，同比增长12.1%，在全国排名第二。其中，发明专利申请为5 936件，同比增长49.9%；大专院校和企业的专利申请分别达1 794件和15 289件，均居全国首位；2003年专利授权达到了16 671件，同比增长了149.1%，全国排名第二。

八、多种形式培养知识产权骨干

为加速上海市知识产权工作基层骨干队伍及管理人才的培养，经12期、每期44个学时的知识产权基础知识的培训，现有625人获得上海市知识产权局颁发的专利工作者证书。为了提高专利管理水平，上海市知识产权局对来自全市各区县知识产权局及试点企业近百名相关人员分两期进行了专利业务的培训。此外，上海举办的“美国生物医药专利保护报告会”。为上海市涉外专利代理机构、科研单位、生物制药企业的有关人员约150人介绍了中药专利在美国申请、保护、转让的策略和技巧，增进了广大科技工作者、专利工作者对美国生物医药专利制度的了解，使他们懂得了如何使我国的生物医药、中医药专利在美国得到更加有效的保护。11月27～28日组织了PCT国际专利申请与实务操作的座谈会、研讨会。

九、“知识产权战略与企业核心竞争力”论坛在沪举行

上海国际工业博览会“知识产权战略与企业核心竞争力”论坛11月10日在上海举行。国内外知识产权界的专家学者、政府有关部门、企业、行业协会的代表及新闻媒体记者等共400余人参加。国家知识产权局局长王景川、中国法学会知识产权法研究会会长郑成思、最高人民法院民三庭副庭长罗东川、世界知识产权组织中小企业司司长吉亚在会上作了专题报告。上海宝钢、恒源祥集团等5家国内知名企业代表，就企业运用知识产权经营策略及管理机制、拓展市场、解决知识产权产业化的发展瓶颈等问题进行了演讲。严隽

琪副市长出席了开幕式并致辞。

十、政府向外资企业提供咨询服务

为了强化服务,优化上海投资环境,上海市知识产权局分别召开了芬兰在沪投资企业和台湾在沪投资企业知识产权保护的座谈会,有关领导认真听取了企业界对上海知识产权保护的建议,市知识产权职能部门有关处室的负责人分别介绍了知识产权保护状况并为企业遇到的实际问题提供了现场咨询,受到了与会企业代表的一致好评。

十一、上海市政府表彰优秀专利

10月9日,上海市政府举办了第二届上海市发明创造专利奖颁奖大会,对54个奖项嘉奖表彰,其中发明一二三等奖17项,实用新型和外观设计奖16项,专利申请和实施效益奖11项,优秀工作者10名。据对发明、实用新型和外观设计共33个获奖项目的统计,累计三年产生经济效益21.5亿元。其中,上海迪比特公司的"手机",2002年就产生经济效益7.53亿元。"蓝宝石晶体的脱碳去色退火方法"专利技术打破了外国的"禁运",并已向美国出口技术。获奖项目所涉及的技术内容集中在生物技术、医药、通讯、信息等高科技领域。

十二、加强专利保护、跨省市行政执法协作网在沪建立

自2003年1月至12月,上海市知识产权局共受理各类专利案81件,结案70件分别比2002年增长45%和19%,其中受理专利侵权纠纷52件,比2002年增长33%。为加强区域性的专利保护,4月17日,来自北京、上海、天津、安徽、福建、江西、山东、黑龙江、江苏、浙江、湖北、广东、四川、云南、宁夏自治区和深圳十六个省、自治区、直辖市、经济特区的知识产权局代表在上海签署了《省际间专利行政保护协作执法协议》。标志着专利行政保护协作机制的正式运行,专利权人可以在其所在地启动异地发生侵权行为的专利行政"官司",提高专利行政执法效率,降低专利权人维权成本,杜绝地方保护主义。2003年,上海已有5起专利侵权纠纷和4起涉嫌冒充专利案通过该协作网移送外省市处理。11月21日,长江三角洲十六城市又在上海签署了包括专利行政保护、专利信息资源共享等内容的加强知识产权保护倡议,一个跨省市、跨地区的知识产权保护协作网络正在形成。

十三、专利试点企业工作成效显著

2003年11月6日,上海市知识产权局、上海市经济委员会和上海市食品药品监督管理局共同组织全市首批"商业系统专利试点单位"授牌仪式。沪上新世界、农工商、东方商厦等44家试点单位将率先建立起完善的,符合上海国际大都市商业企业形象的专利保护和管理工作体系,树立上海商业系统尊重知识产权、保护知识产权的良好形象,建立长效监管机制,杜绝冒充专利商品,拒绝销售侵权商品。上海市知识产权局、市经委启动了第三批专利试点企业的工作,19个区县的48个区级试点企业的工作也全面开展。据对市属33家试点企业的调查,试点企业的工作成绩显著,企业因专利实施实现的新增利润达47.15亿元。

十四、全国首家专利代理机构行业协会在沪成立

2003年10月12日,全国首家专利代理行业协会在沪诞生。上海市专利代理行业近年来取得了长足的发展。上海市专利申请量的快速增长,为专利代理行业的发展壮大提供了广阔的发展空间。专利代理行业协会将发挥行业协会作用,组织、引导专利代理机构积极参与国内外市场的竞争。全市33家专利代理机构入会,选出了9家理事单位。

十五、专利集市搭建技术供需平台

2003年7月28日,上海知识产权服务中心推出的上海专利集市,经人民日报、中央电视台及上海市相关媒体报道后,引起极大反响。2003年前后共8期专利集市中,入市项目由前期的200多项发展到后期的1 100多项,来此寻求项目的单位共400多家。长江三角洲15座城市都表示了合作举办专利集市的意向,新加坡一家展览公司要求将专利集市引入新加坡,美国和日本的一些专门机构要求就国际专利技术的转移与上海加强合作与交流。目前,通过专利集市进入专利技术转移合作洽谈的有60多项,其中四个项目已转让成功。据上海专利技术合同的认定登记处的统计,一年来经认定备案的专利合同共195项,其中:专利(申请)权转让61项;独占许可16项;普通许可83项;无偿许可35项;合同全年成交金额6 184.1万元(不含提成、入股)。

十六、向社会无偿赠送与抗SARS相关专利数据库光盘

2003年5月12日,上海市知识产权服务中心向社会各界无偿捐赠"与抗SARS相关专利数据库"光盘,引起强烈反响。河北、辽宁、浙江、吉林及南京等省、市的知识产权局、科研单位和企业纷纷索要光盘。四川省、武汉市两地知识产权局举行了隆重的转赠仪式。光盘还开辟了网上下载专

区。据统计，包括香港特别行政区在内，全国有16个省市的150多家单位接受了该光盘的馈赠。

（上海市知识产权局　顾勇华）

商标工作

2003年，上海商标管理工作以党的十六大精神为指针，以三个代表重要思想为根本，以适应国际化大都市的要求为目标，解放思想，开拓创新，按照市局提出的“五个新”工作要求，坚持一手抓商标专用权保护，一手抓促进商标发展工作，使上海的商标管理工作再上了一个新的台阶。

一、围绕“科教兴市”战略要求，开创上海商标发展工作新局面

2003年，上海市工商部门抓住发展知识产权的有利时机，认真按照党的十六大报告提出的“要形成一批有实力的著名品牌和拥有一批自主的知识产权”的精神，根据市委、市政府提出的大力实施科技创新、科教兴市战略和关于上海要成为品牌运作中心的发展目标，创新争先，乘势而上，做大做强上海商标，不断开创上海商标发展工作的新局面。

1. 开展《上海商标发展纲要》的调研、起草工作，研究做大做强上海商标对策措施

一是在深入调研和广泛吸纳各有关方面意见的基础上，联合华东理工大学共同调研、起草了《上海商标发展纲要》，初步提出了上海到2010年商标发展、保护、人才培养、法制建设等方面的目标要求。二是组织召开了由著（驰）名商标、涉外高知名度商标企业负责人参加的“做大、做强上海商标论坛暨上海市著名商标展示街揭牌仪式”。会议围绕科教兴市战略的要求，共商做大、做强上海商标的对策和措施，进一步发展和振兴上海商标事业，增强上海企业的核心竞争力。周太彤副市长到会作重要讲话并为上海市著名商标展示街揭牌。

2. 研讨商标与城市经济发展关系，促进科教兴市战略实施

为大力实施市委、市政府所提出的“科教兴市”战略，进一步加强商标的运作、发展和保护工作，提高全社会商标意识，发挥商标在促进上海经济发展中的重要作用，同时也为加大商标国际间专业交流，提升工商行政管理部门在商标工作方面的地位和形象，10月23日与国家工商总局商标局和国际商标协会联合主办了2003上海“商标与城市经济”国际研讨会，国内外有关政府机构、著名企业、商标中介组织的负责人共250多人参加了会议，研讨会取得了巨大成功。韩正市长在会议期间接见了与会的中外嘉宾。国家工商总局副局长李东生、上海市副市长周太彤、上海市政府副秘书长柴俊勇等出席了会议并作重要讲话。中、美、日商标行政机关高级官员，美国NBA、通用电器（GE）、可口可乐、德国奔驰、英国RICHMONT、芬兰诺基亚等跨国公司副总裁或全球知识产权总裁，我国商标界知名学者等16位中外嘉宾作了“商标与国家（地区）经济发展、商标与城市GDP、商标与城市形象、商标与企业核心竞争力”四个议题的精彩演讲。

3. 加强部门协作，共商知识产权发展大计

一是参与市经委、计委、外经贸委、科委、市知识产权局等16个主管部门联合组织的有关本市知识产权发展战略的课题调研工作。并参与起草了市政府［2003］48号文《关于进一步加强本市知识产权工作若干意见的通知》，提出了发展上海商标事业的具体政策。二是为加强对外贸易中的知识产权管理，提高本市外贸企业维护自主知识产权的能力和在国际市场上的竞争力，促进对外经济、技术贸易，与市外经贸委、知识产权局、版权局、海关等知识产权联席会议成员单位共同制定了《关于加强对外经济贸易中知识产权保护的意见》。三是参与市委组织部、宣传部等部门组织的《关于加强知识产权知识学习宣传，加速推进知识产权战略的实施意见》的制定工作。四是与工业经济联合会、中药行业协会、南汇区农委等部门共同研究探讨开展集体商标、证明商标的培育工作，并组织30余家行业协会进行商标知识培训。五是指导分局与有关单位共同制订“百件重点商标”的培育计划，确定重点商标名单。

4. 积极做好著名商标工作

一是积极做好第7批著名商标上门授牌、颁证和宣传工作。组织召开了各分局和企业的关于第7批著名商标认定情况的通报会以及记者通气会；市局和各分局的有关领导上门为第7批新认定和重新认定的著名商标企业授牌、颁证；通过电视、电台、报纸、网站、宣传画册等媒体宣传了第7批著名商标。二是完成了延安路著名商标展示街从西藏路至外滩一段的三期工程，使延安路高架下的上海市著名商标展示街全面落成。上海市著名商标展示街是上海市工商局宣传上海著名商标的固定阵地，展示街东起外滩，西至中山西路，全部工程历时3年，于2003年3月全部建成。三是深入开展第八批著名商标的培训、申报和审查工作。积极开展培训工作，重点指导保险、金融、中介服务等新兴行业申报著名商标；与个私协会联合举办百家私营企业著名商标工作培训讲座，并会同商标协会一起组织200多家企业分批进行著名商标申报工作的培训，指导企业做好著名商标申报材料；认真审核著名商标申报材料；组织召开

了专家、认定委员的座谈会，进一步探讨改进和完善著名商标申报、审查、评审的程序和方法。

二、围绕商标专用权保护，深入开展整顿和规范市场经济秩序工作

1. 组织开展打击商标假冒侵权行为的专项执法行动

打击商标侵权假冒行为专项整治工作是上海市政府确定的2003年本市整顿和规范市场经济秩序工作的六大重点工作之一。市工商局作为这项专项整治工作的主办部门，专门制定了《关于开展打击商标假冒侵权行为专项整治工作的实施方案》，及时召开了全市工商系统"整顿和规范市场经济秩序工作视频会议"，并对每一战役都精心组织了交叉检查和重点督查。专项整治主要围绕三个重点：一是重点商标，即中国驰名商标、上海市著名商标和在本市有高知名度的涉外商标；二是重点市场和区域，即重点小商品市场及周边居民出租屋、专业市场、星级宾馆内设商场和名牌特卖场(会)、主要商业街(城)、城乡结合部的出租房和仓库；三是重点环节，即流通领域商业企业商品的进货和销售行为，印刷企业从事商标印制行为。在7~11月底期间，组织开展了三大战役：即对重点小商品市场及周边出租房的"端窝点，查存假"战役；对专业市场的"讲诚信、反侵权"战役；对印刷行业的"堵源头、反假冒"战役。据统计，专项整治期间全市先后共出动执法干部14 726人次，检查各类市场、商场、主要商业街经营户36 479余户，共查获各类商标假冒侵权商品40.72万件(只)，取缔各类非法窝点106处。通过专项整治，商标侵权行为得到了有效遏制，商标专用权得到了切实维护，市场环境得到了进一步净化。

2. 加强商标案件查处工作，提高商标办案能力

2003年共查处商标违法案件1 049件，比上年同期上升11.7%，已结案1 003件；共处罚款1 288.6万元，比上年同期上升12.9%，其中处罚款10万元以上案件30件；共收缴和销毁商标标识143万件(只)，收缴直接用于商标侵权的模具印版等工具10件，销毁侵权物品10.07吨，移送司法机关追究刑事责任案件2件，涉及人员2人。2003年上海市工商部门结合市场整治工作，进一步加大执法力度，全面开展了打击商标侵权假冒行为工作，主动查处了一大批商标案件，据统计，在2003年查处商标违法案件中，由商标权利人有告受理的案件只有49件，仅占案件总数的4.7%。

上海市各分局2003年在商标办案中注重深挖案源，抓好了大案要案的查处工作。2003年共查获10万元以上的商标假冒侵权类案件29件，冒充注册商标类案件1件。如浦东分局查处了生产假冒"Chiyoda"商标的白炽灯泡案，处罚款187.6万元；长宁分局查处假冒"贵州茅台酒"商标案件，对三个当事人共计处罚款81万多元；闸北分局查处了香港永星化工有限公司销售假冒"KOTAC"等商标酸铜添加剂行为，处罚款80万元等。

3. 加强涉外高知名度商标保护，营造良好的投资环境

2003年上海市市工商部门进一步加强对涉外高知名度商标的保护，据统计，共查处涉外商标侵权案件333件，已结案317件，占商标侵权假冒案件总数的32.6%。在2003年市场整治中，工商部门挖掘和查处了大量侵犯涉外商标专用权行为的案件，如检查总队成功查处了一起反向假冒丹麦"LINAK"商标医用电动马达案。长宁分局成功调解了一起涉外商标侵权赔偿纠纷，保护了日本丽娜株式会社"ELEMENT"商标专用权，在处侵权人35万元罚款的同时调解赔偿金5万元人民币。这些涉外商标案件的查处，为树立上海知识产权保护的良好形象，优化上海投资环境起到积极推动作用。

三、围绕标本兼治目标，完善商标管理各项长效管理措施

上海市工商行政管理部门在抗击"非典"期间，本着标本兼治、重在治本的原则，加强调研，出台了一系列加强商标行政管理的长效管理措施。另据统计，2003年由上海市局商标处编发的简报、要情专报和信息等共计20多份，制定文件5件。

1. 大力推广实施商品商标管理办法及软件，引导企业建立防假自律机制

2003年上海市工商部门进一步推进《上海市商业企业经销商品商标管理办法》及应用软件的贯彻实施工作，《办法》及《软件》的使用推广得到了国家有关部门和市整顿办有关领导的肯定。在2002年对全市194家商业企业成功推广使用该软件的基础上，2003年各分局认真制订了推广计划，列出了推广企业名单，组织工商所在辖区内的主要商业街、超市、大卖场和重点市场中全面落实，使2003年的推广户数达到1 104家，超过了预定推广1 000家的目标。同时据不完全统计，在现已推广软件的企业中未发现商标侵权假冒行为的发生。

2. 适应行政审批制度改革的需要，完善两项商标后续监管措施

根据国务院和国家工商总局取消商标印制和代理行政审批项目的要求，结合上海的实际情况，一是不断完善商标印制后续监管措施。二是加大对商标代理组织的后续监管力度。据统计，2003年上海市注册商标申请量首次突破了2万元，达

到21 342件，与2002年同期15 542件相比增长37.3%；核准注册商标11 004件，与2002年同期8 754件相比增长26%。截至2003年年底，上海市累计有效注册商标数为76 198件。

3．制定商标管理规范性文件，加大商标监管力度

一是起草制定了宾馆行业经销商品商标管理办法。与上海市旅游委加强协作和沟通，联合研究、制定《关于进一步加强宾馆行业经销商品商标管理工作的意见》，探索进一步规范宾馆内设商场经销商品以及举办展销会过程中商标管理的有效途径，目前该文件即将下发。二是进一步加强对驰名商标的保护力度。结合贯彻落实国家工商行政管理总局颁布的《驰名商标认定和保护规定》，上海市局制订出台了“关于驰名商标认定和保护的若干实施意见”，并对申报认定驰名商标企业进行了动员、培训、辅导和推荐（目前已有4件商标被认定为中国驰名商标）。

4．组织开展商标验证工作，建立完善的商标管理档案

从5月下旬起，上海市工商部门运用金管工程对全市范围内的61 910件注册商标开展了验证工作。验证工作主要从注册商标是否标明注册标记，是否改变注册商标的文字、图形或者其组合，是否连续三年停止使用等九项内容进行检查。通过验证，增强了企业的商标法律意识，规范了商标使用行为，摸清了全市注册商标的基本情况，同时也为基层工商行政管理部门进一步建立健全了辖区内注册商标的管理档案。

四、以提高商标管理队伍水平为目标，加强商标管理业务培训工作

1．进一步加强商标管理制度建设

一是认真贯彻国家工商行政管理总局制定下发的《工商行政管理部门商标注册、管理和评审工作守则》，规范商标管理干部的商标监督管理行为。二是建立健全了有关受理投诉案件、商标局交办案件、相关局有关部门转办案件及外省市要求协办案件的内部操作流程、格式及归档要求。

2．开展多层次的商标管理业务培训

一是组织20个分局的40多位商标管理干部进行注册商标验证工作和商标金管工程的计算机操作培训。二是各分局编印有关《商标法》和《商标法实施条例》的学习资料，组织召开了对本局机关和基层工商所干部的培训。三是先后参与了有关分局举办的商标知识讲座和商标发展战略研讨会，对基层商标工作加强指导。并组织商标管理干部开展有关商标发展、商标保护等方面的专题调研，撰写专业论文和文章。四是参与编写中级资格考试大纲。五是从培养商标管理专家型、职业化人才的要求出发，创造各种条件，培养商标管理业务骨干，适当稳定了商标管理干部队伍。

五、指导和支持商标协会开展各项工作

上海市工商局商标处积极支持商标协会开展各项工作，指导商标协会在企业商标发展、运作、管理和保护方面发挥更大的作用，为促进上海经济发展作出贡献。

1．积极支持商标协会开展商标法律法规的宣传培训工作

一是支持协会为纪念《商标法》实施二十周年举办“中华杯”商标知识竞赛；二是在商标印制行政审批取消前，帮助协会组织举办了商标印制企业和印制单位业务管理人员培训班，共3期，有400多人参加了培训；三是支持协会组织企业商标管理人员进行商标基础知识培训。

2．引导商标协会发挥行业协会作用，建立“商标代理专业委员会”

针对行政审批项目的取消和行政职能的转换后出现的新情况、新问题，指导协会成立了全国首家商标代理机构专业委员会，逐步形成了行政监管、协会指导、企业自律的新的管理模式。此举受到了国家工商局商标局和中华商标协会领导的一致肯定与好评，在其他省市也产生了积极的影响。同时商标协会商标印制专业委员会的成立筹备工作也在积极进行中。

3．指导和支持商标协会参与商标发展的各项工作

一是推动协会与国际商标协会联合举办了“INTA2003中国商标论坛”。二是发挥商标协会的协办作用，协助召开了2003“商标与城市经济”国际研讨会。三是充分发挥商标协会在开展著名商标申请材料审查和意见征询中的作用，协助做好170多家企业申报材料的审查工作。

（上海市工商行政管理局）

版权工作

2003年，上海市版权局按照市委、市政府关于知识产权工作的部署和国家版权局的工作要求，围绕为经济建设服务、为产业发展服务的目标，积极推进版权管理各方面的工作，取得了新的进展。

一、积极开展著作权行政执法，组织专项整治行动，严厉打击盗版侵权行为

上海市版权局联合本市公安、工商、文化稽查等有关部门，积极开展打击盗版侵权活动的专项整治，上海市版权局认真组织，搞好协调，各部门

密切配合，集中力量开展市场执法检查，共出动执法人员一万多人次，检查经营场所6 800家(次)，取缔无照摊点(游商)660个(次)，查缴各类侵权制品三十多万件，依法查处违法行为一百多起。在开展集中执法专项治理的同时，各有关管理部门坚持突击整治与日常监管相结合、重点整治与一般检查相结合、个案处罚与市场整治相结合、执法部门监管与经营者自律相结合，齐抓共管，注重实效，有效地遏制了盗版侵权行为，规范了市场秩序。年内组织的五次专项治理行动都取得了明显的成效。

在联合有关执法部门开展专项集中行动的同时，市版权局以保护出版业和软件业的版权为重点，积极组织反盗版联盟成员单位开展维权行动，认真办理国家版权局交办的案件、兄弟省市版权管理部门的协查案件和市内外举报、投诉的案件，上海市版权局直接调查处理的案件总数105件，其中涉外案件17件。全年共收缴各类盗版品30 031件，其中图书10 232件、音像制品6 174件、电子出版物和软件7 184件、其他6 441件；共做出行政处罚决定17起，调解赔偿51起。市版权局还组织执法人员对全市光盘复制企业进行了两次巡查，对1 200多家(次)印刷企业进行了重点抽查，督促各企业依法经营。

近年来，市版权局已经受理了多起发生在经济活动中的著作权侵权投诉，其中多数是涉外和涉港澳台的案件，这类案件已经成为著作权行政保护的新的热点。2003年，市版权局调查处理经济活动中的著作权侵权投诉案件26起，上海市版权局严格按照著作权法律法规和行政执法的程序规范，认真把好调查取证、事实认定、法律适用等各个环节，依法查处侵权行为，维护各方当事人的合法权益。某英国公司投诉上海两企业侵犯“花仙子树脂工艺品及图案”著作权、某香港公司投诉上海杭州等地五企业侵犯“铁甲小宝玩具”著作权、某荷兰公司投诉上海某卧室用品公司侵犯“MIFFY兔休闲毯”著作权、某德国公司投诉上海某工贸公司侵犯“Diddle鼠玩具挂件”著作权等案件中的侵权人都受到了责令停止侵权、没收侵权物品、没收违法所得、罚款等行政处罚；还有一些案件由于投诉人未能提供必要的证据或案件不属于著作权法律调整的范围等原因，未得到上海市版权局的支持，上海市版权局在认真研究投诉材料和被投诉人答辩材料及有关证据以后，向投诉人及其代理人耐心细致地解释我国著作权法律，说明其投诉不能得到行政机关支持的原因，建议投诉人通过其他合法途径解决与对方的纠纷，投诉人虽然没有实现投诉请求，但心悦诚服，专门致函对上海市版权局依法行政表示理解，并对上海市版权局认真负责的工作表示感谢。

在版权行政执法工作中，市版权局与各兄弟省市版权局通力合作，互相支持，及时查处异地侵权活动，维护权利人的合法权益。

二、认真贯彻落实《振兴软件产业行动纲要(2002年至2005年)》，积极开展软件版权保护工作

根据《振兴软件产业行动纲要》和国家版权局的有关文件精神，市版权局采取多项措施，切实加强软件著作权保护，坚决打击各种软件侵权盗版活动，为软件产业的发展服务。局领导多次召集软件园区、软件企业负责人座谈，并亲自带队对本市十多家大型软件企业进行调研，了解软件企业在发展过程中遇到的版权管理和版权保护方面的突出问题，帮助、指导软件企业寻求解决途径，引导本市软件产业健康发展。针对网络游戏业面临的严重危害产业发展的“私服”、“外挂”问题，市版权局于3月上旬组织专题研讨会，邀请有关专家、学者和法律工作者与产业界人士一起从法律适用、侵权性质认定、执法依据、证据等方面进行分析研讨，为有关企业维权提供了高水平的指导和服务，7月中旬，由市版权局发起，上海市版权、信息、公安、工商等相关职能部门建立了打击软件盗版专项治理行动的工作协调机制，明确了专项治理与日常监管相结合，建立公平有序的软件市场秩序，努力营造软件版权保护良好社会环境的工作目标和各部门分工。在专项治理行动期间，全市各级执法部门共组织专项执法检查三十多次，依法查处侵权违法案件18起。市版权局会同市信息委、公安、工商等部门对本市部分主要硬件厂商在生产、销售硬件过程中预装软件的情况进行了调查。

三、树立版权管理工作为经济建设服务的观念，加强对版权产业的研究，为发展版权产业服务

上海市版权局在版权管理工作中注意树立为经济建设服务的观念，围绕促进版权产业发展开展调查研究，把发展经济、为产业服务作为版权管理和版权保护工作的着力点和立足点。2003年，上海市版权局积极参与市政府《关于进一步加强本市知识产权工作的若干意见》(简称“23条”)和《上海知识产权发展战略》的起草和调研，根据市政府“23条”关于“大力发展核心版权产业”的要求，上海市版权局跟踪研究美国、欧盟、韩国、澳大利亚、新加坡等国家和地区版权产业的发展战略和发展经历，结合上海城市发展的现状和机遇，开展了上海版权产业发展战略的前期研究，目前已经形成了初步意见，为专门的研究规划作了准备。

在加强软件版权保护，为信息产业和软件产业服务的同时，市版权局还与市经委、市科委、市外经贸委、市信息委、市发改委等部门加强合作，推动企业版权管理工作。5月份，市外经贸委等五部门联合制定了《关于加强对外经济贸易中知识产权保护的意见》，对本市外贸企业开展版权管理和知识产权工作作了具体的指导，市经委等六部门联合起草的《上海市知识产权示范企业创建工程实施办法》已经基本完稿，正在广泛征求意见。市信息委针对信息、软件行业的特点，把版权管理作为开展知识产权试点企业工作的重点，市版权局积极配合信息委对有关企业进行培训，帮助企业建立版权管理制度，处理企业经营中的版权保护问题。市版权局还与宝钢集团、上汽集团、纺织控股集团等大型企业集团合作，开展企业版权管理的宣讲和培训。

四、促进对外图书版权贸易与繁荣

在对外图书版权贸易连续多年稳步发展的基础上，2003年上海各出版单位和版权代理机构克服由于SARS疫情爆发所造成的严重影响，积极开展版权贸易活动，全市对外图书版权贸易保持了稳定发展的态势，共引进图书版权833种，输出图书版权236种。市版权局为了巩固版权贸易工作的成果，采取了一系列措施加强对版权贸易工作的指导、服务，着重开展版权输出的组织工作，开设版权贸易洽谈室、编发介绍国内外图书版权信息的刊物、建立“版权在线”网站、开展版权贸易评优活动，整合各出版社的资源，构筑对外推介上海出版物的平台，为开展面向欧美市场的版权贸易工作打基础。

由上海市新闻出版局、上海市版权局主办的第三届上海版权贸易洽谈会如期举办，美国、英国、德国、法国、日本、新加坡、泰国和中国香港、台湾地区的37家境外出版商参展，其中不乏世界知名度较高、影响较大的出版机构，如剑桥大学出版社、牛津大学出版社、麦克米伦出版社、兰登书屋、培生教育出版集团、株式会社讲谈社等，内地也有华东地区和北京、天津、湖北、宁夏等省市的60余家出版单位和团体参展。

五、注重服务，搞好日常工作

2003年，市版权局共审核登记各类版权贸易合同1 749份，其中图书1 004份、期刊281份、音像制品344份、电子出版物5份、软件50份、其他65份。版权贸易涉及美、英、德、法等主要国家和地区，其中引进版权总数1 577份，输出版权总数172份。全年共办理作品自愿登记611件，其中文字作品99件、音乐作品4件、美术作品346件、摄影作品76件、影视作品5件、设计图81件。

市版权局高度重视世博会的知识产权保护工作，积极协助有关部门做好世博会的版权管理，并将加大查处侵犯世博版权违法行为的力度。市版权局、市版权保护协会与世博会办公室多次召开会议，专题研究世博版权保护和版权管理工作。年内，市版权局已为第一批25件作品办理了著作权登记。

市版权局积极参加市知识产权联席会议的工作，会同市知识产权局等部门编制上海知识产权保护情况的年度白皮书，召开情况通报会向各国驻沪领事机构介绍知识产权保护的情况，共同主办2003年上海国际工博会“知识产权战略与企业核心竞争力”论坛，应芬兰领事馆邀请向芬兰在沪企业介绍我国知识产权法律、法规和地方知识产权行政部门主要的工作内容，召开台资企业座谈会听取台资企业对上海知识产权保护的意见和建议，并作现场咨询。起草市政府关于加强知识产权工作的有关文件和知识产权发展战略，制定企业知识产权工作文件，研讨知识产权刑事保护问题，开展知识产权联合执法，加强知识产权宣传培训。

世界知识产权组织和国家版权局于2003年11月在上海举办“关于WCT和WPPT中的‘向公众传播权’巡回研讨会”，市版权局受国家版权局委托承办会议组织工作，取得了圆满成功。

新的《著作权行政执法实施办法》颁布以后，上海市版权局及时组织执法人员认真学习，逐条讨论，力求正确理解，并在行政执法工作中认真贯彻实施。

指导和支持市版权保护协会、中国音乐著作权协会上海办事处、上海文学艺术著作权协会等民间著作权保护组织开展工作。在市版权局的支持下，市版权保护协会经过大量的调查研究，广泛征求有关单位的意见，提出了《关于本市出版单位使用美术作品付酬办法的参考意见》，供各出版单位在出版工作中参考，并报市版权局和中国版权协会备案。《意见》的提出，为出版单位妥善处理美术作品稿酬提供了指导，也为司法、执法部门处理稿酬纠纷提供了可资参考的依据。

（上海市版权局）

司法工作

2003年，在邓小平理论和“三个代表”重要思想的指导下，上海法院知识产权审判工作认真贯彻司法为民宗旨，紧紧围绕“公正与效率”主题，扎实开展审判工作，积极推进审判改革，努力加强队伍建设，克服了“非典”疫情的不利影响，圆满通过最高人民法院组织的司法大检查，各项工作都取得了新的成绩。

一、精心审判，较好地完成审判任务

2003年，上海市法院受理与审结的知识产权民事案件数量再创历史新高，共受理各类知识产权民事纠纷案件801件，审结767件，存案292件，与2002年相比，分别上升4.8%、2.4%、13.2%。

2003年，上海法院积极运用新法律、司法解释规定的法律措施，加大知识产权司法保护力度。如，积极采用诉前裁定停止侵权行为、诉前证据保全、财产保全、法定赔偿等措施，及时有效地保护了知识产权权利人的合法权益。全年受理诉前裁定停止侵权行为案件13件，裁定诉前停止侵权行为11件，对41起案件裁定采取诉前或诉中证据保全措施。此外，上海法院认真审判对侵犯知识产权的刑事被告人提起的民事侵权赔偿诉讼，强化对知识产权的"立体"司法保护。如，浦东新区人民法院受理了8起此类案件。上海市第二中级人民法院审结了对侵犯《辞海》著作权构成犯罪的刑事被告人提起的民事侵权赔偿诉讼，判决三被告连带赔偿经济损失人民币50万元，同时对侵权的主要责任人陕西省汉中印刷厂作出罚款人民币6万元的民事制裁。

2003年，上海市法院在加大知识产权司法保护力度的同时，严格依照法律、法规、司法解释的规定，妥善审结了一批争议大、社会影响大的疑难案件，取得了良好的法律效果和社会效果。如，审结了《霓虹灯下的哨兵》作品署名权纠纷案、小说《陈香梅传》著作权侵权纠纷案、图书《青少年学吉他》著作权侵权纠纷案、职务发明专利的设计人主张奖励和报酬纠纷案、假冒上海市第一百货商店股份有限公司名义举办展销会的不正当竞争纠纷案等等。目前，还有一批疑难复杂案件正在审理过程中，如，上海交大昂立股份有限公司诉上海高博特生物保健品有限公司等侵犯商业秘密纠纷案、美国伊莱利利公司诉中国企业侵犯药品方法发明专利权案、摩托罗拉(中国)电子有限公司被诉侵犯线路板著作权及外观设计专利权纠纷案、微软(中国)有限公司被诉侵犯计算机软件专利权纠纷案等等。

二、锐意改革，促进公正与效率

上海市各法院在知识产权审判中积极推进审判改革，主要改革措施有：第一，深化裁判文书制作改革，进一步落实审判公开、公正、效率。在裁判文书制作上，推行难案精写，简案简写。有的法院还尝试在裁判文书中公开合议庭不同意见。第二，加大调解力度，落实司法为民宗旨。各法院将调解贯穿于审判工作的全过程，积极加强庭前和庭后调解，针对不同案情、不同当事人的具体情况，悉心做好思想工作，及时化解矛盾。各法院通过耐心、细致、有效的调解促和工作，使调解、撤诉方式审结的一审案件占全部一审知识产权民事案件结案数的56.6%。为加强调解工作，高院还组织召开了"知识产权案件调解、撤诉经验交流研讨会"，部分法官在会上总结、交流、讨论了调解方法、技巧、经验。高院要求各法院推广会议总结、交流的调解经验和做法，会上总结的调解经验、方法还在《中国知识产权报》上发表。第三、加强诉讼指导，深入贯彻司法为民宗旨。各法院积极开展诉讼指导，从明确诉请、举证、质证等各个环节，指导当事人正确行使诉讼权利，依法履行诉讼义务，及时保障了当事人行使诉讼权利，切实保护了当事人的实体权利。为贯彻司法为民宗旨，各法院还尽可能在证据交换、开庭审理等环节提高工作质量和效率，尽可能一次完成证据交换和开庭审理工作，避免造成当事人讼累。此外，在"非典"疫情爆发期间，各法院对涉及疫区当事人的案件，实行暂缓开庭，在暂缓开庭期间，加强调解和开庭准备工作，以实际行动贯彻司法为民宗旨。

三、深入调研，提高司法水平

在高院的统一组织协调下，召开了"戏剧作品版权纠纷案件研讨会"，"知识产权案件调解、撤诉经验交流研讨会"，编写出版了《知识产权案例精选(2001～2002)》一书，完成了《知识产权诉讼中的证据保全问题研究》等专题调研工作。全市法院知识产权法官认真撰写调研论文，积极在《人民司法》、《法律适用》、《中国专利与商标》、《法学》、《现代法学》、《中国知识产权报》等报刊上发表专业论文，全年全市法院知识产权审判部门全体人员共发表专业论文130多篇。高院组织全市法院知识产权审判人员积极参加第七届全国部分省市法院知识产权审判研讨会，并向大会提交学术论文。为加强调研工作，有的法院还成立了调研组，集中一定审判力量开展调研工作。

四、加强培训，提高业务素质

上海市高院积极组织开展全市法院知识产权审判业务培训，组织全市知识产权法官听取知识产权专家郑成思的讲座，并就有关理论与实践难题与郑成思研究员进行交流。各法院还认真学习法学理论和相关业务知识，有的法院坚持每两周进行一次集中业务学习。全市法院认真开展了知识产权法律法规、司法解释、证据法、英语等业务培训。各法院积极创造条件，推荐优秀法官到国外境外学习交流。2002年，全市法院知识产权审判人员除积极参加各自法院和高院组织的业务培训外，高中院有6人出国出境学习、有6人参加最高法院等外单位组织的国内培训，占高中院知识产权法官总数的30.8%。

2003年是上海市法院受理及审结知识产权案件最多的一年，其中有不少是新类型案件、疑难复杂案件、社会影响较大的案件，还有些是矛盾比较激化的案件，社会各界对法院审理的案件非常关注，不少案件还受到国外、境外的关注。2002年知识产权民事一审案件调解和撤诉结案率达到56.6%，知识产权民事二审案件对一审裁判的改判率仅3.2%，无发回重审的案件。2003年，全市知识产权审判部门全体人员没有出现违反审判纪律的人和事。这些成绩的取得充分说明各法院将知识产权审判工作作为上海法院的窗口工作来抓，知识产权审判部门全体人员勇于开拓，迎难而上，不断加强学习调研，克服了人手少、案件多、难题多、压力大等困难，妥善解决了纠纷，进一步提高了审判质量和效率，较好地完成各项审判任务，以实际行动贯彻了司法为民宗旨，树立了上海法院公正、高效的良好司法形象。

五、2003年上海法院审理的知识产权案件情况分析

2003年，上海法院受理与审结的知识产权民事案件数量再创历史新高，共受理各类知识产权民事纠纷案件801件，审结767件，存案292件，与2002年相比，分别上升4.8%、2.4%、13.2%。

2003年，上海法院受理一审知识产权民事案件637件，审结610件，存案270件，分别比上一年增长2.9%、2.3%、11.1%，同期受理一审涉外、涉港台知识产权民事案件61件，占受理案件总数的9.6%。2003年，上海法院受理的一审知识产权民事案件中，著作权案件225件，商标案件97件，专利案件149件，技术合同案件69件，不正当竞争案件86件，其他案件11件。2003年，一审知识产权民事案件结案率为95.8%。同期，全市法院受理一审知识产权刑事案件48件，审结51件，存案1件，与2002年相比，收案、结案分别上升41.2%、54.5%，存案下降75%。

2003年，上海法院积极运用新法律、司法解释规定的法律措施，加大知识产权司法保护力度。如，积极采用诉前裁定停止侵权行为、诉前证据保全、财产保全、法定赔偿等措施，及时有效地保护了知识产权权利人的合法权益。全年受理诉前裁定停止侵权行为案件13件，裁定诉前停止侵权行为11件，对41起案件裁定采取诉前或诉中证据保全措施。此外，上海法院认真审判对侵犯知识产权的刑事被告人提起的民事侵权赔偿诉讼，强化对知识产权的“立体”司法保护。如，浦东新区人民法院受理了8起此类案件。上海市第二中级人民法院审结了对侵犯《辞海》著作权构成犯罪的刑事被告人提起的民事侵权赔偿诉讼，判决三被告连带赔偿经济损失人民币50万元，同时对侵权的主要责任人陕西省汉中印刷厂作出罚款人民币6万元的民事制裁。

六、2003年审理的知识产权民事纠纷案件具有以下特点

1. 受理与审结一批新类型疑难案件。(1)涉及网上音乐下载及试听服务的邻接权侵权纠纷案，如受理(台湾)华纳国际音乐股份有限公司诉上海市榕树下计算机有限公司未经许可提供网上音乐下载、试听服务侵犯录音制作者享有的权利的案件，该案涉及擅自提供网上音乐下载、试听服务是否侵犯录音制作者享有的权利的新问题。(2)以侵犯商业秘密之诉保护软件作品的新类型商业秘密侵权纠纷案，如受理上海世大信息集成技术有限公司等诉上海得梦石信息科技有限公司等侵犯商业秘密纠纷案，该案原告将软件的数据库结构、源代码、目标代码作为商业秘密来保护，原告以侵犯商业秘密之诉保护其计算机软件作品，而不从著作权、专利权的角度来保护软件。(3)涉及不动产商品及服务的注册商标的新类型商标侵权纠纷案，如受理深圳市美地置业发展有限公司诉上海市龙仓置业有限公司等侵犯其在不动产商品及服务类注册的“香榭里”等商标的商标侵权案，该案系上海法院受理的首例涉及不动产商品及服务上的注册商标的商标侵权纠纷案。(4)涉及注册商标为新技术、新产品名称的新类型商标侵权案，如受理日本国小野食品兴业株式会社诉山东绿润食品有限公司等商标侵权纠纷案，该案原告将其开发的食品加工技术命名为“新含气”调理技术，将采用该技术加工的产品命名为“新含气”调理食品，并将“新含气”注册为商标，原告以其对“新含气”享有商标权为由，起诉被告在产品包装上使用“新含气”标识侵犯原告的商标权。(5)涉及注册商标与地理标志相冲突的商标侵权纠纷案，如受理浙江省食品公司诉上海市泰康食品有限公司侵犯其“金华火腿”注册商标专用权案，该案原告主张其享有“金华火腿”注册商标专用权，而被告主张其销售的是标示有“金华火腿”地理标志的商品。(6)审结因不服世界知识产权组织仲裁与调解中心转移域名的裁决而提起的域名归属纠纷案，该案系上海法院受理的首例不服世界知识产权组织仲裁与调解中心转移域名的裁决而提起的域名民事纠纷案，此案涉及法院是否应当受理此类纠纷、当事人举证责任的承担等新问题。

2. 受理与审结一批具有较大社会影响的案件。(1)涉及国际知名企业、协会的案件。如：受理日本铃木株式会社提起的专利侵权纠纷案，受理足球协会国际联合会(简称国际足联)提起的商标侵权纠纷案，受理并审结美国二十世纪福克斯电影公司等提起的销售盗版 DVD 侵犯著作权案，审结美国奥多比公司提起的计算机软件著作权侵权纠纷案。(2)涉及社会关注的热点问题的案件。如：受理使用与“世博会”徽标相近似的标识以及“世博会”的宣传口号等引发的不正当竞争纠纷案，审结侵犯《辞海》著作权纠纷案。(3)涉及知名品牌的案件。如，“培罗蒙”商标侵权案，“梦特娇”商标侵权案，“PHILIPS”商标侵权案等等。

3. 商标纠纷案件不仅数量多，而且涉案商标中，知名度高的商标多。2003 年受理一审商标案件 97 件，是历年来受理商标案件最多的一年，比 2002 年上升 70.2%。商标纠纷案件中，涉及知名度较高的商标多，如受理了侵犯“金华火腿”、“培罗蒙”西服、“白象牌”电池、“克莉丝汀”食品、“宝钢”钢材、“光明牌”牛奶、“梦特娇”服装、“PHILIPS”电器、“三菱”电梯等商标权的案件。

4. 涉及注册商标与企业名称相冲突的案件多。2003 年，受理此类案件已 10 多件，有的还涉及历史因素，审理难度大。如，一审审结了杭州张小泉剪刀厂诉上海张小泉刀剪总店等商标侵权和不正当竞争纠纷案，依法作出被告不构成商标侵权和不正当竞争的判决；一审审结了中国标准缝纫机公司上海惠工缝纫机三厂诉上海海菱缝纫机设备有限公司等不正当竞争纠纷案，判决被告的行为构成不正当竞争。

5. 涉及传统戏剧作品的案件多。如越剧《红楼梦》等传统戏剧作品被制作成 VCD 引发的版权纠纷案件。全市法院共受理十多起此类案件，这类案件涉及几十年前已在舞台上表演并流传至今的越剧、沪剧等戏剧作品。这类案件由于涉及特定历史时期，不仅当时缺乏相应法律、法规，而且案件事实已过多年，举证、认定事实比较困难，因此审理难度大。

6. 依法适用最高法定赔偿额，加大知识产权保护力度。2003 年，全市法院依据我国知识产权法律、法规、司法解释的规定，对侵权行为成立，且权利人实际损失和侵权人侵权获利难以确定的案件，根据侵权行为的情节，依法确定法定赔偿额，共有 5 起案件适用法定赔偿额的最高限额 50 万元，加大了知识产权司法保护力度。如：北京华宇创新科贸有限责任公司诉上海浦东新区张江化纤机构配件厂专利侵权纠纷一审案件，(加拿大)迪斯克瑞特逻辑有限公司诉上海中乐影视文化有限公司侵犯计算机软件著作权一审案件等，法院判决被告承担 50 万元的侵权赔偿额。

（上海市高级人民法院民三庭）

江苏省

专利工作

一、概况

2003 年，江苏省政府调整充实了知识产权联席会议组成人员和办公室成员，制定了《江苏省政府知识产权联席会议工作制度》，联席会议协调机制正式运作。4 月 25 日，张桃林副省长主持召开了第一次联席会议，研究部署知识产权工作部门的协调问题，制定了《江苏省政府知识产权联席会议成员单位工作职责》。经贸、教育、科技、公安、农林、海关、信息产业等省政府有关部门相继明确了知识产权管理处室和人员，并着手制定加强行业知识产权管理和保护工作实施意见。南京、苏州、常州、南通、连云港等省辖市相继建立并完善了知识产权联席会议制度。

2003 年，江苏省知识产权管理机构建设取得突破性进展。继南京、泰州、盐城、连云港、淮安成立知识产权局之后，全省又有 8 个省辖市成立了知识产权局。至此，全省 13 个省辖市已全部成立了知识产权局，其中七个省辖市知识产权局设立了两个职能处室。继靖江、姜堰两个县级市率先建立知识产权局之后，金坛、泰兴、江都、溧阳、楚州、江宁、昆山等 12 个县(市、区)也成立了知识产权局。

2003 年，新成立专利代理机构 5 家，江苏省的专利代理机构总数已发展到 31 家，其中有两家代理机构取得涉外代理权。成立了江苏省专利代理人协会，开始按市场经济体制的要求，建立专利代理行业的自律运行机制。省知识产权研究会、省企业专利工作研究会经行了换届选举，充实了工作人员，知识产权学术研究和咨询服务活动逐步开展。

为进一步规范专利机构的执业行为，有效促进代理机构的行业自律，江苏省成立了“江苏省专利代理惩戒委员会”，出台了《江苏省专利代理机构管理办法》和《江苏省专利代理人管理办法》，加强了对改制后专利代理机构的管理与服务，促进专利代理行业的健康发展。目前，全省专职专利代理人已达 164 人。

2003 年，江苏省科技厅和省知识产权局在全省范围内开展了“知识产权工作先进集体”评选工作，南京市知识产权局等九个省辖市知识产权局和玄武区科技局等24个知识产权试点区域科技局被评为“江苏省知识产权工作先进集体”。

江苏省知识产权局被国家知识产权局评为“全国专利系统先进单位”，江苏省知识产权局协调管理处和南京市知识产权局分别被国家知识产权局和国家人事部评为“全国专利系统先进集体”，泰州市知识产权局副局长潘培时同志被评为“全国专利系统先进个人”。

二、专利申请量

2003年，江苏省专利申请量达到18 393件(其中，发明专利3 289件，同比增长70%，实用新型专利8 247件，外观设计专利6 857件)，超额完成年初下达15 000件目标任务27%，同比增长41%，高出全国平均增长速度17个百分点，居全国第4位。专利授权量为9 829件(其中，发明专利623件，同比增长87%，实用新型专利5 365件，外观设计专利3 841件)，同比增长29.4%。

在全省专利申请量中，职务发明专利申请量8 038件，同比增长44%，其中企业专利申请量6 867件，同比增长39%，大专院校专利申请量875件，同比增长110%。发明、实用新型、外观设计三种专利的构成由2002年的1:4.1:2.4，转化为1:2.5:2.1。职务发明与非职务发明的比例由1:1.34转变为1:1.29。

2003年，江苏省知识产权局和省财政厅下拨省级专利专项资金490万元，共资助发明专利1 225件。目前省财政已累计投入1 400多万元，资助了6 671件专利申请和一批有较好商业前景的专利技术产业化，有力地推动了各项工作计划的顺利实施。

三、知识产权宣传培训工作

2003年，江苏省知识产权培训工作突出了计划性、系统性和针对性。江苏省知识产权局会同省科技厅、省经贸委和省教育厅联合制发了《江苏省知识产权人才培训计划》，组建了省知识产权宣讲团。本着整体布局、突出重点，分层次、重需求，在职培训与学历教育相结合的原则，设计了针对不同对象，达到不同要求的培训课程。各省辖市按照“培训计划”分别制定了切合当地实际的知识产权人才培训计划，无锡等地还专门编印了各类人员知识产权培训教材。

一年来，江苏省知识产权局牵头举办了县处级领导干部、企事业单位项目负责人、知识产权战略、专利行政执法、专利试点城市等10余期知识产权培训班，培训1 200余人次。

江苏省各市、县(区)分别举办知识产权培训班117期，共培训各类人员10 000余人次，其中县处级以上领导200余人，企业高层领导1 000余人，专利行政执法人员100余人，高等院校、科研院所知识产权工作者150余人。另外，许多高校、科研院所和企业也组织了知识产权培训和讲座。全省培训工作的广度、深度和规模都大大超过了往年。

2003年，江苏省知识产权政务信息网络基本形成，省知识产权局组建了一支从省到市、县(市、区)的政务信息宣传员队伍，并开展了经常化、形式多、时效强的知识产权宣传工作。针对上半年“非典”疫情的影响，省知识产权局及时发出通知，要求各省辖市科技局(知识产权局)认真贯彻省政府全体(扩大)会议提出的“一手抓防治“非典”这件大事，一手抓经济建设这个中心不动摇”的精神，在“非典”防治期间要对年度工作计划适时调整，统筹兼顾，合理安排，充分利用新闻媒体和网络等现代传媒手段，积极开展知识产权宣传和培训。与此同时，配合国家知识产权局开通了加快专利申请审批的绿色通道，并及时下发通知，要求各有关部门减免防“非典”药品的医疗设备和专利申请和信息查询费用，指导、帮助企事业单位做好防“非典”的知识产权保护工作。

江苏省知识产权局全年印发知识产权宣传材料3万余份，在《新华日报》、《知识产权报》等报刊和各市报刊及国家知识产权局网站、省知识产权局网站发表知识产权文章和信息380余篇，制作电视新闻和专题报道等28篇。编制了《江苏省知识产权局年报》，印发《江苏专利》、《江苏知识产权》共7 950份，编制印发《知识产权资料汇编》和《江苏省知识产权局文件汇编》800余册，知识产权工作的见报率、上镜率、网站点击率显著提高。省知识产权局被评为全国专利政务信息先进单位、《中国知识产权报》最佳组织单位和发行单位。

四、知识产权区域试点工作

2003年，江苏省在第一批知识产权区域试点取得初步成效的基础上，又在江阴市等工农业基础条件较好、工作主动性强的13个县(市、区)启动了第二批区域试点工作，全省试点区域达到31个，占全省106个县(市、区)的29%。7月21日省科技厅和省知识产权局在南京召开全省知识产权工作会议，为第二批13家试点区域授牌，并要求各知识产权区域试点单位要根据试点要求，结合本地区的实际情况，加强领导，加大投入，有目标、有步骤地开展知识产权试点工作，努力在机构与制度建设、政策导向、宣传培训以及推进企事业知识产权工作，促进专利技术产业化等方面取得明显进展和成效，达到并完成试点工作确定的目标和任务。与此同时，省知识产权局和省科技厅联合印发了《江苏省知识产权区域试点工作考核办法(试行)》,建立了试点工作考核制度和试点工作进展情况通报制度,着重指导并帮助试点单位按照区域试点工作计划的要求,循序渐进、求真务实地开展知识产权工作。

各试点区域在知识产权工作体系建设、知识产权宣传培训、企事业知识产权管理计划和企业与行业知识产权战略的实施等方面取得了突破性进展,社会各界知识产权意识明显提高,专利申请量和授权量的增长率明显高于全省平均水平。据统计,试点区域中有 3 500 余家企事业单位申请了专利,专利申请量约 8 000 多件,占全省专利申请量的44%,76 家企业建立了专利信息专用数据库,513 家企业在研究开发、技术改造和技术进出口工作中利用专利信息进行跟踪服务,企业专利实施项目突破了 3 000 项。

2003 年,苏州市、无锡市继南京市、武进区(原武进市)之后被确立为国家专利工作试点城市。

五、企事业知识产权工作

2003 年,江苏省正式启动了《江苏省企事业知识产权管理工作推进计划》,确定了 342 家企事业单位作为“计划”实施单位。省知识产权局制定了《江苏省企事业知识产权管理工作推进计划工作标准执行办法》,强化目标管理,按照实事求是、注重实绩、优胜劣汰、流动发展的原则,采用定量与定性相结合的综合测评方式对计划实施单位进行动态考核。

2003 年,江苏省组织实施了《江苏省重点领域企业和行业知识产权战略推进计划》,率先开展了推动企业和行业实施知识产权战略的探索性工作,制定了力争用三年时间在全省重点发展的电子信息、生物工程和医药、机电一体化和新材料等产业领域,组织引导和优先支持 100 家知识产权工作基础较好的企业和行业实施知识产权战略,逐步形成一批重点产业领域行业知识产权战略为引导、企业知识产权战略实施为支撑的知识产权战略体系的目标。出台了《江苏省重点领域企业和行业知识产权战略推进计划项目管理办法》,并按照发布指南、组织培训、自由申报、择优支持的程序和要求,确定了 23 家企事业单位作为首批知识产权战略实施单位。藉此平台组织并建成了涵盖知识产权、经济管理以及多个技术领域 500 余名专家、学者参加的专家库,16 家知识产权中介服务机构参与了知识产权战略推进计划实施单位的咨询服务。该计划的实施把知识产权战略的理念成功地导入了企业,通过政府引导,大大提高了企业对知识产权战略的认知程度。探索了知识产权工作融入经济、科技发展的新途径,推动了企业科技创新和知识产权管理工作的有机结合。

为探讨我国实施国家知识产权战略及地区知识产权战略的可行性、必要性,以及实施知识产权战略应当重点考虑和需要解决的重点问题。2003 年 11 月 25 ~ 28 日,江苏省知识产权局会同省科技厅、省经贸委、南京市知识产权局在宁联合承办了国家知识产权局组织的全国知识产权发展战略论坛,来自国内外近 300 人参加了本次论坛。论坛共收到来自全国各地有关知识产权管理机关、企事业单位、专家学者的论文 74 篇。

2003 年,南京玻璃纤维研究设计院、南京理工大学、中国药科大学顺利通过了第一批全国企事业单位专利工作试点检查验收,得到了国家知识产权局领导的好评。根据国家知识产权局的部署,江苏省上报了第二批全国专利工作试点单位,其中江苏扬子江药业集团、红豆集团有限公司、江苏康缘药业股份有限公司被列入试点。

六、知识产权保护

2003 年,江苏省共受理专利侵权纠纷案件 70 件,其中侵权纠纷 39 件(其中涉外专利侵权案件 5 件),查处冒充专利案件 30 件,其他纠纷 1 件;共计处理结案 53 件。南京、无锡、常州、南通、盐城、镇江等市共受理专利侵权纠纷案件 18 件,结案 10 件;查处冒充专利案件 32 件。

江苏省知识产权局组织全省知识产权管理部门,以打击商贸流通领域的假冒、冒充专利违法行为为重点,实施了“春季知识产权行政执法联合行动”。在行动中,各市克服任务重、人手少以及“非典”不利影响等实际困难,积极组织,广泛发动群众,设立专利违法行为举报监督电话,建立监管员队伍,有计划、有步骤地完成了商贸流通领域中带有专利标记的商品检查、法律状态检索确认、教育整改、立案查处等工作,取得明显成效。据统计,开展的“春季知识产权行政执法联合行动”,出动执法人员 1 600 余人次,培训专利监管员 683 人,对 322 家商贸企业进行了检查,认定“无冒充专利商场”25 家,对 4 万多种带有专利标识的商品进行了登记、检索,对 626 种涉嫌假冒专利商品做出了责令停止销售,撤柜的处理,其中正式立案查处冒充专利案件 17 件。

2003 年,江苏省知识产权局在做好案件受理的同时,积极推动“行政执法重心下移”。江苏省知识产权局根据各市专利行政执法工作开展的实际情况,结合案件分别进行了针对性的业务指导。先后派员参与了南京、常州两市的专利侵权纠纷案件处理,通过电话和现场指导等方式进行了全程性业务指导,使两市顺利地处理了立案受理的专利侵权纠纷;邀请连云港、扬州等市的专利行政执法人员协助省知识产权局办案，使其积累专利行政执法实践经验。此外，为推动江苏省专利行政执法工作的有序开展，规范全省专利行政执法行为，确保全省专利行政管理机关处理专利案件的客观性、公正性和准确性，按照有关法律、法规和规章的规定，在广泛征求各市意见的基础上，修改并出台了《江苏省专利行政处罚听证规则》、《江苏省专利案件行政处理技术鉴定规则》两个规范性文件，制定并印发了《江苏省专利行政执法规程专用表格》，对全省专利管理机关处理专利案件的法律文书进行了规范。

七、专利金奖评选

2003年，江苏省知识产权局积极组织申报"中国专利金奖"，全省共推荐22项专利技术，经筛选，我省好孩子集团的"电动车"等8项专利参加全国评选。经国家知识产权局组织有关专家评选，昆山市好孩子集团的"电动车"（ZL01356565.6）、江苏双良空调设备股份有限公司的"多段热水型溴化锂吸收式制冷装置"（ZL98111110.6）和南通飞天化学实业有限公司的"草甘膦可溶性固体剂型"（ZL97107058.X）获国家知识产权局颁发的"中国专利优秀奖"。

八、知识产权外事活动

2003年，江苏省知识产权局组织了由朱宇局长带队的赴澳大利亚、新西兰和香港特区考察团，访问了上述国家和地区的政府机构、知识产权管理部门、知识产权中介服务机构和高校科研机构，分别会晤了澳大利亚墨尔本专利商标代理公司有关人员，新西兰罗托鲁瓦市长，香港特区知识产权署署长、知识产权署审查主任等，就有关知识产权工作进行了交流，省知识产权局与香港知识产权署达成了"密切合作，共同推动知识产权事业发展"的合作意向。11月份，江苏省知识产权局组织了由杨学锦副局长带队的赴欧洲考察团，从事知识产权行政管理及司法审判工作的官员的一行8人，访问了欧洲专利局总部、法国工业产权局、世界知识产权组织等。考察团在考察期间与外方知识产权界著名专家学者及管理层领导进行了交流。嗣后，省知识产权局选派2位业务骨干参加了江苏省贸促会组织的赴欧洲知识产权考察团，考察了法国工业产权局和比利时知识产权代理机构。省知识产权局组织力量编写了《江苏知识产权介绍与江苏概况》中英文对照读本，以便于今后对外交流中的信息交流。

附件1.

2003年江苏省专利申请量居前十位的企业

序号	单位名称	申请总数(件)
1	富士康(昆山)电脑接插件有限公司	647
2	苏州罗普斯金铝业有限公司	203
3	好孩子儿童用品有限公司	192
4	深圳中兴通南京分公司	164
5	红豆集团	97
6	英业达(南京)电子技术有限公司	70
7	常熟华联铝业有限公司	60
8	罗马磁砖有限公司	55
9	金城集团	48
10	苏州亚宁服饰有限公司	40

附件2.

2003年江苏省专利申请量居前十位的科研院所

序号	单位名称	申请总数(件)
1	中国科学院南京土壤研究所	14
2	农业部南京农业机械化研究所	11
3	南化集团研究院	11
4	江苏省农科院	11
5	总参63研究所	6
6	中华医学会金陵皮肤病研究所	6
7	中国电子科技集团公司第五十五研究所	6
8	中国林业科学研究院	5
9	一汽集团无锡油泵油嘴研究所	5
10	江苏省原子能研究所	5

附件3.

2003年江苏省专利申请量居前十位的高等学校

序号	单位名称	申请总数(件)
1	东南大学	166
2	南京大学	120
3	江南大学	54
4	南京师范大学	42
5	中国药科大学	33
6	南京理工大学	28
7	南京工业大学	27
8	中国矿业大学	26
9	河海大学	23
10	南京航空航天大学	23

（江苏省知识产权局　陈苏宁、杨玉明）

商标工作

2003年，江苏省商标管理工作在省局党组的领导和国家工商总局商标局的业务指导下，按照年初的工作部署，以充分调动各级商标管理机关的积极性、主动性和创造性，深入贯彻"两个率先"为目标，积极探索商标战略实施的新途径、新领域，全面强化注册商标专用权保护工作，不断加大商标法律法规宣传力度，为维护社会主义市场经济秩序，促进地方经济发展做出了贡献。

一、开拓创新、求真务实，全面推进商标战略实施工作

1. 工作职能从着重商标专用权保护向执法与服务两个层面齐头并进的转变

2003年，按照"实现'两个率先'，全面建设'服务型工商'"的工作要求，结合江苏省实际，省局将大力推进江苏省注册商标数的增长确立为全年工作的重点、亮点和突破口，力争商标注册申请数达到25 000件，增长20%，用三年时间使江苏省注册商标数赶上浙江。

2. 工作对象从宽泛的社会群体向有重点的领导决策层转变

2003年实施商标战略江苏省各级商标管理机关确立了变部门推动为政府推动的指导思想，在向社会群体广泛宣传的同时，加大了对政府决策层的宣传力度。6月17日，江苏省局向省政府呈交了《关于以商标战略促进经济发展，确保全面实现"两个率先"的报告》，全面系统地分析了江苏省商标发展基本情况，查找了商标发展中存在的不足，并围绕实现"两个率先"奋斗目标，结合江苏省商标工作实际，提出了富有建设性的若干意见，全面启动了江苏省商标战略工作。

3. 工作重点从单纯培育高知名度商标向夯实商标战略实施基础的转变

注册商标数是名牌战略实施的基础。2003年，为摸清家底，适应商标管理信息化要求，在江苏省局的统一部署和指导下，全省工商系统对辖区内的11.6万件注册商标开展了全面验证工作。现有37 569件商标已参加了验证，验证率32.4%。

在商标验证的同时，江苏省上下还从服务企业、服务地方经济入手，注重四个结合，落实"两个率先"。一是将商标验证与规范企业商标使用行为相结合。对企业商标使用中存在的不规范行为，采取教育与整改相结合的方法，限期督促纠正。共送达限期规范整改通知书1 468份。二是将商标验证与纪念《中华人民共和国商标法》实施20周年纪念活动相结合。对验证企业人员现场说法，指导企业建立健全商标管理制度，提高企业商标保护意识和商标战略实施水平。三是将商标验证与发展地方品牌经济相结合。通过验证，指导企业申报知名商标、著名商标。四是将商标验证与服务改制企业相结合。共指导2 389件商标办理了转让手续，帮助企业及时理顺商标权属关系，避免企业无形资产流失。

4. 工作模式从传统、被动状态向充分调动各级各方面和积极性、主动性和创造性的转变

2003年，江苏省局充分利用办公自动化平台，发挥全省联网优势，树立典型、组织交流、开展研讨，充分发挥出基层局在工作中的积极性、主动性、创造性，形成了全省范围内比、学、赶、帮、超的热烈氛围。

截至2003年，江苏商标新申请数为31 682件，比2002年同期增长41.9%。至此，我省年度商标新申请数首次突破三万大关，超额完成了年初制订的"力争商标注册申请数达到25 000件，增长20%"的工作目标，是历年商标新申请数增幅最大的一年。

二、以著名、知名商标认定工作为契机，将企业商标战略引向深入

2003年，江苏省局根据《江苏省著名商标认定和保护办法》的有关规定，本着成熟一件、认定一件的原则，继续开展省著名商标认定工作。一是年初个案认定"金螳螂"、"新世纪"两件商标为省著名商标。二是12月份认定171件商标为省著名商标，我省著名商标总数增加到610件，使我省一批知名度高、规模大、效益好、实力强的商标得到了认定。此外，"冠军"、"捷安特"、"樱花"、"哈森"等商标注册人在国外(境外)的商标也首次获得认定。

三、适应变化，积极做好驰名商标认定申报工作

国家工商总局《驰名商标认定和保护规定》出台后，在驰名商标界定、商标注册人权利、认定因素、认定程序等方面与原规定相比都有不同程度的变化。为确保申报工作的顺利进行，江苏省局商标处及时调整思路，加强学习研讨，研究具体措施，并对各直属局进行了有针对性的辅导培训。2003年，江苏省共向国家商标局申报了"捷安特"、"宝胜"、"江动"、"克胜"、"白雪"、"阪神"、"桂冠"、"双登"、"樱花"、"徐工"、"堂皇"、"金螳螂"、"双鱼"、"ZL"、"HAILIN"等15件驰名商标申报材料。

四、保护注册商标专用权，查处商标假冒侵权行为，切实维护市场经济秩序

2003年，商标管理工作继续以保护注册商标

专用权为重点,进一步加大对商标假冒侵权行为的查处力度。江苏省各级商标管理部门共查处各类商标违法案件 2 713 起,其中侵权案件 1 841 起,罚没款总数达 5 476.86 万元,收缴、销毁侵权商标标识 827.403 万件(套),没收直接用于侵权活动的作案工具 274 件(套)。

2003 年,江苏省各级商标管理部门在继续加强对生产领域和印制环节商标监管的同时,重点抓好流通领域商标违法侵权行为的集中检查。按照省局的统一部署,自 4 月中旬开始,在全省范围内针对专卖店(柜)商标使用违法行为开展了专项整治行动,整治的重点商品是食品、化妆品、服装、鞋帽、皮具、箱包、建材、交通运输工具及零配件等。全省累计出动工商执法人员 7 287 人次,车辆数千台次,检查专卖店(柜)7 672 家,发出责令限期整改通知书 567 份,依法立案查处商标违法案件 181 件,已入库罚没款达 139.03 万元。发出责令补办有关手续或材料通知书 327 份,拆除涉嫌侵犯他人注册商标专用权的店招等 131 户,暂扣涉嫌侵权物品 6 645 件(套),案值 200 余万元。

(江苏省工商行政管理局商标处)

版权工作

2003 年,是全面贯彻落实党的十六大精神,建设小康社会的开局之年。江苏省版权管理工作以"三个代表"思想为指导,用十六大精神统领版权工作的全局,围绕促进版权产业发展,强化版权管理和版权行政执法,认真开展调查研究,推动音乐著作权集体管理工作的开展,抓好打击侵权盗版专项治理行动,为维护出版物市场的平稳发展和著作权人的合法权益,作出了积极的努力。

一、认真开展版权行政执法行动,严厉打击侵权盗版行为

根据国家版权局的有关精神,江苏省版权局拟订了详细的工作计划下发各市部署落实。据不完全统计,自 1 月份以来,江苏省各级版权、新闻出版、"扫黄""打非"部门会同公安、工商等部门共组织大规模集中检查 170 余次,出动执法人员 47 186 人次,检查各类经营网点 60 526 家,收缴各类盗版、非法出版物 15 693 万册,盗版软件 3 496 万件,盗版音像制品 47 693 万盘,取缔违法、违规经营点 105 家,行政处罚 1 213 起。刑事处罚案件 29 起,刑事处罚 64 人。专项治理行动取得明显效果。

版权处将查处市场侵权盗版制品工作列入全省"扫黄""打非"各阶段工作范围,组织了全省性的专项执法检查。通过加强暗访和调研,版权处与省"扫黄""打非"办、宣传、文化、公安、工商等部门负责人碰头开会等举措,掌握新动态、了解新情况、研究新问题。1 月份以来,江苏省版权局先后 8 次参加省扫黄办组织的工作组赴盐城、南京、无锡、常州、泰州、苏州等地对重点出版物市场进行调查和暗访。4 月份,在全社会防治"非典"之际,江苏省版权局和省扫黄办避开集会汇报,组成暗访小组,对苏州等地的车站、小商品市场进行摸底,准确、有效地掌握了第一手资料,及时向当地管理部门通气,提出整改意见。专项治理行动中,有关市版权管理部门根据省局通报的情况,果断出击,收缴了一批侵权盗版制品。在省版权局和"扫黄"办的要求和推动下,全省各地对出版物市场普遍加强检查,保持高压态势。为了有效实施著作权法,贯彻落实国家四部委关于开展打击盗版软件工作安排的实施方案省版权局于 9 月 16 日在全省发布了《关于禁止销售使用侵权盗版软件的通告》,并公布各市版权管理部门的举报电话,要求各市在相关经营销售场所广为张贴。

二、积极开展版权宣传活动,营造版权保护的良好环境

江苏省版权局积极组织人员认真编写《著作权法讲义》,参与对新闻采编人员、印刷厂厂长的普法培训。2003 年初,省暨南京市版权管理部门联合召开了软件使用管理研讨会。在宁近 20 家较大的软件企业和开发商派员参加了会议。会议宣传了计算机软件版权法律法规、政策文件,并结合用户实际讲解了软件著作权的登记、如何申请软件合同备案等业务知识,通报了软件著作权侵权查处案例。省市管理部门和软件产业界代表通过对抵制侵权盗版软件,推进软件正版化等问题的广泛研讨,进一步沟通了信息,统一了认识。针对社会上对音乐著作权收费工作的模糊认识,版权处通过多种形式宣传普及著作权法律知识,着力提高社会和公众的版权保护意识。在省内各大媒体,通过报纸、电台、电视台发表专访和各类报道有力地配合了音著权收费工作的开展。

三、严厉打击印刷、发行盗版教材、教辅不法活动

针对不法分子利用春季开学前后教材、教辅读物销售旺季经营盗版图书的现象,加大了对批销、盗印教辅图书的打击力度,并通过调解赔偿等手段,维护权利人的合法权益。2 月底至 3 月上旬,根据外研社、新疆青少年儿童出版社、科学出版社、江苏教育出版社、南师大出版社等单位提供的线索,江苏省版权局和省"扫黄"办派员分赴南京、

无锡、泰州、苏州、扬州、徐州等地调查处理，发现总码洋达五十余万元的盗版教辅书，暂扣、查缴盗版图书十万余册，通过调解，侵权人作出17 000元的赔偿。在江都大桥镇，执法人员经两天守候，当场查扣一辆农用车运送的盗版《一课一练》一万册，办案人员乘胜追击找到了不法书商藏匿在郊区出租屋的两万多码洋的盗版图书。江苏省版权局还和省“扫黄”办一起对淮安在防“非典”期间查获的一起利用邮政车辆贩运盗版图书案件及时给予了指导协调，致使该案在当地版权、公安部门的通力协作下依法圆满查结。7月中旬，江苏省版权局接本省赣榆县学生家长举报，一举查获不法游商贩卖盗版图书案，共缴获涉案码洋达76 326 945元盗版教辅图书，查明非法经营额高达70万元，已构成非法经营罪。9月初江苏省版权局派员驱车一千余公里，会同当地管理部门检查涉嫌经销盗版教辅图书的书刊经营点10家，捣毁4个地下批销窝点，查扣盗版教材教辅图书达数十个品种，其中政治类非法出版物十余种，查扣图书码洋达五十余万元，有力地震撼了不法书商，维护了出版物市场的正常秩序。

四、狠抓重点案件，严厉打击各类违法犯罪活动

通过集中力量查处影响大、意义深的大要案打击违法犯罪行为，以点带面，推动反盗版走向纵深，是江苏省历年开展“扫黄”“打非”“反盗版”斗争的一个重要举措。

2003年江苏省查处的“9.26”非法出版、盗版、盗印案，具有案值巨大、涉案面广、作案时间长、内外勾结、跨省作案等特点，涉及全国15个省、市106家出版、发行单位和个人，是一起集侵犯著作权、非法经营、行贿受贿等刑事犯罪行为和其他行政违法行为于一体的综合性案件。据初步查证，该案涉嫌盗版图书和非法出版物317种，码洋高达2 800万元。

五、启动背景音乐收费，音乐著作权协会江苏办事处开展工作

为了更好地宣传贯彻新修订的《中华人民共和国著作权法》，强化江苏省的音乐著作权管理，维护音乐著作权人的合法权益，音乐著作权协会江苏办事处在省暨南京市版权局的大力支持下开始启动背景音乐的收费工作。2003年3月份召开了在宁的四星级以上16家宾馆代表参加的座谈会，会上宣传了《中华人民共和国著作权法》有关精神，介绍了国际国内开展这项工作的情况，回答了与会代表和记者的提问。会后省市各大媒体均作了详细的报道，大大地推动了这项工作的开展。在反复做好宣传教育工作的前提下，经多次磋商怡华假日、苏宁环球、凤凰台、新世纪四家宾馆率先缴纳背景音乐使用费，另与玄武饭店等十家宾馆达成缴费协议。同时办事处还与南京知识律师事务所签订合作协议共同开展这项工作。

六、开展调查研究，开拓著作权管理新领域

在江苏省局党组的关心支持下，版权处注重调查研究，做到著作权管理为经济建设服务。对江苏省有影响的传统工艺美术作品版权保护的现状进行调查研究，制定维权对策，提出治理整顿措施。2至3月份江苏省版权局多次派员到宜兴市通过和专家、紫砂工艺师及管理部门座谈研讨，广泛听取意见，形成了内容详实的《宜兴紫砂陶艺著作权保护亟待加强》的调查报告。受到省委及国家版权局领导的重视，省委副书记任彦申对宜兴紫砂市场的整顿工作专门作出批示，国家版权局副局长沈仁干专程赴宜兴实地考察对宜兴紫砂陶艺作品的著作权保护作出重要指示。根据领导同志的要求，江苏省版权局制定了《关于加强宜兴紫砂陶艺作品著作权保护整顿陶艺市场的方案》。现该方案正在听取各方意见，待进一步完善后上报省委、省政府批准后实施。6月初，非典警报解除后，江苏省版权局立即派员赴无锡对无锡泥人著作权问题进行了调研。2003年初及11月中旬，江苏省版权局针对淮安金思源酒外包装屡被侵权的现状，先后两次对侵权制品作出鉴定，为有效打击侵权产品，提供了准确的依据，维护了名牌企业的合法权益。

七、推进软件正版化，维护著作权人合法权益

根据国务院颁布的《计算机软件保护条例》，为了维护著作权人的合法权益，逐步推进计算机软件正版化工作，江苏省版权局认真受理中外著作权人投诉。在宣传法规、思想教育的前提下促使侵权者制定正版化计划，求得被侵权者的谅解，达成协议。2003年，通过江苏省版权局认真宣传著作权法，在说服教育的基础上，省规划设计院、无锡微研有限公司、省建设工程设计院、南京电讯规划设计院、省装饰幕墙工程有限公司、省建筑装饰设计院、永凌设计研究所、省交通科学设计院、常州冶金机械厂、江苏化工设计院、银都广告设计公司、太平洋制板有限公司、苏垦广告公司、机电学校印刷厂、南师大建筑设计研究院、东南大学规划设计院、无锡规划设计院等17家单位均在江苏省版权局的督促下基本完成了正版化工作。

八、著作权日常管理工作得到加强

2003年上半年，江苏省版权局著作权的日常工作得到了加强。2003年的报刊转载作品稿酬是23万元，涉外电子出版物及计算机软件合同认证件，作品自愿登记134件，比2002年同期增长91%，受理计算机软件著作权登记60件，比上年同期增长60%，编发《江苏版权》8期3 600份。审核已登记涉外图书版权贸易合同182份247种。进行涉外软件和电子出版物著作权登记共计25件。江苏省版权局还积极参与2003年第十届北京图书博览会的工作。江苏省17家图书出版社参展，达成版权贸易协议97种，意向568种，总计665种，总量位居全国第一。9月上旬，江苏省版权局接河海大学来函要求对该校11位教师反映该校外语学院院长刘新民涉嫌剽窃的问题给予书面答复。江苏省版权局立即组织有关专家对来函中涉及的两种图书进行了审读。在专家审读意见的基础上，按照著作权法有关规定写出了详尽、全面、准确的答复意见，在社会引起强烈反响。并由此而引发一场有关剽窃法律问题的大讨论。通过不同观点的争鸣，明辨是非，抨击学术腐败，取得了较好的社会效果。

目前存在的问题：市场销售侵权盗版制品的情况屡禁不止。盗版图书时有发现，盗版音像制品和盗版软件泛滥的势头没有从根本上遏制。地下复制销售盗版光盘的情况仍然十分猖獗，呈团伙化、网络化状态，给打击带来相当难度。目前这种大兵团作战进行综合治理的做法，只能收效于一时，不能收效于久远，只能收效于浅表，不能从根本上解决问题。

盗版光盘仍然有广阔的市场，社会版权意识的淡漠，政府软件正版化工作推动的缓慢，企事业单位和个人使用盗版光盘的普遍性，打击侵权盗版行为的挂一漏万，使盗版软件和音像制品的销售有广阔的利润空间，且被查处的概率极低，刺激着生产、销售、预装、使用者有恃无恐，胆大妄为，形成恶性循环，尾大不掉之势。

管理部门力量单薄，管理范围越来越宽泛，管理职责越来越重，机构队伍不健全，人才缺乏，查处经费不足，是制约打击侵权盗版行为的瓶颈。打击盗版软件法律上还存在欠缺。对于大量制作销售盗版软件的犯罪行为，尚未有与行政性法规相对应的司法解释。

（江苏省版权局）

司法工作

一、2003年江苏全省知识产权审判概况

1. 组织和队伍。截止2003年底，江苏省法院系统在高院和11个中院设立了专门从事知识产权审判的民三庭。目前，全省仅有淮安、宿迁两地中院在民二庭中设有专门审理知识产权案件的合议庭。就人员配备而言，在上一年中，虽有所调整，但变化不大。总的来说，民三庭依然体现出年纪轻，学历高，业务能力较强，富有朝气的特点。

2. 收案及审理。2003年江苏全省法院共收一审知识产权案件953件（其中旧存350件，新收603件），结案658件，涉案标的达10 592 6357元。其中著作权纠纷案件225件，专利纠纷案件195件，技术合同纠纷案件76件，商标侵权纠纷案件37件，商标纠纷案件72件。二审知识产权案件144件（其中旧存11件，新收133件），结案133件，涉案标的达18 504 181元。江苏省高级人民法院民三庭在2003年共审理一、二审知识产权案件148件，比2002年同期（85件）增长74.1%。审结136件，比2002年同期（73件）增长86.3%。结案率为91.2%，比2002年同期（75.3%）增长15.9%。以调解结案以及经调解后撤诉的案件51件，调解结案率为37.6%，比2002年同期（26.8%）增长10.8%。

3. 指导性意见。为了准确适用法律和最高人民法院司法解释的规定，规范全省法院对申请责令停止侵犯知识产权行为案件的审理，江苏高院民三庭在调查研究的基础上，结合全省审判实践制定了《江苏省高级人民法院关于适用责令停止侵犯知识产权行为若干问题的实施意见（试行）》，并经审判委员会会议讨论通过，以审委会纪要的形式下发全省。另外，为进一步规范全省法院商业秘密案件的审判工作，统一执法标准，还在调研的基础上完成了《关于审理商业秘密案件有关问题的意见》起草工作。（注：该《意见》于2003年年底定稿，于2004年1月15日由本院审判委员会第1次会议讨论通过并下发全省）。

4. 业务指导。针对知识产权案件较复杂、各中院知识产权审判水平参差不齐的状况，江苏高院主要采取以下四种形式进行指导：(1)个案指导。对二审过程中发现的问题，除通过改判等程序外，还根据不同法院的审判情况，与一审法院审判人员及时交流。一方面确保了改判案件质量，另一方面提高一审法院审判人员对被改案件的认识；(2)对通过调研集中发现的问题，以书面形式反馈和答复；(3)组织案件复查。通过对案件的复查，及时发现审判中存在的问题，制作复查报告，剖析存在的原因，指出解决问题的方法；(4)组织业务培训。几年来，省法院根据本省知识产权审判中的问题、特点和我国法律的制定、修改情况，多次举办专题和综合性业务培训，使全体审判人员及时准确理解新法律、更新法律知识、提高业务水平。

5. 学习与调研。针对知识产权案件数量上升，新情况新问题不断出现，省院民三庭明确要求从事知识产权审判的人员加强业务学习、不断提高法学理论水平和理论联系实际的能力，以适应愈来愈高的知识产权审判要求。一方面经常组织

大家学习、讨论,另一方面,为大家自学提供方便和创造条件。与此同时,不断鼓励每个审判人员积极主动地参与调研,撰写高质量的调研文章。目前,在全省法院民三庭系统已形成了善于发现问题、乐于探索学习、总结提高的氛围和人人动手的良好局面。2003年中,就江苏高院民三庭和庭内部分审判人员分别在《人民司法》、《电子知识产权》等刊物上发表了9篇论文。

二、审理中所反映的特点

1. 案件数量呈明显上升趋势。2003年,全省受理案件1 072件,结案771件。与2002年相比,收案数增长了18.8%,结案数增长了41.99%,其中著作权案件增长幅度较大,增长幅度为63.04%。与1995年成立知识产权庭时相比,收案数增长了270.9%,结案数增长了160.5%。(1995年全省共收案289件,结案296件)。

2. 新类型、复杂案件不断出现。近几年来新类型案件不断出现,如长江影业公司虚报票房收入案;EVECO公司商业信誉案;南京运动玩具厂、四川全兴俱乐部与天津体育用品厂侵犯知名字号案。在2003年,省院民三庭还受理了从网络转载到报刊的著作权侵权纠纷案件,网页覆盖引起的不正当竞争案件以及地名商标侵权案等。这些案件争议大,审理有一定难度。

3. 知识产权收案呈现出地区间的不平衡。由于江苏地理环境的特点,全省经济发展水平不相一致,由此带来中院受理案件数量不平衡。经济发达地区的案件明显高于经济发展落后地区,如南京中院2000年全年收案194件,且近几年来增加速度较快,在过去三年间增长近一倍;而淮安中院则收案6件,近几年收案数量也变化不大,还有的地区(比如宿迁)每年只有一两件案件,有的地区甚至出现收案率下降的现象。

三、江苏高院民三庭2003年新举措

为了切实提高审判质量和效率,加强调研和对下指导的能力,江苏高院民三庭从审判、调研及其他工作进行规范化管理入手,制定了一系列规范化管理制度和措施。

1. 加强制度化建设,制定了多项制度和规则。(1)制定了《案件请示、汇报和讨论制度》,对在现有司法体制下既能充分发挥审判长、合议庭的作用,又能在一定的管理、监督下最大限度地保证案件质量,以及提高全庭人员的业务素质起到了有效作用。(2)制定了《加强调查研究和对下指导工作的意见》,提高了本庭及审判人员的调研能力,保证了对下指导的及时性和针对性,加大了对下指导的力度。(3)制定了《关于聘请知识产权法律咨询专家的意见》,并配套建立了咨询专家库,从一定程度上解决了审判人员在审判过程中遇到的疑难复杂的法律问题,提高了审判效率,保证了审理疑难复杂、新类型案件的准确性。(4)制定了调解书样式,修改完善了一、二审判决书样式,增加规定了新的证据规则内容,强调了对法律的引用和解释,从而规范了全省法院的法律文书制作,提高了文书的质量和写作水平。(5)制定了二审庭审新规则,进一步落实了新证据规则在庭审的运用,提高了庭审效率和质量。

2. 采取有效措施切实提高审判质量和效率。采取的措施主要有:(1)加强对裁判文书质量的监督管理。进一步强化承办人的责任心,严格合议庭成员及审判长对文书质量的审核和监督。(2)观摩庭审。组织全庭人员观看了我院十佳法官候选人的庭审过程,提高审判人员的庭审质量、效率、技巧和效果。(3)鼓励审判人员通过多种途径参加学习,并提供学习的机会和便利,提高业务素质。(4)建立案件台账制度。实施庭长对审判长、审判长对合议庭成员的管理体制,对案件质量和效率进行有效管理。(5)实行案件审理流程管理。促使案件及时开庭审理,保证裁判文书在当庭判决后十日内发送当事人。(6)强化审判人员调解意识,实行调判并重,将调解工作贯穿于整个诉讼过程。同时,进一步强化调解方式的灵活性和多样化,例如,采取书面调解、电话、传真调解等不同方式。

(江苏省高级人民法院民三庭)

浙 江 省

专利工作

2003年,浙江省的专利申请量和授权量持续稳定增长。据统计,截止2003年底,全省已累计申请专利112 584件,授权70 464件。2003年全省专利申请量和授权量分别达到21 463件和14 402件,均居全国第3位。宁波、杭州、温州的专利申请量均超过3 000件。浙江省近三年来专利的申请量和授权量是前15年的总和。民营企业已经成为专利开发和申请的主体。

至2003年底,浙江省共受理专利纠纷案件1 083件,审结899件,其中2003年受理210

件，结案170件。

一、加强法制建设，提高执法效率

2003年11月，浙江省人大常委会审议通过了《宁波市专利管理条例》，于2004年施行。金华市人大开展了《中华人民共和国专利法》、《中华人民共和国科技进步法》等法律法规的执法检查，举办了有关科技进步法律知识讲座，有效地督促和推动了当地的科技进步工作。浙江省的专利行政执法工作，克服执法手段弱、办案条件差、人员少等困难，在有效打击专利违法行为、切实保护专利权方面，取得了一定的成效。至2003年12月，全省专利管理工作部门累计受理专利纠纷案件1 083件，结案899件，涉案侵权赔偿标的超过3 000万元，查处专利违法案件100余件，其中2003年1至12月受理专利侵权纠纷案210件，结案170件，位居全国各省市第2位。

二、强化专利导向，改善政策环境

自浙江省政府出台《关于加强专利工作，促进技术创新的意见》政策以来，浙江省直有关部门和各市、县(市、区)认真贯彻省政府文件精神，纷纷出台了许多鼓励专利申请、奖励专利成果转化的相应政策文件，强化科技工作中的知识产权导向。2003年，浙江省科技厅、财政厅重新修改、公布了《浙江省专利专项资金管理办法》，规定已进入实质审查的发明专利每项补助3 000元，取得国外发明专利每项补助3万元。在省里政策的带动下，全省有59个市、县(市、区)出台了激励发明创造，鼓励专利申请的政策文件；有60个市、县(市、区)建立了专利专项资金，资金额达4 500多万元。资金主要用于专利申请的资助、专利技术转化的奖励、专利工作的宣传和培训等。

三、开展宣传培训，增强社会意识

加强知识产权的宣传培训，是提高全社会知识产权意识，营造科技创新环境的一项长期性工作。2003年以来，浙江省知识产权局会同省工商、版权、海关、公安等部门，分别在“4.26”世界知识产权日，“3.15”消费者权益保护日，专利法施行纪念日等开展了一系列宣传活动，一是宣传浙江省知识产权领域各部门工作取得的成绩；二是通过典型案例，宣传知识产权战略；三是开展联合执法活动，营造舆论声势；四是邀请高层次专家领导作知识产权报告；五是与有关市县合作，开展宣讲知识产权知识。在做好对内宣传的同时，浙江省知识产权局还认真主动做好对外的宣传交流工作。2003年，共接待9批次美国、英国、日本等国家的知识产权考察团组，并向他们宣传浙江省的知识产权保护情况。

四、推进专利示范，开展软课题研究

为推动企事业单位专利制度建设，浙江省知识产权局通过抓示范、建机制、勤服务，以试点的形式来促进企业专利工作。2003年，浙江省知识产权局会同省经贸委制定出台了《浙江省专利示范企业管理办法》，并对已建立专利管理制度，做到机构、人员、经费三落实的企业，经考核后，列入省级专利示范企业，在实施专利工作中予以指导。目前，全省已确定了3个国家专利试点城市，6家国家专利试点企业，省、市、县建立专利示范企业和专利联系点企业500余家。据对2003年新确定的省级50家专利示范企业调查，试点企业共有专利2 740项(其中发明专利120项，实用新型480项，外观设计2 140项)；企业产品产值135.3亿元，其中专利产品产值95.9亿元，占企业总产值的70.87%。专利实施合同备案38件，合同金额3 114.3万元。

为了提高企事业单位参与国际市场竞争的广度和深度，大力推进知识产权战略的研究与运用，开展软课题研究。其中《我国网络商业方法的专利保护研究》、《我国专利战略的政策绩效问题研究》等4个软课题被国家知识产权局立项。结合浙江省产业结构特点和知识产权(专利)工作所面临的形势与任务，开展了《浙江省重点行业知识产权战略研究》、《浙江省实施知识产权战略对策研究》等7个软课题研究。这些研究项目，对浙江省企事业知识产权(专利)的状况及面临的问题和任务作了剖析，提出了应对的策略和意见，为发展浙江省知识产权事业提供了有益的建议。

五、健全管理体系，加强能力建设

一是不断完善行政管理机构。浙江省各市县在政府部门改革中，普遍加强了知识产权机构建设。据统计，全省11个市均设立了知识产权机构，88个县（市、区）中有71个采取与科技局合署办公、挂两块牌子的方式成立了知识产权局或专利管理办公室，由科技局分管局长兼任知识产权局局长。这些机构的建立和完善，使全省知识产权行政管理体系的建设得到了很大的改善，为知识产权事业的发展提供了组织保证。

二是在完善机构建设的基础上，知识产权(专利)队伍建设有了进一步的提高。为适应专利工作政策性强、法律性强、专业性强的要求，2003年有200余位新上岗的从事专利管理的行政人员，参加了由浙江省知识产权局与省法制办联合举办的专利行政执法人员上岗培训班，有2/3的人员获得专利行政执法的资格，走上执法岗位。

三是专利中介服务机构不断发展壮大。至2003年，浙江省已获专利代理人资格267人，专利事务所已发展至22家，共拥有126个专职专利代理人，有两家事务所获准从事涉外专利代理业务。一批初具规模、运作有序，服务规范、信誉良好的机构在竞争中脱颖而出，得到了社会的认可。

（浙江省知识产权局　沈方英）

商标工作

2003年，是浙江省商标监管工作开拓进取、全面提升的不平常的一年。这一年里，浙江省全体商标线的干部在省局及各级工商局党委的领导下，认真贯彻落实党的十六大精神，坚持以“三个代表”重要思想为指导，按照工商监管的专业化、系统化、社会化要求，以纪念《中华人民共和国商标法》实施20周年为契机，开展商标法法律法规培训；以争创驰、著名商标为抓手，全面实施商标品牌战略十大举措；以保护注册商标专用权为核心，扎实开展企业和消费者的维权工作；以商标验证工作为主线，引导商标注册工作；以商标印制企业监管为突破口，努力探索商标管理的新方法，对助动经济发展，促进市场经济秩序的稳定作出了积极的努力。

截止2003年底，浙江省累计注册商标十六余万件，比上年新增两万余件；查处各类商标违法案件5 874起，比上年同期下降5%，罚没款6 558万元，收缴和消除商标标识2 268万件（套）；移送司法机关追究刑事责任案件32起35人。

一、以纪念《中华人民共和国商标法》实施20周年为契机，进一步加大商标监管工作宣传力度，提高全社会的商标法律意识

2003年是《中华人民共和国商标法》实施20周年，省局根据国家工商总局的有关精神进行了具体部署，各地结合本地实际，宣传形式不拘一格，开展了全方位的宣传纪念活动。在这次宣传活动中，浙江省各级工商行政管理部门开展各类宣传咨询活动86场次，现场接受咨询15 000余人次，走访企业4 318家，发放宣传资料16万多份（册），召开各种形式座谈会、培训班263期（次），参训人员两万余人次，取得了较好的成效。

通过报刊、电视等新闻媒体广泛宣传《中华人民共和国商标法》及《商标法实施条例》。采用召开座谈会，举办培训班的形式宣传商标法律、法规。省局针对新商标法律法规的实施和商标线管理干部变动较大等情况，举办了全省商标管理干部商标法律法规培训班，邀请国家局领导进行授课。运用多种载体，发放宣传资料，大力宣传商标法规。在这次宣传活动中，各地悬挂横幅广告牌及电视滚动宣传3 448条（块），利用新闻媒介刊登报道各类文章信息1 400余篇。

二、以争创驰、著名商标为抓手，大力实施助动企业创牌十大举措，促进地方经济持续发展

1. 举办驰名商标申报企业辅导培训，启动驰名商标申报程序。适应认定驰名商标主体、途径及方式发生了变化，7月份，浙江省局对全省60多家要求申报认定驰名商标的企业进行了辅导和培训。至11月底，浙江省已有17件商标找准切入口（管理程序12件、异议程序2件、争议程序3件）启动驰名商标认定程序分别向国家商标局和国家商标评审委员会提出要求认定中国驰名商标。其中，于11月中旬之前启动管理程序的“金洲”、“五芳斋”、“宝石”等10件商标，并已全部入围，据了解入围数名列全国各省市第一位，有望于12月份认定。并正在指导和帮助“双鸽”、“方太”、“华立”等著名商标企业申报驰名商标。

2. 开展2003年度浙江省著名商标认定和确认延续工作。全省上报初审的商标共415件，企业争创浙江省著名商标积极性高涨，共有255家通过预审，目前已审查完毕，准备提交著名商标评审委员会评审。

3. 加强华东五省一市商标协作，构筑商标管理一体化平台。根据省委、省政府提出的“接轨大上海、融入三角洲、推进大开放”的战略举措，浙江省局适时地召开华东五省一市商标协作网会议，会议上浙江省与上海和江苏相互交换了各省（市）的驰（著）名商标名单，并在驰（著）名商标保护，商标信息资源共享，加强商标管理区域合作，推动各省间商标维权和创牌工作互动，构筑商标管理一体化平台等方面达成初步合作意向。

三、以保护注册商标专用权为核心，加大行政执法力度，扎实开展保护知识产权专项行动

浙江省工商部门于2003年3月下旬至4月中旬期间，扎实开展了保护知识产权专项打假行动，这次行动全省各级工商行政管理机关共出动执法人员累计达13 840人次，接到群众举报线索383条，接受权利人投诉79次，检查工商企业及个体工商户27 608家（户）、市场684个，检查市场经营户26 571户，发出限期整改通知书847份，立案查处商标假冒侵权案件904起，案值达2 466万元，收缴假冒侵权商标标识93万件(套)，取得了阶段性成果。

1. 以商标印制企业为源头，严把商标印制关。对此，浙江省对3 053家印制商标企业开展了一次全面检查，共查处71起非法印制假冒侵权商标标识的案件，其中非法印制驰名商标标识案件22起、国外知名商标标识案件8起，案值347万元，收缴假冒侵权商标标识93万件(套)，没收制假机器设备3台。

2. 以定牌加工企业为重点，狠抓商标侵权大案。在这次专项打假行动中，宁波、温州、台州等地工商局把对定牌加工企业作为重点检查对象，尤其是对外加工产品数量较大的中外合资企业进行重点检查，发现商标侵权案件严肃查处。通过检查立案查处假冒侵权案件199起，其中假冒商标案件100起，案值达495万元；假冒驰名商标案件17起，案值达44万元；假冒国外知名商标案件61起，案值达169万元。

3. 以批发市场为突破，查处流通领域商标假冒侵权案件。在这次行动中，各地把检查的范围放在大型集贸市场、以批发为主的集贸市场性质的大型“商城”和“商厦”、四星级以上宾馆和涉外饭店的商标特卖及专卖店所销售的假冒商标商品，以打击在流通领域发生的商标假冒侵权案件。

四、以商标验证工作为主线，规范商标使用行为，做好商标注册引导工作

一是通过验证全面了解注册商标使用情况，盘活商标。如宁波市工商局通过验证提醒指导企业续展注册商标178件，盘活闲置商标115件，督促办理注册商标变更、转让、补证等事项2 723件，立案查处违法使用注册商标案件20起，罚没款15.3万元。同时，通过验证督导企业充分运用商标策略，提高注册商标经济价值，防止商标无形资产流失，促进企业经济效益，作出了积极贡献。

二是通过商标验证发现了商标使用中的突出问题和产生的主要原因，为规范商标使用工作提供了可靠的依据。在这次验证工作中，发现浙江省企业在使用中的问题主要有：商标合法使用率不高；闲置商标问题比较突出；企业转制时商标权属没有得到应有的重视；全面注册商标给企业带来一定的弊端等，这为今后规范商标使用工作提供了可靠依据。

三是通过商标验证积极引导商标注册工作。各地以商标验证工作为契机，在摸清注册商标、未注册商标使用情况下，做好商标注册的引导工作。主要特点：一是鼓励个私企业申报商标注册商标；二是抓区域性经济产业的商标注册，推动制造业商标注册。三是抓商标国际注册；四是继续抓好农副产品商标注册。

五、以商标印制管理企业为突破口，加强日常商标监管巡查，积极探索商标工作的新方法

1. 及时调整对商标印制企业的监管方式，把工作重心由资格审核转变对印制、买卖假冒侵权商标标识和健全完善企业管理制度上来。

2. 努力探索和创新商标监管的科学方式和有效方法。一是在流通领域商标监管有了新的突破。二是进一步完善定牌加工商标预先备案制度。三是逐步推进商标信用建设，建立商标电子档案。

(浙江省工商行政管理局)

版权工作

2003年浙江省的版权保护工作是在“深入调研，加强监管，严格执法，强化宣传”的总体要求下进行的。调研的出发点和归宿是进一步掌握具体情况，明确加强社会监督管理的重点和难点，提高实施管理的有效性。一年来，浙江省版权局在局党组的领导下，着重抓了以下几方面的工作。

一、成功地组织开展了版权(著作权)法律知识竞赛活动

从2003年9月下旬开始，由浙江省版权局、省反盗版联合会主办，《钱江晚报》、浙江人民广播电台经济台、浙江电视台经济生活频道协办的“版权(著作权)法律知识竞赛活动”全面展开，活动历时一个半月。在11月13日举行的颁奖仪式上，本次竞赛活动的一、二等奖获得者和组织开展这项活动的义乌市文化体育局、绍兴县工商局中国轻纺城分局、浙江人民出版社、浙江大学出版社、杭州市新闻出版局(版权局)、浙江警官职业学院刑事司法系、浙江省新华书店集团有限公司、金华市印刷行业协会、浙江教育报刊社、浙江音像出版社等10家先进单位及应治中、丁黎明、陈宏、郝华、吴莉萍、高扬、潘君辉、张文扬、董雯兰、李波等10位先进个人受到表彰和奖励。另有100人获本次竞赛活动三等奖，500人获纪念奖。

这次活动得到全省各地版权行政管理部门、版权产业单位和社会各界的大力支持，省内外近万名社会公众踊跃参与。有61个单位以集体名义参赛，更多的是以个人名义参赛。由于社会各界的支持和参与，使这项活动开展得既有声势，又有实效，基本达到了宣传《中华人民共和国著作权法》，普及著作权法律知识的预期目的。

二、牵头完成了浙江省政府各部门通用软件正版化工作

根据省政府的要求，省政府47个部门的通用软件正版化工作，经过省版权局和省信息产业厅、省财政厅、省科技厅、省公安厅等有关部门的艰苦努力，密切配合，历时一年多时间，于8月底圆满告一段落。省政府各部门更换安装正版的操作系统、办公和杀毒软件，使浙江成为继北京、上海、广东之后，第四个实现省级政府机关通用软件正版化的省份。

省政府各部门软件正版化工作的完成，对于增强全社会的知识产权保护意识，促进软件产业的发展和政府信息化进程，树立浙江省政府良好的对外形象，进一步端正机关作风，坚持依法行政，都有重要意义和深远影响。浙江省的这项工作，也得到了国家版权局的充分肯定，浙江省版权局的有关做法在全国版权工作会议上作了交流。

三、组织开展了全省范围的保护知识产权专项打假行动和打击软件盗版专项治理行动

根据国家版权局、省整顿和规范市场经济秩序办公室的统一部署，全省版权(新闻出版)管理部门从3月下旬到4月中旬，组织开展了一次保护知识产权专项打假行动。据统计，全省共出动执法人员三千多人次，检查了4 538个单位，查获违法违规单位(个人)495个，发出限期整改通知书84份、责令停业整顿通知书25份，吊销证照12起，查获盗版书刊4.5万册，盗版电子出版物39 597张，音像制品78 112件，计算机软件648件，移送司法机关处理案件两起。同时发放各类宣传资料一万余张(册)。此次专项行动，声势较大，行动迅速，有力的打击了出版物市场中的侵权盗版现象。

2003年9月上旬至10月底，浙江省版权局在有关部门的配合下，集中力量对各地的软件市场进行了专项整治，并加强对软件预装领域和互联网软件传播行为的监督管理。全省各地共出动检查人员2 396人次，检查软件经营单位2 406家，收缴盗版软件41 659张(盒)，对130家非法经营单位进行了行政处罚，共计罚款143 405元，同时取缔无证经营摊点、单位32家(处)。通过开展专项治理行动，打击了非法制作、销售盗版软件和通过互联网进行的非法传播软件行为，进一步规范了进行软件预装的硬件生产、销售和提供系统集成服务的企业的生产经营行为。

与此同时，协助配合局有关处室开展了秋季盗版教材、教辅读物的专项治理行动。

四、依法查处了若干起有影响的侵权(盗版)案件

1.“铁甲小宝”玩具侵权案。据香港国际影业有限公司投诉，杭州惠佳儿童用品有限公司未经授权，擅自生产销售其享有版权的“铁甲小宝”玩具。经过调查证实，杭州惠佳儿童用品有限公司未经著作权人授权，擅自从广东一德路国际玩具城以批发价购入九箱“铁甲小宝”玩具共648个，分别在杭州大厦购物中心、杭州银泰百货商场销售，其行为已构成侵权。浙江省版权局根据著作权法的有关规定，于1月28日对杭州惠佳儿童用品有限公司作出停止销售“铁甲小宝”玩具、没收并销毁库存侵权制品的行政处罚。

2. 美国“化学文摘光盘出版物”非法解密盗版案。根据全国“扫黄”办转送的举报材料，版权处会同稽查队及宁波市公安局、文化局，破获了吕前勇、宋巨辉、裘炅非法解密复制美国“化学文摘光盘出版物(CA on AD)”，并在互联网上兜售的严重侵权盗版案件。浙江省版权局、宁波市文化局分别对涉案人员作出了没收违法所得、没收并销毁侵权复制品、没收主要用于制作侵权复制品的设备工具和罚款的行政处罚。

3. 浙江易合网络信息有限公司侵权案。根据(美国)沃尔玛百货有限公司的投诉，浙江易合网络信息有限公司未经授权，擅自复制、销售投诉人享有版权的《沃尔玛2002年年报》、《沃尔玛2003年年报》，并出售其电子版。经查，权利人投诉基本属实。省版权局依法对浙江移核网络信息有限公司作出了责令停止侵权行为、没收并销毁侵权复制品、没收违法所得和罚款的行政处罚。

4. 吉林《农村经济信息报·经典故事》严重侵犯《山海经》著作权案。根据《山海经》期刊社的投诉，吉林《农村经济信息报·经典故事》一段时间来大肆剽窃《山海经》的文章和图片，严重侵犯原创作者和期刊社的权利，损害了《山海经》的声誉和经济利益。经版权处几次商请吉林省版权局协查后，引起农村经济信息报社的高度重视，最终向《山海经》杂志社正式道歉，并将直接责任人调离编辑岗位，保证今后不再发生类似侵权事件。

此外，版权处还协同稽查队调查处理了浙江少儿出版社《冒险小虎队》盗版案，台湾飞象文化事业有限公司的盗版投诉案等，并为浙江摄影、少儿、浙大、宁波出版社的维权作出了一系列努力。

8月22日，省版权局还依照国家版权局的

有关规定，撤销了《第三届中国(宁波·石浦)开渔节祭海典礼司仪词及现场程序提示》为朱某某个人作品的登记。这是省版权局成立以来第一次作出撤销作品登记的决定，为此版权处专门派人赴象山、宁波作了详细的实地调查。

五、对绍兴中国轻纺城装饰布版权保护问题进行了较为深入的调研

绍兴中国轻纺城装饰布市场和义乌中国小商品城文化艺术品市场的版权保护问题，是2003年版权调研工作的重点。在2002年调研的基础上，2003年1月3日，浙江省版权局给绍兴市、金华市、绍兴县、义乌市政府发去《关于设立版权管理机构的建议函》。为了进一步深入实际，掌握情况，同时学习先进地区的版权管理经验，版权处于3月中旬邀请绍兴轻纺城工商分局的负责人一道，赴江苏南通市志浩市场，听取当地版权和市场管理部门的经验介绍，为绍兴装饰布市场进一步加强完善版权保护工作获取第一手材料，并提出了未来版权管理工作的意见和建议。调研报告《绍兴中国轻纺城装饰布美术作品著作权问题调查》在《中国版权》2003年第3期刊登，11月15日又在全国实用艺术作品版权保护交流研讨会上作了发言交流，全国人大法工委也准备在有关内部资料上刊用。

六、组织举办了著作权法律法规培训，第十届北京国际图书博览会成果突出

8月14~15日，浙江省版权局、省反盗版联合会在杭州举办著作权法律法规培训班，全省有著作权行政执法职能的8个市、县版权行政管理部门的工作人员及省反盗版联合会成员单位有关人员60余人参加了培训。这次培训重点突出，人员针对性强，通过对最新颁布的一系列著作权法律法规规章的学习、探讨和交流，结合版权行政执法典型案例的剖析，进一步提高市、县版权行政管理人员的专业水平和版权行政执法能力，增强省反盗版联合会成员单位的维权意识和自律意识。

9月17~21日，省版权局、浙江出版联合集团组织省内16家出版社参加以“出版与交流”为主题的第十届北京国际图书博览会。博览会期间，浙江省各出版社与海外出版机构共达成版权贸易570项(种)，其中引进234项，输出336项，可谓收获颇丰。

七、继续做好涉外出版合同登记、认证，作品自愿登记和版权法律、政策咨询工作

随着社会公众版权意识的提高，2003年各类作品的登记数量和往年相比有较大增长。截止12月底，已登记各类作品1 239件。同时，核准登记涉外出版合同141件，办理复制境外光盘出版物著作权认证30件。解答社会各界有关版权问题的法律、政策咨询是一项经常性的工作，版权处竭尽全力为各种社会组织和个人提供帮助。

回顾一年来的工作，尽管有成绩，有收获，但也存在不足和差距。比如，两大调研课题，绍兴中国轻纺城做得比较好、比较深，基本达到了调研的目的，而义乌中国小商品城则做得很不够，主要原因在于没有真正沉下去；又如，一方面限于人手和时间，有些工作本应下大功夫而没有下，没能下，另一方面被一些事务性的日常工作如作品自愿登记、法律咨询等所牵累。浙江省的版权保护工作与北京、上海、四川等先进省、市相比，还有不少差距。浙江省版权局一定要正视这些不足和差距，在新的一年里力求把工作做得更好。

(浙江省版权局)

司法工作

2003年，浙江省各级法院在全国法院知识产权审判工作座谈会精神指导下，紧扣“公正与效率”工作主题，围绕全面建设小康社会这一工作大局，在保证办案质量、提高办案效率、深入审判改革上狠下功夫，认真开展知识产权审判工作，通过制裁侵犯知识产权的行为，依法保护知识产权权利人的合法权益，维护和规范公平竞争的市场经济秩序，为实施科教兴国战略，鼓励知识创新，促进科技进步和文化事业发展，较好地发挥了通过司法审判保护知识产权的职能作用。

一、围绕“公正与效率”主题，认真开展知识产权审判工作

2003年全年浙江省各级法院新收知识产权一审、二审案件677件，同比下降1.02%，审结668件，同比下降0.60%，未结282件，同比上升3.3%。知识产权一审收案586件，比上年同期上升0.51%，其中属合同纠纷69件，占一审收案的11.77%；权属、侵权纠纷517件，占88.23%。一审结案570件，同比下降0.7%，其中，判决169件，占一审结案28.77%；驳回起诉26件，占4.56%；撤诉273件，占47.89%；调解97件，占17.02%；移送及其他10件，占1.76%。知识产权二审收案91件，同比下降9%，占一审判决和驳回起诉结案的47.89%。二审结案98件，结案率为94.23%。其中判决维持35件，占二审结案35.71%；改判和裁定驳回都是16件，各占16.33%；撤诉17件，占17.35%；调解10件，占

10.2%；其他4件。

二、采取有效措施，努力推动浙江省知识产权审判工作上一新台阶

经过近两年的努力，浙江省知识产权审判工作取得了长足发展，全省两级法院在组织机构、人员配备、明确职能等方面的工作已基本完成，知识产权民事案件集中审理制度得到了有效落实，使得浙江省知识产权审判工作具备了上一新台阶的可能。为此，在2003年浙江省把做好以下三方面工作作为切入点，努力推动全省知识产权审判工作的整体发展。一是经积极争取最高法院在2003年4月同意指定宁波中院为审理专利纠纷案件的第一审法院，为浙江省专利审判工作的发展创造有利条件。宁波中院拥有专利纠纷案件管辖权后，使浙江省形成了浙北、浙东、浙南各有专利案件一审法院的合理布局，不但方便了当事人诉讼，也进一步加大了浙江省专利权司法保护的力度，对浙江省的科学技术交流、科技进步和改善投资环境起到了促进作用。二是认真学习贯彻新的知识产权法律和有关司法解释，努力提高整体司法水平。一年来，全省各级法院法官认真学习修订后的专利法、商标法、著作权法等法律法规以及司法解释，在案件审理中依法确定知识产权权利范围，准确认定侵权行为，妥善处理保护知识产权权利与维护公众利益、促进合法竞争的关系，并通过正确运用新的执法手段，努力保证知识产权司法保护机制的顺利运行。三是加强与有关知识产权的行政执法部门联系，加强上、下级法院及与兄弟法院的联系沟通，加大宣传力度。通过加强与知识产权局、工商局、海关等行政执法部门的联系，了解行政机关依法查处知识产权各个领域中假冒、侵权行为的动向和特点，掌握追究侵权行为的民事责任与行政法律责任的差异，提高司法水平。通过加强与其他省市法院的联系与沟通，跟踪研究国内知识产权保护的最新动态。通过建立与新闻媒体的联络管道，为加大宣传知识产权审判工作力度，扩大对外影响，提高全社会对知识产权的保护意识，创造了有利条件。

三、完善诉讼程序，不断深化审判方式改革

最高法院《关于民事诉讼证据的若干规定》施行后，浙江省各级人民法院以完善诉讼程序为目标，以进一步增强司法透明度、保证司法公正为追求，稳定推进审判方式改革。一是在知识产权审判中全面推行庭前证据交换制度。由于知识产权案件具有证据数量多、种类杂、专业技术性强的特点，实行庭前证据交换制度，有利于达到固定所收集的证据、明确当事人争议的焦点、做好开庭质证准备，正确把握庭审思路，提高庭审质量和办案效率。二是正确行使好法官释明权。知识产权诉讼由于专业性强，当事人及其代理人的举证往往达不到举证责任分配的要求，也往往存在双方当事人诉讼能力强弱不平衡的现象。因此，在确定当事人的举证期限和分配当事人的举证责任方面，法官有义务正确行使好释明权，给予诉讼双方充分、公平的诉讼权利和义务。三是推行专家辅助人出庭制度。在审理重大、疑难知识产权案件中，允许当事人聘请专家出庭就有关的专业技术问题发表意见，有利于保证办案质量。四是深化裁判文书改革力度，增强说理。在2003年，浙江省高院要求各级法院要在全国法院知识产权审判工作座谈会精神指引下，深化裁判文书改革，充分公开判决理由，阐明法理和司法原则，尽量使每一项判决主义都有坚实的事实基础和法律依据、法理依据，使知识产权裁判文书真正成为向社会公众展示法院公正司法形象的载体。

四、认真开展调查研究，切实加强业务指导，不断提高审判水平

一是对知识产权诉讼中适用证据规则的情况进行调研。知识产权诉讼不同于一般的民事诉讼，其对证据的提供和采信、举证责任的分配和转移、专业技术问题的鉴定等都有着特殊的要求。经过认真调研，形成了《知识产权审判中适用〈证据规定〉存在的问题、原因与对策分析》一文，指出了当前浙江省知识产权审判工作中存在的庭前证据交换制度不够落实、释明权行使不充分、技术鉴定的委托不规范不慎重、对专家辅助人的诉讼地位和作用缺乏认识等6个方面的问题，分析了存在这些问题的原因，提出了落实庭前证据交换制度、积极适度行使法官释明权、准确把握专家辅助人的诉讼地位和作用、规范专业技术事实证据和采信和鉴定、作好诉讼证据的审核认定等7条建议和对策。二是针对当前审判实践中亟需解决的有关问题，开展调研活动，提高知识产权审判水平。2003年，全省法院重点进行了“专利侵权纠纷案件损害赔偿问题”、“商标权的跨领域保护”和“侵害商业秘密纠纷案件的审理问题”等三个课题的调研，并在2003年11月份召开的全省法院知识产权审判工作座谈会上进行充分讨论，省高院民三庭据此形成了《关于审理知识产权民事案件若干问题的讨论综述》，对专利侵权损害赔偿数额的确定、审理商业秘密纠纷案件商业秘密的构成的证明、侵害商业秘密的判定、在先刑事判决的审查认定、商业秘密的鉴定，审理商标侵权案件中近似商标和类似商标的判定、商标与企业字号冲突的解决、商标权与域名权冲突的解决等等，都提出了原则性的处理意见。三是根据最高法院民三庭的要求，省高院民三庭还对浙江省法院近年为专利侵权纠纷案件审判情况进行调研，对案件审理中遇到的法律适用问题进行梳理，形成了《专利侵权审判中若干法律适用问题探讨》一文。该调研材料为最高法院起草制订相关司法解释提供了素材。

（浙江省高级人民法院民三庭）

安徽省

专利工作

2003年，安徽省知识产权局在国家知识产权局的指导和帮助下，在各有关部门的积极支持和配合下，经过全省专利战线上的广大干部、职工的共同努力，取得了可喜的成绩。2003年度全省专利申请量2 676件，授权量1 610件。

一、注重宣传培训工作　不断提升专利意识

专利的宣传培训工作是全省专利工作的中心工作，是全省专利事业快速发展的基础性工作。过去的一年里，安徽省知识产权局抓住召开全省专利工作会议的契机，大力开展形式多样的宣传培训工作，以期不断提升全民的专利意识。

经安徽省政府同意，安徽省知识产权局于4月份在芜湖召开了全省专利工作会议。会议传达了全国知识产权局局长会议和全省科技工作会议精神，总结经验，部署工作，会议开得圆满成功。作为会议的一个重要内容，对“全省专利系统先进集体和先进工作者”进行了表彰，同时给10位同志授予了“安徽省巾帼发明家”的称号。各参会新闻单位以生动的事例进行宣传报导，宣传效果很好。

每年的4月26日是世界知识产权日。在这个特殊的日子里，安徽省知识产权研究会完成了换届选举，并邀请全省专利、版权、商标、海关等单位的专家学者召开了纪念世界知识产权日座谈会，与会代表就全省全国知识产权工作现状及今后发展展开了热烈的讨论。中央驻皖及省内主要新闻媒体都派人参加了会议，并在会后进行了形式不同的报导，达到了预期的宣传效果。

宣传方面还参与了由中央电视台、安徽电视台等七台联办的首届百姓发明创新“金智奖”的策划、组织工作，参加了全国法制宣传日的街头宣传咨询活动。

《中国知识产权报》安徽通联站出色地完成了上级交给地任务，2002年获得优秀通联站、优秀发行工作单位、优秀站长、优秀兼职发行员、优秀通讯员等多项荣誉，受到了国家知识产权局、中国知识产权报社领导的好评。

培训方面筹备举办了全省县（市、区）长领导干部知识产权培训班，全省105个县市区有95人参加了培训。

此外，协助合肥市、池州市及省经贸委、省移动通讯公司等单位举办专利知识培训班。

二、强化专利行政执法　培育规范中介队伍

强化专利行政执法，切实保护专利权人的合法权益是专利制度的核心。为了贯彻国家知识产权局“关于进一步提高知识产权打假工作水平的通知”精神，安徽省知识产权局在全省开展了旨在规范市场经济秩序、整顿市场环境、进一步发挥知识产权制度作用的全省联合执法行动。

2003年，安徽省知识产权局对全省专利行政执法人员进行了行政执法资格证换证培训，全省各市、县共有210人参加了专利行政执法培训、考试。同时，我们还参加了全国专利行政执法培训班及全国专利行政执法工作会议。

2003年受理专利纠纷案件1件，移送专利纠纷案件1件，结案9件。完成专利侵权鉴定5件。

根据国家知识产权局的统一部署，对全省9家专利代理机构进行了年检，为执业专利代理人换发资格证和工作证，为非执业专利代理人换发工作证，并成立了专利代理人罚戒委员会。派人员参加《专利代理条例》修改征求意见会，为从制度上规范中介行为献言献策。

三、推进实施专利战略　研究制定规章制度

为适应入世后形势发展的需要，按照全国专利工作会议的要求，安徽省知识产权局完成了《安徽专利发展战略》专题研究。该课题为省科技厅重点课题，我们采取调研与专家座谈相结合的方式，广泛征求各方意见，数次修改并提交全省专利工作会议讨论后定稿。该战略报告分析了安徽专利工作的现状，指出了存在的问题，提出了今后发展的思路与措施，具有很强的可操作性。

为加强技术创新、发展高科技、实现产业化和适应“加快发展、富民强省”的新形势，我们在研究

全省专利工作现状及发展趋势的基础上，起草拟订了《关于加强全省专利工作推进技术创新的若干意见》。

安徽省专利申请资助资金的设立是安徽省知识产权局多年努力的结果，是广大发明人企盼已久的大喜事，更是推动全省专利申请上水平、上台阶的重要举措。为了更好地做好全省专利申请资助工作，我们协助省科技厅制定了《安徽省专利申请费用资助办法》，并在召开全省专利申请费用具体规程研讨会的基础上，制定了《安徽省专利申请费用具体规程》。依此办法和规程，我们已向全省各市发放发明专利申请资助费共计27万元。

四、促进专利技术转化　推动企业专利工作

多年来，安徽省知识产权局积极地构筑平台，为发明人和企业牵线搭桥，旨在加速专利技术的转化应用。2003年“第三届中国·合肥高新技术项目－资本对接会暨WTA科技大市场”，同往年相比，规模大、层次高。安徽省知识产权局承担了知识产权展区的招展工作，邀请了北京、广东、四川等10多个省市区的知识产权局的同行携带近300个项目前来参展。2003年，我们组织参加省外的各类展交会主要有：在大连举办的“2003年中国国际专利技术与产品交易会”，在昆明举办的“中国国际专利与名牌博览会”，在宁波、武进举办的专利技术产品交易及经贸洽谈活动。

2003年，安徽省知识产权局推荐参加第八届中国专利奖的项目中，中国科学技术大学的“利用彩色影像三基色差分进行火灾探测与定位的方法”获专利金奖，安徽六国化工股份有限公司的“一种用外环流氨化反应器生产磷酸二铵的方法和装置”获优秀奖。此外，推荐三家单位为“全国专利系统先进集体”候选单位，两位同志为“全国专利系统先进工作者”候选人。其中有两家单位获“全国专利系统先进集体”，一位同志获得“全国专利系统先进工作者”。

企业专利工作方面，开展了对全省两家第一批全国专利试点单位总结验收，推荐了第一批全国企事业专利试点工作先进单位和先进个人，并推荐了安徽省科苑集团股份有限公司等五家单位为第二批全国专利试点单位的候选单位，有三家单位成为第二批全国企事业专利试点单位。开展了全省两家“全国促进专利技术产业化示范工程”验收材料上报和2003年“国家知识产权局专利产业化工作地方协助项目”的申报工作。启动了专利实施许可合同备案工作，全年共有两项专利实施许可合同进行了备案。

五、搭建专利信息平台　提高办公服务水平

2003年，安徽省知识产权局依托自己的网站，开发成功全省专利数据统计软件，并建立了全省专利数据库，为全省市、县提供统计数据；开发出专利文献下载软件，使专利检索工作步入一个新的高度。做好网站的日常维护工作，注意防毒、防黑，定期更新网页内容。

办公自动化方面，除建立了全局办公自动化计算机网络系统外，安徽省知识产权局还承办了国家知识产权局15省市办公自动化培训班。

六、常抓精神文明建设　认真做好日常工作

2003年，我们在抗击非典的战斗中，积极主动地采取有效措施，做好每日消毒及日报工作，取得了抗击非典战役的胜利，年底顺利通过2003年省直文明委“三优”文明单位验收。

安徽省专利工作2003年虽然取得了一定的成绩，但是还存在着诸多问题，与全国发达省区相比安徽省专利工作仍有较大的差距，还不能适应和满足全省社会经济发展总体要求。以专利申请量为例，2002年全年申请专利2 312件，年增长率为13.2%，全国平均增长率为24.1%，2003年全年申请专利2 676件，年增长率为16.2%，全国平均年增长率为22.1%。截止2003年底累计申请量为21 270件，而年均增长率比全国平均水平低近6个百分点。这种局面如不扭转，差距拉大将不可避免。为此，2004年，安徽的专利工作落脚点：一是贯彻落实全国专利工作会议精神，尤其是贯彻领会吴仪副总理在全国专利工作会议上的讲话精神的要求；二是推进知识产权战略的实施；三是以专利立法为重点；四是狠抓专利保护法制建设；五是大力开展专利知识普及和专利技术产业化工作，促进全省专利工作再上新台阶。

（安徽省专利管理局）

版权工作

2003年，安徽省版权局在省委、省政府的领导下，在国家版权局的指导下，认真贯彻党的十六大精神，遵照国家版权局的工作部署，切实转变政府工作职能，以加强社会监管为重点，强化行政执法，积极拓展版权管理和服务领域，较好地维护了权利人的利益，促进了全省文化和科学事业的健康发展，主要做了以下几方面工作：

一、建立和健全基层版权管理机构，努力形成上下联动的管理局面

版权行政管理工作的实践证明，要加强职能转变，加大执法力度，改善著作权保护环境，必须建立和完善基层管理机构，以形成上下联动的管理局面。因此，安徽省版权局领导班子高度重视基层版权管理机构的建设,下大力气解决版权行政管理机构"高位截瘫"的问题。2003年以来,安徽省版权局以建立县级版权管理机构为重点,专门数次召开会议,研究部署此项工作。在安徽省版权局和各市政府的共同努力下,省编办专门下文,同意在全省范围内挂牌成立县级版权行政管理机构,并要求每个县级版权管理机构增设一名领导职数。同时,省局采取鼓励措施,专门拨出近千万元资金,给建立健全机构、切实履行职责的市、县版权局,分别配备一辆行政执法专用车。到目前为止,全省17个市和61个县全部挂牌成立了版权管理机构。从而解决了长期以来只有省级版权行政管理机构,没有市县级版权行政管理机构的"高位截瘫"问题,改变了基层版权行政管理真空的被动局面,从组织机构和管理队伍上,保障了全省版权行政管理工作能够依法有效开展。

为尽快适应安徽省版权管理工作的需要,2003年安徽省版权局先后举办了各市、县、区版权管理人员著作权知识讲座,计算机软件、音像制品版权保护培训、版权贸易工作座谈等各类培训,分层次、多角度地对他们进行了系统的著作权法律知识讲解,维权护权、严格执法的能力普遍增强。一支人员精干、素质较高,有较强责任心和工作能力的版权管理和执法队伍在安徽省已初步形成,为加强全省著作权社会监管,加大版权执法力度打下了坚实的基础。

二、强化社会监管职能,加大行政执法力度,打击侵权盗版活动

2003年以来,安徽省版权行政管理部门,通过市场监管、举报查处、投诉调解、集中整治等方式,严厉打击各种侵权盗版活动,进一步规范了出版物市场经济秩序,促进和维护了文化市场的健康发展。安徽省版权局主要采取以下几个做法:

一是切实转变职能,加强督查指导,充分发挥市、县版权管理机构的作用。随着市县版权管理机构的建立健全,注意转变管理职能,重点加强对版权活动的社会监管、部署和协调。同时,加强对基层版权管理机构的督查指导,下移执法重心,延伸管理队伍,通过中心城市的版权管理工作,以点带面,将版权执法工作不断推向深入。

在开展打击软件盗版专项治理行动中,安徽省版权局精心组织,全面部署,提出具体的落实意见,要求各地务必以中心城市为治理重点,加强对市场销售、预装领域、互联网非法传播等软件盗版行为的治理。2003年,安徽省版权局组成检查组先后对南方6个主要城市和北方4个重点地区研究部署整治重点和落实方案,进行具体指导。安徽省淮南市版权局仅2003年11月份以来,他们就先后组织突击检查清缴11次,其中较大规模的联合清缴三次,共收缴盗版软件光盘7 300多张。合肥市版权局在省局的指导下,经过周密部署,与公安、武警、工商组成联合执法队伍,对该市出版物市场及软件市场进行了大规模检查,在现场共收缴盗版电脑光盘(软件)1万多张。

实践证明,在安徽省版权局统一指挥部署下,本着属地管理的原则,各市、县版权管理机构切实履行各自职责,加强监管,严格执法,从而形成一张全省范围的、严密有序的版权管理网络。

二是寓普法宣传于行政执法中,正面教育与行政处罚相结合。增强版权法律意识,是做好版权管理工作的前提。在行政执法工作中,安徽省版权局注意将宣传普法贯彻其中。一方面对侵权盗版活动严厉打击,一方面积极向当事人宣讲侵权盗版的社会危害和我国著作权保护的法律法规和政策,以及我们的处理依据,让当事人口服心也服。事后,这些单位还专门请安徽省版权局去讲解著作权法律知识和实践中的法律问题。

针对软件最终用户使用盗版软件的情况,安徽省版权局坚持从实际出发,以正面引导、宣传教育为主,逐步推进。在对一些被投诉的软件使用单位,多次登门开展教育宣传和行政执法,一方面指导市版权局对个别侵权使用盗版软件、情节恶劣的经营性单位予以行政处罚,一方面指导他们为正版化工作完成较好的软件经营性使用单位颁发牌匾,进行表彰,把树立典型与惩治违法相结合,带动其他软件使用单位自觉整改,收到了很好的效果。

对于矛盾比较突出的涉外软件纠纷,安徽省版权局认真处理好每一起著作权行政投诉案件,尽量通过宣传法律,耐心调解来解决纠纷,既注重保护软件著作权人的合法权益,又注意从实际出发,确保软件著作权人和软件使用者的利益都得到充分的维护。为此,受到了双方当事人的高度赞扬。美国一家软件公司专门派员来合肥,赠予安徽省版权局"版权卫士"的牌匾,并有意在合肥建立该公司在中国第一个软件研发中心。

三是在加强日常监管的同时,组织开展专项治理行动。2003年,安徽省版权局在突出和加强日常管理的同时,根据国家版权局的部署和安徽省反盗版工作实际,组织开展了四项反盗版专项治理行动,严厉打击了危害社会公共利益的侵权盗版行为,市场秩序明显改观。据初步统计,2003年安徽省共受理查办侵权盗版案件230起,收缴侵权盗版制品92万多件。其中,收缴盗版图书405 000多册,盗版软件29 397件,盗版音像制品433 000多盘。特别是8月27日,根据举报,安徽省版权局联合合肥市局突击检查了一盗版音像制品的储运窝点,查缴了案值达46万多元的盗版音像制品。切断了一条盗版音像制品由外省进入安徽省的运输链。通过对大要案的查处,树立执法机关的权威形象,震慑侵权盗版分子,教育广大群众。2003年8月12日,安徽省版权局会同省扫黄办、省文化厅、省新闻出版局和合肥市政府等单位,在合肥举行公开销毁走私盗版光盘活动,对所收缴的100万张走私盗版光盘进行集中公开销毁,有力地打击了不法分子的嚣张气焰。

四是推行行政执法责任制,加强内部管理,规范行政行为。2003年初,安徽省版权局局长与版权处等职能处室签订了《行政执法责任书》。行政执法责任制依据《著作权法》、《计算机软件保护条例》、《著作权法实施条例》确定的原则,以履行法定职责为主要内容,以加强监督和考核为主要形式,并规定了考核办法和考评标准。年底进行了执法责任制执行情况的考核。

三、拓展版权管理层面,努力推动版权产业发展

在新形势和新要求下,安徽省版权局积极拓展版权管理层面,主动寻找安徽省需要重点保护的版权产业,努力把版权管理和服务从传统的新闻出版领域转向更广的社会层面,从而推进版权产业全面发展。具体地说,就是从图书、音像出版,拓展到信息软件、工艺美术、广播影视、音乐戏剧、工程设计等诸多领域。

安徽省版权局继续加大对省内出版单位版权工作的管理、指导和服务力度,就图书、音像出版社建立内部版权管理机制的必要性提出意见和要求。对出版单位疏于管理而导致侵犯著作权的问题,一方面依法予以调解,一方面予以必要的处罚。2003年,为了促进安徽省版权贸易事业的发展,曾先后三次召开版权贸易座谈会,并从版贸资料提供、样书选送、中英文书目编制,版贸结果统计、版贸合同审核等各方面,为出版社提供服务。2003年安徽省出版单位在2002年版贸数量大幅度上升的基础上,首次实现了版权贸易顺差,并有4种图书获得了国家引进版图书奖。

安徽省版权局在以软件为重点的其他版权产业领域,努力完善社会管理和服务体系,改进和提高管理、服务水平。曾两次在合肥高新技术开发区举行了现场著作权法律咨询服务活动,为各软件产业单位讲解了《著作权法》、《计算机软件保护条例》,介绍了软件盗版识别的有关知识,进行了软件版权咨询服务活动,现场发放了软件版权保护的宣传资料,特别就软件著作权管理及登记服务解答了各企业的问题。前来参加本次活动的软件企业代表有90多家。这项活动的开展,受到广大软件产业单位的一致好评,大家普遍认识到加强对著作权的管理和保护,对建立一个尊重知识、尊重知识产权的良好的市场环境是极其重要的,也是软件产业发展的需要。软件产业单位纷纷主动来人办理软件版权登记。

此外,安徽省版权局注意通过受理侵权纠纷调解,上门进行法律知识的宣传教育等形式,有意识地在戏剧、音乐、美术作品等的著作权保护方面也加大管理力度。

(安徽省版权局)

司法工作

一、安徽知识产权案件受理情况

2003年,安徽省17个中级人民法院新收知识产权一审案件102件,加上2002年存留案件35件,共计137件,审结112件,未结25件,结案率为81.8%,诉讼标的额812.3万元。在上述受理的案件中,著作权纠纷占20件,其中,著作邻接权、网络著作权纠纷6件,计算机软件著作权纠纷4件,著作权侵权纠纷6件,著作权属纠纷2件,著作权合同纠纷2件;商标权纠纷占21件,其中,商标侵权纠纷20件,商标权属纠纷1件;专利权纠纷占37件,其中,专利权属纠纷3件,专利侵权纠纷34件;技术合同纠纷占11件,其中,技术转让2件,技术服务3件,技术咨询、技术开发等纠纷6件;植物新品种纠纷占4件;侵犯商业秘密、不正当竞争纠纷占9件。在审结的112件案件中,判决63件,撤诉28件,调解14件,驳回起诉4件,移送3件。

省法院民三庭共受理知识产权二审案件27件,审结26件,未结1件,结案率96.8%,诉讼标的额602.3万元。其中,著作权侵权纠纷8件,商标侵权纠纷3件,专利侵权纠纷6件,技术合同纠纷5件,侵犯商业秘密、不正当竞争纠纷4件,植物新品种纠纷1件。在审结的27件案件中,判决维持14件,改判3件,调解8件,发回重审1件,移送1件。再审案件2件,审结2件,结案率100%。

二、安徽知识产权案件的特点

从全省受理案件数量、类别以及案件审理情况分析,2003年知识产权案件呈以下特点:

1.案件总体数量不多,与上年相比略有攀升,但上升幅度不大,且多数系侵权纠纷案件。目前,安徽省知识产权一审案件主要是合肥市中级法院,其他中院知识产权案件很少,有的中院至今没有受理过知识产权案件。这与安徽省地区之间经济发展不平衡,有的中院知识产权审判起步较晚,以及知识产权权利人维权意识不够,加之权利人往往对侵权行为人采取容忍、迁就的态度等诸因素有关。近年来,安徽省知识产权案件数量虽有所上升,但与北京、上海、广东和沿海经济发达地区法院相比,仍存在较大的差距。

2. 新类型的案件较少。安徽省知识产权案件主要是著作权、商标、专利、不正当竞争等,多为传统的知识产权纠纷案件,新类型案件仅涉及网络著作权、植物新品种纠纷案件。如胡跃华诉羊城晚报社网络著作权侵权纠纷案,合肥丰乐种业公司诉安徽隆平高科公司、济源农科所侵犯植物新品种纠纷案;而与高科技发展与应用有关的案件以及网络域名、地理标志等则尚无一例。

3. 诉讼标的额小,且法律关系复杂,审理难度大。如有的著作权纠纷案件诉讼标的额小到1元钱;侵犯商业秘密、不正当竞争纠纷案件的诉讼标的额多数为几千元。而这类案件往往法律关系复杂,分析与认定证据的难度非常大,且不易调解。如南京新世纪公司、南京雕塑中心诉芜湖东方艺术研究所、倪永茂、芜湖经济园管委会、南京巨匠公司著作权纠纷案,诉讼标的额不大,但该案法律关系复杂,审理中涉及到权利人的认定等一系列事实和法律适用问题。

4. 调解撤诉率占一定比例。如在已审结的112件一审案件中,调解结案14件,调解率占12.5%,经法官调解或释明后,当事人主动撤诉案件28件,撤诉率占25%。在已审结的26件二审案件中,调解结案8件,调解率为30.8%。最大限度地实现了知识产权案件处理的法律效果与社会效果的有机统一。

5. 不正当竞争纠纷案件涉及权利冲突的较多,适用法律困难。从受理的案件看,多数案件涉及商标权、外观设计专利权、企业名称权(包括字号、商号)等权利冲突问题。由于我国反不正当竞争法没有作出详细的规定,加之权利冲突等问题,这就在适用法律提出了需要研究的课题。

6. 当事人对生效判决申请再审或申诉的很少。目前,在2003年以前审结的一、二审案件中仅有2件申请再审。

7. 二审案件的维持率较高,发回、改判的少。2003年,省法院共审结二审案件26件,其中维持率占结案总数的53.8%,改判率占11.5%,发回率只占3.8%。案件的质量有明显提高。

三、安徽知识产权审判工作的经验、做法

2003年,全省法院紧扣"公正与效率"主体,贯彻"司法为民"宗旨,将法律的准确适用与司法目的的实现结合起来,将法学理论与实践结合起来,将法治意识与大局意识结合起来。具体有以下几个方面:

1. 依法文明办案,强调办案效率;提高调解率,强化诉讼调解的职能作用。"迟来的正义为非正义",案件的审限是司法公正在程序上的重要体现,也是人民法院严格执法的必然要求。为此,省法院狠抓办案的效率不放松,要求案件务必在审限内结案,尽量做到缩短审限,降低诉讼成本,提高办案效率。在已审结的112件一审案件中,绝大部分在法定期限内结案,其中案件在一两个月结案的占60%左右。二审已审结的26件案件均在法定期限内结案。为将司法为民的措施落到实处,大多数知识产权法官在办案中能够做到关心当事人的疾苦,注意倾听当事人的呼声,切实克服对当事人冷、硬、横、推等衙门作风,严格执行证据随案移送制度,坚持依法、文明办案。在案件审理中,注意对弱势群体的当事人实行诉讼指导,对当事人确因客观原因不能按期出庭的,将开庭时间适当延期等。同时,从保护知识产权,充分发挥知识产权在促进社会科技进步、文化发展的角度出发,正确认识调处知产案件纠纷的重要性,根据知识产权纠纷案件的特点,依法行使释明权,告知有关当事人诉讼的后果,促使当事人通过调解或和解的方式解决纠纷。在已审结的一、二审案件中,经法官调解或释明后,调解率和撤诉率占很大的比例,有效的化解了纠纷,做到了法律效果与社会效果的有机统一。

2. 注重裁判文书的制作。根据2002年最高法院广东佛山会议精神,2003年省法院狠抓了知识产权裁判文书的制作工作,要求审判人员对每一个案件的裁判文书必须做到能够客观反映诉讼的全过程。在形式上要规范裁判文书的结构和用语,在内容上要加强事实认证和分析说理,说明证据状况及采信和不采信的理由。对裁判文书的事理、情理、法理进行充分阐述,提高裁判文书的透明度和说服力,司法裁判力求做到让当事人赢的堂堂正正,输的明明白白。同时防止裁判文书片面追求程式化,搞花架子,搞文字罗赘、证据堆积,不得要领。在全省知识产权法官的共同努力下,裁判文书的质量较以前有了很大提高。

3. 编纂《法官解析知识产权案例》一书,用于指导全省知识产权案件审判工作。为了回顾与总结近年来全省知识产权审判积累的经验与成果,年初,省法院着手知识产权案例的编纂工作,经省法院和各中院知识产权法官的共同努力,由周溯院长担任主编的《法官解析知识产权案例》一书已由人民法院出版社公开出版发行。该书精心选取的45个案例是安徽省法院几年来已审结的一、二审知识产权案件,每篇解析均由承办该案件的主审法官亲自撰写,对案件所涉及的法律适用以及理论与实务方面的问题进行归纳、梳理和解析,具有真实性、实用性和一定的权威性。实现个案与法律规定和法学原理的结合,既具有一定的理论深度,又具有较强的实务性和可操作性。该书的面世既指导了全省的知识产权审判工作,又向全社会宣传了安徽法院知识产权审判事业。

4. 对知识产权审判工作进行有针对性的调研活动，认真处理知识产权审判工作面临的新情况、新问题。为配合入世的需要，我国对有关知识产权法律及该法律的实施细则进行了修订，最高法院为此制定了一些相关的司法解释。2003年，省法院对各中院知识产权审判实践中能否正确适用这些法律和司法解释，以及审判实践中遇到的疑难问题进行了调研，主要是：如何建立和完善知识产权诉讼证据制度，各类知识产权侵权行为的构成与认定，以及反不正当竞争法等适用中遇到的一些新问题。针对上述问题，结合调研工作，拟于2004年召开一次全省知识产权审判工作座谈会，研讨问题，以此推进安徽省知识产权审判工作的进展。

（安徽省高级人民法院民三庭）

福建省

专利工作

2003年，福建省知识产权局在国家知识产权局的领导和大力支持下，按照省委、省政府和省科技厅的部署，坚持以"三个代表"重要思想为指导，面向科技创新和经济建设主战场，与时俱进，开拓创新，在知识产权宣传培训、专利行政执法、企业专利工作、专利宏观管理等方面取得了新进展。

一、福建省发明创新活动日趋活跃，专利申请量与授权量始终保持持续增长的势头

2003年福建省专利申请受理7 236件，比上年同期的6 521件，增长11%，年专利申请量居全国第9位。其中发明专利申请797件，比上年同期的562件，增长41.8%；实用新型专利申请2 554件，比上年同期的2 233件，增长14.4%；外观设计专利申请3 885件，比上年同期的3 726件，增长4.3%。三种专利申请分别占当年专利申请量的11%、35.3%、53.7%。职务专利申请1 924件，非职务专利申请5312件，分别占当年专利申请量的26.6%和73.4%。在1 924件职务专利申请中，大专院校申请专利165件，比上年同期的84件，增长96.4%；科研单位申请专利69件，比上年同期的85件，下降18.8%；机关团体申请专利13件，比上年同期的10件，增长30%；工矿企业申请专利1 677件，比上年同期的1 493件，增长12.3%。四种职务申请构成分别占当年职务申请量的8.6%、3.6%、0.7%、87.1%。截至2003年12月31日，福建省专利申请总量为43 759件，发明、实用新型、外观设计专利申请数量分别4 362件、17 161件和22 236件，在总量中的比例分别为10%、39.2%和50.8%。

2003年福建省专利授权5 377件，比上年同期的4 001件，增长34.4%，年专利授权量居全国第8位。三种专利授权数量分别为发明137件、实用新型1 658件、外观设计3 582件，占当年专利授权量的比重分别为2.6%、30.8%、66.6%，分别比上年同期增长117%、27%、36.1%。截至2003年12月31日，福建省专利授权总量为27 527件，发明、实用新型、外观设计专利授权数量分别为641件、10 575件和16 311件，在总量中的比例分别为2.3%、38.4%和59.3%。

2003年福建省专利申请的显著特点是：(1)发明专利申请增长迅速，较上年增长41.8%，远高于其他两类，而外观设计专利申请增长速度趋缓，比上年专利申请增长率低6.7个百分点，说明福建省专利申请的构成逐渐趋于合理。(2)大专院校专利申请迅猛增长，专利申请量将近翻了一番，同比增长高达96.4%，而科研单位专利申请却下降18.8%。

截止2003年底，福建省已有1 567件专利申请获得资助，其中发明专利申请243件，实用新型专利申请563件，外观设计专利申请754件，专利国际申请7件，总资助金额达56万元。

二、强化专利行政保护力度，为科技创新、经济发展营造良好的法制环境

为了维护消费者和专利权人的合法权益，福建省知识产权局作为全省"3.15"活动的主办单位之一参加了大会组委会组织的各项活动，并在《福建日报》上向社会公布了局网址和查处假冒、冒充专利行为的举报电话。在"4.26"前夕，与省整规办、省工商局等八个部门在全省范围联合开展保护知识产权专项打假行动，并与福州市相关部门组织对麦德龙等10家规模较大的商业企业进行了重点检查。4月中旬与北京、上海、广东等16个省市知识产权局签订了《省际间专利行政执法协作协议》，方便了专利行政诉讼。加强对专利代理机构的监督和管理，成立了福建省专利代理惩戒委员会，并按时完成全省10家专利代理机构和全省专利代理人的年检工作。认真做好日常专利行政执法和其他专利法律事务工作。2003年以来，福建省专利管理机构共受理专利纠纷34件，结案25件，结案率为73.5%，查处冒充专利行为6

件。办理专利广告出证13件,专利合同认定登记5件,专利实施许可合同备案22件。

三、重视做好企业专利试点工作,推动企业专利工作的"三落实"

福建省知识产权局在各设区市开展专利工作试点企业活动的基础上,经各设区市推荐和申报,研究确定福州九星企业集团有限公司等54家企业为全省首批专利工作试点企业,并制定下发了《福建省专利工作试点企业管理办法(试行)》。9月5日,召开福建省专利工作试点企业会议,国家知识产权局王景川局长亲临会议向与会代表作《积极实施知识产权战略,培育和发展核心竞争力》的专题报告。省知识产权局还组织人员深入到各试点企业调研,实地开展帮扶指导工作,同试点企业就技术创新、专利战略等问题深入交流,就企业相关技术领域和开发产品的专利保护问题提出建设性意见;帮助企业制定专利规章制度和激励政策,为企业培训专利人才,并在专利申请资助、专利文献检索、专利战略研究等方面给予扶植与倾斜。同时推荐5家企业为第二批全国企事业专利试点单位。

四、进一步加强全省专利工作的宏观管理

福建省地方性立法工作得到推动,《福建省专利保护条例(草案)》已通过省长办公会议、省政府第七次常务会议审定,并提交省十届人大常委会第六次会议进行了审议。福建省知识产权局联合组织全省115个项目参加10月24日在厦门市举办的第十四届全国发明展览会,获得金奖11项,银奖17项,铜奖31项。组织召开全省首届知识产权联席会议,探讨交流各设区市开展知识产权工作的做法和经验,推动工作进展。受国家知识产权局委托,具体承办了"全国涉外专利代理业务培训班"、"专利文献信息与企业科技创新"培训班和"全国专利信息地方网点建设工作会议"三场全国性培训班和会议,进一步提高了福建省专利工作的影响。为专利试点企业、科研院所提供专利文献服务,其中课题检索70多项,复制专利说明书500多份,出具检索报告5份。通过福建省知识产权局网站对外发布局工作动态101条,并利用网站对外提供专利文献数据检索。福建省知识产权局采取与国家知识产权局、省人事厅、设区市科技局联合办班的方式,拓宽培训渠道,增加培训内容,着眼于培养不同层次的专利人才。2003年共举行各种培训班和讲座七期,培训专利业务骨干940名。经福建省知识产权局推荐,福州大学杜民等人发明的"医用免疫检测装置"荣获国家知识产权局授予的中国专利优秀奖;厦门市知识产权局荣获人事部、国家知识产权局授予的全国专利系统先进集体荣誉称号。

五、围绕庆祝第三个"世界知识产权日",开展了一系列宣传活动

福建省知识产权局以庆祝"世界知识产权日"为契机,围绕"知识产权与我们息息相关"这一主题,突出重点,采取多种措施,营造尊重知识、崇尚创新、保护知识产权的良好氛围。与省科技厅、省科协在省科技馆展厅联合举办了为期一周的《保护知识产权》科普图片展览。"4.26"这一天在《福建科技报》上开辟专版,介绍"世界知识产权日"的由来和福建省专利工作取得的显著成绩。与福州市知识产权相关管理部门联合在五一广场开展大型宣传咨询活动。厦门开展集中销毁假冒知识产权产品的活动,泉州市政府举办"泉州市首届知识产权论坛",并对征集的36篇优秀论文进行了评审奖励。福建省知识产权局领导黄威同志接受福建电视台《公共与经济频道》的邀请,就有关福建省知识产权保护现状及其对策进行电视专访,节目播出后,在全省广大群众中引起了较大反响。2003年中国知识产权报福建通联站受到了中国知识产权报社的6项奖励。

(福建省知识产权局　林进元)

版权工作

2003年,福建省版权局认真贯彻国家版权局"2003年工作要点"和全国版权局长(重庆)会议精神,根据局党组和白局长的明确指示,紧紧抓住两个着重点,即以加强版权保护为着力点,以推动版权产业为着眼点,自觉树立版权管理和保护为全面建设小康社会服务的指导思想,在发展我省版权产业、推动地方经济建设中作了一定贡献,从而引起省委、省政府对版权工作的进一步关注,使得9个设区市年内全部设立版权局,三分之二县区市把版权管理职能写入机构改革"三定"方案之中,明确了执法主体,推动了行政权力下移。由于二者良性互动,版权管理和保护工作得以迈上新台阶。

2002年底,福建省委领导黄瑞霖、荆福生分别对《德化陶瓷版权保护的实践及我们的思考》作了重要批示,国家版权局也提出要认真学习和推广德化经验。"德化在福建,福建怎么办"?局党组经过认真分析研究,决定以此为契机把全省版权工作带起来。白局长要求职能部门继续帮助德化县搞好陶瓷版权保护工作。2003年到省版权局登记的德化陶瓷版权共792件,相当于前两年的总和;不少原先对版权保护认识不清的陶瓷名家及厂家都前来登记。德化县政府及有关部门充分利用上级及外地版权部门领导前去参观指导的机会,进一步提高自身版权意识。县政府决定拨款70万元,开始兴建"企业服务中心大楼",拟内设陶瓷陈列室和登记室,以促进本县更好完成陶瓷作品的登记代理工作;并继续主动调解处理本县陶瓷版权纠纷,还应邀赴江西景德镇传经送宝。2003年该县克服非典影响,陶瓷产值达53亿,出口交货值为41.5亿,比2002年又有较大增长。当年并取得国家权威部门授予的"中国陶瓷艺术之乡"和"中国瓷都·德化"的荣誉称号。四月份,泉州市版权局向全市发出推广德化版权保护经验的通知,并在德化召开版权保护现场会,请各区县分管版权的局长前往参加。六月份,福建省召开版权工作会议时,也专门邀请德化县政府领导在会上介绍经验,并组织全体与会人员前往德化实地考察,效果很好。全省各地在学习和宣传德化经验的基础上,结合实际加以贯彻,涌现了一大批敢于维权的先进典型,如以"西瓜太郎"文具产品闻名于世、并主动配合版权部门开展打假活动的福州新代实业有限公司;敢于到法院打版权官司的厦门纽威公司;提出5年内把自主知识产权的工艺品打入国际市场、现一年中已出口3亿多元树脂工艺品的厦门星星公司;从宙斯盗版案吸取反面教训、大力推进藤铁工艺产业发展的闽侯工艺品公会;通过抓版权以推动"中国树脂工艺之乡"往前发展的泉州市丰泽区等等。工艺美术的行业自律也大大加强,福建省轻工工艺出口商会和厦门工艺品(进出口)协会先后成立,明确高举版权保护的旗帜,并聘请省版权局为顾问。据统计,2003年全省实用美术作品版权登记为4 700多项,比2002年又有增长;2003年虽有非典影响,1~10月份福建工艺美术行业的总产值和出口值均已超过2002年全年,在全国居举足轻重的地位,为福建出口作出应有的贡献。我省软件作品登记近两年每年递增100件左右,2003年近300件。2003年引进图书及录音录像制品版权134件,引进出版价达3 544万元,比2002年分别增长近两倍。版权保护对促进软件业及出版业发展的作用也日益显现。

版权保护促进版权产业发展的事实,引起了省委省政府及有关部门对版权管理的支持和关注。2003年10月,省政府正式下文,"同意莆田、漳州、三明、南平、龙岩、宁德市文化与出版局加挂版权局牌子",并指出,这是"适应加入WTO的新形势,切实履行知识产权保护义务,加强对著作权依法行政管理"的需要。经过努力,全省已有三分之二区县市将版权管理职能写入"三定"方案,从而解决了多年以来执法主体不明确的问题,为执法权力下移创造了条件。在此基础上,局党组十分重视对版权管理人员的培训,局先后召开全省执法人员培训班、全省主编培训班、全省新编辑培训班等,每班均在百人以上,都安排版权处同志前往讲解"著作权法"。白京兆局长还亲自前往泉州市为"首届知识产权论坛"讲课,受到热烈欢迎。队伍加强了,工作得以顺利开展,2003年省版权局先后在全省开展四次打击盗版专项行动:3、4月份知识产权峰会前的专项行动,5、6月份纪念著作权法实施12周年"重在办实事"活动,8、9月份打击盗版教材教辅专项行动,9、10月份打击盗版软件专项行动,由于依靠了基层执法力量,故取得显著成绩,省政府"每日快讯"、省整规办、《中国新闻出版报》、《中国知识产权报》、《中国版权》,均多次予以报道和肯定。2003年全省收缴盗版品1 434 663件,其中图书345 388件,期刊10 570件,软件52 556件,音像制品930 481件,电子出版物69 033件,工艺美术品25 405件,其他1 230件。

(福建省版权局)

司法工作

2003年福建省知识产权审判工作在党的十六届三中全会精神指引下,以开展公正文明执法活动为契机,紧紧围绕"公正与效率"的主题,加大知识产权司法保护的力度,积极有效地开展知识产权审传活动。

一、福建省知识产权案件受理及审理情况

2003年福建省法院共受理知识产权一审案件207件,较上年略有下降;省法院民三庭共受理知识产权二审案件55件,比上年的40件增长了37.5%。

分析全福建省法院受理的知识产权案件情况,主要呈现以下特点:

1. 受理案件数有所下降,总量不是很大,而且在地域分布上不平衡,福州、厦门、泉州沿海三市经济较发达地区的案件受理数达到全省法院总案件数的84.7%。

2. 受理案件涵盖了所有的知识产权案件类型,但其中专利、商标及著作权侵权纠纷案件的比例较高,占到总数的82.6%。

3. 新类型案件增多,审判领域不断拓宽,如:宁德中院受理的宁波华能国际贸易有限公司诉福建天龙电机有限公司侵犯其商品条形码不正当竞争纠纷案件,泉州中院受理的福建金鹿集团公司诉戴小斌将其驰名商标作为域名注册纠纷案件及厦门中院受理的厦门精通科技实业公司与程丽敏等涉及竞业禁止要求赔偿的不正当竞争纠纷案件等,都系福建省知识产权的新类型案件,开拓了福建省知识产权审判的新领域。

2003年福建省法院共审结一审案件203件，基本做到了收结平衡，其中有99件案件系调解结案或经由调解后当事人撤诉结案，调解率高达48.8%。在判决结案的84件案件中，上诉的有56件，上诉率为66.7%，比例比较高。2003年福建省院民三庭共审结知识产权二审案件54件，其中改判的有11件，发回重审的有9件，共计20件，占上诉案件总数的37%，比上年上升近五个百分点。在改判案件中，一审法官对相关实体法律的理解与适用存在误区是造成案件改判的最主要原因；而对赔偿数额上的变更所致部分改判案件只有一件，比上年有大幅下降，在这个问题上两级法院的标准基本一致。发回重审的案件增幅较大，共有九件，其中因认定事实不清被发回的有五件，占了56%，另外四件案件系因违反法定程序，可能影响公正判决而被发回重审。

二、深化审判方式改革，探索知识产权诉讼规律

以保护当事人权益为出发点，福建省知识产权审判通过不断改进工作方法与健全各项审判制度，努力探索实现公正与效率的有效改革措施，切实履行司法为民的承诺。

1.严格执行知识产权案件流程监督管理，对知识产权案件从立案、排期、送达、合议等各个环节要求严格遵守审限的规定，努力杜绝超审限的案件出现。在案件审限届满前20天如有特殊原因不能结案，主审人应及时向庭领导说明并订出结案计划。因法定缘由需延长审限的，应提前报分管院长审批，坚决杜绝事后补批现象。

2.针对知识产权诉讼当事人多申请证据保全，无形财产侵权相关证据取得困难，举证责任负担不易明确等问题，探索规范知识产权案件证据规则的适用。对最高人民法院下发的新证据规则，根据知识产权诉讼的特点，对证据的取得、证据保全的适用、举证时限等在具体操作上作出探索性的规定。

3.完善知识产权案件专家鉴定和专家咨询制度。在深入调研的基础上，福建省针对鉴定机构、专家的专业范围、咨询方式、咨询费的承担、鉴定结论作为案件证据需要具备的条件、鉴定人是否需出庭等方面问题作出进一步规范。在省院民三庭受理的武汉晶源环境工程有限公司诉日本富士化水工业株式会社、华阳电业有限公司专利侵权，要求赔偿人民币三千万元一案中，需通过鉴定确定案件的有关事实，审判人员尝试依据较成熟的鉴定规则进行了鉴定，得到了当事人双方的认可，也为案件的审理铺平道路。

4.2003年，在全省法院开展的公正文明执法活动的案件评查工作中，省院民三庭对2002年、2003年审结的所有案件进行自查，对个案以逐件翻阅卷宗，填写自查表的方式，从实体、程序及裁判文书三方面进行自我检查，实事求是地查摆问题，提出纠正的方法，并总结办案的规律，汲取教训，供今后借鉴参考。

三、适应新形势，提高法官业务素质，保证审判质量

1.知识产权诉讼相比较而言是一个较新的领域，新类型案件的增长、新法的出台需要法官不断更新知识以适应形势发展的要求，2003年福建省高级人民法院民三庭在全省范围内组织知识产权审判法官加强对修改后的《中华人民共和国专利法》及《中华人民共和国商标法》、《中华人民共和国著作权法》及相关司法解释的学习研究，鼓励在处理好工学矛盾的前提下联系当前审判工作中的疑难点及出现的新类型案件，多学习专业书籍，多走访专家学者，多参加各种培训与研讨，继续发扬良好的研究与讨论的风气，要求大家将实体法的研究作为重点，多读多写，争做求真务实、勤于钻研、开拓进取的职业化的法官。2003年仅省院民三庭共撰写论文十余篇次，其中有三篇论文在全国性期刊上发表，两篇论文在省里获奖，并有两篇文章参加全国性的研讨会。

2.知识产权案件的专业性强、法律关系复杂、证据材料多，且由于法律规定方面的因素使法官的自由裁量幅度大，给案件的审理带来一定困难，因此提高在具体案件中法官的分析、判断能力成为福建省高级人民法院民三庭工作的重点，2003年通过组织典型案例的编写工作促使全省知识产权审判法官在办案之余以手头的案例为突破点，扎扎实实地读一些业务书籍，探讨一些疑难问题，写一些理论文章，在业务方面学以致用，学有所长，取得了一定成效。

3.在加强理论研究的同时注重与实践结合紧密的调研工作，福建省高级人民法院民三庭牵头指定专人组成调研组，完成了最高人民法院组织的“专利侵权判定基准问题”的调研活动，参加了福建省重点软课题“福建省自主知识产权发展战略对策研究”的调研活动及省院组织的司法公正课题调研，完成了相关的调研文章并及时实现了成果转化。此外还与省版权局联合进行了实用工艺品保护的专题调研，也收到了良好的效果。

4.知识产权审判队伍的稳定与发展是审判工作的基础，2003年全省九个中级法院基本上完成了机构改革，原来只有两个中级法院设立独立的负责知识产权审判的业务庭，通过这次机构改革，有七个中院成立了独立的负责知识产权审判的民三庭，两个中院设立了审理知识产权案件的专门合议庭，配备了专门知识产权审判法官。通过机构改革，进一步促进了法官的专业化，更好地规范了市场秩序。

四、配合第三个"世界知识产权日"，加大宣传工作力度，扩大审判工作的社会效果

福建省知识产权司法保护历来重视宣传工作，充分利用知识产权典型案件社会影响大，新闻舆论关注的特点，扩大社会宣传的影响，树立法院公正审判的形象和权威，提高全社会的知识产权保护意识与法制观念。2003年4月26日是第三个"世界知识产权日"，省院民三庭与省电视台，福建法制报及相关媒体合作，制作了特别节目，宣传知识产权法律知识，剖析典型案例并组织专题讨论，收到很好的宣传效果。

（福建省高级人民法院民三庭）

江 西 省

专利工作

一、工作概况

2003年江西省知识产权管理体系趋于完善，江西省专利管理机构建设取得了突破性的进展，为全省今后专利管理工作的开展提供了更有力的组织保证。2003年7月江西省专利管理局正式更名为江西省知识产权局。2003年5月，全省11个市已全部成立了知识产权局，均有正式编制和财政拨款支持。此外，一些有条件的设区市，正在逐步将管理机构向县（区）延伸，进贤县成立了江西省第一个县（区）级专利管理机构，一个省、市、县（区）上下协调一致，多层次运作的专利管理工作体系正在逐步完善。

2003年8月，江西省知识产权局组织召开了首次"全省知识产权局局长会议"，参加会议的有全省11个设区市的知识产权局局长和部分地市主管专利工作的科技局领导。会议由江西省知识产权局局长严山义主持，江西省科技厅厅长李国强、副厅长左喜明分别在会上做了重要讲话。会上讨论了《全省专利行政执法实施办法》。

为全面提高全省专利行政执法队伍的素质，江西省知识产权局举办了"全省专利行政执法培训班"，全省11个设区市和部分高等院校、科研机构的代表40余人参加了培训。经过培训，全省又有26名专利行政执法人员办理了由国家知识产权局颁发的《全国专利行政执法证》。

2003年10月18日，上饶市知识产权局在上饶市中心广场成功举办了"上饶市首届专利展览会"。展览会开幕式由上饶市副市长程建平主持，市委市政府四套班子的领导都亲临展会。展会还特设了知识产权咨询台，散发了专利宣传资料一万多份，参加展会的人数达两万余人次。这次展览会对上饶市的知识产权工作具有深远意义和良好作用。

随着各设区知识产权局的陆续成立，为了更有效地规范和统一全省的专利行政执法活动，江西省知识产权局根据新《中华人民共和国专利法》及其实施细则、《专利行政执法办法》等法规，并借鉴兄弟省市的经验，经广泛征求了各部门意见，颁布实施了《江西省专利行政执法实施办法（暂行）》。

2003年9月，江西省知识产权局组织江中制药股份公司等六个企业、15个专利项目参加了在大连举办的"第二届中国国际专利技术与产品交易会"，在这次交易会上，江西永丰博源实业有限公司等四家企业的四个项目获得了交易会金奖，达成专利许可合同意向一项。

全国第一批企事业单位专利试点工作开展以来，江西省试点企业江西江中制药（集团）有限责任公司经过两年的努力，取得了明显成绩，企业完善了知识产权管理制度，提高了运用专利制度的能力和水平，加强了专利战略研究，增强了技术创新和市场竞争能力。江西江中制药（集团）有限责任公司顺利通过了国家知识产权局的验收，并得到专家的高度评价。南昌市是全国28个专利试点城市之一，也是江西省惟一的一个试点城市。2003年年初，该局即发出通知，在全市范围内开展"无假冒、冒充专利商场"的活动，发动商家开展自检自查，并接受群众举报投诉，展开全市性的冒充专利行为专项执法行动。2003年，南昌市知识产权局共立案24起，其中，假冒他人专利案件两起，冒充专利案件20起，专利侵权纠纷两起，结案22起。为调动专利权人积极性，南昌市从经费、政策环境等方面给予支持，先后研究制定了《南昌市专利项目实施基金管理办法（草案）》、《南昌市专利申请资助专项资金管理办法》等地方性规章制度；为保护知识产权，净化专利市场，维护消费者和专利权人合法权益以及商品经营者的合法权益，制定了《南昌市查处假冒，冒充专利暂行办法》，并起草制定了《南昌市商业企业专利商品经营管理暂行规定》。

为南昌市专利工作的开展提供了法律保障。

二、专利申请与授权

2003年江西省专利申请量为2 434件，与2002年相比，增长19.5%。其中，发明专利832件，同比增长112.8%；实用新型专利1 069件，同比增长10.1%；外观设计专利532件，同比减少21.2%。在申请量提高的同时，专利申请的结构也大为改善，2003年发明专利申请比上年的391件增长了441件，增幅达112.8%，远高于全国31.3%的平均增幅。发明专利申请首次超过外观设计专利，逼近实用新型专利，占总申请量的34%，为历年来最高的比例。同年江西省专利授权量为1 238件，较上年增长18.7%。其中，发明专利98件，同比增长18.7%；实用新型专利679件，同比增长29.6%；外观设计专利456件，与上年持平。

2003年7月26日《中国知识产权报》在头版刊登了题为《上海一马当先，江西发明抢眼》的通讯，报道了江西省1~6月份发明专利较上年同期增幅达180%的情况。《江西日报》等江西省内媒体也对全省专利申请大幅增长作了专题报道。

2003年江西省的专利申请不仅在数量上大幅增长，而且在质量上也有了新的突破。2003年，江西省继续设立专利申请与专利实施专项资助资金。全年专利申请资助项目是上年的3~4倍。专利实施资助申请申报30项，资助8项，共20万元。2003年申报实施资助的项目无论从数量还是质量较上年都有较大提高。

（江西省知识产权局）

版权工作

2003年，是全面贯彻落实党的十六大精神，建设小康社会的开局之年。在江西省委、省政府的正确领导下，在国家版权局的大力指导下，江西省版权管理工作高举邓小平理论伟大旗帜，以兴起学习贯彻“三个代表”重要思想新高潮为动力，用十六大精神统领版权工作的全局，紧紧围绕“着力于版权保护，着眼于版权产业发展”的要求，按照“宣传、维权、发展”的工作思路，开拓创新，扎实工作，在完善版权保护体系、强化版权管理和版权行政执法职能、打击侵权盗版专项治理行动、加大社会宣传、开展调查研究、推动著作权集体管理工作的开展、队伍建设等方面取得了显著成绩，为维护出版物市场的平稳发展和著作权人的合法权益，作出了积极的努力。

一、转变观念，明确思路，版权保护体系进一步完善

江西省版权局牢固树立发展为第一要务的思想，紧紧围绕“四个尊重、三个一切、四个新”的要求做文章。一是转变观念，明确思路，确定了江西省版权工作的思路是“宣传、维权、发展”。二是完善了版权保护体系，将原隶属局版权处的江西省版权代理中心独立出来，与新设立的江西省版权保护中心合署办公，向省委、省政府争取将江西省11个设区市版权分局更名为设区市版权局，理顺执法主体。三是转变职能，将原由局版权处履行的计算机软件登记等7项社会服务职能划拨给省版权保护中心、省版权代理中心承担。四是配备了专职人员，补充了新鲜血液，壮大了队伍力量。

通过观念更新、机构调整、职能转变、队伍建设等举措，江西省版权保护的行政管理和社会服务体系已初步建立。

二、以版权保护成果展为重点，全面加大宣传力度，全社会版权保护意识进一步提高

社会宣传是版权保护的基础性工作。江西省版权局年初作出了以举办江西省“扫黄”、“打非”暨版权保护成果展和纪念《中华人民共和国著作权法》实施12周年为重点的社会宣传工作部署。

2003年6月1日，是《中华人民共和国著作权法》实施12周年纪念日，省版权局局长邓光东同志在《江西日报》发表了署名纪念文章。江西省版权局抓住组织在《江西日报》上刊登了半个版面的专题宣传文章，与江西人民广播电台合作播出了6期版权知识讲座，在江西新闻出版网站进行了专栏宣传。同时，各地版权分局在各设区市也开展了形式各样、内容丰富、生动活泼的宣传活动，全省上下遥相呼应，取得了良好的宣传效果。

江西省“扫黄”、“打非”暨版权保护成果展是江西省首次举办的版权保护成果展。为做好这项工作，江西省版权局集中力量，派人专程向国家版权局领导汇报筹备工作情况，并先后到江苏省和省内景德镇、九江、上饶等地搜集资料。经过大量的准备工作，成果展于2003年9月18日上午顺利开展。省委副书记彭宏松、省委宣传部长刘上洋、省人大副主任钟家明、省政府副省长蔡安季、省政协副主席刘运来等省领导出席了开展仪式。这次成果展集中地回顾和总结了江西省12年来的版权工作历程，展现了江西省版权保护工作的成果，展览以大量的典型案例、实物和珍贵图片，向广大群众生动地宣传了侵权盗版违法活动的巨大危害、版权保护的重要性和版权保护工作的任重道远。这次展览，对于提高江西省广大群众的版权保护意识，推动江西省版权工作产生了巨大作用。

与此同时，江西省版权局还对全省新闻采编人员、版权产业从业人员进行了著作权知识的授课和培训，提高他们依法维权的自觉性。

三、强化版权行政执法，加大版权社会监管力度，版权产业市场秩序进一步规范

根据全国版权局长会议进一步加强社会监管的部署，江西省版权局切实转变版权行政管理职能，强化以加强社会监管为关键，依法行政为核心的版权行政管理理念，加强日常监管和专项治理工作，加大行政执法力度，遏制侵权盗版违法行为，保护了市场秩序，促进了版权产业发展，为经济繁荣作出了贡献。全年共收缴各类侵权复制品 1 521 263 余册(盒、张、件、盘)，其中盗版图书 1 142 933 册(张)，盗版计算机软件 51 187 张，音像制品 327 143 盘(盒)。

1. 专项治理，集中行动。2003 年 4 月，在全省范围内组织了“打击盗版光盘专项治理行动”。各地版权分局充分发挥“扫黄”、“打非”办公室设在新闻出版和版权分局的优势，调动各方面力量，重拳出击，沉重地打击侵权盗版的嚣张气焰。这次专项治理全省共收缴各类盗版音像制品 110 000 余盘，盗版软件 15 500 余张。江西电视台、《江西日报》等省内主要新闻媒体对此专门进行了报道。2003 年 12 月，根据国家版权局的统一部署，江西省版权局在全省范围内严厉打击贩卖侵权盗版复制品的违法行为，集中整顿市场秩序，切实加强社会监管力度。在全省 11 个设区市，各地版权分局先后联合当地公安等有关部门开展了打击贩卖侵权盗版复制品的专项治理工作。在专项治理工作中，各地版权分局与有关部门的执法人员发扬吃苦耐劳、连续作战的工作作风，密切配合、通力协作，对重点经营场所和重点对象昼夜进行明查暗访、清查整顿。

2. 全面落实计算机软件正版化工作。2003 年 8 月，江西省版权局积极联络省信息产业厅、公安厅、工商管理局，联合印发了《打击盗版软件工作实施意见》，组织在全省范围内开展打击盗版软件专项工作。目前，第一阶段工作已胜利结束，第二阶段工作正在紧锣密鼓地进行。

3. 积极查处大案要案。2003 年，江西省版权局根据群众举报，一举查获了樊羊崽盗版教材教辅案。经调查，犯罪嫌疑人樊羊崽为获取高额非法利润，采取欺骗、购买手段从二十一世纪出版社、南昌市图书城获得学前班幼儿园系列教材后，作为样本大肆进行盗版印刷，非法经营额达 150 余万元。由于案情重大，省委领导对此案专门作出批示。江西省版权局集中力量进行了深入调查，在查实事实的基础上，依法将此案移送司法机关，追究涉案人刑事责任。2003 年 6 月 2 日，经南昌市青山湖区人民法院公开审理，以侵犯著作权罪，判处被告人樊羊崽有期徒刑两年零六个月，并处罚金四万元。樊羊崽侵犯著作权犯罪案的公开审判，社会反响强烈，有效地震慑了违法分子的嚣张气焰。

四、热情服务，拓宽领域，大力促进版权产业发展，社会服务功能进一步加强

在大力加强版权行政执法工作的同时，江西省版权局强化版权保护社会服务功能，积极拓宽服务领域，优化服务环境。2003 年，江西省版权局已完成图书版权贸易合同登记 83 件；作品自愿登记 44 件；收转著作权使用报酬 51 000 余元；引进图书版权 79 种，输出 1 种；建立了版权贸易网络和版权交易选题库；成功组团参加了法兰克福和上海版权贸易洽谈会；接待版权专业法律知识咨询 120 余人(次)，并对省政协委员关于版权问题的提案草拟了书面答复。

为推动江西省版权贸易的发展，江西省版权局专门发文对图书版权贸易合同审查工作进行了进一步规范。

五、以人为本，加大培训，强化监督，版权干部队伍综合素质进一步提高

一是通过兴起学习“三个代表”重要思想新高潮、省政府政务环境评议评价和省人大代表对江西省版权局工作评议等活动，在全省版权干部队伍中进行全局意识、大局意识、政治意识、职业道德、工作作风、廉洁自律等教育，不断提高全体干部的政治素质。

二是对全省版权执法人员进行了知识产权法律法规的培训；组织二十余人次参加了国家版权局和其他机构组织的版权保护培训班、研讨班等，不断提高全体干部的业务能力和依法行政的水平。

三是继续对全省版权行政执法人员实行行政执法责任制和评议考核制。进一步完善了行政执法责任制和评议考核制的考评内容、考评标准、考评方法等，进一步提高江西省版权行政执法水平。

2003 年，江西省版权工作总的来说是，困难比预料的大，上半年突如其来的非典疫情和下半年的严重干旱等自然灾害，使得原计划的一些工作被迫推迟或取消。但同时，取得的成绩也比预料的要大，如版权保护体系已初步形成；著作权法律意识在干部群众中范围得到扩大，认识得到加深；版权干部队伍政治素质和业务能力得到进一步提高等等。目前江西省版权保护能力与版权产业发展的要求还不适应，与省委、省政府和国家版权局的要求还有差距，与兄弟省局的工作还有距离。为此，江西省版权局将增强忧患意识，在巩固的基础上提高，在深入创新中发展，用时代的要求来审视版权工作，用发展的眼光来研究版权工作，以改革的精神来推动版权工作，使江西省的版权工作更好地体现时代性，把握规律性，富于创造性，通过不懈的努力，探索出以版权保护促进江西省版权产业跨越性发展的新路。

（江西省版权局）

司法工作

2003年在江西省的知识产权审判历史上是具有重要意义的一年，是江西省知识产权司法保护迈上新台阶的一年。

一、依法公正审理了一批知识产权纠纷案件

2003年江西省受理知识产权纠纷案件120件，其中著作权纠纷案件55件，商标纠纷案件29件，专利权纠纷案件24件，技术合同纠纷5件，其他知识产权纠纷案件7件。两级人民法院审结各类知识产权案件84件，其中著作权纠纷案件58件，商标纠纷案件23件，专利权纠纷案件15件，技术合同纠纷3件，其他知识产权纠纷案件4件。其中判决34件，调解12件，撤诉31件。江西省法院通过审理各种类型的知识产权案件，有力制裁了各种侵权行为，切实保护了知识产权权利人的合法权益，有效地维护了市场经济秩序，促进了科学技术进步与创新。

二、召开江西省第一次知识产权审判工作会议

为了进一步认真贯彻落实全国法院知识产权审判工作会议精神，回顾和总结江西省知识产权审判工作经验，研究和部署今后一段时期知识产权审判工作的任务，深入贯彻执行新修改的知识产权法律法规及其司法解释，努力开创全省法院知识产权审判工作的新局面。2003年7月江西省法院在景德镇召开了全省法院第一次知识产权审判工作会议，参会代表不仅包括了全省负责知识产权审判方面的法官，会议还邀请了江西省专利局、商标局等知识产权保护相关部门的同志参加会议，共有57名代表出席了会议，会上代表们认真听取了《认请形势提高认识树立现代司法观念努力开创全省法院知识产权审判工作新局面》的工作报告，代表们对工作报告进行了认真的学习和讨论，同时还就如何做好知识产权的保护工作交换了意见，会议达到预期的效果，取得圆满成功。

三、制定相关工作规定，细化审判流程

为加强知识产权司法保护，规范全省法院知识产权案件的受理管辖，根据新修正的专利法、商标法、著作权法和其他知识产权法律以及最高人民法院相关司法解释、批复、全国法院知识产权审判会议精神，结合全省法院的实际情况，2003年4月江西省高级人民法院第九次审判委员会讨论通过了《江西省高级人民法院关于知识产权民事案件管辖和受理范围的规定》，并在全省法院执行。

省法院民三、四庭为了强化审判管理，建立公开、公正、廉洁、高效的审判运行机制，切实保障当事人合法权益，根据《中华人民共和国民事诉讼法》以及最高人民法院相关司法解释，总结以往审判工作经验并结合知识产权、涉外审判的实际情况制定了《江西省高级人民法院民三、民四庭审判管理细则》。

四、完备知识产权审判机构，培养专业审判队伍

2003年全省法院的机构改革工作全部完成，省法院和全省十一个中级法院全部成立了民三庭，配备了专门的审判人员，专门负责知识产权案件的审判。根据景德镇的实际情况，为了加强对知识产权权利人的保护力度，方便当事人的诉讼，经最高人民法院指定，景德镇中院拥有专利案件管辖权。

在组建和充实审判队伍的同时，省法院和各中级法院还积极加强审判业务学习和培训，开展调研工作。一些法院建立、完善了业务学习制度，认真组织学习了新修改的知识产权法律和新的司法解释，全省法院选送一批业务骨干参加最高法院举办的知识产权审判业务培训班。

（江西省高级人民法院民三庭）

山东省

专利工作

2003年，是山东省知识产权工作得到社会各界广泛关注的一年。在这一年里，山东省知识产权工作在国家知识产权局、山东省委省政府的关心、领导、支持下，以"三个代表"重要思想为指针，认真贯彻落实党的十六大、十六届三中全会和省委工作会议精神，紧紧围绕服务于经济建设这个中心，积极应对入世后所面临的新形势，取得了显著的成绩。

一、专利总量稳步增长

截止2003年12月底，山东省累计专利申请量达到109 630件，专利授权量达到63 154件，均居全国第4位。2003年1～12月份，山东省专利申请量达15 794件，列广东、上海、浙江、江苏、北京之后，居全国第6位；授权量达9 067件，列广东、上海、浙江、江苏之后，居全国第5位。与2002年同期相比，山东省专利申请和授权量分别增长了22.85%和24.32%。

2003年度，据不完全统计，全省共设立专利技术孵化园区六个，培育专利明星企业380家；全省60%的高新技术企业和20%的民营科技企业实施专利技术1 100项，预计投产后可实现产值320亿元。

二、知识产权发展环境进一步优化

山东省委、省政府领导高度重视知识产权工作。"非典"过后，王军民副省长到山东省知识产权局现场办公，认真听取知识产权工作汇报，并对全省的知识产权工作特别是专利工作给予了肯定，对下一步工作再上新台阶提出了新的要求，对实施"一奖两酬"政策落实情况十分关注。明确指出要积极应对入世后所面临的新形势，加快山东省知识产权政策的制定步伐，提高全民的专利保护意识。

山东省政府积极营造社会氛围，与国家知识产权局和中国工程院联合，成功举办了"2003中国(曲阜)专利高新技术产品博览会"，规模、参展人数，都大大超过了历届。博览会期间，共成交项目399项，项目投资总额107.7亿元，技术成交额2.49亿元，建立技术合同关系54对。

山东省及各市充分利用重大节日，各类宣传活动有声有色，如"3.15"、"4.26"、"5.18"等，开展了一系列别开生面、富有成效的宣传活动；在报纸、电台、刊物以及网络等各种新闻媒体，宣传知识产权知识及其相关信息逐年增多；山东省知识产权局支持省发明协会、省企业专利协会、省专利代理协会创办了《山东知识产权》期刊，填补了行业刊物的空白。

山东省知识产权局派出二十多人次，深入到市县基层单位讲课，传授知识产权及其相关法律知识，受教育面达到二千五百多人次；举办了全省范围内，由专利管理部门和企业科研院所负责人参加的《全省专利工作者培训班》，有120人经过培训获得了专利工作者证书，至此山东省拥有专利工作者1 524人。据不完全统计，全省各级共举办各类培训班、讲座、报告会达50多场次，约有近10 000人次接受了常规性培训。

三、知识产权能力建设得到进一步加强

针对入世后知识产权工作所面临的新挑战，为进一步提升山东省专利申请的数量和质量，山东省从科技三项经费中拿出了10%，用于支持知识产权工作的发展，对2003年的专利申请特别是发明专利申请数量的提高，起到了积极的推动作用，并带动了全省大部分市、地加大了对专利工作的支持力度。目前已有12个市和部分县(市、区)相继设立了专利发展专项资金，出台了相应的政策规定。

山东省知识产权局机构改革完成后，成立了分党组。各市知识产权局配备了年富力强的领导干部；德州市知识产权办公室也更名为德州市知识产权局。至此，全省17个市全部成立了知识产权局。

2003年，山东省知识产权局先后向国家知识产权局申报了"中国(山东)海洋生物技术知识产权信息中心"、"中国济南重型机械与数控机床知识产权信息中心"和"中国烟台食品与酒业知识产权信息中心"建设，拟以此打造具有山东特色的知识产权信息服务平台。同时，山东省知识产权局组建了山东省专利信息中心，恢复开通了山东知识产权网站，启动了办公自动化建设。2003年已为百余家企事业单位和个人查新、检索课题49项，提供并打印专利文献12 000余份。山东省知识产权局还采取积极措施，获取了1985年以来全省所有专利申请和授权量信息16万条，为今后开展专利战略研究、统计分析提供了可靠的保障；同

时，也为市县开展创建科技工作先进以及党政科技工作目标责任制考核、完善和建立专利数据信息库打下了坚实的基础。

2003年山东省知识产权局为司法机关、行政机关、以及企业和个人进行专利技术鉴定8件，专利资产评估4件，逐步摸索出一条自我约束、自我发展之路。

四、知识产权宏观管理意识与能力进一步增强

为在山东省大幅度增加专利申请数量和提高发明专利占总量的比例，山东省知识产权局在系统内部实行了岗位目标责任制，形成了省市上下联动、齐抓共管的工作模式。一方面落实目标责任制，转变工作作风，深入大专院校、科研单位和市县企业等基层单位，了解情况，进行宣传发动；另一方面，为学习先进经验，疏理明年工作思路，山东省知识产权局组织了有史以来最大一次调研活动。由局领导带队，各处室、各市知识产权局负责同志参与，兵分三路（省外两路、省内一路），开展了为期一周的具有实质内容的调查研究活动。使大家学到了经验，开阔了眼界，理清了工作思路。

2003年初，专门召开了全省知识产权局长会议，对全年的工作进行了总体部署，对2002年度知识产权工作先进集体和个人进行了表彰；2003年中，为贯彻厅领导指示精神并启动专利资金扶持计划，再次组织召开了全省知识产权局长会议，对上半年工作进行了调度，对下半年工作提出新的要求；临近年末，又召开了全省专利统计会议暨专利工作调度会议，在进行相关业务培训、规范全省专利统计工作行为的同时，对全年后两个月的工作进行了再调度，为确保全年各项工作任务的圆满完成，起到了积极的促进作用。

山东省知识产权局不仅组织参加了国家知识产权局和人事部开展的"全国专利工作先进集体、先进个人"评比活动，推荐济南、东营两市知识产权局和海尔集团为全国专利工作先进集体，烟台、青岛知识产权局负责同志为全国专利工作先进个人，而且积极参加了全国专利示范企业的推荐工作，把济南重型机械、青岛海洋大学、中科院海洋所、兖州煤矿、烟台绿叶等八家单位推荐为国家级专利工作试点企事业单位。同时，开展了山东省优秀发明专利奖评选活动，有20个项目荣获金奖，96个项目荣获创新奖。

五、知识产权政策法规体系进一步完善

山东省知识产权局以科技厅名义，出台实施了《关于贯彻科技部加强科技计划项目中知识产权管理规定的意见》。为管好用好专利发展补助资金，研究制定了《山东省专利发展补助资金管理办法》和《年度申请指南》。全省各市还围绕加快知识产权事业发展、建立和使用好专利发展补助资金、加强外经贸工作中的知识产权管理等，制定了一系列政策规定，如济南市，在科技项目立项中实行了"专利一票否决"制。

山东省知识产权局组织市、地等方面的力量，研究拟定了《山东省加强知识产权工作的若干规定（征求意见稿）》，从宏观上设计了知识产权工作走向，强化了政策支持；与科技厅一起，联合省教育厅、信息产业厅等部门，研究制定了《山东省知识产权工作推进计划实施方案》，拟采取试点先行的办法，总体搭建知识产权快速、健康发展的框架。

山东省知识产权局为规范对中介机构的管理，出台了《山东省专利代理暂行管理办法》，使山东省成为新《中华人民共和国专利法》颁布实施后，较早制定该办法的省份之一。为规范专利中介机构发展，还推荐青岛联智专利事务所在全省科技中介机构会议上作典型发言；对全省20多个专利代理机构进行年检，并换发了代理人资格证、工作证。

六、专利行政执法工作得到进一步强化

山东省知识产权局配合省人大在全省范围内组织开展了专利行政执法专项检查活动，有效地促进了《中华人民共和国专利法》和《山东省专利保护条例》的贯彻实施，不仅督促各市加强专利执法工作，更重要的是为经济发展营造良好的市场环境。

全国12省市专利行政执法协作网建立后，山东省知识产权局分别配合四川、湖北等省市在山东境内开展了专利侵权纠纷的调解处理工作，为对方开展专利侵权追究提供了工作便利与条件。在省内，认真开展了对市知识产权局调解处理专利纠纷资格的认定工作，对专利行政执法人员，进行了相关业务知识的强化培训。

山东省全年共受理专利侵权纠纷案件118件，已审理结案的达80件，结案率达到67.8%；查处假冒或冒充他人专利行为689宗。2003年审结的康舒乐健身器材系列专利侵权纠纷案，涉及专利20件，本着简捷、高效的原则，在最短时间内结案，有效保护了台资企业在大陆拥有的知识产权，为树立"诚信山东"形象，净化技术市场环境，营造良好法制和投资环境起了积极作用。

（山东省知识产权局）

商标工作

2003年山东省商标管理工作，在国家工商总局商标局、省局党组的正确领导下，以“三个代表”重要思想和党的十六大精神为指导，认真贯彻省委工作会议精神，围绕加快山东省经济发展的中心工作，求真务实、开拓进取，圆满地完成了各项工作任务。

一、以《中华人民共和国商标法》(以下简称商标法)实施20周年为契机，深入开展商标法律宣传工作

为纪念商标法实施20周年，3月1日至5日，山东省工商局、省商标协会在省博物馆共同举办了山东省优秀商标展示会和商标法律知识高级讲座，开展了商标法律咨询、推介闲置商标等活动。在优秀商标展示期间，谢玉堂副省长发来了贺信。省人大、省政协、国家工商总局、省工商局的领导，以及省高院等省直有关部门的负责同志参加了开幕式并参观了展览。有400多家企业参展，上万人参观学习，20多家新闻媒体进行了宣传报道，收到了较好的社会效果。

同时，山东省各市也开展了系列宣传活动。如威海市工商局邀请市委、市政府、新闻媒体以及30多家驰名商标和著名商标企业代表联合举办了“金猴杯商标法有奖知识竞赛”，以“商标、品牌、竞争力”为主题的“威海城市论坛”和“我喜爱的20个威海商标”评选等系列活动。东营、聊城、泰安、枣庄、菏泽等市也纷纷采取同企业联谊、举办讲座、开展培训、在电视、广播等多种媒体开办专栏等形式进一步向社会广泛宣传商标法律知识。淄博市博山分局组织了百件商标巡回展活动。

“3.15”活动期间，全省各级商标管理部门纷纷开展了商标法律法规、打假维权和企业实施商标战略的宣传活动，增强了全民商标意识和企业保护商标专用权的自觉性和紧迫感。

二、以商标办案为中心，加大了商标行政执法的力度

加强对商标侵权行为的查处既是商标管理工作的核心，也是整顿和规范市场经济秩序工作的重要内容。2003年，山东省各级商标管理部门，把查处商标违法案件，保护注册商标专用权作为商标管理工作的重中之重，使商标办案工作取得了较好成绩。全省共查处各类商标违法案件2 213件，其中商标侵权假冒案件1 378件，涉外案件38件，商标一般违法案件835件，收缴和消除商标标识258万多套，罚没款1 113万元。

三、以申报中国驰名商标和认定山东省著名商标为平台，推动企业商标战略的实施

按照山东省委、省政府实施“名牌战略”的要求，积极做好驰名商标的申报和著名商标的认定工作，引导企业运用商标战略开拓市场。2003年，向国家工商总局商标局上报了“鲁能”、“新郎”、“玲珑”等商标的认定申请。目前山东省拥有驰名商标仍为29件，居全国第二。

2003年共受理山东省著名商标申报材料348件，对申报材料经过市局初审、省局审查调查核实等环节，最终认定了189件著名商标，同时对已满三年的51件山东省著名商标进行了审核再认定。目前山东省已拥有著名商标571件。

加强了对农副产品加工业商标注册工作的指导。积极引导知名度较高，有一定规模的特色产业申请证明商标或集体商标注册。推动农副土特产品产业化。目前全省已有6件证明商标，即章丘大葱、金乡大蒜、莱阳梨、日照绿茶、肥城桃、沾化冬枣。龙口粉丝、乐陵小枣也正在进行证明商标注册。地理标志注册为证明商标工作的开展，促进了农民增收，推动了农产品生产经营的规模化和市场化，扩大了农产品的出口，为促进农村经济发展作出了积极贡献。

四、实施“红盾帮扶工程”，服务地方经济发展

民营经济是山东省经济发展的“三大亮点”之一。实施“红盾帮扶工程”，是省工商局促进民营经济快速发展的一项重大举措。为贯彻落实省局关于实施“红盾帮扶工程”，促进民营企业做大做强的意见，全省各级商标管理部门于4~5月份对第一批50家重点帮扶企业在实施商标战略方面进行了专题调研。各市局通过实地调研和座谈会等形式，基本摸清了50家企业的商标注册、使用管理情况和存在的问题，增强了对实施“红盾帮扶工程”重要意义的认识，撰写了《实施商标战略，推动民营经济发展》的调研报告，提出了工作思路和具体帮扶措施，并对枣庄、菏泽的对口帮扶企业进行了走访。

五、加强业务培训和调查研究，不断提高队伍素质

2003年，山东省各级商标管理部门针对新形势、新任务、新队伍的特点，结合实际，采取“走出去”、“请进来”等多种形式，加强业务学习和培训。3月1日，在商标法实施20周年之际，省局在省博物馆举办了商标法律知识高级讲座，特别邀请了参与修订新《商标法》的国家工商总局商标局助理巡视员董葆霖授课。有400多人听取了讲座。同时，东营、泰安也分别组织了500多人和800多人的商标知识高级讲座和培训活动。7月29日至30日，省工商局举办了商标法律法规高级讲座，邀请中国社会科学院知识产权中心研究员、中国第一位商标法学博士黄晖先生主讲。有360多人听取了讲座。

六、继续做好对省商标协会的指导工作

2003年以来，山东省局重视并加强了对省商标协会工作的指导，省商标协会的工作也积极围绕省局商标管理工作的中心工作，立足于服务，充分发挥桥梁和纽带作用，在宣传商标法律法规、协助会员完善企业商标管理制度，正确实施商标战略，积极申报驰名商标、著名商标以及沟通政府与企业、企业与企业的联系，交流商标工作信息等方面做了大量的工作。

1. 在3月1日《商标法》实施20周年之际，协助省局举办了“山东省优秀商标展示会”，并整理了参展企业的情况及商标图片印制成了会刊分发给与会人员。

2. 协助省局举办了两次商标法律知识高级培训班，参加培训的会员企业近千个。

3. 协同省局出版了《山东省著名商标专辑》，并免费向会员企业发放。

4. 在省委出版的“山东省情（2003年版）手册”上，编入了省著名商标企业名单，在社会上引起了很好的反响。

5. 编辑出版了四期《山东商标纵横》印发给会员，并免费向会员发放《中华商标》杂志12期。省商标协会驻各市的会员联络站也利用自身优势，发挥了应有的作用。

（山东省工商行政管理局商标处）

版权工作

近几年来，在国家版权局的指导下，山东省版权管理工作在认真履行依法行政职能、加强社会监管的同时，注意加强全省版权保护机制的建立，特别是近两年来以工艺美术作品登记为切入点，帮助企业建立版权保护机制，收到了一定的效果。

一、开展工艺美术版权保护的缘起

在版权管理工作中，山东省版权局认识到，在社会版权观念还不强的条件下，做好版权管理工作，很重要的一条就是要加强著作权知识的宣传教育，增强全社会的著作权意识，建立维护著作权合法权益的机制。山东省版权局之所以选择开展工艺美术行业版权保护为切入点，帮助企业建立版权保护机制，是该行业版权保护的需要。

首先一起投诉案件给山东省版权局的启示。2001年2月，美国一家公司分别投诉山东省青岛和威海市的三家地毯生产企业的地毯图案侵犯了他们的版权。山东省版权局立即责成青岛市和威海市版权局进行调查。通过调查了解到，被诉三家企业经营规模和经济效益在全国同行业中属于龙头企业，近几年来独立设计创作的地毯图案有几千幅。但是，由于企业负责人和设计人员对地毯图案的版权保护一无所知，在贸易合同中从没有涉及版权的有关内容，更谈不上在企业内建立健全的版权保护机制。被投诉的地毯图案，基本上是自己的创作。针对上述情况，青岛市和威海市版权局一方面督促企业作好应诉准备，一方面认真向企业负责人宣传版权知识，鼓励他们通过作品登记，切实保护自己的智力成果，使企业负责人的观念发生了深刻变化，增强了版权保护意识，认识到作品版权登记在企业知识产权保护中的重要作用。现在，他们把近几年研究设计的近万幅地毯产品图案进行了整理，对其中目前流行及将来有发展前景的1 000多种地毯图案进行了版权登记。这件事情给山东省版权局很大启示，在新的形势下，要把版权管理和版权保护的重点放到围绕经济建设大局、促进产业发展上来。必须根据企业发展的需要，有针对性帮助他们建立版权保护机制，开拓著作权保护的新领域。

再是山东工艺美术行业发展的需要。山东的工艺美术历史悠久，品种繁多，技艺精湛，风格独特。山东现有工艺美术企业1 500多家，主要包括抽纱、刺绣、金属工艺(铸铜、锡雕)、羊毛地毯、草柳制品、陶瓷、琉璃制品、红木嵌银、锡镶茶具、鲁砚、民间玩具等。山东工艺美术行业虽然发展迅速，规模名列全国前茅，但在全国乃至世界知名的品牌产品却很少，究其原因，主要有以下几点：一是版权意识淡薄，缺乏起码的著作权意识，二是版权权属不清。许多企业和著作权人对职务创作和委托创作等不清楚，不能理清创作的作品的权属关系，容易造成版权纠纷。而且权利人主张权利缺乏证据。三是盗版和仿制现象较为普遍，盗版者的法律责任得不到追究。在工艺美术行业，只要有好的作品出现，就会出现各种仿制品。一些开发能力较强的企业，耗费多年的心血和较大成本开发设计成功某种新产品后，却因被侵权盗版而收不到应得的效益。四是工艺美术企业普遍没有建立起有效的版权保护机制，因而加强这个行业的版权保护工作是非常重要的任务。

针对这种情况，省局党组确定，2003年以工艺美术行业版权保护为切入点，建立健全工艺美术企业的版权保护机制，加强版权保护服务工作。

二、开展版权保护的几点做法

在工艺美术行业开展版权保护，山东省版权局主要做了以下工作。

1. 认真做好工艺美术行业版权保护现状调研工作。2003年，山东省版权局把调研工作与版权保护实际结合起来,先后到潍坊、淄博、滨州等市和省工艺美术研究所、工艺美术协会、省高级人民法院等单位进行了调研。并在此基础上完成了题为《关于在全省工艺美术行业开展版权保护工作的情况调研》的调研报告。山东省版权局2003年多次与省工艺美术协会沟通,发挥行业协会作用,促进工艺美术行业的作品登记工作,在全省工艺美术行业部署开展版权保护,指导该协会进行工艺美术作品自愿登记工作。

2. 大力宣传普及版权保护知识。山东省版权局利用各种形式,宣传版权保护知识,提高工艺美术企业的版权保护意识。2003年4月省局指导潍坊市版权局选择当地有名的杨家埠木版年画和高密扑灰年画、剪纸、泥塑“民艺三绝”作为工作的突破口,组织召开了民间老艺人木版年画版权保护座谈会,使民间艺人进一步增强了版权保护意识,提高了作品登记的自觉性。8月份,省局又协助泰安市局组织召开了泰山旅游实用工艺美术产品版权保护座谈会。泰山作为世界自然文化遗产,是著名的旅游胜地。每年来泰山旅游的外地游客约六百多万人,以泰山文化为主题的各类旅游工艺美术商品约有五百余种,具有极大的市场潜力和开发潜力。通过宣传教育,使旅游工艺美术家认识到,加强旅游工艺美术作品的著作权保护,不仅关系到保护广大著作权人合法权益和创新的积极性,还关系到旅游商品市场的健康发展。同时大家表示,要通过作品登记来加强对作品的著作权保护。山东省版权局还先后到淄博部分陶瓷企业和滨州部分地毯企业宣传介绍版权保护知识,收到了很好的效果。

3. 积极指导市级版权局开展工作。山东省版权局注意对有关市版权局开展工作进行指导,为基层管理服好务,从版权理论、政策法规到管理权限、办事程序等方面,给予指导和帮助。在省版权局的指导下,潍坊市局树立管理就是服务的意识,整理了有关著作权知识的材料,免费印发到群众手中,为他们办理作品登记提供了明白手册。并深入基层,现场办公,具体指导著作权人严格按照规定填写有关材料、表格。山东省版权局还与潍坊市局一起到所属的高密市具体检查指导作品登记工作。

4. 完善制度,提高作品登记质量。2003年11月,山东省版权局针对作品登记中出现的新问题,为了避免出现作品权属方面纠纷,从根本上堵住可能引发行政争议的漏洞,使版权管理工作做到制度化、规范化,山东省版权局参照计算机软件登记办法的一些规定,对作品自愿登记的内容和程序作了进一步规定,制定了《进一步完善作品自愿登记工作的暂行意见》,增加了职务作品、委托作品和非职务作品创作保证书等申请文件,进一步规范了申请人身份证明、申请作品登记需提交作品权属证明文件等。

三、以点带面,推动版权保护工作

通过开展工艺美术作品版权保护工作,促进了全省版权保护工作。

1. 维护了著作权人的合法权益。通过开展作品登记工作,提高了著作权人的自我保护意识,建立起版权保护机制。尤其是海马集团公司、威海山花地毯集团有限公司、捷成地毯(青岛)有限公司和青岛志达工艺品有限公司普遍建立了企业的版权保护机制,2003年登记作品1 278件,占全省登记总数的90%。青岛志达工艺品有限公司在进行作品登记后,发现国内有一家抽纱企业将他们登记的床罩画稿用于设计制作,及时发去了律师函,对方停止了该图案的设计制作。泰安市的一位工艺美术设计师设计的“泰山吉祥物”图案进行作品登记后,发现被其他人用来制成旅游纪念品在泰山旅游景点和旅馆销售,起诉到法院后,法院采信了作品登记证书,一审判定旅游纪念品制作人侵权,有力地维护了设计人的权益。海尔集团是山东省大企业中专设知识产权部的一家企业,在企业内部建立了较完善的知识产权保护制度,他们总是将自己主打广告语在第一时间进行登记,加强保护力度。他们将“手机来电防火墙”广告语进行作品登记后,发现国内有三家知名度较高的手机生产厂家,模仿使用这条广告语来宣传自己的产品,海尔集团于是向他们发出了停止使用的律师函,有效地制止了侵权行为。

2. 以点带面,全面开展作品登记工作。在开展工艺美术作品登记工作中,山东省版权局坚持树立服务意识,转变工作作风,变被动等靠为主动作为,及时总结推广开展作品登记的做法和经验,利用局里编发的《快讯》等形式,将各市的做法予以通报,起到了以点带面的推广带动作用,使作品登记由工艺美术和文字作品逐渐波及其他领域,在省内各市普遍展开。作品自愿登记工作有了显著变化。一是作品登记种类增多了,作品登记面广了。不仅有文字、一般工艺美术作品,而且还有旅游工艺美术作品和摄影作品等。二是作品登记地域更加广泛,许多原来没有开展作品登记工作的市都开展作品登记工作,像滨州、临沂、菏泽、淄博等。三是作品登记的数量呈上升趋势,1995年至2001年共登记396件,2002年就达到了1 419件。2003年登记538件,虽然数量比上年减少,但2002年主要集中在一少部分企业,而2003年的进行作品登记的企业明显增多。

山东省版权保护工作虽然在作品登记方面取得了一定的成果,但是,与国家版权局的要求相比,与兄弟省市相比,山东省版权保护工作还有许多差距和不足。山东省版权局要借这次会议的机会,向兄弟省市学习,继续努力做好山东省版权保护和版权管理工作。

(山东省版权局)

河南省

专利工作

一、知识产权工作概况

2003年,河南省知识产权事业蓬勃发展,知识产权工作取得了显著成绩:全省社会各界的知识产权意识普遍提高,专利申请量快速增长,"河南省专利战略推进工程"已经启动,国家知识产权局郑州专利代办处正式运营,知识产权保护环境进一步改善,知识产权与全省经济、科技工作结合更加紧密。

1. 专利申请量、授权量快速增长。截止2003年12月31日,河南省累计专利申请量45 213件,当年专利申请首次突破5 000件,达到5 261件,较2002年同期增长18.5%(全国22.32%)。累计专利授权量25 328件,当年专利授权量2 961件,较2002年同期增长14.3%(全国33.46%)。专利申请结构有所改善,职务专利申请明显提高。2003年全省职务专利申请1 414件,较2002年同期增长70.8%(全国26.26%),创河南省职务专利年申请量历史最高。

2. 审核发放专利申请资助资金。2003年河南省5261项专利申请中,有815项专利申请受到资助,占申请量的6.5%。其中发明202项,实用新型420项,外观设计193项。新乡市每年设立30万专利申请资助资金,2003年,专利申请增长率全省最高为64.86%,年专利申请量577件,跃居全省专利申请量第2位,仅次于郑州市。专利申请资助资金的发放,有力地促进了河南省专利申请量的提高和申请结构的改善。

3. 协调建立了河南省政府知识产权联席办公会议制度。河南省知识产权局积极展开建立联席办公会议制度的各项工作。经查阅大量的相关资料,组织起草了《河南省政府知识产权联席办公会议工作制度》及《河南省政府知识产权联席办公会议成员单位工作职责》,并在省政府知识产权联席办公会议第一次会议上获得一致通过。河南省政府知识产权联席办公会议成员单位组长由贾连朝副省长担任,成员由23个政府部门组成。省政府知识产权联席办公会议制度的建立对河南省知识产权经济的发展将起到推动作用。

4. "河南省专利战略推进工程"顺利启动,开局良好。河南省知识产权局先后与河南省科技厅、省经贸委、省财政厅、省外经贸厅等多个相关部门取得联系,探讨实施推进工程的意义和拟采取的措施,逐步达成共识,联合制定了《河南省专利战略推进工程实施方案》,共同组织实施"河南省专利战略推进工程",形成协作联动的工作格局,并争取得到其他部门的大力支持,五部门又联合向省政府汇报实施推进工程的意义,得到河南省政府领导的高度重视和支持。8月,河南省政府办公厅召开了"河南省专利战略推进工程工作会议",为推进工程的顺利实施奠定了坚实的政策基础。

5. 设立非职务发明专利资助基金。2月,河南省科技投资总公司与河南省技术产权交易所双方代表签约设立河南省1 000万元非职务发明专利资助基金。基金资助对象为河南省内非职务发明人。以社会资金设立非职务发明大额资助基金,在全国尚属首例。这种市场化、企业化的运作模式将充分调动各方面的积极性,对河南省知识产权事业起到积极的促进作用。

6. 国家知识产权局郑州专利代办处正式运营。郑州专利代办处同时是河南省知识产权局的行政服务窗口。主要受理专利代理机构设立申请,并对其进行核准;受理专利广告出证申请,并对其进行审核;受理专利资产专职评估机构的设立申请,并对其进行核准。

7. 中国河南专利孵化转移中心在郑州高新技术产业开发区挂牌成立并投入运营。该中心由国家知识产权局批准建设,并被指定为国家专利产业化(河南)试点基地。

8. 采取得力措施抗击非典。2003年5月,面对突如其来的"非典"疫情,河南省知识产权局组织力量,检索专利文献,支持抗"非典"科研攻关,先后共检索出与非典防治检测技术有关的专利申请26项,近800页。省知识产权局迅速将检索资料上报河南省"非典"防治科技攻关工作组,并免费印发各单位;同时开辟抗非典绿色通道,及时办理专利申请;注意跟踪国内省内有关防治"非典"的最新研究、开发动态,为发明人提供细致周到的服务。

9. 参加国家知识产权局举办的第一期地方知识产权局办公自动化系统应用培训班,成为国家知识产权局地方网点建设规划首批实施单位。为使办公自动化系统能够顺利运行,专门配备了专职文秘人员和网络系统管理人员，提供了具备办公自动化的硬件平台、网络环境和服务器等设备，并按要求完成了办公自动化系统的安装调试。

10. 参加全国知识产权发展战略论坛。郭民生局长应邀到会做了《实施知识产权战略是全面建设小康社会的战略抉择》的精彩演讲，赢得了与会者的共鸣与称赞。

11. 参加全国专利信息地方网点建设工作会议。张青华副局长代表河南省在大会作了经验发言，介绍了网点建设方面取得的成绩和今后的打算。来自全国各省市自治区专利管理机关的70名代表参加了会议。

二、知识产权宣传

2003年河南省知识产权局领导极为重视知识产权宣传工作，把4月份定为全省“知识产权宣传执法活动月”，以“知识产权与我们息息相关”为主题，开展了广泛深入的知识产权宣传活动。

1. 重新改版河南专利动态，最新推出河南知识产权工作专报。新版河南知识产权以“传播政策信息、交流创新经验、探讨发展思路、提供决策参考”为宗旨，每月发行。

2. 突出抓好企业宣传工作。4月初，为了引起企业领导层对知识产权工作的重视，邀请国家知识产权局领导来河南，深入到新飞集团等3家企业进行调研和指导工作，推动企业做好知识产权工作。中旬，省知识产权局与省财政厅、河南日报社联合举办了“专利制度与非公有制经济发展座谈会”，邀请河南三全食品有限公司等6家民营企业家，就有关专利议题进行了深入探讨和交流，为企业利用专利制度保护自身，在市场经济中站稳脚跟并发展壮大提供了支持。通过宣传培训，大大调动了企业开展专利工作的积极性，改变了企业专利申请量多年来偏低和徘徊不前的局面。2003年全省企业专利申请量为1 235件，较上年同期增长73.9%，高出全国22%的平均增长水平，位居全国企业专利申请增长第二。

3. 有针对性地搞好大学生的知识产权宣传工作。为在大学生中普及知识产权基本知识，提高大学生的科技创新能力，省知识产权局与团省委、河南电视台共同举办了河南省“大学生创新创业与知识产权保护”电视论辩对抗赛。

4. 充分发挥新闻媒体在知识产权宣传工作中的重要作用。在宣传执法活动月中，由于工作到位，中央和河南省各大媒体都给予了积极配合。据不完全统计，仅4月份刊登反映河南省知识产权方面稿件的中央、省和市级新闻单位有50多家，刊播稿件达120多篇。

5. 河南知识产权网开通运行。这是河南省知识产权局与河南报业网联合创办的一个以知识产权新闻信息为主要内容的专业新闻网站，也是国内第一家由知识产权管理机构与新闻网站合作创建的网络媒体。

三、知识产权保护

1. 2003年，河南省共受理专利侵权案件101起，其中涉外案件2起；审结81起，结案率80%，查处冒充专利18件，结案18件，结案率100%。

2. 4月份，河南省知识产权局在全省开展了“知识产权宣传执法月”活动，对知识产权宣传执法工作进行了周密部署。据统计，此次活动共清查标注专利的商品2 605项，其中有效专利2 470项，占94.82%；假冒、冒充专利73项，占2.84%；法律状态不明62项，占2.34%。

3. 河南省知识产权局组织开展联合执法活动，取得显著成效。郑州、洛阳、南阳、焦作、商丘、驻马店、许昌、鹤壁、安阳等市与公安部门主动配合、积极协作，建立起跨部门的联合执法协作机制。针对严重侵权和假冒专利行为开展专项活动，累计开展联合执法近30余次，出警100多人次，查处假冒及侵权案件40余起，打掉侵犯知识产权犯罪团伙2个，充分显示了刑法保护的强大威力，对不法分子起到了震慑作用。

4. 积极开展整规工作，净化专利商品市场。河南省知识产权局制定了《河南省整顿和规范知识产权(专利)领域市场经济秩序工作计划》，成立整规工作小组，并加入河南省整顿和规范市场经济秩序领导小组，加强对全省专利、知识产权领域整规工作的组织领导和统筹协调。在全省范围内开展专项执法活动，对省内160多家商场、超市、药店进行了排查，为各市检索登记标注专利商品法律状态500多件，清查标注专利商品4 910种，查处假冒冒充专利商品120多种，其中假冒冒充药品20余种，均及时下达撤柜通知，累计收缴和撤柜商品金额达到220万元。

5. 河南首部地方性专利保护管理条例《洛阳市专利保护管理条例》经河南省第十届人民代表大会常务委员会第六次会议审议批准，并已由洛阳市人民代表大会常务委员会公布，自2004年1月1日起施行。

四、知识产权培训

2003年，河南省共举办各级各类培训班、讲座、报告会等近40起，全社会的知识产权保护意识明显提高，编写了5万多字的《专利基础知识培训教材》印刷成册；成立了河南省知识产权培训讲师团。讲师团成员由知识产权方面的专家、学者及省局有关人员20人组成；举办了河南省首期商业企业专利商品管理人员培训班及全省企业专利工作培训班。

五、企业专利工作

1. 河南省知识产权局对2002年度全省公开、公告获权的3 025件专利(申请)项目的实施情况进行了抽样调查。据不完全统计,全省专利实施率为28.3%,其中职务发明创造实施率35.9%,非职务发明创造实施率为25.7%,发明专利(申请)实施率为17.6%,实用新型专利(申请)实施率为28.8%,外观设计专利(申请)实施率为36.8%。已实施项目年创产值35.69亿元,累计创产值77.8亿元,年创利税4.55亿元,累计创利税7.97亿元,累计创汇1 093.5万美元。

2. 出台《河南省专利实施许可合同备案管理办法》,规范专利实施许可交易行为,加强专利实施和许可交易行为中的专利保护,促进专利实施。该《办法》自2003年3月1日起施行。

3. 组织实施大中型企业专利工作示范工程,确定了19家企业首批进入示范工程。河南省知识产权局先后组织示范企业创建并完善了专利管理制度和机构,创建了专业专利数据库,开展了企业内部专利培训,并选择其中的10家企业开展了企业专利战略研究试点工作,使之成为企业专利申请主力军。

4. 组织开展外贸企业、高新技术产品出口企业专利试点工作。河南省知识产权局与省外经贸厅联合出台了《关于在河南省外贸工作中加强知识产权保护的意见》。

5. 河南省知识产权局组团参加在陕西召开的第十届中国杨凌农业高科技成果博览会。参展的主要21个项目,由于项目新颖、实用性强、展板醒目,引来众多洽谈者,达成协议38份,签订合作建厂生产土壤水分自动调节剂协议1项,转让绿色杀鼠剂技术合同1项。

六、专利代理

2003年,郑州专利代办处顺利运营,共受理专利申请2 714件。成立了由省知识产权局和专利代理人代表共5名委员组成的河南省专利代理惩戒委员会。河南省共有10家代理机构、47名专利代理人参加年检,9家专利代理机构通过年检,1家代理机构撤销,47名代理人全部通过年检。

2003年河南省各市专利申请状况表(件)

市	当年累计	发明	实用新型	外观设计	个人申请	职务申请	职务申请中			
							大专院校	科研单位	工矿企业	机关团体
郑州	1 550	307	909	334	1 123	427	53	36	327	11
新乡	577	80	369	128	262	315	0	13	298	4
洛阳	540	118	349	73	328	212	12	15	184	1
南阳	357	62	240	55	316	41	1	4	36	0
濮阳	254	56	189	9	192	62	0	8	54	0
安阳	245	45	161	39	189	56	0	2	54	0
许昌	220	38	130	52	198	22	0	0	22	0
焦作	210	47	132	31	153	57	0	2	53	2
周口	209	30	78	101	128	81	0	0	81	0
驻马店	168	33	104	31	144	24	0	1	23	0
开封	165	39	108	18	138	27	16	0	11	0
信阳	156	33	108	15	142	14	0	0	13	1
商丘	148	33	83	32	123	25	0	5	20	0
漯河	121	23	60	38	78	43	0	0	43	0
平顶山	119	26	66	27	113	6	0	0	6	0
鹤壁	80	20	56	4	76	4	0	0	4	0
三门峡	79	8	44	27	75	4	0	0	4	0
济源	63	15	31	17	50	13	0	0	13	0

七、表彰奖励

2003年河南省知识产权局工作成绩突出,受到各界诸多表彰奖励。由郭民生局长主持完成的《河南省专利工作现状分析与战略对策研究》荣获第十一届(2003年)河南省实用社会科学一等奖;河南省"植物蛋白合成丝及其制造方法"、"强化烧结法生产氧化铝"两项发明专利荣获第八届中国专利金奖;河南省知识产权局协调管理处、洛阳市知识产权局法律事务处、郑州中原专利事务所被授予"全国专利系统先进集体"荣誉称号;河南省知识产权局副局长徐皂兰被授予“全国专利系统先进工作者”荣誉称号；河南省知识产权局被国家知识产权局授予全国先进知识产权局；河南省黄河实业集团股份有限公司、中国空空导弹研究院被授予“第一批全国企事业专利试点工作先进单位”荣誉称号，王裕昌（黄河实业集团股份有限公司）、邝爱宁（中国空空导弹研究院）、张瑜（中国铝业股份有限公司河南分公司）被授予“第一批全国企事业专利试点工作先进个人”荣誉称号。

（河南省知识产权局）

商标工作

2003年，河南省商标监管工作在省局党组领导和国家工商总局正确指导下，以党的十六大和十六届三中全会精神为指针，进一步解放思想、实事求是、与时俱进，根据年初工作安排，在新《中华人民共和国商标法》（以下简称商标法）及其实施条例的宣传，商标专用权的保护，严厉打击商标侵权假冒违法行为，支持、引导企业实施名牌商标战略，探索新形势下的商标监管模式等方面做了大量工作，取得了明显成效，圆满完成了全年的责任目标和上级部署的各项工作任务。现将一年来的主要工作总结如下：

一、认真组织《商标法》实施20周年纪念活动，深入开展新商标法及其实施条例的宣传工作

一是以商标法实施二十周年为契机，掀起学习宣传商标法及其实施条例的新高潮。河南省各级工商局开展了多层次、大力度、多方位的《商标法》宣传纪念活动。各省辖市工商局根据省局部署，结合本地实际，组织了不同形式的纪念活动。不少单位举办了商标法实施20周年成果展览会等形式，将活动开展的有声有色、生动活泼，深受广大群众的欢迎。二是利用新闻媒介广泛开展商标法的宣传活动。三是组织人员，在户外开展商标法宣传活动。四是结合3.15消费者权益日活动大张旗鼓开展了商标法的宣传。五是召开座谈会开展商标法宣传。

二、以保护商标专用权为核心，严厉打击商标侵权、假冒违法行为

一年来，河南省各级工商局紧紧围绕整顿和规范市场经济秩序这一中心，把打击商标假冒侵权、保护注册商标专用权、维护企业和消费者合法权益作为核心，充分发挥商标监管职能，加大查处力度，坚持突出重点，将工作重心放在查处商标侵权假冒大案和保护驰名、著名商标及涉外商标上。一年来，全省各级工商机关共查处商标违法案件875起，其中商标侵权假冒案件950起，商标一般违法案件500起，罚款417.23万元，收缴和销毁各种假冒侵权商标标识99.7万件（套）。同时，收缴了一大批假冒、侵权商标物品和制假工具。

重点开展对驰（著）名商标和重点商标的保护工作。全省各级工商行政管理机关在日常商标监管工作中，始终把保护驰（著）名商标、涉外商标作为商标行政执法工作的重点常抓不懈。

三、大力实施商标名牌战略，提高企业商标保护意识，促进全省经济快速发展

2003年以来，河南省各级工商局以扶持企业正确实施商标名牌战略为己任，正确处理管理与服务的关系，积极向服务型工商转变。在日常商标监管中，加强与企业经常性的联系，帮助企业建立和完善商标管理制度，及时发现和解决企业在创名牌和商标使用中遇到的困难和问题，收到良好的效果。

一是引导农副产品实施名牌商标战略。河南省是一个农业大省，农副产品资源丰富，长期以来，绝大部分产品无品牌、缺乏知名度而打不开市场，使其极具市场潜力的农副产品只能在自家的门前打转。2003年以来，省局积极帮助地方政府实施名牌商标战略，原阳大米、信阳毛尖、固始鸡先后取得证明商标注册，推动了地方经济的发展。

二是积极引导企业争创驰名商标和著名商标。洛阳市局制定了《关于大力推进商标战略，积极培育和发展我市驰名商标和著名商标的意见》。采取“送法上门”的办法，主动走访大阳摩托、洛轴和洛玻等争创驰名商标企业，针对它们在争创驰名商标中存在的误区，向企业领导和商标负责人员讲解《商标法》和驰名商标认定办法，正确指导企业争创活动，并对争创省著名商标的洛阳市轻捷石油化工厂、龙立和永威办公家具公司进行了重点培育。

三是积极培育名牌商标，为地方经济服务。2003年以来，信阳、济源等市工商局在培育名牌商标方面做了许多工作，取得了显著成绩。围绕资源优势，指导上天梯注册集体商标、鸡公山注册旅游商标显见成效，有力的促进了地方经济的发展。

四是加强对企业商标工作的指导。河南省各地工商部门充分发挥职能作用，针对部分企业商标意识薄弱，主动深入企业宣传商标法，宣传商标的地位和作用，督促企业及时注册商标，提高商标保护意识。省局阮仲亨副局长，多次带领商标处的同志深入企业厂矿，宣传商标法律，具体指导企业实施商标战略，争创驰（著）名商标，受到了企业高度赞扬。

四、积极探索新形势下商标执法监管的新机制

为适应"服务型工商"建设的需要，加强商标执法监管，进一步规范商标执法行为，充分发挥各级工商局在商标管理尤其是商标办案中的主力军作用，本局对商标监管的方式和方法进行了科学探索。

一是制定并下发了《工商所商标监管工作规范》，按照属地管理的原则及工商所的职责权限，赋予工商所八项监管职责，并对商标使用管理、商标印制管理、侵权假冒行为查处、企业商标管理指导等四个方面规定了具体的可操作性条款，为进一步增强监管力度，提高执法水平，拓宽监管领域，提高工作效率，推进商标监管机制创新打下了坚实的基础。

二是建立了河南省一级指导、三级办案的商标执法体系。在省局的统一指挥下，全省建立了省局指导，市、县(区)、工商所(中心所)三级商标执法办案的体系，全省18个省辖市都设置有商标执法机构，人员基本到位。

三是进行了工商所商标执法试点。河南省洛阳市局在创新和完善工商所执法模式方面作出了表率，有针对性的向基层工商所下放了部分商标监管任务，并对下放任务做好指导工作，取得了很好的成效。

2003年，河南省的商标监管工作虽然取得了一定成绩，但是工作上还存在一定不足，一是由于机构改革，人员轮岗，新人到新岗位后工作不熟悉，监管职能存在不到位情况，查办案件有所下降；二是商标案件专业性强，定性难，部分管理人员存在畏难情绪，怕办案件；三是省局对下级办案指导方面力度不够，商标监管的培训虽有计划，但未能落实。这些问题有待于明年认真加以解决。

(河南省工商行政管理局)

版权工作

2003年，河南省版权局根据年初确定的工作任务，认真贯彻十六大精神，坚持用"三个代表"重要思想统领版权工作，围绕贯彻落实全国版权局长会议精神，突出"三个重点"，即以强化版权管理、加大打击盗版力度、版权贸易为重点，把主要精力放在强化社会监管上，主要完成了以下任务。

一、面向社会，广泛开展著作权法宣传普法活动

1. 在"两会"期间广泛开展了打击盗版治理行动和宣传工作，努力营造良好的社会环境。从2003年3月到5月上旬，河南省各地采取多种形式，开展了打击盗版专项治理行动和宣传活动。活动期间，共制作宣传版面280块，悬挂标语980余条，散发宣传资料十七万余份，设立法律咨询台20个；出动检查车辆263次、检查人员4 207人次，检查出版物经营单位2 901家(次)，查获盗版图书86 505册、盗版音像制品27 467张、盗版光碟9 921套，行政处罚44起，取缔关闭非法经营单位21家。提高了全社会的创新意识和版权保护意识，有力的打击了侵权盗版活动。

2. 认真做好庆祝著作权法实施十二周年宣传工作。各地版权管理部门和出版单位的领导干部带头学法、懂法、用法；抓版权队伍的自身学习，练好内功，集中时间，集中人员，以办培训班、研讨班等形式，逐章逐节地学习了《中华人民共和国著作权法》及其实施条例，提高了整体队伍素质和执法水平。

3. 应省辖市局和报刊培训班等单位的邀请，派员为河南省新闻性报刊采编人员讲授了版权法律知识课18次，接受培训人员3 600多人，收到了较好地普法效果。

4. 受理有关单位和个人版权法律咨询500余人次。

二、做好经常性管理工作，强化新闻出版版权管理

1. 完成作品自愿登记83项。其中，文字作品23件，美术作品12件，音乐作品2件，图形作品37件，影视作品2件，软件登记7件。

2. 完成了报刊年检任务，认真做好报刊著作权使用报酬收转工作。一是下发了《河南省著作权使用报酬收转工作座谈会议纪要》。二是依据《中华人民共和国著作权法》和国家局的规定，结合实际，制定下发了《河南省报纸、期刊执行情况年检审核标准》(试行)，规范了报刊年检行为。三是下发了《关于做好2002年报刊年度核验工作的通知》，对年检的范围、内容和要求都作了明确规定。

3. 多年来，经过对音像出版社合同管理进行的调研，并广泛征求了各音像出版社意见的基础上，借鉴图书出版合同的某些通用的条款初步拟订了《电子音像出办合同基本条款》，印发各电子音像社，对出版合同中关于当事人、作者，许可使用作品的内容、范围、方式、期限，付酬标准和办法，违约责任，保护作品完整性，版权标志，合同生效方式等20个方面作了规定。

(1)领导重视，工作到位。各社都分工一名社领导分管版权工作，并确定总编室一名同志负责合同和书号、版号的管理，责任到人。尤其是科技社专门设立了版权科，专司版权管理和版权贸易工作。

(2)合同规范，内容完善。经对已签订的部分合同的检查，各项条文规范，内容符合局下发的《标准样式》和《基本条款》，项目齐全。

(3)制度健全，管理程序化。所有出版社围绕出版流程，从策划、初审到最终法人签订三级责任制，都健全了一套完善的规章制度，做到不见法人签订的合同不发稿、一书一合同一档。

(4)认真推进目标责任制，加强对出版社的管理。平时，及时了解收集各社执行情况；年终将按照签订的责任目标，逐一监督检查和审核，以加强管理，推动版权贸易的开展。

三、深入调研，认真贯彻全国版权局长会议精神

1.完成了国家局的调研任务。河南省版权局按照要求召开了部分出版单位和省辖市局座谈会，进行深入调查研究，并向国家调研组作了汇报座谈和研讨。全面详实地汇报了近几年河南省版权工作所做的工作、成绩、存在的问题，并就《中华人民共和国著作权法》修订后，面临入世、世界经济一体化、高新技术迅猛发展的挑战与机遇，在新形势下版权工作带来的新情况、新问题，从如何强化社会监管、执法主体、执法队伍、执法手段、保护领域、职能交叉、中央局与地方局的关系等10个方面进行了探讨。

2.认真抓了全国版权局长会议精神的贯彻落实。河南省版权局主管版权工作的邓本章副局长对传达贯彻会议精神高度重视，立即召集专门会议，系统学习了国家版权局领导同志的报告和总结讲话，进行了充分讨论，加深了对会议精神的理解和领会，并研究了具体贯彻落实意见。

四、强化社会监管，规范版权市场

2003年围绕强化社会监管为重点，主要做了以下五个方面的工作：

1.全面开展“三个重点”的治理。2003年河南省版权局根据国家版权局的部署，把开展“三个重点”的治理作为强化版权行政执法的实际步骤来抓，与省“扫黄办”联合印发了《以“三个重点”为中心，严厉打击侵权盗版活动的专项治理实施方案》，对治理的指导思想、治理、范围(区域、环节、内容)、实施步骤(分为调查摸底，制定方案；全面清扫，深挖窝点；检查验收，总结提高三个阶段)等作了明确要求。在河南省确定的49个重点区域、重点部位，于6、7、8月全面开展了专项治理整顿。截止8月底，河南省共出动检查人员5 943人(次)、车辆1 193台次，检查3 641个单位；查缴各类盗版制品36.4万(盒、册、张)；河南省立案78起，行政处罚72起，移交案件5起，调解1起；没收非法所得21.84万元。另外，河南省版权局通过新闻媒体，及时报道“三个重点”治理情况，适时曝光重大典型案件，向社会宣传开展打击盗版的重要性、必要性和盗版的危害性，增强全社会的版权法律意识，收到了良好的社会效果，“三个重点”治理初见成效。

2.集中开展了打击盗版软件专项治理行动。根据国家版权局电报通知中关于治理的指导思想、行动目标、工作重点和工作要求，转发了通知，并提出了具体要求。各省辖市按照动员部署、治理行动、检查评估三个阶段，于9、10月份，集中力量，与公安、工商等部门密切配合，进行了全面清查和集中治理。河南省共出动检查组393个、5 551人次，清理软件市场644个，预装领域92个单位，查处网站10个；取缔、关闭117个；立案84起，结案79起；行政处罚33个单位、106个人，没收非法所得33 250元，罚款110 600元。

3.参与组织了打击“两教”盗版专项治理行动。河南省共出动2万3千多人次，清查软件单位、店档、摊点1万多家，其中取缔、关闭非法单位(店点)638家；处罚违法教学单位625个、非法店档115个、摊点353个；查缴非法图书67万册、音像电子出版物33万张盘，查缴盗版图书40万册；破获案件37起，抓捕犯罪嫌疑人44人，行政处罚案件405起、涉案478人，移交司法机关案件6起、刑事处罚15人。通过专项治理，有力打击了“盗版”蔓延的势头，维护了著作权人的合法利益。

4.积极推进版权市场版权保护试点工作。河南省版权局把版权市场保护试点，打击盗版，推动正版化，规范经营，作为加强版权执法和社会监管的一项重要措施。河南省确定47家作为第一批试点单位，按照准备、实施(宣传发动，搞好培训；建章立制，完善机制；确定领导责任人，强化管理)、检查验收(验收4条标准)三个阶段，圆满完成了试点任务。

5.开展了企事业单位版权保护试点工作。根据全国版权局长会议精神，为贯彻发展是第一要务的思想，促进版权产业的发展，制定下发了《企事业单位版权保护工作试点方案》，确定了总体目标、试点内容、实施方式。各省辖市都制定了相应《试点方案》。河南省12家第一批试点单位，按照启动阶段、实施阶段、验收阶段，完成了试点任务，达到了要求。

五、查处大案要案，在查案实践中探索规范执法程序

1.在抓好经常性版权市场管理，开展若干次专项治理的同时，始终把查处案件、加大打击盗版力度作为重中之重和工作目标。全年河南省版权管理部门共查处盗版案件658起,已结案638起,结案率96.9%。在已结的638起案件中,调解62起,行政处罚572起,移送4起;共收缴盗版制品3 484 769(册、盒、张、件),其中图书1 170 744册、期刊268 917册、软件104 476张、音像制品639 458盒、电子出版物665 955张、其他635 219(册、盒、张、件)。河南省版权局直接受理举报和协查的12起,已全部结案。

2. 研究探讨规范办案程序,强化执法行为。根据多年来实践和新形势下版权管理工作任务,河南省版权局于下半年召开了由各省辖市主管局长、执法人员参加的版权行政执法案件研讨会。会议除汇报检查"三个方案"落实情况外,进一步学习了法律法规,以案说法,以会代训,通过典型真实案例,重点总结了各地版权执法情况、经验;分析版权执法中的问题,研究探讨了规范行政执法程序问题。通过案件研讨,大家深感受益匪浅,增长了才干;在此基础上,集中大家的实践和智慧,草拟上报了《依法规范办案程序,强化版权执法行为》的材料,并在国家局于10月份召开的全国版权行政执法经验交流会上作了发言,汇报了河南省版权执法、查处案件的基本情况,介绍了规范办案程序的9个方面的实施步骤和执法程序中应把握的8个问题,结合案例,作了深入探讨,引起了会议的良好反响。

六、认真研究,积极探索加强著作权集体管理机构建设

1. 开展了集体管理机构的调研任务。按照局里要求,就著作权集体管理的法律规定、成立著作权集体管理的可行性、必要性及其发展前景进行分析,参照已成立的我国第一家集体管理组织——中国音乐著作权协会的做法,提出成立河南省集体管理组织的基本构想,并形成文章,已在新闻出版报上发表。

2. 完成了版权学会年检任务。按照民政厅的要求,接受光大会计师事务所的审计,总结了学会近年来的活动开展情况,进行了自查自纠,年检已通过,没有乱收费、乱开支现象。

3. 积极筹建河南省版权保护中心。

七、搞好对外合作,促进版权贸易的发展

1. 强化公仆意识,为正常因公出国团组搞好服务。本着不宜过多、突出重点的要求,河南省版权局严格执行了《河南省新闻出版系统因公出国〈境〉工作管理暂行规定》。截止11月中旬,共节约出国经费约127万多元。

2. 认真筹备,派员参加并组织各出版社参加"北京国际图书博览会",积极开展版权贸易。与12家图书出版社正式签订版权贸易合同39项,意向性协议379项,共418项。版权贸易成果超过了历届博览会,新闻出版报作了专题报道。

3. 严格把关,认真审核版权贸易合同。版权贸易合同是版权贸易中的重中之重,河南省版权局要求各出版社根据自身实际,制订本社的版权贸易合同,重申了版权贸易合同审核登记有关规定。目前,合同审核登记率达100%,没有发生因合同签订不当引起的纠纷。

4. 认真贯彻执行省局《关于加强版权贸易的意见》和《版权贸易评奖办法》,推动版权贸易工作。各社把版权贸易作为繁荣发展出版业的重要举措和新的经济增长点,狠抓了版权贸易项目的落实。截止11月中旬,河南省共达成版权贸易141项,引进118项,输出23项。

(河南省版权局)

司法工作

一、2003年河南省受理的知识产权纠纷案件情况

2003年河南省共受理一审知识产权纠纷案件185件。其中,著作权纠纷案件41件,商标权纠纷案件26件,专利权纠纷案件55件,技术合同纠纷案件25件,植物新品种纠纷案件33件,其他知识产权纠纷案件5件。受理二审知识产权纠纷案件55件。通过对案件的审理,依法保护了知识产权人的合法权益,打击了知识产权侵权行为,促进了河南省对外开放和科技成果向现实生产力的转化。

通过对以上案件的分析,体现出以下特点:

一是案件数量稳步上升。1997~2002年全省共受理各类一审知识产权纠纷案件973件,2003年受理各类一审知识产权纠纷案件为185件,成稳步增长的势头。

二是案件类型增多,新类型案件不断出现。前几年河南省受理的知识产权纠纷案件主要限于著作权、商标权、专利权、技术合同纠纷等类型,计算机软件、网络著作权案件很少。从2002年起,植物新品种纠纷案件出现,2003年达到了33件,居全国前例,说明河南省作为一个农业大省,农业的研发进展很快,纠纷也随之增多。同时,涉外侵权案件开始出现,如河南省高院审理了一起美国杜邦公司诉河南省通力达公司专利侵权案。

三是案件的地区分布不均衡。有的地市受理案件多,有的地市收案很少。省会郑州市中院受理案件数量占了总案件数的70%以上。

四是知识产权案件在侵权判断,定额赔偿方

面难度增大，标准急需细化。如省庭审理的辉县装裱技术研究所诉伍建华、李福贞等专利侵权纠纷一案，研究所的技术方案被发明人、设计人之一的伍建华申请了专利，然后研究所通过诉讼成为该专利的权利人。之后，该所又提起诉讼，请求确认伍建华取得专利权到专利权人变更前这一段期间的行为是专利侵权行为，要求赔偿，对这一问题的认识合议庭、庭务会均有分歧，现有法律并无这方面的具体规定，适用法律难。

五是专利纠纷案件调解和撤诉的比例较其他纠纷案件要高。1998 年专利纠纷案件 49 件中调解 4 件，撤诉 9 件，1999 年专利纠纷 44 件中调解 4 件，撤诉 10 件；2000 年专利纠纷案件 38 件中，调解 3 件，撤诉 11 件；2001 年专利纠纷案件 75 件中，调解 8 件、撤诉 15 件；2002 年专利纠纷案件 50 件中调解 3 件、撤诉 6 件。2003 年专利纠纷案件 55 件，调解和撤诉的有 16 件。调解和撤诉比率较高的原因主要是因为专利权人为了制止侵权，获得一定的赔偿，通过法院主持让当事人的进行协商，一旦被告停止侵权并主动进行赔偿，专利权人也就同意调解或主动申请撤诉。

六是专利侵权诉讼的标的额越来越大，案件审理的难度加大，案件的影响越来越大。

二、河南省在知识产权司法保护方面采取的一些措施

1. 建立健全全省知识产权审判队伍，为知识产权司法保护打下坚实地组织基础。省高级法院设立了民三庭，专事知识产权、涉外民商事案件的审判工作。全省各中院分别设立了专门审理知识产权案件的审判庭或合议庭，将一批高学历、高素质和有审判经验的法官调整、充实到知识产权审判队伍中。

2. 完善各项制度，规范了知识产权审判，使知识产权司法保护有了制度保证。根据最高法院的有关规定，省法院先后制定了《关于知识产权案件收案范围及案件管辖若干问题的意见》及《关于知识产权案件管理及收案范围的通知》。明确知识产权案件除专利纠纷案件、植物新品种纠纷案件、集成电路布图设计纠纷案件等必须由最高人民法院确定的中级人民法院管辖外，其他知识产权纠纷案件由各中级人民法院作一审，在全省有重大影响的知识产权案件由省院作一审。

3. 加强业务培训及开展专项调研，积极探索专家证人、专家咨询等制度，规范知识产权裁判文书，提高知识产权司法保护技能和水平。

近几年来，河南省知识产权审判机构在积极审理知识产权案件的同时，不断加强对从事知识产权审判人员的业务培训，分批分期组织人员到最高法院及国外学习，集中对专利侵权、不正当竞争中的商业秘密等类型案件进行了专项调研，以提高知识产权审判的技能和水平。在审理案件中不断完善知识产权诉讼证据制度，尤其是专家证人、专家咨询等制度。由于知识产权案件在查明事实过程中，往往会遇到大量的涉及专业技术的问题和证据，为此我们或根据案件实际情况，采取向专家和专业机构咨询等方式查明专业技术等问题；或者根据当事人的申请对某种技术事实、技术成果进行鉴定，必要时由专家或专业鉴定机构人员出庭作证，其证言及鉴定结论作为审理案件的参考依据。

在文书制作上，积极探索符合知识产权案件特点的裁判文书，取得了一定的成效。省高院要求知识产权裁判文书不仅要具备民事裁判文书的基本要素外，还要让当事人和社会公众从裁判文书中充分了解到法院认定的事实是怎样形成的，有何证据支持。要做到“五个公开”，即公开审判经过，公开诉辩意见，公开举证、质证，公开认证，公开说理。从而保证了知识产权审判案件的质量，使知识产权与其他当事人合法权益得到公平、公正地保护。

4. 加强与知识产权主管部门的联系、沟通，加大对知识产权审判的宣传工作。全省各级法院在认真审理知识产权纠纷案件的同时，重视对知识产权法律知识、法律法规、TRIPS 协议的宣传工作，特别是加强了与省知识产权主管工作部门的沟通与协作。省法院、郑州中院 2003 年专门组织召开了有省知识产权局、省新闻出版局、省工商局、省文化厅等知识产权工作部门及部分高新技术企业参加的知识产权保护工作座谈会，人民法院报、河南电视台、郑州电视台、河南日报、郑州晚报等多家新闻媒体作了广泛宣传报告。促进了河南省知识产权工作的开展，扩大了知识产权司法保护的影响。

（河南省高级人民法院民三庭）

湖 北 省

专利工作

2003年，在湖北省委、省政府、省科技厅的领导和支持下，全省专利战线的同志们以“三个代表”的重要思想为指导，积极实施“知识产权保护行动计划”，坚持以专利宣传为先导，以专利保护为核心，以企业专利工作为重点，努力加强宏观管理，专利申请量持续增长。2003年，全省专利申请量达到6 635件，增长33.77%，《中国知识产权报》湖北通联站蝉联全国“最佳通联站”，武汉通联站也获得这一荣誉；知识产权政务信息工作被评为先进单位，许耀文同志被评为先进个人；武汉专利代办处再次获得国家知识产权局授予的先进代办处流动奖杯；在全国企事业专利试点工作中，武汉钢铁（集团）公司荣获“第一批全国企事业专利试点工作先进单位”称号，段姣姣、马荣、孙振兴、吴齐芳、刘小仆5位同志荣获“先进个人”称号。

一、立体宣传，唱响“知识产权保护行动”的主旋律

强化知识产权的宣传和普及，提高全社会的知识产权保护意识是实施“湖北省知识产权保护行动计划”的首要任务，为此湖北省知识产权局重点抓了构建“一个网络”、打好“两个战役”的工作。

1. 健全体系，完善机制，上下联动形成网络

知识产权宣传要成气候、成声势，必须形成一个纵横交错、运作有序、充满活力的运行网络。2003年，湖北省知识产权局从各市州知识产权局中遴选出一批工作热情高、业务能力强的人员组成了新的全省专利宣传报道组。为了加强知识产权工作在互联网上的宣传，强化其服务功能，2003年5月湖北省知识产权局出台了《湖北省知识产权局网站管理办法》。同时，湖北省知识产权局积极同商标、版权管理部门沟通联系，从而组成了纵横交织的知识产权宣传网。宣传网的工作涵盖了宣传、报道、政务信息等方面，宣传渠道实现了互联网、电视、电台、报纸、杂志、工作简报齐上阵的立体格局。

2. 稳固阵地，卓有成效地打好“持久战”

一年来，湖北省知识产权局依托四个阵地广泛开展了宣传工作：一是站稳《中国知识产权报》这一专业阵地，开展了大张旗鼓的宣传。二是争取省市新闻单位的支持，在已有的各类新闻媒体上，对全省知识产权工作的新动向、新成绩、新经验进行及时的全方位报道。一年来，中央和地方各级报刊杂志刊发湖北省专利工作稿件300余篇，各级电视台、电台播发专利新闻、专题报道50余次；三是利用报送政务信息这一渠道，及时向各级领导反映全省专利工作的新进展、新情况、新问题。全年编发《湖北专利工作》23期，《湖北专利申请简讯》9期；四是应用湖北省知识产权局网站向全社会动态地展示了湖北省的专利工作。

3. 瞄准目标，机动灵活地打好“游击战”

2003年，湖北省知识产权局及部分市州局在大中型企业、大专院校、科研院所举办讲座、报告20余场，听众万余人次；利用重要纪念活动组织街头宣传10余次；接待专利知识咨询1.8万余人次；散发各类宣传资料七万多份。据不完全统计，全省又有40万人次不同程度地接受了专利知识的宣传和教育。通过这些工作的开展提高了全社会的知识产权保护意识，为顺利实施知识产权保护行动计划奠定了思想基础。

二、以人为本，实施专利人才培养推进计划

为进一步加强专利人才培训工作，湖北省知识产权局实施了专利人才培养推进计划。培训工作在全省分三个层面展开，培训内容也分为知识产权意识、专利知识与操作技能以及知识产权战略运用三个层次。在宜昌市举办了“入世与知识产权保护——知识产权战略研讨会”，来自全省各市州的70多名有关人员参加了研讨。为了提高执法人员的业务素质和执法水平，以分析各地案例的方式，举办了全省专利行政执法人员培训班，对近30名有关人员进行了业务培训。为提高因特网专利信息的利用率，组织了因特网专利信息检索培训班，全省各市州专利管理机构的20余人参加了培训。据不完全统计，仅2003年全省就有数万人次接受了省和市州组织的各类培训，为开展专利工作奠定了较好的人才基础。

三、实施专利保护推进计划，为技术创新保驾护航

2003年8月，湖北省知识产权局联合省经贸委出台了《湖北省企业专利工作管理办法（暂行）》。近几年来，随着经济的发展，湖北省专利申请量快速增长，但在一线从事专利服务的人才却明显不足。为引导高素质的人才进入专利代理行业，我们联合省物价局修订了专利代理服务收费

规定，大幅度提高了专利服务收费标准。2003年10月，为充分调动现有专利代理人的积极性，总结和推广优秀专利代理人的先进经验，湖北省知识产权局出台了《优秀专利代理人评选办法》，从2004年起，湖北省将每两年开展一次评选和表彰“湖北省优秀专利代理人”活动。

2003年，湖北省知识产权局在抓好常规工作的同时，探索性地推动了“三个重点转移”：

一是从只重视本局执法规程的完善，转移到加强宏观指导和监督、统一和完善全省专利行政执法的规程和体系建设上来。制定了《湖北省管理专利工作的部门追究专利行政执法人员过错责任暂行规定》、《湖北省专利纠纷处理工作规程》、《湖北省查处假冒他人专利、冒充专利行为工作规程》以及相应表格。省知识产权局与省公安厅经济犯罪侦查总队、省工商行政管理局、省版权局联合召开了打击侵犯知识产权违法犯罪工作联席会议，建立了联席会议制度。

二是从对专利权人请求的案件一律立案处理，转移到只处理重案、涉外案、要案和市州无管辖权的案件，其余案件均按属地管辖的原则立案处理。“3.15”期间，全省专利系统上下联动，重点对商品流通领域、专利技术交易、专利广告宣传等方面进行了抽查。据不完全统计，全省专利系统先后抽查专利商品2 200余种，其中属于涉嫌冒充专利的有62种，经核实，对其中30种进行了行政处罚，有效地维护了市场经济秩序和专利权人及消费者的合法权益。

三是从单纯办案转移到对市州执法人员的培养上来。湖北省知识产权局在宜昌市召开了全省专利行政执法研讨会，来自各市州管理专利工作的部门负责人和专利行政执法人员共30余人参加了会议，并对各市州管理专利工作的部门调处的近20个专利行政执法的典型案例进行了剖析、研讨。

一年来，湖北省专利管理部门共受理专利纠纷案件72起，其中专利侵权纠纷62起，调处结案56起；全省查处假冒专利31起。

四、实施专利战略推进计划，为湖北省科技创新赢得更大的发展空间

为支持并引导湖北省有关行业以及企事业单位充分利用专利信息资源，围绕湖北省国民经济的重点产业和重点领域，积极开展专利战略研究，湖北省知识产权局实施了专利战略推进计划，根据省委、省政府关于大力发展光电子产业、电动汽车产业、生物技术与新医药产业组织开展了相关的专利战略研究。武汉市对激光、环保、医药等产业，十堰市对黄姜产业，宜昌市对三峡旅游产品产业，襄樊市对22个汽车关键零部件产业，鄂州市对“中国药谷”中的生物技术与新医药产业进行了专利战略的研究，为当地政府发展优势产业提供了必要的决策依据。在企事业层面上，武钢、邮科院、东风汽车公司也根据自身企业的发展和技术创新，开展了专利战略研究。对于这些研究工作，湖北省知识产权局尽力给予了部分经费支持。

五、采取激励措施，促进专利申请量快速增长

2003年，湖北省专利申请量达到6 635件，增长率为33.77%，比同期全国平均增长率22.32%高出11.45个百分点，湖北省专利申请量在全国的排名为第11位，比上年提升一位。

2003年，湖北省专利申请量比上年的4 960件增加了1 675件，达到6 635件，增幅为33.77%；在三种专利申请中，发明、实用新型、外观设计分别为1 627件、3 406件、1 602件，比上年同期分别增长38%、17.25%、82.88%，其中，外观设计专利申请量的增幅最大。

湖北省个人、大专院校、科研单位、工矿企业、机关团体专利申请量分别为4 308、779、206、1 302、40件，比上年分别增长31.30%、67.17%、40.14%、25.19%、53.85%；大专院校专利申请量增长较快，个人、科研单位、工矿企业专利申请保持了一定的增长水平。湖北省职务发明专利申请量比上年增长38.60%，占总量的比例提高了1.22%。

2003年，湖北省知识产权局对2002年各市州完成专利申请任务的情况进行了检查，对完成考核指标的市州进行了奖励，同时分解下达了2003年的申请任务，并与市州知识产权局局长签订了目标责任书。非典期间，为加强湖北省防治非典研制成果的专利保护，湖北省知识产权局与科技厅联合印发了《关于积极促进防治非典研究发明创造申请专利保护的通知》，积极支持中科院、武汉病毒研究所、武汉大学、华中科技大学、武汉生物制品研究所、湖北省医药工业研究院和湖北省疾病预防控制中心等重点防治非典科研机构，在防治非典的研究中，做好研究成果申请专利的工作。与此同时，召开了5家重点防治非典科研机构和5家专利中介服务机构座谈会，决定针对这些科研机构提供全方位的专利申请服务：对重点防治非典科研机构免费提供专利文献检索、专利申请咨询和专利代理服务；对提出国内外专利申请的费用给予资助和补贴。

六、狠抓企事业单位专利工作，努力促进制度创新和技术创新

为了总结经验，将企业专利工作向深层次推进，2003年12月，湖北省知识产权局组织召开了全省企业专利工作会议，来自各市州知识产权局和企业的代表共90余人参加了会议。会上,省科协副主席、科技厅厅长郭生练作了重要讲话,3个市知识产权局和4个企业作了经验交流。黄石市、宜昌市、襄樊市、十堰市知识产权局由于工作扎实,获得了“组织实施省企业专利示范工程先进单位”的称号。

配合国家知识产权局开展了五家试点单位的专利战略研究和验收工作,使之形成新的科技优势和知识产权优势,实现跨越式发展。完成了第二批专利实施产业化试点项目的检查验收工作。

七、抓专利服务体系建设,为社会提供高效优质服务

湖北省知识产权局努力搞好专利信息对外服务工作。检索课题达40余项(其中863课题20项),复制专利说明书300余份。

强化专利代理机构的建设和管理。湖北省知识产权局与省物价局联合制定了《专利代理收费管理暂行办法》,调整了收费标准,规范了专利代理收费行为;成立了湖北省专利代理惩戒委员会,根据国家知识产权局的统一要求,对全省现有的14家专利代理机构进行了年检,协助国家知识产权局换发了第一批110个专利代理资格证和60余名专利代理人执业工作证;完成了对全省专利代理机构执业纪律的清理、整顿工作。

八、扩大国内外交流与合作,促进湖北省知识产权事业的发展

2003年,湖北省知识产权局积极开拓出访渠道,先后组织6个团组共计73人次赴美国、欧洲、港澳等国家和地区进行了考察和学习。在组织专利项目参加洽谈会、交易会、科技博览会等方面也取得了积极效果。

一年来,全省专利工作取得的成绩是显著的。但还存在一些不容忽视的问题:一是全社会对知识产权工作重要性、紧迫性和艰巨性的认识还没有真正到位;二是知识产权保护意识不强,创新能力不足;三是知识产权工作体制不顺,体系不太健全;四是企业专利工作仍是制约湖北省专利事业发展的“瓶颈”;五是知识产权工作的软环境不宽松,硬环境不坚实,经费投入仍显不足;六是知识产权中介服务机构整体实力不足,服务功能不完善。对此,湖北省知识产权局应通过坚持不懈的努力,以改革和发展的办法推动全省专利事业的发展。

(湖北省知识产权局 姜有明、许耀文)

商标工作

2003年,湖北省商标广告管理工作在省局领导的重视、支持和国家工商总局商标局、广告司的指导下,认真贯彻落实全省工商行政管理工作会议精神,按照省局目标责任制及年初工作安排,以实施商标战略和打击虚假违法广告为重点,狠抓各项工作的落实,在全省上下的共同努力下,较好地完成了全年工作任务。2003年11月份,共查处商标违法案件827件,罚没款313.69万元;查处广告违法案件2 526件,罚没款551.94万元。

一、商标管理工作

1. 组织开展《中华人民共和国商标法》(以下简称商标法)实施20周年宣传纪念活动,进一步提高全社会的商标意识

2003年是《商标法》实施20周年。为营造良好的商标法制环境,总结宣传20年来湖北省商标事业发展的巨大成就,促进全省商标事业的发展,按照国家工商总局商标局的要求,省局组织各地开展了商标法实施20周年宣传纪念活动。各地成立活动小组,召开专题会议,制定实施方案,采取媒体宣传、印发资料、上街咨询、走访企业、办班培训、召开座谈会、举行知识竞赛等灵活多样的形式进行宣传纪念。截止5月底,全省在宣传纪念活动中,共出动工商干部1 500人次,车辆260多台次,现场咨询1.8万多人次,悬挂宣传条幅1 000多条,发放宣传资料5万多份,培训企业商标管理人员2 300余人次。通过全方位、多角度的广泛宣传,展示了我省商标发展成就,扩大了社会影响,增强了全社会商标法律意识。

2. 大力实施商标战略,积极培育湖北著名品牌

(1)积极引导发展注册商标。2003年,各地按照“增加数量、提高质量”的要求,结合本地实际,积极引导相关方面申请商标注册,促进了全省商标发展。2003年,全省新申请商标注册5 552件,同比增长16.15%。

(2)建立争创驰名商标联系点。为创立中国驰名商标,5月中旬,省工商局按照“择优扶强、突出重点、创扶结合、力求实效”的原则,在帮扶工作中,全省共走访26家联系点企业128次,发放宣传资料4 393份,培训101人,提供咨询337人次,为企业商标管理提示服务119次,帮助企业建立商标档案229件,指导企业申请防御商标72件,协助解决实际问题47件,收集整理商标侵权资料40份,查处侵害争创商标案件1件,罚没金额1.5万元,收缴商标标识3 036件(套)。截止11月底,已按新的驰名商标认定规定程序向国家工商总局商标局推荐了“川”字牌砖茶、“多佳”服饰、“稻花香”白酒等3件商标。

(3)创新性地组织开展首届“湖北省著名商标产品展示展销会”。为进一步提高湖北省著名商标产品的知名度和竞争力,在全省营造“重商标、

创品牌、增效益、兴湖北”的发展氛围。此次展示展销会得到全省著名商标企业的大力支持。参与企业共有160家，其中参展企业133家，展位140个。共展示驰名商标4件，著名商标120件，争创著名商标12件，共展销驰名、著名商标产品500余种，展示展销会取得圆满成功，得到省领导的高度评价。

3. 强化商标监管，打击商标违法行为

一是组织开展印制商标单位专项整治，利用五六两个月时间对全省从事包装装潢印刷品印刷的企业、单位和个人进行一次全面清理整治，共检查印制企业1 722家。其中有违法印刷行为的612户，占检查企业的35.5%，共收缴商标标识69.2万件，责令整改272户，立案查处117件，罚没款41.06万元。

二是对专卖(专营)店进行专项检查。为维护奥林匹克标志权利人的合法权益，规范奥林匹克标志使用行为，全省在八九两个月开展了一次奥林匹克标志保护专项执法行动，共检查企业18 943户、大型商场528家、小商品市场1 168个、商业网点11 635个、其他场所14 419个。其中有侵犯奥林匹克标志专有权的132户，占检查单位的0.3%，共没收侵权物品16 124件，责令整改62户，立案查处25件，罚没款11.3万元。

(湖北省工商行政管理局)

版权工作

2003年，湖北省版权局在国家版权局的正确指导下，坚持以十六大及十六届三中全会精神统领版权工作全局，大力宣传著作权法，严厉打击侵权盗版行为，各项工作取得了新的成绩。

一、认真开展著作权法宣传活动

2003年，湖北省版权局把宣传普及著作权法律知识，努力提高全社会著作权保护意识作为一项重要工作来抓，并积极通过开展著作权法律咨询、向社会发放宣传资料、举办培训班等多种形式将此项工作落到实处。据不完全统计，2003年仅省版权局就接待社会各界著作权法律咨询300余人次；多次为全省版权(新闻出版)行政执法人员及版权产业单位人员举行著作权法知识培训，累计培训人员超过500人次。在打击软件盗版专项治理行动期间，湖北省共张贴国家版权局制作的反盗版公益宣传画1 200余张，免费向社会发放著作权法宣传资料3 000余份。

二、严厉打击侵权盗版行为

2003年初，为贯彻落实国家版权局《关于做好“两会”和世界知识产权领导人会议期间打击盗版专项治理行动和有关宣传工作的通知》精神，省版权局发文要求各地版权行政部门在3~4月间，组织力量开展一次全方位、大规模的专项治理行动，集中清理图书、软件、音像市场，通过专项治理遏制侵权盗版猖獗的势头，为“两会”和世界知识产权领导人会议的召开营造良好的社会环境。据统计，在此次专项治理行动中，全省各地版权(新闻出版)行政机关共清查各类书报刊、音像、电子出版物经营点三千余家(次)，收缴盗版(非法)书刊三十余万册，盗版(非法)音像制品五十余万盘，盗版(非法)电子出版物十万余张。

2003年9~10月，根据国家版权局统一部署，省版权局在全省组织开展了声势浩大的打击软件盗版专项治理行动。在行动中，全省共出动执法人员两千余人次，检查软件电子出版物市场一百余个、摊位一千五百余家，收缴盗版软件及电子出版物三十余万张，行政处罚违规经营单位三十多家，取缔无证经营户六十余家，有力地打击了不法分子的嚣张气焰，维护了湖北省正常的出版物市场秩序。

三、加强对市州工作的指导

2003年5月，咸宁市版权局在依法查处某公司发行盗版音像制品的过程中遇到阻力，该市人大及政府法制办均认为此类案件应由文化行政部门处理，版权局无权查处。在得悉这一情况后，湖北省版权局高度重视，当即以书面形式对咸宁市版权局的请示进行了答复，答复中明确表示：根据《中华人民共和国著作权法》及实施条例等的规定，咸宁市版权局有权对包括音像制品在内的任何侵权盗版行为进行查处。湖北省版权局同时将这一情况向省人大、省政府法制办进行了汇报。在湖北省版权局的大力支持下，咸宁市版权局依法对此案进行了查处。

四、依法维护版权产业单位的合法权益

2003年初，香港国际影业有限公司委托某律师事务所向湖北省版权局投诉，称根据授权，该公司在中国大陆地区拥有“铁甲小宝”版权形象的独家使用权，湖北省数家大型商业零售企业未经授权销售“铁甲小宝”系列玩具的行为，侵犯了其合法权益。申请人请求湖北省版权局立案查处，并向涉嫌侵权单位提出了巨额索赔要求。据了解，申请人在外省也对多家销售“铁甲小宝”玩具的商场提出了巨额索赔要求。湖北省版权局深感这一事态的严重性，及时将有关情况向国家版权局进行了汇报。国家版权局对此也非常重视，并专门给湖北省版权局进行了答复。根据国家版权局的答复精神，湖北省版权局对该投诉

作出了妥善处理，使为数众多的商家避免了巨额经济损失。

《走遍美国》是湖北教育出版社花巨资引进的版权项目，但国内某些未经合法授权出版的《走遍美国》产品也在市场上公开销售，严重损害了湖北教育出版社的合法权益。接到投诉后，湖北省版权局对武汉市场上销售侵权《走遍美国》产品的近10家单位进行了查处，并专门到上海、江苏等地调查取证，请求当地版权行政部门协助处理。同时，湖北省版权局还向各省、市、自治区版权局发出了《关于商请协查侵权〈走遍美国〉光盘的函》，在全国范围内布下了打击侵权《走遍美国》产品的天罗地网。

奥林匹克类图书一直是湖北教育出版社的拳头产品，但2003年，该社出版的《奥林匹克数学训练题集》却分别被湖南汉寿县及南县工商局认为侵犯了《奥林匹克标志保护条例》，南县工商局甚至已对湖北教育出版社作出了罚款4万元的处罚决定。湖北省版权局知道这一情况后，查阅、参考了大量资料，对相关法律法规进行了仔细分析，认为湖北教育出版社的行为不构成侵权，并专文向新闻出版总署进行了报告，请求总署尽快协调国家工商总局、教育部对学科竞赛中的“奥林匹克”与体育竞赛中的“奥林匹克”作出界定。此后，国家工商总局有关部门虽对此有不认为是侵权的口头意见，但湖北省版权局认为口头答复不具有法律效力，不足以撤销违法行政行为及防止此类现象的再次发生。因此，湖北省版权局将有关情况再一次向总署进行了紧急报告，并由版权处负责人亲自将文件送到北京。经过努力，国家工商总局于2003年10月初做出了该图书不侵权的书面答复，南县工商局也于10月底自动撤销了其对湖北教育出版社的处罚决定。

2003年7月，湖北省版权局以国家版权局专职副局长沈仁干一行来湖北省调研为契机，多次主持召开了版权产业发展与版权保护座谈会，广泛听取了出版单位、软件企业管理者、广播电视产业单位负责人及基层版权管理人员的意见和建议，并参观考察了华中软件工业园、湖北广播电视产业基地及鄂州、黄冈等地基层版权管理机构，较全面地了解了湖北省的版权产业发展状况及版权管理情况，为下一步有针对性地开展工作打下了基础。

五、加强省际及部门间的联系与协作

为积极应对加入WTO后对版权工作的挑战，加强省际间的联系与协作，2003年8月31日～9月6日，湖北省版权局承办了第十一次中南地区版权工作经验交流会。国家版权局及河南、湖南、广东、广西、海南、四川、江西、武汉、广州、长沙等地版权局代表参加了会议。会议交流了各地版权机关近年来在加强版权行政管理、严厉打击侵权盗版行为中的经验和做法，并就如何做好新形势下的版权工作提出了一些很好的思路和建议。

为严厉打击知识产权违法犯罪行为，2003年9月27日，省版权局、省工商局、省知识产权局、省公安厅经济犯罪侦查总队联合召开了首次打击知识产权违法犯罪工作联席会议。与会人员认真学习了国务院颁布的《行政执法机关移送涉嫌犯罪案件的规定》，讨论了如何加强部门间的协作、配合和互通信息等问题，并就情况通报、案件移送、线索转递、联合治理、联席会议等有关问题达成了一致意见，同时还联合向市州版权局、公安局、工商局、知识产权局下发了《关于在查处侵犯知识产权违法犯罪案件中加强协作配合的通知》。这一公安司法机关与知识产权行政机关协作配合的工作机制，将有利于调动各方面的力量，形成打击合力，增强威慑力，实现湖北省知识产权保护状况的好转。

六、积极开展版权贸易活动

2003年4月世界知识产权日期间，省版权局举办了全省首次版权贸易成果展，向社会集中展示了改革开放20余年来湖北省版权贸易工作取得的成就，并举行了版权贸易工作先进单位和先进个人评选活动。通过开展这一系列活动，不但在社会上引起了强大反响，同时也引起了各出版单位对版权贸易工作的重视，有力地推动了湖北省版权贸易工作的健康发展。

为促进湖北省和台湾地区出版界的交流与合作，2003年11月，湖北省版权局组织省内23家出版、印刷、发行单位负责人赴台湾举行了“2003年湖北图书展”，与台湾多家出版单位及知名作者洽谈版权贸易活动，达成合作意向20多项，在当地出版界产生了较大影响。

（湖北省版权局）

湖南省

专利工作

2003年,湖南各级知识产权管理部门认真实践“三个代表”的重要思想,进一步强化管理,提高服务质量,各项工作有了新进展。湖南省知识产权局被国家知识产权局评为全国先进局,郴州市局、湘潭市局被国家人事部、国家知识产权局评为全国专利系统先进集体。

一、争取领导重视,知识产权工作环境进一步优化

2003年,湖南省人大常委会领导及教科文卫委员会、省政府常务会议多次听取湖南省知识产权局工作汇报,省人大和省政府领导亲临湖南省知识产权局指导工作。省十届人大常委会第二次会议和主任会议专题听取和审议了《关于全省知识产权工作的报告》,并将审议的意见向湖南省政府进行了交办。省政府8月份召开常务会议,专题研究了知识产权工作,并作出了五项决定,为发展知识产权事业提供了政策保障。

二、加强宣传培训,知识产权工作基础更为扎实

湖南省知识产权局利用“4.26”世界知识产权日和“领袖故里行”大型科技下乡,组织开展了一系列的知识产权主题宣传活动:在《湖南日报》刊发了庆祝“世界知识产权日”领导署名文章;与潇湘晨报联合开办了“专利咨询热线”;与湖南电视台、湖南省科技厅合作创办了湖南省第一档大型科技新闻电视杂志栏目——《科技环线》;各市州也相继开展了丰富多彩的宣传活动。2003年,湖南省知识产权局共编印了8 000份宣传资料,印制了7 000本《专利知识入门》宣传小手册,同时策划了近30次知识产权新闻报道活动,在国家有关刊物上发表稿件51篇,省级媒体上组织百余次工作报道。

采取“走出长沙,省市联合,贴近企业”的办班的新办法,以提高企事业单位和各级政府领导的知识产权保护意识为重点,通过举办知识产权培训班、专题讲座、报告等内容丰富、形式多样的培训活动。2003年,湖南省知识产权局举办了“湘北”、“湘南”两期企事业单位知识产权培训班,学员达145人,给各市州企事业单位从事知识产权保护的工作人员提供了一个良好的学习和交流平台,取得了较好的效果。

三、提高专利申请数量和质量,知识产权工作发展后劲增强

2003年,湖南省专利申请量达6 054件,比2002年同期增长24.7%;专利授权量达3 175件,比2002年同期增长35.2 %。此外,湖南省的发明专利、职务发明和企业专利申请比例都达到了历史最高水平,专利申请结构更趋合理。截止到2004年2月,全省累计专利申请量达到了56 534件,居全国第9位;累计专利授权量达到22 450件,居全国第10位。

四、大力实施专利战略,知识产权与经济同步发展

2003年,湖南省知识产权局紧紧围绕湖南经济工作重点,着手实施企业和行业专利战略研究,深入市州、企业,开展调查研究,取得了初步成效。目前已经完成的课题有:中南大学《我国铝业专利战略研究》、三一重工《混凝土泵、沥青摊铺机等工程机械专利战略研究》、《岳麓山国家大学科技园知识产权战略及对策研究》、《袁隆平等在湘院士科技成果知识产权(专利)保护现状及其对策研究》、《湖南省大中型工业企业知识产权保护现状及对策研究》、《锂电池及其材料专利战略研究》等,这些项目都列入了国家知识产权局战略研究和软科学研究项目。市州也陆续启动专利战略软科学研究项目。2004年,“湖南省十大标志性工程骨干企业知识产权战略工程”也全面启动。

五、加大专利行政执法力度,市场竞争秩序得到有力维护

2003年,湖南省积极开展专利专项执法行动,在全省范围内严厉打击了各种假冒、冒充专利行为,全省专利执法人员数百人次深入企业、大型超市、商店以及交易会、展览会,对5 000多件涉及专利产品进行登记、清查,共提出专利检索600件,立案125件,有力地保护了专利权人的合法权益,规范了市场竞争秩序。同时,还联合公安、版权等部门开展了打击知识产权违法行为的相应执法行动。

六、推进专利试点示范,知识产权工作覆盖面不断扩大

2003年湖南省知识产权局出台了《湖南省县

市专利试点工作办法》,并相继确定了第一批专利工作试点县(市),召开了试点县(市)工作会议。长沙市成为继湘潭市之后湖南省又一国家级专利工作试点城市。长沙市首批8家知识产权试点企业专利工作成效显著;湘潭市出台了《企业专利工作试点方案》,确定了全市15家专利试点企业;郴州市25家企业开展了专利试点工作。涌现出了巴陵石化、三一重工、巨星建材、江南机器等一批专利工作先进企业。

(湖南省知识产权局)

司法工作

2003年,湖南省高级人民法院共受理各类一审知识产权案件161件,审结122件,结案率75.78%。在受理的一审案件中,著作权合同与侵权纠纷案件40件,占24.84%;专利权属、专利权转让及专利侵权纠纷案件74件,占45.96%;商标权属及商标侵权纠纷案件32件,占19.88%;不正当竞争与商业秘密侵权及其他知识产权纠纷案件15件,占9.32%。省法院民三庭全年共受理二审各类知识产权案件49件,审结31件。分析全省法院的受案情况,呈现以下特点:

一、案件绝对数量不大,但上升趋势非常明显

2000年,全省法院共受理各类一审知识产权案件59件,2001年为69件,2002年为96件,2003年再次突破百件大关,达到了161件,与上年同比上升59.6%,比历史最高点1999年的119件还增长了35.29%。虽然,由于知识产权行政部门执法力度加大、权利人诉讼维权意识相对较差等多方面的原因,案件的绝对数量不大,但上升态势明显。

二、案件地区分布不均衡,新类型案件不断出现

由于经济和科技发展的地区不平衡,湖南省高级人民法院知识产权案件基本上集中在长沙、常德、益阳等地,其中,长沙中院每年受理的此类案件约占全省的80%。有些地市甚至连续二三年无一件知识产权案件。同时,案件类型不断增多。2001年以前,多为一些传统的著作权侵权纠纷、专利侵权及专利实施许可纠纷、商标侵权纠纷等。2001年后,商业秘密、技术秘密侵权纠纷案件明显上升;专利纠纷中的九种类型案件全部出现,不再存有空白;还出现了网络著作权侵权纠纷,出现了计划经济时期遗留至今的药品配方权纠纷,出现了目前具有世界顶尖水平、精度可以稳定地达到国际标准六级以上、我国第一台具有自主知识产权的数控磨齿机、数控铣齿机技术秘密纠纷等。

三、业务学习气氛浓厚,队伍精神面貌良好

虽然目前知识产权案件受案不多,但从事知识产权审判的法官对知识产权审判工作的前景充满信心。不少法院充分利用这一时间加强业务学习、培训,掌握专业知识,更新司法理念,为将来的工作开展打好素质基础。各中院均安排了定期与不定期相结合的集中学习,湖南省高级人民法院先后4人次选派省院和中院审判骨干参加最高法院及兄弟法院组织的知识产权培训班学习,省院5次集中研讨学习案例或相关法律知识,与长沙中院3次座谈探讨审判中存在的问题,长沙中院组织4次学习研讨20件案例,常德中院还开展了庭审观摩比赛及裁判文书评比。

四、业务指导方面走出了适合现行知识产权审判体制的新路子

针对湖南省高级人民法院知识产权审判案件基本集中在省法院民三庭和长沙中院民三庭这一特点,走出了以省法院民三庭和长沙中院民三庭为主体,兼顾其他中院和基层法院,以调研会、座谈会、片会、颁奖会、全省大会等会议为载体,抓住实践中和理论学中的热点、难点问题,做好课题调研和理论文章的新的业务指导的路子。2003年全省法院撰写的各种涉及知识产权审判调研文章和理论文章在《人民司法》、《人民法院报》理论版等省级以上刊物被采用10余篇。省院民三庭与省院政治部联合,成功举办了全省法院民三庭及相关业务庭民商审判业务及法官队伍建设课题调研活动,撰写提交论文58篇,有25篇论文获优秀奖。

五、不断开拓创新,扩大知识产权审判工作知名度

湖南省高级人民法院十分注重从党和国家的工作大局出发,不断分析研究新情况,进行新的探索和创新。2003年3月,省法院民三庭走访了日立电气、三一重工、中联重科、旺旺食品、株洲千金药业等省内知识产权密集企业,进行座谈,了解企业知识产权动态。4月,又和长沙中院联合举办了"高新技术知识产权保护座谈会",远大、亚华等30余家高新科技企业参加了座谈。在第三个世界知识产权保护日前夕,还与部分中院开展了案件当事人回访活动。针对审判工作中发现的我省国有企业知识产权屡遭不法侵害的现状,在谢勇副院长的主持下,起草了有关国有企业知识产权保护方面的司法建议。上述系列活动有效扩大了我省法院知识产权审判的社会影响,收到了好的效果。

(湖南省高级人民法院)

广 东 省

专利工作

2003年，广东省的知识产权工作按照促发展与抓保护并举的工作思路，以企业为主体，积极发挥政府部门的引导作用，紧紧围绕着增强全社会的知识产权意识、加强知识产权保护，提高企、事业单位创造和运用知识产权的能力和水平，将知识产权管理逐步渗透到经济、科技、外贸管理的各个环节，深化知识产权对外交流与合作等工作，取得了显著成效。

一、专利申请量和授权量连续九年居全国第一

2003年广东省专利申请量和授权量分别为43 186件和29 235件，连续九年居全国第一，占全国专利申请与授权总量的1/6和1/5，同比增长分别为25.7%和28.4%，其中，发明专利申请量为6 181件，首次位居全国第二，同比增长61.8%。历年累计专利申请量和授权量分别为211 549件和141 109件。

二、知识产权宣传培训工作广泛开展

为了调动和组织各方力量开展知识产权宣传培训工作，广东省知识产权局积极与各有关部门和新闻媒体合作，同时加强对各市知识产权宣传工作的指导，全省知识产权宣传培训工作广泛开展，知识产权意识日益深入人心。据不完全统计，全年省及各市知识产权局共举办宣传活动60多项，参加人数3万多人；举办知识产权培训班、研讨会、专题讲座188期，参加人数约2万人。

广东省知识产权局重点组织开展了“4.26”世界知识产权日期间的宣传活动，省政府知识产权办公会议办公室、省打假办牵头，会同省公安厅、文化厅、知识产权局、工商局、版权局、海关总署广东分署等部门，在全省范围内，开展知识产权联合执法和宣传活动；省政府知识产权办公会议办公室和省政府新闻办联合召开“4.26”世界知识产权日新闻发布会；省知识产权局、公安厅、工商局、版权局、海关总署广东分署等部门联合举办“广东省集中销毁盗版光盘现场会”；省电视台播出了省知识产权局领导专访节目；《南方日报》刊登了“4.26”专版；省内各主要报纸公布了2003年广东省十大知识产权典型案例；省及各市电视台滚动播出了知识产权宣传广告；各市结合本地实际，组织开展了形式多样、各具特色的宣传活动，“4.26”期间，全省掀起了知识产权宣传热潮，媒体进行了大量报道，产生了广泛的社会反响。

广东省及各市知识产权局还结合各项工作开展宣传，及时将广东省知识产权工作的新政策、新措施、新动向通过新闻媒体向社会发布。2003年4月，《中国知识产权报》广东记者站成立，至年底累计发稿51篇，对广东的知识产权工作进行了大量的报道。

中小学知识产权教育试点工作取得较大进展，广东省知识产权局和佛山市南海区知识产权局、教育局联合编写的《知识产权教育读本》（初级版）正式出版，南海区几十所小学开设了知识产权教育课程。

三、专利行政执法和多层面的知识产权保护进一步加强

为了营造良好的知识产权保护环境，广东省知识产权局进一步调整工作思路，一方面采取措施加大全省的专利行政执法力度，另一方面积极推动多层面的知识产权保护体系、机制的建立和完善。

为了加大专利行政执法力度，广东省知识产权局大力推动专利行政执法重心向各市下移，加强对各市专利行政执法工作的指导、监督和重大执法活动的协调；通过传帮带等多种形式，培训各市执法人员；为各市配备执法专用车，统一执法服装，改善执法条件；总结执法经验，起草14部专利行政执法规范性文件，指导和规范全省的专利行政执法；召开全省专利行政执法工作会议，全面部署专利行政执法工作。各市的专利行政执法水平有了很大的提高，执法力度进一步加大，2003年全省共受理各类专利案件556宗，其中纠纷案件356宗（涉外案件79宗），查处假冒、冒充专利案件200宗，专利纠纷案件结案292宗，由各市知识产权局受理的占99%。广东省还积极参与了16省市专利行政执法省际间协调机制的建立，签署了《省际间专利行政执法协作协议》，并根据协议，处理了一批其他省市移送来的跨区域专利纠纷案件，也移送了一批专利纠纷案件给其他省市专利行政执法机关处理。

为了推动多层面的知识产权保护体系、机制的建立和完善，广东省知识产权局积极开展会展和行业知识产权保护工作，制定了《广东省会展知识产权保护工作试点实施方案》和《广东省建立行业协会知识产权保护自律机制试点工作实施方案》，分别确定了10家行业协会为广东省首批行业协会知识产权保护试点单位，11家展会为广东省首批展会知识产权保护试点，树立典型，总结经验，以点带面，全面推动广东省会展和行业协会加强知识产权保护工作。

2003年第93、94两届广交会，大会主承办单位与知识产权部门密切配合，从各个环节全面加强知识产权保护工作。大会针对展会知识产权保护工作的特点，采取有力措施，从源头抓起严把展品审查关，堵住侵权产品进入广交会的渠道；规范办案程序，高效处理投诉案件；严格执行"知识产权侵权黑名单制度"，对多次侵权企业处以重罚，取消参展资格。同时，加强宣传教育，提高参展企业知识产权意识，要求各交易团、商会对参展企业进行培训，与参展企业签订"保护知识产权责任书"。两届广交会共受理知识产权投诉案件223宗，涉及摊位881个，均得到了及时有效的处理。广交会的知识产权保护工作正逐步走向制度化、规范化，其做法和经验，对促进广东省会展业的知识产权保护发挥了示范效应。2003年，广东省举办的第15届中国广州国际玩具儿童用品及礼品展览会、第14届深圳国际钟表珠宝礼品展、第19届广东国际美容美发化妆用品博览会等展会，知识产权保护工作均得到进一步加强，广东省会展业的知识产权保护工作不断深入。

四、企事业单位知识产权工作取得新的进展

广东省及各市知识产权局通过加强政策引导和抓试点示范，促进企事业单位逐步建立知识产权管理制度，推动企事业单位提高运用知识产权制度的能力和水平，取得了较好的成效。

广东省知识产权局组织了以民营企业知识产权管理制度建设为主题的调研活动，局领导分别带领4个调研组，走遍了全省21个地级以上市，召开了二十余场座谈会，与一百多位民营企业家或企业高层管理人员就知识产权与民营企业发展展开对话，深入六十多家企业，实地考察知识产权对民营企业发展的影响。在调研的基础上，召开了全省民营企业知识产权工作会议，出台了《关于加强民营企业知识产权工作的意见》，指导和扶持民营企业加强知识产权工作。

各项试点示范工作对推动企事业单位知识产权工作产生了积极的促进作用，企事业单位的知识产权意识不断提高，知识产权工作得到重视和加强。2003年，广东省知识产权局重点开展了几项试点示范工作。一是开展"广东省百家知识产权优势民营企业"培育工作。计划用三年时间，实现培育认定100家的目标。2003年，首批认定了20家广东省知识产权优势民营企业，并给予一定的专项扶持经费。全省21个地级市共将445家民营企业纳入了培育计划。二是组织实施广东省专利技术实施计划。通过政府的投入，引导金融机构、民间资金投向专利技术的实施，带动项目实施单位加大对项目的投入，促进专利技术实施及其产业化。第一期计划拟实施三年。经各市组织申报，首批评选出42个项目，并给予一定的专项扶持经费。三是开展区域知识产权试点示范工作。通过试点示范培育一批知识产权优势区域，授予"广东省知识产权优势区域"称号，总结推广试点经验，全面推动区域知识产权工作的深入开展。经各市申报，首批评选出试点城市一个、试点镇(街道)四个、试点县(市、区)五个、试点特色园区三个，并给予一定的专项扶持经费。各试点区域正按照试点示范工作方案的要求，结合区域实际，制定具体的试点方案，采取有效措施，加强知识产权工作，并取得了初步成效。

在第八届中国专利奖的评选中，广东省获得专利金奖一项，专利优秀奖10项。2003年国内申请量居前十位的企业中有两家广东企业，华为技术有限公司和鸿富锦精密工业(深圳)有限公司分别列第二、三名。在国内申请量居前十位的大专院校中华南理工大学列第八名。

五、知识产权对外交流与合作不断深入

入世后，企业在知识产权问题上遇到了来自国外企业的重大挑战，知识产权在对外经贸活动中的重要性更加突出。因此，不断深化知识产权对外交流与合作，为对外经贸活动和引进外资服务，已成为当前一项十分重要而紧迫的任务。2003年，广东省知识产权局在继续做好组团考察和接待来访等常规性对外交流工作的基础上，积极拓展知识产权对外交流与合作的空间，深化交流合作内容，并以CEPA的签署实施以及粤港合作为契机，在深化粤港知识产权合作方面取得了实质性进展。

建立了粤港保护知识产权联络协调机制。2003年粤港保护知识产权合作被列入第六次粤港联席会议议题之一。按照广东省政府的要求，省知识产权局与省公安厅、省工商局、省版权局、省外经贸厅、广东海关等6个部门组建了"粤港保护知识产权合作专责小组"，与香港知识产权署、香港海关等知识产权管理和执法部门建立了粤港保护知识产权联络协调机制，其主要任务是：互通情报信息；组织开展知识产权保护联合行动；相互协助查处跨境知识产权侵权案件；相互提供相关培训；联合开展宣传教育活动；协同开展课题研究和调研活动；为双方中小企业利用知识产权提供支持和服务。粤港双方分别成立

了专责小组，每年两次轮流在两地举行专责小组工作会议。2003 年 12 月，粤港保护知识产权合作专责小组第一次会议在香港召开，会议回顾总结了一年来粤港知识产权交流与合作的情况，并研究确定了 2004 年上半年新的合作项目。自粤港保护知识产权联络协调机制建立之后，两地知识产权交流与合作不断深化，双方合作开展了多个项目：一是合作建设了“粤港澳知识产权资料库”（网站），为三地中小企业查询知识产权信息服务，资料库已按计划顺利建成开通。二是联合举办“知识产权与中小企业发展研讨会”，由粤港两地政府知识产权管理部门的官员介绍内地和香港的知识产权法律、制度和政策，有关专家介绍进军海外市场的知识产权保护问题，这一专题研讨会 2003 年分别在香港、深圳举办了两场，计划 2004 年还将继续在广东其他市举办。三是联合举办“粤港（汕头）国际贸易知识产权研讨会”。四是同时在粤港两地开展承诺销售“正版正货”活动。五是协商建立粤港跨境知识产权案件协作处理机制。

2003 年全省各市专利申请、授权情况

地区	申请						地区	授权					
	发明	实用新型	外观设计	合计	2002 年 1~12 月	同比增长		发明	实用新型	外观设计	合计	2002 年 1~12 月	同比增长
广州	1 468	2 720	4 018	8 206	6 288	31%	广州	294	1 497	3 228	5 019	3 652	37%
深圳	3 521	3 789	5 034	12 344	8 337	48%	深圳	429	2 236	3 987	6 652	4 659	43%
珠海	137	455	397	989	825	20%	珠海	21	265	417	703	599	17%
汕头	127	441	1 702	2 270	1 849	23%	汕头	20	342	1 600	1 962	1 245	58%
韶关	24	85	20	129	114	13%	韶关	4	43	16	63	59	7%
河源	27	21	17	65	39	67%	河源	5	15	11	31	34	– 9%
梅州	24	42	57	123	69	78%	梅州	14	25	35	74	51	45%
惠州	73	280	501	854	708	21%	惠州	9	156	367	532	443	20%
汕尾	12	38	132	182	169	8%	汕尾	5	15	137	157	87	80%
东莞	93	1 192	2 580	3 865	3 100	25%	东莞	14	750	2 094	2 858	2 680	7%
中山	51	650	1 458	2 159	2 115	2%	中山	12	456	1 231	1 699	1 545	10%
江门	92	610	1 146	1 848	1 097	68%	江门	6	299	743	1 048	771	36%
佛山	312	1 998	5 078	7 388	6 897	7%	佛山	70	1 344	5 042	6 456	4 892	32%
阳江	15	68	286	369	425	– 13%	阳江	2	50	247	299	281	6%
湛江	43	84	108	235	248	– 5%	湛江	13	56	95	164	157	4%
茂名	42	106	57	205	157	31%	茂名	2	65	29	96	76	26%
肇庆	29	104	122	255	190	34%	肇庆	5	60	93	158	106	49%
清远	11	54	54	119	169	– 30%	清远	3	41	93	137	82	67%
潮州	15	90	700	805	737	9%	潮州	2	58	523	583	715	– 18%
揭阳	16	67	421	504	331	52%	揭阳	2	64	322	388	266	46%
云浮	18	37	39	94	84	12%	云浮	3	15	8	26	48	– 46%
其他	31	54	93	178	404		其他	18	69	43	130	313	
合计	6 181	12 985	24 020	43 186	34 352	25.7%	合计	953	7 921	20 361	29 235	22 761	28.4%

（广东省知识产权局）

商标工作

2003年,广东省各级工商行政管理部门结合纪念《中华人民共和国商标法》(以下简称商标法)颁布实施20周年,积极宣传贯彻新修订的商标法及其实施条例,鼓励企业争创驰名商标和著名商标;加强商标管理,严厉打击商标违法行为,依法保护商标专用权。全年共查处商标违法案件2 011宗,其中一般违法案件268宗,侵权假冒案件1 743宗;共收缴和消除侵权商标标识901万件;罚款2 396万元;移送司法机关追究刑事责任3人。

一、结合商标法颁布实施20周年开展宣传纪念活动

2003年3月1日,是我国商标法颁布实施二十周年。为了营造良好的商标法制环境,以商标战略策略促进经济发展,根据国家工商行政管理总局的统一部署,全省各级工商行政管理部门开展了各式各样的纪念和宣传活动。有的邀请当地政府领导发表电视讲话、有的邀请知识产权学者和企业负责人召开商标研讨会、有的深入企业做现场指导和调研、有的在当地报刊开辟商标法律专栏等。通过一系列的宣传活动,有效地提升了全社会尊重和保护知识产权的法律意识。广东省工商局商标处还邀请省经济发展研究中心专家分别在佛山、汕头、江门、东莞和中山举办了5场商标战略讲座,有近千人参加。此外,省工商局还派员参加了省知识产权领导工作小组举行的“纪念世界知识产权日新闻通报会”和省新闻出版局举行的“销毁假冒伪劣商品现场会”,对外宣传了执法工作取得的成效。

二、严厉打击商标违法行为

2003年上半年由于受到“非典”的影响,商标投诉案件大幅度减少。但是各级工商行政管理部门仍然忠于职守,坚守岗位,主动加强市场巡查,严厉打击各类扰乱市场经济秩序的商标违法行为。下半年查处案件大幅上升,使全年查处的商标案件与2002年同期基本持平。

1. 开展保护知识产权专项打假行动

在4月3日至14日全省统一开展了专项打假行动。为确保行动成效,广东省工商局结合本省的实际情况将食品、化妆品、服装、皮具、车辆零配件、小家电和燃气具等关系人民生产和生活安全的商品确定为重点商品;将大型集贸市场、批发市场、大型商场和商厦、四星级以上宾馆和涉外饭店的商品特卖场和专卖店确定为重点市场;将商品经销和商标印制确定为重点环节;将广州、深圳、珠海、佛山、中山、汕头、东莞和潮州八个市确定为重点地区,做到了重点突出,有的放矢,使专项行动点面结合,全面铺开。据不完全统计,在这次统一行动中,全省工商行政管理系统共出动15 733人次,车辆2 194辆次,检查大型专业市场和批发市场456个,大型商场1 979家,四星级以上宾馆和涉外宾馆97家,印刷企业1 193家,店铺(企业)14 693户,暂扣物品264 457件,立案查处284宗,责令限期改正81宗,罚款32万元。

2. 依法行政,狠抓大要案件

广东省各级工商行政管理部门对于上级部门交办的案件和在日常检查中发现的大要案件,敢于顶住各方面的压力,坚持依法查处。深圳市工商局在查处侵犯“SUZUKI”摩托车商标专用权的案件时,遭到违法企业员工的围堵,并且在审理案件过程中受到了许多压力。但是办案人员坚持依法办事,没收了侵权物品并处以45万元的罚款。在第三季度查处的罚款在10万元以上的7件大要案件中,就有3宗是深圳市工商局查处的。在省工商局统一部署的查处侵犯“雕”洗衣粉商标专用权的案件过程中,面对违法者的无理狡辩和阻挠,各级执法人员坚持依法办事、文明执法、以理服人,不妥协、不手软,既较好地维护了商标注册人的合法权益,也体现了执法权威。

三、继续推进广东省著名商标认定工作,为经济发展服务

2003年3月,广东省政府办公厅印发了《广东省名牌带动战略实施方案》,将广东省著名商标的认定工作作为广东省名牌带动实施方案的重要内容。广大企业和社会各界反映强烈。许多企业积极主动到当地工商局递交申请材料,表达请求认定为省著名商标的强烈愿望。许多地方政府还将推荐驰名商标和著名商标的认定工作列入了建立诚信体系,推动当地经济发展的大事。各地工商局也适时地深入企业进行宣传,鼓励符合条件的企业申报驰名商标和著名商标。省工商局共收到各市工商局推荐的著名商标申请312份,还有认定已满三年,申请延续认定著名商标的80多件。省工商局经过审核,认定216件广东省著名商标,对77件认定满三年的老牌著名商标予以延续。至此,广东省著名商标已达486件。

四、加强商标领域的对外交流

在日常工作中,广东省各级工商行政管理部门十分注重加强与相关执法部门和司法部门的联系,通过联合执法和案件研讨,互相交流经验、加强执法配合,共同打击商标违法行为。省工商局商标处还积极参与了粤、港、澳三地知识产权网站

的建立工作，并多次派员参加了香港知识产权署、生产力促进局等部门举办的知识产权论坛会。另外，还多次接待了日本松下、日立、东芝和花王公司等国外大企业和香港知识产权署等代表团的来访，既加强了对外交流，又对外宣传了广东省的法律法规和执法成果。

（广东省工商行政管理局）

版权工作

2003年，是我国全面贯彻落实党的十六大精神，加快社会主义现代化建设，全面建设小康社会的开局之年。广东省版权局版权法规工作按照国家版权局和广东省法制、普法、立法部门的工作部署，紧紧围绕广东省版权局工作大局，认真开展著作权法及相关法规规章的宣传教育工作，积极开展打击盗版和查处侵权行为，加强法制建设，落实依法行政的各项制度，维护著作权人及有关权利人的合法权益，较好地完成了局党组交给的各项任务。

一、著作权管理

1. 加大宣传，扩大影响，提高公众版权保护意识

为了普及著作权法律知识，提高社会公众的版权保护意识，营造使用正版，打击盗版的社会氛围。广东省版权局加大了著作权法的宣传力度。一是利用庆祝著作权法实施12周年纪念日开展宣传活动。与省人大教科文卫委共同举办纪念著作权法实施12周年座谈会。邀请法学界、司法界、文学艺术界、新闻出版界、高校系统、布艺协会、软件业等有关人士畅谈广东省著作权保护，以推进版权相关产业的维权意识；二是在广东电视台城市资讯栏目宣传《著作权行政处罚实施办法》，并通过广东卫视台播放软件著作权保护公益广告30天，加大著作权保护的普及力度；三是在"4.26"世界知识产权日举行的新闻发布会上，公布广东省近年发生的典型侵权案例及打击盗版软件专项治理行动情况，以制造声势，扩大影响；四是向各市下发"打击盗版，维护正版"的宣传海报400份和《关于禁止销售盗版软件的通告》500份，并在各大商场、市场张贴，以吸引更多群众抵制盗版；五是与广州市版权局共同举办计算机软件保护条例知识有奖问答活动。通过公开抽奖，提高广大群众的积极参与，扩大软件知识产权保护的影响面；六是利用专项治理行动组织媒体，全方位、多角度地宣传著作权法。在打击盗版软件专项清理行动中，中央电视台、广东、广州电视台以及新闻出版报、中国知识产权报、人民日报华南版、南方、羊城、广州等报刊分别从不同角度报道了广东省打击盗版软件专项治理行动的有关情况，引起社会各界的普遍关注。据不完全统计，全年由广东省版权局组织媒体宣传报道版权保护内容的就有25篇（次），由媒体到广东省版权局了解情况进行宣传报道的有9篇（次）。通过各种宣传教育工作，有力地增强了依法行政的威摄力，扩大了著作权保护的影响力，对于提高整个社会的版权保护意识，加大版权行政执法力度，起到了重要的作用。

2. 落实纲要，维护正版，推进政府软件正版化

2003年7月《国务院办公厅转发国务院信息化工作办公室关于振兴软件产业行动纲要的通知》后，国家版权局、公安部、信息产业部、工商总局制发了贯彻落实纲要的实施方案，提出2002年至2005年加快清理盗版软件，推进正版软件的工作。由广东省版权局牵头，与公安厅、信息产业厅、工商局联合转发了国家四部局的文件，并制定了政府部门使用正版软件和开展打击盗版软件的工作方案。目前，已完成了政府42个部门使用正版软件的培训、自查、检查、配装等工作，广东省版权局还与信息产业厅加强了对政府配装国产正版软件后的使用调查，召开了省政府各部门正版化工作会议，听取意见，提出要求，并与软件企业共同研究国产软件进入政府办公操作和应用系统，解决好国产软件兼容问题、软件升级换装问题，帮助企业提高软件的竞争力，为软件正版化工作创造有利条件。

3. 加强合作，促进版权保护工作内外交流

（1）与英国罗思国际包迪先生一行，就实用艺术品保护问题进行座谈与交流。

（2）接待丹麦广州总领事馆严森总领事一行，就内地网站侵犯该国企业软件发行权等有关法律问题进行交流，提供法律咨询。

（3）接待美国国会、国务院、商务部、司法部、版权局等部门组成的知识产权代表团来广东省版权局拜访，并就广东省在版权司法、行政保护等问题进行交谈。

（4）与香港知识产权署共同完成粤港澳知识产权网站版权保护数据库的录入和连接工作，为推进三地知识产权保护工作，提供了很好的平台。

（5）通过《广东版权信息》传递版权信息，加强对各市版权管理业务指导和情况交流，同时也为产业提供法律帮助，全年共出版11期，每期发行600份，在版权保护的宣传上起到了很好的效果。

4. 开展咨询，提供服务，协助做好知识产权保护工作

（1）应香港贸发局邀请，为香港在内地中小企业介绍我国版权保护的法律、法规，提高企业自我

保护意识和合法经营的能力。

(2)参加省WTO事务咨询服务中心举办的"对外贸易中版权保护问题研讨会",并作主题发言。通过研讨,提高企业在知识产权保护方面的认识,增强企业应对入世能力,防止入世后进出口货物出现侵权或被侵权的事件发生。

(3)配合省知识产权局开展的中小学生知识产权法普及工作,为南海教育系统讲授版权保护的法律知识。

(4)派员参加省法院组织的广东省法院系统知识产权培训班,介绍广东省版权行政执法情况,加强司法、行政在保护知识产权方面的沟通与合作。

(5)派员参加中山大学举办的"岭南知识产权保护论坛",与产业界、理论界、司法、立法等部门共同研究软件著作权保护问题。

(6)派员为东莞、佛山等地版权行政执法人员讲授著作权行政执法。

(7)完成国家版权局交办的协助香港海关对广州新时代影音公司,广州音像出版社,旅游出版等4家单位委托境外加工光盘事宜进行调查。

(8)协助部分省(市)版权行政管理部门,对盗版该地区图书、音像制品、计算机软件等行为进行调查。

(9)为公安、海关、工商、消委会等行政执法机关和组织,送审的光盘组织鉴定,共组织鉴定11宗、鉴定数量600多种,为执法部门依法行政提供了技术支持。

3.依法行政,依法管理,营造良好的发展环境

(1)开展专项治理行动

为了维护正常有序的文化市场经济秩序,贯彻执行省委、省政府关于建设文化大省的战略目标任务,2003年以来广东省加大了对损害公共利益的侵权盗版行为进行打击,按照国家版权局的统一部署,在两会期间、世界知识产权组织高峰会期间、国庆前后开展专项治理行动4次,集中对盗版教材教辅、盗版音像制品、盗版软件和盗版卡通制品进行治理。在打击盗版软件专项治理行动中,广东省各级版权管理部门在"扫黄打非"、公安、工商、文化、信息产业等部门的配合下,集中1个多月时间,对重点地区、重点单位、重点产业进行重点治理,取得了较好成绩。据不完全统计,广东省共出动执法人员4 534人次,共检查市场47个,检查经营软件店档2 223家,收缴盗版软件562 616张(套),取缔商户167家,查处非法软件预装企业119家,破获地下窝点3个,有力地打击和遏制了侵权、盗版者的不法行为,进一步净化了广东省的软件市场。

为了深入持久地开展打击盗版软件的工作,广东省版权局发布了《关于禁止销售盗版软件的通告》,与省信息产业厅、省通信管理局、省工商局联合制发了《关于禁止利用互联网非法传播软件的通知》,要求各互联网信息服务单位、一律不得利用互联网传播未经著作权人授权的软件。

(2)开展销毁盗版光盘和盗版制品的专项活动

广东省版权局在"4.26"世界知识产权日期间,两次组织公开销毁盗版光盘和盗版玩具、图片、花布等盗版制品活动。共销毁盗版光盘120万张、盗版玩具20多万件、盗版布匹2.4万米。

(3)查处各类案件

查处广州震奇音像包装厂在白云区设立地下包装,发行盗版光盘窝点,当场查缴非法音像制品90万张,在该厂经营者拒不提供合法委托手续的情况下,对其非法行为作出行政处罚。

对深圳宝安硕颖实业有限公司涉嫌侵犯日本托密公司的美术作品"微型宠物"Micro Pcts系列玩具进行立案调查,查扣微型宠物产品1.5万多件,没收非法所得7万元。

在天河区文化、公安配合下,对天河某仓库储存的盗版软件进行现场调查,当场查扣盗版软件30万张,并将案件移送天河区公安、文化等部门追究责任。

与东莞市版权局对香港第一实业公司在东莞境内生产复制日本富士机械制造公司软件著作权一案进行调查,现场查缴非法预装软件10套,挽回权利人经济损失约500万元。

全年各级版权管理部门在维护市场秩序,查处侵权盗版行为中,共受理各类案件16 045件,已结案15 986件,其中调解194件,处罚15 640件,移送133件。收缴盗版制品1 977万张(册、盒、件),其中图书152万册、期刊24.4万册,软件310.9万张、音像制品1 240万张、电子出版物239.6万张,其他的9万件。

二、法制工作

1.落实"四·五"普法的有关工作。一是与机关党委共同组织普法考试及专业法律试题的拟定工作。二是组织编印《"四·五"普法资料汇编》(二);该汇编收集了新修定出台的,新闻出版、版权方面的行政法规和规章共八项内容。为了及时宣传和普及这些法规和规章,广东省版权局将编制好的普法资料发给各市及各出版、印刷、发行单位,共发行1万册,以便管理部门和新闻出版单位学习和运用。

2.组织广东省版权管理部门参加全国版权行政执法经验交流会材料征集工作。其中广东省《严格执法程序确保公正执法》和《如何认定版权侵权行为同时损害公共利益》选入大会交流。

3. 完成《中华人民共和国行政许可法(草案)》、《中华人民共和国民法》、《著作权行政处罚实施办法》、《作品著作权登记办法》、《著作权专有许可合同和转让合同备案办法》、《教科书法定许可付酬办法》、《著作权集体管理组织条例》、《广东省行政复议规定》、《广东省规范性文件制定程序规定(草案)》、《电子信息管理条例》、《审批管理监督暂行办法》等16个法律、法规和规章的(征求意见稿)修改上报工作。

4. 完成新闻出版总署、国家版权局下发的《法制工作情况调查表》、《版权产业及版权保护调查表》及法制机构情况的调研工作,重新核发新闻出版行政执法证425个。

5. 办理广东省版权局审批事项复审事宜。对现有审批事项中拟取消、改变管理方式的进行综合上报,落实《行政许可法》和全国新闻出版法制工作会议精神,按照《行政许可法》的要求组织广东省版权局行政许可事项的清理工作。

2003年,版权法规工作在国家版权局和局党组的领导下,做了一些工作,取得了一点成绩,但离上级要求还相差很远,社会上盗版现象依然严重,广东省著作权行政执法的软、硬件还存在诸多不足,这一切不同程序地影响到行政执法,特别是打击盗版的深入。为此,我们要认清形势,加强管理。在新的一年里争取更大成绩。

(广东省版权局)

广西壮族自治区

专利工作

一、知识产权保护概况

2003年3月,广西壮族自治区人民政府召开了全区专利工作会议,表彰了全区16个专利工作先进单位,确定了全区首批29家专利工作试点企业并授牌,制定了《广西专利战略实施要点》,正式启动实施专利战略,着力培育形成拥有自主知识产权、竞争能力强的企业和产业,促进专利技术的转化应用。制定实施了《广西壮族自治区专利申请资助及奖励暂行办法》,加大资助和奖励发明专利申请的力度,成立了广西发明协会,广西促进专利产业化联盟积极推进专利技术产业化,全社会保护、应用知识产权的意识逐步提高。据统计,截止至2003年末,全区专利申请累计21 431项,获授权11 912项。总申请量和总授权量分别位居全国各省、自治区、直辖市的第18位和第19位(不含港、澳、台地区)。2003年全区专利申请量为2 250项,比上年同期增长16.9%,其中发明452项,实用新型1 212项,外观设计586项;职务、非职务发明专利申请比例分别为28.8%和71.2%;在职务发明专利申请中,大专院校申请45项,科研单位申请42项,工矿企业申请511项,机关团体申请6项。2003年全区专利授权量为1 331项,比上年同期增长26.3%,其中发明81项,实用新型788项,外观设计457项。企业专利工作试点初见成效,第一批29家试点企业2003年申请专利152件,占全区企业专利申请量的30%。

附:

第一批全区企业专利工作试点单位名单

柳州欧维姆机械有限责任公司
(原柳州市建筑机械总厂)
广西柳州钢铁(集团)公司
广西柳工集团有限公司
柳州华锡集团有限责任公司
广西玉柴机器股份有限公司
柳州两面针股份有限公司
广西贵糖(集团)股份有限公司
南南铝业有限公司
桂林南药股份有限公司
桂林量具刃具厂
桂林橡胶机械厂
广西玉林制药有限责任公司
广西三环企业集团股份有限公司
桂林市康兴激光仪器厂
南宁微控高技术有限责任公司
广西梧州冰泉实业股份有限公司
广西梧州制药(集团)股份有限公司
南宁化工股份有限公司
北海国发海洋生物产业股份有限公司
广西北生药业股份有限公司
北海强盛实业集团有限公司
桂林电力电容器总厂
柳州市华力实业有限责任公司
广西半宙制药股份有限公司
广西南宁专用汽车厂
广西钦州中力机械有限公司
南宁市汽车配件一厂
广西南宁地凯科技有限责任公司
广西启利新材料科技股份有限公司

二、专利工作机构

2000年6月，按照《广西壮族自治区科学技术厅职能配置内设机构和人员编制规定》，撤销自治区专利管理局。广西壮族自治区科学技术厅增挂广西壮族自治区知识产权局牌子，归口管理全自治区知识产权和主管全自治区专利工作，内设综合管理处和法律事务处2个职能处室。2003年末在职人数8人，其中具有高级专业技术职称3人，中级专业技术职称5人。到2003年底，南宁市、柳州市、桂林市、玉林市、钦州市、北海市、防城港市、贵港市、梧州市、来宾市、贺州市、百色市、河池市、崇左市等14个市科学技术局已全部增挂了市知识产权局牌子，归口管理各市知识产权和主管各市专利工作。2003年底，全区有广西南宁公平专利事务所有限责任公司、南宁明智专利事务所有限公司、柳州市集智专利事务所、柳州市荣久专利事务所、桂林市持衡专利事务所有限公司、桂林市华杰专利事务所有限责任公司、梧州市万达专利事务所、玉林市宇林专利事务所等专利代理机构等8家，专利代理人32名。

三、专利宣传培训

广西壮族自治区知识产权局与广西电视台共同创办的《百姓专利》电视栏目，自2000年1月2日首播，至2003年9月，累计播出170期，其中2003年播出31期。自治区知识产权局与广西广播电台共同创办的“专利专线”卫星广播栏目，自2002年1月2日首播，至2003年底，累计播出92期，其中2003年播出47期。编印《知识产权工作简报》13期、《广西专利》4期和25万字的《专利工作资料汇编》。《专利在广西》网站开辟“专利超市”、“专利申请资助”、“工作动态”等专栏，点击数累计超过11万次。制作《专利与企业——广西启示录》宣传电教光盘，在有关会议上播放，并组织企业观看。自治区知识产权办公会议办公室组织开展了全区“4.26世界知识产权日”宣传活动。

广西壮族自治区知识产权局举办首届《广西专利集市》，展示专利技术和产品150多项，高新企业代表、民营企业代表、技术经纪人、投资商和个人投资者3 600多人参加了展示交易。还在桂林市中心广场举办了《广西专利集市》巡展。

2003年，自治区知识产权局举办“企业专利战略和专利实务”培训班和专利行政执法人员、专利代理人培训班，配合南宁、北海、钦州市举办知识产权知识培训班，举办“发明论坛”、“知识产权与我们息息相关”讲座等共7期，培训770人次。

四、专利法执法检查

《中华人民共和国专利法》和《广西壮族自治区专利保护条例》实施情况的执法检查列入自治区人民代表大会常务委员会2003年的执法检查计划并顺利完成。召开了全区专利执法检查视讯动员大会；全区14个市都进行了自查和总结，区人大常委会执法检查组对南宁、柳州、梧州、玉林等4个市进行重点抽查；到企业、高校等实地考察，召开各界人士参加的座谈会15次；组织522家大中型企业填报专利情况调查表。此次执法检查进一步提高了各级政府及有关部门依法行政的能力和水平。

五、专利执法

截止2003年底，广西壮族自治区知识产权局共受理各类专利纠纷案件116件，其中，侵权纠纷75起，权属纠纷33起，其他纠纷8起，现已结案115起，结案率99%。另外还根据群众举报或依职能查处冒充专利案件20起。2003年受理各类专利纠纷13起，其中实用新型专利侵权纠纷7起，外观设计专利侵权纠纷6起，均已全部结案，结案率为100%；查处冒充专利案件5起；对一起涉嫌假冒他人专利犯罪的案件，建议专利权人向公安机关举报。专利行政执法工作的顺利进行，切实保护了发明人、专利权人、其他当事人和广大人民群众的合法权益，整顿、规范了市场经济秩序。

六、获奖专利与表彰

国家知识产权局评选颁发了第七届中国专利奖。广西知识产权局推荐的梧州市蛋白肠衣厂的“可食胶原蛋白肠衣的生产方法”（专利号：96122253.0）项目获中国专利优秀奖。

2003年2月，广西壮族自治区科学技术厅和自治区知识产权局作出《关于表彰2001～2002年度全区专利工作先进单位的决定》，授予柳州欧维姆机械有限责任公司（原柳州市建筑机械总厂）等16个企事业单位“全区专利工作先进单位”荣誉称号。2003年9月自治区知识产权局作出《关于表彰全区优秀发明人的决定》，授予方中予等18位“全区优秀发明人”荣誉称号。

七、知识产权保护

1994年根据《国务院关于进一步加强知识产权保护工作的决定》和《国务院办公厅关于建立国务院知识产权办公会议制度及有关部门职责分工问题的通知》的精神，广西壮族自治区人民政府建立了由自治区分管副主席主持的自治区知识产权办公会议制度。办公会议由自治区副主席吴恒主持，负责全区知识产权工作。办公会议的成员单位包括自治区知识产权局等20个单位。办公会议的主要职责是：研究确定自治区知识产权管理与保护的有关政策和对策；协调跨部门、跨地区的综合性知识产权管理与保护工作，改善知识产权保护环境；研究合理保护知识产权的措施；引导产业和企业运用好知识产权策略；促进各地区、各部门以及社会各界提高知识产权保护的意识，推动自治区知识产权工作的健康发展。涉及知识产权的重大问题，由办公会议提交自治区人民政府审定。办公会议下设办公室，办公室设在广西壮族自治区知识产权局。

附：

办公会议成员单位一览表

自治区科学技术厅
自治区知识产权局
自治区高级人民法院
自治区经济委员会
自治区教育厅
自治区公安厅
自治区司法厅
自治区农业厅
自治区商务厅
自治区文化厅
自治区卫生厅
自治区广播电影电视局
自治区工商行政管理局
自治区版权局
自治区质量技术监督局
自治区药品监督管理局
自治区信息产业局
自治区法制办公室
广西出入境检验检疫局
南宁海关

（广西知识产权局综合处　宋洪浪）

版权工作

2003年是贯彻落实党的十六大和十六届三中全会精神，全面建设小康社会的第一年，也是广西壮族自治区改革开放、加快发展的重要一年。广西壮族自治区版权局坚持以邓小平理论和“三个代表”重要思想为指导，根据国家版权局和自治区党委、政府的决策、部署与要求，结合广西版权管理工作实际，充分调动广大干部职工的积极性和创造性，努力地开展工作，在体制改革、社会监管、产业发展、依法治业等方面取得了新的成绩，保持了持续、健康发展的好势头。

一、以改革创新为动力，体制改革取得实质性进展

2003年7月31日，广西壮族自治区版权局召开了局、社分设大会，正式实行局、社分设，管办分离，配备了两个党组，两个班子，实行两种体制。自治区新闻出版局、自治区版权局列为政府行政序列，是自治区政府的直属机构。广西出版总社为自治区政府直属事业单位，实行自收自支、企业化管理。目前，职能、人员、机构已划分完毕，并已分开办公。这项改革是做强做大广西新闻出版业的一项重大举措，标志着广西壮族自治区新闻出版体制改革迈出了实质性步伐。

二、以社会监管为重点，健全机构，依法治业

2003年，广西壮族自治区版权局从讲政治的高度，以社会监管为重点，进一步健全了市县版权管理机构，建章立制，依法行政，加强版权行政管理、打击侵权盗版、确保了出版物市场的健康有序，为广西壮族自治区改革发展营造了良好的社会文化环境。

1. 健全机构，市县新闻出版管理队伍建设进一步加强。随着广西来宾市、崇左市的设立，两市新闻出版局（版权局）也挂牌成立，至此，全区14个地级市均已建立了新闻出版（版权）行政管理机构。至此，广西壮族自治区在全国率先实现了省（自治区）、市两级新闻出版、版权管理机构的完整设置。目前全区78个县中有53个县成立了新闻出版（版权）局或新闻出版（版权）管理办公室。

2. 依法治业，管理工作逐步规范化和法制化。2003年，广西壮族自治区完成了《广西著作权管理条例》、《广西书报刊市场管理条例》的修订送审工作，《广西壮族自治区印刷管理条例》已被列为自治区2004年的立法计划。迄今，广西壮族自治区已制定出台了《广西壮族自治区著作权管理条例》、《广西壮族自治区书报刊市场管理条例》、《广西壮族自治区文化市场管理条例》、《广西壮族自治区电子出版物经营管理办法》等4部新闻出版和版权管理地方性法规，基本上形成了具有地方特色的新闻出版、版权法规体系。在依法管理方面，继续对局机关行政执法处室实施行政执法责任制度，严格规范行政行为；对地市版权行政管理机构实行社会目标管理责任制，版权管理的法制化、规范化取得明显成效。

三、转变职能，强化监管，狠狠打击各类侵权盗版行为

2003年初，广西壮族自治区版权局召开了全区版权局长会议，全面总结了广西壮族自治区改革开放以来版权保护的经验，深入分析版权保护所面临的形式和任务，并按照中央领导的指示精神，就广西壮族自治区版权行政机关进一步转变职能、强化社会监管问题以及对如何做好新形势下的版权保护工作作出部署。在局党组的统一领导下，广西壮族自治区版权局组织协调各地市版权行政管理机关开展了一系列版权专项执法检查以及打击侵权盗版专项行动。

1. 打击盗版教材、教辅的专项行动

针对全区大中专、中小学校使用教材存在盗版问题的情况，广西壮族自治区版权局组织全区各级版权行政管理部门，采取专项检查与日常监管相结合的方式，严厉打击盗版教材、教辅的违法行为。2003年8月25日，广西壮族自治区版权局根据中央文件精神，以自治区新闻出版局、版权局、教育厅、“扫黄”“打非”办的名义，联合下发了《关于开展2003年秋季盗版教材教辅专项治理行动的通知》，要求各地制定方案，落实责任。至今，广西壮族自治区版权局先后查处了一批盗版盗印教材、教辅案。其中影响较大的案件有：桂林空军学院印刷厂盗印教材教辅案、南宁市新申印务公司盗印教材案、广西新科信息技术职业技能培训学校盗印教材案、广西金秀县印刷厂盗印教材教辅案等，共收缴盗版教材教辅五十余万册。有的案件情节严重，涉嫌犯罪，已移送公安机关。通过对盗版盗印等违法活动的打击，极大地震慑了盗版分子的嚣张气焰，维护了著作权人的合法权益。

2. 打击盗版软件的专项行动

根据国家版权局等部门《关于在整顿和规范市场经济秩序中严厉打击软件盗版行为的通知》精神，广西壮族自治区版权局组织全区各级版权行政管理部门，在公安、工商、“扫黄”“打非”等部门的配合协助下，分阶段、有步骤地开展了对全区各主要中心城市计算机软件市场的清理行动，展开了打击软件盗版的专项斗争。

在广西壮族自治区版权局的组织、指导、协调下，全区14个地级市均结合本地实际，制定出详细可行的实施方案。据统计，全区各级版权管理部门共收缴盗版软件二十九万六千多张，有效地净化了计算机软件、电子出版物市场。

3. 对印刷行业贯彻执行《著作权法》情况进行专项检查

针对区内个别印刷企业擅自加印他人的出版物、地下印刷厂盗印严重的情况，2003年，广西壮族自治区版权局组织全区各地市版权管理部门对全区印刷企业进行了一次专项执法检查，在加大对印刷厂有关人员法律法规宣传教育的同时，加大了执法检查的力度，处罚了北海日报社印刷厂、金秀县印刷厂等有违法、违规行为的印刷企业近20家，并加强对地下印刷厂的查处和打击，共摧毁取缔从事盗版盗印的无证照的地下印刷厂7家，进一步整顿和规范了区内印刷行业的管理秩序。

4. 对销售盗版音像制品的专项清理行动

由于经济利益的驱动，以及消费者著作权法律意识的淡漠，市场上仍然存在大量盗版音像制品的情况，这个问题也一直是广西壮族自治区著作权管理工作的难点。多年来，广西壮族自治区版权局一直把打击盗版音像制品作为工作重点。2003年，广西壮族自治区版权局继续多次组织各地市版权管理部门开展了打击盗版专项行动。先后对区内较大的南宁市文化综合市场、民族商场以及繁华地段音像店，桂林、柳州、玉林、北海等中心城市的音像市场进行执法检查，收缴了大量盗版的DVD、VCD、CD等音像制品，据统计，全区共收缴盗版音像制品329 630张(盒)，并且处罚了一批违法业主，盗版音像制品泛滥的现状得到进一步遏制。

5. 继续推进政府部门计算机软件正版化工作，开展建筑类设计院(所)、装饰(修)公司使用软件情况的专项执法检查

根据国务院《关于印发鼓励软件产业和集成电路产业发展若干政策的通知》要求，2001年11月12日自治区版权局、自治区发展计划委员会、自治区财政厅、自治区信息产业局联合下发《关于政府部门应带头使用正版软件的通知》，规范政府部门使用软件的行为。2003年广西壮族自治区版权局继续把该项工作作为重点，在各级政府重视和密切配合下，该项工作取得了进展。目前，广西壮族自治区大多数政府部门使用盗版软件的现象得到纠正，部分也已经拿出整改方案，正准备通过2004年财政预算核拨经费后，进行正版软件取代盗版软件的更换工作。

针对广西壮族自治区建筑类设计院(所)、装饰(修)公司使用盗版软件现象普遍的情况，广西壮族自治区版权局将该类软件的使用纳入打击盗版软件专项行动之中，为此，广西壮族自治区版权局下发文件，对自治区级以及一些较大型的建筑类设计院(所)、装饰(修)公司使用软件情况进行了规范，要求其自查和整改，最后进行了抽检式的检查。

6. 开展了打击游商的专项治理工作

针对不法游商大肆兜售各种非法、盗版图书的现象，广西壮族自治区版权局组织全区版权管理部门开展了治理游商的专项行动。共收缴各种盗版图书15万多册。通过对城市中心、城乡结合部、乡镇集市、校园周边地区及机场、车站、码头等交通枢纽的集中清理，有效地遏制了游商猖獗、盗版图书泛滥的现象。

通过上述一系列版权行政执法专项行动，消除了广西壮族自治区出现非法盗版制品集散地的可能性，为党的十六届三中全会的召开创造了一个良好的出版物市场环境，为新时期进一步开展好版权保护工作打下了基础。

四、查处大案要案，依法对盗版盗印者进行严惩

为了认真贯彻落实全国版权工作会议精神，努力实现“转变职能、加强监管”的要求，广西壮族

自治区版权局把查处大案要案作为版权管理工作的重点。2003年以来,查处的大案要案主要有:

(1)桂林空军学院印刷厂盗印教材教辅案;

(2)南宁市新申印务公司盗印教材案;

(3)广西新科信息技术职业技能培训学校盗印教材案;

(4)广西金秀县印刷厂盗印教材教辅案;

(5)北海日报印刷厂非法承印盗版教材教辅案;

(6)柳州市柳邕路民鑫市场黎家文盗版音像制品案件;

(7)柳州市鱼峰商城地下停车场仓库盗版音像制品案等。

通过大案要案的查处,依法对盗版盗印者进行了严惩,狠狠打击了盗版分子的嚣张气焰,维护了版权市场的正常秩序。

据统计,2003年广西壮族自治区版权局共查处各类案件110件,收缴各类盗版制品79万册(张),其中图书60万册、期刊2万册、计算机软件15万张、音像制品4万张、电子出版物8万张。全区版权行政管理部门共查处各类盗版侵权案件970件,收缴盗版制品合计1 894 874册(张),其中图书1 237 410册、期刊31 264册、软件175 405张(盒)、音像制品329 630张(盒)、电子出版物121 165张(盒)。依法移送司法机关追究刑事责任的案件7件,罚款60多万元人民币。

五、积极开展著作权法宣传活动,努力提高全社会的版权意识

针对《中华人民共和国著作权法》在社会生活中尚未引起人们足够的重视和关注的情况,广西壮族自治区版权局把著作权法的宣传普及也列为重要的工作内容之一,组织、指导全区各级版权行政管理部门大力开展著作权法的宣传活动。

1. 利用各种手段采取丰富多彩、灵活机动的方式进行宣传。除张挂宣传条幅、撰写宣传文章、散发宣传资料等外,还采取广场文艺宣传、街头咨询活动、山歌比赛宣传等等。

2. 大力开展培训、普及宣传著作权法。为了提高管理机关干部的行政执法水平,普及相关部门、单位人员的版权法律知识,增强被管理单位从业人员的版权意识,广西壮族自治区版权局和各地市局积极开展著作权法学习培训工作,广西壮族自治区版权局全年举办各类培训班15期,培训人员2 130人次,在新闻采编人员培训班、出版编辑资格培训班等,都专门开设了著作权法的培训内容;各地市局则分别按照管理范围,举办了印刷业主、书报刊发行业主、电子出版物经营业主的著作权法律法规培训班,使著作权法律知识得到更广泛的宣传和普及。据统计,全区2003年培训人员9 000多名。

3. 为更好地配合宣传著作权法,广西壮族自治区版权局还编辑制作了《著作权法律宣传多媒体光盘》,将著作权法律法规、知识问答、著作权管理机构等等,以文字、动画、声音、影像、图片等多种形式相结合的方式,形象、生动、通俗地宣传著作权法律知识。

4. 坚持办好《版权通讯》,向会员和版权产业单位及时传递版权信息,宣传版权理论知识。

六、加强研讨、交流和学习,认真做好著作权日常管理工作

在做好著作权行政监管、加大对侵权盗版活动打击力度的同时,还注意研讨、交流和学习工作,并认真做好著作权日常管理工作。2003年以来,广西壮族自治区版权局派出同志以及组织地市局同志参加了各种研讨、交流和培训学习,使广西壮族自治区具体从事版权管理工作的同志不仅在业务上得到提高,还获取了大量的版权管理信息。

在日常管理工作方面,2003年广西壮族自治区共调解著作权纠纷12起;办理作品自愿登记55件、出版外国图书合同登记199件、计算机软件代办登记21件、鉴定盗版侵权制品3 000余册(张)。

七、加强版权贸易,促进文化交流

2003年,广西壮族自治区版权局进一步增强开放意识,努力做好广西新闻出版系统的对外出版文化交流活动,有力地促进了广西对外版权贸易、合作出版和其他出版对外交流业务的发展。据统计,全年共承办出访团组18个达133人次。局直属广西万达版权代理中心共代理国内20多家出版社与美国、日本、英国、法国、德国、意大利、瑞士、台湾、香港等9个国家和地区达成版权贸易合同的图书达69项139种,其中代理版权引进61项131种;代理版权输出8项8种。版权贸易图书的签约总码洋达3 050万元,预计版权代理费收入近22万元。所代理的版权贸易图书给出版社带来了良好的社会效益和经济效益,如代理云南教育出版社引进法国的《我的野生动物朋友》从上年到2003年累计发行量近30万册,荣获全国引进版科技类优秀畅销书和输出版优秀图书,是全国惟一同时荣获引进与输出版权优秀图书奖的图书;代理接力出版社从美国引进的《邮差弗雷德:从平凡到杰出》重印了9次,发行量累计接近20万册,荣登《中国图书商报》非文学类畅销书排行榜。代理长江文艺出版社引进刘庸的最新力作《靠自己去成功》首版印刷10万册,跻身12月份的开卷畅销书排行榜。

据统计,广西壮族自治区2003年引进版权总数达487种,其中图书455种,录音制品12种,录像制品18种,计算机软件2种。输出版权总计17种。

八、加强学习,转变作风,版权管理队伍建设进一步加强

1. 加强了理论学习和精神文明创建工作。按照中央和自治区党委的统一部署,广西壮族自治区版权局及时下发了《关于开展2003年理论学习的通知》,围绕主题,组织干部职工认真学习十六大和十六届三中全会精神,学习贯彻《"三个代表"重要思想学习纲要》。局党组中心组共组织7次学习,配合理论学习出版了5期宣传板报。4月下旬至7月份,在全系统开展了"解放思想再讨论活动"和"我为广西发展献计献策"活动,提高了广大干部职工的政治素质和业务素质,增强了对外开放意识、改革创新意识。

2. 党风廉政建设和反腐败工作进一步加强。3月份召开了全系统党风廉政建设工作会议,认真传达贯彻中央和自治区党风廉政建设和反腐败斗争的指示精神;抓好制度建设,建立处级干部廉政档案制度,进一步强化党风廉政责任制,积极从源头上预防和解决腐败问题。

(广西壮族自治区版权局)

海南省

专利工作

2003年,海南省的知识产权工作在省委、省政府的正确领导下,在国家知识产权局的大力支持下,认真贯彻落实党的十六届三中全会精神和全国专利工作会议精神,围绕着知识产权工作为海南省经济建设服务这一中心,调整服务思路,创新服务内容,强化知识产权宣传、培训、知识产权保护和实施工作,取得了一些成绩,为海南"科技兴省"战略做出了应有的贡献。

一、知识产权宣传工作取得了新的进展

海南省知识产权局一是下文通知各市县在4月26日前后开展各种形式的知识产权宣传活动,并对部分市县开展这项活动给予了资助。据统计海南省知识产权局共给各市县发放宣传画100份,宣传册2 000本。海南省14个市县科技管理部门分别开展了诸如张贴宣传画,出版专题墙报、黑板报、通过广播、电视宣传、举办讲座、召开座谈会、上街设摊接受咨询等宣传活动。

二是在4月26日前夕召开了纪念《专利法》实施十八周年暨知识产权工作座谈会,海南省内各知识产权工作部门代表和24家企业界代表欢聚一堂,畅谈建省以来专利工作取得的成绩,交流开展工作的经验,提出今后的努力方向等。

三是联合海南省工商局、省版权局、海口市科技局在海口市明珠广场开展了大型知识产权咨询活动,悬挂宣传条幅10条,制作展板30张,为专利实施较好的企业提供展位10个,展示了海南省50项优秀专利产品;接受咨询2 500余人,发放宣传资料2 000余份。在这次活动中海南电视台、海南日报社都进行了采访和报道。

四是免费为海南省市县科技管理部门、高新技术企业赠送《中国知识产权报》300多份;出版《海南知识产权通讯》6期,组织报社综合报道海南省知识产权工作5次,电视报道12次,及时将国家有关知识产权的法律法规及海南省专利工作的动态传达给有关企业和个人。

五是为了进一步提高市县各级领导、企事业单位知识产权意识,海南省知识产权局派出两名有一定经验的人员深入东方、琼海、儋州、保亭、三亚等五个市县开展知识产权讲座活动,给600余名各级领导讲授了知识产权与WTO、专利申请和专利保护等知识产权知识,由于准备充分、案例翔实,能结合本省的实际情况,听众们反映良好。

六是2003年全国专利政务信息工作会议在海口召开,海南省知识产权局在协助国家知识产权局做好会务工作的同时,邀请两名国务院经济发展研究中心的与会专家做了"知识产权制度在美国技术创新中的作用"和"从国家利益的高度看知识产权"专题报告,组织40家企事业单位代表听取了这两个专题报告,增强了企事业单位知识产权意识。

二、知识产权培训工作成绩斐然

为了提高市县领导和高新技术企业经营管理人员的知识产权工作水平,2003年度,海南省知识产权局在国家知识产权局的大力支持下,共举办两期培训班,一期是全省市县领导干部知识产权培训班,参加培训人数80人;一期是高新技术企业经营管理人员知识产权培训班,学员100名。这两次培训班的成功举办进一步提高了学员们知识产权保护意识和工作水平,为开展今后的各项知识产权工作奠定了基础。

三、加大专利行政执法的力度

海南省知识产权局一是为了打击假冒和冒充专利行为，整顿和规范海南省专利商品的流通秩序，根据国家知识产权局的统一部署，3月中旬在全省范围内开展了一次专利打假活动。向社会公众公布了举报假冒和冒充专利行为的电活；组织全局人员深入海口市各大商厦，商品批发市场进行排查，共登记有专利标记的产品近800件，经检索核实，查出假冒专利11件。对省内的4件假冒专利进行了处理，销毁假冒专利包装盒共计8.5万个。对外省的假冒专利除给予撤柜处理外，还与有关省市专利管理工作的部门联系，敦促其对相应的厂家进行处理。

二是认真指导专利权人对外省侵权厂家提起专利诉讼。2003年省内专利纠纷不多，海南省知识产权局共调处专利侵权纠纷案七宗，全部通过调解结案。出现了五宗被告在外省的侵权案，由于被告在省外，海南省专利权人不懂管辖方面的有关规定，不知道如何提出专利诉讼。针对这种情况，海南省执法人员总是主动上门服务，下到企业给专利权人或者利害关系人讲解专利法和实施细则及相关法律、法规的规定，指导当事人准备诉讼文书，及时向人民法院提出诉讼，并配合法院做了一些证据的收集和核实工作，使案件得到了公正地处理。

四、努力开展专利试点工作

海南省知识产权局一是对2001～2002年度全省16家专利试点单位进行检查验收评比。并在海南省科技工作会议上，表彰获得2001～2002年度专利试点工作先进单位的文昌市政府、椰树集团有限公司、海南欣龙无纺股份有限公司等先进单位及个人。据统计，十六家试点单位两年来申请专利260件，产值52.7亿元，销售收入50.8亿元。

二是在总结2001～2002年度专利试点工作的基础上，开展新一轮的专利试点工作。经申报、筛选、审核，确定了海南金盘特种变压器厂、海南现代企业股份有限公司、海南富岛复合肥有限公司、海南省农业科学研究院等11家单位为海南省2003～2004年度的专利试点工作单位。

三是多次深入海南现代企业股份有限公司、海南省农业科学研究院、海南富岛复合肥有限公司等试点单位，进行专利工作调研，帮助这些单位成立专利工作领导小组，建立健全专利管理的规章制度，促进了试点单位专利工作的深入开展。

五、为社会公众提供专利信息服务

海南省知识产权局充分利用局内拥有的专利文摘光盘、专利说明书光盘等专利文献，为企事业单位及专利申请人提供专利申请查新、立项查新及投资项目筛选等服务。一年来提供专利入口检索、专利全文检索、查新咨询等项服务600多人次。为了促进专利实施，海南省知识产权局联合省技术市场举办了三期专利技术推介会，共向省内企业展示专利产品和专利技术50余项，其中三名专利权人已与企业签订了合作开发协议书，这项工作为企业引进专利搭建了交易平台。

六、组织海南省首届“十大专利发明人”评选活动

海南省知识产权局为了弘扬创新精神，树立海南省优秀发明人典型，激励全社会广泛、深入开展技术创新和发明创造活动，海南省科技厅、省知识产权局与省人事劳动保障厅联合开展海南省首届“十大专利发明人”评选活动，先是在海南日报等媒体上刊登了评选活动公告、经过组织专家评审、公示后，在近百名发明人中产生了海南省首届“十大专利发明人”。省知识产权局组织媒体报道了海南省“十大发明人”的先进事迹，并将举办颁奖电视晚会进行颁奖。

七、组织企事业单位申报中国专利奖及参加各类会展活动，促进海南省企业的技术交流

海南省知识产权局一是发文到各企事业单位，动员申报中国专利奖，经对15份申报材料进行筛选、审核，推荐海南省椰树集团和欣龙无纺股份有限公司的两项专利申报了该奖，经国家知识产权局的筛选，椰树集团的“改进的椰子汁饮料的制法及用该方法制备的产品”荣获中国专利优秀奖。

二是发文到各有关单位，分别组团参加了第十四届全国发明展览会、《中国国际专利技术与产品交易会》及《第十届中国杨凌农业高新科技成果博览会》。

三是根据国家知识产权局《关于在防治‘非典’工作中加强知识产权保护的通知》要求，组织、动员中和药业、海灵制药厂等24家与生产“非典”药品相关的企业申报专利保护。

八、加强对海南省内专利代理机构的管理

根据《专利代理惩戒规则(试行)》的要求，经民主推荐，筛选，成立海南省专利代理惩戒委员会，并将委员会名单报国家知识产权局备案。根据国家知识产权局《关于开展2003年专利代理机构和专利代理人年检工作的通知》要求，按照《专利代理管理办法》关于年检的规定，认真做好海南省专利代理机构年检及专利代理人的年检及换证工作，并将年检结果上报国家知识产权局。

海南省知识产权工作虽然取得了较好的成绩，但与先进的省市相比，还存在很大的差距。今后，海南省知识产权局一定要努力学习，锐意进取，做好海南省的知识产权管理工作，为海南的社会经济发展做出应有的贡献。

（海南省知识产权局　毛阅明）

版权工作

1. 大力开展普及《中华人民共和国著作权法》的宣传工作。开展形式多样、丰富多彩的普法宣传和培训工作，分别在省出版系统、新闻系统（新闻记者）、稽查部门开展各类版权培训。2月底，海南省版权局请中国版权保护中心齐相潼主任来琼为省出版系统作版权贸易知识讲座，受到出版界人士的欢迎和好评。4月份，为海南省摄影家蒙传雄的258帧照片免费进行作品登记，并举办了作品登记颁证仪式，省版权局局长徐庄亲自颁证，省内各主要媒体作了宣传和报道。为迎接“世界知识产权日”，海南省版权局会同省知识产权局、工商局在明珠广场举办了知识产权法律知识宣传活动，向群众分发了海南省版权局编印的“盗版光盘鉴别办法”。在全省张贴国家版权局印制的保护版权的公益海报。提高了全省新闻出版界及广大群众的版权保护意识。全年为社会和有关权利人提供各类版权咨询服务约300人次。

2. 打击本地区严重危害社会公共利益的各类盗版活动，特别是音像制品盗版、软件盗版和教辅材料盗版。全省检查音像、图书经营点3 121（家次），共收缴各类非法出版物和侵权盗版制品159 605册（盒、件）；查处违规经营盗版软件单位13家，收缴盗版软件8 850张，使盗版行为在海南省得到有效的遏制，治理工作取得了阶段性成果。

2003年，海南省版权局配合有关单位工作，共鉴定各类出版物258种，其中图书26种，光盘133张，软件99张。同时配合广东、湖南、内蒙、江苏、湖北、云南、贵州等兄弟省查处非法出版物（包括盗版图书）。

3. 协助国家版权局在海南省海口市举办了“全国版权行政执法经验交流会”。

4. 努力完成行政管理职能的转变，进一步加强服务意识，加大社会监管力度，帮助筹备版权保护中心和版权保护协会，以发挥版权中介组织和社会服务机构的作用。版权协会正在积极筹建之中。

为中国版权协会在海南发展团体会员10个，个人会员25名（已领取会员证）。

5. 认真地做好版权日常行政管理工作。2003年审核登记涉外图书出版合同198种；登记各类作品共29个登记号（其中3个登记号包括作品262件）；认证涉外软件合同4种。

6. 与信息产业部门配合，努力推进省直机关软件正版化工作，已完成对省直机关软件使用情况的调研，选型工作。但经费问题遇到很大困难未得到落实。

7. 履行版权行政管理机关的行政调解职能，为权利人排忧解难，维护了权利人的合法权利。

（海南省版权局）

司法工作

2003年海南省法院共受理知识产权案件共23件，诉讼标的案件215.34万元，其中新收案件19件，旧存4件，审结案件19件，新收与审结案件持平。所受理的知识产权案件中，著作权纠纷案件13件，均为著作权侵权纠纷案；商标权纠纷案件6件，均为商标侵权纠纷案；专利纠纷案件2件，其中专利侵权案纠纷案件1件，其他专利纠纷案案件1件；另外其他技术合同纠纷案案件1件。受理的23件知识产权案件中，有20件为侵权纠纷案件，占受案数的87%。

（海南省高级人民法院民二庭）

四 川 省

专利工作

一、概况

2003年是四川省知识产权工作持续发展的一年。全省21个市（州）和部分有条件的区县相继成立了管理专利工作的部门，至此，四川省既有省级的知识产权管理、执法机构和办公会议协调机制，又有覆盖全省的市（州）级和部分县级知识产权管理网络，比较完善的知识产权管理体系在全省已基本形成。一年来，全省知识产权工作部门充分发挥知识产权制度的作用，抓住知识产权创造、保护和运用三个关键环节，推进知识产权工作全面发展。

2003年四川专利申请达到7 443件，比上年增长24%，其中发明专利申请量1 475件，比上年增长24%；专利授权4 051件，比上年增长19%，其中发明专利授权342件，比上年增长48%。截止2003年底，四川省累计专利申请为54 835件，其中发明专利10 207件；累计拥有专利授权32 536件，其中发明专利1 938件。据不完全统计，2003年四川省共培训地厅级领导干部130人次，县处级领导干部790人次，企事业单位工作人员660人次。2003年全省开展专项执法检查20多次，省市两级管理专利工作的部门共受理专利纠纷案件155件，结案138件，结案率89%。在案件处理中，采取登记封存措施十余次，封存涉嫌侵权产品三万多件，案值十多万元。经调解，专利权人获得经济赔偿20多万元，被请求人自行销毁侵权产品5万多件，价值50多万元。据不完全统计，2003年四川省新增专利实施项目781项，新增产值127.9亿元，新增利税14.45亿元，创汇2.63亿美元。

2003年，四川省知识产权工作的突出特点是，以促进省委省政府中心工作为重中之重，发挥知识产权制度以市场机制配置创新资源的基础性作用，推进"三个转变"。一是发挥知识产权制度调动科技人员积极性、激励发明创造的作用，促进人才资源向人才资本转变。四川省知识产权局参与省委、省政府《关于加快人才资源向人才资本转变的若干意见》配套文件的制定工作，出台了《关于鼓励职务发明创造推动专利技术向现实生产力转化的实施意见》，并结合具体工作制定了《充分运用知识产权制度加快四川省人才资源向人才资本转变的实施方案》，从五个方面加大激励和奖励力度，促进人才及其知识、智力成果的资本化。二是发挥知识产权制度推进技术创新、提高企业竞争力的作用，促进民营企业加快发展。四川省知识产权局出台了《专利工作促进民营经济发展的意见》，正确引导民营企业的技术创新，提高民营企业运用专利制度的能力，优化配置民营经济发展资源，为民营经济健康发展提供良好法律保障。并选择了民营企业比较集中的家具行业探索知识产权保护自律机制，指导成都市家具行业成立了专利保护联盟；组织了中介服务机构与成都高新区民营科技企业的对接洽谈活动；组织到甘孜州开展现场办公，帮助民族地区支柱产业申请专利。三是推进知识产权战略，促进四川省重装产业发展。制定了《在重大技术装备制造业实施专利战略的方案》，促进重装制造企业掌握具有自主知识产权的核心技术，发展新产品，促进企业在技术进步中不断创新和壮大。四是积极投入抗"非典"斗争，加强防治"非典"工作中的知识产权保护。坚持一手抓防治"非典"，一手抓工作发展，根据知识产权工作的特点和四川省实际，研究制定了《关于加强抗"非典"中知识产权保护的意见》，指导有关"非典"的科研项目尽早取得知识产权保护，受到省有关领导的好评。

二、专利申请

四川省知识产权局重点从五个方面激励创新，强化服务，大力促进自主知识产权产出。一是制定有效措施，激励发明创新。明确一系列奖酬力度，鼓励职务发明申请专利的政策措施。二是确定服务重点，提供信息支撑。确定了重装制造、医药化工、饮料食品、冶金等支柱产业和97户重点优势企业为重点，开展专利信息查询等专项服务。三是用好资助资金，鼓励申请专利。加大了对省重点行业和重点企业的扶持。2003年共资助申请项目1 317项，比上年增长一倍以上。四是加强条件建设，完善服务功能，重点加强电子会晤查询系统建设。五是规范中介行为，提高代理质量。成立了省专利代理惩戒委员会，对四川省专利代理机构收费标准进行了修改并经省物价局批准下发执行；举办专利代理人资格培训，四川省新增15名专利代理人。这些措施促进省专利申请量保持快速增长。

三、知识产权宣传培训

2003年四川省知识产权局重点抓了五项知识产权宣传活动。一是围绕"知识产权与我们的生存与发展"和世界知识产权组织确定的"知识产权与我们息息相关"两大主题，组织了全省专利宣传月和纪念"4.26"世界知识产权日宣传活动，指导各市州开展了形式多样、内容丰富的宣传活动。二是3月份与四川省妇联在全省范围内组织开展了"四川省十佳巾帼专利发明人"评选活动，并于4月中旬举行了颁奖仪式。三是加强同新闻媒体的合作，对典型事例进行深入报道，大力宣传四川省知识产权工作。据不完全统计，2003年在省级以上新闻媒体播出、发表知识产权宣传文章182篇次。其中，在中国知识产权报上92篇，省级报刊、电视台、广播电台发表、播放90篇次；制作专版和专题节目4个。据对全省19个市州上报的宣传培训报表的统计，2003年在市州级报纸上共发表新闻稿件381篇，电视台播放303次，拍摄专题片58个，广播电台播放187次。

四川省知识产权局在广泛宣传的基础上，深入开展知识产权培训。一是加强对领导干部的培训。经与省委组织部联系，四川省处以上领导干部的知识产权培训首次列入全省大规模干部培训计划，于12月份对全省部分副厅局级、副市级领导干部进行了调训。二是根据提高企事业单位知识产权保护能力的需要，重点加强对企事业单位科技人员和知识产权工作人员的培训。省局于

10月同省人事厅共同对企事业单位的专业技术人员进行了“技术创新与知识产权保护”的培训；与省经贸委联合举办了“四川省重大技术装备制造企业实施专利战略研究”培训班。三是指导基层单位开展知识产权培训，对市州知识产权培训提出了指导性意见，加强了市州宣传培训工作的制度化、规范化建设，并在经费、教材和师资上给予支持。2003年四川省21个市州都开展了形式多样的宣传培训活动。四是承担国家知识产权局开办的知识产权远程教育西南地区辅导站工作，以普及知识产权知识、扩大培训范围。

四、行政执法和专利保护

2003年，四川省知识产权局进一步加大专利行政执法力度，落实《行政执法责任制暂行办法》的各项规定，修订了《行政执法廉政纪律》，制定了《专利行政执法办案规范》，提高了执法效率和执法水平，保证了依法行政。在加强执法的同时，进一步完善知识产权保护体系。一是通过规范性文件、联合办案、观摩审理，加强对市州专利行政执法工作的指导；通过执法培训，提高市州专利行政执法人员办案能力，本年度新发专利行政执法证件111个。二是加强省际专利执法协调机制建设。四川省已与北京、上海、广东、浙江等16个省市建立了专利行政执法协作机制，目前已结案两起外省移送的案件，在外省专利执法部门的配合下，帮助四川省某企业开展跨省市专利维权工作，使该公司获取了专利实施许可费350万元。三是加强跨部门协作，与商标、版权、公安等部门建立了工作联系制度，多次开展联合执法活动。四是加强行业自律，提高企业自身的知识产权制度运用能力和知识产权保护能力。指导成都市家具行业成立了专利保护联盟，以解决家具企业数量多、专利纠纷多，企业规模小、单个企业独自开展知识产权保护工作和维权行动势单力薄的突出问题。专利保护联盟成立后，及时开展了专利知识培训，编辑发送了《家具类外观设计专利授权信息》资料，指导家具生产企业解决专利保护工作中遇到的实际问题。2003年，四川省新增家具外观设计专利申请1 400件，有效减少了行业内专利违法行为，使家具行业的竞争秩序明显改善。

五、企事业知识产权工作

2003年，四川省知识产权局以深入调查研究、组织试点示范、推进知识产权战略实施为主要措施，促进企事业知识产权工作的深入开展。一是在对97户重点优势企业、4 572家规模以上独立核算工业企业的专利工作状况进行调查分析的基础上，开展了200户企业入户调查统计，并对全省16所重点大专院校、22家高新技术企业进行了知识产权调查。开展了《知识产权贸易壁垒研究》、《专利制度与四川核心竞争力提升研究》、《防治“非典”工作中知识产权保护》、《运用专利制度促进高校机制与体制创新研究》、《高新技术企业知识产权调查研究》等调研工作。通过调研，四川省知识产权局与科技、经济、外贸等部门联合制定了《四川省高新技术领域实施知识产权战略方案》、《关于进一步加强企业知识产权工作的建议》、《关于加强对外贸易中专利管理的通知》。二是进一步推进企事业专利试点工作。组织完成了国家级四个专利试点单位和六个产业化示范工程项目的总结验收，组织省级24户试点企业进行试点工作总结并全部建立了知识产权工作制度和机构，1/3的试点单位专利申请量同比增长30%，专利工作在促进技术创新方面取得显著进步。内江、绵阳、德阳、巴中等市也结合本市实际开展了市级企业专利试点工作。三是选择四川省经济发展中的一些重点区域、重点行业和重点企业，大力推进知识产权战略的实施。先后开展了《德阳重装基地专利发展战略研究》、《背投电视机技术专利战略研究》和《S—诱抗素产业专利战略研究》等专利战略研究工作。加强对成都、绵阳两个国家级专利试点城市和德阳市中国专利技术产业化示范园区的指导；启动德阳市重大技术装备基地建设中的专利保护和专利战略研究工作；协助绵阳市在9个具有省级以上技术中心的企业实施企业专利战略推进工程。

六、大事记

四川省知识产权局原党组书记、局长彭言智任省人大常委、省人大外侨委副主任。

赵爱明任省知识产权局党组书记、局长。

宜宾市知识产权局、中国第二重型机械集团公司知识产权办公室、四川大学科技处被国家人事部、国家知识产权局授予“全国专利系统先进集体”荣誉称号。

德阳市知识产权局局长蒋大海被国家人事部、国家知识产权局授予“全国专利系统先进工作者”荣誉称号。

（四川省知识产权局办公室　高晓宇）

商标工作

2003年，四川省商标工作坚持按照2003年全省工商行政管理目标任务的要求，结合学习贯彻十六届三中全会精神，围绕整顿和规范市场经济秩序的总要求，努力提高工作效率，狠抓任务的落实，较好地完成了各项任务，商标工作出现了蓬勃发展的好势头：

1. 结合《中华人民共和国商标法》实施20周年,全省组织了大规模的商标法律法规的宣传活动。2003年3月1日,是《中华人民共和国商标法》实施20周年纪念日。根据国家总局的安排,全省组织了商标监管干部进行了大规模的商标法律宣传。全省共出动工商干部1 300人次,车辆500台次,发放宣传资料10万余份。各地充分发挥优势,利用电视、广播、媒体开展了商标法知识竞赛、电视专题访谈等形式多样的宣传活动,取得了较好的宣传效果。经过全省大规模、有声势、有力度、有特色的宣传活动,取得了非常好的宣传效果,使四川省企业和消费者的商标法律法规意识进一步增强。四川省的商标申请量和注册量持续大幅度增长。2003年,四川省的商标申请量和注册量为14 577件和7 357件,分别比2002年同期增长了33.9%和15.3%。

2. 强化商标办案力度,严厉查处了一批商标假冒侵权案件。2003年,全省共查处商标一般违法案件261件,比2002年减少326件,同比下降120%;商标假冒侵权案件1397件,比2002年增加291件,同比增长27%。共罚款644.11万余元,比2002年增加245万元,同比增长58.3%。移送司法机关案件1件,涉案1人。同时,商标执法工作还参加了全国糖酒会及中国西部博览会等大型经济活动的知识产权维权和咨询工作;组织承办了全国商标执法研讨会;在全省开展了保护"奥运标志"专项行动,查处了一批违法行为。

3. 组织召开了"商标与农业产业化论坛"。2003年9月,省局商标分局负责组织了省工商局和省农业厅共同主办的"商标与农业产业化论坛"。这次会议规格高、规模大、主题重大、准备充分、效果显著。国家工商总局商标局安青虎局长、省政府陈文光副省长参加了会议并作了重要讲话。全省工商系统和农业系统的领导和同志参加了会议。会议交流论文30余篇,对商标促进农业产业化的作用、途径、效果等情况作了论述。引起了与会者的共鸣和思考。中央电视台、中国工商报、中国知识产权报、四川电视台、四川日报等众多新闻媒体对会议作了宣传报道,在省内外和工商系统内外产生了较大的影响。

4. 培育国家驰名商标和推荐认定省著名商标。2002年,国家工商总局发布了新的《驰名商标认定和保护规定》。省局商标分局及时组织了对全省各市、州工商局分管局长和商广科长的培训。并对全省拟申请认定驰名商标的20余家企业也组织了专题培训和指导。目前已向国家工商局正式报送了驰名商标认定案件3件;已认定1件。2003年,各市、州工商局根据当地的实际,积极向省局商标分局推荐了认定省著名商标的企业140余家,为支持当地企业的发展做了很有意义的工作。

(四川省工商行政管理局)

版权工作

2003年,四川省版权保护工作,在省委、省政府的领导下,在国家版权局的指导下,以"三个代表"重要思想为指导,认真贯彻落实党的十六届三中全会和全国版权局长会议精神,围绕四川省实行"三个转变"和实现新跨越发展的战略目标,积极实施版权保护制度,在提高社会版权法律意识,打击侵权盗版行为,促进版权产业发展,加强版权社会服务等方面取得了实效,较好地维护了著作权人的合法权益,促进了全省文化和科学事业的健康发展。

据统计,全省全年开展著作权行政执法日常检查127次,集中重大执法检查12次,受理著作权纠纷344件,行政处罚31件,调解313件,没收和销毁侵权盗版制品2 090 260册(张),其中,盗版图书772 103册,盗版期刊285 859册,软件177 662张,音像制品784 513张(盒),电子出版物49 026张(盒),其他制品21 097张。全省统一开展重大宣传活动4次,集中培训4次,对版权贸易、试点单位、新闻采编、书刊发行业人员6 000余人进行了版权法律、法规培训。2003年来共登记各类涉外版权贸易合同68项,作品自愿登记总量达128件。

一、开展著作权保护宣传活动,努力增强社会版权法律意识

一是利用各种法制宣传活动,广泛开展反盗维权活动。在"3.15"国际消费者权益日、"4.26"世界知识产权日、"6.1"《中华人民共和国著作权法》颁布实施十二周年之际和"12.4"法制宣传日,省版权局统一发文组织了集中宣传活动。全省版权行政管理部门结合当地实际,采取召开座谈会、散发宣传资料、悬挂宣传横幅、标语、组织电视台、报纸等媒体宣传报道方式,开展了形式多样、内容丰富的宣传活动。特别是在全国春季糖酒交易会期间,省及成都市版权局参加了由省知识产权办公会议办公室牵头,有省知识产权局、省工商等部门参加的"全国春季糖酒交易会知识产权保护咨询服务活动",为参展商家、企业提供版权保护及咨询服务,四川省的版权保护宣传工作,第一次走进了糖酒会。

二是利用各种会议,开展版权法规知识培训。2003年先后在全省二级书刊批发企业从业人员资格培训会、全省书刊发行工作会议、全省新闻出版采编人员从业资格培训会上,对全省新闻出版从业人员进行版权法律法规培训，提高了新闻出版从业人员的版权法律意识。

三是开展高新技术企业版权法规知识培训。为提高企业的版权法律意识，省版权局及成都市版权局在成都市高新区、各类工业产业园区开展了企业版权法规知识培训，增强了高新技术企业的版权法律意识。

四是开展省级机关办公软件正版化培训。为推进政府软件正版化工作，省版权局积极协调相关部门，组织了由四川省人民政府办公厅主办、省版权局、省发展计划委员会、省财政厅、省信息产业厅承办的“四川省省级机关办公软件正版化培训暨软件演示会”，对省级机关相关人员进行了软件著作权保护知识培训。

五是开展版权贸易知识培训。针对版权贸易工作中的薄弱环节，联系专家，组织交流材料，举办了全省版权贸易研讨会。对全省图书出版单位版权贸易人员进行专题培训，促进了四川省图书版权贸易的开展。

同时，11 月 24～25 日，国家版权局与世界知识产权组织(WIPO)联合举办的“关于世界知识产权组织版权条约(WCT)和世界知识产权组织表演和录音制品公约(WPPT)中的‘向公众传播权’巡回研讨会”在成都举行。四川省和来自西部、中部各省的版权行政、司法、律师、高校以及产业界的代表参加了会议。研讨会目的在于通过对网络传播权的广泛探讨，促进我国网络版权保护立法、执法工作的进一步开展。

二、加强监管，为版权产业的发展营造良好的市场环境

加强市场监管，打击盗版活动是版权行政部门实施行政管理职能的重要内容，是版权保护工作的重中之重。2003 年以来，全省版权行政管理部门，通过市场监管、现场教育、举报查处、投诉调解、集中整治、端掉窝点等方式，严厉打击各类盗版活动，积极处理、调解各类著作权纠纷，保护了著作权人的合法权益，促进了文化市场的健康发展。

一是认真贯彻国家版权局《关于开展打击盗版专项治理活动和有关宣传工作的通知》精神。四川省在接到国家版权办公厅文件的当天，立即向全省转发文件并对活动进行了部署，在全省组织开展了为期一月的“打击盗版专项治理”活动。在活动期间，四川省版权行政及相关部门按照省版权局的统一部署，共出动执法人员 1 200 余人次，车辆 180 余辆，收缴盗版图书 12 万册，盗版光盘 5 万余盘(盒)，盗版音像制品 20 万盘(盒)，端掉盗版窝点 5 处，行政处罚案件 20 余件，有力地震慑了盗版分子，达到了预期目的。

二是《中华人民共和国著作权法》颁布实施十二周年之际，四川省各级版权行政管理部门，按照国家版权局《关于认真做好庆祝著作权法实施十二周年宣传工作的通知》的要求和省版权局的统一部署，积极开展了集中执法检查行动，对图书、音像电子、软件市场、校园周边进行了集中检查。据不完全统计，此次执法活动共出动执法人员 1 131 人，车辆 127 台，共收缴盗版图书22 067 册，盗版光盘10 234 张。

三是根据国家及省有关精神，版权处加大执法力度，从 7～9 月，组织开展了打击盗版教材教辅专项治理行动。成都、眉山、雅安、内江、泸州等市积极组织开展此项工作，加强对出版物市场、印刷、复制企业以及各类学校订购使用教材教辅的监管，开展抵制盗版教材教辅的签名活动，有力规范了教材、教辅印刷、发行秩序。

四是认真贯彻落实上级的有关精神，四川省版权局、四川省信息产业厅、四川省公安厅、四川省工商行政管理局联合印发了《关于打击盗版软件工作实施意见》(以下简称《意见》)，对 2003～2005 年打击盗版软件工作做了全面部署。《意见》将打击软件盗版工作纳入全省整顿和规范市场经济秩序工作之中，确立了打击盗版软件工作的目标、主要工作措施、组织领导及工作要求。在为期三个月的打击盗版软件专项治理行动中，四川省各级版权、公安、工商、“扫黄”“打非”办等部门，密切配合，协同作战，反复清查了软件市场。据初步统计，全省统一开展集中行动 4 次，共出动执法人员 1 530 多人次，车辆 300 余台次，对 21 个电脑、电子市场和其他销售软件的场所、800 多家经营户进行了检查，共收缴各类盗版软件 151 200 余盘，依法取缔无证照经营户 100 余家。同时，发布、张贴宣传资料 5 000 多份，整治了预装软件市场。整治实效得到了由国家版权局、信息产业部、公安部和国家工商总局组成的联合督查组的充分肯定。

三、加强产业保护，促进版权产业发展

1. 开展版权保护试点，推进高新区西部园区版权保护示范园区建设工作。按照省委、省政府的工作部署，2003 年，省及成都市版权局开展了成都高新西区版权保护示范园区建设和园区内企业版权保护试点工作。为做好这项工作，省版权局下发了《关于在成都高新西区开展版权保护试点工作的通知》，制定了《关于成都国家级高新技术产业开发区西区版权保护试点工作实施方案》，确立了“点面结合，逐步深入；典型示范，带动全面”的基本工作思路，成立了由省、成都市和高新西区管委会组成的试点工作领导小组，专门召开了多次会议，对工作进行了具体部署。通过一年多的工作,成都国腾信息安全有限公司等10家企业的版权保护试点工作已全面结束。11月10日,省版权局组织召开了成都高新区(西部园区)版权保护示范园区建设验收总结会议,10家企业版权保护试点工作经验收评议全部合格。

2. 认真调查研究,指导实用艺术作品的版权保护工作开展。省版权局分别到四川省工艺美术行业协会和眉山市青神县进行调研,对吕艺彩陶、刘氏竹编、成都漆器工艺厂、成都金银制品有限公司、成都蜀绣、民间剪纸和青神竹编等企业版权保护状况进行了了解,并对上述企业提出的版权保护问题进行了解答和指导。

四、强化服务,积极开展版权贸易指导和各项登记服务工作

1. 认真组织参加2003年北京国际图书博览会,为全省出版单位的版权贸易服务。在第十届北京国际图书博览会期间,四川出版代表团取得可喜成果。据统计,四川展团在此次博览会上组织1 500种图书参展,共签订版权贸易正式合同71项,其中引进48项,输出23项;达成版权贸易意向协议114项,其中引进91项,输出23项,图书种类包括文学、艺术、历史、科技和哲学等领域,涉及英、美、日等7个国家和地区。与上届博览会相比,正式合同增长74%,版权贸易成交量有较大幅度增长。

2. 积极开展版权贸易合同登记和作品自愿登记工作。为了让著作权人理解登记的重要性和必要性,为著作权人提供优质的服务,四川省版权局始终扩大宣传,耐心地向著作权人讲解有关登记知识,受到了著作权人的一致好评。

五、转变职能,积极推进全省版权工作的开展

按照全国版权局长会议的精神和局党组关于局机关要进一步转变职能的要求,按照局党组的统一安排,四川省版权局对全省17个市(州)的版权管理基本情况进行了调研,并结合全省版权工作实际,经过认真研究,对进一步加强全省版权行政管理机构建设、版权社会监管、版权行政执法、版权社会服务等工作提出了建议意见,为版权职能转变提供了决策参考意见。目前,全省21个市(州)有15个成立了版权局。2003年5月,甘孜18个县设立了版权局。

(四川省版权局)

司法工作

2003年,四川省法院知识产权审判工作在最高法院的关心和指导下,在省委的领导及有关部门的配合、支持下,取得了一些新的成绩。四川省法院2003年的知识产权审判工作概况及在司法保护中呈现的特点如下:

一、2003年知识产权审判工作概况

2003年,全省各级法院受理知识产权案件数量上升,重大案件增多。全年共受理232件,其中一审196件,审结172件,结案率为87.8%,比2002年收案上升21.5%,结案上升14%。二审收案36件,结案36件,结案率为100%,比2002年收案上升200%,结案上升200%。

2003年,省高院审结了四川省山川机械厂与杨北川、重庆市中意减振器厂商业秘密纠纷案,张凡与四川新兴电气研究所、成都国光电器股份有限公司侵犯专利权、科技成果权、荣誉权、名誉权纠纷案,四川新视野传播公司与峨眉电影制片厂、廖家云、贾万超侵犯著作权、获得报酬权及委托改编作品合同纠纷一案等影响重大的知识产权案件,做到了法律效果和社会效果的有机统一。

成都中院审理的四川光友薯业有限公司与四川雅士食品有限公司不正当竞争纠纷案,双方均为四川省粉丝加工的龙头企业,又是竞争对手。审理中,承办人员注重举证责任的分配,加强庭审中的质证、认证及说理,依法公正地处理了此案,受到社会、媒体的广泛好评。成都中院还审结了"天虎"网站侵犯香港三大唱片公司音乐作品网络传播权纠纷一案,该案为入世及我国著作权法修改后,四川省受理的首例通过网络向公众提供MP3格式歌曲的下载和在线试听服务的涉港网络传播的案件。为了平等保护大陆地区和香港地区当事人的合法权益,同时考虑到该案可能形成"判例"示范效应等因素,在处理该案件时非常谨慎,采取了法定定额赔偿的方式确定被告的赔偿数额。宣判后,双方当事人均表示服判,被告还主动要求履行判决内容。该案判决后,其"判例"效果在国内外均引起了较大反响,各大媒体进行了报道,美国驻成都总领事馆经济领事邓乃文专门就此事了解情况,关注中国法院对网上著作权的保护情况。

二、2003年知识产权司法保护呈现以下特点

1. 新类型案件,涉外、涉港、澳台知识产权案件增多。新类型案件主要涉及计算机网络、域名、网络实名、植物新品种等。受理涉外、涉港、澳台案件也呈上升趋势,2003年收案18件,审结14件,比2002年上升32%。在审理该类型案件中,坚持法制统一,司法独立,透明度和非歧视性原则,积极稳妥地运用有关国际公约和惯例,实现了法律效果和社会效果的统一,促进了四川省对外开放发展。

2. 进一步探索审判方式改革，总结积累审判经验

(1)严格依据民诉法和证据规则的规定，制定出一套规范、详细的受理、应诉和举证通知书，明确告知当事人权利、义务，在制作、送达时即注重符合民诉法、证据规则的规定，又符合知识产权纠纷案件的特点。

(2)进一步探索庭前交换证据规则。普遍实行庭前交换证据制度，要求当事人提交证据并证据交换时，将证据分类，并将证明一个事实的所有证据列为一类证据，详列目录并编上序号，使当事人相互了解对方的诉讼请求及其理由的依据，以利于缩短庭审举证、质证时间，提高庭审效率和质量。

(3)庭前初步归纳争点，庭审中根据诉、辩内容确定焦点。对当事人无争议的证据，能证明案件事实的证据，合议庭成员意见一致后，当庭认证；对有争议的证据，一般待庭审后合议时，结合其他证据、事实再作认定。

(4)专家辅助人、证人制度问题。案件中涉及新技术和专业问题时，通常专门走访有关部门和咨询相关技术人员，这样既有利于提高审判效率，又有利于保证审判质量。对于证人证言的采信，通常掌握较严格，证人出庭必经合议庭决定或必要时征询对方当事人意见。对于"补强性"的证据，即要与其他物证、书证等相互印证并经证人出庭作证等前提具备下才予以采信。

(5)在审理涉外案件时，努力适应入世的新形势，恪守司法中立和程序公正，注重指导当事人举证、举行听证会等，保证公平、公正审判。如外方当事人 TH&T 国际公司、美籍华人尹新生在诉讼结束后，均对法院的审理表示理解与支持，并表示要将裁判文书翻译成英文在美国宣传，还表示愿意进一步推进美、中民间经济往来和到中国投资。

(6)在依法公正审判的同时，注重审判效率。全省大多数法院建立和完善了一系列保障效率的制度和机制：如规定涉外、涉港澳台案件若无需通过涉外途径送达或需到境外调取证据等特殊情况，一般应在 6 个月结案。2002 年，所收涉外案件中有 55.9%的案件，在立案后 6 个月内审结。建立督办机制。内勤对案件进行随时检查，如一审案件中，若发现案件审理到 5 个月仍未结，即向承办人员发出预警通知，并报告庭领导。超过 6 个月仍未审结，由庭领导根据实际情况作出限期结案要求，并与年终考绩挂钩。进行案件专项检查和清理。在规定时间内对未结案件及时清理，注明未审结原因，督促清理积案。2003 年在法定审限内结案率达到 95%以上。

3. 加大调解结案的力度，调解结案成为 2003 年知识产权审判工作中的闪光点。按照肖扬院长的讲话精神和最高法院的有关要求，全省法院在审理知识产权案件中，省高院在审理泸州太阳神酒厂与泸州市江阳区三桥酒业有限公司商标转让合同纠纷一案时，为了使双方当事人因转让所涉及"老糟房"注册商标能够发挥其自身的经济效益，避免一个品牌因诉讼而垮掉，合议庭多次耐心做双方当事人的工作，终使其放弃前嫌、达成和解协议，有效地促进和保障了我省酿酒企业的发展。又如在审理成都市红樱食品机械制造有限公司与双流县白家红英机械厂商标侵权及不正当竞争纠纷一案中，通过合议庭成员大量细致地说服、疏导，双方从不理解、不配合到握手言和，自觉履行调解协议。诉讼结束后，双方还均表示通过诉讼增加了保护知识产权、遵纪守法、遵守商业信誉、道德的意识。2003 年全省共调处和以撤诉方式审结 106 件，占 2003 年结案总数的 59%。

为了总结审判经验，推广调研成果，增强四川省知识产权审判工作的透明度和影响力，四川省积极选送部分优秀裁判文书、调研文章，分别与最高法院、北京高院、上海高院等合作。在出版的《民事裁判文书改革与实例评析》、《知识产权裁判文书集》等书刊上发表文章 45 篇。据不完全统计，与新闻媒体、电视、电台公开发表新闻稿件近百篇，接受采访 10 余次，有效地宣传了法律，扩大了办案效果，为加快我省知识产权的产业化和市场化进程，保障经济秩序稳定和对内、对外投资做出了应有的贡献。

(四川省高级人民法院民三庭)

重庆市

专利工作

一、概况

2003 年，重庆市共申请专利 4 595 件，同比增长 46.24%，增幅在全国排第 1 位(2002 年排全国第 3 位)。其中，作为一个地区知识创造能力指标的发明专利为 559 件，同比增长 66.87%，实用新型专利和外观设计专利分别为 2 194、1 842 件。全市历年累计专利申请总量突破两万件大关，创纪录地达到 20 107 件。事实上，自 2000 年首次突

破1 500件后重庆市专利申请就开始驶入“快车道”，近4年的申请量几乎与前15年总量相当。另外，2003年专利授权2 873件，同比增长63.15%，增幅在全国排第三位，总量突破万件，达到11 316件。

二、推进专利管理体系建设有新的发展

为了健全知识产权管理体系，重庆市科委和重庆市知识产权局于2002年颁发了“关于加强重庆市区县(市)知识产权工作的意见”，要求具备条件的区县(市)应成立知识产权管理机构，并对其职能范围作了界定。2003年4月26日，南岸区、双桥区率先在本地区成立了知识产权管理机构，接着，荣昌县知识产权办宣布挂牌成立，从而结束了重庆市没有基层知识产权管理机构的历史。8月，经国家知识产权局批准，重庆市知识产权局成立了国家知识产权局重庆代办处。年底，重庆市委批准重庆市知识产权局升格为副厅级，这项重庆市知识产权局为之争取多年的基础性工作终于有了结果。可以说，通过一年的努力，重庆市的专利管理体系建设上向前迈进了一大步，专利宏观管理工作体系初步形成，工作基础条件进一步得到改善。

三、支柱产业专利工作又上新台阶

2003年，重庆市工矿企业专利申请达到2 238件，占据半壁江山，仅力帆、宗申、隆鑫、嘉陵、建设、银钢六家摩托车企业就申请了近2 000件，力帆集团创下了专利申请950件的惊人数字，平均每个工作日申请近三件专利，在全国企业中排第二位。在重庆市知识产权局的大力推动下，重庆摩托车重点企业知识产权意识有了极大的提高，纷纷建立本企业知识产权管理部门，完善规章制度，逐步推行专利战略；在专利工作上你追我赶，争创第一；一些企业间还结成知识产权联盟，共同应对国际知识产权纠纷。

1. 中国重庆摩托车(汽车)知识产权信息中心成立

在重庆市知识产权局的大力推动下，国家知识产权局与重庆市人民政府共建的“中国重庆摩托车(汽车)知识产权信息中心”于7月25日在渝挂牌。该中心是国家第一个专业的摩托车(汽车)专利文献数据库和专利信息服务机构，建成后将通过一个拥有16台终端的电子检索室和网站(www.motorpat.com)，为客户提供多个国家的汽摩知识产权信息及检索服务。

2. 抓好专利试点示范工作，推动企业专利管理工作向纵深发展

依照国家知识产权局关于开展专利试点示范工作的文件精神，重庆市知识产权局会同市经委在全市开展了企业专利试点示范工作。经自愿申报，上级审查批准，确定重钢、重大为全国第一批专利工作试点企业；同时，重庆市知识产权局和市经委确定宗申、力帆、隆鑫、綦齿、川东钻探公司等五家企业为重庆市专利工作试点企业。

重庆大学组建了以校长为组长、有关职能部门负责人为成员的学校专利试点工作领导小组和知识产权管理办公室及专利工作中心，各学院成立了由主管科研工作的副院长负责的专利工作小组。制定了《重庆大学知识产权保护管理办法》、《重庆大学科技成果转化管理办法》，设立了知识产权专项基金，用以补助以学校作为惟一申请人的专利申请和维持费用，奖励为知识产权保护与管理工作做出突出贡献的单位和个人；增加了对科技成果申请专利和获权专利给予资助和奖励的规定以及在教师技术职称的晋职资格和考核工作中增设了专利成果的有关条款。从政策上激发了广大科技工作者申报专利的积极性。

重庆力帆集团花重金一年申请专利950件，力求形成自主知识产权的保护网。

重庆宗申集团着力于提高企业知识产权保护的整体意识，实施“差异化”战略，将知识产权工作贯穿于研发、生产、经营、销售的各环节，建立摩托车专利文献数据库，着力提高专利申请的质量，使本企业专利工作有了新的进步。

2003年9月25日，重庆市企事业单位知识产权管理工作经验交流会在重庆渝通宾馆召开，50多名企业代表在会上交流了知识产权管理工作的经验，并就提升企事业单位知识产权管理水平进行了深入的探讨。

在重庆市知识产权局的支持下，由中国汽车工业协会主办的“首届中国摩托车行业保护知识产权年会”在重庆召开。有关领导、专家及全国近50家摩托车企业代表参加了会议。会上与会代表讨论了《中国摩托车行业保护知识产权协议书》，并就摩托车行业知识产权保护的相关问题进行了深入探讨。

3. 帮助大企业协调知识产权纠纷，做好维权工作

针对重庆市企业知识产权意识不强，缺乏运用知识产权制度解决权益之争的现状，重庆市知识产权局从稳定大局出发，主动协调好本市大企业之间的知识产权纠纷，并通过解决纠纷开展生动的知识产权教育。如对重庆市摩托车重点企业之间因“摩托车大货架”和“摩托车双金属缸头”专利权纠纷进行调解，处罚侵权行为，维护了正常的市场秩序。帮助重庆三企业应对国外的知识产权纠纷，推动其加强知识产权保护；帮助华陶公司制定了解决专利纠纷的措施和步骤，通过一年多的维权行动，使企业获得近二百万元的经济赔偿。

建立专利申请资助制度,引导企业加快专利申请。资助企业专利申请项目已达500多项。

4. 开展了重庆摩托车专利保护状况与技术需求的调研工作

重庆市知识产权局与重庆大学贸行学院联合承担了国家知识产权局软科学研究项目《重庆摩托车专利保护状况与技术需求分析》,在对重庆市15家摩托车企业数据采集和分析的基础上,检索分析了美、日、欧等发达国家和地区以及中国的近30万件专利文献数据,基本摸清了重庆摩托车专利技术在中国和世界范围内所处的地位及我们的优势,掌握了摩托车行业专利状况和存在的问题,并提出了相应的对策建议。据检索调查,1999~2003年10月,重庆地区摩托车相关技术申请专利共3 712件,约占全国同类专利的1/4。其中,发明专利338件,实用新型1 976件,外观设计1 398件。

此外,开展了民营企业知识产权的调研工作。9月,重庆市知识产权局组织相关同志深入实地考察了60多家包括汽摩、制药、餐饮等多个行业的民营企业,对重庆市民营企业的知识产权工作状况有了一个较清晰的了解和认识。调查发现:近一年多来,重庆市民营企业的知识产权意识比以往大有增强,调研中所接触的民营企业中98%具有了自己的注册商标,65%有专利项目,15%有过利用行政或司法程序进行维权的经历。以汽摩企业为例,在我们走访的18家企业中,目前80%建有知识产权管理部门。

5. 为企业培训专利工作的专门人才

重庆市知识产权局采取集中办培训班、到企业授课、召开研讨会、举办讲座等多种形式,为企业培训领导干部、管理人员和技术人员。全年共举办各种培训13次,培训人才5 000人(次)以上。并会同重庆市WTO领导小组办公室在渝举办了"中国入世与知识产权保护国际研讨会",为企业培养了一批知识产权的高级专业人才。

四、加大专利知识宣传力度,提高社会专利意识

1. 新闻媒体宣传力度加大

据统计,2003年报道重庆知识产权的新闻,《中国知识产权报》31篇,《重庆日报》28篇,《重庆经济报》56篇,《重庆晚报》22篇,《重庆商报》19篇,新华社16篇。加上其他一些报纸、电视和广播电台,重庆市知识产权的新闻报道在220篇次,其中不少新闻还被一些国家级媒体和网站所转载。另外,由重庆市知识产权局与重庆有线电视三套节目合办《创造》栏目已播出39辑。

2. 组织召开全市知识产权宣传工作座谈会

11月6日,重庆市知识产权局邀请18个区县(市)科委和近30家企事业单位管理知识产权工作的负责人在南岸区召开了宣传工作座谈会,就重庆市知识产权宣传现状及存在的问题进行了讨论,并确定了下一步宣传的计划。

2003年受"非典"影响,重庆市知识产权局的"4.26"宣传活动别开生面,在主城区内悬挂数十个"纪念世界知识产权日"的大型横幅标语气球,并在一些单位电台、报刊上进行了知识产权的宣传,收到很好的效果;与《经贸世界》杂志社合办了一期"知识产权专刊",宣传介绍"4.26"的来历、目的及意义,并对重庆专利知识产权工作的先进典型事例和优秀专利项目进行了宣传。

五、通过计划和市场渠道,促进专利实施

2003年,重庆市知识产权局又推荐一批专利技术纳入了国家和市科技计划项目,一些机械制造和中药制剂的方法等专利技术因此进入市场,并产生巨大的经济效益。经中国专利奖评审委员会评审,重庆嘉陵化工厂的"连续氧化生产锰酸钾的方法和设备"、太极集团涪陵制药厂的"急支糖浆的制备方法"于12月获得了国家知识产权局授予的中国优秀专利奖,这两项专利目前已在市场上创造了近二十个亿的经济效益。

六、进一步完善和发展中介服务体系

2003年,重庆市知识产权局对全市专利中介机构进行了一次全面的年检工作,并对五十多名专利代理人进行了换证,对全市专利中介机构进行摸底;进一步完善了中国专利信息系统重庆网站(www.cqipo.gov.cn)为公众提供信息服务的功能,完善了专利文献的检索系统,活跃了专利技术交易市场。

七、严格专利行政执法,保护专利权人的合法权益

2003年,重庆市知识产权局加大了《关于加强重庆市区、县专利管理工作的意见》的执行力度,并依照新修改的专利法,在专利纠纷调处,冒充、假冒专利查处上,做了大量细致的工作。依法保护了当事人的合法权益。其中,对重庆市摩托车重点企业之间因"摩托车大货架"和"摩托车双金属缸头"专利权纠纷进行了调解,并对一家餐厅使用假专利号的行为进行了处罚,有效地维护了正常的市场秩序。此外,还邀请了国家知识产权局专家进行了"专利无效"的口审。

八、抓好政治思想工作,不断改进工作作风

重庆市知识产权局坚持政治学习和职工会制度,实行民主决策,让群众有知情权。由于工作人员少,重庆市知识产权局注重了调动每一个同志的工作积极性。在工作作风方面,坚持树立了为

企业、为发明人服务的思想，在一些专利纠纷的调解过程中，多次深入基层，协调当事人的矛盾，或帮助企业出谋划策，维护其合法权益，得到服务对象的赞誉。

（重庆市知识产权局 曾 欢）

商标工作

一、2003年商标监管工作基本情况

2003年，重庆市商标监督管理工作在局党组的领导下，以党的十六大精神和“三个代表”重要思想为指导，全面贯彻落实十六届三中全会精神，深入开展“适应形势，更新观念”大讨论，坚持与时俱进，开拓创新，取得了明显成绩，圆满完成了各项工作任务。

1. 加大《中华人民共和国商标法》宣传力度，全社会商标意识明显提高。2003年是《中华人民共和国商标法》实施20周年。结合《中华人民共和国商标法》及其实施条例的修改，2003年在重庆市开展了声势浩大、形式多样的商标法律法规宣传活动，在全市掀起了学习商标知识，保护商标专用权的新高潮，市局召开了庆祝大会，并先后举办了三期商标法律知识培训班，达到了很好地宣传效果。此外商标管理干部还深入企业指导企业正确使用商标、帮助解决商标管理中存在的困难和问题，从而使企业商标法律意识明显增强，商标注册量也大幅度上升。据统计，2003年1月至11月全市共注册商标2 195件，比2002年同期增长46%，目前全市共有有效注册商标17 111件。

2. 严厉查处各类商标违法案件，商标专用权保护力度明显加大。2003年在商标监管中，始终以商标办案为重点，把查处商标侵权假冒案件放在工作的首位，加大商标专用权的保护力度，维护诚实守约的市场环境。

(1)开展专项整治活动，净化商标市场环境。2003年，重庆市局在全市范围内先后开展了保护“奥林匹克标志”、“中国石油”、“凯撒”等商标专用权的专项执法行动。由于领导重视，行动迅速，措施有力，工作扎实，专项整治取得明显成效，受到上级机关和企业的广泛好评。

(2)全面落实监管重新下移的要求，引导、调动基层工商所开展商标办案，商标专用权保护的立体网络初步形成。2003年，重庆市局注意调动基层工商所办理商标案件的积极性，一方面加强对工商所办案人员的培训；另一方面深入基层指导办案，从而使基层商标办案工作有了较大突破。与此同时，市局实行了商标案件请示、交办和督查、制度，形成上下联动、反映敏捷的商标办案立体网络。

3. 严厉查处商标违法案件，商标专用权的保护力度明显加大。2003年全市共查处商标违法案件366件(其中移送司法机关1件)，比上一年减少14.08%；罚款205.1205万元，比上一年增加31.53%；收缴和销毁商标标识96.9311万件，销毁侵权物品56.15吨；其中查获一般违法商标案件133件，罚款46.13万元，收缴和销毁商标标识22.2734万件；查处商标侵权假冒案件253件，罚款158.9905万元，收缴和销毁商标标识74.6577万件，销毁侵权物品54.65吨，商标办案质量和办案能力在上一年的基础上有一个大的提高。

4. 创新监管方式，拓宽监管领域，做好取消行政审批后的商标监管工作。为了进一步转变政府职能，国务院于2003年3月取消了“商标印制单位审批”、“商标代理机构审批”。如何适应这一新形势，进一步加强对商标的日常监管，是摆在商标监管干部面前的一大重任。为此，2003年商标管理部门一方面认真贯彻落实《国务院关于取消第二批审批项目和改变一批行政审批项目管理方式的决定》，及时调整转变监管方式，进一步促进商标管理职能到位。一是与注册登记部门衔接，做好改革后新的商标代理机构登记工作；二是指导印制企业建立健全并落实好各项制度，同时加大对印制企业的巡查力度，实现商标印制监督管理工作由原来的资格审核转变到印制行为的监督管理上来；三是试行商业经销商品商标备案制度，探索商标监管新路子。2003年在我市渝中区、沙坪坝区、永川市一些大中型商场试行进场商品商标备案制度，实行商标监管关口前移。通过商标备案制度，规范了商业企业商标使用行为，促使商业企业把好进货关，拒假冒侵权商品于门外，实现商品质量监管关口“前移”，保护了消费者的合法权益。

5. 认真做好著名商标的认定、驰名商标的推荐及其保护工作，进一步推进了重庆市商标战略的实施。2003年两次共认定著名商标39件，对到期复审的33件著名商标其中的28件进行了再认定，并积极推荐宗申集团、涪陵榨菜集团向国家工商总局申报驰名商标。通过著名商标的认定和驰名商标的推荐工作，促使企业树立品牌意识，有力地推动了当地经济的发展，也引起了当地党委和政府的高度重视，一些区市县政府正在制定奖励办法。为了让著名商标、驰名商标发挥品牌效应和法律保护作用，重庆市局一方面广泛宣传，严格认定；另一方面对拥有著名商标、驰名商标的企业进行重点保护，普遍建立重点商标企业联系制度，深入企业解决实际问题，依法实行对重点商标的特殊保护制度，进一步推动重庆市商标战略的实施。

（重庆市工商行政管理局商管处）

司法工作

2003年，重庆市高级人民法院民三庭及四个中级人民法院负责知识产权审判的业务庭，紧密围绕“公正与效率”世纪主题，以“三个代表”重要思想为指针，按照全市法院“审判作风年”要求，较好地履行了知识产权审判职能，为重庆经济建设和社会进步提供了有力的司法保障。

一、收结案情况

2003年共受理知识产权一审案件132件（旧存51件），其中著作权52件、专利55件、商标20件、技术合同4件，审结103件，各项指标与2002年基本持平，结案标的金额为1 476.5556万元，但权属、侵权案件就有124件，占一审受理总数的93.9%；受理二审案件37件，比2002年增长60%。

二、加强对知识产权案件的审理，确保案件质量

2003年重庆法院除受理了常见的专利、商标、著作权等案件外，还相继受理了一些疑难、复杂和新类型的知识产权案件，如诉前临时禁令和诉前证据保全申请，报喜鸟集团有限公司商标侵权案，重庆市梅溪榨菜有限公司商标许可使用合同案，西南药业股份有限公司损害商誉案，重庆隆鑫工业（集团）有限公司专利侵权案等，涉及诉前临时禁令和诉前证据保全的适用、权利用尽、间接侵权、等同判定等问题的法律适用。全市知识产权审判人员正确适用知识产权法律、司法解释，保证了案件公正、及时的审理，审判水平和裁判文书质量都有了进一步的提高。

三、进一步加大调解的工作力度，取得可喜成绩

2003年，重庆市高级人民法院民三庭及四个中级人民法院负责知识产权审判的业务庭充分发挥调解在处理矛盾、纠纷中的作用，全年经调解或经调解撤诉的案件共33件，占全市受理案件总数的25%，其中包括白市驿板鸭食品有限公司与本市多家食品企业损害商业信誉案、重庆仟禧龙音像电子连锁经营有限责任公司与周道菊特许加盟合同纠纷案、曾治中与重庆市植物保护植物检疫站、重庆市植物保护技术服务公司专利侵权纠纷案、华纳唱片有限公司与重庆山城超市有限公司著作权权属纠纷案等一批在社会上有重大影响、案情复杂的案件，以调解或调解撤诉结案，既维护了社会稳定，也保护了当事人的合法权益，取得了法律效果和社会效果的双赢。

四、深入开展调研工作，取得了丰富的调研成果

根据重庆知识产权审判的实际，同时为了提高审判人员的理论素质，鼓励审判人员就审判实际中遇到的问题进行调研，并取得了较好的成绩。全年在《专利权纠纷案件法官点评》、《全国法院优秀知识产权裁判文书选》、《中华商标》、《重庆审判》、《青年法官论坛》《重庆法学》等国家级或省级刊物上发表调研文章二十余篇，还向第七届全国部分省市知识产权审判工作座谈会提交论文10篇。高院民三庭还完成了高院重点调研课题《反不正当竞争案件审判理论与实务》、《民三庭关于反不正当竞争审判工作的调查报告》，为指导中级法院相关案件的审判工作提供了可靠的依据。

五、成功组织了第七届全国部分省市知识产权审判工作座谈会

参加此次会议的代表近100名，包括全国21个高级法院、31个中级法院、两个有知识产权受案权的基层法院的法官及知识产权领域的专家学者等。与会代表共向大会提交了关于反不正当竞争案件中的权利冲突、知名商品特有包装装潢、广告行为度、商业秘密等相关问题的论文42篇，在会上交流了18篇。会后形成的《第七届全国部分省市知识产权审判研讨会论文综述》已在中国知识产权司法保护网上发表。

六、根据审判作风年的要求，进行了“回顾过去，开拓未来”司法大检查

高院及四个中院的负责知识产权的业务庭按照全市法院审判作风年的要求，进行了“回顾过去、开拓未来”的司法大检查，对高院及四个中院自成立以来受理的知识产权案件进行了全面检查或抽查，从结案方式、审理时间、是否超审限、案情摘要、是否公开开庭审理、证据与事实、法律适用、法律文书、改判和发回重审的原因、廉政问题、笔录、案卷的装订等多方面进行检查。通过案件检查，既相互总结学习了好的做法和经验，也对一些案件中存在的问题进行了认真分析，取得了良好的效果。

七、坚持学习，不断提高政治理论修养和审判业务水平

重庆市高院及四个中院负责知识产权审判的业务庭按照全市法院建立“学习型法院”的号召，始终坚持良好的政治学习和业务学习制度，先后系统学习了党的十六大报告、党的十六届三中全会关于完善社会主义市场经济体制的决定、胡锦涛同志关于掀起学习三个代表重要思想新高潮的讲话、“审判作风年”活动的目

的、意义和具体要求、肖扬院长关于司法大检查电视电话会议的讲话、全市法院开展公正与效率司法大检查的实施意见、肖扬院长在全国法院院长会议的报告、张轩院长在全市法院院长会议暨基层基础工作会议上的报告等重要文件。还组织学习、讨论了与审判业务密切相关的民法草案征求意见稿、最高人民法院关于审理专利侵权纠纷案件若干问题的规定的征求意见稿、关于审理专利侵权纠纷案件若干问题的规定的济南会议讨论稿、著作权集体管理条例等文件，并结合审判实践提出了有价值的意见和建议。通过学习，审判人员的政治理论修养和审判业务水平都有了明显的提高。

（重庆市高级人民法院民三庭）

贵州省

专利工作

2003年，在贵州省委、省政府的领导下，在国家知识产权局的指导和帮助下，全省知识产权工作以党的十六大、十六届三中全会精神和“三个代表”重要思想为指导，紧紧围绕全省经济和社会发展的主线，着力推进专利工作，大力促进了贵州知识产权事业的整体发展。

一、专利管理制度创新工作

2003年7月26日，《贵州省专利保护条例》(以下简称“条例”)经贵州省十届人大常委会第三次会议通过，并于9月1日开始实施。“条例”结合全省实际，从地方政府履行对专利管理的法定职能等十二个方面规定了强化全省专利保护的制度和措施，具有鲜明的地方特色和较强的可操作性。为配合“条例”的实施，贵州省知识产权局制定下发了《贵州省查处假冒他人专利和冒充专利案件暂行规定》、《贵州省专利侵权纠纷处理暂行规定》和《贵州省专利行政执法法律文书》，对依据“条例”进行行政执法的具体行为作了详细的规定。为加强对全省企业、科研单位、高校知识产权工作的宏观指导，贵州省知识产权局分别与省经贸委、省科技厅、省教育厅联合制定并下发了《贵州省企业知识产权工作指导意见》、《贵州省科研单位知识产权工作指导意见》及《贵州省高等院校知识产权工作指导意见》。

二、专利工作体系进一步完善

2003年，贵州省知识产权行政管理工作体系进一步完善，省、市(州、地)两级知识产权管理部门人员充实，装备增加，职能调整，突出了对市场主体的监管和服务职能。一些市(州、地)的知识产权管理机构还向县级延伸，目前全省共有18个县级科技行政管理部门挂牌履行知识产权局管理职能。

三、专利保护工作

贵州省统一了执法着装，加大执法力度。2003年9月，省知识产权局成立整顿和规范市场经济秩序工作领导小组，贵阳市、安顺市也相应成立了整顿和规范市场经济秩序工作领导小组。一年来，全省专利管理行政机关共受理专利案件61件，其中专利侵权案件9件，审结3件；查处冒充专利案件48件，调解专利纠纷4件，受理专利侵权案件和查处冒充专利案件比上年有了较大增长，有效地规范了市场经济秩序，保护了专利权权利人的合法权益。

四、进一步加强了对专利中介组织的管理力度

2003年初，贵州省知识产权局成立了专利代理惩戒委员会。为贵州省专利代理中介市场的有序竞争提供了监督机制。在中介机构建设方面，贵阳中新专利事务所，德华商标事务所，威克律师事务所发起拟成立的贵州省知识产权协会，筹备工作业已完成。2003年3月，遵义市科峰专利事务有限公司成立，全省专利代理机构达到了5家。

五、积极推进知识产权信息化建设

2003年，贵州省进一步加大了推进知识产权信息化建设的力度。省知识产权局积极配合省政府办公厅信息中心开通了局域网并接通互联网，制作了贵州省知识产权网站主页，并推行了政务公开，加强了知识产权信息源建设，制定了网站栏目信息报送管理办法，增强了办公自动化功能。

六、知识产权试点工作稳步推进

为促进企事业单位建制度、抓落实，表彰先进，鞭策后进，贵州省知识产权局于2003年10月和12月分别召开了全省大专院校知识产权经验交流会和全省企事业知识产权试点工作总结表彰会，总结交流了近年来全省企事业单位以及中心城市知识产权试点工作情况，并安排部署了下一阶段的工作任务。

七、知识产权专项资金资助工作

贵州省自2002年10月设立省级知识产权资助专项资金以来，到目前为止，已经审查并办理了6批知识产权专项资金资助申请，资助专利申请524件，贵阳市自2001年设立市级专项资金以来，共资助专利申请317件，实施资助了18个专利项目，此外，六盘水、毕节等地方局设立的专项资金，对辖区内企事业单位的专利申请和实施也给予了资助。

八、知识产权战略推进初见成效

2003年，贵州省知识产权局组织开展的《贵州省高新技术产业专利战略研究》、《贵州省煤化工专利战略研究》、《贵州省中药产业知识产权战略研究》相继结题，为行业、企业的技术创新和新产品开发提供了基于知识产权信息运用的对策、措施。各市(州、地)知识产权局也组织开展了专利战略研究工作，知识产权战略推进初步在全省铺开。贵阳市知识产权局完成了《贵州省刚玉材料专利战略研究》，组织开展了《贵州省磷化工专利战略研究》，遵义市启动了钛业专利战略研究、安顺市启动了牛肉制品的专利战略研究，毕节地区启动了优势地道药材的专利战略研究，六盘水市、黔西南州开展了知识产权现状调查，为开展战略研究做了前期准备工作，黔南州启动了州级科研所技术水平和研发能力的调研工作。

九、知识产权宣传培训工作

2003年，贵州省各地由知识产权局牵头，联合工商、版权、质监、农业、林业及高校、企事业单位等开展了形式多样的宣传活动。据统计，宣传活动期间发放资料3万余份，接受社会公众咨询2万余人次。同时积极与电视、广播、报刊等新闻媒介合作，对贵州省知识产权工作进行了全方位的报道。一年来，共拍摄新闻专题片5期，在各种报刊媒体发表新闻稿件百余篇。进一步提高了社会公众的知识产权意识。2003年，知识产权培训工作制度化初见成效。知识产权知识培训进入党校、行政学院、大专院校和企事业单位。据统计，全省共举办了四十余期企事业知识产权培训班，10余期党政领导干部知识产权培训班，培训社会各界万余人次。

十、充分省政府知识产权办公会议制度的职能，促进全省知识产权事业的整体发展

2003年7月，贵州省人民政府下发了《关于健全和完善贵州省人民政府知识产权办公会议制度及有关部门职责分工的通知》，调整、充实了成员单位组成，完善了知识产权办公会议制度。在此基础上，省政府知识产权办公会议办公室拟订并下发了《贵州省人民政府知识产权办公会议工作制度》、《贵州省人民政府知识产权办公会议各成员单位相关工作职责》和《省人民政府知识产权办公会议关于打击侵犯知识产权违法犯罪活动的实施意见》。此外，办公室还建立了贵州省知识产权保护状况白皮书年度公报制度以及信息沟通、情况通报制度，大力发挥办公会议统筹协调职能。

十一、进一步加强知识产权队伍建设和机关建设

2003年，贵州省采取走出去、请进来的方式培训知识产权干部队伍，加强队伍建设。组织人员参加国家和省里举办的各种形式的培训班、研讨会，增强了干部队伍的业务综合素质。在加强机关建设方面，省知识产权局对各市(州、地)知识产权局建立了目标考核机制，有效促进了各市(州、地)知识产权工作的开展。

2003年，通过贵州省各级知识产权部门及知识产权战线上广大干部职工的共同努力，贵州省的知识产权工作取得了一定的成绩，有效促进了全省经济、社会的快速发展。

十二、专利申请的数量和2002年持平，质量稳步提高

贵州省专利申请量在2002年保持的高增长态势下，2003年继续保持了同期水平。截止2003年12月底，全省专利申请总量达11 279件，授权总量达5 958件。当年申请量1 245件，保持了2002年的同期水平，授权量达719件，比2002年同期增长11.9%。其中，发明专利申请384件，比2002年同期增长9.7%，实用新型569件，比2002年同期增长4.6%，外观设计292件，比2002年同期下降19.3%。科技含量较高的发明专利占当年申请总量的比例较2002年提高了3.0%，实用新型提高了2.5%。从发明对象看，职务发明466件，非职务发明779件。职务发明所占比例为37.4%，较2002年提高了5.2个百分点，其中，大专院校专利申请量的增长最为明显，2001年至2002两年仅11件，2003年申请达35件。全省发明专利申请量和职务发明申请量所占比例的增加，表明专利申请的质量稳步提高，专利申请的结构日趋合理，企事业单位专利意识不断增强。

（贵州省知识产权局）

云南省

专利工作

2003年云南省知识产权工作在省委、省政府的领导下，在国家知识产权局的指导和省科技厅党组的部署下，大力推进专利战略实施，为推进新型工业化、全面建设小康社会发挥了知识产权制度应有的作用。云南省当年专利申请量1 966件，同比增长10.4%，其中发明专利申请量574件，同比增长28.1%；专利授权量1 213件，同比增长7.5%，其中发明专利授权量172件，同比增长107%。截至2003年底，全省专利申请量累计达18 001件，专利授权量累计达11 488件。

一、加强科技与专利管理的创新机制，提高自主知识产权创造能力

云南省结合全省科技管理体制改革和加强科技计划知识产权管理的需要，强化项目承担单位在项目立项、实施和鉴定验收过程中的知识产权导向，提高科技计划自主知识产权产出能力。2003年，全省高校专利申请量141件，同比增长213.3%，科研院所专利申请量达107件，同比增长40.8%。推动省政府重点扶持的30户大型企业集团的专利试点工作，探索工业企业加强知识产权工作的新经验。两家国家级专利试点企业以较高评分通过验收。全省企业专利申请量436件，同比增长8.5%。

二、加强知识产权工作调研，专利战略研究取得新进展

云南省知识产权局启动了《云南重点产业专利战略》的研究工作，对重点产业知识产权发展状况、技术创新及专利保护的方向和重点作了分析研究。认真贯彻省委、省政府关于加快发展云药产业的决定，开展了《云南中药产业专利战略研究》专题研究工作，在11个方面和三个领域，提出了云南中药产业技术创新及专利保护的方式、重点和对策。

三、专利技术的转化实施取得显著经济效益

据2003年统计，云南省198户高新技术企业累计实施专利技术项目112项，实现专利产品销售额达5.81亿元，创利税9 572万元，占企业同期利税总额17.3亿元的5.5%，创外汇701万美元。全省四个国家级专利技术产业化示范工程项目的实施累计实现销售收入12.3亿元，产品市场占有率逐年提高；以其专利技术"汽车尾气净化催化剂"为核心技术组建的贵研铂业股份有限公司在上海交易所上市，成为全省首家依托专利技术产业化进入资本市场的企业。省内企业的三百多个项目参加了在昆明举办的"中国国际专利与名牌博览会"，加强对外专利技术和产品的交流与合作。

四、完善知识产权法规制度建设，增强专利保护力度

云南省人大常委会颁布了《云南省专利保护条例》。全省有15个地州市、48个县区市成立了知识产权局，建立了一支250人的行政执法队伍。签署了"省际间专利行政执法合作协议"，与16个省市加强省际间专利行政执法工作。根据国家知识产权局和云南省整顿和规范市场经济秩序工作领导小组的要求，成立了省知识产权局整顿和规范市场经济秩序工作领导小组，制定了《云南省知识产权局2003年及近期开展整顿和规范市场经济秩序工作计划》，积极开展相应工作。截至2003年底，全省累计受理各类专利纠纷案件130件，结案122件，查处假冒他人专利案件14件、冒充专利案件10件。

五、加强知识产权工作基础建设，提高综合管理能力

云南省财政设立了专利工作专项经费，资助专利申请和维持费。为加强对地县知识产权管理和实施专利战略的工作指导，云南省知识产权局制定下发了《云南省关于加强地县知识产权工作的意见》。玉溪市知识产权局被国家知识产权局、人事部评为全国专利工作先进集体。大理州把专利工作作为考核指标纳入对县市党政一把手科技进步目标考核，促进了专利申请量的提高。文山州和红河州设立了专利申请资助资金，为技术创新成果及时申请专利提供经费保障。

六、发展专利工作体系建设

经云南省编办批准、国家知识产权局授权，国家知识产权局昆明专利代办处的筹建工作基本完成，代办处机构、职能、编制和场地得到落实。代理机构由原来的六家增加到八家。省知识产权局成立了专利代理机构惩戒委员会，加强对代理机

构的监督和规范管理。

七、深入开展知识产权宣传教育，增强全社会知识产权意识

在“4.26”世界知识产权日期间，云南省知识产权局与省科技厅、云南日报社联合举办了“知识产权在云南”论坛，省人大、省政府、省政协领导，在昆两院院士、省属有关部门、法院和企事业单位的领导、专家和知识产权工作者参加论坛，为推动全省知识产权事业的发展献计献策。举办知识产权专题讲座、报告会近20场次，参加人员计28 00多人次。向省级五套班子、各地州市知识产权局赠阅全年《中国知识产权报》，向各地州市发送“知识产权保护”宣传资料3万份，向各地各部门发送《云南知识产权》内刊12期近4 000份。在《云南日报》、《中国知识产权报》和云南电视台等新闻媒体上开辟专利与技术创新板块，对知识产权有关问题作深入宣传报道。

八、加强人才培养，全省知识产权工作队伍素质明显提高

适应中国入世后对知识产权人才的要求，组织了全省地县知识产权管理部门近100名干部参加全国专利行政执法培训班学习，经考试合格，全部取得国家知识产权局授予的专利行政执法资格。结合实施企业专利战略，举办企业专利及知识产权试点工作培训、云南省高新技术及重点企业实施专利战略培训和云南省医药行业知识产权培训，为全省国有大中型企业、高新技术企业、民营企业、高等院校、科研单位等培训了一支近300人的知识产权人才队伍。

（云南省知识产权局）

版权工作

2003年，云南省版权局在国家版权局的关心和指导下，在云南省省委、省政府的正确领导下，以党的十六大精神为指导，努力实践“三个代表”的重要思想，把研究新情况，热心服务版权产业，竭力维护著作权人的合法权益，作为转变机关职能的具体行动，通过加强对市场的监管，依法严厉打击侵权盗版活动，充分体现依法行政，行政为民，使工作实绩有了新的突破，取得了较好的实效。

一、努力推进政府部门带头使用正版软件的工作

根据国家版权局等四部门联合下发的《关于在政府部门应带头使用正版软件的通知》和《云南省人民政府办公厅关于进一步做好使用正版软件工作的通知》的要求，云南省版权局会同省财政厅、省信息产业办、省编办等部门，对省直76个委、办、厅、局现有计算机和所使用软件情况进行了调查、抽查和复查工作，较准确地弄清了省级行政机关所需更换软件的总量以及初步选定更换软件的种类，并进行了资金的初步协调。按文件要求于近期完成了省级行政机关采购正版软件的初步预算编制任务。根据的分工，基本完成了云南省版权局在省级政府部门办公软件正版化工作中第一阶段应承担的工作，也为下一步政府采购，顺利实现政府办公软件正版化工作提供了必要条件。

二、积极开展反盗版工作

2003年，云南省版权局开展了数次较大的执法行动，其中最主要的是打击教材和教辅盗版活动和打击软件侵权盗版活动两次专项行动。行动中查出了昆明市嵩明县教研室向全县中小学发行一百多万码洋盗版教辅的严重侵权行为。

根据国家的有关规定，云南省版权局连续启动了在出版、印刷、书刊发行以及工程勘察设计单位开展计算机软件正版化的工作。通过协调方式，妥善处理了微软、Adobe等公司的投诉；推进了云南人民出版社、云南教育出版社、省新华书店、昆明市新华书店、国防印刷厂、新知图书城、风弛广告公司、云南建工集团、昆明热线、双鹤药业（云南）公司、云南省变压器股份有限公司等一批企事业单位的软件正版化工作。同期，云南省版权局对软件零售市场上的盗版软件和软件盗版行为进行了多次专项打击，对本地主要硬件销售商预装软件情况进行了检查。

对金湾批发市场盗版图书的稽查、对圆西路盗版软件市场的检查、对省内盗版教辅案件的查证等多起打击盗版的工作开展得有声有势。

在2003年，云南省版权局独立执法中共收缴盗版图书30万册，盗版软件3万套；与省“扫黄”“打非”办公室、昆明市文化局、昆明市工商行政管理局等单位协作执法中收缴盗版音像制品7万余盘；通过与省“扫黄”“打非”办公室联合发文，加强对地、州、市打击盗版工作的指导和督办，在2003年，云南省的反盗版工作取得了较好的成绩，年内共收缴盗版书刊1 124 913册、盗版音像制品1 191 443盘、盗版电子出版物26 109盘、盗版计算机软件30 307套。

三、加强了版权贸易的指导和服务工作

顺利完成了云南省内出版单位第十届北京国际图书博览会的组织、参展和洽谈工作，为各家出版社版权贸易的谈判、合同草拟提供了符合规定且切实可行的指导，促成云南人民出版社、云南教育出版社、晨光出版社、云南民族出版社等出版社与海外出版商达成了50多项版权贸易意向和协议，截止2003年底，已经登记图书版权贸易引进合同47份，并对4份版权输出合同进行了备案。除了图书版权贸易外，还加强了对其他版权贸易的服务，年内还对两份飞行软件和数据库的购进、二十余种音像制品的版权出口提供了相关咨询意见，并进行了审核登记，使云南省的音像制品的版权出口实现了零的突破。

在日常管理工作中加强了版权贸易信息的提供和法律服务、指导，为云南大学出版社妥善解决了与国外出版社终止合同的善后事宜。

四、加强法律服务及法律宣传工作

通过不断宣传，云南省2003年的作品登记有所增长，全年登记作品（及软件登记代办）92件，比2002年增加15%，所登记作品的类型也由传统的文学、艺术类拓展到项目论证书、工程设计、商业广告、商品外包装等方面；截止2003年底，中国著作权使用报酬收转中心云南办事处共为云南省22家报刊社代收了两千一百余篇转载作品的使用费；主持了4件纠纷的调解；与省知识产权局、县区文化局合作，开展知识产权及著作权法制培训7期400余人；接待法律咨询42人次；年内编辑《云南版权工作》4期，撰写了一批宣传反盗版的文章在《云南信息报》连续发表，宣传工作在年内有所加强。

五、认真做好盗版制品的鉴定工作

2003年间，云南省版权局除了直接参加各类打击盗版的专项行动外，还对公安、工商、文化、图书市场管理委员会办公室、外运公司以及地州有关单位委托鉴定的五十余批9 873种图书和音像制品、软件、电子出版物进行了鉴定，通过鉴定工作，为指导有关单位打击盗版、查处案件提供了最有力的证据，同时也进一步确立了云南省版权局的行政权威。

六、筹备成立版权保护协会

云南省版权局牵头与省内8家图书出版社、两家音像出版社、省新华书店集团、省文联、省广播电视系统、省文化系统以及部分律师事务所共同发起，筹备成立云南省版权保护协会。到2003年底，省民政厅社团登记处已经受理了筹备申请。

（云南省版权局）

司法工作

一、历史回顾

为了加强对云南省知识产权的司法保护，适应我国入世的要求，以及为实施“科教兴国”战略提供有力的司法保障。2001年7月云南省高级法院设立了专门审理知识产权案件的民三庭。2002年初昆明市中级人民法院也设立了知识产权审判庭。自此云南省知识产权审判迈上了新的台阶。2003年，除昆明外的云南省其他15个市、地、州中级人民法院有的在民事审判庭内设立了知识产权审判合议庭。

在受理案件方面，云南省知识产权纠纷案件，近年来一直持续增长。仅从一审案件的数量看，2000年全省收案件25件，2001年收案件27件，2002年收案件93件，2003年收案件119件。同时，结案数量也逐年在增加，2000年共结案件19件，2001年审结22件，2002年审结84件，2003年审结81件。2002年知识产权纠纷案件增幅最大，主要原因是云南省2001年前知识产权纠纷案件统计中不包括著作权纠纷、技术合同纠纷等知识产权类型案件。随着全省法院审理知识产权案件工作力度的加大，知识产权审判机构的建立以及知识产权审判法官选用的专业化与精英化，2002年比2001年新受理知识产权纠纷案件的增加了244.4%。2003年受理知识产权纠纷案件平稳上升，比2002年的增加27.9%。

二、2003年知识产权审判工作的情况和特点

1. 加强领导，明确全省各级人民法院在审理知识产权案件的具体管辖分工。2003年全省法院审理知识产权案件的审判机构已基本构建，相应的一批政治素质好、业务素质强的法官工作在知识产权审判第一线上。以云南高院民三庭为例：现有11名法官及书记员，全部为本科以上学历，其中法学硕士4人，占全庭人数的36.3%。三名庭领导中，庭长及一位副庭长均为法学硕士。为进一步加强司法保护的力度，云南省高级人民法院下发云高法[2003]138号通知，明确了全省各级法院的具体管辖规定为：云南省高级法院管辖本省所有知识产权二审案件和在全省有重大影响的一审案件。昆明市中级人民法院管辖全省范围内的专利纠纷，植物新品种，集成电路布图设计一审案件和昆明市内的知识产权一审案件。其他未设立知识产权审判庭的中级法院，管辖本辖区内的除专利案件以外的知识产权一审案件。各基层法院不再受理各类知识产权案件。

2. 案件分布地区差异大，大量案件集中于昆明市中级人民法院。昆明市是云南省经济、文化比较发达的地区，因此大量知识产权案件集中于省会城市。依照最高人民法院有关司法解释的规定，昆明市中级人民法院还要受理云南省范围内的专利、植物新品种、集成电路布图设计纠纷案件，故昆明市中级人民法院2003年新收案件97件，占2003年云南省新收知识产权纠纷案件的81%。

3. 知识产权纠纷案件呈现出“新、难、大”的特点，审理难度加大。作为全国少数民族最多的省份（共26个少数民族）和中国的“动、植物王国”的云南省，少数民族民间文学和文化艺术作品保护，动、植物新品种发现权或新药品的发明权，以及其他知识产权纠纷案件是云南省知识产权纠纷的主要特点。例如，2003年审理的《五朵金花》著作权纠纷案件，首次在全国范围内涉及作品名称是否享有著作权的法律问题，体现一个“难”字。此案一审被《中国法庭》录制成教学片，二审被中央电视台、重庆市电视台等多家媒体争相报道。扩大了知识产权宣传的力度，同时表明云南省高级人民法院不畏困难，勇于接受挑战，切实做到了法律上的公正与高效。再如，“灯盏花粉针剂”专利权纠纷案件及有关药品发明的“药品专利”纠纷案件，呈现出争议标的及金额大的特点，有的索赔金额高达上千万元，而且社会影响重大，案件的胜负常常决定了一个企业的生死存亡和发展。

三、2003年云南省知识产权案件的情况和特点

1. 案件数量平稳增长，且专利权案件比重大

2003年云南省共新收知识产权一、二审案件146件，相较于2002年128件增加了14%。其中，新收一审案件119件，与2002年的93件一审案件相比增加27.9%。在新收一审案件中，专利案件为55件，占46%；著作权案件31件，占26%；商标案件12件，占10%；技术合同案件11件，占9.2%；在各类案件中，上升幅度最大的是专利纠纷案件，2003年专利案件55件，比上年的27件增加103.7%。

2. 技术合同纠纷案件数量下降，其他知识产权案件数量基本与上年持平

在2003年新收一审案件中，下降幅度最大的是技术合同案件，2003年技术合同案件11件，比上年的20件减少81.8%。2003年著作权纠纷案件31件，商标权纠纷案件12件，其他类型的知识产权案件1件，与2002年著作权纠纷案件29件，商标权纠纷案件12件，其他类型的知识产权案件相比，基本持平。

3. 结案方式以判决为主，撤诉所占比例大

2003年新收一审案件119件，共审结81件，结案率为68%。其中以判决方式结案的37件，占审结总数的45.6%；以撤诉方式结案的31件，占审结总数的38.2%；以调解方式结案的6件，占审结总数的7.4%；以当庭宣判方式结案的4件，占审结总数的4.9%。

4. 案件分布地区差异大，大量案件集中于昆明市中级人民法院

昆明市是云南省经济、文化比较发达的地区，依照最高人民法院有关司法解释的规定，昆明市中级人民法院作为第一审法院受理云南省范围内的专利、植物新品种、集成电路布图设计纠纷案件，故昆明市中级人民法院2003年新收案件97件，占2003年云南省新收知识产权纠纷案件119件的81%。其中专利权纠纷55件，占56.7%，著作权纠纷案件27件，占27.8%，商标纠纷12件，占12.3%，技术合同纠纷3件，占3%。

从上述数据分析，云南省的知识产权案件数量不多，云南省高级人民法院为例，2003年审结的知识产权案件仅占民三庭审结案件的23%，位居第三。而其他新类型合同案件占50%，位居第一。涉外民商事案件占27%，位居第二。从云南省2003年知识产权案件的审理来看，所受理的案件均能在法定期限内审结，省高院知识产权案件结案率高达94%，所办结的案件质量经司法大检查是好的。

（云南省高级人民法院民三庭）

西藏自治区

专利工作

西藏自治区知识产权局在自治区党委、政府的高度重视及国家知识产权局的大力支持下，在科技厅党组的正确领导下，西藏自治区知识产权局于2003年8月正式成立。经过全局同志的共同努力和勤奋工作，圆满完成了2003年的各项工作，同时在各方面都有了新的提高和认识，取得了一些成绩。

一、概 况

西藏自治区知识产权局工作人员坚决拥护以胡锦涛总书记为核心的党中央的领导，能与党中央、区党委保持高度一致，积极组织全局人员参加厅党组组织的各项活动；旗帜鲜明、立场坚定地反对达赖集团分裂祖国的反动行径，维护祖国统一，维护民族团结。

西藏自治区知识产权局认真组织全局人员参加厅中心组和机关党委组织的政治理论学习，增强全局人员在理论武器、世界眼光、战略思维、党性修养、知识水平等方面的意识，增强了贯彻执行

党的路线、方针、政策和实践“三个代表”要求的自觉性。通过局内部学习、讨论，提高了对“三个代表”的深刻认识，加深了对加强和改进党风建设及组织建设重要意义的理解，加深了对党的方针政策的理解和认识。拓宽了思路，解放了思想，提高了分析和解决问题的能力。通过局内业务学习，学习了新科技、新知识，掌握新技能，提高了自身素质和修养，适应新时期对我们的要求和挑战。

西藏自治区知识产权局严格按照《西藏自治区知识产权局政务公开工作纪律》和专利行政执法要求的规定，全局人员热忱为专利权利人服务，严格按照工作规程办事，遵纪守法，廉洁自律，协同配合，圆满完成2003年各项工作。

2003年全局主要开展了以下一些工作：

1. 完成了西藏知识产权局的筹备组建工作，并筹备了隆重的揭牌仪式。西藏自治区政府吴英杰副主席与专程赴藏调研西藏自治区知识产权工作的国家知识产权局张勤副局长亲自为西藏自治区知识产权局揭牌。

2. 举办“4.26世界知识产权日”的系列宣传活动，在西藏电视台新闻联播后播出了知识产权宣传标语，在拉萨主要街头悬挂了30条宣传横幅，并请自治区吴英杰副主席参加了庆祝知识产权日座谈会。

3. 在国家知识产权局和中国知识产权培训中心的大力支持、协助下，与西藏自治区人事厅联合举办了全区县处级领导干部知识产权培训班，培训人数达60人，取得了一定的效果。国家知识产权局张勤副局长亲自为西藏自治区的科技干部们作了专题讲座。

4. 接待、陪同国家知识产权局赴藏考察组两批15人次来我区检查、指导专利工作，并加大了对西藏自治区的支持力度。

5. 调处专利纠纷两起，接待专利咨询三十余人次。

6. 起草了《西藏自治区专利申请资助及奖励办法》，现已实施。起草了西藏自治区政府知识产权联席会议制度的有关文件，已上报自治区政府审批。

7. 在充分调研的基础上，组建完成西藏自治区的第一家专利代理机构——成都天元专利事务所拉萨代办点的各项工作，并已开始开展工作，目前已受理专利申请五件。截至目前，西藏自治区共申请专利197件，获专利授权112件。

8. 通过了国家知识产权局对西藏自治区知识产权网的验收，并投入运行。

9. 完成了对全国第一批专利技术示范企业的验收工作，并组织申报了第二批全国专利技术试点单位工作。

10. 创刊了《西藏知识产权简讯》，目前已编印10期，每期100份，分送国家、自治区和各省市有关部门和领导及各地市科技局，及时介绍西藏自治区知识产权工作的最新动态。

11. 为支持那曲地区知识产权局尽快开展工作，在自身经费十分紧张的情况下，向那曲地区知识产权局赠送了一套办公设备及部分宣传培训资料。

12. 制定、完善了局内有关规章制度。

13. 完成了明年有关工作的前期准备工作。

14. 完成厅领导交办的其他各项工作。

虽然取得很多成绩，但是，由于西藏知识产权局2003年刚成立，许多工作还未及时开展，工作中还存在许多不足和困难，但应该相信，有国家知识产权局的关心支持，有自治区科技厅党组的正确领导，西藏自治区知识产权局的工作一会取得更大的成绩。

二、2004年西藏自治区知识产权工作重点

根据西藏自治区知识产权局近年工作思路和国家知识产权局2004年的工作要求，西藏自治区知识产权局初步确定2004年度工作重点为：

1. 开展藏药知识产权保护战略研究。目前，藏药产业是西藏自治区经济快速发展的重要支柱产业之一，但是藏药的知识产权状况不容乐观，拥有专利的只有2～3家企业。如何保护和发展西藏自治区的藏药产业是摆在自治区面前的重要课题。自治区拟用1～2年时间，联合区内外有关单位，在调查自治区藏药产业现状，了解区外藏药产业保护状况的前提下，对自治区藏药的知识产权保护战略进行研究，提出切实可行的措施。

2. 举办西藏自治区知识产权知识有奖竞赛。为了使知识产权宣传更加丰富多样，西藏自治区知识产权局拟于2004年2月起，在全区举行大规模的知识产权有奖竞赛活动，并于4月26日颁奖，作为“4.26”宣传活动的一部分。本次活动拟由国家知识产权局、区科技厅主办，区党委宣传部协办，西藏自治区知识产权局承办，竞赛活动拟设一等奖10名，二等奖20名，三等奖30名。同时设优秀组织奖5个。

3. 加强藏医藏药专利数据库建设。依托西藏知识产权网，建立藏医藏药专利数据库。

4. 支持1～2个西藏自治区优势特色专利技术的产业化。依托国家知识产权局实施的专利产业化工程进行，或穿插在科技厅高新处产业化项目中。

5. 做好西藏自治区专利项目申请资助、奖励及发放工作。西藏自治区知识产权局要在每年相对固定的时间进行发放，确保经费用到实处。

6. 联合自治区工商、版权等部门以及四川、青海等省，进行专利联合执法及公告工作。

7. 做好知识产权的宣传工作。“4.26”世界知识产权日的系列宣传活动；进一步补充完善西藏知识产权网内容；建成知识产权局办公自动化系统；办好自办的西藏知识产权简讯，争取每年出12期以上；每月至少上报厅里两条知识产权信息。

8. 做好知识产权的培训工作。组织学员开展知识产权知识网络教育；联合区党校及西藏大学各开设一期知识产权专题课；争取国家知识产权局支持，举办第五期西藏知识产权培训班；积极开展局系统人员的挂职培训工作；建立每周五上午全体人员集中学习制度。

9. 西藏自治区知识产权局将组织各界人员自愿参加专利代理人的培训及考试工作。

10. 进一步做好专利的咨询服务工作。

（西藏自治区知识产权局）

陕西省

专利工作

一、围绕“一线两带”建设，开展知识产权战略研究

2003年，陕西省知识产权局对陕西省的优势产业和高新技术产业的知识产权状况进行调研。

调研组函调了150多家企业，走访了60余家骨干、龙头企业，召开了12场座谈会，完成了近4万字的《“一线两带”地区知识产权状况调研报告》和4篇子报告。陕西省知识产权局的这一调研工作已被省委政策研究室列入“省委政研室2003年重点研究课题”。

对全省271家制药企业和120余家药品研究机构的调研，完成了《陕西省医药产业专利战略推进工程结题报告》。

对全省国防系统的大型企业、科研院所、研究机构展开调查，完成了《陕西省国防工业专利战略研究》。

二、杨凌示范区专利试点工作再开新局面

2003年，陕西省、部共建的杨凌示范区专利试点工作进入第三年，按照试点工作的要求，陕西省知识产权局着重做了四个方面的工作：

1. 对示范区内五家省级试点企业和六个专利产业化示范项目进行重点扶持并给予了一定的资金支持，在专利申请专项资金资助方面予以重点资助。

2. 3月份在北京召开了杨凌示范区专利试点工作第二次联席会议。杨凌农业知识产权信息中心改进了数据检索方法，新增了植物组织培养、禽类传染性病毒及其疫苗、丙性肝炎病毒培养、航空发动机领域四个企业专利专题数据库。上网点击的人数已达到19.9万人次。

3. 在杨凌示范区内开展了大规模的宣传培训活动。以“三·五”普法宣传、“3.15国际消费者权益保护宣传日”、杨凌“科技之春”宣传月等活动为契机，联合示范区有关部门，展开知识产权法律、法规宣传，共接受群众现场咨询近六百余人（次），发放资料三千余份。与杨凌电视台合作拍摄了三集电视宣传片《专利·财富·市场——专利制度在杨凌》，在示范区内营造了“尊重知识，保护知识产权”的良好氛围。

三、全方位、多角度，深入开展知识产权宣传、培训工作

陕西省知识产权局在全省范围组织了丰富多彩的宣传活动。西安市制作了电视专题片《西安专利巡礼》。榆林、汉中等市制作了“知识产权知识”电视专辑，向市民全面系统地介绍了知识产权的相关知识和信息。

编印了《陕西知识产权》，对全省知识产权工作进行了深入、系统地宣传报道。全年共发行5期，计2 500册，达6万余字。

通过《杨凌专利试点工作动态》，报道杨凌专利试点工作的最新进展和主要工作，使有关部门及时了解试点工作情况。

编印了《农业知识产权动态》，反映国内外农业领域的知识产权热点、难点问题，为专家、学者提供了一块全新阵地，使更多的农业生产者了解并掌握农业新技术。

利用陕西省知识产权信息网和杨凌农业知识产权信息网更加迅速、广泛地宣传陕西省知识产权工作情况。完成了陕西省专利代理远程会晤系统的建设和调试工作。

深入基层，联系实际，进行专题培训。2003年共举办各种培训班、报告会16场，4 800人接受了培训。

四、成功组团参加杨凌农高会，增强了知识产权显示度

陕西省知识产权局作为国家知识产权局参展的承办单位，根据要求，我们提高了第十届杨凌农高会参展项目水平,展示了我国专利制度所取得的成就,增强了知识产权工作的显示度。

陕西省知识产权局共组织了20个省、自治区、直辖市的知识产权局作为分团,组展了150多个项目,涉及到生物农药、节水灌溉、生态农业模式、农副产品及加工与保鲜、克隆与转基因技术、水土保持及防沙等领域。国家知识产权局展团被大会组委会授予"优秀组织奖"和"优秀成交奖"。参展项目共获大会颁发的后稷特别奖1项,后稷奖5项,会期签订各类合同及协议总额6.2亿元。

举办了《农业知识产权信息传播系列丛书》赠书活动。向杨凌的企事业单位和参展代表赠送了自行编印的《陕西知识产权实务指南》、《生物技术领域国内专利精选》等七种共320套书。

陕西省知识产权局成功举办了首届"农业知识产权、科技成果、新产品推介拍卖会"。选择了"神经酸提取及加工技术"、"纳米级活性有机精腐肥"、"植物旱冻营养保护膜制剂"、"一种用于治疗癌症的植物提取物——苦马豆素"等七项专利技术成功地进行拍卖,其中"植物旱冻营养保护膜制剂"敲响了我国农业知识产权拍卖第一槌,拍出了2 600万元的高价。

陕西省知识产权局举办了"2003'知识产权保护论坛"。论坛邀请了省内知名专家、学者就专利、商标、版权、计算机软件、科技管理等多个领域在新形势下的知识产权战略,高科技产业发展中的知识产权保护等方面的热点、难点问题进行了交流、探讨。论坛还收录了20篇优秀论文编印了《2003'知识产权保护论坛论文汇编》。

五、专利立法工作取得突破性进展,专利行政执法工作正常开展

1.《陕西省专利保护条例》于2003年9月28日经省第十届人大常委会第六次会议审议通过,自2004年1月1日起施行。

2. 对全省11个地市300多家企事业单位进行了知识产权保护状况调查,完成了《陕西省企事业单位知识产权保护状况调研报告》。

3. 为更好保护专利权人的权益,对跨省份的专利侵权纠纷,和有关省、市知识产权局多次联系,帮助发明人解决问题。2003年共接待专利法律咨询38件、来访人员78人次,受理专利侵权纠纷1件,查处冒充专利案件1件,已结案。

4. 成立了"知识产权联合执法办公室"和"知识产权刑事保护办公室"。

六、扶持专利申请,鼓励发明创造

2003年,陕西省政府设立专利申请专项资金200万元,扶持专利申请,鼓励发明创造。2003年对964项专利申请进行了资助,共发放资助资金约113万元,对与"非典"有关的14项专利申请给予了优先资助。

陕西省各地市也相继设立了知识产权专项经费,其中西安市30万元、西安高新区100万元、杨凌示范区100万元。杨凌示范区当年专利申请量首次突破100件,提前两年完成了省、部共建提出的目标任务。

在"非典"疫情期间,西安市设立了100万元专项资金用于资助防治非典型肺炎技术的专利实施及专利申请。

各级政府这些有限资金的资助,极大地激励了发明人,有效地促进了陕西省专利申请量的增长和发明专利质量的提高。

七、抓好专利技术与产品的交易展示,积极推进专利技术产业化

陕西省知识产权局先后组织全省的专利技术与产品参加了第七届东西部投资与贸易洽谈会、第三届大连国际专利技术博览与交易会、中国国际轻工类产品博览会和武进科技周。

为了落实国家知识产权局制定的专利战略和陕西省委省政府实施的现代中药产业发展战略,在中药现代化进程中充分运用专利制度,加强中药领域知识产权保护,大力促进中药专利技术产业化,积极争取在我省安康市建立"国家中药专利产业化试点基地"。基地建设的前期准备工作和各项申报工作已全部完成,待国家知识产权局审批后可全面开展工作。

西安市政府设立"西安市科学研究与发展资金"每年100万元,用于专利实施计划。2003年对17个专利产业化示范项目给予了重点扶持。

完成了第八届中国专利奖参评项目的筛选推荐工作。陕西省省推荐的5个项目,其中1项获中国专利金奖,3项获优秀奖,获奖率及获奖等级均名列前茅。

八、完善各级管理部门,加强代理机构管理,为全面开展工作奠定良好基础

1. 建立健全了全省知识产权管理工作体系。成立了"陕西省知识产权工作协调领导小组"、"陕西省知识产权研究会"、"陕西省企事业专利保护协会"和" 陕西省知识产权工作专家咨询委员会",并开展了相关工作。

召开了陕西省知识产权工作协调领导小组第一次会议。会议听取了专利、商标、版权三方面的工作汇报,对协调领导小组成员单位的工作职责和下一阶段的主要工作进行了讨论、部署。

召开了陕西省知识产权研究会和陕西省企事业单位专利保护协会成立大会。陕西省知识产权研究会目前共有单位会员和个人会员170余个,逐步发展成一个跨部门、跨行业、跨专业的群众性学术团体。陕西省企事业单位专利保护协会已发展了包括省内知名企业在内的40余家单位会员和70多名个人会员。

2. 促进各地知识产权管理机构发展。西安市专利办公室更名为西安市知识产权局，西安高新区设立了全国首家集专利、商标、版权于一体的知识产权局。安康、汉中等地都设立了专门的管理机构。延安市批准成立了全额事业单位知识产权管理办公室。

3. 完善了省知识产权服务中心1985～1995年的中国专利说明书数据库光盘，从而结束了该数据库多年来使用书本、缩微胶片等多种载体形式的现状，提高了查新工作效率和准确率。及时建成了“非典”相关专利数据库，为企业提供了上百件免费专利信息服务，为研发人员提供了及时、有效的信息保证。

九、全面开展知识产权试点工作

为了充分发挥知识产权制度在促进陕西省经济、科技持续发展中的作用，在总结杨凌示范区专利试点工作经验的基础上，根据陕西省知识产权工作的实际，全面开展知识产权试点工作。

1. 陕西省政府办公厅下发了《关于开展知识产权区域试点工作的通知》，由陕西省知识产权局负责具体工作。根据《知识产权区域试点工作实施方案》和《知识产权区域试点管理办法》，经陕西省政府批准，首批确定了西安高新区、眉县、韩城市、陕西省信息产业厅和宝鸡石油机械有限责任公司等五家试点行业和企业。

2. 根据国家知识产权局要求，陕西省知识产权局经筛选，选择了陕西鼓风(集团)有限公司、西安利君制药股份公司、咸阳步长制药有限公司、西安建筑科技大学、西北有色金属研究院等5家单位为第二批专利试点单位。

3. 出台了《关于加强非公有制企业知识产权工作的意见》，该意见提出要强化引导扶持措施，加快提高非公有制企业知识产权管理和运用能力；加强知识产权保护，切实有效地保护非公有制企业的合法权益；完善服务体系建设，积极引导知识产权中介服务机构为非公有制企业服务。

陕西省全年累计申请专利3 421件，总累计31 193件。授权1 609件，总累计18 006件。

（陕西省知识产权局）

版权工作

当今，以软件技术为代表的信息产业已成为国民经济发展的基础性、战略性产业，在国家一系列政策措施的大力推动下，我国软件产业发展迅猛，但同时，软件盗版的严重危害性也越来越受到各方关注。打击软件盗版、整顿软件市场秩序已成为保障软件业持续健康发展的重要助推器。2003年下半年，陕西省版权局贯彻落实国家版权局、信息产业部、公安部和国家工商总局的有关精神，结合陕西省实际情况，首次开展了陕西省最大规模的软件盗版专项治理行动。在治理措施实施过程中，陕西省版权局结合陕西省软件业发展的实际状况、软件盗版的实际状况、软件用户使用软件的实际状况，以净化市场环境为目标，有的放矢地对软件用户、盗版分子、开发者采取相应举措，教育以改变观念，打击以惩戒盗版，保护以促进发展，富有效率的协调公安、工商、信息产业等行政执法部门联合行动，紧紧围绕目标，分阶段有重点的开展工作，多管齐下，先后出动执法人员两百多人次，对一千多家软件销售商、预装商及互联网单位进行了教育整顿，其中对西安市各大型软件电子市场连续进行了4次全面教育整顿行动，散发、张贴宣传材料2 500多份，收缴盗版软件及音像制品33万张，配合教育整顿工作，利用大众媒体面向社会多次进行宣传教育，对软件盗版活动始终保持高压态势，有力地打击了盗版软件制作、销售和传播的非法行为，提高了软件用户抵制盗版、使用正版的意识，维护了软件权利人的合法权益，软件市场经营状况有明显改观，治理行动取得明显成效。

一、主要做法

1. 领导重视，协调到位

陕西省、市版权、信息产业、公安、工商等部门领导对这次专项治理行动都十分重视。陕西省版权局领导在接到国家版权局《关于开展打击软件盗版专项治理行动的通知》后，立即做出指示，对治理工作提出了具体要求。目前，陕西省仅有西安市设立了版权局，而全省软件经营活动也主要集中在西安市，因此，陕西省版权局将治理行动的重点放在西安市。以往的实践表明，打击软件盗版必须多部门联合行动，齐抓共管，为保障治理行动的力度和成效，陕西省版权局注重落实省版权局、信息产业厅、公安厅、工商局等部门间的协作机制，强调版权、公安、工商、信息产业等部门的密切配合，加强协调。9月9日陕西省版权局组织有关部门召开了协调会，会议就陕西省软件盗版现状进行了分析，对各部门在治理行动中的分工与协作，以及整个行动方案做出了周密安排。

2. 宣传教育，检查督促

在治理行动初期，陕西省版权局开展了调研暗访工作。通过调研了解到，一些商户，尤其是硬件销售商对于预装软件的侵权问题还有一些错误认识，为此，陕西省版权局专门编印了两千多份《关于打击盗版软件的法律法规和政策规定》，散发到西安市各软件电子市场。按照协调要求，工商行政执法人员将三百多份国家版权局印制的反盗版宣传画也张贴到西安市各软件经营场所。9月10日，省市版权、公安、信息产业、工商等部门抽调执法人员组成3个小组，对西安市各软件电子市场进行了检查整顿，通过检查进一步加强宣传教育，督促各市场改进工作，建章立制，加强管理，督促各软件销售、预装商户提高认识，改正违法行为，合法经营。

3. 尊重版权、使用正版

在打击软件盗版专项治理行动中，陕西省版权局花大力气开展了软件正版化工作。对全省各勘察设计单位、广告装修公司、印务企业发出《关于整顿有关企事业单位、经营单位非法使用盗版软件行为的通知》，要求各单位进行自查，删除盗版软件，安装使用正版软件。2003年6月27日又召开使用正版软件动员大会，对工作作了进一步安排。8月份对7家软件使用单位进行了重点检查。

4. 重拳出击，严厉查处

经过陕西省版权局的教育和检查督促，部分市场加强了对软件销售和预装的管理，情况有所好转，但有的市场侵权盗版问题仍然严重，必须予以严厉打击。按照行动方案要求，9月25日，西安市版权、公安、工商部门出动30多名执法人员，对一家软件、音像市场进行查处，但行动当日，该市场却停电，执法人员收缴了六百多盘盗版VCD。11月6日，由陕西省版权局协调组织，省市版权、公安及信息产业部门组成二十多人的联合执法队，对西安赛格电脑城进行了严厉查处。经清查，该市场内软件、音像制品全部为盗版，共二十多万盘，执法人员全部予以收缴。

5. 反复清理，巩固成果

经过一系列的教育、检查、打击和媒体宣传工作，此次软件盗版治理行动在社会上产生了巨大反响，软件经营商户和各电子市场经营商深受震动，极大地收敛了盗版经营活动，软件盗版市场迅速萎缩，但根据从各方面收集的信息看，仍有一些不法商贩顶风作案，继续经销盗版软件。为此陕西省版权局于11月21日再次召开省市版权、公安、工商、信息产业部门协调会议，决定巩固治理成果，加大检查力度，反复清查，在全市范围内再进行一次大规模检查清理活动。11月26、27日省市8个部门出动四十多名执法人员对西安市各电子市场进行了全面清理整顿，联合执法检查组对每个电子市场逐家清理，发现盗版软件，当即收缴，两天时间共收缴盗版软件十万多张。

6. 销毁盗版软件，宣示治理决心

按照行动方案，陕西省于12月9日开展了盗版软件公开销毁活动，销毁了这次行动以及以前收缴的盗版软件五十多万张，国家打击软件盗版专项治理行动督察组领导和陕西省及西安市版权局领导参加了销毁仪式。通过销毁活动向社会各界展示了打击盗版软件的成果，表明了政府坚决打击盗版，维护著作权人合法权益，促进软件产业健康发展的决心。

7. 广泛宣传，扩大影响

为加强宣传，扩大影响，教育广大群众，在治理行动各项工作中，陕西省版权局都邀请了新闻媒体进行采访报道，尤其是11月6日、11月26～27日的查处行动，12月9日的销毁行动，陕西电视台、西安电视台、三秦都市报、华商报、西安晚报、西安日报等省内主要媒体都作了有分量的报道，在社会上产生了良好反响。

二、存在的问题

1. 版权行政管理体制不健全。陕西省在市一级只有西安市设立了版权局，其他市没有版权主管部门，这种情况给在全省范围内开展打击软件盗版工作带来一定困难。

2. 部门联合执法是保障软件盗版打击力度的有效形式，但联合执法制度还应当进一步明确和完善。

3. 软件盗版屡查不止，屡禁不绝。盗版软件经营商贩被打击后，有的由于损失不大，往往过一段时间再重操旧业，有的虽然退出经营，但其他经营者又递补入门。

4. 对硬件销售商非法预装软件的行为取证困难。执法部门寻找固定证据有较大困难，因此难以治理。

5. 市场集中经营有时给执法活动带来不利影响。对一些市场内发生的软件盗版活动查处时，执法部门必须保证有足够的执法力量，以防备一些不利执法的因素，执法规模较大，执法成本较高。

6. 阻扰执法、暴力抗法现象时有发生。9月25日、11月6日的两次大规模联合执法都遇到了阻扰。

7. 版权行政执法手段较弱。在版权行政执法工作中，对侵权复制品主要采取登记保存措施，而这一措施在大规模执法活动中经常难以执行。

从实际情况看，软件盗版治理不可能一蹴而就，打击盗版软件将是一项长期艰巨的任务。陕西省版权局将进一步在反盗版实践工作中加强责任意识、大局意识和服务意识，健全多部门配合长效工作机制，通过各种方式大力宣传著作权法和计算机软件保护条例，加强市场监管，进一步规范各单位安装使用软件的行为，为软件业的健康发展努力营造良好的知识产权保护环境。

（陕西省版权局）

司法工作

2003年陕西省各级法院围绕公正与效率工作主题，开展知识产权审判工作，依法制裁各种侵权行为，切实保护知识产权权利人的合法权益，为维护社会主义市场经济秩序，保障科教兴国战略的实施做了一些工作。

2003年陕西省各级法院共受理知识产权民事纠纷一审案件120件，其中著作权案件33件，专利案件34件，商标权案件8件，技术合同案件25件，其他知识产权案件2件，不正当竞争案件18件，审结100件。受理知识产权民事纠纷二审案件40件，其中著作权案件18件，商标权案件4件，专利权案件9件，技术合同案件3件，其他知识产权案件4件，不正当竞争案件2件，审结36件。

与往年相比，2003年全省法院审理的知识产权民事纠纷案件有以下主要特点：(1)案件类型有所增多。除普通的权属纠纷和侵权纠纷案件以外，出现一些新类型案件，如菲林公司与西安爱家商贸公司商标权和企业名称权的权利冲突纠纷案件、李梅光与彩虹显像管总厂科技成果署名权纠纷、郭学亮与陕西中医学院关于中药配方的权属纠纷案件等；(2)审理中涉及的新情况和新问题不断出现，如涉及实用新型专利权的保护期限起点如何计算问题，多余指定原则在专利侵权纠纷案件中的适用问题等等；(3)涉外知识产权案件有所增加。

针对一些法院在知识产权案件受理中存在的不规范等突出问题，陕西省高级人民法院民三庭于2003年10月21日至23日组织召开了全省知识产权、涉外审判工作座谈会，回顾和总结了近年全省知识产权审判工作的基本情况和经验，对于当前知识产权审判中存在的一些突出问题进行了深入的分析，依据最高人民法院关于知识产权审判的有关司法解释，制定了关于陕西省各中级法院和省法院知识产权案件的收案范围和管辖的规定。明确了知识产权一审案件由相关中级人民法院专属管辖，同时对案件受理范围进行划分，将知识产权案件划分为10个大类，80个小类，明确了知识产权审判职责。要求各中级法院从事知识产权案件审判的业务庭应将合议庭成员相对固定，确保案件质量和审判效率。省院民三庭结合本庭实际，还制定了审判长工作职责、书记员工作职责等内部制度，保证审判工作依法公正高效进行。

及时总结审判经验，完善审判环节。近年来，陕西省法院和各中级法院结合审判工作实际，学习一些知识产权审判工作开展较好地区的经验，普遍实行庭前证据交换，凸现当事人争议事实和相关证据，固定当事人双方认可的事实与证据，以节省庭审时间提高诉讼效率；主审法官庭前向合议庭通报案情，使合议庭其他成员了解案件情况、各方当事人诉辩主张、理由及相关证据，以便准确确定案件争议焦点；强化当事人举证、质证责任，合理分配当事人举证义务，切实提高庭审的效果。规范专家证人出庭作证和技术鉴定行为，对审判中的一些好的做法及时进行总结，进一步提高了审判质量。注重裁判文书的质量，并把它作为考核案件质量的指标之一，在裁判文书中要求对事实的认定与对证据的质证、认证分析结合起来，对于法律适用问题要求制作人给予充分的分析论证，增强说理透彻性，知识产权案件裁判文书的制作水平有明显的提高。

结合审判实际开展调研和案件督导工作。陕西省高级人民法院民三庭根据陕西省知识产权案件审判现状，对陕西省各中级法院知识产权案件的受理情况进行了调查，为制定规范性指导文件的出台做了充分的准备。积极参与最高人民法院有关司法解释的征求意见的讨论活动，并针对征求意见稿中有待完善之处提出了书面意见，在相关会议上提交了交流材料得到最高法院的肯定。对二审中发现的问题，除通过改判发回外，还通过召开两级法院座谈会的形式，就审理过程中发现的突出问题及时与有关中级法院交流沟通，指出审理中存在的问题，达成共识或倾向性意见，保证司法的统一。

加强业务学习，夯实审判人员的理论基础，提高业务素质。为了及时正确地把握有关法律和司法解释的立法原意和基本精神，保证知识产权案件的审判质量，2003年度省法院适时安排两级法院知识产权审判人员积极参加最高人民法院组织的相关业务学习和培训。同时通过不定期的专题学习，提高审判人员业务水平。

开展知识产权司法保护的宣传活动。全省各级法院在依法认真审理知识产权案件的同时，重视对知识产权保护的宣传工作。陕西省高级人民法院民三庭与省知识产权局、省工商局等知识产权行政执法部门建立了良好关系，保证了知识产权司法保护和行政执法保护的相互协作和衔接；宝鸡市中院民三庭根据本地知识产权现状和社会各界对知识产权司法保护的现实需要，争取市委、市政法委支持和参与，主办了宝鸡市企业界知识产权保护法律讲座，邀请省院民三庭资深法官和西北政法学院教授给当地企业界有关人士、律师等就企业专利权、商标权、著作权、商业秘密的保护以及临时禁令申请等有关问题进行了深入浅出的讲解，深受企业界的好评。

（陕西省高级人民法院民三庭）

甘肃省

专利工作

2003年,甘肃省知识产权局同全国知识产权发展趋势一样,经历了一个逐步发展的过程。

一是全省的知识产权意识有了较为明显的提高,截止2003年底,全省专利申请量累计9 573件,有效注册商标累计7 945件,登记一般著作权和代办软件著作权共累计38件。

二是甘肃省知识产权法制建设步伐加快,知识产权保护力度得到进一步加强,2003年颁布了《甘肃省专利保护条例》。截止2003年底,知识产权机关共查处各类专利侵权案件64件,侵害著作权行政处罚案件74件,共收缴各类图书、音像制品、软件等盗版制品109万件,累计共查处商标违法案件1 204件,移送司法机关9人。

三是知识产权工作越来越受到各级政府的重视,甘肃省知识产权管理体系建设有了较大进步。目前,14个市(州、地)已有8个设立了专利管理机构,兰州市8个县(区)已有5个建立了知识产权局。随着政府知识产权管理机构的发展和完善,一系列政策和激励措施正在逐步出台。一些企事业单位也相应制定了知识产权管理制度和措施。

(甘肃省知识产权局)

版权工作

2003年,甘肃省版权局以"三个代表"重要思想为指导,认真贯彻全国版权工作会议精神,转变观念,依法行政,加强监管,热情服务,积极开展版权行政管理工作,取得了一定成绩。

一、采取多种形式,广泛学习宣传著作权法律法规

1. 全国版权工作会议结束后,及时在局长办公会上传达会议精神,提出贯彻意见并整理出会议传达提纲,印发市州地文化出版局(处)和局直属单位。石宗源同志的工作报告和沈仁干同志总结讲话下发后,即转发各市州地文化出版局(处)、局直属单位和有关报刊社,要求认真学习贯彻,结合"扫黄""打非"第二阶段工作,加强打击侵权盗版专项治理。6月下旬,在局系统改革发展理论研讨会上,向与会的局直属单位、部分市州地文化出版局(处)和有关报刊社的100多名负责人传达了会议精神。上述汇报、传达,收到了学习宣传的明显效果,使各级版权行政管理部门和版权产业单位在"三个代表"重要思想与版权保护的内在关系、版权保护对促进版权事业和产业发展的重要性等方面进一步提高了认识,明确了2003年版权管理工作任务。

2. 举办活动开展社会宣传。一是在与甘肃省直有关部门、单位联合举办的"3.15"消费者权益日宣传活动中,开展了版权法律咨询服务、版权侵权投诉受理、发放版权宣传材料等活动。二是在会同省和兰州市知识产权、版权、商标、法院等部门联合筹办"4.26"世界知识产权日宣传活动中,多次召开省内出版社和省新华书店、局直属印刷厂协调会,就企业形象宣传、产品展示和法律法规咨询等事项进行了认真准备。此项活动虽因"非典"影响未能按计划举办,但内部学习宣传的效果还是好的。三是下发了《关于认真做好著作权法实施12周年宣传工作的通知》,在兰州市东方红广场主席台上悬挂了大型纪念宣传横幅。14个市州地文化出版局(处)和局直属单位接到通知后,在出版物印制销售场所悬挂横幅、张贴标语,在广告屏幕上播放标语进行了宣传,有的还在当地电视台和报纸上播放、刊载了纪念文章。四是配合打击盗版软件专项治理行动,在兰州市区新华书店主要门店和图书、音像、软件销售市场张贴了国家版权局印制的打击盗版宣传画近200张。

3. 利用会议、培训班学习宣传。在年初召开的甘肃省新闻出版(版权)工作会议上,利用分组讨论机会通报了著作权法实施条例的修改情况,对版权执法中如何运用"损害公共利益""过错推定"等法律规定做了重点介绍。通过应邀参加其他部门举办的座谈会、联席会等,宣传著作权法及其实施条例的修改情况,通报版权执法工作情况。将学习著作权法律法规列为甘肃省报纸采编人员岗位培训的内容之一,在6月至8月局举办的七期共1 300余人参加的培训班上,全面讲授了著作权法律法规,并对报纸法定许可转载作品、发布版权声明、稿酬收转、网络作品转载等版权问题做了专题讲解,取得了较好的宣传效果。

4. 通过新闻媒体报道宣传。甘肃省版权法律法规宣传、版权监管执法活动继续得到省内各级新闻媒体的关注和支持。全年打击侵权盗版专项治理行动中,仅省版权局先后邀请省和兰州电视台、有关报社记者20余人次,对在兰海商贸城、兰州大学科技广场、渭源路科技一条街等市场进行的清理盗版软件联合检查行动作了现场采访报道。对兰州市部分工艺品商店销售《黄河母亲》雕塑侵权复制品活动进行查处中，局版权处联系《黄河母亲》雕塑被陕西某地非法复制展览的行为，接受陕西电视台及兰州电视台采访，以案说法，宣传美术作品著作权知识，节目播出后在社会上引起了反响。

5. 不定期编发了4期《甘肃版权》，向基层版权行政管理部门和版权产业单位介绍版权法律法规和案例，通报交流版权工作信息。

上述工作，加强了打击侵权盗版的舆论宣传，增强了版权行政执法的透明度，扩大了版权行政管理部门的社会影响，也使社会公众的版权意识进一步得到提高。

二、认真开展专项治理，坚持打击侵权盗版活动

遵照国家版权局、全国“扫黄”“打非”办的统一部署，甘肃省先后开展了四次专项治理行动。即“两会”和世界知识产权领导人会议期间打击盗版专项治理行动；贯彻落实《振兴软件产业行动纲要》打击盗版软件专项治理行动；打击盗版《十六大报告辅导读本》专项治理行动；打击秋季盗版教材教辅专项治理行动。在日常监管和专项治理行动中，甘肃省各级版权行政管理部门共累计出动执法人员19 839人次，检查图书(音像、软件)经营户、印刷厂、学校8 523家次，收缴盗版图书439 371册、盗版音像制品143 293张、盗版软件510 437张、其他盗版制品48 367件，行政处罚违法经营者74家，取缔非法经营摊点400个，向公安部门移交案件1件，在遏制侵权盗版活动，净化出版物市场环境方面收到明显效果。

专项治理行动中，主要采取了以下措施：

一是及时向市州地下发专项治理通知，明确治理的任务、范围、工作阶段、重点地区、重点部位、重点对象。

二是省版权局多次组织兰州市的市区两级版权执法稽查人员，对该市销售盗版音像制品和盗版软件问题突出的兰海商贸城、西北电子商贸城、兰州大学科技广场进行联合突击检查，实施重点打击，为甘肃省的专项治理行动营造声势，做出样子。比如，在7月下旬的一次联合执法行动中，出动执法人员30余人、车辆4台，从20余家经营户中收缴盗版软件近千个品种共3万余张。

三是指导基层版权行政管理部门正确执法。省版权局陆续印发了国家版权局制定的《著作权行政处罚实施办法》和《关于办理安川公司投诉案的批复》、《关于对计算机软件保护问题的意见》、《关于适用有关“非法经营额难以计算”规定的意见》、《关于习题类教辅图书是否侵犯著作权问题的意见》等文件，要求各市州地文化出版局(处)结合文件所述案例，学习掌握相关政策规定的内涵，增强行政执法的针对性和运用法规的准确性。同时对基层执法部门在查处侵权盗版案件中遇到的有关鉴定涉嫌盗版制品、侵权者举证责任等问题，都及时给予答复。兰州市文化稽查队于7月份查获一起经营盗版图书案件，涉案教辅书和其他图书达二百余种、三万多册。省版权局接报后，立即赶赴现场指导办案，经过初步调查了解，建议该队采取证据保全方式，对涉案教辅书、图书进行登记保存，逐一提取样书证据，并运用举证倒置的规定，要求经营户限期提供合法来源的证据。据此建议，该队调整了以往通过鉴定确认盗版制品的办案思路，提高了办理此案的工作效率。

四是积极探索保护知识产权的联动机制。3月份，与省公安厅、知识产权局、工商局等8个部门共同召开联席会议，就联合打假、打击侵犯知识产权工作中发挥各部门执法职能、加强协作办案、移送案件、督办案件、交流信息等问题达成共识，并向各地对口部门联合印发了会议纪要。5月份，与省知识产权局、工商局联合拟制了《关于在甘肃省举办的大型会展和招商引资活动中开展知识产权监督管理工作的意见》，报请省政府审批。

三、积极查处侵权盗版案件，加强版权社会监管

一年来，甘肃省版权局版权管理处在组织指导各地开展专项治理的同时，采取主动检查市场和接到举报、投诉、协查请求即行出击相结合的办法，先后对兰州市区印刷厂、计算机软件最终用户和书刊、音像、软件、工艺制品市场进行了10次版权执法检查，直接立案查处侵权盗版案件19起，行政处罚违法经营户19家，罚款金额14 825元，查缴并没收盗版光盘近3万张、盗版期刊336册、盗版图书175册、盗版工艺制品125件。其中影响较大的案件有：

一是根据上海市版权局的协查函，在甘肃书刊批发市场一书店查获盗版《故事会》精选故事专号、中篇故事专号336册，核实销售总量1 100余册、经营码洋2 800余元。

二是根据国家版权局的查缴通知，对兰州市数家零售书店实施检查，在纸中城邦书店查获盗版《国家司法考试辅导用书》6套，核实销售量34套102册、经营码洋8 100元。

三是根据中国人民大学出版社举报，对兰州市安宁区和城关区7家批发零售书店销售的盗版《硕士研究生入学考试政治理论复习指导》、《新概念英语》等图书予以查缴。

四是根据雕塑家何鄂的投诉，对兰州市13家工艺品商店进行执法检查，查获《黄河母亲》雕塑侵权复制品5个品种共37件。省内几家电视台、报社对此次检查行动进行了跟踪报道，引起社会公众关注。

五是对2002年度未结案的兰州赛纳河公司诉兰州花雨公司销售侵权《梦里敦煌》佛头雕塑案，调查核实了侵权事实，在双方当事人达成调解协议，侵权方向被侵权方书面道歉并赔偿损失4万元的基础上，省版权局对侵权方给予没收侵权复制品的行政处罚。

六是对敦煌研究院诉甘肃音像出版社《敦煌宝藏》光盘侵权案，根据调查的事实，在多次主持双方调解未果的情况下，对侵权方给予了行政处罚。

四、坚持提供相关服务，版权日常管理工作取得新进展

1. 对甘肃省内报刊进行了2003年度著作权核验。经过自查，核验和督查三个阶段，有100余家报刊完成了核验工作。配合核验工作，拟制下发了《报刊转载作品付酬通知》，并在部分报刊社确定了兼职版权管理人员。

2. 国家版权局关于报刊、教科书、录音制品法定许可转载使用作品的付酬办法和作品自愿登记办法等四个部门规章的征求意见稿下发后，组织部分出版社和报刊社进行座谈讨论，提出了甘肃省的修改意见。

3. 按照国家版权局的要求，经相关程序的工作，推荐全国版权管理工作先进集体一个、先进个人两名。

4. 甘肃省局版权管理处指导《读者》杂志社修改制定了与国内百名著名作家的作品使用协议书，并参与了签约仪式的有关准备工作；与出版管理处配合，组织有关出版社经过认真筹备，参加了第十届北京国际图书博览会。

5. 接受版权产业单位、作者和司法部门咨询版权事项260余人次；审核登记出版外国图书合同4份；完成作品自愿登记14件；代办软件著作权登记26件；对基层版权行政管理部门和出版社送审的114件涉嫌盗版图书和音像制品进行了版权鉴定。

（甘肃省版权局）

司法工作

2003年，甘肃知识产权审判工作在最高人民法院、省人大的监督和具体指导下，在甘肃省高级人民法院党组的领导下，以“三个代表”重要思想为指导，以“公正与效率”为核心，司法为民，不断提高案件质量和效率，知识产权审判工作取得了新的成绩。

随着我国改革开放事业的发展和知识产权立法进程的加快，知识产权审判领域不断拓展，知识产权审判的范围已从传统的专利、商标、著作权和技术合同纠纷案件向不正当竞争、网络著作权、植物新品种和科技成果权等案件扩展，并表现出“高、新、难”的特点，逐步形成了案件类别较为齐全、特点鲜明、相对独立的审判业务，确立了知识产权的审判地位。

2003年，甘肃省法院知识产权案件数量增长迅速，全省法院知识产权审判工作呈现出良好的发展势头。

一、案件数量及类型

2003年全省法院共受理知识产权案件84件，其中一审66件，著作权10件，商标权3件，专利权27件，技术合同5件，植物新品种纠纷15件，其他知识产权纠纷案件6件；二审18件，著作权8件，商标权1件，专利权2件，技术合同2件，植物新品种纠纷1件，其他知识产权纠纷4件。

二、案件特点

从2003年全省法院知识产权收案情况的统计分析来看，具有如下的特点：

1. 案件数量增长迅速，增幅较大。2002年全省法院一审知识产权案件收案数为35件，2003年全省法院一审知识产权案件的收案数为66件，同比上升88.6%。

2. 侵权案件数量多，合同案件数量少。知识产权民事案件主要包括知识产权权属争议案件，知识产权侵权案件以及知识产权合同纠纷案件三种类型，从2003年全省法院收案统计中可以看出，知识产权侵权案件数量约占知识产权民事案件总数的90%以上，权属纠纷与合同纠纷只占10%左右。

3. 专利纠纷案件仍位居收案第一。2003年全省法院共受理一审专利纠纷案件27件，占全省收案总数的41%，收案数量仍占据第一的位置，这与北京、上海、广东等知识产权审判初期阶段的情况一致。

4. 新类型案件有所增加，从2003年的统计分析来看，植物新品种纠纷占收案总数的22.7%，虽传统知识产权案件仍占大多数，但新类型案件也开始陆续出现并不断上升。如植物新品种纠纷，侵犯商业秘密纠纷等，反映了全省知识产权审判领域正在不断扩大。

（甘肃省高级人民法院民三庭）

青 海 省

专利工作

2003年青海省知识产权局深入贯彻执行了党的十六大精神。依靠科学抗击了"非典"疫情。机构改革在2002年的基础上顺利完成。在国家知识产权局的指导关怀和青海省科技厅的直接领导下,全局上下齐心协力,完成了以下工作:

一、专利申请量稳步上升

2003年青海省专利申请量为173件。其中发明专利70件,实用新型专利60件,外观设计专利43件;职务发明57件,非职务发明116件;授权专利91件其中发明专利17件,实用新型专利36件,外观设计专利38件。2003年度青海省专利状况如下表:

(1)2003年青海省三种专利申请受理、授权状况表

	外 观 设 计		合 计	发 明		实 用 新 型		
	构成%	申请量	构成%	申请量	构成%	申请量	构成%	申请量
专利受理	173	100	70	40.5	60	34.7	43	24.9
	授权量	构成%	授权量	构成%	授权量	构成%	授权量	构成%
专利授权	91	100	17	18.7	36	39.6	38	42

(2)2003年职务、非职务发明创造专利申请受理、授权对照表

	职 务		非 职 务	
	数 量	构成%	数 量	构成%
专利受理	57	32.9	116	67
专利授权	34	37.4	57	62.6

(3)2003年三种专利在各单位的比例情况

	非职务		职 务		其 中							
	总数	构成%	总数	构成%	大专院校	构成%	科研单位	构成%	工矿企业	构成%	机关团体	构成%
受理	116	100	57	100	2	3.5	23	40.4	28	49.1	4	7
授权	57	100	34	100	0	0	6	17.6	25	73.5	3	8.8

从表(1)看,2003年青海省的发明专利受理量和授权量明显高于2002年,(2002年:受理151件,授权85件);表(2)反映了在职务发明与非职务发明的受理和授权中,职务发明减少;表(3),在57件的职务发明中,大专院校出现了"2"的好兆头(2002年是"零"的状况),机关团体、科研单位专利申请量也比2002年有所增长。

二、采取多种形式的宣传培训活动,努力提高知识产权保护意识

1. 利用特殊宣传日宣传强化知识产权意识

青海省知识产权局在"3.15"消费者权益日、"4.1"专利法实施纪念日、"5.18"科技活动周,积极联系组织有关单位、企事业单位,联合走向街头,采用图片展览、专利样品对公民进行直观宣传;设立咨询服务台、有奖问答、发放知识产权书册、传单等形式强化公民的知识产权保护意识。

2. 举办各种知识产权培训班,提高有关业务人员知识产权保护意识

(1)本年度在海西州举办了一期由科技局组织、各系统参加的"全州知识产权培训班"。通过3天的培训,使与会者不但提高了知识产权的保护意识、基础理论知识,而且为今后加强代理人队伍打下了基础。

(2)在西宁市党校组织的"西宁市秋季知识分子培训班"进行了为期两天的知识产权基础知识

讲座。通过座谈,使学员了解了什么是专利、专利申请以及知识产权保护工作的重要性,提高了知识产权保护意识。

(3)在青海省红十字医院为医院领导和部分职工举办了一期“知识产权基础知识培训班”。

(4)在青海省小岛教育基地知识产权局还举办了一期“全省专利行政执法监督员培训班”。

3. 利用刊物、投稿的方式宣传知识产权

至2003年底,青海省知识产权局内部刊物《青海专利》(共办160期)更名为《青海知识产权》,为了使刊物有影响力,青海省知识产权局主动向工商局、版权局、省高级人民法院等单位上门征稿,得到了公众“刊物言之有物,知识面较广”的好评;出版《青海省授权专利》(年刊);《青海省专利工作信息》(18期),为省科技厅、国家知识产权局及时了解情况,指导工作,进行科学决策发挥了重要作用。

4. 在青海省科技厅主办的《青海省科技工作文件资料选编》(年刊)中,有青海省知识产权局提供的《青海省专利工作概况》和“专利申请已获批准授权项目”。

三、针对地方特色,加强地方性法规建设

(1)2003年,受理专利纠纷案件1件,结案3件。

(2)首次发现饮食行业存在冒充专利行为后及时予以查处。

(3)成立了青海省专利代理惩戒委员会。

(4)完成了《青海省知识产权管理办法》立法研究的起草工作。

(5)对青海省知识产权现状进行了调查,草拟了《青海省远地产地域产品名称保护建议名录》。

(6)恢复了青海省发明协会工作。并完善了年检、登记工作。

四、积极参与有关知识产权的一切活动,专利技术实施有了显著成绩

(1)2003年,青海省知识产权局积极向省经贸委争取建立专利技术转化实施资金10万元。

(2)青海省知识产权局组织企事业单位,近30个项目参加了第四届青洽会、大连“中国国际专利技术产品交易会”、昆明“中国国际专利与名牌博览会”、厦门“第十四届全国发明展览会”等参展工作。

五、建立知识产权信息网络平台,推进专利信息化进程

(1)充分运用知识产权信息资源,与本年度接待专利检索300余人次。加大了日常网络维护的力度。

(2)完成了《青海省专利信息网点应用系统开发》项目的工作总结、验收工作。

(3)完成了《青海省知识产权网站建设及数据库开发》与《企业专利实施信息系统》项目的申请撰写工作。《企业专利实施信息系统》项目已被列入科技厅2003~2004年科技计划。

六、深入专利试点企业,做专利调研工作

青海省知识产权局分别到青海利亚达化工厂、青海省制药厂、青海省新能源研究所进行了专利调查工作。听取了专利试点单位在知识产权保护方面存在的疑难问题,讲解了相关知识,对促进企业知识产权工作的发展起到较好的效果。

七、完成了本年度订阅《中国知识产权报》的任务

2003年打破了“只赠订,不自订”的常规。由于工作成绩突出,在国家知识产权局主办的“2003年《中国知识产权报》发行会议上,青海省通联站荣获嘉奖,颁发了《中国知识产权报》发行“最佳单位奖”、“最佳站长奖”(马丽萍)和“最佳兼职发行员奖”(张菱)。

八、积极向国家局和科技厅申请项目

通过各类项目的实施提高青海省运用专利技术的能力和水平,以增强技术创新和市场竞争能力。

九、以实际行动践行“三个代表”重要思想

在9月份,按青海省科技厅的要求:成立了“青海省知识产权局民族团结进步创建领导小组”。以便落实相关措施,搞好民族团结。

(青海省知识产权局 张 菱)

司法工作

一、依法审理知识产权民事案件,审判领域不断拓宽

据司法统计反映,2003年青海省两级法院共受理案件10件,比上年增长了15%。在审理案件中:著作权纠纷案件1件,商标权纠纷案件3件,专利权纠纷案件1件,技术服务合同纠纷案件1件,不正当竞争纠纷案件3件,其他知识产权纠纷案件1件。虽然知识产权民事案件在青海省法院受理案件中所占比例少,但这类案件普遍存在专业性强,法律关系和案件事实复杂,审理难度大的特点。有的案件受当地党委、政府和新闻媒体的关注,但各院根据知识产权民事案件的特点,树立精品意识,精心审理好每一起案件,特别是注重调解结案。如:西宁市中级人民法院受理4件知识产权民事案件均调解结案。该院受理的117名农民诉青海侨佳音像有限公司、甘肃省音像出版社民间社火表演侵权案,合议庭针对该案涉农众多、社会影响较大、矛盾易激发等特点,及时做当事人的思想工作和宣讲知识产权法律方面的知识,化解了矛盾,在法院的主持调解下双方当事人自愿达成协议,青海侨佳音像有限公司停止制作、发行《青海社火》VCD光碟,给付参与社火表演的117名农民13 000元补偿。该案及时有效的审结,取得了较好的社会效果和法律效果。

二、对知识产权民事案件实行集中审理,保证案件质量

为进一步提高办案质量和办案效率,省高院在调研的基础上,借鉴其他省市法院的成功经验,于2003年4月23日经审判委员会讨论通过,制定了《青海省高级人民法院关于知识产权民事纠纷案件收案范围和案件管辖若干问题的暂行规定》,规定全省知识产权民事案件由中级人民法院为第一审法院,省高院为第二审法院。同时要求全省各中院将原来由民庭、经济庭分别受理的著作权、商标、专利等知识产权案件统一由民三庭审理,对未设立民三庭的要求其中一个民事审判庭应有专门知识产权案件合议庭审理知识产权纠纷案件。为及时掌握全省知识产权民事案件审判动态和总结经验,省高院建立了重大事项报告和裁判文书备案制度。

三、积极开展调查研究指导司法实践

就青海省知识产权存量进行了调查分析,了解造成青海省知识产权存量低、成讼率低的原因,主要在于:一是青海省经济、科技文化较落后,工业基础薄弱,专利技术专业化进程慢;二是公民、法人,特别是大中型企业的知识产权保护意识淡薄,不重视知识产权的开发、利用、保护;三是科研院校缺乏科研资金,无力研究科研课题;四是社会上对知识产权司法保护还不够了解;五是纠纷的标的一般较小,争议不大,大部分侵权案件是通过非诉讼程序解决;六是多集中在商标违法和音像、图书资料盗版销售方面,而这类案件多是行政执法部门在权利人还不知道被侵权的情况下,就被予以查处。对存在的问题及原因提出了建议。

四、加大宣传力度,拓展案源

省高院与省知识产权局协同编写印制了知识产权常识宣传册。利用宣传日上街向社会分发,宣传知识产权保护的重要性,增强社会对法院在保护知识产权方面的了解。

五、2003年8月省高院协助最高法院在青海省西宁市召开西部12省区近70人参加的知识产权诉讼实务研讨会,并借此机会组织我省法院民商事审判人员近100人旁听学习

目前青海省知识产权案件审判工作中存在的问题主要是:法官队伍的整体素质与任务和要求不相适应,从事知识产权审判的法官,大多是学法律专业的,懂外语、懂专业、懂法律的专家型法官奇缺;受案源不足和对外宣传不够的影响,使法院知识产权审判工作在社会上影响不大,故制约着知识产权审判工作的发展。

针对以上问题,在今后的工作中,要紧紧围绕"公正与效率"工作主题,全力抓好知识产权审判工作。一是加强业务理论学习,通过各种学习途径不断提高业务素质;二是加强知识产权司法保护的宣传力度,积极采取措施拓展案源;三是继续积极主动做好理论调研工作,总结审判经验。

(青海省高级人民法院民三庭)

宁夏回族自治区

专利工作

2003年,是宁夏回族自治区知识产权局全面贯彻落实十六大精神的第一年。围绕十六大提出的全面建设小康社会这个中心任务和"完善知识产权保护制度","鼓励科技创新,在关键领域和若干科技发展前沿掌握核心技术和拥有一批自主知识产权"的部署,自治区知识产权局在自治区党委、人民政府的正确领导下,在国家知识产权局的直接指导及有关部门的大力支持下,经过努力地工作,宁夏回族自治区专利工作在原有的基础上又有了新的突破,全社会的知识产权意识有了很大增强;知识产权工作体系得到进一步加强和完善,区内各级知识产权机构在管理、协调和执法方面发挥了重要作用;企事业单位运用和掌握知识产权的能力和水平不断提高,以企业为主体的专利工作快速有序地发展;专利保护的层面也得到很大的拓宽,专利保护力度进一步加强。专利工作在科技进步、社会经济发展中发挥着越来越重要的作用。

一、领导重视，是专利工作取得成效的关键

2003年，宁夏的专利工作得到了自治区领导机关和国家知识产权局的高度重视和亲切关怀。4月8日，自治区九届人大常委会第二次会议，听取了近几年来全区专利工作的情况汇报。8月26日，国家知识产权局王景川局长一行莅临宁夏视察指导工作。王局长对宁夏回族自治区知识产权局的工作寄予了很高的期望，指示我们要切实履行好自治区人民政府赋予的职责，服务于地方经济工作；搞好知识产权的社会管理和公众服务工作；要在立法和执法实践中宣传知识产权知识，提高公众的认知度；要帮助企业建立知识产权机构，策划企业知识产权战略，提高企业运用知识产权制度的能力；要和相关部门多合作、多协调，善于借用、依靠、争取方方面面的力量做好工作。

二、积极实施专利战略推进工程

2003年，宁夏回族自治区知识产权局围绕自治区确定的以新材料、生物工程、特色医药、煤化工等为代表的高新技术产业，与企业合作开展专利战略研究，促进企业实施专利战略，完成了《钽铌铍稀有金属新材料领域专利战略研究》软科学课题。

三、加大专利执法力度，形成多层面保护体系

宁夏回族自治区知识产权局以推进专利行政执法工作全面进入市场为主要目标，加大了打击侵犯知识产权行为的力度，把主要精力放在对专利侵权的处理上。一年中立案并处理专利纠纷案件24件，其中以调解、处理和撤诉结案20件。通过专利侵权纠纷的处理，切实整顿了市场秩序，加强了专利法律的威慑力。

四、推进专利管理工作全面进入企业

2003年，宁夏回族自治区知识产权局以推进专利管理工作全面进入企业为中心任务，推动企业的专利工作，涌现出一些专利工作比较突出的企业。青铜峡铝业集团有限公司建全了专利工作机构，制定了知识产权规章制度，专利奖酬制度也得到了落实，在全区首次拿出了58 000元奖励专利发明人。宁夏香山酒业有限公司成立了专门的知识产权办公室，并制定了系统的知识产权管理规章。企业将专利保护融入市场销售环节，有力的维护了企业的合法权益。

2003年，宁夏回族自治区知识产权局实时开通了专利网站，为企业多渠道提供专利文献信息和专利文献服务，提高了企业运用专利文献信息的能力和水平。做好企业的专利参谋，为企业出谋划策，提供专业的法律咨询，在帮助企业解决实际问题的同时，锻炼了企业的科技和管理人员，提高了企业运用专利制度的能力和水平。

五、专利宣传工作全面深入展开

2003年，宁夏回族自治区知识产权局以提高全社会的知识产权意识为中心任务，采取“知识产权企业行”、“知识产权进学校”等多种形式，抓住知识产权工作中的重大事件，通过新闻和媒体，印制知识产权宣传资料五万多份，制作宣传条幅二十余条，围绕知识产权的热点，向各级领导、企业厂长（经理）、专业技术人员及社会公众积极宣传专利制度及专利知识，数万人接受了专利知识的宣传教育，全社会的知识产权意识有了极大的提高。

六、专利培训工作取得新进展

人才是知识产权工作健康长远发展的基础。为此，宁夏回族自治区知识产权局针对不同主体，选择不同的培训内容、方式和手段，通过报告会、培训班、专题讲座、现场讲解演示等形式，加紧了知识产权方面的培训工作。一年来，全区有3 000多名各级领导干部、专业技术人员、企业厂长（经理）、专利工作人员等接受了专利知识培训。

七、专利指标

2001～2003年宁夏专利申请量统计（件）

年度	当年累计	增长率	发明	实用新型	外观设计	职务发明
2001	412	20.82%	98	175	139	99
2002	503	22.09%	105	226	172	160
2003	441	－12.30%	101	200	140	135

2003年宁夏各地区专利申请情况统计（件）

地区名称	专利申请量	职务	非职务	申请专利类别		
				发明	实用新型	外观设计
银川市	264	57	207	74	119	71
吴忠市	134	65	69	21	49	64
石嘴山市	38	13	25	2	32	4
固原市	5	0	5	4	0	1
合计	441	135	306	101	200	140

2003年宁夏各地区专利授权情况统计(件)

地区名称	授权量	职务	非职务	授权类别		
				发明	实用新型	外观设计
银川市	214	65	149	46	88	80
吴忠市	76	35	41	6	32	38
石嘴山市	44	22	22	2	37	5
固原市	4	0	4	0	3	1
合计	338	122	216	54	160	124

1998~2003年宁夏国有重点骨干企业专利申请量排名

序号	单位名称	2003年专利申请量	1998~2003年专利申请数量(件)			
			总量	发明	实用新型	外观设计
1	西北奔牛集团有限责任公司	9	19	0	19	0
2	西北轴承集团有限责任公司	9	25	5	16	3
3	青铜峡铝业集团有限公司	6	9	3	6	0
4	宁夏启元药业有限责任公司	4	9	2	0	7
5	宁夏长城机器集团有限责任公司	2	0	0	0	0
6	吴忠仪表集团有限责任公司	0	28	4	23	1
7	宁夏夏进乳品公司	0	5	0	0	5
8	宁夏东方有色金属集团公司	0	12	10	2	0
9	宁夏太西集团有限责任公司	0	5	3	2	0
10	宁夏塞北雪面粉有限责任公司	0	9	0	0	9
11	宁夏农垦集团公司	0	5	0	0	5
12	宁夏北方淀粉集团有限责任公司	0	3	2	0	1
13	宁夏恒力钢铁集团有限责任公司	0	4	1	3	0
14	宁夏美利纸业集团有限责任公司	0	2	0	2	0
15	宁夏大荣化工冶金有限责任公司	0	1	1	0	0

1998~2003年宁夏非公有制重点骨干企业专利申请量排名

序号	单位名称	2003年专利申请量	1998~2003年专利申请数量(件)			
			总量	发明	实用新型	外观设计
1	宁夏香山酒业有限公司	48	83	1	0	82
2	宁夏三新实业(集团)有限公司	3	47	1	44	2
3	宁夏紫金花纸业有限公司	0	8	0	0	8
4	宁夏多维药业有限公司	0	3	1	0	2
5	宁夏达因药业有限公司	0	1	0	1	0
6	石嘴山市丰本发展有限公司	0	1	0	1	0

(宁夏回族自治区知识产权局)

司法工作

一、宁夏知识产权司法保护概况

2003年上半年,按照最高法院部署,宁夏高级法院进行了机构改革,以刑事、民事、审判三大审判为基础,建立健全审判新机制,高级法院充分认识到人民法院保护知识产权职能的重要性,根据入世的需要和实际情况,成立了审理知识产权案件的民事审判第三庭。全区五个中级法院也先后设立了民三庭,负责审理知识产权和部分其他民事案件。专门审判机构的设立,标志着宁夏知识产权保护工作进入了一个新的历史阶段。

在知识产权审判人员配备上,全区25名知识产权审判人员中,研究生2人,大学本科学历的16人,占72%,大专学历的7人,占28%,平均年龄38.1岁。

二、案件审理情况及特点

2003年,全区法院共受理知识产权案件47件。案件类型中著作权纠纷3件、商标权纠纷14件、专利权纠纷23件、技术合同纠纷4件、不正当竞争纠纷2件、其他知识产权纠纷1件。

从上述数据分析,宁夏回族自治区知识产权案件具有以下特点:

1. 案件类型增多。以前受理的案件均为传统的专利权、商标权、著作权纠纷等常见案件。随着科学的进步、市场经济的繁荣,出现了侵害商业秘密、损害商业、商品声誉等不正当竞争纠纷案件、专利实施许可合同纠纷案件以及要求确认驰名商标的案件。如我院受理的宁夏正洋物产进出口公司诉马宏东、刘军、宁夏惠农福民蔬菜脱水有限公司侵害商业经营秘密纠纷,诉讼标的1 300余万元,为该区第一例侵害商业秘密纠纷案件。

2. 案件数量呈上升趋势。受经济、科技、文化的制约,是该区知识产权案件少的主要原因之一。同时,由于知识产权案件存在举证困难、诉讼成本较高、权利人保护意识较差等因素,不少权利人不愿通过诉讼方式解决纠纷,这也是造成知识产权案件少的原因之一。但随着经济、科技、文化的发展,权利人维权意识的增强,知识产权纠纷案件的数量不断增加。2001年全区受理知识产权案件4件,2002年受理9件,2003年受理47件,可见数量上升的态势是明显的。

3. 专利侵权案件居各类案件之首。47案中,专利纠纷23件,占全部案件的49%。专利纠纷案件中又以专利侵权案件为首,共21件,占全部专利纠纷案件的91.3%。

4. 四市中级法院案件分布不均衡。一个地区经济、科技和文化的发展程度决定着知识产权案件数量的多少。该区首府银川市的经济较为活跃,受理的知识产权案件最多。2003年银川中院受理18件,占全部受理案件47件的38.3%,这与最高法院关于专利案件由省、自治区、直辖市人民政府所在地的中级法院专属管辖的规定有关。

5. 诉讼标的金额不大。就统计的数据来看,47案中,除区高院作为一审的一起诉讼标的超过千万元外,其余诉讼标的额均未超过50万元。

（宁夏高级人民法院民三庭）

新疆维吾尔自治区

专利工作

一、2003年新疆的专利工作

在过去的一年里,新疆维吾尔自治区知识产权局的工作,以邓小平理论和“三个代表”重要思想为指导,全面贯彻落实党的十六大和十六届三中全会精神,以服从和服务于自治区经济发展和全面建设小康社会目标为第一要务,按照“发展要有新思路、改革要有新突破、开放要有新局面、各项工作要有新举措”的要求和“打好基础、营造环境”的工作思路,坚持以人为本,求真务实,开拓创新,团结奋进,充分调动全局职工的工作积极性和创造性,保证了各项任务的圆满完成。

1. 建立健全了专利管理工作体系。2003年,新成立知识产权局的地州市2个。截止年底,全区成立知识产权管理机构的地州市15个、县(市)24个,知识产权工作协调指导机构7个,专利管理人员192人,专利代理机构6个,专利代理人员43人,专利行政执法人员46人。5月26日在《中国知识产权报》新疆通联站建站11周年之际,建立了由44人组成的自治区知识产权工作联络员兼通讯员队伍。对自治区讲师团进行了调整,讲师团队伍由8人增加到38人,扩大了4.75倍。

2. 加强对专利代理机构和专利代理人的监管工作。新成立专利代理机构1个;建立了“新疆维吾尔自治区专利代理惩戒委员会”。按规定对专利代理机构和专利代理人进行了年检。组织开展了专利代理人资格证和专利代理执业证书的换证工作,换发专利代理资格证书的有43人,换发专利执业证书的有16人。

3. 知识产权信息网站建设有了新的发展。本年度新建和开通了哈密地区和昌吉回族自治州专利信息网站。本年度在新疆专利网站上增加政务信息及新闻共计78条,对专利信息网网页的内容进行了改版,涉及的栏目4个、内容200篇。本年度网络服务累计达到2万多人次。

4. 自治区的专利法规、政策建设取得新成绩。本年度新出台的地方性专利法规7个,重新修订的有一个。《新疆维吾尔自治区专利保护条例(草案)》已提交自治区人民政府法制办公室,进入立法审核阶段。编印了《专利工作规章制度文件汇编》,汇编的国家和自治区有关专利法规31个。

5. 知识产权宣传工作取得了显著成绩。自治区党委宣传部、科技厅和知识产权管理部门以纪念“4.26”世界知识产权日为契机,在全区范围内组织开展了“第三个宣传周活动”和“新疆知识产权好新闻评奖活动”。获得新疆知识产权好新闻一等奖的3名,二等奖的7名,三等奖的10名。全区共印制宣传资料12.47万份,挂横幅256条,板报和专栏256个,电台电视台播放专稿143篇,组织各类座谈会75次。接待专利咨询服务1 200多人次。新疆知识产权局编印和赠送《新疆知识产权》刊物6期900多份。

6. 加大了知识产权培训力度。一年来,自治区各级知识产权管理部门坚持把知识产权培训当作中心工作来抓，加强对知识产权培训工作的指导，在知识产权培训工作中，我们树立大管理的思想，重视发挥自治区知识产权工作协调指导小组成员单位、地州市知识产权局及各级组织部门和党校的作用，根据知识产权培训的特点，分层次、有重点的开展培训，紧密结合实际，不断探索培训方法和培训形式，重视提高培训效果，做到有计划、分层次、有重点开展知识产权培训活动，使培训工作取得了显著成绩。通过培训，使各级领导和企事业负责人的知识产权意识有了新的增强，使知识产权管理干部和工作人员的管理水平和业务水平有明显提高。据统计，全区本年度共办知识产权培训班 101 期，参加培训 8 493 人次。

7. 加大了专利行政执法工作。一年来，自治区专利行政执法人员认真执行国家和自治区知识产权法律、法规，自觉维护知识产权权利人的合法利益和有序的市场经济秩序，依法开展了打击假冒和冒充他人专利以及商标违法行为，并取得显著成绩。据统计，全年自治区知识产权管理部门共受理专利侵权纠纷案件 45 件，结案 23 件，中止 8 件，正在处理 14 件(含跨省立案的 6 件)；受理冒充专利案件 24 件，结案 24 件；罚款 4.1 万元。

8. 加强对专利实施资金的规范化管理。为了规范专利技术实施资金的管理工作，本年度自治区出台了《新疆维吾尔自治区专利实施资金管理办法》(新财建[2003]103 号)。本年度实施专利技术项目 11 个，投入专项实施资金 100 万元。专利实施项目自 1996 年以来累计达到 45 个，累计投入专利实施资金 545 万元，实现产值 10.39 亿元，利润 1.169 亿元，税金 1.32 亿元。

9. 专利试点工作不断向深度和广度发展。3 月份，出台了《新疆维吾尔自治区企事业单位专利工作制度制订指南》。在该《指南》的指导下，自治区 10 家专利试点企业全部建立和修改了各自的专利工作管理制度。该《指南》受到国家知识产权局的高度赞扬并向全国转发。5 月份，开展了城市专利试点申报工作，乌鲁木齐市作为专利试点城市向国家知识产权局进行了申报。在对一批企业专利试点工作进行总结的基础上，对第二批企事业专利试点单位进行了摸底调查。12 月，对被列为国家和自治区专利试点企业的新疆特变电工股份有限公司进行了试点验收，成绩为优秀，达到 90.24 分。该公司自试点以来，制订和实施了《特变电工专利工作管理制度》等一批科技管理制度，建立了年度目标责任制与月报监督管理相结合的专利工作责任考核机制，设立并实施了"发明创造奖"等奖励制度；从提高领导和职工专利意识入手，狠抓了专利宣传培训工作，编写 10 多万字的专利宣传书籍和资料，培训人数累计达到 4 916 人次；运用专利制度进行研发，已累计投入研发经费 2.136 万元，开发新产品、新技术 25 项，累计达到 50 项，实现销售收入 16 000 万元，实现利润 1 500 万元，专利贡献率占新产品产值的 50%以上，形成了科研开发、专利申请、专利实施良性循环。加强了自主知识产权保护。专利申请由 2000 年的零件提升到 2003 年 213 件，专利授权达到76 件。

10. 圆满完成其他知识产权工作。9 月，承办了由国家知识产权局和科技部首次举办的"全国高新技术开发区知识产权培训班"。8 月，承办了国家知识产权局在新疆举办的"2003《中国知识产权报》全国通联发行工作年会"。本年度"中国知识产权报新疆通联站"给《中国知识产权报》等报刊投稿并被采用稿件 80 多件，稿件数量和质量实现了历史性突破，"新疆通联站"获全国先进集体称号，并受到大会的表彰奖励。组织开展了《新疆优势产业知识产权战略研究》，完成了《新疆棉花产业专利战略研究》课题初稿。

二、2003 年新疆专利申请、授权量

新疆维吾尔自治区为了提升专利申请的数量和质量，2003 年自治区建立并实施了专利申请资助资金，制定出台了《新疆维吾尔自治区专利申请资助资金管理办法》，专利申请资助资金累计达到 120 万元。本年度全区的三种专利申请为 1 473 件，同比增长 18.9%。发明专利申请为 254 件，同比增长 17.6%；实用新型专利为 938 件，同比增长 20.4%；外观设计专利为 281 件，同比增长15.2%。非职务发明创造专利为 1 122 件，同比增长 18.2%。职务发明创造专利为 351 件，同比增长 25.4%，其中大专院校为 15 件，同比增长25%；科研院所为 54 件，同比增长 45.9%；企业为 278 件，同比增长 16.8%；机关为 4 件，同比增长 33.3%。三种专利申请已累计达到 11 932 件。

本年度专利授权量为 752 件，同比增长 19.9%。发明专利授权为 75 件，同比增长22.9%；实用新型专利授权为 521 件，同比增长 28.0%；外观设计专利授权为 156 件，同比增长了1.9%。职务发明专利授权为 198 件，同比增长了 38.5%，其中大专院校为 6 件，与上年持平；科研院所为 42 件，同比增长 7.7%；企业为 149 件，同比增长 63.7%；机关为 1 件，同比减少 85.7%。非职务发明专利授权为 554 件，同比增长了 14.5%；专利授权累计达到 6 669 件。

新疆维吾尔自治区年专利申请量和累计量、专利授权量和累计量均列西北五省区第二位。

(新疆维吾尔自治区知识产权局)

商标工作

2003 年，新疆维吾尔自治区商标管理工作以江总书记“三个代表”的重要思想为指导，立足经济建设的中心，紧紧围绕整顿和规范市场经济秩序、支持企业发展的主线，坚持“一手抓执法、一手促发展”，在以保护商标专用权为核心，以查处商标侵权假冒案件为重点的基础上，继续深入整顿和规范市场经济秩序，加大了对商标侵权假冒大要案件的查处力度；加强了对基层工作的指导，不断提高商标管理人员的业务水平；同时大力宣传和普及商标法律知识，提高全社会商标法律意识；深入开展著名商标认定工作，鼓励和指导企业正确运用商标战略和策略，争创驰名商标，为促进新疆维吾尔自治区经济的发展做出了积极的贡献。

一、查处了一批商标违法大要案件，维护了市场竞争秩序，保护了商标注册人的合法权益

截止 2003 年 11 月底，新疆维吾尔自治区各级工商行政管理机关共查处商标违法案件 786 件，罚款共计 1 782 021.09 元，收缴和消除商标标识 1 958 967 件，销毁物品 2.16 吨。查处的商标案件数比 2002 年同期下降 15.5%，罚款金额比 2002 年同期增长 62.1%。

严厉打击商标违法行为、查处商标大要案件是新疆维吾尔自治区商标管理工作的重点。各级工商行政管理机关充分发挥垂直管理的优势，克服困难，排除阻力，上下联动，协同办案，将商标违法大要案件作为商标管理工作的突破口，进一步加大对商标专用权的保护力度。

1. 查处了一批商标违法大要案件，树立了执法权威

2003 年新疆维吾尔自治区各级工商局顶住压力，排除阻力，克服困难，查处了一批商标违法大要案件。

喀什地区疏勒县工商局端掉一制售假冒中国驰名商标“伊力”特、“五粮液”等白酒窝点，并对当事人作出罚款 5 万元的行政处罚。石河子市工商局对侵犯四川济生堂药业有限公司胆舒胶囊注册商标专用权的行为作出罚款 2 万元的行政处罚。自治区工商局查处了侵害新疆西域种业股份有限公司的“西域”种子注册商标专用权案和侵害北京万通房地产有限公司的“新新鸟”图形注册商标专用权案，案值分别达到 1 100 万元和 1 690 万元。乌鲁木齐市工商局查处了侵犯奥林匹克标志注册商标专用权案，案值达 51 00 万元。这都是多年来我区少有的商标侵权大要案件。自治区工商局还与乌鲁木齐市天山区公安分局联合行动，一举摧毁了一个无照、无证非法拼装、销售假冒“蓝鹰”等注册商标的劣质三轮摩托车窝点，其总案值近百万元，当事人已移交司法机关，被依法逮捕。

截止 2003 年 11 月底，自治区工商局商标监督管理处共查处商标违法案件 20 件，结案 12 件，罚款 65.14 万元，收缴和消除违法商标标识 16.4 万件。

通过对商标违法大要案件的查处，加大了对违法分子的震慑和打击力度，保护了商标注册人的合法利益，锻炼和提高了商标管理干部的办案能力，树立了工商行政管理的执法权威，有效地维护了我区公平、有序的市场经济秩序。

2. 结合实际，突出重点，开展专项执法检查

随着商品交易活动的日趋活跃，国内外一些知名度较高的品牌商品纷纷进入新疆维吾尔自治区各类市场。为保护商标注册人和消费者的合法权益，打击各类商标违法行为，促使经营者规范使用商标，合法经营，各地结合当地实际，开展了保护注册商标专用权的专项整治活动。

乌鲁木齐市工商局开展了“绿色食品”证明商标专项检查，有效地保护了“绿色食品”证明商标的专用权。巴州、伊犁州、克州、博州、克拉玛依等地工商局开展了对专卖店、专修店的专项检查。巴州工商局加大了对“库尔勒香梨”原产地证明商标的保护力度，在规范“库尔勒香梨”商标许可使用行为的同时，以库尔勒、和静等地作为重点区域，对印刷企业、纸箱销售商、商品经销商等进行全面检查和整顿，并抽派人员前往侵害“库尔勒香梨”注册商标专用权严重的北京、上海、深圳等进行市场调研，并协助企业向当地工商局投诉，为保护“库尔勒香梨”证明商标专用权做了积极的努力。喀什地区工商局开展了对非法使用“奥林匹克”标志行为的专项整治活动，查处了一批侵犯“奥林匹克”标志专用权的违法案件，规范了奥林匹克标志的使用行为。

通过专项整治活动，进一步净化了本区的市场环境，维护了正常的市场经济秩序，保护了商标权人和消费者的合法权益。

二、加强了对商标管理工作的指导，提高了基层商标管理和办案水平

加强对基层工商局特别是工商所的指导，充分发挥基层工商局和工商所在商标管理和办案中的主力军作用是一项十分重要的工作。

1. 把握政策，加强对基层商标工作的指导，做到有的放矢

2003 年上半年，自治区工商局接到投诉，称新疆伊犁伊犁河酒业有限公司等四家生产企业及其四家产品经销商未经许可，在其生产、销售的白酒产品上突出使用“金窖王”和“金窖陈”标识，侵害了“金窖”注册商标专用权。在案件审理过程中，对该案是否构成侵权意见不统一，对此自治区工商局及时向国家商标局进行书面请示，并将国家商标局作出的“金窖王”、“金窖陈”构成对“金窖”商标专用权侵害的批复及时转发到各地、州、

市、县工商局，有效地保护了“金窖”注册商标人的合法权益，打击了商标侵权行为，维护了公平有序的市场经济秩序。

2003年4月国家工商总局《驰名商标认定和保护规定》发布后，为便于基层准确理解和把握，自治区工商局针对该《规定》的难点和要点，从五个方面提出了贯彻意见转发到了各地。

商标印制行政审批项目取消后，针对商标印制监管中出现的新情况、新问题，自治区工商局在2003年6月转发国家工商总局《关于商标印制行政审批项目取消后做好商标印制管理工作若干问题的通知》时，对有关两证取消后如何加强对商标印制企业的监督管理、查处商标印制中的违法行为以及原《商标印制管理办法》的效力、如何操作等难点问题提出了具体贯彻意见。

通过从政策上和法律法规的贯彻执行上强化对基层商标管理和办案工作的指导，对提高我区整体商标管理工作水平收到了良好的效果。

2. 以创建自治区商标执法联系点制度为基础，强化对基层商标管理工作的指导力度

自治区工商局制定了《自治区工商行政管理局商标执法联系点管理暂行办法》，并确定了20个工商所为自治区工商局商标执法联系点。这些商标执法联系点利用自身优势，充分发挥商标监管的主力军作用，在当地起到了示范作用，带动和促进了当地商标管理工作的开展。

3. 加强商标管理队伍建设，提高商标管理人员的综合水平

一是各地不仅采取多种形式学习普及商标法律知识，而且将学习商标法律与商标办案和管理工作密切结合，收到了事半功倍的效果。通过理论联系实际的学习与培训，各地商标管理干部的业务素质和业务水平都有了明显提高。

二是自治区工商局、自治区商标协会与中华商标协会于2003年9月24日至26日在乌鲁木齐市共同举办了，由来自全国各地和本区天山南北的137家企业以及部分省区的工商干部，总计200多人参加的“商标法律实务培训班”。

三是自治区工商局于2003年9月27日召开了全疆商标管理工作座谈会，15个地、州、市工商局和自治区工商局两个直属分局的分管局长和商标处(科)长参加了会议。会上，各地工商局就当地商标管理工作进行了座谈。自治区工商局副局长潘海民在听取了各地代表的发言后，作了题为“提高认识，转变观念，不断开创商标管理工作新局面”的讲话。

三、积极培育著名、驰名商标，为支持企业和新疆维吾尔自治区经济的发展做了大量富有成效的工作

由于各级工商行政管理机关对商标专用权的有效保护，极大地激发了企业利用商标参与市场竞争的积极性，促使企业注重商品质量，维护商标信誉，为企业创立著名、驰名商标，为推进自治区名牌战略的实施，促进本区经济发展提供了良好的社会环境。

1. 积极培育著名、驰名商标，提升了企业的市场竞争力

指导企业实施品牌战略，争创著名、驰名商标是我们支持企业和地区经济发展的重要举措。2003年，我们组织开展了第二届新疆著名商标认定工作。上半年，印发了《关于认定“天池”等67件商标为第二届新疆著名商标的通知》。这次著名商标的认定不仅引起了自治区党委、人民政府的高度重视，也赢得了广大企业的支持和参与，对提升本区企业的品牌价值、增强产品的市场竞争力、促进和劳动本区经济发展起到了积极的作用。截止2003年11月30日，自治区工商局又受理了18家企业申请著名商标认定材料，并进行实质性审查。

各地工商局在扶优扶强，帮助企业实施商标战略，培育著名、驰名商标工作中，充分发挥职能作用，针对当地经济发展的特点，积极取得当地党委、政府的支持，开展了一系列富有成效的工作。

实施商标战略，打造名牌商标，对形成富有市场竞争力的特色经济，推动本区资源优势向品牌优势转化，具有重要的战略意义。截止目前，新疆维吾尔自治区有两件“中国驰名商标”、67件“新疆著名商标”，都已成为本区经济发展的支柱企业。如以著名、驰名商标为龙头发展起来的“新疆天山毛纺织股份有限公司”、“美克国际家具股份有限公司”、“特变电工股份有限公司”等十几家企业都已成为本区具有竞争实力的上市公司。

2. 发展特色经济，提高新疆维吾尔自治区农业产业化的经营水平，促进资源优势向经济优势转化

各级工商局在积极培育著名和驰名商标，指导企业运用商标战略的同时，积极宣传保护地理商标的意义，鼓励、指导、帮助各地积极申请注册原产地证明商标。

吐鲁番、巴州、哈密、英吉沙县等地工商局将注册原产地证明商标，打造品牌农业，走特色经济之路作为促进当地经济发展的一项重要工作。在当地党委、政府的大力支持和各级工商局的共同努力下，目前本区已拥有10件原产地证明商标。特别是以原产地证明商标“库尔勒香梨”、“哈密大枣”、“吐鲁番葡萄”、“哈密瓜”为龙头发展起来的新疆库尔勒香梨股份有限公司、新疆吐鲁番葡萄股份有限公司、新疆哈密瓜股份有限公司等一批企业集团，对促进本区农业产业结构的调整，推进资源优势向经济优势转化，提高我区农业产业化

经营水平,促进特色经济的发展,具有重要的战略意义。目前,本区的“和田白玉”、“吉木萨白蒜”等一批原产地证明商标正在申请注册当中,还有一批以原产地证明商标为龙头的企业集团正在筹建或酝酿中。

为贯彻执行《新疆维吾尔自治区工商行政管理局商标代理机构管理暂行办法》,培育发展和规范商标代理机构,提高本区商标代理机构的服务质量和服务水平,自治区工商局于2003年下半年统一组织了两期商标代理执业人员的考试,共有76人参加。其中有17家机构推荐的45名人员通过了考核,已注册登记的商标代理机构有13家,还有4家正在办理《营业执照》。

总体上说,本区商标管理工作在保护企业注册商标专用权,打击商标侵权假冒行为,支持企业发展,特别是在扶优扶强,指导和帮助企业实施名牌战略,争创著名、驰名商标,促进我区经济发展,取得了较好的成绩和良好的社会效果。但是还要清醒地看到我们工作中存在的问题和不足:

一是开拓性和创新意识不强;二是商标管理人员整体业务素质不高,学习业务的主动性、自觉性不强;三是商标工作各地发展不平衡,地区差距较大;四是对基层商标工作的指导和商标管理人员的培训工作需要加强。

(新疆维吾尔自治区工商行政管理局)

版权工作

2003年,根据国家版权局对版权工作的整体要求和年初制定的版权工作计划,新疆维吾尔自治区版权局在以往工作的基础上,加强了内部管理,规范了工作程序,认真履行版权行政管理和行政执法的工作职责,基本完成了年初制定的工作计划,主要做了以下几项工作:

一、宣传贯彻著作权法

2003年宣传著作权法成效显著,向全疆新闻采编人员、演出经纪人及各类著作权使用人两千余人讲授著作权法,并通过媒体强化宣传力度,得到广泛的社会效益。其中共开展讲座11次,街头宣传两次;编印《新疆版权》信息3期和著作权法宣传材料;向全疆各地州市下发国家版权局制作的反盗版公益海报。

二、强化行政执法职能,严厉打击盗版违法行为

配合局稽查队、“扫黄”办,共参加了5次集中执法行动,收缴了一定数量的盗版图书、软件十四万余盘;强化地州著作权执法工作,组成检查小组对南疆各地州的民族音像市场进行检查;在8月12日的全国统一行动中销毁大量走私盗版光盘。

三、完善著作权行政管理,面向社会,搞好服务

截至目前为止,新疆维吾尔自治区版权局共完成作品自愿登记57件,涉及美术、摄影、文学、广告、策划、软件、浮雕等各方面;外国图书出版合同登记36件;收到转载稿酬28 000余元,受理著作权纠纷案件二十余起。

2003年11月25日,根据新闻出版总署下发的《关于印发〈全国版权管理及版权贸易统计报表制度〉的通知》的要求,将《引进版权情况一览表》、《输出版权贸易情况一览表》下发全疆各出版社填制,新疆维吾尔自治区版权局形成汇总后上报国家版权局。基本完成新疆版权保护协会(反盗版工作委员会)的筹备工作,这将会为新疆的维权工作提供全方位的有力支持,对促进新疆版权保护事业的发展具有深远的意义。

面对新的一年,新疆维吾尔自治区版权局有信心在已有工作成果的基础上,继续发扬勤奋务实的工作作风,继往开来,把来年的工作做好。

(新疆维吾尔自治区版权局)

司法工作

一、全年工作概况

1. 机构建设。2003年,新疆维吾尔自治区各有关法院对知识产权案件的审判工作非常重视,按照最高人民法院的工作部署,完成了大民事审判格局的改革,其中自治区高级人民法院、伊犁州分院、乌鲁木齐市中级人民法院新组建了民事审判第三庭,负责知识产权案件的审判工作,其他各有关法院虽然没有单独设立知识产权审判庭,但也设立了审理知识产权案件的合议庭,从而为知识产权案件的审判工作提供了组织上的保证。

2. 队伍建设。自治区各有关法院针对知识产权案件专业技术性强、审理难度大等特点,不断加强法官队伍建设,努力提高法官业务素质。由于自治区绝大多数知识产权案件是由自治区高级人民法院和乌鲁木齐市中级人民法院审理的,因此自治区高级人民法院和乌鲁木齐市中级人民法院民三庭的审判力量相对较强,共拥有审判人员14人,其中审判员7人,助理审判员5人。从学历层次上看,已获得研究生学历或硕士学位的有4人,在读博士一人,在读硕士6人,其余均具有本科或大专以上学历。从总体上看,自治区知识产权案件审判人员呈现出知识化、年轻化的特点,特别是高学历的审判人员占有较高比例，业务素质普遍较好，基本上能适应我区知识产权案件审判工作的需要。

3. 审判工作。一年来，自治区各有关法院坚持“司法为民”思想，自觉接受人大、上级法院、检察院以及社会舆论的监督，勤奋敬业，扎实工作，顺利完成了知识产权案件的审判工作，在审判工作中没有出现任何违法违纪问题。从案件管辖的角度看，各有关法院都能严格按照规定受理案件，没有发生任何争夺管辖权的现象。从案件数量上讲，虽然绝对数量不多，只有77件，但与2002年相比，却有大幅度增长，仅自治区高级人民法院受理的知识产权案件就比2002年上升了2.88倍。从办案的质量上看，总的来说比较好，上诉率不高，上诉的案件发回重审的少，错案率低。此外，自治区高级人民法院在审判工作中十分重视法院调解工作，用“一二三四五调解模式”解决了一些疑难、复杂知识产权案件，取得了很好的法律效果、社会效果和政治效果。

4. 调查研究。为了及时掌握自治区法院审判工作的动态，更好地指导和监督全区审判工作，自治区高级法院克服人员少任务重的困难，认真搞好经常性的调查研究工作，并在准确掌握情况的基础上，制定了相关对策和规范性意见。如自治区高级人民法院根据国家法律、行政法规以及最高人民法院有关司法解释的规定和精神，结合新疆实际，制定了《知识产权案件管辖和收案范围的暂行规定》，并经院审委会审议通过后下发执行，对于规范全区法院对知识产权案件的审理，保护当事人的合法权益，具有重要意义。

5. 理论创新。一年来，自治区高级人民法院在知识产权案件审判工作中，以“三个代表”重要思想为指导，以追求“公正、效率”为目标，在认真分析我区知识产权案件特点的基础上，加强对案件的调解力度，注重“调判结合”，并适时总结新经验，探索新方法，在理论与实践的结合上迈出了新步伐，取得了新突破，提出了“一二三四五”法院调解新模式。具体地讲，就是在调解工作中要树立“司法为民”思想，坚持自愿原则和合法原则，兼顾法律效果、社会效果和政治效果，遵循“察”、“问”、“劝”、“断”四道程序，做到面对面调解与背对背调解相结合、法制教育与思想教育相结合、依靠法院力量与依靠社会力量相结合、庭中调解与庭后调解相结合、“热处理”与“冷处理”相结合。

二、案件类别、数量及特点分析

1. 案件类别和数量。2003年自治区共受理知识产权案件132件，其中一审案件102件（专利案件42件、著作权案件40件、商标案件13件），审结97件（含2002年旧存）（判决42件、调解18件、撤诉35件、驳回起诉2件），未结5件；二审案件30件（专利案件9件、著作权案件6件、商标案件3件、计算机网络域名侵权案件1件、植物新品种侵权案件1件），审结45件（含2002年旧存）（判决28件、调解8件、撤诉5件、发回重审2件、驳回起诉2件），未结3件。

2. 特点分析。由于新疆地处偏远，经济、文化、科技发展水平不高，自治区受理的知识产权案件呈现出以下特点：

(1)自治区受理的知识产权案件与内地发达省区相比，数量相对较少，但与自治区2002年相比，案件成倍数增长。

(2)自治区受理的知识产权案件虽然数量不多，但案件类型多样，除专利、商标和著作权纠纷案件外，还包括计算机网络域名、植物新品种等其他类型的知识产权纠纷案件。计算机软件纠纷还未出现。

受理的案件大多数为专利权、著作权和商标权等普通知识产权侵权纠纷，其中又以著作权、专利权侵权纠纷为多，二者分别占受案总数的35.6%和38.6%。著作权案件多为未经许可使用他人摄影作品而引发的侵权案件。在专利权侵权案件中，以实用新型和外观设计案件居多，发明专利案件极少。商标案件涉及的主要是一些不知名的一般商标。

(3)案情复杂，专业性强，技术要求高，审理难度大。随着人们对知识产权的保护意识的提高，侵权人往往将专利产品的技术特征改头换面，使侵权产品的技术特征与专利技术特征在形式上不相同，以逃避法律责任，给侵权的认定和审理带来了很大难度，这无疑对审判人员的业务素质提出了更高的要求。

(4)案件的诉讼标的额小，社会影响不大。如自治区高级人民法院受理的知识产权案件中，一审案件极少，绝大多数为上诉案件，当事人双方矛盾较深，争议较大。

(5)案件的分布不平衡，主要集中在乌鲁木齐市和石河子市，其他地区相对较少。比较而言，乌鲁木齐市的著作权及商标权案件较多，而石河子市的专利案件相对较多。

（新疆维吾尔自治区高级人民法院民三庭）

香港特区

专利工作

香港知识产权署成立于1990年,下设有商标注册处、专利注册处、外观设计注册处和版权特许机构注册处。该署主要负责就知识产权的政策和法例提出建议,并向政府提供知识产权方面的民事法律意见。香港特区政府现行的知识产权法例有:商标条例、专利条例、注册外观条例、根据2000年知识产权[杂项修订]条例而修订的版权条例、防止盗用版权条例、集成电路布图设计条例以及植物品种保护条例。此外,该署还致力于加强公众对知识产权的认识和尊重。

香港知识产权署为提高市民对知识产权的认识,采取了一系列措施。自1999年以来,香港知识产权署每年都要进行住户调查,以衡量市民对保护知识产权在意识上的改变,并评估知识产权署的推广活动及公众教育计划的成效。经过几年的调查结果显示,市民对知识产权的认识有所增长,同时,表示购买或使用盗版及冒牌产品的市民所占比率有所下降,在2003~2004年,调查范围扩大到工商界人士对知识产权的认识情况。

2003年,中小型企业仍然是知识产权署推广和教育工作的首要对象。知识产权署通过举办研讨会、各种发明创新展览会,协助中小型企业了解知识产权的重要性,向他们宣传知识产权制度可以保护其知识产权资产。

香港知识产权署制作了宣传保护知识产权的公益片,并播放一套共八集名为《知识产权与你息息相关》的电视专辑,目的是向公众阐述知识产权是经济发展的主要动力。

2003年香港知识产权署已踏入进行中小学探访计划的第七年,目的在于让青少年了解知识产权、树立尊重知识产权的观念,香港知识产权署在2003年探访了23所学校,6 830名学生,制作了一些知识产权方面的教材。

根据粤港经济合作框架,粤港保护知识产权合作专门小组在2003年12月举行会议,该小组就统筹及合作推动保护知识产权事宜进行讨论。在2003年,香港知识产权署参与了粤港澳知识产权资料库的筹备工作,这个资料库并于12月开始启用,建立该资料库的目的在于:协助在粤港澳三地营商的企业,特别是中小型企业,了解所在地区的知识产权法律和制度。香港知识产权署与香港贸易发展局及广东省的有关单位合办研讨会,以促进企业对三地知识产权制度的认识。

自香港回归以来,国家知识产权局与香港知识产权署在保护知识产权方面加强了合作关系。2003年2月18日,香港知识产权署举办了知识产权与中小企业研讨会,邀请了国家知识产权局有关人员参加会议并做了相关内容的主题发言。2003年12月11日至12日,国家知识产权局与香港知识产权署、澳门经济局在中国知识产权培训中心共同举办了三地知识产权研讨会。香港知识产权署署长谢肃方参加了会议并致辞。

随着两地经济贸易关系和知识产权事业的日益发展,内地与香港之间的知识产权交流与合作必将进一步加强。

(国家知识产权局国际合作司　程晓虹)

注:资料由香港知识产权署提供

澳门特区

专利工作

澳门特别行政区的知识产权工作隶属特区经济局知识产权厅主管。2003年澳门经济局共受理2040件商标注册申请,较上年增加19.7%,申请主要来自美国、澳门特区、德国、日本、香港特区、法国、英国。截止2003年底,商标注册累计申请量为28 331件。而2003年专利申请量为63件,较上年增加了34%,其中发明专利为19件,实用新型专利4件,外观设计为40件。营业场所名称及标志为9件。

2003年,在澳门特区的各类工业产权注册申请中,仍以商标的申请量占绝大比重,达96.6%,而专利、外观设计、实用新型以及营业场所名称及标志的申请量所占的比重不足4%。

随着澳门特区政府积极推动旅游服务业及会

议展览业的发展，以及企业知识产权保护意识日益增强，澳门特区的商标申请量增长迅速，2003年申请量与上年同期相比，增长了11.32%。截止2003年底，旅游博彩、会展、零售及相关服务行业的商标注册申请共376件。

在优化行政程序方面，澳门经济局推行了多项行政手续的服务承诺，配合特区政府便民、利民、为民的施政方针。为配合资讯电子化的发展需求，加快审批速度，确保审查质量，澳门经济局知识产权厅于2003年初启用了新的电脑系统，优化了图形商标的审查方式，并加强了利用各项设定条件进行商标搜查的功能，大大提高了数据的准确度及工作效率，逐步向流程管理电子化及审查流程无纸化迈进。

为进一步扩大对外协作与交流，澳门特区经济局参加了《粤港澳知识产权资料库》的筹建工作，该"资料库"于2003年12月正式启用。

为促进内地与澳门特区知识产权领域的合作与交流，澳门特区经济局与国家知识产权局于2003年1月24日签署了《国家知识产权局与澳门特别行政区经济局关于在知识产权领域合作的协议》。根据协议内容，双方进行了人员互访。如：2003年9月国家知识产权局派4名专家赴澳门对澳门经济局有关人员进行了专利业务的基础培训；12月澳门经济局派员到国家知识产权局就落实专利申请的实质审查工作进行协商，并就外观设计和其他领域进行了交流。

2003年12月11日至12日，国家知识产权局与香港知识产权署、澳门经济局在中国知识产权培训中心共同举办了三地知识产权研讨会。澳门经济局戴建业副局长参加了会议并致辞。

自澳门回归以来，国家知识产权局与澳门经济局建立了友好的合作关系。随着知识产权事业的日益发展，两局间的交流与合作将进一步加强。

（国家知识产权局国际合作司　程晓虹）

注：数据由澳门特区经济局知识产权厅提供

台湾地区

专利工作

台湾智慧财产局成立于1999年1月，主要负责专利、商标、著作权、营业秘密、集成电路布图保护以及反仿冒业务(原这些职责由台湾标准局和著作权委员会管理)。

台湾智慧财产局近几年来，在知识产权法律与制度方面进行了空前的改革，并采取了一系列举措加强和健全知识产权保护与鼓励发明创新，同时在加强法令宣传、人员培训、提高效率、推动业务电子化等方面做了大量的工作，并取得了一定的成绩。

台湾地区的专利法经过1994年、1997年、2001年、2002年4次重新修订，新的专利法修正案已于2003年1月通过，2月公布，修改的主要内容包括废除异议程序、新型专利改为形式审查、制定电子化申请的法源及侵害专利废除刑事责任改为民事解决等重大变革。其中，专利法中废除专利刑罚改为民事解决的条款，自2003年3月31日起施行。为配合新专利法及细则的实施，全盘修订专利审查基准，2003年完成了总目录、发明专利及实用新型专利实体审查等事项的修订工作。

2003年，台湾智慧财产局为提高审查质量，特别加强了专利审查质量复核机制。实施绩效考核制度，缩短各类专利行政案件处理时限，提高为民服务的质量和效率。

台湾智慧财产局为鼓励生物技术、医药化学及中草药的研究，提高审查人员对生物技术专利的审查质量，规划建立了生物技术、医药化学专利、中草药专利等资料库及检索系统，并于2002年4月开始建设，2003年3月正式使用。它给产业界、官方机构、学术界提供查询。该资料库及检索系统包括生物技术专利资料2 000件，医药化学专利资料4 460件，中草药专利资料10 888件，台湾植物资料11 504件，大陆植物资料22 617件，外国植物资料15 000件。

2003年，台湾智慧财产局共受理专利(包括发明、实用新型和外观设计)申请65 742件，公告核准案共53 034件；商标65 907件，公告注册案共74 572件。

近几年来，台湾地区在大陆的专利申请量一直占有很大的比重，2003年，台湾地区在大陆的申请量为18 112件，其中发明专利申请为6 161件：实用新型申请9 852件：外观设计申请2 099件。台湾地区专利申请总量居全国专利申请总量的第四位。

台湾地区商标法于2002年5月重新修订，2003年5月28日公布，11月28日正式实施。修正的重点包括扩张商标所表彰范围，采取一案多类别制度及注册后异议制度，废除联合商标及逐步废除防护商标，明定视为侵害商标权的式样及边境管制措施等等。

台湾智慧财产局正在筹建商标文字检索系统、图形检索系统、远端检索系统及电子公报系统。预计在2004年9月完成系统运转测试工作。

台湾地区的著作权法经过重新修订，于2003年7月11日实施，本次修改著作权法主要对数字化网络科技发展、著作权保护与公众利益的各项议题做了适当调整。另外，也适当调整了侵害著作权行为的罚则。

台湾智慧财产局针对专利法、商标法、著作权法的修订及实施，加强了对新法的宣传力度。通过电视、广播、报刊、网络游戏等多种多样的方式向台湾地区公众进行新法宣传，加深公众对知识产权的认识。另外，为加强中小学生对知识产权的认识和了解，从小树立发明创新意识，特别制作了以保护知识产权、鼓励发明创造为主题的卡通动画片、短剧影片在中小学校进行宣传。

为增进海峡两岸在知识产权领域的沟通和了解，近年来，国家知识产权下属部门与台湾民间组织开展了一些学术交流活动。如：中国知识产权研究会、中国知识产权报社与台湾资讯工业策进会定期交换知识产权方面的刊物，在学术上相互交流，在信息方面相互沟通。中国知识产权研究会与台湾智慧财产权基金会还定期在北京和台湾两地举办海峡两岸知识产权研讨会，请来两岸的专家、学者在知识产权领域内共同探讨、相互交流。中国发明协会与台北市发明协会积极地开展两岸发明人之间的交流活动，为两岸人民在知识产权领域的相互沟通与了解做了大量工作。

（国家知识产权局国际合作司　程晓红）

国家知识产权局

国内:

1月21~23日 国家知识产权局召开党组扩大会议。会议以十六大精神为指导,按照三个代表重要思想的要求,重新审视知识产权局局党组对知识产权工作的战略思维和总体布局,研究提出了2003年、"十五"后三年以至2010年知识产权局工作的总体目标和任务。

2月 国家知识产权局局长王景川、副局长吴伯明同志当选全国政协第十届委员会委员。

2月26日 杨凌农业高新技术产业示范区专利试点工作领导小组第二次联席会议在京举行。国家知识产权局王景川局长和陕西省政府副省长朱静之出席会议并讲话,国家知识产权局党组成员邢胜才主持了会议。

2月28日 国家知识产权局政府网站被信息产业部和国家经贸委评为"政府上网工程便民服务示范单位"。

3月 在十届人大一次会议上,姜颖被选为全国人大常务委员会委员、法律委员会委员。国家知识产权局王景川局长就加快中国特色知识产权法律体系建设问题向全国政协十届一次会议提出提案,33名政协委员联署签名。

3月7日 受国务院委托,国家知识产权局王景川局长代表国务院到十届人大一次会议北京代表团听取意见,回答询问。

3月13日 全国整顿和规范市场经济秩序领导小组发出通知,增补国家知识产权局为该领导小组成员单位,王景川为领导小组成员。

3月21日 国务院印发《国务院关于机构设置的通知》(国发[2003]8号),国家知识产权局列入国务院直属机构序列,为其18个直属机构之一。

3月25日 国家知识产权局发出《关于印发〈国家知识产权局2003年工作要点〉的通知》,要求各部门、各单位认真贯彻落实。

3月28日 由国家知识产权局和国家统计局共同立项的"企业专利统计指标体系研究"课题验收会在四川德阳市举行,国家知识产权局杨正午副局长出席了会议。

3月21日 政协全国委员会印发《中国人民政治协商会议第十届全国委员会专门委员会组成人员名单》。全国政协委员、国家知识产权局局长王景川任教科文卫体委员会委员;全国政协委员、国家知识产权局副局长吴伯明任社会和法制委员会委员。

4月7日 国家统计局发出《关于表彰表扬部门统计调查项目清理工作先进单位的通报》,对28个单位予以表彰,国家知识产权局是其中之一。

4月23日 国家知识产权局王景川局长主持召开党组会听取非典监控和防范工作领导小组汇报。

5月6日 国家知识产权局全体领导代表该局全体职工向该局进行医学观察人员致信表示亲切慰问,并号召该局干部职工团结起来,同舟共济,众志成城,坚决打胜抗击非典的攻坚战。

5月13日 国家知识产权局王景川局长主持召开党组会,学习贯彻5月7日国务院常务会议关于"坚持一手抓防治非典型肺炎这件大事,一手抓经济建设这个中心不动摇"的精神,研究部署该局下一阶段的工作。国家知识产权局党组成员、局领导、秘书长、办公室主任出席了会议。

5月22日 国家知识产权局王景川局长主持召开局务会传达贯彻温家宝总理在国务院第二次全体会议上的讲话精神。同日,该局"中国生物多样性知识产权信息网"(www.biodiv-ip.gov.cn)开通。王景川局长为网站开通致辞。

5月30日 国务院印发《关于张勤任职的通知》(国人字[2003]79号),国务院5月28日决定,任命张勤为国家知识产权局副局长。

6月27日 国家知识产权局党组召开会议,研究部署在全局兴起学习贯彻"三个代表"重要思想新高潮的工作。

7月15~17日 国家知识产权局召开局党组中心组学习贯彻"三个代表"重要思想扩大会。

7月16日 科技部全国防治"非典型肺炎"指挥部科技攻关组致信国家知识产权局,向该局对防治非典科技攻关工作的大力支持表示感谢。

9月3日 由国家知识产权局和辽宁省政府、中国国际贸易促进委员会主办的"中国国际专利技术与产品交易会"在大连开幕。

9月12日 由国家知识产权局和科博会其他主办单位联合举办的"2003标准与专利北京国际论坛"在京举行。国家知识产权局王景川局长、张勤副局长和北京市副市长陆昊、国家标准化管理委员会副主任石保权出席了开幕式。

9月15日 第八届中国专利奖评奖工作启动。评委会主任委员田力普主持了评审委员会评审会议。

9月22日 由国家知识产权局和中国工程院、山东省政府共同主办的中国(曲阜)专利高新技术产品博览会在山东省曲阜市举行。国家知识产权局党组成员邢胜才,山东省副省长王军民,中国工程院副院长沈国舫,科技部副秘书长鹿大汉出席了博览会开幕式。

9月25日 国务院印发《关于李玉光、吴伯明职务任免的通知》(国人字[2003]122号),国务院9月16日决定,任命李玉光为国家知识产权局副局长;免去吴伯明的国家知识产权局副局长职务。

10月15日 国家知识产权局召开干部大会,王景川局长传达十六届三中全会精神。

10月26日 由国家知识产权局与科技部、中华全国总工会、中国发明协会和厦门市政府共同举办的第十四届中国发明展览会在厦门市开幕。

10月27日 由国家知识产权局与北京市政府共建的中关村国家知识产权制度示范园区在京举行揭牌仪式。国家知识产权局张勤副局长和北京市副市长范伯元出席了仪式。

11月2日 由国家知识产权局和武汉市政府共同主办的第三届"武汉·中国光谷"知识产权保护论坛在武汉市举行。国家知识产权局党组成员邢胜才、武汉市副市长袁善腊出席了论坛开幕式。

11月5日 第十届中国农业高新技术博览会在陕西杨凌举行。

11月8日 由国家知识产权局与中国石油天然气集团公司共建的中国石油化工专利信息中心揭牌暨中国石油石化网站开通仪式在兰州举行。

11月21日 由国家知识产权局与科技部、浙江省政府联合主办的"2003中国浙江网上技术市场活动周"在杭州开幕。

11月27日 国家知识产权局在南京主办全国知识产权发展战略论坛。国家知识产权张勤副局长、江苏省副省长张桃林出席了开幕式并致辞。

涉外:

4月 WIPO确定2003年世界知识产权日主题为:"知识产权与我们息息相关"。WIPO总干事伊德里斯博士在WIPO网站上发表致辞。

7月7~15日 中国代表团出席WIPO遗传资源、传统知识和民间文艺政府间委员会第五次会议。

8月25~29日 国家知识产权局田力普副局长赴斯里兰卡科伦坡出席了世界知识产权组织(WIPO)亚太地区知识产权局局长圆桌会议。

9月22~10月1日 国家知识产权局王景川局长率我代表团出席世界知识产权组织成员国大会第三十九届系列会议。

10月9~23日 国家知识产权局张勤副局长率团赴埃及和南非访问。这是国家知识产权局首次对非洲国家的正式官方访问。

10月23~24日 在欧盟-中国知识产权合作项目框架下,国家知识产权局与欧洲专利局在北京共同举办了"中国与欧洲知识产权保护合作回顾、现状及展望"国际研讨会。

11月13~15日 国家知识产权局在北京成功主办了第九次中韩两局局长会议、第三次中日韩三局局长政策对话会议和第十次中日两局局长会议。

(国家知识产权局宣传处 刘 宁)

国家工商行政管理总局商标局

1月16日 "恒源祥杯2003中国商标高层论坛"在北京饭店举行。

2月27日 国务院作出《关于取消第二批行政审批项目和改变一批行政审批项目管理方式的决定》,其中取消印制商标单位审批、商标代理组织审批和商标代理人资格核准的行政审批,我国商标代理管理制度和商标印制管理制度发生重大变化。

2月28日 国家工商行政管理总局在北京召开"纪念《商标法》实施二十周年座谈会"。

4月15日 国家工商行政管理总局制定《工商行政管理部门商标注册、管理和评审工作守则》。

4月17日 国家工商行政管理总局发布《驰名商标认定和保护规定》、《集体商标、证明商标注册和管理办法》、《马德里商标国际注册实施办法》三个行政规章，并自6月1日起实施。

4月22日 国家工商行政管理总局下发《关于商标印制行政审批项目取消后做好商标印制管理工作若干问题的通知》，要求各级工商行政管理机关要继续加强对商标印制行业的后续监管。

4月25日 中央电视台播出"以标为证"大型特别节目。

4月30日 国家工商行政管理总局下发《关于商标代理行政审批取消后有关工作的通知》，从5月20日起商标局开始受理新登记注册的商标代理机构的商标代理业务。

10月23日 "2003上海商标与城市经济国际研讨会"在上海举行。

10月27日至11月2日 "全国商标法律培训班"在北京举办，来自全国副省级以上工商行政管理局商标处的处长和业务骨干参加了培训班。

11月12日 国家工商行政管理总局商标局开通"中国商标网"。

11月14日 第五次中日商标首脑会谈在北京举行。

12月26日 国家工商行政管理总局商标局在继续出版纸质《商标公告》的同时，开始在"中国商标网"上发布《商标公告》。

国家版权局

2月24～27日 "2003 BIBF北京国际版权贸易研讨会"在北京举行。本届研讨会由国家版权局主办，中国图书进出口(集团)总公司、中国版权保护中心承办。

2月24日 研讨会举行了简短的开幕式。国家版权局副局长沈仁干出席开幕式，并为与会代表做题为《开展版权贸易、促进产业发展》的报告。作为承办方的中图公司、中国版权保护中心的有关领导也出席了开幕式。

3月26～28日 全国版权局长会议在重庆召开，来自全国各省、自治区、直辖市以及部分地市级版权局局长100余人参加了会议，国务院法制办、全国扫黄办等有关部门同志出席了会议。新闻出版总署署长兼国家版权局局长石宗源同志做了书面报告，国家版权局副局长沈仁干同志、重庆市委副书记邢元敏、重庆市委常委宣传部部长周旬同志出席了开幕式并讲话，国家版权局版权司副司长王自强同志主持了开幕式并致辞。

3月 为纪念4.26世界知识产权日，国家版权局部署全国春季打击侵权盗版专项治理。据国家版权局统计，自3月起至5月底，全国二十几个省(区市)共出动执法人员36 000多人次，检查市场2 588个、摊点33 481家，检查企业77家、学校30所。共收缴侵权盗版制品513万多件，对1 430家侵权单位进行了行政处罚，罚款133万多元。取缔非法商户842家，移送司法机关处理案件6件。

5月初 国家版权局制作了"盗版绝路、请勿前行"和"支持正版软件"两条电视公益广告，于5月底6月初分别在中央电视台和北京、上海、天津、山东、江苏、吉林、福建、广东、四川、内蒙、湖南等地电视台进行播放。

6月1日 国家版权局局长石宗源同志在《中华人民共和国著作权法》实施十二周年之际，发表题为《大力加强版权保护、忠实践行"三个代表"重要思想》的纪念文章。

6月1日 新的国家版权局网站(http://www.ncac.gov.cn)正式开通启用。

7月17日 根据中央办公厅、国务院办公厅转发的《关于2003年"扫黄""打非"行动方案》的部署，新闻出版总署、教育部、国家版权局、全国"扫黄""打非"工作小组办公室联合下发《关于开展2003年秋季盗版教材、教辅读物专项治理行动的通知》，部署2003年秋季打击盗版教材、教辅读物的专项治理行动。

根据国家版权局的统计，在秋季打击盗版教材、教辅专项治理行动中，全国共出动执法人员43 300多人次，检查市场5 900多个、摊点20 000多家、学校7 600多所，共收缴侵权盗版制品255多万件，对298家侵权盗版单位进行了行政处罚，罚款243万多元。

7月24日 国家版权局局长石宗源签署国家版权局局长令，正式颁布《著作权行政处罚实施办法》，该办法将于2003年9月1日起开始施行。

8月12日 由新闻出版总署(国家版权局)、海关总署、全国扫黄打非工作小组联合组织的"2003中国销毁走私盗版光盘大行动"在广东汕头启动。

此次行动在四天内销毁汕头海关查货的2 600万张走私盗版光盘。与此同时，全国其他30个省、自治区、直辖市的销毁活动分会场上，有1 400万张走私盗版光盘被销毁。这次行动中共计销毁走私盗版光盘共4 200万张，是迄今我国组织的规模最大、销毁数量最多的一次公开销毁走私盗版光盘行动。

8月26日 国家版权局以明传电报的形式发出了《关于开展打击软件盗版专项治理行动的通知》，部署全国范围内的打击盗版软件专项治理行动。

9月8日 北京、上海、四川、广东四地连动，联合当地有关部门开展行动，揭开了2003打击盗版软件专项治理行动的序幕。据不完全统计，此次专项治理行动中，各地版权行政管理部门共出动67 908人次，对7 914个电子市场的15 434个摊位进行了检查，取缔了616家盗版软件经销单位，查获了3个制售窝点，作出行政处罚案件757件，移送司法机关案件5件，共计收缴盗版软件3 691 971张(盘)。此次专项治理工作取得了预期的阶段性成果。

10月22日 全国版权行政执法经验交流会在海南省召开。来自全国各省、自治区、直辖市版权局，各中心城市版权局的70余名代表参加了会议，会议特邀了国务院法制办、中国版权保护中心、中国版权协会、中国音乐著作权协会的代表出席，会议于10月24日结束。

11月3日 举行的世界知识产权组织版权常设委员员会第10次会议上，沈仁干副局长当选为版权常设委员会副主席，并代表中国代表团就网络广播，广播节目的加密、解密等问题在大会上做了发言。

11月20日 国家版权局与世界知识产权组织联合举办的“关于世界知识产权组织版权条约(WCT)和世界知识产权组织表演和录音制品公约(WPPT)中的‘向公众传播权’巡回研讨会”在上海开幕。研讨会于11月20~28日在上海、成都、北京相继举行。

最高人民法院

2003年3月31日 最高人民法院向全国各高级人民法院发出通知，要求就“专利侵权判定基准问题”开展重点调研。

2003年4月15日 最高人民法院作出《关于同意指定浙江省宁波市中级人民法院审理部分专利纠纷案件的批复》。

2003年4月15日 最高人民法院作出《关于对江苏省高级人民法院〈关于当宣告专利权无效或者维持专利权的决定已被提起行政诉讼时相关的专利侵权案件是否应当中止审理问题的请示〉的批复》，进一步明确了有关专利侵权案件的中止诉讼问题。

2003年4月17日和6月14日 最高人民法院审判委员会民事委员两次开会讨论《最高人民法院关于适用〈中华人民共和国合同法〉若干问题的解释(三)(送审稿)》。

2003年4月26日 为纪念第三个“世界知识产权日”，最高人民法院发布了7件知识产权典型案例，许多地方法院也组织了相应的宣传纪念活动。

2003年5月20日 最高人民法院研究室、民三庭和刑二庭共同完成了该院重点调研课题——《知识产权刑事法律保护有关问题的调研报告》。

2003年7月31日 最高人民法院作出《关于对TCL集团公司在产品促销活动中使用与汉都公司注册商标相近的“千禧龙”文字是否构成商标侵权请示的批复》。

2003年8月12~14日 最高人民法院在青海西宁召开了西部地区法院知识产权审判实务研讨会，对120多名西部地区的知识产权法官进行以会代训形式的专题培训。

2003年8月20日 最高人民法院作出《关于同意指定江苏省苏州市中级人民法院审理部分专利纠纷案件的批复》。

2003年8月5日 北京市高级人民法院举行“北京市法院知识产权专业审判十周年座谈会暨《北京知识产权审判从书》首发式”。

2003年9月24~27日 第七届全国部分省市知识产权审判工作座谈会在重庆召开，研讨、交流反不正当竞争审判理论与实务问题，来自各级法院的知识产权法官和专家学者等共120余人参加会议，提交论文42篇。

2003年10月27~29日 最高人民法院在山东济南召开首次全国法院专利审判工作座谈会，曹建明副院长出席会议并作重要讲话，各高级法院和47个具有专利案件管辖权的中级法院的专利法官代表和国家知识产权局及其专利复审委员会的特邀代表参加会议，会议专题对最高人民法院民三庭起草的《关于审理专利侵权玖纷案件若干问题的规定(会议讨论稿)》进行了讨论。

2003年10月31日 北京市高级人民法院举办“北京法院知识产权裁判文书上网新闻发布会”，北京市法院系统实现知识产权裁判文书上网公开。

2003年11月10日至12月10日 最高人民法院通过《人民法院报》和中国法院网公布了《最高人民法院关于审理技术合同纠纷案件适用法律若干问题的解释(征求意见稿)》，向社会公开征求意见。

2003年11月14日 最高人民法院民三庭完成《关于专利侵权判定基准问题的课题调研报告》。

2003年12月3日 最高人民法院作出《关于美国伊莱利利公司与常州华生制药有限公司专利侵权

纠纷案件指定管辖的通知》,明确了针对同一法律事实或者法律关系的提起的确认不侵权诉讼与诉前临时措施案件和侵权诉讼的案件移送管辖与合并审理问题,并对专利案件采取诉前责令停止有关行为的措施的执法标准问题提出若干指导意见。

2003年12月23日 最高人民法院审判委员会第1302次会议讨论通过《最高人民法院关于修改〈最高人民法院关于审理涉及计算机网络著作权纠纷案件适用法律若干问题的解释〉的决定》。

(最高人民法院民三庭 中林)

农业部

1月27日 农业部下发《关于开展全国农业植物新品种保护执法检查的通知》。8月上中旬,石燕泉助理巡视员带队,成果处及科技发展中心有关人员参加,赴江苏、四川、安徽、云南等省开展植物新品种保护行政执法抽查。通过开展执法检查活动,强化了植物新品种保护行政执法工作,有效地打击了侵犯品种权和假冒授权品种的违法行为,增强了全社会对植物新品种保护的认识。

农业部在黑龙江、山东、江苏、四川、云南、陕西6个省开展的2002~2003年植物新品种保护试点工作结束,两年试点工作取得了明显成效:试点省主要育种企事业单位基本建立了新品种保护规章,调动各方面保护知识产权的积极性;试点省都建立了新品种保护财政专项资金渠道,各省10~50万元不等,保障了新品种保护工作正常开展;试点省品种权申请数量大幅度上升;试点省行政执法工作得到加强,种子市场环境得到改善;农业系统人员品种权保护意识明显增强,依法维权以及守法生产经营的良好氛围已逐步形成。

2003年农业部组织14个农业科研单位启动了20种植物测试指南的研制,为进一步扩大保护名录、规范新品种测试技术奠定基础。

为满足广大育种者对中介服务的需要,农业部组织编写了《品种权代理考试大纲》。3月27日,农业部在全国11个省同时举办"植物新品种权代理人资格考试"。通过择优录取,52名考生获得代理人资格,使农业植物新品种权代理人增加到157人。

8月5日 农业部第32号部令发布了第五批新品种保护名录,新增保护植物属、种11个,具有广泛的代表性,使受保护的植物属、种达到41个。第五批新品种保护名录增加了蔬菜、果树等园艺类作物,以进一步激励这些领域育种创新,促进结构调整,提高农产品竞争力。

根据《农业植物新品种权代理规定》条件,农业部于8月27日批准众合诚成知识产权代理有限公司从事国内农业植物新品种权代理事务,打破了品种权代理事务由一个公司垄断的格局。

8月28~29日 农业部植物新品种保护办公室在新疆召开了"植物新品种测试技术交流会"。农业部植物新品种测试中心和14个分中心人员参加了会议,农业部科教司石燕泉助理巡视员到会并讲话。会议主要研讨新品种测试技术标准,并对我国现有植物新品种测试指南作了具体修改。会议还邀请德国联邦植物新品种保护局Johann Habben博士介绍了国际植物新品种测试技术进展。通过交流,与会代表了解了国际植物新品种测试技术发展趋势,对我国新品种测试指南的修改意见达成了共识。

9月2~5日 农业部派员参加了在日本召开的国际植物新品种保护联盟生化、分子技术和DNA指纹图谱技术工作组(BMT)第8届会议、国际植物新品种保护联盟农作物技术工作组(TWA)第32届会议。对水稻育性等性状提出了我方观点,并坚持其在UPOV测试指南中体现。会议还提出中国作为茶叶测试指南的"组长"单位,待2004年4月成员国会议上批准。

10月9~12日 农业部在湖北宜昌召开"品种权实施及种业走出去战略研讨会",各省农业厅科教处代表及全国几十家种子企业代表参加了会议,农业部科教司陈凤秀副司长、最高人民法院民事庭代表出席并发言。大会交流了品种权实施及维权经验,对品种权战略进行了研讨,促进了品种权实施,增强了品种权维权的意识。

10月13~17日 农业部、国家林业局、荷兰驻华使馆在上海联合举办了"中荷植物新品种保护及测试技术交流研讨会",从事品种权审查测试工作的管理和技术人员及荷方专家50余人参加了会议。中荷双方交流了新品种保护特别是新品种DUS测试技术经验,相互学习,取长补短,提高管理水平,促进中荷植物新品种保护事业共同发展。农业部科教司陈凤秀副司长出席会议并发言。

10月19~24日 农业部派员参加了在瑞士日内瓦举行的国际植物新品种保护联盟理事会会议、行政与法律委员会会议、顾问委员会会议、

WIPO（世界知识产权组织）与UPOV联合召开的国家研讨会。向UPOV成员介绍了中国植物新品种保护新进展，就“农民免责”的问题提出了看法。

以陈凤秀副司长为团长的植物新品种保护考察团一行5人，于11月9～22日赴德国植物新品种保护局考察了解德国植物新品种保护制度，重点了解德国植物新品种保护法律、新品种审查测试技术及未来发展趋势等。这对完善我国植物新品种保护法律，改进新品种测试技术，提高审批工作的科学性、权威性具有良好的促进作用。

截止2003年12月31日，农业部共受理品种权申请1 311件，共授予品种权428件。2003年的申请量为567件，比上年增长了96%。2003年授予品种权261件。

农业部接待了日本、越南植物新品种保护考察团和韩国生物专利考察团。2月日本植物新品种保护考察团一行4人、8月越南农业部植物新品种保护考察团一行8人、11月韩国生物专利考察团一行3人来华访问。分别与各个考察团探讨了今后植物新品种保护合作事宜。通过交流，考察团对我国植物新品种保护制度、DUS测试组织和管理增进了了解。

（农业部新植物品种保护办公室）

国家林业局

2003年2月18日　日本植物新品种权代表团一行4人到国家林业局考察、访问。局科技发展中心、中国林科院、北京林业大学的有关管理和技术人员参加了会谈。双方交流了植物新品种保护现状、测试技术及相关事项，并表达了进一步合作的意向。

2003年3月10～14日　国际植物新品种保护联盟（UPOV）在菲律宾首都马尼拉召开了第四届亚洲地区植物新品种保护技术会议，国家林业局植物新品种保护办公室派员参加了会议。

2003年3月31～4月9日　应德国植物新品种保护局的邀请，由国家林业局植物新品种保护办公室、科技司及中国林科院组成的中国植物新品种保护代表团对其进行了为期9天的访问，受到了德国植物新品种保护局冯。库切尔局长的亲切接见。访问期间，中、德双方讨论了今后合作的意向。

2003年4月10～11日　国际植物新品种保护联盟（UPOV）管理和法律委员会第四十七届会议、咨询委员会第六十五届会议、理事会第二十届特别会议在日内瓦召开，国家林业局植物新品种保护办公室、国家林业局科技司、农业部科技发展中心、国家知识产权局国际司、中国林科院组成的中国代表团出席了会议。

2003年10月13～16日　国家林业局、农业部、荷兰驻华大使馆联合在上海举办“中荷植物新品种测试技术研讨会”。国家林业局选派15名负责林业植物新品种测试的管理和技术人员参加研讨会。

2003年10月20～24日　国际植物新品种保护联盟（UPOV）在日内瓦召开了管理和法律委员会第四十八次会议、顾问委员会第六十六次会议、理事会第三十七次会议，国家林业局植物新品种保护办公室、农业部科技发展中心、国家知识产权局国际司、中国林科院组成的中国代表团出席了会议。会议讨论了下列内容：生物多样性与植物遗传资源和植物新品种保护；植物新品种命名；UPOV信息数据库；UPOV的财务状况；UPOV秘书长的任命；副秘书长任期的延长等问题。

2003年10月27～31日　应欧盟植物新品种保护委员会和荷兰植物育种者权益委员会的邀请，国家林业局植物新品种保护办公室组团对其进行了友好访问，双方交流了植物新品种保护领域的最新进展，探讨了今后合作的领域，达成初步合作意向。

2003年11月5日　韩国知识产权考察团一行2人对国家林业局植物新品种保护办公室进行访问。植物新品种保护办公室及国家知识产权局国际合作司有关人员参加了会见。双方介绍了各自国家植物新品种保护状况，表示愿意就有关事宜加强合作与交流。

2003年11月27～29日　国家林业局植物新品种保护办公室在广西南宁举办了第五期全国林业植物新品种保护培训班，来自全国各省（区）、市的50多名相关人员参加了培训。

（国家林业局科技发展中心）

外经贸知识产权工作

2003年2月、6月、11月 商务部3次组团参加WTO TRIPS理事会，参与WTO新一轮知识产权谈判。

2003年9月30日 WTO总理事会通过《关于〈多哈TRIPS协议和公共健康宣言〉第六段的决定》。

2003年3月、7月 商务部两次组团参加APEC知识产权专家组会。

2003年10月30日 商务部副部长魏建国与欧盟贸易委员拉米签订中欧知识产权对话机制协议。

2003年11月18日 商务部和美国大使馆共同举办中美知识产权圆桌会议，吴仪副总理到会并讲话。 (外经贸部条法司贸易法规处 于方)

1. 宁夏“圣雪绒”获100万元奖励

为了提高宁夏企业争创“中国名牌产品”、“中国驰名商标”等质量荣誉的积极性，1月，宁夏回族自治区人民政府研究决定，对宁夏圣雪绒国际企业集团公司给予表彰，并奖励100万元。

2002年2月，宁夏圣雪绒国际企业集团公司“圣雪绒”商标被国家工商总局商标局认定为“中国驰名商标”，这一荣誉的获得填补了宁夏没有“中国驰名商标”的空白。9月，“圣雪绒”牌羊绒衫又被国家质量监督检验检疫总局评选为“中国名牌产品”，这是国家主办日用品评选活动的最高荣誉。（彭建东 田俊婵）

2.《乌苏里船歌》是改编作品

中国首例侵害民间文艺作品著作权纠纷案——《乌苏里船歌》的著作权纠纷，1月在北京市第二中级人民法院有了说法。一审判决：郭颂、中央电视台以任何方式再使用歌曲作品《乌苏里船歌》时，应当注明“根据赫哲族民间曲调改编”，并在媒体上发表《乌苏里船歌》系根据赫哲族民间曲调改编的声明，给付四排赫哲族乡政府因案件诉讼支出的1 500元合理费用等。

法院审理认为，东北赫哲族中流传的民间音乐曲调《想情郎》，属于赫哲族传统的一种民间文学艺术形式，应受法律保护。该歌主曲调是郭颂等人在赫哲族民间曲调《想情郎》的基础上，进行艺术再创作后改编完成的作品。郭颂等人在使用作品《乌苏里船歌》时，应客观地注明该歌曲曲调是源于赫哲族传统民间曲调改编。故作出此判决。（刘 河）

3. 北京十大知识产权案揭晓

1月北京市高级人民法院公布备受社会关注的2002十大知识产权案件。它们分别是：“九头鸟”状告“九头凤”；剪纸艺人状告国家邮政局；油画《开国大典》的著作权人状告中国革命博物馆；“步步高VCD”状告日本索尼公司；正普公司状告“阿里巴巴”网站；刑法学著名学者、北京大学法学院教授陈兴良状告“中国数字图书馆”网站；“彝人制造”状告擅自使用自己作品的三家公司；北大方正集团状告北京高术天力科技有限公司；中国音乐著作权协会状告网易；瑞士英特莱格公司状告天津可高玩具公司。（文香平）

4. 林业植物新品种增至45属(种)

国家林业局1月公布了列入《中华人民共和国植物新品种保护名录(林业部分)》第三批的21个属的植物名称。我国可申请新品种保护的林业植物由前两批《中华人民共和国植物新品种保护名录(林业部分)》中的24属(种)增加到45属(种)。

列入这批名录的植物分别为：松属、云杉属、落羽杉属、圆柏属、鹅掌楸属、木瓜属、金合欢属、槐属、刺槐属、丁香属、连翘属、黄杨属、大戟属、槭属、沙棘属、臭椿属、竹属、箬竹属、刚竹属、省藤属、黄藤属。（文香平）

5. 江泽民签署通令给35项专利拥有者记功

中华人民共和国中央军事委员会主席江泽民1月签署通令，给一批在军事科研和军队医学科研以及党的基本理论教学领域做出突出贡献的单位和个人记功。通令对获35项发明专利的总后勤部某装备研究所记二等功，对曾获得新世纪巾帼发明者称号的胡蕴玉记二等功。

通令说，总后勤部某装备研究所近年来，共完成各类科研项目96项，获国家科技进步一等奖2项、二等奖1项，军队科技进步一等奖6项、二等奖15项，“九五”全军后勤科技重大贡献奖6项，中国发明专利35项。第四军医大学教授胡蕴玉，主持完成的“晚期周围神经损伤退变与修复后再生实验和临床研究”获国家科技进步二等奖。

（光 君）

6. 中共国家知识产权局党组扩大会议召开

主题为“以十六大精神为指导，重新审视国家知识产权局党组对知识产权工作的战略思维和总体布局，提出‘十五’后3年特别是2003年国知局工作的目标和任务”的国家知识产权局党组扩大会议1月21～23日在北京举行。

会议确立了2003年知识产权工作的总体要求，并提出振奋人心的战略设想——立志实现我国从知识产权大国迈向知识产权强国的宏伟目标。局党组成员、机关正副司长、专利局正副部长、局机关党委委员、纪委委员，局下属单位主要负责人共85人参加了会议。（吴 辉 闫文锋）

7. 外经贸部和国知局共同制定外贸专利管理

1月20日，由我国外经贸部和国家知识产权局共同制定的《关于加强对外贸易中的专利管理的意见》正式执行。

该《意见》针对企业进出口贸易中涉及到的专利问题，给予了行政管理和实际操作上的指导，为今后我国在更大范围和更高层次上参与国际经济技术合作和竞争，提出了指导性意见。《意见》指出，作为WTO成员，我国要高度重视WTO《与贸易有关的知识产权协定》，积极参与协定的新一轮谈判，并自觉履行我国加入WTO的相关承诺。要求对外贸易经营者按照《企业专利工作管理办法试行》的要求，建立、健全相应的专利管理制度。

（安 雷）

8. 香港13位知识产权专家访渝

香港律政司副法律政策专员黄继儿等13位知识产权专家1月访渝。

期间，他们与重庆法律界、知识产权界人士进行了亲密接触，并就法律、知识产权等一系列问题进行磋商，并分别“客串”大法官、原被告律师、证人，模拟了一场知识产权案例的审讯实录，让近千名来自重庆高校、政府机关以及法律界的人士亲身体验了一次“一号法庭”的生活版。（曾 欢）

9.“王麻子”商标将拍卖抵债

负债累累的北京王麻子剪刀厂1月正式申请破产，法院已立案受理。其“王麻子”商标也将被拍卖抵债。

按照相关法律程序，法院在立案后，将有3个月的公告期，其最终的结果是王麻子剪刀厂被依法宣告破产，那么其企业的破产财产将由法院公开拍卖，“王麻子”商标也将在被拍卖之列。

（周一舟）

10.“姚明”申请24件商标

国家工商总局商标局1月正式受理了“姚明”商标的注册申请。这是继李宁、邓亚萍等人之后，体育界知名人士又一注册商标的行为。

姚明赴NBA打球，以及他巨大的发展空间，让姚明一家看到了姚明未来的价值，围绕姚明的明星效应而进行的经济活动，也将日益增多。保护姚明品牌，成为姚明家人的必然选择。这次，姚明的家人按照国际分类共申请了12类24件商标，这些商标涵盖了商品商标和服务商标两大类。

（周一舟）

11. 北京30亿贷款支持专利技术产业化

1月24日，北京科净源环宇有限责任公司与北京市商业银行官园支行、北京首创信保投资管理有限责任公司签订了专利权质押贷款意向书。它将成为北京市商业银行30亿元人民币专利权质押贷款的首批受益企业。

近年来，许多中小企业由于找不到担保单位而不能及时获得银行贷款，资金匮乏成为制约北京市中小企业专利技术产业化的瓶颈。北京市商业银行看到了我国加入世贸组织之后，专利技术产业化的巨大发展潜力，在北京率先以30亿元人民币的贷款总额，支持北京市的专利技术产业化，在全国开创了以巨额贷款支持专利产业化融资的先河。（张伯友）

12. 中华全国专利代理人协会第六次会员代表大会闭幕

2月25日，在中华全国专利代理人协会第六次会员代表大会上，选举产生了新一届领导班子，高卢麟高票当选为会长，吴秉芬等4人当选副会长，袁德被推选为秘书长，牛煜华等16人当选常务理事。

在为期两天的会议中，来自全国各地专利事务所的120余名代表审议并通过了中华全国专利代理协会第五届理事会的工作报告、财务报告与协会新章程，并积极向新一届中华全国专利代理人协会领导班子如何开展工作建言献策。

（吴 辉 裴 宏）

13. 我国七大行业商标突破“零记录”

国家工商行政管理总局有关部门2月26日发布的2002年以前10年的商标注册、注销和续展的统计情况。10年来，我国商标领域有七大行业商标突破了“零记录”。

10年前，我国有七大行业根本没有商标，即广告业、法律服务和气象服务业、房屋建筑安装业、材料处理业、金融保险业、运输业、电信通讯业。然而经过10年的发展，这七大行业的商标迅速增长,其中增长量最快的是广告业,如今已经拥有有效注册商标2.9029万件,法律服务和气象服务领域的有效商标达到2.292万件,金融保险业的有效商标达到1.1563万件,电信通讯业有效商标达到9 659件。 (周一舟)

14. 国家知识产权局被评为政协提案先进承办单位

国家知识产权局2002年共承办九三学社中央的"关于专利战略的建议"、姜颖委员"关于加强政府对知识产权管理和保护工作的领导"等12件提案,被评为政协提案先进承办单位。

国家知识产权局非常重视政协提案办理工作,针对提案的要求,认真回复。对提案办理工作进行周密部署,及时确定了负责提案办理工作的部门和具体人员。在办理过程中,局提案办理部门还召开了提案人座谈会,面对面地答复提案,听取提案人的意见和建议。 (闫文锋)

15. 商标法实施20年 商标注册量增加18倍

3月1日是我国商标法实施20周年纪念日。我国商标事业20年来有了长足发展,商标注册量由1983年的9万多件增长到2002年底的166万多件,同时创立了一批有竞争力的商标,大大提高了我国企业的市场竞争力。 (周一舟)

16. 国家科学技术奖颁出

3月在召开的国家科学技术奖励大会上,269项代表了中国当今最新科研能力和成果的项目,分别赢得2002年度国家技术发明奖、国家科学技术进步奖和国际科学技术合作奖等奖项。

总奖金额500万元的2002年度国家最高科技奖为74岁的中国工程院院士、国家并行计算机工程技术研究中心主任金怡濂摘得。已连续4届空缺的国家自然科学奖一等奖实现了突破,来自中国科学院上海有机化学研究所的"物理有机化学前沿领域两个重要方面——有机分子簇和自由基化学的研究",被授予国家自然科学奖一等奖。

(文香平)

17. 四川首次成功调解跨省专利纠纷案

一起四川电器制造商与上海电器制造商之间的专利侵权纠纷案,经四川省知识产权局的审理与调解,3月双方当事人握手言和,并达成协议:四川制造商停止制造侵权产品,向上海制造商赔偿经济损失6.5万元。这是四川省知识产权局首次调解由外地知识产权局移送的专利权纠纷案。

2002年年底,上海一家电器制造商向上海市知识产权局提出专利纠纷处理请求。上海市知识产权局根据全国专利行政联合执法和案件管辖规定,受理此案并移送给四川省知识产权局。四川省知识产权局依法审理了此案,并主持案件双方当事人达成了调解协议。 (蒲 萍)

18. 知识产权在"两会"上受到空前关注

2003年的两会上,知识产权受到空前的关注,朱镕基在政府工作报告中提出:"要加强知识产权保护,促进专利发明,加快科技成果向现实生产力转化"。政协委员、国家知识产权局局长王景川就加快中国特色知识产权法律体系建设问题提出提案,政协委员、副局长吴伯明在政协委员全体会议上做了题为《实施国家知识产权战略,大力培育我国核心竞争力》的大会发言。"知识产权"一词在两会上被高频点击。 (光 军)

19. 最高人民法院知识产权案件审理得到加强

3月11日,最高人民法院院长肖扬向十届全国人大一次会议作最高人民法院工作报告。报告中指出,5年来,各类知识产权案件的审理得到加强。

1998年至2002年,最高人民法院共审结各类案件2.0293万件,比前5年上升46%;地方各级人民法院和专门人民法院共审结各类案件2.960万件,比前5年上升22%。报告显示,5年来,人民法院加强知识产权案件的审理,保护先进文化成果,促进科技进步。人民法院相继开展了涉及植物新品种、商业秘密、计算机软件、网络环境下侵犯著作权、商标权、专利权等案件的审判工作。5年来共审结各类知识产权案件2.3636万件,比5年前上升了40%。 (岳善勇)

20. 26类商品进入中国名牌评价目录

中国名牌战略推进委员会3月30日公布,钢琴、饮料、化妆品等26类商品已进入2003年中国名牌产品评价目录,与上两年相比,此次中国名牌产品的评价范围更广,评价标准将更严格,评价程序将更规范,宣传力度将更大。

该目录的确定,是依据国家质量监督检验检疫总局颁布的《中国名牌产品管理办法》的规定,按照2003年中国名牌战略推进工作的总体目标要求,通过广泛调查研究并充分听取其他各部门和组织意见的基础上,经中国名牌战略推进委员会全体委员会议审议并最终确定的。 (文 彬)

21. 中国知识产权研究会理事大会召开

4月4日,中国知识产权研究会三届二次理事大会暨2003年学术年会圆满闭幕。会议讨论通过了中国知识产权研究会新章程,并增补了17名理事、常务理事、副理事长及常务副理事长。

在为期两天的会议里,国家工商总局商标局

局长安青虎，国家知识产权局条法司司长尹新天、中国知识产权研究会名誉理事长高卢麟等有关专家分别就商标、知识产权制度进行了专题演讲，并与130余名代表进行了学术交流。（裴 宏）

22. 北京奥组委发布用奥运标志须经授权

4月4日，北京市工商行政管理局和北京奥组委专门召开的保护奥林匹克标志宣传大会，北京奥组委有关人士再次重申，使用北京奥运会标志必须经过第29届奥组委授权。

奥林匹克标志是奥运会和奥运精神的象征，也是国际奥林匹克委员会和中国奥林匹克委员会第29届奥组委的重要知识产权。为加强对奥运会知识产权的保护，国务院施行了《奥林匹克标志保护条例。目前，北京工商行政管理部门严格检查，严肃处理侵权行为。要求整改大型广告牌600多块，限期拆除广告牌6.7万多块，查扣带有侵权标识的商品及包装物13万多件，立案99起。

（文 彬）

23.“皇城老妈”终审获赔20万

4月10日，北京市高级人民法院开庭审理成都皇城老妈酒店有限公司诉北京皇蓉老妈火锅店侵犯著作权和商标专用权纠纷两案，并当庭作出终审判决，认定“皇蓉老妈”侵权事实成立，判令赔偿皇城老妈共计20万元。

法院认为，“皇蓉老妈”未经许可擅自使用对方已注册为商标的美术字体和广告语的行为侵犯了“皇城老妈”依法享有的著作权；双方当事人同为餐饮企业，使用与“皇城老妈”近似的注册商标，足以给相关公众造成视觉混淆，同时构成了对注册商标的侵权。故作出上述判决。（姚文平）

24. 迎来第三个世界知识产权日

4月26日迎来了第三个世界知识产权日，全国各地组织的一系列相关活动拉开了帷幕，由知识产权局牵头，工商、版权、海关、企业联动，政府及各界群众广泛参与，在“知识产权与我们息息相关”的主题下，各省市展开系列活动迎接4.26宣传活动，在神州大地又一次掀起知识产权热浪。

25. 十六省区市签署专利行政执法协作机制

由国家知识产权局组织的全国专利行政联合执法研讨会4月在上海召开。来自16个省区市的知识产权局负责人聚首上海，经过反复讨论修改，一项“省际间专利行政执法协作协议”签署。

近年来，跨地区专利侵权纠纷案件的增多，给专利权人带来很大的人力物力的耗费，同时也给各地专利行政部门执法增加了工作难度和执法成本。华东5省市等地在专利执法实践中，摸索出了处理跨地域案件的一些经验。在国家知识产权局的指导下，建立了省际间执法的案件移送、协查和协同办案制度，使行政执法资源共享，提高了办案效率。（姚文平）

26.《驰名商标认定和保护规定》出台

目前，《驰名商标认定和保护规定》已经国家工商行政管理总局局务会议审议通过，并于2003年6月1日起施行。

《驰名商标认定和保护规定》在原来《驰名商标认定和管理暂行规定》的基础上不仅将驰名商标的定义、商标管理过程中驰名商标的认定程序进一步完善，还对认定后的驰名商标的效力做了修改。（张 依）

27. 国家知识产权局成为全国整规新成员

打击专利侵权是2003年全国整顿与规范市场经济秩序的新增内容，国家知识产权局成为了全国整顿与规范市场经济秩序工作领导小组的新成员。为确实把工作落到实处，5月，国家知识产权局成立了以副局长田力普任组长、中纪委派驻国家知识产权局纪检组组长邢胜才为副组长的“整规”领导小组。

国家知识产权局此次被吸纳到全国整顿与规范市场经济秩序领导小组，这是国家的一个重要决策，充分体现了国务院对知识产权工作高度的重视。对此，国家知识产权局党组对整规工作给予高度重视，要求全局各级干部，特别是承担此项工作的职能部门要进一步提高认识，周密部署，协调一致，狠抓落实，从知识产权工作的角度为全国范围内整顿与规范市场经济秩序的深入开展做出贡献。（吴 辉 文香平）

28. 香港出台新商标条例

香港特别行政区新商标条例于5月取代了上世纪50年代制定的商标条例。

新商标条例主要包括5方面的内容：一是简化商标注册的程序，使其过程更有效率和简便；二是大幅降低商标注册的费用；三是扩大可注册成为商标的标记范围，允许声音和气味的标记注册；四是简化商标的审查和转让程序；五是为商标提供更高保障，例如加强商标拥有人对侵权者采取行动的权利以及加强保护知名商标。新条例的生效标志香港的知识产权制度朝着完全符合国际标准的方向迈出了重要一步。（张 依）

29. 南京启动抗非典科技成果网上市场

5月14日，“南京市抗击SARS专项科技成果网上技术市场”（http://www.njetm.com.cn/sars/index.htm）正式开通。据悉，这是全国首家进行抗击非典专项科技成果的网上技术交易市场。

该市场网站设有“供需合作绿色通道”、“研发成果登台亮相”等多个栏目。已选择转化前景较好的50项成果和技术含量较高的31项产品进行在线交易和信息发布。它的开通,为科技界、产业界信息互通、技术产品对接发挥积极的作用,同时也为全市乃至全国的抗非典斗争开辟了新的渠道,提供了强有力的硬件和载体支持。

(蔡艺　杨进根)

30. 国家工商总局受理新代理机构业务

国家工商行政管理总局4月30日发出《关于商标代理行政审批取消后有关工作的通知》。通知说,自5月20日起,商标局开始受理新注册的商标代理机构的商标代理业务。

通知要求,除原经国家工商行政管理总局批准的商标代理机构继续在原登记机关注册外,今后新设立的商标代理机构均在所在省、自治区、直辖市工商行政管理局注册;新设立的商标代理机构,应根据《中华人民共和国公司法》或《中华人民共和国合伙企业法》的规定注册为有限责任公司或个人合伙企业。通知还要求,商标代理机构只能从事商标代理及其他相关知识产权代理业务,不得兼营其他业务;原经国家工商行政管理总局批准的商标代理机构,尚未与政府主管部门脱钩的,要在2003年12月31日以前与政府主管部门脱钩,并改制为有限责任公司或个人合伙企业。逾期,企业登记主管机关不得为其通过2003年度年检,国家工商行政管理总局商标局不再受理其代理的商标业务。(文彬)

31. 四川出台打击假冒专利、侵犯商业秘密行为新规定

针对在办理假冒专利和侵犯商业秘密这两类案件中出现的问题,四川省公安厅5月发出通知。

通知要求:各市、州公安机关经侦部门要树立正确的办案指导思想,依法保障公平有序的竞争秩序,不能为了地方或一方利益动用刑事手段搞特殊化保护。其次要正确适用法律,严格把握政策法律界限。第三要严格办案程序,慎重采取强制措施。第四要调整案件管辖,严格报告制度。省公案厅确定将两类案件“上提一级”管辖,由市、州以上公安机关经侦部门立案查处,区、县一级不再办理。

(张恬)

32. 江浙沪三地共享著名商标

5月,江、浙、沪开通三省市著名商标保护直通车,实现著名商标的重点保护。

在一地评上著名商标,就可享受三省市著名商标的一切优惠待遇,这样,省级著名商标的保护范围将扩大。除著名商标外,在江、浙、沪三地,企业注册、打假也享受当地企业同等待遇。在打假维权方面,三地工商部门将建立办案协作机制和跨区域经济违法案件专项联动查办机制,加大三地打假维权的力度。

(林路)

33. 中国生物多样性知识产权网站开通

5月20日,国家知识产权局新建立的中国生物多样性知识产权信息网。这是一个仅用了13天就建立起来的公益网站,网址为www.biodiv-ip.gov.cn。

这一网站是根据国家环保总局中国履行《生物多样性公约》(里约宣言)办公室“建设生物多样性知识产权信息节点和分布式数据库”的要求而设立的。国家知识产权局作为参加中国履行生物多样性公约协调工作机制的20个政府部门之一,在加强国家生物多样性知识产权保护方面应当发挥应有的作用。

(余涛)

34. 我国《马德里商标国际注册实施办法》出台

国家工商总局商标局5月发布了修改后的《马德里商标国际注册实施办法》,并将于6月1日起开始施行。该办法在方便了国内商标所有人和持有人办理商标国际注册及其他有关事宜的基础上,更加便利了马德里协定和马德里议定书中的其他成员办理在我国的商标注册申请。

我国于1989年10月加入《商标国际注册马德里协定》(简称马德里协定),并于1995年12月加入《商标国际注册马德里协定有关议定书》(简称马德里议定书)。为了实施马德里协定、马德里议定书以及《商标国际注册马德里协定及该协定有关议定书的共同实施细则》(简称实施细则),国家工商局曾于1996年5月发布了《马德里商标国际注册实施办法》(简称办法),该办法于1996年6月1日起施行。为了更好地与国际接轨,依据《中华人民共和国商标法实施条例》的有关规定,我国重新制定办理商标国际注册的具体办法。

(张依)

35. 希望工程获商标注册

由中国青少年发展基金会首倡并组织实施的希望工程,已由国家工商总局商标局核准服务商标注册。将一项公益性社会活动名称注册为商标,纳入知识产权法律保护体系,在我国尚属首次。

国家工商总局商标局已于4月底正式向中国青基会颁发了“希望工程”服务商标注册证。本次注册的服务商标分为文字及图形两个标识。文字商标由邓小平同志手书“希望工程”四个字及希望工程英文专用字“PROJECT HOPE”组成。图形商标为心形海浪托起一轮喷薄而出的太阳。中国青基会决定将文字和图形组合，作为希望工程公益事业的专用服务标识并将图形标识同时作为中国青基会的会徽 （张依）

36.《中国分类专利公报》按需出版

根据读者的实际需要，参照IPC国际分类标准，知识产权出版社在原有公开出版物《中国专利公报》的基础上，将分行业、分专业地出版分类专利文献，7月开始试验出版《中国分类专利公报》纸质刊物。

针对信息服务的个性化需求，知识产权出版社以按需采用不同出版形式的理念，根据读者的实际需要，参照IPC国际分类标准，分行业、分专业地出版分类专利文献，可以根据不同学科或技术领域进行组合，做到科技文献信息化的个性服务——按需订制、版版不同、即需即印、服务到位。

（范红延）

37. 首个抗非典专利数据库上海诞生

目前，上海首个"与抗SARS病毒相关专利数据库"诞生。上海市知识产权服务中心决定，社会上相关的科研单位和企业都可无偿使用。迄今为止，已有中科院上海生命科学研究院、中科院上海生物工程研究中心、复旦大学、第二军医大学等25个单位已接受无偿赠送的数据库。

该数据库收集了冠状病毒、干扰抑制素、抗病毒、抑制剂等绝大多数经研究与抗SARS病毒有关的专利信息2万余条，其中，国内1894条，国外2.3507万条，并收集了诸如在抗SARS病毒中已取得一些成果的AVI公司的相关专利信息。

（田雨）

38. 武汉首次发表知识产权保护状况白皮书

一份以中英文对照版本向世界全面系统介绍武汉知识产权保护状况的文件——《2002年武汉知识产权保护状况》白皮书，5月由武汉市人民政府知识产权联席会议办公室首次公开发表。

该白皮书客观反映了武汉市人民政府对知识产权保护的高度重视及全市知识产权工作取得的显著进展，树立了该市重视知识产权保护、不断改善外商投资环境的良好形象。白皮书反映了近年来武汉市人民政府将知识产权工作作为增强城市综合竞争力、改善武汉经济发展软环境的战略任务来抓，推动了各相关部门知识产权保护工作。

（周家齐）

39. 国家工商行政管理总局公布《集体商标、证明商标注册和管理办法》

为了配合我国修改后的商标法和商标法实施条例有关规定的施行，国家工商行政管理总局5月公布了修改后的《集体商标、证明商标注册和管理办法》，并于2003年6月1日起实行。

经过这次修改，我国在法律、法规和规章3个层面对地理标志的注册和保护做出了比较完善的规定，从而适应了我国加入WTO的要求和我国经济发展的需要，将对我国的地理标志保护工作和特色农业的发展起到积极的促进作用。 （张依）

40. 科技部规定知识产权全程渗透国家科技计划

科技部根据在国家科技计划中实施专利战略的目标要求，5月制定发布了《关于加强国家科技计划知识产权管理工作的规定》，对国家科技计划中的知识产权工作提出了明确具体的要求，使知识产权管理成为科技计划管理的重要内容，并贯穿科技计划管理工作的始终。

《规定》明确了国家科技计划实施中的管理和承担单位的知识产权管理职责范围，要求在国家科技计划项目的申请、立项、执行、验收以及监督管理中，必须全面落实专利战略。各类科技计划应当根据各自特点确定知识产权目标，把专利权、植物新品种权、计算机软件著作权、技术秘密等知识产权的取得、保护和运用，作为科技计划管理的重要内容。 （闫文锋）

41. 在抗非斗争中专利申请和代理迈上新台阶

面对SARS疫情，5月初，科技部启动85项抗非典攻关项目。被称为"梦之队"的中华全国代理人协会抗非典专利代理人服务队伍共代理抗非典相关专利101件，其中大部分被列入抗非典科技攻关计划的国家项目，且绝大多数是发明专利。

（光君）

42. 国内首例区域形象标志纠纷案尘埃落定

国内首起因非法使用区域形象标志引发的商标侵权及不正当竞争案5月中旬由天津高院审结。法院以保护在先权利为由，判决上诉人天津平安生物工程有限公司、四川泰达酒业有限公司和天津市泰庆科贸有限公司赔偿天津经济技术开发区国有资产公司30万元的损失。

天津市高院经审理认为，本案中所涉天津经济开发区的区域标志在使用中已成为该区域的通用标识，已不具有作为商标用于相关公众识别商品的基本属性，根据我国商标法保护注册商标的原则，在本案必要时审查涉诉个案注册商标在实质上的合法、合理性和相关公众的识别效果以维护法律的严肃和公众利益。上诉人在商标和被诉侵权产品标签和包装上使用该标志，显然是借助该标志在公众中的良好声誉推销自己的产品，应认定其侵犯了被上诉人的在先相关权利。同时应认定被上诉人基于在先权利和管理行为与上诉人不构成同业经营者的竞争关系。被上诉人在原审中以商标侵权和不正当竞争为由提起诉讼，不影响本案的处理，故驳回上诉人的诉讼请求，维持原判。

43. 中国电池惹上专利官司

5月28日，美国国际贸易委员会(ITC)发表公告，决定对来自中国内地、中国香港、日本、新加坡和印尼的无汞碱性电池和该类电池的构成物以及含该类电池的其他产品展开知识产权调查。中国有关部门已经紧急启动应对机制。

据了解，美国劲量公司在4月底依据美国1930年关税法第337条曾向美国国际贸易委员会提出申请，要求禁止进口一系列其竞争者生产的家庭用电池产品，理由是它认为这些公司侵犯了其专利权。被调查产品包括各类无汞碱性电池、用于制造该类电池的锌粉和内含该类电池的玩具和手电筒等其他产品。被调查对象名单囊括了许多劲量公司在亚洲和美国的竞争伙伴，共计28家公司，其中包括中国内地企业福建南平南孚电池公司等7家企业。 (大 有)

44. 伊德里斯连任 WIPO 总干事

5月27日，苏丹人卡米尔·伊德里斯博士接到了担任世界知识产权组织(WIPO)总干事第二个任期的任命。

在此前召开的WIPO特别大会上，WIPO成员国一致通过了关于推荐伊德里斯博士自2003年12月1日起，担任为期6年的第二个任期的建议。在接受任命的讲话中，伊德里斯博士保证要增加已取得的成就，并且确保知识产权作为经济、社会和文化发展的重要工具。 (友 文)

45. 全国进出境环节首例"FOREVER"侵权案被查获

5月末，深圳某公司申报出口的1.56万双运动鞋因涉嫌侵犯FOREVER商标权被厦门海关查扣。经权利人上海轻工国际(集团)有限公司确认，该批货物构成侵权。这是"永远FOREVER"商标在海关总署备案以来，在全国进出境环节查获的首起该商标侵权案。

目前，厦门海关已查获侵权案件42起，使企业的知识产权在进出境环节得到有力保护。

(钟朝珍　刘 频)

46. 四部局出台打击盗版软件实施方案

根据国务院《振兴软件产业行动纲要》工作安排，国家版权局与信息产业部、公安部、国家工商总局6月初联合下发了《关于贯彻落实〈振兴软件产业行动纲要(2002年至2005年)〉打击盗版软件工作安排的实施方案》。

该方案要求各级版权、信息产业、公安、工商行政管理部门要密切配合，切实采取有效措施，加大对非法制作、销售领域盗版行为的打击力度，同时以销售硬件的企业和提供系统集成服务的企业为重点，针对软件预装领域开展专项治理。要继续开展软件正版化工作，进一步完善计算机软件登记制度。四部局将组成联合检查组，每年对各地综合治理情况进行检查，并建立、健全各有关部门密切配合打击软件侵权盗版的长效工作机制。 (版 宣)

47. 我国抗非典专利数据库投入使用

国家知识产权局知识产权出版社专利数据研发中心和国家知识产权局专利局文献部经过近20天的昼夜奋战，6月顺利建成"防治非典型肺炎相关专利数据库"。

该数据库已提交国家知识产权局专利局化学专利审查部和科技部抗非典863科技攻关组的有关部门使用。数据库由5个部分组成：SARS相关研究与诊治、中医/中药治疗、流行病/传染病的预防与控制、医用防护及救护设施、环境消毒与废弃物的处理。共收录中国专利4.2575万件，国外专利5.0722万件。其内容基本上覆盖了科技部863计划"非典型肺炎防治关键技术及产品研制"项目第一批课题(48项)所涉及的各研究领域。

(裴 宏)

48. 首次版权执法专项治理成效显著

自2003年2月24日国家版权局发出关于打击盗版专项治理行动的通知，拉开了2003年全国第一个版权执法专项治理行动的帷幕后，各地版权管理部门积极响应，认真落实，取得了很大成效。

截止到6月10日，据不完全统计，北京、上海、天津、重庆、辽宁、吉林、海南、广东、福建、浙江、安徽、江西、江苏、云南、贵州、甘肃、山西、内蒙古等地版权局在此次版权执法打击盗版专项治理行动中，共出动3.6万人次，检查市场2 588个，涉及摊位3万多家，检查学校30所、企业77家，共收缴侵权盗版制品502万件，其中，盗版音像制品258万件，盗版软件及电子出版物37万余件，盗版图书127万余册，盗版教材57万册，盗版工艺品等其他制品23万件，行政处罚侵权盗版单位1 430家，罚款134万元，取缔商户816家，移送司法机关5起，查获地下光盘生产线1条。 (版 宣)

49. 国内出现首例请求确认不侵犯商标权案

北京市第一中级人民法院6月依法受理了中

国社会科学出版社诉费德里克·沃恩有限公司(英国)商标权纠纷案,原告要求确认其出版的"彼得兔"系列图书不侵犯被告的商标权。这是法院受理的国内首例请求确认不侵犯商标权的案件。

原告称,已故美国女作家毕翠克丝·波特创作了19篇彼得兔系列童话故事,作者去世已超过50年,该作品现在已经进入公共领域。张润芳女士将上述作品译成中文本,并享有著作权。2003年3月,原告与张润芳签订出版合同,原告因此依法取得合法出版权。该图书出版后,2003年5月中旬,被告认为原告出版的上述4册图书中使用的"彼得兔系列"及"彼得兔"的插图侵犯了被告的注册商标。原告认为,该图书已经进入公共领域,原告已经从译者手中取得合法的出版权,对"彼得兔"插图的使用,是对原著的直接使用,是对该系列图书故事内容的善意描述,故上诉至法院。

(张依　郭京霞)

50. 雷锋照片首次版权登记

辽宁省版权局与鞍山市版权局6月为我国著名老摄影家、雷锋生前战友张俊拍摄的200余幅雷锋照片举行了版权登记仪式。为雷锋照片做版权登记,并且获得法律保护,在全国尚属首例。

张俊拍摄并珍藏的200余幅雷锋照片是对雷锋生前工作、学习和生活的瞬间记录,具有巨大的历史价值和艺术价值。前,张俊向辽宁省版权局提出了版权登记申请。张老的申请得到了辽宁省版权局的高度重视,决定采取登门现场办公,与鞍山版权局一起,特意在鞍山市为张俊老先生举行了隆重的版权登记仪式,并授予张俊老先生"依法维权先进个人"的光荣称号。(张靖岩　洪伟)

51. 知识产权培训中心二期教学楼正式开工

6月27日,位于北京上地信息产业基地的中国知识产权培训中心二期教学楼楼正式破土动工。

知识产权培训中心二期教学楼工程是2003年国家知识产权局的一项重点工程,局党组给予了高度重视。2002年9月,成立了由局有关领导挂帅的基建领导小组。在工程前期准备工作中尽管遭遇了非典疫情,但开工前的各项准备工作却未因此而停顿,依然如期开工。据悉,二期教学楼的建筑面积7 086平方米,由中建一局负责承建,预计明年5月完工。届时,一座拥有报告厅、阅览室、演播厅、教室及部分客房的7层教学楼将拔地而起。(吴辉)

300余项技术在武汉上市交易

6月28日,抗击非典战役取得阶段性胜利的武汉迎来了第一个大型活动——首届中国·汉正街实用专利技术与民间资本对接洽谈会。涉及日用生活品、小家电、建材装饰、机械物理等300余项实用专利技术参展,2 000余名投资者与会,4项专利技术达成意向合同,标的额达500万元。

据了解,武汉市知识产权局与石乔口区人民政府在经过近5个月的深入调研分析后,紧密结合石乔口区发展区域经济的客观实际,精心策划、组织了"中国汉正街实用专利技术与民间资本对接洽谈会",筛选征集了300余项适于民用的实用专利技术项目,并组织了2 000余名投资商(人)参加本次对接会。(陈保国)

52. 国家知识产权局三种新版证明文件启用

国家知识产权局制定的新版《专利登记簿副本》、《证明》和《专利说明书》三种证明文件于7月1日正式启用。

依据国家知识产权局第91号公告规定:自7月1日起,国家知识产权局不再使用原旧版证明文件。在2003年6月30日(含当日)之前出具的各种旧版证明文件在2003年7月1日之后仍然具有规定的效力。(田雨)

53. 15种食品被取消"绿色"资格

为了确保绿色食品产品质量,维护绿色食品标志商标的市场信誉,7月,中国绿色食品发展中心取消一批不合格产品绿色食品标志商标的使用权。

依据《绿色食品标志管理办法》、《绿色食品年度抽检工作规范》以及《绿色食品标志使用协议书》的规定,中国绿色食品发展中心决定取消2002年抽检卫生安全质量指标不合格的13家企业的15个产品绿色食品标志商标使用许可,收回绿色食品证书,停止其在产品包装及广告宣传上使用绿色食品标志,并在一年内不再受理有关该产品的绿色食品认证申请。同时,对其他指标不合格的24个产品的23家企业发出整改通知。

(新华)

54. 抗非典画册在京首发

由中国文联出版社出版发行的《中国百名摄影记者聚焦SARS》画册7月在北京举行首发仪式。该书通过摄影记者手中的照相机记录并反映了全国上下众志成城抗击非典和医务工作者的敬业精神。

该书从策划到定稿仅用5天时间,集纳了全国包括台湾在内的16个省、市、自治区和港、澳特别行政区以及路透社、美联社驻华机构110余位摄影人200余幅作品。出席首发式的世界卫生组织驻华代表对画册的出版给予了高度评价。中国知识产权报3名摄影记者的作品均入选画册。

(张子弘　杨申)

55. 国家知识产权局表彰先进基层党组织、优秀共产党员

7月1日,国家隆重表彰在防治非典工作中涌现出来的先进基层党组织和优秀共产党员。当机关服务中心党支部、专利审查协作中心党总支的代表和来自局有关部门的10名优秀共产党员从局领导手中接过奖牌、证书时,全场响起了热烈的掌声。

面对突如其来的非典疫情,国家知识产权局各级党组织和广大共产党员充分发挥党组织的战斗堡垒作用和共产党员的先锋模范作用,在抗击非典的斗争中,涌现出了一批先进基层党组织和优秀共产党员。机关服务中心党支部、专利审查协作中心党总支被授予"防治非典型肺炎工作先进基层党组织"称号;潘志强等10名共产党员荣获"防治非典型肺炎工作优秀共产党员"称号。同时,中国知识产权报社党支部等组织及个人也受到了表扬。 (吴 辉)

56.《专利实施强制许可办法》实行

根据国家知识产权局第31号令,《专利实施强制许可办法》经国家知识产权局局务会议审议通过,将于2003年7月15日起实行。这标志着我国专利法规得到了进一步完善。即将实行的专利实施强制许可办法注重简化手续,体现了行政机关的职权与责任相统一的原则。

据了解,这一办法的出台旨在切实保障公民、法人和其他组织的合法权益,符合我国加入WTO后应提高行政法规、规章制定的透明度的客观要求。本办法的施行使我国专利管理和执法工作向更加有序和透明的方向前进了一步。专利权的强制许可制度是维护国家和公共利益,促进专利技术的推广利用,防止专利权人滥用权利的重要保障措施,是专利制度的重要组成部分。 (文希凯)

57."知识产权保护制度与市场环境研究"课题通过评审

7月8日,由国务院发展研究中心技术经济部承担的国家知识产权局软课题项目——"知识产权保护制度与市场环境研究"通过了专家评审。

完善知识产权保护制度和市场环境是加入WTO后我国知识产权工作面临的新情况、新问题,也是知识产权保护的重要基础性工作。为此,2001年7月,国家知识产权局委托国务院发展研究中心技术经济研究部进行该课题研究,课题组历时一年多,实地调查了北京、上海、广东、深圳、浙江等地,把系统研究与具体分析、规范研究与实证分析相结合,最终就如何完善我国知识产权制度、优化市场环境提出了一系列建议,并形成了一份25万字的课题研究报告。评审会上,来自国家知识产权局、国家工商管理总局、科技部、北京大学、中国社会科学院和企业的专家一致肯定了该课题的理论意义和实用价值。 (裴 宏)

58. 中国知识产权远程教育课程开课

中国知识产权培训中心顺利地完成了2003年远程教育课程的平台改版、课件修改、系统升级等工作。首期课程于8月5日开课。

此期开设《知识产权法律基础》课程,共分为知识产权法概论、专利法理论基础等章节。在内容的选择上,强调从基本概念入门,适当兼顾理论性、系统性,偏重联系实际、解决实际问题。学生需要在6周的时间内完成所有课程单元的学习。学习考试合格者将获得培训中心颁发的证书。

(邓一凡)

59. 著作权行政执法检查换新证

国家版权局7月下发通知,在全国范围内部署统一更换"中华人民共和国著作权行政执法检查证"的工作。

版权行政执法自1997年实行全国统一的"中华人民共和国著作权行政执法检查证"制度以来,对加强版权社会监管,规范版权行政行为,打击各种侵权盗版活动,维护正常的市场经济秩序发挥了积极的作用。6年多的实践,特别是随着我国版权法律制度的不断完善,现行的检查证的内容需要作适当调整。为适应新形势和新情况的要求,国家版权局决定对"中华人民共和国著作权行政执法检查证"进行改版更换重新核发。(宏 声)

60. 科技部严管科技成果的知识产权

出于防止泄密、加强专利保护等原因,科技部7月出台了《关于加强国家科技计划成果管理的暂行规定》,进一步落实国家科技计划中的成果管理工作。

据介绍,该规定通过明确重大成果的界定标准,要求在成果报告、信息发布、知识产权保护以及成果推广应用等关键环节重点加强对重大成果的管理。此外,区别于一般性科技项目,规定对于重大科技项目在落实专利战略和技术标准,加强知识产权保护方面也提出了特殊要求。(闫文锋)

61. 辽宁省长与市长互签知识产权责任书

7月,在沈阳召开的辽宁省专利工作会议上,辽宁省副省长滕卫平与14个市主管知识产权的副市长在知识产权目标责任书上郑重地签字。这标志着辽宁省将知识产权工作正式纳入到政府工作考核体系。

滕卫平副省长在会上指出,抓住未来20年,特别是前10年,要在辽宁这个老工业基地挖掘新的经济增长点,加强知识产权工作是振兴老工业基地战略的重要内容。要认清形势,明确责任,把知识产权工作纳入政府工作的重要日程。他强调,一定要加大力度,全面实施知识产权战略,同时加强知识产权工作体系的建设,建立和完善知识产权管理机制。 (靖 岩)

62. 上海自主知识产权种子入田间

上海银龙蔬菜种子场培育的具有自主知识产权的番茄金丰一号杂交一代,7月在上海市郊进行区域性中试,有望成为全市秋番茄的主栽品种。

金山区是上海出口蔬菜的主要产区之一。长期以来,该区种植的蔬菜种子依赖进口。近年来,银龙蔬菜种子场的科技人员知识产权的观念不断增强,他们走自主培育之路,经过两年多努力,一批品性好、适应性强的本地当家蔬菜品种脱颖而出。据悉,该种子场已培育出拥有自主知识产权的蔬菜种子10多个。 (沈永昌)

63. 广州首次评选优秀专利项目和发明人

广州市历时近一年的评选优秀专利项目和发明人活动7月结束,20个优秀专利项目和10名发明人当选。

此次评选出的优秀专利项目技术含量和产业化程度高,已取得了显著的经济和社会效益。如华南理工大学的"高吸附性能复合氯化锂吸附剂的制备方法"打破了国外深度除湿技术吸附材料和制备工艺的垄断状态,近3年年均新增销售额8 660万元,年均新增利润1 636万元。在选出的10名优秀发明人中,多数是单位的学术带头人或者是技术骨干,其发明多数已取得了良好的社会和经济效益。 (黄玉霞)

64. 大型汽摩信息支撑平台在渝问世

全球最大的汽摩信息支撑平台——中国摩托车(汽车)知识产权信息中心,8月底在渝正式挂牌。

中心由市摩协、西信、RP生产力促进中心等多家单位共投资80万元组建而成。中心提供包含中、美、日、法、英、德、瑞士7个国家和世界知识产权组织、欧洲专利局两个国际组织在汽摩方面8个领域95个类别的专利文摘和说明书全文,为客户提供近2万条"中国摩托车、汽车专利"文摘信息的联机检索和现场检索服务。 (曾 欢)

65. 51家"北京市无冒充专利商场"颁牌

7月22日上午,"北京市无冒充专利商场"颁牌仪式在当代商城隆重举行。北京市知识产权局和北京市商委重新认定的北京翠微大厦、百货大楼、复兴商业城、甘家口大厦、当代商城等51家商场被授牌。

近年来,北京市知识产权局专利执法人员不断加大对流通领域冒充专利行为的查处力度,发动商业企业开展自检自查和接受群众举报、投诉等多种形式,展开全市性的查处冒充专利行为专项执法行动,有效地规范了专利商品销售行为。据统计,北京市冒充专利案件数量已从1997年的25%大幅降至2002年的5.3%。 (张伯友)

66. "全球通"获准商标注册

7月,中国移动"全球通"中、英文商标和图形商标,分别获得国家工商管理总局商标局颁发的商标注册证。据悉,这是国内第一个正式完成商标注册的基础电信服务商标。

业内人士分析,"全球通"有着很高的知名度和美誉度,其无形资产价值巨大。"全球通"已经成为中国移动的商标,受到国家法律的保护,其他企业和个人不得擅自使用。与此同时"全球通"商标注册成功对中国移动品牌战略的实施及今后的发展有重要作用。 (张 依)

67. 中国打火机赢了欧盟反倾销案

7月14日,欧盟打火机制造商联盟撤回了对中国打火机的反倾销起诉,欧盟决定终止对从中国进口的一次性袖珍型气体打火机的反倾销调查。

浙江温州、宁波是国内最主要的打火机生产及出口基地。反倾销案立案后,新海电子制造有限公司等涉诉企业积极应诉。2月,此案出现重要转机,欧盟有关方面已经做出了不进行初裁的决定,并在一次会议上非正式地传达给了欧盟本地的打火机进口商。7月,欧洲打火机制造商联合会撤回其对中国打火机出口欧盟的反倾销诉讼。 (林 路)

68. 新版《著作权行政处罚实施办法》出台

7月24日,国家版权局局长石宗源日前签署国家版权局局长令,正式颁布《著作权行政处罚实施办法》,该办法将于2003年9月1日起开始施行。

自2001年起,我国对著作权相关的法律法规相继进行了修改,修改的内容当中,著作权执法措施得到进一步完善与加强。为配合这些修改,使著作权执法工作更加适应当前形势的要求,国家版权局修改了《著作权行政处罚实施办法》,7月16日,国家版权局局务会议审议通过了修改稿。 (版 宣)

69. 上海首个专利集市开张

7月28日,由上海市知识产权服务中心和上海市小企业(生产力促进)服务中心联手主办的专利集市的开张。

据了解,专利集市是为专利权人与项目投资人搭建了一个强势的服务平台,为双方提供了信息集中、交流直接、索取方便、通行快捷的信息通道。征集的项目,主要是面向个体人员创业和小企业产品结构调整的需要,通过加快专利项目的实施,促进就业,带动创业。本次集市不设门槛,任何专利项目人和项目需求者只需登记即可以免费进场,面对面进行沟通和交流。370多项专利项目和78项适合个人创业的专利项目被推荐入市,30多个项目进行现场演示。(徐林森)

70. 北京市实现首例专利质押贷款

经北京市知识产权局推荐和北京首创投资担保有限责任公司担保,7月31日,北京科净源环宇科技发展有限公司获得了北京市商业银行官园支行的100万元专利质押贷款,这是北京市企业首次以专利权为质押物获得的银行贷款。

据了解,依据《关于促进专利权质押和专利项目贷款的暂行办法》。拥有专利的北京企业可以依照该办法,向北京市知识产权局申报专利质押贷款项目,该局将对申报的专利项目进行综合评价,并将其中具有发展前景的项目推荐给担保机构,由其进行全面的市场分析和专利价值测算。对于被确认为可以进行专利权质押贷款的专利项目,北京市商业银行将依据担保机构签署的专利权质押担保函以及本银行与企业签署的专利权质押贷款协议,向企业发放一定数额的专利质押贷款。(张伯友)

71. 西藏自治区知识产权局成立

8月6日,西藏自治区知识产权局在拉萨正式挂牌成立。国家知识产权局副局长张勤专程赴藏祝贺并指导工作,西藏自治区副主席吴英杰出席挂牌仪式并讲话。

几年来,在自治区科技厅的领导下,西藏全区已初步建立了知识产权管理、行政执法和服务队伍,制定了相应的知识产权管理制度,截止到6月底,西藏共申请专利180件,累计授权98件,专利实施也产生了较好的经济和社会效益,该区还查处假冒专利4件。(杨杨 张子弘)

72. 王景川等三人被评为世界最有影响的知识产权人物

在世界知识产权界具有广泛影响的英国《知识产权管理》杂志8月评选出了当今世界最有影响的50位知识产权人物,国家知识产权局局长王景川、商标局局长安青虎和北京市高级人民法院民三庭副庭长程永顺名列其中。

这次评选出的50位知识产权人物分别来自欧洲、北美洲、南美洲、亚洲及非洲的17个国家和地区。据悉,这类评选在全球还是首次。(光君)

73. 科博会:130项专利受热捧

第六届科博会9月落下帷幕,参展专利项目由上届的二三十项一下子激增到130余项,而且每项专利都受到国外投资者关注,甚至出现了多人争抢专利的局面,最多的1项专利赢得了8份投资意向书。

据悉,此届"科博会"会展期间,签订了以高新技术为主的合资合作项目、技术交易项目224个,协议总金额46.82亿美元,其中北京市签约项目74个,协议总金额23亿美元;其他省市签约项目150个,协议总金额23.82亿美元。(裴宏)

74. 中国反倾销第一案胜诉

日前,我国商务部发出公告,对原产于欧盟的进口邻苯二酚反倾销调查作出终裁决定,决定自2003年8月27日起,对原产于欧盟的进口邻苯二酚征收20%~79%不等的反倾销税,期限为5年。据悉,这是我国入世后首例反倾销成功的案例,也是我国有史以来首次以欧盟整体为对象进行反倾销调查的案件。(王韦)

75. "2003年打击软件盗版专项治理行动"启动

9月8日,北京、上海、广东、四川等地的版权行政管理部门开展了对电子市场的清理活动,这标志着国家版权局部署的2003年打击软件盗版专项治理行动的开始。

本次专项治理将通过开展专项治理行动,坚决打击非法制作、销售盗版软件和通过互联网进行的非法传播软件行为,严厉整治非法进行软件预装的硬件生产、销售和提供系统集成服务的企业,深入查堵盗版软件的流通渠道;同时要对专项治理行动进行连续和追踪报道,有效遏制软件侵权盗版的势头,规范软件制作、销售、预装市场秩序,形成一个良好的软件版权保护社会环境。(孙昕)

76. 京城启动企业专利战略推进工程

9月,北京市快速启动了"首都企业专利战略推进工程"。北京中星微电子有限公司、大唐电信、北大方正、汉王科技以及燕京啤酒集团、双鹤药业等100家企业成为北京市企(事)业专利试点单位。

首都实施企业专利战略推进工程,就是要培育和扶持一批专利管理体系健全、拥有大量自主知识产权、懂得运用专利制度赢得市场竞争优势的大企业、企业集团,提升全市的核心竞争力。据悉，此次专利试点，北京市知识产权局将根据《北京市企(事)业专利试点工作管理办法》，与各行业主管部门一起，加强对各专利试点单位的检查与督导，并将针对其实际需要，在专利申请、专利战略研究与运用、专利法律咨询与指导、知识产权法律培训、专利数据库的利用与专利检索分析以及拓宽专利项目融资渠道等方面给予重点支持。

（吴 辉 张伯友）

77. 歌剧《阿依达》实景节目册获中国专利

9月27日，在北京上演的超大型景观歌剧《阿依达》的实景节目册，获得了中国专利。

“创意一出来，我们就赶紧以最快的速度申请专利，必须把我们思想的结晶、劳动的果实用法律保护起来。尤其是一些很奇特的设计，它也是商品，有很高的商业价值。”北京理想设计艺术公司总经理兼艺术总监邵新说，“演出结束以后，实景节目册可以设计成日历、相框、埃及文化简介等等，这件艺术品很快就可以变成商品远销国外。”据了解，理想公司为大型文艺演出设计宣传册在演艺圈和设计界早已久负盛名，北京2008年奥运会申办报告、“三高”紫禁城音乐会等颇有影响的文化演出宣传册均出自该公司之手。邵新设计的施特劳斯家族乐团来华演出节目册曾获得国际设计专利金奖。 （汪玮玮）

78. 中国专利申请号变成12位

从10月1日起，原来8位的专利申请号将正式被新的12位申请号取代。

据介绍，新的专利申请号标准由12位阿拉伯数字组成，包括申请年号、申请种类号和申请流水号三个部分。申请流水号为十进制，容量可达近千万，可以满足我国专利申请量迅猛增长的需要。考虑到新专利申请号标准不是从自然年的首日，而是自10月1日启用，因此将采取一个过渡的办法，即：自10月1日起，3种专利申请号中后7位(流水号)均自0100001开始使用，顺序递增。自2004年起，每一自然年度3种专利申请号中后7位(流水号)均自0000001开始使用。 （裴 宏）

79. 首例原告请求确认不侵犯著作权案审结

9月，北京市二中院审结首例由原告海洋出版社诉周小璞等31人确认不侵犯著作权纠纷案，原告起诉被驳回。

北京市第二中级人民法院经审理认定：31名被告至诉讼止未主张自己对《中国图书馆分类法》(第四版)一书享有著作权，也没有对原告出版发行的《最新图书资料计算机辅助系统》一书及光盘是否侵犯了《中国图书馆分类法》(第四版)提起过诉讼，原告也不承认31名被告是《中国图书馆分类法》(第四版)一书的著作权人，故原告没有与31名被告发生直接利害关系，原告的起诉不符合民事诉讼法的有关规定，根据民事诉讼法第一百零八条第一项的规定，裁定驳回原告的起诉。

（刘 薇 郎京萍）

80. 新东方跨国侵权案被判赔1 000万

美国教育考试服务中心(简称ETS)、研究生入学管理委员会(简称GMAC)起诉北京市海淀区私立新东方学校侵犯著作权及商标权纠纷一案，9月27日，北京市第一中级人民法院作出一审判决，新东方学校败诉，其被判赔偿数额总计达1 000余万元。

法院判令新东方学校立即停止侵犯原告TOEFL、GRE、GMAT考试试题著作权的行为，并将所有的侵权资料和印制侵权资料的软片交法院销毁；被告新东方学校立即停止侵犯ETS、GMAC商标专用权的行为；被告新东方学校在《法制日报》上向原告ETS、GMAC公开赔礼道歉，消除因其侵权行为造成的影响；被告新东方学校赔偿原告ETS经济损失人民币890万元及诉讼合理支出人民币95.3万元，赔偿原告GMAC经济损失人民币41万元及诉讼合理支出人民币6.3万元。

（伊 忠）

81. 中国专利保护协会在京成立

中国专利保护协会10月10日在北京隆重成立。

被誉为企业权益保护“娘家人”——中国专利保护协会，以其“为企业说话，为企业办事，为企业振臂”为宗旨，得到了各方人士的高度重视。该协会由徐匡迪、王选、严义埙、姜颖担任名誉会长，郭晓东当选为首任会长，干勇等16人为副会长，其中胡佐超兼任秘书长。协会还组建了阵容强大的专家委员会，由李飞、段瑞春、郑成思、张平、李政等26人资深专家担纲。 （吴 辉）

82. 石油化工专题数据库建成

作为“中国石油化工专利信息服务平台”重要组成部分的“石油化工专题数据库”10月底正式启用。

据了解，“石油化工专题数据库”以中国石油兰州石化分公司为基地安装和建设，充分利用兰化分公司的技术和人才优势开展工作。兰化分公司是国家第一批专利试点企业，2001年被评为全国专利工作先进企业，拥有一批学识渊博的老专家和数十名专业信息研究人员，在石油、化工专题研究方面取得了丰硕成果，获得省部级以上信息研究成果奖10余项，并在信息资源建设和利用方面积累和丰富的经验。“石油化工专题数据库”涉及国际分类表的6个部、43个大类和153个小类，收录中国专利数据近27万件，外国专利数据近350万件，选用了互联网和局域网两种形式，既方便外界同行检索，又有利于内部工作人员使用。

（田 燕）

83. 文化部遏制四种“新盗版”

文化部10月发出通知，指出市场上正在流通的刻录碟、烫码碟、无码碟和进口MP3、MP4等音像制品，一律属于非法音像制品，要集中力量严厉打击，尽快遏制这4种新形式“盗版”的蔓延势头。

据悉，刻录碟是指未经批准，利用光盘刻录设备擅自刻录用于经营的音像制品。烫码碟是指以烫、磨或遮盖等方式使其SID码难以辨认的光盘类音像制品，主要是境内外某些光盘复制厂把其非法加工光盘的SID码烫掉、磨掉或遮盖，以掩盖其违法行为。无码碟是指由非法光盘生产线生产加工的、没有SID码的光盘类音像制品。进口MP3、MP4是指一些出版单位未经文化部批准，擅自引进出版MP3、MP4等CD－ROM形式的音像制品。

（姚文平）

84. 18位知名教授倡议加强知识产权人才培养

10月，在中国高校知识产权研究会第十一届年会暨高新技术知识产权保护与大学技术转移国际论坛开幕式上，18位知名教授发出了关于中国知识产权人才培养的倡议书，倡议加强中国知识产权教育及相关专业人才的培养。

倡议书建议所有高等院校将知识产权法列为本科生的必修课、选修课，在高等院校中积极开设更多、更深入的有关知识产权法律的专题讲座和系列讲座；增设知识产权法为法学二级学科，增加硕士和博士学位授予点，注重招收具有理工农医专业背景的知识产权法律与知识产权管理研究生，倡导本硕连读与硕博连读模式；在有条件的高等院校中积极培养知识产权研究方向的法律硕士等应用型专业硕士，以适应我国日趋紧迫的知识产权中高级应用人才的需求；加强知识产权教学和研究机构的建设等。

（闫文锋）

85. 中国-欧盟知识产权保护合作国际研讨会举办

10月23日，“中国-欧盟知识产权保护合作——回顾、现状及展望”国际研讨会隆重举办。此次研讨会得到了中欧各方人士的高度重视。欧盟委员会代表、意大利驻华大使梅内戈提先生、欧洲专利局局长英戈·柯贝尔、中国商务部副部长廖晓淇、中国国家知识产权局局长王景川等到会致辞。

此次研讨会的一个重要主题是对中国-欧盟知识产权合作项目进行回顾与总结，目前该合作项目已顺利进入到收关阶段。据了解，中国欧盟-欧盟知识产权合作项目旨在推动相关法律的修订、加强知识产权执法力度，以加快中国现有知识产权保护体系与国际标准的接轨；同时，该项目还致力于提高公众的知识产权保护意识。投资4 500万欧元的合作项目自1998年启动，拟于2004年全部完成。

（吴 辉）

86. 中关村国家知识产权制度示范园区挂牌

10月27日上午，中关村国家知识产权制度示范园区挂牌，标志着全国高新区的“龙头老大”中关村科技园区引领着我国高新技术产业迈出了意义非凡的一步。

国家知识产权局副局长张勤、北京市副市长范伯元共同揭开了中关村国家知识产权制度示范园区牌匾上的红绸。中关村科技园区是我国发展高科技产业的重要基地，十几年来取得了令人瞩目的成就，但存在着园区自主知识产权产出严重不足、园区企业获得和运用知识产权的能力较低等诸多问题。因此，今后要在示范园区建立起一套健全有效的知识产权管理制度和工作体系，大力提高示范园区掌握和运用知识产权制度的能力和水平，切实发挥知识产权制度在促进园区创新中的作用，推动大批自主知识产权的产出。

（裴 宏 张伯友）

87. 中欧签署《知识产权对话机制》

10月30日下午，中国商务部与欧盟双方领导在北京签署《知识产权对话机制》协议。这是商务部组建以来召开的第一次中欧经贸混委会，双方就多边贸易领域的重点关注问题进行了讨论，建立了中欧贸易政策对话机制，并签署了启动《中欧知识产权对话机制》的文本。

（文 言）

88. 第十届农高会隆重召开

11月5日第十届中国杨凌农业高科技成果博览会召开，知识产权再次闪现了它巨大的魅力，国家知识产权局组织的71个科研单位的150多个专利项目以其庞大的阵容、较高的科技含量吸引了大量与会者的关注，成为了此次农交会的一大特色。

据悉，自2001年开始，国知局已是连续3年组团参加农高会。此次农高会上，国家知识产权局共组织了20个省、区、市的知识产权局作为分团，布展35个标准展位，1个特殊展位，组展了71个科研单位的150多个项目，涉及农业机械、生物农药等18个领域。参展单位包括了科研实力雄厚的科研院所和大学20家，如福建农业大学、西安交通大学、西北农林科技大学等。所有参展项目都获得中国专利，其中有部分项目获得国家专利优秀奖和省专利优秀奖，个别项目获得国家专利金奖。在参展项目中引资项目60多项，其中超过1 000万元的项目16项，专利技术转让项目70多项，技术推广项目40多项，出口贸易及宣传展示项目20多项。（裴 宏）

89. 中日韩知识产权局长政策对话会议召开

11月14日，第三次中日韩知识产权局局长政策对话会议在京召开，各方就所关心的话题展开了广泛而深入的磋商，并签署了会议备忘录，达成了加强各方互相合作，共同推动亚洲地区知识产权事业发展的共识。

据了解，2003年在三局的共同努力下，就专利审查质量管理、生物技术和商业方法的专利审查以及实用新型3个领域进行了专利审查信息交流，加深了对彼此专利审查制度的了解，对改进各自的专利审查标准和制度有一定的借鉴意义。三方一致认为，缩短审查周期、提高审查效率是目前一个亟待解决的问题。三局局长认为知识产权管理方面的人力资源发展和信息技术利用是适宜开展合作的领域，将通过与世界知识产权组织的合作，利用日本－WIPO信托基金为东盟国家举行培训班。（闫文锋）

90. 中国EVD挺进市场

各界瞩目已久的、核心技术完全为中国自主知识产权的新一代高清晰度、高保真影碟机——EVD播放机（高密度数字激光视盘系统），11月18日在人民大会堂宣告正式投放市场。

上海广电信息产业股份有限公司、江苏新科电子集团公司、厦门厦新电子股份有限公司等9家国内著名的家电企业在人民大会堂联袂推出了11种不同型号的EVD播放机。国家知识产权局局长王景川在发布会上发表了致辞。他指出，中国EVD的诞生，对于扭转视听领域中国企业发展的被动局面具有十分积极的意义，它为中国在高清晰度、高保真度视听产品市场上占有一席之地做出了重要贡献。在EVD的研发过程中，国内企业开始学会运用知识产权国际规则和知识产权战略，形成自己的核心技术及标准，为中国企业积极参与国际竞争积累了宝贵的经验，为中国企业培育和发展自己的核心竞争力，提供了很好的借鉴。（闫文锋）

91. 丰田告吉利一审败诉

11月24日，北京第二中级人民法院对备受关注的丰田汽车诉吉利汽车、北京亚辰伟业汽车销售中心侵犯商标权及不正当竞争案，作出一审判决。丰田的诉讼请求被依法驳回，二中院认定吉利及其销售商的行为既不构成商标侵权也不构成不正当竞争。

法院认为，原告的丰田图形注册商标与吉利公司所使用的美日图形商标，在整体视觉上存在着较大的差异，相关公众不会将二者混淆或误认，也不会产生对原告注册商标专用权不利的联想。吉利公司的行为不构成对原告注册商标专用权的侵犯。吉利公司在宣传时并未将“丰田”及“TOYOTA”文字作为汽车的商品标识使用，不属我国法律规定的侵犯注册商标专用权行为。相关公众不会误认该汽车发动机系日本本土制造，吉利公司的行为也不构成不正当竞争。法院还认定，亚辰伟业中心销售的美日汽车是由吉利公司制造和提供的，其所作宣传的内容源于吉利公司，因此，亦不构成对丰田汽车注册商标专用权的侵犯及不正当竞争。（杨 兵 高志海）

92. 长三角16城市结盟共保知识产权

11月，在召开的华东6省1市知识产权局局长会议上，上海、南京与常州等城市的代表联合发出加强知识产权保护的倡议书，并签署了建立长三角知识产权保护联盟的协议。

长三角知识产权保护联盟将开辟互联、互动、互补开放的专利技术服务市场；建立专利行政保护协作执法网，联合打击知识产权重大违法行为；联通专利技术交易网络，实现专利技术信息共享和异地交易；加大执法力度，联合打击知识产权重大违法行为，实现异地举报和跨省市维权，建立案件转办、移交的快速通道。此外，这些城市还将加强知识产权人才培养合作，建立区域知识产权专家库，建立信息资源共享网络，充分利用专利信息资源，共建知识产权预警机制，及时交流国内外知识产权领域的重要信息，提高整体快速应对能力等。（林 旭）

93. 法院一审判决王守义独享“十三香”商标

11月北京市一中院对“十三香”商标异议案作出一审判决：“十三香”是由河南王守义集团最先使用并申请注册的商标，不是商品的通用名称。

市一中院审理认为：诉讼第三人王守义集团公司长期生产、宣传、使用“王守义十三香”调味品，“十三香”已经拥有较高的知名度，具备商标的显著性。而定陶县永兴调味品厂列举的有关厂家使用“十三香”作为调味品名称的时间均晚于第三人的使用时间，且多数发生在第三人“十三香”调味品取得一定知名度之后。尚无证据证明“十三香”在调味品行业中达到通用名称的程度，定陶县永兴调味品厂所提证据也不足以证明“十三香”为调味品商品约定俗成的通用名称。最终，法院维持国家商评委的裁定，王守义集团公司拥有“十三香”商标权。（文 彬）

94.“中国印”专利权不会旁落他人

针对《“中国印”设计专利被抢注》的新闻，11月，国家知识产权有关人士表示，到目前为止，没有任何有关“中国印”的外观设计专利申请被授权，“中国印”外观设计专利权更不会旁落他人。

该人士认为，首先，单纯图案不会被授予外观设计专利权，只有附加于某种产品的外观设计才有可能授权。另外，申请专利作为自然人和法人的一项权利，谁都可以申请，即使很多人来申请有关“中国印”产品设计专利也不用惊慌。因为，今后所有的类似申请如果没有得到北京奥组委许可，将不会得到专利权。针对已经授予专利权的带有奥运标志的产品设计，国家知识产权局条法司司长尹新天明确告诉记者，如果这些专利申请未经奥组委授权，一方面，奥组委可以向国家知识产权局专利复审委员会提出宣告该专利无效。另一方面，如果专利权利人生产出了相关产品，奥组委可以依法请求工商部门对其进行查处。

（文 彬）

95. 粤港首次专家小组会议举行

由粤港两地知识产权管理部门组成的保护知识产权合作专家小组11月在香港举行第一次会议，两地知识产权管理部门有关人士就双方知识产权信息交流和保护等问题坦诚地交换了意见，并达成多项共识。

粤港保护知识产权合作专家小组是根据2003年8月在香港举行的第六次粤港合作联席会议精神成立的，目的在于加强粤港两地知识产权宣传、教育、培训、执法及信息传播等方面的交流与合作，每半年在两地轮流举行一次。双方与知识产权相关的政府职能部门都参加了会议。（顾奇志）

96. 首例卡拉OK歌厅侵权案一审审结

12月，北京市第二中级人民法院对该院受理的首例卡拉OK歌厅著作权侵权案作出一审判决。判决被告北京唐人街餐饮娱乐有限公司停止涉案放映行为，赔偿原告华纳唱片有限公司经济损失2.3万元和因诉讼而支出的合理费用1.5万元。

法院认为，涉案MTV属于我国著作权法所规定的以类似摄制电影的方法创作的作品，是受到我国著作权法保护的一种作品形式。根据涉案MTV光盘彩封上标注的版权标记，华纳公司为涉案MTV作品的创作完成人，其对涉案MTV作品享有的著作权应当受到我国著作权法的保护。虽然唐人街公司自案外人处购买取得了包含涉案MTV作品的曲库，但其涉案放映行为并非为个人欣赏目的而合理使用涉案作品，其放映行为应当征得著作权人的许可。据此，法院作出上述判决。

（张晓津）

97. 音像界首家反盗版联盟成立

12月12日，天艺、东和等11家音像公司成立了中国音像界第一家反盗版联盟——广东联合传媒有限公司，其宗旨是抵制高额版费、联手打击盗版，团结起来振兴民族音像业。

业内人士称，“广东联合传媒”的成立，标志着内地音像业为搞好行业规范、行业服务、行业自律、促进音像行业有序、健康地发展，摸索从战争思维战略到价值思维战略的转折取得了实质性成果，也昭示着民族音像业团结合作，步入产业化、规模化的发展道路。

（孙太泉）

98. 我国知识产权案件受理量继续上升

在12月闭幕的全国高级法院院长会公布的数据显示，1～11月，中国的法院共受理知识产权案件5 750件，同比上升24.57%。与此同时，涉外和新类型案件审理难度也有所加大。

中国有基层法院3 000多个，目前有关商标权和著作权的官司可以在全国400多家中级人民法院审理，而有关专利权和植物新品种的案子只授权了47家中级人民法院受理同时中国法院还在不断完善知识产权法庭。到目前为止，中国的31个高级人民法院都设立了专门的知识产权法庭。从1998～2002年的5年间，人民法院相继开展涉及植物新品种、商业秘密、计算机软件、网络环境下侵犯著作权、商标权、专利权等案件的审判工作，共审结知识产权案件2.3636万件，比前5年上升40%。

99. 全国专利行政执法工作会议召开

12月23日召开了全国专利行政执法会议，来自全国各地方知识产权局、司法机关、国务院有关执法部门的负责同志以及部分专家学者150余人出席了会议。国家知识产权局局长王景川、全国整顿和规范市场经济秩序领导小组办公室副秘书长向欣出席会议并讲话。

会议总结了专利行政执法工作的经验，对如何进一步促使专利行政执法为政府中心任务服务，并将其纳入政府重点执法工作之中进行了探索；研究了如何适应我国涉外专利纠纷与争议不断上升的形势，进一步增强对重大知识产权保护问题的预警与应对能力，尤其是快速反应、协同运作、科学决策的能力。会议还结合有关执法部门的不同职能与各地区特点，包括东、中、西部的不同情况，研究了进一步加强跨部门执法协作、跨地区联合执法的办法与措施，探索加强与司法机关加强沟通的内容与方法。对全国专利系统如何加速提高行政执法信息化程度、改善行政执法条件、加大行政执法培训力度的方法与步骤以及开展专利行政执法试点工作的必要性与可行性等问题进行了探讨。（闫文锋）

100. 国家五部门联手宣战网络游戏“私服”“外挂”

12月，国家新闻出版总署、信息产业部、国家工商行政管理总局、国家版权局、全国“扫黄”“打非”工作领导小组五部门联合发文，将于2004年1月1日起，在全国开展打击网络游戏“私服”“外挂”的专项治理行动。

国家版权局版权管理司副司长王自强表示，“‘私服’‘外挂’违法行为是指未经许可或授权，破坏合法出版及他人享有著作权的互联网游戏作品的技术保护措施、修改作品数据，私自架设服务器、制作游戏充值卡（点卡）挂接运营他人享有著作权的互联网游戏作品，从而谋取利益、侵害他人利益的行为。‘私服’‘外挂’严重扰乱了互联网游戏出版经营的正常秩序，给国家、企业和消费者造成了巨大经济损失。”此次行动将全面清查从事“私服”“外挂”行为的网站及销售“私服”“外挂”客户端程序光盘、游戏充值卡的网点。同时，还将追查违规光盘复制企业和游戏充值卡加工企业。行动持续到2004年3月。（孙昕）

（中国知识产权报社　吴辉供稿）

专 利

一、专利申请

表 1 1985 ~ 2003 年国内外三种专利申请状况 单位:件

年份	合计				国内				国外			
	合计	发明	实用新型	外观设计	小计	发明	实用新型	外观设计	小计	发明	实用新型	外观设计
总累计	1 931 118	575 565	876 110	479 443	1 595 415	283 558	870 898	440 959	335 703	292 007	5 212	38 484
1985 ~ 1999 年	995 745	275 064	525 319	195 362	832 521	131 599	523 154	177 768	163 224	143 465	2 165	17 594
2000 年	170 682	51 747	68 815	50 120	140 339	25 346	68 461	46 532	30 343	26 401	354	3 588
2001 年	203 573	63 204	79 722	60 647	165 773	30 038	79 275	56 460	37 800	33 166	447	4 187
2002 年	252 631	80 232	93 139	79 260	205 544	39 806	92 166	73 572	47 087	40 426	973	5 688
2003 年	308 487	105 318	109 115	94 054	251 238	56 769	107 842	86 627	57 249	48 549	1 273	7 427

注:1. 1985 ~ 1996 年香港数据列入国外(地区),1997 年(含 1997 年)之后列入国内;
2. 1985 ~ 1999 年澳门数据列入国外(地区),2000 年(含 2000 年)之后列入国内。

表 2 1985 ~ 2003 年国内外职务与非职务专利申请状况 单位:件

年 份	总累计	1985 ~ 1999 年	2000 年	2001 年	2002 年	2003 年
合 计	1 931 118	995 745	170 682	203 573	252 631	308 487
1. 发明	575 565	275 064	51 747	63 204	80 232	105 318
国内	283 047	131 088	25 346	30 038	39 806	56 769
职务	131 490	46 667	12 609	14 815	22 668	34 731
大专院校	25 966	9 402	1 942	2 636	4 282	7 704
科研单位	26 240	13 213	2 228	2 659	3 429	4 711
工矿企业	72 331	18 129	8 316	9 371	14 657	21 858
机关团体	6 953	5 923	123	149	300	458
非职务	151 557	84 421	12 737	15 223	17 138	22 038
国外	292 518	143 976	26 401	33 166	40 426	48 549
职务	278 789	136 107	25 334	31 820	38 764	46 764
非职务	13 729	7 869	1 067	1 346	1 662	1 785
2. 实用新型	876 110	525 319	68 815	79 722	93 139	109 115
国内	870 138	522 394	68 461	79 275	92 166	107 842
职务	219 347	118 097	17 792	21 802	27 612	34 044
大专院校	16 954	10 819	965	1 137	1 658	2 375
科研单位	25 950	19 046	1 616	1 542	1 642	2 104
工矿企业	156 220	69 839	14 912	18 671	23 800	28 998
机关团体	20 223	18 393	299	452	512	567
非职务	650 791	404 297	50 669	57 473	64 554	73 798
国外	5 972	2 925	354	447	973	1 273
职务	3 975	1 706	259	294	640	1 076
非职务	1 997	1 219	95	153	333	197

续表

年 份	总累计	1985~1999年	2000年	2001年	2002年	2003年
3. 外观设计	479 443	195 362	50 120	60 647	79 260	94 054
国内	437 489	174 298	46 532	56 460	73 572	86 627
职务	200 814	89 710	22 974	23 487	30 962	33 681
大专院校	533	265	17	37	41	173
科研单位	2 505	1 583	278	159	302	183
工矿企业	187 465	77 805	22 634	23 260	30 505	33 261
机关团体	10 311	10 057	45	31	114	64
非职务	236 675	84 588	23 558	32 973	42 610	52 946
国外	41 954	21 064	3 588	4 187	5 688	7 427
职务	39 341	19 256	3 432	4 003	5 458	7 192
非职务	2 613	1 808	156	184	230	235

注:1. 1985~1996年香港数据列入国外(地区),1997年(含1997年)之后列入国内;
2. 1985~1999年澳门数据列入国外(地区),2000年(含2000年)之后列入国内。

表3 1985~2003年国内各地区专利申请状况

单位:件

地区	总累计	1985~1999年	2000年	2001年	2002年	2003年
全国总计	1 595 415	832 521	140 339	165 773	205 544	251 238
北京	128 068	74 705	10 344	12 174	13 842	17 003
天津	37 570	19 528	2 789	3 081	5 360	6 812
河北	50 057	30 501	3 848	4 695	5 390	5 623
山西	17 755	11 434	1 475	1 473	1 630	1 743
内蒙	12 424	7 604	1 138	1 087	1 202	1 393
辽宁	93 679	55 618	7 151	7 514	9 851	13 545
吉林	31 861	19 053	2 501	2 627	3 413	4 267
黑龙江	44 166	28 026	3 106	3 670	4 392	4 972
上海	99 360	32 902	11 337	12 777	19 970	22 374
江苏	103 273	53 242	8 211	10 352	13 075	18 393
浙江	112 582	50 710	10 316	12 828	17 265	21 463
安徽	21 275	12 365	1 877	2 045	2 312	2 676
福建	43 759	20 819	4 211	4 971	6 522	7 236
江西	20 079	12 273	1 557	1 778	2 037	2 434
山东	109 630	59 791	10 019	11 170	12 856	15 794
河南	45 214	27 596	3 823	4 093	4 441	5 261
湖北	43 783	24 380	3 486	4 322	4 960	6 635
湖南	55 420	36 098	4 117	4 292	4 859	6 054
广东	211 549	85 292	21 123	27 596	34 352	43 186
广西	21 433	13 656	1 762	1 838	1 927	2 250
重庆	20 100	8 542	1 780	2 047	3 142	4 589
四川	54 843	3 1868	4 496	5 039	5 997	7 443
贵州	11 280	6 842	986	950	1 260	1 242
云南	18 001	10 752	1 710	1 793	1 780	1 966
西藏	194	104	28	23	15	24

续表

地区	总累计	1985~1999年	2000年	2001年	2002年	2003年
陕西	31 196	20 839	2 080	2 326	2 530	3 421
甘肃	9 573	6 299	798	734	781	961
青海	2 161	1 501	174	162	151	173
宁夏	3 785	2 088	341	412	503	441
新疆	11 932	7 046	1 088	1 086	1 239	1 473
海南	4 305	2 422	502	390	546	445
香港	13 844	7 579	1 374	1 329	1 746	1 816
澳门	159	105	13	5	18	18
台湾	111 105	50 941	10 778	15 094	16 180	18 112
（广州）	42 296	17 372	4 493	6 006	6 288	8 137
（长春）	7 288	388	1 106	1 244	1 861	2 689
（武汉）	20 129	10 235	1 763	2 200	2 512	3 419
（南京）	8 969	555	1 430	1 782	2 128	3 074
（杭州）	10 071	530	1 353	1 952	2 212	4 024
（西安）	16 762	9 962	1 312	1 445	1 702	2 341
（济南）	8 184	447	1 291	1 315	2 278	2 853
（沈阳）	38 528	22 238	3 410	3 582	3 602	5 696
（成都）	12 605	783	1 964	2 439	3 250	4 169
（大连）	14 199	7 253	1 173	1 231	1 487	3 055
（厦门）	5 852	337	1 055	1 086	1 417	1 957
（哈尔滨）	18 508	11 948	1 371	1 570	1 486	2 133
（深圳）	32 720	1 554	4 433	6 035	8 337	12 361
（青岛）	17 396	8 643	1 881	2 024	1 962	2 886
（宁波）	6 717	526	1 288	1 455	1 556	1 892

注：1. 1985~1996年香港数据列入国外（地区），1997年（含1997年）之后列入国内；
2. 1985~1999年澳门数据列入国外（地区），2000年（含2000年）之后列入国内。
3. 从1999年4月开始，宁波统计数据单列；从1999年7月开始，长春、南京、杭州、济南、成都、厦门、深圳统计数据单列。

表4　1985~2003年国外专利申请状况　　单位：件

国家和地区	总累计	1985~1999年	2000年	2001年	2002年	2003年
合　计	335 703	163 224	30 343	37 800	47 087	57 249
安道尔	2	0	1	0	1	0
阿拉伯联合酋长国	5	0	0	0	4	1
安提瓜和巴布达	1	0	0	0	0	1
亚美尼亚	1	1	0	0	0	0
荷属安的列斯群岛	94	49	19	2	1	23
阿根廷	42	21	6	6	3	6
奥地利	1 558	897	122	178	176	185

续表

国家和地区	总累计	1985～1999 年	2000 年	2001 年	2002 年	2003 年
澳大利亚	3 161	1 694	232	308	477	450
巴巴多斯	30	12	3	3	5	6
比利时	1 332	701	126	160	156	189
保加利亚	46	38	1	1	4	2
巴林	3	0	0	2	1	0
百慕大	60	24	6	10	6	14
文莱	2	0	0	0	0	2
巴西	302	130	27	43	44	58
巴哈马	78	24	4	7	18	25
白俄罗斯	6	2	0	2	1	1
伯利兹	2	1	0	0	0	1
加拿大	2 785	1479	235	308	356	407
中非共和国	2	0	0	0	0	2
瑞士	10 336	5 965	867	1 020	1 110	1 374
库克群岛	1	0	0	0	1	0
智利	15	11	1	0	1	2
哥伦比亚	10	2	1	2	0	5
哥斯达黎加	3	0	0	1	0	2
捷克斯洛伐克	72	71	1	0	—	0
古巴	48	24	4	6	5	9
塞普路斯	43	12	4	9	4	14
捷克共和国	23	0	0	0	10	13
德国	30 259	15 481	2 787	3 454	4 015	4 522
丹麦	2 061	990	229	273	254	315
多米尼加岛	1	1	0	0	0	0
多米尼加共和国	1	0	1	0	0	0
阿尔及利亚	1	0	0	1	0	0
厄瓜多尔	3	2	0	0	0	1
爱沙尼亚	5	0	1	1	1	2
埃及	4	3	0	0	1	0
西撒哈拉	1	0	0	0	0	1
西班牙	866	411	62	95	134	164
芬兰	3 617	1 570	378	475	596	598
马尔维纳斯群岛	1	1	0	0	0	0
法国	14 009	7 228	1 387	1 521	1 932	1 941

续表

国家和地区	总累计	1985～1999年	2000年	2001年	2002年	2003年
英国	9 476	5 422	802	913	1 025	1 314
格鲁吉亚	3	2	0	1	0	0
直布罗陀	9	4	1	1	0	3
希腊	67	25	10	5	15	12
克罗地亚	50	32	2	6	4	6
匈牙利	486	410	19	14	31	12
印度尼西亚	48	6	10	3	16	13
爱尔兰	251	113	22	28	34	54
以色列	969	364	162	133	147	163
印度	389	124	19	64	64	118
伊拉克	1	0	0	1	0	0
伊朗	1	1	0	0	0	0
冰岛	28	11	1	2	10	4
意大利	5 043	2 774	382	495	627	765
泽西岛	3	1	0	1	0	1
约旦	6	4	0	2	0	0
日本	119 032	52 892	9 888	13 736	18 275	24 241
圣克里斯托夫岛	2	1	0	0	0	1
朝鲜	6	5	0	1	0	0
韩国	22 415	9 415	1 861	2 498	3 626	5 015
科威特	6	6	0	0	0	0
开曼群岛	84	9	1	17	34	23
哈萨克斯坦	4	2	0	0	1	1
黎巴嫩	5	1	0	0	0	4
列支敦士登	469	218	32	71	69	79
斯里兰卡	44	12	2	16	14	0
利比里亚	3	3	0	0	0	0
莱索托	1	1	0	0	0	0
卢森堡	330	175	54	27	32	42
拉托维亚	4	1	1	0	0	2
摩洛哥	1	0	1	0	0	0
摩纳哥	55	28	6	7	8	6
马达加斯加	2	1	0	1	0	0
马里	2	0	0	0	0	2
马耳他	8	1	1	2	0	4

续表

国家和地区	总累计	1985～1999年	2000年	2001年	2002年	2003年
毛里求斯	4	0	0	0	2	2
马尔代夫	2	2	0	0	0	0
马拉维	1	1	0	0	0	0
墨西哥	60	34	9	4	8	5
马来西亚	250	141	13	32	32	32
尼日尔	1	1	0	0	0	0
尼日利亚	1	1	0	0	0	0
荷兰	11 017	5 104	993	1 397	2 147	1 376
挪威	816	420	75	109	92	120
新西兰	349	180	33	52	41	43
巴拿马	126	76	10	8	13	19
秘鲁	3	2	0	0	0	1
菲律宾	32	24	5	0	1	2
巴基斯坦	5	5	0	0	0	0
波兰	87	65	1	5	10	6
葡萄牙	31	12	3	7	2	7
罗马尼亚	10	6	0	2	1	1
俄罗斯联邦	929	731	42	43	56	57
沙特阿拉伯	25	3	3	2	6	11
塞舌尔	1	0	0	0	0	1
苏丹	1	0	0	0	0	1
瑞典	6 079	2 698	768	967	952	694
新加坡	658	272	54	84	106	142
斯洛文尼亚	54	19	7	8	6	14
斯洛伐克	1	0	0	0	0	1
圣马力诺	3	1	0	0	0	2
塞内加尔	1	1	0	0	0	0
萨尔瓦多	1	0	0	0	1	0
叙利亚	1	0	0	0	1	0
斯威士兰	1	1	0	0	0	0
泰国	259	97	26	33	42	61
突尼斯	1	0	0	0	1	0
土耳其	57	14	7	11	7	18
特立尼达和多巴哥	1	0	0	0	0	1
乌克兰	43	24	5	4	3	7

续表

国家和地区	总累计	1985～1999年	2000年	2001年	2002年	2003年
美国	83 672	44 027	8 418	8 994	10 012	12 221
乌拉圭	5	2	0	0	2	1
乌兹别克	5	1	0	2	1	1
梵蒂冈	2	0	2	0	0	0
圣文森特和格林纳达	1	1	0	0	0	0
委内瑞拉	31	22	2	2	2	3
维尔京群岛	464	98	42	69	138	117
越南	1	0	1	0	0	0
瓦努阿图	9	8	0	0	0	1
萨摩亚	20	12	4	0	1	3
南斯拉夫	33	32	1	0	—	0
南非	347	170	37	32	52	56
赞比亚	1	0	0	0	0	1
津巴布韦	6	6	0	0	0	0

注：1. 1985～1996年香港数据列入国外(地区)，1997年(含1997年)之后列入国内；
2. 1985～1999年澳门数据列入国外(地区)，2000年(含2000年)之后列入国内。
3. 自2002年起原捷克斯洛伐克、南斯拉夫的有关数据将分别体现在其新成立的国家中。

二、专利授权

表5 1985～2003年国内外三种专利授权状况

单位：件

年份	合计				国内				国外			
	合计	发明	实用新型	外观设计	小计	发明	实用新型	外观设计	小计	发明	实用新型	外观设计
总累计	1 065 261	136 052	580 601	348 608	941 940	48 419	577 170	316 351	123 321	87 633	3 431	32 257
1985～1999年	531 040	48 446	345 109	137 485	485 735	19 575	343 362	122 798	45 305	28 871	1 747	14 687
2000年	105 345	12 683	54 743	37 919	95 236	6 177	54 407	34 652	10 109	6 506	336	3 267
2001年	114 251	16 296	54 359	43 596	99 278	5 395	54 018	39 865	14 973	10 901	341	3 731
2002年	132 399	21 473	57 484	53 442	112 103	5 868	57 092	49 143	20 296	15 605	392	4 299
2003年	182 226	37 154	68 906	76 166	149 588	11 404	68 291	69 893	32 638	25 750	615	6 273

注：1. 1985～1996年香港数据列入国外(地区)，1997年(含1997年)之后列入国内；
2. 1985～1999年澳门数据列入国外(地区)，2000年(含2000年)之后列入国内。

表6 1985～2003年国内外职务与非职务专利授权状况

单位：件

	总累计	1985～1999年	2000年	2001年	2002年	2003年
合 计	1 065 261	531 040	105 345	114 251	132 399	182 226
1. 发明	136 052	48 446	12 683	16 296	21 473	37 154
国内	48 283	19 439	6 177	5 395	5 868	11 404
职务	28 132	12 655	2 824	2 614	3 144	6 895
大专院校	7 477	3 819	652	579	697	1 730
科研单位	8 718	4 424	910	800	907	1 677
工矿企业	9 784	2 836	1 016	1 089	1 461	3 382
机关团体	2 153	1 576	246	146	79	106
非职务	20 151	6 784	3 353	2 781	2 724	4 509
国外	87 769	29 007	6 506	10 901	15 605	25 750
职务	83 821	27 282	6 222	10 455	15 013	24 849
非职务	3 948	1 725	284	446	592	901

续表

	总累计	1985～1999年	2000年	2001年	2002年	2003年
2. 实用新型	580 601	345 109	54 743	54 359	57 484	68 906
国内	576 567	342 759	54 407	54 018	57 092	68 291
职务	165 203	90 763	15 519	16 544	18 369	24 008
大专院校	13 832	9 466	868	943	973	1 582
科研单位	21 527	15 764	1 529	1 473	1 276	1 485
工矿企业	113 444	50 602	12 821	13 783	15 753	20 485
机关团体	16 400	14 931	301	345	367	456
非职务	411 364	251 996	38 888	37 474	38 723	44 283
国外	4 034	2 350	336	341	392	615
职务	2 624	1 372	261	241	252	498
非职务	1 410	978	75	100	140	117
3. 外观设计	348 608	137 485	37 919	43 596	53 442	76 166
国内	313 604	120 051	34 652	39 865	49 143	69 893
职务	157 840	69 346	17 789	19 220	20 020	31 465
大专院校	598	414	28	12	40	104
科研单位	1 974	1 161	248	155	140	270
工矿企业	146 775	59 474	17 482	19 015	19 802	31 002
机关团体	8 493	8 297	31	38	38	89
非职务	155 764	50 705	16 863	20 645	29 123	38 428
国外	35 004	17 434	3 267	3 731	4 299	6 273
职务	32 921	16 027	3 108	3 567	4 106	6 113
非职务	2 083	1 407	159	164	193	160

注：1. 1985～1996年香港数据列入国外（地区），1997年（含1997年）之后列入国内；
2. 1985～1999年澳门数据列入国外（地区），2000年（含2000年）之后列入国内。

表7 1985～2003年国内地区专利授权状况 单位：件

地区	总累计	1985～1999年	2000年	2001年	2002年	2003年
全国总计	941 940	485 735	95 236	99 278	112 103	149 588
北京	69 074	42 330	5 905	6 246	6 345	8 248
天津	19 456	11 684	1 611	1 829	1 827	2 505
河北	30 322	17 794	2 812	2 791	3 353	3 572
山西	10 483	6 359	968	1 047	934	1 175
内蒙	6 969	3 955	775	743	679	817
辽宁	51 621	32 124	4 842	4 448	4 551	5 656
吉林	16 362	10 072	1 650	1 443	1 507	1 690
黑龙江	23 780	14 781	2 252	1 870	2 083	2 794
上海	53 145	20 358	4 050	5 371	6 695	16 671
江苏	61 800	31 775	6 432	6 158	7 595	9 840
浙江	70 521	29 833	7 495	8 312	10 479	14 402

续表

地区	总累计	1985～1999年	2000年	2001年	2002年	2003年
安徽	12 839	7 050	1 482	1 278	1 419	1 610
福建	27 527	11 850	3 003	3 296	4 001	5 377
江西	10 620	6 267	1 072	999	1 044	1 238
山东	63 155	33 108	6 962	6 725	7 293	9 067
河南	25 328	14 429	2 766	2 582	2 590	2 961
湖北	22 092	12 610	2 198	2 204	2 209	2 871
湖南	29 511	19 033	2 555	2 401	2 347	3 175
广东	141 109	55 055	15 799	18 259	22 761	29 235
广西	11 912	7 237	1 191	1 099	1 054	1 331
重庆	11 316	4 317	1 158	1 197	1 761	2 883
四川	32 536	18 507	3 218	3 357	3 403	4 051
贵州	5 962	3 272	710	642	615	723
云南	11 488	6 583	1 217	1 347	1 128	1 213
西藏	111	49	17	22	7	16
陕西	18 006	12 057	1 462	1 354	1 524	1 609
甘肃	5 198	3 322	493	512	397	474
青海	1 157	764	117	101	85	90
宁夏	2 217	1 208	224	231	216	338
新疆	6 669	3 818	717	755	627	752
海南	2 333	1 215	320	303	199	296
香港	11 126	6 065	1 285	1 026	1 185	1 565
澳门	87	47	13	10	3	14
台湾	76 108	36 807	8 465	9 320	10 187	11 329
（广州）	25 657	10 745	3 182	3 553	3 652	4 525
（长春）	2 441	10	436	529	705	761
（武汉）	9 613	4 765	1 038	1 057	1 194	1 559
（南京）	4 015	32	770	746	1 051	1 416
（杭州）	4 274	13	729	902	1 295	1 335
（西安）	9 030	5 322	817	790	1 002	1 099
（济南）	3 882	17	682	731	962	1 490
（沈阳）	19 848	11 865	1 949	1 848	2 169	2 017
（成都）	6 100	41	1 008	1 209	1 664	2 178
（大连）	6 864	3 797	775	684	698	910
（厦门）	3 750	28	687	839	984	1 212
（哈尔滨）	9 412	5 867	959	806	861	919
（深圳）	15 647	143	2 401	3 507	4 659	4 937
（青岛）	11 301	5 321	1 613	1 417	1 460	1 490
（宁波）	4 290	163	621	1 071	1 301	1 134

注：1. 1985～1996年香港数据列入国外（地区），1997年（含1997年）之后列入国内；

2. 1985～1999年澳门数据列入国外（地区），2000年（含2000年）之后列入国内。

3. 从1999年4月开始，宁波统计数据单列；从1999年7月开始，长春、南京、杭州、济南、成都、厦门、深圳统计数据单列。

表 8　1985～2003 年国外专利授权状况

单位：件

国家和地区	总累计	1985～1999 年	2000 年	2001 年	2002 年	2003 年
合计	123 321	45 305	10 109	14 973	20 296	32 638
安道尔	1	0	0	0	0	1
阿拉伯联合酋长国	3	0	1	0	2	0
亚美尼亚	1	1	0	0	0	0
荷属安的列斯群岛	26	0	1	6	4	15
阿根廷	7	2	0	0	2	3
奥地利	746	304	64	138	116	124
澳大利亚	1 150	548	82	137	172	211
巴巴多斯	6	2	0	0	3	1
比利时	590	267	42	69	87	125
保加利亚	13	11	0	1	1	0
百慕大	20	5	1	1	6	7
文莱	1	0	0	0	0	1
巴西	126	26	5	21	40	34
巴哈马	35	7	2	3	6	17
白俄罗斯	3	0	0	0	3	0
加拿大	915	409	100	94	115	197
中非共和国	2	0	0	0	0	2
瑞士	4 638	2 022	408	562	733	913
智利	4	2	1	0	1	0
捷克斯洛伐克	32	25	4	3	—	0
古巴	9	3	1	0	1	4
塞普路斯	14	6	0	3	1	4
捷克共和国	23	0	0	0	2	21
德国	10 802	3 693	871	1 494	1 767	2 977
丹麦	811	313	59	92	130	217
多米尼加岛	1	1	0	0	0	0
厄瓜多尔	1	1	0	0	0	0
爱沙尼亚	1	0	1	0	0	0
埃及	1	0	1	0	0	0
西班牙	353	135	37	41	50	90
芬兰	1 428	315	100	196	292	525
马尔维纳斯群岛	1	1	0	0	0	0
法国	5 376	2 147	537	782	730	1 180
波斯尼亚和黑塞哥维亚	2	0	0	0	0	2

续表

国家和地区	总累计	1985～1999年	2000年	2001年	2002年	2003年
英国	3 487	1 540	304	370	465	808
格鲁吉亚	1	0	0	1	0	0
直布罗陀	3	0	0	1	0	2
希腊	15	5	1	2	5	2
克罗地亚	16	5	5	3	1	2
匈牙利	172	126	12	6	11	17
印度尼西亚	30	6	4	6	6	8
爱尔兰	55	12	6	12	7	18
以色列	227	56	18	32	35	86
印度	116	44	9	8	22	33
冰岛	8	2	0	1	4	1
意大利	2 224	902	181	258	352	531
泽西岛	3	1	0	1	1	0
约旦	3	2	0	1	0	0
日本	45 790	16 128	3 594	5 577	7 817	12 674
朝鲜	3	1	1	0	0	1
韩国	7 579	1 551	608	1 024	1 703	2 693
科威特	3	0	0	2	1	0
开曼群岛	51	8	0	6	13	24
哈萨克斯坦	2	0	0	0	2	0
列支敦士登	197	48	26	27	43	53
斯里兰卡	26	5	0	2	15	4
利比里亚	3	2	0	0	0	1
莱索托	1	1	0	0	0	0
卢森堡	164	101	18	21	9	15
摩洛哥	1	0	1	0	0	0
摩纳哥	28	5	2	6	10	5
马达加斯加	1	0	0	0	1	0
蒙古	4	0	0	0	0	4
马耳他	1	0	0	0	0	1
毛里求斯	1	0	0	0	0	1
马尔代夫	1	0	0	0	0	1
墨西哥	16	8	2	1	4	1
马来西亚	135	64	11	12	28	20
荷兰	3 862	1 809	311	360	514	868

续表

国家和地区	总累计	1985～1999年	2000年	2001年	2002年	2003年
挪威	331	121	29	35	66	80
新西兰	116	47	16	15	18	20
巴拿马	49	25	2	0	7	15
秘鲁	1	1	0	0	0	0
菲律宾	17	13	3	1	0	0
巴基斯坦	4	4	0	0	0	0
波兰	37	19	3	4	1	10
葡萄牙	10	3	3	2	0	2
罗马尼亚	4	0	0	2	0	2
俄罗斯联邦	232	148	15	19	21	29
沙特阿拉伯	8	0	3	1	1	3
瑞典	2 440	668	183	277	480	832
新加坡	304	159	24	34	21	66
斯洛文尼亚	14	1	5	2	1	5
斯洛伐克	1	0	0	0	1	0
斯威士兰	1	1	0	0	0	0
圣马利诺	1	0	0	0	0	1
泰国	152	63	15	18	33	23
土耳其	26	5	0	3	9	9
乌克兰	14	3	2	2	2	5
美国	27 786	11 244	2 332	3 116	4 259	6 835
乌拉圭	2	0	0	0	0	2
乌兹别克斯坦	2	1	0	0	0	1
圣文森特和格林纳达	1	0	0	1	0	0
委内瑞拉	15	7	0	3	1	4
维尔京群岛	244	50	16	36	32	110
越南	1	0	1	0	0	0
瓦努阿图	2	0	2	0	0	0
萨摩亚	19	0	12	4	1	2
南斯拉夫	19	19	0	0	—	0
南非	94	22	11	15	9	37
津巴布韦	3	3	0	0	0	0

注：1. 1985～1996年香港数据列入国外(地区)，1997年(含1997年)之后列入国内；

2. 1985～1999年澳门数据列入国外(地区)，2000年(含2000年)之后列入国内。

3. 自2002年起原捷克斯洛伐克、南斯拉夫的有关数据将分别体现在其新成立的国家中。

三、专利执法

表9 各省、自治区、直辖市专利执法统计表

1985～2003年

单位:件

管理专利工作的部门	类别/时间	侵权纠纷		其他纠纷		查处冒充专利行为		查处假冒他人专利行为	
		立案	结案	立案	结案	立案	结案	立案	结案
北京市知识产权局	总累计	213	210	218	217	49	49	0	0
	2003年	23	29	0	0	3	3	0	0
天津市知识产权局	总累计	92	80	21	20	285	285	35	35
	2003年	24	18	0	0	0	0	35	35
河北省知识产权局	总累计	209	191	54	54	828	827	28	28
	2003年	47	40	2	1	59	58	17	17
山西省知识产权局	总累计	53	40	35	26	24	22	13	12
	2003年	5	3	4	4	11	9	2	2
内蒙古知识产权局	总累计	50	49	10	10	193	193	3	3
	2003年	0	0	0	0	46	46	2	2
辽宁省知识产权局	总累计	269	238	143	111	43	43	2	2
	2003年	10	12	2	1	2	2	0	0
吉林省知识产权局	总累计	98	97	53	45	155	155	4	4
	2003年	5	5	0	0	0	0	0	0
黑龙江省知识产权局	总累计	280	214	104	94	84	84	4	5
	2003年	67	29	0	0	0	0	0	0
上海市知识产权局	总累计	334	305	52	52	128	121	4	4
	2003年	52	42	5	5	20	22	4	4
江苏省知识产权局	总累计	504	382	109	104	216	216	7	7
	2003年	39	22	1	1	30	30	0	0
浙江省知识产权局	总累计	1 058	889	72	61	39	38	9	7
	2003年	229	191	27	20	5	4	8	6
安徽省专利管理局	总累计	60	70	13	9	622	559	0	0
	2003年	1	7	0	2	62	0	0	0
福建省知识产权局	总累计	193	154	24	21	46	42	1	1
	2003年	34	19	0	0	6	4	0	0
江西省专利管理局	总累计	145	71	26	17	75	69	32	32
	2003年	17	14	2	2	2	2	29	29
山东省知识产权局	总累计	917	836	143	136	2 132	2 019	78	75
	2003年	113	103	7	7	730	658	36	36

续表

管理专利工作的部门	类别/时间	侵权纠纷		其他纠纷		查处冒充专利行为		查处假冒他人专利行为	
		立案	结案	立案	结案	立案	结案	立案	结案
河南省知识产权局	总累计	391	314	66	55	303	301	6	6
	2003年	101	81	3	3	18	18	0	0
湖北省知识产权局	总累计	384	331	168	119	273	261	15	14
	2003年	62	56	7	6	29	29	2	2
湖南省知识产权局	总累计	233	210	146	130	247	247	7	7
	2003年	32	30	6	3	79	79	5	5
广东省知识产权局	总累计	2 059	1 772	191	168	635	630	94	92
	2003年	350	289	6	3	132	128	68	68
广西知识产权局	总累计	81	79	53	37	16	16	0	0
	2003年	13	13	0	0	5	5	0	0
重庆市知识产权局	总累计	10	9	1	1	71	70	0	0
	2003年	0	0	0	0	2	1	0	0
四川省知识产权局	总累计	440	358	133	108	170	169	15	14
	2003年	100	88	11	8	34	33	10	9
贵州省知识产权局	总累计	74	59	23	19	226	187	1	0
	2003年	8	4	5	4	48	28	0	0
云南省知识产权局	总累计	103	98	27	22	6	6	9	9
	2003年	21	17	0	0	0	0	2	2
西藏知识产权局	总累计	4	4	0	0	0	0	0	0
	2003年	2	2	0	0	0	0	0	0
陕西省知识产权局	总累计	116	100	28	23	668	666	0	0
	2003年	4	3	0	0	1	1	0	0
甘肃省知识产权局	总累计	48	33	21	15	2	2	1	1
	2003年	19	13	4	2	0	0	0	0
青海省专利管理局	总累计	11	8	8	9	57	57	0	0
	2003年	1	1	0	2	1	1	0	0
宁夏知识产权局	总累计	95	91	26	18	29	29	0	0
	2003年	19	20	5	0	1	1	0	0
新疆知识产权局	总累计	176	115	8	5	81	81	2	2
	2003年	45	23	0	0	25	25	0	0
海南省知识产权局	总累计	55	54	7	6	33	33	5	5
	2003年	5	5	0	0	6	6	2	2
合计	总累计	8 755	7 461	1 983	1 712	7 736	7 477	375	365
	2003年	1 448	1 179	97	74	1 357	1 193	222	219

四、专利申请量排序

表1 2003年国内专利申请量居前十位的省市

排名	省市	数量
1	广东	43 186
2	上海	22 374
3	浙江	21 463
4	江苏	18 393
5	台湾	18 112
6	北京	17 003
7	山东	15 794
8	辽宁	13 545
9	四川	7 443
10	福建	7 236

表2 2003年国外专利申请量居前十位的国家

排名	国家	数量
1	日本	24 241
2	美国	12 221
3	韩国	5 015
4	德国	4 522
5	法国	1 941
6	荷兰	1 376
7	瑞士	1 374
8	英国	1 314
9	意大利	765
10	瑞典	694

表3 2003年国内专利申请量居前十位的企业

排名	企业名称	数量
1	乐金电子(天津)电器有限公司	1 606
2	华为技术有限公司	1 551
3	鸿富锦精密工业(深圳)有限公司	944
4	重庆力帆实业(集团)有限公司	761
5	富士康(昆山)电脑接插件有限公司	527
6	中国石油化工股份有限公司	500
7	海尔集团公司	477
8	友达光电股份有限公司	414
9	明基电通股份有限公司	411
10	联想(北京)有限公司	399

表4 2003年国内专利申请量居前十位的大专院校

排名	大专院校名称	数量
1	清华大学	764
2	上海交通大学	730
3	浙江大学	658
4	华中科技大学	230
5	武汉大学	224
6	复旦大学	223
7	天津大学	222
8	华南理工大学	206
9	东南大学	192
10	西安交通大学	186

表5 2003年国内专利申请量居前十位的科研院所

排名	科研院所名称	数量
1	中国科学院上海光学精密机械研究所	318
2	中国石油化工股份有限公司石油化工科学研究院	230
3	中国科学院金属研究所	173
4	财团法人工业技术研究院	170
5	中国科学院大连化学物理研究所	160
6	中国石油化工股份有限公司抚顺石油化工科学研究院	116
7	深圳市中兴通讯股份有限公司上海第二研究所	107
8	中国科学院长春应用化学研究所	106
9	中国科学院长春光学精密机械与物理研究所	105
10	中国科学院计算技术研究所	88

表6 2003年专利申请量居前十位的国外公司企业

排名	国别	企业名称	数量
1	日本	松下电器产业株式会社	2 144
2	韩国	三星电子株式会社	1 568
3	日本	精工爱普生株式会社	943
4	日本	佳能株式会社	882
5	韩国	LG电子株式会社	805
6	日本	索尼公司	742
7	日本	三洋电机株式会社	692
8	日本	株式会社东芝	672
9	日本	三菱电机株式会社	589
10	美国	国际商业机器公司	581

商　标

一、商标申请与注册

1995～2003年集体商标、证明商标申请和注册统计表
Statistics of Applications and Registrations of Collective and Certification Marks 1995～2003

年度/项目 Year/Item	集体商标 Collective Marks		证明商标 Certification Marks	
	申请量 Applications	注册量 Registrations	申请量 Applications	注册量 Registrations
1995	33	0	92	50
1996	8	12	61	13
1997	7	0	39	33
1998	31	0	41	4
1999	18	1	41	19
2000	3	1	42	11
2001	3	3	49	23
2002	63	10	113	39
2003	86	8	127	43
合计 Total	252	35	625	235

1979～2003年商标注册申请及核准注册商标统计表
Statistics of Trademark Applications and Trademark Approved for Registration 1979～2003

项目 Item / 年度 Year	商标注册申请 Trademark Applications				核准注册商标 Trademark Approved for Registration			
	国内 Domestic	国外 Foreign		合计 Total	国内 Domestic	国外 Foreign		合计 Total
		国家申请 Country Applications	马德里申请 Madrid Applications			国家注册 Country Registrations	马德里注册 Madrid Registrations	
1979					27 459	5 130		32 589
1980				26 117	15 348	1 297		16 645
1981				23 004	15 707	2 049		17 756
1982	17 000	1 565		18 565	12 385	4 672		17 057
1983	19 120	1 687		20 807	4 293	2 278		6 571
1984	26 487	3 077		29 564	13 252	1 518		14 770
1985	43 445	5 798		49 243	19 584	2 084		21 668

续表

项目 Item / 年度 Year	商标注册申请 Trademark Applications				核准注册商标 Trademark Approved for Registration			
	国内 Domestic	国外 Foreign		合计 Total	国内 Domestic	国外 Foreign		合计 Total
		国家申请 Country Applications	马德里申请 Madrid Applications			国家注册 Country Registrations	马德里注册 Madrid Registrations	
1986	45 031	5 939		50 970	26 993	5 126		32 119
1987	40 014	4 055		44 069	27 687	4 454		32 133
1988	41 683	5 866		47 549	25 448	3 604		29 052
1989	43 202	5 209		48 411	31 810	4 625		36 435
1990	50 853	4 371	2 048	57 272	25 966	4 036	1 269	31 271
1991	59 124	5 885	2 595	67 604	34 501	3 523	2 306	40 330
1992	79 837	8 367	2 591	90 795	42 710	4 198	1 180	48 088
1993	107 758	21 024	3 551	132 323	42 668	3 999	2 059	48 726
1994	117 186	20 238	5 193	142 617	47 482	7 803	3 016	58 301
1995	144 610	21 442	6 094	172 146	59 895	12 591	19 380	91 866
1996	122 057	22 615	7 132	151 804	101 178	15 843	11 407	128 428
1997	118 577	21 676	8 502	148 755	188 047	24 958	10 033	223 038
1998	129 394	18 252	10 037	157 683	80 095	14 137	13 478	107 710
1999	140 620	18 883	11 212	170 715	96 139	13 896	12 366	122 401
2000	181 717	24 623	16 837	223 177	129 441	16 327	12 807	158 575
2001	229 775	23 234	17 408	270 417	167 563	19 017	16 259	202 839
2002	321 034	37 221	13 681	371 936	169 904	23 364	19 265	212 533
2003	405 620	33 912	12 563	452 095	206 070	21 188	15 253	242 511
合计	2 484 144	314 939	119 444	2 967 638	1 611 625	221 717	140 078	1 973 412

注:此表中未减去历年注销、撤销的注册商标数量。

2003 年度按类申请和注册商标统计表
Statistics of Trademark Applications and Registrations Sorted out According to Class in 2003

类别/数量(件)/项目 Class/Number/Item	申请 Applications				注册 Registrations			
	国内 Domestic	国外 Foreign		合计 Total	国内 Domestic	国外 Foreign		合计 Total
		国家申请 Country Applications	马德里申请 Madrid Applications			国家注册 Country Registrations	马德里注册 Madrid Registrations	
1	8 486	1 095	326	9 907	4 140	660	436	5 236
2	5 937	437	111	6 485	2 957	240	163	3 360
3	13 685	1 676	611	15 972	5 505	775	707	6 987
4	2 846	258	73	3 177	1 394	231	104	1 729
5	22 621	1 625	586	24 832	7 448	1 020	788	9 256
6	8 376	613	250	9 239	3 982	278	334	4 594
7	15 411	1 391	412	17 214	7 596	696	549	8 837
8	2 788	294	151	3 233	2 124	269	182	2 575

续表

类别/数量(件)/项目 Class/Number/Item	申请 Applications				注册 Registrations			
	国内 Domestic	国外 Foreign		合计 Total	国内 Domestic	国外 Foreign		合计 Total
		国家申请 Country Applications	马德里申请 Madrid Applications			国家注册 Country Registrations	马德里注册 Madrid Registrations	
9	26 851	3 766	1 160	31 777	17 961	2 742	1 302	22 005
10	3 623	664	241	4 528	1 913	463	305	2 681
11	15 661	976	371	16 908	10 619	722	455	11 796
12	10 038	1 006	282	11 326	6 660	579	310	7 549
13	767	46	19	832	621	51	31	703
14	3 986	730	339	5 055	1 556	356	400	2 345
15	870	186	31	1 087	539	97	47	683
16	9 389	1 405	533	11 327	5 085	987	639	6 711
17	3 160	392	160	3 712	1 641	256	207	2 104
18	8 584	1 092	426	10 102	2 857	486	502	3 847
19	9 898	398	172	10 468	5 503	262	214	5 979
20	7 432	592	270	8 294	3 701	326	321	4 348
21	4 939	608	237	5 784	2 653	366	282	3 309
22	1 410	162	62	1 634	853	106	78	1 037
23	1 692	152	45	1 889	1 052	101	50	1 203
24	5 847	597	190	6 634	3 947	392	228	4 567
25	61 632	2 917	755	65 304	24 070	1 159	766	25 995
26	2 277	175	56	2 508	802	108	66	976
27	1 158	175	90	1 423	534	101	92	727
28	5 273	1 126	286	6 685	2 489	651	353	3 493
29	16 635	736	209	17 580	13 179	569	287	14 035
30	25 780	1 367	351	27 498	14 893	1 005	416	16 314
31	9 242	334	115	9 691	5 427	234	139	5 800
32	9 100	560	218	9 878	3 622	264	291	4 177
33	13 316	293	222	13 831	8 332	260	237	8 827
34	2 784	222	87	3 093	2 977	283	122	3 382
35	14 510	1 121	546	16 177	5 787	666	668	7 115
36	4 835	404	222	5 461	1 763	325	260	2 348
37	5 293	489	283	6 065	2 290	332	351	2 973
38	2 853	392	335	3 580	1 496	382	378	2 256
39	4 181	265	195	4 641	2 074	247	235	2 556
40	2 775	286	144	3 205	1 837	252	158	2 247
41	7 481	1 106	433	9 020	408	828	563	5 409
42	5 938	888	677	7 503	3 764	706	850	5 320
43	10 771	549	117	11 437	2 007	117	139	2 263
44	4 651	266	115	5 032	2 066	189	160	245
45	988	80	49	1 067	350	49	55	454
合计 Total	405 620	33 912	12 563	452 095	206 070	21 188	15 253	242 511

2003 年度各省、自治区、直辖市商标申请统计表
Statistics of Domestic Trademark Applications Filed in 2003(Breakdown by Province/Municipality/Autonomous Region)

省、自治区、直辖市 P/M/R	申请件数 Applications	省、自治区、直辖市 P/M/R	申请件数 Applications
北京 Beijing	28 191	广东 Guangdong	76 528
天津 Tianjin	4 471	广西 Guangxi	3 299
河北 Hebei	10 089	海南 Hainan	1 856
山西 Shanxi	3 207	四川 Sichuan	14 577
内蒙古 inner Mogolia	3 730	重庆 Chongqing	5 179
辽宁 Liaoning	10 293	贵州 Guizhou	2 222
吉林 Jilin	5 021	云南 Yunnan	4 103
黑龙江 Heilongjiang	7 176	西藏 Tibet	206
上海 Shanghai	21 342	陕西 Shanxi	5 046
江苏 Jiangsu	32 520	甘肃 Gansu	2 349
浙江 Zhejiang	57 000	青海 Qinghai	639
安徽 Anhui	6 209	宁夏 Ningxia	807
福建 Fujian	24 386	新疆 Xinjiang	4 220
江西 Jiangxi	4 967	香港 Hongkong	8 354
山东 Shandong	22 431	澳门 Macao	171
河南 Henan	8 323	台湾 Taiwan	7 872
湖北 Hubei	8 907	合计 Total	405 620
湖南 Hunan	9 929		

2003 年度各省、自治区、直辖市商标注册统计表
Statistics of Domestic Trademark Applications Filed in 2003 (Breakdown by Province/Municipality/Autonomous Region)

省、自治区、直辖市 P/M/R	注册件数 Applications	省、自治区、直辖市 P/M/R	注册件数 Applications
北京 Beijing	14 954	广东 Guangdong	38 708
天津 Tianjin	3 197	广西 Guangxi	1 839
河北 Hebei	6 804	海南 Hainan	902
山西 Shanxi	1 782	四川 Sichuan	7 357
内蒙古 inner Mogolia	2 113	重庆 Chongqing	2 357
辽宁 Liaoning	6 147	贵州 Guizhou	1 398
吉林 Jilin	2 415	云南 Yunnan	2 210
黑龙江 Heilongjiang	3 396	西藏 Tibet	85
上海 Shanghai	11 004	陕西 Shanxi	2 619
江苏 Jiangsu	15 199	甘肃 Gansu	819
浙江 Zhejiang	25 259	青海 Qinghai	205
安徽 Anhui	3 417	宁夏 Ningxia	296
福建 Fujian	11 616	新疆 Xinjiang	2 635
江西 Jiangxi	2 308	香港 Hongkong	4 578
山东 Shandong	10 886	澳门 Macao	49
河南 Henan	4 084	台湾 Taiwan	6 471
湖北 Hubei	4 363	合计 Total	206 070
湖南 Hunan	4 598		

2003 年度马德里商标国际注册在华申请统计表
Statistics of International Trademark Applications Filed for Territorial Extension to China under the Madrid System in 2003

国家(地区) Country/Region	申请件数 Applications	国家(地区) Country/Region	申请件数 Applications
澳大利亚 Australia	135	立陶宛 Lithuania	4
奥地利 Austria	295	马其顿 Macedonia	0
比荷卢 Benelux	809	摩尔多瓦 Moldova	7
韩国 Korea	6	摩纳哥 Monaco	29
保加利亚 Bulgaria	69	摩洛哥 Morocco	5
克罗地亚 Croatia	14	挪威 Norway	38
古巴 Cuba	6	波兰 Poland	90
捷克 Czech	68	葡萄牙 Portugal	27
丹麦 Denmark	167	罗马尼亚 Romania	3
朝鲜 D.P.R.Korea	12	俄罗斯 Russia	167
埃及 Egypt	3	圣马力诺 San Marino	6
爱沙尼亚 Estonia	4	新加坡 Singapore	37
芬兰 Finland	117	斯洛伐克 Slovakia	18
法国 France	2 166	斯洛文尼亚 Slovenia	26
德国 Germany	3 168	西班牙 Spain	346
希腊 Greece	21	瑞典 Sweden	135
匈牙利 Hungary	24	瑞士 Switzerland	1 877
白俄罗斯 White Russia	8	土耳其 Turkey	147
爱尔兰 Ireland	3	乌克兰 Ukraine	38
意大利 Italy	1 530	英国 United Kingdom	457
日本 Japan	317	越南 Viet Nam	28
哈萨克斯坦 Kazakhstan	19	南斯拉夫 Yugoslavia	3
拉托维亚 Latvia	6	合计 Total	12 563
列支敦士登	108		

2003 年度马德里商标国际注册在华注册统计表
Statistics of International Trademark Registrations Extended to China under the Madrid System in 2003

国家(地区) Country/Region	注册件数 Registrations	国家(地区) Country/Region	注册件数 Registrations
希腊 Greece	18	列支敦士登 Liechtenstein	102
澳大利亚 Australia	168	立陶宛 Lithuania	4
奥地利 Austria	435	马其顿 Macedonia	4
白俄罗斯 Belarus	9	摩纳哥 Monaco	51

续表

国家(地区) Country/Region	注册件数 Registrations	国家(地区) Country/Region	注册件数 Registrations
比荷卢 Benelux	1 075	摩洛哥 Morocco	4
韩国 Corea	6	挪威 Norway	59
保加利亚 Bulgaria	127	波兰 Poland	93
克罗地亚 Croatia	10	葡萄牙 Portugal	44
古巴 Cuba	6	罗马尼亚 Romania	10
捷克 Czech	98	俄罗斯 Russia	359
丹麦 Denmark	216	圣马力诺 San Marino	3
朝鲜 D.P.R.Korea	11	新加坡 Singapore	47
埃及 Egypt	2	斯洛伐克 Slovakia	32
爱沙尼亚 Estomia	9	斯洛文尼亚 Slovenia	44
芬兰 Finland	174	西班牙 Spain	380
法国 France	2 331	瑞典 Sweden	167
德国 Germany	3 968	瑞士 Switzerland	2 026
匈牙利 Hungary	34	土耳其 Turkey	196
摩尔多瓦	7	乌克兰 Ukraine	31
爱尔兰 Ireland	5	英国 United Kingdom	697
意大利 Italy	1 742	越南 Viet Nam	37
日本 Japan	410	南斯拉夫 Yugoslavia	3
哈萨克斯坦 Kazakstan	9	合计 Total	15 253
拉托维亚 latvia	5		

2003 年度商标申请和注册概况表
Statistics of Trademark Applications and Registrations in 2003

项目/数量(件)/分类 Item/Number/Category	国内 Domestic	国外 Foreign 国家申请/注册 Country Applications/Registrations	马德里申请/注册 Madrid Applications/Registrations	合计 Total
申请商标 Applications Filed for Registration	405 620	33 912	12 563	452 095
续展商标申请 Applications Filed for Renewal of Registered Trademarks	18 655	3 420	328	22 403
商标异议申请 Applications for Opposition to Registered Trademarks	5 675	3 009	50	8 734
变更商标申请 Trademark Modification Applications	31 166	9 149	1 834	42 149
转让商标申请 Trademark Assignment Applications	38 780	6 986	1 229	46 995
注销商标申请 Trademark Annulment Applications	2 438	356	433	4 410
撤消商标申请 Trademark Cancellation Applications	598	585		

续表

<table>
<tr><th rowspan="2">项目/数量(件)/分类
Item/Number/Category</th><th rowspan="2">国内
Domestic</th><th colspan="2">国外 Foreign</th><th rowspan="2">合计
Total</th></tr>
<tr><th>国家申请/注册
Country
Applications/
Registrations</th><th>马德里申请/注册
Madrid
Applications/
Registrations</th></tr>
<tr><td>许可合同备案申请
Applications for Recordal of Licensee Contracts</td><td colspan="3">19 795</td><td>19 795</td></tr>
<tr><td>注册商标
Registrations Approved</td><td>206 070</td><td>21 188</td><td>15 253</td><td>242 511</td></tr>
<tr><td>审定商标
Trademarks Preliminarily Approved</td><td colspan="2">230 484</td><td>15 253</td><td>245 737</td></tr>
<tr><td>核驳商标
Trademarks Refused</td><td colspan="2">85 568</td><td>3 946</td><td>89 514</td></tr>
<tr><td>变更注册商标
Registered Trademarks Modified</td><td colspan="2">31 803</td><td>2 575</td><td>34 378</td></tr>
<tr><td>转让注册商标
Registered Trademarks Assigned</td><td colspan="2">39 874</td><td>1 492</td><td>41 366</td></tr>
<tr><td>续展注册商标
Registered Trademarks Renewed</td><td colspan="2">22 791</td><td>393</td><td>23 184</td></tr>
<tr><td>注销注册商标
Applications Filed for Renewal of Registered Trademarks</td><td>27 601</td><td>1 614</td><td rowspan="2">739</td><td rowspan="2">30 710</td></tr>
<tr><td>撤销注册商标
Registered Trademarks Anulled</td><td>427</td><td>329</td></tr>
<tr><td>许可合同备案办理
Recordal of Licensee Contracts Handled</td><td colspan="3">12 886</td><td>12 886</td></tr>
<tr><td>补发商标注册证
Re-issuance of Registration Certificates</td><td colspan="3">2 552</td><td>2 552</td></tr>
</table>

2003 年度外国(地区)在华商标申请统计表
Statistics of Foreign Trademark Applications Filed in 2003

国家(地区) Country/Region	申请件数 Applications	国家(地区) Country/Region	申请件数 Applications
阿根廷 Argentina	13	马达加斯加 Madagascar	1
澳大利亚 Australia	644	马里 Mali	3
奥地利 Austria	107	马来西亚 Malaysia	606
巴哈马 Bahamas	18	毛里求斯 Mauritius	25
巴巴多斯 Barbados	22	墨西哥 Mexico	53
比利时 Belgium	66	摩纳哥 Monaco	13
伯利兹 Belize	1	马绍尔群岛	2
百慕大 Bermudas	71	荷属安的列斯群岛 Neth. Antilles	13
秘鲁 Beru	3	荷兰 Netherlands	291
巴西 Brazil	73	新西兰 New Zealand	87

续表

国家(地区) Country/Region	申请件数 Applications	国家(地区) Country/Region	申请件数 Applications
特克斯和凯克斯群岛 British Turks & Caicos Islands	8	尼日利亚 Nigeria	2
		塞舌尔	1
维尔京群岛 Bretish Virgin Islands	958	挪威 Norway	31
巴林 Bahrein	3	瓦努阿图	1
埃及 Egypt	2	巴基斯坦 Pakistan	13
加拿大 Canada	408	也门共和国 Yemen	5
开曼群岛 Cayman Islands	237	巴拿马 Panama	10
智利 Chile	32	沙加共和国	1
哥伦比亚 Colombia	24	菲律宾 Philippines	51
库克群岛 Cook Islands	8	波兰 Poland	20
罗马尼亚 Roumania	1	葡萄牙 Portugal	31
克罗地亚 Croatia	2	波多黎哥 Puerto Rico	10
塞浦路斯 Cyprus	10	韩国 Republic of Korea	1 661
捷克 Czech	14	俄罗斯 Russia	59
丹麦 Denmark	88	萨摩亚 Samoa	27
多米尼加 Dominica	1	圣马力诺 San Marino	1
拉脱维亚 Latvia	2	沙特阿拉伯 Saudi Arabia	10
芬兰 Finland	80	英吉利海峡群岛	8
法国 France	1 053	斯洛文尼亚 Slovenia	1
德国 Germany	1 576	新加坡 Singapore	813
希腊 Greece	13	南非 South Africa	54
爱沙尼亚 Esthonia	1	西班牙 Spain	200
匈牙利 Hungary	3	斯里兰卡 Sri Lanka	28
印度 India	204	白俄罗斯 White Russia	1
印度尼西亚 Indonesia	41	南斯拉夫 Yugoslavia	1
阿塞拜疆 Acheulean	1	瑞典 Sweden	225
伊朗 Iran	13	瑞士 Switzerland	767
爱尔兰 Ireland	58	泰国 Thailand	265
马恩岛 Isle of Man	30	土耳其 Turkey	12
以色列 Israel	80	乌克兰 Ukraine	5
意大利 Italy	890	阿联酋 United Arab Emirates	164
牙买加 Jamaica	1	英国 United Kingdom	1 632
日本 Japan	9 256	乌拉圭 Uruguay	6
英属泽西岛 Jersey Islands	5	美国 U.S.A.	10 183
约旦 Jordan	4	委内瑞拉 Venezuela	3
卡塔尔 Katar	3	越南 Viet Nam	25
肯尼亚 Kenya	2	西印度群岛 West Indies Is	255
科威特 Kuwait	3	西萨摩亚 Western Samoa	3
黎巴嫩 Lebanon	11	巴布亚新几内亚	1
列支敦士登 Liechtenstein	38	合计 Total	33 912
卢森堡 Luxembourg	47		

2003年度外国(地区)在华商标注册统计表
Statistics of Foreign Trademark Registrations Approved in 2003

国家(地区) Country/Region	注册件数 Registrations	国家(地区) Country/Region	注册件数 Registrations
阿根廷 Argentina	14	马耳他 Malta	1
澳大利亚 Australia	306	毛里求斯 Mauritius	11
奥地利 Austria	59	墨西哥 Mexico	15
巴哈马 Bahamas	16	摩纳哥 Monaco	11
巴巴多斯 Barbados	3	蒙古 Mongolia	4
比利时 Belgium	30	摩洛哥 Morocco	1
百慕大 Bermudas	56	荷属安的列斯群岛 Neth. Antilles	6
巴西 Brazil	58	荷兰 Netherlands	281
维尔京群岛 Bretish Virgin Islands	1 167	新西兰 New Zealand	262
科威特 Kiewit	2	多米尼加共和国 Dominica	1
伯利兹 Belize	2	尼日利亚 Nigeria	1
加拿大 Canada	345	挪威 Norway	11
开曼群岛 Cayman Islands	74	阿曼 Oman	2
智利 Chile	23	巴基斯坦 Pakistan	2
哥伦比亚 Colombia	2	巴拿马 Panama	9
库克群岛 Cook Islands	16	秘鲁 Peru	3
克罗地亚 Croatia	2	菲律宾 Philippines	69
古巴 Cuba	3	波兰 Poland	6
塞浦路斯 Cyprus	2	葡萄牙 Portugal	21
捷克 Czech	1	波多黎哥 Puerto Rico	8
丹麦 Denmark	72	韩国 Republic of Korea	1 153
肯尼亚 Kenya	1	斯洛文尼亚 Slovenia	2
马达加斯加 Madagascar	1	俄罗斯 Russia	19
芬兰 Finland	50	沙特阿拉伯 Saudi Arabia	11
法国 France	553	新加坡 Singapore	477
德国 Germany	1 113	南非 South Africa	25
委内瑞拉 Venezuela	3	西班牙 Spain	133
希腊 Greece	3	斯里兰卡 Sri Lanka	2
匈牙利 Hungary	16	瑞典 Sweden	171
印度 India	91	瑞士 Switzerland	574
印度尼西亚 Indonesia	10	叙利亚 Syria	6
爱尔兰 Ireland	26	泰国 Thailand	256
马恩岛 Isle of Man	23	土耳其 Turkey	8
以色列 Israel	59	阿联酋 United Arab Emirates	70

续表

国家(地区) Country/Region	注册件数 Registrations	国家(地区) Country/Region	注册件数 Registrations
意大利 Italy	404	英国 United Kingdom	1 075
伊朗 Iran	1	乌拉圭 Uruguay	1
日本 Japan	4 482	美国 U.S.A.	7 073
英属泽西岛 Jersey Islands	7	越南 Viet Nam	12
约旦 Jordan	2	西萨摩亚 Western Samoa	5
黎巴嫩 Lebanon	1	西印度群岛 West Indies Is	108
列支敦士登 Liechtenstein	36	柬埔寨 Cambodia	17
卢森堡 Luxembourg	26	洪都拉斯 Honduras	1
马来西亚 Malaysia	120	萨摩亚 Samoan	14
巴拉圭 Paraguay	1	特克斯和凯科斯群岛 British TurRS & Caicos Islands	17
卡塔尔 Cartel	1	合计 Total	21 188

2003 年度外国(地区)在华注册商标累计表
Accumulative Statistics of Foreign Trademark Registrations Effected by the End of 2003

国家(地区)Country/Region	累计件数 Accumulative Statistics	国家(地区)Country/Region	累计件数 Accumulative Statistics
安道尔 Andorra	1	卢森堡 Luxembourg	192
阿根廷 Argentina	117	葡属马德拉岛 Madeira Is.	23
澳大利亚 Australia	3 193	马来西亚 Malaysia	1 333
奥地利 Austria	820	马其他 Malta	20
巴哈马 Bahamas	309	马绍尔群岛 Marshall Is.	1
巴林 Bahrain	7	毛里求斯 Mauritius	274
巴巴多斯 Barbados	56	墨西哥 Mexico	229
伯利兹 Belize	6	摩纳哥 Morocco	81
比利时 Belgium	444	蒙古 Mongolia	6
比荷卢 Benelux	1 162	摩洛哥 Morocco	7
百慕大 Bermudas	799	缅甸 Myanmar	3
巴西 Brazil	366	荷属安的列斯群岛 Neth. Antilles	234
特克斯和凯克斯群岛 British Turks & Caicos Islands	4	荷兰 Netherlands	2 443
		新西兰 New Zealand	1 368
维尔京群岛 Bretish Virgin Islands	4 659	尼加拉瓜 Nicaragua	1
文莱 Brunei	6	尼日利亚 Nigeria	13
保加利亚 Bulgaria	20	挪威 Norway	347
柬埔寨 Cambodia	24	阿曼 Oman	7
加拿大 Canada	2 492	巴基斯坦 Pakistan	9

续表

国家(地区)Country/Region	累计件数 Accumulative Statistics	国家(地区)Country/Region	累计件数 Accumulative Statistics
开曼群岛 Cayman Islands	845	巴拿马 Panama	221
英属海峡群岛 Channel Is	16	秘鲁 Peru	18
智利 Chile	99	菲律宾 Philippines	407
哥伦比亚 Colombia	27	波兰 Poland	37
库克群岛 Cook Islands	260	葡萄牙 Portugal	113
哥斯达黎加 Costarica	6	波多黎哥 Puerto Rico	31
科特迪瓦 Ivory Coast	2	韩国 Republic of Korea	7 138
克罗地亚 Croatia	7	罗马尼亚 Romania	20
古巴 Cuba	57	俄罗斯 Russia	223
塞浦路斯 Cyprus	54	圣马力诺 San Marino	1
捷克 Czech	406	萨摩亚 Samoa	16
丹麦 Denmark	1 269	沙特阿拉伯 Saudi Arabia	80
多米尼加 Dominica	6	塞舌尔 Segchelles	3
朝鲜 D.P.R.Korea	6	塞内加尔 Senegal	1
厄瓜多尔 Ecuador	2	新加坡 Singapore	4 435
埃及 Egypt	7	斯洛伐克 Slovakia	3
爱沙尼亚 Estonia	2	斯洛文尼亚 Slovenia	16
芬兰 Finland	852	南非 South Africa	319
法国 France	9 671	西班牙 Spain	1 324
德国 Germany	14 776	斯里兰卡 Sri Lanka	33
直布罗陀 Gibraltar	10	苏丹 Sudan	4
希腊 Greece	48	瑞典 Sweden	2 471
圭亚那 Guyana	3	瑞士 Switzerland	7 717
匈牙利 Hungary	175	叙利亚 Syria	19
冰岛 Iceland	2	泰国 Thailand	1 700
印度 India	521	突尼斯 Tunisia	2
印度尼西亚 Indonesia	388	土耳其 Turkey	151
伊朗 Iran	3	乌克兰 Ukraine	3
爱尔兰 Ireland	320	阿联酋 United Arab Emirates	127
以色列 Israel	336	乌拉圭 Uruguay	6
马恩岛 Isle of Man	85	美国 U.S.A	74 813
意大利 Italy	5 881	英国 United Kingdom	13 618
牙买加 Jamaica	3	瓦努阿图 Vanuatu	2
日本 Japan	40 398	梵蒂冈 Vatican	1
泽西岛 Jersey Island	40	越南 Viet Nam	25
约旦 Jordan	6	西萨摩亚 Western Samoa	142
哈萨克斯坦 Kazakstan	2	西印度群岛 West Indies Is.	673
科威特 Kuwait	9	南斯拉夫 Yugoslavia	32
黎巴嫩 Lebanon	35	津巴布韦 Zimbabwe	3
利比里亚 Liberia	21	马达加斯加 Madagascar	1
利比亚 Samoa	55	洪都拉斯 Honduras	1
列支敦士登 Liechtenstein	444	委内瑞拉 Venezuela	1
肯尼亚 Kenya	1	卡塔尔 Cartel	21
巴拉圭 Paraguay	1	合计 Total	214 187

二、商标评审案件

2003年度商标评审案件统计表
Trademark Cases Reviewed and Adjudicated in China, 2003

项目 Item	案件类型 Cases by Category	数量 Number of Cases
受理申请 Applications Accepted	驳回商标注册申请复审 Review of Rejection of Trademark Applications	8 170
	商标异议复审 Review of Trademark Oppositions	711
	注册商标争议 Disputes over Registered Trademarks	1015
	撤销注册商标复审 Review of Cancellation of Registered Trademarks	71
	总计 Total	9 967
不受理申请 Applications Rejected		164
撤案申请 Applications Withdrawn		160
裁决 Adjudication	驳回商标注册申请复审 Review of Rejection of Trademark Applications	1 884
	商标异议复审 Review of Trademark Oppositions	142
	注册商标争议 Disputes over Registered Trademarks	115
	撤销申请 ……	11
共计审理 Total		2 152

三、商标行政执法案件

2003年度全国查处商标一般违法案件统计表

案件类型		案件数(件)	已结案件数(件)		未结案件数(件)		处理情况				
			国内	国外	国内	国外	收缴和消除商标标识(件)	销毁物品(吨)	罚款 案件数(件) 罚款10万元以下	罚款10万元以上	罚款 金额(元)
合计		11 001	10 840	18	142	1	26 358 972	207.84	7 770	204	45 235 841.04
注册商标使用的管理	自行改变注册商标的文字、图形或其组合的	668	660		8						
	自行改变注册商标注册人名义、地址或其他注册事项的	971	955		16						
	自行转让注册商标注册的	229	227		2						
	连续三年停止使用的	709	698		11						
	商品粗制滥造、以次充好、欺骗消费者的	939	933		6			3 057	977	9	3 140 846.95

续表

案件类型		案件数(件)	已结案件数(件)		未结案件数(件)		处理情况				
							收缴和消除商标标识(件)	销毁物品(吨)	罚款		
									案件数(件)		金额(元)
			国内	国外	国内	国外			罚款10万元以下	罚款10万元以上	
未注册商标使用的管理	冒充注册商标的	3 670	3 604	8	57	1	17 588 359		3 403	46	24 125 705.28
	商品粗制滥造、以次充好、欺骗消费者的	901	885	1	15			162.46	814	4	251 545.85
	违反《商标法》第六条规定的	104	104				24 511		94	1	343 180.00
	违反《商标法》第十条规定的	160	155	4	1		112 535		147		412 150.00
商标使用许可合同的管理	违反《商标法》第四十条第二款规定的	122	121		1		100 706		109		473 051.89
	违反《商标法》第四十条第三款规定的	90	90						116		340 137.00
非法印制或者买卖商标标识的		2 438	2 408	5	25		8 532 862	14.81	2 110	145	13 905 022.07
注册商标使用的管理小计		3 516	3 473		43		3 413	30.57	977	9	3 140 846.95
未注册商标使用的管理小计		4 835	4 748	13	73	1	17 725 405	162.46	4 458	50	27 376 783.13
商标使用许可合同的管理小计		212	211		1		100 706		225		813 188.89

2003年度全国查处商标侵权假冒案件统计表

案件类型		案件数(件)	已结案件数(件)		未结案件数(件)		处理情况						责令赔偿经济损失		移送司法机关追究刑事责任	
							收缴和消除商标标识(件)	收缴直接用于商标侵权的模具印版等工具(件)	销毁侵权物品(吨)	罚款						
										案件数(件)		金额(元)				
			国内	国外	国内	国外				罚款10万元以下	罚款10万元以上		案件数(件)	金额(元)	案件数(件)	人数(人)
合计		26 488	23 994	2 029	401	64	58 395 994	15 597	3 541.42	24 306	421	196 394 093.91	66	1 073 133.00	45	52
假冒商标	未经注册商标所有人的许可,在相同商品上使用与其注册商标相同的商标的	3 477	3 095	322	53	7	7 968 419	1 389	382.70	3 142	66	43 934 318.53	12	307 717.00	20	21
	伪造、擅自制造他人注册商标标识或者销售伪造、擅自制造的注册商标标识的	1 281	1 216	42	22	1	7 837 159	2 155	2 823	1 030	145	9 670 032.90	12	195 600.00	16	17
	销售明知是假冒注册商标的商品的	4 358	3 680	562	91	25	1 581 311	340	1 186.15	4 037	15	17 423 432.37	3	12 976.00		

续表

案件类型		案件数(件)	已结案件数(件)		未结案件数(件)		处理情况						责令赔偿经济损失		移送司法机关追究刑事责任	
			国内	国外	国内	国外	收缴和消除商标标识(件)	收缴直接用于商标侵权的模具印版等工具(件)	销毁侵权物品(吨)	罚款			案件数(件)	金额(元)	案件数(件)	人数(人)
										案件数(件)		金额(元)				
										罚款10万元以下	罚款10万元以上					
商标侵权	未经注册商标所有人的许可,在相同商品上使用与其注册商标近似的商标或在类似商品上使用与其注册商标相同或相近商标的	7 064	6 450	483	126	5	8 227 447	8 077	1 344.71	6 508	104	71 580 455.60	17	244 740.00	3	3
	经销明知或应知是侵犯他人注册商标专用权商标的	7 004	6 339	581	61	23	7 087 110	546	443.27	6 577	50	34 800 818.31	15	204 100.00	5	9
	在同一种类似商品上,将与他人注册商标相同或近似文字、图形作为商品名称或商品装潢使用,并足以造成误认的	1 616	1 582	13	20	1	23 377 367	1 510	109.26	1 474	12	8 197 792.87	7	96 000.00		
	故意为侵犯他人注册商标专用权行为提供仓储、运输、邮寄、隐匿便利条件的	162	155	3	4		1 773 876		23.00	149	10	1 775 571.00			1	2
	给他人注册商标专用权造成其他损害的	1 526	1 477	23	24	2	1 543 305	1 580	24.10	1 389	19	9 011 672.33		12 000.00		
	商标侵权小计	17 372	16 003	1 103	235	31	1 009 106	11 713	1 944.34	16 097	195	125 366 310.11	39	556 840.00	9	14
	假冒商标小计	9 116	7 991	926	166	33	7 386 889	3 884	1 597.08	8 209	226	71 027 783.80	27	516 293.00	36	38

2003年度各省、自治区、直辖市查处一般违法案件统计表

地区	案件数(件)	已结案件数(件)		未结案件数(件)		处理情况				
		国内	国外	国内	国外	收缴和消除商标标识(件)	销毁物品(吨)	罚款		
								案件数(件)		金额(元)
								罚款10万元以下	罚款10万元以上	
全国	11 001	10 840	18	142	1	26 358 972	207.98	7 770	204	45 235 841.25
北京	28	26		2		174 249		28		2 472 110.00
天津	233	231	2			59 602		233		761 703.50
河北	972	970	1	1		912 745	14.50	679		3 184 019.10
山西	163	160	0	3		93 454	10.50	117		183 973.40
内蒙古	71	71	0			11 451	0	65	1	280 700.00
辽宁	950	937	0	13		8 173 989	2.80	846	0	3 101 827.00
吉林	92	92		0		44 465	2.00	81	1	399 445.00

续表

地区	案件数（件）	已结案件数（件）		未结案件数（件）		处理情况				
						收缴和消除商标标识（件）	销毁物品（吨）	罚款		
								案件数（件）		金额（元）
		国内	国外	国内	国外			罚款10万元以下	罚款10万元以上	
黑龙江	407	404		3		1 387 742	0.21	356	0	10 93162.00
上海	27	23	3	1		10 716		18	1	615 125.00
江苏	620	619	0	1		604 902	0	537	38	10 646 334.82
浙江	1 013	997	8	8		3 560 374	5.70	810	156	8 859 761.30
安徽	386	384		2		1 087 808	1.31	342	1	796 815.70
福建	327	324	0	3		186 990	3.07	287		671 981.34
江西	262	258		6		621 507	0.30	112	0	205 938.00
山东	835	826	2	7		415 809	0	630	1	2 979 329
河南	500	484		16		255 240	7.00	379	1	1 398 132.50
湖北	574	552		22		348 131	42.40	214		1 213 803.40
湖南	1 011	998		13		1 006 547	80.00	541	1	2 903 287
广东	268	254	2	11	1	541 880	4.02	247	1	2 903 287.00
广西	144	141		3		95 065	0	116	0	460 898.90
海南	74	73		1		641 900	3.60	43		100 820.00
重庆	113	113		0		222 734	1.50	88	0	461 300.00
四川	390	388		2		3 189 285	24.41	334	1	928 674.10
贵州	133	121	0	12		27 969	0	96		331 066.24
云南	722	722		0		129 513	2.70	164	1	401 020.00
西藏	8	8						8		1.00
陕西	504	501		3	0	1 225 205	1.96	245		589 035.29
甘肃	41	41		0		42 654	0	40		66 004.00
青海	4	4						2		150.00
宁夏	15	4		11		338		4		8 300.00
新疆	114	114		0		1 461 048	0	108		187 683.96
台湾										

2003年度各省、自治区、直辖市查处商标侵权假冒案件统计表

地区	案件数(件)	已结案件数(件)		未结案件数(件)		责令赔偿经济损失		移送司法机关		处理情况				
										收缴和消除商标标识(件)	销毁侵权物品(吨)	罚款		
												案件数(件)		金额(元)
		国内	国外	国内	国外	案件数(件)	金额(元)	案件数(件)	人数(人)			罚款10万元以下	罚款10万元以上	
全国	26 488	23 994	2 029	401	64	66	1 073 133.00	45	52	58 395 995	3 541.94	24 306	421	196 554 094.48
北京	1 157	790	333	11	23					918 737	3.90	1 147	10	5 158 919.71
天津	185	176	9			1	3 000.00			593 192	4.46	174	3	1 883 160.00
河北	622	617		4	1		4 000.00			1 196 152	65.86	592	2	4 872 409.20
山西	269	256		13		1				257 947	31.53	243		741 451.62
内蒙古	341	337		4			4 855.00			272 469	3.05	319	2	1 062 603.15
辽宁	1 058	1 008	49	1		2				301 619	15.90	1 054	3	5 778 178.00
吉林	313	268		45						361 881	1.00	257	6	1 917 447.00
黑龙江	527	507	1	19						1 337 724	15.52	459		3 028 994.43
上海	1 022	660	317	29	16	2	53 000.00	2	2	1 419 771	10.07	881	29	12 271 162.31
江苏	1 891	1 801	83	7		5	110 000.00	1	2	5 371 348	25.60	1 750	58	31 586 395.80
浙江	4 861	4 337	461	55	8	14	438 600	32	35	19 121 853	173.91	4 496	231	56 718 845.40
安徽	1 770	1 746	4	20		6	7 000.00			2 741 904	250.43	1 664	1	3 954 924.40
福建	1 763	1 672	72	18	1			3	4	2 845 354	1 027.96	1 675	4	8 241 279.09
江西	472	459	5	8						581 258	9.31	444		1 324 255.00
山东	1 378	1 324	36	18		8	22 400.00	1		2 173 327	61.00	1 229	6	8 152 761.00
河南	950	944		6		1	150 000.00	1	1	997 091	96.30	828		3 585 386.58
湖北	461	448		13		5	14 600.00			343 066	490.00	423	1	2 438 364.00
湖南	1 310	1 265		45			80 000.00	1	3	3 726 303	14.21	1 236	3	8 009 407.00
广东	1 743	1 108	607	14	14	2	25 000.00	2	3	8 472 979	106.77	1 653	35	21 802 537.37
广西	544	530	1	13						144 368	11.74	513		1 942 075.02
海南	126	122		4						407 740	2.00	111		371 090.00
重庆	253	248	1	4		6	20 000.00	1	1	746 577	54.65	240		1 589 905.00
四川	1 286	1 248	23	14	1			1	1	1 002 099	267.03	1 039	22	5 519 690.00
贵州	189	167	1	21		2	38 702.00			385 865	33.61	161		299 012.76
云南	807	788	19			5	42 976.00			379 875	756.65	611	2	1 522 393.00
西藏	3	3				2	30 000.00			5 000				10 000.00
陕西	229	227		2		3	5 000.00			1 273 972	5.64	212		740 349.51
甘肃	168	168								188 563		168		228 778.00
青海	87	87								295 041	1.50	76		98 006.00
宁夏	31	26		5		3	12 000.00			35 000		26		109 977.00
新疆	672	657	7	8		1	12 000.00			497 919	2.16	625	3	1 594 337.13
台湾														

版 权

据统计,2003 年全国各级版权行政管理机关共受理案件 23 013 件,结案 22 429 件,结案率为 97.46%。其中处罚 21 032 起,调解 1 173 起,移送司法机关 224 起。受理案件并结案数量较多的五个地区为广东、广西、河南、江苏、福建。

全国各地方版权行政管理机关共收缴各类盗版品 6 797 万余件,其中查缴的盗版图书 2 475 万余册,盗版期刊 178 万余册,盗版音像制品 2 645 万余盘,盗版电子出版物 662 万余盘,盗版软件 722 万余张,其他各类盗版品 114 万余件。收缴盗版品数量较多的五个地区为广东、湖南、四川、江苏、北京。

根据各地版权局的统计汇总,2003 年,全国各出版社共引进图书版权 12 516 项,比上一年有所增加,全国通过出版社输出图书版权 811 项,比上一年略有下降。其中引进数量较多的五个地区是北京、上海、广西、辽宁、海南;输出数量较多的五个地区是北京、上海、江苏、辽宁、广东。

全国各地版权行政管理机关继续加强合同登记及作品自愿登记工作。全国版权行政管理机关共受理合同登记 14 491 份,作品自愿登记 12 009 件。

中国版权保护中心受理各类软件登记申请 11 360 件,其中:软件著作权登记申请 11 016 件;软件著作权合同登记申请 114 件;软件登记事项变更或补充申请 187 件;其他申请 43 件。另外,北京软件登记代办处软件著作权登记发证 345 件。审查批准发证量为 13 626 件,其中:软件著作权登记审查批准发证量 13 310 件;软件著作权合同登记审查批准发证量 109 件;软件登记事项变更审查批准发证量 167 件;自动撤销登记 40 件。

中国音乐著作权协会截止到 2003 年 12 月发展会员 3 103 人。2003 年许可收入 2 751 万元。2003 年完成对 2002 年许可收入的分配 1 400 万元(2002 年许可收入 1 800 万元)。

一、版权行政管理

2003 年全国版权行政管理总体情况(表 1)

受理、查处案件(件)			收缴盗版品(册、盒 、张、件)		版权合同登记(份)		作品自愿登记(份)	
本年受理案件总数		23 013	合 计	67 975 284	合 计	14 491	合 计	12 009
未结案	以前年度	35	图 书	24 750 560	图 书	12 601	文字作品	1 249
	本年度	584	期 刊	1 788 718	期 刊	529	口述作品	7
结案	以前年度	560	软 件	7 222 764	音像制品	397	音乐作品	180
	本年度	22 429	音像制品	26 451 917	电子出版物	371	曲艺作品	14
处理	调 解	1 173	电子出版物	6 620 566	软 件	528	舞蹈作品	3
	处 罚	21 032			电 影		杂技作品	5
方式	移 送	224			电视节目		美术作品	9 541
行政	总 数	4					摄影作品	488
复议	维 持	4					建筑作品	0
行政	总 数	4					影视作品	50
诉讼	维 持	2	其他	1 140 759	其他	65	设计图	223
涉案	国 内	22 344					地图	7
	其中:港澳台	21					模型作品	1
范围	国 外	64					其他作品	241

2003年全国版权贸易总体情况(表2)

	合计	图书	期刊	录音制品	录像制品	电子出版物	软件	电影	电视节目	其他
引进合计	15 555	12 516	542	1 068	564	180	478	132	10	65
输出合计	1 427	811	0	473	0	35	0	0	108	0

二、版权行政执法

2003年全国版权行政机关查处案件情况统计(表3) (单位:件)

	合计	结案	未结案	处理方式			行政复议		行政诉讼		涉案范围		
				调解	处罚	移送	总数	维持	总数	维持	国内	港澳台	国外
合计	23 013	22 429	584	1 173	21 032	224	4	4	4	2	22 344	21	64
北京市	47	47	0	31	16	0	0	0	0	0	35	0	12
天津市	27	26	1	6	20	0	0	0	0	0	23	0	3
河北省	306	246	60	0	246	0	0	0	0	0	246	0	0
山西省	75	71	4	22	49	0	0	0	0	0	71	0	0
内蒙古	14	13	1	11	0	2	0	0	0	0	13	0	0
辽宁省	339	335	4	64	268	3	0	0	1	1	334	0	1
吉林省	363	363	0	28	333	2	0	0	0	0	363	0	0
黑龙江	526	526	0	32	493	1	0	0	0	0	526	0	0
上海市	105	105	0	88	17	0	0	0	0	0	88	7	10
江苏省	555	555	0	57	490	8	0	0	0	0	551	1	3
浙江省	29	27	2	20	6	1	0	0	0	0	23	1	3
安徽省	230	105	125	0	103	2	1	1	1	0	105	0	0
福建省	568	544	24	139	400	5	0	0	0	0	537	0	7
江西省	81	81	0	0	63	18	0	0	0	0	81	0	0
山东省	499	485	14	73	400	12	1	1	0	0	483	0	2
河南省	646	615	31	61	550	4	2	2	0	0	615	0	0
湖北省	180	165	15	26	138	1	0	0	0	0	158	2	5
湖南省	442	419	23	0	411	8	0	0	0	0	419	0	0
广东省	16 045	15 986	59	213	15 640	133	0	0	1	1	15 965	10	11
广西区	970	970	0	13	950	7	0	0	0	0	969	0	1
海南省	69	53	16	1	47	5	0	0	0	0	53	0	0
重庆市	55	55	0	34	21	0	0	0	0	0	55	0	0
四川省	344	201	143	170	31	0	0	0	0	0	201	0	0
贵州省	40	40	0	6	23	11	0	0	0	0	34	0	6
云南省	11	11	0	5	6	0	0	0	0	0	11	0	0
西藏区	0	0	0	0	0	0	0	0	0	0	0	0	0
陕西省	348	324	24	67	257	0	0	0	0	0	324	0	0
甘肃省	74	45	29	1	43	1	0	0	1	0	45	0	0
青海省	3	3	0	0	3	0	0	0	0	0	3	0	0
宁夏区	10	8	2	1	7	0	0	0	0	0	8	0	0
新疆区	12	5	7	4	1	0	0	0	0	0	5	0	0

2003年全国版权行政机关收缴盗版品情况统计(表4) (单位:册/盒/张/件)

	合 计	图 书	期 刊	软 件	音像制品	电子出版物	其 他
合 计	67 975 284	24 750 560	1 788 718	7 222 764	26 451 917	6 620 566	1 140 759
北京市	4 450 000	1 600 000	250 000	800 000	1 000 000	800 000	0
天津市	56 000	23 000	0	33 000	0	0	0
河北省	1 466 871	904 938	34 769	94 449	383 186	44 201	5 328
山西省	122 436	34 771	3 650	52 474	2 726	22 865	5 950
内蒙古	41 000	23 000	0	18 000	0	0	0
辽宁省	908 351	153 120	8 917	138 866	487 134	118 640	1 674
吉林省	1 074 476	703 649	132 490	12 553	195 192	27 982	2 610
黑龙江	482 391	126 611	11 849	70 329	191 875	81 727	0
上海市	30 031	10 232	0	0	6 174	7 184	6 441
江苏省	6 242 074	1 635 818	68 711	348 876	3 459 632	728 431	606
浙江省	160 769	50 000	27 971	11 300	40 011	31 487	0
安徽省	901 082	404 420	15 019	29 397	414 736	37 510	0
福建省	1 434 663	345 388	10 570	52 556	930 481	69 033	26 635
江西省	1 521 263	1 142 933	0	51 187	327 143	0	0
山东省	1 878 660	860 397	127 045	335 336	484 790	71 092	0
河南省	3 484 769	1 170 744	268 917	104 476	639 458	665 955	635 219
湖北省	3 180 694	794 703	26 434	146 321	1 535 715	677 521	0
湖南省	10 486 200	9 228 903	150 374	67 663	903 579	132 521	3 160
广东省	19 769 928	1 523 849	244 118	3 109 088	12 405 621	2 396 450	90 802
广西区	1 894 874	1 237 410	31 264	175 405	329 630	121 165	0
海南省	369 209	37 817	2 408	4 402	26 152	5 560	292 870
重庆市	635 609	22 415	22 416	196 926	196 926	196 926	0
四川省	2 090 260	772 103	285 859	177 662	784 513	49 026	21 097
贵州省	1 887 462	510 328	14 084	7 049	1 155 050	200 951	0
云南省	330 000	300 000	0	30 000	0	0	0
西藏区	25 742	1 100	1 000	14 412	2 300	6 930	0
陕西省	1 395 000	547 000	6 400	406 600	382 600	52 400	0
甘肃省	1 151 330	439 371	4 453	510 437	143 293	5 409	48 367
青海省	82 040	25 240	0	20 000	3 000	33 800	0
宁夏区	254 800	120 000	40 000	64 000	21 000	9 800	0
新疆区	167 300	1 300	0	140 000	0	26 000	0

三、版权登记

2003年全国版权合同登记情况统计(表5)

(单位:份)

	合计	图书	期刊	音像制品	电子出版物	软件	电影	电视节目	其他
合计	14 491	12 601	529	397	371	528	0	0	65
北京市	9 536	8 798	202	0	127	409	0	0	0
天津市	356	153	0	0	203	0	0	0	0
河北省	48	42	0	0	6	0	0	0	0
山西省	26	26	0	0	0	0	0	0	0
内蒙古	0	0	0	0	0	0	0	0	0
辽宁省	326	317	1	8	0	0	0	0	0
吉林省	226	226	0	0	0	0	0	0	0
黑龙江	34	31	0	3	0	0	0	0	0
上海市	1 749	1 004	281	344	5	50	0	0	65
江苏省	225	186	0	0	9	30	0	0	0
浙江省	135	135	0	0	0	0	0	0	0
安徽省	40	28	0	0	0	12	0	0	0
福建省	104	89	0	8	4	3	0	0	0
江西省	79	76	3	0	0	0	0	0	0
山东省	124	124	0	0	0	0	0	0	0
河南省	0	0	0	0	0	0	0	0	0
湖北省	34	5	0	0	16	13	0	0	0
湖南省	161	161	0	0	0	0	0	0	0
广东省	557	517	0	34	0	6	0	0	0
广西区	194	192	1	0	1	0	0	0	0
海南省	172	172	0	0	0	0	0	0	0
重庆市	14	14	0	0	0	0	0	0	0
四川省	68	65	0	0	0	3	0	0	0
贵州省	4	4	0	0	0	0	0	0	0
云南省	40	38	0	0	0	2	0	0	0
西藏区	0	0	0	0	0	0	0	0	0
陕西省	193	152	41	0	0	0	0	0	0
甘肃省	9	9	0	0	0	0	0	0	0
青海省	0	0	0	0	0	0	0	0	0
宁夏区	1	1	0	0	0	0	0	0	0
新疆区	36	36	0	0	0	0	0	0	0

2003年全国作品自愿登记情况统计(表6) (单位:件)

	合计	文字	口述	音乐	曲艺	舞蹈	杂技	美术	摄影	建筑	影视	设计图	地图	模型	其他
合 计	12 137	1 164	7	181	14	3	5	9 827	348	0	48	237	7	1	295
北京市	347	133	0	8	1	0	0	97	2	0	18	8	0	0	80
天津市	16	9	0	0	0	0	0	7	0	0	0	0	0	0	0
河北省	26	18	0	0	0	0	0	6	0	0	0	2	0	0	0
山西省	40	25	5	0	0	0	0	7	1	0	1	0	1	0	0
内蒙古	93	54	0	36	0	1	0	0	0	0	2	0	0	0	0
辽宁省	355	32	0	9	0	0	3	294	12	0	2	2	0	0	1
吉林省	35	26	0	0	0	0	0	5	0	0	0	2	1	0	1
黑龙江	43	20	0	10	0	0	0	11	1	0	0	0	0	0	1
上海市	611	99	0	4	0	0	0	346	76	0	5	81	0	0	0
江苏省	1 610	63	0	7	8	1	0	1 413	112	0	2	1	0	0	3
浙江省	977	43	0	1	0	0	2	926	3	0	1	1	0	0	0
安徽省	49	13	0	3	0	0	0	8	1	0	0	0	0	0	24
福建省	4 786	19	0	1	0	0	0	4 756	0	0	0	10	0	0	0
江西省	30	4	0	2	0	0	0	24	0	0	0	0	0	0	0
山东省	512	65	0	5	5	0	0	310	108	0	0	10	0	0	9
河南省	76	23	0	2	0	0	0	12	0	0	2	37	0	0	0
湖北省	74	25	0	33	0	0	0	13	2	0	0	0	0	0	1
湖南省	105	67	0	10	0	0	0	27	0	0	1	0	0	0	0
广东省	1 367	103	0	9	0	0	0	1 118	13	0	7	21	1	0	95
广西区	58	21	0	29	0	0	0	6	1	0	1	0	0	0	0
海南省	28	13	0	2	0	0	0	5	6	0	2	0	0	0	0
重庆市	454	71	0	1	0	0	0	286	1	0	0	41	0	0	54
四川省	128	51	0	4	0	0	0	51	2	0	4	8	1	1	6
贵州省	11	6	0	1	0	0	0	0	0	0	0	4	0	0	0
云南省	68	29	0	1	0	0	0	30	4	0	0	3	0	0	1
西藏区	0	0	0	0	0	0	0	0	0	0	0	0	0	0	0
陕西省	120	93	2	1	0	0	0	15	0	0	0	0	0	0	9
甘肃省	14	1	0	1	0	0	0	10	0	0	0	0	0	0	2
青海省	5	5	0	0	0	0	0	0	0	0	0	0	0	0	0
宁夏区	42	5	0	0	0	1	0	32	1	0	0	0	3	0	0
新疆区	57	28	0	1	0	0	0	12	2	0	0	6	0	0	8

四、版权贸易

2003 年全国版权引进情况统计(表 7)

(单位:种)

	合计	图书	期刊	录音制品	录像制品	电子出版物	软件	电影	电视节目	其他
合计	15 555	12 516	542	1 068	564	180	478	132	10	65
北京市	9 536	8 798	202	0	0	127	409	0	0	0
天津市	76	74	2	0	0	0	0	0	0	0
河北省	71	71	0	0	0	0	0	0	0	0
山西省	46	44	0	0	0	0	2	0	0	0
内蒙古	6	6	0	0	0	0	0	0	0	0
辽宁省	275	275	0	0	0	0	0	0	0	0
吉林省	226	226	0	0	0	0	0	0	0	0
黑龙江	61	36	0	0	25	0	0	0	0	0
上海市	1 577	833	281	328	15	5	50	0	0	65
江苏省	300	220	5	33	25	17	0	0	0	0
浙江省	168	95	7	8	58	0	0	0	0	0
安徽省	161	149	0	0	0	0	12	0	0	0
福建省	134	105	0	1	28	0	0	0	0	0
江西省	79	76	3	0	0	0	0	0	0	0
山东省	124	124	0	0	0	0	0	0	0	0
河南省	106	106	0	0	0	0	0	0	0	0
湖北省	66	23	0	3	9	31	0	0	0	0
湖南省	161	161	0	0	0	0	0	0	0	0
广东省	1 183	108	0	676	342	0	0	55	2	0
广西区	487	455	0	12	18	0	2	0	0	0
海南省	257	257	0	0	0	0	0	0	0	0
重庆市	17	17	0	0	0	0	0	0	0	0
四川省	145	57	0	0	0	0	3	77	8	0
贵州省	46	4	0	7	35	0	0	0	0	0
云南省	33	33	0	0	0	0	0	0	0	0
西藏区	0	0	0	0	0	0	0	0	0	0
陕西省	157	106	42	0	9	0	0	0	0	0
甘肃省	19	19	0	0	0	0	0	0	0	0
青海省	1	1	0	0	0	0	0	0	0	0
宁夏区	1	1	0	0	0	0	0	0	0	0
新疆区	36	36	0	0	0	0	0	0	0	0

2003年全国版权输出情况统计(表8)

(单位:种)

	合计	图书	期刊	录音制品	录像制品	电子出版物	软件	电影	电视节目	其他
合计	1 443	827	0	473	0	35	0	0	108	0
北京市	429	321	0	0	0	0	0	0	108	0
天津市	20	20	0	0	0	0	0	0	0	0
河北省	15	15	0	0	0	0	0	0	0	0
山西省	2	2	0	0	0	0	0	0	0	0
内蒙古	0	0	0	0	0	0	0	0	0	0
辽宁省	46	46	0	0	0	0	0	0	0	0
吉林省	10	10	0	0	0	0	0	0	0	0
黑龙江	1	1	0	0	0	0	0	0	0	0
上海市	172	171	0	1	0	0	0	0	0	0
江苏省	48	48	0	0	0	0	0	0	0	0
浙江省	54	19	0	0	0	35	0	0	0	0
安徽省	20	20	0	0	0	0	0	0	0	0
福建省	2	2	0	0	0	0	0	0	0	0
江西省	0	0	0	0	0	0	0	0	0	0
山东省	0	0	0	0	0	0	0	0	0	0
河南省	25	25	0	0	0	0	0	0	0	0
湖北省	27	27	0	0	0	0	0	0	0	0
湖南省	4	4	0	0	0	0	0	0	0	0
广东省	502	30	0	472	0	0	0	0	0	0
广西区	17	17	0	0	0	0	0	0	0	0
海南省	4	4	0	0	0	0	0	0	0	0
重庆市	0	0	0	0	0	0	0	0	0	0
四川省	9	9	0	0	0	0	0	0	0	0
贵州省	0	0	0	0	0	0	0	0	0	0
云南省	12	12	0	0	0	0	0	0	0	0
西藏区	0	0	0	0	0	0	0	0	0	0
陕西省	6	6	0	0	0	0	0	0	0	0
甘肃省	0	0	0	0	0	0	0	0	0	0
青海省	1	1	0	0	0	0	0	0	0	0
宁夏区	1	1	0	0	0	0	0	0	0	0
新疆区	0	0	0	0	0	0	0	0	0	0

2003年全国图书版权引进地情况统计(表9)

(单位:种)

	合计	美国	英国	德国	法国	俄罗斯	加拿大	新加坡	日本	韩国	香港地区	澳门地区	台湾地区	其他地区
合计	12 516	5 506	2 505	653	342	56	39	132	838	269	335	2	1 319	520
北京市	8 798	4 550	1 910	338	133	31	29	66	394	141	116	0	828	262
天津市	74	27	23	2	0	0	0	0	0	7	2	0	7	6
河北省	71	9	11	1	36	0	0	0	1	0	1	0	10	2
山西省	44	13	19	2	0	0	0	0	0	0	0	0	9	1
内蒙古	6	3	2	0	0	0	0	0	1	0	0	0	0	0
辽宁省	275	111	16	37	1	0	0	5	30	14	0	0	36	25
吉林省	226	41	46	2	0	4	0	0	49	27	6	0	43	8
黑龙江	36	10	2	6	0	5	0	0	3	8	0	0	2	0
上海市	833	215	142	61	47	9	1	48	71	10	121	1	78	29
江苏省	220	72	90	10	13	1	1	1	14	0	3	0	8	7
浙江省	95	27	17	4	6	2	0	0	14	1	0	1	23	0
安徽省	149	44	12	0	6	0	0	0	0	1	0	0	17	69
福建省	105	7	4	5	1	0	0	0	31	1	24	0	26	6
江西省	76	0	7	10	9	0	0	0	9	22	1	0	18	0
山东省	124	14	31	5	5	0	0	0	36	8	0	0	5	20
河南省	106	15	14	8	21	0	0	0	11	12	0	0	22	3
湖北省	23	7	2	3	0	0	0	0	0	1	0	0	3	7
湖南省	161	20	11	109	1	0	3	1	3	3	0	0	8	2
广东省	108	7	5	4	3	0	0	0	41	0	32	0	13	3
广西区	455	92	44	33	42	0	1	0	102	2	13	0	110	16
海南省	257	117	31	5	9	0	3	5	14	11	8	0	34	20
重庆市	17	8	0	1	0	0	0	0	0	0	8	0	0	0
四川省	57	13	32	1	0	0	0	0	8	0	0	0	2	1
贵州省	4	0	1	3	0	0	0	0	0	0	0	0	0	0
云南省	33	5	6	0	5	0	1	0	4	0	0	0	10	2
西藏区	0	0	0	0	0	0	0	0	0	0	0	0	0	0
陕西省	106	46	19	1	0	1	0	6	1	0	0	0	4	28
甘肃省	19	0	7	1	4	3	0	0	0	0	0	0	3	1
青海省	1	0	0	1	0	0	0	0	0	0	0	0	0	0
宁夏区	1	0	1	0	0	0	0	0	0	0	0	0	0	0
新疆区	36	33	0	0	0	0	0	0	1	0	0	0	0	2

2003年全国图书版权输出地情况统计(表10)

(单位:种)

	合计	美国	英国	德国	法国	俄罗斯	加拿大	新加坡	日本	韩国	香港地区	澳门地区	台湾地区	其他地区
合计	811	5	2	1	11	1	0	9	15	89	178	0	472	28
北京市	321	1	2	1	0	1	0	0	10	49	25	0	228	4
天津市	20	0	0	0	0	0	0	0	0	1	10	0	9	0
河北省	15	0	0	0	0	0	0	0	0	0	0	0	15	0
山西省	2	0	0	0	0	0	0	0	0	1	0	0	1	0
内蒙古	0	0	0	0	0	0	0	0	0	0	0	0	0	0
辽宁省	46	0	0	0	0	0	0	9	1	1	5	0	30	0
吉林省	10	0	0	0	0	0	0	0	0	5	0	0	5	0
黑龙江	1	0	0	0	0	0	0	0	0	0	0	0	1	0
上海市	171	2	0	0	11	0	0	0	3	14	74	0	46	21
江苏省	48	0	0	0	0	0	0	0	0	0	17	0	31	0
浙江省	19	0	0	0	0	0	0	0	0	1	4	0	13	1
安徽省	20	0	0	0	0	0	0	0	0	7	7	0	6	0
福建省	2	0	0	0	0	0	0	0	0	0	2	0	0	0
江西省	0	0	0	0	0	0	0	0	0	0	0	0	0	0
山东省	0	0	0	0	0	0	0	0	0	0	0	0	0	0
河南省	25	0	0	0	0	0	0	0	0	1	21	0	3	0
湖北省	27	0	0	0	0	0	0	0	0	3	1	0	23	0
湖南省	4	0	0	0	0	0	0	0	1	0	0	0	3	0
广东省	30	0	0	0	0	0	0	0	0	2	3	0	25	0
广西区	17	1	0	0	0	0	0	0	0	2	1	0	11	2
海南省	4	0	0	0	0	0	0	0	0	1	0	0	3	0
重庆市	0	0	0	0	0	0	0	0	0	0	0	0	0	0
四川省	9	0	0	0	0	0	0	0	0	0	2	0	7	0
贵州省	0	0	0	0	0	0	0	0	0	0	0	0	0	0
云南省	12	0	0	0	0	0	0	0	0	0	0	0	12	0
西藏区	0	0	0	0	0	0	0	0	0	0	0	0	0	0
陕西省	6	0	0	0	0	0	0	0	0	0	6	0	0	0
甘肃省	0	0	0	0	0	0	0	0	0	0	0	0	0	0
青海省	1	1	0	0	0	0	0	0	0	0	0	0	0	0
宁夏区	1	0	0	0	0	0	0	0	0	1	0	0	0	0
新疆区	0	0	0	0	0	0	0	0	0	0	0	0	0	0

2003年版权引进图书类别情况(表11)

类　别	数量(种)	类　别	数量(种)
合　计	12 516	P天文学	11
A马列主义	11	Q生物科学	126
B哲学	220	R医药、卫生	734
C社会科学	997	S农业科学	88
D政治、法律	604	T工业技术	2 382
E军事	30	U交通运输	48
F经济	1 896	V航空、航天	4
G文、科、教、体	1 463	X环境科学	44
H语言、文字	982	Z综合性图书	546
I文学	1 288	其中:大学课本GK1	37
J艺术	521	中专课本GK2	0
K历史、地理	217	中学课本GK3	0
N自然科学	166	小学课本GK4	48
O数理科学、化学	138		

2003年版权输出图书类别情况(表12)

类　别	数量	类　别	数量
合　计	811	P天文学	1
A马列主义	0	Q生物科学	5
B哲学	19	R医药、卫生	93
C社会科学	13	S农业科学	24
D政治、法律	58	T工业技术	8
E军事	0	U交通运输	3
F经济	10	V航空、航天	8
G文科教体	148	X环境科学	0
H语言、文字	54	Z综合性图书	38
I文学	93	其中:大学课本GK1	0
J艺术	16	中专课本GK2	0
K历史、地理	179	中学课本GK3	0
N自然科学	39	小学课本GK4	0
O数理科学、化学	2		

国家版权局版权管理司

农业植物新品种

1999～2003年农业植物品种权申请授权情况汇总表
（截止2003.12.31）

	植物种类		总申请量	总授权量	2002年同期申请量	2003年申请量
按植物种类分	大田作物 申请1424件 授权437件	水稻	429	85	80	252
		玉米	590	257	121	186
		大豆	34	21	6	11
		普通小麦	96	22	30	55
		甘蓝型油菜	38	11	11	19
		花生	10	5	1	3
		甘薯	3	0	0	3
		大麦属	3	0	0	3
	蔬菜 申请72件 授权14件	大白菜	15	7	0	5
		辣椒属	10	1	3	0
		普通番茄	8	1	3	4
		马铃薯	6	1	0	3
		普通西瓜	15	3	12	3
		食用萝卜	2	0	1	1
		普通结球甘蓝	4	0	3	1
		黄瓜	6	1	2	5
	花卉 申请23件 授权2件	菊属	4	0	0	2
		非洲菊	2	0	0	2
		石竹属	6	2	3	1
		百合属	1	0	1	0
	果树 申请46件 授权12件	梨属	18	8	11	1
		荔枝	1	1	0	0
		桃	8	2	2	6
		猕猴桃属	1	0	0	1
	牧草　申请1件	酸模属	1	0	0	0
按申请人分	科研单位		782	257	173	332
	教学单位		108	38	33	43
	企　业		354	124	69	160
	个　人		54	9	11	30
	国外企业		13	0	4	2
合　计			1 311	428	290	567

按申请数量排名表

排名	地　区	总申请量	总授权量	2002年同期申请量	2003年申请量
1	四川省	189	52	40	103
2	辽宁省	128	50	26	48
3	吉林省	114	66	21	25
4	山东省	109	48	9	42
5	河南省	105	34	34	37
6	江苏省	83	24	22	44
7	河北省	77	30	18	27
8	北京市	72	22	13	36
9	湖南省	55	9	3	36
10	黑龙江省	52	25	17	12
11	福建省	36	4	13	21
12	湖北省	35	6	7	19
13	安徽省	29	11	14	10
14	广　西	25	3	1	17
15	内蒙古	23	5	7	7
16	浙江省	22	4	7	12
17	山西省	22	6	4	13
18	江西省	21	1	4	17
19	云南省	20	8	3	8
20	上海市	19	6	5	7
21	重庆市	15	1	3	4
22	新　疆	13	2	8	4
23	陕西省	13	5	5	6
24	广东省	10	3	0	5
25	贵州省	6	2	1	3
26	海南省	2	0	0	0
27	甘肃省	2	0	0	2
28	天津市	1	1	1	0
外国	荷　兰	6	0	2	2
	韩　国	4	0	2	0
	日　本	3	0	0	0
合　计		1 311	428	290	567

本统计数据由农业部植物新品种保护办公室提供

知识产权司法

一、2003年最高人民法院民事审判第三庭审理知识产权案件情况

最高人民法院民三庭2003年共受理各类知识产权案件54件，其中，二审案件7件，申请再审案件37件（其中包括国家知识产权局专利复审委员会申请再审案件7件），请示案件10件；2002年旧存案件17件，其中，二审案件6件，提审案件1件，申请再审案件7件，请示案件3件；合计71件；共审结各类案件54件，其中二审案件10件，提审案件1件，申请再审案件33件，请示案件10件。另外，处理当事人来信180余件，接待当事人来信、来访100余人次。

（最高人民法院民三庭）

二、全国地方法院审理知识产权案件情况

2003年，全国地方法院新收知识产权一审、二审、再审案件9 271件，同比上升18.86%，审结8 978件，上升25.36%。未结案2 816件，上升11.22%。

1. 一审收案上升，权属、侵权纠纷占七成以上

全年新收知识产权一审案件6 983件，同比上升12.61%。其中，合同纠纷案件1 449件，占20.75%；权属、侵权纠纷案件5 534件，占79.25%。居前两位的著作权和专利权案件占65.92%。

（1）著作权案件上升幅度最大，居第一位。新收2 493件，同比上升36.68%。其中，著作权案件1 765件，上升34.02%（著作权侵权1 579件，上升40.73%，著作权权属186件，下降4.62%）；邻接权纠纷189件，著作权合同134件，计算机软件著作权纠纷88件，其他著作权纠纷317件。

（2）专利权案件略有上升，居第二位。新收2 110件，同比上升1.39%，其中，专利侵权1 737件，上升0.70%。专利权属90件，专利合同60件，其他专利权纠纷223件。

（3）技术合同案件下滑。新收1 105件，下降16.16%。其中，技术委托、合作开发合同187件，技术服务合同193件，技术秘密转让合同69件，其他技术合同纠纷656件。

（4）商标权案件持续上升。新收926件，同比上升30.98%。其中，商标侵权662件，上升31.35%。商标权合同59件，商标权权属83件，其他商标权122件。

（5）其他。植物新品种纠纷100件，其他知识产权纠纷249件。

2. 一审结案升幅高于收案

全国法院审结知识产权一审案件6 860件，同比上升21.44%。结案率为74.28%。其中，判决2 929件，占42.70%；裁定撤诉2 533件，占36.92%；裁定驳回起诉184件，占2.68%；调解856件，占12.48%；移送有管辖权或便于审理的法院189件，占2.76%；终结和其他处理的169件，占2.46%。涉案诉讼标的14.94亿余元，案均诉讼标的额为21.8万元。截止12月底，尚有未结案2 375件，上升5.04%。

审结涉外案件94件，涉港案件58件，涉台案件42件。

人民法院审理知识产权案件判决率高，撤诉率高，调解率低，中级以上法院审理的案件占84.76%（中级人民法院占69.02%，高级人民法院占15.74%）。说明知识产权案件技术性高，专业性强，审理难度较大，审理期限较长。

清理超审限案件取得一定成效，结案升幅比收案高8.83个百分点，结案率比上年高2.86个百分点。

3. 二审上升近四成半，案件上诉率高

2003年，全国中级以上法院新收知识产权二审案件2 237件，占一审判决和裁定驳回案件的71.86%，同比上升44.88%。上诉率高，二审收案占一审判决和驳回起诉的71.86%。审结2 064件，上升41.42%。维持一审判决的案件占74.61%。具体情况是：判决维持802件，占38.86%；裁定撤诉230件，占11.14%；裁定驳回上诉189件，占9.16%；调解207件，占10.03%；其他处理112件，占5.42%。判决改判386件，占18.70%；裁定发回重审138件，占6.69%。

4. 再审案件数量较少

2003年，全国法院新收知识产权再审案件51件，审结54件。结案中判决维持14件，改判15件，发回重审2件，调解5件，其他处理18件。再审案件中检察院抗诉的4件。

（最高人民法院研究室）

三、知识产权案件

2003 年侵犯知识产权罪案件情况表

单位:件、人

		收案	结案	本期生效判决的人数	处刑情况													
					宣告无罪	免予刑事处罚	其中											
							5年以上至死刑	5年以下有期徒刑	拘役	有期徒刑、拘役缓刑	管制	单处附加刑			并处附加刑			
												罚金	剥夺政治权利	驱逐出境	罚金	剥夺政治权利	没收财产	驱逐出境
侵犯知识产权罪	假冒注册商标罪	146	149	224		4	3	108	13	72		24			178			
	销售假冒注册商标的商品罪	63	62	65			1	36	4	15		9			56			
	非法制造、销售非法制造的注册商标标识罪	120	117	179		2		73	11	69	4	20			126			
	假冒专利罪	1	1	1				1							1			
	侵犯著作权罪	18	15	31		1	7	12	2	9					29			
	销售侵权复制品罪	3	3	2			1	1							2			
	侵犯商业秘密罪	50	52	49	6	5	1	22	2	9		4			27			
	小　计	401	399	551	6	12	12	253	33	174	4	57			419			

2003 年知识产权一审案件统计表

单位:件(万元)

核对关系:
横行:1+2=3+17
3=4+至 10
竖列:8=1+至 7　13=9+至 12
19=14+至 18　25=20+至 24
29=8+13+19+25+至 28
29=30+31

			旧存	收案	结案	在审结案件中												未结	
						判决	裁定				调解	移送	其中					诉讼标的总金额(万元)	件	其中
							驳回起诉	撤诉	终结	其他			当庭宣判	涉外	涉港	涉澳	涉台			中止
			1	2	3	4	5	6	7	8	9	10	11	12	13	14	15	16	17	18
著作权	著作权权属	1	42	186	192	78	10	55		5	33	11	3		1			1 270.1082	35	
	著作权侵权	2	236	1 579	1 488	624	21	569		23	203	48	16	26	19		4	18 428.1205	328	9
	邻接权	3	29	189	131	48	1	71		3	8		1		7			1 627.9559	87	
	计算机软件著作权权属纠纷	4	3	4	5	2		2			1							8	2	
	计算机软件著作权侵权纠纷	5	43	84	91	43	2	34		4	7	1	3	4				2 248.2695	35	3
	著作权合同纠纷	6	25	134	124	53	9	35		2	22	3	1	2	5		2	3 821.0396	35	
	其　他	7	56	317	252	121	6	76		15	30	4	7	7	10			2 571.6386	120	1
	小　计	8	434	2 493	2 283	969	49	842		52	304	67	31	39	42		6	29 975.1323	642	13
商标权	商标权权属	9	14	83	80	38	1	31			8	2	1	2				1 732.8553	17	1
	商标侵权	10	171	662	628	304	16	203		9	86	10	16	20	3		6	1 7564.538	208	9
	商标权合同纠纷	11	13	59	60	39		16			3	2	3	1				1 209.7555	12	1
	其　他	12	58	122	138	89	5	24		5	13	2	3	3	2			2 156.9347	40	1
	小　计	13	256	926	906	470	22	274		14	110	16	23	26	5		6	22 664.0835	277	12

续表

核对关系：
横行：1+2=3+17
3=4+至10
竖列：8=1+至7　13=9+至12
19=14+至18　25=20+至24
29=8+13+19+25+至28
29=30+31

			旧存	收案	结案	在审结案件中：判决	在审结案件中：裁定：驳回起诉	在审结案件中：裁定：撤诉	在审结案件中：裁定：终结	在审结案件中：裁定：其他	在审结案件中：调解	在审结案件中：移送	在审结案件中：其中：当庭宣判	在审结案件中：其中：涉外	在审结案件中：其中：涉港	在审结案件中：其中：涉澳	在审结案件中：其中：涉台	在审结案件中：诉讼标的总金额（万元）	未结：件	未结：其中：中止
			1	2	3	4	5	6	7	8	9	10	11	12	13	14	15	16	17	18
专利权	专利申请权纠纷	14	8	26	22	9	4	6			1	2		1				64.01	7	
专利权	专利权权属	15	52	90	84	34	5	28	1	1	13	2			3			515.59	61	3
专利权	专利侵权	16	1 106	1 737	1 873	643	51	940	1	54	152	32	11	17	3		24	43 266.3502	973	258
专利权	专利权合同纠纷	17	26	60	70	35	2	23		1	6	3	3		1		1	5 103.6433	14	1
专利权	其他	18	43	197	163	60	6	71		3	21	2	2	5	1		4	6 935.8764	77	27
专利权	小计	19	1 235	2 110	2 212	781	68	1 068	2	59	193	41	16	23	8		29	55 885.4699	1 132	289
技术合同	技术委托、合作开发合同	20	48	187	196	105	6	43		2	22	18	7	1	1			11 782.7965	40	3
技术合同	技术秘密转让合同	21	26	69	73	30	2	26			8	7	1					10 754.9245	22	1
技术合同	技术咨询合同	22	12	38	46	16		18			9	3	2					174.2806	5	1
技术合同	技术服务合同	23	44	193	176	100	6	38		2	23	7	7					3 276.5115	62	3
技术合同	其他	24	100	618	623	307	14	121	4	16	142	19	18					7 045.8123	83	1
技术合同	小计	25	230	1 105	1 114	558	28	246	4	20	204	54	35	1	1			33 034.3254	212	9
发现权与发明权纠纷		26	1	4	3	1	1				1							150	2	
植物新品种纠纷		27	8	100	74	18	5	31			20							1 373.1	34	
其他知识产权纠纷		28	97	245	268	132	11	72	3	15	24	11	8	5	2		1	6 295.3743	76	3
合计		29	2 261	6 983	6 860	2 929	184	2 533	9	160	856	189	113	94	58		42	149 377.4854	2 375	326
其中	合同	30	326	1 449	1 469	739	41	340	4	29	252	64	46	4	7		3	44 326.8836	296	10
其中	权属、侵权	31	1 935	5 534	5 391	2 190	143	2 193	5	131	604	125	67	90	51		39	105 050.6018	2 079	316
附项		32	裁定不予受重260件，处理管辖异议300件																	

2003年知识产权二审、再审案件统计表

单位:件(万元)

核对关系:
横行:1+2=3+20
3=4+至12
竖列:8=1+至7=13+14
12=9+至11
25=15+至21
22=23+24
22=25+至28

			旧存	收案	结案	在审结案件中															诉讼标的总金额(万元)	未结	
						判决		裁定							其中							件	其中
						维持	改判	发回重审	撤诉	驳回	终结	撤销原裁定	其他	调解	开庭审理	开庭宣判	涉外	涉港	涉澳	涉台			中止
			1	2	3	4	5	6	7	8	9	10	11	12	13	14	15	16	17	18	19	20	21
二审		著作权	1	57	602	573	204	104	21	73	68		3	31	69	192	8	3	4		3	9 587.0962	89	
二审		商标权	2	30	220	217	74	46	7	23	26		2	14	25	73	3	5			3	9 468.5381	37	1
二审		专利权	3	91	575	520	245	94	24	53	46	1	4	7	46	206	11	3	7		1	22 347.716	146	16
二审		技术合同	4	21	256	236	89	52	17	21	17		5	13	22	59	4					12 496.8371	42	
二审		发现权与发明权	5		3	3	1						1		1	1	1							
二审		植物新品种权	6		6	5			1		1			1	2		1					228	1	
二审		其他知识产权纠纷	7	48	575	510	189	90	68	60	31	2	12	16	42	271	24	4	1			10 687.0141	105	
二审		合计	8	247	2 237	2 064	802	386	138	230	189	3	27	82	207	802	52	15	12		7	64 815.2015	420	17
二审	其中	驳回起诉	9		20	20	—	—	—	6	10		3	1	—	—	—					—		
二审	其中	不予受理	10		13	12	—	—	—	4	4		2	2	—	—	—					—	1	
二审	其中	管辖异议	11	3	188	184	—	—	—	19	113		9	42	—	—	—	2			2	—	7	
二审	其中	小计	12	3	221	216	—	—	—	29	127		14	45	—	—	—	2			2	—	8	
二审	其中	合同	13	28	743	650	235	128	78	69	53		13	22	52	295	27					14 810.5661	125	
二审	其中	权属、侵权	14	219	1 494	1 414	567	258	60	161	136	3	14	60	155	507	25	15	12		7	50 004.6354	295	17
再审		著作权	15	1	8	8	2	6					—			2						5	2	
再审		商标权	16		3	2	1						—	1								32	1	
再审		专利权	17	4	10	9	2	3					—	3	1							116	5	
再审		技术合同	18	5	17	20	6	6	1	1			—	4	2	6						133.58	2	
再审		发现权与发明权	19										—											
再审		植物新品种权	20										—											
再审		其他知识产权纠纷	21	14	13	15	3		1			1	—	8	2	1						50	11	
再审		合计	22	24	51	54	14	15	2	1		1	—	16	5	9						336.58	21	
再审	其中	合同	23	7	29	31	9	11	2	1			—	5	3	8						133.58	5	
再审	其中	权属、侵权	24	17	22	23	5	4				1	—	11	2	1						203	16	
再审	其中	本院决定再审	25	14	38	42	10	12	2	—	—	1	—	13	4	7						265	10	
再审	其中	提审	26	2	5	5	2	1		1			—		1							57	2	
再审	其中	指令再审	27	8	4	3	1	1		—	—		—	1		1							9	
再审	其中	抗诉	28		4	4	1	1					—	2		1						14.58		

1985～2003 年全国地方法院受理知识产权一审案件情况

年份	收案	其中						刑事侵犯知识产权犯罪
		著作权	技术合同	专利	商标	其他	非专利	
1985	347	—	317	6	24	—		
1986	684	100	551	10	23	—		
1987	846	106	666	46	28	—		
1988	1 501	171	1 040	79	41	170		
1989	1 982	147	1 430	130	46	229		
1990	1 602	112	1 072	178	51	189		
1991	1 814	153	982	330	67	282		
1992	2 494	143	1 190	503	150	469	39	327
1993	2 943	236	1 449	680	206	307	65	417
1994	3 204	326	1 447	833	204	299	95	401
1995	3 756	385	1 422	1 051	311	497	90	235
1996	3 861	436	1 221	1 184	320	600	100	244
1997	3 644	411	936	1 045	338	826	88	135
1998	4 093	571	1 175	1 162	527	477	181	131
1999	4 282	750	942	1 485	460	497	148	174
2000	4 811	963	1 146	1 595	393	533	181	255
2001	5 265	1 117	1 238	1 597	482	632	199	319
2002	6 201	1 824	1 318	2 081	707	271	—	409
2003	6 983	2 493	1 105	2 110	926	349	—	401
合　计	60 313	10 444	20 647	16 105	5 304	6 627	1 186	3 448

1985～2003 年全国地方法院审结知识产权一审案件情况

年份	结案	其中						刑事侵犯知识产权犯罪
		著作权	技术合同	专利	商标	其他	非专利	
1985	287	—	263	6	18	—		
1986	549	85	438	7	19	—		
1987	726	71	604	23	28	—		
1988	1 190	136	823	54	46	131		
1989	1 163	110	1 257	79	38	179		
1990	1 540	89	1 082	136	47	186		
1991	1 842	146	1 097	270	54	275		
1992	2 866	450	1 197	472	139	578	30	315
1993	2 828	231	1 406	614	209	317	51	416
1994	2 901	233	1 415	695	186	283	89	411
1995	3 701	366	1 514	943	273	517	88	234
1996	3 710	463	1 244	1 091	306	516	90	251

续表

年份	结案	其　中						刑事侵犯知识产权犯罪
		著作权	技术合同	专利	商标	其他	非专利	
1997	3 754	438	983	1 024	325	894	90	130
1998	3 996	546	1 181	1 114	456	528	171	128
1999	4 160	654	1 007	1 420	487	444	148	175
2000	4 790	989	1 109	1 562	401	545	184	248
2001	5 041	1 063	1 167	1 567	445	601	198	314
2002	5 649	1 776	1 260	1 796	611	206		408
2003	6 860	2 283	1 114	2 212	906	345	—	399
合　计	58 053	10 129	20 161	15 085	4 994	6 545	1 139	3 429

（所有表格统计资料由最高人民法院研究室供稿）

中国专利金奖

低能离子束细胞修饰技术和装置

专利号:93103361.6
专利权人:中国科学院等离子体物理研究所
发明人:余增亮　何建军等

本发明是低能离子束细胞修饰技术和装置。离子注入诱变育种的效率比γ射线高几十倍甚至上百倍,更重要的是,由于离子束与生物体相互作用在入射方向上有高度的空间分辨率,可进行基因位点操作,从而解决诱变育种的方向性问题。本发明技术是用低能离子束溅射刻蚀对放在微环境靶室内的并经过预冷的动、植物细胞进行溅射刻蚀,外源基因导入,细胞融合等。本发明装置是由一个离子源,一个可使离子束通过的主真空室和一个微环境靶室组成。微环境靶室内装有样品架,配有预抽系统、装有高效过滤材料和气源接口的气流净化结构。主真空室与微环境靶室是由隔离阀连接的。

本专利技术育成的6个高产菌株全部产业化。以花生四烯酸(AA)为例,AA原来从深海鱼油提取。利用本专利技术改良AA催化剂,用生物技术生产,催化效率达到国内外最好水平。1999年底参股成立国内第一家生产AA的专业化公司,2000年生产出符合质量标准的AA油脂。该技术生产的AA占国内市场95%,出口欧洲、美国、南美和东南亚。1998年至2002年,新增利润14亿元。

一种覆膜砂配制工艺

专利号:93116639.X
专利权人:北京仁创科技有限公司
发明人:秦升益

本发明涉及一种覆膜砂的配制工艺。覆膜砂是壳型精密铸造法用造型材料,通常以石英砂为原砂,以酚醛树脂为粘结剂,并附加必要的固化剂配制而成。现有的覆膜砂存在高温抗压强度低,耐热时间短,室温抗拉强度和热拉强度低,发气量大,粘结剂用量大,成本高的缺陷。本发明的目的在于提供一种新的覆膜砂配制工艺,根据各步骤添加一些添加剂,可显著减少粘结剂的用量,降低成本,提高覆膜砂的强度,降低覆膜砂的发气量,改善覆膜砂的高温性能和其他铸造性能,可生产各种材质的复杂精密铸件,提高铸件成品率和铸件质量,其配制出的覆膜砂,室温抗拉强度大于3.5MPa,热拉强度大于1.5MPa。

北京仁创铸造有限公司运用该专利技术生产的覆膜砂产品,解决了我国诸如汽车发动机缸体、缸盖等复杂精密铸件的生产难题,使铸件废品率由80%降低到5%以下,极大的促进了汽车工业的国产化进程。自1990年开始,通过技术转让,目前已在全国形成了年产值约5亿元的覆膜砂产业,据不完全统计,10年来累计新增产值约30.1亿元,新增利润6亿元,为客户累计节约成本25.7亿元。

利用彩色影像三基色差分进行火灾探测与定位的方法

专利号:95100519.7
专利权人:中国科学技术大学
发明人:袁宏永　范维澄等

本发明涉及火灾监测技术领域。现有火灾监测装置主要有感烟、感温和感火焰三种类型。但有时温度升高并不是由于火灾燃烧引起的,而是由于气候或正常作业释放热量所致。单纯的烟雾识别,在许多场合也缺乏可靠性,因为烟雾的颜色、烟粒的大小、环境粉尘、空间高度、气流等因素都易引起识别判断的错误,从而导致迟报或误报;

用传感器对红外、紫外光的感应来判断火灾也存在相似的缺陷。本发明火灾监测技术为火灾差分分析技术，采用彩色CCD摄像系统，利用彩色影像三基色对早期火焰的不同反映，对红、蓝基色分量进行差分运算，二值化，再次差分运算，利用火焰面积差图像的增长率来判断火灾异常，并采用直接线性变换技术对火灾进行空间定位，提高了火灾探测的可靠性，可利用现有闭路电视系统，由计算机实现对火灾的自动监测、定位与联动扑救。此专利技术对于加强大型工业等主要场所的火灾安全监控具有重要的作用，提高了其整体安全防范技术水平，并为人民大会堂、首都体育馆等30多家烟厂及其全国棉花储备仓库(256座)等众多企事业单位所利用。

本发明自1999年1月至2003年3月实施以来，累计新增销售额1.2亿元，累计新增利润4 000万元。

自动设置CPU参数值的个人计算机

专利号:97103669.1

专利权人:联想集团公司

发明人:贺志强　万长青等

本发明技术涉及一种自动设置CPU参数值的计算机，该计算机在主板上加入了CPU参数控制逻辑电路，CPU参数控制逻辑电路分别负责控制CPU电压、频率以及倍频数等参数，并在BIOS中加入了CPU参数设定及控制模块。这样装CPU时，BIOS便会控制CPU参数控制逻辑电路生成相应的CPU参数。本发明技术避免了采用跳线和开关的麻烦，用户升级电脑时，只需按一下“热键”，电脑便会进入BIOS设置并显示可更改的CPU参数，因此节省大量人力及时间。另外，本技术通过BIOS更改CPU参数，亦避免传统跳线错误而损坏CPU的现象。本发明第一个在计算机业界采用了免跳线技术，开创了免跳线技术的先河，为计算机业界相关技术的革新作出了一定的引导和促进作用。

本发明技术现由联想(北京)有限公司(即本公司)实施。由于该技术直接通过BIOS按照CPU的类型自动设定CPU参数，避免采用跳线来设定CPU参数的麻烦。因此，应用该技术的计算机深得用户的青睐。本公司自1997年1月至2003年3月底实施该专利后，计算机销售量大增，在实施的前两年，累计新增销售额601.49亿元，新增利润28.4亿元，创收外汇4.2亿美元。

炔烃选择加氢催化剂

专利号:99109341.0

专利权人:中国石油化工集团公司

中国石油化工集团公司北京化工研究院

发明人:戴　伟　朱　警等

本发明涉及一种炔烃选择加氢催化剂及其制备方法。本发明的催化剂包括载体，主催化剂钯，助催化剂铋。其中:载体选自硅藻土、SiO_2、TiO_2、Al_2O_3，其形状选自粒状、球形、片状或者条状，其比表面为1~200平方米/克;本发明的催化剂是通过用含钯溶液，含铋溶液或和其他助催化剂共浸或分步浸渍载体，经干燥、煅烧后制得主催化剂钯以重量比(以下的百分数皆为重量比)计为0.001%~1%。本发明催化剂在炔烃选择加氢反应中明显地提高了原催化剂的活性和选择性，降低了绿油的生成量，减少了催化剂上的积碳量，提高了催化剂的使用寿命，降低了生产成本。助催化剂铋以铋/钯重量比计为0.01~50;本项目研究过程中，主要通过添加调变型助剂，降低表面酸性;添加聚合反应的毒物提高选择性，抑制低聚物的生成;改进载体，减小床层压降等方法提高催化剂的性能。利用本专利开发出的新型碳二选择加氢催化剂BC—H—20系列及技术。催化剂乙烯增量比进口催化剂高45%。副产绿油也少，尤其绿油在催化剂上滞留量少32%。本专利产品的实施，迫使国外同类产品降价约30%以上，即使如此，仍然将国外同类产品在国内的市场份额由85%降至5%以下，基本被本专利产品挤出中国市场。

本专利技术自1999年12月至2003年3月底实施后，累计新增销售额6 160万元。新增利润924万元。节省外汇200万美元。

强化烧结法氧化铝生产工艺

专利号:99109676.2

专利权人:中国长城铝业公司中州铝厂

发明人:李小斌　张宝琦等

一种强化烧结法氧化铝生产工艺，其特征在于高铝硅比矿石、石灰、煤、蒸发碳母、碱粉进行原料磨制制得合格的生料浆，生料浆经烧成工序而得到熟料，将熟料进行溶出，再经赤泥分离得到粗液，粗液经压煮脱硅、硅渣分离得到一次精液，再经过常压脱硅、钙硅渣分离，得到二次精液，二次精液分别经碳化和种分可以得到氢氧化铝浆液，再经分离、洗涤后的氧化铝经焙烧得到氧化铝成品，碳分母液经蒸发返回配料，种分母液直接送溶出工序作调整液，从而实现碱的循环利用，一次硅脱浆液经硅渣分离所得到的钠硅渣经石灰乳脱纳和赤泥分离所得的赤泥经洗涤后外排，而得到的洗液再作为调整液循环利用。常压脱硅经硅渣分离后所得钙硅渣返回配料。

强化烧结法工艺产业化的成功实施，促使中

州分公司氧化铝产量以每年10万吨以上快速递增，从2000年44万吨/年、2001年55万吨/年一跃升至2002年80万吨/年，实现了“三年三大步”，且碱耗、粒度等31项经济技术指标达到国内同行业领先水平，公司经济效益连年增长。至2002年，分公司的销售额达到139 513.24万元，比1999年增长了50%以上，实现利润1.97亿元，国内市场占有率达到18%以上。

植物蛋白质合成丝及其制造方法

专利号:99116636.1

专利权人:李官奇

发明人:李官奇

本发明涉及一种植物蛋白质合成丝，是用榨过油的植物饼粕作原料，将粕中的蛋白质提取出来利用生物化学工程技术与高聚物PVA两组分接枝，共聚共混，研发出一种湿法纺植物蛋白合成丝及其工艺技术。解决了大豆蛋白质天然高分子聚合物与PVA二组分物质在同一溶剂中不相溶分层的问题。不用复型喷丝帽纺出具有皮芯结构的复型纤维。本发明的特征是:它由植物蛋白质和聚乙烯醇高分子聚合物组成，两者含量分别为23~55份和77~45份，这两种物质的溶液经混合制成纺丝原液，经脱泡采用湿法纺丝，纺出的丝束再经湿浴牵伸、烘干、干热牵伸和热定型等一系列工序后成为产品，这种合成丝物理性能与蚕丝相近似，具有良好的吸湿性和透气性，表面带有沟槽，截面为亚铃型和腰圆形。导汗导湿功能相当优异，透气功能优于棉麻，柔软滑糯酷似羊绒，具有良好的悬垂性和蚕丝般的光泽。大豆蛋白纤维既可纯纺，也可与羊绒、羊毛、蚕丝、绢丝、棉麻纤维混纺，并能提高和改善原有织物风格。

本发明已在河南省遂平华康生物工程有限公司、常熟市江河天绒丝有限责任公司实施，自2001年10月至2002年12月累计生产产品2 500吨，新增销售额50 000万元，新增利润9 720万元。

GSM基站单载频分集接收机

专利号:99117043.1

专利权人:深圳市中兴通讯股份有限公司

发明人:陈尚文　朱晓冬等

本发明涉及一种采用软件无线电技术的GSM基站单载频分集接收机。这种GSM基站单载频分集接收机，包括由射频部分和中频部分，接收预处理部分和信道解码部分；预处理部分包括：ADC，DDC，CKU，CPU，EPLD。其中DDC包括：复数NCO和数字正交混频单元，CIC抽取滤波器，FIR抽取滤波器，输出数据格式转换单元。本发明采用软件对系统的参数和功能进行配制、修改；用数字滤波器取代模拟滤波器；在中频直接进行模数转换，省掉了模拟I、Q正交解调电路；对中频采样数据在数字域进行I、Q解调。这种接收机的电路简单，灵活性和可靠性高，消除了I、Q信号的幅度不平衡性和直流误差。与现有技术相比，本发明的GSM基站单载频分集接收机具有如下的优点：利用软件无线电技术，用软件对系统的参数和功能进行配制、修改，用数字滤波器取代模拟滤波器，其滤波器带宽，带内起伏，通带及阻带特性等都可以通过软件实现，大大增强了系统的灵活性。

本发明在深圳市中兴通讯股份有限公司实施，已经应用到该公司的所有BSS系列产品当中，参与组建各种规模的GSM通讯网络，从中国移动、中国联通的GSM网络，到海外许多国家的GSM网络。自2000年4月至2003年3月累计新增销售额18 580万元，新增利润2 786万元，创外汇202万美元。

采用闪速存储器作内存的智能卡集成电路

专利号:99123762.5

专利权人:大唐电信科技股份有限公司微电子分公司

发明人:魏少军　杨延辉

本发明涉及一种采用闪速存储器作内存的智能卡集成电路，确切地说，涉及一种在遵循国际标准的前提下，采用先进的设计理念和新型半导体工艺技术，使智能卡芯片的各种微指令程序代码存储在新架构里的智能卡集成电路，属于半导体集成电路领域。现有智能卡集成电路的基本结构是由CPU、ROM、RAM、EEPROM等部件组成，其中只读存储器ROM用作片内操作系统COS程序代码的载体。本发明包括：中央处理器CPU，读写存储器RAM、可擦写的只读存储器EEPROM，以及系统总线、I/O串行接口、升压电路。其特征在于：采用闪速存储器FLASH作为其内部存储器，其中FLASH分为两个存储区，一个监控区用于存放系统程序，另一个作为用户区，用于存放用户自己开发的加密算法或其他用户程序代码，并可由用户独立写入该存储区内。该集成电路可以较好地解决以前使用只读存储器ROM作片内操作系统COS载体的各个缺陷，使智能卡的应用更安全、更开放、更灵活；将在技术、经济、社会效益乃至国家安全等许多方面带来很大的好处。

本发明在大唐电信科技股份有限公司微电子分公司实施，自2001年3月至2003年3月底，累计新增销售额11 134万元，新增利润2 978万元。

一种可组合移动的集装箱检测系统

专利号:99126240.9

专利权人:清华大学

清华同方威视技术股份有限公司

发明人:康克军　高文焕等

本发明涉及一种移动式大型集装箱检测系统。现有的集装箱检测系统是一种固定的探测器,这种检测系统占地面积相当一个足球场,每年维修费用高达上百万元。另一种自扫描式大型物体辐射检测系统,虽然占地面积小,成本降低且易于维护,但由于检测装置中的探测器都是安装在固定的探测架或探测塔中,所以,还是没从根本上解决问题。本发明突破了现有技术的基本模式,克服了固定式系统占地面积大、不能迁移的缺点和车载式设备穿透能力弱的不足等缺点。它包括活动屏蔽间、自动扫描车和远程控制装置。其特点是,活动屏蔽间可拆卸拼装,自动扫描车上装有带探测器的水平臂和垂直臂组成的门框架、辐射源及可双向行走的拖车架。检测时,由控制装置远程控制使自动扫描车门框架跨过被检集装箱。检测结果在控制装置中显示。本发明设计合理、安装拆卸容易、使用方便、投资成本低、并可对被测集装箱进行异地移动随机检测。

本发明已在美国、英国、澳大利亚、俄罗斯、日本、德国、香港申请专利,美国专利已授权。本发明在清华同方威视技术股份有限公司独家实施,中国海关已在我国主要海关投入使用,并打入了国际市场。自 2000 年 12 月至 2003 年 3 月,累计新增销售额60 126万元,新增利润12 544万元,创外汇1 475万美元。

丙型肝炎全病毒及其体外细胞培养方法

专利号:01124001.6

专利权人:杨凌岱鹰生物工程股份有限公司

发明人:唐恒立　楚雍烈等

本发明是运用分子生物学和基因重组技术建立一种可培养出完整的丙型肝炎病毒增殖病毒的丙型肝炎全病毒体外培养系统。丙型肝炎病毒在感染者体内的肝脏中寄生,患者血中病毒含量低,病毒抗原量很少,并且至今没能建立其丙型肝炎病毒体外培养系统,未能得到完整的丙型肝炎全病毒,而使得对丙型肝炎病毒生物学特性、免疫学特性、致病性、诊断与防治研究进展缓慢,成为制约丙型肝炎病毒研究的瓶颈。本发明的目的是提供一种能在体外增殖、并且有感染活性的丙型肝炎病毒,以及提供一种可培养出完整的丙型肝炎病毒增殖病毒的丙型肝炎全病毒体外细胞培养方法,为研究丙型肝炎病毒生物学、免疫学特性及致病性提供必不可少的病原材料,为丙型肝炎的诊断、药物筛选与评价和疫苗的研究提供有效的体外实验模型。本发明是从丙型肝炎患者血清中扩增包括 3′PolyA 后边 98 个核苷酸的全长基因组;对丙型肝炎病毒基因组中的 NS5A 和 NS5B 进行人工定点突变;在突变后的丙型肝炎病毒基因组中的 NS5B3′末端插入标志基因 IRES—GFP 表达盒;转染敏感细胞,经培养获得有感染活性的丙型肝炎病毒子代病毒。

专利权人杨凌岱鹰生物工程股份有限公司实施本发明专利,自 2003 年 9 月至 2003 年 3 月累计新增销售额1 350万元,新增利润 702 万元。

大型球墨离心铸管机

专利号:98208664.4

专利权人:新兴铸管(集团)有限责任公司

设计人:范英俊　陈宝玉等

本实用新型涉及一种离心铸造球墨铸管装置,特别是口径为 1 000 ~ 2 000毫米的热模法离心铸管机。国内现有的离心铸机从形式上可分为立式和卧式两大类,铸造工艺又分热模法和冷模法,其中热模法中,热拨联铸使用最广,但是多工位的热拨联铸机大多是不同时期的进口设备,占地面积大,设备重、体积庞大且结构复杂,造价昂贵,耗电大,成本高,更主要的是产品口径不能超过 DN 1 000mm。本实用新型提供一种集清渣、加热、布砂、浇注、冷却和推管于一体离心铸造球墨铸管装置。它由浇注部分、离心主机、接管部分、电气和液压部分组成,其中浇注部分有一底座,底座上固定有电动机、减速箱及导轨,浇注小车通过导轮坐在导轨上,其上固定有浇包、悬臂和流槽,悬臂下铰接布砂槽,前端固定推管钳,离心机管模由托轮支撑,并由电动机带动旋转。它具有能生产大口径铸管、结构简单、造价低、多工位的优点,能生产 DN 1 000 ~ 2 000mm 内任一直径的球铁管。

本实用新型由新兴铸管有限公司实施,自 1999 年 1 月至 2003 年 3 月底,累计新增销售额 537 200万元,新增利润107 440万元,创外汇32 557万美元。

用于开关电器机构上的脱扣器

专利号:00243046.0

专利权人:中国电力科学研究院

设计人:王承玉　顾　宁等

本实用新型涉及了一种用于开关电器机构上的脱扣器。以往的操作机构,在分闸挚子与半轴的扣接过程中,常常因为挚子的未及时复位造成开关电器的空合、拒分现象,极大地影响了电力系统的安全、稳定运行。该专利设计的操作机构,减少了分合闸部件,降低了分合闸能耗,使机构的可靠性大大提高。本实用新型是在已有滑动半轴脱扣器的挚子上设置一个滚子,使滚子的圆面与半轴的圆面接触，将现有的滑动半轴脱扣器改为滚动半轴脱扣器，从而使机构的脱扣力大大降低，脱扣省力。该专利主要应用于中国电力科学研究院高压开关所根据电力系统城农网改造的需要，会同有关高压开关生产企业开发研制的ZW32—12/T630—20型户外柱上真空断路器。该断路器主要用于配电网开断、关合电力系统中的负荷电流、过载电流及短路电流，适用于变电站及工矿企业配电系统中作保护和控制之用，更适用于农村电网及频繁操作的场所，特别适用于城网、农网改造的需要。

配用该专利设计的ZW32—12/T630—20户外柱上真空断路器已经成功转让到全国近50余家高压开关生产企业和10余家配件生产企业中。该产品在全国得到了广泛的应用，自2000年推出该产品以来，已在全国累计取得了5 000余台的销售量。通过对该断路器的转让，已经为中国电力科学研究院高压开关所创造了420余万元的收入，通过对该断路器的销售，已经累计为相关企业累计创造了8 000余万元的产值和2 000余万元的利润。

版权先进人物

关于表彰全国版权工作先进集体、先进个人的决定

各省、自治区、直辖市版权局，各相关协会：

自我国新的著作权法颁布实施以来，各级版权行政管理部门、相关版权保护组织广大版权工作者，以邓小平理论和“三个代表”重要思想为指导，认真贯彻落实党的十六大精神，坚持版权保护工作为维护民族创新精神服务，为全面建设小康社会服务，切实加强行政执法和市场监管，增强服务意识和扩大宣传，有力地保护了作者和作品传播者的合法权益，维护了市场经济秩序，促进了版权产业的发展。

为崇向先进，鼓励敬业，进一步推动版权保护工作向前发展，决定对北京市版权局版权管理处等21个版权工作先进集体和封英杰等63名版权工作先进个人予以表彰。各级版权行政管理部门，各版权保护的相关行业协会、学会，以及广大版权工作者要以受到表彰的先进集体和先进个人为榜样，学习他们在版权保护工作中表现出来的高尚精神、优良作风，继续做好版权保护的各项工作。要高举邓小平理论和“三个代表”重要思想的伟大旗帜，认真贯彻落实十六大和十六届三中全会精神，坚持版权保护工作为全党全国的工作大局服务，为促进社会主义经济、文化和科学事业的繁荣与发展服务，进一步提高对版权保护工作重要性的认识，解放思想，实事求是，与时俱进，开拓创新，为推进全面建设小康社会的宏伟事业做出贡献。

国家版权局

二〇〇四年二月二十四日

附件：

1. 全国版权工作先进集体表彰名单
2. 全国版权工作先进个人表彰名单

附件1. 全国版权工作先进集体表彰名单

北　京	北京市版权局版权管理处
上　海	上海市版权局版权管理处
天　津	天津市版权局版权管理处
内蒙古	内蒙古版权局版权处
山　东	山东省版权局版权管理处
福　建	福建省版权局版权处
四　川	四川省版权局版权管理处
安　徽	安徽省版权局版权管理处
云　南	云南省版权局版权处
海　南	海南省文化市场稽查大队
黑龙江	黑龙江省哈尔滨市版权局
河　北	河北省石家庄市版权局
山　西	山西省太原市版权局
河　南	河南省郑州市版权局
广　东	广东省广州市版权局
湖　南	湖南省长沙市版权局
陕　西	陕西省西安市版权局
江　西	江西省版权局景德镇分局
湖　北	湖北省咸宁市版权局
江　苏	江苏省苏州市版权局
甘　肃	甘肃省兰州市文化出版局

附件2. 全国版权工作先进个人表彰名单

封英杰	北京市版权局版权管理处
李国荣	北京市版权局版权执法处
刘志伟	北京市版权保护协会
瞿太和	上海市版权局版权管理处
孙金海	天津市版权局版权处
李春香	天津市版权代理公司
孟　玲	重庆市版权局版权处
潘海波	河北省版权局版权处
张　炬	河北省石家庄市版权局
王葆柯	山西省版权局版权处
志　民	内蒙古版权局版权处
杨波久	辽宁省版权局版权法规处
王约忱	辽宁省鞍山市版权局
房纯刚	吉林省版权局版权处

董　杰　吉林省长春市版权局
邱鸿程　黑龙江省版权局版权管理处
王　冬　黑龙江省大庆市版权局
李向阳　山东省济南市版权局
何　敬　山东省青岛市版权局
汪　峰　山东省泰安市版权局
徐　飞　江苏省版权局版权处
左同明　江苏省江阴市版权局
李　涛　安徽省马鞍山市版权局
徐启超　安徽省淮南市版权局
王心岑　福建省福州市版权局
熊良园　福建省泉州市版权局
汪维国　江西省版权局版权处
张宏涛　江西省版权局版权处
胡知武　湖南省版权局版权管理处
万常明　湖南省常德市版权局
姚正军　湖南省益阳市版权局
钟　萍　河南省安阳市版权局
李桂银　河南省版权局版权处
胡　伟　湖北省版权局版权管理处
佘新发　湖北省荆州市版权局
来其发　湖北省襄樊市版权局
林　岳　广东省东莞市版权局
刘　铁　广东省珠海市版权局
李庆丰　广东省深圳市版权局
周　鑫　广西壮族自治区版权局版权管理处
邵福荣　广西壮族自治区版权局版权管理处
吕　军　海南省版权局版权处
冯力军　四川省成都市版权局
龙学斌　四川省内江市版权局
任俊华　四川省甘孜自治州版权局
谈承宗　贵州省权局版权处
张　晶　云南省版权局版权处
李胡平　云南省版权局版权处
西绕卓玛　西藏自治区版权局版权处
阿　楠　西藏自治区版权局版权处
李林杰　陕西省版权局版权处
张彦文　陕西省咸阳市新闻出版局
张永革　甘肃省天水市文化出版局
杨　龙　甘肃省嘉峪关新闻出版局
党招应　青海省版权局版权处
祝　萍　青海省西宁市文化局
张雪晴　宁夏回族自治区版权局版权处
强小南　宁夏回族自治区银川市新闻出版局
高　群　中国软件联盟
杨东锴　中国音乐著作权协会许可二部
尹　莉　中国文联权益保障委员会
常　青　中国版权保护中心中国版权杂志
尹赤民　中国版权保护中心中国软件登记中心

一、法律、法规、规章

中华人民共和国知识产权海关保护条例

中华人民共和国国务院令第 395 号

《中华人民共和国知识产权海关保护条例》已经 2003 年 11 月 26 日国务院第 30 次常务会议通过，现予公布，自 2004 年 3 月 1 日起施行。

总理　温家宝

二〇〇三年十二月二日

中华人民共和国知识产权海关保护条例

第一章　总　则

第一条　为了实施知识产权海关保护，促进对外经济贸易和科技文化交往，维护公共利益，根据《中华人民共和国海关法》，制定本条例。

第二条　本条例所称知识产权海关保护，是指海关对与进出口货物有关并受中华人民共和国法律、行政法规保护的商标专用权、著作权和与著作权有关的权利、专利权（以下统称知识产权）实施的保护。

第三条　国家禁止侵犯知识产权的货物进出口。

海关依照有关法律和本条例的规定实施知识产权保护，行使《中华人民共和国海关法》规定的有关权力。

第四条　知识产权权利人请求海关实施知识产权保护的，应当向海关提出采取保护措施的申请。

第五条　进口货物的收货人或者其代理人、出口货物的发货人或者其代理人应当按照国家规定，向海关如实申报与进出口货物有关的知识产权状况，并提交有关证明文件。

第六条　海关实施知识产权保护时，应当保守有关当事人的商业秘密。

第二章　知识产权的备案

第七条　知识产权权利人可以依照本条例的规定，将其知识产权向海关总署申请备案；申请备案的，应当提交申请书。申请书应当包括下列内容：

（一）知识产权权利人的名称或者姓名、注册地或者国籍等；

（二）知识产权的名称、内容及其相关信息；

（三）知识产权许可行使状况；

（四）知识产权权利人合法行使知识产权的货物的名称、产地、进出境地海关、进出口商、主要特征、价格等；

（五）已知的侵犯知识产权货物的制造商、进出口商、进出境地海关、主要特征、价格等。

前款规定的申请书内容有证明文件的，知识产权权利人应当附送证明文件。

第八条 海关总署应当自收到全部申请文件之日起30个工作日内作出是否准予备案的决定，并书面通知申请人；不予备案的，应当说明理由。

有下列情形之一的，海关总署不予备案：

（一）申请文件不齐全或者无效的；

（二）申请人不是知识产权权利人的；

（三）知识产权不再受法律、行政法规保护的。

第九条 海关发现知识产权权利人申请知识产权备案未如实提供有关情况或者文件的，海关总署可以撤销其备案。

第十条 知识产权海关保护备案自海关总署准予备案之日起生效，有效期为10年。

知识产权有效的，知识产权权利人可以在知识产权海关保护备案有效期届满前6个月内，向海关总署申请续展备案。每次续展备案的有效期为10年。

知识产权海关保护备案有效期届满而不申请续展或者知识产权不再受法律、行政法规保护的，知识产权海关保护备案随即失效。

第十一条 备案知识产权的情况发生改变的，知识产权权利人应当自发生改变之日起30个工作日内，向海关总署办理备案变更或者注销手续。

第三章 扣留侵权嫌疑货物的申请及其处理

第十二条 知识产权权利人发现侵权嫌疑货物即将进出口的，可以向货物进出境地海关提出扣留侵权嫌疑货物的申请。

第十三条 知识产权权利人请求海关扣留侵权嫌疑货物的，应当提交申请书及相关证明文件，并提供足以证明侵权事实明显存在的证据。

申请书应当包括下列主要内容：

（一）知识产权权利人的名称或者姓名、注册地或者国籍等；

（二）知识产权的名称、内容及其相关信息；

（三）侵权嫌疑货物收货人和发货人的名称；

（四）侵权嫌疑货物名称、规格等；

（五）侵权嫌疑货物可能进出境的口岸、时间、运输工具等。

侵权嫌疑货物涉嫌侵犯备案知识产权的，申请书还应当包括海关备案号。

第十四条 知识产权权利人请求海关扣留侵权嫌疑货物的，应当向海关提供不超过货物等值的担保，用于赔偿可能因申请不当给收货人、发货人造成的损失，以及支付货物由海关扣留后的仓储、保管和处置等费用；知识产权权利人直接向仓储商支付仓储、保管费用的，从担保中扣除。具体办法由海关总署制定。

第十五条 知识产权权利人申请扣留侵权嫌疑货物，符合本条例第十三条的规定，并依照本条例第十四条的规定提供担保的，海关应当扣留侵权嫌疑货物，书面通知知识产权权利人，并将海关扣留凭单送达收货人或者发货人。

知识产权权利人申请扣留侵权嫌疑货物，不符合本条例第十三条的规定，或者未依照本条例第十四条的规定提供担保的，海关应当驳回申请，并书面通知知识产权权利人。

第十六条 海关发现进出口货物有侵犯备案知识产权嫌疑的，应当立即书面通知知识产权权利人。知识产权权利人自通知送达之日起3个工作日内依照本条例第十三条的规定提出申请，并依照本条例第十四条的规定提供担保的，海关应当扣留侵权嫌疑货物，书面通知知识产权权利人，并将海关扣留凭单送达收货人或者发货人。知识产权权利人逾期未提出申请或者未提供担保的，海关不得扣留货物。

第十七条 经海关同意，知识产权权利人和收货人或者发货人可以查看有关货物。

第十八条 收货人或者发货人认为其货物未侵犯知识产权权利人的知识产权的，应当向海关提出书面说明并附送相关证据。

第十九条 涉嫌侵犯专利权货物的收货人或者发货人认为其进出口货物未侵犯专利权的，可以在向海关提供货物等值的担保金后，请求海关放行其货物。知识产权权利人未能在合理期限内向人民法院起诉的，海关应当退还担保金。

第二十条 海关发现进出口货物有侵犯备案知识产权嫌疑并通知知识产权权利人后，知识产权权利人请求海关扣留侵权嫌疑货物的，海关应当自扣留之日起30个工作日内对被扣留的侵权嫌疑货物是否侵犯知识产权进行调查、认定；不能认定的，应当立即书面通知知识产权权利人。

第二十一条 海关对被扣留的侵权嫌疑货物进行调查，请求知识产权主管部门提供协助的，有关知识产权主管部门应当予以协助。

知识产权主管部门处理涉及进出口货物的侵权案件请求海关提供协助的，海关应当予以协助。

第二十二条 海关对被扣留的侵权嫌疑货物及有关情况进行调查时，知识产权权利人和收货人或者发货人应当予以配合。

第二十三条 知识产权权利人在向海关提出采取保护措施的申请后，可以依照《中华人民共和国商标法》、《中华人民共和国著作权法》或者《中华人民共和国专利法》的规定，在起诉前就被扣留的侵权嫌疑货物向人民法院申请采取责令停止侵权行为或者财产保全的措施。

海关收到人民法院有关责令停止侵权行为或者财产保全的协助执行通知的，应当予以协助。

第二十四条 有下列情形之一的，海关应当放行被扣留的侵权嫌疑货物：

（一）海关依照本条例第十五条的规定扣留侵权嫌疑货物，自扣留之日起20个工作日内未收到人民法院协助执行通知的；

（二）海关依照本条例第十六条的规定扣留侵权嫌疑货物，自扣留之日起50个工作日内未收到人民法院协助执行通知，并且经调查不能认定被扣留的侵权嫌疑货物侵犯知识产权的；

（三）涉嫌侵犯专利权货物的收货人或者发货人在向海关提供与货物等值的担保金后，请求海关放行其货物的；

（四）海关认为收货人或者发货人有充分的证据证明其货物未侵犯知识产权权利人的知识产权的。

第二十五条 海关依照本条例的规定扣留侵权嫌疑货物，知识产权权利人应当支付有关仓储、保管和处置等费用。知识产权权利人未支付有关费用的，海关可以从其向海关提供的担保金中予以扣除，或者要求担保人履行有关担保责任。

侵权嫌疑货物被认定为侵犯知识产权的，知识产权权利人可以将其支付的有关仓储、保管和处置等费用计入其为制止侵权行为所支付的合理开支。

第二十六条 海关实施知识产权保护发现涉嫌犯罪案件的，应当将案件依法移送公安机关处理。

第四章 法律责任

第二十七条 被扣留的侵权嫌疑货物，经海关调查后认定侵犯知识产权的，由海关予以没收。

海关没收侵犯知识产权货物后，应当将侵犯知识产权货物的有关情况书面通知知识产权权利人。

被没收的侵犯知识产权货物可以用于社会公益事业的，海关应当转交给有关公益机构用于社会公益事业；知识产权权利人有收购意愿的，海关可以有偿转让给知识产权权利人。被没收的侵犯知识产权货物无法用于社会公益事业且知识产权权利人无收购意愿的，海关可以在消除侵权特征后依法拍卖；侵权特征无法消除的，海关应当予以销毁。

第二十八条 个人携带或者邮寄进出境的物品，超出自用、合理数量，并侵犯本条例第二条规定的知识产权的，由海关予以没收。

第二十九条 海关接受知识产权保护备案和采取知识产权保护措施的申请后，因知识产权权利人未提供确切情况而未能发现侵权货物、未能及时采取保护措施或者采取保护措施不力的，由知识产权权利人自行承担责任。

知识产权权利人请求海关扣留侵权嫌疑货物后，海关不能认定被扣留的侵权嫌疑货物侵犯知识产权权利人的知识产权，或者人民法院判定不侵犯知识产权权利人的知识产权的，知识产权权利人应当依法承担赔偿责任。

第三十条 进口或者出口侵犯知识产权货物，构成犯罪的，依法追究刑事责任。

第三十一条 海关工作人员在实施知识产权保护时，玩忽职守、滥用职权、徇私舞弊，构成犯罪的，依法追究刑事责任；尚不构成犯罪的，依法给予行政处分。

第五章 附 则

第三十二条 知识产权权利人将其知识产权向海关总署备案的，应当按照国家有关规定缴纳备案费。

第三十三条 本条例自2004年3月1日起施行。1995年7月5日国务院发布的《中华人民共和国知识产权海关保护条例》同时废止。

专利代理管理办法

国家知识产权局局令（第30号）

为了规范对专利代理行业的管理和监督，制定《专利代理管理办法》，现予以发布，自2003年7月15日起施行。

国家知识产权局令第二十三号公布的《设立专利代理机构审批办法（暂行）》同日废止。

局 长 王景川

二〇〇三年六月六日

第一章 总 则

第一条 为了完善专利代理制度，维护专利代理行业的正常秩序，保障专利代理机构和专利代理人依法执业，根据《专利法》和《专利代理条例》以及国务院的有关规定，制定本办法。

第二条 国家知识产权局和各省、自治区、直辖市知识产权局依照《专利法》、《专利代理条例》和本办法对专利代理机构、专利代理人进行管理和监督。

中华全国专利代理人协会应组织、引导专利代理机构和专利代理人模范执行《专利法》、《专利代理条例》和本办法，规范执业行为、严格行业自律、不断提高行业服务水平。

第二章 专利代理机构及其办事机构的设立、变更、停业和撤销

第三条 专利代理机构的组织形式为合伙制专利代理机构或者有限责任制专利代理机构。

合伙制专利代理机构应当由3名以上合伙人共同出资发起，有限责任制专利代理机构应当由5名以上股东共同出资发起。

合伙制专利代理机构的合伙人对该专利代理机构的债务承担无限连带责任；有限责任制专利代理机构以该机构的全部资产对其债务承担责任。

第四条 设立专利代理机构应当符合下列条件：

(一)具有符合本办法第七条规定的机构名称；

(二)具有合伙协议书或者章程；

(三)具有符合本办法第五条、第六条规定的合伙人或者股东；

(四)具有必要的资金。设立合伙制专利代理机构的，应当具有不低于5万元人民币的资金；设立有限责任制专利代理机构的，应当具有不低于10万元人民币的资金；

(五)具有固定的办公场所和必要的工作设施。

律师事务所申请开办专利代理业务的，在该律师事务所执业的专职律师中应当有3名以上具有专利代理人资格。

第五条 专利代理机构的合伙人或者股东应当符合下列条件：

(一)具有专利代理人资格；

(二)具有2年以上在专利代理机构执业的经历；

(三)能够专职从事专利代理业务；

(四)申请设立专利代理机构时的年龄不超过65周岁；

(五)品行良好。

第六条 有下列情形之一的，不得作为专利代理机构的合伙人或股东：

(一)不具有完全民事行为能力的；

(二)在国家机关或企、事业单位工作，尚未正式办理辞职、解聘或离休、退休手续的；

(三)作为另一专利代理机构的合伙人或者股东不满2年的；

(四)受到《专利代理惩戒规则(试行)》第五条规定的通报批评或者收回专利代理人执业证的惩戒不满3年的；

(五)受刑事处罚的(过失犯罪除外)。

第七条 专利代理机构只能享有和使用一个名称。

专利代理机构的名称应当由该机构所在城市名称、字号、“专利代理事务所”、“专利代理有限公司”或者“知识产权代理事务所”、“知识产权代理有限公司”组成。其字号不得在全国范围内与正在使用或者已经使用过的专利代理机构的字号相同或者相近似。

律师事务所开办专利代理业务的，可以使用该律师事务所的名称。

第八条 设立专利代理机构应当提交下列申请材料：

(一)设立专利代理机构申请表；

(二)专利代理机构的合伙协议书或者章程；

(三)验资证明；

(四)专利代理人资格证和身份证的复印件；

(五)人员简历及人事档案存放证明和离退休证件复印件；

(六)办公场所和工作设施的证明；

(七)其他必要的证明材料。

律师事务所申请开办专利代理业务的，应当提交下列申请材料：

(一)开办专利代理业务申请表；

(二)主管该律师事务所的司法行政机关出具的同意其开办专利代理业务的函件；

(三)律师事务所合伙协议书或者章程；

(四)律师事务所执业许可证复印件和资金证明；

(五)专利代理人的律师执业证、专利代理人资格证和身份证的复印件；

(六)办公场所和工作设施的证明；

(七)其他必要的证明材料。

上述证明材料应当是在申请设立专利代理机构或开办专利代理业务之前的6个月内出具的证明材料。

第九条 设立专利代理机构的审批程序如下：

(一)申请设立专利代理机构的，应当向其所

在地的省、自治区、直辖市知识产权局提出申请。经审查,省、自治区、直辖市知识产权局认为符合本办法规定条件的,应当自收到申请之日起30日内上报国家知识产权局批准;认为不符合本办法规定条件的,应当自收到申请之日起30日内书面通知申请人;

(二)国家知识产权局对符合本办法规定条件的申请,应当自收到上报材料之日起30日内作出批准决定,通知上报的省、自治区、直辖市知识产权局,并向新设立的机构颁发专利代理机构注册证和机构代码;对不符合本办法规定条件的申请,应当自收到上报材料之日起30日内通知上报的省、自治区、直辖市知识产权局重新进行审查。

律师事务所申请开办专利代理业务的,参照上述规定进行审批。

第十条 专利代理机构变更名称、地址、章程、合伙人或者股东等注册事项的,应当向国家知识产权局申请,同时报所在省、自治区、直辖市知识产权局。变更经国家知识产权局批准后生效。

第十一条 专利代理机构停业或者撤销的,应当在妥善处理各种尚未办结的事项后,向其所在地的省、自治区、直辖市的知识产权局申请。经审查同意的,应当将专利代理机构注册证及标识牌交回省、自治区、直辖市知识产权局,并向国家知识产权局办理停业或撤销手续。

第十二条 专利代理机构在本省内设立办事机构的,应当向所在地的省、自治区、直辖市知识产权局申请。经批准的,由省、自治区、直辖市知识产权局报国家知识产权局备案。

专利代理机构跨省设立办事机构的,应当在获得其所在地的省、自治区、直辖市知识产权局同意后,向办事机构所在地的省、自治区、直辖市知识产权局申请。经批准的,由办事机构所在地的省、自治区、直辖市知识产权局报国家知识产权局备案。

第十三条 申请设立办事机构的专利代理机构应当符合下列条件:

(一)设立时间满2年以上;

(二)具有10名以上专利代理人;

(三)通过上一年度年检。

第十四条 专利代理机构的办事机构应当符合下列条件:

(一)具有2名以上由专利代理机构派驻或者聘用的专职专利代理人;

(二)具有固定的办公场所和必要的资金;

(三)办事机构的名称由专利代理机构全名称、办事机构所在城市名称和"办事处"组成。

第十五条 各省、自治区、直辖市知识产权局可以附加规定专利代理机构在其行政区域内设立办事机构的其他条件和程序,并将有关规定报国家知识产权局备案。

第十六条 专利代理机构的办事机构不得以其单独名义办理专利代理业务,其人事、财务、业务等由其所属专利代理机构统一管理。专利代理机构应当对其办事机构的业务活动承担民事责任。

专利代理机构跨省设立办事机构的,其办事机构应当接受办事机构所在地的省、自治区、直辖市知识产权局的指导和监督。

第十七条 办事机构停业或者撤销的,应当在妥善处理各种尚未办结的事项后,向办事机构所在地的省、自治区、直辖市知识产权局申请。经批准的,由该知识产权局报国家知识产权局备案,同时抄报专利代理机构所在地的省、自治区、直辖市知识产权局。

专利代理机构停业或者撤销的,其办事机构应当同时终止。

第三章 专利代理人的执业

第十八条 专利代理人执业应当接受批准设立的专利代理机构的聘请任用,并持有专利代理人执业证。

第十九条 专利代理机构聘用专利代理人应当按照自愿和协商一致的原则与受聘的专利代理人订立聘用协议。订立聘用协议的双方应当遵守并履行协议。

第二十条 颁发专利代理人执业证应当符合下列条件:

(一)具有专利代理人资格;

(二)能够专职从事专利代理业务;

(三)不具有专利代理或专利审查经历的人员在专利代理机构中连续实习满1年,并参加上岗培训;

(四)由专利代理机构聘用;

(五)颁发时的年龄不超过70周岁;

(六)品行良好。

第二十一条 有下列情形之一的,不予颁发专利代理人执业证:

(一)不具有完全民事行为能力的;

(二)申请前在另一专利代理机构执业,尚未被该专利代理机构解聘并未办理专利代理人执业证注销手续的;

(三)领取专利代理执业证后不满1年又转换专利代理机构的;

(四)受到《专利代理惩戒规则(试行)》第五条规定的收回专利代理人执业证的惩戒不满3年的;

(五)受刑事处罚的(过失犯罪除外)。

第二十二条 申请颁发专利代理人执业证应当提交下列材料:

(一)专利代理人执业证申请表;

(二)专利代理人资格证和身份证的复印件;

(三)人事档案存放证明或者离、退休证件复印件;

(四)专利代理机构出具的聘用协议;

(五)申请前在另一专利代理机构执业的,应提交该专利代理机构的解聘证明;

(六)首次申请颁发专利代理执业证的,应提交其实习所在专利代理机构出具的实习证明和参加上岗培训的证明。

第二十三条 国家知识产权局委托中华全国专利代理人协会负责颁发、变更以及注销专利代理人执业证的具体事宜。

第二十四条 经审核,中华全国专利代理人协会认为专利代理人执业证的颁发申请符合本办法规定条件的,应当在收到申请之日起的15日内颁发专利代理人执业证;认为不符合条件的,应当在收到申请之日起的15日内书面通知申请人。

第二十五条 专利代理机构辞退专利代理人的,应当提前30日通知该专利代理人;专利代理人辞职的,应当提前30日通知其所在的专利代理机构。

专利代理机构与专利代理人解除聘用关系的,应当由专利代理机构收回其专利代理人执业证,出具解聘证明,并在出具解聘证明之日起的10日内向中华全国专利代理人协会办理专利代理人执业证注销手续。

第二十六条 专利代理机构停业或者撤销的,应当在获得省、自治区、直辖市知识产权局审查同意之日起的10日内,收回其全部专利代理人执业证并向中华全国专利代理人协会办理专利代理人执业证注销手续。

第二十七条 中华全国专利代理人协会应当在颁发、变更或者注销专利代理人执业证之日起的5日内向国家知识产权局备案并上报有关材料,同时抄送专利代理机构所在省、自治区、直辖市知识产权局。

第二十八条 未持有专利代理人执业证的人员不得以专利代理人的名义,为牟取经济利益从事专利代理业务。

第二十九条 专利代理人承办专利代理业务应当以所在专利代理机构的名义接受委托,与委托人订立书面委托合同,统一收取费用并如实入帐。专利代理人不得私自接受委托,办理专利代理业务并收取费用。

第四章 专利代理机构及专利代理人的年检

第三十条 国家知识产权局负责组织、指导专利代理机构和专利代理人的年检,委托各省、自治区、直辖市知识产权局以及国防专利局具体实施专利代理机构和专利代理人的年检。

凡经批准设立的专利代理机构以及开办专利代理业务的律师事务所均应当参加年检。专利代理机构的办事机构应当随其专利代理机构参加年检,有关材料同时抄报办事机构所在地的省、自治区、直辖市知识产权局。

中华全国专利代理人协会配合参与专利代理机构和专利代理人的年检。

第三十一条 专利代理机构和专利代理人的年检每年进行一次,时间为9月1日至10月31日。

第三十二条 专利代理机构和专利代理人的年检内容包括:

(一)专利代理机构是否符合本办法规定的设立条件;

(二)专利代理机构的合伙人或者股东是否符合本办法规定的条件;

(三)在专利代理机构中执业的专利代理人是否持有专利代理人执业证,是否按照要求参加执业培训;

(四)专利代理机构和专利代理人是否有《专利代理惩戒规则(试行)》第六条、第七条、第八条列出的违法违纪行为;

(五)专利代理机构自前次年检完毕以来的专利代理业务数量;

(六)专利代理机构的财务情况;

(七)应当予以年检的其他内容。

第三十三条 专利代理机构应当提交下列年检材料:

(一)专利代理机构和专利代理人年检登记表;

(二)专利代理机构的工作报告;

(三)专利代理机构注册证副本;

(四)专利代理人执业证;

(五)财务报表;

(六)其他需要提交的文件。

专利代理机构的工作报告应当全面反映本办法第三十二条规定的各项内容。

第三十四条 经年检发现专利代理机构和专利代理人不符合本办法规定的,省、自治区、直辖市知识产权局应当责令其在指定期限内予以改正;逾期不予改正的,给予年检不合格的结论。

经年检发现专利代理机构或者专利代理人有《专利代理惩戒规则(试行)》第六条、第七条、第八条列出的违法违纪行为的,可以提请各省、自治区、直辖市专利代理惩戒委员会给予惩戒。

第三十五条 年检合格的,由各省、自治区、直辖市知识产权局在专利代理机构的注册证以及该机构中执业的专利代理人执业证上加盖该年度年检合格的印章；年检不合格的，加盖年检不合格的印章。

未参加年检或年检不合格的专利代理机构，在下次年检合格之前不得在国家知识产权局和各地知识产权局办理新的专利代理业务。

第三十六条 各省、自治区、直辖市知识产权局应当在完成专利代理机构和专利代理人的年检之日起的10日内将年检情况总结和年检登记表报国家知识产权局备案，并将专利代理人执业证的年检结果送中华全国专利代理人协会备案。

国家知识产权局将向社会公布专利代理机构和专利代理人的年检结果。

第三十七条 国家知识产权局、各省、自治区、直辖市知识产权局和中华全国专利代理人协会的工作人员应当对专利代理机构年检中不予公开的内容保密。

第五章 附 则

第三十八条 本办法由国家知识产权局负责解释。

第三十九条 本办法自2003年7月15日起施行。

专利实施强制许可办法

国家知识产权局局令(第31号)

《专利实施强制许可办法》已经局务会议审议通过，现予公布，自2003年7月15日起施行。

局 长 王景川

二〇〇三年六月十三日

第一章 总 则

第一条 为规范实施发明专利或者实用新型专利的强制许可(以下简称强制许可)的给予、费用裁决和终止程序，根据《中华人民共和国专利法》(以下简称专利法)、《中华人民共和国专利法实施细则》(以下简称专利法实施细则)以及有关法律法规，制定本办法。

第二条 国家知识产权局负责受理和审查强制许可、强制许可使用费裁决和终止强制许可的请求并作出决定。

第三条 请求给予强制许可、请求裁决强制许可使用费和请求终止强制许可，应当使用中文以书面形式办理。

依照本办法提交的证件、证明文件是外文的，当事人应当同时提交中文译文。未按规定提交中文译文的，视为未提交该证件、证明文件。

第四条 具备实施条件的单位以合理的条件请求发明或者实用新型专利权人许可实施其专利，而未能在合理长的时间内获得这种许可的，可以根据专利法第四十八条的规定请求给予实施发明专利或者实用新型专利的强制许可。

一项取得专利权的发明或者实用新型比前已经取得专利权的发明或者实用新型具有显著经济意义的重大技术进步，其实施又有赖于前一发明或者实用新型的实施的，该专利权人可以根据专利法第五十条的规定请求给予实施前一专利的强制许可，前一专利权人也可以请求给予实施后一专利的强制许可。

在国家出现紧急状态或者非常情况时，或者为了公共利益的目的，国务院有关主管部门有权根据专利法第四十九条的规定请求给予实施发明专利或者实用新型专利的强制许可。

第五条 请求人委托专利代理机构提出强制许可请求的，应当提交委托书，写明委托权限。

请求人有两个以上且未委托专利代理机构的，除请求书中另有声明外，以请求书中指明的第一请求人为代表人。

第二章 强制许可请求的审查和决定

第六条 请求给予强制许可的，应当向国家知识产权局提交强制许可请求书，写明下列各项：

(一)请求人的姓名或者名称、地址；

(二)请求人的国籍或者其总部所在的国家；

(三)被请求强制许可的发明专利或实用新型专利的名称、专利号、申请日及授权公告日；

(四)被请求强制许可的发明专利或实用新型专利的专利权人姓名或者名称；

(五)请求给予强制许可的理由和事实；

（六）请求人委托专利代理机构的，应当注明的有关事项；请求人未委托专利代理机构的，其联系人的姓名、地址、邮政编码及联系电话；

（七）请求人的签字或者盖章；委托代理机构的，还应当有该专利代理机构的盖章；

（八）附加文件清单；

（九）其他需要注明的事项。

请求书及其附加文件应当一式两份。

第七条 强制许可请求涉及多项发明专利或者实用新型专利的，如果涉及两个或者两个以上的专利权人，应当按不同专利权人分别提交请求书。

第八条 强制许可请求有下列情形之一的，国家知识产权局不予受理，并通知请求人：

（一）被请求强制许可的发明专利或者实用新型专利的专利号不明确或者难以确定；

（二）请求文件未使用中文；

（三）明显不具备请求强制许可的理由。

第九条 请求文件不符合本办法第六条、第七条规定的，请求人应当在收到通知之日起15日内进行补正。期满未补正的，该请求视为未提出。

请求人应当自提出强制许可请求之日起1个月内缴纳强制许可请求费；逾期未缴纳或者未缴足的，该请求视为未提出。

第十条 对符合专利法、专利法实施细则及本办法规定的强制许可请求，国家知识产权局应当将请求书副本送交专利权人。专利权人应当在指定期限内陈述意见。期满未答复的，不影响国家知识产权局作出决定。

第十一条 国家知识产权局应当对请求人陈述的理由和提交的有关证明文件进行审查。需要实地核查的，国家知识产权局应当指派两名以上工作人员实地核查。

请求人陈述的理由和提交的有关证明文件不充分或不真实的，国家知识产权局在作出驳回强制许可请求的决定前应当通知请求人，给予其陈述意见的机会。

第十二条 请求人或者专利权人要求听证的，由国家知识产权局组织听证。

国家知识产权局应当在举行听证7日前通知请求人、专利权人和其他利害关系人。

除涉及国家秘密、商业秘密或者个人隐私外，听证公开进行。

国家知识产权局举行听证时，请求人、专利权人和其他利害关系人可以进行申辩和质证。

举行听证时应当制作听证笔录，交听证参加人员确认无误后签字或者盖章。

根据专利法第四十九条规定请求给予强制许可的，本条规定的听证程序不予适用。

第十三条 有下列情形之一的，国家知识产权局应当作出驳回强制许可请求的决定，并通知请求人：

（一）请求人不具备本办法第四条规定的主体资格；

（二）请求给予强制许可的理由不符合专利法第四十八条、第四十九条和第五十条的规定；

（三）强制许可请求涉及的发明创造是半导体技术的，其理由不符合专利法实施细则第七十二条的规定。

请求人对驳回强制许可请求的决定不服的，可以自收到通知之日起3个月内向人民法院起诉。

第十四条 请求人可以随时撤回其强制许可请求。请求人在国家知识产权局作出决定前撤回其请求的，强制许可请求的审查程序终止。

在国家知识产权局作出决定前，请求人与专利权人订立了专利实施许可合同的，应当及时通知国家知识产权局，并撤回其强制许可请求。

第十五条 强制许可请求经审查没有发现驳回理由的，国家知识产权局应当作出给予强制许可的决定，写明下列各项：

（一）取得实施强制许可的个人或者单位的姓名或者名称、地址；

（二）被强制许可的发明专利或实用新型专利的名称、专利号、申请日及授权公告日；

（三）给予强制许可的范围、规模和期限；

（四）决定的理由、事实和法律依据；

（五）国家知识产权局的印章及负责人签字；

（六）决定的日期；

（七）其他有关事项。

给予强制许可的决定应当及时通知请求人和专利权人。

第十六条 专利权人对给予强制许可的决定不服的，可以自收到通知之日起3个月内向人民法院起诉。

第十七条 已生效的给予强制许可的决定应当在专利登记簿上登记并在国家知识产权局专利公报、政府网站和中国知识产权报上予以公告。

第三章 强制许可使用费裁决请求的审查和裁决

第十八条 请求国家知识产权局裁决强制许可使用费的，应当符合下列条件：

（一）给予强制许可的决定已公告；

（二）请求人是专利权人或者取得实施强制许可的单位或者个人；

（三）双方经协商不能达成协议。

第十九条 请求裁决强制许可使用费的，应当提交强制许可使用费裁决请求书，写明下列各项：

（一）请求人的姓名或者名称、地址；

（二）请求人的国籍或者请求人总部所在的国家；

（三）给予强制许可的决定的文号；

（四）被请求人的姓名或者名称、地址；

（五）请求裁决强制许可使用费的理由；

（六）请求人委托专利代理机构的，应当注明的有关事项；请求人未委托专利代理机构的，其联系人的姓名、地址、邮政编码及联系电话；

（七）请求人的签字或者盖章；委托代理机构的，还应当有该专利代理机构的盖章；

（八）附加文件清单；

（九）其他需要注明的事项。

请求人应当提交请求书及其附加文件一式两份。

第二十条 强制许可使用费裁决请求有下列情形之一的，国家知识产权局不予受理，并通知请求人：

（一）所涉及的给予强制许可的决定不明确或者尚未公告；

（二）请求文件未使用中文；

（三）明显不具备请求裁决强制许可使用费的理由。

第二十一条 请求文件不符合本办法第十九条规定的，请求人应当在收到通知之日起15日内进行补正。期满未补正的，该请求视为未提出。

请求人应当自提出请求之日起1个月内缴纳强制许可使用费的裁决请求费；逾期未缴纳或者未缴足的，该请求视为未提出。

第二十二条 对符合专利法、专利法实施细则及本办法规定的强制许可使用费裁决请求，国家知识产权局应当将请求书副本送交对方当事人，对方当事人应当在指定期限内陈述意见。期满未答复的，不影响国家知识产权局作出决定。

强制许可使用费裁决过程中，当事人双方可以提交书面意见。国家知识产权局可以根据案情需要听取当事人双方的口头意见。

第二十三条 请求人可以随时撤回其裁决请求。请求人在国家知识产权局作出决定前撤回其裁决请求的，裁决程序终止。

第二十四条 国家知识产权局应当自收到请求书之日起3个月内作出强制许可使用费的裁决决定。

第二十五条 强制许可使用费裁决决定应当写明下列各项：

（一）取得实施强制许可的个人或者单位的姓名或者名称、地址；

（二）被强制许可的发明专利或实用新型专利的名称、专利号、申请日及授权公告日；

（三）裁决的内容及其理由；

（四）国家知识产权局的印章及负责人签字；

（五）决定的日期；

（六）其他有关事项。

强制许可使用费裁决决定应当及时通知双方当事人。

第二十六条 专利权人和取得实施强制许可的单位或者个人对强制许可使用费的裁决决定不服的，可以自收到通知之日起3个月内向人民法院起诉。

第四章 终止强制许可请求的审查和决定

第二十七条 给予强制许可的决定规定的强制许可期限届满时，强制许可自动终止。

强制许可自动终止的，国家知识产权局应当在专利登记簿上登记并在国家知识产权局专利公报、政府网站和中国知识产权报上予以公告。

第二十八条 给予强制许可的决定规定的强制许可期限届满前，强制许可的理由消除并不再发生的，专利权人可以请求国家知识产权局作出终止强制许可的决定。

请求终止强制许可的，应当提交终止强制许可请求书，写明下列各项：

（一）专利权人的姓名或者名称、地址；

（二）专利权人的国籍或者其总部所在的国家；

（三）被请求终止的给予强制许可的决定的文号；

（四）请求终止强制许可的理由和事实；

（五）专利权人委托专利代理机构的，应当注明的有关事项；专利权人未委托专利代理机构的，其联系人的姓名、地址、邮政编码及联系电话；

（六）专利权人的签字或者盖章；委托代理机构的，还应当有该专利代理机构的盖章；

（七）附加文件清单；

（八）其他需要注明的事项。

专利权人应当提交请求书及其附加文件一式两份。

第二十九条 终止强制许可请求有下列情形之一的，国家知识产权局不予受理，并通知请求人：

（一）请求人不是被强制许可的发明专利或者实用新型专利的权利人的；

（二）未写明请求终止的给予强制许可的决定的文号；

（三）请求文件未使用中文；

（四）明显不具备终止强制许可的理由。

第三十条 终止强制许可请求文件不符合本办法第二十八条规定的，请求人应当在收到通知之日起15日内进行补正。期满未补正的，该请求视为未提出。

第三十一条 对符合本办法规定的终止强制许可请求，国家知识产权局应当将请求书副本送交取得实施强制许可的单位或者个人。取得实施强制许可的单位或者个人应当在指定期限内陈述意见。期满未答复的，不影响国家知识产权局作出决定。

第三十二条 国家知识产权局应当对专利权人陈述的理由和提交的有关证明文件进行审查。需要实地核查的，国家知识产权局应当指派两名以上工作人员实地核查。

专利权人陈述的理由和提交的有关证明文件不充分或不真实的，国家知识产权局在作出决定前应当通知专利权人，给予其陈述意见的机会。

第三十三条 经审查认为请求终止强制许可的理由不成立的，国家知识产权局应当作出驳回终止强制许可请求的决定。

专利权人对驳回终止强制许可请求的决定不服的，可以自收到通知之日起3个月内向人民法院起诉。

第三十四条 专利权人可以随时撤回其终止强制许可请求。专利权人在国家知识产权局作出决定前撤回其请求的，相关程序终止。

第三十五条 终止强制许可的请求经审查没有发现驳回理由的，国家知识产权局应当作出终止强制许可的决定，写明下列各项：

(一)专利权人的姓名或者名称、地址；

(二)取得实施强制许可的个人或者单位的姓名或者名称、地址；

(三)发明专利或实用新型专利的名称、专利号、申请日及授权公告日；

(四)给予强制许可的决定的文号；

(五)决定的事实和法律依据；

(六)国家知识产权局的印章及负责人签字；

(七)决定的日期；

(八)其他有关事项。

终止强制许可请求的决定应当及时通知专利权人和取得实施强制许可的单位或者个人。

第三十六条 取得实施强制许可的单位或者个人对终止强制许可的决定不服的，可以自收到通知之日起3个月内向人民法院起诉。

第三十七条 已生效的终止强制许可的决定应当在专利登记簿上登记并在国家知识产权局专利公报、政府网站和中国知识产权报上予以公告。

第五章 附 则

第三十八条 本办法由国家知识产权局负责解释。

第三十九条 本办法自2003年7月15日起施行。

中华人民共和国国家工商行政管理总局令

第5号

《驰名商标认定和保护规定》已经中华人民共和国国家工商行政管理总局局务会议审议通过，现予发布，自2003年6月1日起施行。

局长　王众孚

二〇〇三年四月十七日

驰名商标认定和保护规定

第一条 根据《中华人民共和国商标法》(以下简称商标法)、《中华人民共和国商标法实施条例》(以下简称实施条例)，制定本规定。

第二条 本规定中的驰名商标是指在中国为相关公众广为知晓并享有较高声誉的商标。

相关公众包括与使用商标所标示的某类商品

或者服务有关的消费者，生产前述商品或者提供服务的其他经营者以及经销渠道中所涉及的销售者和相关人员等。

第三条 以下材料可以作为证明商标驰名的证据材料：

（一）证明相关公众对该商标知晓程度的有关材料；

（二）证明该商标使用持续时间的有关材料，包括该商标使用、注册的历史和范围的有关材料；

（三）证明该商标的任何宣传工作的持续时间、程度和地理范围的有关材料，包括广告宣传和促销活动的方式、地域范围、宣传媒体的种类以及广告投放量等有关材料；

（四）证明该商标作为驰名商标受保护记录的有关材料，包括该商标曾在中国或者其他国家和地区作为驰名商标受保护的有关材料；

（五）证明该商标驰名的其他证据材料，包括使用该商标的主要商品近三年的产量、销售量、销售收入、利税、销售区域等有关材料。

第四条 当事人认为他人经初步审定并公告的商标违反商标法第十三条规定的，可以依据商标法及其实施条例的规定向商标局提出异议，并提交证明其商标驰名的有关材料。

当事人认为他人已经注册的商标违反商标法第十三条规定的，可以依据商标法及其实施条例的规定向商标评审委员会请求裁定撤销该注册商标，并提交证明其商标驰名的有关材料。

第五条 在商标管理工作中，当事人认为他人使用的商标属于商标法第十三条规定的情形，请求保护其驰名商标的，可以向案件发生地的市（地、州）以上工商行政管理部门提出禁止使用的书面请求，并提交证明其商标驰名的有关材料。同时，抄报其所在地省级工商行政管理部门。

第六条 工商行政管理部门在商标管理工作中收到保护驰名商标的申请后，应当对案件是否属于商标法第十三条规定的下列情形进行审查：

（一）他人在相同或者类似商品上擅自使用与当事人未在中国注册的驰名商标相同或者近似的商标，容易导致混淆的；

（二）他人在不相同或者不类似的商品上擅自使用与当事人已经在中国注册的驰名商标相同或者近似的商标，容易误导公众，致使该驰名商标注册人的利益可能受到损害的。

对认为属于上述情形的案件，市（地、州）工商行政管理部门应当自受理当事人请求之日起十五个工作日内，将全部案件材料报送所在地省（自治区、直辖市）工商行政管理部门，并向当事人出具受理案件通知书；省（自治区、直辖市）工商行政管理部门应当自受理当事人请求之日起十五个工作日内，将全部案件材料报送商标局。当事人所在地省级工商行政管理部门认为所发生的案件属于上述情形的，也可以报送商标局。

对认为不属于上述情形的案件，应当依据商标法及实施条例的有关规定及时作出处理。

第七条 省（自治区、直辖市）工商行政管理部门应当对本辖区内市（地、州）工商行政管理部门报送的有关驰名商标保护的案件材料进行审查。

对认为属于本规定第六条第一款情形的案件，应当自收到本辖区内市（地、州）工商行政管理部门报送的案件材料之日起十五个工作日内报送商标局。

对认为不属于本规定第六条第一款情形的案件，应当将有关材料退回原受案机关，由其依据商标法及实施条例的有关规定及时作出处理。

第八条 商标局应当自收到有关案件材料之日起六个月内作出认定，并将认定结果通知案件发生地的省（自治区、直辖市）工商行政管理部门，抄送当事人所在地的省（自治区、直辖市）工商行政管理部门。

除有关证明商标驰名的材料外，商标局应当将其他案件材料退回案件发生地所在省（自治区、直辖市）工商行政管理部门。

第九条 未被认定为驰名商标的，自认定结果作出之日起一年内，当事人不得以同一商标就相同事实和理由再次提出认定请求。

第十条 商标局、商标评审委员会在认定驰名商标时，应当综合考虑商标法第十四条规定的各项因素，但不以该商标必须满足该条规定的全部因素为前提。

第十一条 商标局、商标评审委员会以及地方工商行政管理部门在保护驰名商标时，应当考虑该商标的显著性和驰名程度。

第十二条 当事人要求依据商标法第十三条对其商标予以保护时，可以提供该商标曾被我国有关主管机关作为驰名商标予以保护的记录。

所受理的案件与已被作为驰名商标予以保护的案件的保护范围基本相同，且对方当事人对该商标驰名无异议，或者虽有异议，但不能提供该商标不驰名的证据材料的，受理案件的工商行政管理部门可以依据该保护记录的结论，对案件作出裁定或者处理。

所受理的案件与已被作为驰名商标予以保护的案件的保护范围不同，或者对方当事人对该商标驰名有异议，且提供该商标不驰名的证据材料的，应当由商标局或者商标评审委员会对该驰名商标材料重新进行审查并作出认定。

第十三条 当事人认为他人将其驰名商标作为企业名称登记，可能欺骗公众或者对公众造成误解的，可以向企业名称登记主管机关申请撤销该企业名称登记，企业名称登记主管机关应当依照《企业名称登记管理规定》处理。

第十四条 各级工商行政管理部门应当对驰名商标加强保护，对涉嫌假冒商标犯罪的案件，应当及时向有关部门移送。

第十五条 保护驰名商标的处理决定，处理机关所在省（自治区、直辖市）工商行政管理部门应当抄报商标局。

第十六条 各级工商行政管理部门要建立相应的监督机制，制定相应的监督制约措施，加强对驰名商标认定工作全过程的监督检查。

参与驰名商标认定工作的有关人员，滥用职权、徇私舞弊、牟取不正当利益，违法办理驰名商标认定有关事项，依法给予行政处分；构成犯罪的，依法追究刑事责任。

第十七条 本规定自2003年6月1日起施行。1996年8月14日国家工商行政管理局颁布的《驰名商标认定和管理暂行规定》同时废止。

中华人民共和国国家工商行政管理总局令

第6号

《集体商标、证明商标的注册和管理办法》已经中华人民共和国国家工商行政管理总局局务会议审议通过，现予发布，自2003年6月1日起施行。

局长 王众孚

二〇〇三年四月十七日

集体商标、证明商标注册和管理办法

第一条 根据《中华人民共和国商标法》（以下简称商标法）第三条的规定，制定本办法。

第二条 集体商标、证明商标的注册和管理，依照商标法、《中华人民共和国商标法实施条例》（以下简称实施条例）和本办法的有关规定进行。

第三条 本办法有关商品的规定，适用于服务。

第四条 申请集体商标注册的，应当附送主体资格证明文件并应当详细说明该集体组织成员的名称和地址；以地理标志作为集体商标申请注册的，应当附送主体资格证明文件并应当详细说明其所具有的或者其委托的机构具有的专业技术人员、专业检测设备等情况，以表明其具有监督使用该地理标志商品的特定品质的能力。

申请以地理标志作为集体商标注册的团体、协会或者其他组织，应当由来自该地理标志标示的地区范围内的成员组成。

第五条 申请证明商标注册的，应当附送主体资格证明文件并应当详细说明其所具有的或者其委托的机构具有的专业技术人员、专业检测设备等情况，以表明其具有监督该证明商标所证明的特定商品品质的能力。

第六条 申请以地理标志作为集体商标、证明商标注册的，还应当附送管辖该地理标志所标示地区的人民政府或者行业主管部门的批准文件。

外国人或者外国企业申请以地理标志作为集体商标、证明商标注册的，申请人应当提供该地理标志以其名义在其原属国受法律保护的证明。

第七条 以地理标志作为集体商标、证明商标注册的，应当在申请书件中说明下列内容：

（一）该地理标志所标示的商品的特定质量、信誉或者其他特征；

（二）该商品的特定质量、信誉或者其他特征与该地理标志所标示的地区的自然因素和人文因素的关系；

（三）该地理标志所标示的地区的范围。

第八条 作为集体商标、证明商标申请注册的地理标志,可以是该地理标志标示地区的名称,也可以是能够标示某商品来源于该地区的其他可视性标志。

前款所称地区无需与该地区的现行行政区划名称、范围完全一致。

第九条 多个葡萄酒地理标志构成同音字或者同形字的,在这些地理标志能够彼此区分且不误导公众的情况下,每个地理标志都可以作为集体商标或者证明商标申请注册。

第十条 集体商标的使用管理规则应当包括:

(一)使用集体商标的宗旨;

(二)使用该集体商标的商品的品质;

(三)使用该集体商标的手续;

(四)使用该集体商标的权利、义务;

(五)成员违反其使用管理规则应当承担的责任;

(六)注册人对使用该集体商标商品的检验监督制度。

第十一条 证明商标的使用管理规则应当包括:

(一)使用证明商标的宗旨;

(二)该证明商标证明的商品的特定品质;

(三)使用该证明商标的条件;

(四)使用该证明商标的手续;

(五)使用该证明商标的权利、义务;

(六)使用人违反该使用管理规则应当承担的责任;

(七)注册人对使用该证明商标商品的检验监督制度。

第十二条 使用他人作为集体商标、证明商标注册的葡萄酒、烈性酒地理标志标示并非来源于该地理标志所标示地区的葡萄酒、烈性酒,即使同时标出了商品的真正来源地,或者使用的是翻译文字,或者伴有诸如某某"种"、某某"型"、某某"式"、某某"类"等表述的,适用商标法第十六条的规定。

第十三条 集体商标、证明商标的初步审定公告的内容,应当包括该商标的使用管理规则的全文或者摘要。

集体商标、证明商标注册人对使用管理规则的任何修改,应报经商标局审查核准,并自公告之日起生效。

第十四条 集体商标注册人的成员发生变化的,注册人应当向商标局申请变更注册事项,由商标局公告。

第十五条 证明商标注册人准许他人使用其商标的,注册人应当在一年内报商标局备案,由商标局公告。

第十六条 申请转让集体商标、证明商标的,受让人应当具备相应的主体资格,并符合商标法、实施条例和本办法的规定。

集体商标、证明商标发生移转的,权利继受人应当具备相应的主体资格,并符合商标法、实施条例和本办法的规定。

第十七条 集体商标注册人的集体成员,在履行该集体商标使用管理规则规定的手续后,可以使用该集体商标。

集体商标不得许可非集体成员使用。

第十八条 凡符合证明商标使用管理规则规定条件的,在履行该证明商标使用管理规则规定的手续后,可以使用该证明商标,注册人不得拒绝办理手续。

实施条例第六条第二款中的正当使用该地理标志是指正当使用该地理标志中的地名。

第十九条 使用集体商标的,注册人应发给使用人《集体商标使用证》;使用证明商标的,注册人应发给使用人《证明商标使用证》。

第二十条 证明商标的注册人不得在自己提供的商品上使用该证明商标。

第二十一条 集体商标、证明商标注册人没有对该商标的使用进行有效管理或者控制,致使该商标使用的商品达不到其使用管理规则的要求,对消费者造成损害的,由工商行政管理部门责令限期改正;拒不改正的,处以违法所得三倍以下的罚款,但最高不超过三万元;没有违法所得的,处以一万元以下的罚款。

第二十二条 违反实施条例第六条、本办法第十四条、第十五条、第十七条、第十八条、第二十条规定的,由工商行政管理部门责令限期改正;拒不改正的,处以违法所得三倍以下的罚款,但最高不超过三万元;没有违法所得的,处以一万元以下的罚款。

第二十三条 本办法自2003年6月1日起施行。国家工商行政管理局1994年12月30日发布的《集体商标、证明商标注册和管理办法》同时废止。

中华人民共和国国家工商行政管理总局令

第7号

《马德里商标国际注册实施办法》已经中华人民共和国国家工商行政管理总局局务会议审议通过,现予发布,自2003年6月1日起施行。

局长 王众孚

二〇〇三年四月十七日

马德里商标国际注册实施办法

第一条 根据《中华人民共和国商标法实施条例》(以下简称实施条例)第十二条的规定,制定本办法。

实施条例第十二条规定的商标国际注册,是指根据《商标国际注册马德里协定》(以下简称马德里协定)和《商标国际注册马德里协定有关议定书》(以下简称马德里议定书)及《商标国际注册马德里协定及该协定有关议定书的共同实施细则》(以下简称共同实施细则)规定办理的商标国际注册。

第二条 本办法适用于以中国为原属国的商标国际注册申请、指定中国的领土延伸申请及其他有关的申请。

非经马德里系统途径办理商标国外注册的,不属本办法的调整范围。申请人可以委托商标代理组织,或者委托国外代表人或者律师事务所,或者其在国外的分公司代为办理。

第三条 以中国为原属国申请商标国际注册的,应当在中国设有真实有效的工商营业场所,或者在中国有住所,或者拥有中国国籍。

第四条 具有本办法第三条规定的商标国际注册申请人资格,其商标已经在国务院工商行政管理部门商标局(以下简称商标局)获得注册的,可以根据马德里协定申请该商标的国际注册。

具有本办法第三条规定的商标国际注册申请人资格,其商标已经在商标局获得注册,或者已经向商标局提出商标注册申请的,可以根据马德里议定书申请该商标的国际注册。

第五条 申请商标国际注册的,应当通过商标局办理。

申请人或者其委托的商标代理组织可以直接到商标局提交申请,也可以向商标局寄交申请。

第六条 申请与马德里协定有关的商标国际注册的后期指定、放弃、注销等事宜的,应当通过商标局办理。申请与马德里协定有关的商标国际注册的转让、删减、注册人名义或者地址变更、代理人名义或者地址变更、续展等事宜的,可以通过商标局办理,也可以直接向世界知识产权组织国际局(以下简称国际局)办理。

申请与马德里议定书有关的商标国际注册的后期指定、转让、删减、放弃、注销、注册人名义或者地址变更、代理人名义或者地址变更、续展等事宜的,可以通过商标局办理,也可以直接向国际局办理。

通过商标局办理的,申请人或者其委托的商标代理组织可以直接到商标局提交申请,也可以向商标局寄交申请。

直接向国际局办理的,申请人或者其委托的商标代理组织可以到国际局提交申请,也可以向国际局寄交申请。

第七条 通过商标局申请商标国际注册及办理其他有关事宜的,可以使用国际局提供的英文或者法文书式填写,也可以使用商标局制定的中文书式填写,但需向商标局缴纳翻译费。

申请商标国际注册及办理其他有关事宜的,除按共同实施细则缴纳规定的费用外,还应当向商标局缴纳手续费。

第八条 商标国际注册申请人是自然人的,

应当写明其中文姓名。申请人是法人或者其他组织的，应当写明其中文全称。

自然人、法人或者其他组织有对应的外文译名的，可以注明该外文译名。没有外文译名的，应当注明对应的汉语拼音。

第九条 申请人应当在商标国际注册申请书中注明其详细地址（包括通信地址和邮政编码）、电话号码、传真号码等。

第十条 一件商标国际注册申请可以指定一个类别的商品或服务，也可以指定两个或者两个以上类别的商品或服务。

第十一条 申请商标国际注册时，申请人应当提供以下附件：

（一）国内商标注册证复印件1份，或者商标局出具的商标注册申请受理通知书复印件1份；

（二）要求优先权的，该优先权证明1份；

（三）申请人资格证明1份，如营业执照复印件、居住证明复印件、身份证件复印件等；

（四）委托代理的，代理人委托书1份；

（五）商标图样2份，其尺寸不大于80mm×80mm，不小于20mm×20mm。

第十二条 商标局收到商标国际注册申请书的日期为申请日。

商标国际注册申请未按照规定填写的，商标局退回申请书，申请日不予保留。

申请手续基本齐备，但需要补正的，商标局通知申请人或者其代理人在收到通知之日起的15日内补正。商标局以邮寄形式向当事人送达补正通知的日期，以当事人收到补正通知的邮戳日为准。邮戳日不清晰或者没有邮戳的，或者没有被邮局退回的，自通知发出之日起满15日，视为送达当事人。未补正的，该申请视为放弃，商标局书面通知申请人。

通过商标局办理的商标国际注册申请或者其他申请，按规定需要缴费的，应当自收到商标局缴费通知单之日起15日内，向商标局缴纳有关费用。商标局以邮寄形式向当事人送达缴费通知单的日期，以当事人收到缴费通知单的邮戳日为准。邮戳日不清晰或者没有邮戳的，或者没有被邮局退回的，自缴费通知单发出之日起满15日，视为送达当事人。逾期未缴纳的，该申请视为放弃，商标局书面通知申请人。

第十三条 对指定中国的领土延伸申请，商标局通知国际局依职权驳回的，不再向国际局确认该驳回。

第十四条 在世界知识产权组织《国际商标公告》出版的次月一日起的3个月内，任何人可以对该公告刊登的指定中国的领土延伸申请向商标局提出异议。

一件异议申请可以涉及一个类别的商品或服务，也可以涉及两个或者两个以上类别的商品或服务。

异议人撤回异议申请的，商标局终止异议程序，书面通知当事人。

第十五条 指定中国的集体商标或者证明商标领土延伸申请人，自该商标在世界知识产权组织国际局国际注册簿登记之日起的3个月内，应当通过商标代理组织，依照有关规定，向商标局送交主体资格证明和商标使用管理规则以及其他证明文件。

未在上述3个月内送交主体资格证明和商标使用管理规则以及其他证明文件的，商标局驳回该集体商标或者证明商标的领土延伸申请。

第十六条 转让人未依法申请一并转让的，商标局通知国际商标注册人自收到通知之日起30日内改正；期满未改正的，商标局决定该转让在中国没有效力，并向国际局做出声明。当事人对商标局的声明不服的，可以在其收到商标局声明之日起30日内向人民法院起诉。期满未起诉的，商标局决定生效。生效日为商标局作出决定之日。

删减内容不符合我国商品或服务分类要求的，商标局决定该删减在中国没有效力，并向国际局做出声明。当事人对商标局的声明不服的，可以在其收到商标局声明之日起30日内向人民法院起诉。期满未起诉的，商标局决定生效。生效日为商标局做出决定之日。

第十七条 许可他人在中国境内使用其国际注册商标的，应当按照商标法及其实施条例办理。

第十八条 指定中国的领土延伸申请人以其商标的国际注册代替已经在我国获得的商标注册的，该国际注册不影响该已经在我国获得的商标注册的权利。

要求在商标局商标注册簿登记国际注册代替在先国家注册的，应当通过商标代理组织办理，并按规定缴纳费用。

第十九条 已经在中国得到保护的国际注册商标，有商标法第四十一条规定情形的，商标所有人或者利害关系人或者其他人可以依不同情况，向商标评审委员会申请争议裁定或者申请裁定撤销在中国得到保护的该商标。裁定申请应当自该商标在中国的驳回期限届满后提出。

第二十条 指定中国保护国际注册商标的，自其商标的驳回期限届满之日起，可以委托商标代理组织向商标局申请出具其商标在中国得到保护的证明。

第二十一条 本办法自2003年6月1日起施行。1996年5月24日国家工商行政管理局发布的《马德里商标国际注册实施办法》同时废止。

著作权行政处罚实施办法

第一章 总 则

第一条 （立法目的）为规范著作权行政管理部门的行政处罚行为，保护公民、法人和其他组织的合法权益，根据《中华人民共和国行政处罚法》（以下称“行政处罚法”）、《中华人民共和国著作权法》（以下称“著作权法”）和其他有关法律、行政法规，制定本办法。

第二条 （执法主体）国家版权局以及地方人民政府享有著作权行政执法权的有关部门（以下称“地方著作权行政管理部门”），在法定职权范围内就本办法列举的违法行为实施行政处罚。法律、法规另有规定的，从其规定。

第三条 （违法行为）本办法所称的违法行为是指：

（一）著作权法第四十七条列举的侵权行为，同时损害公共利益的；

（二）《计算机软件保护条例》第二十四条列举的侵权行为，同时损害公共利益的；

（三）其他法律、法规、规章规定的应予行政处罚的著作权违法行为。

第四条 （处罚种类）对本办法列举的违法行为，著作权行政管理部门可以依法给予下列种类的行政处罚：

（一）责令停止侵权行为；

（二）没收违法所得；

（三）没收侵权复制品；

（四）罚款；

（五）没收主要用于制作侵权复制品的材料、工具、设备等；

（六）法律、法规、规章规定的其他行政处罚。

第二章 管辖和适用

第五条 （地域管辖）本办法列举的违法行为，由侵权行为实施地、侵权结果发生地、侵权复制品储藏地或者依法查封扣押地的著作权行政管理部门负责查处。法律、行政法规另有规定的除外。

第六条 （级别管辖）国家版权局可以查处在全国有重大影响的违法行为，以及认为应当由其查处的其他违法行为。地方著作权行政管理部门负责查处本辖区发生的违法行为。

第七条 （管辖争议和指定管辖）两个以上地方著作权行政管理部门对同一违法行为均有管辖权时，由先立案的著作权行政管理部门负责查处该违法行为。

地方著作权行政管理部门因管辖权发生争议或者管辖不明时，由争议双方协商解决；协商不成的，报请共同的上一级著作权行政管理部门指定管辖，其共同的上一级著作权行政管理部门也可以直接指定管辖。

上级著作权行政管理部门在必要时，可以处理下级著作权行政管理部门管辖的有重大影响的案件，也可以将自己管辖的案件交由下级著作权行政管理部门处理；下级著作权行政管理部门认为其管辖的案件案情重大、复杂，需要由上级著作权行政管理部门处理的，可以报请上一级著作权行政管理部门处理。

第八条 （移送）著作权行政管理部门发现查处的违法行为，根据我国刑法规定涉嫌构成犯罪的，应当由该著作权行政管理部门依照国务院《行政执法机关移送涉嫌犯罪案件的规定》将案件移送司法部门处理。

第九条 （时效）著作权行政管理部门对违法行为予以行政处罚的时效为两年，从违法行为发生之日起计算。违法行为有连续或者继续状态的，从行为终了之日起计算。侵权复制品仍在发行的，视为违法行为仍在继续。

违法行为在两年内未被发现的，不再给予行政处罚。法律另有规定的除外。

第三章 处罚程序

第十条 （一般程序）除行政处罚法规定适用简易程序的情况外，著作权行政处罚适用行政处罚法规定的一般程序。

第十一条 （立案）著作权行政管理部门适用一般程序查处违法行为，应当立案。

对本办法列举的违法行为，著作权行政管理部门可以自行决定立案查处，或者根据有关部门移送的材料决定立案查处，也可以根据被侵权人、利害关系人或者其他知情人的投诉或者举报决定立案查处。

第十二条 （投诉）投诉人就本办法列举的违法行为申请立案查处的，应当提交申请书、权利证明、被侵权作品（或者制品）以及其他证据。

申请书应当说明当事人的姓名(或者名称)、地址以及申请查处所根据的主要事实、理由。

投诉人委托代理人代为申请的,应当由代理人出示委托书。

第十三条 (受理)著作权行政管理部门应当在收到所有投诉材料之日起十五日内,决定是否受理并通知投诉人。不予受理的,应当书面告知理由。

第十四条 (承办)立案时应当填写立案审批表,同时附上投诉或者举报材料、上级著作权行政管理部门交办或者有关部门移送案件的材料、执法人员的检查报告等有关材料,由本部门负责人批准立案并指定两名以上办案人员进行调查处理。

办案人员与案件有利害关系的,应当自行回避;没有回避的,当事人可以申请其回避。办案人员的回避,由本部门负责人批准。负责人的回避,由本级人民政府批准。

第十五条 (紧急措施)执法人员在执法过程中,发现违法行为正在实施,情况紧急来不及立案的,可以采取下列措施:

(一)对违法行为予以制止或者纠正;

(二)对侵权复制品和主要用于违法行为的材料、工具、设备等依法先行登记保存;

(三)收集、调取其他有关证据。

执法人员应当及时将有关情况和材料报所在著作权行政管理部门,并办理立案手续。

第十六条 (取证)立案后,办案人员应当及时进行调查,并要求法定举证责任人在著作权行政管理部门指定的期限内举证。

办案人员取证时可以采取下列手段收集、调取有关证据:

(一)查阅、复制与涉嫌违法行为有关的文件档案、账簿和其他书面材料;

(二)对涉嫌侵权复制品进行抽样取证;

(三)对涉嫌侵权复制品先行登记保存。

第十七条 (出示执法证件)办案人员在执法中应当向当事人或者有关人员出示由国家版权局或者地方人民政府制发的行政执法证件。

第十八条 (证据种类)办案时收集的证据包括:

(一)书证;

(二)物证;

(三)证人证言;

(四)视听资料;

(五)当事人陈述;

(六)鉴定结论;

(七)检查、勘验笔录。

第十九条 (当事人提供证据)当事人提供的涉及著作权的底稿、原件、合法出版物、著作权登记证书、认证机构出具的证明、取得权利的合同,以及当事人自行或者委托他人以定购、现场交易等方式购买侵权复制品而取得的实物、发票等,可以作为证据。

第二十条 (制作清单)办案人员抽样取证、先行登记保存有关证据,应当有当事人在场。对有关物品应当当场制作清单一式二份,由办案人员和当事人签名、盖章后,分别交由当事人和办案人员所在著作权行政管理部门保存。当事人不在场或者拒绝签名、盖章的,由现场两名以上办案人员注明情况。

第二十一条 (先行登记保存程序)办案人员先行登记保存有关证据,应当经本部门负责人批准,并向当事人交付证据先行登记保存通知书。当事人或者有关人员在证据保存期间不得转移、损毁有关证据。

先行登记保存的证据,应当加封著作权行政管理部门先行登记保存封条,由当事人就地保存。先行登记保存的证据确需移至他处的,可以移至适当的场所保存。情况紧急来不及办理本条规定的手续时,办案人员可以先行采取措施,事后及时补办手续。

第二十二条 (先行登记保存后续措施)对先行登记保存的证据,应当在交付证据先行登记保存通知书后七日内作出下列处理决定:

(一)需要鉴定的,送交鉴定;

(二)违法事实成立,应当予以没收的,依照法定程序予以没收;

(三)应当移送有关部门处理的,将案件连同证据移送有关部门处理;

(四)违法事实不成立,或者依法不应予以没收的,解除登记保存措施;

(五)其他有关法定措施。

第二十三条 (委托调查)著作权行政管理部门在查处案件过程中,委托其他著作权行政管理部门代为调查的,须出具委托书。受委托的著作权行政管理部门应当积极予以协助。

第二十四条 (专业鉴定)对查处案件中的专业性问题,著作权行政管理部门可以委托专门机构或者聘请专业人员进行鉴定。

第二十五条 (调查报告)调查终结后,办案人员应当提交案件调查报告,说明有关行为是否违法,提出处理意见及有关事实、理由和依据,并附上全部证据材料。

第二十六条 (告知当事人)著作权行政管理部门拟作出行政处罚决定的,应当由本部门负责人签发行政处罚事先告知书,告知当事人拟作出行政处罚决定的事实、理由和依据,并告知当事人依法享有的陈述权、申辩权和其他权利。

行政处罚事先告知书应当由著作权行政管理

部门直接送达当事人，当事人应当在送达回执上签名、盖章。当事人拒绝签收的，由送达人员注明情况，并报告本部门负责人。著作权行政管理部门也可以采取邮寄送达方式告知当事人。无法找到当事人时，可以以公告形式告知。

第二十七条 （当事人陈述、申辩期限）当事人要求陈述、申辩的，应当在被告知后七日内，或者自发布公告之日起三十日内，向著作权行政管理部门提出陈述、申辩意见以及相应的事实、理由和证据。当事人在此期间未行使陈述权、申辩权的，视为放弃权利。

采取直接送达方式告知的，以当事人签收之日为被告知日期；采取邮寄送达方式告知的，以回执上注明的收件日期为被告知日期。

第二十八条 （复核）办案人员应当充分听取当事人的陈述、申辩意见，对当事人提出的事实、理由和证据进行复核，并提交复核报告。

著作权行政管理部门不得因当事人的申辩加重处罚。

第二十九条 （处理决定）著作权行政管理部门负责人应当对案件调查报告及复核报告进行审查，并根据审查结果分别作出下列处理决定：

（一）确属应当予以行政处罚的违法行为的，根据侵权人的过错程度、侵权时间长短、侵权范围大小及损害后果等情节，予以行政处罚；

（二）违法行为轻微的，可以不予行政处罚；

（三）违法事实不成立的，不予行政处罚；

（四）违法行为涉嫌构成犯罪的，移送司法部门处理。

对情节复杂或者重大的违法行为给予较重的行政处罚，由著作权行政管理部门负责人集体讨论决定。

第三十条 （罚款）著作权行政管理部门作出罚款决定时，罚款数额应当依照《中华人民共和国著作权法实施条例》第三十六条和《计算机软件保护条例》第二十四条的规定确定。

第三十一条 （情节严重的处罚）违法行为情节严重的，著作权行政管理部门可以没收主要用于制作侵权复制品的材料、工具、设备等。

前款所称"情节严重"，是指：

（一）个人违法所得数额（即获利数额）在五千元以上，单位违法所得数额在三万元以上的；

（二）个人非法经营数额在三万元以上，单位非法经营数额在十万元以上的；

（三）个人经营侵权复制品两千册（张或盒）以上，单位经营侵权复制品五千册（张或盒）以上的；

（四）因侵犯著作权曾经被追究法律责任，又侵犯著作权的；

（五）造成其他重大影响或者严重后果的。

第三十二条 （一事不再罚）对当事人的同一违法行为，其他行政机关已经予以罚款的，著作权行政管理部门不得再予罚款，但仍可以视具体情况予以本办法第四条所规定的其他种类的行政处罚。

第三十三条 （听证标准）著作权行政管理部门作出较大数额罚款决定或者法律、行政法规规定应当听证的其他行政处罚决定前，应当告知当事人有要求举行听证的权利。

前款所称"较大数额罚款"，是指对个人处以两万元以上、对单位处以十万元以上的罚款。地方性法规、规章对听证要求另有规定的，依照地方性法规、规章办理。

第三十四条 （听证）当事人要求听证的，著作权行政管理部门应当依照行政处罚法第四十二条规定的程序组织听证。当事人不承担组织听证的费用。

第三十五条 （法律文书）著作权行政管理部门决定予以行政处罚的，应当制作行政处罚决定书。

著作权行政管理部门决定不予行政处罚，违法行为轻微的，应当制作不予行政处罚通知书，说明不予行政处罚的事实、理由和依据，并送达当事人；违法事实不成立的，应当制作调查结果通知书，并送达当事人。

著作权行政管理部门决定移送司法部门处理的案件，应当制作涉嫌犯罪案件移送书，并连同有关材料和证据及时移送有管辖权的司法部门。

第三十六条 （送达）行政处罚决定书应当由著作权行政管理部门在宣告后当场交付当事人。当事人不在场的，应当在七日内送达当事人。

第三十七条 （申请行政复议和提起行政诉讼）当事人对国家版权局的行政处罚不服的，可以向国家版权局申请行政复议；当事人对地方著作权行政管理部门的行政处罚不服的，可以向该部门的本级人民政府或者其上一级著作权行政管理部门申请行政复议。

当事人对行政处罚或者行政复议决定不服的，可以依法提起行政诉讼。

第四章　执行程序

第三十八条 （履行处罚决定）当事人收到行政处罚决定书后，应当在行政处罚决定书规定的期限内予以履行。

当事人申请行政复议或者提起行政诉讼的，行政处罚不停止执行。法律另有规定的除外。

第三十九条 （处置没收物）没收的侵权复制品应当销毁，或者经被侵权人同意后以其他适当方式处理。

销毁侵权复制品时，著作权行政管理部门应当指派两名以上执法人员监督销毁过程，核查销毁结果，并制作销毁记录。

对没收的主要用于制作侵权复制品的材料、工具、设备等，著作权行政管理部门应当依法公开拍卖或者依照国家有关规定处理。

第四十条 （代执行）上级著作权行政管理部门作出的行政处罚决定，可以委托下级著作权行政管理部门代为执行。代为执行的下级著作权行政管理部门，应当将执行结果报告该上级著作权行政管理部门。

第五章 附 则

第四十一条 （行政处罚统计）著作权行政管理部门应当按照国家统计法规建立著作权行政处罚统计制度，每年向上一级著作权行政管理部门提交一次著作权行政处罚统计报告。

第四十二条 （立卷归档）行政处罚决定或者复议决定执行完毕后，著作权行政管理部门应当及时将案件材料立卷归档。

立卷归档的材料主要包括：行政处罚决定书、立案审批表、案件调查报告、复核报告、复议决定书、听证笔录、听证报告、证据材料、财物处理单据以及其他有关材料。

第四十三条 （法律文书制作）本办法涉及的有关法律文书，应当参照国家版权局确定的有关文书格式制作。

第四十四条 （实施）本办法自 2003 年 9 月 1 日起施行。国家版权局 1997 年 1 月 28 日发布的《著作权行政处罚实施办法》同时废止，本办法施行前发布的其他有关规定与本办法相抵触的，依照本办法执行。

二、地方规章

陕西省专利保护条例

（2003 年 9 月 28 日陕西省第十届人民代表大会常务委员会第六次会议通过）

第一章 总 则

第一条 为了加强专利管理，保护专利权人的合法权益，鼓励发明创造，促进技术创新，维护市场经济秩序，根据《中华人民共和国专利法》、《中华人民共和国专利法实施细则》和其他有关法律、行政法规，结合本省实际，制定本条例。

第二条 本省行政区域内的专利管理、专利保护及其相关活动，适用本条例。

第三条 县级以上人民政府应当加强对专利工作的领导，将专利工作纳入国民经济和社会发展计划，保障专利管理工作经费，建立衡量技术创新能力的专利评价制度，组织协调有关部门共同做好专利保护工作。

第四条 省和设区的市人民政府管理专利工作的部门负责本行政区域内的专利保护工作。

县（市、区）人民政府管理专利工作的部门依照本条例的规定，开展有关专利保护工作。

其他有关行政部门按照各自的职责，协同做好专利保护工作。

经国务院批准设立的高新技术开发区、经济技术开发区、农业高新技术产业示范区的管理委员会负责区内的专利保护工作。

第五条 县级以上人民政府及其管理专利工作的部门对在专利保护工作中做出显著成绩的单位和个人，应当给予表彰奖励。

第二章 专利管理

第六条 县级以上人民政府应当加强专利宣传教育工作，增强全社会的专利保护意识，鼓励单位和个人对具备申请专利条件的发明创造及时申请中国及外国专利。

省和设区的市人民政府应当设立专利资助资金，资助本行政区域内符合条件的单位、个人申请或者实施专利。

第七条 企业事业单位应当建立内部专利保护和管理制度，宣传专利法律法规和有关专利知识，教育职工尊重他人的专利权，维护本单位的合法权益。

有关行业协会应当鼓励会员申请和实施专利，督促会员尊重他人专利权，支持会员维护自主专利权，为会员提供本行业专利技术信息、咨询服务，促进本行业专利技术的实施和应用。

第八条 被授予专利权的单位应当依照专利法律、法规的规定，对职务发明创造的发明人或者设计人给予奖励；自行实施专利的或者许可他人实施专利的，应当依照法律、法规的规定对职务发明创造的发明人或者设计人支付报酬；转让专利权的，参照许可他人实施专利的规定，对职务发明创造的发明人或者设计人支付报酬。

奖励或者报酬可以现金、股份、股权收益或者其他方式给付，给付的数量、时间和方式，由当事人约定，但不低于法律、法规规定的最低标准。

第九条 职工在办理退职、退休手续或者调动工作前、参与职务发明创造的学生在毕业前，应当将与职务发明创造有关的全部技术资料归还原单位，并负有保密责任。

职工退职、退休或者调动工作后一年内，从事与其在原单位承担的本职工作或者原单位分配的任务有关的发明创造，申请专利的权利属于原单位。

职务发明创造的发明人、设计人与单位之间对申请专利的权利和专利权归属另有约定的，从其约定。

第十条 国有企业、事业单位在从事技术开发、进出口贸易或者以专利权作价出资以及设立合资或者合作企业前，应当自行或者委托专利中介服务机构开展相关的专利检索。

第十一条 有下列情形之一且涉及专利技术的，有关行政部门应当查验申请人或者申报人提交的专利检索报告；对未提交的，有关行政部门不予立项或者授奖：

（一）申请政府资助的研究开发或者技术改造项目；

（二）申报高新技术成果转化项目；

（三）申报科学技术奖励。

第十二条 从事专利中介服务的机构应当具备国家规定的资质条件，在依法办理登记注册后，开展相应的专利代理、专利检索、专利评估和专利许可贸易业务。

专利中介服务机构不得出具虚假的专利文献检索报告或者专利资产评估报告，不得损害专利权人以及其他当事人的合法权益或者社会公共利益。

管理专利工作的部门应当加强对专利中介服务机构的指导与监督。

第十三条 专利权人或者被许可人有权在其专利产品、产品包装及宣传品上标注只属于本专利产品的专利标记和专利号。标注专利标记和专利号，应当符合国务院专利行政部门的规范要求。

第十四条 利用广告宣传专利技术和专利产品、通过营销单位销售专利产品、委托印刷单位印制专利标记的，专利权人或者依法实施专利的单位或者个人应当向广告审批部门、营销单位、承印单位提供由国务院专利行政部门及其授权的管理专利工作的部门出具的专利证明文件。未提供专利证明文件的，不得发布广告或者销售、承印。

第十五条 举办专利信息发布会的举办者应当在信息发布前向当地管理专利工作的部门备案。

第十六条 展览会、展示会、推广会、交易会等会展的举办者应当对标有专利标记的参展产品或者技术，查验其专利证书或者专利许可合同。对未能提供专利证书或者专利许可合同的，举办者应当拒绝其以专利产品、专利技术的名义进场参展。

第十七条 省管理专利工作的部门应当聘请有关方面的专家组成专利技术鉴定委员会，对与专利侵权有关的技术问题进行鉴定。

第十八条 管理专利工作的部门应当加强专利信息网络建设，为社会提供专利保护信息服务和其他相关专利信息服务，组织开展专利管理和专利服务人员的培训工作。

管理专利工作的部门不得参与向社会推荐专利产品等经营活动。

第三章 专利纠纷的调解与处理

第十九条 下列专利纠纷，当事人可以请求省或者设区的市管理专利工作的部门进行调解：

（一）专利申请权和专利权属纠纷；

（二）发明人、设计人资格纠纷；

（三）职务发明的发明人、设计人的奖励和报酬纠纷；

（四）在发明专利申请公布后专利权授予前使用该发明而未支付适当费用的纠纷。

调解达成协议的，应当制作调解书；调解达不成协议的，应当告知当事人依法提起民事诉讼。

第二十条 侵犯专利权引起的纠纷，由当事人协商解决；不愿协商或者协商不成的，可以请求管理专利工作的部门处理，专利权人或者利害关系人也可以向人民法院起诉。

请求管理专利工作的部门处理的专利侵权纠纷，由省或者设区的市管理专利工作的部门受理。重大、复杂或者跨地区的专利侵权纠纷，由省管理专利工作的部门受理。

第二十一条 请求管理专利工作的部门处理专利侵权纠纷的，应当提交专利侵权纠纷处理请

求书,并符合下列条件:

(一)请求人是专利权人或者利害关系人;

(二)有明确的被请求人、明确的请求事项和具体事实;

(三)当事人无仲裁协议并未向人民法院起诉;

(四)属于本省管理专利工作的部门的管辖范围。

管理专利工作的部门应当自收到请求书之日起七日内,作出是否立案的决定,并书面通知请求人;决定立案的,应当自立案之日起七日内,将请求书副本发送被请求人。被请求人应当自收到请求书副本之日起十五日内提交答辩书,逾期未提交的,不影响管理专利工作的部门处理。

第二十二条 管理专利工作的部门处理专利侵权纠纷时,应当按规定将处理时间和地点书面通知当事人。

当事人无正当理由拒不按时到达通知的地点或者未经允许自行中途退出,属于请求人的,按自动撤回请求处理;属于被请求人的,按缺席处理。

第二十三条 管理专利工作的部门处理专利侵权纠纷,可以根据双方当事人的意愿就侵犯专利权的赔偿数额进行调解;调解达成协议的,管理专利工作的部门应当制作调解书。调解书一经双方当事人签字或者盖章即行生效,当事人应当履行。一方拒不履行的,另一方可以申请人民法院强制执行。

当事人不愿调解或者调解不成的,管理专利工作的部门应当作出处理决定。

第二十四条 管理专利工作的部门在作出专利侵权处理决定前,应当对有关证据核实。

管理专利工作的部门可以根据需要,依职权调查取证;对可能灭失或者可能被销毁、转移的证据,可以依法予以登记保存,有关单位和个人应当予以配合。

第二十五条 管理专利工作的部门认定专利侵权行为成立的,可以按照下列方式作出制止侵权行为的处理决定:

(一)责令侵权人停止制造、使用、销售、许诺销售、进口侵权产品;

(二)责令侵权人销毁或者拆解用于制造侵权产品的模具、专用工具;

(三)责令侵权人停止使用专利方法以及停止使用、销售、许诺销售、进口依照该专利方法直接获得的产品;

(四)采用(一)、(二)、(三)项规定的方式不足以制止侵权行为的,责令侵权人销毁或者拆解侵权产品。

第二十六条 在管理专利工作的部门作出认定侵权成立的处理决定后,同一被请求人就同一专利权作出相同类型的侵权行为,专利权人或者利害关系人请求处理的,管理专利工作的部门可以直接作出责令立即停止侵权行为的处理决定。

第二十七条 管理专利工作的部门处理专利侵权纠纷所发生的处理费用由责任方承担;当事人均有责任的,按照责任大小分担。

第四章 专利违法行为的查处

第二十八条 任何单位和个人不得假冒他人专利或者冒充专利。

本条例所称冒充专利行为,是指以非专利产品冒充专利产品、以非专利方法冒充专利方法的行为。

第二十九条 县级以上管理专利工作的部门依照法律、法规和本条例的规定,负责查处本行政区域内的假冒他人专利行为和冒充专利行为。

其他有关部门在查处违法行为过程中涉及专利违法行为或者接到专利违法行为举报的,应当及时移送管理专利工作的部门处理。

第三十条 任何单位或者个人有权向管理专利工作的部门举报专利违法行为。

管理专利工作的部门应当建立专利违法行为举报制度,并为举报人保密。

第三十一条 管理专利工作的部门查处专利违法行为时,可以行使下列职权:

(一)询问当事人和证人;

(二)采用抽样取证的方式收集证据,对可能灭失或者以后难以取得的证据依法登记保存;

(三)现场勘验、检查有关物品、场所和设施;

(四)查阅、复制有关合同、账簿、标记等资料;

(五)调查与假冒专利行为或者冒充专利行为有关的活动。

专利执法人员执行公务时,应当出示由国务院专利行政部门或者省人民政府颁发的行政执法证件,有关单位和个人应当予以配合。

第三十二条 管理专利工作的部门认定假冒他人专利或者冒充专利行为成立的,可以责令行为人采取下列措施限期改正:

(一)在制造、销售的产品及其包装上标注他人专利号或者制造、销售有专利标记的非专利产品的,责令行为人消除该专利标记和专利号,专利标记和专利号与产品难以分离的,销毁该产品;

(二)在广告或者其他宣传材料中使用他人专利号或者将非专利技术称为专利技术的,责令行为人立即停止发布该广告,停止散发该宣传材料,在相应范围内公开承认错误,上缴尚未发出的宣传材料;

(三)在合同中使用他人专利号或者在合同中将非专利技术称为专利技术的,责令行为人立即通知合同的另一方当事人,变更合同的有关内容;

(四)伪造、变造他人专利证书、专利文件、专利申请文件或者伪造、变造专利证书、专利文件、专利申请文件的,责令行为人立即停止该违法行为,上缴其伪造、变造的专利证书、专利文件或者专利申请文件;

(五)其他必要的改正措施。

第五章　法律责任

第三十三条　违反本条例第九条第一款规定,未将与职务发明有关的技术资料归还原单位的,管理专利工作的部门可以责令其限期归还,给原单位造成经济损失的,依法承担民事责任。

第三十四条　违反本条例第十条规定,国有企业、事业单位在技术开发、进出口贸易或者以专利权作价出资以及设立合资或者合作企业过程中,未进行专利检索给国家造成经济损失的,对直接负责的主管人员和其他直接责任人员依法给予行政处分;构成犯罪的,依法追究刑事责任。

第三十五条　违反本条例第十一条规定,对未提交检索报告的项目立项或者授奖,给国家造成经济损失的,对直接负责的主管人员和其他直接责任人员,依法给予行政处分。

第三十六条　违反本条例第十二条第二款规定,专利中介服务机构出具虚假的专利文献检索报告或者专利资产评估报告的,由管理专利工作的部门给予警告、没收违法所得,并处以一千元以上一万元以下的罚款。

第三十七条　违反本条例第二十八条规定,假冒他人专利或者冒充专利的,由管理专利工作的部门依照《中华人民共和国专利法》第五十八条、第五十九条的规定进行处罚;构成犯罪的,依法追究刑事责任。

第三十八条　违反本条例的其他行为,《中华人民共和国专利法》和有关法律、法规已有处罚规定的,从其规定。

第三十九条　管理专利工作的部门依法作出三万元以上罚款处罚决定的,应当告知当事人有要求举行听证的权利。

第四十条　从事专利管理工作的国家机关工作人员以及其他有关国家机关工作人员,有下列行为之一,依法给予行政处分;构成犯罪的,依法追究刑事责任;给当事人造成经济损失的应当依法赔偿:

(一)侵犯当事人的人身权、财产权和其他合法权益的;

(二)索取、收受贿赂的;

(三)挪用、贪污侵权案件处理费的;

(四)包庇假冒他人专利、冒充专利行为的;

(五)泄露当事人要求保密的技术秘密、商业秘密或者举报人身份的;

(六)其他违法行为。

第四十一条　当事人对管理专利工作的部门作出的专利侵权纠纷处理决定不服的,可以依法向人民法院提起行政诉讼;对行政处罚决定不服的,可以依法申请行政复议或者直接向人民法院提起行政诉讼。

当事人逾期不申请行政复议,也不向人民法院起诉,又不履行处理决定或者处罚决定的,由作出处理决定或者处罚决定的机关申请人民法院强制执行。

第六章　附　则

第四十二条　本条例自2004年1月1日起施行。

甘肃省专利保护条例

甘肃省人民代表大会常务委员会公告

(第九号)

《甘肃省专利保护条例》已于2003年9月29日甘肃省第十届人民代表大会常务委员会第六次会议通过,现予公布,自2004年1月1日施行。

甘肃省第十届人民代表大会常务委员会

2003年9月29日

甘肃省专利保护条例

（2003年9月29日省十届人大常委会第六次会议通过）

第一条 为了鼓励技术创新，保护发明创造专利权，保障专利权人的合法权益，根据《中华人民共和国专利法》、《中华人民共和国专利法实施细则》及有关法律、法规，结合本省实际，制定本条例。

第二条 省专利工作主管部门负责全省的专利保护与管理工作，其主要职责是：

（一）贯彻执行国家及本省有关专利方面的法律、法规和政策；

（二）开展专利方面的宣传培训及对外交流与合作；

（三）负责专利信息网络建设和信息发布；

（四）监督和指导专利代理、专利资产评估等中介服务；

（五）依法调解和处理专利纠纷、查处专利违法行为。

市（州、地区）、县（市、区）人民政府专利工作主管部门，负责本行政区域内的专利保护与管理工作。

科技、经贸、工商行政管理、海关、质量技术监督等部门，依照各自职责，做好专利保护工作。

第三条 各级人民政府、法人和其他组织应当建立健全专利保护和管理制度，采取激励机制，支持专利事业发展。

县级以上人民政府应当设立专利发展资金，用于资助公民、法人或者其他组织开展专利技术研究，促进专利的申请和实施。

鼓励国内外团体和个人以捐助的方式支持专利事业。

第四条 各级人民政府应当创造条件，培育专利市场，组织专利技术交易和拍卖，促进专利在有效期内有偿转让，推动专利技术的商品化和产业化。

第五条 获得专利权或者实施专利的公民、法人或者其他组织，应当享受下列优惠：

（一）在专利转让以及与其相关的专利咨询、服务中取得的收入免征营业税；

（二）转让职务发明专利时，职务发明人享有同等条件下的优先受让权；

（三）获得专利权的发明人或者设计人，其专利应当作为专业技术职称评定的条件之一；

（四）国家和本省规定的其他优惠政策。

第六条 企业事业单位的职工有职务发明创造的，单位应当及时将该职工完成的职务发明创造进行清理，具备条件的应当申请专利。

被授予专利权的企业事业单位在专利权有效期内，实施发明创造专利后，每年应当从实施该项发明专利或者实用新型专利所得利润纳税后提取不低于5%或者从实施该项外观设计专利所得利润纳税后提取不低于1%，作为报酬支付给发明人或者设计人；或者参照上述比例，发给发明人或者设计人一次性报酬。

被授予专利权的企业事业单位许可其他单位或者个人实施其专利的，应当从许可实施该项专利收取的使用费纳税后提取不低于20%作为报酬支付发明人或者设计人。

第七条 对专利发明人或者设计人的奖励、报酬，可以采取现金、股份、股权收益或者当事人约定的其他方式给付，给付的时间、方式由双方当事人约定。

第八条 国有资产占有单位，有下列情形之一的，应当依法进行专利资产评估：

（一）转让专利权的；

（二）法人变更或者终止前需要对专利资产作价的；

（三）以专利资产作价出资与外方成立中外合资、合作企业的；

（四）以专利资产作价出资成立有限责任公司或者股份有限公司的；

（五）从国外引进专利技术的；

（六）其他依照国家规定应当进行专利资产评估的。

专利资产的评估由法定评估机构进行，评估结果应当由国有资产占有单位报县级以上专利工作主管部门备案。

非国有资产占有单位或者个人可以参照本条第一款的规定，进行专利资产评估。

第九条 企业事业单位和个人在技术开发、进出口贸易或者以专利资产作价出资设立企业时，可以自行或者委托从事专利服务的中介机构进行专利检索。

下列申报项目内容不涉及专利技术的，申请人或者申报人应当向有关主管部门提交专利检索报告；含有专利技术的，应当提交专利法律状态认定书；不提交专利检索报告或者专利法律状态认定书的，有关主管部门不予立项或者认定：

（一）省、市（州、地区）人民政府资助的研究开发或者技术改造项目；

（二）省、市（州、地区）高新技术成果转化、开发项目；

（三）涉及技术、设备进出口贸易的；

（四）外方以专利技术、设备作为投资申办中外合资、合作企业的；

（五）其他依照国家规定需要提交专利检索报告的。

专利法律状态认定书，由省专利工作主管部门或者其授权的专利工作主管部门出具。

第十条 利用媒体等形式宣传、推销专利产品和专利技术的，当事人应当向广告审批机关和广告发布者提供由省专利工作主管部门或者其授权的专利工作主管部门出具的该专利权的有效证明。无专利权有效证明的，广告经营者不得提供相应服务。

第十一条 展览会、推广会、交易会等会展的举办者对标有专利标记的参展产品或者技术，应当查验其专利有效证明或者专利许可合同。对未能提供专利有效证明或者专利许可合同的，举办者应当拒绝其以专利产品、专利技术的名义参展。

会展期间，举办地的专利工作主管部门应当对参展的专利产品、专利技术进行监督检查。

第十二条 专利代理、专利评估、专利检索等中介服务机构，应当取得相应的资质证书，并在依法登记注册后的15个工作日内到当地专利工作主管部门备案。

专利中介服务机构及其工作人员应当依法独立、客观、公正地开展中介服务，不得出具虚假报告，不得牟取不正当利益，不得损害专利权人、其他当事人的合法权益或者社会公共利益。

第十三条 任何单位和个人不得为非法实施他人专利者提供设备、场所、资金等便利条件。

第十四条 未经专利权人许可，实施其专利引起纠纷的，由当事人协商解决或者请求专利工作主管部门调解；不愿协商或者调解不成的，当事人或者利害关系人可以请求有处理权的专利工作主管部门处理，也可以向人民法院起诉。

第十五条 专利工作主管部门处理专利纠纷、查处专利违法行为时可以行使下列职权：

（一）进行现场勘验，查阅、复制与侵权行为有关的档案、图纸、资料、账册等原始凭证；

（二）根据当事人的申请或者案情需要，委托有关单位或者专家进行技术鉴定；

（三）对与案件有关的可能灭失或者以后难以取得的证据，进行登记保存；

（四）应请求人书面请求收集有关证据。

专利工作主管部门在查处假冒他人专利、冒充专利行为时，工商行政管理、质量技术监督等部门应当予以配合。有关当事人应当协助调查并提供证据，不得伪造、转移和毁灭证据。

第十六条 专利工作主管部门认定专利侵权行为成立，做出处理决定的，可以采用下列方式制止侵权行为：

（一）使用专利方法的，责令其停止使用，并且不得使用、转移依照专利方法直接获得产品或者以任何方式将该产品投放市场；

（二）对制造专利产品的，责令其停止制造，销毁或者拆解用于制造专利产品的专用设备。被请求人和相关的经营者不得使用或者转移已经制造的专利产品或者以任何形式将该产品投放市场；

（三）对销售专利产品或者依照专利方法直接获得产品的，责令其停止销售，被请求人不得以任何形式转移尚未出售的专利产品或者依照专利方法直接获得的产品；

（四）对许诺销售专利产品或者依照专利方法直接获得产品的，责令其停止做出许诺销售的一切活动；

（五）应专利权人及其利害关系人的请求，提请海关、出入境检验检疫等部门对侵犯专利权的进出口货物依法进行处理。

专利工作主管部门认定的侵权产品，由当事人协商处理。协商不成的，由专利工作主管部门采取销毁、拆解、变卖等方式处理。

第十七条 调解、处理专利纠纷一般应在立案之日起3个月内作出书面决定，并以书面形式告知当事人。

有处理权的市（州、地区）专利工作主管部门应当在作出专利纠纷处理决定之日起15个工作日内将处理决定书副本报省专利工作部门备案。

第十八条 专利工作主管部门调解、处理专利纠纷所发生的费用由责任方承担。当事人均有责任的，按照责任大小确定分担比例。

第十九条 专利工作主管部门应当建立健全举报制度，公布举报方式，并为举报人保密。

第二十条 专利工作主管部门对查处的假冒他人专利、冒充专利行为事实清楚、证据确凿的，可以当场依法作出行政处罚决定；需要进一步调查取证的，一般应在立案之日起3个月内作出行政处罚决定；对涉嫌犯罪的，应当及时将有关证据移送公安机关依法处理。

第二十一条 对假冒他人专利、冒充专利产品或者冒充专利方法的，专利工作主管部门应当视其情节将假冒人、冒充人的姓名、地址以及被假冒和冒充的专利号等在违法行为地的新闻媒体上予以公告公开侵权事实，消除影响。所需费用由假冒人、冒充人承担。

第二十二条 违反本条例第九条第二款规定，对未提交专利检索报告或者专利法律状态认定书而给予立项或者认定的，由上级行政主管部门对直接责任人给予行政处分。

第二十三条 违反本条例第十二条第二款规定，出具虚假报告、牟取不正当利益的，由专利工作主管部门给予警告，责令限期改正；逾期不改正的，处1 000元以上1万元以下的罚款。

第二十四条 违反本条例第十三条规定，为非法实施他人专利者提供设备、场所、资金等便利条件的，由专利工作主管部门书面告知，限期改正；逾期不改正的，可处1 000元以上2万元以下的罚款，有违法所得的，没收其违法所得。

第二十五条 违反本条例第十五条第二款规定，有关当事人拒不提供或者隐瞒、转移、销毁与案件有关物品或者证据的，由专利工作主管部门处1 000元以上2万元以下的罚款。

第二十六条 专利工作主管部门工作人员有下列情形之一，尚不构成犯罪的，由其所在单位或者上级主管部门给予行政处分，有违法收入的，予以没收：

（一）包庇或者放纵假冒他人专利、冒充专利的单位或者个人的；

（二）向假冒他人专利、冒充专利的单位或者个人通风报信，帮助其逃避查处的；

（三）在专利纠纷调解过程中偏袒一方，侵害另一方合法权益的；

（四）泄漏当事人的技术秘密或者商业秘密的；

（五）利用职务便利，索取或者收受他人财物的。

第二十七条 本条例自2004年1月1日起施行。

云南省专利保护条例

（2003年11月28日云南省第十届人民代表大会常务委员会第六次会议通过）

第一章 总 则

第一条 为了加强专利保护，维护专利权人的合法权益，鼓励发明创造及其推广应用，促进科学技术进步和创新，根据《中华人民共和国专利法》等有关法律、法规，结合本省实际，制定本条例。

第二条 在本省行政区域内从事专利活动的单位和个人，应当遵守本条例。

第三条 县级以上人民政府管理专利工作的部门，负责本行政区域内的专利保护工作。

工商、新闻出版、海关、公安、质量技术监督等有关部门应当按照各自职责做好专利保护工作。

第四条 各级人民政府应当根据专利工作的需要，保障开展专利保护所必需的经费。

第五条 省人民政府管理专利工作的部门可以根据单位、个人的申请或者委托，组织专门从事知识产权研究的学术团体、相关社会中介机构和其他方面的技术、法律专家进行专利保护鉴定工作。单位、个人也可以委托依法成立的专利保护鉴定机构进行专利保护鉴定。

第六条 任何单位和个人不得有非法实施他人专利、假冒他人专利或者冒充专利的行为，不得为上述行为提供便利条件。

第二章 专利管理

第七条 各级人民政府应当鼓励单位和个人申请国内、国外专利，实施专利技术，开发专利产品，获得自主知识产权。

各级人民政府可以采取资金扶持等优惠措施，支持企业引进、消化、吸收、实施专利技术，进行专利技术的二次开发创新。

企业事业单位应当建立和完善专利管理制度，加强专利管理和保护工作。

第八条 专利权人可以以其专利权作价投资入股或者质押贷款。

以专利权进行质押的，出质人与质权人应当订立书面质押合同，并依法办理质押登记。质押合同生效后，出质人应当将合同报省人民政府管理专利工作的部门备案。

第九条 发明人、设计人和专利技术的主要转化实施者，对经济社会发展作出突出贡献的，由县级以上人民政府或者管理专利工作的部门给予表彰奖励。

第十条 对职务发明创造的发明人、设计人和专利技术的主要转化实施者的奖励、报酬，单位与发明人、设计人或者专利技术的主要转化实施者有约定的，从其约定；没有约定的，所在单位应当按照下列规定执行：

(一)在发明创造被授予专利权之日起三个月内发给发明人或者设计人奖金，一项发明专利的奖金不低于三千元，一项实用新型专利的奖金不低于一千元，一项外观设计专利的奖金不低于六百元；

(二)专利实施取得经济效益后，应当在专利权有效期内，每年从实施该发明专利或者实用新型专利的税后利润中提取不低于百分之五或者从实施该外观设计专利的税后利润中提取不低于千分之五的比例，作为报酬付给发明人、设计人，也可以参照上述比例，发给发明人或者设计人一次性报酬，对主要转化实施者应当给予与其贡献相当的报酬；

(三)许可他人实施专利的，许可方应当在取得收益后三个月内从税后收益中提取不低于百分之二十的比例，作为报酬付给发明人或者设计人；

(四)专利权转让的，在获得转让收益后三个月内应当从税后收益中提取不低于百分之二十的比例，作为报酬付给发明人或者设计人；

(五)采用股份形式以专利技术入股实施转化的，发明人、设计人可以获得不低于该专利技术入股时作价金额百分之二十的股份。

第十一条 专利权人、专利实施被许可方，有权在该专利产品或者在该专利产品的包装上标注专利标记和专利号。

第十二条 国有企业事业单位，国有控股、参股的企业有下列情形之一的，应当进行专利资产评估：

(一)以专利技术作价入股或者专利权质押的；

(二)重组、变更、终止、破产涉及专利权的；

(三)从国外引进专利技术、专利设备的；

(四)法律、法规规定需要进行专利资产评估的其他情形。

前款规定以外的单位和个人，可以参照前款规定进行专利资产评估。

第十三条 有下列情形之一的，应当由具备专利检索资质的机构出具专利检索报告：

(一)申请政府投入的重大科研立项和新技术新产品开发的；

(二)执行国家计划的技术开发项目的；

(三)以专利技术、专利设备作为投资的；

(四)申请高新技术企业或者项目认定的；

(五)法律、法规规定需要出具专利检索报告的其他情形。

第十四条 展览会、交易会或者其他会展的展品，参展者未能提供专利证书或者专利许可合同的，不得以专利产品、专利技术的名义参展。

第十五条 从事专利检索、专利评估、专利许可贸易、专利权转让等专利服务的中介机构，应当具备省人民政府管理专利工作的部门认定的资质，依法办理登记注册手续后，方可从事专利中介服务。管理专利工作的部门负责对本行政区域内专利服务中介机构的指导和监督。

第三章 处理、调解和查处

第十六条 省人民政府管理专利工作的部门负责处理和调解全省涉外的、有重大影响的和跨地区的专利纠纷，查处有重大影响的假冒他人专利、冒充专利行为。

自治州、市人民政府和地区行政公署管理专利工作的部门负责处理本行政区域内的专利纠纷，调解本行政区域内跨县的专利纠纷，查处本行政区域内有重大影响的假冒他人专利、冒充专利行为。

县级人民政府管理专利工作的部门负责调解本行政区域内的专利纠纷，查处本行政区域内的假冒他人专利、冒充专利行为。

第十七条 当事人对专利侵权纠纷，可以请求管理专利工作的部门处理，也可以直接向人民法院提起诉讼。

第十八条 县级以上人民政府管理专利工作的部门根据当事人的请求，可以对下列专利纠纷进行调解：

(一)侵犯专利权的赔偿费用纠纷；

(二)专利申请权和专利权归属纠纷；

(三)发明人、设计人资格纠纷；

(四)职务发明创造的发明人、设计人的奖励和报酬纠纷；

(五)发明专利申请公布后，专利权授予前使用发明而未支付适当费用的纠纷。

调解不成的，当事人可以依法向人民法院提起诉讼。

第十九条 请求管理专利工作的部门处理和调解专利纠纷应当符合下列条件：

(一)请求人与专利纠纷有直接利害关系；

(二)有明确的被请求人，具体的请求事项、事实和理由；

(三)未申请仲裁也未向人民法院提起诉讼；

(四)属于管理专利工作的部门管辖的范围。

专利权人请求管理专利工作的部门处理实用新型专利侵权纠纷，应当出具国务院专利行政部门作出的检索报告。

第二十条 管理专利工作的部门在收到处理请求书后七日内作出是否受理的决定。决定受理的，应当自决定受理之日起在七日内送达请求书副本，被请求人应当在收到请求书副本之日起十五日内进行答辩。

被请求人不答辩的，不影响管理专利工作的部门作出处理决定。

管理专利工作的部门应当自立案之日起六个月内作出处理决定，因特殊情况需要延期的，经本管理专利工作的部门负责人批准，可以延期三个月。

第二十一条 专利侵权纠纷立案后，在答辩期内被请求人向专利复审委员会提出宣告专利权无效请求的，可以凭专利复审委员会的受理通知书向管理专利工作的部门提出中止专利纠纷案件处理的申请，是否中止处理，由管理专利工作的部门审查后书面通知当事人。

第二十二条 管理专利工作的部门处理专利侵权纠纷，应当书面通知当事人按时参加，当事人无正当理由不参加或者未经同意中途退出的，是请求人的，按撤回请求处理；是被请求人的，可以缺席处理。

第二十三条 管理专利工作的部门收到假冒他人专利、冒充专利的举报或者发现假冒他人专利、冒充专利行为，符合立案条件的，应当在七日内立案，自立案之日起三个月内查处结案。

第四章 行政保护措施

第二十四条 管理专利工作的部门处理侵权纠纷和查处假冒他人专利、冒充专利行为，可以行使下列职权，有关单位或者个人应当予以协助，不得拒绝或者阻碍：

(一)询问当事人、利害关系人和证人；

(二)勘验、检查有关物品和现场；

(三)查阅、复制、登记保存与案件有关的档案、合同、账册等原始凭证；

(四)调查与案件有关的其他情况。

在处理专利侵权纠纷或者查处假冒他人专利、冒充专利行为的案件过程中，发现当事人有明显转移、隐匿、销毁与案件有关的物品的行为，导致证据可能灭失时，可以封存或者暂扣与案件有关的物品。

请求人申请采取封存或者暂扣措施的，应当提供担保。被请求人提供担保的，经管理专利工作的部门审查同意，可以解除封存或者归还暂扣的物品。

第二十五条 管理专利工作的部门认定专利侵权行为成立，可以采取下列措施制止侵权行为：

(一)侵权人制造专利产品或者使用专利方法的，责令其停止制造专利产品或者使用专利方法，并销毁、拆解制造侵权产品或者实施专利方法的专用设备、模具；

(二)侵权人进口专利产品或者依照专利方法直接获得产品的，责令其停止进口行为；

(三)侵权人销售专利产品或者依照专利方法直接获得产品的，责令其停止销售，并且不得使用尚未售出的侵权产品或者以任何其他形式将其投放市场；

(四)侵权人许诺销售专利产品或者依照专利方法直接获得产品的，责令其停止许诺销售行为，消除影响，并且不得进行任何实际销售行为；

(五)法律、法规规定的其他措施。

侵权产品难以保存的，责令侵权人销毁该产品。

第二十六条 假冒他人专利、冒充专利行为成立的，由管理专利工作的部门采取下列措施：

(一)在制造、销售的产品、产品的包装上标注他人的专利号的，或者制造、销售有专利标记的非专利产品的，责令行为人消除该专利标记和专利号；

(二)在广告或者其他宣传材料中使用他人的专利号的，或者将非专利技术称为专利技术的，责令行为人停止发布该广告或者停止散发该宣传材料，消除影响，并销毁尚未发出的宣传材料；

(三)在合同中使用他人的专利号的，或者在合同中将非专利技术称为专利技术的，责令行为人改正；

(四)伪造或者变造专利证书、专利文件、专利申请文件的，责令行为人停止违法行为，销毁其伪造或者变造的专利证书、专利文件或者专利申请文件；

(五)其他必要的改正措施。

假冒他人专利、冒充专利标记，专利号与产品难以分离的，责令行为人销毁该产品。

对假冒他人专利、冒充专利行为，由管理专利工作的部门予以公告，所需费用，由实施假冒他人专利、冒充专利的单位或者个人承担。

第五章 法律责任

第二十七条 违反本条例第六条规定，为非法实施他人专利的行为提供便利条件的，由管理专利工作的部门责令停止违法行为，给被侵权人造成损失的，依法承担民事责任；为假冒他人专利、冒充专利的行为提供便利条件的，由管理专利工作的部门责令改正，没收违法所得，可以并处违法所得三倍以下罚款；没有违法所得的，可以处五百元以上一万元以下罚款。

第二十八条 违反本条例第十二条、第十三条规定，造成损失的，依法承担行政责任和民事责任；构成犯罪的，依法追究刑事责任。

第二十九条 违反本条例第二十四条规定，擅自启封、转移、处理被封存、登记保存物品的，由管理专利工作的部门处五百元以上二万元以下罚款；违反治安管理规定的，由公安机关依法予以处罚;构成犯罪的,依法追究刑事责任。

第三十条 从事专利服务的中介机构及其工作人员违反本条例规定的,由管理专利工作的部门依照国家的有关规定给予处罚;给当事人造成损失的,依法承担赔偿责任;构成犯罪的,依法追究刑事责任。

第三十一条 当事人对管理专利工作的部门作出的行政处罚决定不服的,可以依法申请行政复议或者向人民法院提起诉讼。当事人在法定期限内不申请行政复议或者不向人民法院提起诉讼,又不执行处罚决定的,管理专利工作的部门可以申请人民法院强制执行。

第三十二条 国家机关工作人员在专利管理工作中玩忽职守、滥用职权、徇私舞弊,依法给予行政处分;构成犯罪的,依法追究刑事责任。

第六章 附 则

第三十三条 本条例自2004年3月1日起施行。

贵州省专利保护条例

(2003年7月26日贵州省第十届人民代表大会常务委员会第三次会议通过 自2003年9月1日起施行)

第一章 总 则

第一条 为了加强专利保护,维护专利申请人、专利权人的合法权益和社会公共利益,鼓励发明创造,促进科学技术进步与创新,根据《中华人民共和国专利法》和其他有关法律、法规的规定,结合本省实际,制定本条例。

第二条 在本省行政区域内从事与专利保护有关的活动,适用本条例。

第三条 县级以上人民政府应当加强对专利事业的领导,将其纳入国民经济和社会发展计划,促进专利事业的发展。

第四条 省人民政府管理专利工作的部门,负责全省的专利保护工作。

县级以上人民政府管理专利工作的部门,负责本行政区域内的专利保护工作。

有关行政管理部门应当按照各自的职责做好专利保护工作。

第五条 鼓励单位或者个人将其发明创造成果向国内外申请专利。

鼓励省外和境外的单位或者个人在我省实施专利技术。

第六条 县级以上人民政府或者管理专利工作的部门,对在专利保护工作中作出重要贡献的单位或者个人,应当给予表彰和奖励。

第二章 专利管理

第七条 县级以上人民政府应当组织有关部门,加强对专利工作的研究,对行业和企业事业单位的专利工作给予指导。

县级以上人民政府有关部门应当加强科技项目立项、评审、成果鉴定、奖励以及科技成果转化等科技管理工作中的专利管理工作。

第八条 县级以上人民政府应当多渠道筹集专利资助资金,用于资助本行政区域内单位或者个人的专利申请。

第九条 申请国家立项或者资助的重大科技项目,应当向有关主管部门提交专利检索报告。

提倡单位或者个人在科技项目立项前进行专利检索。

第十条 在专利申请公布或者公告前,与发明创造有关的人员对该发明创造内容负有保密责任。

第十一条 被授予专利权的法人或者其他组织,应当按照国家规定的标准,对职务发明创造的发明人或者设计人发给奖金和支付报酬。

人民政府管理专利工作的部门应当对被授予专利权的法人或者其他组织给付奖金和报酬的情况进行监督检查。

第十二条 职务发明创造的发明人、设计人或者非职务发明创造的专利权人,其发明创造获得专利授权的数量和质量,以及产生的经济效益,可以作为其专业技术职务任职资格评审的依据之一。

第十三条 单位或者个人实施他人专利,应当与专利权人订立书面实施许可合同,并在合同生效之日起3个月内向国务院专利行政部门授权的管理专利工作的部门备案。

第十四条 涉及专利的广告,广告主应当向广告经营者、广告发布者提供国务院专利行政部门或者其授权的管理专利工作的部门出具的专利权有效证明;未提供专利权有效证明的,广告经营者不得为其提供专利广告设计、制作或者代理等业务,广告发布者不得发布该专利广告。

第十五条 举办专利技术或者专利产品的展览会、展示会、推广会、交易会、招投标会、拍卖会等会展的，主办单位应当向所在地人民政府管理专利工作的部门备案，管理专利工作的部门应当对其进行监督检查。

第十六条 人民政府管理专利工作的部门应当加强对专利中介服务机构的指导和监督。

专利中介服务机构及其工作人员，应当依法开展中介服务，不得出具虚假的专利检索、专利资产评估、专利信息咨询等报告；不得泄露当事人的技术秘密；不得与当事人串通牟取不正当利益；不得损害专利申请人、专利权人、其他当事人的合法权益和社会公共利益。

第十七条 国有专利资产占有单位应当建立、健全专利管理制度，加强专利资产管理，防止专利资产流失。

第十八条 国有专利资产占有单位有下列情形之一的，应当进行专利资产评估：

(一)转让专利申请权、专利权的；

(二)以专利资产作价出资的；

(三)变更或者终止前需要对其专利资产作价的；

(四)以国有专利资产与国内外企业、其他经济组织或者个人合资、合作实施或者许可实施的；

(五)引进专利技术或者设备的；

(六)其他涉及国有专利资产需要评估的。

专利资产评估由依法设立的专利资产评估机构承担，评估报告除按照有关规定报国有资产管理部门外，应当报省人民政府管理专利工作的部门备案。

第三章 专利执法

第十九条 任何单位或者个人不得非法实施他人专利，不得假冒他人专利，不得以非专利产品、非专利方法冒充专利产品或者专利方法。

任何单位或者个人不得为侵犯专利权、假冒他人专利、冒充专利提供条件。

第二十条 未经专利权人许可，非法实施他人专利的，专利权人或者利害关系人可以请求市、州、地以上管理专利工作的部门处理，也可以依法向人民法院提起诉讼。

第二十一条 当事人对下列专利纠纷，可以请求县级以上人民政府管理专利工作的部门调解，也可以根据仲裁协议申请仲裁或者直接向人民法院提起诉讼：

(一)专利申请权和专利权归属纠纷；

(二)发明人、设计人资格纠纷；

(三)职务发明的发明人、设计人的奖励和报酬纠纷；

(四)在发明专利申请公布后专利权授予前使用发明未支付适当费用的纠纷；

(五)侵犯专利权的赔偿数额纠纷；

(六)其他专利纠纷。

前款第(四)项所列的专利纠纷，专利权人请求人民政府管理专利工作的部门调解，应当在专利权被授予之后提出。

第二十二条 市、州、地以上管理专利工作的部门在查处专利案件时，可以行使下列职权：

(一)询问当事人和证人；

(二)查阅、复制、登记保存与案件有关的档案、合同、图纸、账簿等原始凭证；

(三)现场检查、勘验、摄录与案件有关的物品和设施。

在处理专利侵权纠纷或者查处假冒他人专利、冒充专利行为的案件过程中，发现当事人有明显转移、隐匿、销毁涉案物品的行为，导致涉案证据可能灭失时，可以封存或者暂扣其涉案物品。

第二十三条 任何单位和个人不得拒绝或者阻挠人民政府管理专利工作的部门依法行使职权；不得擅自转移、毁损、变卖已封存或者暂扣的物品。

当事人或者证人在接受人民政府管理专利工作的部门调查时，不得提供虚假情况。

第二十四条 人民政府管理专利工作的部门处理专利案件，应当在立案之日起3个月内处理终结；有特殊情况需延长期限的，延长后的期限不得超过6个月，并且应当报省人民政府管理专利工作的部门批准。中止处理期间，不计算在处理期限内。

第二十五条 人民政府管理专利工作的部门及其工作人员，在专利执法工作中负有保密的义务。

第二十六条 人民政府管理专利工作的部门根据处理案件的需要，可以聘请有关专业人员就专门技术性问题进行咨询、鉴定。

第四章 法律责任

第二十七条 假冒他人专利的，除依法承担民事责任外，尚不构成犯罪的，由市、州、地以上管理专利工作的部门责令改正并予以公告，没收违法所得，可以并处违法所处1倍以上3倍以下的罚款；没有违法所得的，可以处1 000元以上5万元以下的罚款。

第二十八条 以非专利产品冒充专利产品、以非专利方法冒充专利方法的，由市、州、地以上管理专利工作的部门责令改正并予以公告，可以处1 000元以上5万元以下的罚款。

第二十九条 侵犯专利权的，由市、州、地以上管理专利工作的部门责令侵权人立即停止侵权行为，销毁制造侵权产品或者实施专利方法的专用设备、专用模具和专用工具并予以公告；故意侵犯专利权的，没收侵权产品，可以并处1 000元以上5万元以下的罚款。

第三十条 违反本条例第十条规定，尚不构成犯罪的，由市、州、地以上管理专利工作的部门给予警告，可以并处1 000元以上3万元以下的罚款。

第三十一条 违反本条例第十六条第二款规定，尚不构成犯罪的，由市、州、地以上管理专利工作的部门给予警告，责令改正，可以并处1 000元以上5万元以下的罚款。

第三十二条 违反本条例第十七条、第十八条规定，尚不构成犯罪的，由县级以上人民政府管理专利工作的部门建议有关部门给予责任人行政处分。

第三十三条 违反本条例第十九条第二款规定，明知对方是侵犯专利权、假冒他人专利、冒充专利的行为，而为其提供资金、场所、运输工具、生产设备等便利条件的，由市、州、地以上管理专利工作的部门给予警告，责令改正，没收违法所得，可以并处1 000元以上3万元以下的罚款。

第三十四条 违反本条例第二十三条第一款规定，拒绝或者阻挠人民政府管理专利工作部门的执法人员依法执行公务的，由公安机关依法给予处罚。

当事人擅自转移、毁损、变卖已封存或者暂扣的物品的，由作出决定的人民政府管理专利工作的部门处以封存或者暂扣物品价值1倍以上3倍以下的罚款；封存或者暂扣物品价值难以计算的，处以5 000元以上5万元以下的罚款。

第三十五条 违反本条例第二十三条第二款规定，尚不构成犯罪的，由市、州、地以上管理专利工作的部门给予警告，可以并处500元以上5 000元以下的罚款。

第三十六条 专利行政执法人员在专利执法工作中有下列行为之一，尚不构成犯罪的，依法给予行政处分；给当事人造成损失的，应当依法予以赔偿：

（一）侵犯当事人的人身权、财产权和其他合法权益的；

（二）索取、收受贿赂的；

（三）行使封存或者暂扣职权不当，给当事人合法权益造成损失的；

（四）包庇、放纵假冒他人专利、冒充专利的单位或者个人，或者通风报信，帮助其逃避查处的；

（五）泄露当事人的技术秘密或者商业秘密的；

（六）其他玩忽职守、滥用职权的行为。

三、司法解释

最高人民法院关于同意指定浙江省宁波市中级人民法院审理部分专利纠纷案件的批复

法〔2003〕37号

浙江省高级人民法院：

你院“关于请求指定宁波市中级人民法院为审理专利纠纷案件第一审法院的请示”（浙高法〔2003〕44号）收悉。经研究，批复如下：

同意指定宁波市中级人民法院为审理发生在其所辖区内的下列专利纠纷案件的第一审法院：

1. 专利申请权纠纷案件；
2. 专利权属纠纷案件；
3. 专利权、专利申请权转让合同纠纷案件；
4. 侵犯专利权纠纷案件；
5. 假冒他人专利纠纷案件；
6. 发明专利申请公布后、专利权授予前使用费纠纷案件；
7. 职务发明创造发明人、设计人奖励、报酬纠纷案件；
8. 诉前申请停止侵权、财产保全案件；
9. 发明人、设计人资格纠纷案件；
10. 其他专利纠纷案件。

此复。

二〇〇三年四月十五日

最高人民法院关于同意指定江苏省苏州市中级人民法院审理部分专利纠纷案件的批复

法〔2003〕140号

江苏省高级人民法院：

你院“关于苏州中院作为审理专利纠纷案件第一审法院的请示”（苏高法〔2003〕148号）收悉。经研究，批复如下：

同意指定苏州市中级人民法院为审理发生在其所辖区内的下列专利纠纷案件的第一审法院：

1. 专利申请权纠纷案件；
2. 专利权属纠纷案件；
3. 专利权、专利申请权转让合同纠纷案件；
4. 侵犯专利权纠纷案件；
5. 假冒他人专利纠纷案件；
6. 发明专利申请公布后、专利权授予前使用费纠纷案件；
7. 职务发明创造发明人、设计人奖励、报酬纠纷案件；

8. 诉前申请停止侵权、财产保全案件；
9. 发明人、设计人资格纠纷案件；
10. 其他专利纠纷案件。
此复。

二〇〇三年八月二十日

最高人民法院关于审理涉及计算机网络著作权纠纷案件适用法律若干问题的解释

(2000年11月22日最高人民法院审判委员会第1144次会议通过根据2003年12月23日最高人民法院审判委员会第1302次会议《关于修改〈最高人民法院关于审理涉及计算机网络著作权纠纷案件适用法律若干问题的解释〉的决定》修正)

为了正确审理涉及计算机网络著作权纠纷案件，根据民法通则、著作权法和民事诉讼法等法律的规定，对这类案件适用法律的若干问题解释如下：

第一条 网络著作权侵权纠纷案件由侵权行为地或者被告住所地人民法院管辖。侵权行为地包括实施被诉侵权行为的网络服务器、计算机终端等设备所在地。对难以确定侵权行为地和被告住所地的，原告发现侵权内容的计算机终端等设备所在地可以视为侵权行为地。

第二条 受著作权法保护的作品，包括著作权法第三条规定的各类作品的数字化形式。在网络环境下无法归于著作权法第三条列举的作品范围，但在文学、艺术和科学领域内具有独创性并能以某种有形形式复制的其他智力创作成果，人民法院应当予以保护。

第三条 已在报刊上刊登或者网络上传播的作品，除著作权人声明或者报刊、期刊社、网络服务提供者受著作权人委托声明不得转载、摘编的以外，在网络进行转载、摘编并按有关规定支付报酬、注明出处的，不构成侵权。但转载、摘编作品超过有关报刊转载作品范围的，应当认定为侵权。

第四条 网络服务提供者通过网络参与他人侵犯著作权行为，或者通过网络教唆、帮助他人实施侵犯著作权行为的，人民法院应当根据民法通则第一百三十条的规定，追究其与其他行为人或者直接实施侵权行为人的共同侵权责任。

第五条 提供内容服务的网络服务提供者，明知网络用户通过网络实施侵犯他人著作权的行为，或者经著作权人提出确有证据的警告，但仍不采取移除侵权内容等措施以消除侵权后果的，人民法院应当根据民法通则第一百三十条的规定，追究其与该网络用户的共同侵权责任。

第六条 提供内容服务的网络服务提供者，对著作权人要求其提供侵权行为人在其网络的注册资料以追究行为人的侵权责任，无正当理由拒绝提供的，人民法院应当根据民法通则第一百零六条的规定，追究其相应的侵权责任。

第七条 网络服务提供者明知专门用于故意避开或者破坏他人著作权技术保护措施的方法、设备或者材料，而上载、传播、提供的，人民法院应当根据当事人的诉讼请求和具体案情，依照著作权法第四十七条第(六)项的规定，追究网络服务提供者的民事侵权责任。

第八条 著作权人发现侵权信息向网络服务提供者提出警告或者索要侵权行为人网络注册资料时，不能出示身份证明、著作权权属证明及侵权情况证明的，视为未提出警告或者未提出索要请求。

著作权人出示上述证明后网络服务提供者仍不采取措施的，著作权人可以依照著作权法第四十九条、第五十条的规定在诉前申请人民法院作出停止有关行为和财产保全、证据保全的裁定，也可以在提起诉讼时申请人民法院先行裁定停止侵害、排除妨碍、消除影响，人民法院应予准许。

第九条 网络服务提供者经著作权人提出确有证据的警告而采取移除被控侵权内容等措施，被控侵权人要求网络服务提供者承担违约责任的，人民法院不予支持。

著作权人指控侵权不实，被控侵权人因网络服务提供者采取措施遭受损失而请求赔偿的，人民法院应当判令由提出警告的人承担赔偿责任。

中华人民共和国最高人民法院公告

《最高人民法院关于修改〈审理涉及计算机网络著作权纠纷案件适用法律若干问题的解释〉的决定》已于2003年12月23日由最高人民法院审判委员会第1302次会议通过。现予公布，自2004年1月7日起施行。

二〇〇四年一月二日

最高人民法院关于修改《最高人民法院关于审理涉及计算机网络著作权纠纷案件适用法律若干问题的解释》的决定

法释〔2004〕1号

(2003年12月23日最高人民法院审判委员会第1302次会议通过)

根据2001年10月27日第九届全国人大常委会第二十四次会议审议修改的《中华人民共和国著作权法》的规定，最高人民法院审判委员会第1302次会议决定对《最高人民法院关于审理涉及计算机网络著作权纠纷案件适用法律若干问题的解释》作如下修改：

一、删去第二条第二款。

二、第三条修改为："已在报刊上刊登或者网络上传播的作品，除著作权人声明或者报社、期刊社、网络服务提供者受著作权人委托声明不得转载、摘编的以外，在网络进行转载、摘编并按有关规定支付报酬、注明出处的，不构成侵权。但转载、摘编作品超过有关报刊转载作品范围的，应当认定为侵权"。

三、增加一条，作为第七条："网络服务提供者明知专门用于故意避开或者破坏他人著作权技术保护措施的方法、调备或者材料，而上载、传播、提供的，人民法院应当根据当事人的诉讼请求和具体案情，依照著作权法第四十七条第（六）项的规定，追究网络服务提供者的民事侵权责任"。

四、第七条改为第八条，第二款修改为："著作权人出示上述证明后网络服务提供者仍不采取措施的，著作权人可以依照著作权法第四十九条、第五十条的规定在诉前申请人民法院作出停止有关行为和财产保全、证据保全的裁定，也可以在提起诉讼时申请人民法院先行裁定停止侵害、排除妨碍、消除影响"。

五、删除第九条。

六、删除第十条。

此外，根据本决定对条文顺序作相应调整。

《最高人民法院关于审理涉及计算机网络著作权纠纷案件适用法律若干问题的解释》根据本决定作相应的修正，重新公布。

四、评 析

《著作权行政处罚实施办法》修订情况

王自强

2003年7月24日，国家版权局局长石宗源签署局长令，公布新修订的《著作权行政处罚实施办法》（以下简称《实施办法》），自2003年9月1日起施行。新修订的《实施办法》从形式到内容对版权行政执法做了进一步完善，对保障版权行政执法秩序、规范版权行政管理部门行政执法行为、推进版权行政执法工作具有十分重要的意义。

一、《实施办法》修改的必要性及原则

（一）修改《实施办法》的必要性

《实施办法》的修订是适应我国著作权法律制度不断完善的新形势和版权行政执法工作的新情况、新问题的需要，是版权行政管理部门转变职能、加强监管、依法行政的需要，是强化行政执法手段、保障行政执法有效实施的需要。

1. 修订《实施办法》是适应我国著作权法律制度不断完善新情况的需要。为适应我国社会主义市场经济制度的建立和全球经济一体化进程的加快，特别是我国加入WTO的需要，2001年以来，全国人大常委会和国务院对《著作权法》、《著作权法实施条例》以及《计算机软件保护条例》进行了全面修订，我国的著作权法律制度进一步完善。重新修订的著作权法律法规，扩大了行政执法的种类和范围（新旧法对比），加大了行政执法的力度（新旧法对比），同时对著作权行政执法也提出了新的要求（增加了"同时损害公共利益的"要求）。随着著作权实体法的修订，作为与之相配套的程序性规章的《著作权行政处罚实施办法》有必要根据新的著作权法律法规做相应的修改，以保障著作权法律法规的有效实施。

2. 修订《实施办法》是适应我国著作权行政执法新形势和新情况的需要。目前，盗版现象在我国还普遍存在，有的地区还十分猖獗，版权保护工作面临着侵权盗版行为屡禁不止、侵权盗版制品仍在泛滥的严峻形势。各级版权行政管理部门社会监管和行政执法的任务还十分繁重。但版权行政管理部门在执法过程中，明显感到执法手段不足，执法程序规定太笼统，操作性不强，迫切需要强化执法手段，保障行政执法的有效实施。因此，针对著作权行政执法的新情况和新问题，有必要对《实施办法》做进一步完善，以规范行政处罚行为、保障著作权行政执法工作的有效开展。

3. 修订《实施办法》是转变政府职能、依法行政的需要。坚持依法行政，从严治政，提高行政执法水平，是转变政府职能的基本要求。转变政府职能关键是加强社会监管，核心是依法行政。所谓依法行政是指行政机关依照法定授权和法定程序从事行政行为。为不断提高各级著作权行政管理部门的行政执法水平，确保严格执法，维护公平有序的市场经济秩序，保护著作权人的合法权益，同时维护行政管理相对人的合法权益，必须加强执法制度化建设。《实施办法》修订和完善，为实现著作权行政执法规范化、科学化和制度化提供了法律依据。

(二)修改《实施办法》的原则

《实施办法》的修改原则是：1. 保持与《著作权法》、《著作权法实施条例》以及《计算机软件保护条例》的一致性，凡与"一法两条例"规定不符的都作相应调整；2. 根据著作权行政执法的实际，对《著作权法》、《著作权法实施条例》、《计算机软件保护条例》的有关规定作进一步细化，强化著作权行政处罚的可操作性，以提高行政效率，保障著作权社会监管和行政执法的有效实施；3. 根据《行政处罚法》的规定和依法行政的要求，进一步明确著作权行政处罚的程序性规定，提高行政处罚的透明度；4.《著作权法》和《行政处罚法》等上位法有明确具体规定的，《实施办法》一般不再重复。

二、《实施办法》的修改过程

原《著作权行政处罚实施办法》是国家版权局于1997年1月，针对当时行政执法的状况，依据1990年颁布实施的著作权法和1996年颁布实施的行政处罚法的有关规定颁布实施的。随着我国著作权法律制度的不断完善，以及著作权行政执法面临的工作实际的日趋复杂，《实施办法》已经不能很好地适应著作权行政执法新形势、新情况的发展要求。根据我国"一法两条例"重新修订的情况及国家版权局2002年度立法计划，国家版权局于2002年7月开始着手《实施办法》的修订工作。在认真准备、反复论证，形成《实施办法》草案后，国家版权局分别于2002年10月、2003年1月以及2003年3月征求了各地方版权局及相关单位的意见，对《实施办法》进行了认真的修改。7月16日国家版权局局务会审议通过修订后的《实施办法》，7月24日石宗源局长签署局长令，公布《著作权行政处罚实施办法》。

三、《实施办法》修改的基本情况

原《实施办法》共36条，修改后的《实施办法》分为总则、管辖和适用、处罚程序、执行程序和附则5章共44条。修订稿从形式上增加了章的设置，并对每一条款加注了标题，这主要是为了区分著作权行政处罚的层次性，便于执法人员在执法实践中把握和操作。修订后的《实施办法》对原办法的内容进行了适当调整，增加了适应版权执法形势发展要求的新条款，删除了部分不符合新修订的著作权法律法规的内容。修订后的《实施办法》结构更加合理，内容更加完整。修订的主要内容包括四个方面：

(一)根据"一法两条例"的修订情况做相应调整

根据新的著作权法律法规，《实施办法》修订草案就以下几个方面做出了相应的调整：

首先，根据著作权法及其实施条例的规定，明确界定了著作权行政执法的执法主体。原《实施办法》第二条将执法主体界定为"国务院著作权行政管理部门和地方人民政府的著作权行政管理部门"，即著作权行政执法的主体仅限于各级版权行政管理部门。但目前不少省市正在推行相对集中行政处罚权的综合执法改革，部分省市的文化市场综合执法队伍已经建立。这类综合执法部门的现实存在需要我们根据《著作权法》第七条、《著作权法实施条例》第三十七条的规定，对著作权行政执法主体的范围做相应的扩大。因此《实施条例》将著作权行政执法的执法主体界定为"国家版权局以及地方人民政府享有著作权行政执法权的有关部门"。

执法主体的合法性，直接关系到行政行为的合法性。《中华人民共和国行政处罚法》第十五条规定："行政处罚由具有行政处罚权的行政机关在法定职权范围内实施"。《中华人民共和国行政诉讼法》第五十四条规定，对超越职权的具体行政行为，人民法院有权判决撤销或部分撤销，并可以判决被告重新作出具体行政行为。由于我国版权行政管理部门机构设置的特殊性，各级著作权行政管理部门在行使行政处罚权时必须理清关系，确保执法主体的合法性(举例)。

其次，规范了侵害著作权的违法行为的定义。按照新修订的《著作权法》第四十七条、《计算机软件保护条例》第二十四条规定，著作权行政管理部门查处的违法行为必须是"侵犯著作权同时又损害公共利益"的行为。此外，重新修订后的《音像制品管理条例》取消了原第三十六条关于"侵犯音像制品著作权，由著作权行政管理部门给予处罚"的规定。为了与现行有关著作权法律法规相一致，《实施办法》第三条对"违法行为"重新予以定义，增加了"同时损害公共利益"的内容，并删除了《音像制品管理条例》有关侵权行为的规定。将著作权行政处罚的违法行为明确的界定为，在"损害公共利益"的前提下，著作权法第四十七条列举的八种侵权行为和计算机软件条例第二十四条列举的五种侵权行为，以及其他法律、法规、规章规定的应行政处罚的著作权违法行为。

《实施条例》第三条规定的"违法行为",实际上就是著作权行政管理部门实施行政处罚的受理范围。从这条规定能够看出,民事诉讼与行政执法在受案范围上的区别。人民法院受案范围包括:著作权及与著作权有关权益权属、侵权、合同纠纷三种类型;而著作权行政管理部门只受理侵权案件,而且是损害公共利益的侵权案件。

"损害公共利益"的把握。

第三,严格了实施行政处罚的种类。根据《著作权法》第四十七条、《计算机软件保护条例》第二十四条的规定,《实施办法》第四条增加了"没收主要用于制作侵权复制品的材料、工具、设备等"的内容,删除了有关"警告"的规定,将行政处罚种类调整为"责令停止侵权行为,没收违法所得,没收侵权复制品,罚款,没收主要用于制作侵权复制品的材料、工具、设备等,法律、法规、规章规定的其他行政处罚"。有意见认为著作权法规定的"销毁侵权复制品"也应列入处罚种类中,我们认为"销毁侵权复制品"属于对没收物的后置处理程序,而不属于处罚种类之一。侵权复制品在依法没收后,即不再与被处罚人发生任何法律上的关系,对没收的侵权复制品的销毁不再属于对当事人的处罚。关于对没收物的处置,《实施办法》第三十九条作了专门规定。

第四,根据《著作权法》的规定增加了涉嫌侵权人的举证义务。《著作权法》第五十二条规定,复制品的出版者、制作者、发行者及有关出租者承担过错推定责任,即涉嫌侵权人不能证明其复制品有合法授权或有合法来源的,应当承担法律责任。《实施办法》根据该条的规定,强化了涉嫌侵权人的举证责任,以有利于版权执法部门打击侵权盗版行为,提高行政执法效率。《实施办法》第十六条规定"立案后办案人员应当及时进行调查,并要求法定举证责任人在著作权行政管理部门指定的期限内举证",即涉嫌侵权的出版者、制作者、发行者及有关复制品的出租者,在执法人员指定的期限内不能证明其复制品有合法授权或有合法来源的,执法人员可以及时对其实施行政处罚。侵权复制品的储藏、保管、运输者不能证明其储藏、保管、运输的复制品有合法授权或有合法来源的,也适用该条规定。因为著作权法第 47 条规定的"发行"概念在现实生活中是动态的完整过程,应当包括储藏、保管、运输等环节。而这每一个动态环节,都应该理解为发行行为不可或缺的组成部分。因此,复制品的储藏、保管、运输行为可以被"发行"行为所涵盖,同样适用于这一条的规定。如果侵权复制品的储存、保管、运输者不能证明其储存、保管、运输的复制品有合法授权或有合法来源的,执法人员同样可以及时对其实施行政处罚。

第五,取消了"版权行政管理部门查处侵权行为可责令侵权人赔偿损失"的规定。重新修订的《著作权法实施条例》取消了原条例第五十三条关于"著作权行政管理部门在行使行政处罚权时,可责令侵害人赔偿受害人的损失"的规定。因此,《实施办法》删除了原办法第二十四条关于"版权行政管理部门查处侵权行为可责令侵权人赔偿损失"的规定。

(二)按照依法行政、提高行政效率的要求,进一步明确了著作权行政处罚的程序性,强化了行政处罚的透明度

行政处罚必须按照法定的程序实施,这既是保障当事人合法权益的要求,也是提高行政效率、依法行政的要求。原《实施办法》在规定处罚程序方面存在一些不足:一方面对处罚程序的规定不够具体,地方版权部门在实践中对一些程序性问题不能很好的把握,如对当事人举报投诉的处理、调查终结后对当事人告知及复核的义务等问题;另一方面,原《实施办法》在规定一些证据保全措施时,程序性规定不明确。如抽样取证、证据先行登记保存等措施具有一定的强制性,如不明确规定实施程序极易对行政管理相对人造成侵害,也比较容易引起行政诉讼。因此,在修订《实施办法》时有必要对实施行政处罚的程序措施进一步明确。

基于以上的考虑,《实施办法》第三章"处罚程序"对著作权行政处罚的程序做出了具体的规定,将处罚程序明确划分为投诉、立案、调查、提交调查报告、事先告知、提交复核报告以及做出决定等几个阶段,强调了行政处罚的程序性。

关于"投诉",《实施办法》十二条就当事人的投诉以及投诉材料做出了规定,明确了投诉事项,即投诉人应提交申请书、权利证明、被侵权作品(或制品)以及其他证据;申请书应当说明当事人的姓名(或者名称)、地址以及申请查处所根据的事实和理由。对投诉作出明确规定有利于当事人操作。

关于"立案",《实施条例》以第十一条、第十三条、第十四条三个条款进行规范,明确了包括受理案件、批准立案及承办案件的程序。第十一条规定了立案途径(来源),即版权行政管理部门自行立案查处,根据有关部门移送的材料立案查处,根据被侵权人、利害关系人或者其他知情人的投诉或举报立案查处。著作权行政处罚不是对被侵权人的直接救济,而是维护社会公共利益和社会经济秩序。因此,其立案并非依著作权人的意志而定,也不能因著作权人未主张而免除,立案与否应以侵权行为是否损害公共利益为判断标准。第十三条规定了受理投诉的立案时限,版权行政管理

部门对投诉人的投诉申请必须在十五日内作出答复,不予受理的应当书面告知理由。第十四条规定了立案时应当填写立案审批表,同时附相关材料,批准立案的要指定两名以上的办案人员,并规定回避制度(主动回避和申请回避)。

关于"调查取证"《实施条例》增加了"办案人员出示证件"(第十七条)、"取证过程制作清单"(第十八条)、"先行登记保存程序"(第二十条)、"先行登记保存后续措施"(第二十一条)等规定。实施抽样取证、证据先行登记保存等证据保全措施,应有当事人在场,并当场制作清单。特别是对证据先行登记保存,《行政处罚法》仅要求"在七日内及时做出处理决定",并未对其后续措施做出了具体规定。《实施办法》对证据先行登记保存的后续措施进行了明确规定,即要对登记保存的有关物品是否送交鉴定、是否依法没收、是否移送有关部门处理以及解除登记保存措施等问题做出决定,这在一定程度上规范了执法部门的执法程序,保障了管理相对人的合法权益。

此外,《实施条例》还对调查终结后的"调查报告"(第二十五条)、"处罚前置告知"(第二十六条)、"当事人陈述申辩时限"(第二十七条)、"复核"(第二十八条)、"处理决定"(第二十九条)等程序作出了规定;

第三十五条、第四十三条对"行政处罚决定书、不予行政处罚通知书、调查结果通知书、涉嫌犯罪案件移送书"等法律文书的制作做出了规定。

关于没收的侵权复制品以及对没收的主要用于制作侵权复制品的材料、工具、设备进行处理的程序。在修订《实施条例》时,考虑到侵权复制品范围很广,包括盗版图书、音像制品以及工艺美术品等其他版权产品,"没收的侵权复制品全部销毁"可以适用于盗版图书、音像制品等,但不完全适合其他版权产品,如陶瓷、地毯等侵权物品可以经权利人同意以其他方式处理。因此,第三十九条结合著作权产品的特点规定了"处置没收物"的程序:"没收的侵权复制品应当销毁,或者经被侵权人同意后以其他适当方式处理","对没收的主要用于制作侵权复制品的材料、工具、设备等,著作权行政管理部门应当依法公开拍卖或者依照国家有关规定处理"。

强调程序合法的重要性。

(三)根据执法工作需要,在有关法律框架内强化了行政执法的手段

查处和收缴侵权盗版制品是版权行政管理部门行政执法的主要任务之一,为防止侵权盗版品流失,达到监管的目的,必须保证版权行政管理部门在执法过程中有足够强的执法手段。在现行著作权法律法规没有明确赋予版权执法部门实施行政强制措施权的情况下,如何在现有法律框架下寻求版权行政执法手段的强化,是《实施办法》修订的重要问题。

首先,《实施办法》增加了有关"紧急措施"的规定(第十五条)。在一般情况下,著作权行政管理部门查处违法行为适用一般程序,即立案在先。但著作权行政执法常常具有突发性,在某些紧急执法过程中,执法人员发现违法行为正在进行,如不迅速采取相应措施调查取证,极易造成盗版侵权物品的流失。因此,《实施办法》增加了"紧急措施"的规定,赋予执法人员在紧急执法情况下,可先采取措施保全证据,事后及时补充立案。

第二,《行政处罚法》在规定证据先行登记保存时,并未对其"保存地"做出明确的限定。基于加强执法手段的需要,《实施办法》第二十一条对证据先行登记保存作出了"先行登记保存的证据确需移至他处的,可以移至适当的场所保存"的规定,缓解了著作权行政执法无扣押手段的难题。

(四)对著作权法及行政处罚法有关规定的进一步细化

《实施办法》还就著作权行政执法过程中的有关著作权法及行政处罚法的规定做了进一步细化,以便于著作权行政执法部门在执法实践中具体掌握和操作。

1. 对著作权法有关"情节严重行为"问题在著作权行政执法中的认定。著作权法第四十七条规定:"侵权行为情节严重的,著作权行政管理部门可以没收主要用于制作侵权复制品的材料、工具、设备等",但各地版权部门认为对"情节严重"如何认定没有统一标准,在执法实践中难以把握,有必要对有关"情节严重行为"作一量化性规定。而按照行政处罚法第十二条的规定,国务院部、委员会制定的规章可以在法律、行政法规规定的给予行政处罚的行为、种类和幅度的范围内做出具体规定。因此《实施办法》将著作权行政执法中的"情节严重"行为规定为(第三十一条):"个人违法所得数额(即获利数额)在五千元以上,单位违法所得数额在三万元以上的","个人非法经营数额在三万元以上,单位非法经营数额在十万元以上的","个人经营侵权复制品两千册(张或盒)以上,单位经营侵权复制品五千册(张或盒)以上的","因侵犯著作权曾经被追究法律责任,又侵犯著作权的","造成其他重大影响或者严重后果的"等五种情形,对以上情形,著作权行政管理部门都可以没收制作侵权复制品的材料、工具以及设备等。

2. 对著作权侵权案件的管辖做出了详细规定。原《实施办法》没有对著作权侵权案件管辖做详细规定,只是依据行政处罚法第二十条规定("行政处罚由违法行为发生地的县级以上地方人民政府具有行政处罚权的行政机关管辖")确定管

辖权,这在实践中不利于确定对违法行为的管辖。因此,《实施办法》将著作权行政处罚的管辖细划为:地域管辖、级别管辖、管辖争议和指定管辖三种情况。其中,地域管辖是著作权行政处罚管辖的一般原则,《实施条例》第五条明确规定:“本办法列举的违法行为,由侵权行为实施地、侵权结果发生地、侵权复制品储藏地或者依法查封扣押地的著作权行政管理部门负责查处”。这里规定的侵权复制品储藏地是指大量或者经常性储藏侵权复制品的地点;查封扣押地,是指海关、工商、出版等部门依法查封扣押侵权复制品的地点,版权执法部门采取证据保全措施封存侵权复制品的地点,不属于《实施办法》规定的查封扣押地,不得因采取证据保全措施封存侵权复制品而认为可以取得管辖权。

3. 扩大了行政处罚“听证”范围,降低了“听证数额“标准,规定了听证程序。原《实施办法》第二十三条只规定了国家版权局在做出较大数额罚款时当事人要求听证的标准,而对地方局做出处罚的听证标准没有涉及;同时,原《实施办法》规定的国家版权局的听证标准明显偏高(“国家版权局决定作出对个人十万元、对单位二十万元以上罚款”的,当事人可以要求听证),这不利于保护当事人的合法权益。因此,修订后的《实施办法》第三十三条规定:“著作权行政管理部门作出较大数额罚款决定或者法律、行政规章规定应当听证的其他行政处罚决定前,应当告知当事人有要求举行听证的权利”并统一了听证标准,将行政处罚“较大数额”罚款,界定为对个人处以两万元以上、对单位处以十万元以上的罚款。地方性法规、规章对听证要求另有规定的,依照地方性法规、规章办理。

(五)增加了著作权行政处罚行政复议的规定

为保证著作权行政管理部门行政执法结果的客观公正性,增强著作权行政管理部门行政执法自我纠错的能力,维护行政执法相对人的合法权利,《实施办法》增加了行政复议的内容。第三十七条规定:“当事人对国家版权局的行政处罚不服的,可以向国家版权局申请行政复议;当事人对地方著作权行政管理部门的行政处罚不服的,可以向该部门的本级人民政府或其上一级著作权行政管理部门申请行政复议。”

当事人对行政处罚不服提出行政复议的时限为,著作权行政管理部门作出具体行政行之日起60天内;行政管理部门收到行政复议申请后,应在5日内进行审查,决定是否受理;对受理的行政复议申请,行政复议机关应当接到复议申请七日内将行政复议申请书副本发送被申请人(10日内答复,提交具体行政行为的证据、依据和其他有关材料);审查处理。

其他几个问题。

1. 关于“查封扣押”强制措施。行政强制措施是行政机关为制止、预防违法行为或者在紧急情况下依法采取的对有关对象的人身、财产和行为自由加以暂时性限制,以实现行政目的的行为。它是行政机关调查案情、保全证据的强有力手段,是保证行政机关顺利履行法定职责十分必要的法律制度。但行政强制措施因具有对个人、组织的强制力,行政机关采取行政强制措施必须有法律的单独授权,并严格依照法定程序实施。按照我国行政强制的有关立法精神,实施行政强制必须有法律、法规依据,规章不能设定行政强制权。但现在《著作权法》和《著作权法实施条例》均没有赋予著作权行政管理部门行政强制权,《实施办法》也不能设定行政强制的内容,因此《实施办法》没有规定“查封扣押”强制措施,这确实是著作权执法工作中的一个难题。著作权行政管理部门在执法实践中,要充分运用“证据先行登记保存”手段,通过对侵权复制品的登记保存,达到有效保全证据的目的。同时,在执法工作中要加强与相关部门的配合,充分发挥公安、出版、工商、海关等部门具有行政强制权的优势,保证打击侵权盗版工作的有效实施。

2. 关于删除的条款。(1)原《实施办法》第五条与第三条第四项规定对国家版权局制定的规章中规定的违法行为可予以“警告、罚款五百至三万元的行政处罚”。这是根据《行政处罚法》第十二条第二款的规定以及国务院1996年4月15日发布的《关于贯彻实施〈中华人民共和国行政处罚法〉的通知》(国发[1996]13号文)而制定的。《行政处罚法》赋予规章在尚未制定法律、行政法规时,对违反行政管理秩序的行为可以设定警告或者一定数量罚款的权力。国发[1996]13号文规定,国务院各部门制定的规章对非经营活动中的违法行为设定罚款不得超过一千元;对经营活动中的违法行为,设定罚款不得超过三万元;超过上述限额的,应当报国务院批准。据此,国家版权局1997年在制定《实施办法》时,保留了对“尚未制定法律、行政法规而又违反行政管理秩序的行为”设定行政处罚的权力。但在这几年的实践操作中,国家版权局并未设定任何行政处罚。并且《著作权法》修订后,对侵权行为的界定范围有很大扩展,似不必在《实施办法》中再设定其他的行政处罚种类。因此,此次修订删除了第三条第四项有关“国家版权局依职权制定的规章列举的与著作权有关的其他违法行为”和第五条的规定,但国家版权局依据《行政处罚法》和国发[1996]13号文仍然保留对部分违法行为设定行政处罚的权力。

(2)原《实施办法》第十二条有关行政处罚简易程序的规定,以及第三十三条关于著作权行政管理部门及其执法人员违法实施行政处罚的法律责任的规定,因《行政处罚法》作为上位法已经有明确规定,《实施办法》将其删除。

实施办法的修订颁布，对于提高依法行政水平，严格执法，克服执法不力现象，将起到非常重要的促进作用。但“徒法不足以自行”，如果《实施办法》在执法过程中得不到有效的贯彻，立法目的就不能真正实现。因此，《著作权行政处罚实施办法》修订颁布后，各级版权执法部门应该结合实施办法的修订颁布，严格执法程序，规范行政行为，以保障版权行政执法行为合法有效的实施。

知识产权工作成就展示

ZHISHI CHANQUAN GONGZUO CHENGJIU ZHANSHI

中国石油化工(集团)公司

中国石油化工集团公司(简称中国石化集团公司，英文缩写SINOPEC Group)是1998年7月国家在原中国石油化工总公司基础上重组成立的特大型石油石化企业集团，是国家独资设立的国有公司、国家授权投资的机构和国家控股公司。中国石油化工集团公司注册资本为1049亿元。在《财富》2002年度全球500强企业中排名第70位。

中国石油化工集团公司主营业务范围包括：实业投资及投资管理；石油、天然气的勘探、开采、储运、销售和综合利用；石油炼制；汽油、煤油、柴油的批发；石油化工及其它化工产品的生产、销售、储存、运输；石油石化工程的勘探设计、施工、建筑安装；石油石化设备检维修；机电设备制造；技术及信息、替代能源产品的研究、开发、应用、咨询服务；自营和代理各类商品和技术的进出口。

中国石油化工集团公司一贯坚持技术创新与技术进步面向生产、面向市场，加大力度开发核新技术、专有技术，并加快技术的转化与推广应用，同时十分注重对开发的创新技术实施知识产权保护，近年来中国石油化工集团公司的专利申请量逐年增加(如图1所示)。

2003年中国石油化工集团公司申请中国专利994项，获得授权724项；申请国外专利95项，获得授权32项。至今已申请中国专利7478件，其中发明专利占55%，已向32个国家申请国外专利700多件，已拥有国内外授权专利4146件，发明专利申请量连年在国内企业中处于先进水平，三个直属研究院(石油化工科学研究院、抚顺石油化工研究院、上海石油化工研究院)的专利申请量连续几年居国内前10名。

中国石化集团公司的技术创新成果主要集中在其主营业务领域，已有40%的专利技术成功地工业化实施。2003年，在国际六大石化公司竞标中一举中标的甲苯歧化技术已在伊朗建成装置。

2003年，中国石化集团公司获得国家技术发明二等奖1项、中国专利金奖1项、优秀奖5项。至此，中国石化集团公司已获得国家技术发明奖23项，中国专利金奖7项，居国内企业之首。

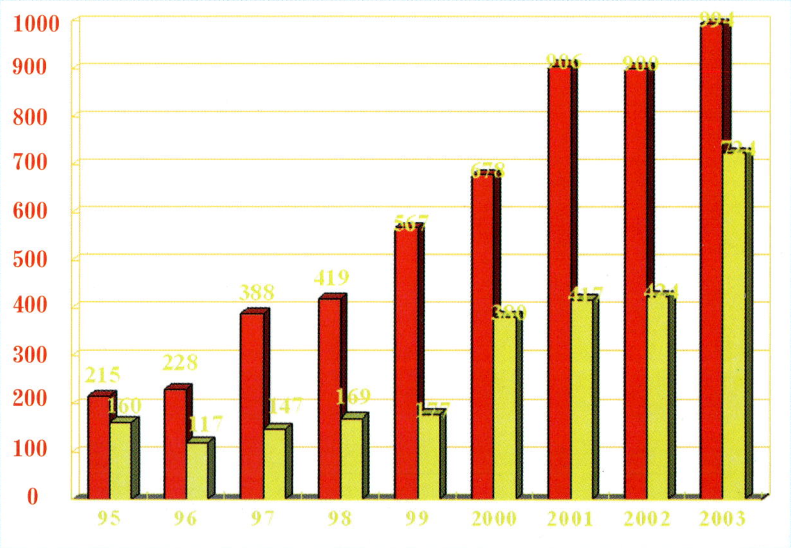

图1：中国石化集团公司1995－2003年中国专利申请授权量

长春高新技术产业开发区

——国家实施知识产权制度示范园区

示范园区牌匾

长春高新技术产业开发区是1991年3月经国务院批准的首批27个国家级高新技术产业开发区之一。

长春高新区始终坚持把加强知识产权管理和保护，作为提升技术创新层次、增强核心竞争力的一项重要战略任务。多年来，坚持从知识产权制度建设、成果转化、创新环境、信息服务等关键环节入手，形成了贯穿科技创新全过程、全方位、多层次的知识产权管理体系。“二次创业”以来，全区累计申报专利2625项，获得授权1908项。2002年长春高新区被国家知识产权局被列为第三个“国家实施知识产权制度示范园区”。

1、加强制度建设，健全知识产权工作体系

以法制建设为契机，营造知识产权保护的法制环境。新修改的《长春高新技术产业开发区管理条例》中增加和完善有关知识产权管理与保护内容；制定了《长春高新技术企业知识制度建设指南》，出台了《加强知识产权工作，促进科技创意的意见》；2002年8月，成立了“长春市知识产权局长春高新技术产业开发区分局”、“长春·中国医药知识产权信息中心”。

2、坚定实施知识产权战略，积极推进自主知识产权项目产业进程

在2003年筛选10户知识产权制度完善，拥有大量专利技术并且产业化前景好的重点企业认定为“专利技术产业化示范企业”，充分发挥带头作用，促进专利技术成果的转化。

实施品牌战略，以名牌产品占领市场。开展战略研究，对国际、国内现状和发展趋势进行研究指导自主知识产权产业化工作。开展宣传培训战略，提高知识产权保护意识。充分发挥高新区信息体系的优势，把培训课程在高新区“超达”网站（WWW.CHIDA.GOV.CN）登录上网。

3、优化创新环境，搭建知识产权综合服务平台

建立产学研联合体，壮大知识产权孵化转化基地，以长春科技创业服务中心为主体，积极探索孵化器建设的多元化、多样化，组织高校、科研单位与企业组成多种形式的产学研联合体，成立了长春高新区与吉林大学共建的国家级大学园“吉大科技园”。

建立了中介服务机构，完善配套服务体系。通过开展风险投资、建立专项基金、举行银企推荐会等途径，解决知识产权项目融资难的问题。

4、发挥特色产业优势，建设国内一流的医药知识产权信息中心

2002年底，在国家知识产权局和长春市政府的支持下，开始建设“长春·中国医药”知识产权信息中心。“中心”的医药知识产权专利文献库已全部完成，是迄今为止国家和地方共建的最大的专利信息文献库。

示范园区授牌仪式－－长春市市长祝业精讲话

“长春·中国”医药知识产权信息中心网站开通仪式——国家知识产权局副局长田力普和吉林省副省长陈晓光为“长春·中国”医药知识产权信息中心网站点击开通

新一代高密度数字激光视盘系统（EVD）

EVD®

新一代高密度数字激光视盘系统（EVD）

由北京阜国数字技术有限公司承担研发的，全球第一代产业化高清晰数字影碟机EVD，于2004年7月8日由国家信息产业部作为国家电子行业标准并予以了公示。这也是我国首部具有自主知识产权的高清视盘系统标准。并且，EVD技术规范已被提交国际电工组织和国际标准化组织，申请成为国际标准。EVD是由中国主要的消费类电子制造商组成的联盟所制订的一种高清晰度光盘和播放机工业标准，联盟成员包括新科、夏新、信息产业部三所等数十家企业和科技机构。EVD标准除了引用目前国际标准ISO13818及ISO16448之外，包括声音、导航系统（专利号为：01109686.1的基于小波变换的音频信号压说缩编／码方法ExAC）及版权保护技术（专利号为：011345578.8的多媒体出版物加密系统）在内的其他部分都是拥有我国自主知识产权的，使盗版碟片无处藏身。并且，由于美国、日本及欧洲等发达国家内容提供商的鼎力支持，北京阜国数字技术有限公司与包括美国电影协会及多家好莱坞电影公司和日本制作公司等制片方签订了EVD版权协议，使片源问题得到了初步解决。EVD完成了整个产业链的构建。这意味着EVD影碟机的发展将会步入有序竞争的阶段。

EVD播放机具有如下技术特点

1：支持高清晰分辨率的视频，支持1920*1080i，1280*720p，同时兼容各种标清制式

2：OGT 支持满屏多彩色，透明叠加，能非常灵活地制作字幕，歌词等各种辅助功能

3：支持高保真的音质；自有产权的音频算法ExAC

4：多种灵活的制式及视频接口支持

北京阜国数字技术有限公司简介

北京阜国数字技术有限公司成立于2000年3月1日，是一家数字化和网络化消费电子产品的关键技术和解决方案的提供商。公司是中国数字光盘技术联合体的实体化公司，股东主要由国内大型消费电子企业集团以及电子信息科技技术研究机构所组成。该公司承担了“新一代高密度数字激光视盘系统技术开发专项”，并且拥有多项技术专利和研究成果，具有高新技术软件企业资质。公司现有人员中80％是研发人员，其中博士学位获得者4人，硕士学位获得者12人，本科生29人，占员工总人数的76％。

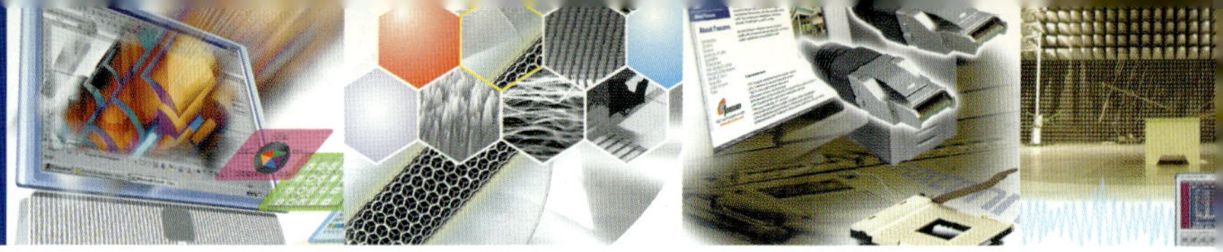

科技成就梦想

从生产黑白电视机用的旋钮，到计算机、通讯和消费性电子的世界级研发制造大厂；从默默无闻的小厂到横跨全球、拥有员工10万余人的大型企业集团；从资本额30万元台币到出口创汇（出口额）中国第一……富士康，自1974年成立以来，在世界高科技浪潮的洗礼中不断前进，缔造了一个不凡的格局。

科技成就梦想，科技创造未来！未来十年富士康将秉持“长期、稳定、发展、科技、国际”的战略定位，并锁定十大核心技术，包括纳米技术、热传导技术、无线网络技术、绿色环保制程技术、网络芯片设计、e供应链技术、纳米测量技术、CAD/CAM技术、光学镀膜技术等业务进行同步发展，以中国为骨干，全球市场为运筹空间的跨国科技公司。

经营模式

富士康首创的ECMMS（Electronic Component Module Move and Service）独特经营模式，融设计、服务的整合优势，进一步提升客户竞争力，成为富士康纵横国际舞台的原动力，也使电子专业制造的历史翻开了新的一页。

全球部署

集团已先后建成深圳龙华、江苏昆山、北京、浙江杭州、山西太原和山东烟台等科技工业城同时还在台湾、日本、东南亚及美洲、欧洲等地拥有数十家子公司，在苏格兰、爱尔兰、捷克、美国休斯顿、洛杉矶等地设立海外制造中心及广布全球之60余个国际分支机构。其杰出的营运绩效和扎根大陆深耕高科技的投资策略以及带动外围产业繁荣发展的龙头作用，深为国家与地方领导的肯定，胡锦涛、江泽民、温家宝等领导人多次莅临集团视察，予集团巨力支持“扎根中国，全球运筹”。

策略联盟

富士康的专业研发机构遍布亚、美、欧三大洲，联合全球一流IT客户，包括Apple、Cisco、HPQ、Dell、IBM、Intel、Sony、Motorola、Nokia等国际顶尖客户，进行24小时研发接力，使新产品能在最短时间内问世；此外，富士康和国内著名高校研究机构强强联合，进行“产学研一体化”科研攻关，其中投资3亿元人民币在清华大学建立的“清华－富士康纳米科技研究中心”，堪称国内设备最先进、科研力量最雄厚的尖端科研基地。

科技实力

科技是第一生产力。2002年，富士康华南检测中心顺利通过中国国家实验室认可委员会专家的现场评审，其管理水平及技术能力得到了国家最权威专业评审机构的认同。富士康模具的精密度、可靠度都达到了世界领先水平。2003年富士康荣获美国《Business Week》全球高科技科技百强第8名的殊荣。

人才策略

科技以人为本。“人才本土化、人才科技化、人才国际化”是富士康挑战21世纪的人才经营策略。

在富士康企业集团内部，一向尊重知识，鼓励创新，截至2003年底已

发展知识产权战略
提升企业核心竞争力

知 识 产 权 战 略

富士康企业集团设有专门的知识产权管理部门，负责管理企业所有知识产权相关事务，包括研发成果的评估、知识产权的申请与取得、知识产权争讼及知识产权维持与管理等。从设立知识产权部门至今，富士康企业集团已发展出具核心竞争能力的知识产权战略。

◆专利信息检索与分析系统

富士康企业集团投入大量人力物力开发出具有自主知识产权的专利信息检索与分析系统，汇集世界各主要工业国家专利资料库专利文献信息，并通过信息网络及时更新。该系统通过信息网络提供高效检索与统计分析服务，以及时为企业研发人员及决策人员提供有高价值的支持与参考。

◆专利管理制度系统

富士康企业集团建立了内部知识产权控管流程，包括提案管理制度、奖励制度、营业秘密管理制度、专利商标申请、维持、授权及运用制度等，并将上述制度通过系统化管理，以规范企业内部知识产权作业流程，适时监控企业知识产权状态，制定相应的知识产权策略，积极发挥企业知识产权效力。此外，该管理制度系统还建立了相应的安全管理机制，控制员工的不当存取及外来入侵，避免企业创新技术知识的外泄及滥用。

◆人力资源与教育培训

富士康企业集团知识产权部门因应集团事业的发展，广泛募集各种技术专业人才，专业涉及有法律、机械、电子、通讯、材料、物理、化学、计算机软件、自动控制、工业工程、经管、科技英语及日语等。此外，部门还制定了完备的教育训练计划，对知识产权工作人员从专业和实务方面进行教育培训，并辅以适当的评估及考核制度来不断提升知识产权工作人员的专业服务水平。

在全球各地拥有专利8955件，其中中国大陆专利3713件，美国专利2421件。在美国MIT《Technology Review》的专利记分卡（Patent Scorecard）排行榜上，2002年名列第六名，2003年名列第十名。

知识产权的管理与运用包括两方面，一为避免侵权及不必要的权利金支出，二为积极维护与运用集团专利权。对于前者，富士康企业集团知识产权部门积极协助研发部门、市场部门、采购部门等相关部门进行侵权检索分析及回避设计分析，或通过无效等法律程序挑战对方专利权。对于后者，我们通过专利分析寻找潜在的授权对象，同时在各主要市场进行侵权调查，对涉嫌侵权的发送警告函、提起诉讼，积极维护集团专利权。对上述两方面工作，目前已取得一定成效，将来我们将更加积极地采取各种有效途径来发挥集团知识产权效力。

全球专利领证(截止2003年底)

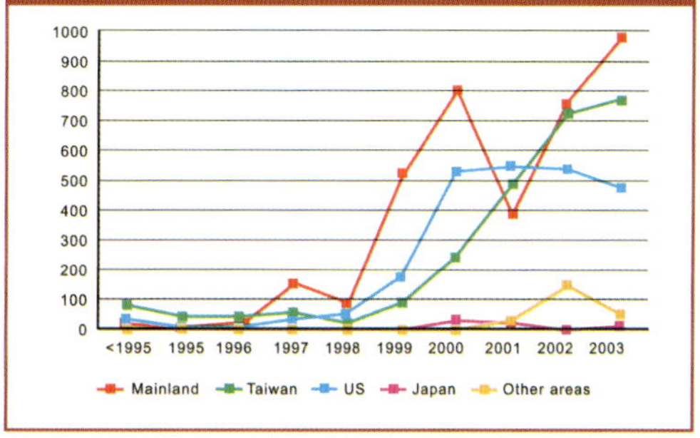

全球专利申请(截止2003年底)

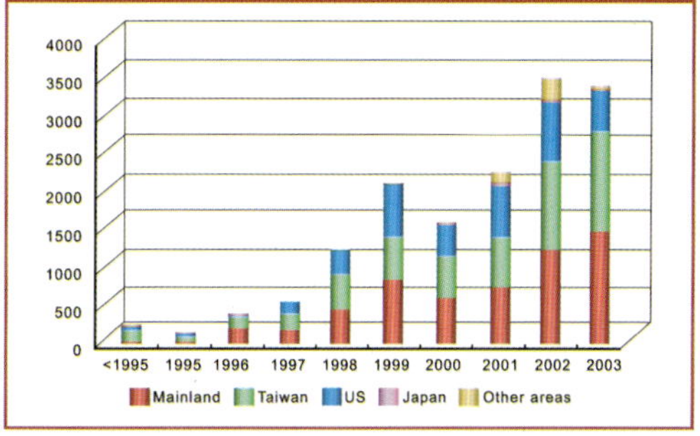

富士康企业集团全球布局

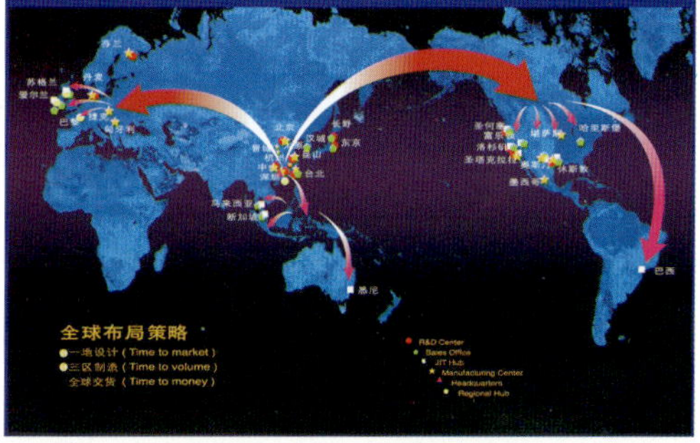

中国石油化工股份有限公司燕山分公司

燕山石化是中国石化集团下属的特大型石油化工联合企业，现拥有石油化工生产装置88套，系统配套装置71套，可生产汽油、柴油、乙烯、聚乙烯、聚丙烯、苯酚、丙酮、合成橡胶等281个品种625个牌号的石油化工产品，原油加工能力为850万吨/年，乙烯生产能力为71万吨/年，是目前中国最大的炼油化工生产企业之一，也是中国最大的合成树脂生产商、最大的合成橡胶生产商、最大的基本有机化工原料生产商。公司总资产达到235.81亿元，投产30多年来，已累计实现利税398亿元。

作为国有特大型企业，燕化公司高度重视知识产权工作，建立了完善的专利管理制度，几年来，公司已形成了一批具有自主知识产权的技术。

燕化公司在以锂系聚合物合成为主导优势的高分子领域内，开展了卓有成效的系统性技术创新，在引发剂体系、聚合工艺、新产品与新牌号、功能高分子以及反应器与相关设备等领域进行了深入研究与开发，取得了一大批具有自主知识产权的科研成果。在高分子领域内申请了近百件中国专利，其中包括国外专利5件，现已获国内外授权专利46件，在该领域形成了初步的知识产权保护网。目前，这些专利技术已经转化成可以转让的成套工业技术，如苯乙烯-丁二烯热塑性弹体生产技术、溶聚丁苯橡胶合成技术、低顺式聚丁二烯橡胶溶液聚合技术和MTBE裂解制异丁烯技术等。

在催化领域，燕化公司成功开发出多品种、多牌号的石油化工催化剂，其中具有代表性的乙烯氧化制环氧乙烷银催化剂，获得中国、美国、欧洲、日本和印度等国家的专利，其性能达到了国际同类水平，目前已占有85%以上的国内市场，形成在国内占据主导地位的自主品牌。公司的一些专利项目被评为各种优秀项目奖，如"适于高抗冲击性聚苯乙烯高顺式1，4-聚丁二烯及其制备方法"获1999年度国家知识产权局中国专利优秀奖；"合成异丙苯用沸石催化剂及使用该催化剂制备异丙苯的方法"获1999年度北京知识产权局优秀专利实施项目奖。

燕化公司多次被评为北京市专利先进单位，2004年被国家知识产权局评为全国专利工作先进单位和国家专利试点工作先进企业。今后，燕化公司将进一步完善知识产权相关制度，开拓创新，为企业的发展创造条件。

燕化公司炼油厂催化装置

年生产能力为71万吨的乙烯生产装置

武汉钢铁(集团)公司

武钢是新中国成立后第一个特大型钢铁联合企业，具备年产钢铁900万吨的综合生产能力，是中国重要的板材生产基地。1993年以来，武钢先后投资300多亿元进行高起点的技术改造，先后建立了第三炼钢厂、硅钢改扩建、高速线材、“四烧”、“八焦”等一批重点工程，实施了一炼钢厂“平改转”工程，使主要装备达到世界一流水平，技术指标明显优化，新投产的二热轧，拥有我国技术装备水平最高、板宽最宽的现代化宽带钢热连轧机组，其产品质量达到国际先进水平。武钢坚持以市场为导向，实施精品名牌战略，先后研制开发了

主席像

新产品85个系列、301个品种，形成了桥梁钢、管线钢、集装箱钢、压力容器钢、电子用钢、汽车板、高速线材等为重点的一批在国内钢材市场上具有竞争力的高技术含量、高附加值的精品名牌，赢得了市场荣誉。武钢自行研制生产的高性能耐火耐候钢集高耐火性、高耐候性、高Z向性能和能承受大线能量焊接于一体，填补了国际空白。第二炼钢厂顶底复吹转炉炉龄不断创出世界新记录。

武钢现有职工85362余人，具有高级职称人员3008人，其中院士1人。享受国务院特殊津贴的70人，享受省、市津贴的60人。

自1992年以来，武钢获得国家科技进步奖14项，省、部级科技进步奖142项。并先后获得国家技术创新奖、全国用户满意先进单位、全国先进基层组织、全国模范职工之家和全国精神文明建设先进单位等称号。

武钢非常重视知识产权工作，1985年成立了专利管理室，2001年武汉钢铁（集团）公司重新划分科技管理职能，并由此成立“知识产权室”，包括科技保密、科技成果管理、专利管理等。武钢为了认真贯彻知识产权制度，并使其促进武钢的科技进步，制定了《武汉钢铁（集团）公司专利管理办法》、《武汉钢铁（集团）公司专利奖酬提取规定》、《武汉钢铁（集团）公司科技保密管理办法》、《武汉钢铁（集团）公司全资子公司管理通则》、《武汉钢铁（集团）公司科技成果管理鉴定奖励管理办法》等制度，极大地提高了职工搞发明创造的积极性，并且专利申请逐年增加。截止2003年，武钢共申请专利284项，其中208项被授予专利权。《半冷轧工艺无取向电工钢板的生产方法》获国家专利优秀项目奖。武钢的知识产权工作多次得到上级部门的肯定，曾获得“全国专利工作先进单位”、“全国第一企事业专利试点先进单位”、“多星杯”专利知识竞赛“全国最佳组织单位”、“全国知识产权百题知识竞赛优秀组织单位”、“湖北省专利工作先进单位”、湖北省“专利明星企业”、湖北省“组织专利实施先进单位”，“2001年度湖北省专利申请十强单位”、武汉市“知识产权工作先进单位”、2项专利获国际展览会“金狮奖”等。

冷轧五机架

内蒙古北方重工业集团有限公司

人造水晶高压釜

铸管模

摆臂式垃圾车

内蒙古北方重工业集团有限公司是中国兵器工业集团公司直属的特大型军工企业，是国家“一五”期间156个重点建设项目之一。经过近50年的建设，北方重工集团集特殊钢冶炼、铸锻造、机械加工、焊接装配、电气液压、仪器仪表、专用车辆生产、总装调试于一体，具有较强的科研开发及综合生产加工能力，具备完善的质量保证体系，并通过了国际ISO9001和ISO9002质量体系认证。目前，北方重工集团已发展成为国内大型锻件毛坯供应中心，国内特殊钢、深孔加工及大型配套设备制造重点生产企业。

北方重工集团是国家知识产权局、国家经贸委确定的全国第一批40家企（事）业专利工作试点单位。从1998年企业进行公司制改制以来，集团公司领导高度重视企业知识产权管理工作，特别是在参加全国专利试点工作中，把企业知识产权管理列为建设现代化企业当中的一项重要工作来实施。制定了企业知识产权管理办法，建立了知识产权管理运行机制，实施了企业技术秘密管理，在员工中组织开展知识产权培训教育。通过在企业的科研开发、生产经营中实施知识产权管理，加快了企业实施技术创新工作的进程，促进了企业经济的快速发展。2003年，北方重工集团申请专利近30件，有15件获得专利授权，其中实施专利成果转化形成的经济收益达亿元。开发生产的环卫车系列产品、全液压振动式压路机、金刚石压机、人造水晶高压釜、球墨离心铸铁管管模、石油钻铤等产品已形成系列化、批量生产，并已成为北方重工集团新的经济增长点。

几年来，北方重工集团紧紧围绕着企业经济发展开展知识产权管理工作，取得了很好的效果，受到了各级政府部门的肯定和表彰。2001年北方重工集团被包头市政府命名为“知识产权先进单位”，2002年被国家知识产权局命名为“全国专利工作先进单位”，2004年又被国家知识产权局授予“全国专利试点工作先进单位”光荣称号。

地址：内蒙古自治区包头市青山区厂前路　邮编：014033
电话：0472-3384260　3385785
传真：0472-3335641　　　联系人：贾兴华、詹辉

一切为了人类健康 华北制药

华北制药集团有限责任公司

华北制药集团有限责任公司前身华北制药厂始建于1953年6月，总投资7588万元，1958年6月投产。50多年来，华北制药由一家产权结构单一的工厂发展为拥有30多家子公司、多元投资主体的企业集团，主要产品也由5个增加到目前的460多个品种，涵盖了抗生素与半合成抗生素、生物技术药物、生物农兽药、维生素及营养保健品等。

华北制药根据自身特点，采取仿、创结合的技术创新战略，以生物发酵技术为基础，重点开发心脑血管、肿瘤、免疫调节等代谢类疾病用药，并围绕细胞因子、抗体、疫苗和大剂量药用蛋白类产品，继续提高分子克隆、工程菌高密度发酵、蛋白质分离纯化与质量控制技术水平。

新药研发

华北制药高度重视知识产权工作，逐步建立健全了集团公司的专利管理制系和管理制度，坚持专利保护和专利制度运用并重的原则，把知识产权工作贯穿于企业的研发、生产和经营全过程，积极开展企业专利战略研究，不断提高专利的数量和质量。2001年集团公司被国家知识产权局列为全国第一批企事业专利试点单位，是河北省唯一进入国家专利试点的企业，2004年1月被评为全国企事业专利试点工作先进单位，集团公司知识产权部被评为全国专利系统先进集体，同时被列入第二批全国企事业专利试点单位。

华北制药已连续多年跻身全国500家最大工业企业和最佳经济效益工业企业行列；“华北”牌商标被认定为中国驰名商标，其评估价值为36.85亿元，在2004年最新出版的《福布斯》中国品牌排行榜上，被评为“中国最有价值的五大工业品牌之一”。

华北制药坚持开放型经营方针，致力于与国内外各界同仁开展多形式的合作，在市场竞争中互惠互利，谋求共同发展！

华北制药集团公司外景

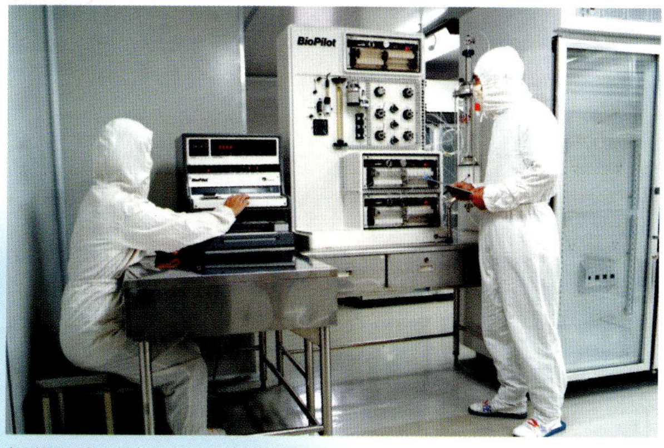

新药研发

昆明船舶设备集团有限公司

昆明船舶设备集团有限公司（简称昆船公司）是中国船舶重工集团公司控股的子公司，是光、机、电和信息技术相结合的，科、工、贸为一体的，有进出口经营权的国有大型企业。截止2000年末资产总额 14.88亿元，净资产 5.60亿元；职工7000余人，其中各类专业技术人员2400余人，工程技术人员 1200余人；昆船工业区占地近千亩，建筑面积近50万平方米；设备3000余台，昆船公司已通过ISO9001国际质量标准体系认证。

1994年昆船建立了首批国家认定的国家级企业技术中心被任定为云南省高新技术企业；拥有博士后工作站和工程硕士培养基地。1999年昆船被纳入云南省企业专利工作试点单位，并获得先进单位称号。2001年被纳入全国首批40家企事业单位专利工作试点单位，由于我公司建立了完备的专利工作管理机构、实行了企业内部专利管理办法、兑现了相应的专利奖励机制，并建成企业专利信息数据库，开展专利战略研究，诸多措施使我公司的专利管理水平和专利制度的运用水平达到了较高的水准，在2003年国家试点单位验收中，并获得优秀表彰。目前昆船公司专利申请量已拥有授权专利91件，正在审查未公开的专利申请32项。

昆船公司已成为国内最主要的烟机研究、生产基地和自动化物流系统的研究、生产企业集团。

昆船公司建有能进行高速行驶的巷道堆垛机、工业机器人、激光导引无人车（LGV）、自动输送机系统、自动化控制系统和计算机模拟仿真联调的综合试验室。公司通过国内外的技术合作、集成创新了诸多达到国际先进水平的产品和系统，得到用户和国家有关部委的肯定。

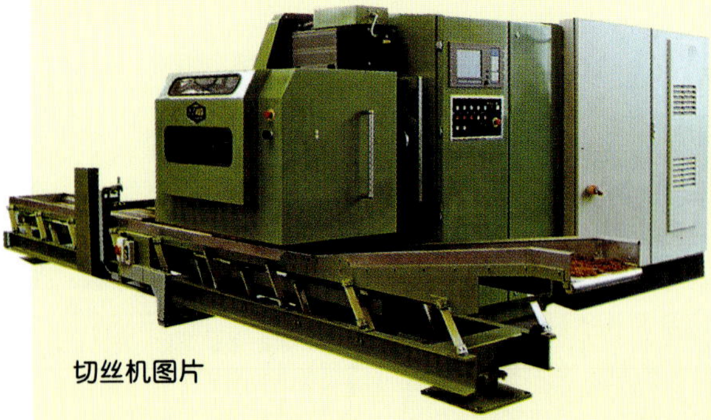

切丝机图片

地　　址：中国-昆明市人民东路3号
邮政信箱：昆明市287信箱
邮政编码：650051
电报挂号：昆明0501
电　　传：64032 KMSIC CN

国家专利产业化(江苏中医药)试点基地

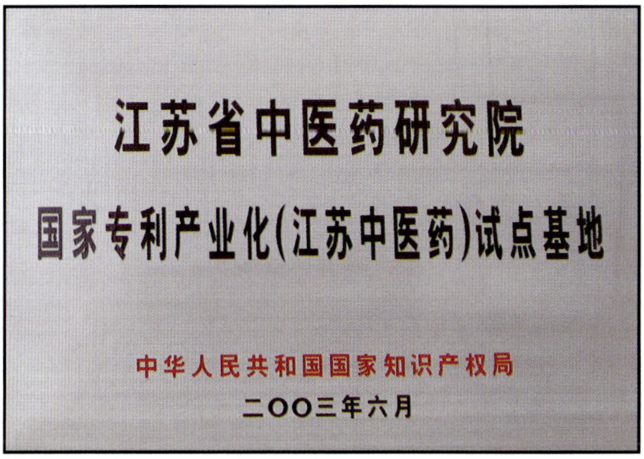

依托于江苏省中医药研究院的国家专利产业化（江苏中医药）试点基地于2003年11月27日在南京举行“国家专利产业化（江苏中医药）试点基地”揭牌仪式，国家知识产权局张勤副局长、陈仲华秘书长、马维野司长、刘延淮主任、江苏省卫生厅周珉厅长、江苏省知识产权局朱宇局长、南京市许慧玲副市长、科技局黄敏局长等省市领导及在宁高校和科研院所的专家参加了仪式。张勤副局长、周珉厅长、许慧玲副市长在揭牌仪式上作了重要的讲话。并为设立在基地的“国家知识产权出版社专利数据研发中心江苏工作站”揭牌。国家知识产权局顾晓莉副司长也视察了基地，听取了建设汇报。国家首个中医药专利产业化试点基地的建立引起了社会各界人士的关注。

江苏省中医药研究院院长段金廒博士，根据国家知识产权局对基地建设的要求“作为中医药领域专利产业化的试点基地，试点工作要根据中药行业的特点，依托产学研结合，充分运用专利机制，整合中药创新资源，建立起中医药专利开发、转化、产业化一条龙的良性循环机制，要勇于开拓，大胆创新，努力探索建设我国中医药领域专利转化、产业化平台的路子。”制定了“一个核心、三个层面、两个基本点”的推进计划。即以专利信息数据库为核心；三个层面包括：高校科研院所中药研究的科技资源层面、省内重点中成药生产知名企业的加工层面、省内地道药材种植养殖基地的中药材资源层面；以知识产权保护和专利技术为两个基本点推进江苏中医药产业化发展。

基地多次召开高校科研院所专家咨询会议就基地核心知识产权保护平台信息数据库建设论证，形成了数据库建设的基本构架，成立了数据库专家工作组。投资30万人民币购置数据库工作设施及服务器等硬件设备。与国知局出版社专利数据研发中心签订了合作协议，共同建立江苏知识产权保护信息平台，专利数据研发中心“江苏工作站”正式启动工作。与河海大学商学院合作利用信息技术建立中药商务平台、与金陵药业合作“脉络宁”专利的二次开发，与阳光集团合作专利产品“雪域骨宝”进入国内市场。从源头抓起举办了江苏中药制剂高级研讨班和中药种植GAP学习班。对江苏现有地道药材种植基地进行GAP规范指导和技术服务，拟建立纳入中药专利产业链的种养殖基地。

目前基地各项工作正在有序展开，核心内容数据库建设正向纵深挺进，涉及江苏中药专利战略布局的描述和构图，国外专利的比较以及KDD系统和专家系统的建立；基地面向科研院所、制药企业、种植基地提供专利技术信息服务和关键技术服务。

中国石油化工股份有限公司
巴陵分公司

中国石油化工股份有限公司巴陵分公司位于湖南省岳阳市。临洞庭，倚长江，傍京广铁路，107国道和京珠高速公路，水陆交通十分便利。巴陵分公司拥有大型化工、化纤、化肥生产装置20余套，主要产品的生产能力为：尿素60万吨／年，己内酰胺7万吨／年，聚酰胺－6为

经理　朱泽华

4.2万吨／年，帘子布1.3万吨／年，双氧水10万吨／年等。目前，以拥有自主知识产权的技术为依托的己内酰胺装置正在改扩建为14万吨／年，“芙蓉牌”尿素获国家金质奖，“鹰王牌”己内酰胺等产品获省优、部优称号，产品远销10余个国家和地区。产品均通过ISO9002质量体系认证。

巴陵分公司主要生产工艺装置均从国外引进，为了更好地消化吸收引进的工艺技术，开发拥有自主知识产权的专有技术，促进技术进步，分公司经理朱泽华非常重视知识产权管理工作，分公司成立伊始就成立了知识产权管理机构，制定了管理制度，建立了知识产权方面的激励机制，不仅对引进技术和设备进行改进和创新，而且对主导产品的生产工艺进行大胆地研究开发，使分公司现在已拥有多项具有世界先进水平的专利技术，促进了分公司的技术进步和发展，取得了良好的经济效益和社会效益。

首先，他们采取多种形式，宣传、普及知识产权法律法规和基础知识，举办讲座和报告会、印发学习资料，提高广大干部职工创造和保护知识产权的意识。第二，他们按管理制度规定的标准和发放时间兑现“一奖两酬”，已发放专利奖金30万元，兑现报酬40多万元。2000年上半年，分公司对“一种防止环己烷氧化装置中环己烷蒸馏塔再沸器结垢的方法”专利实施后，给二位发明人每人4.5万元的报酬；给“一种气液氨过滤器”专利的发明人、设计人也发了近1万元的报酬，极大地激励了科技人员发明创造的积极性。

到2003年底，分公司已有219件职务发明专利申请（其中发明176件，实用新型39件，外观设计4件），有72件专利申请已获得授权（其中发明42件，实用新型28件，外观设计2件）。发明人由1998年的20人，增加到2003年上半年的260人。上述这些申请专利的技术为公司创效达2亿多元。共有10件专利获省专利实施金奖和优秀奖、省职工十佳专利及中国专利技术博览会银奖，有专有技术17件，商标4件。分公司还实施专利申请战略中的外围专利战略，针对分公司的关键工艺技术申请了36件外围专利，并获得授权。在引进己内酰胺工艺技术时可节约专利费1000多万美元。

为了保护知识产权，防止无形资产流失，他们组织职工签订《保密和知识产权保护协议》等；安排关键技术人员填写《保护知识产权情况调查表》；外单位人员来公司考察、参观、培训、学习或合作开发、合营、商业往来、施工、安装、检维修等都必须签订《知识产权和商业秘密保护协议》；职工发表学术论文，都由相关主管部门和知识产权办公室进行保密审查。

2002年分公司被评为全国专利工作先进单位；并先后评为湖南省知识产权保护试点示范单位；湖南省知识产权保护明星企业；2001年获得湖南省新世纪知识产权企业之星电视大奖赛冠军；2002年评为岳阳市知识产权保护工作唯一示范企业。巴陵分公司的发展，所依靠的正是以科技求发展，不断创新，切实加强知识产权保护的这一科学发展观，可以说强烈的企业知识产权保护意识和扎实的知识产权管理工作是企业生存和发展的重要法宝。

农大 108

“农大108”玉米杂交是中国农业大学许启凤教授历经20年辛勤研究取得的科技成果，其抗病性能好、抗逆性能好、适应性广、品质好、高产稳产，在全国广泛种植。2002 年全国种植面积达 4000 万亩，占当年玉米播种面积的11%；1998年审定以来全国累计推广面积约1.2亿亩，是历史上种植面积最大的玉米品种之一。“优质高产玉米新品种农大108选育和推广”荣获了国家科技进步一等奖。

“农大108”为全国玉米第一主栽品种，常年需种量达8000万公斤以上，所以社会上大小种子公司都进行制种，出现了盲目制种，恶性竞争，亲本不纯，质量下降，假劣种子扰乱市场等问题。针对这些问题，依据《中华人民共和国专利法》、《中华人民共和国种子法》和《中华人民共和国植物新品种保护条例》的有关规定，“农大108”产权单位中国农业大学联合北京市种子公司、北京金色农华种业科技有限公司组建了“农大108”产权办公室，共同维护“农大108”知识产权。

“农大108”的推广和维权工作一直得到农业部种植业司、中国种子协会、全国农业技术推广服务中心、植物新品种保护办公室、农业部科技发展中心等管理部门的关注和支持。中国种子协会为此专门发文（[2003]种协字 1 号）积极支持中国农业大学维护“农大108”知识产权，强调指出做好“农大108”维权工作是一举数得的大好事，规范市场秩序，避免恶性竞争，有利于保护生产者、经营合法利益。

2003 年 3 月 11 日，“农大 108 维权联盟预备会”在中国农业大学国家玉米改良中心召开，“农大 108”产权保护办公室与辽宁东亚、德农种业、河北隆化三北、山西屯玉等15家大型种业公司就组建维权联盟相关事宜达成一致意见，种子企业加入维权联盟，大家平等协商、群策群力，共同规范“农大108”种子生产经营秩序，促使“农大108”种子生产和推广更好地有序地进行，延长推广时间，防止发生假冒伪劣种子坑农害农事件，充分发挥“农大108”对我国玉米生产的增产作用。3月30日的“农大108维护知识产权新闻发布会”召开，旨在宣传“农大108”维权的目的和重要意义，集合社会各方面力量推动“农大108”维权工作顺利进行，呼吁全社会都来关注和支持农业领域的知识产权保护工作。

“农大108”维权联盟将依据知识产权保护方面的有关法律、法规，积极开展工作，为中国种业早日实现依法治种，形成规范的行业自律提供有益的经验。

专利号为：ZL 97103863.5
专利名称：“农大 108”
品种权号：CNA0000110.8
品种名称：亲本 “黄 C”
品种权号：CNA0000109.4
品种名称：亲本 “X178”

农大 108 产权保护办公室：

北京海淀区圆明园西路 2 号中国农业大学国家玉米改良中心 206 室

电话：010—62813416　传真：010—62813416　邮编：100094

中科院昆明植物研究所

昆明植物研究所立足云南和我国西南部，是中国科学院面向东南亚，沟通喜马拉雅的重要窗口，以我国极富特色的亚热带森林和亚高山植被中的物种多样性和植物资源为研究对象，开展多学科的综合研究。根据国家需求和西部大开发的战略部署，昆明植物研究所将建设成为具有强大科技创新和持续发展能力、特色鲜明的国立研究所，成为我国知识传播和高级生物学人才培养基地之一，成为西南地区天然药物产业化孵化基地之一。

研究所知识产权工作与其科研制度改革、科技产业、知识创新、科技产业发展息息相关，因此，应该从发展的眼光来认识研究所知识产权工作的重要性。昆明植物研究所近年来充分意识到知识产权，特别是专利在科技创新活动中充当着非常重要的角色，专利制度是实现研究所科技成果保护的根本手段，专利保护尤为重要。因此，该所自1994年以来，由专人负责分管专利管理工作，开展了以下几方面的主要工作：知识产权的宣传和普及、知识产权管理规程的制订、发明专利申请、专利检索、授权后专利的维持、维权工作、专利数据的采集及计算机录入和上报统计工作；其他知识产权事务如拟定合同、专利权转让、专利实施许可、专利技术入股、无形资产评估等。

在具体措施方面，昆明植物所紧紧抓住增强科技成果保护意识、积极引导专利申请这一主线，建立了5个专利机制。一是加强宣传，强化科技人员专利保护意识，形成宣传机制；二是将专利保护与科研人员职称晋升、业绩考核相结合，建立引导机制；三是强制要求部分科研课题申请专利，形成强制机制；四是奖励与惩罚相结合，构建奖惩机制；五是服务与资助相结合，创造保障机制。从总体上推进了新药、花卉研发的知识产权保护工作。

1990年以前昆明植物所知识产权管理工作处于分散零星状态，20世纪90年代以来逐渐建立了规范的知识产权管理工作体系，同时不断发掘新的专利申请，迄今已申请有关生物领域专利90余项，获授权50余项。专利项目内容涉及新药领域（抗癌药、抗艾滋病药、抗血栓病药、治疗糖尿病药、治疗癫痫药、植物农药）和植物品种选育方法、植物生物技术等等，以及药物化合物的研究如新药物化合物及药物化合物的新用途及化合物制备方法等方面。

迄今，昆植所进行了相关药物专利技术转让、许可实施、作价入股的项目达10余项，其中部分专利项目作为专利许可实施，部分专利技术作为专利技术转让，部分专利技术作价入股有限责任公司、股份有限责任公司。其中1项药物化合物专利转让费达800万元，另涉及同一化工技术领域的3项发明专利共作价1000万元入股。今后随着专利经营的进一步开展，前几年专利申请、授权项目的积累将对昆明植物所这方面的工作起到直接的促进作用。

昆明植物所的专利工作目前处于中国科学院内同类研究所的先进先列，在科学院同类研究所中名列前茅，1996年—2000年的统计结果昆明植物所在科学院生命类研究所中排名第二，2004年科学院评估资料显示，昆明植物所在科学院生命类研究所中排第一。1997年昆明植物所曾荣获科学院专利工作先进研究所。

广西农科院野生稻研究室

野生稻是国家二级保护植物，是国家重要的种质资源。广西农科院水稻研究所野生稻研究室自1983年成立以来，一直致力于野生稻资源的保护工作。经过20多年的普查考察和收集工作，基本掌握了广西野生稻资源的分布情况，收集了一大批野生稻资源，建立了国家种质南宁野生稻圃。现保存有18个种共4562份野生稻资源，是国家最大的野生稻资源异位保存圃。

同时，研究室还一直致力于野生稻的原位保护工作。2002年9月，研究室陈成斌主任领导的课题组在实施国家课题——野生稻资源调查项目时，到达玉林市，发现了现存全国连片分布面积最大的野生稻原生地，并积极向国家农业部申请建立野生稻原位保护区。这一发现引起了国家领导人的重视，指派农业部领导前来视察，并批准资助建立玉林市野生稻原位保护区。该保护区分普通野生稻保护区和药用野生稻保护区两部分，普通野生稻保护区占地557.7亩，其中核心区302.7亩，缓冲区255亩；药用野生稻占地50亩。保护区自2003年1月份开始建设以来，在国家和广西各级领导关心下，进展顺利，土建工程现已基本完成。玉林市野生稻保护区的建立，使广西成为全国具有野生稻原位保护区的3个省份之一，并且连片分布面积全国最大，对广西乃至国家的野生稻资源保护工作具有重大的意义，极大促进了野生稻原位保护工作的发展。

自六五计划以来，陈成斌领导的课题组一直承担野生稻资源研究方面的国家、地方科技攻关项目，国家、地方自然科学基金项目和国家、地方重大科研项目与专项资金项目，负责国家种质南宁野生稻圃的种质资源保存工作，保存着国内最大数量的野生稻资源。广西野生稻资源研究先后获得国家、地方科技成果奖15项，其中省部级一等奖6项，二等奖8项；发表论文200多篇，其中《普通野生稻辐射后代质量性状的变异》等15篇论文获优秀论文一、二等奖；撰写论文集、专著4本，其中与中国农科院品资所合著的《中国野生稻资源》是国内第一本公开出版的野生稻研究专著，受到资源界的高度评价；先后为科研育种单位及个人提供种质资源2860多份次，育种单位利用这些资源育成的高产优质常规稻品种与杂交稻组合30多个，产生社会经济效益40多亿元，为保证我国粮食安全与持续稳定发展做出较大贡献。

科技人员在进行野生稻性状室内鉴定

科技人员在考察不同类型的野生稻

野生稻课题组科技人员正在研究新的工作计划

野生稻资源研究获奖证书。其中“中国栽培稻起源与演化”获国家教育部一等奖；“野生稻DNA导入栽培稻研究”和“野生稻优异种质资源花药培养研究”分别获广西科技进步二等奖等奖项

华南理工大学

华南理工大学是直属教育部的全国重点大学，组建于1952年全国高等学校院系调整时期，坐落在南方名城广州。1995年通过“211工程”部门预审，进入国家面向21世纪重点建设的大学行列；1999年底，通过教育部本科教学工作优秀评价，成为全国第一批“本科教学优秀学校”；2001年，学校进入国家高水平大学建设行列。

华南理工大学是以工为主，理工结合，管、经、文、法协调发展的综合性大学。目前，有6个国家重点学科，9个“211工程”重点建设学科。有67个本科专业，10个博士、硕士授权一级学科，58个博士点、107个硕士点，19个领域有工程硕士学位授予权，11个博士后科研流动站。有1个国家大学科技园、1个国家重点实验室、2个国家工程研究中心、1个国家甲级建筑设计研究院、8个省部级重点实验室。

学校现有教职工3891人，其中教学、科研人员2324人，在校院士5人，研究生导师973人，其中博士生导师199人，教授340人、副教授657人。有各类在校学生4万多人，一大批毕业校友成为我国科技骨干、著名企业家、领导干部，学校被社会誉为“工程师的摇篮”、“企业家的摇篮”。

学校专利申请量多年来一直保持在全国高校前十名，截止到目前，共申请专利1000余件，授权专利600余件。两次荣获“全国专利工作先进单位”，多次被评为教育部、广东省、广州市知识产权工作先进集体。2001年成为全国企事业第一批专利工作试点单位，2004年被国家知识产权局授予“第一批全国企事业专利试点工作先进单位”荣誉称号，成为获此荣誉的全国四所高校之一，同时，知识产权管理办公室主任李本祥同志获“第一批全国企事业专利试点工作先进个人”荣誉称号。

华南理工大学拥有一批高水平的专利技术成果，通过充分发挥学校各级工程研究中心的功能、与企业共建成果转化平台、自建或与企业合建成果转化企业、专利权转让和许可使用等一系列有效措施加强专利技术成果转化，累计形成直接经济效益数10亿元，并取得显著的社会效益。以5件发明专利为核心的3项科技成果分获1997年、2002年和2003年国家技术发明二等奖，1件发明专利获中国专利金奖，3件发明专利获国家知识产权局和世界知识产权组织授予的中国专利优秀奖，2件专利项目被批准为中国专利实施示范工程项目，多件发明专利获广东省和广州市优秀专利项目。

多年来，学校坚持从“大管理”的概念出发，把专利工作引入科技工作的全过程，形成了专利管理与项目管理、成果管理相结合的运行机制，使专利管理和专利保护贯穿于科研立项、研究、开发，直到推向市场的全过程，形成了专利工作与科技工作相互促进，协调发展的局面，学校科研经费从2000年的1.48亿元增长到2003年的2.35亿元，同时专利申请量也保持同步增长，从2000年的112件增长到2003年的206件。

形成一大批具有自主知识产权的原创性科技成果是学校科技工作目标。进入新世纪，学校知识产权工作实现了跨越式的发展，学校有信心、有决心继续做好知识产权工作，为高校和国家知识产权工作的发展做出更大的贡献。

中南大学

中南大学是教育部直属的全国重点综合性大学，由卫生部部属湖南医科大学、铁道部部属长沙铁道学院与教育部直属重点高校中南工业大学合并组建而成。

中南大学的学科涵盖工学、理学、医学等十大门类，是以本科生、研究生教育为主的综合性大学，下设29个二级学院，有硕士学位授权学科207个，博士学位授权学科128个，博士、硕士学位授权一级学科16个，博士后科研流动站18个。现有中国科学院院士4人，中国工程院院士12人，博士生导师367人，在校学生4万多名。

2002年再获全国专利工作先进集体称号

学校每年承担各类科研项目达1100多项，有近1000项重大科技成果获得国家和省部级奖励，其中79项获国家级奖励；“九五”以来，学校共承担国家“863”和“973”项目40多项，国家科技攻关项目87项。

学校在科技处设专利科，负责学校专利工作，成立了以副校长为组长的知识产权保护领导小组，制定了《中南大学专利管理办法》、《中南大学知识产权保护管理办法》、《中南大学科技工作奖励办法》等制度。十多年来，学校共申请专利542项，实施率为70%，被国家科技部、国家专利局评为全国知识产权保护先进单位，三次被国家知识产权局评为全国专利工作先进集体，被评为全国第一批专利试点工作先进单位，并多次被评为湖南省专利工作先进集体和知识产权保护示范单位。

湖南博云新材料股份有限公司生产

为了鼓励专利申请，加强知识产权保护，学校将知识产权拥有量纳入科研工作评价体系，用以评价各二级单位科研工作量和科研人员工作业绩，包括申请和授权专利、计算机软件登记、国家级新药、知识产权转让或使用权转让。还制定了适应市场经济体制的技术入股制度——《中南大学技术入股管理办法》：以学校技术成果出资入股或增资扩股，其所获股份的70%由课题组成员直接持股；以学校非政府计划科技项目结余经费出资入股或增资扩股，其所获股份的70%由课题组成员直接持股。自政策出台以来，学校共有60多项专利技术作价参股进入企业。其中，以国防专利“粉末冶金飞机刹车副材料及其制备方法”入股的“湖南博云新材料股份有限公司”，总注册资本为3600万元，技术注册资本为2500万元，研制的波音757飞机用制动材料已投入使用；以“一种浸矿用菌种培育方法”等系列专利技术入股成立的“长沙冠华生物技术有限公司”，总注册资本1000万元，技术资本为340万元，利用细菌浸出硫化锌矿，提高了浸矿效率。

长沙冠华生物技术有限公司产业化基地

东南大学

美丽的校园

东南大学是教育部直属的一所全国重点大学。她的前身是创建于1902年的三江师范学堂。此后，历经国立东南大学、国立中央大学、南京工学院等重要发展时期，1988年复更名为东南大学。

东南大学是一所以工见长，理、工、医、文、管等多科协调发展的综合性大学。现在学校设有40多个院、系，其建筑土木、电子信息、能源交通、生物医学等学科特色鲜明，实力雄厚，享誉海内外。学校拥有10个国家重点学科，15个一级学科博士学位授权点，78个二级学科博士点，15个博士后科研流动站，159个硕士点。

东南大学拥有一支以院士、博士生导师为主体的结构合理、学术造诣精深的师资队伍和一支高素质的管理队伍。学校现有正、副教授1500多名，其中两院院士7人，博士生导师300多人，“长江学者奖励计划”特聘教授岗位16个（现已聘17人）。

东南大学建有2个国家重点实验室，1个国家专业实验室，2个国家级工程（技术）研究中心，5个教育部重点实验室，1个教育部工程研究中心，4个江苏省工程研究中心，3个江苏省重点实验室，并以此为依托，形成了10几个重点科研基地。目前已基本形成了由以国家自然科学基金项目、国家“973”项目为主的基础性研究，以国家“863”高技术项目、国防预研为主的应用基础研究和以国家科技攻关项目和重大工程项目、企业技术改造及技术合作项目为主的应用研究组成的三大类科研格局。近十年来，全校共取得较大的科研成果近千项，其中600多项科研成果获得国家、部委和省市科技成果奖。

2002年东南大学共有29项国家“863”项目立项，获得课题资助经费达6000多万元，位居全国高校第3名。2003年，东南大学到校科研经费达4.5亿元，专利申请量和授权量分别列为全国高校第九名和第十名。

为了保护东南大学的自主知识产权，学校成立了“东南大学知识产权办公室”，对该校的专利、商标、著作权、计算机软件、集成电路设计、专有技术等进行全方位的保护，并且制定了一系列的保护措施和规章制度，在保护学校知识产权的同时，尽最大限度的鼓励和奖励广大职工保护学校知识产权的积极性。

在专利保护方面，学校成立了专门的“专利基金”、“专利奖励基金”，其中“专利基金”主要用于资助东南大学的职务发明申请专利，“专利奖励基金”主要用于对已授权的专利项目的发明人进行奖励，同时，对已授权专利的发明人在工作成绩和工作量方面予以认可，从多方面鼓励申请专利的发明人，使该校的专利申请量在最近的几年中一直保持在50%以上的增长中，我们相信再经过今后几年的发展，东南大学的知识产权工作一定会在全国的高校中独树一帜，专利拥有量也名列前茅。

重庆大学知识产权工作在前进中发展

重庆大学的知识产权随着我国改革开放的深入而不断发展

①设有专门机构，承担学校的知识产权工作，先后培养了16名专利代理人和20名专利工作者，且多次制订并不断完善知识产权工作及专利工作具体的规章制度；

②采取行之有效的具体措施，激励创新，如列入业绩考核指标，年年兑现奖励，晋升职称的依据，深入课题组具体指导和咨询专利申请等。调动发明创造者的主动性和积极性；

③从1989年起，连续16年在全校开设“知识产权”课，积极培养人才；

④根据企事业单位的需要，进行知识产权的宣传、培训，听课人员超过200人，受益匪浅；

⑤专利申请量持续增长，尤其是技术含量较高的发明专利申请量占优势；

⑥专利申请与专利技术开发应用并重，采取许可贸易、权利转让等多种形式，不断提高专利实施率和市场转化率。

1985年4月到2004年6月20日，重庆大学共申请国内各类专利538项，通过PCT向国外申请专利1项，被授予专利权277项。其中1999年到2004年申请专利272项，被授予专利权81项，其中被授予发明专利权31项，其余处于被审查之中。

被授予发明专利权的“气体转换机构用气体传感器的制作方法”（ZL00112753.5）及“溶解气体在线智能监测诊断装置及方法”（公告号CN1126953C）获2000年度重庆市科技进步一等奖和2002年度国家科技进步二等奖，已在全国100多个大、中型变电站投入应用。专利号为00112881.7，其发明名称为“平面砂带磨床及其控制方法”因加工工件精度好、效率高、成本低，已在国内数十家得到应用。

经过全校教职工的努力奋斗，重庆大学知识产权工作取得了一定的成绩，1994、2002年分别被重庆市人民政府、国家知识产权局授予“重庆市专利工作先进单位”、“全国专利工作先进单位”。2004年4月国家知识产权局授予重庆大学为“全国首批专利试点合格单位”称号。我国的知识产权局工作任重道远，仍需继续努力。

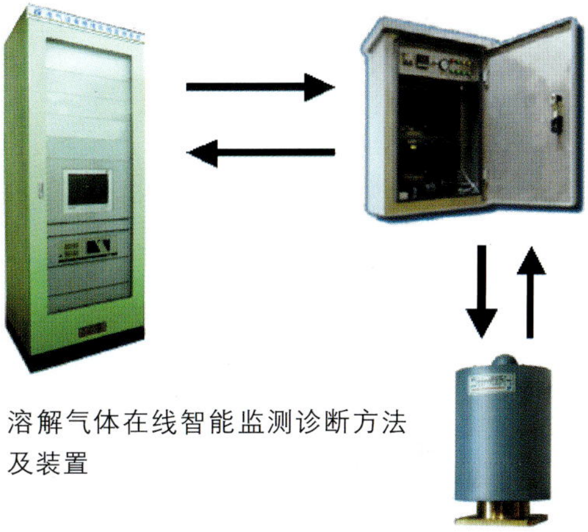

溶解气体在线智能监测诊断方法及装置

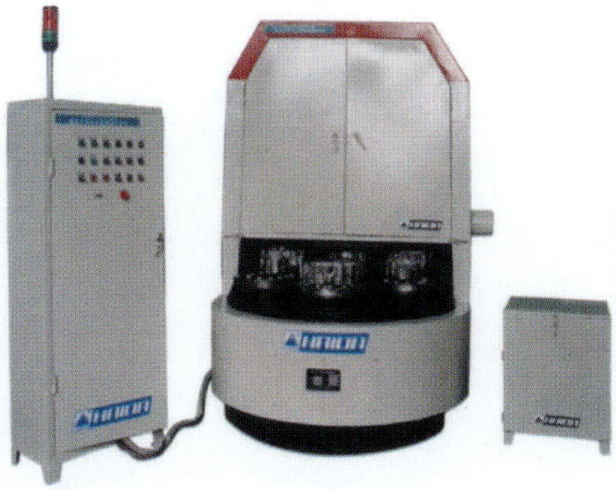

平面砂带磨床及其控制方法

西南政法大学
知识产权法研究中心

张玉敏教授在全国知识产权理论研讨会上发言

中心教授张玉敏、谭启平、张耕、廖志刚在 '98重庆中美知识产权与经济发展研讨会上合影

中心第一位博士李雨峰顺利通过博士论文答辩后与导师张玉敏教授合影

张玉敏教授在专利法颁布20周年座谈会上

西南政法大学知识产权法研究中心成立于1998年，共有专兼职研究人员15人。其中教授3人，副教授5人，博士1人。研究中心主任张玉敏教授是西南政法大学知识产权法学科带头人，博士生导师，重庆市知识产权研究会副理事长，重庆市科技顾问团顾问。

西南政法大学知识产权法研究中心自成立以来，已承担国家各级知识产权领域的科研课题4项，校级课题3项，其研究成果，特别是在知识产权的基本理论、商标法和中国版权史的研究方面，在全国有相当的影响。2001年中心举办了全国商标法理论与实务研讨会，在会上，中心成员力主商标注册应当贯彻诚实信用的原则，恶意抢注行为不受法律保护，该主张为修改后的商标法所确认。中心的研究人员积极参与国家知识产权立法讨论，提供的意见受到主管机关的重视。入世后，积极参与重庆市政府和企业举办的知识产权知识宣传培训活动，取得了良好的社会效益，并经常应邀为司法机关知识产权纠纷提供咨询意见。通过以上活动，为国家，特别是重庆市的知识产权法制建设做出了积极的贡献。

中心成立以来，共培养博士1人，硕士60多人。目前，在校学习的博士研究生9人(其中美国籍1人，台湾籍1人)，硕士研究生64人。2004年，研究中心开始招收博士后。中心成员在全国性学术刊物上发表学术论文60多篇，出版知识产权诉讼等学术专著5部。

深圳华茂园

——一所持续发展的国际学校

董事长 王庆茂先生

校长 余拱皶先生

深圳市华茂实验学校、广东香港人子弟学校、深圳台商子弟学校由深圳市旺海怡康实业发展有限公司总经理王庆茂先生独资兴建，先后创办于1996、1997、2000年，斥资逾3亿，三校共处同一校园，总称华茂园，由王庆茂先生任董事长，余拱皶先生任校长，实行统一管理。占地面积17万余平方米，建筑面积13万余平方米，是一所从幼儿园到高中一条龙的全寄宿制学校，现有学生3200余人。校园美丽如画，温馨如家，现代化设施一应俱全，教师身怀绝技，领导高瞻远瞩。学校不断与国际教育接轨，扩大同美国、英国、日本、韩国、新西兰等国的文化教育交流，现已招收韩国等外籍学生200余名。建校八年来，学校全面贯彻教育方针，着力实施成功教育理念，各项工作获得全面发展，已成为"广东省首届十佳民办学校"、"广东省绿色学校"、"深圳市一级学校"、"深圳市教育战线先进单位"。

教育教学亮点纷呈，科技创新成果蜚声全国。近年来，在学生中开展了"人人争当小发明家"等系列科技创新活动，学生共有创造发明3234项，其中144项被国家知识产权局授予专利权。2003年4月，该校成功地承办了第十八届广东省青少年科技创新大赛，并获一等奖3项，二等奖4项，三等奖1项，组织奖1项，是全省获奖最多的学校之一；在"第十四届全国创造发明展览会"上，该校学生获金奖1项、银奖、铜奖各2项，获奖量居全国参赛的中小学第一。"第五届中国国际高新技术成果交易会"邀请了该校青少年创造发明项目参展。在第十九届广东省青少年科技创新大赛中，获省二等奖1个、市一等奖2个、二等奖6个。在2004年6月"第二届广东省青少年发明奖"评选中，获二等奖1个，三等奖2个。《中国知识产权报》等国家级新闻媒体和20多家省、市、区级新闻媒体先后发了40多篇稿件，报道了这些成果，盛赞该校"申请专利速度居全国第一名"，"全国中小学发明创造第一校"。中央电视台"异想天开"栏目专程到该校拍摄了一组科技创新专片，国家知识产权局局长王景川、中国发明协会副理事长明廷华分别为该校科技创新校本教材撰写了《序言一》、《序言二》。

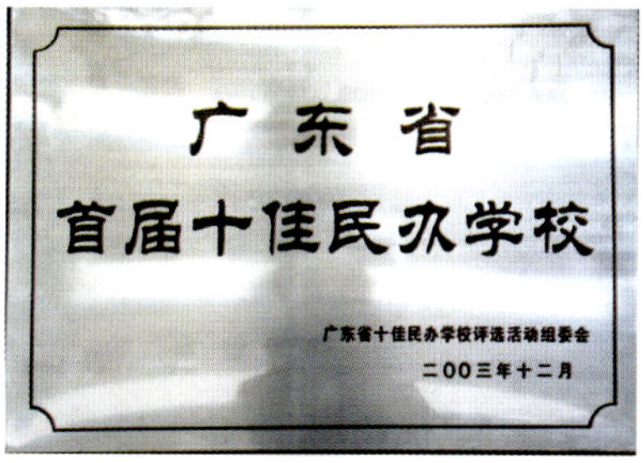

2003年12月，学校荣获广东省"首届十佳民办学校"称号

2003年6月学校被评为省绿色学校

在第十四届全国发明展览会上，薛安艺同学的"水果摘取器"获得金奖

证书

CASTIC

全国青少年科技创新大赛

CHINA ADOLESCENTS SCIENCE AND TECHNOLOGY INVENTION CONTEST

青少年优秀科技实践活动获奖证书

兹发给青少年优秀科技实践活动 三 等奖获得者，以资鼓励。

活动名称：华茂园学生人人争当小发明家活动

活动实践单位：广东省深圳市华茂实验学校

活动指导单位：广东省深圳市华茂实验学校

活动指导教师：

全国青少年科技创新大赛首席荣誉科学顾问 周光召

第十八届全国青少年科技创新大赛组织委员会

2003年8月

在全国青少年科技创新大赛活动中获集体三等奖

2002年5月，学校被评为深圳市一级学校

中国科学院大连化学物理研究所

中国科学院大连化学物理研究所建于1949年，是一个基础研究与应用研究并重、具有较强技术开发实力、以承担国家和企业重大项目为主的化学化工研究所。发展战略为“以可持续发展的能源研究为主导，坚持资源环境优化和生物技术创新协调发展”，总体目标是：在2010年把大连化物所建设成为一个集先导性基础研究、战略高技术创新和高新技术产业化为一体、布局合理的、具有较强的综合竞争能力的世界一流研究所。

55年来，大连化物所紧密结合国家经济建设的需要，开展多方面的科学研究和技术开发工作，逐渐在工程化学、化学激光、分子反应动力学和生物技术等学科领域形成了自己的特色，取得了一系列重大科技成果，为科学技术发展和国家经济建设做出了重要贡献。

大连化物所现设有10个研究室，包括3个国家级重点实验室和4个国家级研究中心。截止2003年底，全所职工总数为947人，其中中国科学院院士9人、中国工程院院士3人、研究员62人、在站博士后37人。另外，化物所高度重视知识产权保护和开发，专利申请量在中国科学院一直名列前茅，在全国的科研院所中也处于领先地位。2003年批准授权专利100件，其中发明专利85件，实用新型专利10件。

南京玻璃纤维研究设计院

南京玻璃纤维研究设计院是国内专门从事连续玻璃纤维、矿物棉、特种玻璃纤维及织物、非通讯光学纤维及制品技术研究开发与设计单位。1999年，加入中国非金属矿工业（集团）公司并转制为科技型企业。全院现有职工900多人，其中50%以上为工程技术人员。

近十年来共取得部、省级以上重大科研成果100多项，获国家科技发明奖、国家科技进步奖、国家优秀设计奖22项，获部、省级科技进步奖30多项，2003年科技实业收入近3亿元。

长期以来，院领导十分重视专利工作。院科技部门设有专利办公室，配有专人负责专利管理工作。分管院长担任院知识产权领导小组组长。到目前为止，共制定有16项知识产权方面的管理制度。全院共有专利申请200多件，专利授权170余件，2000年还申请了1件美国专利，2002年已授权。

1999年院科研管理处被国家人事部、国家知识产权局授予“全国专利系统先进集体”光荣称号；2000年被江苏省专利管理局认定为“中国专利江苏百强”企业；2002年被国家知识产权局授予“全国专利工作先进单位”；2004年荣获“第一批全国企事业单位专利工作试点先进单位”荣誉称号。

包头稀土研究院

钕铁硼厂

包头稀土研究院是以包头白云鄂博多金属共生矿综合开发利用为宗旨，以稀土冶金分离、提取、新型稀土功能材料及器件的开发利用等为研究重点的综合性稀土研究开发机构。

包头稀土研究院高度重视知识产权管理工作，建立了完善的专利管理制度，取得了一大批具有自主知识产权的稀土科研成果，并在其产业化方面做出了卓越贡献。

包头稀土研究院申请了67项中国专利和1项国际专利，现已获国家专利权 30 项，发明专利18项。其中“生产稀土金属及合金的熔盐电解槽”国家发明专利，为我国稀土金属大规模工业生产提供了大型稀土熔盐电解关键工艺技术与成套设备。该发明在2003年荣获第八届中国专利优秀奖。2001年包头稀土研究院被包头市政府命名为“知识产权先进单位”。

稀土氧化物、稀土金属、磁性材料、发热元件、磁伸材料

地　址：内蒙古自治区包头市昆区团结大街129号
邮　编：014010
电　话：0472—5179522
传　真：0472—5179330
联系人：刘小平

宁波市江东科技创业中心

宁波市江东科技创业中心成立于2002年11月30日，大楼总建筑面积15760平方米，具有完善的基础设施和配套齐全的共享服务设施。2002年11月14日，宁波市江东科技创业中心被国家知识产权局评为首批“国家专利产业化试点基地”。

宁波市江东科技创业中心重点孵化专利产业化项目，制定了完善的政策体系，开展形式多样的服务措施和“人性化”的管理方式，建立了以宁波为起点、辐射全国的“中国专利技术产业化服务网”，以该网站为平台，配以“专利产业化种子资金”等专项经费的支持，为企业进行专利辅导和培训，提高孵化企业的产品附加值和竞争力。

宁波市江东科技创业中心成立一年多以来，在专利产业孵化方面取得了良好的成绩。在孵的81项科技项目中，专利孵化项目33项，占总孵化数的40.7%。其中，宁波市江东飞宇电器有限公司拥有24项专利技术，并有22项已应用于生产，8项实现了产业化，应用专利技术的“快速电热水器”已形成6大系列、近20个品种的产品体系；宁波星火晶丽橡胶鞋业有限公司自主研发的橡胶微孔防滑拖鞋及制备方法获得了发明专利，2003年专利产品产值达到了3000余万元；宁波市东港电器设备制造公司开发的塑钢基质管材获1项发明专利和3项实用新型专利，2003年至今产值已近3000万元，并被评为宁波市专利试点企业。

上汽集团奇瑞汽车有限公司

SAIC CHERY AUTOMOBILE CO., LTD

上汽集团奇瑞汽车有限公司坐落在交通条件便利的国家级开发区芜湖经济技术开发区，公司注册资本17.52亿人民币，是一家大型股份制企业。一期工程占地面积52多万平方米，包括发动机厂、轿车厂，具备年产30万台发动机和5万辆整车的生产能力，主导产品为SQR系列发动机和SQR7160奇瑞·风云系列轿车，于2001年5月份开始上市销售，市场反应良好。

为了能够继续保持奇瑞的优势，公司经过深入的市场研究，进行了二期工程的建设，主要包括生产QQ、东方之子系列车型的冲压、焊装、涂装、总装四大工艺以及CVT无级变速箱生产线，总投资20多亿，建成投产后可实现年产20万辆整车、6万台变速箱的生产能力。公司2002年已建成产品开发实验基地，包括了发动机实验室、总成实验室、整车道路实验室，已陆续开发出完全拥有自主知识产权的22款整车、4种发动机、3种变速箱产品，并已投入市场。目前正在开发的产品包括已列入国家863计划的电动车和混合动力车。

奇瑞公司之所以在短时间内取得令人瞩目的业绩，一个重要的原因就是公司在产品开发和生产中注重形成自主知识产权，根据国际知识产权保护制度与规则和国家的知识产权保护法律，结合企业的实际情况，制定了适于实用的知识产权制度，进一步完善和规范了专利工作流程。通过合理利用知识产权制度在知识经济新的竞争格局中，正确地把握当今汽车发展的趋势，探索和建立自己的技术创新体系，从而有效地促进了企业发展。在组织机构建设上，建立了由公司副总直接领导的知识产权机构，聘请资深专利代理人担任公司顾问，在公司内部基本上形成了一体的知识产权工作体系。

奇瑞公司在不断发展过程中，认识到知识产权已成为决定企业在市场竞争中地位的一个重要的因素，企业要在激烈的竞争中立于不败之地，必须紧紧地掌握竞争的优势，其最根本的是技术上的优势，要保持技术上的优势，就要不断的开发新技术、采用新技术，形成自己的知识产权。

洛阳轴研科技股份有限公司

洛阳轴研科技股份有限公司是经国家经贸委批准，由洛阳轴承研究所作为主发起人，按上市标准改制设立，并被河南省科技厅认定为高新技术企业。主要从事航天、航空、机床精密轴承、轴承成套专用磨削超精装备、机电一体化轴承专用检测仪器、高速机床电主轴等研究、开发、生产、试验。公司通过了CJB/Z9001A 2001(国军标)、GB/T19001-2000质量保证体系认证。

公司共取得重大科技成果658项，获国家级奖励31项，省部级科技进步奖161项，申报国家专利39项。在轴承行业一直保持着轴承设计理论与技术、工艺装备与精密仪器、试验技术与信息标准等方面的综合优势。公司成立了知识产权管理办公室，积极实施知识产权战略，先后被列为第一批河南省大中型企业专利工作示范单位、洛阳市专利先进单位、第二批全国企事业专利工作试点单位、河南省企业专利战略研究试点单位、2003年度河南省专利申请20强。

公司的目标：建设成为在全国有影响力，在国际上知名的轴承高科技集团公司，成为中国轴承工业技术创新的龙头和产业化基地。

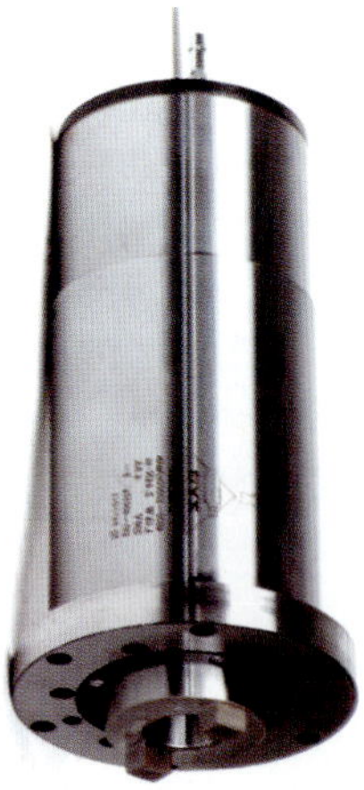

电话：0379-4880197

传真：0379-4880197

江淮动力股份有限公司

总经理缪岩博士

江淮动力股份有限公司，是专业生产中、小功率发动机的大型高科技民营企业，为中国农机行业首批上市公司之一，连续多年跻身中国企业500强和机械工业百强企业行列。

江动投资亿元建成省级企业技术中心和国家级博士后科研工作站，在产品、技术以及外观包装等方面拥有30多项专利。现已形成400多个变型品种、覆盖2–88千瓦功率档次的产品结构，产品畅销全国30个省、市和自治区，同时远销欧美亚非等40多个国家和地区，出口创汇连续7年全国同行第一。

江淮动力股份有限公司一直从品牌战略发展的高度，重视和实施知识产权维护工作。近3年来，江动知识产权维权工作取得显著成绩，尤其是2003年江动成功实现民营改制后，总经理缪岩博士为重视支持知识产权工作，特设立知识产权办公室，解决了10多起侵权纠纷，有效的打击了侵权势头，在行业内树立了良好的示范作用。2003年江动被江苏省知识产权局确定为省知识产权重点保护单位。

发奖

技术中心

地址：江苏省盐城市环城西路213号
电话：0515 – 8881888（转）
传真：0515 – 8881999
网址：www.jdchina.com

四川龙蟒福生科技有限责任公司

四川龙蟒福生科技有限责任公司是四川龙蟒集团有限责任公司与中国科学院成都生物研究所合资组建的高新技术企业；主要致力于转化国家“九五”科技成果——“新型生物农药S–诱抗素（脱落酸）”的工业化生产和应用开发；在S–诱抗素原药制造和应用研究上处于国际领先水平，是世界上第一家S–诱抗素工业化生产和应用开发的企业。

S–诱抗素是植物体内的天然生长调节物质，全球科技界公认的“逆境激素”，是植物抵御非生物逆境（旱寒盐涝等）的“卫士”，具有“植物伟哥”的美誉。公司现已成功开发的S–诱抗素制剂“福生壮芽灵”、“福施壮”和“保民丰”等专利技术产品，在数千万亩作物的不同生长时期应用，对干旱、寒冻、盐碱、水涝、风灾等逆境有很强的抵抗能力，能有效防止病虫害的发生，大大增强植株的免疫能力，从而达到了增加产量和提高品质的作用。

S–诱抗素是我国生物农药中少数具有自主知识产权的品种之一。公司已获7项国家发明专利，并被列为2003年国家专利战略推进工程项目，得到了国家有关部门的高度重视。

公司已与全球处于领导地位的植物生长调节剂专业公司VBC建立了战略联盟关系，合作进行美国EPA登记工作及全球商业化开发。S–诱抗素产品在国际市场具有广阔的前景，将为国家创收大量的外汇。

地址：四川省成都市大邑县鹤翔大道325号
电话：028-88224488　　网址：www.lomonbio.com

华东政法学院知识产权学院

华东政法学院知识产权学院成立于2003年11月，是目前唯一获教育部批准招收知识产权专业的学院，主要目标是培养既懂科学技术基础又懂法律知识的复合型人才。学院的成立适应了人类社会步入知识经济时代和信息网络时代对新型人才的需要，尤其是中国加入世贸组织后保护自主知识产权基本战略的需要。

知识产权专业教授课程除公共课外主要分三部分：第一是理工科基础，主要开设科学学与科技管理、工业设计、生物工程、建筑和材料学、电工和电子技术等；第二是法律基础课，主要开设民法、刑法、诉讼法等课程；第三是知识产权课程，包括版权法、专利法、商标法、商业秘密法、电子商务法等课程。旨在打造一个知识经济时代复合型知识产权人才的平台。

学院现设有知识产权法教研室和知识产权研究中心，网络与电子商务法教研室和电子商务法研究所。学院教师以获得博士学位年青教师为骨干，不仅教授和研究传统知识产权，更以探讨网络环境下知识产权发展和新规则为重点。另设有两个学术网站：www.cniplaw.net和www.chinacyberlaw.com，用以传播知识产权和电子商务法知识。

郑州大学知识产权研究中心

郑州大学知识产权研究中心成立于1999年1月，是河南省唯一一个从事知识产权研究和教学的专门机构。目前有专兼职研究人员9人，其中教授3人，副教授3人。中心主任为王锋教授，副主任为王莲峰教授。主要开展知识产权科学研究、人才培养和面向社会的咨询服务工作。

中心既注重知识产权法理论研究，更注重知识产权保护、管理和战略等实务研究，致力于推动知识产权制度在我国尤其是河南省经济建设和社会发展中发挥应有的重要作用。主要研究方向：知识产权法律制度，区域与企业专利战略，知识产权与名牌战略，电子商务法律等。中心成立以来，坚持开放运行，承担完成科研项目10余项，其中国家级科研课题3项，省级课题5项，政府和企业委托课题7项，产出了一批重要的研究成果，为完善我国知识产权法律制度建言献策，为河南省科技创新法律环境建设和区域专利战略实施提供法策咨询，为企业知识产权保护和实施专利战略提供服务。

中心主任王锋，理学学士、管理学硕士、法学在职研究生、郑州大学科研处副处长、教授、硕士生导师。2000年1月，被国家人事部、国家知识产权局授予"全国专利系统先进工作者"荣誉称号，享受省部级劳动模范待遇。是专利代理人（自1985年），注册高级咨询师，河南省科技咨询专家，郑州市仲裁委员会专家委员会委员，兼任全国高等学校科研管理研究会副秘书长，学术委员会委员，中国高等学校知识产权研究会常务理事，河南省科技咨询业协会常务理事，河南省高校科研管理研究会副理事长，中国科学基金研究会会员，国家自然科学基金管理科学部通讯评审专家，教育部博士点基金管理科学通讯评审专家。主持和参与承担各级各类科研项目28项，完成22项，出版学术专著7部，在正式学术期刊上发表论文55篇。

中心副主任王莲峰，法学硕士，郑州大学教授，硕士生导师。2001年获得"郑州大学中青年骨干教师"荣誉称号，1999年在中国社会科学院法学所、中国知识产权科研中心作高级访问学者。兼任河南省法学会理事、郑州市中级人民法院专家咨询委员会委员、郑州市仲裁委员会专家委员会委员、郑州大学维权中心法律咨询专家、中国知识产权研究会会员。主持或参与国家、省部和厅级科研项目20余项，出版著作11部，在核心期刊或本专业权威杂志上发表论文40余篇。

西安交通大学技术经济法律研究中心

邀请孙宪忠教授共商发展之道

法律中心师生研讨会

马治国教授与毕业研究生合影

西安交通大学技术经济法律研究中心成立于1986年1月，是我国最早的经济法学硕士点之一。作为跨学科的法律研究机构，依托西安交通大学雄厚的科研、教学力量，组织各有关方面的专业人员，运用自然科学、社会科学和管理科学的方法，研究科技、经济发展中的知识产权问题，尤其是知识产权制度与科技、经济、社会环节之间的内在联系以及相互作用规律。从而为它们的发展提供最佳方案，并将其落实于法学研究和法制建设之中。

研究中心主要职能是招收培养经济法学硕士研究生和进行课题研究。招生注重生源尽可能来自不同的学科，在培养过程中，通过课题研究工作的开展，达到知识、经验互补，使研究生及研究人员本身发展成为软科学和硬科学结合的，懂科技、懂经济、懂法律、懂外语的，在知识覆盖和思维方式上既是综合型又有专业特长的高级法学人才，以适应现代科技和经济发展对高层次法律人才的需求。

西安交通大学技术经济法律研究中心是一个跨学科的法律研究机构，主要从事技术、经济、社会政策与法律问题研究。重点是知识产权法和科技法。机构自成立以来共承担国家部委、省及横向课题50余项，获研究经费120多万元，在国内外发表论文300余篇，出版专著12部；课题获国家科技进步二等奖1项，省部级科技进步奖4项，省级哲学社会科学奖4项，其他奖20余项。

学科带头人——马治国教授、博士，在知识产权研究领域取得卓著成绩，获得国家社科基金、863重大课题各1项，发表论文50余篇，著作4部，科研成果获省部级以上奖励5项。

暨南大学知识产权研究中心

暨南大学知识产权研究中心负责人徐瑄教授

暨南大学知识产权研究中心成立于2003年3月，是一个集教学和研究为一体的学校直属机构。目前在编研究人员有徐瑄教授、王爱华副教授、袁泳研究员和温旭研究员。中心负责人徐瑄教授。

研究中心主要从事知识产权基本理论研究，主要包括知识产权民法基本理论极其相关宪政理论关系的研究，致力于在全球化背景下中国知识产权保护制度完善的研究。除理论研究外，研究中心承接委托专业课题研究，中心目前承担项目有：香港特别行政区知识产权署、广东省知识产权局合作的研究项目粤港知识产权专业支援服务调查研究和广东省软科学研究项目入世后广东重点产业面临的知识产权问题调查与对策研究。2003年11月1日—11月4日暨南大学知识产权研究中心与《中国社会科学》杂志社成功主办了《全国知识产权理论问题》研讨会，邀请了著名学者梁彗星、吴汉东、刘春田、郑胜利等近30人到会。此外，研究中心于2004年起招收知识产权专业研究生，并致力于知识产权专业研究生以上高级人才的培养工作。

2003年全国知识产权理论研讨会在暨南大学召开

地址：中国广州暨南大学文学院6楼知识产权研究中心
电话：(020) 85228536 传真：(020) 85220291
邮编：510632

华南农业大学知识产权工作协调发展

华南农业大学是一所具有热带、亚热带特色的全国重点大学。近年来，该校按照“变被动为主动，从管好到用好”的思路，以“提高意识、铸造优势、着力转化、注重维权”的工作方针积极开展工作，使知识产权工作出现了协调发展的态势。学校十分重视知识产权制度的建设，2001年制定的《华南农业大学知识产权管理办法》得到了广东省知识产权局的肯定并向全省转发。在全国率先实施了师生员工签订遵守学校知识产权管理办法承诺书制度。2003年，学校又制定《华南农业大学植物新品种知识产权管理办法》，设立了植物新品种知识产权基金。近年来，学校专利申请和授权持续增长，2003年国内专利申请43项（发明专利33项），国外发明专利申请2项，获授权专利17项（发明专利12项）；水稻雄性不育系“Y华农A”获国家植物新品种权；承办了省科技厅组织的“农业知识产权领域知识产权研讨会”。

2003年度，该校植物性农药研究领域优势进一步得到加强，特别是印楝素农药的开发研究方面在全国形成了创新中心，至2003年底，印楝素农药已累计申请专利25项，占全国43项专利的58%，学科带头人徐汉虹教授2003年获广州市优秀发明人，其专利“印楝素混配农药制剂及其制备方法”获广州市优秀发明专利，进入中国专利奖入选项目，专利“印楝素植物性杀虫剂制剂”获广东省优秀发明专利金奖。

印楝素植物性杀虫制剂获广东省优秀发明专利金奖

2004年新教工报到时与学校签订知识产权协议

湖南永保建筑防水保温有限公司

永保集团

董事长、高级工程师李安海

湖南省永保建筑防水保温有限公司是湖南省科委主管的科技型企业，公司下设永保科技园、易家湾厂、特种防水粘胶厂；设长沙、株洲、湘潭、郴州、怀化、武汉、广东等十多家分公司；工厂及房屋应用技术研究所等经济实体。已形成了成熟完善的集科研、生产、销售、施工、售后服务一条龙服务的集团化管理体系。

公司董事长李安海先生于1989年研制成功的FSP系列复合板材，已获多项专利，并荣获国家级科技成果及湖南省1999年科技进步三等奖，国家科技部下文重点推广。建设部标准所制定了FSP系列产品优选标准，湖南省建委鉴定并下文重点推广应用。2001年荣获ISO9002国际质量体系认证。FSP系列产品经过近十年在湖南十个地州市及湖北、江西、广西、广东等近300万平方米屋面工程应用中取得了显著的经济效益、社会效益和环境效益。

永保公司开发的FSP系列产品，不但具有屋面全方位功能，即防水、隔热、保温、装饰，还具备防裂、结构一体化等优点，是多功能无辐射污染内外墙体复合板材。永保FSP复合板工程实行终身保修责任制。

地址：湖南省长沙市车站北路竹园公寓
邮编：410001
电话：0731－2283558　(0) 13808479735
传真：0731－2283558

公司获得的部分荣誉

敦煌研究院保护研究所

敦煌莫高窟第194窟西壁龛内南侧雕塑天王、菩萨彩塑

敦煌莫高窟第45窟西壁龛内北侧的雕塑菩萨

敦煌莫高窟第112窟南壁观无量寿经变中伎乐图

敦煌莫高窟第159窟南壁观无量寿经变壁画

敦煌研究院保护研究所是中国最早从事石窟文物保护的专门机构。50多年来，已发展成为一个主要从事石窟文物保护研究，壁画、塑像修复及工程加固为一体的科研实体。保护所下设环境研究室、分析研究室、修复技术室、档案信息资料室、图像处理研究室、文物保护技术服务中心；敦煌研究院保护所与美国盖蒂保护所（GCI）、日本东京文化财研究所、日本大阪大学合作并设有项目研究实验室等机构。目前已形成－支由博士、硕士、学士及化学、物理、工程地质、计算机、林学、建筑、测绘、摄影、气象等多种学科，近50人的高、中、初级专业人员组成的保护科技及修复技术队伍。具有X衍射、X荧光、傅立叶红外、偏光显微镜、全自动环境监测仪等一批先进的分析及环境监测仪器设备。

几十年来完成了敦煌三座石窟的加固工程，及壁画、彩塑的修复、加固。同时协助完成或正在完成新疆、青海、甘肃、河南、宁夏、西藏、浙江等省的壁画、彩塑修复及土遗址加固工程等数十项省内外重大文物保护维修项目。现已完成和正在进行的由国家科技部、国家文物局等部门下达的保护科研项目约40多项，其中获国家及省部级奖12项，国家发明专利1项。

砂砾岩石窟岩体裂隙灌浆材料－PS–F

裂隙灌浆是石窟加固工程中必不可缺的一项重要工程措施，特别是我国西北干旱区的砂砾岩石窟，由于岩性干燥、松散、强度低，裂隙两壁严重风化，同时裂隙中又填充了大量无法清除的砂土、碎石。长期以来，一直未能解决这种裂隙的灌浆材料。配合甘肃安西榆林窟加固工程，研制成功一种适合于这种砂砾岩岩体裂隙的灌浆材料——PS–F（F为粉煤灰）。

PS–F灌浆材料具有强度适中、耐高温、耐酸碱、抗崩解、无污染等优点；其和易性、流动性好，不易产生离析；浆液的初凝速度及结石体的强度可通过调配PS的模数和浓度而得到控制；浆液有良好的可灌性，收缩性极小，是适合于我国西北砂砾岩石窟岩体裂隙的灌浆材料。

加固前的榆林窟东崖

锚固和灌浆加固后的榆林窟东崖

古代土遗址加固材料－PS

经过实验研究，将硅酸钾的模数调到3.8–3.9时，发现这种硅酸钾（称PS）渗透到土遗址上后，与土体作用，使离散状态、晶态的黏土矿物变成网状的、胶凝状的非晶态铝硅胶盐，改变了黏土矿物的物理性能和工程性能，明显提高黏土的力学强度，特别是大大提高了土体的水稳定性，使原来遇水易崩解的黏土变成水硬性胶凝体。因此这种硅酸钾对中国西北干旱地区的古代土建筑遗址，如长城、烽燧及古城等有明显的加固保护效果。如已加固的玉门关、河仓城和宁夏西夏陵第三号陵。

西夏王陵加固现场

修复加固后的玉门关北墙外侧

华　夏

——“天下第一

为迎接中国人民解放军建军七十五周年庆祝“振国威、壮

百位以上老红军、老将军及全国优秀学生代表参加此会议

沈从岐出生于1940年，解放后被人民政府保送入学，1961年应征入伍，先后在中国人民公安部队、中国人民武装警察部队、中国人民解放军浙江省军区服役。曾被评为五好战士标兵，毛主席的好战士、活雷锋、特等射击手、全军优秀共青团员、模范共产党员，前后三次上北京，得到毛泽东、刘少奇、周恩来、朱德、贺龙、叶剑英、徐向前、刘伯承等党和国家领导人的接见。

退伍后的沈从岐先后在浙江庆元化肥厂、选纸厂、中山帽厂从事企业管理工作，主管的各项工作都得到了上级领导和职工的广泛好评。1992年起，任中山宝剑厂厂长，当年，根据中国人民解放军总参军务部和总后军需装备研究所的安排，他所在的中山宝剑厂接受了生产三军仪仗队指挥刀这一光荣而又艰巨的任务。

当时的情况，指挥刀在国内无人做过，无经验可以借鉴，更不必说现成的生产设备和机械模具，手头只有三把参考样刀和四套设计方案的样品图纸。为了了解制刀工艺技术，他只身跑遍了北京、上海、福州、杭州等兄弟厂家取经。回忆起那时的情景，老沈说：“那时心里只想着制刀，有时连饭也顾不上吃，饿了，就胡乱塞几个烧饼，渴了，就喝几口自来

水。记得有一次刚下火车，听说成都一家企业在钛合金钢锻造方面有一套很好的新技术，饭也没吃，立即赶往成都。”付出汗水就一定会有收获，共和国第一把指挥刀终于于1992年7月在他手中诞生。在送军委领导和有关专家严格审议后，得到的结论却是“龙缺腾劲、凤缺舞姿”，不能充分体现人民解放军威武之师的形象。

一盆冷水浇头，但沈从岐毫不气馁，他又夜以继日地研究起来，研制车间的灯常常是彻夜不灭。为了使刀鞘的雕刻工艺更加精湛，他又特意奔赴东阳寻访雕刻老艺人，虚心学习雕刻技术。再审，未通过；重新设计制造，又审，又未通过；推翻再修改制造……功夫不负有心人，第十次，为了使专家满意，他一次性制作了10把指挥刀，从浙江省庆元县再次送到北京，经领导、专家的严格审议和仪仗队官兵的使用，终于通过了。

沈从岐成功了。他的成绩受到了中央军委领导的表扬。中央军委副主席、国务院委员兼国防部长迟浩田专为“天下第一刀”题词：“威武文明，壮我军威”。中国革命军事博物馆将第一件样品作为珍贵文物收藏，并誉其为“振国威，壮军威的天下第一刀”，他们还为中山宝剑厂题词“锋冠宇宙，刃绝莫干”。三军仪仗队赞誉中山宝剑厂“为国争光，为三军增辉，做出杰出贡献”，感谢沈从岐“呕心系军魂，奉献第一刀，壮我将士志，再筑新辉煌”。武警天安门警卫支队赞誉中山宝剑厂“艰苦创业，为国争光，捐献宝刀，保卫国旗”，感谢沈从岐“一心为党献宝刀，保卫国旗再立功”。如果说，春秋时代的莫邪氏用自己的身躯铸就了镇国之宝莫邪宝剑的话，那么，沈从岐则是用他的心，他的意志，他的爱国情结铸造了振国威，壮军威的“天下第一刀”。

英　　　杰

刀”发明人沈从岐

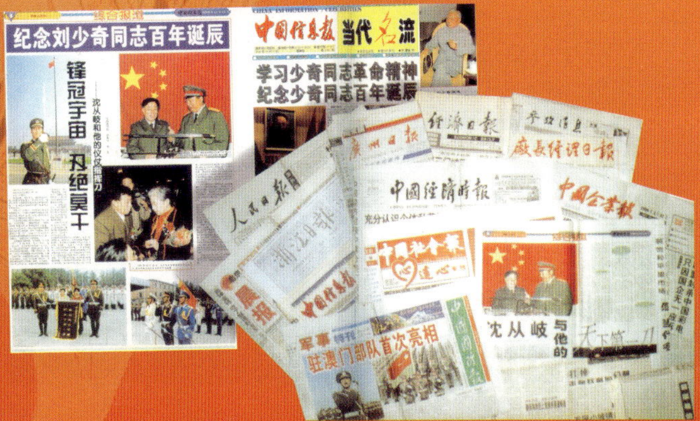

北京振国威经贸有限公司

在党中央、国务院、中央军委和军队四总部首长的亲切关怀下，“北京振国威经贸有限公司”在1999年10月中华人民共和国建国五十周年大庆的日子里于北京正式组建，由中华人民共和国升旗指挥刀、中国人民解放军三军仪仗队指挥刀——“天下第一刀”发明人沈从岐任董事长。由沈从岐研制发明的“天下第一刀”，作为人民意志的代表，作为三军将士力量的化身，作为军威、国威的写照，为祖国赢得了至高无上的尊严和荣耀。公司将以扬我国威、壮我军威为己任，为振兴中华民族大业，发扬中华民族工艺精华而不懈努力，再创辉煌。

一、公司经营范围：

1、提供中国人民解放军四总部，陆、海、空三军，武装警察部队，公、检、法系统等专项使用的三军仪仗指挥刀、升旗指挥刀、援外军用指挥刀、将军配剑等产品。

2、生产、经营“天下第一刀”系列产品：“天下第一刀”系列指挥刀珍藏版、“天下第一刀”系列军表、“天下第一刀”系列军笔等。

3、销售高、中档工艺美术礼品、体育用品、文化用品、办公用品、电子产品及定制各种材料的徽章、标牌等。

二、公司的行动准则：

国家利益、人民利益高于一切，厚德载物，泰山压顶不弯腰，金钱诱惑不动心。

三、公司的服务宗旨：

为国争光，为军奉献，为民服务；诚信公平，用户至上，服务周到，所有产品实行三包。

南京奥特佳冷机有限公司

总经理:钱永贵

发明人简介

钱永贵先生长期从事制冷压缩机的技术和管理工作，是一位集高、精、尖技术与先进科学管理理念为一体的现代企业家，更是一位能够把科学技术不断转化为现实生产力的应用型技术专家。

钱永贵先生在涡旋式汽车空调压缩机开发应用方面共有专利技术13项。他吸纳了社会各界资金2.2亿元建成了年产60万台涡旋式汽车空调压缩机的生产线，建立了专业生产、经营国际最新一代无氟环保汽车空调压缩机的中外合资高新技术企业——南京奥特佳冷机有限公司，使其成为国内唯一一家拥有中国独立知识产权的涡旋式汽车空调压缩机生产及销售商。钱永贵先生现任南京奥特佳冷机有限公司总经理，是公司专利技术的发明人、公司最初的创立者，亦是公司技术股股东之一。

专利简介

涡旋式汽车空调压缩机具有各种优点，但由于涡旋盘的加工精度要求很高，费用相对昂贵，这种先进的产品一直得不到普及。钱永贵先生在加工工艺的改进改善和涡旋式压缩机的革新方面作了大量的研究和试验，结合先进的高效高精度专用加工中心，使涡旋式汽车空调压缩机在国内大范围内得到了普及，同时亦打破了中国建设压缩机厂引进国外技术的历史，开创了中国应用自身研发的、具备世界一流水准的涡旋式汽车空调压缩机技术并进行大规模生产的先河。获得科技型企业技术创新基金并得到国家级火炬计划项目称号；2002年，奥特佳与美国普渡大学合作，合资建立了涡旋式压缩机实验室，构建一流的设计平台，实现了公司技术与国际同步；2003年公司全面通过了ISO/TS16949汽车产品质量体系认证。此产品以其一系列优点脱颖而出，先后取得了国家压缩机检测中心、国家轿车检测中心，长春汽车检测中心，一汽海南试验研究所、德尔福、法雷奥、天津三电、上海泛亚、一汽夏利、哈飞、南汽、南京长安、上汽奇瑞等一系列业界权威机构与整车厂或汽车空调器厂的测试认可和批量供货。

钱永贵先生与国际制冷界著名学者进行学术交流

大小压缩机

专利概况

1、ZL 99 2 29534.3	以流量控制的变容量涡旋式压缩机	1999/9/30
2、ZL 99 2 29535.1	涡旋压缩机用高效静涡旋盘	1999/9/30
3、ZL 99 2 29599.8	万向安装涡旋式汽车空调压缩机	1999/10/13
4、ZL 00 2 19193.8	涡旋式汽车空调压缩机径向补偿装置	2000/1/21
5、ZL 00 2 20152.6	双向密封轴封	2000/4/29
6、ZL 00 2 21037.1	具有补偿功能的滚动轴承	2000/7/17
7、ZL 01 2 17185.9	快速接插式控制阀可变排量涡旋压缩机	2001/1/16
8、ZL 01 2 17869.1	万能型汽车空调涡旋压缩机离合器	2001/3/15
9、ZL 01 2 45453.2	以微电机调节阀控制排量的变排量涡旋压缩机	2001/8/20
10、ZL 022 21114.4	涡旋压缩机的轴向密封机构	2002/6/10
11、ZL 022 62678.6	带定位机构的涡旋式汽车空调压缩机	2002/6/25
12、200420024425.8	大客车用涡旋式压缩机组	2004/1/20
13、00410014037.6	离心力控制式变排量涡旋式压缩机	2004/1/15

压缩机群图

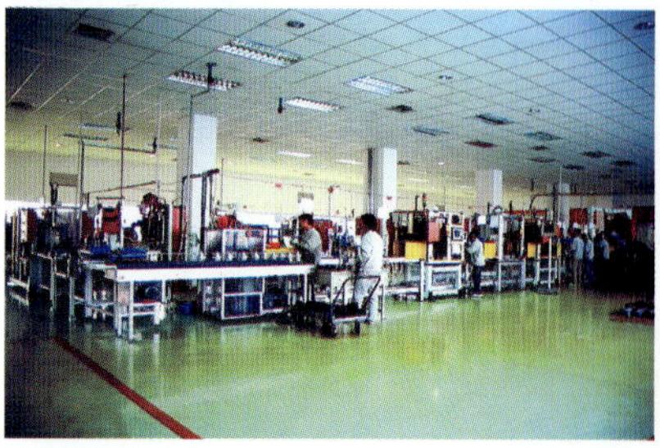

压缩机生产线

地　址：南京市大明路103号南京奥特佳冷机有限公司

邮　编：210012

联系人：王沛蓉　　　电　话：025-52602600

龙海市角美振兴机械有限公司

龙海角美振兴机械有限公司建于1985年，至今已有十几年的历史。公司位于福建闽南国道324线边，东连厦门市，西接漳州市，北通泉州市的闽南金三角中心点——龙海市角美镇龙士工业区。

企业有雄厚技术力量和高素质的生产工人，企业领导机构与管理体系比较完善。企业宗旨：以市场经济为目标，严格管理，以质量求生存、求发展，以信誉为根本建立一个市场、科研、生产一体化的技术进步机制。使企业成为一个技术开发主体，提高企业的自我发展和市场竞争能力。2003年，公司的机械技术中心被授予“省级乡镇企业技术中心”称号。

十几年来，企业“技术开发中心”的技术人员多方面深入市场、用户，不断研制和开发新产品：木工机械、起重机械、食品机械、石材机械、工艺品机械、农业机械等，已研制开发30多种新产品供应市场，为企业不断增加经济效益，使企业规模不断扩大。其中有3项产品荣获国家知识产权局、专利局授予专利产品：

“双轴仿形木工车床”（专利号：ZL—99229914.4）：该专利是一种加工木圆棒的仿形半自动车床，可一次性加工二支零件，工效大大提高，比人工提高40倍以上。本专利产品还巧妙而科学地改进加工和切削的工艺，使加工的零件不仅符合标准且工艺精良，质量好。

“木工卧式钻床”（专利号：ZL—99229913.6）：该专利是一种可车、可钻孔、可攻牙的多功能，性能优越的木工加工机械，用于加工木料及金属圆棒。该专利改变传统要加工一项零件要经过几台机械和几道复杂工序，一次性完成所有工序，大大提高了工效和产品质量。

以上2项专利适合一般木工生产厂，更适合生产运动器材的台球杆厂和高尔夫球杆厂。均获香港国际新技术新产品博览会金奖，全国”精英杯”科技成果一等奖，具有国际先进水平。

“锥形电机驱动的施工升降机”（专利号：ZL02218682.4）：该专利产品按照国内外同类产品的先进技术精心设计研制而成。该专利特点是：新型、安全、高效，比传统产品提高工效一倍以上。用于建筑施工、仓库、码头、高塔等作为各种物料垂直运输的设备，尤其适合建筑业。

以上3项拥有自主知识产权的产品，有广阔的市场前景，较好的经济效益和社会效益，深受广大用户欢迎。公司已投入批量生产，欢迎广大客户订货。

国家专利产品
双轴仿形木工车床

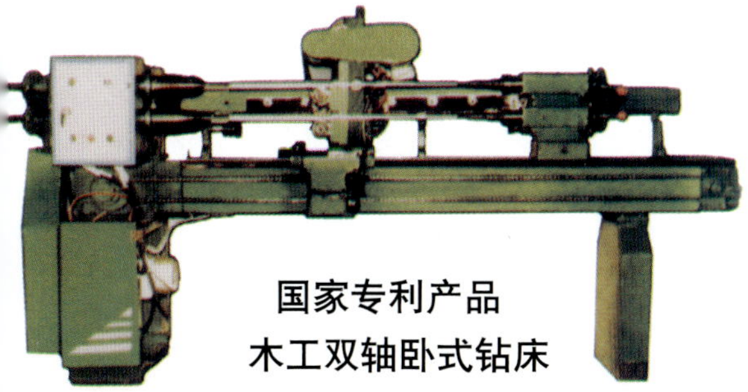

国家专利产品
木工双轴卧式钻床

国家专利产品
锥形电机驱动的施工升降机

地　址：福建龙海市角美镇龙士工业园区　邮编：363107
电　话：0596—6777641　传真：0596—6785888
联系人：吴志斌 吴自然　手机：13906967902
网　址：www.zxjxc.com　电子信箱：zhibin@zxjxc.com

知识产权代理机构

ZHISHI CHANQUAN DAILI JIGOU

隆天国际知识产权代理有限公司

Lung Tin International Intellectual Property Agent Ltd.

公司简介

隆天国际知识产权代理有限公司创建于1994年，是中国政府早期指定的涉外代理机构之一，主要从事专利、商标、版权的申请注册和法律诉讼以及其它知识产权事务的代理工作。

公司主要合伙人都经过国外知识产权法的专业培训并在中国的知识产权领域工作多年，具有丰富的知识产权代理经验。公司拥有一支长期服务于知识产权领域、具有技术、法律以及外语背景强和良好敬业精神的律师、代理人及流程管理队伍，现有员工近80名，包括35名专利商标代理人和律师。公司专业覆盖面广，如机械、电学、通讯、计算机、集成电路、化学、药学、生物工程等，除英语外，可承担日、德、法、韩等不同语种的技术文本的翻译。

隆天公司秉承“对待每位客户如同公司第一个客户那样热情周到，处理每件案子如同公司第一个案子那样认真负责”的服务理念，不断开拓进取，成功地代理了众多的专利、商标、版权和不正当竞争的侵权诉讼和行政处理案件，有效地维护了委托人的合法权益。

隆天公司还致力于中国知识产权教育事业的发展，自1998年起，公司在中国人民大学法学院设立了“隆天知识产权研究奖”和“课程奖”，大力支持中国知识产权人才的培养教育事业。

隆天公司以优质高效的专业服务赢得了中外知识产权界各位同仁的信赖，并愿一如既往地为客户服务。

FIRM PROFILE

Lung Tin International Intellectual Property Agent Ltd., founded in 1994, is one of the agencies officially authorized by the Chinese Government to deal with foreign international intellectual property matters in P. R. of China, mainly about applications for patent, trademark, copyright, infringement litigations, and other related intellectual property affairs.

Having received professional trainings of intellectual property laws in different countries, principal partners of Lung Tin, with excellent experiences in this domain, practice now Chinese intellectual property laws to serve clients in every sector of business.

Lung Tin is proud of her well-mixed team, most of his members have long years' experiences in various areas of intellectual property. The staff member consists of about 80, including 35 attorneys, lawyers, and engineers, who have outstanding backgrounds in technology, laws and languages. Some of them were previously examiners at the State of Intellectual Property Office of China, China Trademark Office, or technical experts at National High Technical Research Institutes. They all have expertise in technical fields across the board, including Machinery, Materials, Electronics, Communications, Network Technologies, Computer Science, Chemistry, Pharmaceuticals, and Biotechnologies. Besides Chinese and English, Lung Tin provides also translation service for technical documents in other languages like Japanese, German, French, and Korean, etc.

Lung Tin considers as motto the everlasting statement “we deal with all the cases carefully as if they were the only ones we had; and anyone of our clients will be received warmly as if he was the first one” in order to develop and improve our professional services. These years, our business has been flourishing due to our strong team spirit and high commitment to work. Furthermore, Lung Tin has successfully handled many litigation cases in China against infringement in patent, trademark, copyright and unfair competition, and administrative lawsuits. Our clients are able to exert their legal rights in China.

Lung Tin is also dedicated for developing the education in Chinese Intellectual Property Laws. Since 1998, two academic achievement prizes “Lung Tin Intellectual Property Research Prize” and “Program Prize” have been awarded to top students in law in Renmin University of China.

Obtaining trust from our clients and working associates in the world, Lung Tin promises to offer excellent services to them, following unceasingly our motto.

Beijing Office :
北京朝阳区惠忠路5号远大中心B座18层 100101
18th Floor, Tower B ,Grand Place,No.5 Huizhong Road ,Chaoyang District Beijing 100101 China
电话：00 86 10 8489 2939
传真：00 86 10 8489 2938
邮箱：ltbj@lungtin.com
网站：www.lungtin.com

Hong Kong Office:
香港干诺道中 168-200 号信德中心西翼 15 楼 1512 室
Rm 1512,15/F, West Tower Shun Tak Centre
168-200 Connaught Road Central Hong Kong
Tel：00 852 2304 1729
Fax：00 852 2793 4694
E-mail：lthk@lungtin.com

Japan Office:
日本都中央区京桥 2-6-14，日立六号楼四层
邮编：104-0031
Hitach No.6 BLDG, 4F 2-6-14,Kyobashi, Chuo-Ku,Tokyo,104-0031 Japan
Tel：00 81 3 5524 3008
Fax：00 81 3 5250 5006
E-mail：lungtinjp@yacht.ocn.ne.jp

天津德赛律师事务所

王里歌 主任

天津德赛律师事务所是经天津市司法局批准设立，并在司法部备案的律师机构；是经国家知识产权局批准设立的专利代理机构（含国内和涉外）；是天津仲裁委员会指定设立的仲裁咨询接待站。同时，根据国家工商局规定并经天津市工商局批准，天津德赛律师事务所投资设立有商标代理机构。

“献身民主、崇尚科学、忠于法律、维护正义”是德赛人至高无上的追求；“诚实守信、勤勉尽责、公平竞争、严格自律”是德赛人恪守的服务宗旨。

德赛律师事务所是天津市唯一一家具有专利和商标代理职能的律师事务所，是由原天津市第一律师事务所、原天津市专利律师事务所的部分律师和原天津市专利事务所的大部分专利代理人在脱钩改制后强强联合组成，是天津市实力最强、规模最大的专利代理机构，脱钩改制后连续两年均以专利代理量全市第一的业绩位居天津市专利代理机构榜首（占到全市专利申请量的20%以上，占到全市专利代理机构代理量的25%以上）。

德赛律师事务所的优势在于拥有一支优秀的复合型人才的律师（包括专利律师）和专利代理人队伍，现有的11名律师（其中多人兼有专利代理人资格）与10名专利代理人中绝大多数具有法律与理工科双学位或研究生学历，其中9名具有高级职称，5名律师或专利代理人兼有天津仲裁委员会仲裁员资格。

德赛律师事务所具备了律师与专利、商标代理两大业务互补的优势，实现了知识产权法律的全程服务，包括：

代理专利申请（含国内与涉外）、专利无效、专利复审；商标注册、商标异议、商标复审、商标撤销；版权登记以及有关专利、商标、版权及专有技术的中介转让；有关知识产权的诉讼代理，包括专利、商标、著作权的侵权诉讼、权属纠纷诉讼以及反不正当竞争诉讼等。除此之外，他们的律师在知识产权以外的公司法律事务、金融、海事海商、房地产、对外经济贸易、企业并购、企业股份制改造以及各类刑、民事案件的诉讼与仲裁的代理中，亦显示出不凡的实力。

德赛律师事务所具有宽敞的办公场地、自动化电子化的现代办公设备、规范完善的文档管理、快捷及时的送案制度及授权后的缴费提示制度，可以为各方当事人和专利、商标申请人提供优质高效的法律服务。同时依靠团队精神，依靠集体智慧与个人才能的充分结合，我们拥有了广泛的国内外客户并享有良好的声誉，今后，德赛所的律师与专利、商标代理人将一如既往的在法律服务领域里不断开拓、进取。

Tianjin Desai Law Firm was set up at the approval of Tianjin Justice Bureau and it is the law agency that has the record in Ministry of Justice; it is the patent (including domestic and foreign) agent organization at the approval of State Intellectual Property Office; it is the appointed arbitrary consulting accepting station by Tianjin Arbitrary Committee. At the same time, Tianjin Desai Law Firm has invested to set up the trademark agent department at the approval of Tianjin Industry and Commerce Administration Bureau according to regulations by State Industry and Commerce Administration Bureau.

"Devoted to democracy, upholding science, be loyal to laws, and safeguard justice" is the most lofty pursuit of Desai staff; " Honesty and keep promises, hardworking and do one's duty, equal competition, and strict self discipline" is the service tenet kept by Desai staff.

Our firm is the only law firm in Tianjin that possesses the functionalities of patent and trademark agent. It is combined by strong powers after reform with the former Tianjin No. 1 law firm, part of the lawyers from the former Tianjin Patent Agent Law Firm, and most part of patent agents from the former Tianjin Patent Office so that is the most powerful and the biggest patent agent organization in Tianjin. Since its reform, it has listed the first among Tianjin patent agent organizations with its largest patent agent quantity in two consecutive years (it takes over 20% of all the patent agent quantity in Tianjin and takes over 25% of all the agent quantity in patent agent organization).

The advantage of our firm lies in that we have a team of excellent compound talented lawyers (including patent agent lawyers) and patent agents. At present we have 11 lawyers (among whom most have patent agent qualification at the same time) and 10 patent agents among whom most have double diplomas of law and science and engineering or master's degree, 9 have senior professional title, and 5 lawyers or patent agents have the arbiter qualification of Tianjin Arbitrary Committee.

Our firm has the advantage of two businesses, lawyer and patent& trademark agent, mutually complementing each other, so that we have realized the whole-process service for laws of intellectual property, including:

Agent for patent application (including both domestic and foreign ones), patent invalidity, patent reexamination; trademark registration, trademark opposition, trademark reexamination, and trademark withdrawal; copyright registration, and acting as go-betweens for transferring of patent,trademark, copyright, and other related technology;

Legal representative for intellectual property related lawsuits, including patent, trademark, and copyright infringement lawsuit, ownership disputes lawsuit, and lawsuit on protection against unfair competition etc.

Besides, our firms has also showed outstanding power during the arbitrary or lawsuit agent of legal affairs, financial affairs, maritime affairs or business, real estate, foreign economic affairs and trade, M&A, share-holding system reform, and various criminal and civil cases.

Our firm has spacious offices, automatic electric modern office equipments,accomplished files management, fast and in time case handing over system, and paying hinting system after authorization so that we can provide efficient law services for parties concerned, patent and trademark applicants.

With the teamwork spirit that is the combination of collective intelligence and individual gifts, we have possessed wide domestic and foreign clients and have great reputation. Hereupon, lawyers, patent and trademark agents of Desai Law Firm will go on developing and pioneering in law service field.

上海市天宏律师事务所

朱妙春律师

上海市天宏律师事务所创办于1998年，系一家以处理知识产权为专业特色的合伙制律师事务所。目前，该所在提供各类诉讼活动的同时，也为各类大中型企业提供常年法律顾问服务。该所经有关部门批准审核，被授予提供涉外法律服务的资质，处理过各类涉外法律纠纷。该所目前在张江高科园区、上海知识产权园、苏州工业园区等处均开展了大量企业法律服务业务，拥有丰富的企业法律服务经验。

该所主任朱妙春律师，1985年起从事律师工作，1996年入选《中华名律师辞典》，现为鲁迅家族的首席法律顾问、中国版权研究会理事、中华全国律师协会知识产权研究会和中国知识产权研究会会员、中国专利代理人，现被聘为上海交通大学知识产权研究室特邀研究员，2002年8月当选为张江高科技园区民主管理委员会主席团成员。朱律师擅长知识产权诉讼，曾代理过大量的著作权、专利、商标和不正当竞争案件，同时也办理过多起重大刑事、民事案件。此外，朱律师还发表过专业文章逾15万字，并出版了5本个人专著，分别是：《版权诉讼案代理》、《反不正当竞争诉讼代理》、《商标及专利纠纷案代理纪实》、《著名、疑难案代理纪实》、《商业秘密诉讼案代理纪实》，还被纳入《中国名律师丛书》，近年来，经常受邀前往全国各地进行讲学和学术交流。

该所成立6年以来，办理了近百起有重大影响的以知识产权为主的各类案件，如鲁迅稿酬案、《五朵金花》作品名称纠纷案、《霓虹灯下的哨兵》话剧剧本著作权纠纷、歌曲《十送红军》著作权纠纷、“永和豆浆”商标纠纷、“吴良材”商标字号纠纷、“摩托罗拉”商标纠纷、“天年”商标字号案纠纷、中兴通讯商业秘密纠纷、东方网域名、网页纠纷、法国舍福商业秘密纠纷、中国集装箱集团专利纠纷、美国通用公司搅拌机商业秘密纠纷、中国慰安妇、二战劳工对日索赔案等。

朱妙春律师与法国HEF公司总裁克劳斯先生（左）在北京的合影

该所同时为张江高科技园区领导小组办公室、交通银行、上海农工商集团公司及其他国内以及美国、德国、荷兰、瑞典等国家和我国台湾、香港地区的数10家企业提供知识产权法律服务。

该所不仅注重业务的拓展，也十分注重理论和业务素质的提供，组办了“鲁迅肖像、姓名权研讨会”、“商业秘密保护”等近10次理论研讨会，在业内获得了广泛好评。

在鲁迅之子周海婴（左）北京家中

2004年5月天宏律师事务所在中兴通讯公司张江研发中心的合影

上海天宏律师事务所

地址：上海市瑞金南路1号海兴广场8H

电话：021-64225187　传真：021-64166174

网站：www.tianhlaw.com　邮箱：thlaw@vip.163.com

长春吉大专利代理有限责任公司

董事长　刘玉凡研究员

长春吉大专利代理有限责任公司是由原吉林大学专利事务所、原机械工业部长春专利事务所撤并改制的有限责任制的中介服务机构。现有专利代理人16名，其中具有律师资格的7名，具有高级专业技术职称和近20年专利代理工作经历的14名。代理业务涵盖物理、化学、机械、电子、医药、地质等专业，涉及东北三省的大专院校、科研单位、企业和个人。

长春吉大专利代理有限责任公司为客户提供有关知识产权的代理、咨询、诉讼等服务，包括代理专利申请、专利文献检索、集成电路布图设计登记、版权登记、商标注册、代理专利申请权及专利权转让、技术贸易、技术转让、专利实施许可、宣告专利权无效等相关事务，以及知识产权方面的法律咨询、纠纷调解、诉讼代理。

长春吉大专利代理有限责任公司有健全的规章制度，实行程序化的规范管理。其行为准则是：服务、负责、服从、付出；遵守法律，按规办事，用优质服务对客户负责。

与发明人交流

董事会议事

地　址：长春市解放大路127号
邮　编：130021
电　话：0431-8499044 5095327
传　真：0431-8499055 5095327
Email：jdzl22201@jlu.edu.cn

北翔知识产权代理有限公司

北翔公司是由具有丰富执业经验及强烈服务意识的专业人士创建的私营知识产权事务所，是经国家知识产权局指定的涉外代理机构之一。公司的专利代理人、商标代理人和律师均处理过大量的知识产权案件，其中专利代理人的工作领域包括化学、生物、电学、物理和机械。

北翔公司办理知识产权以及相关的法律业务，包括专利、商标、版权、海关登记、集成电路布图设计登记和知识产权诉讼。北翔公司热忱为客户提供诚信、优质和高效的知识产权法律服务。

Peksung Intellectual Property Ltd. is a private intellectual property law firm, which is a foreign-related patent & trademark agency designated by the State Intellectual Property Office. Peksung is formed by a competitive and energetic team of sophisticated patent attorneys, attorneys-at-law, and trademark attorneys, who have earned extensive practical experience from handling of numerous intellectual property cases over the past years. The patent attorneys specialize in all technical fields. Peksung is committed to providing professional services in all areas across the intellectual property field and assisting its clients in achieving intellectual property goals in the most efficient manner.

Peksung focuses on intellectual property and related laws and practices, including patent, trademark, and copyright. For details, please visit the website www.peksung.com.

地址： 北京市海淀区学院路 35 号世宁大厦 908 室(100083)
电话： 86-10-8231 1199
传真： 86-10-8231 1780; 86-10-8231 1782
邮箱： mail@peksung.com　　**网址：** www.peksung.com

Address: 908 Shining Tower, 35 Xueyuan Road, Haidian District, Beijing 100083, China
Tel: 86-10-8231 1199
Fax: 86-10-8231 1780; 86-10-8231 1782
Email: mail@peksung.com　　website: www.peksung.com

中原信达知识产权代理有限责任公司

中原信达知识产权代理有限责任公司成立于1993年12月。在1994年成为第六家被中国专利局和国家工商行政管理局指定的涉外知识产权代理机构。1995年中原信达成功完成了脱钩改制。中原信达总部设在北京，并在中国上海、深圳、美国华盛顿和日本东京设有分支机构。中原信达的业务部门由专利、商标、知识产权保护和法律4个部门组成，提供有关专利、商标、不正当竞争和商业秘密领域内涉及申请、转让、诉讼等代理和咨询服务。

作为一家国际化的知识产权法律公司，中原信达目前拥有中、外员工200余名。其中有专利代理人50名、商标代理人19名、律师5名。专利代理人的专业几乎覆盖所有的技术领域，例如机械、电子、计算机、通讯、化学、生物工程等。中原信达年专利、商标申请量从最初的每年1000余件，逐年不断递增，2003年的年申请总量已经突破10000件。

自成立以来，中原信达以其特有的机制，优质高效的服务，赢得了包括许多跨国公司在内的海内外客户的信任，打造出自己的品牌"客户第一，质量第一"。中原信达十分重视其员工的专业培训和对外交流。中原信达有相当多的代理人通过公司的培训计划在国外深造过。同时，中原信达也为来自韩国、日本和德国等国家的代理人提供有关中国知识产权法律的培训。此外，中原信达还与其它国际或国内知识产权保护机构联合主办了不少有利于行业发展和普及知识产权保护的研讨会或讲座。

中原信达的高质量服务为其赢得了客户的认可和国际声誉。根据外国著名杂志"知识产权管理（Managing Intellectual Property）"于2001、2002和2003连续三年对世界各国知识产权代理机构所做的评比，中原信达在中国知识产权代理机构中一直名列前三甲，2003年被评为第二名。

北京总部
中原信达知识产权代理有限责任公司
中国北京市西城区金融街19号富凯大厦B座11层
邮编：100032
电话：86-10 6657 6688
传真：86-10 6657 8088
网址：www.chinasinda.com
电邮：sinda@chinasinda.com

上海分公司
上海市南京西路128号永新广场1705室
邮编：200003
电话：86-21 6350 0878
传真：86-21 6350 8638

深圳分公司
深圳市红岭中路1010号国际信托大厦1307室
邮编：518001
电话：86-755 8211 1404
传真：86-755 2559 6570

美国： Suite 203, 414 Hungerford Drive
Rockville, MD 20850
USA
Tel:(301) 738 1318
Fax:(301) 738 1320

日本： Rm 24 JBC Tokyo
35F Kasumigaseki BLDG
3-2-5 Kasumigaseki
Chiyoda-ku, Tokyo
100-6035, Japan
Tel:(03) 5512 7891
Fax:(03) 5512 7174
E-mail: sindatokyo@yahoo.co.jp

西藏自治区商标事务所

西藏自治区商标事务所成立于1996年，是国家工商行政管理总局指定成立的商标代理机构。

经过多年发展，西藏自治区商标事务所目前拥有具有丰富理论知识和实践经验的商标代理人以及专业美术设计师，能为广大客户提供国内外商标注册申请、续展、变更注册代理；商标异议、争议等法律事务代理；商标侵权案件的调查、申请代理；商标查询、检索、咨询及有关服务的代理；并承接商标设计、商品包装、装潢设计等。

西藏自治区商标事务所将秉承“服务第一、质量最佳、信誉至上”的宗旨，竭诚为国内外广大客户提供最优质的服务。

地址：西藏拉萨市宇拓路28号　　**邮编**：850000
电话：0891-6336197或6362111转5523、5362　　**传真**：0891-6336197

北京三友知识产权代理有限公司

北京三友知识产权代理有限公司始创于1986年10月，是中国政府指定的涉外专利商标代理机构。

公司接受中国和外国委托人的委托，办理专利、商标申请、版权注册、年金管理、商标续展与监视、计算机软件登记、集成电路布图设计登记、知识产权海关保护备案和法律诉讼以及其它知识产权相关事务的业务。

公司现有工作人员110人，其中专利代理人、商标代理人、律师共36人。其专业领域覆盖机械、电子、物理、化学、生物、计算机等技术领域。

公司已与来自几十个国家和地区的数百家企业和知识产权事务所建立了良好的业务合作关系，代理了大量来自中国及国外的专利商标申请，处理了数百件知识产权纠纷和法律诉讼案件，维护了国内外客户的权益。

公司现是中华全国专利代理人协会（ACPAA）会员，国际商标协会（INTA）会员和国际保护工业产权协会（AIPPI）会员。

国内业务部

地　址：北京市北三环中路40号
邮　编：100088
电　话：0086-10-62041212
传　真：0086-10-62041313
网　址：http://www.san-you.com
E-mail：syp@san-you.com

国际业务部

地　址：北京市金融街27号投资广场A座11层
电　话：0086-10-66211633，66211624
传　真：0086-10-66211631，66211632
网　址：http://www.san-you.com
E-mail：info@sanyou.sina.net

湖南省正邦商标事务所

湖南省正邦商标事务所（原湖南省商标事务所）成立于1992年，是由中国政府授权、第一批成立的著名商标代理机构之一，拥有一批高水平的商标代理专业人士。

12年来，成功代理商标注册、商标争议、商标侵权诉讼、商标转让、变更等商标事宜近5万件，为客户积累了丰富的商标注册经验。同时建立了完备的商标查询系统，实现了办公网络化，是湖南省规模最大、代理量最多的资深商标代理机构。

本所与国际、国内知识产权界，特别是工商行政管理系统建立了广泛和密切的联系，可为企业提供更全面、更深入的打假及商标保护服务工作。事务所始终致力于把客户的需求放在第一位，为客户提供一流的全面细致的专业服务。

联系电话：0086-0731-8852409　4468448
传　　真：0086-0731-8853237
网　　址：www.hntm.com
联 系 人：杨再夫　周宏　伍颖科

知识产权司法案例

专利案例与评析

(美国)伊莱利利公司诉江苏豪森药业股份有限公司专利侵权纠纷案

上诉人(原审原告):(美国)伊莱利利公司(Elililly and Company)(简称伊莱利利公司)

被上诉人(原审被告):江苏豪森药业股份有限公司(简称豪森公司)

一审案号:江苏省高级人民法院(2001)苏民三初字第001号

二审案号:中华人民共和国最高人民法院(2002)民三终字第8号

要义

本案裁判的意义在于:确定了专利侵权诉讼中,对于被控侵权方提交的涉及其商业秘密的证据材料进行质证的基本原则和具体方法。同时,本案还涉及人民法院审理涉及专门技术问题委托鉴定应当如何使用证据材料的问题。

案情

一审法院审理查明

1. 原告伊莱利利公司对生产吉西他滨及其盐酸盐方法在中国分别拥有三项专利:(1)1993年6月21日申请,1998年6月20日授权的立体选择性糖基化方法专利,专利号为ZL93109045.8;(2)1995年11月1日申请,1999年3月25日授权的提纯和分离2'-脱氧-2',2'二氟核苷的方法发明专利,专利号为ZL95196272.8;(3)1995年11月14日申请,1999年9月4日授权的1-(2'-脱氧-2',2'-二氟-D呋喃核糖基)-4-氨基密啶-2-酮盐酸盐的制备方法发明专利,专利号为ZL95196792.4。2. 被告豪森公司经过研究和试验,已研制出制备盐酸吉西他滨的工艺方法,并于1999年向国家药品监督管理局申报新药证书和新药生产批件。2001年5月18日,国家药品监督管理局核发新药证书及新药生产批件。2001年11月,豪森公司对其改进后的新工艺向国家药品监督管理局补充申报批件。2002年3月29日,国家药品监督管理局核发新药补充申请批件。2000年伊莱利利公司发现豪森公司制备有注射用盐酸吉西他滨样品,并进行相应的临床试验和宣传,遂认为该公司未经许可而使用原告的专利方法制备盐酸吉西他滨,侵犯了专利权,向一审法院提起专利侵权诉讼。

一审法院审理期间,伊莱利利公司向法院提出申请,请求责令被告豪森公司先行停止侵犯其专利权的一切行为。一审法院审理认为,原告伊莱利利公司并无证据证明被告豪森公司正在实施或即将实施侵犯其专利权的行为以及如不及时采取有关措施将使其合法权益受到难以弥补的损害,且伊莱利利公司未提供相应的担保,因此裁定驳回了原告申请。

一审法院从江苏省药品监督管理局调取了豪森公司申报生产工艺方法资料,并与该公司在国家药品监督管理局申报时备案的工艺方法资料核对后,确认在两机构备案的申报工艺资料内容基本一致。

豪森公司在向一审法院提交证明其生产工艺方法资料的同时,以该资料涉及其未公开的生产盐酸吉西他滨的工艺方法等技术秘密为由,申请法庭对该资料予以保密，不予提交给对方。伊莱利利公司则认为应当将上述资料交由原告审查。一审法院认为，如以通常方式质证，将豪森公司工艺方法的内容交予伊莱利利公司审查，则有可能会使豪森公司遭受无法预见和弥补的损失，因此决定对记载豪森公司几套工艺方法资料的内容不予提交伊莱利利公司查阅，而交鉴定专家鉴别豪森公司提供方法的真伪以及与伊莱利利公司独立权利要求记载的保护方法是否相同。一审法院向伊莱利利公司转交了豪森公司提供的工艺方法资料以及一审法院所调取的豪森公司向国家药品监督管理部门报批的方法资料的清单、豪森公司的中试工艺与伊莱利利公司三项专利方法的对比说明以及相关的实验图谱。伊莱利利公司对此认为：清单不能反映方法内容；对比说明仅对其中试工艺进行了说明，而未说明其临床制备工艺和其生产时拟采取的工艺；有关实验图谱和数据没有记录其样品的方法来源，也未记录其 HPLC 色谱条件及其定量分析的标准样品和分析的精确度，甚至没有证据表明所用样品一定是其实际使用的方法所制得，该证据缺乏关联性。一审法院认为，豪森公司已经按照《中华人民共和国专利法》(修改前)的有关规定提供了其中试工艺方法及申报生产的全套工艺方法，本案争议所涉技术问题应由鉴定机构作出结论。

一审法院委托江苏省科技厅进行了技术鉴定。委托鉴定的内容是：1. 豪森公司提交的研制方法是否能够生产出吉西他滨或者盐酸吉西他滨；2. 如果能够生产出吉西他滨或者盐酸吉西他滨，则豪森公司的工艺方法与伊莱利利公司专利独立权利要求所记载的保护方法是否相同；3. 豪森公司向国家药监局的申报方法与伊莱利利公司三项独立权利要求所记载的保护方法是否相同。一审法院向鉴定机构提交的资料包括：伊莱利利公司三项专利的相关文献资料，豪森公司盐酸吉西他滨三套中试工艺、2001 年 11 月豪森公司向国家药品监督管理局补充申报生产新工艺方法资料、一审法院向江苏省药品监督管理局调取的该局备案的豪森公司二次申报生产工艺资料。2002 年 2 月 21 日，一审法院又出具委托鉴定补充函，提供两份补充资料进行鉴定：1. 豪森公司于 2001 年 11 月向国家药品监督管理部门提交的盐酸吉西他滨生产新工艺申报资料一套；2. 有关实验图谱。

2002 年 5 月 17 日，鉴定机构出具如下意见：1. 豪森公司提供的其研制盐酸吉西他滨的证据资料，技术上合理、可行，能够生产出吉西他滨或盐酸吉西他滨。2. 豪森公司提供的生产吉西他滨或盐酸吉西他滨的方法与伊莱利利公司三项专利独立权利要求所记载的保护方法不同：(1)伊莱利利公司 ZL93109045.8 专利要求保护的是 α－异头物富集的糖磺酰氧基(Y)与过量核碱反应立体选择性地制备 β－异头物富集的核苷，而豪森公司所用 α－和 β－异头物之比近似于 1 的核糖为原料，使用近似于等量的核碱，制得 β－和 α－异头物之比小于 1(即 β－异头物不富集)的核苷；(2)伊莱利利公司 ZL95196272.8 专利要求要对富含 β－异头物的核苷的混合物进行提纯和分离，而豪森公司生产的是 β－异头物和 α－异头物之比小于 1(即 β－异头物不富集)的核苷，在豪森公司的整个生产步骤中没有专利的独立权利要求保护的这一步处理方法；(3)伊莱利利公司 ZL95196792.4 专利要求保护范围为在基本无水的条件下，在甲醇或乙醇存在下，用催化量的烷基胺进行脱保护即有机胺脱保护直接获得最终产物盐酸吉西他滨，而豪森公司采用氨气对带保护的β－和 α－异头物之比小于 1(即 β－异头物不富集)的核苷进行脱保护，即无机胺脱保护，得到的是β－和 α－异头物之比小于 1(即 β－异头物不富集)的脱保护核苷，最终再经过结晶分离得到盐酸吉西他滨。通过对伊莱利利公司三项专利与豪森公司生产盐酸吉西他滨的工艺流程的比较可明显看出其不同之处，亦可得出无相同之处的最终结论。3. 豪森公司提供给法院的生产吉西他滨、盐酸吉西他滨的方法与法院向国家药监局提调的该产品申报资料一致。豪森公司向国家药监局申报研制或生产吉西他滨、盐酸吉西他滨的方法与伊莱利利公司三项独立权利要求所记载的方法不同。4. 豪森公司 2001 年向国家药监局提出的改进工艺，与原工艺或生产方法比较，不同之处是所用原料比例改变，并加入催化剂，反应时间缩短，后处理操作简单，使反应收率和中间体质量有所提高。改进后的工艺，仍以 α、β－异头物之比近似于 1 的核糖为原料，制得 β 和 α－异头物之比小于 1(即 β－异头物不富集)的核苷，与伊莱利利公司三项专利独立权利要求所记载的保护方法不同。

一审期间，鉴定机构两名专家代表出庭接受当事人质询。伊莱利利公司认为：鉴定专家应全部到庭，现到庭两位，程序不合法；豪森公司方法的内容未经伊莱利利公司审查；鉴定意见未明确豪森公司拟将使用的方法，未对豪森公司改进前的工艺方法进行比对，未明确高效液的误差值，未对双方方法是否等同作出鉴定。故鉴定意见不能作为定案依据使用。豪森公司则认为鉴定意见是针对该公司提交的中试工艺方法、申报生产方法以及法庭在国家药品监督管理局调取的豪森公司申报方法资料，由双方认可的鉴定专家按法定程序作出的，是科学的结论，应作为确定案件事实的证据采用。

一审法院判理和结果

1. 关于新产品的认定。一审法院审理认为，本案在诉讼之初即涉及吉西他滨或盐酸吉西他滨是否为新产品的争议。专利法所规定的“新”产品，只要某种产品在专利申请日前国内市场上从未出现过，且该产品与申请日前已有的同类产品相比，在产品组份、结构或者质量、性能、功能等方面有明显区别即为新产品。本案原告伊莱利利公司提供的证据证明：在原告专利申请日后，国家相关部门才对吉西他滨或盐酸吉西他滨受理进口药品评审、审查行政保护申请并进行相关注册；且国家药品监督管理局于2000年6月21日公告盐酸吉西他滨为新药品种，故原告已证明在其专利申请日前国内市场没有相同产品出现过这一事实。被告提供的证据证明的是原告专利申请日前已有相同产品的资料的国外公开出版，没有证据证明在该申请日前已有相同产品在国内生产或在国内市场出现过；且被告亦将盐酸吉西他滨申报注册为新药，国家药品监督管理局已向其核发新药证书。因此，认定盐酸吉西他滨为专利法所规定的新产品。为此，法庭确定被告应就其制备盐酸吉西他滨的工艺方法负举证责任。被告在规定期限内向法庭提交了其研制盐酸吉西他滨的工艺方法、申报生产的工艺方法、其工艺方法与原告专利方法的对比说明以及相关实验图谱和数据。

2. 关于对鉴定意见的采信及被告侵权与否的判定。出庭的鉴定专家代表从事鉴定工作和出具鉴定意见的鉴定机构，而非代表个人，因此，鉴定机构无须委派所有鉴定专家出席。本案中，鉴定机构委派两名专家出庭程序上并无不当。基于本案的特殊性，如将涉及被告工艺方法的技术资料内容交由原告审查，则可能会使被告的商业利益遭受无法预见和无法弥补的损害。一审法院对被告工艺方法的技术资料采取了变通的质证方式：不将该资料提交原告审查而交独立的鉴定专家组审查其真实性以及与原告专利方法是否相同，此后再将鉴定结论交原告质证。鉴定结论为：被告改进后的工艺方法以及申报生产的工艺方法与原告专利独立权利要求所记载的保护方法不同，且理由非常详尽。在此结论下，再要求明确被告拟将采用何种工艺并无实际意义；被告拟将采用何种工艺，已非本案的核心问题；且该项内容并非本院委托鉴定的事项，鉴定机构无权超出委托范围作出鉴定。

综上，一审法院认为，原告关于鉴定意见的质证意见不能成立，也无足够相反证据推翻上述鉴定结论，故该鉴定意见应作为有效的定案证据使用。按照该鉴定意见，被告制备盐酸吉西他滨的工艺方法（包括中试工艺和申报生产工艺）与原告三项独立权利要求所记载的保护方法不相同，未落入原告专利独立权利要求的保护范围。因此，原告起诉被告侵犯专利权没有事实和法律依据，其诉讼请求应予驳回。依据《中华人民共和国专利法》（修改前）第59条第1款、第60条之规定，判决驳回原告伊莱利利公司的诉讼请求。案件受理费37 510元，鉴定费25 000元，由伊莱利利公司负担。

上诉与答辩

伊莱利利公司上诉称：1. 一审法院违反《中华人民共和国民事诉讼法》以及《最高人民法院关于民事诉讼证据的若干规定》的规定，剥夺上诉人正当诉讼权利，在一审诉讼中拒绝上诉人审查被上诉人侵权证据资料，一审判决认定的“事实”均未经上诉人质证；2. 一审法院以其内部文件为依据指定江苏省科技厅为本案的鉴定机构，违反《最高人民法院关于人民法院司法鉴定工作暂行规定》，鉴定人员与被上诉人有利害关系，鉴定范围不清，鉴定意见所依据的证据前后矛盾，也未能认识上诉人专利发明的基本发明要点，鉴定结论没有事实支持。请求对本案重新审理，并支持上诉人在一审提出的所有诉讼请求。

被上诉人豪森公司答辩称：1. 一审法院认定事实清楚，答辩人根据已经公开的技术文献资料，形成与被答辩人专利方法不同的工艺方法，并已经过技术鉴定；2. 本案不适用《最高人民法院关于民事诉讼证据的若干规定》，伊莱利利公司与豪森公司之间存在显而易见的商业竞争关系，如果伊莱利利公司利用质证程序获得了豪森公司的商业秘密，必将使其商业利益遭受无法预见和无法弥补的巨大损失。根据《中华人民共和国民事诉讼法》第66条以及《最高人民法院关于适用〈中华人民共和国民事诉讼法〉若干问题的意见》第72条的规定，一审法院采取的变通方式，没有侵犯伊莱利利公司平等诉讼的权利；3. 鉴定意见客观、真实，一审法院作为定案依据，不无不当。

经二审法院调查并总结双方上诉和答辩意见，确定本案双方争议焦点如下：1. 涉及被上诉人豪森公司制备盐酸吉西他滨工艺方法的技术资料，该公司称其享有技术秘密，这些证据是否应当交由上诉人进行质证？2. 被上诉人制备盐酸吉西他滨所使用的方法是否侵犯上诉人三项专利权（即两种方法是否相同或者等同）？3. 一审法院委托鉴定的程序是否合法，该鉴定结论能否作为判断侵权的依据？

二审法院审理查明

（一）关于一审法院对豪森公司提交的涉及侵权判断的相关证据是否进行质证问题

二审查明，一审审理过程中，对被上诉人豪森公司向一审法院提交的证明其方法不同于专利方法的所有证据均未提交伊莱利利公司进行质证。这些证据包括豪森公司声称为其商业秘密的涉及吉西他滨产品制造工艺方法的资料，以及该公司称已经公开的四份资料，即有机化学、西班牙未来药物、合成改进方法、西班牙未来药物。被上诉人豪森公司声称其生产盐酸吉西他滨产品的工艺方法涉及其商业秘密，但未就其所称商业秘密的具体内容界定明确的范围。

(二)关于伊莱利利公司三项专利权的保护范围问题

二审法院在第二次不公开开庭审理时，要求伊莱利利公司对其享有的三项专利权的保护范围作出说明。伊莱利利公司在庭审中作出了说明，豪森公司也针对对方的技术说明提出了口头抗辩意见，对本案涉诉的三项专利权的保护范围提出自己的意见。

(三)关于一审法院委托鉴定的有关事实问题

关于鉴定所采用的证据材料问题。上诉人伊莱利利公司提出：鉴定过程中从未向上诉人披露据以作出鉴定结论的依据、实验数据和鉴定过程。被上诉人豪森公司认为：专家仅通过书面资料对比，就可以得出结论，不需要实验。

对此，二审法院查明：国家药品监督管理局档案室现存关于豪森公司申报的盐酸吉西他滨申报资料中没有豪森公司向法院提交的盐酸吉西他滨生产新工艺资料及文献资料(申报资料附件1)、盐酸吉西他滨中试新工艺(申报资料附件2)、盐酸吉西他滨新工艺小试中间体、产物及中试产物有关物质HPLC图(申报资料附件3)和盐酸吉西他滨补充申请内容及依据(申报资料)。而上述证据材料一并提交给鉴定机构。一审庭审及法院委托鉴定过程中，始终未向伊莱利利公司提交任何证明豪森公司吉西他滨产品生产方法的证据材料。

关于鉴定结论能否作为本案定案依据问题。上诉人伊莱利利公司提出：鉴定意见未能认识到涉诉专利发明的基本发明点，该意见认为豪森公司方法在中间体数量和不同于专利，即认定工艺与上诉人专利方法不同没有任何事实支持；鉴定意见笼统表明豪森公司方法不同于专利方法，没有表明不相同或者不等同。被上诉人豪森公司认为，鉴定结论经一审审理质证，专家说仅通过书面资料对比就可以得出结论，不需要实验；自己的工艺方法与公开的文件相同，指控侵权无事实依据。

二审判理和结果

根据上述查明的事实，二审法院认为，根据《中华人民共和国专利法》第57条第2款的规定，被上诉人豪森公司应当提供其盐酸吉西他滨产品制造方法不同于专利方法的证明。《中华人民共和国民事诉讼法》第66条规定："证据应当在法庭上出示，并由当事人互相质证"，"对涉及国家秘密、商业秘密和个人隐私的证据应当保密，需要在法庭出示的，不得在公开开庭时出示"。上述法律规定，在程序上给予上诉人伊莱利利公司要求被控侵权方有效披露完整的涉及该新产品制造方法的证据材料并进行质证的权利，给予被上诉人要求上诉人对披露的证据中涉及商业秘密的内容进行保密的权利；在实体上对当事人在诉讼中披露商业秘密可能受到的损害也充分给予了考虑，在保障当事人合法诉讼权利的同时对当事人的实体民事权益提供有效保护。

对被上诉人豪森公司提交的要求保密的制备盐酸吉西他滨产品的工艺方法资料，也应当依照上述法律规定进行质证。只有在双方当事人对证据进行质证的基础上，才能够对被控侵权方法与专利方法是相同、等同还是不同作出正确的判断。因此，本院在审理本案过程中，根据被上诉人豪森公司的申请采取不公开审理的方式，并要求上诉人伊莱利利公司法定代表人、委托代理人以及其他参与诉讼的人员承担保密义务，不得将通过诉讼程序获得的属于豪森公司商业秘密的技术信息用于诉讼以外的商业用途，否则将追究其法律责任。上述庭审质证方式，既能保障上诉人伊莱利利公司依法获得涉及被控侵权方法的证据材料进行质证的诉讼权利，同时也能避免被上诉人豪森公司所称其商业秘密因诉讼程序而泄露，保护豪森公司的合法利益。但是本院在二审中的努力，仍不能弥补一审在程序上的缺陷。

鉴定机构接受人民法院的委托，对争议的技术问题作鉴定，应当以双方当事人经过庭审质证的真实、合法、有效的证据材料作为鉴定依据。被上诉人豪森公司向法院提交的其2001年11月补充申报资料，包括盐酸吉西他滨生产新工艺的研究资料及文献资料等四份证据材料，未在国家药品监督管理局盐酸吉西他滨的批件档案中存档，其真实性无法核实。一审法院提交给鉴定机构的所有涉及被上诉人豪森公司生产吉西他滨产品的工艺技术材料均未经双方当事人庭审质证，其中包括被上诉人豪森公司声称已经公开的"有机化学"等四份文献资料。因此，鉴定机构依据未经双方当事人质证或者核对的证据材料所作出的鉴定结论，不是合法有效的证据，不能作为认定本案事实的依据。一审法院根据鉴定结论驳回伊莱利利公司对豪森公司侵犯专利权的诉讼请求，属认定事实不清。

综上，一审法院采信未经双方当事人质证的证据，未能保障上诉人伊莱利利公司获得被上诉人豪森公司吉西他滨产品生产方法不同于专利方法的有关技术信息的正当诉讼权利，并以未经质证的证据作为委托技术鉴定的依据，违反民事诉讼法关于证据应当经过庭审质证才能够作为定案依据的规定，导致一审判决认定事实不清，证据不足，适用法律错误。因此，二审法院依照《中华人民共和国民事诉讼法》第153条第1款第3项、第4项之规定，作出裁定：(一)撤销江苏省高级人民法院(2001)苏民三初字第001号民事判决；(二)本案发回江苏省高级人民法院重审。

评析

本案涉及的焦点问题在于：

(一)关于专利侵权诉讼中，被控侵权方豪森公司所称涉及其技术秘密的证据是否应当提交上诉人伊莱利利公司进行质证问题

对此问题，涉及专利法第57条第2款、民事诉讼法第66条和《最高人民法院关于适用〈中华人民共和国民事诉讼法〉若干问题的意见》第72条的理解与适用。

民事诉讼法第66条明确规定：证据应当在法庭上出示，并由当事人互相质证。因此，证据必须经过当事人质证，才能作为定案的依据，这是民事诉讼法关于证据适用的基本原则。民事诉讼法第66条还规定，对涉及国家秘密、商业秘密和个人隐私的证据应当保密，需要在法庭出示的，不得在公开开庭时出示。上述规定体现了对当事人合法民事权益的保护，同时与保障双方当事人合法、平等的诉讼权利并不矛盾。《最高人民法院关于民事诉讼证据的若干规定》虽然不直接适用于本案，但是，该司法解释第47条规定的"未经质证的证据不得作为认定事实的依据"，与民事诉讼法关于证据适用的基本原则是一致的。在具体案件适用法律过程中，保护当事人正当合法的民事权益非常重要，但是在保护的同时，仍然不能与法律适用的基本原则相违背。因此，一审法院以涉及豪森公司商业秘密为由，对相关证据材料未经质证即作为定案依据，违反了民事诉讼法关于证据适用的基本规定。

那么，在专利侵权案件审理过程中，被控侵权方声称其提交的证据材料涉及商业秘密，对于这类证据材料应当如何质证？是否仍然要遵循民事诉讼法关于证据适用的基本原则？

本案是专利侵权纠纷，涉及新产品制造方法的发明专利。专利法第57条第2款规定，专利侵权纠纷涉及新产品制造方法的发明专利的，制造同样产品的单位或者个人应当提供其产品制造方法不同于专利方法的证明；……本案在二审中，双方当事人对吉西他滨产品为新产品的事实已经没有争议，因此，根据本案查明的事实，以及专利法第57条第2款的规定，在举证责任上，豪森公司有义务提供其产品制造方法不同于专利方法的证明，并且该证明应当是内容上完整方法上科学可行的，才能完成法律规定的举证责任的要求。作为专利权人，根据专利法第57条第2款及民事诉讼法关于证据适用之规定，有权要求被控侵权方有效披露涉及其工艺方法的证据材料。只有在双方当事人对相关证据材料进行质证，对各自的主张进行有效抗辩的基础上，才能够对被控侵权方法与专利方法是相同、等同还是不同作出正确的判断。二审已经查明，一审法院未将豪森公司提交的证据全部提交对方质证，包括豪森公司声称已经公开的四份文献资料，因此，一审法院在诉讼程序上剥夺了本案上诉人伊莱利利公司对对方证据质证的权利，进而以未经质证的证据提交给专家鉴定，由此得出的鉴定结论和判决结果亦不能作为认定事实的依据。

在裁判理由部分，最高法院的二审民事裁定书清楚地阐述了对涉及当事人声称的商业秘密的证据材料如何进行质证的具体方法和理由。首先，二审法院采取了不公开审理的方式，尽管豪森公司在诉讼中始终没有对其所声称的吉西他滨产品生产方法存在的商业秘密作出明确的界定，但为了在程序及实体上保证双方的权利，法院仍然根据豪森公司申请不公开进行了审理。其次，在程序上给予上诉人伊莱利利公司要求被控侵权方有效披露完整的涉及该新产品制造方法的证据材料并进行质证的权利，给予被上诉人豪森公司要求上诉人伊莱利利公司对披露的证据材料中涉及商业秘密的内容进行保密的权利，从而保证双方当事人享有正当程序的权利。再次，二审法院在实体上对当事人在诉讼中披露商业秘密可能受到的损害也充分给予了考虑。豪森公司庭审时多次强调其生产方法来源于公知技术或公开的技术文献资料，甚至称自己的工艺方法与公开的文献相同，且始终未向法庭明确其所声称的商业秘密的具体范围。另外，在吉西他滨产品生产领域，伊莱利利公司与豪森公司的竞争优势差距非常明显。综合本案审理查明的事实，豪森公司提出的"可能会使本公司的商业利益遭受无法预见和无法弥补的损害"而不将相关证据交对方质证的理由不能成立。

(二)本案一审法院委托鉴定作出的鉴定结论能否作为判断侵权是否成立的依据问题

鉴定机构接受人民法院的委托，对争议的技术问题作鉴定，应当以双方当事人经过庭审质证的真实、合法、有效的证据材料作为鉴定依据。本案中，豪森公司提交的证据材料，只有在双方当事人质证、抗辩的基础上，才能够对其所提供的产品制造方法的科学性、可行性作出判断，从而判定与专利方法相同、等同还是不同。另外，豪森公司向法院提交的其2001年11月补充申报材料，包括盐酸吉西他滨生产新工艺的研究资料及文献资料等四份证据材料，未在国家药品监督管理局档案中存档，其证据的真实性无法核实。鉴于一审法院提交给鉴定机构的所有涉及豪森公司生产吉西他滨产品的工艺技术材料均未经当事人庭审质

证，其中还包括豪森公司声称已经公开的“有机化学”等四份文献资料。因此，鉴定机构依据未经双方当事人质证或者核对的证据材料所作出的鉴定结论，不是合法有效的证据，不能作为认定案件事实的依据。一审法院根据鉴定结论驳回伊莱利利公司对豪森公司侵犯专利权的诉讼请求，属于认定事实不清。

综上，鉴于本案在一审程序中违反民事诉讼法关于证据应当经过庭审质证才能够作为定案依据的规定，导致一审判决认定事实不清，证据不足，适用法律错误，因此，二审法院根据《中华人民共和国民事诉讼法》第153条第1款第3项之规定，裁定撤销一审判决，将本案发回一审法院重审。

（最高人民法院民三庭　段立红撰稿）

福建汇天生物药业有限公司诉宁夏启元药业有限公司专利侵权纠纷案

上诉人（原审被告）：宁夏启元药业有限公司（简称启元公司）被上诉人（原审原告）：福建汇天生物药业有限公司（简称汇天公司）

原审被告：福建省旅游贸易公司医药商店

一审案号：福州市中级人民法院（2002）榕知初字第62号

二审案号：福建省高级人民法院（2003）闽知终字第15号

要义

本案裁判的意义在于行政机关对行政相对人的行政许可行为不能认定为向社会公开，该行政许可批复中所载的技术不能认定为自由公知技术。

案情

一审审理查明

1983年2月9日，福建省卫生厅闽卫药准字(83)013号“关于山楂精降脂片暂行质量标准的批复”的文件批复原福建省三明制药厂（现更名为福建汇天生物药业有限公司）：“你厂报来审批山楂精降脂片文悉。经审核，同意你厂山楂精降脂片按随文附发的暂行质量标准进行生产。附件：1. 山楂精降脂片质量标准；2. 山楂提取物细粉质量标准（只送有关单位）”。该批复并报送、抄报医药主管部门、各省、市、自治区卫生厅（局）等医药管理部门。1987年11月23日，三明制药厂向国家专利局申请名称为“山楂精制备工艺”发明专利。1992年8月26日，“山楂精制备工艺”被授予专利权，专利号ZL87107980.1。该专利权利要求书载明：“1. 一种用乙醇从山楂果中提取山楂精的方法，其特征在于用乙醇回流提取山楂果，提取液减压浓缩至出现绿色的叶绿素时滤过，滤液加酸加热水解至沉淀物析出，滤集沉淀物用水洗至无氯离子反应，烘干制得山楂精。2. 根据权利要求1的山楂精制剂制备方法，其特征在于含山楂精0.06克规格加蔗糖、淀粉后配制生产制得山楂精片剂。”国家专利局授予专利后，汇天公司自1993年起至2001年12月11日止，共九次向国家专利局缴纳年费22 800元。2001年9月份，汇天公司的销售人员在进行市场调研时，发现全国各地的药店均在大量销售启元公司生产的山楂精降脂片。为此，汇天公司于2002年4月、7月下旬，从福建省旅游贸易公司医药商店及福州市、三明市的部分药店购买了启元公司生产的山楂精降脂片产品。该产品的使用说明上生产单位为：宁夏启元药业有限公司（宁夏制药厂、宁夏中药厂）；山楂精降脂片规格为：每片含山楂提取物细粉0.06克。1992年4月16日，宁夏中药厂以宁中厂发(1992)22号文件向宁夏药政局报告“关于申请生产少阳感冒冲剂等产品的报告”中的附件4山楂精降脂片审批表中的山楂精降脂片说明书成分为：每片含山楂提取物细粉0.06克；蔗糖0.38克；淀粉0.001克。2001年2月28日，经宁夏工商行政管理局批准：宁夏制药厂和宁夏中药厂改制合并，注册为宁夏启元药业有限公司。1999年12月22日，经三明市工商行政管理局批准，福建省三明制药厂更名为福建汇天生物药业有限公司。2001年10月24日，国家专利局以手续合格通知书将发明创造名称为“山楂精制备工艺”，专利号为ZL87107980.1由原专利权人福建省三明制药厂变更为福建汇天生物药业有限公司。为此，汇天公司起诉，请求：1. 两被告立即停止侵权；2. 启元公司赔偿汇天公司30万元人民币；3. 启元公司在《中国知识产权报》等媒体上向原告赔礼道歉等。

一审判理和结果

一审法院认为，汇天公司名称为“山楂精制备工艺”发明专利，于1992年8月26日被国家专利局授予专利权，受我国专利法保护。启元公司所生产的山楂精降脂片，每片含山楂提取物细粉0.06克、蔗糖0.038克、淀粉0.001克的制备工艺特征与汇天公司发明专利权利要求书载明的制备工艺特征等同，且启元公司也已承认是使用汇天公司的发明专利。因此，启元公司提取山楂精细粉的制备工艺完全覆盖了汇天公司的专利制备工艺特征，落入了汇天公司专利权的保护范围，其行为已构成对汇天公司专利权的侵权。福建省旅游贸易公司医药商店作为经销商，销售启元公司所生产的山楂精降脂片产品，也已构成侵权。汇天公司要求启元公司停止生产、销售山楂精降脂片，在全国性的报刊上刊登赔礼道歉声明，消除影响以及福建省旅游贸易公司医药商店立即停止销售行为的理由合法,应予采纳。启元公司从1992年开始,未经汇天公司许可,利用汇天公司的发明专利,以营利为目的,在全国部分城市销售汇天公司的专利产品。其侵权持续时间长、范围广,给汇天公司造成一定的商誉和经济损失,理应承担相应的赔偿责任。因本案权利人损失和侵权人获利难以查明,也无正常使用费可以参照。根据讼争专利权的类别、启元公司侵权的性质和情节等因素,汇天公司要求启元公司赔偿30万元损失的请求理由正当,应当予以支持。汇天公司所述山楂精降脂片获"国家级中药保护品种"的保护,在保护期限内,启元公司不能进行生产一节,不属于本案审理范围。启元公司提出其使用的山楂精降脂片的制备工艺是自由已知技术,不侵犯汇天公司的专利权,应驳回汇天公司诉讼请求之抗辩理由不能成立,不予采纳。依照《中华人民共和国民法通则》第118条、第134条第1款第1、7、9、10项、《中华人民共和国专利法》第11条第1款、最高人民法院《关于审理专利纠纷案件适用法律问题的若干规定》第21条的规定,判决:(一)宁夏启元药业有限公司、福建省旅游贸易公司医药商店在判决生效之日立即停止侵权;(二)宁夏启元药业有限公司应于判决生效之日起10日内赔偿福建汇天生物药业有限公司经济损失人民币30万元;(三)宁夏启元药业有限公司自判决生效之日起10日内在《中国知识产权报》以不小于$10 \times 8cm^2$的版面刊登向福建汇天生物药业有限公司赔礼道歉消除影响声明,声明内容由法院审定,费用由宁夏启元药业有限公司负担。案件受理费7 010元,由宁夏启元药业有限公司负担(该案件受理费已由汇天公司预交,启元公司应直接支付给汇天公司)。

上诉与答辩

一审宣判后,启元公司不服,向福建省高级人民法院提出上诉,认为:(一)一审法院回避上诉人生产山楂精降脂片所实施的技术属自由已知技术的事实。理由是:1. 上诉人生产山楂精降脂片依据的标准是《福建省药品标准》(1988年版)中《闽Q/WS45-88山楂精降脂片》的质量标准,按照国家卫生部(85)卫药字第63号文件的规定,从1985年11月1日起,新药只能由国家卫生部审批,所以该药的标准应在1985年11月1日前已公布。2. 收录于《福建省药品标准》中的山楂精降脂片质量标准来源于福建省卫生厅闽卫药准字(83)013号"关于山楂精降脂片暂行质量标准的批复"的文件,该文件下发时间为1983年2月,由此可知上诉人生产实施的技术在1983年2月即已公开。(二)启元公司实施自由已知技术不侵犯汇天公司的专利权。汇天公司的专利申请日在1987年11月23日,按照闽卫药准字(83)013号文件,汇天公司早在1983年已公开本案讼争的专利技术,所以启元公司依据的质量标准虽完全落入了涉讼专利的保护范围,但依据自由已知技术不侵权的原则,启元公司不侵害汇天公司的专利权。要求撤销一审判决,改判驳回汇天公司的诉讼请求。

汇天公司答辩称:(一)由于本案讼争的专利为发明专利,故人民法院仅需审查该专利是否处于合法状态,启元公司既已承认其使用的技术与汇天公司相同,则其关于自由公知技术抗辩则不能成立,因为自由公知技术抗辩仅适用等同的情况。(二)启元公司至今未提供汇天公司的专利技术为公知技术的有效证据。关于福建省卫生厅闽卫药准字(83)013号"关于山楂精降脂片暂行质量标准的批复"及该批复的附件一、附件二均为不公开文件,尤其是记载有讼争专利技术的附件二,在该批复中明确注明只送有关单位,属机密文件,不属公知技术。要求维持原判,驳回上诉人的上诉请求。

二审审理查明

二审经审理查明一审认定的事实属实。二审法院还根据一审的证据补充查明:启元公司在一审中提供的宁中厂发(1992)22号《关于申请生产少阳感冒冲剂等产品的报告》中载明"山楂精降脂片"药品的生产工艺:取山楂,加70%乙醇加热回流提取三次,每次2小时,合并提取液,减压回收乙醇并浓缩至相对密度为1.08(热测),趁热滤过,滤液加入等量的盐酸溶液(6mol/L),置95℃水解30分钟,放冷,滤过,滤渣用水洗涤至洗涤液呈中性后,置80℃干燥,加适量辅料制成颗粒,置80℃以下干燥,加适量硬脂酸镁,压制成1 000片包糖衣,即得。

二审判理和结果

二审法院认为,汇天公司名称为"山楂精制备工艺"的ZL87107980.1号专利是一项关于用乙醇从山楂果中提取山楂精的工艺方法发明专利,它至今有效,依法应受保护。启元公司生产的山楂精降脂片,从其向法庭提交的宁中厂发(1992)22号《关于申请生产少阳感冒冲剂等产品的报告》中可以得出:其生产工艺采用的是1988年出版的《福建省药品标准》中《闽Q/WS45-88山楂精降脂片》中载明的生产工艺,经比较可知,该工艺已经全面覆盖了汇天公司ZL87107980.1号发明专利的权利要求内容,落入汇天公司专利的保护范围,其行为已构成专利侵权,一审判决侵权正确,应予维持。启元公司上诉称福建省卫生厅闽卫药准字(83)013号"关于山楂精降脂片暂行质量标准的批复"下发后即已公开,其据此实施的技术为公知技术,但该文件记载汇天公司关于山楂精降脂片专利内容的生产工艺的附件二,其中标明"只送有关单位",即只送交有关医药行政管理部门,此种情形不能视为向社会公开,该技术不应视为公知技术,其关于讼争的专利技术已为公知技术的主张证据不足,本院不予支持。综上,一审判决事实基本清楚,适用法律正确,依照《中华人民共和国民事诉讼法》第153条第1款第1项的规定,判决:驳回上诉,维持原判。二审案件受理费7 010元,由宁夏启元药业有限公司负担。

评析

本案涉及的焦点问题在于:

(一)关于本案发明专利是否属于公知技术问题

本案讼争的专利号为ZL87107980.1的“山楂精制备工艺”的专利,是一项产品的方法发明。被告承认其生产的山楂精降脂片使用了与原告相同的生产方法,但其抗辩认为根据福建省卫生厅闽卫药准字第(83)013号“关于山楂精降脂片暂行质量标准的批复”中的附件二,该工艺已向社会公开,已属于公知技术,所以不侵权。

公知技术抗辩是专利侵权诉讼中被告常用的一种抗辩方法,公知技术是指专利的申请日(有优先权的,指优先权日)前在国内外出版物上公开发表、在国内公开使用或者以其他方式为公众所知的技术,即现有技术。本案的关键是讼争的生产工艺是否为公知技术?从记载有讼争生产工艺技术的福建省卫生厅闽卫药准字第(83)013号“关于山楂精降脂片暂行质量标准的批复”中的附件二看,其中明确标明“只送有关单位”,从该文件的性质看,该文是医药行政主管同意原告生产经营山楂精降脂片的批复,是一种行政许可。所谓行政许可是指行政主体根据行政相对人的申请,通过颁发许可证或执照等形式,解除法律的一般禁止,依法赋予特定行政相对人从事某种活动的权利或资格的行政处理。从该文批复的对象看,无法得出讼争的专利方法已向社会公开的结论。被告认为讼争技术已向社会公开的主张在规定的举证期限内也未向法院提供,所以其主张讼争的技术为公知技术的观点不应得到支持。

对于公知技术抗辩,从当前司法实践看,也有一种观点认为仅适用于等同技术的情况而不适用相同技术,如北京法院出台的《专利侵权判定若干问题的意见(试行)》中第102条规定:“已有技术抗辩仅适用于等同专利侵权,不适用于相同专利侵权的情况。”做出上述规定的主要理由为:发明专利在授权之前有经过实质审查,如果认为在专利授权之前已存在相同的公知技术应以丧失新颖性为由向国家专利复审委宣告专利权无效,而由于技术的复杂性,对等同的技术不可能全部列入专利审查的范围,故如果主张构成技术等同人民法院应进行审查,如果主张技术相同,则应由请求人向国家专利复审委员会宣告专利权无效。本案被告在诉讼期间没有向国家专利复审委员会宣告原告专利权无效,而是在承认其使用了与原告相同的专利方法基础上,主张讼争专利技术是公知技术。因此,依据上述观点,法院也应驳回被告的抗辩请求。

(二)关于专利权保护的时间段问题

专利权自申请日起至专利权终止,有几个时间段应引起重视。首先,专利申请日至专利申请公开日,这时申请处于保密阶段,此时对专利技术的保护,主要体现为当别人有同样主题的申请因与其相抵触而将丧失新颖性,不能得到专利权;其次,专利公开日至专利授权日,此时专利技术向社会公开,在此期间若有人使用其专利技术,虽然不能对未经其允许实施其专利提起侵权诉讼,但可以要求使用人支付适当的使用费,也可称为使用费纠纷,这段期间在理论上通常称为专利的“临时保护”期;第三,当专利授权后至专利权终止之日,当别人使用其专利技术,则构成专利侵权。以本案为例,讼争专利的申请日为1987年11月23日,公开日为1989年6月7日,授权日为1992年8月26日,启元公司从1992年4月16日开始使用与原告的专利技术相同的方法生产药品,因此,被告的行为可分为二段:1992年4月16日至1992年8月26日期间,属于讼争专利的“临时保护”阶段,被告应向原告支付专利使用费,但不认为构成专利侵权;1992年8月26日以后,即原告得到讼争专利权后,被告生产“山楂精降脂片”药品的行为便构成专利侵权,应承担相应的侵权责任。

本案中,原告的诉讼请求没有分段提及,其仅是笼统要求被告承担侵犯专利权的责任,根据民事权利可以自由处分的原则,应视为原告自愿放弃要求被告支付讼争专利“临时保护”期的使用费。对本案侵犯专利权的纠纷,被告生产侵权产品的行为从1992年4月16日开始一直持续,而原告提起本案诉讼的时间为2002年,原告的起诉行为是否超过诉讼时效?对此问题,根据最高人民法院《关于审理专利纠纷案件适用法律问题的若干规定》第23条规定:侵犯专利权的诉讼时效为2年,自专利权人或者利害关系人知道或者应当知道侵权行为之日起计算。权利人超过2年起诉的,如果侵权行为在起诉时仍在继续,在该项专利权有效期内,人民法院应当判决被告停止侵权行为,侵权损害赔偿数额应当自权利人向人民法院起诉之日起向前推算2年计算。因此,原告对被告侵犯其专利权的行为,应视为未超过诉讼时效有权起诉,但其赔偿的计算应该以其起诉之日起往前推算2年。

(三)关于方法发明侵权诉讼的举证责任

《中华人民共和国专利法》第57条第2款规定:专利侵权纠纷涉及新产品制造方法的发明专利的,制造同样产品的单位或者个人应当提供其产品制造方法不同于专利方法的证明。根据该规定,在司法实践中,对新产品方法发明提起的专利侵权诉讼,被告应承担起对其生产产品的方法不同于原告专利方法的举证责任。本案中,被告以原告的新产品方法专利技术属于公知技术进行抗辩,而没有以其生产药品的方法不同于讼争的方法专利进行抗辩,相反,其承认其使用的生产"山楂精降脂片"药品的方法与专利方法相同。

(四)本案的侵权赔偿额计算

从本案查明的事实看,根据专利法及最高人民法院《关于审理专利纠纷案件适用法律问题的若干规定》的规定,主要有以下几种计算方法加以确定:(1)权利人因被侵权所受的损失;(2)侵权人因侵权所获得的权益;(3)参照专利许可使用费的倍数合理确定;(4)在人民币5 000元以上30万元以下,最高不得超过人民币50万元的定额赔偿。所以,如何确定赔偿数额的计算方法,直接涉及到当事人的经济利益。一审法院根据该案权利人损失和侵权人获利难以查明,也无专利许可使用费可以参照的情形。采用了定额赔偿。"定额赔偿"的原则是合理补偿权利人的损失。在确定其损失时,一要考虑行为与损失之间的因果关系;二要考虑侵权的性质与情形。本案的赔偿主要考虑了以下因素:(1)侵权人生产、销售持续时间长。启元公司自1992年起,经宁夏卫生厅批复后即开始生产、销售山楂精降脂片;(2)专利产品销售范围广。仅福建省区域内就有福州、三明等地的部分医药商店均在销售;(3)根据该专利的类别。该专利为发明专利,技术含量高,在医药行业中,惟一只有药品制备工艺才可申请并授予发明专利;(4)权利人和侵权人企业规模大。汇天公司和启元公司均属全国大型的制药行业。因此,根据本案的实际情况,即专利权的类别、侵权性质、情节等因素,对汇天公司以定额作为计算该公司损失的依据,是合理的,一审法院予以支持,最后认定损失赔偿额为30万元,体现了公平合理的原则。

(福建省高级人民法院民三庭　黄从珍撰稿)

商标案例与评析

菲林投资有限公司诉西安爱家商贸有限公司商标侵权纠纷案

上诉人(原审原告):菲林投资有限公司(简称菲林公司)

被上诉人(原审被告):西安爱家商贸有限公司(简称爱家公司)

一审案号:西安市中级人民法院(2002)西民二初字第083号

二审案号:陕西省高级人民法院(2003)陕民三终字第12号

要义

本案裁判的意义在于:本案虽然是一起注册商标专用权与企业名称权利冲突纠纷案件,但与生产相同、类似产品或提供相同、类似服务企业间的商标权与企业名称权权利冲突不同,本案中双方当事人提供的服务差异很大,一方为商业性质,一方为服务业性质,不构成对在先商标权的侵犯。

案情

一审审理查明

1997年6月14日,菲林公司将"爱家"商标在国家商标局进行了商标注册,核定服务项目为第35类,即广告,工商管理辅助,商业管理辅助,商业估价,推销(替他人),进出口代理。有效期为10年。2000年4月10日,西安爱家公司在西安市工商行政管理局申请注册成立,经营范围为日用百货、服装服饰、五金交电、通信器材等销售及相片的冲印服务。菲林公司以爱家公司未经其同意,擅自将菲林公司注册商标"爱家"作为企业名称并在服务和商业广告中使用,违反了《商标法》第52条规定,构成对菲林公司商标专用权的侵犯,请求判令爱家公司停止侵害,消除影响,赔偿菲林公司损失54万元。

一审判理和结果

一审法院认为,菲林公司申请注册的"爱家"商标为第35类,核定的服务项目为广告、工商管理辅助、商业管理辅助、商业估价、推销(替他人)、进出口代理。而爱家公司注册的经营范围为商品的销售和零售及相片冲印服务。国家工商行政管理局《类似商品和服务区分表》第35类注明,该类尤其不包括其主要职能是销售商品的企业,即商业企业的活动。爱家公司的经营范围不包含在菲林公司注册商标的保护项目的范围之内,爱家公司的经营范围与菲林公司注册商标保护的范围不同,且菲林公司注册的"爱家"商标并非驰名商标,根据《中华人民共和国商标法》第52条,《最高人民法院关于审理商标民事纠纷案件适用法律若干问题的解释》第1条的规定,爱家公司在其企业名称中使用"爱家"文字并不构成对菲林公司注册商标专用权的侵犯。菲林公司的诉讼请求缺乏事实和法律依据,不予支持。遂判决驳回菲林公司之诉讼请求。案件受理费10 410元,由菲林公司负担。

上诉与答辩

菲林公司不服西安市中院的判决,向陕西省高院提出上诉。上诉称:1. 原审判决认定事实错误。原审将上诉人的注册商标"爱家"核定的服务项目与被上诉人的经营范围直接对比是错误的。注册商标与企业登记的经营范围依据的是不同的法律,是两个不同的法律概念,不能直接对比并将之作为判决结果;2. 原审判决适用法律错误。根据最高人民法院2002年10月16日公布并实行的《最高人民法院关于商标权民事纠纷案件适用法律的若干问题的解释》第1条及第12条的规定,明确了给他人注册商标专用权造成其他损害的行为,并明确规定《商标注册用商品和服务国际分类表》、《类似商品和服务区分表》可以作为判断类似商品和服务的参考。并未将其作为判断的依据。被上诉人开办"爱家"购物广场,从经营理念和经营方式上,是为他人将各种商品归类推销,以便顾客看到和购买,已经超越了商业企业活动的范畴,并突出使用"爱家"商标,已经构成对上诉人"爱家"商标专用权的侵犯。据此,上诉人菲林公司请求撤销原审判决,改判被上诉人承担侵犯上诉人"爱家"注册商标的侵权民事责任,并停止侵害,赔偿损失。

被上诉人爱家公司答辩称:1. 原审认定事实正确。根据《中华人民共和国商标法》第51条,注册商标的专用权,以核准注册商标和核准使用的商品为限。据此,上诉人要求对其注册商标"爱家"的保护范围只能是其商标证上限定的六类服务。原审通过对双方核准的有关证照上的权利保护的范围进行比对,认定答辩人未构成侵权完全正确。2. 原审适用法律正确。A. 被上诉人使用"爱家"作标识,在广告,购物袋,店堂突出使用是为其自身经营所进行的宣传,是商业行为。B. 被上诉人将"爱家"商标作为企业名称的行为,没有构成相关公众的误认。C.《商标注册用商品和服务国际分类表》,《类似商品和服务区分表》是当事人申请注册商标的划分依据。D. 被上诉人的经营方式和理念是自己从事商品经销,而非为他人推销。因此,答辩人认为,菲林公司的上诉理由及请求不能成立,请求二审驳回上诉,维持原判。

二审审理查明

原审法院认定的事实基本属实。

二审判理和结果

二审经审理认为,本案争议的焦点问题是:爱家公司未经菲林公司许可,以"爱家"字样作为企业名称中的字号进行注册登记,并在其经营活动中使用该字号的行为,是否侵犯了菲林公司对"爱家"注册商标享有的专用权。根据本案已经查明的事实,菲林公司系"爱家"(文字)注册商标的专用权人,且菲林公司注册"爱家"(文字)商标先于爱家公司将"爱家"注册为企业字号,菲林公司对该注册商标享有的专用权依法受到保护。爱家公司的企业字号与菲林公司的注册商标相冲突,此纠纷的解决,应当遵循禁止混淆原则,以维护公平竞争的市场秩序。

《商标法》第52条规定了侵犯注册商标专用权的5种行为。《最高人民法院关于审理商标民事纠纷案件适用法律若干问题的解释》第1条对《商标法》第52条第5项规定的"给他人注册商标专用权造成其他损害的行为"作了进一步规定,第1条第1项为"将与他人注册商标相同或者相近似的文字作为企业的字号在相同或者类似商品上突出使用,容易使相关公众产生误认的"。因此,要认定爱家公司的行为构成侵犯该注册商标权的行为,必须同时满足的条件为:1. 使用了与他人注册商标相同或相近似的文字。根据本案已查明的事实,爱家公司使用的企业字号与菲林公司注册的"爱家"商标的文字完全相同。2. 行为人将所使用的文字作为其企业的字号。二审法院经审理查明,爱家公司将"爱家"文字作为其企业的字号在工商注册登记,并在经营活动中使用。3. 将名称字号在与商标权人注册商标所标识的相同或者类似商品上突出醒目地使用。根据《商标法》第51条的规定,注册商标的专用权,以核准注册商标和核准使用的商品为限。菲林公司"爱家"注册商标核定为第35类,核定项目为广告、工商管理辅助、商业管理辅助、商业估价、推销(替他人)和进出口代理。菲林公司对"爱家"注册商标在上述范围内享有专用权。按照国家工商行政管理局商标局《类似商标和服务区分表》的注释,这一类尤其不包括:其主要职能是销售商品的企业,即商业企业的活动。因此,"爱家"注册商标专用权保护的范围不及于商业企业。对此,上诉人称爱家公司开办爱家购物广场,从经营理念和经营方式上,是为他人将各种商品归类推销,以便顾客看到和购买,已经超越了商业企业活动的范畴。二审认为,这一观点是对"推销(替他人)"的错误理解。爱家公司系商业企业从事商品的销售和零售及相片冲印业务,并未从事与菲林公司"爱家"注册商标保护范围内相同或者类似的服务。4. 造成了容易使相关公众产生误认的效果或者结果。根据《最高人民法院关于审理商标民事纠纷案件适用法律若干问题的解释》第8条规定,相关公众是指与商品所标识的某类商品或服务有关的消费者和与前述商品或者服务的营销有密切的关系的其他经营者。由于爱家公司的经营活动与第35类服务商标核定的服务项目差异明显,不易造成相关公众的误认。

上诉人还诉称:原审将上诉人的注册商标"爱家"核定的服务项目与被上诉人经营范围直接对比是错误的。二审法院认为,本案应当对比"爱家"注册商标核定的服务项目与爱家公司的实际经营活动。因上诉人未提供爱家公司有超出经营活动的证据,可以推定爱家公司的实际经营活动在其注册的企业经营范围之内。所以,原审将注册商标核定的服务项目与企业注册经营范围直接对比并无不当。

基于以上事由,二审法院认为:上诉人诉称原审认定事实和适用法律错误,没有事实和法律依据,故不予支持,原审判决认定事实清楚,适用法律正确,根据《中华人民共和国民事诉讼法》第153条第1款第1项的规定,作出的判决为:驳回菲林公司的上诉,维持原审判决。二审案件的受理费10410元,由菲林公司负担。

评析

本案涉及的焦点问题在于:西安爱家公司使用与菲林公司注册商标相同的"爱家"字样作为企业名称是否落入菲林公司的"爱家"注册商标专用权保护的范围。

(一)爱家公司的行为是否构成侵权

笔者认为本案终审裁判是正确的。爱家公司的行为尚不构成侵权。

首先,企业名称与商标是性质完全不相同的两个概念,他们在市场经济中各自有不同的作用和管理机构,普通公众是容易分清的。民商事主体都有自己的名称,以此将自己同别的民商事主体区别开来。同时,也将自己的商品或服务与他人的商品或服务区别开来。商品经济的前提是社会分工,而市场主体名称的不同又是社会分工的前提。世界上大多数国家将非自然人民商事主体的名称的设定纳入到行政管理的范围之中。在我国,这些主体名称的设定,必须到各地的工商行政主管部门进行登记,用相关的法律和行政法规进行规范。

商标是为使购买者能够识别商品而使用。"识别性"是商标的根本特点。经商标局核准注册的商标为注册商标,注册商标人享有商标专用权,受法律保护。在我国,商标的注册机构是国家工商行政管理总局商标局。国务院工商行政管理部门设立商标评审委员会。

由此可见,国家工商行政管理总局对企业名称、字号的登记注册与对商标的登记注册,是由两个不同的部门来办理的。且企业名称主要是在各地的工商行政管理部门。有些文字标识本身具有特定的含义,比较能够迎合社会公众的心理,比如像"安心"、"爱家"等这些让一般正常的人都觉得比较温暖的文字。但应该注意的是,尽管注册商标与企业名称性质不同,但如果使用与别人注册商标相同的企业名称的目的就是为了在与商标标识相同或者类似商品上突出醒目地使用,造成公众的误认,则同样构成侵权。有些企业为自己起名称字号时,存心不良,故意起一些与他人注册商标特别是驰名商标相同或者相近似的文字。基于以上种种原因,现实中经常出现企业名称与他人注册商标相一致的情形。一些不法分子藉此掩人耳目,欺骗广大消费者。近几年来,这种情形一再呈上升趋势。

其次,2002年10月16日公布并实行的《最高人民法院关于商标权民事纠纷案件若干问题的解释》第1条对以上的行为进行了明确的规制。认定这种侵犯注册商标的行为,要注意四个构成要件,即:1. 使用了与他人注册商标相同或者相近似的文字;2. 行为人将所使用的文字作为其企业的名称字号;3. 将名称字号在与商标权人注册商标所标识的相同或者类似商品上突出醒目地使用;4. 造成了容易使相关公众产生误认的效果或者结果。

在本案中,爱家公司的行为完全符合构成要件的1和2,但是不符合3和4。即3:爱家公司的商品与菲林公司的服务既是不相同的,也是不类似的;4:并未造成容易使相关公众产生误认的效果或者结果。认定这二者依据的也是经过法庭质证的原被告双方所提供的证据和审理查明的法律事实。而在本案中,菲林公司提供的中华人民共和国国家工商行政管理总局商标局的《商标注册证》,正好证明了爱家和菲林的经营是非同业的。正因为此非同业性,菲林公司的服务的相关公众并未触及爱家公司服务的相关公众,当然未造成容易使相关公众产生误认的效果或结果。

(二)正确运用"禁止混淆"原则,进行侵权判断

本案终审判决运用"禁止混淆"原则进行侵权判断。在认定商标侵权时,实践中经常会运用到"禁止混淆",可以说这也是一个认定是否构成商标侵权的原则。在知识产权体系中,商标权必须经过一定程序的行政批准方能产生。在申请商标注册时,申请人要提交文字、图形或者二者的结合。但是,即使是有了这个客观、确定的商标,并不一定就意味着认定是否侵权就十分地确定。实际上,国际条约及大多数国家在认定是否侵权时,都划出了一个"模糊区"。不仅把未经许可使用他人相同注册商标标识用于同种商品或服务视为侵权,而且把使用他人的"近似"标识与"类似"商品或服务,也视为侵权。

两个标识在市场上的近似与否,要看是否会在"相关公众"中引起混淆,即"禁止混淆"原则。该原则引出了"相关公众"。

根据商标法的有关规定,判断商标相同或者近似,要以相关公众的一般注意力为准。因此,划定相关公众的范围就十分重要。《最高人民法院关于审理商标权民事纠纷案件适用法律若干问题的解释》第8条对商标法中规定的"相关公众"作了规定。商标法所称"相关公众",是指与商标所

标识的某类商品或者服务有关的消费者和与前述商品或者服务的经营有密切关系的其他经营者。也就是说,商标法中规定的"相关公众"包括两种:一种是与商标所标识的某类商品或者服务有关的消费者,即最终消费者;一种是与商品或者服务的经营有密切关系的其他经营者,即关联经营者。最高法院的这一规定是选择性规定,即这两部分相关公众中只要有其中任何一部分公众即构成法律规定的"相关公众"。

具体到本案中,本案的焦点也就是,爱家公司的经营是否闯入了所谓的"模糊区",足以使相关公众发生混淆。

我们看到,爱家公司虽然使用的是"爱家"(AIJIA)这一与菲林公司相近似甚至是相同的标识,但其使用的对象却不是与菲林公司相类似的商品或服务。因为,按照国家工商行政管理局商标局出版的《类似商品和服务区分表》文件规定第35类,该服务尤其不包括:其主要职能是销售商品的企业,即商业企业的活动。所以,爱家公司并未闯入所谓的"模糊区"。至于相关公众的混淆,在本案中,不管是最终消费者,还是关联经营者都不会混淆,此爱家公司非彼爱家也。

(三)注册商标的保护界限

本案爱家公司虽不构成侵权但如果菲林公司对"爱家"注册了防御商标,则爱家公司是否侵权就另当别论了。在市场经济中,成功的投资者、经营者的经营策略必然有二:一是切近的投资,尽快地得到利润;二是长远的利润,即闯出自己商品的品牌(如商标);不断提高市场信誉以便既能尽快地得到利润,又能得到可靠的、甚至不断增长的利润。为此,他们如神秀大师所说的"时时勤佛拭,莫使惹尘埃",一个干净响亮的牌子来之不易,但市场的投机经营者却采取搭便车、打擦边球的方式,从中渔利。为此,许多国家的商标法为申请人提供了"联合商标"和"防御商标"两种特殊商标,但在本案中,菲林公司却不存在"防御商标"。

应该看到,世界贸易组织的"与贸易有关的知识产权协议"已经进一步把前述的"模糊区"扩大到了一切"不类似"的商品或服务,这对驰名商标的保护更加有利,但对侵权的认定就更加模糊了。

当然,我们也不能支持商标权的滥用,不适当地扩大责任人的范围。保护商标与防止其滥用是对立统一的。正如博登海默在他的《法理学》中引用佩顿的话:"健康观念使我们首先想到的并不是医院和疾病,手术和麻醉,而不论这些东西对维护社会福利是多么重要。最好的医疗方法是预防疾病的发生。正如法律真正益处在于它确保有序的平衡,而这种平衡能成功的预防纠纷。"《最高人民法院关于商标权民事纠纷案件若干问题的解释》第1条对《商标法》的"其他损害行为"作了进一步详尽的规定。此规定一方面加大了保护商标权的力度,另一方面防止了滥用商标权的事件,促使商标权保护良性发展。

(陕西省高级人民法院民三庭　赵小平撰稿)

如皋市印刷机械厂诉如皋市轶德物资有限责任公司隐性反向假冒注册商标纠纷案

原告:如皋市印刷机械厂(简称印刷机械厂)

被告:如皋市轶德物资有限责任公司(简称轶德公司)

一审案号:南通市中级人民法院(2003)通中民三初字第15号

要义

本案裁判的意义在于:擅自除去他人商品上的注册商标,无标识再次销售的行为,应当认定属于隐性反向假冒类型的商标侵权,行为人不能援引"商标权利国内用尽"原则来对抗侵权指控,其在再次出售之前所作的修理行为,也不能成为其商标侵权行为的遁词。

案情

原告印刷机械厂系专业从事印刷机械生产及销售的企业。1991年12月20日,该厂经国家工商管理总局商标局核准,受让取得南通市矿山机械厂用于印刷机械的"银雉"商标专有使用权,并将该商标标识与产品技术参数及厂名一起制作成产品铭牌,固定于其生产的胶印机上。"银雉"牌印刷机械在市场上享有一定的声誉。被告轶德公司从事印刷机械的组装、修理和销售。自2001年以来,该公司多次以低价从印刷机械厂的用户手中购进"银雉"牌旧胶印机,除去固定在机器上的带有"银雉"商标标识的铭牌,经过修理、重新喷漆后无标识销售给用户。印刷机械厂发现轶德公司的上述行为后,因交涉未果,于2003年6月10日向江苏省南通市中级人民法院提起诉讼,认为轶德公司的上述行为构成了对"银雉"商标专用权的侵犯,请求判令:1. 轶德公司立即停止侵犯注册商标权;2. 轶德公司赔偿原告因被侵权所受到的损失计人民币50 000元;3. 轶德公司支付律师代理费及调查取证等费用15 000元;4. 轶德公司承担本案的诉讼费用。

轶德公司辩称,本公司购进他人使用过的旧"银雉"牌印刷机,经过修理、重新喷漆,然后以"大修机"名义进行销售,属于合法经营,不存在商标侵权，请求判令驳回印刷机械厂的诉讼请求。

江苏省南通市中级人民法院经审理认为：原告印刷机械厂通过受让取得原南通市矿山机械厂注册用于印刷机械的“银雉”商标，对该商标拥有合法的专有使用权，并享有禁止他人处分该商标的权利。注册商标与核准使用的商品具有不可分离性，是商标权人与商品使用者之间联系的纽带，当商品处于流通过程中，除去标志在该商品上的商标，不仅直接侵犯了商标权人所拥有的在商品上标识其商标的权利，而且割断了商标权人和商品使用者之间的联系，终结了商标所具有的市场扩张属性，最终损害商标权人的经济利益。因此，对注册商标与其核准使用的商品之间的离断行为是侵犯商标专用权的行为。被告铁德公司从原告印刷机械厂的用户手中购进“银雉”牌旧胶印机后，虽经修理并重新喷漆，但不能改变该胶印机的功能和用途，修理后的胶印机，仍属于原告印刷机械厂的产品，其除去原告印刷机械厂印有“银雉”商标的铭牌，无标识销售给用户，致使商标所有人的商标与其所标志的商品相分离，侵犯了原告印刷机械厂对“银雉”商标的专有使用权。因原告印刷机械厂不能举证证明其被侵权所受到的损失，而被告铁德公司由于其没有正常的财务记录，也难以确定其因侵权所获利润，因此本案适用法定赔偿，根据被告铁德公司侵权的具体情节，酌定赔偿数额。此外，原告印刷机械厂为制止侵权行为所支出费用中的合理部分以及所支付的符合规定的律师代理费，亦应由被告铁德公司予以赔偿。

根据《中华人民共和国商标法》第52条第5项、第56条第1、2款之规定，江苏省南通市中级人民法院于2003年10月24日作出(2003)通中民三初字第15号民事判决:(一)被告铁德公司自判决发生法律效力之日起立即停止侵犯原告印刷机械厂“银雉”注册商标专用权的行为。(二)被告铁德公司于判决发生法律效力之日起5日内赔偿原告印刷机械厂损失计人民币40 000元,并支付原告印刷机械厂为制止侵权所支出的合理开支及律师代理费用人民币12 000元,合计52 000元。判决宣告后,双方当事人均服判息诉,判决已发生法律效力。

评析

本案涉及的焦点问题在于:被告铁德公司购进原告印刷机械厂用户手中的旧胶印机,擅自除去商标标识,经修理、重新喷漆后,以自己的名义无标识再次销售的行为,是否构成商标侵权？如果构成,属于什么类型的商标侵权行为？对无标识销售的胶印机事前所作的修理,是否影响商标侵权行为的构成？

(一)将他人产品除去商标后无标识再次销售,属侵犯注册商标专用权的行为

注册商标专有权包含了“行”与“禁”两个方面①,所谓“行”,是指注册商标权人对该注册商标的使用权,即商标注册人在核定的商品上有权自主选择商标的使用方式,有权许可他人使用。众所周知,商标是区分商品来源、表明商品生产者的识别标志,因而,商标只有经使用才具有意义。在商品上标识注册商标,构成了商标专有权的一项基本权能,也是商标权人获得商标利益之基础。所谓“禁”,就是未经商标注册人的同意,任何人都不得使用或近似使用与注册商标相同或相似之标记于同一商品或类似商品,商标权人也有权禁止他人未经许可撤换其依法贴附在商品上的商标标识。擅自将他人标识在商品上的商标除去或更换,从形式上消灭了商标权人在其商品上标识商标的行为结果,直接侵害的是商标权人对注册商标的专有使用权,也是对商标禁用权的非法否定;同时,其行为的实质要害还在于对商标功能之破坏。由于商标是企业知名度、形象、产品信誉和品质的载体,传递着商家商誉的信息,能够加强该商标所标识的商品的竞争力,在商品或服务到达最终用户之前,商标的这种信息传递功能只有与核准使用的商品相结合才能得以实现,商标与商品不可分离。所以,除去或更换他人商品上的商标,也就阻断了商标权人利用商标传递信息的渠道,使商标权人的商品在市场上“蒸发”,创牌的努力被化为乌有,在不知不觉中为假冒行为人做“嫁衣裳”,失去原本属于自己树立信誉的机会,损害了商标注册人在市场上的竞争力,从而造成对商标功能和商标权人因使用商标而能够获得的利益的侵害。所以,无论是除去注册商标人在商品上的商标,无标识投入市场,还是用其他商标更换原商品上的注册商标,都是对注册商标专有权一种直接的伤害,都属侵犯商标权的行为。因此,本案中,被告铁德公司的行为,构成了对原告“银雉”注册商标专有权的侵害。

(二)被告铁德公司的侵权行为,属于“隐性”反向假冒方式的商标侵权

商标上的假冒,一般是指未经商标注册人的许可,假冒者在自己制作或销售的同一种商品或类似商品上使用与注册商标相同或近似的商标,使人误以为假冒行为人制作或销售的商品系商标注册人生产的商品,此谓商标的正向假冒;与此相对应,未经商标注册人许可,擅自将其标识在商品上的商标除去或更换上自己的商标,向公众隐瞒

① 南振兴、刘春霖著:《知识产权学术前沿问题研究》,第317页。中国书籍出版社2003年1月第1版。

商品的真正生产者，使人误以为假冒行为人出售的商品系其自己生产的商品，此谓商标的反向假冒。如前所述，除去或者更换他人商品上的商标的行为，直接侵犯了注册商标权人对注册商标的专有使用权，并严重地损害了注册商标的功能，损害了注册商标权人因使用商标所能够获得的利益，理应受到法律的制裁。国际社会普遍制订相应立法来制止这种反向假冒行为①，如法国知识产权法典第713-2条明确规定：非经所有人同意，不得消除或变动依法贴附的商标标识。澳大利亚1995年商标法第148条规定：未经许可撤换他人商品上的注册商标或出售这种经撤换商标后的商品，均构成刑事犯罪。我国香港特别行政区《商业标记法例》第32条规定：撤换他人所提供之商品上的商标而后再出售，构成商标侵权。

根据假冒行为人行为方式的不同，可以将反向假冒区分为两种情形②：一种是未经许可，将商标注册人的商品上的商标除去，换上自己的商标，并将该商品作为自己的产品再次出售的行为；一种是擅自将商标注册人的商品上的商标除去，无标识将该商品再次出售的行为。前者明显地在商品标识上表示出了假冒的行为人，因而被称为"显性"反向假冒，后者则无法直接从商品上辨别出假冒的行为人，所以被称为"隐性"反向假冒。反向假冒行为人往往都通过对商品进行再包装使公众误认为该商品来自于行为人。不论是"显性"反向假冒，还是"隐性"反向假冒，都反映了反向假冒的基本特征：即将他人商品虚假表述为自己的商品。我国于2001年10月27日修改后的《商标法》第52条第4项虽然也引入了制止反向假冒的制度，但从法条文义上看只是规定了以商标替换方式的"显性"反向假冒这一种情形，对"隐性"反向假冒尚未明文规定为商标侵权行为。我们认为，"隐性"反向假冒的商标侵权行为，其构成要件有5个：一是商品来源于原商标权人；二是商标权人为其商品在消费者心目中建立信誉已经付出了努力；三是行为人擅自除去商标权人商品上的商标使之成为无标识产品；四是行为人将该无标识产品再次投入市场；五是行为人的这种虚假表述引起或足以引起消费者的混淆，使消费者不能识别商品的真实来源，并使商标权人即商品的真正生产者受到损害。

根据本案案情，被告铁德公司从原告印刷机械厂的用户手中购进"银雉"牌旧胶印机，经过修理并重新喷漆后，擅自除去"银雉"商标，不在产品上标识任何识别性标记，以自己的名义再次对外销售，使人误以为铁德公司就是该胶印机的生产者，进而从印刷机械厂为自己生产的商品在用户中建立的信誉中获取不正当利益。所以，铁德公司的行为构成了"隐性"反向假冒类型的商标侵权。

（三）商标所有人已经售出的商品被他人去除商标后再次进入市场，其商标权并未"用尽"

本案中，被告铁德公司侵权行为指向的标的物，是原告印刷机械厂的用户已经使用过的"银雉"牌旧胶印机。因此，审理中有观点认为，按照"商标权利国内用尽"的一般理论，印刷机械厂对于其已经售出的胶印机，不能行使商标专用权，用户如何处置该台印刷机，包括机器上的"银雉"商标在内，都不构成对印刷机械厂权利的侵犯。所以，铁德公司的行为不构成商标侵权。这种看法，其实是由于对"商标权利国内用尽"原则所作的错误理解而引出的错误结论。

商标以其识别商品来源、证明商品品质的功能，为商标权人在市场上建立起自己的信誉，其强烈的私益性无可置疑；商标的这种识别性也极大地促进了商品的流转，市场的发展同样需要所有的商品便于识别才能有效地保护消费者的权益。因而，商标除了其私益性特点外，同时也具有保护市场发展的公益性特点。各个国家制定商标法的目的不仅仅是为了保护商标权人的合法利益，而且也是为了防止商品来源上的误认、欺诈和混淆，从而保护消费者的利益和市场应有的秩序。商标保护的核心问题是制止"混淆的可能"。但是，保护商标权也不能以牺牲商品的自由流通为代价。为了平衡商标权利与商品自由流通之间的矛盾，世界各国普遍采用了"商标权利国内用尽"的原则。"商标权利国内用尽"原则是就具体出售的商品而言的，即商标所有人本人或经其同意，将带有其注册商标的商品投放国内市场后的流通过程中，在一般情形下，商标赋予所有人的专用权不得用来禁止他人对带有其注册商标的商品进行转售或分销。换言之，如果商标权人自己许可了一批商品的销售，则他人再如何转卖这批带有其注册商标的商品，该商标权人无权过问。但是，我们也不能因为强调商品的自由流通而牺牲市场的秩序性。商品无论经过多少次转售，在到达最终用户之前必须保持商标权人第一次允许出售时的原样，这是市场秩序的必然要求，正因如此，"商标权利国内用尽"原则只有在商品到达最终用户之前保持商品原样的条件下才能发生法律上之效力，否则就不能适用该规则来对抗商标权人。正如欧共体商标条例第13条规定的那样：任何经商标权人许可而投入共同体市场上的商品上所带的商标，均不会在转售中构成侵犯商标权，除非转售人

---

① 郑成思著：高等学校法学教材《知识产权法》，法律出版社2003年1月第2版第189~190页。

② 黄晖著：《驰名商标和著名商标的法律保护》，法律出版社2001年5月第1版第341页。

在转售之前改变了有关商品的原样。1988年12月21日欧共体理事会第1号指令第7条第1款也作了类似的规定,该条第2款还规定:如果商品状况在投放市场后被改变或损坏,如重新包装、重贴商标、标签等,则商标所有人有正当理由对抗该商品的进一步商业流通。

本案中,轶德公司以低价从印刷机械厂的用户手中购进"银雉"牌旧胶印机,此举当然无可指责,但问题在于该公司将购进的"银雉"牌旧印刷机除去带有商标的铭牌,经修理并重新喷漆后无标识进行销售。这一节事实表明,其一,经轶德公司修理的"银雉"牌胶印机仍处于商业流通的过程之中,轶德公司并非是最终用户,"银雉"商标对该胶印机所承担的功能还未最终完成。其二,轶德公司在除去印刷机械厂的"银雉"商标标识后,以自己的名义将胶印机无标识销售给用户,破坏了"银雉"商标与其标志的产品的同一性,离断了商标权人与消费者之间的关系,使用户无从了解产品的真实来源,误以为该胶印机来自轶德公司,从而造成了产源上的混淆。因此,轶德公司的行为显然不符合"商标权利国内用尽"原则的适用条件,故不能适用该规则来对抗商标权人印刷机械厂对其提出的侵犯"银雉"注册商标专用权的指控。

(四)被告轶德公司对其无标识销售的商品事先所作的修理,不影响"隐性"反向假冒行为的成立

本案审理中,有人认为,轶德公司已经将购入的"银雉"牌旧胶印机进行了整修并重新喷漆,加入了自己的劳动,该胶印机已非原样商品,故其除去"银雉"商标后无标识销售给他人,不能成立"隐性"反向假冒的商标侵权。

我们认为,在假冒产品与真实产品之间的关系上,一般情形下,反向假冒只是除去或更换原商品上的商标标识,使之变成不法行为人的"产品"。但在现实生活中,不法行为人"搭便车"除了采用单纯的"拿来主义"方式外,为了隐蔽其侵权故意,还往往对用来假冒为自己的产品的原商品进行重新"包装",加入了不法行为人自己的所谓劳动后再行投入市场,正如本案中轶德公司将购进的"银雉"牌旧胶印机进行整修、重新喷漆后再销售给其他用户一样。因此,如何认定"修理过产品"与原商品之间的关系,无论是对"显性"反向假冒的判定还是对"隐性"反向假冒的判定,都有现实的意义。对此,我国目前既无法律可供适用,也无相关的成例以资借鉴,在美国,"修理过的产品"出现在1947年的"火花塞"一案①中,该案的被告收集已经使用过的原告生产的"冠军"牌火花塞,经修理后再次销售,并在销售时保留了原告产品上的"冠军"字样。美国法院认为被告的行为是使消费者误以为被告提供的是新产品,属于不正当竞争行为,因而下达禁令,要求被告必须在其修理过的产品上印上清晰可见的"修理"字样以示区别。该案虽然不属于反向假冒案,但该案中法官对"修理过的产品"的解释,对于我们理解反向假冒中假冒产品与真实产品之间的同一性很有帮助。审理该案的法官认为,"冠军"牌火花塞虽然已经使用过,但它仍然是"冠军"牌火花塞,修理并没有给予它们一种新的设计,究其可能性来说,只不过是恢复它们原有的状态。据此,在反向假冒行为中,行为人对他人商品的修理,从物质形态角度,并没有也不可能使原商品达到成为另一种产品的程度,"修理过的产品"仍是原商品。行为人的修理行为只不过是"重新包装"的一种形式而已,行为人以包括修理在内的"重新包装"过的他人商品冒充自己的产品的侵权故意,与行为人以他人的原样商品冒充自己产品的反向假冒的侵权故意是一致的。从国外的立法例看,我国香港特别行政区1991年《商业标记法例》在第9条明确规定:无论以更换、增添或其他方式,虚假标示自己出售的或加工的商品,均构成商标犯罪②。因此,反向假冒的产品应当既包括被用于假冒的原样商品,也包括被用于假冒的经过修理的原商品。本案中,轶德公司对购进的"银雉"牌旧胶印机进行整修并重新喷漆,不仅使用了印刷机械厂的机械结构图册作为修理依据,而且更换的也是印刷机械厂生产、销售的零部件,没有也不可能改变原产品的架构和功能,使之成为其自己的产品。因此,其将修理后的胶印机除去"银雉"商标标识,无标识销售给其他用户,不影响其"隐性"反向假冒行为的构成。

综合以上分析,本案审理在法无明文规定的情形下,从商标与其所核准使用的商品之间的关系出发,依据商标的功能和商标权人的权利,借鉴法国、澳大利亚等国家在商标法中明文禁止转销商除去贴附在商品上的商标标识的规定,认定除去他人商品上的商标并再次出售的行为构成侵犯商标权,且无论侵权行为人是否对原商品进行过修理,并援引我国修改后的《商标法》第52条第5项即兜底条款作出了正确的判决。本案判决的意义还在于:司法实践在维护商标专用权的全部内容方面又向前拓展了一步,为反向假冒类型的商标侵权提供了一个具有研究价值的实际例证。

(江苏省南通市中级人民法院　施汉嵘、王平撰稿)

---

① 李明德著:《美国知识产权法》,法律出版社2003年10月第1版第310~311页。

② 郑成思著:高等学校法学教材《知识产权法》,法律出版社2003年1月第2版第189~190页。

丹阳化工厂诉被告五兔王胶水厂商标侵权纠纷案

上诉人(原审被告):蒋文忠

被上诉人(原审原告):丹阳市合成日用化工厂(简称丹阳化工厂)

原审被告:常州市五兔王胶水厂(简称五兔王胶水厂)

一审案号:江苏省常州市中级人民法院(2002)常民三初字第15号

二审案号:江苏省高级人民法院(2003)苏民三终字第008号

要义

本裁判的意义在于明确了商标权利人的诉讼地位,同时也明确了商标侵权的判定标准,特别是对故意变形组合使用自己的商标从而"权利滥用"、对他人的商标构成侵权进行了有益的探讨。另外,本案对独资企业消亡后,责任主体的承担也进行了阐述。

案情

法院审理查明

1982年9月,原丹阳县皇塘日用化工厂注册"玉兔"图文组合商标,玉兔(美术体)文字加一圆环,圆环中有一跳跃兔子。商标注册证号为161971,核定商品使用范围为第26类白乳胶。1988年6月该商标注册人变更为丹阳市皇塘日用化工厂,1993年12月变更为丹阳化工厂。该商标有效期续展至2003年2月28日。1997年5月28日丹阳化工厂又注册"玉兔"文字商标,图样为玉兔(美术体)。注册证号为第1014180号,核定商品使用范围为第一类工业用粘合剂和胶(不包括纸用粘合剂),有效期至2007年5月27日。2002年3月19日丹阳化工厂与丹阳市玉兔乳胶厂(下称乳胶厂)签订转让协议,将丹阳化工厂拥有的第161971号和1014180号商标转让给后者,并且于2002年7月14日经过国家商标局核准。2002年3月8日双方签订书面协议载明,丹阳化工厂将其商标转让给乳胶厂后,乳胶厂许可丹阳化工厂继续享有上述商标的排他使用权,并且由丹阳化工厂负责处理上述商标相关的所有事务,包括侵权争议的处理事务,所得归丹阳化工厂。

五兔王胶水厂于1996年11月14日注册"玉虎"拼音和文字组合商标,图样为一圆环内有美术体yuhu拼音和楷体玉虎字样,注册证号896144,核定商品使用范围为粘合剂、合成乳胶。1997年5月7日又注册"兔王"图文组合商标,图样为文字兔王和拼音TUWANG加兔的上半部形状。商标注册证号为996004号,核定使用范围为工业用粘合剂和胶(不包括纸用粘合剂)。2000年9月11日还申请注册"玉兔"图文组合商标,图样为一椭圆内趴一白兔、圆内右上方为楷体玉兔文字及拼音YUTU。核定使用范围为文具或家用胶水。2002年3月7日又申请注册"金品玉兔王"文字商标,图样为金品玉兔王楷体文字。注册证号1724024,核定使用范围工业用粘合剂、工业用胶、非文具非家用胶水。另外,五兔王胶水厂于1998年12月7日申请注册"五兔"图文组合商标,图样为一圆环内有五只兔子,下方为五兔的文字,但被国家商标局裁定不予注册。五兔王胶水厂为此向国家商标局商标评审委员会申请复议。

1998年五兔王胶水厂在其生产销售的产品上使用五兔商标,生产时间持续3~4个月,数量1 000桶,每桶销售价格50~60元。从1995年至1998年5月8日当地工商机关对上述行为进行了查处,并且制作了行政处罚决定书。2002年2月五兔王胶水厂在其生产销售的产品上组合使用其注册的"玉虎"、"兔王"商标,将其中"玉"和"兔"字故意放大,造成"玉兔"的视觉效果。①共计生产销售100桶,销售价每桶40元。2002年3月起,五兔王胶水厂在其生产销售的产品上使用其中"文具或家用粘合剂(胶水),文具或家用胶水类"上申请注册的"玉兔"图文组合商标。虽然在产品标贴上有文字说明为家用粘合剂,但是其特别突出"玉兔牌"三个文字。而且该产品分为1.3公斤瓶装和10公斤桶装两类,其主要化学成分是醋酸乙烯。其中桶装部分产品与丹阳化工厂的同类产品一起在建筑市场销售。

为此,丹阳化工厂以五兔王胶水厂和蒋文忠构成商标侵权为由诉讼至法院。要求:五兔王胶水厂停止侵权行为、销毁侵权产品,公开赔礼道歉并消除影响,蒋文忠赔偿经济损失30万元,同时判决被告承担诉讼费用。

一审判理和结果

一审法院认为,五兔王胶水厂、蒋文忠构成商标侵权,应当对侵犯丹阳化工厂注册商标专用权的行为承担停止侵权、赔礼道歉、消除影响、赔偿损失等民事责任。依照《中华人民共和国民法通则》第135条,《中华人民共和国商标法》第52条第1、5项、第56条,《中华人民共和国商标法实施条例》第50条第1项,最高法院《关于审理商标民事纠纷案件适用法律若干问题的解释》第16条、

---

① 被控侵权包装装潢式样:

聚醋酸乙稀乳液

玉　虎
兔　王

第17条的规定，一审法院判决如下：1. 五兔王胶水厂立即停止对丹阳化工厂“玉兔”商标专用权的侵权行为；2. 五兔王胶水厂在本判决发生法律效力之日起30日内在《常州日报》上刊登公开声明向丹阳化工厂赔礼道歉（声明内容须经法院审核，费用由五兔王胶水厂负担）。如不履行，法院将公开判决书主要内容。3. 蒋文忠赔偿丹阳化工厂经济损失20万元，在本判决生效之日起30日内履行完毕。案件受理费7 010元、财产保全费1 750元共计8 760元，由蒋文忠承担。

上诉理由及请求

五兔王胶水厂不服一审判决，提起上诉。请求依法撤销原审判决，驳回被上诉人的诉讼请求。具体理由是：1. 上诉人在其生产销售的聚醋酸乙烯乳液产品上，使用自己的玉虎、兔王组合商标不侵犯他人的商标专用权；2. 原审判决认定上诉人使用玉兔商标的产品与被上诉人系类似产品错误；3. 被上诉人不具备诉讼主体资格；4. 原审判决认定的赔偿金额明显违反相关的法律规定，蒋文忠个人仅应承担连带责任。

二审判理和结果

二审法院认为：（一）虽然“玉虎”与“兔王”商标均属于五兔王胶水厂自己的注册商标，但五兔王胶水厂没有将“玉虎”与“兔王”商标正当使用，而是出于商业目的，未经丹阳化工厂的许可在相同的产品包装装潢中明显突出强化了“玉虎”和“兔王”商标中的“玉”与“兔”字形的排列，而几乎完全淡化其中“虎”与“王”的标识作用。其主观上具有使相关公众混淆的故意，客观上在整体结构上造成了与丹阳化工厂“玉兔”商标几乎相同的强烈标识效果。已经给相关公众造成了混淆。五兔王胶水厂的上述行为系超过正当界限行使其权利，构成权利滥用。已经侵犯了“玉兔”商标的专用权。（二）在丹阳化工厂将其所有的商标转让给乳胶厂后，乳胶厂许可丹阳化工厂继续享有上述商标的使用权，其性质为排他使用。该协议属于效力待定的协议。2002年3月19日双方的转让协议正式签订，于同年5月31日经过国家商标局正式核准。乳胶厂与丹阳化工厂的授权协议所依赖的条件已经成就，该转让行为发生相应的法律效力。另外，法院审理期间乳胶厂还特别授权由丹阳化工厂负责处理与使用该商标相关的所有事务，处理收益归丹阳化工厂所有。法院在征求商标所有人乳胶厂对本诉讼的意见时，乳胶厂再次明确上述授权。因此原告是适格的。（三）类似商品是指在功能、用途、生产部门、销售渠道、消费对象等方面相同，或者相关公众一般地认为其存在特定的联系、容易造成混淆的商品。认定商品是否类似，应当以相关公众对商品的一般认识综合判断，而《商标注册用商品和服务国际分类表》（下称分类表）和《类似商品和服务区分表》（下称区分表）并不是作为商品类似判断的依据，分类表和区分表最主要的功能是在商标注册时划分类别、方便注册审查与商标行政管理，与商品类似本来就不尽一致，仅作为判断商品类似的参考。而五兔王胶水厂生产、销售的胶水粘合剂虽然与丹阳化工厂生产、销售的胶水粘合剂分别属于分类表的第1类和16类，但二者的主要用途相互通用，均为粘接材料之用，区别仅在于粘接强度的大小程度。另外从商品的销售渠道、方式和消费对象看，二者也是相同的。蒋文忠自己也承认在许多经销商的销售商品陈列中，两种商品是放在一起销售的。故应当认定两种胶水粘合剂为类似商品。综上，五兔王胶水厂应当承担停止侵权、赔礼道歉并且赔偿损失的侵权责任。故二审法院判决：维持一审判决第一、二项，变更第三项的表述为：五兔王胶水厂赔偿丹阳化工厂经济损失20万元，在本判决发生法律效力之日起30日内履行完毕；如果五兔王胶水厂财产不足以清偿上述债务，蒋文忠以其个人的其他财产予以清偿。

评析

本案涉及的问题非常典型而又全面，其焦点主要有判决书认定的四个方面：一是商标转让后诉权的行使问题；二是类似商品的判定标准问题；三是滥用自己的商标权利问题；四是个人独资企业侵权责任的具体承担问题。

（一）关于原告的诉讼主体资格问题

在具体处理商标转让纠纷时，以下两个方面的问题应当引起注意：（1）商标转让后诉权的行使依照法律规定存在先后顺序。最高法院在2002年1月9日《关于诉前停止侵犯注册商标专用权和保全证据适用法律问题的解释》（以下简称“解释”）中规定了根据商标法的规定“商标注册人或者利害关系人可以向人民法院提出诉前责令停止侵犯注册商标专有权行为或者保全证据的申请。”其中第2款规定“……排他使用许可合同的被许可人在商标注册人不申请的情况下，可以提出申请”。同时，该“解释”第4条第1款第1项中还规定“……排他使用许可合同的被许可人单独提出申请的应当提交商标注册人放弃申请的证据材料；……”该“解释”对商标注册人和被许可人提出申请的资格的先后顺序作了规定，对排他使用许可合同的被许可人提出申请增加了条件限制，即肯定了被许可人单独提出申请，但商标注册人有优先申请的地位，只有商标注册人不申请的情况下被许可人才能申请。虽然该“解释”是针对权利人和利害关系人申请诉前停止侵权和诉前证据保全进行规定的，但对权利人和利害关系人的基础诉权也具有指导意义，同样适用于诉讼中的商标转让情形。综上所述,商标注册人与排他许可协议的被许可人在诉权上具有先后顺序。其理论依据是商标注册人对商标的使用权是源于法律的授权,具有物权性质和对世的效力,属于绝对权,任何不特定的第三人都负有不得侵犯其权利的强制性义务。而被许可人对商标的使用权是基于商标许可合同获得,根据合同相对性原则,该授权的效力只及于商标注册人与被许可人,不具有对世的效力,一旦发生第三人侵权的情况,该诉权仍归于注册商标的主权利人①。(2)对于商标受让前发生的侵权行为,商标受让人是否具有诉权,具体处理案件时存在不同的认识。少数意见认为:受让人对于商标受让前也可以主张权利,其依据是商标受让人可以在主张权利后再与原转让人处分打击侵权所得,对于被控侵权人没有加重其侵权损害赔偿的范围。但是司法实践中较通行的观点是:注册商标专用权的受让人对于受让前的侵权行为不能主张权利②。

本案的情况比较特殊,丹阳化工厂在商标受让前曾经就是原商标注册人,不过一直持续使用且取得许可而已。如果丹阳化工厂不是原商标注册人,则另当别论。涉案的商标转让与许可共有三个阶段:第一阶段是丹阳化工厂自己为注册人到转让给乳胶厂。1982年9月开始先后注册商标4个商标,至2002年3月与乳胶厂签订商标转让协议止。第二阶段是乳胶厂受让丹阳化工厂的商标并且成为商标注册人。丹阳化工厂与乳胶厂于2002年3月19日签订的转让4个注册商标的协议书,依照商标法第39条之规定,双方签订的转让协议,其内容不违反法律规定,应为有效。而且按照商标法实施条例第24条的规定,国家商标局于2002年5月31日出具了核准该四份注册商标转让的证明,且双方转让的注册商标的行为已经按照商标转让公告程序经过国家商标局予以公告,故商标注册人已变更为乳胶厂。第三阶段是乳胶厂许可丹阳化工厂排他使用涉案商标阶段。五兔王胶水厂的侵权行为有部分发生在涉案商标转让前,另外一部分发生在商标转让后。对于处分发生在转让以前的行为,乳胶厂出具函书面明确:许可丹阳化工厂排他使用已经转让给乳胶厂的注册商标,并称:由丹阳化工厂负责处理外界与使用上述注册商标相关的事务,包括侵权事务,处理收益归丹阳化工厂。法院在征求商标所有人乳胶厂对本诉讼的意见时,乳胶厂再次明确上述授权。故法院认为,乳胶厂的该书面表示系其真实意思表示,且不损害第三人利益,也不违反法律规定,应为有效。同时法院认为,丹阳化工厂实际上不仅是利害关系人,而且具备受委托人的双重身份,完全可以行使诉权,此时可以不考虑具体的侵权行为的时段是否发生在商标许可使用之前还是之后。因为依照最高人民法院《解释》第1条规定的精神,丹阳化工厂具有排他许可,系商标权利人,其诉讼主体资格是适格的。在商标注册人乳胶厂没有提起诉讼的情形下,又取得乳胶厂的完全授权,故法院认为丹阳化工厂的诉讼主体资格适格,丹阳化工厂在本案中具备合法有效的诉权,五兔王胶水厂提出丹阳化工厂本身的诉讼主体资格不适格的理由不能成立。

(二)类似商品的判断标准问题

商标法第52条第1项提及"类似商品",而对"类似商品"的定义最高法院在2002年10月12日通过的《关于审理商标民事纠纷适用法律若干问题的解释》(下称《解释》)第11条第1款明确规定:"商标法第52条第1项规定的类似商品,是指在功能、用途、生产部门、销售渠道、消费对象等方面相同,或者相关公众一般认为其存在特定联系、容易造成混淆的商品。"对此最高法院的《解释》起草者明确:"根据上述规定,判定类似商品的要素一般包括商品的功能、用途、生产部门、销售渠道、消费对象等。……同时,相关公众一般认为这两者与相关对象存在特定的联系、容易造成混淆的,也构成类似商品或者服务。"而法院在审理商标侵权案件纠纷时,对于类似商品的判定标准《解释》第12条中进一步明确:"人民法院依据商标法第52条第1项的规定,认定商品或者服务是否类似,应当以相关公众对商品或者服务的一般认识综合判断;《商标注册用商品和服务国际分类表》、《类似商品和服务区分表》可以作为判断类似商品或者服务的参考。"……对此最高法院进一步明确:"所谓相关公众的一般认识,是指相关市场的一般消费者对商品的通常认知和一般交易观念,不受限于商品本身的自然特性;所谓综合判断,是指将相关公众在个案中的一般认识,与商品交易中的具体情形,以及司法解释规定的判断商品类似的各要素结合在一起从整体上进行考量。同时可以参照商品服务分类表。一般说,分类表和区分表最主要的功能是在商标注册时划分类别,方便注册审查与商标行政管理,与商标类似本来不尽一致。所以在判断商品是否类似时,不能以此作为依据,仅可以作为判断商品类似的参考。③"

本案中对于五兔王胶水厂辩称,其在使用说

---

① 张昌华,肖宁:《注册商标排他许可合同中被许可人的诉权》.载北大法律信息网。

② 北京高院《知识产权审判规范》.知识产权出版社,2003.233页。

③ 蒋志培:《"最高人民法院关于审理商标权民事纠纷案件适用法律若干问题的解释"的理解与适用》.《知识产权审判指导与参考》.第6卷.法律出版社,2003.76~78页。

明(标签)上表明该商品属于国际商品分类第16类,且特别标明是家用粘合剂,不是丹阳化工厂生产产品所属的第1类工业用粘合剂和胶,因此不构成侵权。对此法院认为:判断与认定五兔王胶水厂的该产品与丹阳化工厂生产的聚醋酸乙稀乳液产品是否类似,应以相关公众对两者产品的一般认识为依据,而相关公众是以产品功能、用途、销售渠道及场所、销售对象、产品名称和生产部门等为认识依据的。国际商品分类表仅是商标管理部门在行使商标审核、管理职能工作中的商品分类标准,非相关公众的认识与判断标准。家用粘合剂与工业用粘合剂之区分,系生产销售商、相关公众如何使用商品的问题,与商品本身无必然联系;且两者之区分,对于一般消费者而言并无明确具体的界线,一般消费者也难以清楚区分工业用与民用之作用。故法院认为五兔王胶水厂生产、销售的胶水粘合剂虽然与丹阳化工厂生产、销售的胶水粘合剂分别属于分类表的第1类和16类,但二者的主要用途相互通用,均为粘接材料之用,区别仅在于粘接强度的大小程度。另外从商品的销售渠道、方式和消费对象看,二者也是相同的。五兔王胶水厂庭审中也承认在许多经销商的销售商品陈列中,两种商品是放在一起销售的。故应当认定两种胶水粘合剂为类似商品。法院最终没有采纳被告提出的应当按照分类表和区分表的划分来认定两种胶水粘合剂为非类似商品的理由。

(三)关于权利滥用的问题

制止权利滥用原则的理解。按照制止权利滥用理论,权利的行使必须有一定的界限。超过正当之界限而行使权利,即为权利之滥用。而权利滥用为侵权行为之一种①。滥用权利有严格的条件限制,权利行使须有加害他人的恶意才能构成权利滥用。滥用权利作为一种特殊的侵权行为,其主要特征就在于行为人行使权利时故意加害于他人,或选择有害的方式行使权利,违反了权利设定的社会目的,所以滥用权利的行为人主观上都是有故意或恶意的②。另外,按照国际惯例和我国多数学者的观点,在知识产权的侵权构成要件中其实并不过分强调过错原则。所谓"过错原则","无过错原则"其实都只与赔偿有关,而与侵权构成认定无关③。本案被告在此之前因为侵犯玉兔商标专用权已经被国家工商机关查处过,仍然持续侵权完全符合权利滥用的构成要件。因此笔者认为从侵权之诉的构成要件分析,完全符合独立的诉讼要件。在实践中一般掌握,如果在先权利人已经向在后权利人明确提出要求其停止侵权行为的主张,在后权利人依然我行我素继续其侵权行为的,笔者认为此时的主观恶意是可以推定的,已经构成侵权。

本案中对于五兔王胶水厂组合使用"玉虎"与"兔王"商标是否构成侵权的问题存在一定的分歧。有人认为(包括五兔王胶水厂)无论商标注册人如何使用自己的商标,不存在侵犯他人商标专用权的问题。但是如果按照制止权利滥用原则分析本案:虽然"玉虎"与"兔王"商标均属于五兔王胶水厂注册商标,如果五兔王胶水厂在商标核定的范围内正确使用,不存在侵犯他人商标专用权问题。但五兔王胶水厂没有将玉虎与兔王商标正当使用,而是出于商业目的,未经乳胶厂和丹阳化工厂的许可在相同的产品包装装潢中明显突出强化了玉虎和兔王商标中的"玉"与"兔"字形的排列,而几乎完全淡化其中"虎"与"王"的标识作用。其主观上具有使相关公众混淆的故意,客观上在整体结构上造成了与乳胶厂和丹阳化工厂知名商标"玉兔"几乎相同的强烈标识效果。已经给相关公众造成了混淆,使相关公众对所标识商品的来源产生误认,认为五兔王胶水厂生产、销售的该类商品与乳胶厂和丹阳化工厂使用的玉兔商标所标识的商品存在某种特定的联系。五兔王胶水厂的上述行为系超过正当界限行使其权利,其主观恶意明显,构成权利滥用。且符合我国商标法规定的"给他人的注册商标专用权造成其他损害的"规定,因此法院认定五兔王胶水厂侵犯了"玉兔"商标专用权是正确的。

(四)独资企业与出资者责任的分担问题

随着市场经济的逐步建立与完善,经济主体愈来愈趋于多元化。特别是目前的民营经济正趋于上升阶段,其中独资企业所占的比重也愈来愈大。因此在处理知识产权纠纷过程中,一定要把握经济实体的行为与出资人责任的具体划分,否则容易张冠李戴。本案就遇到侵权责任究竟应当由独资企业承担,还是应当由出资人承担的问题。理论上按照《中华人民共和国个人独资企业法》(下称独资企业法)第2条规定:"本法所称个人独资企业,是指依照本法在中国境内设立,由一个自然人投资,财产为个人所有,投资人以其个人财产对企业债务承担无限责任的经营实体。"同时第31条规定:"个人独资企业财产不足以清偿债务的,投资人应当以其个人的其他财产予以清偿。"从中可以看出,出资人与被控侵权的经营实体——独资企业之间是依据法律规定而产生的补充清偿之债,并非出资人本身形成了侵权之债。

---

① 梁慧星著:《民法总论》.法律出版社,1996.260页。

② 王利明:《关于"老干妈"案的一点看法》.《判解研究》.2001.3.71页。

③ 黄晖著:《驰名商标和著名商标的法律保护》.法律出版社,2001.246页。

从理论上说出资人本身并无侵权之说①,仅仅系由于独资企业法的法律规定对其独资的经营实体形成的侵权之债,在独资企业的财产不足以清偿侵权形成的债务的前提下承担清偿责任,是一种补充清偿责任。因此在清偿过程中应当严格按照顺序进行,先由独资企业的财产进行清偿,不足的由出资人补充清偿。

本案原告起诉的被告有两个,一是五兔王胶水厂,另外一个是五兔王胶水厂的出资人蒋某个人。经过法院审理查实:五兔王胶水厂是实施侵犯商标专用权的行为者,侵权行为人应当明确认定为五兔王胶水厂而非蒋某个人,由于侵权行为而产生的侵权责任应当认定为由五兔王胶水厂承担。故五兔王胶水厂除了承担停止侵权,赔礼道歉的责任外,还应承担赔偿经济损失的责任。尽管五兔王胶水厂系蒋某投资设立的私营独资企业,依照独资企业法第2条之规定,五兔王胶水厂系投资人蒋某个人所有,蒋某应以其个人财产对五兔王胶水厂的债务承担无限责任。但是在五兔王胶水厂仍然存在并且继续从事经营的情况下,应当由五兔王胶水厂承担本案的完全责任。即使五兔王胶水厂停止经营,蒋某个人依照独资企业法的相关规定首先应当对独资企业进行清算,以清算的财产支付赔偿数额。如果清算的财产不够,再以其他财产补充清偿。而对于停止侵权和赔礼道歉的责任,无论五兔王胶水厂是否停止经营和被清算均由独资企业承担,与出资人无涉。因此法院对于赔偿损失一节并没有依照原告的请求,直接判决出资人蒋某赔偿经济损失20万元,也没有判决五兔王胶水厂不承担经济赔偿责任。因为按照独资企业法第31条的规定,蒋某作为五兔王胶水厂的独立投资人,只有在五兔王胶水厂财产不足以清偿上述债务,蒋某才对此以其个人的其他财产予以补充清偿。法院最终判决表述为:五兔王胶水厂赔偿丹阳化工厂经济损失20万元,在本判决发生法律效力之日起30日内履行完毕;如果五兔王胶水厂财产不足以清偿上述债务,蒋某以其个人的其他财产予以清偿。

(江苏省高级人民法院执行局　谭筱清撰稿)

徐州汉都实业发展有限公司诉TCL集团股份有限公司侵犯商标权纠纷案

上诉人(原审被告):TCL集团股份有限公司(简称TCL集团公司)

被上诉人(原审原告):徐州汉都实业发展有限公司(简称汉都公司)

一审案号:江苏省徐州市中级人民法院(2002)徐知初字第3号

二审案号:江苏省高级人民法院(2003)苏民三终字第25号

要义

本案裁判的意义在于:判断在产品促销活动中使用与他人注册商标相同或者相近似的文字是否侵犯商标专用权,应当以这种使用行为是否容易造成相关公众对商品和服务的来源产生混淆,是否借用他人注册商标的信誉为自己谋取不正当利益,或者是否对注册商标专用权造成其他损害为标准进行。

案情

一审审理查明

汉都公司经向国家工商行政管理总局商标局申请注册,依法取得了“千禧龙 QIANXILONG”文字商标的专用权,该商标核定使用商品为第9类,包括计算机、电视机、照相机等商品,注册证号为1231026号,注册有效期自1998年12月14日至2008年12月31日。汉都公司对该商标进行了大量的广告宣传,但并未生产标有该商标的电视机。

汉都公司向一审法院提交了全国各地报纸中TCL集团公司关于该公司“千禧龙大行动”的宣传报道。经一审法院审核,除在徐州百货大楼和《新民晚报》上所作宣传为TCL集团公司所为外,其余在南宁、南昌、杭州、南京等地的宣传均为TCL电器销售有限公司(以下简称销售公司)所为,TCL集团公司与销售公司分别为两个具有独立法人资格的企业。在徐州百货大楼的宣传促销活动中以及上海《新民晚报》的广告宣传中,TCL集团公司在其TCL王牌彩电的宣传品或广告横幅和报纸广告中,均在显著位置使用了“千禧龙大行动”字样及龙形图案。2002年1月,汉都公司向一审法院起诉,请求法院判令TCL集团公司停止侵权行为,销毁侵权宣传品,并在侵权行为地公开向其赔礼道歉,消除影响。

一审判理和结果

一审法院认为,TCL集团公司在类似商品的促销活动中,使用与汉都公司注册商标近似的“千禧龙”文字,足以造成消费者的误认,构成了对汉都公司注册商标专用权的侵犯,应承担侵权责任。该院判决:TCL集团公司立即停止侵犯“千禧龙 QIANXILONG”注册商标专用权的行为;公开向汉都公司赔礼道歉;同时驳回了汉都公司的其他诉讼请求。

上诉与答辩

TCL集团公司上诉称:1.TCL集团公司未在销

---

① 当然如果仅仅属于小作坊性质的个体店铺形式,出资人又是侵权行为的实施者,其情形下性质另当别论。

售推广活动中使用"千禧龙"。其下属销售公司使用"千禧龙"不是作为商标使用,而是为迎接2000年龙年的到来,在1999年12月18日至2001年1月30日开展以"千禧龙大行动"为主题的宣传活动,为期42天。宣传活动中使用"千禧龙"是因为"千禧"一词含有基督教色彩的"千年王国"之意,"千禧龙"作为2000年的代名词,富有深刻的象征性内涵。2. 销售公司在销售推广活动中使用"千禧龙"三字并不构成对汉都公司的侵权。TCL集团公司没有生产过"千禧龙"电视机,也未在自己生产的电视机的机身和外包装上标识"千禧龙"三字。TCL品牌是驰名商标,其公司在生产、销售和对外广告宣传活动中一直使用TCL品牌。销售公司在"千禧龙大行动"中未销售"千禧龙"电视机,也未宣传"千禧龙"电视机。综上,一审法院认定事实错误,适用法律不当,请求二审法院撤销原判。

汉都公司二审答辩认为:TCL集团公司在销售推广活动中使用了"千禧龙"文字商标。依照国家工商行政管理局关于"如何理解《商标法》第38条第1项所述'使用'问题的答复",本案TCL集团公司的行为构成商标侵权。一审法院认定事实清楚,适用法律正确,应予维持。

二审审理查明

1999年12月18日至2000年1月30日,TCL集团公司及其下属销售公司在全国一些城市开展以"千禧龙大行动"为主题的促销宣传活动。TCL集团公司在徐州百货大楼的宣传促销活动以及上海《新民晚报》的广告宣传中,在其TCL王牌彩电的宣传品和广告横幅、报纸广告中使用了"千禧龙大行动"字样及龙形图案。从TCL集团公司宣传广告的布局、文字图形的总体上观察,TCL集团公司在宣传广告的醒目位置使用了"TCL王牌","千禧龙大行动"字样及龙形图案,并不覆盖TCL本身商标。

对汉都公司注册"千禧龙 QIANXILONG"文字商标及汉都公司对该注册商标进行广告宣传情况,各方当事人均无异议,本院予以认定。

二审判理和结果

二审法院认为:(1)TCL集团公司既未在商品或商品包装上使用"千禧龙"文字,也未将"千禧龙"作为商标使用,而只是在TCL王牌彩电促销活动中将"千禧龙"文字作为宣传用语使用,且在相关的广告宣传中,TCL集团公司在显著位置突出使用了其注册商标"TCL",客观上不会使相关公众将"千禧龙"误认为商品商标,显然不属于《中华人民共和国商标法》(修改前)第38条第1款第4项及实施细则第41条第1款第2项规定的"在同一种或者类似商品上,将与他人注册商标相同或近似的文字、图形作为商品名称或者商品装潢使用"的情形;(2)2000年正值中国的龙年,同时又逢千禧年。TCL集团公司为迎接2000年龙年的到来,在1999年12月18日至2001年1月30日这一特定的时间段内开展以"千禧龙大行动"命名的TCL王牌彩电宣传促销活动,从使用方式上看,TCL集团公司仅将"千禧龙"作为叙述性词汇使用,属正常使用;(3)TCL集团公司在广告宣传中突出使用了自己的商标"TCL";汉都公司虽然对"千禧龙"商标享有专用权,但其本身未生产过"千禧龙"电视机,也未许可他人在电视机上使用过该商标。因此TCL集团公司在广告宣传中使用"千禧龙"文字,不会造成相关公众对商品来源的误认,也不存在TCL集团公司借用汉都公司"千禧龙"商标为自己谋取不正当的利益,故TCL集团公司在销售推广TCL王牌彩电活动中使用"千禧龙"文字的行为不构成对汉都公司商标权的侵权。据此判决:(一)撤销一审法院民事判决;(二)驳回汉都公司的诉讼请求。

评析

本案涉及的焦点问题在于:他人在同类商品促销活动的广告宣传中使用与权利人注册商标相同的文字,是否侵犯注册商标的专用权。

界定TCL集团公司的行为是否构成商标侵权,首先需要确定TCL集团公司在商品促销活动中使用包含有汉都公司注册商标"千禧龙"字样的主题词,是何种意义上的使用,即这种使用是商业标识意义上的使用还是其他意义上的使用。

本案中,TCL集团公司在促销活动中并不存在突出使用"千禧龙"的情形,而只是将"千禧龙大行动"作为一次特定的促销活动的名称,这种使用并不是商业标识意义上或其他涉及商标侵权意义上的使用。TCL集团公司在其生产的电视机上使用了其自己的商标"TCL"王牌,而并未使用"千禧龙"字样,而且在所有宣传中TCL集团公司也都是在醒目位置使用了自己的商标"TCL",因此,TCL集团公司在促销活动中使用"千禧龙"应被理解为不是作为商标使用的。同时,将该种使用解释为商品的名称、包装、装潢也不妥当。包装,一般理解为识别商品以及方便携带、储运而使用在商品上的辅助物和容器,而装潢则是为识别与美化商品而在商品上或其包装上附加的文字、图案、色彩及其排列组合,无论是包装还是装潢均不能脱离商品而独立存在,TCL集团公司在电视机及包装上也均未使用"千禧龙",也不存在有人会将"千禧龙"理解为"TCL"王牌彩电的商品名称,因此,TCL集团公司在促销宣传中使用"千禧龙"显然不是商品名称、包装、装潢意义上的使用。

在排除TCL集团公司在促销活动中使用"千禧龙"属于商标或商品的包装、装潢使用的情况下，对该使用行为是否属于对“千禧龙”的合理使用有必要进行分析。

商标的合理使用问题，一直是个困扰理论界和实务界的问题。在一些保护商标的国际公约及国内法中，均对商标权的限制问题作出了规定。如TRIPS协议第17条规定：成员可以对商标权规定有限的例外，诸如描述性词语的合理使用，只要此种例外考虑了商标所有人和第三人的合法利益。对商标注册人商标权的限制，对于使用人而言则可能是对商标的合理使用。因此，对商标的合理使用与商标权的限制，可以在相同的语境下研究。

我国最早提及商标的合理使用，是国家工商行政管理总局于1999年颁布的《关于保护服务商标若干问题的意见》，该意见第7条第2款将“他人正常使用服务行业惯用的标志，以及以正常方式使用商号（字号）、姓名、地名、服务场所名称，表示服务特点，对服务事项进行说明等，不构成侵犯服务商标专用权行为，但具有不正当竞争意图的除外。”而国家工商行政管理总局同年颁布的《关于商标行政执法中若干问题的意见》第9条也对商标的合理使用作出了规定，即“下列使用与注册商标相同或者近似的文字、图形的行为，不属于商标侵权行为：（一）善意地使用自己的名称或者地址；（二）善意地说明商品或者服务的特征或者属性，尤其是说明商品或者服务的质量、用途、地理来源、种类、价值及提供日期。”

2001年10月27日修订的《商标法》本身对商标的合理使用问题未作出规定，但在之后颁布的《商标法实施条例》则规定了商标的合理使用问题，即该条例第49条的规定：“注册商标中含有的本商品的通用名称、图形、型号，或者直接表示商品的质量、主要原料、功能、用途、重量、数量及其他特点，或者含有地名，注册商标专用权人无权禁止他人正常使用。”

从TRIPS协议及《商标法实施条例》相关规定的内容来看，均将对他人商标的合理使用限定在善意、正常的范围内，也就是说，使用人在考虑了商标权人和第三人的合法权益的情况下，正常使用描述性词语，以说明其生产的产品或者提供的服务的特点等，均不构成对他人商标权的侵犯。在这里其实就涉及到一个判断的问题，即对使用人使用性质的判断，以及使用人的使用是善意还是恶意的判断等等。判断在产品促销活动中使用与他人注册商标相同或者相近似的文字是否侵犯商标专用权，应当以这种使用行为是否容易造成相关公众对商品和服务来源产生混淆，是否借用他人注册商标的信誉为自己谋取不正当利益，或者是否对注册商标专用权造成其他损害为标准进行。

对商标的善意、正常使用应建立在这种使用不会对商品或服务产生混淆的基础上。具体而言，判断是否属于善意、正常的使用，应考虑以下因素：(1)仅仅是描述性的。比如，使用自己的姓名或地址，或者为了说明商品、服务的特征、属性而使用他人的商标，在这种情形下的使用并非在于表彰商品或服务的来源，而仅是为了说明其商品或服务，故应被认为是善意、正常的；(2)合理的使用。在使用方式上，客观上不具有区别商品或服务的功能，比如为了说明自己的商品或服务，在不醒目处以较小的字体使用他人商标。这种使用通常也不会引起普通消费者对有关文字的注意。(3)并非作为商标使用。这种使用属于一种商业上通常使用的方法，使用人主观上也无作为商标使用的意图，客观上一般公众也不认为使用人使用的与商标相同的文字是商标。例如，在商品包装或广告中最明显醒目之处使用了自己的注册商标，但为了说明自己的商品或服务，在描述性的说明中使用了他人的商标，这种使用方法显然不会使公众对商品或服务的来源产生混淆。如果刻意在商品包装或广告中最醒目处使用他人的商标，而将自己的商标置于不明显处，就很难说是普通的使用方法。

由于在产品促销活动中使用与他人注册商标相同或者相近似的文字，不同于在商品和服务中直接使用他人注册商标，因此，在认定是否造成“混淆”、“借用”、“损害”等事实时，应当特别注意：（一）要考虑注册商标的知名度与显著性。商标的显著性，即能够起到区别作用的特性的强弱，是商标侵权判断中确定商标专用权权利范围以及确认是否构成侵权的重要因素之一。知名度高显著性强的商标，被“混淆”、“借用”的可能性就大，而知名度低显著性弱的商标，被“混淆”、“借用”的可能性就小。（二）要对产品促销活动中使用他人商标的具体情形作具体分析，如行为人是否将他人商标作为自己的商标或者自己的商品名称使用，是否在使用他人商标的方式、时间等方面容易使相关公众混淆商品或者服务的来源，或者误认商品、服务的提供者存在特殊的关系等。

反观本案，TCL集团公司已有多年的电视机生产历史，其生产的“TCL”彩电在广大消费者中早已是家喻户晓，显然，“TCL”对于TCL集团公司来说是其赖于生存的一个重要条件。在电视机行业竞争如此激烈的情况下，作为“TCL”商标的持有人，TCL集团公司也不会冒险舍去已被广大消费者普遍接受的品牌而另辟蹊径。对汉都公司而言，虽然其在1998年就已在电视机等商品上注册了“千禧龙”商标，而且该商标也确实具有较强的显著性，但至TCL集团公司开展“千禧龙大行动”促销活动时，其并未生产过使用“千禧龙”商标的电视机，也未许可他人在电视机上使用该商标。虽然作为商标的一种使用方式，汉都公司在广告宣传中使用“千禧龙”，但在没有贴附该商标的商品存在的情况下，消费者对商品来源误认的基础在哪里呢？虽然“千禧龙”的最早使用者无从考证，但在TCL集团公司促销活动前，“千禧龙”无疑是一个出现频率较高的词。TCL集团公司开展的促销宣传活动又是在特定的时间段内进行，在相关的宣传用语中，TCL集团公司也没有刻意突出使用“千禧龙”字样，而只是描述性地使用该词语，说明这次活动的性质。消费者并不会因此将这次活动中所促销的商品与汉都公司相联系，即不会因此而产生误认。这种使用应当理解为是一种正当使用。

（江苏省高级人民法院民三庭　徐美芬撰稿）

秦丽蓉诉戴卫武等人商标侵权纠纷案

原告：秦丽蓉

被告：戴卫武、戴嘉明、杨嘉玉

一审案号：江西省景德镇市中级人民法院(2003)景民三初字第14号

要义

本案裁判的主要意义在于：商标许可使用合同未约定禁止使用条款的，被许可人可在使用该商标的商品上另使用其他多个商标，但商标被许可人使用与该许可使用的商标近似的商标构成商标侵权。

案情

起诉与答辩

原告诉称：2001年7月至2002年11月期间，三被告在服装店内销售标有原告LOTERDAM商标服装时，擅自改变原告商标产地，并且未经原告许可，在原告商标服装上使用其他的商标，以及被告使用的该商标为原告商标的近似商标，构成商标侵权。请求法院判令三被告：1. 消除影响，登报道歉；2. 赔偿侵权损失75万元；3. 承担本案诉讼费用。

被告戴卫武辩称：在其经营景德镇市时光时装店期间，未实施侵犯原告商标权的行为，她所经销的LOTERDAM品牌服饰是由杨嘉玉提供的，杨嘉玉具有该商标的使用权，请求本院驳回原告的诉讼请求。

被告戴嘉明辩称：在其经营景德镇市皮尔卡丹专卖店期间，没有实施侵犯原告商标权的行为，他所经销的LOTERDAM品牌服饰是由杨嘉玉提供的，杨嘉玉拥有该商标的使用权，请求本院驳回原告的诉讼请求。

被告杨嘉玉辩称：1. 原告起诉违反了“一事不再审”的原则，该纠纷已经由景德镇市珠山区人民法院调解结案，不应再向法院起诉。2. 根据原告的承诺书，其拥有LOTERDAM商标的使用权，因此经销LOTERDAM品牌服饰不构成侵权。3. 销售LOTERDAM商标服装时，虽然使用了ITALY（意大利）作为产地，但不构成侵权。因为原告在该商标服装上也是这样标注产地的，其沿用原告商标产地的行为不构成对原告商标专用权的侵权。4. 其使用的LOTUSDREAM商标与原告的LOTERDAM商标有区别，不足以使消费者产生误解，不能认定为近似商标，即使认定为近似商标，因其具有LOTERDAM商标的使用权，而近似商标的保护又是原商标保护的扩张保护，其使用LOTERDAM近似商标也应受到扩张保护，该行为不构成商标侵权。5. 原告提出赔偿75万元的诉讼请求既没有其遭受损失的证据予以支持，也没有被告获利多少的证据予以证明，故请求法院驳回原告的诉讼请求。

一审审理查明

2001年1月21日，原告经国家工商管理总局商标局批准取得了LOTERDAM（路特丹）商标的商标专用权。同年4月9日，原告向被告杨嘉玉出具承诺书，承诺被告杨嘉玉有权免费使用LOTERDAM商标，另行设计加工制作LOTERDAM系列服饰，自定供货价格在全国范围内进行批售，承诺期限为五年即从2001年4月9日始至2006年4月8日止。2001年7月，被告戴卫武通过其子杨嘉玉进货，在其个体服装店——景德镇市时光时装店内开始销售LOTERDAM商标服装，销售时LOTERDAM商标吊牌上标注产地为ITALY（意大利）。同年10月29日，杨嘉玉向国家工商行政管理总局商标局申请LOTUSDREAM（路特丹·比罗尼斯）商标的商标专用权，商标局受理后于2001年11月7日公告。公告期间，杨嘉玉开始订做LOTUSDREAM商标的标牌和服装。该服装由景德镇市时光时装店进行销售，店内尚有部分服装同时打上了LOTERDAM和LOTUSDREAM两块商标。2002年8月，戴卫武将其服装店交由其子戴嘉明以家庭经营方式经营，店名改为景德镇市皮尔卡丹专卖店，该店由杨嘉玉供货，主要经销皮尔卡丹、路特丹、路特丹·比罗尼斯服装。原告发现三被告使用其LOTERDAM商标后，于2002年10月8日以被告未经许可使用LOTERDAM商标和违反特许经销合同向景德镇市珠山区人民法院起诉，当日珠山区人民法院采取了保全措施，其中共扣押路特丹·比罗尼斯品牌服装224件，总计价值人民币9.9万元。服装被扣押后，景德镇市皮尔卡丹专卖店即关门停业。2003年9月3日，双方当事人就以上案件达成了和解协议。9月8日，原告以三被告变换LOTERDAM商标产地和未经许可在LOTERDAM商标服饰上使用其他商标及近似商标，构成商标侵权，诉至法院。

另查明，原告在使用LOTERDAM商标时，也标注了产地ITALY(意大利)。原告在公告期间对被告杨嘉玉申请的LOTUSDREAM商标提出了异议，经国家工商行政管理总局商标局审查，驳回了被告杨嘉玉的商标申请。

一审判理和结果

景德镇市中级人民法院认为，本案争议焦点问题是：1. 原告的起诉是否违反了"一事不再理"原则；2. 原告的承诺书是否有效；3. 被告是否擅自变换了LOTERDAM商标的产地；4. 被告在LOTERDAM服饰上使用其他商标是否构成侵权；5. 被告使用的LOTUSDREAM商标是否属LOTERDAM的近似商标，以及在许可使用商标情况下，使用近似商标是否构成商标侵权；6. 赔偿金额如何确定；7. 侵权责任如何划分。

原告依法取得的LOTEDAM商标专用权应当受到商标法的保护，被告杨嘉玉在同类产品上使用了LOTERDAM商标的近似商标侵犯了原告的商标专用权，依法应当承担侵权责任，被告戴卫武、戴嘉明在明知情况下销售近似原告商标的服装，也侵犯了原告的商标专用权，亦应承担相应的侵权责任。但原告使用商标时任意变换商标产地，属于不正当竞争行为，应予制止，被告沿用原告标注的商标假产地虽有不当，但不构成侵权。原告起诉标的额过高，且在使用LOTERDAM商标时，有不正当的标注产地行为，对原告的诉请赔偿金额不予全部采纳。可根据本案实际侵权情节、后果等酌定赔偿。据此，依照《中华人民共和国民法通则》第96条、第134条，《中华人民共和国商标法》第44条第2款、第52条第1款、第2款、第56条第2款之规定，判决：(一)三被告在本判决生效后，立即停止使用与原告商标相似的路特丹·比罗尼斯商标，并书面向原告赔礼道歉，文字内容由法院审核；(二)被告杨嘉玉赔偿原告经济损失16 000元；(三)被告戴卫武、戴嘉明各赔偿原告经济损失2 000元；(四)以上三被告互为连带赔偿责任，限判决生效后三日内付清；(五)驳回原告的其他诉讼请求。

本案一审宣判后，当事人未在法定期限内提出上诉，原判已发生法律效力。

评析

本案要点如下：

(一)商标许可使用合同未约定禁止使用条款的，商标被许可人在使用该商标的商品上再加注其他商标是否构成侵权

注册商标许可是指商标权人许可他人在规定范围内使用其商标。根据《商标法》的规定，被许可使用人的义务是保证使用该注册商标的商品质量和在使用该注册商标的商品上标明许可人的名称和商品产地。由此可知，商标法并不禁止在一件商品上使用两个或两个以上商标，只要经商标权人的许可，达到注册商标的商品质量，就可在商品上使用该商标，而不论该商品是否标注有其他商标。1989年12月4日国家工商局发布的"关于可以在一个商品上同时使用两个或两个以上注册商标的意见"对此也作了解释。因此，如果商标权人要禁止被许可使用人在使用其注册商标时不允许使用其他注册商标，就必须通过商标许可合同的禁止性条款加以约定，用来约束被许可人的商标使用行为。在没有约定禁止使用条款的情况下，商标使用权人就可以在该商标商品上加注其他注册商标，虽然这种加注商标的行为在某种场合下有类似搭便车的不正当竞争之嫌，但是如果商标权人不通过商标许可合同对此作出约定，就视为其放弃通过合同对此予以禁止的权利。因此，除非约定禁止，否则商标许可使用权人在该商标商品上加注其他商标不构成对该商标的侵权。

(二)商标被许可使用人使用与许可使用的商标近似的商标是否构成侵权

对这个问题的认识曾出现两种不同的争论。一种意见认为，近似商标保护为原商标保护的扩张保护，被告获得了原告商标的使用权，即享有受到商标保护和近似商标保护的权利。近似商标依附商标存在的性质，决定了商标许可使用权人使用近似商标侵权与否的性质，即被告使用商标不构成侵权，则使用依附商标存在的近似商标也不构成侵权，虽然使用近似商标违法，但不意味着民事侵权。另一种意见认为，根据《商标法》第52条第1款"未经商标注册人的许可，在同一种商品或者类似商品上使用与注册商标相同或者近似的商标，属侵犯注册商标专用权的行为"的规定。本案被告未经原告许可在同一种商品上使用与原告注册商标的近似商标，被告的行为侵犯了原告的商标专用权。

本案合议庭经合议认为，第二种意见更为正确。原因如下：

第一，前一种意见混淆了商标保护与商标的概念，保护近似商标的主要功能是对原商标的进一步保护，用以防止他人使用近似商标获取不正当竞争利益，或者损害原商标权人的利益。它作为一种扩张保护仅仅发挥的是保护功能，近似商标并不是原商标的附属商标，即使是原商标权人也无权使用或许可他人使用近似商标，否则会违反《商标法》第44条"自行改变注册商标"的规定，受到行政主管机关的处罚。原商标权人只有经过周边注册，获得"近似"商标的商标专用权后，才能

将其注册的“近似”商标许可给他人使用。商标专用权的“禁”与“行”归属专用权的两个方面，是不一致的。因此被告虽然获得了商标的使用权，但并不意味着也取得了近似商标的使用权，被告未经原告许可使用近似商标，恰恰启动了商标的扩张保护机制，使原告的商标获得扩张的保护。第二，使用近似商标是违法还是侵权？知识产权权利本体的私权性特征，决定了知识产权归属于民事调整的范畴。商标专用权作为知识产权的组成部分，其权利也应包含于民事权利之中。因此，商标专用权应当具有民事权利的占有、使用、收益、处分的四种权利。商标许可使用中，被许可人通过许可使用合同取得的一般是商标专用中的使用权，理论上这种使用权是附条件的，他通过许可使用合同约定被许可人的权利和义务。至于其他三项权利并不同时全部取得，假如同时全部取得的话，那就不是商标许可使用而是商标转让了。近似商标作为一种“商标”，它对原商标的侵害是全方位的，它对商标权人的侵权不仅表现在侵犯其使用权，同样也侵犯了商标权的其他三项权利，所以，只承认使用近似商标的违法性，不承认使用近似商标的侵权性，不符合民法原则及商标法所述侵权归责原则的规定。只承认使用近似商标的违法性，不承认使用近似商标的侵权性，实际上混淆了商标许可使用和商标转让的概念。在商标受让条件下，商标受让人使用近似商标才可能存在违法但不侵权的问题。因此，认真区分商标许可使用和商标转让之间的区别是判断使用近似商标是否构成侵权的关键。本案中被告系商标被许可使用人而不是商标受让人，故其使用原告商标的近似商标侵犯了原告的商标专用权。

（江西省景德镇市中级法院民三庭　刘庆撰稿）

四川小天鹅饮食文化有限责任公司诉重庆小天鹅集团成都小天鹅饮食文化有限公司商标侵权纠纷案

上诉人（原审原告）：四川小天鹅饮食文化有限责任公司（简称四川小天鹅公司）

上诉人（原审被告）：重庆小天鹅集团成都小天鹅饮食文化有限公司（简称重庆小天鹅公司）

一审案号：成都市中级人民法院（2000）成知初字第43号

二审案号：四川省高级人民法院（2001）川法经终字第206号

要义

本案裁判的意义在于：一是根据《中华人民共和国商标法》第51条的规定，注册商标的专用权以核准注册的商标和使用的商品为限。重庆小天鹅公司将其已注册的“小天鹅”服务商标在其生产的“火锅底料”商品上使用，从而导致与四川小天鹅公司已注册的“小天鹅”商品商标混淆，构成对四川小天鹅公司已注册的“小天鹅”图形商标的侵权。二是在某一装潢的文字图案或商品名称与组合商标是否近似的判断中，应以组合商标的整体，而非某一部分进行比较。

案情

一审审理查明

四川小天鹅公司于1996年5月10日经四川省工商行政管理局注册登记，取得企业法人营业执照。其经营范围有调味品、小食品、饮料的生产和销售等。1996年8月28日，四川小天鹅公司经国家商标局核准，将湖南华容食品厂于1987年11月20日依法取得的第30类“天鹅”文字图形商标的注册人变更为四川小天鹅公司，注册证号为第303570号，核定使用商品为第30类，有效期为1987年11月20日至2007年11月19日止。1999年2月28日，四川小天鹅公司又依法取得了第30类“天鹅”图形商标的专用权，商标注册证号为第1251239号，核定使用商品为第30类，有效期为1999年2月21日至2009年2月27日止。

四川小天鹅公司商标注册证号为第303570号的第30类“天鹅”文字图形商标的图案为：中文黑体印刷体“天鹅”二字，下为一圆形阴影背景上叠加呈水平飞行状的天鹅动物造型，文字与图形大小比例约为1:4。第1251239号的第30类“天鹅”图形商标的图案为：一圆形白底轮廓内包含一游弋的“天鹅”动物造型，图案主体为一呈阴影显示的“天鹅”，采用飘带状抽象手法勾绘。此后，四川小天鹅公司在其生产的“重庆小天鹅”火锅底料商品的包装袋上使用了其享有的第303570号、第1251239号注册商标。

重庆小天鹅公司于1996年10月18日经成都市工商行政管理局注册登记，取得企业法人营业执照。重庆小天鹅公司火锅底料厂于1996年10月18日成立，并在成都市工商行政管理局领取了非企业法人营业执照。重庆小天鹅公司火锅底料厂系重庆小天鹅公司的分支机构，其经营范围为生产、销售火锅底料。重庆小天鹅火锅底料厂生产、销售的“重庆小天鹅”火锅底料从2000年6月起，先后使用过两种包装袋，其正面上印有“重庆小‘天鹅’麻辣烫”书法体的字样，并作为包装袋上的商品名称；包装袋背面为一种印有双重椭圆形，内有一游弋的“天鹅”动物造型的图案，图案的主体为一呈阴影显示的“天鹅”动物造型，“天鹅”采用飘带状抽象手法勾绘；另一种印有在双重的椭圆形白底轮廓内含有一曲颈浮水状的“天鹅”动物造型图案，该“天鹅”动物造型像小写的英文字母

'b'弯曲变形而成,"天鹅"的图形呈阴影状。重庆小天鹅饮食文化有限公司注册的第42类"小天鹅"文字商标及第42类"天鹅"图形商标核定使用在服务项目上,并授权重庆小天鹅公司使用。

四川小天鹅公司诉至法院,请求判令:1. 重庆小天鹅公司停止对四川小天鹅公司第303570号文字图形商标、第1251239号图形商标的侵权;2. 由重庆小天鹅公司赔偿四川小天鹅公司侵权损失10万元;3、由重庆小天鹅公司承担本案诉讼费用。

一审判理和结果

一审法院认为,四川小天鹅公司是第303570号,第30类"天鹅"文字图形商标的合法所有人。四川小天鹅公司在生产、销售的产品包装袋上使用了第30类"天鹅"文字图形商标。根据《中华人民共和国商标法》的规定,注册商标的专用权以核准注册的商标和使用的商品为限。《中华人民共和国商标法实施细则》规定,在同一种或者类似商品上,将与他人注册商标相同或者近似的文字、图形作为商品名称或者商品装潢使用并足以造成误认的构成侵犯商标专用权的行为。在四川小天鹅公司所享有的第30类"天鹅"文字图形商标中"天鹅"的动物造型占主要地位,具有显著性,而"天鹅"二字在组合商标中居于次要地位,不具有显著性。据此,一审法院认为,应以重庆小天鹅公司火锅底料厂生产、销售的火锅底料商品包装袋上使用的"重庆小天鹅麻辣烫"中"天鹅"两字与四川小天鹅公司第30类"天鹅"文字图形商标相比较。从整体看,重庆小天鹅公司火锅底料厂在其产品上所使用的"天鹅"二字并不足以使消费者误认。故重庆小天鹅公司未构成对四川小天鹅公司所享有的第30类"天鹅"文字图形商标专用权的侵犯。

四川小天鹅公司依法享有第1251239号第30类"天鹅"图形商标。该商标最具显著性的当属一游弋的"天鹅"动物的造型。重庆小天鹅公司火锅底料厂在包装袋上使用的两种"天鹅"动物造型与四川小天鹅公司的第30类"天鹅"图形商标相比,应认定为近似。重庆小天鹅公司未经商标专用权人许可,在与四川小天鹅公司注册商标核定使用的相同商品上使用了与四川小天鹅公司注册商标相近似的天鹅图形作为商品装潢,构成对四川小天鹅公司所享有的第30类天鹅图形商标专用权的侵犯,应承担相应的民事责任。

因重庆小天鹅公司火锅底料厂的侵权获利及四川小天鹅公司的实际损失无法确定,综合该案侵权时间、知识产权类型等,一审法院采用定额赔偿方法确定损害赔偿额为5万元。依照《中华人民共和国民事诉讼法》第134条第1款、第2款、第3款,《中华人民共和国商标法》第37条、第38条第1款第4项,《中华人民共和国商标法实施细则》第41条第1款第2项之规定,一审法院判决如下:(一)重庆小天鹅公司于判决生效之日起立即停止在其生产的火锅底料商品的包装袋上使用与四川小天鹅公司第30类天鹅图形商标近似图形的侵权行为。(二)重庆小天鹅公司在本判决生效之日起十日内赔偿四川小天鹅公司经济损失5万元。(三)驳回四川小天鹅公司的其他诉讼请求。该案案件受理费3 510元、陪审费1 000元,共计4 510元,由重庆小天鹅公司负担。

上诉与答辩

原审原告四川小天鹅公司提起上诉,请求:1. 撤销原判,改判由重庆小天鹅公司停止在其商品上使用"天鹅"文字图形商标和"天鹅"文字商标;2. 判令其赔偿经济损失10万元,承担二审诉讼费用。其理由为:(一)上诉人享有的商标由文字和图形组成,根据《中华人民共和国商标法实施细则》第41条第1款第2项的规定,任何人不得在同一种或类似商品上使用与其"相同或者近似的文字、图形"作为其商品名称或者装潢使用。在本案中,被上诉人不仅使用了与上诉人相同(近似)的图形,更直接使用了上诉人注册商标的文字作为其产品的名称使用,被上诉人对上诉人的侵权行为,不仅在图形上,而且在文字使用上均有所表现,被上诉人的侵权事实明显。但原审判决却以文字字体差异及在商标中所占位置不显著为由,判决其使用上诉人注册商标的文字不构成侵权,显属不当。(二)被上诉人在经济效益和企业声誉上给上诉人造成巨大损失,原审判决确定赔偿损失为5万元,未能充分保护上诉人的合法权益。

原审被告重庆小天鹅公司同时提起上诉,请求:撤销原审判决,驳回四川小天鹅公司的诉讼请求,并由其承担本案全部诉讼费用。其理由如下:(一)重庆小天鹅公司在餐饮市场享有很高的声誉,不可能使用四川小天鹅公司的注册商标、重庆小天鹅公司自成立以来就开始精心培育自己的注册商标。1994年重庆小天鹅饮食文化有限公司注册了第42类"小天鹅"文字商标,1996年7月14日注册了第42类"天鹅"图形商标。而1997年3月7日,重庆小天鹅公司依法获得了第30类"长光"文字图形注册商标。重庆小天鹅公司火锅底料厂是重庆小天鹅公司的分支机构,重庆小天鹅公司是重庆小天鹅饮食文化集团的全资子公司。重庆小天鹅饮食文化集团的前身是重庆小天鹅饮食文化有限公司。重庆小天鹅公司在重庆小天鹅火锅底料商品的包装袋上所使用的商标、文字是其合法享有的商标和企业的字号。重庆小天鹅公司并未侵犯四川小天鹅公司所享有的注册商标专用权。(二)四川小天鹅公司所享有的第30类"天鹅"文字图形商标和第30类"天鹅"图形商标系恶意收购和恶意注册,应依法予以撤销。

二审审理查明

二审法院查明，一审法院所查事实确实，双方当事人均无异议，应予确认。

二审判理和结果

本案争议的焦点之一在于：重庆小天鹅公司火锅底料厂将“天鹅”二字使用在其生产的火锅底料商品包装袋上作为商品名称的组成部分是否侵犯了四川小天鹅公司享有的“天鹅”文字图形商标专用权。

二审法院认为，四川小天鹅公司是第303570号，第30类“天鹅”文字图形注册商标的合法所有人。四川小天鹅公司在自己生产、销售产品的包装袋上使用了该“天鹅”文字图形注册商标。四川小天鹅公司所享有的第30类“天鹅”文字图形注册商标是由一只“天鹅”图形与“天鹅”文字组合构成，其图形组合的形式体现了注册商标的整体性，普通消费者对这类商标的识别在于其整体形象，而非其中的一部分。若被分开来使用，则丧失了该组合商标的显著性。因此，对此类商标是否侵权的判断，不能仅将其中一部分进行对比。在该组合商标中“天鹅”的动物造型占主要地位，具有显著性；而该组合商标所用中文“天鹅”二字系通用名称，属公用领域范畴。一方面，四川小天鹅公司不能因其注册商标中有“天鹅”二字，而禁止他人使用“天鹅”作为商品名称的组成部分。另一方面，重庆小天鹅公司火锅底料厂在其产品上所使用的“天鹅”二字从整体看，并不足以使消费者误认。故重庆小天鹅公司火锅底料厂未构成对四川小天鹅公司所享有的第30类“天鹅”文字图形商标专用权的侵犯。

本案争议焦点之二在于，重庆小天鹅公司火锅底料厂在其生产的火锅底料商品包装袋上使用的两种“天鹅”图形是否侵犯了四川小天鹅公司享有的“天鹅”图形商标专用权。

二审法院认为，四川小天鹅公司依法享有的注册证号为第1251239号，第30类“天鹅”图形注册商标，该图形商标最显著的当属一游弋的“天鹅”动物的造型。重庆小天鹅公司火锅底料厂在包装袋上使用的两种“天鹅”动物造型与四川小天鹅公司享有的“天鹅”图形商标相比：主体图案的表现手法相同，风格相同，整体上均是圆状白底轮廓内有一天鹅动物造型图案；主体表现的寓意是以天鹅为主，只是四川小天鹅公司的“天鹅”图形商标为圆形，重庆小天鹅公司火锅底料厂的图形为椭圆形，其中一种“天鹅”的形状绘制手法虽不尽相同，但其“天鹅”造型与四川小天鹅公司的“天鹅”图形商标相近似。而注册商标的专用权应以核准注册的商标和核准使用的商品类别为限。在同一种或者类似商品上，将与他人注册商标相同或者近似的文字、图形作为商品名称或者商品装潢使用并足以造成误认的，构成侵犯商标专用权的行为。重庆小天鹅公司火锅底料厂未经商标专用权人许可，在与四川小天鹅公司注册商标核定使用的相同商品上使用了与四川小天鹅公司注册商标相近似的“天鹅”图形作为商品装潢，构成了对四川小天鹅公司所享有的“天鹅”图形注册商标专用权的侵犯，应承担相应的民事责任。而重庆小天鹅公司火锅底料厂系重庆小天鹅公司非法人企业的分支机构，其民事责任应由重庆小天鹅公司承担。重庆小天鹅公司在二审法院审理中主张，其生产的产品包装袋上使用的“天鹅”文字及图形是自己合法享有的第42类“小天鹅”文字商标和第42类“天鹅”图形商标，故不构成侵权。对此，二审法院认为，第42类“小天鹅”文字商标和第42类“小天鹅”图形商标的核定使用范围为服务项目，该商标不能扩大使用在第30类（商品类）。将服务商标在商品类使用，足以造成误认的，仍然构成侵犯商标专用权的行为。故二审法院对其主张不予支持。

由于重庆小天鹅公司及其分支机构的侵权获利及四川小天鹅公司的实际损失无法确定，原审判决综合该案侵权时间、知识产权类型等，采用定额赔偿方法确定损害赔偿额为5万元，并无不当。

综上，原审判决认定事实清楚、适用法律正确、程序合法。依照《中华人民共和国民事诉讼法》第153条第1款第1项之规定，判决如下：驳回上诉，维持原判。本案二审案件受理费3 510元，由重庆小天鹅集团成都小天鹅饮食文化有限公司负担。

评析

本案涉及的焦点问题在于：

（一）关于重庆小天鹅公司火锅底料厂将四川小天鹅公司享有的“天鹅”文字图形组合商标中的“天鹅”文字使用在其生产的火锅底料商品包装袋上是否构成“近似”或“混淆”的问题

在我国的知识产权诉讼实践中，对于商标的近似判断，由于情形的千差万别，客观上并无划一的标准，主要是依赖于在个案中的具体认定。在本案中，二审法院准确地把握了判断是否构成商标“近似”的一般原则。二审法院认为，首先，在是否构成“近似”的判断中，组合商标产生的总体印象一般具有决定意义。其次，组合商标不应该分割成各个部分进行单独比较，因为相关公众实际上不可能分割识别和记忆。再者，如果商标的非显著部分在左右商标的总体印象，除非被控侵权的文字或图形与商标包含近似的显著部分，否则，不认为有混淆的可能。

当然，各国在司法实践中对认定“混淆的可能”逐渐总结了一些必须遵循的规则，但由于分歧尚大，TRIPS 协议除了简单地规定“在相同商品或服务上使用相同商标则推定存在混淆的可能”外，也未能明确何时会有可能混淆，尤其对何谓商标近似何谓商品或服务类似及其与“混淆的可能”的关系均未置一词。[①] 国际保护工业产权协会(AIPPI)在其 127 号问题中专门讨论了“商标法中的混淆认定问题”，在决议中提出了许多建设性意见和建议。它提出了认定混淆的三个一般原则：一是应该结合相关公众实际感受商标的方式，以及商标使用的具体情况对相关公众的效应，进行商标比较。比较不是直接进行的，而是一远一近的比较。二是商标产生的总体印象一般具有决定意义。商标不应该分割成各个部分进行单独比较，因为相关公众实际上不可能分割识别和记忆。三是如果商标的非显著部分在左右了商标的总体印象，除非两个商标包含近似的显著部分，一般不认为有混淆的可能。同时，它明确了“相关公众”系指商标使用中可能涉及到的任何人，尤其是售前、售中及售后过程中的消费者，潜在消费者，使用者或操作者。另外，决议提出了比较的具体标准是：1. 商标保护的范围取决于它的显著性，而显著性则取决于商标的独创性、任意性，商标使用及其广告促销的规模和长短，商标的声誉。如果商标使用方式不当，如将商标作为描述性用语使用，其显著性也可能削弱或丧失。2. 商标的音、形、义只要有一个方面近似，即可认定有混淆的可能。如果一个因素还不足以说明问题，则可以考虑其他因素及其综合效应。商标的使用方式如果可能使其中的某一因素的作用特别突出，如电话购物使发音成为主要的因素，则比较时应该适当给予该因素更多的考虑。3. 如果在后商标是在先商标的翻译，并且相关公众知悉这一含义，则可认为两个商标之间可能混淆。4. 包含在系列商标中的共同显著成分如果出现在另一个商标中，则将构成认定混淆的重要因素。

虽然有 AIPPI 的建议框架，由于对“混淆可能”的认定归根结底是一个事实以及对事实状态的社区感受问题，每次认定都必须在个案的基础上进行，不存在所谓一试就灵的“石芯试纸”。应当说，二审法院对“重庆小天鹅公司火锅底料厂将四川小天鹅公司享有的‘天鹅’文字图形组合商标中的‘天鹅’二字使用在其生产的火锅底料商品包装袋上作为商品名称的一部分并未侵犯了四川小天鹅公司该注册商标专用权”的判断与国际上通行的商标“近似”判断的基本规则具有一致性，真实地反映了近几年来国内法院知识产权保护水平的迅速提高，并与知识产权国际保护的通行规则予以了较好的衔接。

值得商榷的地方在于：二审法院认为“四川小天鹅公司的组合商标中所用中文‘天鹅’二字系通用名称，属公用领域范畴。”这一命题似有疑问。因为：第一，“通用名称属于公用领域范畴”作为一般性事实判断并无问题。但是，这一判断在该案的具体语境中，却不能成立。“天鹅”于动物而言，系通用名称，从而在本源意义上不具备商标所要求的显著性和区别性；而“天鹅”于“火锅底料”商品而言，则具有较强的显著性。第二，这一命题对重庆小天鹅公司包装袋上商品名称的部分是否构成对四川小天鹅公司组合商标的近似没有确切的意义。

(二)关于重庆小天鹅公司将其已注册的“小天鹅”图形服务商标在其生产的“火锅底料”商品上使用，从而导致与四川小天鹅公司已注册的“小天鹅”图形商品商标混淆，是否构成对四川小天鹅公司已注册的“小天鹅”图形的侵权问题

在该案二审中，重庆小天鹅公司称其生产的产品包装袋上使用的“天鹅”图形是自己合法享有第 42 类“小天鹅”图形服务商标，故不构成侵权。对此，二审法院认为，重庆小天鹅公司持有的第 42 类“小天鹅”图形商标的核定使用范围为服务项目，该商标不能扩大使用在第 30 类(商品类)。“将服务商标在商品类使用，足以造成误认的，仍然构成侵犯商标专用权的行为。”据此，二审法院对其主张不予支持。

应当说，二审法院的判定将《中华人民共和国商标法》第 51 条规定的“注册商标的专用权以核准注册的商标和使用的商品为限”这一关于“注册商标专用权保护范围”成文法条文规定予以了活化。在我们的日常生活中，某一“火锅店”与出自该“火锅店”旗下的“火锅底料”的确具有很强的指涉意义。但是，法律判断与我们日常生活中的事实判断是有区别的。因为法律判断终究是一种价值判断，这种判断首先是以现行法律为依据的，而现行法律是不同价值取向乃至不同社会利益在立法环节达成的妥协与和谐，体现了某一阶段社会的整体利益。从该案来看，二审法院将重庆小天鹅公司持有的第 42 类“小天鹅”图形商标专用权的保护范围严格依法限定在其核定使用的“服务项目”范围内，从而在法律上否定重庆小天鹅公司的服务商标对该公司的商品具有合法的指涉作用。二审法院的这一判定无疑是符合法律规定的。相反，如果法院支持这种可能“合符情理”的作为，那么势必会造成如下可见的法律后果：1. 扩大商标专用权的保护范围，从而损及相对人的利益；2. 造成商标分类体系的混乱，从而损及商标管理秩序；3. 法律判断与现行法律相悖。由此可见，二审法院对这一争点的法律意见具有合

---

① 参见黄晖著《驰名商标和著名商标的法律保护》，法律出版社，2001 年 5 月，第 63 页。

法性、妥当性。并且该项法律意见似乎可以形成基于商标法第51条规定的一项规范命题。

（四川省高级人民法院民三庭　赖波军撰稿）

张家口市宝通建筑配套制品厂诉张家口市桥西区鑫昕建材厂商标使用许可合同纠纷案

上诉人（原审被告）：张家口市桥西区鑫昕建材厂（简称鑫昕厂）。

被上诉人（原审原告）：张家口市宝通建筑配套制品厂（简称宝通厂）。

一审案号：张家口市中级人民法院（2002）张经初字第106号

二审案号：河北省高级人民法院（2003）冀民三终字第17号

要义

本案裁判的意义在于该案发生在《中华人民共和国商标法实施条例》适用之前，因此无法直接适用该条例的具体条文，法院根据《商标法》的有关规定以及立法精神作出了与该条例精神一致的判决。本案还涉及现行知识产权授权程序（行政程序）与法院侵权认定程序之间可能存在的冲突问题，因为这两种程序可能存在法律适用的标准与尺度的不同，这也是在当前知识产权审判实践中日益突现和急需解决的问题。

案情

一审审理查明

2001年5月13日，宝通厂与北京市都龙智能建筑配套设备有限公司（简称北京都龙公司）签订"商标使用许可合同"，主要约定，北京都龙公司将其已注册使用在第19类非金属烟囱柱、非金属排气道、非金属烟道、混凝土建筑构件商品上的第1520774号"变压式"商标，许可宝通厂使用在其同类产品上。同日，北京都龙公司向国家商标局备案。2001年11月8日，宝通厂与北京都龙公司签订一补充合同，约定宝通厂是张家口市辖区内在第19类商品上惟一使用"变压式"注册商标的使用人，北京都龙公司保证不再向张家口市辖区内任何一家单位或者个人许可使用该商标，且其本身也不在张家口市辖区内使用该商标及销售该商标产品。此时，宝通厂发现鑫昕厂在其生产销售同类排风道产品名称上及对外的广告宣传上使用"变压式"注册商标。鑫昕厂在2001年11月14日至2002年6月14日共销售"变压式"排风道7053.3米。依据张家口市物价局价格认证，该排风道的平均销售价格为72.5元/米，平均利润为14.5元/米。故鑫昕厂此间销售利润为102 272.85元（14.5元/米×7 053.3米），宝通厂聘请律师的费用10 227元。宝通厂诉至法院，要求鑫昕厂停止使用"变压式"商标，在媒体上公开道歉，赔偿经济损失102 272.85元，律师费10 227元，差旅费1 200元并承担全部诉讼费用。

一审判理和结果

张家口市中级人民法院认为，宝通厂通过合同方式取得了在第19类非金属烟囱柱、非金属排气道、非金属烟道、混凝土建筑构件商品上使用第1520774号"变压式"商标的使用权，且合同约定其是张家口市辖区内该注册商标的惟一使用人，包括商标持有人也不得在此范围内使用其注册商标及销售产品，而鑫昕厂在未取得"变压式"注册商标使用权的情况下，在其生产的与宝通厂同类排风道的产品名称及对外宣传广告上，使用了"变压式"这一注册商标，属于对宝通厂的该产品在张家口市辖区内使用"变压式"注册商标的侵权行为，应承担侵权责任。张家口市中级人民法院根据《中华人民共和国民事诉讼法》第120条、《中华人民共和国商标法》第40条、第52条、第56条之规定，判决如下：（一）鑫昕厂立即停止对宝通厂商标使用权的侵权行为；（二）鑫昕厂赔偿宝通厂被侵权期间的损失112 499元（其中含律师费10 227元）；（三）驳回宝通厂其他诉讼请求。案件受理费3 760元，其他诉讼费500元，鉴定费300元均由鑫昕厂承担。

上诉与答辩

鑫昕厂上诉称：1. 一审判决认定我厂"在与原告同类排风道的产品名称及对外宣传广告上，使用了'变压式'注册商标"与客观事实不符，我厂从未把"变压式"作为自己产品的商标使用，更不可能作为自己的注册商标使用。2. 我厂在有关检验报告等内部资料中，曾使用"变压式"这三个字，但这种使用方式并不构成对被上诉人商标的侵犯。3. 一审法院适用《商标法》第52条认定我厂的行为构成侵权，属于适用法律错误。4. 一审认定的我厂的排风道生产数额及获利数额缺乏事实依据，与客观事实不符。故请求二审法院撤销一审判决，驳回被上诉人的诉讼请求。

宝通厂答辩称：1. 上诉人在销售排风道及对外宣传广告上使用了"变压式"注册商标，这是不争的事实。2. 上诉人在销售产品中均使用"检验报告"。已超出了"内部资料"使用范围。3. 上诉人基于对"变压式"注册商标使用的错误认识，导致不合法的结论。4. 一审认定上诉人生产的排风道的数量是有据可查的，获利数额是经法定程序确认的。故请求二审法院驳回上诉人的上诉请求，维持一审判决。

二审审理查明

二审除查明与一审相同的事实外，另查明，

2002年4月8日，鑫昕厂委托国家建筑工程质量监督检验中心出具检验报告，在报告中产品名称一栏中注明："98J3－住宅厨房变压式排风道"。鑫昕厂的产品合格证中品名一栏注明："98J3－卫生间BY排风道"，庭审质证时，宝通厂认为BY为变压式的汉语拼音缩写。鑫昕厂厂长闫生财的名片中注明"主要产品(一)按照98J3(一)制作的水泥砂浆、混凝土、菱苦土、钢网、玻钎布、各种规格的排风道、烟道、变压式排风道、垃圾道……"，宝通厂提交鑫昕厂开具的销售发票3张及东信建筑公司购买通风道的情况说明，发票的品名处写明"变压式排风道"或者"通风道(变压)"字样。2000年8月9日，张家口市工商行政管理局桥东分局对京北建筑有限公司十分公司有关人员的询问笔录中记载"问：你公司从哪进的排风道？答：从桥西鑫昕建材厂购进。问：是什么样式(品牌)的排风道？答：是变压式排风道。"同日，张家口市工商行政管理局桥东分局对怀安建筑公司有关人员的询问笔录中记载，"问：甲方通知你们购买哪的产品？答：桥西鑫昕建材厂。问：图纸中对排风道是什么要求？答：要求是变压式排风道。问：桥西鑫昕建材厂的产品是变压式通风道吗？答：是的，有国家建筑工程质量监督检验中心出具的检测报告，有河北省建设厅核发的准用证。"宝通厂认为以上证据证明鑫昕厂在对外销售时使用了"变压式"商标。2002年5月20日，工商局的扣留(封存)财物通知书记载："鑫昕厂：经查，你(单位)涉嫌变压式商标侵权行为，本局根据《商标法》的规定，决定对有关财物予以扣留(封存)，详见《财物清单》第1号"。宝通厂认为该通知书证明鑫昕厂曾因涉嫌"变压式"商标侵权而被工商局扣押过有关财物。宝通厂生产的排风道产品上标有"变压式排风道"、厂名、电话、"左""右"字样，鑫昕厂生产的排风道产品上标有生产日期、"左""右"字样。1997年5月16日，河北省建设委员会下发"关于在新建住宅中推广变压式厨房排油烟共用管道系统的通知"，该通知中记载"建设部城镇住宅研究所研制的变压式厨房排油烟共用管道系统，较好地解决了住宅厨房排油烟系统的防串味、防倒灌和油烟污染问题……。"1998年11月1日，在河北省建设委员会批准启用的由河北省工程建设标准化管理办公室主编的河北省工程建设标准设计"98系列建筑标准设计图集"中包括变压式风道说明、水泥砂浆风道说明。2000年2月21日，张家口市建设委员会下发"关于在新建住宅中推广变压式厨房卫生间排气道的通知"，该通知中记载"自2003年3月1日起，我市城镇凡新建住宅项目，必须采用变压式排油烟共用管道系统，设计单位在住宅设计中应采用此项专利技术……。该管道系统系国家专利产品，为保证产品质量和防止侵权行为发生，省、市建委对该产品的推广实行"推广许可证"制度；张家口市宝通建筑配套制品厂已从建设部引进该生产技术专利，是我市惟一的'变压式排油烟共用管道系统'的生产单位……"。宝通厂认为，以上二份文件证明变压式排风道是专利产品，张家口市建设委员会指定由我们进行生产。庭审中，对于变压式通风道为通风道产品中的一个种类，鑫昕厂、宝通厂均无异议。

二审判理和结果

二审法院认为，鑫昕厂称在自己生产的通风道上仅标注了"左"、"右"及生产日期，宝通厂对此未予以否认，因此，应当认定鑫昕厂未在其与宝通厂生产的同类产品—通风道上使用"变压式"商标。本案中，"变压式"是经合法注册在第19类产品上使用的商标，但同时"变压式"又是该类产品分类方式中的一个种类，鑫昕厂、宝通厂对此均无异议。鑫昕厂的工作人员在其名片上介绍本厂生产的产品包括变压式通风道，在销售发票上注明所售通风道为变压式，这种对变压式的使用是作为区分产品的种类而使用，该使用行为尚不足以引起相关公众对生产该类产品的不同厂家的误认。宝通厂作为"变压式"注册商标的独占使用许可合同的被许可人，有权排除他人妨害其商标权的行使，但是这种排除妨害的范围应仅限于禁止他人将商标用于标识商品来源方面，宝通厂以自己是合法的商标使用权人来限制鑫昕厂在区分产品类别时使用"变压式"三个字显然不尽合理。综上，宝通厂诉鑫昕厂侵犯商标使用权的理由不能成立。鑫昕厂关于"未侵犯宝通厂的商标使用权，其对'变压式'的使用属合理使用"的上诉理由应予以支持。原审判决适用法律不当，应予以纠正。根据《中华人民共和国民事诉讼法》第153条第1款第2项之规定，判决如下：(一)撤销张家口市中级人民法院(2002)张经初字第106号民事判决；(二)驳回张家口市宝通建筑配套制品厂的诉讼请求。一审案件受理费3 760元，其他诉讼费500元，鉴定费300元；二审案件受理费4 260元，由张家口市宝通建筑配套制品厂承担。

评析

本案涉及的焦点问题在于：1. 鑫昕厂是否在与宝通厂生产的同类产品名称和对外宣传广告上使用了"变压式"字样，如果使用了"变压式"字样，是作为商标使用还是作为商品名称、商品装潢使用的，还是以其他方式使用了这三个字。2. 鑫昕厂对"变压式"的使用是否属于合理使用。3. 原审认定鑫昕厂在2001年11月14日至2002年6月14日销售的"变压式"排风道的数量及获利数额是否正确。在一、二审审理过程中，大量的证据材料显示鑫昕厂生产的通风道为变压式的，而“变压式”又是被他人合法注册的商标，因此，鑫昕厂对“变压式”的使用是否为合理使用则是本案要解决的首要问题。

（一）关于鑫昕厂对“变压式”的使用是否属于合理使用问题

根据《中华人民共和国商标法实施条例》第49条的规定“注册商标中含有的本商品的通用名称、图形、型号，或者直接表示商品的质量、主要原料、功能、用途、重量、数量及其他特点，或者含有地名，注册商标专用权人无权禁止他人正当使用。”本案中，“变压式”三个字被注册为在排风道类商品上使用的商标，但同时，变压式又是排风道的一种分类（型号）或者是表明了排风道的特点，根据上述实施条例的规定，鑫昕厂对于“变压式”的使用属于正当使用，宝通厂无权禁止鑫昕厂使用。因此本案存在一个法律适用问题，该实施条例自2002年9月15日起施行，而本案的被控侵权时间为2001年11月14日至2002年6月14日，无法直接适用该《实施条例》的第49条。但是，该条例所反映立法精神与我国及世界各国商标保护法律的立法精神是一致的。根据我国1993年2月22日修正的《商标法》第1款的规定：“商标不得使用下列文字、图形……（6）直接表示商品的质量、主要原料、功能、用途、重量、数量及其他特点的；”2001年再次修改至今适用的《商标法》对该项作了基本保留，可见，作为表明通风道种类的文字“变压式”三个字从理论上讲是不应被核准注册为商标的。从商标作为一种制度存在的目的来看，商标的基本功能是识别功能，商标是便于识别商品或服务来源的专用标记。商标表示恒定的产品质量，代表经营者的商品信誉和商业信誉。因此，一个标记是否可以作为商标受到保护，其最重要条件在于他本身是否具有显著性特征。显著性强的商标能够很好地将特定的商标和特定的经营对象联系在一起，而一个由文字组成的商标所产生的含义与特定的商品或服务本身距离越远，其显著性越强，识别功能越强，反之则识别功能越弱，容易使得相关公众产生混淆。因此，本案商标权人将“变压式”这样一个表明该类商品的型号的文字作为商标，本身就应当承担这种由于使用无（弱）显著性文字标记作为商标所带来的不利后果，即他人在描述自己生产的同类产品的型号时不可避免的会使用“变压式”三个字，而商标权人无权禁止他人的这种行为，否则，对生产、销售通风道类产品的其他经营者显失公平，对社会公共利益不利。综上，无论从我国商标法律保护的立法目的还是从商标制度建立的目的来看，本案的原告宝通厂均无权禁止鑫昕厂在说明、描述其生产、销售的排风道产品时，使用“变压式”字样。

（二）关于商标权确权程序与侵权认定程序之间可能存在的冲突问题

本案所涉及的另一个法律问题是现行知识产权授权程序和侵权认定程序之间可能存在的法律适用的标准和尺度不同问题。一个申请注册的商标经过形式审查、实质审查、公告与异议等程序后，由商标局正式核准注册，商标权人始取得该商标的专用权。对于已注册商标应依法定程序由商标局或商标评审委员会撤销。按照我国现行的国家机构模式，司法机关和行政机关分别行使不同的职权，是两种不同的国家职能部门，彼此不能取代，也不存在司法权高于行政权的问题。那么当行政机关通过核准登记等程序而设定的民事权利遭受侵犯时，法院有无权力对该民事权利是否适合进行评判，这就成为法院在审理此类知识产权案件时的一个难题。一些人（包括法院）认为，既然“变压式”商标经国家有关行政部门合法注册，那么他人未经授权在同类商品上或商品的说明书及其他和该商品相关的材料上使用“变压式”即构成对该注册商标的商标权的侵犯。但我们认为，该行政授予的权利虽然不经法律程序法院无权予以撤销，但在个案中法院有权从评价被控侵权行为是否构成侵权的角度，根据维护在先权利原则，兼顾权利平衡和社会公共利益原则，遵守诚信、公序良俗等原则，来审查已被授权的知识产权是否符合法定要件，允许被控侵权人在一定范围内合理使用，以此来平衡权利人的权利与社会公众利益之间的关系，而不应因任何机关或部门的在先行为而存在先入为主的偏见，这样才更符合司法程序对于民事权利保护的本质要求。我国《专利法》、《著作权法》、《商标法》等先后出台了自己的《实施条例》、《实施细则》以及相关的适用法律的若干规定，其中均有关于“合理使用”和“优先权”规定，从而也印证了本案的判决并不违背立法者之初衷。

（河北省高级人民法院民三庭　宋菁撰稿）

重庆市梅溪榨菜有限公司诉重庆市渝派榨菜有限公司商标许可使用合同纠纷案

上诉人（原审原告）：重庆市梅溪榨菜有限公司（简称梅溪公司）

被上诉人（原审被告）：重庆市渝派榨菜有限公司（简称渝派公司）

一审案号：重庆市第一中级人民法院（2002）渝一中民初字第420号

二审案号：重庆市高级人民法院（2003）渝高法民终字第55号

要义

本裁判的要点涉及商标使用许可中违约责任与侵权责任竞合的处理、商标权穷竭理论的理解以及严格责任原则的适用等问题，在商标使用许可合同纠纷的审理中具有比较典型的意义。

案情

一审审理查明

“梅溪牌”系原江北县干菜果品公司梅溪柑桔榨菜厂所申请注册使用于榨菜上的商标。自1985年起“梅溪牌”榨菜曾多次获奖，“梅溪牌”亦被重庆市工商行政管理局评为重庆市著名商标。江北县干菜果品公司梅溪柑桔榨菜厂后更名为重庆市渝北区榨菜果品总公司。2000年，重庆市渝北区榨菜果品总公司改制，将原公司所有资产(含“梅溪牌”商标无形资产产权)以零价格转让给新组建的重庆市渝洋榨菜果品有限公司(下称渝洋公司)。在改制过程中，部分职工不愿成为渝洋公司股东，另行组建了渝派公司。2001年3月22日，渝洋公司(甲方)与渝派公司(乙方)签订了《“梅溪”牌榨菜品牌使用协议书》(下称《品牌协议书》)，约定：乙方从2001年4月1日起至2006年3月31日止有权使用“梅溪牌”商标，并向甲方每年交纳有关费用10 000元；将南阳、开封、蚌埠、阜阳、江阴、辽宁六个老市场中的开封、阜阳划分给乙方，其余四个市场由甲方经营，新开拓的市场实行谁开拓、谁所有、谁受益的原则，双方均不得越界经营，否则要承担由此造成的经济损失和违约责任。2001年4月，渝洋公司经工商部门核准更名为梅溪公司。

2001年11月1日，梅溪公司致函渝派公司，要求其停止使用印有原公司名称的包装，对尚存的库存包装亦应于同年12月30日停止使用。该函亦称：如一方越区域发货而冲击对方市场或继续使用原公司名称的包装，另一方有权进行没收或终止协议。同月22日，渝派公司复函称梅溪公司于2001年9月将5 000余件榨菜发往渝派公司的销售市场，扰乱了渝派公司正常的销售秩序，并声明因对方挑起事端所造成的一切后果与渝派公司无关。2002年元月，梅溪公司在安徽省蚌埠市的总经销商恒泰商行与梅溪公司以打假为由联名向蚌埠市质量技术监督局举报当地市场有人销售渝派公司生产的梅溪牌榨菜。同年1月18日，蚌埠质监局从当地经营户易守华处查扣了渝派公司的梅溪牌榨菜711件；该局还查明易守华从淮南市场共购进800件，已销售89件。同年3月，经渝派公司出示《品牌协议书》，蚌埠监督局将其扣押的711件榨菜退给了易守华。同年8月，梅溪公司向原审法院起诉渝派公司严重违背了商标使用许可协议，请求判令解除该协议，责令渝派公司停止侵害，消除影响并赔偿经济损失10万元。审理中，原审法院要求梅溪公司在违约和侵权诉讼中择一向对方索赔，梅溪公司选择违约诉讼。还查明：双方当事人销售一件榨菜的利润约为4～5元。

一审判理和结果

一审法院认为：梅溪公司作为“梅溪牌”商标的所有人，将该商标通过许可使用的方式许可渝派公司在一定的时间和规定的区域内使用，所达成的《品牌协议书》，体现了双方当事人的真实意思，内容合法，为有效合同，具有法律拘束力，没有法定或约定的事由不得随意解除。双方在合同履行过程中，并没有出现法定的解除合同事由；另《品牌协议书》无关于解除合同的约定，梅溪公司只是在2001年11月1日函告中表露出“终止协议”的意思，而对方不但没有作出承诺，反而要求梅溪公司停止侵权，双方并没有达成变更《品牌协议书》的协议，没有解除合同的约定事由。因此梅溪公司的解除合同要求没有法律依据。

我国现行合同法在违约责任归责原则问题上，实行的是严格责任原则，只要有违约事实存在，违约方就应承担违约责任。蚌埠市场上有渝派公司产品销售，渝派公司就构成了违约。

合同法规定，当事人一方不履行合同义务或者履行合同义务不符合约定的，应当承担继续履行、采取补救措施或者赔偿损失等违约责任。《品牌协议书》约定：双方不得越界经营，任何一方越界经营应承担由此造成的经济损失和违约责任。因此，梅溪公司要求渝派公司停止侵害(即继续履行不越界经营的义务)的请求符合合同约定，应予支持；其要求对方消除影响的请求没有依据，不予支持。另因合同对违约金的数额无约定，赔偿损失应以违约造成的实际损失为准。本案中梅溪公司所提供的对方违约销售数量为800件，按照每件5元的利润计算，梅溪公司实际损失4 000元，其要求渝派公司赔偿10万元的理由不能成立。该院依照《中华人民共和国商标法》第26条，《中华人民共和国合同法》第77条、第107条、第122条及《中华人民共和国民事诉讼法》第128条之规定，判决渝派公司停止向安徽省蚌埠市市场销售其生产的梅溪牌榨菜，赔偿梅溪公司经济损失4 000元；驳回梅溪公司其他诉讼请求。案件受理费3 510元，其他诉讼费1 000元，计4 510元，由梅溪公司承担3 517元，渝派公司承担1 353元。

上诉与答辩

梅溪公司不服重庆市第一中级人民法院上述判决，向本院提起上诉称：1. 一审法院适用法律不当，判决不公。被上诉人的违约行为已构成重大违约(根本违约)，符合我国合同法第94条第4款规定，上诉人请求解除协议的请求应得到主张；

2. 一审法院对上诉人出示的渝北区工商局2002年7月所调查的并经法庭质证、认证的证据中,只认定了易守华销售了被上诉人的产品800件而未认定其他经销商销售的产品,因此判决被上诉人按照800件超范围使用商标的产品赔偿上诉人损失4 000元不公;在上诉人损失无法确认的情况下,按我国商标法第56条之规定,上诉人请求赔偿10万元是合理的。上诉人请求二审法院在查清事实的基础上依法改判。

被上诉人渝派公司答辩称其没有在上诉人市场进行销售的行为,不构成违约。

二审审理查明

一审法院查明的事实属实。二审审理期间,上诉人向本院提交了邓州市工商行政管理局的现场勘察笔录,用以证明被上诉人的产品在上诉人所经营的南阳地区邓州市市场上也有销售,但仍然没有证明被上诉人在上诉人经营的市场有直接销售行为。

二审判理和结果

二审法院认为:本案所涉主要问题是被上诉人渝派公司是否构成违约。

合同条款是确定当事人是否违约的基本依据。上诉人称被上诉人没有按照合同第2条、第4条的规定履行自己的义务,超范围使用商标,造成市场混乱,构成重大违约行为。该合同第2条、第4条将六个老市场中的开封、阜阳市场划分给被上诉人,南阳、蚌埠、江阴、辽宁划分给上诉人,并约定双方均"不得越界经营"。该二条款的真实意思应是在原有六个老市场中,双方当事人均只能在合同约定的市场范围内经销自己生产的使用"梅溪牌"注册商标的产品。他人以易货或其他购货方式获得被上诉人的产品并将该产品销售到上诉人市场范围内,不应属被上诉人的经销行为,因而不构成被上诉人违反合同的行为。原审法院认为,我国现行合同法在违约责任归责原则问题上实行的是严格责任原则,只要违约的事实存在,违约方就应承担违约责任,违约方主观上有无过错不能成为抗辩事由。道理虽然正确,但据此认为蚌埠市场上有被告产品销售,被告就构成了违约,系对"违约事实"不正确的理解。"违约事实"应是违约方本人有违反合同约定行为的事实。原审法院却将他人在原告市场上销售被告产品的行为认定为被告有违反合同超范围经营的行为,导致错误判定被告违约,应予纠正。

上诉人亦认为被上诉人在销售产品的同时还负有通知其下级经销商不得将该产品销往上诉人市场范围内的合同附随义务,即对其下家的销售行为亦负有控制义务。但我国合同法第60条规定的"当事人根据合同的性质、目的和交易习惯而负有的通知、协助、保密等义务"应是合同双方当事人相互向对方负有的通知、协助等义务,而不是通知、协助第三人的义务;如需合同当事人通知、协助第三人,则应在合同中另行约定。

另,本案所涉及的合同是商标使用许可合同,被上诉人通过该合同取得了上诉人注册商标的使用权,根据"权利用尽理论",被上诉人在将带有该注册商标的商品向市场投放后,其对该注册商标的使用权利已经用尽,下级经销商在购买带有该注册商标的商品后再行销售,属下级经销商的合法行为,符合市场经济规律,被上诉人无权干涉。

本案上诉人一审时称被上诉人使用商标超出了商标使用许可合同约定的地区,违反了合同约定;同时亦认为被上诉人未经上诉人同意,擅自扩大商标的使用范围,又侵犯了上诉人的商标专用权,因而涉及违约责任与侵权责任的竞合。上诉人在一审中选择了请求法院追究被上诉人违约责任。而原审法院在判决被上诉人承担赔偿损失的违约责任的同时,又以"上诉人要求被上诉人停止侵害实际相当于合同第四条的继续履行"为由对上诉人"停止侵害"的请求予以主张,而"停止侵害"应属侵权民事责任,不是违约责任的形式,原审法院支持该诉讼请求欠妥,应予纠正。

综上所述,上诉人的上诉理由不能成立,其上诉请求应予驳回。原判认定被上诉人违约不当,应予纠正。依据《中华人民共和国民法通则》第111条、《中华人民共和国合同法》第107条、《中华人民共和国民事诉讼法》第153条第3项之规定,判决如下:1. 撤销重庆市第一中级人民法院(2002)渝一中民初字第420号民事判决主文第一、二、三项。2. 驳回上诉人重庆市梅溪榨菜有限公司的全部诉讼请求。本案一审、二审案件受理费7 020元、其他诉讼费2 000元,共计9 020元,由重庆市梅溪榨菜有限公司承担。

评析

本案要点如下:

(一)关于商标使用许可合同中违约责任与侵权责任竞合的处理

本案属商标使用许可合同纠纷,在该纠纷中产生的违约责任和侵权责任竞合的处理问题在此类案件的审理中具有比较典型的意义。

本案商标权人(许可人)梅溪公司与被许可人渝派公司所签订的商标使用许可合同对被许可人使用"梅溪牌"商标的地域范围进行了限制,即"将南阳、开封、蚌埠、阜阳、江阴、辽宁六个老市场中的开封、阜阳划分给被许可人"。梅溪公司认为被许可人渝派公司使用商标超出了商标使用许可合同约定的地域范围,从合同这个角度来讲,若被许可人确实使用商标超出了合同约定的地域范围，则违反了合同约定，是一种违约行为；但从注册商标专用权这个角度来看，若被许可人未经注册商标权人同意，擅自扩大商标使用的地域范围，则侵犯了许可人的注册商标专用权。因此注册商标权人诉称被许可人实施的超地域范围使用商标的行为涉及违约责任和侵权责任的竞合。对于这种情况，许可人既可以根据民法通则对违约责任的一般规定，请求追究被许可人的违约责任，也可以根据商标法的有关规定，请求法院追究被许可人的侵权责任。梅溪公司以渝派公司超地域范围使用商标属导致不能实现合同目的的根本违约行为为由，要求解除合同，并要求渝派公司停止侵害、消除影响、赔偿损失。在审理中，一审法院要求梅溪公司在违约与侵权诉讼中择一向渝派公司索赔，梅溪公司明确表示请求法院追究被上诉人的违约责任。一审法院认为被许可人渝派公司虽履行合同不符合合同约定，但并没有构成法定的合同解除事由——导致合同目的不能实现的根本违约行为，只应承担违约责任。而一审法院在判决渝派公司承担赔偿损失的违约责任的同时，又以“梅溪公司要求渝派公司停止侵害实际相当于合同继续履行不越界经营的义务”为由，对梅溪公司“停止侵害”的请求予以支持，道理虽然正确，但“停止侵害”属侵权民事责任形式，不是违约责任的形式，对此一审法院在判决书中表述欠妥，二审判决也予以指出。

(二)关于商标权的穷竭问题

梅溪公司在其上诉中称被许可人渝派公司不仅自己负有不得超地域范围销售使用梅溪公司注册商标的商品，并且在将产品销售给下级经销商后，还负有通知其下级经销商不得超地域范围销售该商品的合同附随义务，即对其下家的销售行为亦负有控制义务，因而对其下级经销商的销售行为也应承担民事责任。这一上诉理由涉及到一个问题：即经许可取得商标使用权者在将带有被许可使用的商标的商品销售出去后，是否还有权利控制已售商品的分销渠道？这就涉及到知识产权领域内为平衡知识产权所有人的专有权与商品自由流通矛盾的著名的“权利穷竭理论”。反映到商标权领域，即合法制作与售出的商品上的商标不会因为再销售或进口、出口而发生“侵犯商标权”（注：郑成思《知识产权论》，知识产权的垄断性与商品的自由流通——权利穷竭问题）。按照商标权穷竭理论，经许可合法取得“梅溪牌”商标的渝派公司在将带有该商标的商品销售后，再无权过问、也无权禁止他人进一步销售带有该商标的商品事宜。因此，二审判决认为：首先，根据合同法有关规定，合同附随义务应是合同双方当事人相互向对方负有的通知、协助等义务，如需合同当事人通知、协助合同以外的其他人，则应在合同中另行规定；其次，根据权利用尽理论，被许可人渝派公司在将带有该商标的商品向市场投放后，其对该注册商标的使用权利已经用尽，下级经销商在购买带有该商标的商品后再行销售，属下级经销商的合法行为，符合市场经济规律，被许可人乃至许可人都无权干涉。因此渝派公司既不能控制其下家的销售行为，也不应当对其下家的销售行为承担责任。

(三)关于违约责任的归责原则——严格责任原则的适用

我国现行合同法抛弃了过去的传统观点(即当事人对违约责任的承担一般应当以具有主观过错为前提，即能够履行合同而故意不履行，或者本可以履行但因当事人自己的过失而造成合同没有履行的才承担违约责任)，而在违约责任的归则原则上采纳了现代合同法通常采纳的严格责任原则——无过错责任原则，即无论当事人主观上是否有过错，只要当事人客观上不履行合同义务或者履行合同义务不符合约定的，都应当承担违约责任。本案一审判决引用现行合同法关于严格责任原则的规定认为，只要合同约定商标使用许可地域范围以外的市场上有被许可人渝派公司生产的带有注册商标的商品销售，就应认定渝派公司有违反合同约定的行为，渝派公司就应承担违约责任。对严格责任原则的理解，无论理论界还是实务界现应当都没有什么争议，本案出现的问题是对当事人承担违约责任的必要条件——违约事实的理解。一审法院认为只要有渝派公司生产的使用“梅溪牌”商标的榨菜在合同约定地域范围外销售，不管销售主体是谁，均构成渝派公司违反合同约定的事实，即违约事实。该观点系对承担违约责任的必要条件的错误理解。渝派公司承担违约责任的必要条件应是渝派公司自己实施了违反合同约定的行为，即超地域范围销售了使用“梅溪牌”商标的产品；其下级经销商的销售行为并不构成渝派公司的违约事实，且根据前述商标权穷竭理论，渝派公司在产品销售出去后也无权干涉他人的再销售行为。而许可人梅溪公司在本案中并没有能够出示被许可人渝派公司有直接在合同约定的地域范围外的市场上销售产品的行为，仅举出他人在这些市场上有销售渝派公司带有“梅溪牌”商标的产品，因此二审法院认为他人以易货或其他购货方式获得渝派公司的产品并将该产品销售到梅溪公司市场范围内，不应属渝派公司的经销行为，因而不构成渝派公司违反合同的行为，故渝派公司不应当承担违约责任。

（重庆市高级人民法院民三庭　吕维撰稿）

不正当竞争案例与评析

福建省乔丹体育用品有限公司诉晋江市阳新体育用品有限公司不正当竞争纠纷案

上诉人(原审原告):福建省乔丹体育用品有限公司(简称福建乔丹)

上诉人(原审被告):晋江市阳新体育用品有限公司(简称晋江阳新)

一审案号:福建省高级人民法院[2002]闽知初字第2号

二审案号:最高人民法院(2002)民三终字第9号

要义

本案裁判的主要意义在于:企业不规范使用企业名称属于应当依法承担行政责任的问题,不能因此对其受损害的相关民事权利就不予保护;企业存在不规范使用商标的行为,也不能因此否认使用人有关商誉的存在和相关合法权益的保护;只要经营者主观上存在过错,其产品装潢与他人在先使用在产品上的装潢相同或者近似并足以造成混淆或者误认的,即可认定该在先产品为知名商品;对包装物特有装潢侵权的后果是造成购买者对被包装产品的混淆或者误认,在该包装物在习惯上与产品一起出售时,可以将侵权人使用侵权包装物销售产品所获得的利润作为依据侵权获利确定赔偿额的重要因素。

案情

一审审理查明

1. 福建乔丹的前身是"福建省晋江市陈埭溪边日用品二厂"(以下简称溪边二厂)。2000年6月28日,晋江市工商行政管理局将溪边二厂甄别为"晋江市乔丹体育用品有限公司"(以下简称晋江乔丹)。2000年9月22日,晋江乔丹经核准变更为福建乔丹,其经营范围为运动器材、运动服装、运动鞋制造。福建乔丹在本案诉讼中主张权利的运动鞋鞋盒和手提袋的包装、装潢系晋江麦克鞋塑有限公司(以下简称晋江麦克)于1998年7月许可给溪边二厂使用,后分别于2000年7月5日和2000年10月1日再次与晋江乔丹、福建乔丹签订类似许可协议。

2. 福建乔丹生产的运动鞋销往全国,在相关消费群体中具有较好的商业信誉和商品声誉。福建乔丹的运动鞋外包装鞋盒的装潢以红色和白色为基本色调;鞋盒上盖装潢以白色为基本色调,在鞋盒上盖中部醒目地印有一个黑框红底的圆圈,圆圈内有一个白色的运动员运球体态速写,球在运动员右手,圆圈内下方有"QIAODAN"字样(该图案以下简称圆圈图案),鞋盒上盖四边均有该圆圈图案,鞋盒上盖用黑色黑体字标明"乔丹®"以及运动鞋名称及相应的英文名称;鞋盒下座装潢以红色为基本色调,并在四周用白色黑体字标明"乔丹®"以及运动鞋名称及相应的英文名称;鞋盒底部印有"北京乔丹体育用品公司(福建公司)"以及圆圈图案、地址、电话、网址等。福建乔丹在运动鞋上使用的挂牌是椭圆形的,以红色为基本色调,上面印有圆圈图案和篮球图案。福建乔丹在诉讼中提供的包装塑料袋是以红色和白色为基本色调,上面印有圆圈图案以及"北京—乔丹"、"QIAODAN"、"北京乔丹体育用品公司"字样。

3. 晋江阳新于2000年6月5日登记为企业法人,经营运动鞋、运动服装制造。2000年7月8日,香港乔丹(国际)鞋业公司(甲方)与晋江阳新(乙方)签订《监制委托生产合约》约定:由甲方监制并委托乙方生产运动鞋;甲方委托乙方全权国内销售业务。晋江阳新生产、销售的运动鞋所使用鞋盒的装潢也是以红色和白色为基本色调;鞋盒上盖装潢以白色为基本色调,在鞋盒上盖中部醒目地印有一个黑框红底的圆圈,圆圈内有一个白色的运动员运球体态速写,球在运动员左手,鞋盒上盖四边均有该圆圈图案,鞋盒上盖用黑色黑体字印上"香港乔丹(国际)鞋业公司监制"及相应的英文字样;鞋盒下座装潢以红色为基本色调,并在四周用白色黑体字分别印有"阳新体育用品有限公司制造"、"香港乔丹(国际)鞋业公司监制"、"运动、休闲鞋系列"以及相应的英文;鞋盒底部印有监制单位、制造商、地址、电话以及晋江阳新的圆圈图案。晋江阳新的运动鞋挂牌是长方形,以红色和黑色为基本色调,上面有运动员打保龄球的圆形图案。晋江阳新生产的运动鞋在上海、江苏、浙江、云南、辽宁、湖北、江西、河南等地销售。

4.2000年8月24日,晋江市工商行政管理局检查大队根据晋江乔丹的投诉,对晋江阳新进行立案调查。在投诉中,晋江乔丹的总经理丁国雄称,鞋盒上的"北京乔丹体育用品公司(福建公司)"指的就是晋江乔丹。晋江市工商行政管理局于2000年10月30日作出晋工商处字(2000)第521号行政处罚决定书,认定晋江阳新运动鞋使用的外包装、装潢与晋江乔丹乔丹牌运动鞋的外包装、装潢相近似,构成不正当竞争行为;同时认定晋江乔丹在产品上使用"北京乔丹体育用品公司(福建公司)"名称,擅自改变企业名称;对晋江阳新和晋江乔丹的行为分别作出相应的处罚。晋江阳新和晋江乔丹对该行政处罚均未提出复议或者起诉。在诉讼中，晋江阳新提供了图案基本相同，鞋盒上盖是浅灰色的鞋盒，称其在受到行政处罚之后，采取了整改措施，将鞋盒上盖由白色改为浅灰色，与福建乔丹使用的鞋盒装潢有较大的区别，已不构成侵权。

5. 福建乔丹请求赔偿经济损失2 093 108.2元的依据是福建省泉州市中级人民法院(2001)泉知初字第05号晋江阳新诉福建乔丹等不正当竞争一案中晋江阳新所提供的订货合同、库存清单等以及泉州市中级人民法院拍摄的晋江阳新库存积压运动鞋的照片。在该案中，晋江阳新以福建乔丹散发内容不实、有损企业商誉的传单，构成不正当竞争为由提起诉讼。在该案诉讼中，晋江阳新始终认为，鞋盒上的“北京乔丹体育用品公司(福建公司)”就是福建乔丹。该案一、二审法院的判决也认定鞋盒上的“北京乔丹体育用品公司(福建公司)”就是福建乔丹。

6. 为核实(2001)泉知初字第05号晋江阳新诉福建乔丹等不正当竞争案中泉州市中级人民法院所拍摄晋江阳新库存积压运动鞋的实际状况，本案一审法院于2002年9月4日到晋江阳新仓库进行现场勘验。勘验中发现晋江阳新已处理了库存积压运动鞋，尚有部分带有讼争装潢图案的鞋盒放在仓库中。

一审判理和结果

根据上述事实，福建省高级人民法院认为：

福建乔丹生产的乔丹牌运动鞋在相关消费者中有一定的知名度，具有良好的商品声誉，其合法取得的运动鞋鞋盒的装潢从1998年开始一直使用，可认定为知名商品特有的装潢，应受法律保护。晋江阳新为制鞋企业，同样生产运动鞋产品，与福建乔丹是同行业竞争者。经比较，晋江阳新在其运动鞋鞋盒上所使用的装潢在总体布局、图案设计、色彩搭配、整体效果上与福建乔丹同类产品鞋盒所使用的装潢图案相近似，足以引起消费者的误认。晋江阳新搭知名品牌的“便车”的主观意图明显。晋江阳新已经构成反不正当竞争法第5条第2项规定的不正当竞争。晋江阳新在受到行政处罚后，虽然将其鞋盒上盖从白色改为浅灰色，但由于其在总体布局和图案设计上没有变化，加上浅灰色与白色区别不明显，在鞋盒装潢的整体效果上仍然与福建乔丹相似，晋江阳新此项抗辩理由不能成立。

晋江阳新所使用的挂牌与福建乔丹所使用的挂牌相比，在形状、色彩、图案上均不相同。福建乔丹所诉晋江阳新所使用的挂牌与其相似没有事实依据，不予支持。福建乔丹在诉讼中提供了其运动鞋塑料袋，但未提供晋江阳新所使用的塑料袋样品以作比对，该证据与本案没有关联性。福建乔丹认为晋江阳新使用与其相同的塑料袋，构成不正当竞争，没有事实依据。

福建乔丹所提赔偿损失数额的是根据在(2001)泉知初字第05号晋江阳新诉福建乔丹等不正当竞争案中晋江阳新所提供的合同、库存表等计算的，而这些合同、库存表等在该案中并未作为确定赔偿数额的证据，福建乔丹也未提供其他有效的计算依据。晋江阳新库存的运动鞋尚未进入市场，福建乔丹将尚未进入市场的鞋盒作为计算赔偿损失的依据，显然不合理。福建乔丹对其因晋江阳新不正当竞争行为所遭受的损失没有提供充分的证据，因此，对其赔偿请求不予全额支持。根据晋江阳新的主观过错、实施侵权行为的手段和情节、侵权行为的影响范围，以及福建乔丹企业的知名度、为诉讼所支出的合理费用等综合因素，本案酌情确定赔偿额为人民币25万元。

晋江阳新以鞋盒上标明的是“北京乔丹体育用品公司(福建公司)”，而该企业名称未进行登记，其权利人不明为由，认为福建乔丹并非该装潢图案的权利人。但晋江阳新在(2001)泉知初字第05号起诉福建乔丹等不正当竞争案中，极力主张“北京乔丹体育用品公司(福建公司)”就是福建乔丹，并为法院生效判决所确认，现又提出相反意见，属于无理抗辩。人民法院发生法律效力的判决书所确定的事实可直接作为定案依据。

福建乔丹认为一审法院2002年9月4日到晋江阳新仓库进行现场勘验的笔录违反了最高人民法院有关民事证据规则的相关规定，不能作为证据。事实上，法院人员到现场勘验并非调查新的证据，而是核查已有证据。法院核查核实证据是不受限制的，故福建乔丹的异议不能成立。

综上，一审法院依照《中华人民共和国民法通则》第106条第2款、第134条第1款第1、7、9、10项、《中华人民共和国反不正当竞争法》第5条第2项、第20条第1款之规定，判决：(一)晋江市阳新体育用品有限公司应立即停止在其生产的运动鞋鞋盒上使用与福建省乔丹体育用品有限公司乔丹牌运动鞋鞋盒相近似的装潢的不正当竞争行为，销毁所有带有讼争装潢图案的鞋盒；(二)晋江市阳新体育用品有限公司应在本判决生效后十日内赔偿福建省乔丹体育用品有限公司经济损失及合理费用人民币25万元；(三)晋江市阳新体育用品有限公司应在本判决生效后十日内在《法制日报》上刊登道歉声明，消除影响，道歉声明的内容由法院审定；(四)驳回福建省乔丹体育用品有限公司其他诉讼请求。本案案件受理费人民币20 900.55元由晋江市阳新体育用品有限公司负担。

上诉与答辩

福建乔丹不服一审判决，向最高人民法院提出上诉称：1. 一审判决赔偿经济损失及合理费用

25万元，数额偏少。(1)根据晋江阳新在(2001)泉知初字第05号晋江阳新诉福建乔丹等不正当竞争案中提供的合同书、库存表、调查表等证据，其在2000年的销售额就达到10 465 541元，按照20%的利润率计算，其当年可获利2 093 108.20元。上述证据在该案中未作为确定赔偿数额的依据不能成为对抗福建乔丹在本案中有关诉讼请求的理由。(2)一审法院对晋江阳新工厂现场勘验的结果是现场只有空盒，并且晋江阳新称库存的鞋子已经卖给了外贸公司。由此可以证明晋江阳新的全部库存运动鞋已经售出。一审法院认定晋江阳新库存的运动鞋尚未进入市场，并据此得出福建乔丹将未进入市场的鞋盒作为计算赔偿损失的依据显然不合理的结论，属于严重错误。2. 晋江阳新在其白色和浅灰色上盖的鞋盒和全红色鞋盒上印有“香港乔丹(国际)鞋业公司”字样，构成对福建乔丹名称权、装潢权和商标权的侵犯。(1)国家工商行政管理局公平交易局在2000年11月18日就认定该违法行为误导消费者，但一审未对此一同作出侵权认定，势必造成晋江阳新今后继续这种变相的“搭便车”行为。(2)晋江阳新提供的有关香港乔丹(国际)鞋业公司在香港登记设立的资料也未办理证明手续，无法证明该公司真实合法存在。综上，福建乔丹请求：改判赔偿经济损失2 093 108.20元和其他损失8.5万元(包括本案的诉讼费20 900元和律师代理费16 000元以及赴有关省份调查支出的费用5万元)。在二审庭审中，福建乔丹确认：仅就被控侵权产品使用的装潢主张权利，不对被控侵权产品的包装本身主张权利；被控侵犯其知名商品特有装潢的产品包括晋江阳新使用白色和浅灰色上盖的鞋盒，不包括挂牌和塑料袋；仅就晋江阳新使用白色上盖的鞋盒主张计算本案赔偿额。

针对福建乔丹的上诉请求和理由，晋江阳新答辩称：1. 晋江阳新在另案中提供的合同、库存表等在该案的一、二审判决中均未被作为确定赔偿额的计算依据，在本案中也不应当作为计算赔偿的依据；晋江阳新的库存产品已经低价卖给了外贸公司，并且未使用包装盒。2. 香港乔丹(国际)鞋业公司系在香港合法注册的公司，晋江阳新在鞋盒上印上“香港乔丹(国际)鞋业公司监制”字样，有双方的委托生产合约作为依据；本案福建乔丹一审中也未提出商标侵权或者名称侵权之诉，况且其中文“乔丹”商标是在2001年3月21日之后才核准注册，而被控侵权鞋盒是2000年使用的，晋江阳新对香港乔丹(国际)鞋业公司名称的使用与福建乔丹的商标无关。

晋江阳新亦不服一审判决，向最高人民法院提出上诉称：1. 福建乔丹提供的鞋盒上的企业名称为“北京乔丹体育用品公司(福建公司)”，福建乔丹并非该鞋盒包装、装潢的权利主体。对于晋江麦克许可福建乔丹及其前身晋江乔丹、溪边二厂使用运动鞋鞋盒和手提袋装潢的协议，因该包装、装潢的设计人丁国雄既是许可人的总经理，也是被许可人福建乔丹及其前身晋江乔丹的总经理，晋江阳新有理由认为这些协议系假证，福建乔丹并未提供其使用乔丹牌运动鞋鞋盒的有效证据。2. 一审认定福建乔丹的“乔丹”运动鞋鞋盒的装潢从1998年开始一直使用，并且乔丹牌运动鞋已成为为知名商品没有事实依据。(1)福建乔丹的前身晋江乔丹成立于2000年6月28日，同年8月24日即到工商行政部门投诉晋江阳新的不正当竞争行为，其成立不到二个月，产品何以知名？(2)在甄别为晋江乔丹前的溪边二厂也是一个注册资金只有13.6万元的村办小厂，根本不具备知名商品所应当具备的一定规模的产销量、广告投放量和较大范围的销售区域等条件。(3)福建乔丹在一审中也并没有提交作为知名商品应当具备的产量、销量、广告投放量、产品销售覆盖的范围以及相关部门的认定等证据。3. 一审法院将应受行政处罚的不合格的包装、装潢认定为知名商品特有的装潢，与法相悖。(1)福建乔丹提供的鞋盒上的企业名称“北京乔丹体育用品公司(福建公司)”并未办理工商登记注册，福建乔丹的有关行为违反了产品质量法第四条的规定，其产品依法应当认定为不合格产品。(2)在中文“乔丹”商标当时尚未核准注册情况下，福建乔丹即在鞋盒上使用注册商标标记®，属于假冒注册商标的行为。4. 判决晋江阳新赔偿25万元没有依据。在晋江阳新的有关行为受到行政处罚、已不再使用原包装之后，福建乔丹又以相同理由起诉，是属恶意；一审法院又依此判决晋江阳新赔偿福建乔丹的经济损失，依据不足。综上，晋江阳新请求：撤销一审判决，改判驳回福建乔丹的诉讼请求。

针对晋江阳新的上诉请求和理由，福建乔丹答辩称：1. 福建乔丹有权在本案中主张权利。(1)福建省高级人民法院(2002)闽知终字第12号终审民事判决书确认“北京乔丹体育用品公司(福建公司)”就是福建乔丹，而且在该案中晋江阳新就是依据福建乔丹在本案中主张权利的产品包装、装潢提出诉讼请求的，并且还提供了双方鞋盒的实物，说明晋江阳新承认福建乔丹就是本案讼争产品的包装、装潢的权利主体。(2)福建乔丹对乔丹牌产品的包装、装潢的使用有合法的商标权基础和合同基础。乔丹牌产品的包装、装潢是与乔丹牌商标同时配套使用的。早在1998年6月，乔丹牌图形、文字、拼音组合商标就经麦克公司申请注册并获核准。同年7月，麦克公司即开始在产品上使用该注册商标，并同时许可晋江乔丹以及后来的福建乔丹使用该商标和乔丹牌产品的包装、装潢。晋江麦克与福建乔丹是同一个人开办的两个工厂，这种许可使用方式亦在情理之中。2. 一审法院认定乔丹牌产品为知名商品符合法律规定，对其特有包装、装潢的使用情况的认定有充分的事实根据。(1)福建乔丹的产品质优、价廉、物美，每年投入1 000多万元广告费在中央电视台和各地方电视台作广告，产品畅销各地，为广大消费者所熟知。(2)晋江阳新关于晋江乔丹从成立到投诉不正当竞争行为不到两个月，无法证明产品已经知名的说法，没有事实依据。乔丹牌产品在晋江麦克1998年6月获得商标注册后就开始生产，并非2000年6月28日晋江乔丹成立后才生产。晋江乔丹也并非2000年6月28日才存在，它是由1990年5月即存在的溪边二厂甄别而来的。(3)根据国务院工商行政管理部门的有关规定，商品名称、包装、装潢被他人擅自作相同或者近似使用，足以造成购买者误认的，该商品即可认定为知名商品。(4)晋江市工商行政管理局的行政处罚决定书已经认定乔丹牌运动鞋成为知名商品和福建乔丹作为乔丹牌产品包装、装潢的权利主体并自1998年7月起使用的事实，晋江阳新接受了该行政处罚，并未提出异议。3. 福建乔丹不存在伪造产品产地，伪造或者冒用他人厂名、厂址的行为，所生产的产品也非不合格产品。在乔丹牌图形、文字、拼音组合商标被核准注册后，福建乔丹有权在鞋盒上使用中文商标并加注®，福建乔丹并无假冒注册商标的行为。

二审审理查明

最高人民法院二审经审理查明：一审法院查明的事实基本属实，应当予以确认。但对于香港乔丹(国际)鞋业公司身份的真实性，福建乔丹在二审中提出异议，晋江阳新直至二审法庭辩论终结前也未履行相关的证明手续，根据《最高人民法院关于民事诉讼证据的若干规定》第8条第1款和第11条第2款的规定，对该公司身份的真实性在本案中不予认定。相应地，对该公司与晋江阳签订的《监制委托生产合约》的真实性在本案中亦不予认可。

另查明：晋江麦克于1998年6月28日获准注册自上而下排列有棒球运动员体态速写、拼音"QIAO DAN"和中文"乔丹"的文字和图形组合商标(简称乔丹图文商标)。自1998年7月起，麦克公司仅授权福建乔丹使用该商标和乔丹牌产品的包装、装潢，并无其他被许可人。根据福建乔丹二审中提供的彩色照片(晋江阳新对其真实性无异议)，晋江阳新被控侵权鞋盒在圆圈图案的内下方标注有英文"SPORT"字样。结合晋江阳新在诉讼中的自述，一审法院现场勘验结果所表明的晋江阳新已处理库存积压运动鞋的行为应当认定为晋江阳新已经对外销售了库存积压运动鞋，但并无证据证明晋江阳新销售这些产品时仍使用了被控侵权鞋盒。此外，一审判决和当事人上诉所称福建省泉州市中级人民法院(2001)泉知初字第05号晋江阳新诉福建乔丹等不正当竞争一案的案号应为(2001)泉知初字第05－2号，福建省高级人民法院于2002年10月28日对该案作出[2002]闽知终字第12号民事判决书。

二审判理和结果

最高人民法院认为，当事人在本案二审中争议的主要问题是：福建乔丹能否成为本案主张权利的主体；福建乔丹的鞋盒装潢是否构成知名商品的特有装潢；对晋江阳新使用"香港乔丹(国际)鞋业公司"企业名称的行为在本案中应当如何认定与处理；以及如何确定本案的赔偿额。

(一)关于福建乔丹能否成为本案主张权利的主体

在晋江阳新诉福建乔丹等另案诉讼中，晋江阳新明确主张"北京乔丹体育用品公司(福建公司)"就是福建乔丹，这也为该案的福建省高级人民法院[2002]闽知终字第12号生效民事判决所确认。晋江市工商行政管理局的行政处罚决定书也作出过同样的认定，晋江阳新也未提出过异议。同时，晋江阳新在本案中也以福建乔丹并未办理工商登记注册而使用"北京乔丹体育用品公司(福建公司)"名称，违反了产品质量法的有关规定进行抗辩，这说明其仍然认可是福建乔丹在实际使用"北京乔丹体育用品公司(福建公司)"名称。因此，本案可以认定"北京乔丹体育用品公司(福建公司)"指的就是福建乔丹。福建乔丹不规范使用企业名称依法应当承担行政责任，但其受损害的相关的民事权利仍应受到保护。

福建乔丹对其主张权利的鞋盒装潢的使用有合法有效的合同依据。自1998年7月起，福建乔丹即根据晋江麦克的授权而使用乔丹牌运动鞋包装鞋盒和商标，并且直至本案诉讼前是该鞋盒装潢的惟一被许可使用人，使用该鞋盒的运动鞋产品也因福建乔丹的实际生产、销售行为成为知名商品。所以，福建乔丹可以在本案中作为该鞋盒装潢的权利主体主张权利。至于福建乔丹在其鞋盒装潢中使用"乔丹®运动休闲鞋"的字样，因包含有中文"乔丹"二字的乔丹图文商标当时已被核准注册，即使福建乔丹存在使用商标的不规范行为，也不能否认使用人有关商誉的存在和相关合法权益的保护。

(二)关于福建乔丹的鞋盒装潢是否构成知名商品的特有装潢

对知名商品的特有装潢的保护，不仅指附着在商品本体上的特有装潢，也包括该商品所使用的包装物上的特有装潢。经营者在市场交易中，应当遵循诚实信用的原则，遵守公认的商业道德。经营者负有在其商品来源的标识性文字和装潢上与他人的产品相区别，避免使消费者对商品来源产生混淆或者误认的义务，也负有不得借用他人商誉谋取不正当利益的义务。因此，在经营者知道或者应当知道他人在先使用的商品装潢的情况下，而对该商品本体的装潢或者其包装物的装潢擅自作相同或者近似使用，足以造成购买者混淆或者误认的，人民法院即可认定该在先商品为知名商品，并依法予以保护。

对本案而言，福建乔丹请求保护的并非其运动鞋本身使用的装潢，而是作为其运动鞋包装物的鞋盒上的装潢。虽然福建乔丹在二审中明确表示不主张晋江阳新构成对其知名商品的特有包装的侵犯，而且事实上也因讼争双方所使用的鞋盒的形状、大小、结构等基本相同并且为本行业所通用而无法获得对其包装的独立保护，但这并不意味着在对包装物装潢进行相似性和误导性的判断时就可以完全不考虑包装本身是否相同或者近似的因素。鉴于当事人对双方鞋盒的包装本身基本相同的事实均无异议，本案应当重点就双方装潢的近似性和误导性进行比较判断。

将讼争双方的鞋盒装潢进行比较，双方均使用了白色上盖和红色下座，均在上盖中心位置和各外侧壁的中间分别使用了内有一白色持球运动员运球体态速写的黑框红底圆圈图案，在上盖中心圆圈图案下方和下座各侧壁均以大号字体中文、小号字体英文标注商品来源且均含有“乔丹”字样；双方圆圈图案中运动员持球左右手不同(福建乔丹在右手、晋江阳新在左手)，圆圈内下方中标注的字母不同(福建乔丹为“QIAODAN”、晋江阳新为“SPORT”)，标注商品来源的文字有所不同(福建乔丹为“乔丹®运动休闲鞋”及其英文、晋江阳新为“香港乔丹(国际)鞋业公司”、“香港乔丹(国际)鞋业公司监制”及其英文)。通过整体观察，圆圈图案和含有“乔丹”字样的商品来源标注是双方装潢最显著、最醒目的部分，最容易引起购买者的注意，构成双方鞋盒装潢的主要设计内容，即各自装潢的主要部分。进行隔离观察，双方鞋盒装潢的主要设计内容并无显著差异，其中有关不同之处均属于细微、非引人注目的变化，普通购买者施以一般注意力不易区分，不会妨碍其得出该两种装潢整体印象相近的认识。根据前述的比较和观察，本案可以得出双方上述装潢近似并且这种近似的程度足以造成购买者的混淆或者误认的结论。晋江阳新在受到行政处罚之后至 2000 年底，仅将其鞋盒上盖从白色改为浅灰色，这种单纯的颜色变化甚至仅仅是相近色调的颜色变化尚不足以将其与福建乔丹主张权利的鞋盒装潢相显著区别，仍应当认定为近似装潢，也足以引起购买者的混淆或者误认。

需要特别指出的是，在双方对商品来源标识的内容中，“运动休闲鞋”系鞋类产品的一种通用名称，“香港”、“国际”、“鞋业”、“公司”等属于地域、行业、组织形式等企业名称的通常组成部分，这些对购买者识别商品来源和市场主体一般不会产生实质性影响，而双方共同使用的中文“乔丹”作为福建乔丹使用的乔丹图文注册商标的主要组成部分和福建乔丹包括其前身晋江乔丹以及晋江阳新的企业名称中的字号，构成区别本案商品来源和市场主体的主要标志。对商品来源标识内容中主要标志作相同使用，就容易使相关消费者对商品来源产生联想，加之本案晋江阳新是将其与其他和福建乔丹相近似的装潢结合在一起使用，更加足以导致消费者对有关商品来源产生混淆或者误认。一审法院对此没有作出明确的认定，二审法院予以认定。

晋江阳新与福建乔丹同为制鞋企业，所生产、销售的鞋类产品也基本相同，属于同业竞争者，而且双方住所地也均在晋江市。晋江阳新显然应当知道福建乔丹已经在先使用的鞋盒装潢，其在主观上有明显的仿冒故意。因此，本案可以认定福建乔丹在先使用的鞋盒所包装的运动鞋产品为知名商品，其鞋盒装潢亦为其知名商品的特有装潢。晋江市工商行政管理局已生效的行政处罚决定书也认定福建乔丹的乔丹牌运动鞋为知名商品。

在福建乔丹向有关部门投诉本案不正当竞争行为之前，福建乔丹及其前身晋江乔丹成立时间虽然很短，但福建乔丹和晋江乔丹系从 1990 年 5 月即存在的溪边二厂甄别而来，有关民事主体资格的延续及相应的民事权利义务的承继关系是清楚的。溪边二厂自 1998 年 7 月起就使用本案据以主张权利的鞋盒装潢，晋江市工商行政管理局的行政处罚决定书也就此事实作出了认定，晋江阳新对此也未提出异议。因此，可以认定福建乔丹的前身晋江乔丹在向有关部门投诉前使用其主张权利的装潢的时间并非如晋江阳新所言不到两个月。从时间因素上考虑，两年多的持续经营也足以使被经营产品在一定的范围内知名。溪边二厂的注册资金虽然只有 13.6 万元，但这并不能当然成为其所生产产品就不会知名的障碍，况且企业的生产经营规模并不总是与其注册资本随时、完全相对应。福建乔丹在一审中确未提交有关其产品产销量、广告投放量和有关部门的认定等方面的证据，在二审中提交的有关广告宣传和所获荣誉的证据也由于证据形成的时间与本案缺乏关联性或者其真实性存在疑问等而不能被采信，但产销量、广告宣传和获得的荣誉以及有关部门的认定等仅是认定知名商品的重要参考因素，并非在个案中必须一一加以证明。晋江阳新有关福建乔丹的产品不构成知名商品的上诉理由均不能成立。晋江阳新在本案中未能提供关于香港乔丹

(国际)鞋业公司身份真实性的相关证明手续。因此,对其关于具有合法使用他人企业名称的合同依据的主张,亦不予采纳。况且,即使其履行了相关的证明手续,也不能因此在本案中对抗福建乔丹在先取得的有关知名商品特有装潢的合法权利。

综上,根据反不正当竞争法第 5 条第 2 项之规定,应当认定晋江阳新在其白色和浅灰色上盖的鞋盒上的装潢仿冒了福建乔丹知名商品的特有装潢,其行为已经构成了不正当竞争。

(三)关于对晋江阳新使用"香港乔丹(国际)鞋业公司"企业名称行为的认定与处理

福建乔丹上诉请求判定晋江阳新在白色和浅灰色上盖的鞋盒以及全红色鞋盒的三种产品上使用"香港乔丹(国际)鞋业公司"和"香港乔丹(国际)鞋业公司监制"字样的行为侵犯其名称权、装潢权和商标权。对此,本院认为,作为原告主张权利的诉讼请求应当是明确、具体的主张,并且应当在一审法庭辩论终结前提出。福建乔丹在本案一审中仅依据反不正当竞争法第 5 条第 2 项之规定起诉晋江阳新构成不正当竞争,并未提出侵犯其名称权和商标权的诉讼请求。福建乔丹的起诉状中也仅在事实陈述部分在涉及晋江阳新使用与其基本相同的装潢时,同时提及晋江阳新在鞋盒上以大字醒目地印有"香港乔丹(国际)鞋业公司监制"等字样,认为晋江阳新的这些使用装潢和名称的作法,足以使消费者发生误认。事实上,对晋江阳新在白色和浅灰色上盖的鞋盒上使用"香港乔丹(国际)鞋业公司"企业名称的行为,如前所论,这种使用是与其他和福建乔丹相近似的装潢内容结合在一起的使用,确认晋江阳新构成对福建乔丹知名商品特有装潢的侵犯,即可在一定程度上达到制止这种使用的效果。福建乔丹所提侵犯其名称权和商标权的主张,属于在二审程序中增加独立诉讼请求,依法不对此作出认定和处理,但福建乔丹可以依法另行提起诉讼。

(四)关于本案赔偿额的确定

福建乔丹在本案中主张权利的客体是作为知名商品的包装物上的特有装潢。对包装物特有装潢侵权的后果是造成购买者对被包装产品的混淆或者误认,而且本案侵权鞋盒作为运动鞋的整体包装物在习惯上是与运动鞋一起出售的。所以,在以侵权人因侵权所获得的利润计算赔偿额时,可以将侵权人使用侵权包装物销售产品所获得的利润作为确定赔偿额的重要因素。福建乔丹请求以晋江阳新在另案诉福建乔丹等不正当竞争案中提供的合同书、库存表、调查表等证据作为本案计算晋江阳新销售产品数量的依据。但是福建乔丹依据这些证据计算晋江阳新的销售额时,将晋江阳新已销售但未证实是否使用被控侵权鞋盒的原库存产品部分计入侵权销售额;对晋江阳新已作降价处理的部分和与有关经销商核账作降价处理的部分,福建乔丹仍依原价计算;对晋江阳新为调查福建乔丹不正当竞争行为的四份调查表中所记载的销售额,福建乔丹未作男女鞋价格区分,一律以男鞋作高价计算;对有关经销商的销售额存在重复计算的情况。这些都存在着疑点。更为重要的是,福建乔丹并未举证证明晋江阳新销售产品的实际利润率或者提出一个合理的利润率,甚至其在二审庭审中也承认所主张的 20%的利润率只是自己的预测和估计,并无科学依据。所以,本院无法根据这些证据支持福建乔丹所提关于赔偿额计算的上诉请求。

福建乔丹主张的其他损失 8.5 万元中,诉讼费用应当由当事人按照责任另行承担,不应计算在当事人损失范围内;调查所支出的费用 5 万元,其未提交任何证据,本院不予认可;律师代理费16 000元虽有收费发票支持,但一审法院在综合确定赔偿额时也已经作出了处理。故此,一审法院根据本案具体案情,酌情确定赔偿额为人民币 25 万元,并无明显不妥,二审法院不再予以变动。

至于晋江阳新所提福建乔丹恶意诉讼问题,因福建乔丹依法向人民法院起诉请求赔偿损失,属于正当行使其合法权利,无可厚非;人民法院判决侵权人承担赔偿损失的民事责任,于法有据。晋江阳新的有关上诉理由,不予支持。

综上所述,原判认定事实基本清楚,适用法律基本正确。依据《中华人民共和国民事诉讼法》第 153 条第 1 款第 1 项和《最高人民法院关于适用〈中华人民共和国民事诉讼法〉若干问题的意见》第 184 条之规定,最高人民法院于 2003 年 9 月 16 日作出终审判决:驳回上诉,维持原判。一审案件受理费20 900.55元,按照原判决执行;二审案件受理费20 900.55元,双方各负担一半。

评析

本案涉及的焦点问题在于:原告主体资格的确认;知名商品和近似装潢以及混淆或误认的认定;对被告使用"香港乔丹(国际)鞋业公司"企业名称行为的认定与处理;包装物侵权损害赔偿额的确定等问题。

(一)关于原告行为有瑕疵时主张权利的主体资格和相关民事权利的保护问题

本案晋江阳新以福建乔丹据以主张权利的鞋盒上使用的是未办理工商登记注册的"北京乔丹体育用品公司(福建公司)"的名称,并非福建乔丹或者其前身的名称为由,否认福建乔丹可以作为本案的权利主体提起诉讼。同时晋江阳新以福建乔丹在中文"乔丹"商标当时尚未核准注册情况下即在鞋盒上使用注册商标标记®,属于假冒注册商标的行为为由,认为福建乔丹使用不合格的包装、装潢,应受行政处罚,而不能够被认定为知名商品特有的装潢。晋江阳新的这些抗辩理由均涉及原告不规范使用企业名称和商标的行为。对此,应当严格依法分清行为人因同一行为所应承担的不同性质的责任和承担责任与权利保护的关系。

行为(作为或者不作为)的存在是承担责任的前提,有行为就必然要承担责任,但一个行为不一定仅承担一种责任,很可能要承担多种不同性质的责任。从一般社会意义上讲,一个行为需要承担的责任从轻到重可能涉及道义上的责任、纪律责任和法律责任。就法律责任而言,一个行为也可能因同时涉及民法、行政法和刑法的规定而需要同时承担民事责任(如停止侵权、赔礼道歉、赔偿损失等)、行政责任(如罚款、吊销许可证等)和刑事责任(如罚金、徒刑等)。民事责任、行政责任和刑事责任在法律上是不同性质的责任,彼此不能简单换算和替代。

行为人因自己的行为承担责任并不当然意味着行为人因有关行为就不会产生任何权利乃至有关权利就不受保护,他人不得因行为人行为的瑕疵而任意行事,侵犯行为人的合法权利。承担责任与享有权利并不矛盾,也非简单的此消彼涨。行为人因自己的某一行为依据某一特定法律应当承担责任一般并不影响行为人依据另一法律就该行为主张权利,即使是根据同一法律,行为人在承担责任与主张权利之间也并不当然排斥。道理很简单,就像一个人犯了罪,任何人包括国家机关都不能因此可以任意处置该犯罪人的人身权利和财产权利。举一个更贴切的例子,一个人虽然未依法缴纳个人收入所得税,他所应承担的是依法补缴税款和缴纳罚款等行政法律责任问题,不能因此而否认其劳动收入作为其个人财产的合法性,任何人不得因此而侵占和擅自处分其收入,即使是税务执法机关也无权直接处分其收入。本案中,原告不规范使用企业名称和商标的行为,就属于应当依法承担行政责任的问题,并不能因此否认原告会因自己的使用行为本身会产生一定的民事权利,进而否认对该民事权利的保护。

当然,对于当事人不规范使用企业名称时,如何准确地认定行为主体,需要根据有关证据综合进行判断。本案二审法院考虑在其他诉讼和行政争议中有权机关对涉案行为主体的认定结果和当事人双方在纠纷发生前后对有关行为主体的认知,综合判断得出是福建省乔丹体育用品有限公司在实际使用“北京乔丹体育用品公司(福建公司)”的名称,认定“北京乔丹体育用品公司(福建公司)”指的就是福建省乔丹体育用品有限公司。

本案中要解决原告的诉讼主体资格问题,还需要对福建乔丹使用涉案鞋盒装潢问题作出认定。对福建乔丹提供的晋江麦克许可其及其前身晋江乔丹、溪边二厂使用乔丹牌运动鞋包装鞋盒和商标的有关协议,晋江阳新只是以许可人和被许可人的总经理系同一人为由对其真实性提出怀疑,但没有提供其他有效证据支持其主张,同时本案晋江麦克的有关许可行为并未违反法律、行政法规的强制性规定,实际上也是关联企业常见的市场交易行为。因此,对有关许可协议的真实性应当予以认可,福建乔丹对其在本案中据以主张权利的鞋盒装潢的使用有合法有效的合同依据。自1998年7月起,福建乔丹即根据晋江麦克的授权使用本案据以主张权利的鞋盒装潢,并且直至本案诉讼前是该鞋盒装潢的惟一被许可使用人,使用该鞋盒的运动鞋产品也因福建乔丹的实际生产、销售行为成为知名商品。综合上述分析,福建乔丹可以在本案中作为该鞋盒装潢的权利主体主张权利,是适格的原告。

(二)福建乔丹的鞋盒装潢是否构成知名商品的特有装潢以及对涉案被控侵权行为的认定

对于涉及知名商品特有名称、包装、装潢的不正当竞争案件的实体审理,首先需要对涉案原告商品是否系知名商品作出认定。本案与一般这类案件相比,特殊之处在于原告请求保护的不是附着于商品本体的装潢,而是作为运动鞋包装盒上的装潢。所谓包装,是指为识别商品以及方便携带、储运而使用在商品上的辅助物和容器。而装潢则是指为误别与美化商品而在商品或者其包装上附加的文字、图案、色彩及其排列组合。产品包装作为产品销售整体的一部分(对大多数产品而言,是不可或缺的部分),在市场营销中所起到的作用越来越大,甚至有的产品的销售在很大程度上或者说主要是取决于其包装。有的产品仅有一个包装,而有的产品不仅有内包装,还有外包装,如烟酒类产品,甚至还有三重以上的不同包装。由于产品包装在习惯上一般是与产品一体同时出售的,包装物以及包装物上的装潢会因其本身的特有性或者说非通用性而不仅可以吸引消费者,而且可以识别商品来源。因此,二审法院明确指出,对知名商品的特有装潢的保护,不仅指附着在商品本体上的特有装潢,也包括该商品所使用的包装物上的特有装潢。

与对驰名商标的认定(依据2001年修改后的商标法认定驰名商标)相类似,对于知名商品的认定也是对一种事实状态的确认,无需国家机关的登记、备案或者批准,驰名商标或者知名商品本身并非一种新的财产权利,只是对现有权利的扩张保护。因此,对驰名商标和知名商品的认定存有很大的不确定性。1995年7月6日发布的国家工商行政管理局《关于禁止仿冒知名商品特有的名称、包装、装潢的不正当竞争行为的若干规定》第3条第1款规定:“本规定所称知名商品,是指在市场上具有一定知名度,为相关公众所知悉的商品。”这一款的规定实质上只是对知名商品下的一个简单定义,并未解决如何认定知名商品的方式问题。为解决实践中的认定困难和便于执法操作,该规定第四条第一款又规定:“商品名称、包装、装潢被他人擅自作相同或者近似使用,足以造成购买者误认的,该商品即可认定为知名商品。”对此,许多人认为存在逻辑悖论,因为商品知名是认定有关行为构成不正当竞争的前提条件之一,商品知名,名称、包装、装潢特有,被控侵权行为作相同或者近似使用,造成混淆或者误认,这四个条件缺一不可,而这一款的规定则将行为要件之间互为因果关系,不符合反不正当竞争法第5条第2项规定的文字表述。

尽管前述行政规章对知名商品认定方式的规定在法律逻辑上存在一定问题,但这一规定也有其合理性和实践的易操作性。从市场实践中的实际行为方式来看,凡是被模仿的产品一般都是具有一定知名度的产品。从反不正当竞争法的立法宗旨看,该法第2条第1款规定:“经营者在市场交易中,应当遵循自愿、平等、公平、诚实信用的原则,遵守公认的商业道德。”由此可见,诚信和遵守公认的商业道德正是立法精神之所在。由此可以得出这样的推论,经营者负有在其商品来源的标识性文字和装潢上与他人的产品相区别,避免使消费者对商品来源产生混淆或者误认的义务,也负有不得借用他人商誉谋取不正当利益的义务。考虑到反不正当竞争法的立法精神,同时借鉴有关行政规章规定中的合理成分,二审法院根据关于构成民事侵权的一般民法理论,认为,“在经营者知道或者应当知道他人在先使用的商品装潢的情况下,而对该商品本体的装潢或者其包装物的装潢擅自作相同或者近似使用,足以造成购买者混淆或者误认的,人民法院即可认定该在先商品为知名商品,并依法予以保护。”这种判理实际上是在有关行政规章规定的认定知名商品的方式的基础上增加了对行为人过错的要件限制。

对本案当事人双方装潢的近似性和误导性的比较判断问题,二审判理对此已有比较详尽的论述,笔者在此就不再赘述。但值得说明的是,本案明确了在这类案件中判断近似问题应当以普通购买者施以一般注意力为判断主体和采取的整体观察、要部比对方法的判断原则。

(三)关于对晋江阳新使用“香港乔丹(国际)鞋业公司”企业名称行为的认定与处理

福建乔丹在本案中上诉请求判定晋江阳新在白色和浅灰色上盖的鞋盒以及全红色鞋盒的三种产品上使用“香港乔丹(国际)鞋业公司”和“香港乔丹(国际)鞋业公司监制”字样的行为侵犯其名称权、装潢权和商标权。对此,涉及如何看待一项诉讼请求和对使用企业名称的规制问题。

1. 作为原告主张权利的诉讼请求应当是明确、具体的主张,并且应当在一审法庭辩论终结前提出。固定原告的诉讼请求是一审法院审理案件的一个基本步骤和前提,要区别案件事实和诉讼请求。针对同一法律事实,当事人可以提出若干不同的诉讼请求。法院在审理中可以对有关事实予以认定,但判理和判决主文应当仅就诉讼请求进行,而且一般对与诉讼请求无关的事实也不应予以审查认定。本案福建乔丹的起诉状中仅在事实陈述部分述及有关事实,但在一审中仅依据反不正当竞争法第5条第2项的规定起诉晋江阳新构成不正当竞争,并未提出侵犯其名称权和商标权的诉讼请求。因此,福建乔丹在二审中提出晋江阳新使用“香港乔丹(国际)鞋业公司”企业名称的行为构成侵犯其名称权和商标权的主张,依法属于在二审程序中原审原告增加独立的诉讼请求,而当事人又不同意就此进行调解,二审法院依法不能对此作出认定和处理,但是福建乔丹可以就此依法另行提起诉讼。

应当说本案一审中涉及原告诉讼请求不明确的问题不仅于此。一审中,原告并未明确区分是对其运动鞋鞋盒包装还是仅就其包装上的装潢主张权利,直到二审在法庭提示和释明之后,福建乔丹才明确表示不对包装主张权利,仅指控被告使用装潢的行为。在这类案件中,区分是对名称,还是对包装或者装潢主张权利很重要。因为知名商品特有的名称、包装、装潢均是反不正当竞争法第5条第2项保护的对象,不论是将知名商品特有的名称、包装、装潢三者同时作相同或者近似使用,或者将其中之一作相同或者近似使用,均涉嫌构成反不正当竞争法第5条第2项所规范的不正当竞争行为。

2. 对晋江阳新在白色上盖和浅灰色上盖的鞋盒上使用“香港乔丹(国际)鞋业公司”企业名称的行为,福建乔丹在二审中提出侵犯其名称权、装潢权和商标权的主张。对于原告指控因使用此名称而侵犯其知名商品的特有装潢的问题,二审法院是将该内容作为被告使用的整体装潢的内容之一来予以评价的。二审法院认为,圆圈图案和含有“乔丹”字样的商品来源标注是双方装潢最显著、最醒目的部分,最容易引起购买者的注意,构成双方鞋盒装潢的主要设计内容,即各自装潢的主要部分。由此可见,二审法院是把被告的这种对企业名称的使用行为作为装潢内容中很重要的一部分并结合其他主要的装潢设计内容综合考虑,得出双方鞋盒装潢近似的结论。同时,二审法院认为,在被告使用的"香港乔丹(国际)鞋业公司"的名称中,"香港"、"国际"、"鞋业"、"公司"等属于地域、行业、组织形式等企业名称的通常组成部分,这些对购买者识别商品来源和市场主体一般不会产生实质性影响,而双方共同使用的中文"乔丹"作为福建乔丹使用的乔丹图文注册商标的主要组成部分和福建乔丹包括其前身晋江乔丹以及晋江阳新的企业名称中的字号,构成区别本案商品来源和市场主体的主要标志。对商品来源标识内容中主要标志作相同使用,就容易使相关消费者对商品来源产生联想,加之本案晋江阳新是将其与其他和福建乔丹相近似的装潢结合在一起使用,更加足以导致消费者对有关商品来源产生混淆或者误认。也就是说,二审法院同时把被告的这种对企业名称的使用行为作为认定被告行为误导性的一个重要因素来考虑。

对于福建乔丹主张晋江阳新使用"香港乔丹(国际)鞋业公司"企业名称侵犯其名称权和商标权的问题,因原告未在一审中对此明确提出诉讼请求,故二审法院未就此作出明确的评价。但是,二审法院也认为,因被告对企业名称的这种使用是与其他相近似装潢内容结合在一起的使用,法院确认晋江阳新构成对福建乔丹知名商品特有装潢的侵犯即可在一定程度上达到禁止其在白色上盖和浅灰色上盖的鞋盒上继续使用该名称的效果。同时,因晋江阳新以其使用"香港乔丹(国际)鞋业公司监制"字样系根据其与香港乔丹(国际)鞋业公司的委托生产合约进行抗辩,二审法院也就此进行了一些分析认定。由于晋江阳新在本案中未能提供关于香港乔丹(国际)鞋业公司身份真实性的相关证明手续,二审法院对其关于具有合法使用他人企业名称的合同依据的主张未予采纳;同时认为,即使其履行了相关的证明手续,也不能因此在本案中对抗福建乔丹在先取得的有关知名商品特有装潢的合法权利。总之,二审法院对晋江阳新使用的企业名称问题的审查判断都是在本案审理范围之内进行的,即仅仅围绕是否与侵犯知名商品的特有装潢的权利有关而展开讨论。

本案固然因审理范围的限制,二审法院未能就企业名称中使用他人注册商标中的文字内容问题进行评价。但是,近年来,因企业名称与注册商标发生冲突的案件越来越多。2003年,仅上海法院受理此类案件就超过10件,有的还涉及历史因素,审理难度大。2002年10月12日公布的《最高人民法院关于审理商标民事纠纷案件适用法律若干问题的解释》第1条将"将与他人注册商标相同或者相近似的文字作为企业的字号在相同或者类似商品上突出使用,容易使相关公众产生误认的"行为界定为2001年修改后的商标法第52条第5项规定的给他人注册商标专用权造成其他损害的行为。该规定的出台对制止以登记和使用企业名称的方式规避侵犯注册商标的行为有十分重要的意义,但是该规定强调对字号的"突出使用",而实践中频频出现的以非突出使用的行为却难以依法予以规制。

目前司法实践中对将与他人注册商标相同或者相近似的文字作为企业的字号作非突出使用的行为包括在企业字号中使用他人驰名商标的行为,有的直接认定为商标法第52条第5项规定的"给他人注册商标专用权造成其他损害的"情形,作商标侵权处理;有的则依据反不正当竞争法第2条第1款立法原则的规定按照不正当竞争行为予以认定。在江西省高级人民法院2003年终审的南昌电缆有限责任公司诉江西赣昌电缆有限公司商标侵权案中①,法院认定,被告将与原告"赣昌"注册商标相同的文字作为企业名称在相同或者类似商品上虽作非突出的使用,但考虑到原告"赣昌"牌系列产品在省内有相当的知名度、被告法定代表人曾经租赁经营原告下属企业并依约合法经营过"赣昌"牌产品、被告在经营中将原告下属企业的名称与自己的名称并用,易使相关公众产生与原告产品的误认,已经构成商标侵权。湖北省高级人民法院2002年终审的立时集团国际有限公司诉武汉立邦公司涂料有限公司与商标侵权、不正当竞争纠纷案②,认定武汉立邦公司将他人驰名商标作为企业字号登记使用的行为,未遵循诚实信用的原则和公认的商业道德,具有明显的过错,不仅侵犯了立时集团的商标专用权,也构成了不正当竞争。浙江省高级人民法院2002年终审的报喜鸟集团有限公司、浙江报喜鸟服饰股份有限公司诉乐清市大东方制衣有限公司、香港报喜鸟股份有限公司侵犯商标权、不正当竞争案③,认定香港报喜鸟股东与报喜鸟集团、报喜鸟公司同属温州市行政区域,其明知已获得注册商标的"报喜鸟"品牌的知名度,为规避法律,以"报喜鸟"为字号到香港注册公司;大东方公司作为同样生产西服的企业,明知"报喜鸟"品牌的知名度,为追求高额利润,接受香港报喜鸟的委托,生产并销售或授权他人销售香港报喜鸟"德派"西服;同时,两被告亦明知上述行为易使相关消费者造成误认,有明显的"傍名牌"的故意,并且在事实上已

---

① 见江西省高级人民法院(2003)赣民三终字第6号民事判决书。

② 见湖北省高级人民法院(2002)鄂民三终字第18号民事判决书。

③ 见浙江省高级人民法院(2002)浙经二终字第112号民事判决书。

经发生了误导性的后果，两被告的行为已经违背了民法通则、反不正当竞争法规定的诚实信用和公认商业道德的原则，构成了不正当竞争。辽宁沈阳市中级人民法院2003年审结的大厂回族自治县福华肉类有限公司诉呼建刚商标侵权即不正当竞争案①，认定在被告登记取得“沈阳市皇姑区京福华酒店”企业名称之前，原告“京福华”餐饮类商标已经注册并在沈阳当地知名，被告的登记行为构成不正当竞争。从上述这些案例看，对将注册商标或者驰名商标作为企业字号作非突出使用的问题，有关执法原则和标准亟需明确和统一。笔者认为，在法律法规或者司法解释未就此问题明确作出属于商标法第52条第5项规定的“给他人注册商标专用权造成其他损害的”情形的规定之前，似乎以不正当竞争行为来定性和处理相对较为妥当。

(四)包装物侵权损害赔偿额的确定

由于包装物一般是与被包装产品同时出售的，涉及包装物侵权时，如何根据产品销售利润来计算权利人的受损或者侵权人获利的问题，是目前司法实践中一个经常遇到的难题。实践中，一种观点认为，应当根据该包装物与被包装的产品之间的关系以及包装物是作为整个产品的整体包装还是仅作为局部的包装来区别对待，如果包装物与产品密不可分且作为整个产品的总体包装(如酒瓶与酒、黑芝麻糊的外包装袋与黑芝麻糊、茶叶罐与茶叶等)，则应当将包装物与其中的产品作为整体确定赔偿额；如果系局部的包装物(如饮料的瓶盖、瓶贴)，则不宜按整个商品本身的销售利润来确定赔偿额。第二种观点认为，包装物本身是一种产品，是用于包装其他产品的产品。它不同于商标与商品的关系，商标是用于标识商品的来源，商标侵权的直接后果是导致商品来源的混淆。因此，包装物侵权应当仅就包装物本身的价值决定赔偿额。第三种观点认为，包装物单独存在并没有任何实际意义，它必须与被包装产品一起，才具有可销售性，包装物侵权也会导致商品来源的混淆，如果包装物侵权，消费者不会只购买包装物，而是连同被包装产品一并购买，这样必然会侵占权利人的市场，应当依据整个产品销售利润计算赔偿额。②

上述这些观点均有一定道理，但也均有失偏颇。如果简单地将产品销售利润等同为包装物侵权时的赔偿额，显然既不科学，也不合理。但如果不考虑产品销售利润，又很难有其他方法来计算案件的赔偿额。因此，越来越多的人认为，一个相对合理可行也是比较科学的办法就是要根据包装物对实现产品销售利润中所起的作用的大小来合理确定赔偿额。这种作用往往可以通过使用一般的包装物(如当事人以前使用的包装物或者他人使用的非侵权的包装物)与使用侵权包装物在产品销售获利上的差别和包装物对消费者购买欲的影响等因素来衡量。

本案中，二审法院考虑到，对包装物特有装潢侵权的后果是造成购买者对被包装产品的混淆或者误认，而且本案侵权鞋盒作为运动鞋的整体包装物在习惯上是与运动鞋一起出售的。因此，产品销售利润可以作为计算赔偿的因素。但同时又不能把所有销售获利均归结为对包装物的使用，因为对运动鞋这一类商品而言，消费者购买时更关注的是产品本身的质量、样式和品牌，而非包装盒，而且在消费者实际使用过程中，除少数有心人保留包装盒用于储藏鞋子以外，少有人再保留包装盒，包装盒在使用中几乎不起任何作用。所以，也不能过分夸大包装盒在实现产品销售利润中的作用。本案二审法院最后认为，在以侵权人因侵权所获得的利润计算赔偿额时，可以将侵权人使用侵权包装物销售产品所获得的利润作为确定赔偿额的重要因素。本案一审适用的是定额赔偿的方法，二审也认为并无明显不妥，故维持了一审判决的赔偿额。因此，二审未能就此进一步深入探讨到底以多大比例判赔才能体现出在本案中作为“重要因素”的考量。事实上，这种情况下也只能是法官根据个案情况行使一定程度的自由裁量权的问题了。

(最高人民法院民三庭　郃中林撰稿)

南通豪达电器有限公司诉江苏浩大铜业股份有限公司不正当竞争纠纷案

上诉人(原审被告)：江苏浩大铜业股份有限公司(简称浩大公司)

被上诉人(原审原告)：南通豪达电器有限公司(简称豪达公司)

一审案号：南通市中级人民法院(2002)通中民三初字第17号

二审案号：江苏省高级人民法院(2003)苏民三终字第89号

要义

本案裁判的意义在于：该案是国内第一起因网页覆盖而产生的不正当竞争纠纷，本案判决对于认定网络特殊环境下被控侵权人主观过错的存在及侵权行为的构成具有一定的指导意义。

---

① 见辽宁省沈阳市中级人民法院(2003)沈民(4)知初字第98号民事判决书。

② 有关观点源自2003年最高人民法院进行“专利侵权判定基准”调研时江苏省高级人民法院提交的调研报告。

案情

一审审理查明

2000年11月19日，通州市通达电气成套有限公司(以下简称通达公司)通过东方网景在国际互联网上成功注册域名 www.hao－da.com。同年12月，通达公司制作了包含企业简介、产品介绍、网上订单、联系方式及动画等内容的网页，并按照东方网景提供的用户名及密码将网页上传至 www.hao－da.com 域名下，通过点击该域名，即可对该公司网站的相关内容进行访问。2001年6月，通达公司兼并南通豪达电器集团公司。同年7月3日通达公司更名为豪达公司。www.hao－da.com 域名仍由豪达公司继续使用，并由其支付了域名使用费。

2002年7月，浩大公司也通过东方网景成功注册域名 www.haodacopper.com。在未取得东方网景提供的用户名及密码的情况下，浩大公司的网页制作人以"浩大"的拼音字母"haoda"为用户名和密码，按照东方网景网站公布的上传方法进行网页上传，并因此覆盖了豪达公司的网页，造成访问豪达公司网址的客户实际浏览到的是浩大公司的网页内容。双方交涉未果，豪达公司诉至法院，请求法院判令浩大公司立即停止侵权活动，并在互联网和新闻媒介上向豪达公司公开赔礼道歉，赔偿本公司因其侵权行为造成的经济损失100 000元，并承担本案诉讼费用。

另查明，双方当事人字号"豪达"和"浩大"的汉语拼音均为"haoda"。

又查明，豪达公司为保全侵权网页内容支付公证费1 600元。豪达公司提供的《南通日报》广告价目表，从2002年3月1日起执行的该报A2—B4版35cm×48cm规格的双休日彩色广告费为60 000元，周一到周五的广告费为90 000元；《江海晚报》从2002年10月1日起执行的2～15版35cm×23.5cm黑白广告费为36 000元；新浪网自2003年4月1日起执行的广告费报价，财经频道首页底屏之明星企业位置，50字以内的月广告费为8 000元，财经频道首页底屏之商机/企业位置8～12字的月广告费为48 000元。

一审判理及结果

一审法院认为：(一)浩大公司的行为是否存在主观过错。网络传输具有迅即性和广泛性的特点，权利人于网络环境下受到的损害和不利影响，远非其在日常生活中所能比拟，因此，严格每一个网络用户的谨慎注意义务，对于维护网络安全，保障网络用户的合法权益，是十分必要的。浩大公司作为网络用户，应当具有网络文件上传的相关专业知识，了解并懂得上传文件所应具备的条件即FTP地址、用户名和密码三者齐全。浩大公司尽管已成功注册域名，但在网络服务商尚未通知其用户名和初始密码的情形下，自编"haoda"作为用户名和密码上传文件，应当预见到极有可能会发生错误登录至他人目录下，损害他人专有权的情形，但浩大公司却尝试登录，显然置一个网络用户应尽的谨慎注意义务于不顾。事实上，浩大公司也确实因此而错误地将自己的网页内容上传至豪达公司的网址。而且，根据WINDOWS操作系统的功能，当浩大公司上传其网页时，如果所登录的FTP目录下已经存在相关信息，计算机在其引导操作的对话框中会提示是否进行覆盖或更新。此时，具备一定计算机知识的浩大公司的网页制作人应当注意到其所登录的域名中已经存在其他信息，并能够意识到已发生错误登录，其应当采取谨慎的态度，以免给他人造成不合理的危险。然而，浩大公司在此情形下，仍坚持完成上传操作，造成其上传的网页将豪达公司网页覆盖的损害结果。故浩大公司对上述行为具有主观故意。(二)浩大公司的行为是否构成对豪达公司的不正当竞争。双方当事人建立自己的网站，在互联网上展示企业形象和产品，其目的在于利用互联网的优势，在更广的地域范围内和更深的客户层次中，以尽可能少的投入，招徕客户推广自己的产品，从而建立起竞争优势。一个恰当的域名和网页内容，无疑将有助于提升企业形象，给企业带来商机，这种合法的竞争手段和营销方式，应当受到法律的保护。豪达公司合法注册域名，并制作介绍企业的网页，在国际互联网上发布和传播企业信息，从而提高了企业知名度，拓展了产品营销渠道。浩大公司的行为直接阻止了豪达公司在其专有的网站上发布商业广告，妨碍了豪达公司合法的经营行为。同时，网站的点击率与网站建立时间的长短相关联。豪达公司的网站早已建立，浩大公司的覆盖行为，无疑也利用了该网站拥有的比其更多的访问机会。此外，域名还经常承载与特定经营者的名称、标识及其产品、服务相联系的额外功能。浩大公司覆盖豪达公司网页的行为还弱化了豪达公司域名的区别性特征和广告价值。浩大公司的这种行为还损害了网络环境下的公平竞争秩序。所以浩大公司违背了公认的商业道德，违反了诚实信用原则，损害了豪达公司的合法权益，构成了对豪达公司的不正当竞争，依法应承担停止侵害、赔礼道歉并赔偿损失的责任。虽然浩大公司生产的产品与豪达公司生产的产品不具有相互替代的关系，但是在工商业活动中，损害或可能损害他人企业商誉或名声的行为或做法无论是否造成混淆，均构成不正当竞争。豪达公司制作的网页表达了制作者的设计构思，给访问者以一定的美感，具备作品的独创性和能以某种有形形式复制的构成要件，应受著作权法保护。浩大公司未经豪达公司许可，擅自覆盖其网页内容，也构成对豪达公司网页作品著作权的侵犯。（三）赔偿数额的确定。豪达公司的网页被覆盖，企业信誉及其产品广告效应受到一定损害是一个不争的事实；而对浩大公司而言，由于其实施的行为在客观上使得其借助于豪达公司在先使用并具备一定访问人数的网站发布广告，无疑为其招徕潜在的客户提供了便利条件。浩大公司从中获得利益当是不争的事实。但是，由于网络的特殊性，网络传播的地域比较广泛，受众人数也难以估量，豪达公司的损失及浩大公司的获利均难以确定，豪达公司对其所受损失除为制止侵权支出的费用能够证明外，对其他损失未能提供相应证据，因此本案宜采用法定赔偿确定赔偿额。豪达公司的损失包括重新制作网页的费用，网页广告效应受损，为制止侵权支出的合理费用等，同时应结合浩大公司侵权行为的性质、范围、持续时间的长短、后果等因素综合确定。

综上所述，一审法院依照《中华人民共和国民法通则》第4条、第134条第1款第1项、第7项、第10项、《中华人民共和国反不正当竞争法》第2条、第20条、《中华人民共和国著作权法》第46条第11项的规定，判决：1. 浩大公司自判决生效之日起立即停止对豪达公司的侵权行为；2. 浩大公司在判决生效之日起7日内向豪达公司递交书面道歉声明，内容须经法院审核，由豪达公司在其网站上公布；如浩大公司在规定期限内不予递交，则由豪达公司直接以浩大公司的名义在网页上公布道歉声明，内容也须经法院审核；3. 浩大公司在判决生效之日起7日内一次性赔偿豪达公司经济损失人民币55 000元。案件受理费人民币3 510元，由豪达公司负担1 580元，浩大公司负担1 930元。

上诉与答辩

浩大公司不服原审法院判决，上诉称：1. 浩大公司不存在侵权故意：(1)发生本次事件是因在上传过程中服务器意外出错引起；(2)在上传之前，浩大公司已存在原始网页。在上传过程中当提示“是否覆盖”时，浩大公司误认为覆盖的是自己的原始网页，并非明知上传错误而上传，故浩大公司已尽到注意义务。2. 两公司的经营项目不同，浩大公司不构成不正当竞争。3. 一审判决赔偿损失不当：(1)制作类似豪达公司的网页只需一天时间，只能考虑一天的广告损失；(2)豪达公司新的受众人数几乎为零，根本谈不上损失及获利。综上，上诉人的行为不构成不正当竞争，请求法院撤销一审判决，驳回豪达公司的诉讼请求。

豪达公司辩称：浩大公司关于服务器意外出错的理由不能成立，请求维持原判。

二审审理查明

二审法院认定的事实：1. 双方当事人对一审法院认定的事实无异议，予以确认。2. 双方均使用Cuteftp软件进行网页上传。浩大公司庭审中确认其在尝试以“haoda”作为用户名和密码进行网页上传出错之后，使用东方网景提供的用户名“hmhd02”和密码“hd1234”，将其另行制作的主页正确上传至本公司网站。3. 一审庭审中，豪达公司明确主张浩大公司的行为构成不正当竞争。4. 双方营业执照中均载有金属材料销售的经营项目。

二审判理及结果

（一）浩大公司的错误上传行为及其后果构成不正当竞争。因为：1. 浩大公司对其错误上传行为存在明显过错：(1)浩大公司二审中未提供新的证据证明其上传出错是由于网络服务器出错引起。(2)网络空间如同现实世界一样，并非不受规制。在网上进行上传、下载、数据传输也应当遵循业内规则和惯例，否则会侵犯他人的合法权益，威胁网络安全。用户有权使用的网络服务器空间与其用户名、密码之间存在惟一的对应关系。用户应当根据网络服务商提供的与其有权使用的网络空间相对应的用户名和密码进行网页或其他信息的上传。浩大公司在未取得东方网景提供的用户名和密码时即尝试使用与豪达公司服务器空间相对应的用户名和密码“haoda”，进行网页上传操作，造成将本公司网页错误上传至豪达公司网站、侵入豪达公司服务器空间等后果。浩大公司从事上述危险操作，明显违反业内惯例，应对上述操作产生的后果承担法律责任。(3)通过Cuteftp软件上传网页，在输入用户名和密码，进入FTP管理界面后，右边为远程服务器中指定空间的目录结构，其中显示了所在网站网页的文件和文件夹。对于只有缺省网页的网站与已经存在网页的网站，该目录结构中所显示的文件和文件夹有明显区别。由于豪达公司网站建立较早，其网页早已存在，且至双方发生纠纷时一直正常运行，因此，当浩大公司使用用户名和密码均为“haoda”进入FTP管理界面时，作为实际操作上传的专业技术人员应当知道其已进入的远程服务器空间上存在的诸多文件夹和文件，并非网站缺省状态下的目录结构，进而应当注意到其已进入的服务器空间并非空网站或网络服务商提供的默认网站。在此情形下，上诉人浩大公司应当停止相应操作，以避免侵入他人空间。但其仍贸然操作，不顾计算机上“文件已存在，是否覆盖”的提示，执意上传，从而发生了将网页错误上传至豪达公司网站，侵入豪达公司网络空间，覆盖豪达公司网页的严重后果。浩大公司作为具有谨慎注意义务的商事主体，对涉案后果的发生存在明显过错。2. 双方的经营范围中均有金属材料销售的经营项目，双方存在竞争上的利益冲突；且认定是否构成竞争关系以及判定是否存在不正当竞争行为不应以经营范围是否相同为限。《中华人民共和国反不正当竞争法》第2条第1款、第2款分别规定:“经营者在市场交易中,应当遵循自愿、平等、公平、诚实信用的原则,遵守公认的商业道德。”“本法所称的不正当竞争,是指经营者违反本规定,损害其他经营者的合法权益,扰乱社会经济秩序的行为。”因此,该法并未限定仅同业竞争者才构成不正当竞争。该法的立法价值和功能在于禁止和惩处违背自愿、公平、平等、诚实信用原则和公认商业道德,扰乱市场经济秩序的不正当竞争行为,以矫正商事主体不当的竞争行为,维护自愿、公平、平等和诚实守信的有序的竞争秩序和环境。因此,双方当事人的经营范围是否相同,并不影响判定不正当竞争行为的构成。3. 浩大公司的错误上传行为客观上使豪达公司丧失了网上交易机会和客户,妨碍了豪达公司通过网络进行经营、宣传和提升企业形象、增强竞争优势。相反,浩大公司却因此不正当地获取了豪达公司网上交易空间,增加了其网上交易机会和客户访问量,扩大了对其经营业务的宣传,增强了竞争优势,并由此获取了不当利益。其行为违反了自愿、平等、公平、诚实信用的原则和公认的商业道德,侵害了豪达公司的经营利益,扰乱了网络环境下的经济秩序。

综上,浩大公司错误上传的行为及其后果构成不正当竞争。

(二)关于损害赔偿额的确定。浩大公司的错误上传行为至少造成豪达公司客户无法访问、交易机会丧失以及广告效应受损、网页重制或重新上传的额外支出、为制止侵权的花费等多方面损害。广告效应受损是其损害因素之一。一审法院并未直接以豪达公司提供的商业广告费的数额作为赔偿依据。由于豪达公司所受损失额以及浩大公司的侵权获利额难以确定,故一审法院综合考虑浩大公司侵权行为的性质、范围、后果、持续时间、豪达公司网页广告效应受到的损失、网页重制费用、为调查侵权所支出的费用等多种因素酌定浩大公司赔偿55 000元并无不当。

(三)关于原审判决的法律适用。豪达公司在一审中明确主张浩大公司的行为构成不正当竞争,且一审法院也以浩大公司的行为是否构成不正当竞争作为争议焦点。一审法院应围绕该争议焦点认定事实和适用法律。但一审法院在认定浩大公司的行为构成不正当竞争的同时,又认定其行为侵犯了豪达公司对其网页享有的著作权,并同时适用《中华人民共和国著作权法》不当,应予纠正。

综上所述,浩大公司关于其不构成不正当竞争、一审判决确定的赔偿额不当的上诉理由不能成立,其上诉请求应予驳回。原审法院认定事实清楚、判决结果正确,应予维持。依据《中华人民共和国民事诉讼法》第153条第1款第1项之规定,判决驳回上诉,维持原判。二审案件受理费3 510元,由浩大公司负担。

评析

本案的焦点问题在于:浩大公司的网页覆盖他人网页的行为是否构成不正当竞争。

网上不正当竞争行为的判定与普通侵权行为的判定并无二致,其仍然要涉及对行为人主观上过错、当事人之间竞争关系的认定。

(一)关于行为人主观过错的认定

1. 技术层面的分析。在网络侵权案件中,对当事人主观过错状态的认定,多数场合需要对有关的技术问题进行分析。本案中,通过分析有关技术问题,可以认定被告浩大公司对其错误上传网页至原告网站,并覆盖原告网页的行为及后果存在明显过错。

(1)良好社会秩序的形成需要有效的制度或规则来维系,没有规矩不成方圆,缺乏有效的制度、规则的约束或者虽制定了制度和规则,但不被遵守,社会将呈现无序状态。在网络空间,人们尽管可以自由翱游缤纷世界,但并非说虚拟空间自由无度,不受规制。在网上进行上传、下载信息应当遵循业内的规则或惯例,否则会侵入他人空间,侵犯他人的合法权益,严重的还会威胁到整个网络的安全。企业网站开通后,在其首次上传网页或其他信息时,应当使用ISP提供的用户名和密码或者使用其通过正当程序更改的密码,而不能随意使用用户名或密码,这是用户的基本守则。原因在于,用户有权使用的用户名和密码与其网络空间之间存在惟一对应关系,如果用户不使用ISP提供的或用户合法修改的用户名和密码,而任意使用一个与其空间不相对应的用户名和密码,极有可能会侵入他人的网络空间,侵犯他人的利益,严重的还可能会造成整个网络的瘫痪。本案中,被告浩大公司在未获取ISP提供的用户名或密码时,即尝试使用一个臆想的与其有权使用的网络空间并不对应的用户名或密码进行网页的上传,显然违反了上述业内惯例或基本规则。正如一个人在未拿到打开自己房屋的钥匙时,即任意拿一把钥匙在一幢建筑物中的若干房间门锁上进行尝试,结果打开了他人房间之门。其以为是打开了自己的房门,遂将自己物品放入其中,将房内物品搬出,这显然属于不遵守规则的危险行为,因此,其主观上的过错十分明显。

(2)由于双方上传信息使用的均是Cuteftp软件,双方的ftp地址也相同。在输入ftp地址、用户名和密码之后,即进入ftp管理界面,右边会显示用户所在网站的文件和文件夹。对于缺省网页的网站与已经存在网页的网站，目录结构中的文件和文件夹是有明显区别的。普通技术人员通过直观目录结构中的文件和文件夹，即可轻易判断其所进入的远程服务器空间是已经存在网页的网站还是缺省网页的网站。本案中，原告网站早已建成，网页也已存在较长期间；被告网站网页缺省。因此，被告的技术人员上传网页时，在输入用户名或密码均为"haoda"进入 FTP 管理界面后，通过辨别相关的文件和文件夹即应判断出其所进入的服务器空间并非自己的空网站或 ISP 提供的默认网站。此时，基于诚实信用原则，被告应停止相应的操作，但被告仍执意上传，从而造成将其网页错误上传至原告网站。更为严重的是，在 WINDOWS 操作系统已经提示"文件已存在，是否覆盖"时，被告却置之不理，一意孤行，造成了本案严重后果的发生。从上述技术方面分析，被告的主观过错相当明显。

(3)本案还存在这样的事实，被告错误上传至原告网站的被告的主页上刊登的 Email 地址为 webmaster@haoda.com。按照惯例，用户的电子邮件地址的主要部分(如该邮址中的"haoda")与建立该邮址的网站域名是相同的。被告的该邮址显然与原告网站域名 www.hao－da.com 相关联，而与被告自己的域名无任何联系点。由此可以推断出被告极有可能是在原告网站上建立的该信箱，进而可以推断出被告在进行本案的上传过程中，已经知道其网页等资料即将登载的为原告或他人的网站。在此情形下，其被告仍进行网页上传，可以推定其主观上存在过错。

2. 法律层面的分析。被告一、二审中称其上传出错是由于网络服务器出错引起，但一、二审中均未提供相应的证据予以证实。此外，针对被告的错误上传行为，目前并无相关的法律规范予以调整，法院在诉讼过程中参照相关的惯例或用户基本守则来认定是可行的。

(二)关于竞争关系的理解与认定

本案中，被告反驳的理由之一为双方当事人的经营范围不同，不存在直接的竞争关系，故被告的行为不构成不正当竞争。

竞争关系有狭义和广义之分。狭义的竞争关系是指直接竞争对手之间存在的竞争上的利益关系。这种情况比较普遍，也易于认定。所谓广义的竞争关系，还包括针对非直接竞争者之间，一方当事人通过不正当手段为自己或他人获取竞争优势的行为，或者权利人的潜在竞争利益受损的情形。目前，学术界及司法实务部门多采广义竞争关系的理论来判定不正当竞争行为的构成。除直接竞争对手之间的竞争关系外，广义竞争关系主要还包括三种情形：(1)"主要是搭没有竞争关系的经营者的便车，或是误导消费者，以获取竞争优势或其他为他人谋取竞争优势的行为"① 如没有直接竞争关系的经营者虚假宣传，虽未损害具有竞争关系的经营者的利益，但因误导消费者而不正当地获取了客户群和有利的市场地位即竞争优势。(2)以不正当手段破坏他人竞争优势的行为。如职工跳槽后，擅自泄露企业商业秘密，使该企业竞争地位受到侵害，其他企业因此而获取了竞争优势。(3)目前或诉讼时，当事人之间虽没有直接的竞争关系，但是被控侵权人的不正当行为损害了原告(权利人)潜在的竞争利益。如原告为从事饲料添加剂技术的开发和转让业务并从中获取技术报酬的研究所，被告为饲料添加剂生产企业。被告在销售广告中称其产品为与研究所合作的高科技产品。在判断原被告之间的竞争关系时，法院考虑了二点因素：一是原告作为研究所目前虽不经营，但并不代表其今后不从事与其研究开发的技术相关的生产经营活动。二是被告通过虚假宣传行为使其狭义的直接竞争企业的竞争利益减少，致使原告与这些企业进行技术合作而获取的利益受损。因此，被告的行为使原告潜在的竞争利益受损，法院遂认定二者之间存在竞争上的利益冲突。

纵观我国《反不正当竞争法》及有关国际公约规定，立法上并未限定竞争关系存在于直接竞争者之间。《反不正当竞争法》第 2 条第 1 款、第 2 款分别规定："经营者在市场交易中，应当遵循自愿、平等、公平、诚实信用的原则，遵守公认的商业道德。""本法所称的不正当竞争，是指经营者违反本规定，损害其他经营者的合法权益，扰乱社会经济秩序的行为。"因此，该法并未限定仅同业竞争者才构成不正当竞争。该法的立法价值和功能在于禁止和惩处违背自愿、公平、平等、诚实信用原则和公认商业道德，扰乱市场经济秩序的不正当竞争行为，以维护自愿、公平、平等和诚实守信的有序的竞争秩序和环境。因此，即使当事人之间没有直接的竞争关系，当事人的不当行为并非指向狭义的竞争对手，但当事人据此却获取了竞争优势或增强了其自身竞争能力的，同样受《中华人民共和国反不正当竞争法》调整和规范。巴黎公约第 10 条之二(2)规定："在工商业活动中违反诚实信用的任何竞争行为，构成不正当竞争行为。"该条尽管规定构成不正当竞争行为的前提条件是违反诚实信用原则的竞争行为，但公约所列举的不正当竞争行为并不都存在于直接竞争者之间，如第 10 条之二(3)中的虚假宣传行为即是，其所禁止的是误导行为，是否竞争者在所不问。世界知识产权组织 1996 年起草的反不正当竞争示范

① 孔祥俊著：《反不正当竞争法新论》. 人民法院出版社，2001.174 页。

法，规定的不正当竞争行为更为宽泛，认为"在工商业活动中违反诚实信用的任何行为都构成不正当竞争行为。"该组织国际局在解释中特别强调竞争行为不是构成不正当竞争的条件。也就是说，依据该示范法，在认定是否构成不正当竞争行为时是无需首先认定双方是否存在竞争关系，而看行为人的行为是否有违诚实信用原则，行为人是否不当地获取了竞争优势或者增强了自身的竞争能力。

本案中，被告的行为客观上使原告客户无法访问其网站，丧失了交易机会，削弱了其竞争能力和竞争优势。相反，被告的不当行为却因此而增加了客户访问，扩大了对其经营的宣传，提升了竞争能力，增强了竞争优势，因此可以认定原被告之间存在竞争关系，况且工商营业执照中双方经营范围有相同之处。结合对被告主观过错的认定，应当认定被告的行为构成不正当竞争。

（江苏省高级人民法院民三庭　汤茂仁撰稿）

山东龙大企业集团有限公司诉莱阳鲁花浓香花生油有限公司"龙口粉丝"包装装潢不正当竞争纠纷案

上诉人（原审原告）：山东龙大企业集团有限公司（简称龙大公司）

被上诉人（原审被告）：莱阳鲁花浓香花生油有限公司（简称鲁花公司）

一审案号：烟台市中级人民法院（2002）烟经初字第41号

二审案号：山东省高级人民法院（2003）鲁民三终字第14号

要义

本案裁判的意义在于，本案解决了使用知名度较高的通用名称的商品是否可以成为知名商品的问题，明确了我国反不正当竞争法规定的知名商品认定的一些标准。另外，对于仿冒知名商品包装装潢是否会造成商品的混淆，确立了这样一个裁判原则：在判断两个商品的包装装潢是否近似并造成商品混淆时，即使两个包装装潢中存在部分相同或相近，但如果是包装装潢中其他突出部分或者非突出部分左右了普通消费者对商品来源的判断，一般不认为有混淆的可能。

案情

起诉与答辩

原告山东龙大企业集团有限公司（以下简称龙大公司）诉称，龙大公司近年来相继在武汉等地市场上发现被告莱阳鲁花浓香花生油有限公司（以下简称鲁花公司）使用了与原告"龙大"牌龙口粉丝包装相似的包装装潢，构成仿冒知名商品的包装装潢的不正当竞争行为，请求判令被告赔偿经济损失150万元，负担公司为调查支出的各项费用和诉讼费用。

被告鲁花公司辩称，公司生产的"福花"牌龙口粉丝使用的包装装潢是根据企业的主导产品"鲁花"牌花生油的品牌优势和企业的文化精神设计的，以"福花"为商标名称，中间体现的是烟台粉丝产品通用名称"龙口粉丝"四个字，包装袋下端又用了大红色套印了"莱阳鲁花"四个大字，包装袋被国家专利局授予了外观设计专利，不存在仿冒龙大公司包装装潢的问题，请求驳回原告起诉。

一审审理查明

1997年9月，龙大公司委托青岛益青印刷包装股份有限公司为自己生产的粉丝产品设计印制了包装袋，该包装袋上"龙口粉丝"四个字是由该公司设计室主任杨超用毛笔书写而成。"龙口粉丝"四字处于包装袋中央透明部分的正中间位置，左边临近"龙口"二字处印有红底白字白框的"绿豆"字样，右下侧与"丝"字底边对齐处印有白底红字红框、三行十二字的"包装专利、法律保护、仿冒必究"字样，上方是龙大公司的红色注册图形商标，以及分别处于商标两侧的"龙大"与"食品"字样。包装袋最下部分的设计由浅蓝、白及湖蓝三色相间的竖条构成，左、右、上三边分布的是二十一个龙形瓦当图案，底色为不透明的白色。1999年3月，该包装袋被授予外观设计专利。2001年，龙大公司的"龙大"牌粉丝在中国国际农业博览会上被认定为"中国国际农业博览会名牌产品"。龙大公司为提高自己产品的知名度，在中央电视台为龙大食品进行了广告宣传，其在全国设有30几个办事处，粉丝在各地的办事处均有销售。2002年3月12日，龙大公司注册并使用在加工过的果蔬、水产品、肉制商品上的"LONG DA"商标被国家工商行政管理总局商标局认定为驰名商标。

2001年7月，龙大公司在武汉、成都、昆明等城市的市场发现鲁花公司生产的"福花"牌龙口粉丝，认为包装袋和其粉丝包装袋相似，遂向武汉市中级人民法院提起诉讼，后武汉中院将该案移送至烟台市中级人民法院审理。

鲁花公司于2000年5月开始使用上述包装袋，其包装袋分为上、中、下三段，上、下两端为茄花紫色与白色相间的细色条，中段上方中间为"福花"扇形商标，商标两侧各设计了一条飞腾的黄龙，"龙口粉丝"四个字亦被置于包装袋中央透明部分的正中间位置，字体与龙大公司包装袋上的相同，色彩有所区别，为茄花紫色。包装袋两侧、黄龙的下方各设计了3个花形图案，内有"福花"商标图形，在包装袋的下端、茄花紫色与白色细条纹图案上用大红色套印了"莱阳鲁花"四个大字。

2001年,该包装袋于被授予外观设计专利。鲁花公司的注册商标“鲁花”及“福花”也具有相当高的知名度,1997年12月31日和2001年4月27日,鲁花公司注册在植物油商品上的“鲁花”商标连续两次被山东省工商行政管理局认定为山东省著名商标,并正在向国家工商行政管理总局申请驰名商标认定。“福花”牌龙口粉丝于2000年8月被中国食品工业协会授予国家质量达标食品称号。另外,鲁花公司于2001年被农业部确认为全国乡镇企业创名牌重点企业。

一审判理和结果

一审法院审理认为,龙口粉丝作为知名商品,是烟台地区生产粉丝的厂家共同使用的名称,不是龙大公司特有的知名商品。将两公司的粉丝包装袋相比较,虽然使用了字体一样的龙口粉丝字样,但消费者如果想购买龙大公司生产的龙口粉丝,而不是鲁花公司生产的龙口粉丝时,不会仅以龙口粉丝四个字的字体一样就购买,通常会以商标、厂家名称及相关装潢来识别,因为两公司的龙口粉丝包装袋上都在非常醒目的位置印制了各自的注册商标、生产厂名及有关标识,使消费者把两公司的龙口粉丝包装产生混淆的可能性极小。因此,鲁花公司的行为不构成不正当竞争。根据《中华人民共和国反不正当竞争法》第2条第2款、第5条2项之规定,判决驳回龙大公司的诉讼请求。

上诉与答辩

龙大公司不服上诉称,1. 一审法院对知名商品的理解与认定偏离本案的诉讼标的,龙口粉丝与“龙大”牌龙口粉丝不是同一层次的概念,“龙大”牌龙口粉丝符合我国立法及实践中知名商品的标准。2. 对龙口粉丝名称的特有不在龙大公司的诉讼请求之列,但是这并不能排除龙大公司在“龙口粉丝”字体上享有特有装潢的权利,应该得到反不正当竞争法的保护。3. 一审法院对鲁花公司的近似使用是否引起误认(混淆)的认定背离现有法律、规章的标准。因此,请求二审法院撤销一审判决,判令被上诉人停止侵权、赔偿损失并支付上诉人支出的合理费用,同时承担诉讼费用。

鲁花公司答辩称,1. 龙口粉丝作为知名商品,是烟台地区生产粉丝厂家通用的名称,不能成为龙大公司主张知名商品权利的对象,“龙大”牌龙口粉丝不能成为反不正当竞争法中所特别保护的知名商品。2. 两公司“龙口粉丝”包装袋上的图案、色彩、整体结构明显不同,不存在包装装潢相混淆的问题。3.“龙口粉丝”商品名称的书写体不能代表装潢,书写体相同引起的争议,不属于反不正当竞争法调整的范围,不属于本案的审理范围。请求二审法院依法驳回上诉,维持原判。

二审审理查明

二审查明的事实与一审一致。

二审判理和结果

二审法院审理认为,构成《中华人民共和国反不正当竞争法》第5条2项规定的不正当竞争行为,应当符合以下要件:一是被侵犯的是知名商品的名称、包装、装潢;二是该名称、包装、装潢为知名商品所特有;三是会造成与知名商品相混淆,使消费者误认误购。从查明的事实来看,龙大公司粉丝商品的包装袋上“龙口粉丝”四个字为其委托他人书写,包装袋于1999年被授予外观设计专利,故可以确认,包括“龙口粉丝”四字在内的龙大公司粉丝商品的包装装潢为龙大公司所特有。另外,龙大公司并未就龙口粉丝这一特有名称提起诉争。因此,本案的争议主要集中在龙大公司的“龙大”牌龙口粉丝是否为知名商品和鲁花公司使用的争议包装装潢是否与龙大公司的商品包装装潢相近似并造成两者商品相混淆两个方面。对于龙口粉丝是否知名的问题,龙口粉丝属于“知名商品”早已是不争事实,但该种性质的知名商品与我国反不正当竞争法所规定的知名商品并非同一层次概念,龙口粉丝知名与否并不是本案所要解决的问题。

关于龙大公司生产的“龙大”牌龙口粉丝是否知名的问题,由于龙大公司的“LONG DA”商标作为驰名商标的使用范围为“加工过的果蔬、水产品、肉制商品”,并不包括粉丝产品,因此在本案中并不能以商标的知名与否来判断“龙大”牌的龙口粉丝为知名商品。但其他事实表明,龙大公司为提高其产品的知名度,在全国范围内进行了大量的广告宣传,其生产的“龙大牌粉丝”在2001年被认定为中国国际农业博览会名牌产品。从销售时间和销售范围来看,龙大公司生产和销售粉丝已有多年历史,其生产的粉丝在全国各地30多个办事处均有销售,并为广大消费者所认同。因此,综合上述各种因素,龙大公司生产的“龙大”牌龙口粉丝应认定为知名商品。

关于鲁花公司使用的争议包装装潢是否与龙大公司商品的包装装潢相近似并造成两者商品的混淆的问题。商品的包装装潢是指附加在商品包装上的文字、图案、色彩及其排列组合,一个包装在同时具有文字、图案及色彩等要素的情况下,装潢应当是指由上述要素排列组合而成的整体,其中的文字或图案等只能成为装潢的一部分。我国反不正当竞争法对包装装潢的保护是针对装潢的整体而言的,对装潢的组成部分并不单独予以保护。在本案中,龙大公司产品包装袋上“龙口粉丝”四个字只是整个包装装潢的一个组成部分,因此,龙大公司主张将“龙口粉丝”四个字单独作为包装装潢加以保护没有依据。

通过对比可以看出,两者的包装装潢中“龙口粉丝”四个字字形与大小相同,颜色略有区别,均处于包装袋正中位置。其区别体现以下几个方面:一是除“龙口粉丝”四个字之外的其他文字和图案存在明显差异。二是色彩存在区别。三是整体结构略有不同。因此,龙大公司与鲁花公司产品的包装装潢,除“龙口粉丝”四个字之外,其他构成要素包括文字、图案和色彩及排列组合之间区别明显,并不构成近似,亦不会使消费者对两者的商品产生误认和混淆。

龙口粉丝作为通用名称对消费者的购买判断所产生的影响也是应加以考虑的。龙口粉丝是中国胶东地区众多厂家生产的精细粉丝的通用名称,并不代表某一个具体的生产厂家,这使以“龙口粉丝”四个字作为组成部分的包装装潢,本身不具有较强的显著性。消费者在看到“龙口粉丝”四个字时,并不会与某一个具体厂家联系起来,而是要结合商品装潢中的其他部分如图案、商标、企业名称等要素,加以判断和选择购买。本案中由于龙口粉丝是通用名称的缘故,没有达到使消费者看到“龙口粉丝”四个字即认为是龙大公司的商品的程度,所以不会发生混淆。

综上,原审法院查明事实清楚,适用法律正确,判决理由虽有不妥,但判决结果得当,应予维持。依照《中华人民共和国民事诉讼法》第153条第1款1项之规定,判决驳回上诉,维持原判。

评析

本案主要涉及以下几个问题:

(一)关于使用知名度较高的通用名称的商品是否可以成为知名商品的问题

本案与一般的侵犯知名商品的包装装潢权利纠纷的不同之处在于,本案中龙大公司在其粉丝产品上使用了一个知名度较高的通用名称,即“龙口粉丝”。该名称并不是龙大公司所独有,中国胶东地区尤其是山东省烟台地区所有生产粉丝的企业几乎无一例外地使用这一名称。但此类知名商品与我国反不正当竞争法所规定的知名商品并非同一层次概念,也就是说作为通用名称的龙口粉丝由于并不和某一具体生产厂家直接联系起来,亦不存在特有的包装装潢,故不存在龙口粉丝的包装装潢被仿冒的问题。故龙口粉丝知名与否并不是当事人诉争所在,本案需要解决的是由龙大公司生产的“龙大”牌龙口粉丝是否知名的问题。因此,本案所带来的第一个争议问题便是使用通用名称的产品是否可以成为知名商品。

企业之所以使用知名度较高的通用名称,主要目的在于可以借助该名称业已形成的知名度和影响力,使自身产品尽快打开销路,这样在开拓市场上可以省去不少的力气。但不利之处在于,产品的自身特点也往往会被通用名称的共性所掩盖,单个企业的产品往往很难从使用通用名称的众多企业的产品中突出出来。正如同以“龙井茶”为产品命名的众多茶叶生产企业,消费者往往只知“龙井茶”,却很难和某一个具体茶叶生产者联系起来。所以,使用了知名度较高的通用名称并不当然使某个企业的产品成为知名商品。

但反过来说,使用了知名度较高的通用名称也不必然排除某个具体企业的产品可以成为我国反不正当竞争法规定的知名商品。企业虽然使用了具有较高知名度的通用名称,通过经营的努力,仍然可以使自己的产品在众多的使用通用名称的产品中脱颖而出,并成为知名商品。判断某个企业的产品是否构成我国反不正当竞争法上所规定的知名商品,即使其使用了知名度较高的通用名称,仍然要综合各种具体因素加以考虑,并做出其产品是否为知名商品的判断。

因此,一审法院基于龙口粉丝知名的前提,简单得出因龙口粉丝知名故各企业生产的龙口粉丝便不再可能成为知名商品的结论是不恰当的,其错误是将龙口粉丝与具体的生产者完全割裂开来。龙大公司所生产的龙口粉丝是否可以成为知名商品,在于其是否通过企业自身经营的努力使其所生产的龙口粉丝变得知名。这也正是一、二审判决的主要分歧之处。

(二)知名商品的认定问题

反不正当竞争法对于何谓知名商品并未做出解释性规定,相关的司法解释也是空白。国家工商行政管理总局《关于禁止仿冒知名商品的特有名称、包装、装潢的不正当竞争行为的若干规定》对此所作的理解是:“知名商品是指在市场上具有一定知名度,为相关公众所知悉的商品”,然而,这一规定仍然是抽象和无法操作的。需要说明的是,国家工商行政管理总局《关于禁止仿冒知名商品的特有名称、包装、装潢的不正当竞争行为的若干规定》中规定了一个反推标准,即:“商品的名称、包装、装潢被他人擅自作相同或者近似使用,足以造成购买者误认的,该商品即可认定为知名商品”。这一标准存在的逻辑错误是非常明显的。

判断某种商品是否为知名商品,司法实践中一般基于以下几种主要因素,一是商品所使用商标的知名度,所使用的商标是驰名商标或著名商标的,一般认为是知名商品。当然,在采用这一标准时,必须要考虑该驰名商标或著名商标所核准使用的范围,未在核准使用范围内的商品不能简单以其使用的商标知名与否判断其是否构成知名商品。二是商品的销售情况,主要是考虑商品的销售额和在相关市场的占有率情况。三是商品的宣传情况,主要是指企业在某种商品所做出的广告宣传情况以及消费者对该商品的知悉程度。

四是商品在国际和国内权威评奖活动中的获奖情况。

当然，商品的知名度究竟多大才能符合反不正当竞争法规定的知名商品要求是很难确定和量化的，因此，在认定知名度上具有很大的不确定性。另外，知名商品的认定和地域有关，在某一个省范围内知名的商品在其他省份未必知名。因此，对知名商品的保护也受到地域范围的限制，超出其知名的地域范围并不受相应保护。

二审基于龙大公司的“LONG DA”商标作为驰名商标的使用范围为“加工过的果蔬、水产品、肉制商品”，并不包括粉丝产品，因此并没有以商标的知名与否来判断龙大公司的龙口粉丝为知名商品。但其他事实表明，龙大公司为提高其产品的知名度，在全国范围内进行了大量广告宣传，其生产的“龙大”牌粉丝在中国国际农业博览会上被认定为2001年中国国际农业博览会名牌产品。从销售时间和销售范围来看，龙大公司生产和销售粉丝已有多年历史，在全国各地30多个办事处均有销售，并为广大消费者所认同。综合上述各种因素，二审做出了龙大公司生产的“龙大”牌龙口粉丝为知名商品的认定。

（三）混淆的判断问题

混淆是指对商品来源的混淆，即将甲的产品误认为是乙的商品，并不是对商品包装装潢本身的混淆。因此，反不正当竞争法对此所做出的规定是“造成和他人知名商品相混淆，使购买者误认为是该知名商品”。

须说明的是，混淆是构成不正当竞争的要件，而非近似。实践中有的将二者错误地等同起来，认为包装装潢构成近似便会造成混淆。二者的辩证关系在于，近似是因，混淆是果。也就是说，正是由于商品包装装潢在外观上近似的原因，才会造成混淆的结果。没有外观上近似之原因，便不会发生混淆之结果。但是，有近似并不必然产生混淆之结果。近似有程度之分，所导致混淆的可能性也便有大小之别。在有的情况下，受其他因素的影响，即使商品的包装装潢构成一定程度的近似，也不认为会足以导致商品混淆的结果或产生混淆的可能。因此，包装装潢的近似虽然是判断是否会造成商品混淆的主要依据，但并不能简单在二者之间划等号。所以，对近似的判断并不等于对混淆的判断，而对混淆的判断则是包含了对是否近似的判断。基于这一差异，在判断是否会造成混淆时，即使已得出两个装潢存在部分近似的结论，但如果装潢中还存在其他左右对混淆判断的重要因素，依旧不能得出混淆的结论。

就本案而言，两者的包装装潢中“龙口粉丝”四字处于包装袋正中位置，字形与大小相同，颜色略有差异，在其他文字、图案、色彩和整体结构上也存在一定区别，应当说在突出部分是非常接近的。但由于相近的恰恰是“龙口粉丝”四字，而该名称是中国胶东地区众多厂家生产的精细粉丝的通用名称，不代表某一个具体的生产厂家，因此以“龙口粉丝”四个字作为装潢的主要组成部分缺乏显著性。一般消费者在看到“龙口粉丝”四个字时，往往不会与具体厂家联系起来，而是要结合商品装潢中的其他部分如图案、商标、企业名称等要素，加以判断和选择购买。本案中由于鲁花公司在显著的位置标注了“福花”商标和“莱阳鲁花”的名称，再加上图案色彩、排列组合的影响，使一般消费者能较为容易地意识到是鲁花公司的商品，并与龙大公司的商品区分开来。因此，二审得出了不会发生混淆的结论。

（山东省高级人民法院民三庭　欧阳明程撰稿）

赵继康诉曲靖卷烟厂著作权侵权、不正当竞争纠纷案

上诉人（原审原告）：赵继康（英文名 CHI KANG CHAO，笔名季康）

上诉人（原审被告）：曲靖卷烟厂

一审案号：昆明市中级人民法院（2002）民六重字第2号

二审案号：云南省高级人民法院（2003）民三终字第16号

要义

本案涉及对文学作品名称的著作权法保护问题。我国法律对于文学作品名称是否可以单独受到著作权法保护以及如何保护均没有明确规定。希望通过本案裁判引发立法部门的思考，通过立法明确对文学作品名称保护的相关法律问题。

案情

法院审理查明

1958年为完成国庆十周年献礼，中共中央宣传部指定云南省委宣传部组织拍摄反映少数民族生活的电影。原告赵继康与王公浦接受指派创作了电影文学剧本《五朵金花》，作品署名为季康、公浦并公开发表。该剧本被拍摄成同名电影于1959年公映。被告曲靖卷烟厂于1983年将“五朵金花”注册为香烟商标使用至今。赵继康和王公浦为此提起诉讼，请求法院：1. 确认被告将“五朵金花”作为其香烟商标的行为侵犯了原告的著作权；2. 确认被告的行为属不正当竞争行为；3. 判令被告停止侵权、向原告赔礼道歉并消除影响；4. 判令被告承担诉讼费用。后王公浦在一审诉讼过程

中与曲靖卷烟厂达成庭外和解，向一审法院申请撤诉。法院经审查裁定准许王公浦撤回起诉。

本案一审过程中，一审法院就文学作品名称是否受著作权法保护这一问题向国家版权局去函咨询，国家版权局版权管理司于2001年12月25日作出了权司(2001)65号《关于文学作品名称不宜受著作权法保护的答复》。该答复认为作品名称是否受著作权法保护取决于该名称是否具有独创性，如具有独创性则应保护。同时认为对作品名称适用《中华人民共和国反不正当竞争法》调整更为恰当。

一审判理和结果

一审判决认为：(一)由于电影文学剧本《五朵金花》自完成后至今，署名人一直为季康、公浦，被告曲靖卷烟厂也未提供证据直接否定季康、公浦是该剧本的作者，故季康即本案原告赵继康作为电影文学剧本《五朵金花》的作者之一，依法享有该剧本的著作权。(二)电影文学剧本《五朵金花》的名称“五朵金花”不能独立表达意见、知识、思想、感情等内容，不具备一部完整的文学作品应当具备的要素，且不具有独创性。我国著作权法所保护的是作品的内容，而非作者的思想。况且“五朵金花”一词并不构成《五朵金花》电影剧本的实质或者核心部分，如果对其单独给予著作权法保护，禁止他人使用“五朵金花”一词，既有悖于社会公平理念，也不利于促进社会文化事业的发展与繁荣。“五朵金花”这一词组只有与作品内容一起共同构成一部完整的作品，才受我国著作权法保护。被告的行为既不损害原告的著作权，也不妨碍原告行使其著作权。无论从我国著作权法第10条规定的著作权人的权利，还是从第46条、第47条列举的著作权侵权行为表现形式审查，被告的行为都不损害原告基于剧本《五朵金花》享有的著作权中任何一项人身权或财产权，也不妨碍原告行使其著作权。故被告使用“五朵金花”四字作为其香烟商标的行为不违反我国著作权法的规定，不构成著作权侵权。(三)根据我国反不正当竞争法的规定，确定不正当竞争行为要以纠纷双方均为从事商品经营或赢利性服务的经营者为前提。而本案原告并非经营者，且双方并不同处于同类商业经营领域。被告生产的香烟所用的注册商标与原告的电影文学剧本名称虽然相同，但两个相同的名称下的内容却各不相干。本案纠纷不属于我国反不正当竞争法调整的范畴，原告主张被告的行为构成不正当竞争不能成立。(四)被告申请“五朵金花”商标注册的时间为1983年，而赵继康1981年即已移居美国，曲靖卷烟厂推定赵继康从1983年开始就知道或者应当知道自己的权利受到侵害不符合常理。根据最高人民法院《关于审理著作权民事纠纷案件适用法律若干问题的解释》的规定，如果侵权行为在起诉时仍在持续，在该著作权保护期内，人民法院应当判决被告停止侵权行为，而本案被告生产、销售“五朵金花”牌香烟的行为至今仍在持续，被告关于“本案超过诉讼时效，原告丧失胜诉权”的观点不能成立。综上所述，一审法院认为，原告要求确认被告生产“五朵金花”牌香烟的行为侵犯其合法权利，并应承担相应民事责任的诉讼请求无法律依据。据此判决驳回原告赵继康的诉讼请求。

上诉与答辩

一审判决宣判后，双方当事人均依法提出上诉。

原告赵继康上诉称：(一)程序上：1.作品名称是否受著作权法保护法律没有明确规定，应由最高法院对此作出司法解释后法院才能作出判决，一审法院无权创造判例。2.“五朵金花”四字是否具有独创性应由专业的鉴定机关进行鉴定，一审判决认定“五朵金花”没有独创性缺乏依据。3.一审对其提出的诉讼请求漏审漏判。(二)实体上：一审判决认定电影文学剧本《五朵金花》的作品名称不能单独受我国著作权法保护错误。理由在于：1.我国著作权法对文学作品的保护不以作品的字数多少为要件，其惟一的保护条件即是否具有独创性，一审判决提出的“完整性”从来不是作品是否受著作权法保护的判断标准。随着《五朵金花》电影剧本的广泛流传，“五朵金花”已成为五个健康、美丽、活泼、向上、积极进取的白族妇女的专用名称，“金花”也随之由某一个白族妇女的名字成为了白族妇女的代称。“五朵金花”已经有了自己独立、独特的含义，应当受到著作权法的保护。一审判决认为我国著作权法只保护作品的外在表现形式而不保护作品的思想感情是对学理解释的断章取义，缺乏法律依据，不能成立。2.“五朵金花”一词是《五朵金花》剧本的实质部分和核心部分，理应受到著作权法的保护。曲靖卷烟厂借助电影《五朵金花》电影知名度牟利的主观恶意明显，如果对这种明目张胆的侵权行为不予以禁止，有悖于社会公平理念，伤害著作权人创作作品的积极性，不利于促进社会文化事业的发展与繁荣。3.曲靖卷烟厂的行为侵犯了原告对“五朵金花”的复制权和保护作品完整权。据此，上诉人赵继康请求二审法院依法撤销原判，依法确认曲靖卷烟厂侵犯其著作权；判令曲靖卷烟厂停止侵害，公开其近年“五朵金花”香烟的赢利总额，以合理的百分比向其补偿，并与其签订许可使用合同；判令曲靖卷烟厂承担本案全部诉讼费用。

曲靖卷烟厂答辩并提出上诉称：程序上，一审法院是根据赵继康在法定的举证期限内予以明确的诉讼请求进行的审理，其他请求都是赵继康在举证期限届满后提出的，不在法院审理范围，一审并未遗漏原告的诉讼请求。实体上,《五朵金花》电影文学剧本是一部特殊的法人作品,著作权应当归属于国家,赵继康不具备合法的诉讼主体资格。且"五朵金花"四字并不具有独创性,而是一个简单的数词、量词加名词的组合,并无任何意义,更不能单独表达任何独立的思想感情,不是一部独立完整的文字作品,自然不应受到著作权法的保护。对此问题国家版权局也已明确答复,作品名称不宜受著作权法保护。故我方使用"五朵金花"商标的行为不构成对任何作品复制权、保护作品完整权的侵害,不应承担任何侵权责任。况且原告起诉时已经超过诉讼时效。请求二审法院驳回赵继康的全部上诉请求,在维持原判判决结果的基础上确认该剧本的著作权归属于国家,并判令赵继康承担本案全部诉讼费用。

针对曲靖卷烟厂的上诉,赵继康答辩称:其起诉并未超过诉讼时效。曲靖卷烟厂请求二审法院确认《五朵金花》剧本著作权归属于国家,但其一审时并未提出反诉,二审中对此请求依法不应审理。况且此请求属确认之诉,根据《中华人民共和国民事诉讼法》第108条之规定,能够提起该诉的必须是直接利害关系人,即权利人或权利人的授权委托人,曲靖卷烟厂无权主张。

二审判理和结果

二审判决认为,赵继康关于要求曲靖卷烟厂公开其近年"五朵金花"香烟的赢利总额,以合理的百分比向其补偿,并与其签订许可使用合同的诉讼请求在一审举证期限内并未提出,属二审中新增的诉讼请求,依法不在二审审理范围。赵继康是电影文学剧本《五朵金花》的著作权人,曲靖卷烟厂主张该剧本属国家享有著作权的法人作品或职务作品证据不足,不能成立。赵继康作为著作权人可在法定著作权保护期限内向法院请求保护其合法权益,但其主张对其作品名称适用著作权法保护缺乏法律依据。"独创性"并非判断作品名称是否独立享有著作权的惟一标准,况且单独的作品名称"五朵金花"四字因字数有限,不能囊括作品的独创部分,不具备法律意义上"作品"的要素,不具有作品属性,不应受著作权法保护。如果对其适用著作权法保护将有碍社会公共利益,与著作权法的立法原则和精神不符。本案《五朵金花》电影剧本的著作权和"五朵金花"商标的商标权是分属不同领域、性质不同的两种权利。在著作权法领域,不同作者基于各自的创作可以产生名称相同但形式、内容不同的作品;在不同领域则产生性质不同的权利,不能适用著作权法调整分属不同权利领域的法律问题。又因赵继康不是市场经营主体,与曲靖卷烟厂之间不存在市场竞争关系,本案也不应适用《中华人民共和国反不正当竞争法》调整。一审判决认定事实清楚,适用法律正确,应予维持。据此判决:驳回上诉,维持原判。

评析

本案涉及的焦点问题在于:

(一)赵继康是否是电影文学剧本《五朵金花》的著作权人

我国著作权法第11条规定,除法律另有规定以外,著作权属于作者。创作作品的公民是作者。由法人或者其他组织主持,代表法人或其他组织意志创作,并由法人或者其他组织承担责任的作品,法人或者其他组织视为作者。如无相反证明,在作品上署名的公民、法人或者其他组织为作者。从此条规定看出,我国法律关于"作者"的认定是以署名制为主。由于《五朵金花》剧本自创作完成至今,署名人一直为季康、公浦,没有第三人就该著作权的权属问题主张权利,而曲靖卷烟厂也未能提出充分的证据否定赵继康是剧本《五朵金花》的作者,故赵继康作为该剧本的作者之一,依法享有著作权。

(二)曲靖卷烟厂将"五朵金花"作为商标使用的行为是否侵犯著作权人依法享有的著作权

世界各国对作品名称是否受著作权法保护的规定以及实践存在差异。明确以立法形式对作品名称给予著作权法保护的代表国家是法国。法国1957年著作权法第5条规定:"智力作品的标题只要具有独创性,同作品一样受本法保护。"前东德的著作权法也规定有创造性的标题受著作权法保护。而在一些英美法系国家,如美国,从它的判例中反映出美国法院不对作品标题给予著作权法保护。在电影《星球大战》的版权人诉里根政府的"星球大战"计划侵犯其作品标题的著作权一案中,美国法院认为《星球大战》电影和"星球大战"计划虽然名称相同,但相同的名称下包含的内容却各不相干,反映出美国法院的一个观点,即"一部文字作品的简单标题不是版权保护的客体"。该案以电影《星球大战》的版权人败诉告终。我国著作权法对作品名称是否单独受著作权法保护没有明文规定,之前的司法实践中也未遇到同样的问题。在著名的"娃哈哈"一案中,所涉及的也不是作品名称的著作权的问题。本案的发生引发了理论界对此问题的争论。一种观点认为,对作品名称是否给予著作权法保护应视该标题是否具有独创性而定,如果是由作者通过创造性的脑力劳动独立完成的名称,应该受到著作权法保护。国家版权局版权管理司给本案一审法院的回函即持此种观点。另一种观点则认为作品名称和作品是一个统一的整体,名称只是作品的一部分,不能脱离作品整体而单独成为著作权法的客体,不应单独受到著作权法保护。

审理本案的两级法院的观点均和上述后一种

观点类似，并就该观点请示了最高人民法院。终审判决认为，根据我国著作权法的规定，著作权法保护的客体是作品。所谓“作品”，根据《中华人民共和国著作权法实施条例》第2条的定义，是指“文学、艺术和科学领域内具有独创性并能以某种有形形式复制的智力成果”，故一部受著作权法保护的作品，除具有独创性外，还要能独立表达意见、知识、思想、感情等内容，使广大受众从中了解一定的讯息，不应当仅是文字的简单相加。如果把是否具有独创性作为判断作品名称是否享有著作权的惟一标准，可能造成作品名称有独立于作品的著作权，即如果作品名称具有独创性，则作品名称有一个独立的著作权、正文又有一个著作权，那么基于同一部作品，相同的作者可以享有两个或两个以上的著作权，这既不符合法律逻辑，也不符合法律规定。就本案而言，《五朵金花》剧本是一部完整的文学作品，“五朵金花”四字仅是该剧本的名称，是该剧本的组成部分，读者只有通过阅读整部作品才能了解作者所表达的思想、情感、个性及创作风格，离开了作品的具体内容，单纯的作品名称“五朵金花”因字数有限，不能囊括作品的独创部分，不具备法律意义上的作品的要素，不具有作品属性，不应受著作权法保护。在著作权法领域，不同作者基于各自的创作可以产生名称相同但形式、内容不同的作品；在不同领域则产生性质不同的权利，《五朵金花》剧本和“五朵金花”商标虽然名称相同，但相同名称下的内容以及权利却各不相干，不能适用著作权法调整，否则将会妨碍社会公共利益，与著作权法的立法原则和精神不符。综上所述，赵继康主张曲靖卷烟厂用其作品《五朵金花》的作品名称作为商标使用侵犯其著作权的观点不能成立。

(三)曲靖卷烟厂将“五朵金花”作为商标使用的行为是否属不正当竞争行为

虽然国家版权局版权管理司的函认为作品名称应受反不正当竞争法调整，但反不正当竞争法调整的是平等的市场经营主体间在市场竞争中发生的法律关系，目的是保障社会主义市场经济健康发展，鼓励和保护公平竞争，制止不正当竞争行为，保护经营者和消费者的合法权益，而赵继康并非市场经营主体，与曲靖卷烟厂也不存在竞争关系，此行为不属于不正当竞争行为。

(四)赵继康是否因起诉超过诉讼时效而丧失胜诉权

最高人民法院《关于审理著作权民事纠纷案件适用法律若干问题的解释》第28条的规定，侵犯著作权的诉讼时效为两年，自著作权人知道或者应当知道侵权行为之日起计算。权利人超过两年起诉的，如果侵权行为在起诉时仍在持续，在该著作权保护期内，人民法院应当判决被告停止侵权行为；侵权赔偿数额应当自权利人向人民法院起诉之日起向前推算二年计算。由于“五朵金花”牌香烟至今仍在生产、销售，且《五朵金花》剧本的著作权保护期未满，而赵继康的诉讼请求之一即要求曲靖卷烟厂停止侵权，未请求赔偿，故曲靖卷烟厂主张本案因赵继康起诉时超过诉讼时效，从而丧失胜诉权的理由不能成立。

总而言之，著作权是一种由法律设定的权利，无论是权利范围以及侵权行为的表现形式，法律都以明文列举的方式进行界定。在庭审中，曲靖卷烟厂直言承认自己注册“五朵金花”商标就是为了借助同名电影的知名度扩大商标知名度，促进产品销量。笔者认为，这种借助文学作品知名度的行为动机与直接针对文学作品本身的著作权侵权行为是有本质区别的，如将这种行为归入著作权法的调整范围并不符合著作权法的立法本意。但如果用反不正当竞争法调整同样不符合该法明文规定的调整范围。民法中有公平原则、权利义务对等原则，民间也常说“世上没有白吃的午餐”，但到底作品名称是否有“权”，有什么样的权，应当如何保护？这些都不是司法机关可以在个案中解决的问题。本案的发生给立法者和执法者都提出了全新的问题：作品名称是否应当单独受法律保护；利用他人著名作品的名称注册商标，或进行其他商业运作的行为如何作法律界定，是否构成侵权；如果具有独创性的作品名称受法律保护，该受何法保护，其独创性如何认定，如何保护社会公共利益等等。以上问题我们期待能够在今后的立法中找到答案。

(云南省高级人民法院民三庭　木向宏、包靖秋撰稿)

南京先登医药科技开发有限责任公司诉江苏聚荣制药集团公司技术合同纠纷案

上诉人(原审被告、反诉原告)：江苏聚荣制药集团公司(简称聚荣公司)

被上诉人(原审原告、反诉被告)：南京先登医药科技开发有限责任公司(简称先登公司)

一审案号：南京市中级人民法院(2002)宁民三初字第173号

二审案号：江苏省高级人民法院(2003)苏民三终字第086号

要义

本案裁判的意义在于，在技术转让合同纠纷案件中，在合同履行期间，发生了行政法规、政策的变化，如何正确适用《合同法》第94条第1项关于“因不可抗力致使不能实现合同目的”的规定。仅仅发生不可抗力，但未致使不能根本实现合同目的的，不能简单认定合同无效。

案情

一审诉辩主张

原告先登公司诉称：先登公司与聚荣公司于2001年8月27日签订了《二类新药盐酸洛美利嗪原料及片剂合作开发协议》，并于同日生效。原告按该协议约定向被告提交了全套临床前研究资料原件，且于2002年9月23日获国家药品监督管理局（下简称国家药监局）《新药临床研究申请批件》，并于同年10月15日将该批件传真给被告，经电话确认被告已收到。但被告聚荣公司未依照双方协议第二条3.（3）约定，在一周内向原告支付技术转让费65万元。11月15日，原告再次以特快专递方式向被告寄交临床批件，并进行公证，被告于次日收到该邮件，但仍未依约履行给付65万元，已构成违约，故请求被告聚荣公司按照双方协议约定，立即支付技术转让费65万元，并承担本案诉讼费用。

被告聚荣公司辩称：1. 按照有关规定，转让新药技术，转让方必须是新药证书（正本）的拥有者，而原告在签订转让协议时，尚未获得新药证书，故双方协议违反了规章的强制性规定；2. 协议签订前后分别施行的规章规定了不同新药注册办法和保护规定，被告追求的二类新药8年独家生产的合同预期目的已根本无法实现，符合我国《合同法》规定的“因不可抗力致使不能实现合同目的”相关条款，因此，被告有权解除合同。被告聚荣公司还认为，原告提供的资料不能达到质量标准，故提出鉴定申请，但在庭审时予以撤回。

反诉原告聚荣公司诉称：双方所签订的《二类新药盐酸洛美利嗪原料及片剂合作开发协议》实为技术转让协议，标的为二类新药盐酸洛美利嗪，但由于协议在履行期间，国家规章发生改变，反诉原告所追求的二类新药8年独家生产的合同预期目的已根本无法实现，符合我国《合同法》规定的“因不可抗力致使不能实现合同目的”相关条款，故请求法院判令1. 解除反诉原、被告之间签订的《二类新药盐酸洛美利嗪原料及片剂合作开发协议》；2. 反诉被告立即返还技术转让费65万元；3. 反诉被告承担反诉费用。

反诉被告先登公司针对反诉原告聚荣公司的反诉答辩称，反诉原告所称事实不存在，请求驳回反诉原告的反诉请求。

一审审理查明

2001年8月27日，原告（反诉被告）先登公司与被告聚荣公司（反诉原告）签订《二类新药盐酸洛美利嗪原料及片剂合作开发协议》一份，该协议就技术的内容、范围等双方约定，先登公司已完成二类新药盐酸洛美利嗪原料及片剂临床前研究，于2001年8月申请临床，聚荣公司为本项目的独家生产单位；本协议生效后，先登公司即向聚荣公司提交全套临床前研究资料原件，并保证资料真实可靠，其后，聚荣公司派员到先登公司完成连续三批的合成工艺小试移交；先登公司在2002年10月前获得国家药监局临床批件；先登公司在收到聚荣公司临床试验总结资料后，负责申报生产和申请新药证书工作。新药证书和生产批文在国家药监局生产收审后13个月交付聚荣公司。双方还约定，双方共同负责完成中试和大生产各三批；聚荣公司在收到先登公司临床批件后，在12个月内完成临床试验工作。就价款及支付方式，双方约定，聚荣公司向先登公司支付转让费共计165万元整，支付方式是：在合同签订后一周内支付65万元，获得临床批件一周内支付65万元，获得新药证书一周内支付30万元整，中试和大生产各三批结束后支付5万元整，生产上市2年内，聚荣公司额外奖励先登公司10万元。就风险责任的承担，双方约定由于聚荣公司临床数据造假原因造成该项目不被批准，由聚荣公司承担责任；除临床原因以外，由于其他原因造成本项目不能被批准，全部由先登公司承担责任，并于30日内退还聚荣公司所付款项。双方还就保密事项、技术成果的归属和分享、违约金、赔偿损失等作了相应约定。协议载明，合同经双方签字盖章后立即生效。

签约当日，先登公司即依约交付盐酸洛美利嗪原料及片剂全部资料，聚荣公司也依约给付首批价款65万元。

2002年4月17日，先登公司发信给聚荣公司称，为使先登公司享受一些优惠政策，故要求将该协议的名称由“合作开发”改为“转让”，其他内容一字不变，聚荣公司同意了这一要求。

2002年9月23日，国家药监局就盐酸洛美利嗪及片剂下发新药临床研究申请批件，先登公司收到后，先后用传真和特快专递方式转交聚荣公司，并要求聚荣公司依照约定给付第二批价款65万元，但同年11月10日，聚荣公司发函先登公司，认为“由于国家药监局的注册法规的变更，导致我们的盐酸洛美利嗪原料及片剂合作失败”，从而拒付第二批价款65万元。

另查明，截至目前，共有108家单位申报的“盐酸洛美利嗪”药品临床研究申请获得国家药监局药品审评中心的受理，但尚无一家单位获得新药注册批件，获准批准生产。

再查明，在双方当事人履行合同的过程中，国家审批药品相关规章发生改变，涉及本案主要体现在：1.2002年12月1日前，新药的审批、保护施行1999年4月22日发布的《新药审批办法》和《新药保护和技术转让的规定》，其后，施行《药品注册管理办法》（试行）（下简称新办法）；2. 新办法取消了《新药审批办法》中化学药品五项分类;3. 新办法取消了《新药保护和技术转让的规定》中二类新药的8年保护期,但规定国家药监局根据保护公众健康的要求,可以对批准生产的新药设立不超过5年的监测期,对该新药的安全性继续进行监测。监测期内的新药,国家药监局不批准其他企业生产和进口;4.《新药审批办法》规定:二类新药临床研究的申请经批准后,由国家药监局公告。各省级药品监督管理部门自公告之日起应停止对同一品种临床研究申请的受理,此前已经受理的品种可以继续审评。新办法规定:新药进入监测期后,国家药监局不再受理其他申请人同品种的新药申请。新药进入监测期时,国家药监局已经批准其他申请人进行药物临床研究的,该申请可以按照药品注册申报与审批程序继续办理;已经受理但尚未批准其他申请人药物临床研究的,该项申请应当予以退审。

一审判理和结果

南京市中级人民法院根据上述事实和证据认为:(一)本案双方当事人所签订的合同虽在签订时名称为合作开发合同,但纵观整个纠纷的起因,系在阶段性成果转让过程中发生的纠纷,应确定为技术转让合同纠纷。(二)规章的改变给本案双方当事人在合同履行利益上造成一定影响,但这种影响是有限的,属正常合同风险,尚不足以对聚荣公司预期所获利益产生本质影响,并造成合同目的根本无法实现。(三)被告聚荣公司认为,按照有关规定,转让新药技术,转让方必须是新药证书(正本)的拥有者,而原告在签订转让协议时,尚未获得新药证书,故双方协议违反了规章的强制性规定的答辩理由无法律依据,本院不予采纳。(四)被告聚荣公司辩称原告先登公司提供的技术不能达到质量标准的该抗辩理由无事实依据,本院亦不予采纳。综上所述,原、被告(反诉原、被告)双方签订的技术转让合同合法有效,双方应依约履行。先登公司依约在获得临床批件后,交付聚荣公司,聚荣公司未依照双方合同的约定,给付先登公司第二期价款65万元,构成违约,应承担继续履行等违约责任,原告先登公司的诉讼请求应予支持。聚荣公司的抗辩和反诉请求法律依据不足,本院不予支持。

南京市中级人民法院依照《中华人民共和国民法通则》第88条第1款、第111条;《中华人民共和国合同法》第8条、第94条第1项、第107条、第342条、第352条之规定,判决如下:(一)被告聚荣公司在本判决生效之日起十日内,给付原告先登公司技术转让费65万元;(二)驳回反诉原告聚荣公司反诉的诉讼请求。本案本诉、反诉诉讼费各11 510元,均由被告(反诉原告)聚荣公司负担。

上诉与答辩

上诉人聚荣公司上诉称:一审认定事实和适用法律均有错误,请求二审法院改判。具体理由:1. 一审判决认定依据不足,理由不当。本案协议履行过程中出现了不可抗力和情势变更,技术项目无法得到批准,上诉人合同目的根本无法实现,应当解除合同;2. 一审认定事实错误必然导致适用法律错误;3. 一审判决未解除协议是不公正和不公平的。

被上诉人先登公司的主要答辩称:一审认定事实清楚,新的审批办法更加有利于上诉人,不存在合同目的无法实现的问题。且一审适用法律条款准确无误,请求二审法院依法驳回上诉,维持原判。

二审审理查明

江苏省高级人民法院经公开开庭审理,确认了一审法院所采信的证据和所查明的事实,双方当事人没有提出新的证据和事实。

二审判理和结果

江苏省高级人民法院经审理认为:(一)政策的调整并无导致本案的合同目的无法实现。政策的调整前后,聚荣公司均不存在独家垄断生产盐酸洛美利嗪的情形,因此,聚荣公司认为合同目的根本无法实现没有依据。相反,先登公司在取得临床批件后及时交聚荣公司,按照协议聚荣公司必须在13个月内完成临床试验,最终将临床试验数据交先登公司共同申报新药证书和生产批文,但聚荣公司怠于履行,从而使得取得新药证书和生产批文的合同目的至今未能实现,聚荣公司应承担相应法律后果。(二)一审中认定本案不属于不可抗力导致合同目的无法实现正确,情势变更不应包括在合同法第94条所规定的"法律规定的其他情形"中,上诉人主张适用情势变更导致合同目的无法实现无法律依据。(三)先登公司要求聚荣公司支付65万元转让费符合双方的约定,应予支持。据此,江苏省高级人民法院认为,聚荣公司的上诉理由均不成立,一审认定事实清楚、证据确凿、适用法律并无不当,应予维持。依照《中华人民共和国民事诉讼法》第153条第1款第1项之规定,判决如下:驳回上诉,维持原判。

评析

本案涉及的焦点问题在于:

(一)本案案由的确定

本案双方当事人所签订的合同名称虽为合作开发合同,但纵观整个纠纷的起因,系先登公司在转让盐酸洛美利嗪原料和片剂生产技术的阶段性成果过程中发生的,一方当事人是否依照约定履行相关义务发生的纠纷。即使可以认为在该成果转让结束后,受让方聚荣公司有与转让方先登公司共同后续开发的行为，但应注意到，本合同有两个阶段，第一个阶段是阶段性成果的转让，第二个阶段，即真正进入临床研究后，双方才应有合作开发的行为，但实际上，在转让阶段，双方即发生纠纷，故本案应确定为技术转让纠纷为妥。

需要补充的是，合同中开宗明义即称："就二类新药盐酸洛美利嗪原料及片剂签订转让协议"，且合同订立后，先登公司要求将合同名称改为转让协议，聚荣公司无异议，此进一步可以断定，本案的案由应为技术转让合同，且为阶段性技术成果的转让合同。

(二)本协议的签订是否违反了相关法律行政法规的强制性规定

被告聚荣公司辩称：按照有关规定，转让新药技术，转让方必须是新药证书(正本)的拥有者，而原告在签订转让协议时，尚未获得新药证书，故双方协议违反了行政规章的强制性规定。笔者认为：依照《办法》第124条相关规定，新药技术转让，虽是指新药生产技术的转让方应当是新药证书的持有者，但该办法并未禁止新药技术的阶段性成果的转让，且其他法律法规也无相关禁止性规定，故此，本案当事人就盐酸洛美利嗪技术的阶段性成果的转让意思表示一致，且不违背法律、行政法规的强制禁止性规定，应为有效，被告聚荣公司的答辩理由无法律依据。

(三)被告(反诉原告)认为由于不可抗力致使双方合同预期目的已根本无法实现的主张能否成立

这是本案的主要问题。我国《合同法》第94条第1项规定，因不可抗力致使不能实现合同目的，当事人可以解除合同。这是一项法定解除的事由。法定解除，指合同生效后，没有履行或者未履行完毕前，当事人在法律规定的解除条件出现时，行使解除权而使合同关系消灭。① 不可抗力，系指自然灾害的发生或法律、政令的变化等无法预见、不能避免并不能克服的外界力量或意外事件。但这里应注意的是，虽然有不可抗力的发生，如果不可抗力致使合同目的完全不能实现的，自然可导致合同单方有权解除。如果不可抗力致使合同目的并非完全不能实现的，不一定导致合同的解除，"可导致合同的变更，免除债务人的部分合同义务"②，双方当事人协商一致解除的除外。

合同法以上的规定较以前《技术合同法》的规定并无实质上的变化，但较原先的规定更加明确和详细，所传达出的信息也更加清楚。原《技术合同法》第24条规定：发生不可抗力，致使技术合同的履行成为不必要或者不可能的，当事人有权通知另一方解除合同。两相对比不难发现，不可抗力的发生固然影响了合同的履行，但只有在根本无法实现合同目的的情况下，才能导致合同的解除。该规定体现了保护交易，不轻易的解除合法订立的合同的立法宗旨。"市场经济是由无数个具体的交易组成，交易的频率和数量常常是决定市场是否活跃、发达的标志。"③ 同时，交易行为还需要理性主体对交易相对方的稳定期待和信赖。鼓励交易，当事人才能积极、主动的从事交易，实现自身的经济利益乃至实现自我价值。"合同的解除意味着一项交易的失败，当事人期望的落空。"④ 因此，有必要严格限制合同的解除条件。不可抗力事件的发生，对履行合同的影响有大有小，对合同效力的影响，需结合案情进行综合的评定。

本案双方合同主要是围绕盐酸洛美利嗪原料和片剂的生产技术的转让所签订，纠纷也在转让过程中发生，对于转让方先登公司而言，其主要义务是交付技术全套资料以及提供国家药监局临床批件，其主要权利是获得相应价款。对于受让方而言，其主要义务是依约给付价款，其主要权利是获得技术，相关联的是在取得技术的同时获取预期的经济效益。新《办法》施行之前，在获得新药生产的批准同时，聚荣公司还可获得新药批准生产的相关联的利益，这种利益包括：1. 获得二类新药证书；2. 获得二类新药的8年保护期，当然是自国家药品监督管理局批准颁发的第一个新药证书之日算起。如聚荣公司取得的不是第一个新药证书，其保护期应不足8年。在保护期内的新药，未得到新药证书(正本)拥有者的技术转让，任何单位和个人不得仿制生产，药品监督管理部门也不得受理审批；3. 新药临床研究的申请经批准后，由国家药品监督管理局公告。各省级药品监督管理部门自公告之日起应停止对同一品种临床研究申请的受理，此前已经受理的品种可以继续审评。这意味着，在本案新药技术有一家获得临床研究的批准后，国家药监局已不再接收同一品种临床研究的受理，从而使得聚荣公司将在一定程度上获得一种相对垄断生产的权利。本案涉及的关键问题是，在双方当事人履行合同的过程中，国家相关法规发生改变，从而导致合同在履行时，不可避免的对合同双方当事人的权利义务发生一定的影响。

新《办法》施行后，聚荣公司主要的权利、义务不发生较大的变化，但其相关联的利益发生了改变，这表现在：1. 可能获得新药证书，以取代二类

---

① 胡康生主编：《中华人民共和国合同法释义》. 法律出版社出版，155页。

② 最高人民法院经济审判庭编著，李国光主编：《合同法释解与适用》上册．新华出版社出版，368页。

③ 最高人民法院经济审判庭编著，李国光主编：《合同法释解与适用》上册．新华出版社出版，2页。

④ 最高人民法院经济审判庭编著，李国光主编：《合同法释解与适用》上册．新华出版社出版，4页。

新药证书;2.8年的保护期改为不超过5年的监测期,起算时间不变;3. 在已获临床研究的单位中,如有一家获得了新药批准生产批件,其余未获临床研究批件的,将面临退审,相对垄断生产的情况不发生变化,但竞争者的数量可能发生某些变化。从理论上,在《办法》未施行前,已经受理的108家单位均有可能最终获得生产的批准,但实际上就承办人对相关专家咨询来看,108家可能考虑到市场因素,或者因为申报资料不全等原因,不一定都会成为聚荣公司未来的竞争者。《办法》施行后,如果有一家率先获得新药批准生产批件,108家已获受理的单位中,未取得临床研究批件的,将面临退审的局面,已取得临床研究批件的,将在理论上都可获得新药生产批件,成为聚荣公司未来的竞争者。因此,从竞争者数量的意义上来说,聚荣公司不会有太大影响。

综上,对于以上1、3利益而言,对聚荣公司影响不大,甚至在第3项利益上,从理论上,聚荣公司可能获得比《办法》施行前更大的利益。对聚荣公司利益影响最大的,就是第2项利益,即从8年保护期改变为5年以下的保护期(据专家咨询意见,这项技术的监测期可能是4年)。

通过以上分析,笔者认为,本案双方当事人所签的合同虽然由于国家政令的变化,发生了不可抗力的事实,但对于双方当事人,均不一定面临合同目的根本无法实现的情形。对于本案,形成了三种处理方式:一是应认定发生了情势变更的情形。虽然新合同法取消了情势变更的规定,但可以适用合同法中公平原则的条款予以调整,对其合同作适当的变更。① 二是认为虽然发生了不可抗力,但该不可抗力并未导致合同目的根本无法实现,判决聚荣公司的抗辩和反诉不能成立,支持先登公司的诉讼请求和对反诉的抗辩。三是认为法定解除理由成立,支持聚荣公司的抗辩和反诉理由。

笔者倾向于第一种处理意见,该处理方式较其他两种处理方式似更加公平一些,但问题在于,在当事人均未提出该项主张的前提下,直接对合同内容进行变更于法无据,这涉及当事人诉讼技巧的合理选择。最终,一、二审法院均未采纳该意见,但本案中出现的问题值得进一步探讨。

(江苏省南京市中级人民法院民三庭　夏雷撰稿)

著作权纠纷案例与评析

黑龙江省饶河县四排赫哲族乡人民政府诉郭颂等侵犯著作权纠纷案

上诉人(原审被告):郭颂

上诉人(原审被告):中央电视台

被上诉人(原审原告):黑龙江省饶河县四排赫哲族乡人民政府(简称四排赫哲族乡政府)

原审被告:北京北辰购物中心

一审案号:北京市第二中级人民法院(2001)二中知初字第223号

二审案号:北京市高级人民法院(2003)高民终字第246号

要义

本案裁判的第一个意义在于:一、二审法院均支持了黑龙江省饶河县四排赫哲族乡人民政府有权提起对赫哲族民间文学艺术作品保护的诉讼的主张。因为四排赫哲族乡政府是依据我国宪法和特别法在少数民族聚居区内设立的乡级地方国家政权,其既是赫哲族部分群体的政治代表,也是赫哲族部分群体公共利益的代表。在赫哲族民间文学文艺作品可能受到侵害时,四排赫哲族乡政府可以以自己的名义提起诉讼。本案裁判的第二个意义在于:法院判决要求郭颂、中央电视台以任何方式再使用《乌苏里船歌》时应当注明"根据赫哲族民间曲调改编",郭颂、中央电视台在有关报刊上发表有关《乌苏里船歌》系根据赫哲族民间曲调改编的声明;驳回四排赫哲族乡政府赔偿精神和经济损失的要求。

案情

法院审理查明

《想情郎》是一首世代流传在乌苏里江流域赫哲族中的民间曲调,于20世纪50年代末第一次被记录下来。同一时期还有与上述曲调基本相同的赫哲族歌曲《狩猎的哥哥回来了》。1962年,郭颂、汪云才、胡小石到乌苏里江流域的赫哲族聚居区进行采风,在包括《想情郎》等在内的赫哲族民间曲调基础上,创作完成了《乌苏里船歌》音乐作品。

1999年11月12日,中央电视台与南宁市人民政府共同主办了"'99南宁国际民歌艺术节"开幕式晚会。在郭颂演唱《乌苏里船歌》之前,中央电视台一位节目主持人称《乌苏里船歌》是根据赫哲族音乐元素创作的歌曲之后,中央电视台另一位节目主持人说"《乌苏里船歌》明明是一首创作歌曲,但我们一直以为它是赫哲族人的传统民歌。"北京北辰购物中心(简称北辰购物中心)销售了刊载有《乌苏里船歌》音乐作品的有关出版物,署名方式均为"作曲:汪云才、郭颂"。

2001年10月23日,四排赫哲族乡政府向北

① 这种观点在江平教授等专家的论著和演讲中多有涉及。

京市第二中级人民法院提起诉讼。四排赫哲族乡政府认为,《乌苏里船歌》是赫哲族人民在长期劳动和生活中逐渐产生的反映赫哲族民族特点、精神风貌和文化特征的民歌,属于民间文学艺术作品,应受著作权法保护。郭颂、中央电视台、北辰购物中心的行为侵犯了其著作权。请求判令:1.被告在中央电视台播放《乌苏里船歌》数次,说明其为赫哲族民歌,并作出道歉;2.被告赔偿原告经济损失四十万元,精神损失十万元;3.被告承担本案诉讼费以及因诉讼支出的费用八千三百零五元四角三分。在庭审过程中,原告主张《乌苏里船歌》的曲调是根据赫哲族民歌改编而成的。

一审期间,中国音乐著作权协会对涉案音乐作品进行了鉴定。鉴定结论为:"1.《乌苏里船歌》的主部即中部主题曲调与《想情郎》、《狩猎的哥哥回来了》的曲调基本相同,《乌苏里船歌》的引子及尾声为创作;2.《乌苏里船歌》是在《想情郎》、《狩猎的哥哥回来了》原主题曲调的基础上改编完成的,应属改编或编曲,而不是作曲。"

一审判理和结果

北京市第二中级人民法院认为,以《想情郎》和《狩猎的哥哥回来了》为代表的赫哲族民间音乐曲调,作为民间文学艺术作品应受法律保护。

鉴于民间文学艺术作品的权利主体状态的特殊性,为维护本区域内的赫哲族公众的权益,在体现我国宪法和特别法律关于民族区域自治法律制度的原则,且不违反法律禁止性规定的前提下,原告作为民族乡政府,可以以自己的名义提起诉讼。

与《想情郎》曲调相比,《乌苏里船歌》体现了极高的艺术创作水平,其作品整体的思想表达已发生了质的变化。郭颂作为该作品的合作作者之一,享有《乌苏里船歌》音乐作品的著作权。

但是根据鉴定结论,《乌苏里船歌》主部即中部主题曲调与《想情郎》、《狩猎的哥哥回来了》的曲调基本相同。因此,《乌苏里船歌》系改编完成的作品。

郭颂在'99南宁国际民歌艺术节开幕式晚会的演出中对主持人意为《乌苏里船歌》系郭颂原创作品的失当的"更正性说明"未做解释,同时对相关出版物中所标注的不当署名方式予以认可,且在本案审理中坚持认为《乌苏里船歌》曲调是其原创作品,其上述行为表明郭颂是有过错的。

在中央电视台主办的'99南宁国际民歌艺术节开幕式晚会上,主持人发表的陈述与事实不符,应采取适当的方式消除影响。

北辰购物中心销售了载有未注明改编出处的《乌苏里船歌》音乐作品的出版物,应停止销售行为。但其主观上没有过错,不应承担赔偿责任。

鉴于民间文学艺术作品具有其特殊性,且原告未举证证明被告的行为造成其经济损失,故对原告关于要求三被告公开赔礼道歉、赔偿经济损失和精神损失的主张不予支持。但郭颂、中央电视台还应承担原告因诉讼而支出的合理费用。

2002年12月27日,北京市第二中级人民法院依照《中华人民共和国民法通则》第4条、第134条第1款第9项和2001年10月27日修正前的《中华人民共和国著作权法》第6条、第12条之规定,判决:(一)郭颂、中央电视台以任何方式再使用音乐作品《乌苏里船歌》时,应当注明"根据赫哲族民间曲调改编";(二)郭颂、中央电视台在《法制日报》上发表音乐作品《乌苏里船歌》系根据赫哲族民间曲调改编的声明;(三)北辰购物中心立即停止销售任何刊载未注明改编出处的音乐作品《乌苏里船歌》的出版物;(四)郭颂、中央电视台各给付四排赫哲族乡政府因本案诉讼而支出的合理费用一千五百元;(五)驳回四排赫哲族乡政府的其他诉讼请求。

上诉情况

郭颂上诉认为,四排赫哲族乡政府不具备原告的主体资格;中国音乐著作权协会所作的鉴定存在问题;一审判决适用法律错误。请求二审法院驳回被上诉人的诉讼请求。

中央电视台上诉认为:四排赫哲族乡政府不具备原告的主体资格;上诉人已经尽到了合理的审查义务,不构成侵权行为。

二审判理和结果

世代在赫哲族中流传、以《想情郎》和《狩猎的哥哥回来了》为代表的赫哲族民间音乐曲调形式,属于民间文学艺术作品,应当受到法律保护。涉案的赫哲族民间音乐曲调形式作为赫哲族民间文学艺术作品,是赫哲族成员共同创作并拥有的精神文化财富。它不归属于赫哲族某一成员,但又与每一个赫哲族成员的权益有关。该民族中的任何群体、任何成员都有维护本民族民间文学艺术作品不受侵害的权利。四排赫哲族乡政府作为一个民族乡政府是依据我国宪法和法律的规定在少数民族聚居区内设立的乡级地方国家政权,可以作为赫哲族部分群体公共利益的代表。故在符合我国宪法规定的基本原则、不违反法律禁止性规定的前提下,四排赫哲族乡政府为维护本区域内的赫哲族公众的权益,可以自己的名义对侵犯赫哲族民间文学艺术作品合法权益的行为提起诉讼。

著作权法上的改编,是指在原有作品的基础上,通过改变作品的表现形式或者用途,创作出具有独创性的新作品。改编作为一种再创作,应主要是利用了已有作品中的独创部分。对音乐作品的改编而言,改编作品应是使用了原音乐作品的基本内容或重要内容,应对原作的旋律作了创造性修改,却又没有使原有旋律消失。根据鉴定报告关于《乌苏里船歌》的中部乐曲的主题曲调与《想情郎》和《狩猎的哥哥回来了》的曲调基本相同的鉴定结论，以及《乌苏里船歌》的乐曲中部与《想情郎》和《狩猎的哥哥回来了》相比又有不同之处和创新之处的事实，《乌苏里船歌》的乐曲中部应系根据《想情郎》和《狩猎的哥哥回来了》的基本曲调改编而成。《乌苏里船歌》乐曲的中部是展示歌词的部分，且在整首乐曲中反复三次，虽然《乌苏里船歌》的首部和尾部均为新创作的内容，且达到了极高的艺术水平，但就《乌苏里船歌》乐曲整体而言，如果舍去中间部分，整首乐曲也将失去根本，因此可以认定《乌苏里船歌》的中部乐曲系整首乐曲的主要部分。在《乌苏里船歌》的乐曲中部系改编而成、中部又构成整首乐曲的主部的情况下，《乌苏里船歌》的整首乐曲应为改编作品。郭颂关于《乌苏里船歌》与《想情郎》、《狩猎的哥哥回来了》的乐曲存在不同之处和创新之处且在表达上已发生了质的变化的上诉理由，并不能否定《乌苏里船歌》的乐曲基本保留了赫哲族民歌基本曲调的事实，郭颂上诉认为中国音乐著作权协会所做的鉴定在实体上存在问题，与事实不符。郭颂关于《乌苏里船歌》的首部和尾部均为创作、其整首乐曲在结构上为单三部曲式因而全曲不应认定为改编作品的上诉主张不能成立，本院不予支持。

中央电视台主持人的陈述虽然已经表明《乌苏里船歌》系根据赫哲族音乐元素创作的歌曲，但主持人陈述的本意仍为《乌苏里船歌》系郭颂原创，主持人发表的陈述与事实不符。中央电视台对其工作人员所发表的与事实不符的议论，应当采取适当的方式消除影响。原审法院判决中央电视台在法制日报上发表更正声明、酌定由中央电视台承担部分诉讼费并无不当。

综上，原审判决认定事实清楚，适用法律正确。郭颂、中央电视台所提上诉理由均不能成立，对其上诉请求，本院均不予支持。依据《中华人民共和国民事诉讼法》第 153 条第 1 款第 1 项之规定，判决：驳回上诉，维持原判。

评析

本案的焦点在于：一是赫哲族乡政府是否有权提起对赫哲族民间文学艺术作品保护的诉讼？二是对民间文学艺术作品保护到何种程度？

（一）关于赫哲族乡政府的主体资格问题

根据民事诉讼法的规定，原告与本案有直接利害关系是原告提起诉讼应具备的条件。所谓有直接利害关系，是指原告是为了保护自己的民事权益。因此，原告是所主张权利的享有者是合格的诉讼当事人的前提。但是，由民间文学艺术作品的特点所决定，创作民间文学艺术作品的作者不是特定的个人或几个人，而是由某个民族或某个地区的社会群体经过世代相传、逐渐创作出来的，并且这种创造持续地进行着。因此，其权利主体具有不确定性。由于国务院有关民间文学艺术作品的著作权保护办法尚未出台，没有有关由哪个部门、团体或者个人来行使民间文学艺术作品著作权的具体法律依据。而著作权法又明确规定，对民间文学艺术作品要给予法律保护。因此，在目前的状态下，要执行著作权法，保护民间文学艺术作品，就不能拘泥于现行民事诉讼法关于当事人主体资格的规定。另一方面，还应注意到，民间文学艺术作品与某一区域的群体有无法分割的历史和心理联系。赫哲族世代相传的民间曲调是赫哲族成员共同创作并拥有的精神财富。它虽然不属于赫哲族某一成员，但又与每一个赫哲族成员的权益相关。该民族的任何群体、任何成员都有维护本民族民间文学艺术作品不受侵害的权利。原告作为民族乡政府是依据我国宪法和法律在少数民族聚居区内设立的乡级地方国家政权，它既是赫哲族部分群体的政治代表，也是赫哲族部分群体公共利益的代表。故在赫哲族民间文学艺术作品著作权可能受到侵害时，鉴于民间文学艺术作品权利主体状态的特殊性及我国法律规定的现状，为维护赫哲族公众的利益，应当允许原告提起诉讼有利于对民间文学艺术作品的诉讼。

（二）关于民间文学艺术作品保护程度问题

确定民间文学艺术作品的保护程度，应考虑以下因素：第一，国务院尚未就民间文学艺术作品的保护办法作出具体规定。因此，对这类作品如何保护、保护到何种程度并无明确、具体的法律依据。第二，民间文学艺术作品著作权的权利范围有多大，理论上有争议。不少人认为，应保护到授予权利主体以复制权、翻译权，以及与此相应的传播权和付酬权。是否授予经济权利意义上的改编权，则存在着不同认识。当然，民间文学艺术作品的改编者在使用时应注明根据什么作品改编的，并无争议。第三，在这起案件之前，人们对什么是民间文学艺术作品、我国法律是否保护民间文学艺术作品认识并不足。因此，在这起案件中，确定对争议的赫哲族民间曲调《想情郎》、《狩猎的哥哥回来了》给予什么保护要慎重。正是基于上述考虑，法院仅通过判决确认《乌苏里船歌》为改编作品，判令被告在使用该作品时应注明出处，并要求被告通过媒体向公众作出声明。

（北京市高级人民法院民三庭 张冬梅撰稿）

陕西亚新广告传播有限公司诉福州绿野音像有限公司、厦门音像出版社侵犯著作权纠纷案

上诉人（原审被告）：福州绿野音像有限公司

(简称绿野公司)

被上诉人(原审原告):陕西亚新广告传播有限公司(简称亚新公司)

原审被告:厦门音像出版社

一审案号:西安市新城区人民法院(2002)新民初字第2372号

二审案号:陕西省西安市中级人民法院(2003)西民四终字第342号

要义

本案裁判的意义在于影视作品的出版者出版影视作品,必须取得著作权人许可。出版者从著作权许可使用合同的被许可人处获得授权,应对版权来源、授权事项进行审查,未尽注意义务,又不能证明复制、发行有合法授权,则应承担侵权责任。

案情

一审审理查明

亚新公司取得国家广播电影电视总局(军)剧审字(2002)第004号国产电视剧发行许可证,发行《猎豹出击》20集电视连续剧(以下简称《猎》剧),电视剧制作许可证编号043。2002年5月亚新公司同北京随心影视文化传播有限公司(简称随心公司)签订授权合同书,授权随心公司在中国大陆地区LD、DVD、VCD、录像带出版发行《猎》剧,每集15 000元,共计30万元。授权期限2002年1月20日至2010年1月19日共八年,并约定随心公司在取得该节目后,在配合电视台首期播出后即可上市销售。2002年9月22日《猎》剧在武汉新闻经济台首播。2002年8月亚新公司在西安、新疆、宁夏、兰州、河南、北京、山西、天津、河北发现有绿野公司制作总经销,厦门音像出版社发行的《猎》剧20碟装VCD,市场销售价为75元至130元之间。原审法院另查明,厦门音像出版社于2001年7月5日被厦门市工商行政管理局以厦工商处(2001)66号行政处罚决定书决定,吊销其营业执照。

亚新公司起诉认为,绿野公司、厦门音像出版社未经其许可,出版销售《猎》剧VCD,侵犯了其著作权,故诉至法院,请求判令绿野公司、厦门音像出版社立即停止复制、发行、销售《猎》剧VCD,销毁已复制的碟片并在中国广播电视报上向亚新公司公开赔礼道歉,赔偿损失160万元。

一审判理和结果

西安市新城区人民法院审理认为,亚新公司经国家广播电影电视总局许可,对《猎》剧享有发行许可权,绿野公司、厦门音像出版社未经亚新公司许可擅自制作出版发行该VCD碟片,侵犯了亚新公司的著作权。厦门音像出版社虽被吊销营业执照,但并未注销,可以进行诉讼活动。亚新公司要求立即停止复制、发行、销售《猎》剧碟片,销毁已复制的碟片,并在中国广播电视报上向亚新公司赔礼道歉,应予支持;亚新公司要求赔偿损失一节,因亚新公司未提供其实际损失和绿野公司、厦门音像出版社违法所得,参照销售价格和给亚新公司造成影响情况,酌情予以赔偿。依照《中华人民共和国著作权法》第41条、第46条第7款、第47条、第48条之规定,判决:(一)本判决生效后十日内厦门音像出版社、福州绿野音像有限公司立即停止复制、发行、销售《猎豹出击》VCD碟片,并销毁已复制的碟片。(二)本判决生效后一个月内厦门音像出版社、福州绿野音像有限公司在中国广播电视报上向陕西亚新广告传播有限公司公开赔礼道歉(内容由本院核定)。(三)本判决生效后十日内厦门音像出版社、福州绿野音像有限公司赔偿陕西亚新广告传播有限公司损失人民币50万元。诉讼费18 010元由绿野公司、厦门音像出版社负担。

上诉与答辩

绿野公司不服原审判决,提出上诉,其上诉理由是:1.亚新公司已将《猎》剧在中国大陆地区的LD、DVD、VCD录像带的出版发行权转让给随心公司拥有,其已不具备著作权侵权纠纷的主体资格;2.随心公司已将《猎》剧音像制品出版发行权有偿转让给绿野公司,绿野公司是《猎》剧出版发行权的合法拥有者;并请求撤销原判,驳回亚新公司的起诉。

亚新公司答辩称,亚新公司享有《猎》剧的发行权,绿野公司未尽合理注意义务,给其造成损失,亚新公司有权提起诉讼;绿野公司的受让行为无效,并请求驳回上诉,维持原判。

二审审理查明

西安市中级人民法院审理查明,原审判决查明的亚新公司与随心公司签订合同情况及合同约定的内容,武汉电视台首播《猎》剧,2002年8月西安、新疆等城市发现有绿野公司制作总经销、厦门音像出版社发行的《猎》剧VCD、《猎》剧VCD销售价、绿野公司、厦门音像出版社未与亚新公司签订授权合同、厦门音像出版社企业登记情况等事实基本属实。

另查明,亚新公司与武警总队电视艺术中心、长影集团第一影视工作室联合摄制了《猎》剧,电视剧制作许可证编号043,该剧摄制者授权由亚新公司行使音像出版发行权(电影频道电影版权除外)。2002年1月19日亚新公司与随心公司就《猎》剧的出版发行权事宜签订了一份合同书,该合同未就随心公司许可第三人行使同一权利进行约定。2002年5月26日中国人民解放军总政治部宣传部艺术局经对《猎》剧审查后,以(军)剧审字(2002)第004号国产电视剧发行许可证同意《猎》剧在全国范围内播出。2002年9月17日至27日《猎》剧在武汉电视台新闻经济频道首播。

又查明,2002年1月18日绿野公司与随心公司就《猎》剧出版发行权有偿转让给绿野公司签订了一份合同书,约定:授权期限为签订合同之日起三年,授权范围除台湾、香港以外的中国大陆地区LD、DVD、VCD、录像带出版发行权。节目价格为每集16 000元,共计32万元(该费用包括十份宣传画册,一套相关文字资料及剧照)。绿野公司不得将此版权转让给第三方,合同还对其他事宜进行了约定。2002年6月2日随心公司向绿野公司出具了一份授权书,将合同约定的授权期限变更为2002年2月1日至2007年1月29日五年整。2002年7月中旬亚新公司将《猎》剧一套完整母带交给随心公司后,随心公司于当月下旬将其交给绿野公司,绿野公司授权厦门音像出版社出版发行,并由绿野公司总经销。绿野公司称其在2002年9月初已销售《猎》剧VCD数量为4 000至5 000套,但未提供《猎》剧VCD每套成本、销售价格。绿野公司承认《猎》剧VCD出版发行前,对《猎》剧的版权来源、亚新公司与随心公司签订发行《猎》剧VCD合同情况、授权事宜未予审查。

二审判理和结果

西安市中级人民法院审理认为,电影作品和以类似摄制电影的方法创作的作品,是指摄制在一定介质上,由一系列有伴音或者无伴音的画面组成,并且借助适当装置放映或者以其他方式传播的作品,该作品的著作权由制片者享有。本案中《猎》剧的摄制者为亚新公司、中国武警总队电视艺术中心、长影集团第一影视工作室。摄制者授权由亚新公司行使发行权,并未违反法律规定。绿野公司上诉称,亚新公司将《猎》剧在中国大陆地区的VCD等的出版发行权转让给随心公司拥有后已不具备著作权侵权纠纷的主体资格之问题。考虑到亚新公司与随心公司签订的合同书约定了授权期限和授权范围,且对随心公司取得该节目后上市销售期间做了限定条件,因此双方签订的合同系著作权许可使用合同,并非著作权转让合同,由此说明亚新公司作为许可方,仍具备侵犯著作权纠纷案件中的诉讼主体资格。绿野公司此项上诉理由没有事实和法律依据,不能成立。

关于绿野公司是否《猎》剧出版发行权的合法拥有者之问题。绿野公司上诉提出随心公司已将《猎》剧音像制品出版发行权有偿转让给绿野公司,其是《猎》剧出版发行权的合法拥有者。本案中绿野公司虽与随心公司签订了《猎》剧出版发行有偿转让合同,随心公司向绿野公司出具了一份授权书,但从该合同约定的授权范围、授权期限等内容看,亦属于著作权许可合同;同时绿野公司与随心公司签订合同时,对《猎》剧的版权来源、随心公司与亚新公司签订合同情况、授权事宜均未予审查,主观上有一定过错,且绿野公司出版发行《猎》剧,未征得亚新公司同意,加之亚新公司与随心公司签订的著作权许可合同中对出版发行VCD销售期间做了限定,该合同亦未明确再许可的权利。根据《中华人民共和国著作权法》第26条即"许可使用合同和转让合同中著作权人未明确许可、转让的权利,未经著作权人同意,另一方当事人不得行使。"《中华人民共和国著作权法实施条例》第24条即"著作权法第24条规定的专有使用权的内容由合同约定,合同没有约定或者约定不明的,视为被许可人有权排除包括著作权人在内的任何人以同样的方式使用作品;除合同另有约定外,被许可人许可第三人行使同一权利,必须取得著作权人许可"之规定,绿野公司从随心公司受让《猎》剧出版发行权不符合法律规定,故绿野公司并非《猎》剧出版发行权的合法拥有者,其此上诉理由不能成立。

关于本案的损失赔偿额的问题。根据《中华人民共和国著作权法》第48条规定:"侵犯著作权或者与著作权有关权利的,侵权人应当按照权利人的实际损失给予赔偿;实际损失难以计算的,可以按照侵权人的违法所得给予赔偿。赔偿数额还应当包括权利人为制止侵权行为所支付的合理开支。权利人的实际损失或者侵权人的违法所得不能确定的,由人民法院根据侵权行为的情节,判决给予50万元以下的赔偿。"及最高人民法院《关于审理著作权民事纠纷案件适用法律若干问题的解释》第20条第2款"出版者对其出版行为的授权、稿件来源和署名,所编辑出版物的内容未尽到合理注意义务的,依据著作权法第48条的规定,承担赔偿责任。"本案中,绿野公司称其在2002年9月初已销售4 000至5 000套《猎》剧VCD,但未能提供销售数量证据和《猎》剧VCD每套成本及销售价格,致绿野公司的违法所得无法计算,同时亚新公司的实际损失难以确定。绿野公司在上诉状中虽未对赔偿额明确提出异议,但认为其是《猎》剧的音像制品出版发行权的合法拥有者,并请求驳回亚新公司起诉,这表明绿野公司认为其不应向亚新公司赔偿。结合绿野公司实施侵权行为的主观过错程度,绿野公司受让《猎》剧VCD的发行权价格、销售地域、销售价格及《猎》剧的影响程度,根据本案的实际情况,酌情确定绿野公司、厦门音像出版社赔偿亚新公司包括合理费用在内的损失额为40万元。

综上,原审法院判决认定事实基本清楚,适用法律正确,惟在确定损失赔偿额时,未考虑绿野公司与随心公司订立合同之事实及相关情节,酌情按法定最高额度赔偿不当,应予变更。依照《中华人民共和国民事诉讼法》第153条第1款第1项之规定,判决如下:(一)维持西安市新城区人民法院(2002)新民初字第2372号民事判决第一项、第二项;(二)变更西安市新城区人民法院(2002)新民初字第2372号民事判决第三项为:本判决生效后十日内厦门音像出版社、福州绿野音像有限公司赔偿陕西亚新广告传播有限公司损失人民币40万元。逾期给付,加倍支付迟延履行期间的债务利息。

评析

本案涉及的主要问题在于:

(一)关于影视作品著作权的归属问题

著作权属于作者,是著作权归属的一般原则,这是由于著作权系基于智力创作而产生。而电影作品和以类似摄制电影的方法创作的作品不是指电影剧本或脚本,而是指摄制完成的影片。由于摄制一部影片需经多个步骤完成,因此电影作品兼有合作作品的特点。亦就是说电影作品的权利是可以分割的,但制片人的权利主要包括复制权、放映权、广播权、发行权等。根据《著作权法》第15条"电影作品和以类似摄制电影的方法创作的作品的著作权由制片者所有,但编剧、导演、摄影、作词、作曲等作者享有署名权,并有权按照与制片者签订的合同获得报酬。电影作品和以类似摄制电影的方法创作的作品中的剧本、音乐等可以单独使用的作品的作者有权单独行使其著作权。"之规定,本案中《猎》剧的摄制者为亚新公司、中国武警总队电视艺术中心、长影集团第一影视工作室。故《猎》剧的著作权归属于亚新公司、中国武警总队电视艺术中心、长影集团第一影视工作室。

(二)关于亚新公司是否具备起诉主体资格的问题

1. 影视作品发行权的合法取得

《猎》剧制作完成后,著作权人经协商授权由亚新公司负责行使发行权,此系著作权人自愿处分其民事权利,并未违反法律规定,因此亚新公司通过作品合作者的授权及有关部门审查同意后,已依法取得了《猎》剧的发行权。之后随心公司依照《中华人民共和国著作权法》第24条即"使用他人作品应当同著作权人订立许可使用合同……"之规定,同著作权人亚新公司签订了《猎》剧的出版发行合同,对授权情况进行了约定,至此随心公司在亚新公司的授权期限和地域内,取得了《猎》剧的发行权,但其行使发行权的前提是附条件的,即在配合电视台首期播出后才能发行。

2. 亚新公司将《猎》剧授权由随心公司出版后是否具备诉讼主体资格,必须分清著作权许可使用合同与著作权转让合同的区别。著作权许可合同是指著作权人就著作权的部分权能许可他人使用而著作权人取得报酬的协议。包括著作权专有使用权和非专有使用权两种形式。著作权转让合同,是著作权人将财产权的一部或全部转移给他人。本案亚新公司与随心公司签订的合同约定了授权期限和授权范围,且对随心公司取得该节目后上市销售期间做了限定条件,因此从双方签订的合同内容看本案系著作权许可使用合同,并非著作权转让合同。由此说明亚新公司并未丧失《猎》剧的出版发行权,其仍具备侵犯著作权纠纷案件中的诉讼主体资格。

(三)关于绿野公司、厦门音像出版社出版《猎》剧VCD是否构成侵权之问题

1. 亚新公司是否授权随心公司再行签订授权合同书

亚新公司作为《猎》剧的著作权人之一,代表著作权人授权随心公司复制、发行《猎》剧,从其著作权许可使用合同内容分析,规定了使用的权利种类、使用的地域、范围、报酬等。但该合同并未约定随心公司可以授权他人发行《猎》剧。

2. 随心公司作为被许可使用方是否有权授权绿野公司复制、发行《猎》剧

根据《中华人民共和国著作权法》第26条即"许可使用合同和转让合同中著作权人未明确许可、转让的权利,未经著作权同意,另一方当事人不得行使。"之规定,随心公司虽经亚新公司许可,取得了《猎》剧发行权,但由于双方约定的授权合同中并未约定随心公司可以许可他人再行行使发行权,同时绿野公司出版发行《猎》剧,未征得亚新公司同意。故随心公司授权绿野公司复制、发行《猎》剧,没有事实和法律依据。

3. 绿野公司受让《猎》剧复制、发行权有无过错

作为《猎》剧的发行者,绿野公司在与随心公司签订著作权许可使用合同时,未对《猎》剧的版权来源、随心公司与亚新公司签订合同情况、授权事宜等进行审查,其在主观上有过错,绿野公司虽提出其复制、发行《猎》剧系基于随心公司的授权,但由于随心公司授权不合法,因此依照最高人民法院《关于审理著作权民事诉讼案件适用法律若干问题的解释(法释(2002)31号)》第19条"出版社、制作者应当对其出版、制作有合法授权承担举证责任,发行者、出租者应当对其发行或者出租的复制品有合法来源承担举证责任。举证不能的,依据著作权法第46条、第47条的规定承担法律责任。"第20条"出版者对其出版行为的授权,未尽合理注意义务的,依据著作权法第48条的规定,承担赔偿责任。"《中华人民共和国著作权法》第52条"复制品的出版者、制作者不能证明其出版、制作有合法授权的,复制的发行者或者电影作品或者以类似摄制电影的方法创作的作品……不能证明其发行、出租的复制品有合法来源的,应当

承担法律责任”之规定，绿野公司、厦门音像出版社出版《猎》剧，未尽合理注意义务，亦不能证明其有合法来源，其在受让《猎》剧复制、发行权中有过错。

综上，根据法律规定，判断绿野公司出版《猎》剧是否构成侵权行为，应看其是否符合构成侵权的四个要件即侵权行为的违法性，侵权行为的损害后果，侵权行为与损害后果之间的因果关系及行为人的主观状态。本案中由于亚新公司并未授权随心公司再行授权他人行使发行《猎》剧，随心公司授权绿野公司发行《猎》剧，违反法律规定，且亚新公司亦未授权绿野公司出版《猎》剧，因此绿野公司出版《猎》剧的来源不合法，致其出版行为具有违法性，加之绿野公司发行《猎》剧系在武汉电视台新闻经济频道首播前，其销售行为给亚新公司造成损失，亚新公司的损失与绿野公司的侵权行为之间有因果关系，同时绿野公司受让《猎》剧复制、发行权主观上有过错，尽管其以自己发行《猎》剧，系由随心公司授权，并非擅自使用，不构成侵权抗辩，但法律是无情的。依照法律规定，绿野公司的出版行为落入侵权的四个要素中，因而构成侵权，应承担侵权责任。至于厦门音像出版社由于在一审判决后未上诉，同时又是基于绿野公司的授权行为进行复制《猎》剧，其行为构成侵权是不言而喻的。

（西安市中级人民法院民四庭　姚建军撰稿）

胡跃华诉羊城晚报社著作权侵权纠纷案

上诉人（原审被告）：羊城晚报社

被上诉人（原审原告）：胡跃华

一审案号：安徽省合肥市中级人民法院（2002）合民三初字第31号

二审案号：安徽省高级人民法院（2003）皖民三终字第3号

要义

本案裁判的意义在于无诉争作品原稿，原告诉请被告侵犯其作品修改权和保护作品完整权的主张能否成立，被告统一公示版权声明是否构成违约，以及侵犯著作人身权是否需要承担精神损害赔偿责任。

案情

法院审理查明

2000年11月，胡跃华采写了《我当毒贩七昼夜》一文，于同年11月15日至29日分十次在《新安晚报》第1版上连载，署名本报记者。新安晚报社在刊登该文时对地名和有关人员的姓名皆用英文字母指代。同年底，胡跃华应羊城晚报社的约请，创作了《女记者贩毒体验七昼夜》（下称《女文》）并通过E－mail发往羊城晚报社。2001年1月6日，胡跃华与羊城晚报社就刊载《女文》的有关事宜达成协议，约定，胡跃华授权羊城晚报社独家刊登《女文》作品，并保留该作品的完整著作权；羊城晚报社未经胡跃华同意不得许可其他媒体（含网络）擅自转载、复制、上载，并应按照有关规定及时支付稿酬。版权声明由羊城晚报社负责在其刊物上统一公示说明，胡跃华不再为此单独发表版权声明等。同年1月11日，羊城晚报社下属的新闻周刊社在《新闻周刊》第211期上对《女文》进行编辑整理后，以《摇身变作女毒枭》和《与毒贩子周旋终日》为题分上下两部分登载，署名胡跃华。但在《摇身变作女毒枭》文上配一副漫画图案，在《与毒贩子周旋终日》文上，以安徽省临泉县公安局楚耀武投递的照片进行附图和说明。同时，在登载文章版面的右下方声明“未经本刊允许，本刊文章拒绝转载，违者必究”。羊城晚报社·新闻周刊社在刊登《女文》时，除配图说明外，四次在文章中出现安徽省、安徽省公安厅、省城合肥、合肥淮南。在《女文》刊登后，金羊网、网易网、《今晚报》等多家网站和报纸从《新闻周刊》上进行转载。该文的刊出给安徽省公安厅缉毒工作带来不良影响，使胡跃华在工作和精神上受到一定的压力。胡跃华发现《女文》中出现阜阳、安徽、合肥、淮南等具体地名，即向羊城晚报社·新闻周刊社提出交涉。2001年2月28日，羊城晚报社·新闻周刊社以情况说明的形式书面致函胡跃华，言明：“在编辑此稿时，我报除按宣传部门通知精神，对详细细节进行了淡化处理外，并考虑到突出新闻的真实性，在事件发生地点上，将原文中的F市改成阜阳市，增加了安徽省、合肥等具体地名。此外，在阜阳市临泉县公安局发来图片和图片说明后，我报未按照胡跃华事先提出的只能做配图，不能用文字说明的要求，原文刊载，客观上指明了事件发生的具体地域。”此后，胡跃华与羊城晚报社就《女文》作品侵权事宜进行协商，在协商无果的情况下，胡跃华遂向法院提起诉讼。请求判令：被告停止侵权，通过登报及网页公告方式向原告赔礼道歉；在金羊网页上删除《女文》及其搜索连接；赔偿原告损失4万元、精神抚慰金5万元及本案的诉讼费用。被告羊城晚报社辩称，其刊登《女文》时，对有关文字的删节、修改及配图说明，属正当的合法编辑行为，不构成对原告著作权的侵犯。请求法院驳回原告的诉讼请求。

一、二审诉讼中，胡跃华未能提交其发给羊城晚报社《女文》作品的原稿，羊城晚报社称未保存该电子稿件。羊城晚报社未能提交证明《情况说明》函是在违背其真实意思表示的情况下出具的证据;亦没有证据证明安徽省临泉县公安局楚耀武向其投递的照片和配图说明,系经胡跃华同意。

一审判理和结果

一审法院审理认为,胡跃华系首次发表于《新安晚报》上的《我当毒贩七昼夜》一文的作者,对该文享有完整的著作权。胡跃华发往羊城晚报社的《女文》稿件,是作者对其作品的使用行为。羊城晚报社应严格按照其与胡跃华的约定刊发该文,但其配图使用了真实的文字说明以及用真实的地名代替原文中字母表示的地名,其行为客观上损坏了作品的完整性,侵犯了作者对其享有的保护作品完整权和修改权。同时,羊城晚报社亦未以作者的名义刊登"未经许可不得转载的版权声明",而是以新闻周刊社的名义进行版权声明,其行为违反了与胡跃华的约定。上述行为使胡跃华参与破案的细节得以暴露,并得到较大范围的传播,从而给胡跃华的工作和精神带来压力,其结果与羊城晚报社的违约行为有因果关系。因此,胡跃华主张羊城晚报社停止侵权、赔礼道歉、赔偿损失的请求正当,应予支持。鉴于胡跃华未能提供有关损失的证据,考虑到本案的实际情况,可酌定赔偿15 000元。因羊城晚报社侵犯了胡跃华的两项人身权利,且给胡跃华造成较大的精神伤害,故对胡跃华提出的精神损害赔偿的请求,依法可酌定赔偿2 000元。至于胡跃华要求羊城晚报社在金羊网页上删除《女文》一文及其搜索连接,因羊城晚报社和金羊网系两个独立的主体,故依法不予支持。依照《中华人民共和国著作权法》第24条、第26条、第47条第7项、第48条的规定,判决:(一)羊城晚报社于判决生效之日立即停止侵犯胡跃华对《女文》享有的著作权;(二)羊城晚报社于判决生效之日起十日内在《新闻周刊》上刊登向胡跃华赔礼道歉的声明;(三)羊城晚报社于判决生效之日起十日内赔偿胡跃华损失15 000元,精神抚慰金2 000元;(四)驳回胡跃华的其他诉讼请求。

上诉与答辩

羊城晚报社不服原审判决,提起上诉,理由是:原判认定上诉人刊登的《女文》作品,系被上诉人首发于《新安晚报》上的《我当毒贩七昼夜》一文,缺乏事实依据。同时,对《女文》的配图和"情况说明"函产生过程的认定,以及新安晚报社刊登《我当毒贩七昼夜》一文时,对地名和有关人员的姓名皆用英文字母指代的认定亦与事实不符。上诉人对文章所作的文字性处理,即适当删节、修改、确认,是正当合法的编辑行为;上诉人所作统一版权声明,没有违反协议约定。因此,上诉人的行为不构成对被上诉人保护作品完整权的侵害,原审判决上诉人赔偿15 000元和精神抚慰金2 000元于法无据。请求二审法院依据事实和法律,作出公正的判决。

胡跃华服从一审判决。

二审判理和结果

二审法院审理认为,根据我国著作权法的规定,修改权是作者修改或授权他人修改作品的权利,保护作品完整权是保护作品不受歪曲、篡改的权利。诉讼中,胡跃华未能提交其通过E-mail发给羊城晚报社《女文》作品的原稿,羊城晚报社称其未保存该电子稿件。因此,双方对《女文》被修改参照的标准产生争议。根据查明的事实,胡跃华系受羊城晚报社约稿创作《女文》,且双方就刊载《女文》协议中对作品的修改权及其修改的范围亦没有明确约定。因此,原判认定羊城晚报社《新闻周刊》刊登的《女文》作品,系胡跃华首发于《新安晚报》上的《我当毒贩七昼夜》一文不妥。由于羊城晚报社未能提交充分证据证明《情况说明》函是在违背其真实意思表示的情况下出具的。同时,安徽省临泉县公安局楚耀武向其邮寄照片和配图说明,没有证据证明系经胡跃华同意。因此,羊城晚报社在《女文》上配图并使用了真实的文字说明,以及用真实的地名代替原文中字母表示的地名,显然不属于正当合法的编辑行为。羊城晚报社刊登《女文》时,虽然没有对胡跃华情感或人格进行曲解和丑化,客观上表现为对作品内容的改动,但对该作品创作背景、内容及在整体和细节上违背了胡跃华真实思想表达,从而在整体上破坏了其作品的表现形式,是对《女文》作品完整性的破坏。因保护作品完整权是修改权的延伸,在内容上比修改权更进一步,故羊城晚报社侵犯胡跃华《女文》作品完整权的行为,必然也侵犯了胡跃华作品的修改权。因羊城晚报社的上述行为,客观上对胡跃华的声誉造成一定的影响,但只能作为侵权情节轻重的因素,并不构成对其一般人格权的侵害。故原审判决酌定精神损害赔偿2 000元,于法无据。根据本案事实和证据,胡跃华与羊城晚报社就刊载《女文》达成的协议中,并未明确必须以作者胡跃华的名义公示版权声明。羊城晚报社在登载《女文》版面的右下方"统一公示说明",即符合该社版权声明的既定规则,也不违反双方协议约定。因此,原判认定羊城晚报社未以作者的名义刊登声明,其行为违反了与胡跃华的约定不当,应予以纠正。原审法院基于胡跃华未能提供其损失和羊城晚报社获利的证据,考虑本案的侵权情节、主观故意程度等因素,酌情确定赔偿额,符合法律规定,应予维持。依照《中华人民共和国民事诉讼法》第153条第1款第1、3项之规定,判决:(一)维持安徽省合肥市中级人民法院(2002)合民三初字第31号民事判决主文第(一)、(二)、(四)项及案件受理费承担部分;(二)变更安徽省合肥市中级人民法院(2002)合民三初字第31号民事判决主文第(三)项为:羊城晚报社自本判决生效之日起十日内赔偿胡跃华15 000元。

评析

本案涉及的焦点问题在于:(一)羊城晚报社是否侵犯胡跃华《女文》作品的修改权和保护作品完整权;(二)羊城晚报社统一公示版权声明是否构成违约;(三)侵犯著作人身权是否需要承担精神损害赔偿的民事责任。

(一)羊城晚报社是否侵犯胡跃华《女文》作品的修改权和保护作品完整权

根据我国著作权法的规定,修改权是作者修改或授权他人修改作品的权利,具有两层含义:从积极方面讲,作者有权修改自己的作品;从消极方面讲,作者有权禁止他人对作品进行歪曲或删改。保护作品完整权是保护作品不受歪曲、篡改的权利。所谓歪曲则指曲解作品原意,损坏作者观点的行为;所谓篡改,指擅自增补、删节、变更作品的行为,这些行为将损害作者的名誉及声望。保护作品完整性既包括作品本身,也包括作品的标题和署名。由于侵犯作品修改权为作品的外在表现形式。因此,判断作品的修改权是否受到侵害时,应当从两个方面进行审查,一是核对修改前后的作品,二是审查被控侵权人是否享有修改权以及修改权限的范围。本案中,胡跃华未能提交其发给羊城晚报社《女文》作品的原稿,羊城晚报社称未保存该电子稿件。此时,如何判断《女文》作品是否被修改?从双方当事人协议约定内容看,作者保留完整的著作权。可见,羊城晚报社无权对《女文》作品内容进行修改,其修改权限的范围最多只能是《著作权法》第33条第2款规定的一般文字性修改、删节。虽然本案《女文》作品和刊登在《新安晚报》上的《我当毒贩七昼夜》一文的作者均是胡跃华,但《女文》作品是胡跃华应羊城晚报社的约请创作,并非其首发于《新安晚报》上的《我当毒贩七昼夜》一文的原稿,虽然"两文"均是作者以其参与调查贩毒案件的亲身体验创作的采访纪实,但没有证据证明胡跃华对该"两文"思想的表达形式完全相同。从本案的事实看,只能说《女文》系作者以《我当毒贩七昼夜》一文为模本的再次创作。在此情况下,将"两文"作为修改前后的作品进行核对,显然不当。鉴此,一审判决认定《我当毒贩七昼夜》一文系《女文》作品的原稿,从而作出羊城晚报社侵犯了《女文》作品的修改权,缺乏事实和法律依据。由于侵犯保护作品完整权是对作品内在表达的破坏,它不仅禁止对原作品进行修改,而且禁止他人在使用作品时对作品作歪曲性的改动。因此,判断侵犯保护作品完整权应当是主观到客观的判断过程。判明是否侵犯保护作品的完整权,则应当从作品的创作背景、作品的内容等方面进行审查,即应当查明被控侵权作品在整体和细节上究竟是否为作者的陈述,其作品是否受到歪曲或篡改。但作者的声誉是否受损并不是保护作品完整权侵权成立的条件,作者的声誉是否受损仅是判断侵权情节轻重的因素。本案中,胡跃华与羊城晚报社就刊载《女文》有关事宜达成的协议中明确约定,作者保留该作品的完整权。同时,羊城晚报社向胡跃华出具的《情况说明》函明确载明:"在编辑此稿时,我报除按宣传部门通知精神,对详细细节进行了淡化处理外,并考虑到突出新闻的真实性,在事件发生地点上,将原文中的F市改成阜阳市,增加了安徽省、合肥等具体地名。此外,在阜阳市临泉县公安局发来图片和图片说明后,我报未按照胡跃华事先提出的只能做配图,不能用文字说明的要求,原文刊载,客观上指明了事件发生的具体地域"。对此节事实,羊城晚报社未能提交充分证据证明《情况说明》函是在违背其真实意思表示的情况下出具的。因此,该函所载明的事实,应当视为羊城晚报社的自认。同时,临泉县公安局楚耀武向羊城晚报社邮寄的照片和配图说明,没有证据证明系经胡跃华同意。无论是原《著作权法》还是现行《著作权法》均明确规定,报社、期刊社对作品内容的修改,应当经作者许可。据此,羊城晚报社刊登《女文》时,对有关文字、地点、人名的删节、修改以及配图和说明,显然不属于正当合法的编辑行为。虽然羊城晚报社没有对胡跃华人格或情感进行曲解和丑化,客观上表现为对《女文》内容的改动,但对该作品创作背景、内容及在整体和细节上违背了作者真实思想表达,从而在整体上破坏了其作品的表现形式,是对《女文》作品完整性的破坏。根据羊城晚报社自认的事实和协议约定,以及有关法律规定,足以认定羊城晚报社的行为,侵犯了胡跃华保护作品完整权,由于保护作品完整权是修改权的延伸,在内容上比修改权更进了一步。因此,侵犯保护作品完整权的行为必然也侵犯了《女文》作品的修改权。对此,一、二审判决的结论虽然相同,但依据的事实和认识的角度不同。基于本案的事实和证据,二审法院作出的认定较为适当。这里需要指出的是,如果没有羊城晚报社自认的事实,在无《女文》作品原稿的情况下,仅凭双方协议和胡跃华先前发表的《我当毒贩七昼夜》一文,则不能认定羊城晚报社侵犯了《女文》作品的修改权和保护作品完整权。

(二)本案被告统一公示版权声明是否构成违约

本案中,胡跃华提出羊城晚报社违约的主要理由是:羊城晚报社没有以其个人名义刊登版权声明,从而导致有关网站媒体转载《女文》,使其侵权行为在互联网上近一步扩散,给其造成工作上的压力和精神伤害。首先,从双方就刊载《女文》

作品有关事宜达成的协议内容看，该协议约定，“未经胡跃华同意羊城晚报社不得许可其他媒体(含网络)擅自转载、复制、上载等。该版权声明由羊城晚报社·新闻周刊社在其刊物上统一公示说明，胡跃华不再单独发表未经许可，不得转载的版权声明”。可见，双方协议中并未明确必须以作者胡跃华的名义公示版权声明。其次，羊城晚报社在登载《女文》版面的右下方声明“未经本刊允许，本刊文章拒绝转载，违者必究”。该统一公示说明，应当说符合羊城晚报社的既定规则，胡跃华向其投稿也就说明接受了该既定规则。第三，胡跃华要求发表“未经允许，不得转载”的声明，目的在于保护其著作权中的发表权和获得报酬权。同时，该统一公示版权声明符合协议约定，且足以实现胡跃华要求版权保护的目的。因此，一审判决认定羊城晚报社未以作者的名义刊登“未经许可不得转载的版权声明”，而是以新闻周刊社的名义统一公示版权声明，其行为违反了与作者胡跃华的约定，显然不当。应该说，二审法院基于本案事实，进而作出与一审完全不同的结论，无疑是正确的。

(三)侵犯著作人身权是否需要承担精神损害赔偿的民事责任

审判实践中，经常遇到权利人提起著作权侵权之诉时，动辄主张精神损害赔偿。那么，对该项诉讼请求能否支持，我国司法界存在不同的认识和做法。有的法院根据《民法通则》第106条、第118条、第120条的规定，从法律适用的统一性和协调性出发，肯定了侵犯著作权等知识产权所产生的精神损害赔偿。有的法院则认为《民法通则》没有明确规定知识产权作为精神损害赔偿的范围，故对在著作权等知识产权侵权诉讼中主张精神损害赔偿请求的，认为于法无据，不予支持。可以说，在2001年3月8日最高人民法院发布《关于确定民事侵权精神损害赔偿责任若干问题的解释》之前，理论界对此同样存在争议，有的主张肯定说，也有主张否定说的。虽然上述司法解释从维护人的尊严和价值出发，对精神损害赔偿的范围作出了明确的界定。但对侵犯著作人身权是否能提起精神损害赔偿问题没有作出明确规定。从法理上讲，人身权是人格权和身份权的统称。人格权是指存在权利人自己人格上的权利，身份权为存在于一定身份关系上的权利。我国著作权法上的著作人身权，其实质不属于身份权，应为人格权，即精神权利。因此，根据上述司法解释的规定，著作权人对于侵犯其人身权的行为，可以提起精神损害赔偿请求。上述司法解释第一条规定，自然人因下列人格权利遭受非法侵害，请求赔偿精神损害的，人民法院应当受理：1. 生命权、健康权；2. 姓名权、肖像权、名誉权、荣誉权；3. 人格尊严权、人身自由权。同时，该解释第8条规定，因侵权致人精神损害，但未造成严重后果，受害人请求精神损害的，一般不予支持。由此可以看出，侵犯著作人身权是否需要承担精神损害赔偿的民事责任，必须同时具备两个要件：一是权利主体必须是自然人；二是侵权致人精神损害已造成严重后果。本案中，一审法院对胡跃华提出的精神损害赔偿的请求，认为羊城晚报社侵犯了胡跃华的两项人身权利，且给其造成较大的精神伤害，应予支持，并酌定赔偿2 000元；二审法院认为羊城晚报社侵犯《女文》作品完整权和修改权的行为，客观上对胡跃华的声誉造成一定的影响，但只能作为侵权情节轻重的因素，并不构成对其一般人格权的侵害。因此，判令给予精神损害赔偿，于法无据。一、二审之所以产生不同的认识，主要是基于对“已造成严重后果”的理解不同。也就是说，当著作权人提起精神损害赔偿时，其诉讼请求能否得到支持，取决于该侵害行为是否给权利人造成了严重后果。那么，实践中如何把握“已造成严重后果”的度，尚需司法界和理论界进一步探讨和研究。

(安徽省高级人民法院民三庭　张坤撰稿)

青海省大通回族土族自治县桥头镇下庙一村陈启花等117名村民诉柴玉奎、柴明孝、甘肃省音像出版社、青海省侨佳音像有限公司民间社火表演侵权纠纷案

原告：青海省大通回族土族自治县桥头镇下庙一村陈启花等117名村民

被告：柴玉奎

被告：柴明孝

被告：甘肃省音像出版社

被告：青海省侨佳音像有限公司

一审案号：青海省西宁市中级人民法院(2003)宁民三初字第3号

要义

社火是一种村民以村、社为单位自发组织的表演团体，但社火没有经过工商登记和社团注册登记，不具有民法通则规定的民事诉讼主体资格，因此本案只能以各个社火表演者的个体身份起诉是符合法律规定的。社火是一种包含表演、演唱、伴奏等多种表现形式的艺术表演，因VCD是音像制品，画面表现除表演者的肢体表演和演唱外，还包括表演者的剧照和肖像的使用，因此涉案的权利范围有民间艺术、有涉案表演者的表演者权及肖像权，有与社火表演相关的伴奏权、演唱权等，因此本案中如何认定起诉主体，如何界定侵权范围是一个难点问题，值得研究探讨。

案情

原告大通回族土族自治县桥头镇下庙一村117名村民诉称:2002年农历正月12日,柴玉奎一行未与该村社火队的任何人商量,擅自对原告的社火表演摄像4个小时。2003年2月2日(农历正月初二),大通县城各音像店都在出售我村社火队表演的社火影碟,该影碟内容都是我们社火队表演的社火节目。被告未经许可实施了录制、出版、发行等侵权行为,侵害了原告的合法权益,应承担民事责任。请求被告停止侵害,赔礼道歉并赔偿损失15万元。

被告柴玉奎、柴明孝辩称:当时拍摄社火表演,是为了弘扬民间文化和提高村里社火的知名度,当时是在大家倡议并征得社火队同意的情况下而拍摄制碟的,我方没有形成侵权,不应该承担责任。

被告青海省侨佳音像有限公司辩称:我们拍摄社火是经村里社火队同意的,并言明不要任何报酬,说只要让其村社火扬名就行。因此我方没有侵权,不应承担侵权责任。

被告甘肃省音像出版社未作书面答辩。

一审审理查明

2002年春节期间,柴玉奎、柴明孝、马赛尔东征得大通回族土族自治县下庙一村社火队部分社火表演队员的同意后,对该村社火队的社火表演进行了拍摄。此后,马赛尔东又征得演唱和伴奏人员的同意对社火表演进行了配音。柴玉奎、柴明孝和马赛尔东经专业策划、编辑,受甘肃省音像出版社委托,经甘肃省新闻出版局批准,将大通回族土族自治县下庙一村社火队表演的社火制成了《青海社火》VCD光碟,并从2003年春节开始,由青海省侨佳音像有限公司在青海省范围内公开发行。另查,《青海社火》VCD光碟批准发行数量为5 000盘。

一审判理和结果

本案在一审审理过程中,经法院主持调解,双方当事人自愿达成如下协议:(一)青海省侨佳音像有限公司自本调解书生效后停止制作、发行《青海社火》VCD光碟;(二)青海省侨佳音像有限公司给付大通回族土族自治县下庙一村117名社火表演者人民币13 000元;(三)甘肃音像出版社、柴玉奎、柴明孝不承担责任。

一审法院认为上述协议,符合有关法律规定,予以确认。同时确定,本案案件受理费4550元,除去减交2 275元外,应交2 275元由大通回族土族自治县下庙一村陈启花等117名原告负担。

评析

本案涉及的焦点问题在于本案原告的起诉主体是否适格、被告是否侵权的问题和对被告的侵权范围应如何确定的问题。

(一)本案起诉主体问题

本案社火队和表演者谁作为适格起诉主体是本案首要解决的问题。根据《著作权法》第36条规定,表演者权由表演作品的表演者享有。表演者可以为个人,也可以为多数人,还可以为团体。社火是一个在特定时间内组织进行表演的临时性表演团体,从社火的存在形式看,它是一个集体领导相对明显的组织,涉及社火队的相关权利、义务的重大事项一般由社火队队长(或称会头,会长)和其他社火管理人员集体决定;从社会的表演特征看,社火表演是一种较大型集体演出,单个自然人的演出不具有社火表演的特征,只有集体的表演才能形成社火的规模和表演形式;从社火的经济形式看,社火是一种村民以村、社为单位自发组织的表演团体,一般以演出所得的经济收入添置社火箱子(意为购置社火的道具和服装等),没有固定的经济收入,也没有独立的办公场所;从社火的历史、存在形式看,社火对外是一个表演团体、组织,表演人员服从以村、社为单位组织的社火队的管理,但社火作为一个表演团体,没有经过工商登记和社团注册登记,不具有民法通则规定的民事诉讼主体资格,不能独立作为适格的民事诉讼主体。因此本案只能以各个社火表演者的个体身份起诉是符合法律规定的。

(二)侵权范围的确定

社火是一种流传于甘肃、青海等地的一种民间艺术表演形式,一般以农村的村、社为单位组织人员进行表演,社火表演人员大多为108人左右,表演项目有秧歌、舞龙、狮,高跷、眉户等。社火多以舞蹈性表演、说唱为主,在每年的春节或重大喜庆时排练演出,属村、社自发组织的喜庆、娱乐表演团体。社火是一种包含表演、演唱、伴奏等多种表现形式的艺术表演,本案中《青海社火》VCD是音像制品,音像画面全面反映了社火的表演场面、演唱、伴奏等,因此本案涉案的权利范围有民间艺术、有涉案表演者的表演者权及其肖像权,有与社火表演相关的伴奏权、演唱权等。因此,正确界定侵权范围是本案的重点问题。

社火是一种历史流传下来的民间艺术表演,一般有道具、表演形式、唱腔、伴奏等组成,而表演形式和唱腔一般沿袭历史表演形式和唱腔,属于民间艺术,这部分知识产权的创作权属人民群众,不属本案侵权范围。另外,本案中所涉社火的唱腔和伴奏,被告有证据证明和演唱、伴奏人员有许可录音录像合同,且已给付了报酬,因此本案中演唱和伴奏也不属侵权范围。表演者的权利包括表演形象不受歪曲、许可他人以营利为目的的录音录像、收取报酬的权利,本案中原告主张的是其表演者权,即由表演而产生的权利,它既包括许可他人录音录像收取报酬的财产权,也含有保护表演形象不便歪曲的精神利益和许可他人以营利为目的的录音录像权。《青海社火》VCD是音像制品,画面表现除社火表演者的肢体动作表现,音像作品还涉及到表演者的剧照和肖像的使用,因此从VCD的表现形式看,应属表演权与肖像权的竞合,但在本案中原告未主张各自的肖像权,本案以知识产权侵权进行了审理,未审理肖像权部分。但在审判实践中,在知识产权案件中就肖像权和表演权应一并进行审理,还应对表演者的具体形式作具体分析,如主要演员与配角演员等,以便明确侵害知识产权的范围,正确界定侵权范围和侵权责任的大小。

(三)是否侵权的认定

在本案中原告诉求赔偿未经许可而以营利为目的的录音录像,原告诉称当时以为是电视台的采访,不知道是制作VCD发行。被告则辩称其在拍摄社火表演时征得了社火队会头与其他组织者的同意后拍摄制碟的。双方就此各持一词,且均无证据证明。本案在审理中对社火队会头与其他管理人员对其他社火表演者的表演权有无处分权利也是本案的争议焦点。因原告主体为117名村民,是社火表演的表演者,表演者享有表演形象不受歪曲和表演者的剧照和肖像受到法律保护的权利,它既包含表演者的财产权,也含有人身权的精神利益,而社火队会头与其他管理人员一般行使社火的组织、排练、演出和收益分配等问题,社火作为一个团体组织,对演出个人的表演者的人身权益没有处分许可的权利,因此被告所持其拍摄VCD经过了会头和其他部分人员同意,已取得拍摄许可的权利、没有侵权的抗辩理由不成立,应认定其构成侵权。

(四)需要说明的问题

因社火是青海省河湟谷地农村极为普遍的一种喜闻乐见的表演娱乐组织,本案在青海省范围内有较大影响,且宣传媒体也较多关注,是青海省受理的首例农民诉求知识产权侵权案件,属涉及农村民间艺术表演权的新类型案件。

鉴于本案涉案人数多、影响大,当事人矛盾极易激化,经多次做双方当事人工作后调解结案,结案后也及时的对调解协议的内容予以了执行,取得了良好的社会效果;另本案属涉农案件,原告方117名农民申请减、免交诉讼费,且属庭前调解案件,在案件受理费的收取上,为保护农民的合法权益、体现便利诉讼的优势,同意减交了一半的案件受理费,取得了较好的社会效果。

(青海省西宁市中级人民法院民三庭 刘建军 杨春兰 陈志秀撰稿)

崔拯玺诉固原市人民政府侵犯著作权纠纷案

上诉人(原审原告):崔拯玺

被上诉人(原审被告):固原市人民政府(简称固原市政府)

一审案号:固原市中级人民法院(2003)民三初字第6号

二审案号:宁夏回族自治区高级人民法院(2003)民三终字第6号

要义

本案裁判的意义在于对歌曲类的音乐作品,在词、曲作者对词、曲是否可分割使用没有特别约定的情况下,对曲作品的著作权的使用,不构成对词作品的著作权的侵权。

案情

原告诉称:在2002年7月固原撤地设市市庆过程中,被告固原市政府制作的《新世纪新固原》光盘,反复多次使用本人完成的《固原》、《我在画中唱宁夏》、《毛主席来过宁夏川》、《黄河你是中华文明的母亲河》四首歌曲的音乐作品,但均未署作者本人姓名,已构成严重侵权。请求判令被告固原市政府停止对其著作权的侵害,恢复名誉、消除影响、赔偿经济损失、精神损害等共计465.2万元人民币。

被告辩称:其制作的《新世纪新固原》光盘,除附录中注明被录用的文学作品以外,其余如原告所称的《我在画中唱宁夏》、《固原》等作品均是以音乐旋律的形式录制在光盘中,并无原告的词作品。故不存在侵权事实,请求依法驳回原告的诉讼请求。

一审审理查明

2002年7月固原撤地设市市庆过程中,固原市政府制作的《新世纪新固原》多媒体光盘使用了《固原》、《我在画中唱宁夏》、《毛主席来过宁夏川》、《黄河你是中华文明的母亲河》四首歌曲的曲弦律。上述四首歌曲的词作者均为崔拯玺,《我在画中唱宁夏》的曲作者为刘力克、冯亚新,其余三首歌曲的曲作者为周建军。崔拯玺曾于2001年6月10日向周建军支付谱曲费300元。《新世纪新固原》光盘中未引用四首歌曲的歌词,在欣赏栏目中署有曲作者周建军、冯亚新、刘力克的名字,未署词作者崔拯玺的名字。固原市政府对四首歌曲的词作者是崔拯玺这一事实不表异议。

一审判理和结果

一审法院审理认为,崔拯玺未提供证据证明其与曲作者之间有文字作品和音乐作品不能分割使用的约定,故文字作品和音乐作品独立使用是符合《中华人民共和国著作权法》的有关规定。固原市政府在制作的光盘中并未使用崔拯玺的词作品,崔拯玺对四首歌曲的音乐作品不享有署名权。崔拯玺认为固原市政府构成侵权的理由不能成立,对其诉讼请求不予支持。依照《中华人民共和国著作权法》第10条、第13条,《中华人民共和国民事诉讼法》第64条规定,判决:驳回崔拯玺的诉讼请求。诉讼费33 270元免缴,实际支出费1 000元,由崔拯玺负担。

上诉与答辩

一审宣判后,崔拯玺不服,以一审诉称中相同的理由提起上诉。

固原市政府答辩称,一审判决认定事实清楚,程序合法,适用法律正确,并坚持一审的答辩观点,请求依法驳回崔拯玺的上诉请求。

二审判理和结果

二审法院审理认为,本案中涉及的四首歌曲系由上诉人崔拯玺作词,周建军、刘力克、冯亚新三人作曲共同创作完成,应属合作作品,其著作权由合作作者共同享有。对合作作品是否可分割使用,应由合作作者协商确定。上诉人崔拯玺没有证据证明其与曲作者之间有歌曲的著作权归于其所有的约定,也无证据证明其与曲作者之间有词和曲不能分割使用的约定。根据《中华人民共和国著作权法》第13条的规定,合作作品可以分割使用的,作者对各自创作的部分可以单独享有著作权。上诉人崔拯玺对四首歌曲的词作品享有著作权,周建军等三人对四首歌曲的音乐作品享有著作权。被上诉人固原市政府制作的《新世纪新固原》光盘中未使用上诉人崔拯玺的词作品,只使用了周建军等三人的音乐作品,且不存在对四首歌曲整体著作权的侵害情形,对上诉人崔拯玺享有的词作品的著作权不构成侵权。上诉人崔拯玺的上诉理由不能成立,其诉讼请求本院不予支持。原审判决认定的事实清楚,适用法律正确,应予维持。依照《中华人民共和国民事诉讼法》第153条第1款第1项、第158条之规定,判决:驳回上诉,维持原判。

评析

本案涉及的焦点问题在于:固原市政府制作的《新世纪新固原》光盘中使用的四首歌曲的词和曲是否可分割使用。

(一)关于本案中四首歌曲的著作权归属问题

作为一首完整意义上的歌曲应由词和曲共同构成。本案中涉及的四首歌曲系由上诉人崔拯玺作词,周建军等三人作曲共同创作完成,应属合作作品,依据《著作权法》的有关规定,合作作品的著作权由合作作者共同享有。对合作作品是否可分割使用,应由合作作者协商确定。词作者崔拯玺与曲作者之间没有歌曲的著作权归于词作者或曲作者一方所有的约定,也没有词和曲不能分割使用的约定,据此,可以认定四首歌曲的词和曲是可以分割使用的。根据《中华人民共和国著作权法》第13条的规定,合作作品可以分割使用的,作者对各自创作的部分可以单独享有著作权。上诉人崔拯玺对四首歌曲的词作品享有著作权,周建军等三人对四首歌曲的音乐作品享有著作权。

(二)固原市政府制作的《新世纪新固原》光盘中未使用崔拯玺作词的四首歌曲的词作品,对崔拯玺享有的词作品的著作权不构成侵权

根据《著作权法》的有关规定,合作作品可以分割使用的,作者对各自创作的部分单独享有著作权。本案中被上诉人固原市政府制作的《新世纪新固原》光盘未使用上诉人崔拯玺作词的四首歌曲的词作品,只使用了周建军等三人作曲的音乐弦律。其制作光盘的目的是为了宣传,无营利行为;且就四首歌曲音乐作品的使用,不存在对四首歌曲整体著作权的侵害情形,对上诉人崔拯玺享有的词作品的著作权不构成侵权。

(宁夏回族自治区高级人民法院民三庭 刘银厚撰稿)

植物新品种纠纷案例与评析

河南省农业科学院粮食作物研究所诉张掖市种子公司侵犯植物新品种权纠纷案

原告:河南省农业科学院粮食作物研究所(简称粮作所)

被告:张掖市种子公司(简称种子公司)

一审案号:甘肃省兰州市中级人民法院(2003)兰法民三初字第010号

要义

本案原告作为"郑单958"玉米杂交种的品种权人,依法享有排他的独占权。被控侵权人未经品种权人许可,以商业目的生产、销售"郑单958"玉米杂交种的行为,侵犯了原告的植物新品种权。本案以原告的合理利润乘以被告的生产亩数再乘以亩产公斤数来计算赔偿额,具有一定的借鉴意义。

案情

起诉与答辩

原告粮作所诉称:粮作所经过长期的研究和

培育，培育出了一种新的玉米杂交品种—“郑单958”玉米杂交种，粮作所经向农业部植物新品种保护办公室申请植物新品种权，农业部于2002年1月1日颁发植物新品种权证书，证书号为：20020072，品种权号为：CNA20000053.5，此后，原告粮作所将该品种的生产和销售权授予科技公司等四家公司。2002年上半年，原告发现被告大量销售原告享有植物新品种权的“郑单958”玉米杂交种，侵害了原告的合法权益，请求依法判令被告1. 立即停止侵权，并登报消除影响；2. 赔偿因侵权给原告造成的损失2 000 000元；3. 赔偿原告因制止侵权行为所支付的费用300 000元；4. 被告承担本案的全部诉讼费用。

被告种子公司辩称：1. 我单位生产“郑单958”是事实，但是受品种授权单位河南农科院种业有限公司委托代繁的，且有甘肃省农牧厅农作物种子管理站颁发的生产许可证，不存在非法生产的问题；2. 2002年上半年我单位未销售过“郑单958”；3. 2003年1月，我单位向本案原告销售过“郑单958”，但此行为是经原告同意的，且此行为未给品种权人造成任何损失，故不应承担侵权责任。

一审审理查明

2002年1月1日，由原告粮作所自行培育的“郑单958”玉米杂交种被国家农业部授予植物新品种权，品种权号为CNA20000053.5。2002年2月7日，粮作所发布“关于‘郑单958’玉米杂交种打击侵权行为的声明”，称“本所已许可并只许可以下四家单位具有‘郑单958’的生产、销售权，分别是河南农科院粮作所科技有限公司、河南金博士种业有限公司、河南农科院种业有限公司（简称种业公司）、德农种业投资有限公司。现全权委托以上四家单位，在全国范围内全权代理本所进行‘郑单958’玉米杂交种的生产和销售的打击侵权行为及有关事宜，除以上四家单位外，凡未经许可生产、经营‘郑单958’玉米杂交种的均属侵权行为，将依法追究侵权行为人法律责任。”粮作所并于2002年11月13日缴纳了品种权年费。

2002年4月19日，案外人种业公司向被告种子公司发传真，内容为“经公司研究决定，下年度拟从贵公司预定‘郑单958’1 000亩（约35万公斤）”。2003年1月9日，种业公司再次向种子公司发传真，主要内容为预从种子公司调拨“郑单958”、“豫25”、“鲁单981”各120 000公斤，货到郑州后，公司先按每公斤2元将款汇到种子公司，种子价格随行就市。随后再分批发货、分批汇款。

原告发现种子公司在未经其授权的情况下，擅自生产、销售“郑单958”玉米种子。2003年1月，为取得种子公司的侵权证据，原告从种子公司购买了“郑单958”玉米种子60 000公斤，作为种子公司侵权的证据。

一审判理和结果

一审法院认为：本案原告粮作所于2002年1月1日取得植物新品种权证书，系玉米杂交种“郑单958”的品种权人，其因品种权所享有的合法权益应受法律保护。在原告粮作所的声明中，只许可科技公司等四家单位具有“郑单958”的生产和销售权，未经许可生产、销售的均要追究侵权责任。被告辩称其替种业公司代繁的辩解理由，因无相应的证据支持不能成立。被告种子公司未经原告许可，为商业目的生产、销售“郑单958”，对此应承担停止侵权、赔偿损失的法律责任。依照《中华人民共和国植物新品种保护条例》第2条、第6条及《中华人民共和国民法通则》第118条、第134第1款第1、7、9项之规定，判决：（一）被告张掖市种子公司立即停止侵犯原告河南省农业科学院粮食作物研究所享有的“郑单958”玉米品种权的行为；（二）被告张掖市种子公司于本判决生效之日起十日内在《农民日报》上刊登启示消除影响；（三）被告张掖市种子公司赔偿原告河南省农业科学院粮食作物研究所经济损失人民币413 000元；（四）驳回原告河南省农业科学院粮食作物研究所其他诉讼请求；案件受理费37 824元，原告承担11 347.2元，被告承担26 476.8元。

本案宣判后，被告种子公司不服一审判决提出上诉，向甘肃省高级人民法院提出上诉，后又撤回上诉。

评析

本案涉及的焦点问题在于：侵犯植物新品种权案件中，被告以受他人委托育种抗辩时，如何认定被告的侵权行为？

（一）关于原告享有的植物新品种权

《中华人民共和国植物新品种保护条例》（以下简称《保护条例》）规定，植物新品种是经过人工培育的或者对发现的野生植物加以开发，具有新颖性、特异性、一致性和稳定性并有适当命名的植物品种。《中华人民共和国种子法》第12条规定，国家实行植物新品种保护制度，保护植物新品种权所有人的合法权益。《保护条例》具体规定了完成育种的单位或者个人对其授权品种，享有排他的独占权，任何单位或个人未经品种权所有人许可，不得为商业目的生产或销售该授权品种的繁殖材料，不得为商业目的将该授权品种的繁殖材料重复使用于生产另一品种的繁殖材料。本案原告粮作所于2002年1月1日取得植物新品种权证书，系玉米杂交种“郑单958”的品种权人，其因品种权所享有的合法权益应受法律保护。

这就引申出了一个品种权保护的范围问题。

保护范围是知识产权侵权诉讼案件审理过程中首先要明确的。品种权保护公告所载明的植物整体特性是否为该品种法定的保护范围？法无明文规定。由于被授予品种权的植物新品种都经过了新颖性、特异性、一致性、稳定性的审查，因此鲜有当事人对植物新品种权提出异议的情况。目前在审判实践中，只要经鉴定被控侵权品种与授权品种所反映的特性一致，即可判定侵权。

(二)被告张掖市种子公司生产、销售“郑单958”的行为是否构成侵权

原告发现种子公司在未经其授权的情况下，擅自生产、销售“郑单958”玉米种子，为取得种子公司的侵权证据，原告委派本单位工作人员到种子公司购买了“郑单958”玉米种子，作为种子公司侵权的证据。由于种子公司在其销售发票上明确标注了种子品名为“郑单958”，故本案不存在植物新品种侵权案件中普遍存在的因当事人对涉案品种存在争议而进行鉴定的问题。被告种子公司承认生产“郑单958”玉米杂交种，但辩称是受品种授权单位种业公司委托代繁的，并有甘肃省农牧厅农作物种子管理站颁发的生产许可证，不存在非法生产的问题。同时被告还提出原告为取证购买种子的行为属证据陷阱。对上述辩解理由法院作了如下认定：

1. 对于被告以受种业公司委托代为繁育种子作为抗辩理由，并举出品种代繁委托书(传真件)作为证据。法律所规定的委托合同是指委托人与受托人约定，由受托人处理委托人事务的合同。委托合同的目的在于处理委托事务，委托方向受托方支付相应报酬。一审法院经庭审质证和审查证据后认为，根据《中华人民共和国种子法》的规定，种子的合法生产必须严格遵守法律规定，种子的生产涉及农作物的种子品种、数量、金额、亲本来源及纯度、生产环境及技术要求、种子质量检验及检疫、交货及结算方式、争议解决方式等。此外，按照种子生产行业的惯例，预约生产种子或委托代繁种子均有相对固定的合同条款和文本，以明确约定和规范合同双方的权利和义务。本案中被告仅以品种代繁委托书不足以证明委托关系的存在，被告的辩解理由不成立，应承担停止侵权、赔偿损失的法律责任。此系委托关系不能认定的情况，审判实践中，在委托关系确实存在的情况下，就要正确区分委托人与受委托人的法律责任。对于仅仅实施销售被控侵权品种行为和提供委托方的制种者，是否承担赔偿责任法无明文规定。

2. 对于被告以持有种子生产许可证的抗辩，根据《中华人民共和国种子法》第21条第2款规定，“申请领取具有植物新品种权的种子生产许可证的，应当征得品种权人的书面同意。”由于生产的品种包括两种类型：授权品种和非授权品种。为不违反法律规定，在申报生产许可证之前，申请人(受托人)首先必须确认自己所申报的品种是否授权品种，这种确认行为是一种法定义务，如果受托人轻信委托人，造成侵权的损害后果，也应承担相应的法律责任。各级种子管理站，在颁发种子生产许可证时，往往非经严密的审查即予以颁证，即不审查申请人是否征得品种权人的书面同意。实践中当事人常以持有种子管理站颁发的种子生产许可证作为抗辩理由，对此抗辩理由不予支持。

3. 对于被告所提原告为取证购买种子的行为属证据陷阱的辩解理由，根据最高人民法院《关于审理著作权民事纠纷案件适用法律若干问题的解释》第8条第1款规定，“当事人自行或者委托他人以定购、现场交易等方式购买侵权复制品而取得的实物、发票等，可以作为证据”。种子公司并未向法庭提交其销售行为是在违背种子公司意愿、受胁迫的情况下进行的证据。从被告与原告单位工作人员签订的协议来看，被告在销售种子时并不知道购买者的身份，只是销售给一个不特定的个人，从协议的内容来看，双方虽约定因销售引发的一切经济法律责任由宋承担，但此约定不能掩盖其无权销售的事实，不能作为免除其擅自销售侵权责任的依据。因此，被告所提其销售种子是经原告同意的理由不能成立，对此被告应承担非法销售的法律责任。

(三)本案赔偿数额的计算方法

对于植物新品种侵权诉讼中的赔偿原则，《保护条例》及相关司法解释中并无明确规定。实践中，赔偿原则参照《最高人民法院关于审理专利纠纷案件适用法律问题的若干规定》第20条、第21条之规定处理。即依照专利法第57条第1款的规定，根据权利人的请求，按照权利人因被侵权所受到的损失或者侵权人因侵权所获得的利益确定赔偿数额。权利人因被侵权所受到的损失可以根据专利权人专利产品因侵权所造成销售量减少的总数乘以每件专利产品的合理利润所得之积计算。权利人销售量减少的总数难以确定的，侵权产品在市场上销售的总数乘以每件专利产品的合理利润所得之积可以视为权力人因被侵权所受到的损失。侵权人因侵权所获得的利益可以根据该侵权产品在市场上销售的总数乘以每件侵权产品的合理利润所得之积计算。侵权人因侵权所获得的利益一般按照侵权人的营业利润计算，对于完全以侵权为业的侵权人，可以按照销售利润计算。被侵权人的损失或者侵权人获得的利益难以确定，有许可使用费可以参照的，根据专利权的类别、侵权人侵权的性质和情节、专利许可使用费的数额、该专利许可的性质、范围、时间等因素，参照该专利许可使用费的1~3倍合理确定赔偿数额；

没有许可使用费可以参照或者许可使用费明显不合理的，则根据专利权的类别、侵权人侵权的性质和情节等因素，一般在人民币5 000元以上30万元以下确定赔偿数额，最多不得超过人民币50万元。

原告提出以许可使用费作为赔偿标准，但根据最高人民法院于2001年6月22日发布的法释[2001]第21号《关于审理专利权民事纠纷案件适用法律问题的若干规定》第21条，以许可使用费的1~3倍作为依据，是在被侵权人所受到的损失或者侵权人所获的利益无法确定的情况下使用的一种计算方式。本案尝试运用一种新的赔偿标准，即原告的合理利润乘以被告的生产亩数再乘以亩产公斤数等于赔偿额。根据庭审查明被告种植1 000亩，每亩生产350公斤，同时鉴于被告未向法庭提交其侵权获利的相关凭证，参照法院调取的河南金博士种业有限公司"郑单958"种子收购价每公斤2.40元，销售价平均每公斤4.80元，销售毛利润平均每公斤2.40元；并参照科技公司"郑单958"种子收购价每公斤2.40元，销售价平均每公斤3.58元，销售毛利润平均每公斤1.18元。一审法院以每公斤1.18元作为原告的合理利润，乘以被告生产的1 000亩，再乘以每亩350公斤，利润为413 000元。

农业部2003年第2期《农业植物新品种保护公报》登载了《农业植物新品种权侵权案件处理规定》，其中第14条对于赔偿数额作了明确的规定，"侵犯品种权的赔偿数额，按照权利人因被侵权所受到的损失或者侵权人因侵权所获得的利益确定。权利人的损失或者侵权人获得的利益难以确定的，按照品种权许可使用费的1倍以上5倍以下酌情确定"。在《保护条例》及最高人民法院相关司法解释无明确规定的情况下，可以参照作为损失赔偿的计算方法。

另外，关于本案的损失赔偿范围，原告还要求被告赔偿购买种子的费用144 000元。一审法院认为，上述利润损失中已经包含被告因销售60 000公斤种子所获的利润，不应再重复计算，原告要求赔偿购买种子款144 000元的请求不予支持。这种认识体现了法定的补偿性赔偿原则，不应对该部分进行重复计算。

（甘肃省兰州市中级人民法院民三庭　李佳珉撰稿）

国家知识产权局专利复审案例与评析

案例一　有关组合发明创造性的掌握

（一）案由

本案涉及的是索尼公司的申请号为94116751.8、名称为"衰减电路装置"的发明专利申请（以下称为本申请）。经实质审查，国家知识产权局以本申请是对对比文件1（WO89/11166，1989年11月16日公开）中本领域公知的已有技术π型衰减级和T型衰减级的简单组合，不具有专利法第22条规定的创造性为由，驳回了本申请。索尼公司对上述驳回决定不服，遂向国家知识产权局专利复审委员会提出复审请求。索尼公司认为，用一个π型衰减电路构成多个衰减级中具有最大衰减量的衰减级，并用一个T型衰减电路构成多个衰减级中具有最小衰减量的衰减级，于是能用最大值作为易受电阻器或FET特性影响的高衰减度衰减级的电阻值，由此能够使得衰减量的精确度保持为高精度，借助T型衰减器可实现衰减电路的低插入损失；同时可将参数起伏允差设定到最大值，获得高质量的阻抗匹配；而对比文件1中并没有揭示本申请的这种组合。

驳回决定所针对的权利要求书中共有四项权利要求："1. 一种具有多个串联连接的衰减级的衰减电路装置，其特征在于：所述多个衰减级中具有最大衰减量的一个衰减级是由一个π型衰减级组成的；和所述多个衰减级中具有最小衰减量的一个衰减级是由一个T型衰减级组成的。2. 如权利要求1所述的衰减电路装置，其特征在于，所述π型衰减级和所述T型衰减级包括：一个与串联在信号通道串联位置的多个电阻装置并联连接的有源元件；和一个与联接在所述信号通道并联位置的一个或多个电阻装置串联连接的有源元件。3. 如权利要求1所述的衰减电路装置，其特征在于，所述π型衰减级被用在所述多个衰减级中要求衰减量10dB或10dB以上的这样一个衰减级。4. 如权利要求2所述的衰减电路装置，其特征在于，所述有源元件是一个其半导体材料是化合物半导体的场效应晶体管。"

在复审程序中，合议组在复审通知书中指出，本申请采用的技术方案是设置由多个串联连接的衰减级组成的衰减电路装置，而π型衰减电路和T型衰减电路在对比文件1中已经公开。因此本发明对于现有技术的贡献在于对π型和T型衰减级的串联组合。根据π型衰减电路和T型衰减电路的特点，在较大衰减量时适用π型衰减电路和在较小衰减量时适用T型衰减电路是本领域技术人员自然而然作出的选择，而将二者串联使用产生的效果并未超出根据上述选择分别适用这两种电路的技术效果总和。索尼公司对此陈述了意见。其认为，对比文件1只给出了一种由桥接的π型和T型衰减电路构成的衰减器，而未涉及本发明的在多个衰减级中具有最大衰减量的一个衰减器是由π型衰减级构成的衰减器和在多个衰减级中具有最小衰减量的一个衰减器是由T型衰减级构成的衰减器。因此本申请不是简单的π型和T型衰减器的叠加，具有创造性。

(二)决定的理由和结论

由于请求人在请求复审时未提交修改文本，因此本复审决定依据实质审查驳回决定所依据的文本，即该申请于申请日提交的权利要求书、说明书、摘要及于1995年5月31日提交的说明书附图进行审查。

对比文件1是本专利申请日以前公开的专利文献，可以作为评价本申请创造性的对比文件。

本专利权利要求1限定的衰减电路装置，包括如下技术特征：(1)具有多个串联连接的衰减级；(2)所述多个衰减级中具有最大衰减量的一个衰减级是由一个π型衰减级组成的；(3)所述多个衰减级中具有最小衰减量的一个衰减级是由一个T型衰减级组成的。

对比文件1公开了一种可变衰减器，与本申请涉及相同的技术领域，其附图7-9公开了本申请权利要求1的技术特征(2)中的π型衰减电路和T型衰减电路，本申请相对于对比文件1的差别在于：(1)π型衰减级作为最大衰减量的一个衰减级，T型衰减级作为最小衰减量的一个衰减级；(2)对π型衰减电路和T型衰减电路的串联组合。对于上述差别，合议组认为：首先，根据本申请说明书中对π型衰减电路和T型衰减电路特点的描述，“如果是π型衰减电路，则有它的介入损耗在某种程度上较大的缺点……。所以，这类衰减器不适用要求有较小介入损耗的多位分级衰减器……。如果是T型衰减电路，其介入损耗可限制到一个相当小的数值，所以这类衰减器适用要求有较低的介入损耗的多位分级衰减器”，本领域技术人员在有关衰减器的电路设计中，在较大衰减量时适用π型衰减电路和在较小衰减量时适用T型衰减电路完全是根据这两种电路特性而自然作出的选择，并不需要付出创造性的劳动，因此本申请权利要求1与对比文件1的差别(1)并未使本申请权利要求1限定的技术方案具有突出的实质性特点和显著的进步；第二，将两种衰减器串联使用并不能使本申请权利要求1的技术方案成为一个具有创造性的组合发明。因为《审查指南》对于组合发明的创造性给予了明确定义：如果组合的各技术特征，在功能上相互支持，并取得了新的技术效果，或者说组合后的技术效果比每个技术特征效果的总和更优越，这种组合具有突出的实质性特点和显著的进步，则组合发明具有创造性。而对本申请而言，将π型衰减电路和T型衰减电路二者串联使用产生的效果并未超出根据电路特性分别选择适用这两种电路的技术效果总和，也就是说，本申请权利要求1的将两种电路串联连接使用产生的技术效果并未超过分别适用对比文件1的π型和T型衰减电路的技术效果。因此本申请权利要求1与对比文件1的差别(2)并未使本申请权利要求1限定的技术方案具有突出的实质性特点和显著的进步。鉴于上述理由，本申请权利要求1不具有专利法第22条第3款规定的创造性。

对于请求人所强调的“本申请的衰减器相互配合既可获得低插入损失又可获得高质量的阻抗匹配的衰减器”的技术效果，合议组认为这些效果在本申请权利要求1的技术方案中并没有得到具体体现，因而请求人的辩解不足以证明本申请权利要求1具有创造性。

权利要求2和4是对π型衰减级、T型衰减级和有源元件的进一步限定，这些特征在对比文件1的附图7-9中已经公开，因此本申请权利要求2和4不具有创造性。

权利要求3是对π型衰减级衰减量的具体限定，是本领域技术人员通过简单试验即可得到的，因此权利要求3也不具有创造性。

综上所述，本申请的权利要求1~4不符合专利法第22条第3款的规定。请求人的复审理由不能成立。

(三)评析

本案中主要涉及如何看待组合发明的创造性。

所谓组合发明，是指将某些技术方案进行组合，构成一项新的技术解决方案，以解决现有技术客观存在的技术问题。

对本申请而言，其涉及一种衰减电路装置，其发明目的是为了克服现有技术中π型衰减电路的介入损耗在某种程度上较大，以及使用T型衰减电路带来的衰减量变大从而导致受元件精度离散性影响的衰减量就变得越大的缺陷。本申请采用的技术方案是设置由多个串联连接的衰减级组成的衰减电路装置，而π型衰减电路和T型衰减电路在对比文件1中已经公开。因此本发明对于现有技术的贡献仅在于对π型和T型衰减级的串联组合。即本申请是一项组合发明。

关于组合发明的创造性，《审查指南》给予了明确定义：如果组合的各技术特征，在功能上相互支持，并取得了新的技术效果，或者说组合后的技术效果比每个技术特征效果的总和更优越，这种组合具有突出的实质性特点和显著的进步，则组合发明具有创造性。

根据π型衰减电路和T型衰减电路自身具有的特点,在较大衰减量时适用π型衰减电路和在较小衰减量时适用T型衰减电路是本领域技术人员自然而然作出的选择,这种组合并不需要所属领域技术人员付出创造性的劳动,而且,将π型衰减电路和T型衰减电路二者串联使用产生的效果并未超出根据电路特性分别选择适用这两种电路的技术效果总和,也就是说,本申请权利要求1的将两种电路串联连接使用产生的技术效果并未超过分别适用对比文件1的π型和T型衰减电路的技术效果。因此将两种衰减器串联使用并不能使本申请权利要求1的技术方案成为一个具有创造性的组合发明。

(撰稿人:蒋彤)

案例二 增加产品权利要求的物理参数特征无助于创造性的确立

(一)案由

本案涉及的是日立金属株式社会的申请号为94118971.6、发明名称为"有源滤波电路及包括该有源滤波电路的电源装置"的发明专利申请(下称本申请)。经实质审查,国家知识产权局以该申请的权利要求1~8相对于现有技术JP平5-70901A(下称对比文件1)和JP昭60-74412A(下称对比文件2)不具备创造性,不符合专利法第22条第3款的规定为由,作出了驳回决定。驳回决定所针对的权利要求书为:

"1.一种包括一个平滑滤波器的有源电路,该平滑滤波器包括一个扼流线圈,该扼流线圈包括一个由微晶合金制成的并至少在其一个部分上有磁隙的环形磁芯及至少一根围绕该环形磁芯缠绕的导线。

2.一种包括一个平滑滤波器的有源电路,该平滑滤波器包括一个扼流线圈,该扼流线圈包括一个由微晶合金粉末和/或片粉和绝缘材料制成的磁芯及至少一根围绕该磁芯缠绕的导线。

3.根据权利要求1所述的有源滤波电路,其中所述的微晶合金是一种Fe基合金,它含有0.1%~3%(原子)的至少一种选自Cu和Au中的元素,1%~7%(原子)的至少一种选自Ti、Zr、Hf、V、Nb、Ta、Mo和W中的元素,10%~17%(原子)的Si,4%~10%(原子)的B,其余基本上是Fe和不可避免的杂质。

4.根据权利要求2所述的有源滤波电路,其中所述的微晶合金是一种Fe基合金,它含有0.1%~3%(原子)的至少一种选自Cu和Au中的元素,1%~7%(原子)的至少一种选自Ti、Zr、Hf、V、Nb、Ta、Mo和W中的元素,10%~17%(原子)的Si,4%~10%(原子)的B,其余基本上是Fe和不可避免的杂质。

5.根据权利要求1所述的有源滤波电路,其中所述的微晶合金是一种Fe基合金,它含有0~3%(原子)的至少一种选自Cu和Au中的元素,2%~10%(原子)的至少一种选自Ti、Zr、Hf、V、Nb、Ta、Mo和W中的元素,0~<10%(原子)的Si,2%~10%(原子)的B,其余基本上是Fe和不可避免的杂质。

6.根据权利要求2所述的有源滤波电路,其中所述的微晶合金是一种Fe基合金,它含有0~3%(原子)的至少一种选自Cu和Au中的元素,2%~10%(原子)的至少一种选自Ti、Zr、Hf、V、Nb、Ta、Mo和W中的元素,0~<10%(原子)的Si,2%~10%(原子)的B,其余基本上是Fe和不可避免的杂质。

7.根据权利要求2所述的有源滤波电路,其中所述的绝缘材料是一种耐热的有机或无机粘结剂。

8.一种电源装置,它在输入电路的至少一个部分中包括一个权利要求1~7中任一项所述的有源滤波电路。"

日立金属株式社会(下称复审请求人)对驳回决定不服,以该申请具备创造性为由,向专利复审委员会提出复审请求,复审请求人认为:权利要求1~8所要求保护的技术方案相对于对比文件1和对比文件2具有新颖性和创造性,符合专利法第22条第2款、第3款的规定。复审请求人未对其原始申请文本作任何修改。

在复审程序中,合议组发出复审通知书,指出:独立权利要求1、2要求保护的是一种有源滤波电路,在权利要求1、2中关于该有源滤波电路的电路连接关系、扼流线圈结构的技术特征是本领域的公知常识,例如在本申请说明书背景部分就描述了这样的电路连接关系,在对比文件2中就记载了这样的扼流线圈结构。实际上,权利要求1、2所要求保护的技术方案的区别特征在于微晶合金制成的磁芯。对比文件1公开了一种用于各种变压器、扼流圈、饱和扼流圈、磁头和其他磁性元件的磁芯的微晶铁基软磁合金的制造方法,在对比文件1的基础上,结合上述公知常识以获得该独立权利要求1、2所要求保护的技术方案,对所属技术领域的技术人员来说是显而易见的,因此该权利要求所要求保护的技术方案不具备突出的实质性特点和显著的进步,因而不具备创造性,不符合专利法第22条第3款的规定。从属权利要求3~6的附加技术特征是对微晶合金的组分限定。上述从属权利要求的附加技术特征已经在对比文件1中被具体公开,因此上述从属权利要求的附加技术特征的加入无助于创造性的确立,上述从属权利要求仍不具备创造性。从属权利要求7的附加技术特征是所述技术领域中的公知常识,对所属技术领域的技术人员来说是显而易见的,该权利要求所要求保护的技术方案不具备突出的实质性特点和显著的进步,因而不具备创造性。独立权利要求8要求保护的是一种电源装置,其特征仅在于该电源装置的输入电路包含权利要求1~7中任一项所述的有源滤波电路,而电源装置的输入电路包含有源滤波电路属于本领域的公知常识,在权利要求1~7不具备创造性的情况下,该权利要求所要求保护的技术方案不具备突出的实质性特点和显著的进步,因而不具备创造性。

复审请求人在收到复审通知书后提交了意见陈述和对权利要求书、说明书、说明书摘要的修改文本,修改后的权利要求1、2为:

"1.一种包括一个平滑滤波器的有源电路,该平滑滤波器包括一个扼流线圈,在100kHz频率、0.1TBm下,当向磁芯施加5Oe的磁场时,该扼流线圈所具有的芯体损失Pc为530Kw.m^{-3}或更小,并且,该扼流线圈包括一个由微晶合金制成的并至少在其一个部分上有磁隙的环形磁芯及至少一根围绕该环形磁芯缠绕的导线,所述微晶合金具有6×10^{-6}或更小的磁致伸缩。

2.一种包括一个平滑滤波器的有源电路,该平滑滤波器包括一个扼流线圈,在100kHz频率、0.1TBm下,当向磁芯施加5Oe的磁场时,该扼流线圈所具有的芯体损失Pc为530Kw.m^{-3}或更小,并且,该扼流线圈包括一个由微晶合金粉末和/或片粉和绝缘材料制成的磁芯及至少一根围绕该磁芯缠绕的导线,所述微晶合金粉末和/或片粉具有6×10^{-6}或更小的磁致伸缩。"

请求人认为:对于权利要求书、说明书、说明书摘要的修改是符合专利法第33条的规定的,修改后的权利要求1、2相对于对比文件1是非显而易见的,因此该权利要求1、2的技术方案相对于对比文件1具有创造性,其从属权利要求也相应地具有创造性。

(二)决定的理由和结论

专利法第22条第3款的规定:创造性,是指同申请日以前已有的技术相比,该发明有突出的实质性特点和显著的进步。

在本案中,请求人提交的新修改的权利要求1、2增加了以下功能性限定特征:"在100kHz频率、0.1TBm下,当向磁芯施加5Oe的磁场时,该扼流线圈所具有的芯体损失Pc为530Kw.m^{-3}或更小"、"所述微晶合金具有6×10^{-6}或更小的磁致伸缩",但相对于原权利要求1、2,新修改的权利要求1、2所要求保护的有源电路的电路连接关系和结构形状并未发生变化。对于修改后的权利要求1、2中新增加的参数特征:"所述微晶合金具有6×10^{-6}或更小的磁致伸缩"而言,是已知的微晶合金本身所具有的物理特性,本领域技术人员只要通过测试就可以得到该物理参数,无需付出创造性的劳动;其次,对于新增加的另一参数特征:"在100kHz频率、0.1TBm下,当向磁芯施加5Oe的磁场时,该扼流线圈所具有的芯体损失Pc为530Kw.m^{-3}或更小",亦是属于原权利要求1、2中的所要求保护的产品本身所具有的物理特性,本领域技术人员只要在上述测试条件下通过常规的技术手段就能够测试得出该扼流线圈的芯体损失Pc物理参数,无需付出创造性的劳动,可见,上述物理参数的限定无助于本产品权利要求的创造性的确立,因此新修改的权利要求1、2仍然不具备创造性。在此情况下,由于请求人未对从属权利要求3~8进行修改,因此从属于新修改的权利要求1、2权利的从属权利要求3~7和与其对应的电源装置的独立权利要求8仍然不符合专利法第22条第3款的规定而不具备创造性。

合议组认为:本专利申请的权利要求1~8不符合专利法第22条第3款的规定,不具备创造性,复审请求人的复审请求理由不能成立。因此作出了驳回复审请求,维持国家知识产权局于2001年3月16日作出的驳回申请号为94118971.6的发明专利申请的驳回决定。

(三)评析

本案中涉及的法律问题是:增加了功能性限定的物理参数特征,是否有助于产品权利要求创造性的确立?

在《审查指南》中明确规定对于产品权利要求应当尽量避免使用功能或者效果特征来限定发明。只有在某一技术特征无法用结构特征来限定,或者技术特征用结构特征限定不如用功能或效果特征来限定更为清楚,而且该功能或者效果能够通过说明书中充分规定的实验或者操作直接和肯定地验证的情况下,使用功能和效果特征来限定发明才是允许的。在本案中,修改后的产品权利要求增加了描述产品物理特性的功能性技术特征,尽管这种对于权利要求的修改性撰写是符合《审查指南》的上述规定的,但是该增加的技术特征是否使得修改后的权利要求的技术方案具有了区别于现有技术的技术特征,而具有创造性呢?答案是否定的。表面上看来修改后的权利要求对于所要求保护的产品作了进一步限定,增加了功能性限定的物理参数特征,而且对比文件中也没有直接公开这样的物理参数特征,但是,由于该物理参数特征是由该产品本身所固有的物理特性所决定的,在对比文件已经公开了与其相同的结构特征情况下,对于本领域技术人员来说,只要通过常规的检测就可以得出该物理参数,因此可见,在产品权利要求中，增加功能性限定的物理参数特征实际上并未增加产品权利要求的区别技术特征，修改后的权利要求所限定的技术方案相对于原权利要求权利所要求保护的技术方案实际上是完全相同的，这样的修改无助于创造性的确立。

（撰稿人：林俐）

案例三　权利要求书中技术特征的认定及其对创造性的影响

（一）案由

本案涉及对一项发明专利的无效宣告请求。该专利的专利号为93108019.3，申请日为1993年7月12日，名称为“预应力钢捻线的防锈涂膜形成加工方法及其装置”，专利权人为黑沢建设株式会社。

该专利包括两项独立权利要求（生产钢绞线的“方法”和“装置”），其授权公告的两项独立权利要求如下：

“1.一种预应力钢捻线的防锈涂膜形成加工方法，其特征为，上述方法包括下列步骤：将预应力钢捻线依次按所定长度倒捻，上述预应力钢捻线具有芯线和多根围绕着芯线的侧线；当调整芯线长度时，使上述相邻的被倒捻的预应力钢线沿径向远离扩开维持装置；在上述每根侧线和芯线的表面施加合成树脂粉体；加热熔化上述施加的合成树脂；冷却上述被涂复的合成树脂；将被涂复上合成树脂的侧线绕着涂复上合成树脂的芯线再捻合以形成捻合的预应力钢捻线。

2.一种预应力混凝土钢捻线的防锈涂膜形成加工装置，其特征为，上述装置具有一缓解装置，对经所定长度的芯线和绕着芯线的多根侧线暂时性地缓解；一涂饰装置，将倒捻的合成树脂粉体涂复在每根侧线和芯线的表面上；一加热装置，用于加热和融化施加在所有侧线和芯线上的合成树脂；一冷却装置，用于冷却涂有合成树脂的侧线和芯线；一缓闭装置，用于纲紧并将涂有合成树脂的侧线围绕着涂有合成树脂的芯线捻合；以及一芯线长度调整装置，设置在缓解装置和缓闭装置之间，上述芯线长度调整装置具有一个固定滑轮和一个在给定的方向上弹簧偏置的可动滑轮。”

针对上述发明专利（下称本专利），柳州市建筑机械总厂（下称请求人）于2002年1月17日向专利复审委员会提出宣告该专利权无效的请求，其理由是本专利的权利要求不具备新颖性和创造性，请求宣告本专利全部无效。

所提供的证据为三份专利文献：

WO 9208551（下称证据1）、平2－242989A（下称证据2）、US 3972304（下称证据3）。

请求人认为：本专利的权利要求1和2所述的加工方法已完全被证据1公开，权利要求1不具备新颖性，更不具备创造性；本专利权利要求3所述的加工装置与证据1相比结构基本上相同，两者的区别仅在于本专利的权利要求3中的“芯线长度调整装置具有一个固定滑轮和一个在给定的方向上弹簧偏置的可动滑轮”，而定滑轮与动滑轮组成的滑轮组是现有技术中经常使用的组件，因此与证据1相比本专利的权利要求3也不具备创造性。

被请求人则认为：（1）采用本专利方法制成的预应力捻线与证据1中的捻线相比，其结构完全不同。本专利说明书公开的产品中，其芯线与外层线之间没有相互连接，其外部形状如同涂复树脂之前一样，从而使该钢捻线具有很好的挠性和对混凝土的附着力；而证据1和2中的产品其侧线的外围用合成树脂填充和涂复，不具备本专利的性能。（2）上述产品结构和性能方面的差异是由于制造方法的不同而造成的，具体说本专利权利要求1所述的方法与证据1所述的方法相比存在以下区别：（a）本专利的权利要求1中存在“调整芯线长度时，使上述相邻的被倒捻的预应力钢线沿径向远离扩开维持装置”这一技术特征，而在证据1中不存在该技术特征。（b）本专利在钢捻线重新捻合之前存在一个“冷却”的过程，即“冷却上述被涂复的合成树脂”，而证据1中则不存在该技术特征。

针对被请求人的上述观点，请求人表示了不同意见，请求人认为：（1）本专利的权利要求1和2涉及一种钢捻线的加工方法，权利要求3～6涉及加工该钢捻线的装置，它们均不涉及钢捻线的结构及其性能，故在评价本专利权利要求1～6的创造性时，产品的结构特征不应当予以考虑。（2）在证据1中虽然未明确记载“冷却被涂复的合成树脂”这一过程，但在其芯线与侧线的树脂涂复之后至重新捻合之前，必然存在一个冷却的过程，因为树脂涂复是在高温下进行的，而重新捻合是在较低的温度条件下进行的，其间至少存在一个自然冷却的过程。所以本专利的“冷却被涂复的合成树脂”这一技术特征实际上也已经被证据2所公开。（3）证据1中的锥形出口16起到了调整芯线与侧线长度的作用，所不同的是本专利在张紧芯线的同时，通过一滑轮组将多余的芯线加以储存，而在证据1中只是将芯线通过锥形出口进行张紧，而并未对多余的芯线作进一步处置。

在上述事实的基础上，合议组依法作出了无效审查决定。

（二）理由及结论

无效审查决定的理由及结论

合议组认为：

1.本专利的权利要求书包括6项权利要求，

其中的权利要求1和2涉及“加工方法”，权利要求3~6涉及“加工装置”。“产品”、“加工方法”和“加工装置”涉及不同的发明主题，就本发明而言，其说明书中所公开的“产品”与权利要求书中所要求保护的“方法”及“装置”之间并不存在必然的、惟一性的联系。例如，采用本专利权利要求1所述的方法，但选用不同的工艺条件(例如不同的冷却温度、时间)，则有可能生产出断面结构不同的产品。因此，合议组对被请求人以说明书中一实施例的产品结构来解释其权利要求1所述方法的观点不予支持。

2. 证据1公开了一种对钢捻线进行涂复和填充的方法，与本专利属于相同的技术领域。被请求人认为本专利权利要求1中的步骤(2)(当调整芯线长度时，使上述相邻的被倒捻的预应力钢线沿径向远离扩开维持装置)和(5)(冷却上述被涂复的合成树脂)这两个技术特征在证据1中未被公开，即证据1中所使用的加工方法不存在“调整芯线长度”的过程和“冷却被涂复的合成树脂”的过程，因此与证据1相比本专利的权利要求1具有新颖性和创造性。

合议组认为通过阅读证据1的附图及其说明书可以得知：其出口锥体16实际上起到了一种调整芯线与侧线长度的作用，即通过出口锥体对芯线的张紧作用，可以使“多余”出的芯线保持在钢绞线的打开点与闭合点之间。由于该出口锥体的存在，便可以确保钢绞线在经过出口锥体之后的再捻合过程中，芯线与侧线以适合的长度关系重新捻合在一起。因此，当被倒捻的预应力钢线沿径向远离扩开维持装置时，其出口锥体对芯线和侧线的长度关系进行了调整。因此本专利权利要求1中的步骤(2)实际上已经被证据1所公开。

关于本专利权利要求1中的步骤(5)。在该权利要求中只是对“冷却”步骤作了笼统的限定，即“冷却上述被涂复的合成树脂”。其中既未对冷却的具体参数进行限定，也未以产品结构的方式间接对“冷却”进行限定。本技术领域的技术人员都明白，在对钢绞线进行热涂覆之后，冷却的速度及冷却的最终温度对重新捻合之后的钢绞线结构会有直接的影响。如果冷却速度快、最终温度低，在重新捻合时芯线与侧线之间会形成一明显的隔离层；反之两者间的隔离层将不明显。由于本专利的权利要求1中对冷却工艺未作具体限定，所以该权利要求实际上包括了上述两种情况，既包括强制冷却的情况(隔离层可能很明显)，也包括自然冷却的情况(隔离层可能不明显)。

在证据1中，对打开的钢绞线进行树脂涂复之后要经过一定的时间之后才能重新捻合。通常涂复过程是在较高的温度下进行的，而重新捻合是在较低的温度下进行的，所以两者之间必然存在一个温度差，即使不对其进行强制冷却，自然冷却的过程也是必然存在的。因此本专利权利要求1中的步骤(5)实际上也已经被证据1公开。

尽管本专利权利要求1中的6个步骤均分别被证据1所公开，但两者间的步骤顺序却有所不同：本专利是先施加合成树脂粉末后加热；而证据1中则先对钢绞线进行加热后涂复合成树脂。由于存在这种区别，两者应视为不同的加工方法。所以本专利的权利要求1与证据1相比具有新颖性。但由于这种区别并未导致技术效果方面的明显差异，该区别不具有突出的实质性特点显著进步，故与证据1相比本专利的权利要求1不具备创造性。

3. 权利要求3涉及一种预应力混凝上钢捻线的防锈涂膜形成加工装置。其中的芯线长度调整装置具有一个固定滑轮和一个在给定的方向上弹簧偏置的可动滑轮。该技术特征在证据1~3中均不存在。请求人认为“定滑轮与动滑轮组成的滑轮组是现有技术中经常使用的组件，因此与证据1相比本专利的权利要求3也不具备创造性”。

合议组对请求人的上述主张不予支持：虽然定滑轮与动滑轮组成的滑轮组是现有技术中经常使用的组件，但这种滑轮组通常是用来吊装重物的。在本专利中，采用一滑轮组与一张紧弹簧相配合，用来收拢多余的芯线，其功能与现有技术中的滑轮组完全不同。

由于在请求人所提供的证据1~3中并未公开“芯线长度调整装置具有一个固定滑轮和一个在给定的方向上弹簧偏置的可动滑轮”这一技术特征，而该技术特征又为该加工设备中带来了明显的技术效果，故本专利的权利要求3与请求人所提供的证据1~3相比具有创造性。

以上述结论为基础，合议组又对本专利的权利要求2、4、5、6进行了审查。合议组于2002年11月1日作出第4574号无效审查决定：宣告93108019.3号发明专利的权利要求1~2无效，以权利要求3~6为基础维持该专利的专利权有效。

行政诉讼程序

被请求人对专利复审委员会作出的上述决定不服，遂向北京市第一中级人民法院提起诉讼。

经审理，法院认为：

(1)关于芯线调整问题，证据1对芯线的调整不仅基于芯线与侧线扩离与闭合存在的长度差，而且由于芯线与侧线存在涂复层，在复捻的过程中芯线与侧线之间的长度配合关系会发生改变，就需要进行调整。在证据1中，出口锥体对芯线的张紧作用即长度的调整作用，是始终存在的，故芯线调整这一技术特征已被证据1所公开。

(2)关于冷却的问题，证据1虽未明确冷却这一技术特征,但在生产过程中必然存在自然冷却的过程,而本专利虽然提出冷却的技术特征,但却未对冷却的具体参数进行限定,故其应当包括强制冷却和自然冷却两种情况。

(3)专利复审委员会认为:“产品”是独立于“加工方法”和“加工装置”之外的另一类发明,“产品”与相关的“方法”及“装置”之间并不存在必然的、惟一性的联系。本院同意专利复审委员会的上述观点。

2003年12月16日北京市第一中级人民法院作出了维持专利复审委员会第4574号无效审查决定的(2003一中行初字第355号)判决。

在规定的期限内专利权人未提起上述,北京市第一中级人民法院的该判决生效。

(三)评析

本案涉及三个主要的法律问题。

1. 创造性问题

在评价一项技术方案是否具有创造性时,不仅要看组成该技术方案的技术特征是否属于现有技术的范畴,还要看现有技术中是否给出了将该技术特征引入该技术方案的启示或教导,以及引入该技术特征是否为了解决同样的技术问题。

本专利的权利要求3涉及一种预应力混凝土钢捻线的防锈涂膜形成加工装置。本专利权利要求3所述的加工装置与证据1相比结构基本上相同,两者的区别仅在于本专利的权利要求3中的“芯线长度调整装置具有一个固定滑轮和一个在给定的方向上弹簧偏置的可动滑轮”。虽然定滑轮与动滑轮组成的滑轮组是现有技术中经常使用的组件,但这种滑轮组通常是用来吊装重物的。在本专利中,采用一滑轮组与一张紧弹簧相配合,用来收拢多余的芯线,其功能与现有技术中的滑轮组完全不同。由于在请求人所提供的证据1~3中均未公开“芯线长度调整装置具有一个固定滑轮和一个在给定的方向上弹簧偏置的可动滑轮”这一技术特征,而该技术特征又为本专利的加工设备中带来了明显的、不同于现有技术的技术效果,具有“非显而易见性”,故本专利的权利要求3与请求人所提供的证据1~3相比具有创造性。

2.“方法”与“产品”之间的关系

在一份合案申请的专利文件中,“产品”是有别于“加工方法”和“加工装置”之外的另一类发明,虽然它们在技术上相互关联,包含相同或相应的特定技术特征,但“产品”与相关的“方法”之间并不存在必然的、惟一性的联系。也就是说,在一项有关“方法”的发明中,在其权利要求所限定的保护范围内(由实现该方法的工艺步骤来限定),一般存在多种技术方案可供选择(例如对某一工艺步骤中具体工艺参数的选择),而这些不同的选择将直接影响产品的结构和性能(例如在本专利权利要求1的技术方案中,选择不同的冷却工艺,其钢绞线涂复层的结构会截然不同)。

虽然在本专利的说明书中记载了有关钢绞线“产品”的技术内容,但是在其权利要求书中既未将该产品作为保护对象,也未用产品的结构特征对其“方法”进行限定。在无效程序中,被请求人试图以说明书中所公开的产品特征对其“方法”进行限定和解释,以形成与现有技术的区别,这显然已经超出了说明书对权利要求书进行解释的范围,是不能被接受的。

3. 关于“冷却”的问题

一项专利的保护范围应当以其权利要求的内容为准。在本专利的权利要求1中虽然记载了“冷却”这一技术特征,但却并未对该冷却所采取的方式及冷却的工艺参数作任何具体限定,故该“冷却”应当理解为一般意义上的冷却,即包括了强制冷却和自然冷却两种情况。

证据1虽未明确记载冷却这一过程,但从其说明书所公开的技术方案可以得知:在其钢绞线的生产过程中确实存在着由高温到低温的自然冷却的过程。在这种情况下,应当认为本专利权利要求1中的“冷却”这一技术特征已经被证据1所公开。

(撰稿人:张荣彦)

案例四 医药用途权利要求的新颖性判断

(一)案由

本案涉及申请日是1993年8月7日,公开日是1994年5月18日,名称为“2-(1-羟乙基)-5-羟基萘并[2,3-b]呋喃-4,9-二酮和含该化合物的抗肿瘤剂”的第93116259.9号发明专利申请(下称本申请),其申请人是太日保日本株式会社。

国家知识产权局以权利要求1不具备专利法第22条第2款规定的新颖性为由驳回了本申请,驳回决定所针对的权利要求书为:

“1. 下式2-(1-羟基乙基)-5-羟基萘并[2,3-b]呋喃-4,9-二酮化合物在制备致癌促进作用的抑制剂方面的用途:(结构式略)。”

驳回决定认为:对比文件1(JP-平-04-139177)公开了权利要求1化合物在制备“制癌剂”中的用途,而“制癌剂”通常包括“预防和治疗”的含义,即对比文件1中公开的制备“制癌剂”的用途包括了用该化合物预防和治疗癌症的用途;而本申请权利要求1用途的实质就是该化合物在制备预防和治疗癌症的药物的用途,鉴于该用途已经被对比文件1所公开,因此,权利要求不具备新颖性,不符合专利法第22条第2款的规定。

申请人—— 太日保日本株式会社(下称请求人)对上述驳回决定不服,向专利复审委员会提出复审请求，请求人在提出复审请求的同时没有提交新的专利申请文本。

(二)决定的理由和结论

中国专利法第22条第2款所定义的新颖性，"是指在申请日以前没有同样的发明或者实用新型在国内外出版物上公开发表过、在国内公开使用过或者以其他方式为公众所知，也没有同样的发明或者实用新型由他人向国务院专利行政部门提出过申请并且记载在申请日以后公布的专利申请文件中。"

在新颖性的判断中，一般(上位)概念的公开并不影响采用具体(下位)概念限定的发明或者实用新型专利申请的新颖性。

根据中国专利法第56条的规定，"发明或者实用新型专利权的保护范围以其权利要求的内容为准，说明书及其附图可以用于解释权利要求。"说明书及其附图用于支持权利要求，并在确定发明或者实用新型专利权的保护范围时，用于解释权利要求。

本申请权利要求1要求保护的是2-(1-羟基乙基)-5-羟基萘并[2,3-b]呋喃-4,9-二酮化合物(以下简称NFD)在制备致癌促进作用的抑制剂方面的用途。按照本申请说明书对于NFD用途的记载，一方面提出NFD抑制肿瘤细胞的生长，而另一方面还提出"NFD干扰由化学致癌因素或病毒引起正常细胞向癌细胞转变的最重要的过程——促进阶段，在致癌过程中起到抗致癌启动子的作用"(见说明书第3页第16至18行)，并且，通过说明书的实施例3和4以及附图28和29例证了NFD在作用于正常细胞向癌细胞转化的促进阶段从而预防癌症产生的用途。依据说明书的内容，本领域技术人员可以确定的是，本申请权利要求1请求保护的用途(即"制备致癌促进作用的抑制剂方面的用途")具有特定的含义，是一般意义的制备"制癌剂"用途的具有下位概念。

对比文件1(公开特许公报JP平4-139177，1992年5月13日公开)中仅公开了NFD具有制备制癌剂的用途，并通过抑制小鼠白血病细胞p388的生长的药理实验验证其具备"制癌剂"的用途(见对比文件1权利要求第35项，说明书实施例7和第60至61页)。可见，对比文件1并没有具体公开NFD对正常细胞转化为癌细胞的促进作用起抑制作用，该对比文件中涉及的NFD制备"制癌剂"的用途属于一般性的公开，因此，对比文件1并不能影响本申请权利要求1请求保护的具体用途的新颖性。

综上所述，合议组认为，依据中国专利法第22条第2款的规定，原审查部门在驳回决定中所使用的证据尚不足以破坏本申请权利要求1的新颖性。

根据以上事实和理由，本案合议组作出如下审查决定：撤销国家知识产权局对93116259.9号发明专利申请作出的驳回决定，由原审查部门继续进行审查。

(三)评析

本案涉及医药用途权利要求的新颖性判断，争议焦点在于对于本申请权利要求以及现有技术所公开内容的理解；涉及两个法律问题，其一是如何理解说明书对于权利要求的解释，其二是新颖性判断中"一般公开"与"具体公开"以及"上位概念"与"下位概念"的关系。

由于新颖性判断是将发明或者实用新型专利申请与现有技术或者申请日前由他人向专利局提出申请，并在申请日(含申请日)公布的发明或者实用新型的相关内容相比以确定二者是否属于同样的发明或者实用新型，因此，对于是否属于同样发明或者实用新型的判断必须建立在正确理解发明或者实用新型以及与之进行对比的技术内容的基础上。由于医药领域的特殊性，申请人在撰写医药用途发明的权利要求时往往采用多种方式，例如将该用途以适应症的方式、以机理的方式或将二者结合起来撰写，同样现有技术中公开的医药用途也可能以多种形式出现，并且，相同的机理产生的具体适应症可能有多种，而不同的机理产生的适应症却有可能相同，在专利申请与现有技术采取不同方式撰写医药用途时，对用途的不同理解直接影响到对新颖性作出判断，因此，对于医药用途的实质作出正确的理解对于医药用途发明的新颖性判断起到至关重要的作用。

中国专利法第56条的规定，"发明或者实用新型专利权的保护范围以其权利要求的内容为准，说明书及其附图可以用于解释权利要求"。在确定发明或者实用新型专利权的保护范围时，说明书及其附图用于解释权利要求。这种对于权利要求的"解释"应站在所属领域技术人员的角度，根据在说明书及其附图中给出的更为详尽的技术情报准确的把握该权利要求请求保护的技术方案所表达的特定技术内涵，尤其应关注说明书对于技术方案以及其中采用的措辞和技术术语给出的相应定义和或解释，并且，医药领域的特殊性还在于，说明书中所进行的药理试验对于理解医药用途的特定内涵以及考察医药用途的充分公开有着重要意义。但应注意上述对于权利要求的"解释"并不意味着允许从说明书中提取附加技术特征对权利要求作进一步限定，以及直接将权利要求的保护范围理解为说明书实施例公开的具体实施方式。

本案中，权利要求1请求保护的医药用途为"制备致癌促进作用的抑制剂方面的用途"，专利局原审查部门认为该用途的"实质就是该化合物在制备预防和治疗癌症的药物的用途”，但是，根据本申请说明书对于该用途的解释以及用以证实该用途所进行的药理试验，可以确定的是，所谓“致癌促进作用的抑制剂”是针对“由化学致癌因素或病毒引起正常细胞向癌细胞转变的最重要的过程——促进阶段”起到抗致癌启动子的作用，而非泛泛地发现了物质的抗癌活性，故现有技术所公开的制备“制癌剂”的用途则构成了本申请用途的上位概念；在此基础上，根据一般(上位)概念的公开并不影响采用具体(下位)概念限定的发明或者实用新型专利申请的新颖性的原则，该现有技术显然不能破坏本申请权利要求的新颖性。

(撰稿人：李越)

案例五　如何认定技术偏见

(一)案由

本无效宣告请求案涉及名称为“可高能焊接的软磁钢及其在磁悬浮铁轨部件上的应用”的97197182.X号发明专利(下称本专利)，专利权人是蒂森钢铁股份公司(下称被请求人)。

针对上述专利权，王某(下称请求人)向专利复审委员会提出无效宣告请求，认为本专利与对比文件1~3比较不具有创造性，请求宣告本专利权无效。请求人提交了三篇现有技术的对比文件，分别为：对比文件1：美国专利4350525；对比文件2：“钛和氮对大线能量焊接热影响区韧性的影响”；对比文件3：“微钛处理钢中的行为及其最佳含量”。

被请求人对该请求陈述了意见，并提交了参考文献[Journal of Material Science)32(1997年2月15日)](下称证据1)。被请求人认为，对比文件1是为包括磁悬浮铁轨等用途而特定设计的具有优异磁性能的电工钢，而对比文件2和3都是结构钢，其使用目的明显不同，因此对比文件2和3与对比文件1的结合是非显而易见的，证据1已公开了在电工钢中加入Ti和N会对钢的磁性能产生不利的影响，这代表了本领域普通技术人员的一种共识。

(二)决定的理由和结论

1. 使用两篇对比文件判断一项权利要求的创造性时，首先应当将权利要求所限定的技术方案与其中最接近的对比文件所公开的技术方案相对比，找出其区别技术特征，如果这些区别技术特征已在另一篇对比文件中公开，并且对比文件中有明确的技术教导——将所述区别特征引入最接近对比文件的技术方案中能达到与权利要求技术方案相同的技术效果时，则该权利要求不具备创造性。

2. 本专利和对比文件1均涉及用作磁悬浮铁轨部件的软磁钢，将本专利权利要求1与对比文件1的技术方案比较，可以看出，两者的组分中铬、铜、铝、碳、磷的含量完全相同，硅、氮、锰的含量部分重合，惟一的区别特征是本专利权利要求1的钢中引入了0.01%~0.02%的钛，其目的是改善钢的韧性，使之适于高能量焊接，同时使软磁钢保持高电阻率以及良好的耐老化性和耐大气腐蚀性。

3. 对比文件2是一篇科技论文，报道了钛和氮对大线能量焊接热影响区韧性的影响，指出“为改善热影响区的韧性，在钢中加入Ti以生成细小弥散的TiN是有效果的”。其中以490MPa高强度钢为试验用钢，分别研究了含钛量对热影响区组织和性能的影响、含氮量对热影响区组织和性能的影响、TiN粒子对热影响区韧性的影响。在研究钛含量的影响时，使氮含量保持为约0.005%，钛含量分别为0.009%、0.013%、0.025%，可以计算出其Ti/N分别为约1.8、2.6、5。在研究氮含量的影响时，使钛含量保持为约0.015%，氮含量分别为0.003%、0.0052%、0.0068%，可以计算出其Ti/N分别为约5、2.88、2.2。并结合图4-20和图4-21得出了这样的结论，当钛含量为约0.013%时，钢的韧性达最高值；当氮的含量为约0.005%时，钢的韧性达到最高值。

4. 通过分析可以看出，本专利权利要求1相对于对比文件1的区别特征，即0.01%~0.02%的钛含量，在对比文件2中已经公开，对比文件2公开了钛含量0.013%的技术内容。判断本专利权利要求1创造性的关键是要看将对比文件1的技术方案与对比文件2进行结合是否需要付出创造性劳动，这也是双方当事人争议的焦点。

5. 对于对比文件1和对比文件2的结合本领域技术人员是否需要付出创造性劳动的问题，合议组认为，本专利的目的是“提供一种软磁钢，即一方面可以采用高的单位长度能量进行高能量焊接，而又不使韧性受到任何损害，另一方面，能满足包括高电阻率、良好抗老化性和抗大气腐蚀性的要求”(见本专利说明书第2页第1段)，通过本专利的技术方案，即“设定钛含量为0.01%~0.02%，氮含量为0.005%~0.008%，钛/氮比率为2~4。在满足这一前提下，实现了在进行引入高能量的焊接时，对奥氏体晶粒长大的最有效的阻碍”(见本专利说明书第3页第2段)。对比文件2已明确教导了“作为热影响区脆化的原因，如前所述，有奥氏体晶粒粗大化和上贝氏体组织的形成等。为改善热影响区的韧性，在钢中加入Ti以生成细小弥散的TiN是有效果的”(见对比文件2第117页)，“TiN粒子既起到抑制晶粒粗大化的作用，又起到促进铁素体生成的作用。前者可以使组织细化,后者可得到铁素体加珠光体组织,两者均有利于韧性的改善”(见对比文件2第118页最后一段)。由于存在明确的教导,并给出了具体的实施点,因此,为改善对比文件1的软磁钢的韧性,参照对比文件2的方法,引入0.01%~0.02%的钛,并使钛/氮比率为2~4,以阻碍奥氏体的长大,对本领域技术人员来说是容易的,不必付出创造性劳动,因此,本专利权利要求1与对比文件1和2的结合相比,不具备创造性,不符合专利法第22条第3款的规定。

6. 被请求人在陈述意见和口头审理时认为本领域技术人员不会将对比文件2的技术特征引入到对比文件1的技术方案中,并且特别强调:1)本专利与对比文件1均涉及软磁钢,而对比文件2只涉及结构钢,属于不同的领域;2)参考文献已明确指出在电工钢中加入Ti和N会对钢的磁性能产生不利的影响,本领域技术人员不会将对比文件1和2进行结合。

对于被请求人的上述理由,合议组认为,1)软磁钢和结构钢是基于对钢的性能要求所进行的分类,两者并不是对立的。作为磁悬浮铁轨用钢,其磁性能和结构性能均必须符合特定要求,它既是软磁钢也是结构钢,而不是属于两个完全不同领域的钢。这一点可以从对比文件1得到证实,对比文件1的钢是对ST37号结构钢进行改进得到的软磁钢,改进后,并没有破坏ST37号结构钢的结构性能,说明对比文件1的钢既是软磁钢也是结构钢。因此,对比文件2所教导的对490MPa钢的韧性改进可以适用于对比文件1的钢的韧性改进。2)被请求人提交的参考文献为“钛对半处理非取向电工钢板的磁性能的影响”。该参考文献载于1997年2月15日公开的《Journal of Material Science》。合议组认为,现有技术的时间界限是申请日,享有优先权的,则指优先权日。本专利的优先权日为1996年8月10日,所述参考文献公开在本专利的优先权日之后,因此,不是本专利的现有技术,也就是说无证据表明在本专利优先权日前现有技术中存在阻止本领域技术人员将对比文件1和2进行结合的任何技术偏见。通过以上分析可以看出,被请求人的上述理由不能说明本专利权利要求1相对于对比文件1和2具备创造性。基于与上面同样的理由,权利要求2~5也不具备创造性,不符合专利法第22条第3款的规定。

基于上述理由合议组作出了第4306号无效决定,宣告97197182.X号发明专利权无效。

(三)诉讼程序

被请求人(下称原告)对4306号无效决定不服,向人民法院提出起诉。认为证据1说明在本专利的申请日之前的现有技术中确实存在阻碍本领域技术人员将对比文件1和对比文件2结合的技术偏见。同时原告提交了证据2(CN1112962A专利说明书,1995年12月6日)说明在本专利的申请日之前的现有技术中确实存在所述技术偏见。

专利复审委员会(下称被告)辩称,证据1不能说明现有技术中存在所述技术偏见,所谓技术偏见,应该是本领域中普遍存在的一种技术认识,对某个技术问题普遍存在的、偏离客观事实的认识,它引导人们不去考虑其他方面的可能性,阻碍人们对该技术领域的研究和开发,证据1不能说明本专利的现有技术中存在所述技术偏见。原告提交证据2是在无效宣告请求审查程序中未提交的,4306号无效决定中也不涉及该证据,因此,该证据与本案无关。

本专利的目的是提高钢的韧性,其技术解决方案就是向钢中加入0.01%~0.02%的钛。假设针对本专利的技术方案存在技术偏见的话,这种的技术偏见应当是:加入0.01%~0.02%的钛会钢的韧性降低。从证据2中看不到向钢中加入0.01%~0.02%的钛会钢的韧性降低的技术教导,也就是说,证据2中根本不存在技术偏见。

一审法院在审理后作出了第(2002)一中行初字第305号判决。判决书认为本案的关键在于技术偏见是不是存在。首先,对于克服了技术偏见的发明创造而言,应当将该技术偏见明确记载在专利申请文件中,而本专利的说明书没有相关记载,其次证据1和2尚不足以证明其观点已经是本领域中普遍存在的而且是偏离客观事实的技术偏见。基于上述理由,一审法院维持了被告作出的4306号无效决定。原告没有在法定期限内提出上诉,4306号无效决定已生效。

(四)评析

从本案的无效宣告程序和诉讼程序看,有两个值得关注的问题,第一个是诉讼程序中专利权人是否可以引入新的证据;第二个问题是如何认定技术偏见。

关于第一个问题,判决书没有明确说明在诉讼程序中专利权人是否可以引入新的证据,但事实上,一审法院已接受了专利权人在诉讼程序中提交的证据2。专利权人由于各种原因未能及时提交有关证据,一项专利权被专利复审委员会宣告无效,而且基于已有的证据,专利复审委员会作出的审查决定并无不妥时,不允许专利权人在诉讼程序中提交相关新证据,对专利权人是不公平的,因为专利权人已没有就这些新证据发表的意见的机会。相反,如果请求人由于各种原因未能及时提交有关证据,一项专利权被专利复审委员会维持,而且基于已有的证据,专利复审委员会作出的审查决定并无不妥时,不允许请求人在诉讼程序中提交新证据,却是合理的,因为请求人还有再次提出无效宣告请求的机会。

关于第二个问题,《审查指南》规定,“技术偏见是指在某段时间内、某个技术领域中,技术人员对某个技术问题普遍存在的、偏离客观事实的认识,它引导人们不去考虑其他方面的可能性,阻碍人们对该技术领域的研究和开发。”认定技术偏见有两个要件:即该技术认识是普遍存在的,是偏离客观事实的。就本案而言,根据本专利说明书的记载,本专利为解决其技术问题,是基于这样的前提“在细晶粒结构钢的生产过程中,细小沉淀物能够阻止奥氏体晶粒长大,这种作用很久以前就已得到应用,氮化物、碳化物和铌和钛的碳氮化合物以及铝的氮化物均会通过阻碍晶界运动来阻止奥氏体晶粒的长大”。证据1和2得出的结论与本专利的理论基础是一致的,特别是证据2记载了为解决其技术问题是基于“发现极细小的析出物在消除应力退火过程中阻碍晶粒长大,为了减少这样的极细小的析出物,发现在添加适量的REM的同时,降低Zr、Ti是重要的”。可以看出,证据1和2中没有偏离客观事实的认识。因此,证据1和2不能证明技术偏见的存在。此外,如果发明创造的创造性体现在克服技术偏见上,申请人应当将这种技术偏见记载在说明书中。

(撰稿人:金泽俭)

案例六 有关域外证据的公证认证

(一)案由

本案涉及国家知识产权局2000年12月27日授权公告的、名称为“中厚度板坯连铸机和直列热轧带材作业线的方法及装置”的发明专利,其专利号为93105532.6,申请日为1993年5月11日,专利权人是迪宾公司。

该专利包括两项独立权利要求,其中权利要求1涉及方法,权利要求9涉及装置,授权公告的两项独立权利要求如下:

“1.一种制造卷板、成卷取形态片材或分立板材的方法,其特征在于,包括有下列步骤:

a.连续地铸造一具有厚度介于89毫米(3.5英寸)到140毫米(5.5英寸)的钢股;b.剪切该钢股成为一预定长度的板坯;c.进给该板坯进入一直列加热炉;d.抽取该板坯到一连续的处理作业线上,此处理作业线包含一热可逆轧机,此热可逆轧机在其一上游侧和一下游侧的各者位置有一卷取炉;e.使该板坯平式来回通过该热可逆轧机,以便在最少次数平式通过该热可逆轧机之后形成一足够作卷取的厚度的中间产品;f.使该中间产品通过该热可逆轧机以进而减小其厚度,以及在该上游或下游卷取炉的一者中卷取该中间产品;g.使该被卷取的中间产品来回过该热可逆轧机以将此被卷取的中间产品减至一所希望厚度的最终产品,该中间产品在每一次通过该热可逆轧机时是被收集入并进给出该等卷取炉的各者;以及h.将该最终产品精制成卷板、分立板材或成卷取形态片材的一者。”

“9.一种中间厚度板坯连铸机以及直列热轧带材及板材辊轧作业线,其特征在于,包括有:

a.一连续的带材铸造机结构,供形成一介于89毫米(3.5英寸)到140毫米(5.5英寸)厚度的钢股;b.一位在该铸造机构下游的直列剪切机,供切割该钢股成为一所欲求长度的板坯;c.一板坯输送台,与该剪切机成直列并包含一板坯拿取区域在该板坯输送台横向上可操作;d.一板坯收集和储存区域,靠近该板坯输送台并适用于自该板坯拿取区域接收板坯;e.一再加热炉,有一进入端与该板坯输送台以及该板坯收集和储存区域成直列,供自任一者接收板坯;f.一进给及回返台,设置在该再加热炉的一出口端;g.一热可逆轧机机构,与该进给及回返台成直列,使离开该再加热炉的板坯以最少次数平式通过该可逆轧机机构后,减少至一足够作卷取的厚度的中间厚度产品,并且可以接着减小中间厚度产品的厚度至一最终成品厚度;h.一对卷取炉,一者位在该热可逆轧机机构的上游以及另一者位在该热可逆轧机机构的下游,该等卷取炉在当该中间厚度产品通过该等卷取炉之间以及通过该热可逆轧机机构时可接收并放出该中间厚度产品,以便将该中间厚度产品减小至一最终产品厚度;以及i.一精制作业线,位在该对卷取炉以及该热可逆轧机机构的下游并与之成直列。”

针对上述专利权(下称本专利),沃斯特-阿尔派因工业设备制造有限公司(下称请求人)于2002年6月14日向专利复审委员会提出了无效宣告请求,其理由是本专利不符合专利法第26条条3、4款以及专利法第22条第2、3款的规定,请求宣告本专利全部无效。并提供了12份证据,其中包括:证据1:EP0320846A1复印件,公开日1989年6月21日;证据4:1990年《日立周刊》第39卷相关页复印件;证据5:GB2030491A复印件,公开日1980年4月10日;证据7:US4829656复印件,授权公告日1989年5月16日;证据8:1984年英文版《热轧钢》相关页复印件;证据9:US4503697复印件,授权公告日1985年3月12日;证据10:US4630352复印件,授权公告日1986年12月23日;证据11:公开日1992年2月17日的日本公开特许公报平4-46601复印件及其同族美国专利(US5150597)的复印件。

请求人认为:(1)被请求人在权利要求1特征e中将平式通过热可逆轧机的次数扩大限定为

"最小次数",而在说明书中却明确限定了"不超过三次的平式通过";此外,该特征中提到了"足够卷取厚度的中间产品",而未对具体的厚度作出限定,但是在说明书中却将这一厚度限定为大约1.5英寸或更小。权利要求1没有以说明书为依据,不符合专利法第26条第4款的规定。(2)证据4是本专利的最接近的对比文件,本专利的独立权利要求1相对于请求人提供的现有技术不具有新颖性和创造性,独立权利要求9以及从属权利要求相对于请求人提供的现有技术不具有创造性。

被请求人认为:在确保轧制板坯质量的前提下,选用尽可能少的通过次数,以降低能耗,缩短加工时间对本领域的技术人员而言是公知常识,说明书中对通过次数的限定只是一种最佳实施状态。"足够作卷曲的厚度"这一概念同样属于本领域的公知常识,该厚度范围可根据常识确定甚至可作适当调整。故独立权利要求1符合专利法第26条第4款的规定。

在就本案进行的口头审理过程中,请求人放弃了本专利不符合专利法第26条第3款的无效理由,放弃证据2、3以及证据12,提交了两份由北京市海淀第二公证处以及中华人民共和国长安公证处出具的公证书,用以证明证据4以及证据8的复印件与原件相符。鉴于证据4及证据8是域外证据,请求人应合议组要求在指定期限提交了相应的公证认证文本。

在上述工作的基础上,合议组依法作出了无效宣告请求审查决定。

(二)理由及结论

1. 关于本专利是否符合专利法第26条第4款

针对请求人认为本专利不符合专利法第26条第4款的两点理由,合议组认为,虽然本专利的说明书技术方案部分以及实施例中将为获得中间产品而平式通过热可逆轧机的次数限定为"不超过三次的平式通过",将中间产品的厚度规定为"大约1英寸或更小";而在相应的权利要求1中却将平式通过热可逆轧机的次数限定扩大限定为"最小次数",中间产品帽耳厚度限定为"足够卷曲厚度的中间产品",即在相应的权利要求中却作出了较为上位的限定。但是实施例只是对发明或实用新型优选之具体实施方式的举例说明,权利要求所概括的技术方案不要求局限于优选的实施例。此外,对于所属领域的技术人员而言,在最终产品质量要求等因素允许的情况下,显然应当尽可能选用最小的通过次数。再者,设置中间产品这一工序以使得中间产品达到一定的厚度,只是为了便于上下游卷曲炉对其进行卷曲,进而通过热可逆轧机的工作而形成最终产品,中间产品的厚度只要能够在上下游卷曲炉卷曲即可,因此中间产品的厚度应具有足够卷曲的厚度对所属领域的技术人员而言是公知常识,故合议组对请求人认为本专利的权利要求不符合专利法第26条第4款规定的理由不予支持。

2. 证据认定

证据1、证据5、证据7以及证据9~11是专利文献,属于公开出版物。合议组经核实,上述证据的原件与复印件相同。同时上述证据的公开日或授权公告日均早于本专利的申请日,故上述证据构成本专利的现有技术。

证据4是1990年《日立周刊》第39卷相关页复印件;证据8是1984年版《热轧钢》相关页复印件。请求人于口头审理时提交了由北京市海淀第二公证处以及由中华人民共和国长安公证处出具的公证书,并于2003年4月2日就证据4提交了由德国公证机关及中华人民共和国驻德国领事馆的公证认证手续。最高人民法院《关于行政诉讼证据若干问题规定》的第十六条规定:"当事人向人民法院提供的在中华人民共和国域外形成的证据,应当说明来源,经所在国公证机关证明,并经中华人民共和国驻该国使领馆认证,或者履行中华人民共和国与证据所在国订立的有关条约中规定的证明手续。"其中"所在国"包括两层含义,一是证据的产生地,二是馆藏有所述证据的国家。请求人未就证据4及证据8提交任何馆藏证明,故在此"所在地"只能是证据的原始产生地。由证据4的封二右下角可知该证据的产生地是日本,由证据8的封二下方的内容可知该证据的产生地是美国。故证据4应经日本公证机关证明,并经中华人民共和国驻该国使领馆认证,而证据8应经美国公证机关证明,并经中华人民共和国驻该国使领馆认证。而请求人提供的有关证据4及8的证明手续显然不符合上述要求,故根据最高人民法院《关于行政诉讼证据若干问题规定》第五十七条(四)的规定,上述证据不能作为定案的依据,故合议组对证据4及证据8不予采信。

证据6是一份可行性研究报告,其中未披露任何有关该证据公开状态的有效信息,同时也没有其他证据证明该证据所涉及技术内容于本专利申请日前已在国内公开使用,故对该证据不予考虑。

3. 本专利的新颖性和创造性

将证据1、证据5、证据7以及证据9~11所披露的相关技术内容与本专利的独立权利要求1相比,具有明显的区别之处,同时上述证据也未就区别之处给出任何技术启示和教导,而所具有的区别之处又使得权利要求1所要求保护的技术方案能够带来一定的技术效果,具有突出的实质性特点和进步,符合专利法第22条第2、3款有关新颖性和创造性的规定。

证据7涉及制造热轧带钢的工艺，与本专利的独立权利要求9相比，两者的区别之处在于：本专利还进一步设有一再加热炉。由本专利说明书所披露的内容可知，再加热炉是为了保证板坯轧制时达到一定的温度。而对本领域的普通技术人员而言，设置该装置显然是公知常识，同时由本专利的说明书中也无法看出设置再加热炉能够带来其他意想不到的技术效果。虽然被请求人在意见陈述中强调通过铸造特定厚度的连铸机和后续轧机以及精轧作业线的组合实现了本专利的发明目的，但是合议组认为，通过阅读本专利的说明书可知，本专利的连铸机是已有的，并非一新的经改进的装置，本专利的发明目的是通过对连铸机铸出板坯厚度的限定，并结合其他工艺步骤而得以实现的，即本专利的发明目的基于对热轧工艺的改进，与作业线的布置方式及其中组成装置的结构无关。本领域的普通技术人员在证据7的基础上，结合所属领域的公知常识得到本专利权利要求9所要求保护的技术方案是容易的，无需付出任何创造性的劳动，故权利要求9相对于证据7不具有创造性。

基于上述结论，合议组本专利的从属权利要求（权利要求2~8以及权利要求10）进行了审查，于2003年6月18日作出第5124号无效审查决定。

宣告93105532.6号发明专利的权利要求9及10无效，维持其权利要求1~8有效。

（三）评析

本案涉及两个主要的法律问题。

1. 权利要求得到说明书支持的问题

专利法第26条第4款规定："权利要求书应当以说明书为依据，说明要求专利保护的范围。"根据该规定，权利要求不仅应当在表述形式上得到说明书的支持，而且应当在实质上得到说明书的支持。权利要求书中的每一项权利要求所要求保护的技术方案应当是所属技术领域的技术人员能够从说明书中公开的内容直接得到或者概括得出的技术方案。对于一个概括较宽的权利要求而言，不应仅仅局限于技术方案的文字表述以及实施例本身来判断该权利要求是否得到说明书的支持，实施例只是发明或实用新型优选的具体实施方式的举例说明，而是应当站在所属领域普通技术人员的角度上，根据说明书中所公开的具体实施例或实施方式并结合所属领域的常识技术、常规的试验或分析方法等进行综合判断，以确定对一项权利要求所要求保护范围的扩展是否适当。

2. 域外证据的问题

在无效宣告程序中，涉及域外证据的情况日益增多，因此有必要对域外证据的证明手续问题作出相应的规定。我国目前的专利法、实施细则以及《审查指南》对此未作明文规定。目前，针对这一问题，参照最高人民法院《关于民事诉讼证据的若干规定》第十一条以及《行政诉讼证据若干问题规定》的第十六条规定执行。该规定中指出："当事人向人民法院提供的在中华人民共和国域外形成的证据，应当说明来源，经所在国公证机关证明，并经中华人民共和国驻该国使领馆认证，或者履行中华人民共和国与证据所在国订立的有关条约中规定的证明手续"。上述规定是对域外证据法定形式或法定程序的特别要求，由于域外证据来源的特殊性，如不履行相应的证明手续，则其真实性无从查证。

在具体实施过程中，需注意两个问题，一是对"证据所在国"应如何理解，二是对公证机关的证明内容有何要求。这两个问题在上述规定中并不明确。本决定中，对证据"所在国"的含义作了进一步的解释，认为其至少应当包括两层含义：一是证据的原始产生地，二是馆藏有所述证据的国家。据此，对于一份在A国形成的证据，如在B国进行相应的公证认证，则该证据不能予以采信。反之，对于一份在A国形成的证据，如在B国有馆藏证明，则在B国所作的相应的公证认证手续符合域外证据法定形式的特别要求，可以予以采信。在本案中，请求人所提供的证据4及8的证明手续均是在德国进行的，而证据4的原始产生地是日本，证据8的原始产生地是美国。同时请求人未就上述证据提供在德国具有馆藏的证明，故上述证据虽然从表面上看符合对域外证据法定形式的特殊要求，而实质上却与该规定的内在要求相悖，因此不能予以采信。就公证内容而言，公证的内容界定了证明的内容，在实际操作中，最常见的是对域外形成书证（包括报刊、产品说明等等）的公证认证，其公证内容通常是："兹证明复印件与原件内容相符"，对于这种类型的公证内容，一般情况下尚不足以证明证据的真实性。因为，上述公证内容的证明力仅涉及"复印件内容与原件相符"，而未涉及原件内容的真实性，在原件真实性不确定的情况下，相应地，复印件内容的真实性也就无从判定。因此，具体操作中应当把握公证内容的证明范围足以证明证据的真实性这一原则。

（撰稿人：徐媛媛）

案例七　对权利要求书是否清楚的判断

（一）案由

本案涉及的是腓特烈斯港齿轮工厂股份公司的申请号为98801511.0、名称为"摩擦传动装置"的发明专利申请（以下简称本申请）。经实质审查，中国国家知识产权局专利局针对申请人2002

年7月11日提交的说明书1～6页和权利要求书1～13项，以及按照原始提出的国际申请文件的中文译文中的附图第1～4页为基础，以该专利申请权利要求1及其从属权利要求3、7、10、11、13请求保护的技术方案不清楚为由，发出驳回决定，驳回了本申请。腓特烈斯港齿轮工厂股份公司对上述驳回决定不服，向中国国家知识产权局专利复审委员会提出复审请求，并提交了修改的权利要求书、说明书及说明书摘要。腓特烈斯港齿轮工厂股份公司认为，修改的权利要求书及说明书已经克服了审查员在驳回决定中指出的缺陷，符合专利法实施细则第20条的规定。

驳回决定认为，权利要求1中记载了第一功率范围、第二功率范围及第一向前行驶范围和较高的向前行驶范围等概念，在说明书没有对此进行说明，第一功率范围在权利要求中没有做出说明；"第一功率范围"与"第一行驶范围"如果是一致的，权利要求应统一使用说明书中作出说明的"第一行驶范围"这一概念；"第二功率范围"和"较高的行驶范围"的描述不清楚；"无级变速器和行星齿轮传动装置沿轴向串联"的描述不清楚；"无级变速器的输出端通过一个含有一个传动级的传动连接装置与一根轴连接，后者与行星齿轮传动装置的构件在传动上连接起来"中"后者"所代表的构件也是不清楚的。综上所述，权利要求1不符合专利法实施细则第20条第1款的规定。

驳回决定同时指出权利要求3、7、10、11、13请求保护的技术方案也是不清楚的。

此外，审查部门认为说明书第3页第15行的将原来的"离合器8"改为"环面盘8"超出了原说明书和权利要求书所记载的范围，上述修改不能接受；说明书第4页第10行记载的"主轴即中间轴4和22"与说明书前面的记载不一致，造成说明书对技术方案的叙述混乱；说明书第4页第27行记载的"离合器10"，而在说明书附图上，10并不指示离合器。

本专利申请人腓特烈斯港齿轮工厂股份公司（下称复审请求人）不服上述驳回决定，于2002年11月21日向国家知识产权局专利复审委员会提出复审请求，并提交了修改的权利要求书、说明书及说明书摘要。复审请求人指出：经修改的权利要求1是清楚的，其中，两个功率范围分别对应于两个向前行驶范围，功率范围与行驶的速度范围是两个概念，但有对应关系，这在现有技术中是已知的；对于"无级变速器和行星齿轮传动装置沿轴向串联布置"这种描述方式，复审请求人同样认为是清楚的；复审请求人删除了权利要求3、7、8、10～13；复审请求人在修改的说明书中，将说明书第3页第15行的"环面盘8和离合器20"修改为"离合器23和20"，将"主轴即中间轴4和22"修改为"主轴4和中间轴22"，将"离合器10"修改为"离合器20"。复审请求人认为修改的权利要求书及说明书已经克服了审查员在驳回决定中指出的缺陷，符合专利法实施细则第20条的规定。复审请求人提交的修改的权利要求书中权利要求1为："1. 传动装置，其中，在一个第一个功率范围内驱动功率从驱动轴(2)通过可无级调整的其形式上为无级变速器(5)的传动装置传给从动轴(17)，无级变速器(5)有一根主轴(4)和成对协同工作的复曲面状滚动面(6和8或7和9)，一些滚动体(10)在滚动面之间运转，并且，在一个第二个功率范围内通过可无级调整的传动装置(5)和一个行星齿轮传动装置(18)传递，其中，第一个功率范围相应于一个第一个向前行驶范围，此时驱动功率通过无级变速器(5)传给从动轴(17)，而行星齿轮传动装置(18)作为一个整体旋转，第二功率范围连接着此第一个功率范围，它相应于一个第二向前行驶范围；无级变速器(5)和行星齿轮传动装置(18)沿轴向串联布置；无级变速器的输出端通过一个含有一个传动级的传动连接装置(12)与一根轴(14)连接，该轴与行星齿轮传动装置(18)的一个构件(19)在传动上连接起来，其特征为：在无级变速器(5)前设一个起动构件(3)，它设计为湿式运行的多片式离合器；在第二向前行驶范围内，驱动功率通过行星齿轮传动装置(18)传给从动轴(17)，在这种情况下在行星齿轮传动装置(18)内实施功率分路以及一个虚功功率流过无级变速器(5)，此虚功功率在无级变速器(5)的主轴(4)上与驱动功率叠加。"

经形式审查合格，专利复审委员会于2002年12月9日受理了此复审请求，并向原审查部门发出《前置审查通知书》。

在前置审查意见书中，原审查部门针对请求人于复审请求时提交的修改的权利要求书和说明书进行了审查，并认为，关于"第一功率范围"、"第一向前行驶范围"等所限定的范围及相互关系仍然不清楚。"第一功率范围"是从多少千瓦到多少千瓦不清楚，说明书中没有记载，更非本领域技术人员的公知常识。将"第一功率范围"修改为"第一功率传输方式"才更为确切、清楚。但目前的权利要求1仍然不符合专利法实施细则第20条第1款的规定。此外，前置审查意见还认为，将说明书第3页第15行的"环面盘8和离合器20"修改为"离合器23和20"，在原申请中没有记载，也非本领域技术人员从原申请文件中可以惟一导出的技术方案，因此，该修改超范围，不符合专利法第33条的规定。

(二)决定的理由和结论

合议组审查了请求人于2002年11月21日随复审请求书提交的修改文本，注意到复审请求人修改的权利要求书和说明书是依据原说明书和权利要求书进行的，即上述修改文本未超出原说明书和权利要求书记载的范围，符合专利法第33条的规定。因此本复审决定所依据的文本为2002年11月21日提交的权利要求1～6项，说明书1～6页，说明书摘要以及进入中国国家阶段时提交的说明书附图1～4页。

根据专利法第33条的规定，“申请人可以对其专利申请文件进行修改，但是，对发明和实用新型专利申请文件的修改范围不得超出原说明书和权利要求书记载的范围。”

本申请原说明书第2页倒数第3行至第3页第8行及附图1中记载了：“若向后行驶时，在松开离合器20和23的同时通过闭合制动器24，使从动轴17的旋转方向与发动机1旋转方向相反；若处在中立位置时，通过松开离合器8和20及松开制动器24，从动轴17可相对于其余的传动部分自由旋转。”此处，将“松开离合器8和20”修改为“松开离合器23和20”是能够通过上文惟一导出的技术方案。因此，合议组认为复审请求人将说明书中“松开环面盘8和离合器20”修改为“松开离合器23和20”是可以从原申请文件中惟一导出的，该修改未超出原说明书和权利要求书记载的范围，符合专利法第33条的规定。

根据专利法实施细则第20条第1款的规定，权利要求书应当说明发明或者实用新型的技术特征，清楚、简要地表述请求保护的范围。

从本申请的说明书背景技术和发明目的可知，本申请所述的传动装置是具有两个功率范围或运行方式的可无级调整的传动装置。而具有两个功率范围或运行方式的可无级调整的传动装置既是本申请的背景技术，也属本领域的公知常识；第一功率范围、第二功率范围是相对于所述的两个功率范围进行的限定，因而是清楚的。而一定的行驶范围必然会对应一定的功率范围，功率范围与行驶范围是有对应关系的两个概念，即第一功率范围与第一向前行驶范围相对应，第二功率范围与第二向前行驶范围相对应。因此，合议组认为修改后的权利要求1是清楚的，符合专利法实施细则第20条第1款的规定。此外，权利要求1中“无级变速器(5)和行星齿轮传动装置(18)沿轴向串联布置”的描述也是清楚的，“无级变速器的输出端通过一个含有一个传动级的传动连接装置与一根轴连接，后者与行星齿轮传动装置的构件在传动上连接起来”中“后者”已改为“该轴”。

同时，在复审请求人的修改文本中由于删除了权利要求3、7、8、10～13，因此也克服了驳回决定中指出的权利要求3、7、10、11、13不符合专利法实施细则第20条第1款规定的问题。

因此，修改后的权利要求1～6符合专利法实施细则第20条第1款的规定。

此外，驳回决定中指出的说明书中的形式缺陷，复审请求人在修改文本中也都予以克服。

综上所述，合议组认为本申请的修改文本已经克服了驳回决定所指出的缺陷，符合专利法实施细则第20条第1款的规定。因此，作出了撤销国家知识产权局原审查部门于2002年8月9日对98801511.0号专利申请所作出的驳回决定，以复审请求人于2002年11月21日提交的权利要求1～6项，说明书1～6页，说明书摘要以及进入中国国家阶段时提交的说明书附图1～4页为基础，由原审查部门继续进行审查程序的复审决定。

(三)评析

本案中主要涉及两个法律问题，一是修改文本是否超范围的问题；二是权利要求书是否清楚的问题。

关于修改文本是否超范围问题，《审查指南》中规定：申请人可以对其专利申请文件进行修改，修改后的内容应在原说明书或权利要求书中有记载或者能从原说明书或权利要求书中记载的内容直接且惟一导出。本案中，合议组正是遵从修改后的内容能够从原说明书或权利要求书中记载的内容直接且惟一导出来进行判断的。

关于权利要求书的清楚问题，实际上包含了每项权利要求的类型应当清楚和每项权利要求所确定的保护范围应当清楚两方面的要求，在这里要谈的是权利要求所确定的保护范围应当清楚的问题。《审查指南》中规定：“说明书作为权利要求书的依据，在确定专利权的保护范围时，用于解释权利要求。”“权利要求的保护范围应当根据其所用词的词义来理解。在特定情况下，如果说明书中指明了某词汇具有特定的含义，在权利要求书中使用了该词汇，并且权利要求的范围由于说明书中对该词汇的说明而被限定得足够清楚，这种情况也是允许的。”从这些规定中可以看出，权利要求的保护范围应当首先根据其所用词的词义来理解，那么，在什么情况下需要用说明书解释权利要求呢？通常是根据权利要求所用术语理解保护范围时仅根据权利要求的文字在理解上存在歧义的情形下，需要借助于说明书所公开的内容进行解释。从本案可以看出，合议组在根据权利要求中所用词的词义来理解该项权利要求所确定的保护范围时，结合了说明书中对其中某些词汇的特定含义的说明后得出该项权利要求已被限定得足够清楚，因此认为该项权利要求所确定的保护范围是清楚的。但在这里要特别强调的是，这样做只是用于弥补因权利要求中的词语在表述上存在不清楚或导致歧义理解的缺陷；如果将仅反映在说明书及附图中，而未记载在权利要求书中的技术特征或者技术方案通过对某些词汇的“解释”而纳入到专利保护范围,则超越了解释的功能。

(撰稿人:王丽颖)

案例八 如何判断一项发明创造是否违反国家法律

(一)案由

本无效宣告请求案涉及名称为“玻璃钢复合材料连续成型的中空腹异型材及其成型工艺”的第92106044.0号发明专利(下称本专利),专利权人为张国志。该专利授权公告的权利要求1如下:“1.一种玻璃钢复合材料连续成型的中空腹异型材,其特征在于截面呈带翼膀、带勾槽或带翼膀、勾槽,中间为空腹,结构上采用土锅中碱玻璃纤维作纵向拉力、刚性和抗剪的增强材料,采用无续毡作横向及其他方向的拉力,刚性和抗剪的增强材料及其他方向的增强材料,所说的无续毡在异型材的上面为上毡Z1,在异型材的底面为底毡Z2,在异型材的左右两侧为侧毡Z3,在异型材的中空腹部位为信毡Z4,在上毡Z1、底毡Z2、侧毡Z3和信毡Z4各面无续毡所形成的空间中均布所说的土锅中碱玻璃纤维S。”

针对该专利权,北京建协玻璃钢门窗研究所(下称请求人)向专利复审委员会提出无效宣告请求,认为该专利不符合中国专利法第5条、第22条的规定,应予宣告无效。请求人提交了以下证据:证据1:国家建筑材料工业局文件,基材生产发[1995]354号;证据2:中国玻璃钢工业协会1998年11月4日发文。

请求人认为,证据1和2中明确禁止使用陶土坩锅拉丝制作玻璃钢,包括拉制高碱、中碱和无碱玻纤,而本专利权利要求中的实质性特征“采用土锅中碱玻璃纤维为增强材料”是国家行政主管部门及全国性的行业协会所明令禁止使用的。此外本专利明确限定其使用的是“土锅中碱玻璃纤维”而非其他中碱玻纤,用其他方法制得的合格中碱玻璃纤维不属于本发明的范围,因此本专利权利要求违背中国专利法第5条;此外,本专利的发明目的在于“提高强度”、“保证强度”、“降低成本”,按照权利要求1采用土锅中碱玻璃纤维不能实现本专利的发明目的,没有积极效果反而存在安全隐患,可能造成生命、财产上的损失,证据1中所述的“太空飞车”事故就是本专利不能使用的证据,因此本专利不具备实用性,不符合中国专利法第22条第4款。

对此,专利权人(下称被请求人)提交了意见陈述,认为1.本专利中采用的是“中碱”玻璃纤维,而证据1禁止使用的是“高碱”玻璃纤维并不是“中碱”玻璃纤维,也就是说本专利使用的“中碱”玻璃纤维属于允许使用的范围;2.本专利的发明点在于使用“中碱玻璃纤维”,可以是用“耐火土坩埚”制得的,本专利无意将“土锅中碱玻璃纤维”限制为用陶土坩埚生产的中碱玻璃纤维,技术人员采用合格的中碱玻璃纤维即可实施本发明;3.实践证明本专利的实施取得了积极的效果。因此,被请求人认为本专利符合中国专利法的有关规定。

在此基础上,合议组就本案举行了口头审理,对本案无效理由及证据进行了详细的调查。

(二)决定的理由

1.中国专利法第5条规定,对违反国家法律、社会公德或者妨害公共利益的发明创造,不授予专利权。

该条款并行地规定了三种不授予专利权的情形,即违反国家法律、违反社会公德和妨害公共利益。其中所称的“违反国家法律的发明创造”是指发明创造的目的是我国法律明文禁止的或与我国的国家法律相违背的发明创造。这里的“国家法律”是指全国人民代表大会或者全国人民代表大会常务委员会依照立法程序制定和颁布的法律,不包括其他行政法规和部门规章。如果发明创造的目的并没有违反国家法律,但是由于被滥用而违反国家法律则不在此列。另外,所谓违反国家法律的发明创造不包括仅其实施为国家法律所禁止的发明创造。也就是说,如果仅仅是国家法律禁止专利产品或者依专利方法制造的产品的销售,则不能依照专利法第5条规定拒绝授予上述产品发明创造或者制造这种产品的方法发明以专利权。

本案中,请求人认为本专利实质性特征“采用土锅中碱玻璃纤维为增强材料”是国家行政主管部门及全国性的行业协会所明令禁止使用的,因而本专利违背中国专利法第5条。

根据上述审查原则,首先考察本专利的发明目的。本专利的发明目的有两个,一个目的是克服现有技术中存在的问题,在提高异型材的强度的同时,降低异型材的成本,并提供一种可利用无续毡制作的可广泛应用于建筑门窗、家具、工程结构材料的玻璃钢复合材料连续成型的中空腹异型材。另一个目的是克服现有技术中工艺的不足之处,提供一种可利用无续毡制作上述玻璃钢复合材料连续成型的中空腹异型材的成型工艺,从而在保证强度的同时,降低成本。请求人对本专利的上述两个目的也予以承认。

其次考察国家法律。请求人提出了证据1和2并认为这两份证据是本专利所违反的国家法律。证据1是国家建筑材料工业局文件,基材生产发[1995]354号,证据2为中国玻璃钢工业协会于1998年11月4日出具的证言。显然,证据1和2均不属于专利法第5条中所述的国家法律。

可见,认为本专利是“违反国家法律的发明创造”是缺乏依据的。

此外,就本专利是否是违反社会公德和妨害公共利益的发明创造而言,请求人并没有提供证据。至于请求人认为证据1中“太空飞车”游乐机事故即是本专利妨害公共利益的证据,合议组认为,在没有本专利产品和方法与“太空飞车”游乐机之间存在必然联系的证据的情况下,不能认定本专利与“太空飞车”游乐机事故的因果关系,也就不能以此认定本专利妨害公共利益。

综上所述,请求人认为本专利属于中国专利法第5条不授予专利权的对象的主张不能成立。

2. 中国专利法第22条第4款规定,实用性是指该发明或者实用新型能够制造或者使用,并且能够产生积极效果。

根据这一条款,被授予专利权的发明创造是在产业中能够制造或使用、其实施效果是积极的和有益的发明创造。

本案中,请求人对本专利在产业中能够制造或使用予以承认,但认为本专利不能实现本专利的发明目的,没有积极效果反而存在安全隐患,可能造成生命、财产上的损失,因此不具备实用性,不符合中国专利法第22条第4款。但是,请求人没有提供任何证据证明其上述主张。至于请求人认为证据1中“太空飞车”游乐机事故即是本专利存在安全隐患,可能造成生命、财产上的损失的证据,合议组认为,在没有本专利产品和方法与“太空飞车”游乐机之间存在必然联系的证据的情况下,不能认定本专利与“太空飞车”游乐机事故的因果关系,也就不能以此认定本专利存在安全隐患,可能造成生命、财产上的损失。

综上所述,请求人认为本专利不符合中国专利法第22条第4款的主张缺乏证据支持。

根据以上事实和理由,本案合议组作出维持第92106044.0号发明专利权有效的审查决定。

(三)评析

1. 在专利复审委员会的审查实践中,以专利权不具备新颖性、创造性、得不到说明书支持、说明书公开不充分或修改超范围为理由提出的无效请求相对较多,专利复审委员会在这些条款的审查上积累了丰富的案例和经验,而以不符合专利法第5条作为理由提出无效宣告请求的案例尚为数不多,以审查决定的形式体现出来的复审委对该条款的理解和把握也不多。本无效决定较详细地分析了如何判断一项发明创造是否属于专利法第5条所规定的不授予专利权的情形,特别是在判断其是否是违反国家法律的发明创造时应当考虑的几个方面。

根据中国专利法第5条的规定,对违反国家法律、社会公德或者妨害公共利益的发明创造,不授予专利权。该条款并行地规定了三种不授予专利权的情形,即违反国家法律、违反社会公德和妨害公共利益。

判断一项发明创造是否是违反国家法律的发明创造需要从三个方面来考察:第一,发明创造的目的是否是我国法律明文禁止的或与我国的国家法律相违背。如果发明创造的目的并没有违反国家法律,但因发明创造被滥用而违反国家法律,则该发明创造不属于违反国家法律的情形。第二,相关规范性文件是否是国家法律。这里的国家法律是全国人民代表大会或者全国人民代表大会常务委员会依照立法程序制定和颁布的法律,不包括其他行政法规和部门规章;第三,判断该发明创造是否仅其实施为国家法律所禁止。如果仅仅是国家法律禁止专利产品或者依专利方法制造的产品的销售,则不能依照专利法第五条规定拒绝授予该产品发明创造或者制造这种产品的方法发明以专利权。

本案中,请求人认为本专利实质性特征“采用土锅中碱玻璃纤维为增强材料”是国家行政主管部门及全国性的行业协会所明令禁止使用的,因而本专利违背中国专利法第5条。

分析本专利的发明目的,可以看出其并不为我国法律明文禁止或与我国的国家法律相违背。具体而言,本专利的发明目的有两个,一个目的是克服现有技术中存在的问题,在提高异型材的强度的同时,降低异型材的成本,并提供一种可利用无续毡制作的可广泛应用于建筑门窗、家具、工程结构材料的玻璃钢复合材料连续成型的中空腹异型材。另一个目的是克服现有技术中工艺的不足之处,提供一种可利用无续毡制作上述玻璃钢复合材料连续成型的中空腹异型材的成型工艺,从而在保证强度的同时,降低成本。请求人对本专利的上述两个目的也予以承认。显然这两个目的并不违背我国法律或被禁止。

其次考察请求人提交的规范性文件。请求人提出了证据1和2并认为这两份证据是本专利所违反的国家法律。证据1是国家建筑材料工业局文件,基材生产发[1995]354号,证据2为中国玻璃钢工业协会于1998年11月4日出具的证言。显然,证据1和2均不属于专利法第5条中所述的国家法律。

从对发明目的和规范性文件性质的分析可以得出这样的结论,即本专利并不属于专利法第5条所排除的主题,请求人提出的主张缺乏事实和法律依据的支持。

2. 本案中请求人还主张本专利权利要求违反社会公德和妨害公共利益,不符合专利法第5条,以及本专利没有积极效果反而存在安全隐患,可能造成生命、财产上的损失,不具备实用性,不符合中国专利法第 22 条第 4 款。为此,请求人应当提交足以证明上述主张的证据其理由方能成立。

本案中请求人认为其提交的证据 1 中提到的一起"太空飞车"游乐机事故证明了本专利不符合上述条款。但是,证据 1 并没有载明"太空飞车"游乐机事故与本专利产品的关系,请求人又没有其他的佐证证明该事故与本专利产品的关系,因此合议组认定:在没有本专利产品和方法与"太空飞车"游乐机之间存在必然联系的证据的情况下,不能认定本专利与"太空飞车"游乐机事故的因果关系,也就不能以此认定本专利妨害公共利益,属于专利法第 5 条排除主题的结论,也不能得出本专利导致安全隐患,可能造成生命、财产上的损失,因此不具备实用性的结论。

由此看出,充分举证对无效请求的成功与否至关重要。（撰稿人:董铮）

案例九　如何认定申请文件所公开的技术内容

(一)案由

本案涉及的是鸿友科技股份有限公司的申请号为 97123193.1、发明名称为"抗静电信号线接头"的发明专利申请(下称本申请)。针对本申请,专利局实质审查部门于 2000 年 8 月 4 日发出第一次审查意见通知书,指出从该说明书中,本领域技术人员不清楚该发明是如何对所说信号线接头提供静电防护的,不清楚抗静电延伸部由什么材料构成,不清楚由什么样的绝缘塑料来构成抗静电层,因而不符合专利法第 26 条第 3 款的规定。鸿友科技股份有限公司于 2001 年 2 月 15 日答复第一次审查意见通知书时对权利要求书和说明书进行了修改,其中在修改的权利要求 1、3、4 和说明书技术方案部分中记载了抗静电层和抗静电延伸部由绝缘材料构成的内容,并将原说明书第 4 页第 9 行记载的"构成金属壳 5 外周的电性屏蔽"修改为"构成金属外壳 5 外周的静电防护"。专利局于 2002 年 2 月 8 日对本申请作出了驳回决定,其中指出申请人提交的修改的说明书中将"电性屏蔽"修改为"静电防护"以及增加的"所述抗静电延伸部由绝缘材料构成"超出了原说明书和权利要求书所记载的范围,因而驳回是针对原始申请文本作出的,其主要理由是:第一,通常静电防范的原则主要是抑制静电的产生,加速静电泄漏,进行静电中和等,而从说明书中,所属技术领域的技术人员不清楚该发明是如何对信号线接头提供静电防护的,或者说是如何防止静电侵入至电路内部或电器内部的;第二,不清楚抗静电延伸部到底是什么材料,以及抗静电延伸部和作为绝缘材料的抗静电层如何能够防止静电导入电器或电路内部。因此,本申请的说明书不符合专利法第 26 条第 3 款的规定。

鸿友科技股份有限公司(下称请求人)对上述驳回决定不服,在规定期限内于 2002 年 4 月 29 日向专利复审委员会提出了复审请求,请求人陈述的主要意见是,依据原说明书第 4 页第 11～12 行所记载的"构成金属壳 5 外周的电性屏蔽,可防止静电由金属壳 5 处侵入至电器内部"可知这里所述电性屏蔽就是静电防护的意思;抗静电层和抗静电延伸部具有完全相同的功能,因而所述抗静电延伸部自然可以使用与抗静电层相同的材料,因此修改得到原始申请文件的支持。此外,本申请通过绝缘材料构成的抗静电层防止带有静电的物体与信号线接头的导体部分接触,从而防止静电经信号线接头的导体部分传导到电路内部。

在复审程序中,合议组在复审通知书中指出,请求人答复第一次审查意见通知书时所作的修改中将原权利要求中所披露的绝缘塑料概括为绝缘材料超出了原说明书和权利要求书记载的范围;针对原说明书,其中没有记载抗静电层或抗静电延伸部的构成材料,导致本领域技术人员无法实施该发明,因而不符合专利法第 26 条第 3 款的规定。请求人对此陈述了意见并提交了经过修改的说明书及权利要求书,其中将权利要求书中出现的"绝缘材料"修改为"绝缘塑料";在说明书中加入了抗静电层和抗静电延伸部由绝缘塑料构成的内容,并将原说明书第 4 页第 9 行记载的有关抗静电延伸部 7 构成金属壳 5 外周的"电性屏蔽"修改为"静电防护"(见修改的说明书第 4 页第 12 行)。

(二)决定的理由

1. 关于申请文件的修改及审查文本的认定

由于在原权利要求 3、7 中记载了抗静电层由绝缘塑料构成的内容,而对于抗静电延伸部的构成材料,根据原说明书中所记载的抗静电延伸部由塑料壳体延伸而成,同时由于在本申请中抗静电延伸部与抗静电层具有完全相同的功能,因而可以推导出抗静电延伸部由绝缘塑料构成的结论。

此外,合议组认为,无论是原说明书中所记载的"电性屏蔽"还是修改的说明书中的"静电防护",都不过是对抗静电延伸部所起的作用的一种概括性的说明,这种说明并不涉及信号线接头本身的构成,而且由于本领域技术人员不可能无视信号线接头的具体结构,特别是抗静电延伸部 7 在信号线接头中的设置方式而孤立地理解说明书对抗静电延伸部 7 所起作用的上述说明,同时上述说明所用措辞"电性屏蔽"和"静电防护"在含义上的差异也还不足以使所属技术领域技术人员对抗静电延伸部所起作用产生不同理解,因而将"电性屏蔽”修改为“静电防护”应该是允许的。

因此,请求人于2003年7月23日提交的修改文件未超出原说明书和权利要求书的记载范围,符合专利法第33条的规定,以下审理以请求人于2003年7月23日提交的权利要求书和说明书以及申请日提交的说明书附图为基础。

2. 关于专利法第26条第3款

结合说明书对现有技术缺陷的描述和实施例部分可以看出,本申请所述的抗静电效果实际上是通过将抗静电信号线接头的金属材料的轴部或金属壳,也即抗静电信号线接头裸露在外的导电部位用所谓“抗静电”材料即绝缘塑料包覆来实现的。

据此,虽然申请文件中对静电如何侵入至电器内部没有更详细的记载,而且采用了与用于实现抗静电功能的常见的导电材料截然不同的绝缘塑料,但本领域技术人员至少可以理解经过绝缘塑料的包覆,使得外部带电物体不能直接接触抗静电信号线接头的导电金属部分,由此显然可以避免因带静电物体与所述金属部分接触而使静电侵入与之电连接的电路内部或电器内部,而防止静电侵入电路或电器内部实质上就是防止静电在电路或电器内部出现或产生。因此从防止静电产生的角度来看,可以说本申请具有静电防护的效果。在了解静电如何侵入电路或电器内部,以及抗静电层和抗静电延伸部由绝缘塑料构成的情况下,本申请如何借助绝缘材料来防止静电导入电路或电器内部不言自明。

基于上述分析,把说明书不同部分所记载的技术内容综合起来加以理解,本领域普通技术人员能够清楚知道说明书所记载的技术方案及其与说明书所记载的静电防护效果之间相互适应的关系,即能够再现其技术方案,解决其技术问题,达到其技术效果,因此,说明书对发明作出了清楚、完整的说明,符合专利法第26条第3款的规定。

3. 综上所述,请求人于2003年7月23日提交的修改文件符合专利法第33条的规定,同时说明书经修改后符合专利法第26条第3款的规定,即克服了驳回决定中所指出的缺陷。

因此,合议组撤销了专利局于2002年2月8日对97123193.1号发明专利申请作出的驳回决定。

(三)评析

本案涉及两个法律条款,即专利法第33条及第26条第3款,究其实质,两个条款均与如何理解申请文件所披露的技术信息有关。如果对申请文件的修改使得所属技术领域的技术人员所看到的信息与原申请(包括权利要求书和说明书)公开的信息不同且不能从其中直接导出,则不符合专利法第33条的规定;如果所属技术领域的技术人员不能依据申请文件的说明书部分所公开的信息实施和再现发明,则不符合专利法第26条第3款的规定。

在判断包括权利要求书和说明书在内的申请文件究竟公开了怎样的信息时,应将所判断的对象作为一个有机的整体,将其各部分内容综合起来加以考虑,而不能将其各部分所披露的内容割裂开来理解。另外,进行上述判断的主体是所属技术领域的技术人员,其应当知晓所属技术领域所有的普通技术知识,因此在进行上述判断时应基于与申请文件所记载的技术方案相关的所属技术领域的普通技术知识来进行。特别是在理解某一词语的技术含义时,拘泥于其字面含义而不考虑所判断对象的其他相关部分记载的内容以及其所属技术领域的作法,可能会有失偏颇。就本案而言,原说明书所记载的“电性屏蔽”与其后修改的“静电防护”都用于说明抗静电延伸部的作用,虽然二者在含义上有所差别,但结合说明书对于“抗静电延伸部”的其他相关描述,可以明了在本案中“电性屏蔽”具体而言就是“静电防护”,上述措词的改变不会导致对技术内容的不同理解;“静电防护”对于所属技术领域的技术人员来说是公知的概念,而静电电荷不能在绝缘物体上自由流动同样是公知的常识,在此基础上,结合本案申请文件中记载的技术方案,所属技术领域的技术人员应能够理解本案中借助绝缘塑料防止外部静电导入与抗静电信号线接头电连接的电路内部以实现抗静电效果的技术构思,能够理解“静电防护”在本案中的具体含义是防止静电在电路内部产生,从而实现本发明的技术方案。(撰稿人:石青)

案例十　含有非结构形状技术特征的技术方案是否属于实用新型保护客体

(一)案由

本案涉及的是国家知识产权局于1995年6月21日授权公告的、申请号为94242517.0、名称为“电子式电能表用一体化计度器”的实用新型专利权,其申请日为1994年9月2日,专利权人为陈建民,授权公告时的权利要求书如下:

“1. 一种电子式电能表用一体化计度器,它包括有机架(1)、减速数码盘(3)、拔盘齿轮(4)、数码盘(5),其特征在于步进电机(6)直接固装在机架(1)上,与计度器为一个整体,且步进电机(6)通过至少两级的减速齿轮(8)与减速数码盘(3)啮合联接。

2. 按权利要求1所述的电子式电能表用一体化计度器,其特征在于所述的减速数码盘(3)为1/10位减速数码分度盘,其一侧外表面一圈上标有1/100位分度刻度线(9)。”

针对上述实用新型专利权，苏州工业园区大余电子有限公司(简称大余公司)和中外合资南京三能电力仪表有限公司(简称三能公司)分别对该项专利权提出无效宣告请求。无效请求的理由是:本专利权利要求1、2与现有技术相比，不具有新颖性和创造性。

在无效程序中，无效请求人共提交了14份证据。

针对请求人提出的理由及证据，专利权人认为:(1)大余公司提交的附件1.1至1.5，一是从效力方面看，不具有客观真实性，二是从内容和关联性方面看，没披露本专利技术方案;(2)大余公司提交的附件3.1、3.2、3.3与本专利相比，其应用领域不同，结构特征不同，发明目的不同，因此，既不能破坏本专利的新颖性，也不能破坏其创造性;(3)三能公司提交的数篇文件的组合仍然没有包括本专利的所有技术特征，且对本专利的发明构思没有任何的启示说明，因此，本专利具有创造性。为支持其主张，专利权人提交了19份证据。

合议组分别于2002年4月12日和2002年7月15日对本案举行了两次口头审理。在口头审理中，大余公司当庭提交了一份物证(计度器)，其声称该物证与请求书中的DSF864-2CS电能表中的计度器一致，附件3(JP56-17490)为本专利的最接近的对比文件。三能公司声明放弃附件2.2至2.6作为宣告本专利无效的证据使用。专利权人当庭对大余公司提供的书证(附件1.1至1.4)和三能公司提供的书证(附件2.1)的原件进行了核实，认定附件1.1中第1页、附件1.2至1.4及附件2.1与原件一致，对附件1.1中的第2~7页持有异议，认为第2~7页不是原件，对附件3.1至3.3的中文译文无异议。

(二)决定的理由和结论

1. 在上述审理的基础上，专利复审委员会于2002年9月27日作出第4561号无效请求审查决定。决定认为，大余公司提交的附件1.4“电度表用计度器”中华人民共和国机械行业标准(JB5459-91)、附件3.1专利号为US3875376美国专利说明书及中文译文、附件3.2公开号为JP59-30181日本公开特许公报及中文译文、附件3.3公开号为JP56-17490日本公开特许公报及中文译文和三能公司提交的附件2.1“分时计量电度表”的公开日均在本专利申请日前，因此，附件1.4、附件2.1、附件3.1至3.3所公开的内容均构成本专利的现有技术。

将本专利权利要求1所述技术方案与附件3.3相比，除其主题名称和步进电机安装位置不同外，其余技术特征均被附件3.3所公开。关于主题名称，本专利是电子式电能表用一体化计度器，附件3.3是一种计数装置。本专利的计度器是一种具体的计度器，属下位概念，而附件3.3的计数装置是一种上位概念，两者属不同技术领域，但两者属功能类似的技术领域。因此，附件3.3中的某些技术措施对本专利来说有启示作用，或者给出了某种技术教导，它可以被应用到电子式电能表中。另外，本专利的步进电机直接固装在机架上，与计度器为一整体，而附件3.3的步进电机安装在文字轮轴上，与计度器形成一整体。虽然两者的安装位置不同，但所达到的功能相同，都是使得步进电机与计度器形成一整体，以减小安装误差，提高其安装精度的目的。此外，步进电机是通过字轮轴而间接地安装在机架上，还是直接安装在机架上，本领域技术人员可以通过具体情况作出选择，而这种选择对实现其目的不发生实质性的影响，且附件3.1和附件3.2也公开了步进电机装在机架上这一技术启示。附件3.3的启示作用在于，在步进电机与最低位字符轮之间增加一级减速，就可使传递到最低位字符轮的力矩增大。因此，本专利权利要求1所述技术方案与附件3.3公开的技术方案相比，虽然其不同点在于主题名称和步进电机安装位置不同，但所述不同点对于实现本专利所述发明目的既不产生实质性影响，也没有预料不到的效果，不构成本专利的实质性特点，因此，本专利权利要求1所述技术方案不具有创造性。

本专利权利要求2所限定的附加技术特征为“减速数码盘为1/10位减速数码分度盘”和“减速数码盘一侧外表面一圈上标有1/100位分度刻度线”。附件1.4为“电度表用计度器”行业标准(JB5459-91)，其上记载有“计度器头轮上应有不少于100个的刻度线”。因此，本专利权利要求2中所限定的“减速数码盘一侧外表面一圈上标有1/100位分度刻度线”技术特征被附件1.4所公开。而“减速数码盘为1/10位减速数码分度盘”技术特征未被附件1.4和附件3.1至3.3所公开。

“减速数码盘为1/10位减速数码分度盘”构成本专利权利要求2所述技术方案的一个必要技术特征，其理由是:(1)为实现提高力矩的目的，在不改变原有步进电机的脉冲数和减速数码盘参数的情况下，使步进电机的脉冲数与减速数码盘相对应，必须将减速数码盘设在1/10位;(2)表明末位字轮转数比原来下降了10倍;(3)确定了步进电机至数码盘之间的减速比，且减速轮系速比至少在10倍以上;(4)表明该减速数码盘与个位数码盘及减速系统之间的相互位置关系。从本专利说明书及权利要求书中可以看出，“减速数码盘为1/10位减速数码分度盘”是一个位特征，它是本专利权利要求2所保护的产品中不可缺少的必要技术特征，本专利权利要求2要求保护的计度器，即使单独存在时，其减速数码盘也是1/10位，在其使用过程中，其减速数码盘代表的也是1/10位。此外，本专利权利要求2中的"减速数码盘为1/10位减速数码分度盘"位特征在现有技术中未被公开。

从本专利说明书中可以看出，本专利由于增加了两级或两级以上的减速齿轮，则步进电机作用于数码盘的力矩增加，为了使步进电机的脉冲数与数码盘相对应，将原计度器最后一位即1/100位减速数码盘改为1/10位减速数码盘，它的上面刻有1/100位分度刻线，则该一个减速分度数码盘就取代了原计度器中最后两位即1/100位减速数码盘和1/10位数码盘，同时又将计度器的计度容量扩大了十倍，从而使本专利的一种计度器的计度容量就能满足原机械工业部JB5460－91标准，将现有6位计度器和7位计度器合并为一个。这说明"减速数码盘为1/10位减速数码分度盘"技术特征在所述技术方案中的重要作用，其进步也是显而易见的。

在附件1.4、3.1至3.3所公开的技术方案及公知技术的基础上，需要创造性劳动才能获得本专利权利要求2所述技术方案。在请求人所提供的现有技术中，特别是附件3.3所公开的计数装置的现有技术中，都没有给出在一个特定的产品（电子式电能表用计度器）中，根据其技术教导来解决其所遇到的技术问题"既要克服现有技术中计度器卡字问题，又要使该计度器的精度达到0.01位的要求"。附件3.3所给出的技术教导只是在步进电机与最低位字符轮之间增加一级减速，就可使传递到该字符轮的力矩增大，它没有给出如何利用其技术教导在解决卡字问题后又要保证其计量精度达到0.01位的技术要求，也没有给出在制造电子式电能表计度器中可以牺牲一位精度要求来达到力矩增加的技术教导。另外，从证据3.2（95211507.7专利）、证据3.3（97225563.X专利）和证据3.4（97225562.1专利）中也可以看出，对于一种特定产品所存在的问题，不仅仅是依靠一些基本原理，如增加一级减速，其输出力矩就可增大，就可解决的。因为特定产品所处的环境不同，对其要求也不同，对其限制也不同，所出现的问题之间相互交错，相互影响，相互制约，不能简单的认为利用一些基本原理就可解决其遇到的问题。对于电子式电能表用计度器来说，本领域技术人员为了解决所出现的问题提出过不少的解决方案，但在本专利申请日前，没有人提出过本专利权利要求2所述技术方案，这充分说明本专利权利要求2所述技术方案相对于现有技术来说是非显而易见的，是需要花费创造性劳动的。因此，本专利权利要求2所述技术方案与现有技术相比，具有实质性特点和进步，符合专利法第22条第3款规定的创造性。

据此，合议组作出第4561号决定：宣告94242517.0号实用新型专利权利要求1无效，在其权利要求2的基础上维持本专利权有效。

2. 行政诉讼程序

大余公司、三能公司、陈建民均不服专利复审委员会第4561号无效审查决定，分别向北京市第一中级人民法院提起行政诉讼。

大余公司认为：根据专利法实施细则第2条第2款"专利法所称实用新型，是指对产品的形状、构造或者其结合所提出的适于实用的新的技术方案"，而本专利权利要求2所述的1/10位不是实用新型的结构特征，与附件3.3没有结构性的区别，更谈不上是本专利的必要技术特征，且1/100位刻度线已被附件1.4所公开，因此，专利复审委员会在权利要求2的基础上维持本专利权有效的理由不成立。请求法院撤销专利复审委员会第4561号无效审查决定。

三能公司认为：(1)专利复审委员会用于说明"减速数码盘为1/10位减速数码分度盘"系本专利权利要求2所述技术方案的一个必要技术特征的四点理由，均是没有事实根据的，也是没有法律依据的，专利复审委员会关于"减速数码盘为1/10位减速数码分度盘"构成本专利必要技术特征的说法是不能成立的；(2)"减速数码盘为1/10位减速数码分度盘与现有技术相比，并不具有实质性特点和进步，在专利复审委员已经认为"减速数码盘一侧外表面一圈上标有1/100位分度刻度线"技术方案已被公开的情况下，本专利权利要求2所述的技术方案不具有创造性。请求撤销专利复审委员会第4561号无效审查决定。

陈建民认为：第4561号决定关于附件3.3的所属领域的认定与审查指南确立的基本原则不符；关于附件3.3的发明目的与本专利有相同之处，以及附件3.3提到的驱动电机小型化不是发明目的的认定是错误的；所认为的"装在字轮轴上，还是装在框架上本领域技术人员可以自行选择，附件3.3中的某些技术措施对本专利有启示，而且附件3.1和附件3.2公开了步进电机装在框架这一技术启示"结论是不正确的；第4561号决定疏忽了应用环境对电子式电能表用计度器的要求及本专利申请前电子式电能表用计度器的发展，造成用无实用价值的技术方案与创造了巨大经济效益的本专利比较，并用无实用价值的方案推翻具有巨大经济效益的专利的错误推断，并造成下面的重要事实未被认定：(1)附件3.3的实施必须减小步进电机体积这一事实未被认定；(2)附件3.3未提及如何增加减速比这一事实未被认定。

一审法院审理认为：作为附件3.3的日本专利涉及一种具有多个文字轮（相当于本案争议专

利中的数码轮)机械式计量装置,其设置有最低位文字轮21(相当于本案争议专利中的减速数码盘)、进给轮4b至4e(相当于本案争议专利中的拨盘齿轮)、文字轮2b和2e(相当于本案争议专利中的数码盘),其电机10通过螺钉直接固定于机架5并与文字轮同轴安装于文字轮轴1上,使电机10与计度器形成一体,其实施例一中电机10通过两级的减速齿轮与最低位文字轮21啮合联接,其实施例二中电机10通过四级的减速齿轮与最低位文字轮21啮合联接。比较附件3.3与本专利权利要求1各自记载的技术方案,可知附件3.3实施例一中已公开了本专利权利要求1记载方案的大部分技术特征,仅仅未公开这种机械式计量装置的使用领域以及电机10是否为步进电机。但对于电表计数器领域的普通技术人员而言,机械式计数器以及步进电机已广泛应用于感应式结构的电量积分仪表,尤其广泛应用于电磁式脉冲电量计度器,已成为公知技术,附件3.3记载方案所要解决的技术问题是克服电机负荷大、进给功作不够平滑的缺陷,即为了解决驱动电机力矩不够,带不动多个文字轮而容易发生卡字现象的问题。该技术方案将电机通过螺钉直接固定于机架,这在客观上可使驱动电机小型化,故附件3.3和本专利权利要求1各自记载的技术方案所要解决的问题是相同的。电表计数器领域的普通技术人员借助于附件3.3所公开技术方案的启东而导出本专利权利要求1是显而易见的,本专利权利要求1相对于附件3.3不具有实质性特点和进步,不具有创造性。

对于权利要求2,一审法院认为:本专利通过"减速数码盘为1/10位减速数码分度盘"这一技术特征,即用一个减速数码分度盘取代原计数器最后两位即1/100减速数码盘的1/10位数码盘,在数码盘个数不变的情况下,使小数点前的计数位数增加一位,从而解决了将计度器的计度容量扩大十倍的技术问题。"减速数码盘为1/10位减速数码分度盘"这一技术特征是解决上述技术问题不可缺少的技术特征,其与权利要求2记载的其他技术特征总和足以构成本专利完整的技术方案。"减速数码盘为1/10位减速数码分度盘"这一技术特征构成本专利必要技术特征,符合专利法实施细则第21条第2款的规定。"减速数码盘为位减速数码分度盘"这一技术特征与权利要求2的其他技术特征相结合,对"电子式电能表用一体化计度器"的形状、构造及其各部件的位置关系作了必要的限定,构成完整的技术方案,属于实用新型专利保护的客体,符合专利法实施细则第2条第2款的规定。"减速数码盘为位减速数码分度盘"这一技术特征在大余公司和三能公司提供的作为现有技术的证据中均未公开,而且在上述证据中也不存在涉及解决扩大计度器计度容量这种技术问题的任何技术启示和教导。"减速数码盘为位减速数码分度盘"这一区别技术特征的存在使权利要求2记载的技术方案既解决了步进电机输出转矩过小而容易卡字的技术问题,又使计度器的计度容量得以扩大,而"其一侧外表面一圈上标有1/100位分度刻度线"的技术特征可以使该技术方案能满足我国关于电度表用计度器的行业标准所规定的精度要求。故权利要求2记载的技术方案具有实质性特点和进步,具有创造性。一审法院作出第(2002)一中行初字第516、42、83号行政判决书,维持专利复审委员会第4561号无效请求审查决定。

大余公司、三能公司、陈建民均对一审判决不服,分别上诉至北京市高级人民法院,北京市高级人民法院作出第(2003)高行终字第152、153、154号行政判决书,终审判决维持专利复审委员会第4561号无效请求审查决定。

终审判决认为:本案争议专利权利要求1技术方案与附件3.3相比,在技术领域、发明目的、结构组成上均无实质性差异。从技术主题来看,两者在国际专利分类表中虽不属于一技术领域,但在功能、作用方面极为近似,所要解决的技术问题也相同,不同之处仅在于权利要求1中步进电机直接固装在机架上,附件3.3中则通过文字轮轴间接安装在机架上。这一变化对于实现技术目的并无实质性影响,本领域普通技术人员不经创造性劳动完全可以实现,故专利复审委员会第4561号无效决定和一审判决认定权利要求1不具有创造性是正确的。一审判决认定机械式计数器及步进电机已广泛用于感应式结构电量积分登记表,尤其广泛应用电磁式脉冲电量计度器并已成为公知技术,意在强调权利要求1技术方案与附件3.3在技术领域、发明目的上的相似性以及附件3.3对权利要求1技术方案的启示、教导作用,该认定对于权利要求1是否具有创造性并无实质性影响。因此,陈建民关于本案权利要求1具有创造性应予维持的主张不能成立。

本案专利授权文本说明书中在叙述技术效果时已明确指出,"从而使本实用新型的一种计度器容量就能满足原机械工业部JB5460-91标准,将现有6位计度器和7位计度器合并为一个",故大余公司和三能公司关于一审法院认为限定了数码盘个数不变这一本案争议专利所没有的前提条件的主张,从属于权利要求1的权利要求2上升为独立权利后,权利要求1中的技术特征也相应地并入权利要求2。本案争议专利的技术效果是在权利要求1技术特征和权利要求2技术特征的共同作用下实现的,不能将其人为地割裂开来。"减速数码盘为位减速数码分度盘"确是一个位特征,就其特征本身来说，不属于实用新型专利保护范围，但并不能就此认为，该特征在与其他技术特征合并在其中产生了重要作用，带来了明显技术效果后，整个技术方案也不属实用新型专利保护范围，“减速数码盘为位减速数码分度盘”是权利要求2技术方案中一个不可缺少的必要技术特征。大余公司和三能公司提交的证据，均未公开该特征或有关该特征的技术启示和教导，不能否定权利要求2技术方案的创造性。故大余公司和三能公司关于权利要求2技术方案不属于实用新型专利保护范围且不具有创造性，应被无效的主张不能成立。

(三)评析

本案主要涉及的法律问题是，如何判断一项技术方案是否属于实用新型专利保护的客体。

1. 判断一项技术方案是否属于实用新型保护的客体，应从技术方案的整体出发，而不是仅看该技术方案中的个别技术特征是否是形状、构造技术特征。

专利法实施细则第2条第2款规定，专利法所称实用新型，是指对产品的形状、构造或者其结合所提出的适于实用的新的技术方案。实用新型专利只保护产品。该产品应当是经过工业方法制造的占据一定空间的实体。一切有关方法(包括产品的用途)以及未经人工制造的自然存在的物品不属于实用新型专利的保护客体。

从上述条款中，可以看出实用新型保护的客体是一项产品的技术方案，而不是某个技术特征或产品中的某个特性，因此，不能因该产品技术方案中存在非形状、构造技术特征而认定该技术方案或者产品不属于实用新型保护的客体。

2. 形状、结构技术特征是判断一项技术方案是否属于实用新型保护的客体的必要条件，而非充分条件。

从技术进步的角度来说，对于一项产品发明，或产品改进发明，为了解决某个技术问题，所提出的技术解决方案中也不可能只包括形状结构技术特征，有时还包括非结构形状的技术特征。

新《审查指南》第一部分第二章第5.4节指出，技术方案是申请人对其要解决的技术问题所采取的利用了自然规律的技术特征的集合。因此，作为一项技术解决方案，其中的技术特征或技术措施存在的形式或表现的形式是多种多样的。技术特征可以是形状的，也可以是构造的，还可以是材料的、方法的、功能的、效果的、状态的，组分的等等。但对于一项实用新型专利来说，实现其发明目的不仅仅靠结构形状的技术特征的组合来实现，而是依靠一个完整的技术方案来实现。也就是说，依靠实用新型专利技术方案中的形状、构造技术特征以及其他非形状、构造技术特征的结合来实现的。因此，实施细则第2条第2款中规定的形状、构造及其结合是一项新的技术方案必要条件，而不是充分条件。也就是说，实用新型保护的客体首先必须是产品，其次必须是具有固定形状的产品，具备这两点就满足实施细则第2条第2款的规定。这从新《审查指南》第四部分第六章第2节实用新型创造性审查中也可以看出，并没因所述技术方案中存在非形状、构造技术特征，而将其排除在实用新型保护客体之外，而是将材料特征和方法特征归入创造性审查范围内。

3. 专利法实施细则第2条的主要立法目的是，将发明创造划分为三类，即发明、实用新型和外观设计，以指导申请人根据需要选择合适的保护方式来保护其发明创造，至于其发明创造是否能获得专利权，是由专利法及其实施细则其他条款加以规定。如发明和实用新型专利申请符合是否符合专利法第22条规定的新颖性、创造性和实用性，是否符合专利法第5、25条的规定，以及专利法第9条和实施细则第13条第1款的规定等等。

目前在《审查指南》有关实用新型专利申请的初步审查中作出的某些不属于实用新型专利保护客体的限定，其根源在于，我国将三种专利的有关规定用一部专利法加以规范，而未充分考虑三种专利在审批程序及条件上的差异。例如，专利三性的审查，即新颖性、创造性和实用性的审查属于实质性审查范围，而实用新型专利申请不进行实质性审查，从而导致一切明显不符合专利法规定的新颖性、创造性和实用性条件的实用新型专利申请获得专利权，既给社会公众造成对专利权的错误认识，也使大量的专利在授权后处于不稳定状态。

因此，考虑上述因素，如果要将一些具有固定形状的产品发明排除在实用新型保护客体之外，就必须以法律法规的形式作出明确规定，而没被明确排除的具有固定形状的产品发明应当属于实用新型保护的客体。

4. 就本专利权利要求2所述技术方案来说，其技术特征包括：机架(1)、减速数码盘(3)、拔盘齿轮(4)、数码盘(5)，步进电机(6)直接固装在机架(1)上，与计度器为一个整体，且步进电机(6)通过至少两级的减速齿轮(8)与减速数码盘(3)啮合联接，所述的减速数码盘(3)为1/10位减速数码分度盘，其一侧外表面一圈上标有1/100位分度刻度线(9)。其中，“所述的减速数码盘(3)为1/10位减速数码分度盘”技术特征是否属于该产品的各个组成部分的安排或组织暂且不论，假定该技术特征属于非形状、构造技术特征能否认定所述技术方案不属于实用新型保护的客体。答案是否定的，因为，一是权利要求2所保护的主题是一件产品,即计度器,它是经过工业方法制造的占据一定空间的实体;二是权利要求2中记载了该产品的形状、结构技术特征;三是该技术特征既不是材料特征,也不是方法特征,因此也不是《审查指南》中所明确规定的不属于实用新型保护的客体;四是该技术特征与其他技术特征的结合,构成一项完整的技术方案,实现了其发明目的,达到了所述的技术效果。因此,本专利权利要求2所述技术方案属于实用新型专利保护的客体,即符合专利法实施细则第2条第2款的规定。

(撰稿人:陈迎春)

案例十一 专利申请日后公开的证据如何用于证明使用公开

(一)案由

本案涉及的是国家知识产权局1995年3月15日授权公告的名称为“矩形消音风管及其接头结构”的实用新型专利权,其申请日是1994年3月25日,申请号是94204977.2,专利权人是施明俊。授权公告的权利要求书是:“1. 一种矩形风管及其接头包括风管及管接头,其中风管是由玻璃棉层、铝箔层、玻璃丝布层、管加强架,其特征是:风管中还设有可调定型架、阻燃布层,该可调定型架是支撑在风管的阻燃布层内断面的组合框架,该阻燃布层是由细布及其四周涂上防火胶构成,并且粘接在玻璃棉层内表面;管接头是T字形截面框架、且同时夹在两风管的玻璃棉层相邻端面和支持在两风管的玻璃棉层内表面,此外,管加强架支持在风管外周。2. 按权利要求1所述的矩形风管及其接头,其特征是:上述可调定型架是由四根直框条及以其具有两端槽孔的弯插板构成。3. 按权利要求1所述的矩形风管及其接头,其特征是:上述管接头是由框板及垂直与框板中间的垂直筋构成。”

针对上述专利权,解放军八九〇〇三部队(即撤销请求人)于1995年8月3日提出了撤销本实用新型专利权的请求,其理由是本实用新型专利不具有新颖性、创造性和实用性。所提交的证据是:证据1:90220648.6号实用新型专利申请说明书,公告日1991年1月23日;证据2:北京市玻璃钢制品厂的“玻璃棉新型高效保温隔热吸音装饰材料”产品说明书复印件;证据3:江苏省启东市海复铝箔复合材料厂的铝箔复合材料产品说明书复印件;证据4:北京市中级人民法院(1993)中经知初字第420号民事调解书复印件;证据5:恒德新通风设备(北京)有限公司的铝箔复合消音保温风管产品说明书原件;证据6:深圳中航大记工程制品有限公司通风管道类产品说明书复印件;证据7:国家标准通风与空调工程质量检验评定标准GBJ 304–88复印件4页;证据8:声称为《暖通空调》的第32、34页复印件两页。

在撤销程序中,撤销审查小组于2002年1月25日做出了撤销本实用新型专利权的撤销决定,其理由是证据5(即恒德公司产品样本,恒德公司的总经理即是本专利的专利权人)中在第2页证实了样本中的产品即本专利的专利产品,在样本倒数第3页证实了样本中的产品已经在1992年12月投入了使用,证据5已经证明本专利在1992年12月公开使用,该公开使用日早于本专利的申请日,因此本专利因公开使用而不具有新颖性。

专利权人施明俊(下称复审请求人)对上述撤销决定不服,于2002年3月19日向专利复审委员会提出了复审请求,其理由是:在证据4(即民事调解书)中的事实部分有如下描述:原告中国人民解放军总参谋部工程兵第四设计研究所(解放军八九〇〇三部队)于1991年9月15日将其“保温消音承压玻璃棉风管”的实用新型专利(以下称为90年专利)以“复合玻纤板风管”专利技术的名义,采取省独家许可方式,有偿转让给潘板材料厂。1992年5月开始,恒德公司使用总参工程兵四所(中国人民解放军总参谋部工程兵第四设计研究所简称)的复合玻纤板风管专利技术,承建了北京吉普汽车有限公司冲压车间通风工程……北京吉普汽车有限公司总装车间通风工程。法院认定潘板材料厂、恒德公司侵害了总参工程兵四所的专利权。双方经调解,自愿达成终止履行上述专利实施许可合同。从调解书中可以看出,恒德公司于1992年5月开始使用总参工程兵四所的复合玻纤板风管专利承建了北京吉普汽车有限公司冲压车间和总装车间的通风工程是已为司法机关证明的事实,为预决的事实。撤销决定中的认定明显存在着片面、不符合客观实际的问题。既然在民事调解书中已认定了1992年开始恒德公司使用总参工程兵四所的复合玻纤板风管专利技术承建了北京吉普汽车有限公司冲压车间通风工程,为什么撤销决定仅凭恒德公司产品样本,而又无其他证据的支持下,武断地做出与民事调解书相悖的事实认定。本案中,用上述预决的事实,完全可以推翻恒德公司产品样本中的所谓本专利产品已于1992年公开使用的错误认定。同时,复审请求人提交了证据4、证据5的复印件。

经形式审查合格,专利复审委员会受理该复审请求,并于2002年4月9日发出了受理通知书,同时将复审请求书及所附证据副本转给了撤销请求人(下称被请求人)。

被请求人于2002年5月10日提交了意见陈述书,认为:撤销决定认定事实清楚,使用法律正确。证据5的产品样本展示了恒德新通风设备有限公司的矩形风管的系列产品,证据5第2页有如下描述:“铝箔复合消音、保温、风管,是我公司在经过多年实施,不断改进开发形成目前比较完整的新型风管产品(专利号:94204977.2)”。该段描述证实了样本中的产品是94204977.2专利所涉及的产品。在该样本的倒数第3页的叙述证实了样本中的产品已经在1992年12月投入了公开使用。该页右下角到描述“我公司…选用恒德新通风设备有限公司新型复合消音风管,工程于1992年12月份竣工……”该段描述仅仅向客户说明北京吉普汽车有限公司的工程中选用了“恒德新通风设备有限公司新型复合消音风管”这样一种产品,并没有声明全部使用该产品,也没有排除其中还使用了其他公司的产品或者其他公司的安装技术等等。而且,上述的事实是恒德新通风设备公司为了推销自己的产品而印刷到自己公司的宣传材料上的,按照不得反悔原则,该公司的法人代表施明俊应当承认这个事实。北京吉普汽车公司的工程中选用了“恒德新通风设备有限公司新型复合消音风管”这样一种产品,和在该工程中同时还使用了其他公司的产品及安装技术是不相抵触的,也不存在任何相互矛盾的情况。

本案合议组于2002年11月18日向双方当事人发出了口头审理通知书,定于2003年1月8日对本案进行口头审理,同时将被请求人的上述意见陈述书转给了请求人。

在双方当事人均出席的情况下,口头审理如期进行。审理中,针对撤销决定书双方当事人争论的焦点在于证据5中倒数第3页记载的内容即北京吉普汽车有限公司冲压车间1992年12月份竣工使用的新型复合消音风管是否是本专利的产品。被请求人明确了用撤销程序中提交的证据1结合公知技术评价本专利的创造性,其他证据不再使用。

(二)决定的理由和结论

证据5第2页描述到:“铝箔复合消音、保温、风管,是我公司在经过多年实施,不断改进开发而形成目前比较完整的新型风管产品(专利号:94204977.2)”。该证据封面的背面上有1995年×月×日北京市消防产品质量认可证。由上述这些内容可以认定证据5的印刷时间至少应当在本专利的申请日之后,或者进一步说在1995年×月×日北京市消防产品质量认可证的颁证日之后,并且该种产品在1994年3月25日之前是在不断改进开发的;该证据倒数第3页所描述的内容是:1992年12月份之前在北京吉普汽车有限公司冲压车间扩建工程的通风系统中使用了恒德了新通风设备有限公司新型复合消音风管,并且该工程于1992年12月份竣工。尽管证据5是一份有关铝箔复合消音保温风管的产品说明书,所介绍的就是铝箔复合消音保温风管,但正如该证据第2页所描述的,此产品是不断改进的,不能毫无异议地推定1992年在北京吉普汽车有限公司冲压车间使用的新型复合消音风管就是该证据第3、4、5页图中所显示经过不断改进开发而形成的比较完整的新型复合风管。而证据4的民事调解书表明,在北京吉普有限公司使用的是1990年专利技术。因此,证据5不能影响本专利权利要求1~3的新颖性。因此,在没有其他证据进行佐证的情况下,仅凭证据5不能认定本专利在1992年12月份已经公开使用。

证据1(即民事调解书中涉及到的在北京吉普有限公司所使用的90年专利)公开的是一种保温消音承压玻璃棉风管,由气密隔潮层、玻璃棉板组成,在玻璃棉板内壁胶粘一层纤维飞散层,在风管的四壁上设有加强杆,或加固圈,加强杆由螺杆、密封橡胶垫圈、螺母固定在管壁上,相互之间用连接螺母联成一体,加强杆可沿竖向或横向穿过风管,固定在管壁上,用以支承管壁保持固定的形状,密封橡胶垫圈保证风管的气密性,无空气渗漏。在风管对接时,在槽口处设连接压板,便于风管的阴阳的插接。加固圈为槽形板,按需要的间距500~700mm设置,用螺栓固定在风管上。

将本专利的权利要求1与证据1比较可以看出,两者的区别在于前者具有:1.风管中还设有可调定型架;2.阻燃布层是由细布及其四周涂防火胶构成;3.管接头是T字形截面框架;4.管加强架支持在风管外周。而证据1即没有公开上述的区别技术特征,对这些区别技术特征也没有给出技术启示。请求人称用证据1结合公知技术评价本专利的创造性,但请求人没有提供任何证据,也没有具体说明哪些特征属于公知技术。而上述区别技术特征使得权利要求1的技术方案具有使风管内壁既避免玻璃纤维飞散,摩擦系数又小,风管尺寸定型和管内连接简便,风管刚性提高,管内阻力减小的有益效果。可见,权利要求1具有实质性特点和进步,符合专利法第22条第3款的规定。

由于权利要求1具有创造性,引用权利要求1的从属权利要求2、3也具有创造性。

基于上述理由,合议组作出了撤销国家知识产权局2002年1月25日作出的撤销决定,维持94204977.2号实用新型专利权有效。

(三)评析

本案中主要涉及的法律问题是一份在本专利的申请日后公开的产品样本是否能够充分说明本专利在申请日之前已经使用公开。

《审查指南》第四部分第一章第12.2.8规定:对于申请日以前的使用公开或者口头公开在申请日或者申请日以后以书面或者其他方式记载下来的情况,所述记载内容在复审或者无效宣告案件涉及的专利申请权或者专利权的相关纠纷发生之前已有记载的，如果没有证据证明该书面或者口头公开的技术(或设计)内容不同，并且没有证据证明该书面或者其他方式记载的内容是非真实的，则该书面或者其他方式记载的内容视为该使用公开或者口头公开的真实记录。

本案中证据5的产品样本上无公开日期，证据5第2页描述到："铝箔复合消音、保温、风管，是我公司在经过多年实施，不断改进开发而形成目前比较完整的新型风管产品(专利号：94204977.2)"，在该证据封面的背面上有1995年×月×日北京市消防产品质量认可证。尽管该证据上无公开日期，但由上述这些内容能够推定，证据5的印刷日期至少在本专利的申请日之后。

根据上述事实，能否确定本专利在其申请日之前已经使用公开？答案是否定的。理由有三点：其一，尽管由证据2第2页描述的内容及第3页描述的内容可以认定，即1992年12月之前在北京吉普汽车有限公司冲压车间扩建工程的通风系统中使用了恒德新通风设备有限公司新型复合消音风管，并且该工程于1992年12月份竣工，但是，证据5所介绍的铝箔复合消音风管是不断改进的，由此不能毫无异议地推定1992年在北京吉普汽车有限公司冲压车间使用的新型复合风管就是经过不断改进而形成的本专利产品。其二，根据另一份证据4，已经证明北京吉普汽车有限公司使用的产品是90年的专利技术(即本案中撤销请求人提交的证据1的专利技术)，显然证据5与证据4所证明的内容不一致。基于上述理由，因此推定北京吉普汽车有限公司使用的产品就是本专利的产品其理由是不充分的。(撰稿人：钱芸)

案例十二　当事人自认原则的具体应用

(一)案由

本案涉及国家知识产权局于2002年1月30日授权公告的、申请日为2000年7月4日、专利号为00238226.1、名称为"一种核子秤体支架"的实用新型专利权(下称本专利)，专利权人为北京中乾机电设备有限责任公司(下称被请求人)。其授权公告的权利要求书为："1.一种核子秤体支架，主要由顶部安装有放射源的支架、底座组成，其特征在于所述支架采用封闭式结构的防护外罩，所述底座由左右端头箱、防护底板和支撑固定架组成，所述端头箱下方安装有支撑固定架，所述防护底板安装在所述左右端头箱之间。2.根据权利要求1所述的核子秤体支架，其特征在于在所述防护外罩外表面上安装有数据显示仪表。3.根据权利要求1所述的核子秤体支架，其特征在于所述放射源安装在所述防护外罩内顶部。4.根据权利要求1所述的核子秤体支架，其特征在于所述放射源安装在所述防护外罩外顶部。5.根据权利要求1、2、3或4所述的核子秤体支架，其特征在于在所述防护外罩是由棱台状罩壳组成的整体封闭式结构，所述罩壳由前、后、左、右、上五块防护板固定联接在一起，其中前后防护板上开有料流口。6.根据权利要求1、2、3或4所述的核子秤体支架，其特征在于在所述防护外罩是由矩形罩壳和安全罩组成，所述安全罩安装在所述矩形罩壳的前面和后面，所述安全罩安装上开有料流口。7.根据权利要求1所述的核子秤体支架，其特征在于在所述防护罩的顶部上盖可开启，所述放射源安装在所述防护外罩内，所述上盖与外罩壳体之间安装有暗锁。8.根据权利要求5所述的核子秤体支架，其特征在于所述数据显示仪表安装在所述防护外罩的前防护板上。9.根据权利要求6所述的核子秤体支架，其特征在于所述数据显示仪表安装在所述矩形罩壳的前防护板上。"

针对上述专利权，北京清大科技股份有限公司(下称请求人)提出了宣告本专利无效的请求，认为本专利不符合专利法及其实施细则的有关规定，其先后共提交如下证据：附件1-10、13、16：均为中华人民共和国长安公证处出具的公证书复印件，共12份；附件11：差旅费报销单及车票等的复印件共18页；附件12：北京清大电子仪器联合公司企业标准Q/QD 9-1999，名称为"烟草机械CH11～CH19、CZ11～CZ19、CB11-CB19型小感量核子皮带秤"复印件1份；附件14：中华人民共和国长安公证处出具的(2002)长证内经字第02890号公证书复印件1份，内附照片复印件30张；附件14a：声称为附件14的工作记录复印件1页，盖有长安公证处的公章；附件15："工矿产品购销合同"复印件1页；附件17：许昌卷烟厂于2002年8月20日出具的证明复印件1页；附件18：北京清大电子仪器联合公司的名称为"CH11A～CH19A、CZ11A～CZ19A系列小感量核子皮带秤计控系统使用说明书"复印件1份，2000年6月编制；附件19：声称为附件14中的部分照片的复印件数张；附件20：包括6份本专利申请日前出版的《东方烟草报》的复印件各1页；附件21-25：均为谢剑平主编的杂志《烟草科技》中的相关复印件3页，其公开日均在本专利申请日之后。

为便于进一步调查本案的事实，使双方当事人充分发表自己的观点，合议组于2003年3月27日对本案进行了公开的口头审理，双方当事人均出庭参加。审理中，主要记录如下事项：1.请求人当庭明确其无效理由为权利要求1和4不符合专利法第22条第2款有关新颖性的规定，权利要求1～9不符合专利法第22条第3款有关创造性的规定，权利要求1和6不符合专利法实施细则第20条第1款的规定，权利要求1~9不符合实施细则第21条第2款的规定。2. 请求人当庭提交了附件1~25的原件，被请求人对所有公证书原件中有修改之处持有异议，对所有公证书原件的真实性持有异议，对其他附件的真实性无异议。3. 请求人明确用附件1~19来证明CH14A核子秤公开销售的事实，其公开销售的内容与权利要求1和4的内容一致，也用附件1~19来证明其他权利要求无创造性。4. 被请求人当庭提交证据用来证明请求人所销售的CH14A核子秤支架没有防护底板。5. 双方当事人均承认在本专利申请日前请求人曾销售过CH14A小感量核子秤，但是被请求人认为看不出其所销售的小感量核子秤是否与本专利的产品结构相同，且看不出本专利权利要求1中的"防护底板"这一特征。6. 请求人明确，附件20用于与附件14一起证明小感量核子秤在本专利申请日前公开销售的事实，且销售的核子秤影响本专利权利要求1和4的新颖性。

据此，合议组认为本案事实已经清楚，依法作出了审查决定。

(二)决定的理由与结论

1. 关于权利要求1和6是否符合实施细则第20条第1款的规定

专利法实施细则第20条第1款规定：权利要求书应当说明发明或者实用新型的技术特征，清楚、简要地表述请求保护的范围。

请求人认为，本专利权利要求1不符合实施细则第20条第1款是指权利要求1中对于"封闭"的限定不清楚。权利要求6不符合实施细则第20条第1款是指权利要求6中的"矩形罩壳和安全罩"无法构成封闭的结构，且"安全罩"的描述是不清楚的。合议组认为，本专利说明书及其附图中已经对权利要求1中的"所述支架采用封闭式结构的防护外罩"这一技术特征进行了清楚的描述，从说明书第2页中的记载以及说明书附图中，可以看出，本专利权利要求1中限定的秤体支架为封闭式结构，不是一般意义上的机械式封闭框架，在此描述的"封闭"是指对γ放射线进行封闭，由于本专利采用了防护外罩与底座组成的结构形式，该底座又包含防护底板，因此可以将γ放射线进行封闭。因此，权利要求1中对于秤架为"封闭式"结构的描述是清楚、完整的。同理，权利要求6也是清楚的，本专利权利要求1和6符合实施细则第20条第1款的规定。

2. 关于独立权利要求1是否缺少必要技术特征的问题

专利法实施细则第21条第2款规定：独立权利要求应当从整体上反映发明或者实用新型的技术方案，记载解决技术问题的必要技术特征。

请求人认为，本专利独立权利要求1中没有记载"防护外罩与底座的位置及连接关系"，因此，权利要求1缺少必要技术特征，不符合实施细则第21条第2款的规定。合议组认为，必要技术特征是指一项专利为解决其技术问题所不可缺少的技术特征，其总和足以构成该项专利的技术方案。本专利的发明目的是提供一种核子秤体支架，根本上解决核子秤的放射性对人身的安全问题。而独立权利要求1中记载到"由顶部安装有放射源的支架、底座组成，所述支架采用封闭式防护外罩"这些技术特征，足以实现本专利所述的发明目的，至于支架与底座的连接关系则属于本领域的现有技术，该技术特征不需写入权利要求1中。因此，权利要求1符合实施细则第21条第2款的规定。

3. 关于新颖性和创造性

与本案新颖性判断有关的事实包括如下两个：其一是双方均认可的在本专利申请日前请求人曾销售过CH14A核子秤，该核子称是否影响本专利的新颖性；其二是出版物公开即附件20~25是否能够影响本专利的新颖性。

双方当事人均对在本专利申请日之前请求人曾销售过CH14A小感量核子称这一事实予以承认，且请求人认为附件14的照片中显示的核子秤就是其于本专利申请日前公开销售的小感量核子秤，然而，被请求人对于附件14的照片中显示的核子称是否就是双方均认可的也就是销售合同中所记载的请求人曾销售过的CH14A核子称产品持有异议。合议组认为，根据当事人处置的原则，在双方当事人均认可的事实基础上，虽然能够得出在本专利申请日之前请求人曾销售过CH14A小感量核子称的结论，且请求人主张附件14的照片中显示的核子称就是其于本专利申请日前曾公开销售的小感量核子称，但是从附件14的公证书中公证的内容来看，其只能证明公证书中所拍摄的该小感量核子秤的状态，并不能证明其就是本专利申请日前请求人曾销售过的核子称，也不能证明在本专利申请日前照片中所示的小感量核子秤处于何种状态，是否与本专利的产品结构相同。因此，请求人提供的证据不能证明附件14的照片中显示的核子秤就是于本专利申请日前请求人已经销售的小感量核子秤，因此请求人的上述主张不能成立，附件14的照片中显示的核子称不能影响本专利的权利要求1的新颖性。

另外请求人明确用附件20结合附件14来评述本专利权利要求的新颖性与创造性，其目的是欲将附件20与附件14相结合，认为附件20中记载的核子称就是附件14中显示的核子称，从而欲得到一个结构更为清晰、明了的核子称来影响本专利的新颖性与创造性。然而，合议组认为请求人没有提供其他证据来证明两者之间的必然联系，因此，请求人的上述主张亦未被合议组采信。本案中新颖性的判断中只能将附件20与附件14单独与本专利进行对比。附件20中公开的虽然都是请求人销售过的小感量核子秤的图片，但是从该图片中至少看不出权利要求1中的“防护底板”这一技术特征，也不能毫无疑义地推断出其具有“防护底板”这一技术特征。因此，权利要求1具有新颖性。相应地，其从属权利要求4也具有新颖性。

另外，请求人强调虽然附件21~25的公开日在本专利申请日之后，但是可以作为旁证材料来证明本专利产品在其申请日之前已经公开销售公开使用的事实，被请求人对于其中记载的内容也没有提出任何异议。因此根据当事人自认原则，附件21~25中记载的事实可以作为本案的有效证据使用。请求人认为附件21~25记载的事实从另一侧面说明了与本专利相同的产品在本专利申请日前公开销售公开使用的事实。合议组认为附件21~25中记载的事实虽然均发生于本专利申请日前，可以作为影响本专利新颖性与创造性的证据来考虑，但是上述公开使用公开销售的事实以及其中公开的核子秤的结构图中至少均没有公开本专利的权利要求1中的“防护底板”这一技术特征，也不能毫无疑义地推断出其具有“防护底板”这一技术特征。因此，本专利权利要求1相对于附件21~25仍然具有新颖性。相应地，权利要求4也具有新颖性。

在本专利的说明书中记载：防护底板32的作用是屏蔽透过电离室向下的γ射线。众所周知，在核子秤中，γ射线对人体的辐射是很大的，能够很好的解决γ射线的辐射问题也是本领域技术人员急于解决的难题。本专利的发明目的即在于提供一种封闭式核子秤体的放射安全保护及秤体和支撑装置，根本上解决核子秤的放射性对人身的安全问题。因此，本专利权利要求1由于采用了该防护底板，从根本上解决了γ射线的放射性问题，达到了其发明目的，具有非常有益的技术效果。请求人所提供的证据中均没有给出在核子秤中设置“防护底板”这一技术特征的技术启示，本领域技术人员在现有技术的基础上需要付出创造性的劳动才能得出本专利权利要求1保护的技术方案，且权利要求1的技术方案具有有益效果，因此，权利要求1具备创造性。相应地，其从属权利要求2~9也具备创造性。

基于上述理由，合议组作出维持00238226.1号实用新型专利权有效的决定。

（三）评析

本案所涉及的当事人自认原则主要体现在如下两个方面：其一是对于双方当事人均认可的事实——“在本专利申请日前请求人曾销售过CH14A小感量核子称”，即便请求人提供的有关该公开销售事实的证据存在瑕疵甚至不能构成完整的证据链，但是基于当事人自认的原则，由于被请求人对于请求人所主张的上述事实并无异议，因此，合议组对于请求人所提交的用以支持上述主张的证据不再查证，直接对上述公开销售的事实予以认定；其二是对于在本专利申请日之后公开的证据——附件21~25的采信，虽然附件21~25的公开日均晚于本专利的申请日，但是请求人认为附件21~25中分别记载了在本专利申请日前购买、研制以及安装核子称的结构图的事实，被请求人对其中记载的事实亦没有提出任何异议，因此合议组认定，附件21~25中记载的事实可以作为影响本专利新颖性与创造性的有效证据使用。

当然，虽然根据当事人自认原则，合议组对于请求人所主张的、被请求人自认的，亦即双方均认可的上述事实直接进行认定且予以采信，但是关于其是否能够影响本专利新颖性与创造性的问题，则是本案另一方面要考虑的问题，在此不再赘述。（撰稿人：温丽萍）

案例十三　实用性的判断以及创造性判断中“技术启示”的认定

（一）案由

本案涉及的是名称为“双线开关电源接线器”、专利权人为包尔慷的96222415.4号实用新型专利（下称本专利）。授权公告的权利要求书如下：“1.一种双线开关电源接线器，由插座、开关及电源连线组成，其插座底板1上有三眼插孔2和两眼插孔3，其特征在于在插座内部金属连线4和外接电源线5之间接有双线开关6。2.如权利要求1所说的一种双线开关电源接线器，其特征在于接线器还包括一个电源插头7，双线开关6接在外接电源线5和电源插头7的内部连线之间。”

针对上述专利权，北京突破电气有限公司（下称请求人）于2001年6月29日向专利复审委员会提出无效宣告请求，其无效理由是：权利要求1相对于对比文件1：CN2064946U不具有新颖性，权利要求2相对于对比文件1和对比文件2：CN2096139U的结合不具有创造性，且由于权利要求2限定的产品是两种既没有新颖性，又没有创造性的产品的组合，因而不具有实用性。

（二）决定的理由和结论

1.关于实用性

根据专利法第22条第4款的规定，实用性是指发明或实用新型能够制造或者使用，并且能够产生积极效果。

本专利要求保护的双线开关电源接线器是对现有单线开关电源接线器的改进，其通过装设双线开关达到同时控制火线和负线的目的，在工业中能够制造，并且能够产生说明书中所述的使电路安全可靠的积极效果，因此具备实用性。而请求人仅根据权利要求2所述产品“是两种既没有新颖性，又没有创造性的产品的组合”的理由否定本专利产品的实用性，理由不充分。

2. 关于新颖性

权利要求1要求保护一种双线开关电源接线器，包括以下技术特征：a. 由插座、开关及电源连线组成；b. 其插座底板1上有三眼插孔2和两眼插孔3；c. 在插座内部金属连线4和外接电源线5之间接有双线开关6。

对比文件1披露了一种装有双线开关的电源插座，其发明目的同样是为了避免现有安装单线开关的电源插座所可能存在的没有切断火线而带来的安全隐患，其技术方案是这样构成的(参见对比文件1的说明书及附图1~4)：在电源插座上设有两眼插孔和电源连线，并装有一双线开关；在双线开关手柄1两侧对称安装有分别与输出端导线4、12相连的输出电极板5、7，而输入电极板6、8对称固定在插座上，与输出电极板相对应；通过电极板5与6、7与8的同时相接或断开而同时接通或断开输出端导线4、12。该技术方案与权利要求1的技术方案相比，由于权利要求1要求保护的所谓“电源接线器”实际上就是提供电源转接的插座，而权利要求1中的三眼插孔与两眼插孔在与外接电源火线和负线之间的接线上并无区别，与上述对比文件1所公开的技术方案中两眼插孔与外接电源火线和负线之间的接线相同，因此对比文件1与权利要求1的技术方案实质相同，均是通过在插座内部连线与电源线之间安装一双线开关来实现同时控制外接电源火线和负线的目的，又由于对比文件1与本专利的技术领域及发明目的相同，并达到安全可靠的相同技术效果，因此权利要求1限定的技术方案相对于对比文件1不具备新颖性。

3. 关于创造性

权利要求2的附加技术特征是：d. 还包括一个电源插头7；e. 双线开关6接在外接电源线5和电源插头7的内部连线之间。

对比文件2披露了一种开关式家用电器保护插头，其发明目的之一同样是为了避免未切断火线所造成的电流进入，并具体公开了在电源插头的插头体上安装有连接火线与零线的双断开关1，在双断开关1中设有与火线8连接的火线触点14和与零线9连接的零线触点11；当双断开关1启开或关闭时其火线触点14对于插头体上的火线接线柱7、零线触点11对于插头体上的零线接线柱10共同成对的接触贴靠或共同成双的断开脱离(参见对比文件2的第5页及附图)。为了避免日常生活中常用的插销板，即带有电源插头的插座存在的同样的安全隐患问题，将对比文件1披露的插座与对比文件2披露的插头结合而得到本专利权利要求2限定的技术方案对于本领域的普通技术人员来说不需要付出创造性的劳动，因此权利要求2限定的技术方案相对于对比文件1和2不具备创造性。

基于上述理由，合议组依据对比文件1和2作出了宣告96222415.4号实用新型专利权全部无效的决定。

(三)评析

本案中涉及对实用性的判断原则以及进行创造性评价时对于现有技术中是否存在“技术启示”的判断。

1. 存在缺陷的权利要求是否具有实用性

专利法第22条第4款规定：“实用性，是指发明或者实用新型能够制造或使用，并且能够产生积极效果”。《审查指南》第二部分第五章第2节和第3.1节分别对于实用性这一概念以及审查原则作出了相应的解释和规定：在产业上能够制造或者使用的技术方案，是指符合自然法则、具有技术特征的任何可实施的技术方案。能够产生积极效果，是指发明或者实用新型专利申请在提出申请之日，其产生的经济、技术和社会的效果是所属技术领域的技术人员可以预料到的，这些效果应当是积极的和有益的。在审查发明或者实用新型专利申请的实用性时，应当遵循的第一项原则是：以申请日提交的说明书(包括附图)和权利要求书所公开的整体技术内容为依据，而不仅仅局限于权利要求所记载的内容。

根据上述规定可知，实用性应是对发明或者实用新型的整体技术内容而言。要求申请专利的发明或者实用新型具有实用性，并不意味着要求发明或者实用新型必须是完美无缺的，只要其中存在的缺陷不会导致技术方案无法实施，或者无法实现其目的，就不能因为申请专利的发明或者实用新型中存在缺陷而否认其实用性。事实上，也正是由于现有技术中存在这样或那样的缺陷，才促使人们对现有技术进行中存在的问题不断进行改进以克服其缺陷，从而出现了更多的专利申请，使得科学技术不断创新和发展。就本案而言，虽然权利要求2的技术方案本身不具备创造性，并且实际上只需在电源插头和插座之一上设置一个双线开关即可实现同时控制火线和负线的目的，而不必在插头和插座上都设置双线开关以造成接线繁杂，但上述缺陷的存在并不影响权利要求2所述技术方案的实施，从而达到本专利的目的，因此本专利的接线器具有实用性。

2. 如何认定在对比文件2中存在有关的"技术启示"

本案中权利要求2实质要求保护的就是人们通常使用的移动插销板,即带有电源插头的插座,其要解决的是由于单线开关可能没有切断电源火线而存在的安全隐患问题。对比文件1和2分别涉及构成插销板的插座部分及插头部分,并且在对比文件2中已明确指出了在插头上安装双断开关的目的是为了同时控制火线与零线的接通和断开,从而避免未切断火线所造成的电流进入,因此,由于对比文件2中在插头上安装双断开关的技术手段与权利要求2技术方案中在电源插头上安装双线开关的技术手段所要解决的技术问题相同,可以认为对比文件2所公开的现有技术中存在将装有双断开关的电源插头应用到对比文件1公开的电源插座中以解决其存在的技术问题的"技术启示"。

(撰稿人:黄毅斐)

案例十四　未标识时间的"产品介绍"类证据公开时间的推定

(一)案由

本案涉及杭州锦标装饰工艺有限公司(下称被请求人)的专利号97242778.3、名称为"一种工艺立体画"的实用新型专利(下称本专利)。本专利的申请日是1997年11月26日。授权公告的权利要求书为:"1.一种工艺立体画,它包括有围框,丝网层主体画,衬托层背景画,其特征在于丝网层主体画(3)与衬托层背景画(5)相间叠置而成,丝网层立体画(3)置前,衬托层背景画(5)置后。2.按权利要求1所述的一种工艺立体画,其特征在于丝网层主体画(3)的丝网采用120-200目。"

针对上述专利权,萧山市卓艺匾业有限公司(下称请求人)以其不具备新颖性和创造性为由向专利复审委员会提出无效宣告请求。请求人据以进行新颖性和创造性判断的现有技术为一份上面没有任何时间标识的产品介绍(附件1)。请求人还提交了3份附件(附件2~4)以证明附件1的公开时间早于本专利申请日。

请求人认为附件1可以作为本专利现有技术的理由为:根据附件2~4可以确认:根据附件1的落款可以知道,附件1为杭州萧山市党山工艺制品厂。而该厂因要"转有限公司"而于1996年7月18日被登记批准注销。1996年7月23日,由该厂和他人共同组建的杭州锦标装饰工艺有限公司开始经营。作为转为有限公司继续营业的企业,是不会在其被注销后再向公众介绍作为其产品的附件1的。因此,结合附件1第2页中"本厂……一九九三年实现产值298万元…"这一表述,可以确认附件1是公开于本专利申请日前的现有技术。

上文所述附件1~4如下:附件1:杭州萧山市党山工艺制品厂《'锦标'牌系列工艺壁挂》产品介绍;附件2:肖山市党山工艺制品厂1996年7月16日关于要求肖山市工商局对"肖山市党山工艺制品厂"注销的报告复印件;附件3:私营企业申请注销登记注册书复印件[(工商个字)1991(第274号)];附件4:杭州市工商行政管理局萧山分局2000年6月23日提供的"核准企业的有关情况";

但被请求人认为:附件1不能作为现有技术评价本专利的专利性,因为上面没有任何一处表明了出版日期或印刷发行日期。请求人对于该附件1公开在本专利申请日之前的认定,缺乏事实依据。附件2~4是企业工商档案材料,其仅能说明专利权人的企业发展情况,请求人以此证明附件1的散发时间早于本专利申请日是不成立的。

本案审理过程中,被请求人对附件1~4的真实性没有提出异议。同时双方当事人均认定请求人提交的附件中的"肖山市"就是"萧山市"。

(二)决定的理由及结论

专利法第22条规定:新颖性,是指在申请日以前没有同样的发明或者实用新型在国内外出版物上公开发表过、在国内公开使用过或者以其他方式为公众所知,也没有同样的发明或者实用新型由他人向专利局提出过申请并且记载在申请日以后公布的专利申请文件中。创造性,是指同申请日以前已有的现有技术相比,该实用新型有实质性特点和进步。

本决定对于请求人提交的证据作出了如下认定:

请求人所提交的附件2为"关于要求对'肖山市党山工艺制品厂'注销的报告"。在1996年7月16日提交给肖山市工商局的该份报告中,肖山市党山工艺制品厂法人代表许金标请求注销肖山市党山工艺制品厂,原因是该厂决定与他人共同组建"杭州锦标装饰工艺有限公司"。

附件3是文号为"工商个字(1991)第274号"的私营企业申请注销登记注册书,申请人为肖山市党山工艺制品厂。其中所记载的申请注销的理由是"转有限公司",同时注明该厂的"债权债务由杭州锦标装饰工艺有限公司负责处理,设备物资等转入杭州锦标装饰工艺有限公司。萧山市工商行政管理局于1996年7月18日在该注册书中同意该注销登记。

附件4是由杭州市工商行政管理局萧山分局于2000年6月23日提供的核准企业的有关情况。该附件表明,杭州锦标装饰工艺有限公司的经营期限为1996年7月23日至2006年7月23日。

根据上述附件可以确认,杭州萧山市党山工艺制品厂于1996年7月18日被批准注销,由该厂和他人共同组建的杭州锦标装饰工艺有限公司于1996年7月23日开始经营，该公司的经营范围中包括工艺壁挂。附件1是杭州萧山市党山工艺制品厂《‘锦标’牌系列工艺壁挂》产品介绍，在该附件中有“本厂从一九八九年起连续被市工商局评为‘重合同、守信用’企业，一九九三年实现产值298万元…”这样的记载。口头审理过程中，请求人认为结合上述附件2～4所记载的事实，能够推定附件1公开于争议专利的申请日前，故附件1可以用作评价本专利创造性的现有技术。

被请求人对于附件1～4的真实性没有异议，对于附件2～4中所记载的内容的真实性也没有提出异议。但被请求人认为，不能根据附件2～4认定附件1公开于本专利申请日之前。被请求人未给出支持该主张的证据。

合议组在综合考虑上述附件所记载的事实及双方当事人的意见陈述后认为：生产厂家印制产品介绍的目的就是向公众介绍厂家自身及推销其产品，因此在印制出来之后必然要向公众散发。而当一个厂家经主动请求被注销之后，按照常理，该厂家将不会再印制并向公众散发其产品介绍。因此，作为杭州锦标装饰工艺有限公司前身的杭州萧山市党山工艺制品厂，不可能在其被注销，且经营范围与其相同的杭州锦标装饰工艺有限公司成立近一年半后的1997年11月26日（本专利申请日）之后才印刷作为其产品介绍的附件1。另外，在常态下，生产厂家在产品介绍中介绍其业绩时介绍的都是前一年的生产业绩。因此，尽管根据现有证据无法确认附件1的具体公开日期，但由于没有相反的证据证明该附件公开在本专利申请日之后，按照常态推断，该附件应公开在本专利申请日前。故此合议组认为，附件1可以作为评价本专利新颖性及创造性的现有技术。

（三）评析

附件1是一份厂家的产品介绍，该类证据是否可以用作评价本专利新颖性和创造性的现有技术，它的公开性及公开日的确定是关键。

产品介绍类证据材料，其通常不以出版发行作为其公开渠道，上面也通常不标识印制时间，且印制时间与公开时间通常也没有必然的联系。因此，其公开性和公开时间的确定往往难于通过出版发行渠道公开的出版物的认定。

在本案中，由于被请求人没有对附件1的真实性和公开性并未予以否认，因此附件1是否能作为本专利现有技术的关键在于附件1的公开时间。

由于附件1～4中同时出现了“肖山市”和“萧山市”两个城市名称，为确定上述证据之间的关联性，合议组要求双方当事人确定二者是否为同一城市。对此双方当事人均认定，各附件及意见陈述中的“肖山市”就是“萧山市”。

在上述附件中，请求人主张附件1是本专利的现有技术（上无任何时间标识），附件2～4则是证明附件1公开时间的佐证。

其中，附件2记载到：肖山市党山工艺制品厂法人代表许金标请求注销肖山市党山工艺制品厂，原因是该厂决定与他人共同组建“杭州锦标装饰工艺有限公司”。附件3则表明：肖山市党山工艺制品厂申请注销的理由是“转有限公司”，同时注明该厂的“债权债务由杭州锦标装饰工艺有限公司负责处理，设备物资等转入杭州锦标装饰工艺有限公司。”该证据还证明，萧山市工商行政管理局于1996年7月18日已经同意对肖山市党山工艺制品厂注销登记。附件4则表明，杭州锦标装饰工艺有限公司自1996年7月23日已经成立，其经营期限为1996年7月23日至2006年7月23日。

也就是说，上述附件2～4证明了“肖山市党山工艺制品厂”为转为“杭州锦标装饰工艺有限公司”而提出注销申请并被注销的事实（1996年7月18日），同时证明了“杭州锦标装饰工艺有限公司”于1996年7月23日成立的事实。

基于上述事实，以及：（1）生产厂家印制产品介绍的目的就是向公众介绍厂家自身及推销其产品，因此在印制出来之后必然要向公众散发；（2）当一个厂家为扩大经营或改制而主动提出请求并被注销之后，按照常理，该厂家将不会再印制并向公众散发其冠以该厂名称的产品介绍。合议组认为，作为杭州锦标装饰工艺有限公司前身的杭州萧山市党山工艺制品厂，不可能在其主动要求注销该制品厂，并成立经营范围与该制品厂相同的杭州锦标装饰工艺有限公司近一年半后的1997年11月26日（本专利申请日）之后，还在印刷和散发作为该制品厂产品介绍的附件1。由于被请求人对于附件1的真实性和公开性并无异议，因此，尽管根据现有证据无法确认附件1的具体公开日期，但按照常态，应当推定该附件公开在本专利申请日前。

在无效宣告请求案件的审查过程中，当事人经常主张其提交的没有时间标识的产品介绍类证据（如产品介绍、产品样本等）为某项专利的现有技术。对于该类证据，首先应当确认其公开性。然后通过其他的佐证推定其公开时间。在本案中，请求人提交了附件1的印制和散发厂家的注销和转制证据，形成了可以证明其附件1公开时间的完整的证据链，合议组根据该装证据链推定附件1公开于本专利申请日前。

在进行类似问题的审查时，合议组通常会将当事人提交的证据与商业习惯、公理等结合起来综合考虑，按照常态对于相关证据的公开时间进行推定。在没有相反证据证明这一推定与事实不符的情况下，应当认为在该推定的时间之前所述

证据已经公开。（撰稿人：唐铁军）

案例十五 域外证据的公证认证及新颖性审查

(一)案由

山东省城乡建设勘察院(下称请求人)针对何庆林(下称专利权人)的专利号为96212544.X、名称为"螺旋钻机"的号实用新型专利权(下称本专利)向专利复审委员会提出了无效宣告请求。请求人认为相对于其所提供的附件,本专利不具备专利法第22条规定的新颖性、创造性。请求人在提出无效宣告请求时提供了如下三份附件:(1)公告号为CN2260820Y的中国实用新型专利说明书(下称附件1);(2)《桩基础设计与计算》一书的封面、封底及第20、21及22页复印件(下称附件2);(3)1989年出版的《PILING AND DEEP FOUNDATIONS》封面、封底、版权页及4页附图复印件(下称附件3)。请求人还提交了附件3所涉及的"全螺旋钻机的新近发展"一文的中译文。

之后,请求人又提交了一份补充证据:图纸复印件2页(下称附件4),此外还陈述了下述意见:(1)根据我国的国家标准,应用于建筑行业的成桩螺旋钻机都有液压动力、操纵系统、行走机构,这些结构都是成桩螺旋钻机的必有结构。(2)附件1所述的成桩钻机的钻杆与供料管的连接无论采取何种具体连接方式都不可缺少"刚性过渡管"、"相对转动连接",附件1公开的技术方案覆盖了权利要求1的全部技术特征,本专利权利要求1不符合专利法的授权条件。

另外,根据合议组的要求请求人还向专利复审委员会提交了其意见陈述中所提及的国家标准——"国家标准GB8514－87"相关内容复印件共11页(下称附件5)。

专利权人针对上述无效宣告请求提出反驳意见,专利权人认为附件1没有公开本专利权利要求1的所有技术特征,不能破坏本专利的新颖性;并对附件2复印件的真实性、附件3外文证据的有效性表示质疑;另外专利权人认为附件2、3的内容也不能破坏本专利的创造性。

在本案的口头审理中,请求人提交了"(2003)京二证字第30431号公证书",其中包含有附件3所涉及的"全螺旋钻机的新近发展"一文的原文复印件,该公证书证明:所附复印件与中国建筑科学研究院图书馆收藏的原件相符。专利权人仍对附件3的真实性表示怀疑。请求人在口审中声明放弃对本专利权利要求3、5的无效宣告请求。

口审结束后,请求人提交了"国家标准GB8514－87"的原件。

本专利授权公告的权利要求书如下:"1.一种螺旋钻机,包括升降系统、液压动力和操纵系统、底盘及行走机构和由动力头、螺旋钻具、导向装置组成的回转导向系统,所述动力头由电动机、变速箱组成,所述螺旋钻具包括钻杆和位于其头部的钻板,钻杆的上部与变速箱驱动齿轮相啮合,其特征在于所述钻杆为空心杆,其上端通过刚性过渡管与供料管可相对转动地连接在一起,下端与钻板之间设有控制空心杆内孔出料口启闭的阀门装置,所述阀门装置包括阀板和锁定装置,所述阀板的一侧与钻板铰接在一起,另一侧与空心杆管壁相接合。2.按照权利要求1所述的螺旋钻机,其特征在于所述阀板与钻板之间的夹角为45°。3.按照权利要求1或2所述的螺旋钻机,其特征在于所述锁定装置由固定在钻板上的壳体、装在所述壳体内部从前端露出所述壳体外的碰珠、支承所述碰珠的弹簧和调节弹簧力的位于壳体尾端的调节螺钉及固定在所述空心杆管壁内侧的与碰珠相配合的碰珠座组成。4.按照权利要求1或2所述的螺旋钻机,其特征在于所述供料管由刚性管和软管组成,所述刚性管与钻机挺杆固定在一起,其上、下端分别与上、下混凝土供料软管相连,所述上混凝土供料软管的另一端与过渡刚性管相连并随所述钻杆的上、下移动绕软管导向滑轮弯折,所述上混凝土供料软管位于所述刚性管和软管定向滑轮之间的部分由固定在所述挺杆上部的软管挡板阻挡。5.按照权利要求3所述的螺旋钻机,其特征在于所述供料管由刚性管和软管组成,所述刚性管与钻机挺杆固定在一起,其上、下端分别与上、下混凝土供料软管相连,所述上混凝土供料软管的另一端与过渡刚性管相连并随所述钻杆的上、下移动绕软管导向滑轮弯折,所述上混凝土供料软管位于所述刚性管和软管导向滑轮之间的部分由固定在所述挺杆上部的软管挡板阻挡。"

(二)决定的理由和结论

1.关于证据

请求人提交的5份附件中,其中附件1、2均为中国专利文献,附件1是一篇由他人在本专利申请日之前向国家知识产权局提出而在申请日以后公布的专利申请文件,根据专利法第22条的规定,该附件1可以用来评价本专利的新颖性,但不能用来评价本专利的创造性。附件2的公开日早于本专利的申请日,可以作为评价本专利新颖性、创造性的证据。

附件3是本专利申请日前公开的、在国外印刷的出版物。在口头审理中,请求人出具了涉及该附件3的公证书,公证书表明:中国建筑科学研究院图书馆收藏有附件3的原件。专利权人虽然对其真实性提出异议,但由于未能提出足以推翻上述公证书的证据,合议组认为,根据请求人提供的附件3及其公证书可以认定其真实性，该附件3中公开的内容构成了本专利的已有技术。

附件4为2页图纸复印件，请求人没有提供原件，也未能说明其来源，对该证据的真实性合议组无法核实，故此对该附件4不予采信。

附件5是请求人根据合议组的要求提交的公知常识性证据，且在口头审理结束后，请求人向合议组提供了原件，故该证据构成了本专利的已有技术证据。

由于请求人放弃了对本专利权利要求3、5的无效请求，故该下面仅对本专利权利要求1、2、4的新颖性、创造性进行评述。

2. 关于新颖性

根据专利法第22条的规定，授予专利权的发明和实用新型，应当具备新颖性、创造性和实用性。新颖性，是指在申请日以前没有同样的发明或者实用新型在国内外出版物上公开发表过、在国内公开使用过或者以其他方式为公众所知，也没有同样的发明或者实用新型由他人向国务院专利行政部门提出过申请并且记载在申请日以后公布的专利申请文件中。而同样的发明或者实用新型，是指技术领域、所要解决的技术问题和技术方案实质上相同、预期效果相同的发明或者实用新型。

附件1公开了一种用于泵灌混凝土灌注桩上的成桩钻机，与本专利的技术领域相同。该成桩钻机具有钻杆驱动机构(12)、螺旋钻杆(1)、导向机构(11)，其中螺旋钻杆(1)是中空的螺旋钻杆，螺旋钻杆(1)端头接有钻头，钻头包括钻杆头(14)和钻尖(2)，钻杆头(14)中空杆的底端顶部被切去两块形成出料口(8)，钻尖(2)焊接在未被切去的钻杆头(14)壁上，钻尖(2)的两侧装有能封闭出料口(8)的出料活门(3)。拉紧器(5)将出料活门(3)拉紧固定在出料口(8)上。

将附件1公开的上述内容与本专利权利要求1进行对比，附件1中的“钻杆驱动机构(12)、螺旋钻杆(1)、导向机构(11)”与本专利中构成“回转导向系统”的动力头、螺旋钻具、导向装置相对应；附件1中的构成钻头的钻杆头(14)和钻尖(2)与本专利中构成螺旋钻具的钻杆和位于其头部的钻板相对应；附件1中装在钻尖(2)两侧的能封闭出料口(8)的出料活门(3)、将出料活门(3)拉紧固定在出料口(8)上的拉紧器(5)构成了本专利中所述的阀板和锁定装置。

专利权人认为本专利权利要求1中的下述特征没有被附件1公开：A. 液压动力和操纵系统；B. 行走机构；C. 钻杆上端通过刚性过渡管与供料管可相对转动地连接在一起，因而附件1不能破坏本专利的新颖性。

关于上述特征A——液压动力和操纵系统，首先本专利权利要求及说明书均没有对液压动力和操纵系统进行具体说明，对于其权利要求1中所述的“液压动力和操纵系统”只能理解为螺旋钻机提供动力的动力系统。虽然附件1中没有具体描述其中的动力系统的形式。但是对于附件1中的螺旋钻机来说必然包含有动力系统这是不言而喻的。该动力系统的具体形式可以是电力驱动系统也可以是液压驱动系统，这两种动力系统均是所属技术领域的惯用技术手段，两者之间的置换则属于惯用手段的直接置换。所以“液压动力和操纵系统”这一特征实质上已被附件1公开。

关于特征B，合议组认为：虽然附件1中没有明确描述其中的螺旋钻机具有行走机构，但是该附件说明书第3页对钻机的工作过程描述中提到“将本实用新型所述钻机移置并定位到所需注桩钻孔的位置”，另外根据附件5国家标准可知，钻机应当具有使钻具方便就位的能力，这是钻机应当具有的基本条件。很显然本领域普通技术人员可以理解到该附件1中描述的螺旋钻机应当具有方便就位的能力。另外本专利并没有对其中的行走机构做具体限定，故可以广义地理解为使钻具移动、方便就位的机构。螺旋钻机不管是履带式、轨道式还是步履式，其中使钻机位移的机构都可以理解为广义的行走机构。故合议组认为本专利中的“行走机构”这一特征实质上已被附件1公开。

关于上述的特征C，请求人认为：对于附件1中的钻机来说，由于在下钻过程中空心钻杆要旋转地向下行进，而供料管是不旋转的，所以两者之间的连接必然是一种可相对转动的连接，又由于钻杆要上下运动，所以供料管必须是柔性的、过渡管必须是刚性的，即钻杆上端必然要通过刚性过渡管与供料管可相对转动地连接在一起。对此专利权人提出的反驳意见，认为附件1中的钻机其钻杆上端不通过刚性过渡管与供料管可相对转动的连接同样可以工作，即，钻杆在下钻过程中先不接供料管，待桩孔打到预定深度、准备泵送混凝土时，再将供料管连接到钻杆顶端。合议组认为：专利权人的上述解释虽然理论上能够说得通，但显然不合情理。首先，钻机在工地中需要连续作业，即钻完一个井后要移置下一个工位钻下一个井。而钻杆的高度达十几米甚至二十多米。按照专利权人的上述解释，则需要经常从近二十米高的钻杆上拆卸供料管，这显然不切实际的。另外，在混凝土灌注成桩过程中钻杆要不断向上提，在提钻的过程中有时也会出现钻杆旋转的情况。特别是，从附件1的图1示意图可以看到，钻机上端通过一过渡管与供料管相联。另外，由于管中输送的是比重较大的混凝土，从图中该过渡管所保持的上弯结构形状可以推定该过渡管是刚性的。所以，合议组认为从附件1公开的技术内容，结合该钻机工作的工况来看,可以惟一推定其中的"钻杆上端通过刚性过渡管与供料管可相对转动地连接在一起",即上述特征 C 实质上已被附件 1 公开。

综上所述,附件 1 所公开的技术内容与本专利权利要求 1 所要求保护的技术方案相比较,两者的技术领域相同,所要解决的技术问题、技术解决方案及技术效果实质上相同,因而本专利权利要求 1 不具备专利法第 22 条第 2 款规定的新颖性。

权利要求 2 是对权利要求 1 的进一步限定,其附加技术特征为:"所述阀板与钻板之间的夹角为 45°"。这一特征没有被附件 1 公开,也不能从中惟一导出,故附件 1 不能破坏该权利要求 2 的新颖性。

权利要求 4 是对权利要求 1 或 2 的进一步限定,其附加技术特征为:"所述供料管由刚性管和软管组成,所述刚性管与钻机挺杆固定在一起,其上、下端分别与上、下混凝土供料管相连,所述上混凝土供料软管的另一端与过渡刚性管相连并随所述钻杆的上、下移动绕软管导向滑轮弯折,所述上混凝土供料软管位于所述刚性管和软管定向滑轮之间的部分由固定在所述挺杆上部的软管挡板阻挡。"这一特征没有被附件 1 公开,也不能从中惟一导出,故附件 1 不能破坏该权利要求 4 的新颖性。

附件 2 涉及 "钻孔压注桩"的设备及"钻注合一成桩"的主要工艺流程,附件 3 是一篇发表在 1989 年桩基与深基础国际会议论文集上的英国研究人员的论文,论文题目是"长螺旋打桩的最新发展",附件 5 为国家标准。上述附件均没有公开本专利权利要求 1 中的"设置在钻杆头部与钻板之间的阀门装置"等特征,所以附件 5 不能破坏本专利权利要求 1 及其从属权利要求 2、4 的新颖性。

3. 关于创造性

如上所述,附件 2、3、5 构成了本专利申请日前公开的已有技术,可以作为评价本专利创造性的对比文件。然而如上所述,附件 2、3、5 均没有公开本专利权利要求 1 中所述的位于钻杆头部的钻板,以及设置在钻杆头部与钻板之间的阀门装置,同时也没有给出相应的启示,故本专利权利要求 1 相对于故附件 2、3、5 及其结合具有实质性特点。同时该权利要求所限定的技术方案由阀门装置控制钻杆出料口的启闭,其结构简单、操作方便、不易堵塞,提高了工作效率。故根据附件 2、3、5 尚不足以认定权利要求 1 不具创造性,进而也不能否定其从属权利要求 2、4 的创造性。

基于上述理由,宣告 96212544.X 号实用新型专利权利要求 1 无效,在权利要求 2－5 的基础上维持该专利权有效。

(三)评析

本案主要涉及如下两方面法律问题,一是域外证据的公证认证问题,二是新颖性判断的相关问题。

第一,涉及域外证据的公证认证问题。2002 年 10 月 1 日开始实施的《关于行政诉讼证据若干问题的规定》第十六条规定"当事人向人民法院提供的在中华人民共和国领域外形成的证据,应当说明来源,经所在国公证机构证明,并经中华人民共和国驻该国领事馆认证,或者履行中华人民共和国与证据所在国订立的有关条约中规定的证明手续。"早些实施的《关于民事诉讼证据若干问题的规定》第十一条也做了相应的规定。在专利复审委员会日常的无效宣告请求案件的审理中经常遇到外文证据,这些证据大部分是在域外形成的。对于这类证据的认定,在专利法及其实施细则以及《审查指南》中均没有作出具体规定,所以在以往的审理实践中,对这类证据通常并不要求当事人提供公证认证材料。上述民事证据规则及行政证据规则出台后,对专利复审委员会的日常审查,特别是无效宣告请求案件的审查产生了重大影响。行政诉讼程序是专利复审委员会做出复审或无效宣告请求审查决定之后所要面临的后续法律程序,《关于行政诉讼证据若干问题的规定》对该后续的法律程序有着直接约束力,法院将以此来审核专利复审委员会在行政程序中对域外证据的认定是否符合上述规定。所以专利复审委员会在前序的无效宣告请求案件的审理中也应参照上述规定对相关的域外证据予以认定。但是应如何正确理解、执行上述规定,是否任何一份在域外印刷的出版物均要办理公证认证手续?什么样内容的公证书才能解决该域外证据的真实性问题?等等,这些问题无论是在专利复审委员会还是在法院系统都还在探索之中,尚没有形成生效的规范性文件。就本案而言,请求人提供的附件 3 是一份在域外印刷形成的外文出版物,但由于请求人提供了国内公共图书馆(中国建筑科学研究院图书馆)的馆藏证明,而公共图书馆具有较高的公信力,其收藏的书刊等资料的来源及真实性可以予以认定。与此同时对方当事人也没有就该证据的来源及其真实性提供相反证据。故合议组将该域外印刷的外文证据不视为域外形成的证据,在请求人没有办理公证认证手续的情况下直接予以采信。

该决定涉及的另一个法律问题是新颖性审查中对同样的发明或者实用新型的判断问题。同样的发明或者实用新型,是指技术领域、所要解决的技术问题和技术方案实质上相同、预期效果相同的发明或者实用新型。《审查指南》规定了上述新颖性的审查基准外,还给出了新颖性判断中常见的四种情形。然而在实际审查中还会出现其他情况,这时需要根据新颖性的审查基准进行分析、判断。当评价一项专利之独立权利要求新颖性时,如果被评述的权利要求中大部分特征均已被对比文件公开,而没有被对比文件明确公开技术特征可以根据本领域公知常识推知是该对比文件所公开的技术方案中必然要包含的,或其中的区别仅仅是惯用手段的直接置换,则可以认定对比文件实质上已公开了与该权利要求同样的技术解决方案。 (撰稿人:于萍)

案例十六 透明体产品内部形状对外观设计的影响

(一)案由

本案涉及宁波海菱电器有限公司的申请号为99310185.2、名称是"食品粉碎机"的外观设计专利(下称本专利)。穆里内克斯股份有限公司以本专利不符合中国专利法第23条为由,向国家知识产权局提出撤销本专利权的请求。撤销请求人认为早在本专利申请日之前就有相近似的产品申请了专利,认为两种设计均由机座和粉碎杯两部分组成。二者机座的形状完全一样,均为壶形,形状比例相同,旋钮开关处在机座的对侧。本专利包括四种相互独立使用的粉碎杯。其中粉碎杯2与对比文件的粉碎杯完全相同。粉碎杯1、3、4虽有差别,但其使用的机座,与对比文件的机座是一样的。机座是本专利和对比文件最重要部分,一般消费者购买食品粉碎器时,判断两个产品是否一样,主要是看机座是否有区别。专利权人在意见陈述书中认为,本专利是四合一食品粉碎机,为多功能类型产品,而对比文件为单一粉碎搅拌功能,两者实用功能完全不相同。

专利局审查部门依据请求人提交的证据作出了撤销专利权审查决定。撤销决定阐述的主要理由是:两者属于相同物品具有可比性。对比文件整机由机座和粉碎杯两大部分组成。本专利提交的视图即:机座、4件粉碎机、接液杯及机座与粉碎杯的组合使用状态,其中机座与粉碎杯2及使用状态图2与对比文件有明显有可比性。二者机座的外观设计相近似。本专利粉碎杯2与对比文件相比较,其设计共同点是,两者均为弧面圆形杯,整体设计比例相近似,而且一侧带有把手并有杯盖和杯口;两者的弧面的设计是相近似的;杯体均设计有纵向4条加强筋,其位置与形状是相近似的;杯口设计是相同的;把手的设计是相同的。不同点在于:杯盖的设计不同,前者杯盖面除中心部位外为弧面设计,杯盖一侧伸出与把手相接,而后者无与把手相接的结构设计,为开启杯盖方便,在盖面上设计了对称的两凹进弧形槽;因杯为透明体,因此可看出前者在粉碎腔内增加了一过滤网构件,后者无此设计。作出撤销决定的审查组认为,杯的设计不同点表达的是局部设计,内部构造的不同不应影响外观设计相同相近似的综合判断。该审查组还认为,对于专利中粉碎杯1、3、4及接液杯的外观设计,虽然对比文件中没有对应的外观设计图,但因这些部件均为必须与机座配合使用的附件,也就是说这些附件离开了机座是无独立使用价值的产品,故不属于外观设计保护的客体。

专利权人不服撤销审查决定,向专利复审委员会提交撤销复审请求。请求撤销复审的主要理由是:1.判断主体有误,判断主体应以一般消费者作为判断是否相同或相近似的主体,而审查组撤销决定是以审查员的角度进行判断。2.产品总体形状判断不准,本专利是以机座、接液杯、粉碎杯(又分为粉碎杯1、2、3、4)三部分组成,而对比文件仅表示整体外形形状。本专利和对比文件相比较,可视容腔一个是带过滤网容筒,另一个是不带容筒。机盖和机座的开关形状也不同。

撤销复审被请求人强调,二者在整体构造、形状组合方面非常近似,即都是由机座和粉碎杯两大部分组成。不同之处是:杯盖的设计不同,对比文件设计的杯盖面除中心部位外为弧面设计,杯盖一侧伸出与把手相接,而本专利无与把手相接的结构设计,为开启杯盖方便,在盖面上设计了对称的两凹进弧形槽,因杯是透明体,可看出本专利在粉碎杯2内增加了一过滤网结构件。但这些局部或内部构造的不同不能影响外观设计整体相同或相近似的根本特性,特别是杯与机座结合使用二者非常近似;对于本专利粉碎杯1、3、4这些部件均是与机座必须配合使用的附件,单独一个杯构不成复审请求所享有专利的客体。

(二)决定的理由和结论

鉴于本撤销请求提出的时间为2000年8月12日,现行专利法尚未生效,合议组依据修改前的中国专利法第23条进行审理。审理的范围限定为请求人在撤销请求程序中提出的证据和复审请求的理由。

修改前的中国专利法第23条规定:"授予专利权的外观设计,应当同申请日以前在国内外出版物上公开发表过或者国内公开使用过的外观设计不相同或者不相近似"。

本专利授权公告共39幅视图,分为粉碎机座,接液杯,粉碎杯1、2、3、4几组视图。简要说明强调粉碎杯杯体均透明。

本专利粉碎机机座的外部形状为上窄下宽的圆锥体。从机座主视图观察,机座上部为一椭圆形圆台,圆台的中部有一圆形开关,开关上有突起旋钮。从机座的后视图观察,有5条通气孔,通气槽有2条垂直加强筋。机座底部有4个底脚。本专利粉碎杯2的外形呈上宽下窄的圆锥体状;粉碎杯2上有一杯盖,杯盖顶部上有圆形凹槽,凹槽中部有一圆盖;杯盖两侧为椭圆形凹槽提手。杯体的上边缘有一个向外凸出的三角形出汁口,与出汁口相对的位置设计有一半椭圆形手柄;杯体上设有3条标尺。粉碎杯2为透明体,可视容腔内有圆柱形过滤网,过滤网下部为6块正方形网罩。

请求人在撤销程序中提交的证据是中国外观设计专利公报,其授权公告日早于本专利申请日,该证据可以作为本专利的对比文件。对比文件共7幅视图,简要说明:本食物处理器立体图中A所示容腔部分是透明的。该产品由机座和粉碎杯组成。从主视图观察,机座上部为圆形开关,开关上有突起旋钮。从机座的后视图观察,有6条通气孔,通气槽有3条垂直加强筋。机座底部有四个底脚。粉碎杯的外形呈上宽下窄的圆锥体状;粉碎杯上有一杯盖,杯盖顶部有一圆盖;杯体的上边缘有一个向外凸出的三角形出汁口,与出汁口相对的位置设计有一半椭圆形手柄;杯体上设有1条标尺。粉碎杯为透明体,可视容腔内有1条柱状的粉碎刀。

合议组将本专利机座和粉碎杯2与对比文件相比较,其机座的整体形状和杯体的外廓线基本相同。二者的不同之处:1. 机座上的开关形状不同,本专利开关有一椭圆形圆台,而对比文件没有;2. 机座上通气孔和加强筋的数量不同,本专利为5条通气孔,而对比文件为6条通气孔;3. 杯体上标尺数量不同,本专利有3条标尺,而对比文件只有1条标尺;4. 杯盖顶部的形状不同;本专利杯盖两侧有2个椭圆形凹槽提手,中部为圆形凹槽,而对比文件没有提手,中部也没有圆形凹槽;5. 杯体容腔内的器件形状不同,本专利为圆柱状的过滤网罩,而对比文件为1条柱状刀。

合议组进一步认为,区别点1,开关形状的不同只是本专利有一个圆台,而对比文件没有;区别点2,通气孔的数量差异为一条;区别点3,杯体上标尺的数量不同;区别点4,本专利杯盖上多两个提手。合议组认为上述4项区别点在产品整体结构中所占比例不大,属于局部细微的变化。但是区别点5,杯体容腔内器件差异则属于显著差别。本专利粉碎杯2容腔内是圆柱状过滤网,主要作用是用于在制作豆浆时过滤残渣,对比文件杯内的刀是起搅拌和粉碎作用,二者杯内器件的设计体现二者不同的功能。虽然外观设计专利不保护产品功能,但是产品功能部分的外观形状是构成一个产品整体形状不可或缺的组成部分,一般消费者在判断两者产品是否相同或相近似时,是不会对产品功能部分形状的显著差异视而不见的。合议组认为,二者的区别点1、2、3、4属于局部细微的差异,但区别点5是属于显著的差异,二者功能不同所带来的形状上的差异是一般消费者在购买产品时能够区分的。另外,本专利还有一个接液杯和3个粉碎杯,而对比文件没有。

对于撤销审查决定中,审查员认定内部构造的不同不应影响外观设计相同或相近似的综合判断的方法,合议组认为是不正确的。外观设计专利是否相同或相近似的判断标准只有一个,就是看一般消费者能否混淆两者产品,作为一般消费者,视力所能观察到的产品部位,都是对比两产品不同的依据。对于外表使用透明材料的产品而言,通过人的视觉能观察到的透明部分可知部分的形状、图案和色彩,应视为该产品外观设计的一部分。在判断二者是否相近似时,透明材料产品内部可视部分也是进行相近似判断的一部分。

合议组根据"整体观察,综合判断"的原则,认定本专利和其申请日之前在国内公开出版物上发表的外观设计不相同也不相近似,撤销请求人以本专利不符合修改前中国专利法第23条的规定为由,请求撤销本专利的主张不能被支持。合议组决定撤销原专利局审查部门作出的撤销审查决定,维持本专利权有效。

(三)评析

本案中主要涉及的法律问题是人的视觉能观察到的透明材料制作产品内部的形状、图案,在判断外观设计相近似时的重要程度。

在撤销审查决定中,审查员认定内部构造的不同不应影响外观设计相同或相近似的综合判断。合议组认为,对于非透明材料产品,上述观点是正确的。但是,对于本案所涉及的透明材料制成的产品,在判断外观设计相近似性时,不能忽略透明体内部能够进入人们视觉范围内并对视觉产生影响的那些部分的形状、图案。对于外表使用透明材料的产品而言,通过人的视觉能观察到的透明部分区域之内形状、图案和色彩,应视为该产品外观设计的一部分。在判断二者是否相近似时,透明材料产品内部可视部分也是进行相近似判断的一部分。同时应该注意到,一件产品上透明材料制作部分,往往是使用者最希望观察到的部位,粉碎杯之所以使用透明材料制作,正是为了方便使用者随时观察使用效果,这也证明,粉碎杯内部结构毋庸置疑是该产品视觉要部。与此相同的例子最典型的是钟表、钟表产品表盘图案与形状虽然处于产品内部,但是仍然被列为判断钟表产品相同或相近似的主要部位。

(撰稿人:王霞军)

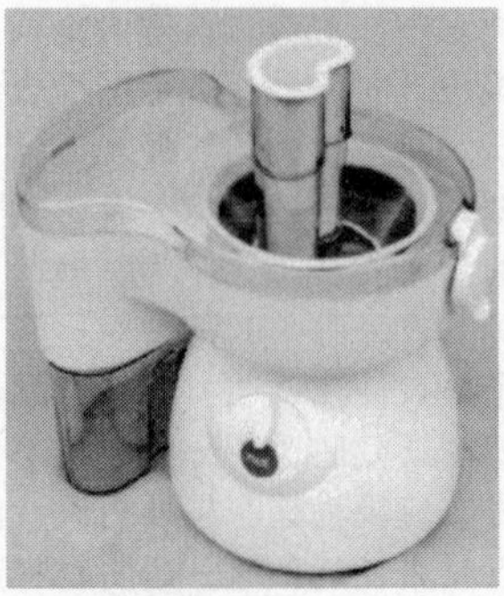

使用状态图

使用状态图

使用状态图

使用状态图

本 专 利

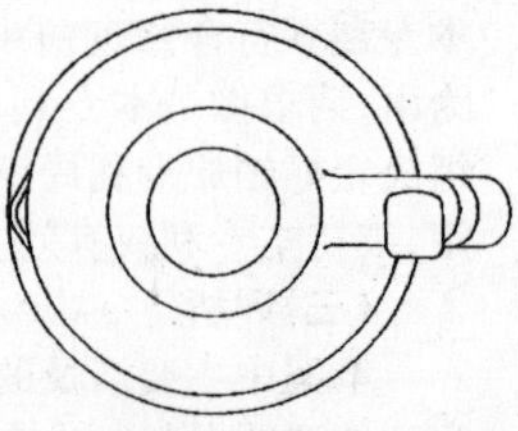

俯视图

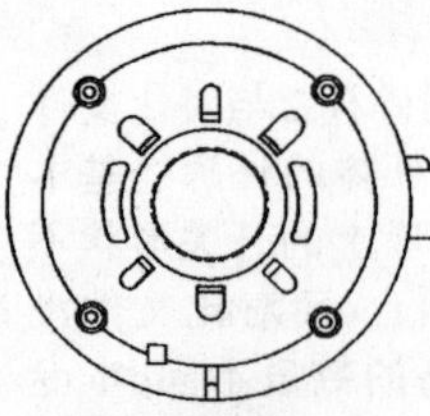

仰视图

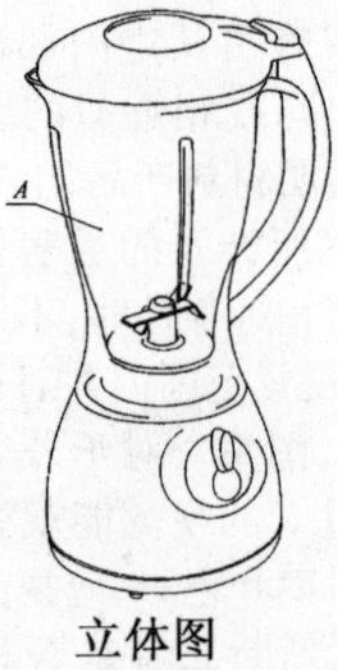

立体图

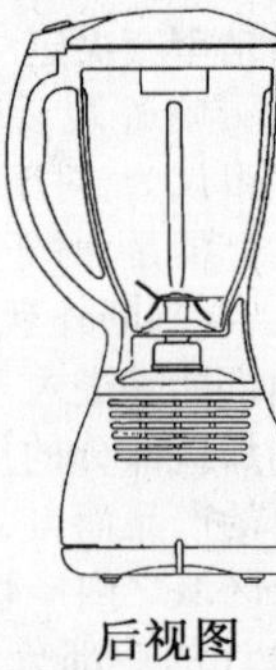

后视图

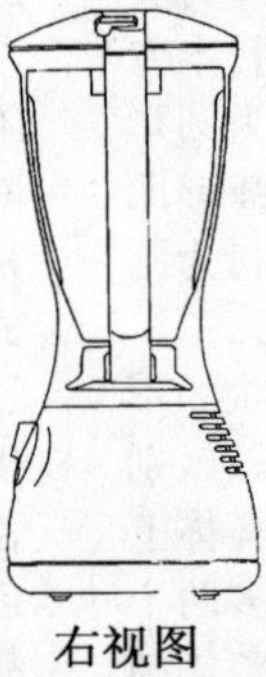

右视图

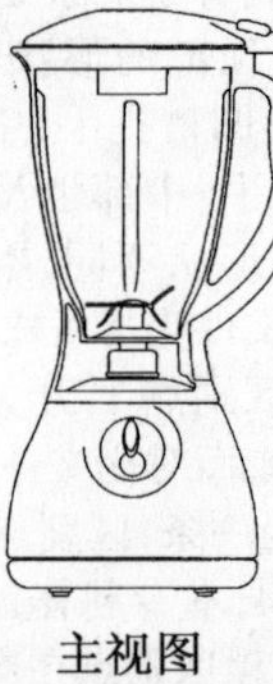

主视图

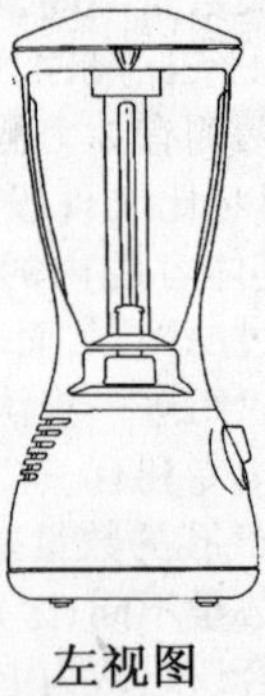

左视图

案例十七 如何对具有相同外轮廓形状的产品外观设计进行相近似判断

(一)案由

本案涉及的是中华人民共和国国家知识产权局于 2001 年 2 月 28 日授权公告的、申请号为 00323691.9、申请日是 2000 年 7 月 27 日、名称为“电子提琴”的外观设计专利(下称本专利),专利权人是陆伟基(下称被请求人)。

针对本专利权,雅马哈株式会社(下称请求人)向专利复审委员会提出无效宣告请求,其理由是:在本专利申请日之前,日本外观设计专利公报公开了一款电子提琴,该外观设计与本专利相比较,二者的整体造型、布局酷似,要部酷似,均为镂空造型,均为“8”字形状,容易造成消费者混同。所以,本专利与其申请日之前已经在国外出版物上公开发表的外观设计相近似,应被宣告无效。与此同时,请求人提交了 1058618 号日本意匠公报的复印件(下称附件 1)作为证据。后请求人再次向专利复审委员会提交“提琴产品目录”复印件(下称附件 2)作为补充证据,并提交日本专利局对该产品目录认证的文本。

对于请求人的无效理由及所提证据,被请求人认为:本专利为不对称的镂空造形,琴弦架的中间部分是断开的,电器部分较为隐蔽,整个琴体较厚。无论是从整体观察,还是从镂空部分看,与请求人提交的附件 1 存在明显差别。请求人提交的补充证据(附件 2)并不能证明其为正式出版物，不能作为本专利无效的证据。与此同时，被请求人提交了 99335597.8 号外观设计专利公报复印件来说明其对电子提琴的改进。

双方在口头审理过程中均坚持原有主张。对于请求人提交的附件 2，被请求人对其真实性有异议，并认为该附件形成于境外，应进行公证及认证。对此，请求人认为该附件上有名章及骑缝章，其真实性可以确定。而后，请求人向专利复审委员会提交了盖有国家知识产权局专利检索咨询中心副本认证专用章的关于确认附件 1 与其原件相符的复印件。

对于被请求人提到的 90335597.8 号外观设计专利，请求人认为：该专利具有与本专利相同的周边轮廓及镂空设计，均构成“8”字形的琴体轮廓，与本专利属于相近似的外观设计。请求人要求将其作为补充证据，证明本专利不符合专利法第 23 条的规定。

(二)决定的理由和结论

基于请求人提出的无效宣告请求的理由，合议组依据中国专利法第 23 条的规定对本案进行审理。

中国专利法第 23 条规定：“授予专利权的外观设计，应当同申请日以前在国内外出版物上公开发表过或者国内公开使用过的外观设计不相同和不相近似，并不得与他人在先取得的合法权利相冲突。”

请求人提交的附件 2 是提琴产品目录，形成于中华人民共和国领域之外，在请求人没有提交其所在国公证机关证明及中华人民共和国驻该国使领馆认证的情况下，本合议组对该附件不予采信。

请求人提交的附件 1 是 1058618 号日本意匠公报的复印件，该附件已经由国家知识产权局专利检索咨询中心确认其与原件相符。对此，本案合议组认为：该附件的真实性可以确认，其上记载的意匠(下称对比文件 1)公告日是 2000 年 1 月 24 日，早于本专利的申请日(2000 年 7 月 27 日)，属于专利法第 23 条所规定的出版物，适用于本案。现将其与本专利进行比较，如下：

本专利是一电子提琴，由琴身、琴主杆(琴头把)、琴马桥、拉板、琴弦、弦卷、腮托及电器组件盒组成。琴身为“8”字形，腰部有尖角设计，构成左右对称的“C”形；从侧视图看，琴身中间部位较细，两端较宽。琴主杆(琴头把)的形状为上窄下宽；从侧视图看：琴主杆(琴头把)上端呈流线形的弯头设计。在琴主杆(琴头把)上端左右两侧分别设置两个弦卷；在琴身的腰部横置一琴马桥；拉板位于琴身下部中间位置呈铲状；腮托位于琴身下部左侧呈半月形；电器组件盒位于琴身下部右侧，其上有两个圆形调音钮；琴身中部镂空，在“8”字形的上部镂空部分以琴主杆为中轴左右对称，呈侧置的瓢状；在“8”字形的下部镂空部分，由于拉板、电器组件盒和腮托的设置，致使下部镂空部分为不对称且不规则设计(详见本专利图)。

对比文件 1 是一电子提琴，由琴身、琴主杆(琴头把)、琴马桥、拉板、琴弦、弦卷、腮托及电器组件盒组成。琴身为“8”字形，腰部有尖角设计，构成左右对称的“C”形；从侧视图看，琴身形状为不规则形状。琴主杆(琴头把)的形状为上窄下宽且贯穿至琴身底部；从侧视图看：琴主杆(琴头把)上端呈流线形的弯头设计。在琴主杆(琴头把)上端左右两侧分别设置两个弦卷；琴主杆的下部横置一琴马桥；拉板位于琴主杆下部中间位置呈铲头状；腮托位于琴身下部左侧呈圆形(有凹口)；电器组件盒位于琴主杆下部(体现在后视图中)；琴身中部镂空，在“8”字形的上部镂空部分以琴主杆为中轴左右对称，呈侧置的瓢状；在“8”字形的下部镂空部分，由于主杆和腮托的设置，致使下部镂空部分一侧为侧置的瓢状，另一侧为不规则形状(详见对比文件 1 图)。

经比较，二者存在的相同点是：均为电子提琴，产品类别相同；组成产品整体的部件相同；整体外轮廓形状均为传统小提琴形状。二者存在的不同点是：琴身镂空部分，本专利的腰部横梁偏下，致使琴身上部长于下部，并且使上部镂空形状为带手柄的瓢状；而对比文件 1 该部分的设计则是腰部横梁偏上，致使琴身下部长于上部，并且使上部镂空形状为不带手柄的瓢状；二者下部镂空部分的形状不同。琴主杆部分(包括琴头把)，本专利主杆位于琴身腰部横梁处，而对比文件的主杆贯穿至琴身底部。腮托的形状不同，电器组件盒设置的位置不同，致使二者琴身的形状有所差别。

被请求人为了说明其对电子提琴的改进，向专利复审委员会提交了 99335597.8 号外观设计专利公报。对于该份公报，本合议组认为：该公报中所记载的外观设计专利(下称对比文件 2)的授权公告日是 2000 年 5 月 17 日，早于本专利的申请日(2000 年 7 月 27 日)。作为在先公开文件，属于专利法第 23 条所述出版物，所以可以作为宣告本专利无效的证据。现将其与本专利进行相近似比较如下：

对比文件 2 是一电子提琴，由琴身、琴主杆(琴头把)、琴马桥、拉板、琴弦、弦卷、腮托及电器组件盒组成。琴身为“8”字形，“8”字形的上圆顶端较宽，“8”字形的下圆底端宽，腰部有尖角设计，构成左右对称的“C”形；从侧视图看，琴身形状为中间凹两端凸形状。琴主杆(琴头把)的形状为上窄下宽且贯穿至琴身底部；从侧视图看：琴主杆(琴头把)上端呈流线形的弯头设计。在琴主杆

(琴头把)上端左右两侧分别设置两个弦卷;琴主杆的下部横置一琴马桥;拉板位于琴主杆下部中间位置呈铲状;腮托位于琴身下部左侧呈半月状;电器组件盒位于琴主杆下部(体现在后视图中);琴身中部镂空,在"8"字形的上部镂空部分以琴主杆为中轴左右对称,呈侧置的瓢状;在"8"字形的下部镂空部分,由于主杆和腮托的设置,致使下部镂空部分一侧为侧置的瓢状,另一侧为不规则形状(详见对比文件2图)。

经比较,对比文件2与本专利存在的相同点是:均为电子提琴,产品类别相同;组成产品整体的部件相同;整体外轮廓形状均为传统小提琴形状;腮托形状相同;拉板形状相同。二者存在的不同点是:琴身镂空部分,本专利的腰部横梁偏下,致使琴身上部长于下部,并且使上部镂空形状为带手柄的瓢状;而对比文件2该部分的设计则是腰部横梁偏上,致使琴身下部长于上部,并且使上部镂空形状为不带手柄的瓢状;二者下部镂空部分的形状不同。琴主杆部分(包括琴头把),本专利主杆位于琴身腰部横梁处,而对比文件2的主杆贯穿至琴身底部。琴身上下端边框形状不同;电器组件盒设置的位置不同,致使二者琴身的形状有所差别。

针对上述对比文件1与本专利、对比文件2与本专利之间存在的相同点和不同点,本合议组认为:虽然二者的整体外轮廓形状均为传统小提琴形状,琴身均为"8"字形,所构成小提琴的部件均相同。但是,由于二者各组成部件的形状存在差别,致使从整体形状上一般消费者对二者产生明显不同的视觉差别。特别是在使用状态下,二者之间存在的不同点足以使一般消费者容易将二者区分开,不致混同。所以,二者相比较属于不相同且不相近似的外观设计。

基于上述理由,本合议组认为:请求人提交附件1和附件2均不足以证明在本专利申请日之前已有与之相近似的外观设计在出版物上公开发表过。对于被请求人提交的对比文件2,由于其与本专利相比较属于不相同和不相近似的外观设计,不足以证明在本专利申请日之前已有与之相近似的外观设计在出版物上公开发表过。所以,维持00323691.9号外观设计专利权有效。

(三)评析

本案既涉及程序问题,又涉及法律问题。程序问题是如何认定境外形成的证据;法律问题是如何判断"提琴"类产品外观设计的相近似性。

1. 关于境外形成的证据认定

《民事诉讼证据司法解释》第十一条第一款规定:"当事人向人民法院提供的证据系在中华人民共和国领域外形成的,该证据应当经所在国公证机关予以证明,并经中华人民共和国驻该国使领馆予以认证,或者履行中华人民共和国与该所在国订立的有关条约中规定的证明手续。"

《行政诉讼证据司法解释》第十六条第一款规定:"当事人向人民法院提供的在中华人民共和国领域外形成的证据,应当说明来源,经所在国公证机关证明,并经中华人民共和国驻该国使领馆认证,或者履行中华人民共和国与证据所在国订立的有关条约中规定的证明手续。"

本案中请求人提交的附件1和附件2均为境外形成的证据,但本决定对两个证据处理的结果并不相同,关键问题在于证据的来源是否合法,且是否具有客观真实性。

对于附件1而言,其本身是日本外观设计专利公报(意匠),该专利的相关内容在我国境内可通过多条途径进行核实。比如:可通过网络中的官方网站查证,并可下载;还可通过国家知识产权局文献馆保存的原始文本进行查证等,正如本案中请求人提交的国家知识产权局专利检索咨询中心确认件。因此,本决定对附件1予以采信。

对于附件2而言,产品目录一般是制造商自行出品,其用途主要是宣传自己的产品,其性质及形式与公开发行的出版物不同。如果不借助其他相关证明对其加以认证,其客观真实性及其来源并不能以其本身所示内容得以确认。虽然,本案中请求人提交了日本专利局对该产品目录认证的文本,但是,请求人并未提交相关的公证认证文件,对其合法来源及客观真实性加以认证。从公证及认证的形式上说,还不具有完备性。所以,本决定对该附件没有采信。

鉴于上述分析,本案合议组对在审理无效案件过程中如何适用《民事诉讼证据司法解释》和《行政诉讼证据司法解释》的上述规定所把握的原则是:凡是在我国境内能够直接获得并对其真实性进行查证的证据,无需办理国外的公证、认证手续;反之,则需要经证据所在国公证机关公证并经我国驻该国使领馆认证。正是根据这一原则,本决定对上述附件1和附件2作出了不同的处理结果。

2. 关于相近似性判断

本案相近似判断涉及三项内容,一是判断主体问题;二是判断客体问题;三是判断内容。在本案的相近似判断过程中,合议组从上述三个角度出发进行相近似判断。

1)判断主体问题

根据《审查指南》关于相近似判断主体的规定,判断本案涉及的电子小提琴相近似性的主体应当定义为,对电子小提琴类产品的外观设计状况有常识性了解的人(即:一般消费者)。

2)判断客体问题

本案涉及的判断客体包括本专利、附件1所示产品外观设计(即:对比文件1)和对比文件2。

三者均为外观设计专利，且分类号均相同。按照《审查指南》第四部分第五章 7.2.1 的规定，三者属于同类产品，在相近似判断中具有可比性。

3)判断内容

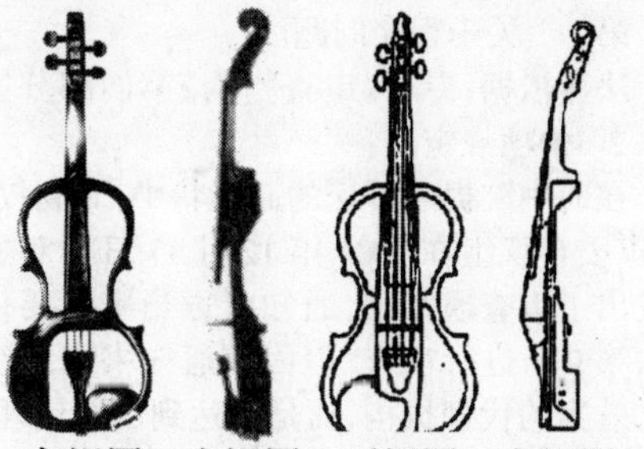
主视图 右视图 后视图 左视图

本 专 利

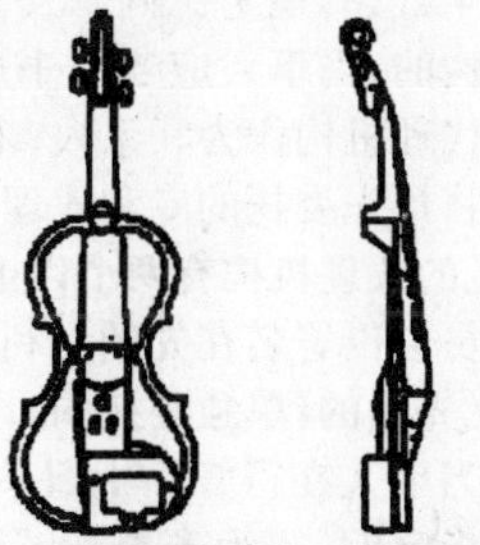
后视图 左视图

对比文件 1

主视图 后视图 右视图 左视图

对比文件 2

相近似判断的内容主要涉及本专利和两份对比文件是否构成相近似。在相近似判断中所遵循的原则是整体观察，综合判断和单独对比。本文第二部分中已经论述了本专利分别与两份对比文件所具有的相同点和不同点，基于前述相同点和不同点，本文对相近似性进行评析。

本案涉及的电子提琴外观设计，外轮廓与传统小提琴相同，即"8"字型。但其琴身部分均为镂空设计，该镂空设计与传统小提琴相比，给人的视觉效果完全不同，特别是整体视觉效果显著不同。因此，在相近似判断时，镂空部分的位置、造型是重要的考虑因素。这一点说明，相同的外轮廓形状并不能作为判断相近似性惟一的要素。就琴身部分均为镂空设计的电子提琴而言，外轮廓形状相同并不必然导致相近似的结论，其他各组成部件组合后所呈现的外观设计给人的整体视觉效果是相近似判断的重要因素。换句话说，不能仅以外轮廓形状相同判断二者的整体形状相同。本案涉及的相近似判断具有这一突出特性，本决定所注重的是产品的外观设计给人的整体视觉效果，而不仅仅是它们的外轮廓形状。所以，本决定认为：在外观设计相近似判断中，不能仅以相同的外轮廓形状作为判断两项外观设计是否构成相近似的主要依据，应当以组成产品的各部件所呈现的形状以及给一般消费者留下的整体视觉效果是否构成相近似为主要依据。

（撰稿人：许静华）

案例十八 "蒸锅"类产品外观设计相近似判断的要点

(一)案由

中山市新爱德实业有限公司(下称请求人)针对 SEB 公司(下称被请求人)的 99306491.4 号(下称争议专利)、名称为"蒸锅"的外观设计专利向专利复审委员会提出专利权的无效宣告请求。其理由是：在争议专利申请日以前，已有内容相同的外观设计专利申请向中国专利局提出，并且在专利公报上公开发表过，故争议专利不符合专利法第 23 条的规定。同时提交了包括 98323454.X 号外观设计专利(下称对比文件)在内的两份专利授权公报(复印件)作为对比文件。

针对对比文件，被请求人认为，争议专利与对比文件产品无论在使用功能还是外观设计的整体形状和整体视觉方面都有很大差别，两者不相同也不相近似，争议专利符合专利法的有关规定。

在审查过程中，专利复审委员会组成的合议组经对请求人提交的证据进行核实、审理后认为，有必要依职权引入专利法第 9 条对本案进行审查，于是，向双方当事人发出无效宣告请求审查通知书，通知当事人：根据请求人提交的证据，合议组将依据专利法第 9 条进行审理，请双方就此进行意见陈述。

双方当事人均未提交意见陈述。在此基础上，合议组依法作出审查决定。

(二)决定的理由和结论

1. 无效决定中的理由和结论

基于请求人提交的对比文件，复审委组成的合议组依职权依据专利法第 9 条，对本案进行了审理，理由如下：与争议专利优先权日相比较，对比文件申请在先，公开在后，不属于申请日之前的公开情形，不应适用专利法第 23 条的规定，但对比文件构成了争议专利的在先申请，且二者是不同的申请人，因此，应适用专利法第 9 条的规定评价争议专利的专利性。

专利法第9条规定:两个以上的申请人分别就同样的发明创造申请专利的,专利权授予最先申请的人。

合议组认为,争议专利与对比文件产品均为蒸锅,属于同类产品,经比较可以得出"二者属于相近似的外观设计"这一有意义的结论。因此,合议组依职权引入专利法第9条对本案进行了审理。并将二者进行了如下相近似比较:从争议专利视图观察,产品整体呈椭圆形柱体,由锅盖、锅体和底座组成。其中,锅盖是透明,向上鼓起,中部有椭圆形凹陷。锅体自上而下分四层,每层两侧各有一个椭圆形把手,其中第一、三层是透明的,第一层与第二层之间有一个带提梁的透明篦子,第二层是一个盘子,最下部的第四层仅可见两侧各有一个椭圆形把的沿。锅体下面是底座,呈上小下大的椭圆台状。上有类似于眼形的区域和依纵向的长椭圆形,眼形区域内有圆形调节钮(详见附图)。

从对比文件视图观察,其产品整体呈椭圆形柱体,由锅盖、锅体和底座组成。其中,锅盖是透明,向上鼓起,中部有椭圆形凹陷。锅体自上而下分三层,每层两侧各有一个椭圆形把手,其中第一、二层是透明的,最下部的第三层仅可见两侧各有一个椭圆形把的沿。锅体下面是底座,呈上小下大的椭圆台状。上有圆形调节钮(详见附图)。

经比较可知:争议专利与对比文件各部分之间的形状、比例均相同,包括锅盖、锅体和底座及其上的调节钮。二者主要的不同之处在于争议专利锅体在两个透明层之间还有一个带提梁的透明篦子和一个盘子。合议组认为与二者相同点比较,其不同点属于局部细微差别,尤其在异时异地观察,二者易引起一般消费者在视觉印象上的混淆,不易将二者在整体上区分开,故最终判定争议专利与对比文件属于相近似的外观设计。

同样的发明创造对于外观设计而言,是指两项外观设计相同或者相近似。

基于上述分析,合议组认为,99306491.4号外观设计专利权不符合专利法第9条的规定,遂决定宣告争议专利权无效。

2. 行政诉讼程序

本无效宣告请求案在专利复审委员会(下称复审委)作出无效宣告决定后,专利权人因不服该决定结论,在法定期限内向北京市第一中级人民法院(下称中院)提起了行政诉讼,中院组成的合议庭一审撤销了复审委的无效决定,作为当事人的复审委不服中院的判决,于是向北京市高级人民法院(下称高院)提起上诉,经高院组成的合议庭进行审理,终审撤销了一审判决,维持了复审委的无效决定。争议专利经历了行政复审、司法一审、司法终审最终被宣告无效。

本案行政诉讼程序中涉及一个关于转文的程序问题、两个相关的原则适用的实体问题,即依职权调查原则和相近似判断原则的适用。

第一,关于程序问题。

法律依据:专利《审查指南》第四部分第3章第4.2(10)项规定。

在向中院提起诉讼的起诉状中,专利权人称:"复审委合议组在2001年12月17日向双方当事人发出了审查通知书,通知双方当事人要依据专利法第9条进行审查,但因该通知书未发往代理该无效案的代理机构,而是送达到了原代理机构,以致原告(无效宣告被请求人,即专利权人)未能就此作出答复"。但根据专利《审查指南》第四部分第3章第4.2(10)规定:"同一当事人委托多个专利代理机构的,当事人应当以书面方式指定其中一个专利代理机构作为联系人;未指定的,专利复审委员会将最先委托的专利代理机构视为联系人;最先委托的代理机构有两个以上且未指定的,专利复审委员会以署名在先的专利代理机构为联系人;署名无先后的(单独委托的),专利复审委员会应当通知当事人在得知后七日内指定,未在规定的期限内指定的,视为未委托。"因专利权人未指定第二代理机构作为联系人,故复审委将文件转送第一代理机构并无不妥,符合相关规定。

第二,关于实体问题。

1)依职权变更无效理由。

事实依据:请求人提交的证据。

法律依据:专利《审查指南》相关规定。

在起诉状中原告认为,在无效宣告请求书中,无效宣告请求人以争议专利不符合专利法第23条的规定为由提出无效宣告请求,但复审委组成的合议庭却依据请求人提交的对比文件依职权引入专利法第9条对本案进行审理,违反了请求原则。

专利《审查指南》第四部分第3章第3.2节规定:"必要时,特别是在因专利权存在请求人未提及的缺陷而使合议组不能针对请求人提出的无效宣告理由得到有意义的审查结论的情况下,合议组可以依职权对请求人未提及的理由进行审查。"

专利《审查指南》第一部分第3章第4.5.1节规定:"在判断是否构成专利法第九条和专利法实施细则第十三条第一款所述的'同样的发明创造'时,应当以表示在两份外观设计专利申请或专利的图片或照片中的外观设计产品为准。同样的外观设计是指两项外观设计相同或者相近似。"

根据上述规定,合议组可以依职权适用专利法第9条评价争议专利的专利性,但前提是依据无效请求人提交的证据无法得出有意义的结论,而依职权变更理由后可以得出有意义的结论。因此，争议专利与对比文件的相近似性成为依职权变更的先决条件。但在争议专利与对比文件的相近似性判断上，各审级的合议庭观点产生了分歧。

2)关于争议专利与对比文件相近似性问题。

法律依据：专利《审查指南》相关规定。

首先，达成共识的内容。涉案产品是一个如图所示的蒸锅，对于争议专利与对比文件的客观描述，都没有异议。包括二者上部蒸屉都由透明材料制成，可见内部部件的形状；二者所不同的是争议专利图片以照片形式提交，可见内部有带提梁的屉和下凹的浅盘；且根据专利《审查指南》第一部分第3章第2.2(14)项的规定，外观设计专利对通过透明部分观察到的内部外观设计予以保护，因此，本案中内部的有带提梁的屉和下凹的浅盘属于争议专利保护内容。对此，一审、终审的合议庭与复审的合议组都能取得共识。

本案相近似判断争议的焦点是透明部分显示的内部外观设计的差别是否足以导致外观设计不相同且不相近似，这也成为导致此案不同结论的关键。关于此点，在向中院提起诉讼的起诉状中，专利权人认为，上述差别"对于现有外观设计也是引人注目的变化，是争议外观设计的"要部"，显然不同于对比文件的外观设计。若异地观察，这种构思奇巧、实用美观的外观设计上的变化就更容易引起普通消费者的区别和注意，因此，争议专利与对比文件明显不相近似。"一审判决支持了这一观点，认为，"争议专利与对比文件产品外形均为椭圆体，但是蒸锅的层数、把手的数量及蒸屉之间增加的深盘盒带提手的篦子是不同的，这些外观设计上的差异，足以导致消费者将两种产品区分开"。但在终审判决中，没有支持这一观点，而是认为复审委依据专利《审查指南》规定的综合判断原则进行的相近似判断而得出的结论并无不妥，而对一审合议庭的判断方式及结论予以了否定，终审合议庭认为"这种区别虽然可以通过蒸锅透明部分观察到，但是蒸锅外表的整体高度和比例没有发生明显变化，一般消费者施以一般的注意力，该蒸锅的内部变化不会被注意到。至于在透明蒸锅的内部，本案外观设计增加了深盘和带提手的篦子，这两个部分属于功能性的外观设计。在比较两项外观设计是否相同或相近似时，如果二者的区别主要是由功能性设计所带来的，该区别不应作为被考虑的关键性因素……一般消费者在对二者进行观察时，不易从视觉上将二者在整体上区分开，故本案外观设计与对比文件属于相近似的外观设计"。

(三)评析

本案中该类产品外观设计相近似性判断的要点应是锅的整体外观设计，在进行相近似判断时，设计要点的确定对结论起着决定性的作用，本案中争议专利与对比文件产品整体造型都是椭圆形，突破了一般消费者印象中蒸锅的圆柱状整体造型设计，对于争议专利而言，一般消费者在购买时，首先留下的视觉印象是一个带有两层透明蒸屉的椭圆柱状蒸锅，这正是二者的设计要点。而通过透明部分看到的、出于功能考虑增加的内部部件设计则属于相对被弱化了的外观设计内容，对蒸锅整体形状造成的视觉印象没有带来决定性的影响。如果说一般消费者注意到了这一微小差别，也是由于功能需要，出于对这些部件带来的功能的考虑。因此，从外观设计的角度进行整体观察，争议专利与对比文件应属于相近似的外观设计。

本案审理涉及如下法律问题：1) 在无效宣告请求程序中，如果被请求人(专利权人)委托了新的代理机构应提交复审委指定的专用委托书，并注明转文联系人。2) 当请求人提交的证据不适用其提出的无效宣告请求的理由而明显指向其他法律理由时，合议组应依职权变更理由进行审查。3) 对于外表使用透明材料的产品而言，通过产品的透明部分观察到的其内部的外观设计，应属于该产品外观设计的一部分。4) 在进行外观设计相近似判断时，首先应从整体观察产品的外观设计，判断确定设计要点及要部，针对设计要点及要部进行比较分析。在整体外观设计基本相同的前提下，增加的产品部件的外观设计在对整体形状没有带来显著影响时不应作为判断要部。

(撰稿人：钱亦俊)

案例十九　外观设计专利权与商标权之冲突

(一)案由

本无效宣告请求涉及的是国家知识产权局于2001年11月21日授权公告的，名称为"包装盒(B)"的外观设计专利(下称本专利)，其申请号是01307025.8，申请日是2001年4月16日，专利权人是某个人(下称被请求人)。

针对上述专利权，北京葡萄酒厂(下称请求人)于2002年3月26日向专利复审委员会提出无效宣告请求，其理由是：请求人使用的"中华牌"以及带有"中华"字样的商标图案于1979年10月31日由国家工商行政管理局商标局注册商标并进行了注册登记，同时取得商标使用权，所注册商标的使用商品为第36类(商品国际分类为第33类)，本外观设计专利的包装盒上使用了请求人的"中华"注册商标，侵犯了请求人的商标专用权，本专利不符合专利法第23条的规定。与此同时，请求人提交了如下附件作为证据：附件1：企业法人营业执照副本1页(复印件)；附件2：国家商标局商标注册证1页(复印件);附件3:《商标法律理解与适用》1998年出版,6页(复印件);附件4:内江市中级法院诉讼通知书1份(复印件);附件5:本外观设计专利文件一份5页(复印件)。

经形式审查合格,专利复审委员会受理了该无效宣告请求,并将请求书及证据材料副本转送给被请求人。

针对请求人的无效宣告请求,被请求人提交了答辩书,被请求人认为:本专利包装盒上使用的是楷书繁体“中華”,而请求人注册商标的是篆书“中華”二字。从上述二字的外观表现形态看,区别十分明显,不可能,更不足以给普通消费者造成误认。因此,谈不上被请求人依法取得的专利产品给请求人注册商标专用权造成损害的问题。

本合议组将上述被请求人的意见陈述书转送给请求人。

请求人于2003年6月3日向专利复审委员会提交了意见陈述书及三份补充证据如下(编号续前):附件6:四川省内江市中级人民法院民事判决书(2002)内民初字14号,一份(复印件);附件7:四川省高级人民法院民事判决书(2002)川民终字第431号,一份(复印件);附件8:国家工商行政管理局商标局核准续展注册证明,1页(复印件)。

其中,附件6是一审法院的民事判决书,判决书认定以阳述荣为法定代表人的四川泸州荣成华酒业有限公司和内江市鸿达糖酒批发部侵犯了请求人的商标专用权,附件7是二审法院的民事判决书,二审法院维持了一审法院对侵权事实的认定。附件8是请求人商标的续展证明。本案合议组于2003年6月9日将请求人提交的上述意见陈述书及三份补充证据转送被请求人,要求其在规定的期限内进行答复。

被请求人于2003年7月6日提交了答辩书,其认为:被请求人的外观设计专利“包装盒(B)”与请求人的注册商标从文字到图案,色泽没有一点相同、相似之处。被请求人的外观设计专利的取得程序合法,是按照《专利法》第二十条规定取得,并不违反专利法第23条的规定。请求人提供的证据6、7的民事判决是:商标、产品诉讼。请求人提供的证据8是续展证明,没说明该商标的使用权和所有权是否转让。证据6、7中的第一原告不是北京葡萄酒厂。请求人宣告本专利权无效的理由不成立。

在双方当事人的意见陈述的基础上,合议组认为本案事实清楚,依法作出审查决定。

(二)决定的理由和结论

根据请求人提出的无效宣告请求的理由及证据,合议组依据专利法第23条的规定对本案进行审理。

专利法第23条规定:“授予专利权的外观设计,应当同申请日以前在国内外出版物上公开发表过或者国内公开使用过的外观设计不相同和不相近似,并不得与他人在先取得的合法权利相冲突。”

请求人提交的证据是附件1:企业法人营业执照(副本)复印件;附件2:国家工商行政管理局商标局商标注册证第115507号(复印件);附件4:四川省内江市中级人民法院参加诉讼通知书(2002)内民初字第14号(复印件);附件6:四川省内江市中级人民法院民事判决书(2002)内民初字14号(复印件);附件7:四川省高级人民法院民事判决书(2002)川民终字第431号(复印件);附件8:国家工商行政管理局商标局核准续展注册证明(复印件)。对上述证据的真实性,被请求人在专利复审委员会发出的通知书规定的期限内未提出任何异议,本案合议组予以采信。

上述附件7的四川省高级人民法院民事判决书(2002)川民终字第431号,该“民事判决书”中第17~18页作出如下认定:

“根据1993年、2001年施行的《中华人民共和国商标法》及1995年、2002年施行的《中华人民共和国商标法实施细则》、《中华人民共和国商标法实施条例》,分别规定了在同一种或者类似商品上,将与他人注册商标相同或近似的文字、图形、标志作为商品名称或者商品装潢使用的情况为侵犯注册商标专用权的行为,故本案应属商标侵权纠纷,上诉人荣成华公司称本案不是商标侵权纠纷的上诉理由于法不符,其上诉理由依法不能成立。

荣成华公司上诉称其中华酒外包装盒获得了国家知识产权局授予的外观设计专利,该外观设计专利与北京酒厂、东方酒厂的商标完全不同,不存在谁享有在先权利的问题,故不构成商标侵权。本院认为,北京酒厂的‘中华’牌葡萄酒类商标1959年获得国家工商行政管理局注册后,即依法受到法律保护,1979年,该‘中华’牌葡萄酒类产品注册商标转为‘中华’牌酒类注册商标后,北京酒厂即为‘中华’牌酒类注册商标的商标专用权人,并依法享有法律赋予商标专用权人的各种权利。2001年11月21日,荣成华公司法定代表人阳述荣的中华酒外包装虽获得了国家知识产权局的外观设计专利,但根据《中华人民共和国专利法》第23条规定:授予专利权的外观设计,应当同申请日以前在国内外出版物上公开发表过或者国内公开使用过的外观设计不相同和不相近似,并不得与他人在先取得的合法权利相冲突。故荣成华公司的外观设计专利不得侵害他人的在先权利。北京酒厂1959年即取得了‘中华’牌注册商标,其‘中华’牌酒类注册商标初步审定公告日期也先于荣成华公司外观设计申请日期，故北京酒厂的在先权利应当受到法律的保护，荣成华公司在其生产销售的白酒包装上使用了'中华'文字，构成了对北京酒厂注册商标专用权的侵害，应承担侵权的民事责任。上诉人荣成华公司关于其中华酒包装盒获得了外观设计专利，且与北京酒厂、东方酒厂的商标完全不同，故不构成商标侵权的上诉理由也依法不能成立。"

综上所述，本合议组认为：本专利"包装盒"与请求人在先取得的注册商标专用权相冲突，本专利不符合专利法第23条的规定。因此，依据专利法第23条的规定，作出宣告01307025.8号外观设计专利权无效的审查决定。

针对本审查决定，被请求人未在法定期限内向北京市第一中级人民法院提起诉讼。

（三）评析

民事主体在民事活动中，应遵循"诚实信用"的原则。对违反有关法律规定的，要及时纠正，以维护法律的尊严。要保护和尊重他人的知识产权，为市场经济创造良好的、公平竞争的环境。

基于上述原则，在修改的专利法中，在外观设计专利授权条件中增加了一条：不得与他人在先取得的合法权利相冲突。

本案涉及2001年7月1日实施修改后的专利法第23条的第一例外观设计专利与在先商标权相冲突的无效宣告请求案。专利复审委员会本案合议组根据地方法院的终审判决，依据专利法第23条的规定作出宣告专利权无效的审查决定。

需要指出的是，根据修改的专利法实施细则第65条，以授予专利权的外观设计与他人在先取得的合法权利相冲突为理由请求宣告外观设计专利权无效，但是未提交生效的能够证明权利冲突的处理决定或者判决的，专利复审委员会不予受理。

对于上述规定，专利界存在着一些不同的看法。有观点认为，无效请求人只要提交证明其持有合法的在先权利的证明即完成其在无效宣告请求程序中的举证责任。专利复审委员会应当据此直接判断外观设计专利与该在先合法权利是否冲突。作为学术争论，此观点自有其合理之处。但是，在目前的法律规定下，仅提交持有权利的证明而无证明存在权利冲突的生效的决定，则不满足受理其无效宣告请求的举证条件。

（撰稿人：吴赤兵）

国家工商行政管理总局商标局案例

2003年，全国各级工商行政管理机关以保护注册商标专用权为核心，突出重点，加大行政执法力度，严厉查处了群众关心、政府关注、社会影响恶劣的商标侵权假冒案件，重点查处了危害人民生命安全、损害国家利益、扰乱社会经济秩序的商标大要案。据统计，2003年各级工商行政管理机关共查处各类商标违法案件37 489件，其中商标一般违法案件11 001件，商标侵权假冒案件26 488件。在第四个世界知识产权日来临之际，商标局从2002年查处的各类案件中选出20件典型案件（10件涉外商标案件和10件国内商标案件）予以公布。这些案件具有一定的典型意义，反映出工商行政管理机关打击商标侵权假冒行为取得的成效，也表明了我国保护知识产权的态度和决心。

〔国内案例一〕侵犯"实德"、"海螺"等注册商标专用权案件

当事人陈方方自2001年12月24日至2002年1月8日，在北京市朝阳区亚运村小关西街24号未经核准登记擅自开业，销售假冒"实德""海螺"牌塑钢型材，至2002年1月8日被检查人员查获。在此期间，当事人共销售塑钢型材34.05吨，非法经营额28.6万元。

经查，"实德"、"海螺"分别是大连实德集团有限公司和安徽海螺集团有限责任公司的注册商标，其专用权受法律保护。

北京市工商行政管理局朝阳分局认为，当事人的上述行为属于《中华人民共和国商标法》第五十二条第（二）项规定的侵犯注册商标专用权的行为。依据《中华人民共和国商标法》第五十三条的规定，决定处罚如下：

一、责令立即停止销售；

二、收缴并销毁"实德"侵权商标标识85卷；

三、罚款14.3万元。

〔国内案例二〕侵犯"中棉"注册商标专用权案件

当事人赵汝悦自2002年9月26日至2003年12月10日，擅自制造标有"中棉"字样的抗虫杂交棉种。经检查发现，当事人共生产棉种28箱，每箱30市斤，非法经营额达2.94万元。

经查，用在商标注册用商品和服务国际分类第31类种子商品上"中棉"商标，是河南省安阳中

国农业科学院棉花研究所科技贸易公司的注册商标，其专用权受法律保护。

山东滨州市惠民县工商行政管理局认为，当事人的上述行为属于《中华人民共和国商标法》第五十二条规定的商标侵权行为。依据《中华人民共和国商标法》第五十三条及《中华人民共和国商标法实施条例》第五十二条之规定，决定处罚如下：

一、立即停止商标侵权行为；

二、没收侵权棉种28箱；

三、没收封口机1台；

四、罚款3万元。

〔国内案例三〕侵犯“三千里”注册商标专用权案件

2002年9月11日，北京市工商行政管理局海淀分局接到投诉，当事人北京三千里故乡餐饮有限公司未经“三千里”注册商标所有人的许可，擅自在位于北京市海淀区花园东路8号商业综合楼一层的北京三千里故乡餐饮有限公司门店上方的户外广告中突出使用了“三千里”字样（该广告上的文字内容的字体大小、笔体不一致），另在当事人的经营场所内使用的手巾、点菜单、服务员胸牌、菜谱上均标有“三千里”字样。当事人自2002年4月至2002年9月15日的经营额共74.3万元。

经查，“三千里”是王立明在餐厅、饭店等服务上核准注册的商标，其专用权受法律保护。

北京市工商行政管理局海淀分局认为，当事人的上述行为属于《中华人民共和国商标法》第五十二条第（一）项规定的商标侵权行为。依据《中华人民共和国商标法》第五十三条和《中华人民共和国商标法实施条例》第五十二条的规定决定作出如下处罚：

一、责令立即停止侵权行为；

二、罚款10万元。

〔国内案例四〕侵犯“天马”及图形等注册商标专用权案件

2003年2月27日，温州市工商行政管理局根据举报，依法对位于瑞安市河田镇汀九工业区的瑞安市飞马活塞制造有限公司进行检查，发现该公司正在生产标有“天马”及图形等商标的活塞。由于上述活塞所使用的商标涉嫌侵权，温州市工商行政管理局依法予以立案调查。

经查，使用在内燃机活塞等商品上的“天马”及图形商标是苍南县天马活塞工业有限公司的注册商标，商标注册号为第2022098号；使用在内燃机火花塞等商品上图形商标是河北天马活塞工业有限公司的注册商标，商标注册号为第974987号。上述注册商标专用权受法律保护。

调查发现，当事人于2002年9月开始生产带有“天马”及图形等商标的活塞。至案发时，生产带有“天马”及图形等商标的活塞16 603只。现场被该局依法扣押活塞共9 899只，货值7.4万元，总经营额12.8万元。上述活塞所使用的商标分别与苍南天马活塞工业有限公司已注册的“天马”及图形商标、河北天马活塞工业有限公司已注册的图形商标近似或相同。

温州市工商行政管理局认为，当事人未经商标注册人许可，在同种商品上使用与其注册商标相同或相近似的商标，属于《中华人民共和国商标法》第五十二条第（一）项规定的侵犯注册商标专用权行为。根据《中华人民共和国商标法》第五十三条及《中华人民共和国商标法实施条例》第五十二条规定，经研究，决定对当事人处罚如下：

一、责令立即停止侵权行为；

二、没收已扣押的活塞共9 899只；

三、罚款10万元。

〔国内案例五〕侵犯“天仪”注册商标专用权案件

当事人安徽省天长市仪表厂特种铠缆分厂于2004年1月3日将其生产的热电偶、热电阻，共9种型号、52件，销售到山东榴园水泥有限公司，总计货款93 950元（货款未结算）。其产品合格证上印有“天仪牌”以及“R”等标记。根据举报，枣庄市工商行政管理局峄城分局对其依法查处。经注册商标所有权人对上述产品进行鉴定，属侵犯注册商标专用权商品，非法经营额9.39万元。

经查，“天仪”是安徽天长市仪表厂在热电偶、热电阻等商品上核准注册的商标，其专用权受法律保护。

枣庄市工商行政管理局峄城分局认为，当事人上述行为属于《中华人民共和国商标法》第五十二条第（一）项规定的侵犯注册商标专用权行为。根据《中华人民共和国商标法》第五十三条、《中华人民共和国商标法实施条例》第五十二条的规定，作出如下处罚：

一、责令停止侵权行为；

二、处以8万元罚款。

〔国内案例六〕侵犯“底施灵”注册商标专用权案件

当事人石家庄双联复合肥有限责任公司自2003年以来，共生产销售“玉米底施灵”复合肥

617吨,销售价每吨1 130元,违法经营额合计69.72万元。

“底施灵”是河北省清苑县农业技术推广站在混合肥料上注册的商标,其专用权受法律保护。

石家庄市工商行政管理局认为,该当事人的行为属于《中华人民共和国商标法》第五十二条第(五)项和《中华人民共和国商标法实施条例》第五十条第(一)项规定的商标侵权行为,依据《中华人民共和国商标法》第五十三条和《中华人民共和国商标法实施条例》第五十二条规定,作出如下处罚:

一、责令停止生产侵权商品,销毁现库存的“玉米底施灵”产品包装;

二、罚款10万元。

另外,当事人于2003年5月至6月还在保定市定兴、望都等县销售带有“玉米底施灵”字样的复合肥81吨,非法经营额91 962元。经查,当事人所销售的带有“玉米底施灵”字样的复合肥,未经清苑县农业技术推广站许可,使用了“底施灵”商标。

保定市工商行政管理局认为,当事人的行为属于《中华人民共和国商标法》第五十二条第(五)项和《中华人民共和国商标法实施条例》第五十条第(一)项规定的侵犯注册商标专用权行为。根据《中华人民共和国商标法》第五十三条和《中华人民共和国商标法实施条例》第五十二条的规定,决定对当事人处以非法经营额0.5倍即45 981元的罚款。

〔国内案例七〕侵犯“瑞邦”注册商标专用权案件

2002年10月,当事人河南雷力农用化工有限公司以每桶100元的价格购进侵犯常州市瑞丰农药厂“瑞邦”注册商标专用权的赛锄麦田特效锄草剂319桶,在其公司门市部销售。截止案发,当事人共销售10桶,每桶售价120元,库存309桶,非法经营额32 100元。

经查,“瑞邦”是江苏瑞邦农药厂在杀虫剂等商品上核准注册的商标,其专用权受法律保护。

郑州市工商行政管理局金水分局认为,当事人销售侵犯“瑞邦”注册商标专用权的赛锄麦田特效锄草剂,属于《中华人民共和国商标法》第五十二条第(二)项所述的侵犯注册商标专用权的行为。依据《中华人民共和国商标法》第五十三条和《中华人民共和国商标法实施条例》第五十一条的规定,决定处罚如下:

一、没收侵犯“瑞邦”注册商标专用权的赛锄锄草剂309桶;

二、罚款5万元。

〔国内案例八〕侵犯“HUI KANG”注册商标专用权案件

2003年3月5日,温州市工商行政管理局经检支队根据“HUI KANG”商标所有人投诉,依法对位于温州市水心杏花路6号三楼的常州大亚进出口有限公司温州办事处进行检查。现场查获该公司委托浙江德赛帝伦鞋业有限公司等企业生产标有“HUI KENG”商标的鞋的订单。当事人常州大亚进出口有限公司经销标有“HUI KENG”商标的鞋,其行为涉嫌商标侵权。温州市工商行政管理局于2003年3月5日依法立案调查。

经查,“HUI KANG”是温州市鹿城惠康鞋业有限公司在鞋等商品上核准注册的商标,其专用权受法律保护。

2002年7月7日以后,当事人未经“HUI KANG”商标所有人许可,多次下订单委托浙江德赛帝伦鞋业有限公司(另案处理)、温州市嘉甸鞋业有限公司(另案处理)、温州市乔拉迪鞋业有限公司(另案处理)生产标有“HUI KENG”商标的鞋。至2003年3月5日案发时,当事人已销售委托他人生产的标有“HUI KENG”商标的鞋8 160双,经营额计24.2万元。

温州市工商行政管理局认为,当事人未经商标所有人许可,委托他人生产标有“HUI KENG”商标的鞋,并进行销售,其行为属于《中华人民共和国商标法》第五十二条第(一)项规定的商标侵权行为,根据《中华人民共和国商标法》第五十三条和《中华人民共和国商标法实施条例》第五十二条之规定,决定对当事人处罚如下:

一、责令立即停止商标侵权行为;

二、罚款15万元。

〔国内案例九〕侵犯“满华堂”等注册商标专用权案件

当事人黄涛,于2002年10月至11月,未经工商行政管理机关核准登记,擅自从事经营活动。在此期间,当事人分别从广州市机场路、浙江义乌等地购进价值24万元的标有“满华堂”、“吉星拱照”和“聚宝楼”等商标的日历芯等产品1 165件(10.5万本)并进行销售,至案发时共售出800件(7.8万本),非法经营额24.5万元,非法所得4 930元。

经查,“满华堂”、“聚宝楼”和“吉星拱照”分别是恩平市富华印刷厂、广东省江门市土产进出口有限公司和恩平市印刷厂在日历等商品上核准注册的商标,其专用权受法律保护。

广州市工商局越秀分局认为,当事人不仅存在无照经营问题,而且构成了侵犯他人注册商标专用权的行为。依据《中华人民共和国商标法》第五十三条、《中华人民共和国商标法实施条例》第五十二条和《广州市查处无营业执照经营规定》的规定，广州市工商局越秀分局对当事人作出如下处罚：

一、责令停止经营活动；

二、没收侵权日历芯等2.4万本；

三、罚款15万元。

〔国内案例十〕侵犯“HUIDA”注册商标专用权案件

当事人唐山市开平区双兴厂自2003年2月委托唐山市华泰花纸厂印制与“HUIDA”注册商标近似的商标标识9.37万个，自4月起开始生产立便器，并在该产品上使用上述标识。至案发时，当事人共生产立便器3 104件，销售315件，剩余商标标识9万件。

经查，“HUIDA”是唐山惠达陶瓷（集团）股份有限公司在沐浴用设备等商品上核准注册的商标，其专用权受法律保护。

唐山市工商局开平区分局认为，当事人的行为属于《中华人民共和国商标法》第五十二条第（一）项规定的商标侵权行为，并根据《中华人民共和国商标法》第五十三条和《中华人民共和国商标法实施条例》第五十二条的规定，作出如下处罚：

一、责令立即停止侵权行为；

二、没收侵权的立便器2 678件和商标标识9万件；

三、罚款6万元。

〔涉外案例一〕假冒“NIKE”、“ADIDAS”商标专用权案件

上海纪洪服饰有限公司自2003年3月起，未经商标注册人的许可，擅自在上海市闵行区吴泾镇生产加工“NIKE”、“ADIDAS”等品牌服装15 000余件，非法经营额达177 368元。

经查，使用在商标注册用商品和服务国际分类第25类服装等商品上的“NIKE”商标，是（美国）耐克国际有限公司的注册商标；使用在相同国际分类服装商品上的“ADIDAS”商标，是（德国）阿狄达斯萨洛蒙有限公司的注册商标。上述商标专用权受法律保护。

上海市工商行政管理局闵行分局认为，当事人行为属于《中华人民共和国反不正当竞争法》第五条第（一）项和《中华人民共和国商标法》第五十二条第（一）项规定的行为。根据《中华人民共和国反不正当竞争法》第二十一条第一款和《中华人民共和国商标法》第五十三条的规定，决定对当事人作出如下处罚：

一、责令立即停止侵权行为；

二、没收侵权商品；

三、罚款人民币18万元整。

〔涉外案例二〕侵犯“彩虹”商标专用权案件

上海界龙食品有限公司自2003年12月起，未经商标注册人的许可，擅自生产“彩虹”牌果软糖59.945吨，其中售出43.7吨，共获取非法经营额52万元。

经查，使用在商标注册用商品和服务国际分类第30类非医用糖果等商品上的“彩虹”商标，是（美国）马斯公司的注册商标。该商标专用权受法律保护。

上海市工商行政管理局浦东分局认为，当事人的行为属于《中华人民共和国商标法》第五十二条第（一）项规定的商标侵权行为。根据《中华人民共和国商标法》第五十三条的规定，决定对当事人作出如下处罚：

一、责令立即停止侵权行为；

二、没收侵权商品16吨；

三、罚款人民币10万元整。

〔涉外案例三〕侵犯“HONDA”商标专用权案件

无锡市鸿达铝业有限公司自2003年1月1日起，未经商标注册人的许可，擅自在摩托车配件上使用与“HONDA”近似的“HONGDA”商标。至案发时，当事人已经销售价值达43万元的摩托车配件。

经查，使用在商标注册用商品和服务国际分类第12类汽车等商品上的“HONDA”商标，是日本技研工业株式会社的注册商标，该商标专用权受法律保护。

无锡市锡山工商行政管理局认为，当事人的行为属于《中华人民共和国商标法》第五十二条第（一）项规定的商标侵权行为。根据《中华人民共和国商标法》第五十三条和《中华人民共和国商标法实施条例》第五十二条的规定，决定对当事人作出如下处罚：

一、责令立即停止侵权行为；

二、罚款人民币30万元整。

〔涉外案例四〕假冒“SONY”商标专用权案件

当事人大连瑞祥数码科技有限公司在大连国

际商贸大厦有限公司迈凯乐大连市场影像专卖区销售假冒"SONY"牌摄像机电池、摄像机包、记忆棒。

另一当事人大连万胜贸易有限公司在大商集团股份有限公司柜台销售假冒"SONY"牌摄像机电池。

经查,使用在商标注册用商品和服务国际分类第9类电池等商品上的"SONY"商标,是索尼株式会社的注册商标,该商标专用权受法律保护。

大连市工商行政管理局认为,上述两个当事人的行为属于《中华人民共和国商标法》第五十二条第(二)项规定的商标侵权行为。根据《中华人民共和国商标法》第五十三条的规定,决定分别对当事人作出如下处罚:

一、责令立即停止侵权行为;

二、罚款人民币3万元整。

〔涉外案例五〕侵犯"SUZUKI"、"S图形"商标专用权案件

深圳市速易佳摩托车实业有限公司自2003年5月起,未经商标注册人的许可,擅自生产带有与"SUZIKI"和"S图形"商标相近似的"SUZIKA"和"S图形套双椭圆图形+SUZIKA"商标的摩托车566辆,其中已销售318辆,非法经营额达1 383 140元。

经查,使用在商标注册用商品和服务国际分类第12类车辆及其零配件等商品上的"SUZUKI"和"S图形"商标,是铃木株式会社(日本)的注册商标。上述注册商标专用权受法律保护。

深圳市工商行政管理局认为,当事人的行为属于《中华人民共和国商标法》第五十二条第(一)项规定的商标侵权行为。根据《中华人民共和国商标法》第五十三条和《中华人民共和国商标法实施条例》第五十二条的规定,决定对当事人作出如下处罚:

一、责令立即停止侵权行为;

二、没收侵权摩托车248辆;

三、罚款人民币40万元整。

〔涉外案例六〕假冒"KET"、"JST"商标专用权案件

乐清市昌盛电子实业有限公司自2003年2月起,未经商标注册人的许可,擅自生产标有"KET"、"JST"商标的连接器987万只,其中已销售43万只,以及用于制造侵权商品的塑料模具6个,非法经营额达40万元。

经查,使用在商标注册用商品和服务国际分类第9类电器接插件等商品上的"KET"商标,是韩国端子工业株式会社的注册商标;使用在相同国际分类电器装置等商品上的"JST"商标,是J.S.T.MFG.CO.LTD.(日本)的注册商标。上述注册商标专用权受法律保护。

温州市工商行政管理局认为,当事人的行为属于《中华人民共和国商标法》第五十二条第(一)项规定的商标侵权行为。根据《中华人民共和国商标法》第五十三条、《中华人民共和国商标法实施条例》第五十二条的规定,决定对当事人作出如下处罚:

一、责令立即停止侵权行为;

二、没收侵权商品及用于制造侵权商品的模具;

三、罚款人民币40万元整。

〔涉外案例七〕侵犯"MICKEY UNLIMITED"、"MICKEY & CO"商标专用权案件

深圳市米奇乐实业有限公司自2000年4月起,未经商标注册人的许可,购进、委托他人生产加工假冒"MICKEY UNLIMITED"和"MICKEY & CO"商标的服装7 500件、商标标识3 900个,其中已销售服装7 066件,非法经营额达44万元。

经查,使用在商标注册用商品和服务国际分类第25类服装商品上的"MICKEY UNLIMITED"和"MICKEY & CO"商标,是美国沃尔特迪斯尼公司的注册商标。上述商标专用权受法律保护。深圳市工商行政管理局认为,当事人的行为属于《中华人民共和国商标法》第五十二条规定的商标侵权行为。根据《中华人民共和国商标法》第五十三条和《中华人民共和国商标法实施条例》第五十二条的规定,决定对当事人作出如下处罚:

一、责令立即停止侵权行为;

二、没收侵权服装434件;

三、罚款人民币25万元整。

〔涉外案例八〕侵犯"耐克图形"商标专用权案件

晋江市华珠鞋业有限公司未经商标注册人的许可,擅自生产标有"耐克图形"商标的运动鞋11 040双,非法经营额达188 112元。

经查,使用在商标注册用商品和服务国际分类第25类鞋商品上的"耐克图形"商标,是耐克国际有限公司的注册商标。该商标专用权受法律保护。

晋江市工商行政管理局认为,当事人的行为属于《中华人民共和国商标法》第五十二条第(一)项规定的商标侵权行为。根据《中华人民共和国商标法》第五十三条和《中华人民共和国商标法实

施条例》第五十二条的规定，决定对当事人作出如下处罚：

一、责令立即停止侵权行为；

二、没收、销毁侵权运动鞋11 040双；

三、罚款人民币5.7万元整。

〔涉外案例九〕侵犯“3M”商标专用权案件

宁波市海曙大港铝塑板厂自2001年12月起，未经商标注册人的许可，将“3M”商标作为商品名称为他人生产加工铝塑板9 397张，其中已销售4 397张，非法经营额达81.1万元。

经查，使用在商标注册用商品和服务国际分类第6类铝塑板等商品上的“3M”商标，是3M公司(美国)的注册商标。上述商标专用权受法律保护。

宁波市工商行政管理局海曙分局认为，当事人受他人委托加工销售“3M”铝塑板的行为属于《中华人民共和国商标法》第五十二条第(五)项和《中华人民共和国商标法实施条例》第五十条第(一)项规定的商标侵权行为。根据《中华人民共和国商标法》第五十三条和《中华人民共和国商标法实施条例》第五十二条的规定，决定对当事人作出如下处罚：

一、责令立即停止侵权行为；

二、没收侵权的“3M”铝塑板保护胶38卷；

三、罚款人民币10万元整。

〔涉外案例十〕假冒“HP”商标专用权案件

方雅萍自2003年2月起，未经商标注册人的许可，擅自制作标有“HP”商标的硒鼓363个，非法经营额达55 445元。

经查，使用在商标注册用商品和服务国际分类第9类激光打印机碳粉盒等商品上的“hp”商标，是(美国)惠普公司的注册商标。该商标专用权受法律保护。

北京市工商行政管理局海淀分局认为，当事人的行为属于《中华人民共和国商标法》第五十二条第(二)项规定的商标侵权行为。根据《中华人民共和国商标法》第五十三条和《中华人民共和国商标法实施条例》第五十二条的规定，决定对当事人作出如下处罚：

一、责令立即停止侵权行为；

二、没收侵权硒鼓363个；

三、罚款人民币10万元整。

(以上商标案例由国家工商行政管理总局商标局供稿)

国家版权局行政执法案例

案例一　未经授权复制他人音乐作品应用于电子设备案

投诉人：××著作权协会

被投诉人：北京××电子技术有限公司

〔案情简介〕

2003年6月，××著作权协会向国家版权局提交行政处罚申请书，称北京××电子技术有限公司从1999年开始，生产销售的全自动电脑点播系统(即VOD视频点播系统)在未经著作权人许可、也未支付著作权使用费的情况下，擅自使用他人享有著作权的音乐作品一万余首(其中涉及该协会管理的大量音乐作品)，在全国用户超过130家，侵权十分严重。因此，××著作权协会请求国家版权局对北京××电子技术有限公司进行查处。

国家版权局经过初步调查，认为VOD(Video On Demand)视频点播系统，利用计算机技术、网络通信技术、多媒体技术、电视技术和数字压缩技术，使用户可以根据自己的需求自由地点播节目库中的视频节目，是一种可以对视频节目进行自由选择的交互式系统。这种新型的技术性很强的作品使用方式，如果不进行严格管理极易导致对大量音乐作品的侵权。就本案而言，北京××电子技术有限公司涉嫌违法使用音乐作品一万余首，数量巨大，并且涉嫌违法行为涉及全国22个省(区市)，在全国造成一定的重大影响，因此国家版权局可以受理此案。

国家版权局受理此案后，组成专案组对案件进行了全面调查，发现北京××电子技术有限公司在1999年至2003年期间，生产销售其自行开发的全自动电脑点播系统时，未经授权，将大量音乐作品及其音像制品复制到该系统中，侵犯了著作权人和音像制作者的合法权利。根据《中华人民共和国著作权法》第四十七条第(一)项、第(四)项及《中华人民共和国著作权法实施条例》第三十六条的规定，国家版权局决定拟对北京××电子技术有限公司处以罚款人民币九万元的行政处罚。

2003年9月，国家版权局按照《中华人民共和国行政处罚法》第三十一条、第三十二条的规定，向北京××电子技术有限公司发出《行政处罚事先告知书》,告知拟作出行政处罚决定的事实、理由和依据,并告知北京××电子技术有限公司依法享有的陈述权和申辩权。在规定的期限内北京××电子技术有限公司向国家版权局提出陈述、申辩意见以及相应的事实、理由和证据。国家版权局根据当事人的陈述、申辩意见,对北京××电子技术有限公司提出的事实、理由和证据进行了复核。该案现正在进一步调查处理中。

案例二　未经授权使用计算机软件案

投诉人:××软件公司

被投诉人:北京××建筑装饰工程有限公司

〔案情简介〕

2002年3月22日，北京市版权局执法人员根据投诉对北京××建筑装饰工程有限公司主要办公和经营场所使用软件的版权状况实施检查，发现其正在使用的软件涉嫌未经许可擅自复制。由于该公司有关人员现场阻挠，拒不配合，检查未能全面进行。4月23日，该局执法人员再次对北京××建筑装饰工程有限公司的经营点实施了检查。两次检查共发现22件正在使用的软件涉嫌未经许可擅自复制。为保护著作权人的合法权益，规范整个家装行业使用软件的行为，带动家装企业自觉纠正侵权复制使用他人软件、扰乱行业正常经营秩序和损害客户利益的违法状况，2002年10月，北京市版权局决定正式立案，对该公司实施全面调查。

2002年10月11日，北京市版权局组织执法力量，分三路对北京××建筑装饰工程有限公司的9个经营点全面进行了著作权执法检查。经调查发现北京××建筑装饰工程有限公司使用的119件计算机软件中存在序列号大量重复的现象，存在侵权复制使用他人享有著作权软件的嫌疑。对于上述所有软件复制使用的合法性，北京××建筑装饰工程有限公司始终未出具有效证据予以证明。经调查，北京市版权局确认北京××建筑装饰工程有限公司于2002年10月11日被查出使用的119件计算机软件系属未经许可擅自复制，涉案软件货值金额达百万元之巨，严重侵犯了××软件公司等相关软件著作权人的合法权益，构成了《中华人民共和国著作权法》和《计算机软件保护条例》列举的侵权复制软件行为，并同时损害了社会公共利益，应给予行政处罚。

〔处理结果〕

2003年3月28日，北京市版权局根据《中华人民共和国著作权法》第四十七条第一项和《中华人民共和国软件保护条例》第二十四条的规定，就该案做出了著作权行政处罚决定，责令北京××建筑装饰工程有限公司停止侵权复制使用软件，并罚款27万元。

该行政处罚决定书已送达被处罚人并已执行完毕。

全国知识产权社团案例与评析

中国音乐著作权协会诉北京长安商场播放背景音乐侵权案

案情介绍

中国音乐著作权协会(以下称原告)是根据著作权法的规定,经国家行政主管部门批准成立的著作权集体管理机构,根据与著作权人和海外同类集体管理机构签订的相互代表协议,管理中外音乐作品的著作权。2003年初,原告的工作人员发现北京东安集团长安商场(以下称被告)播放背景音乐中大量使用原告管理的音乐作品,在与被告多次联系无果的情况下,于2003年4月向被告发出律师函,指出被告未经许可以播放背景音乐的形式使用原告管理的音乐作品是侵权行为,希望被告与原告协商解决侵权问题,但遭到拒绝。2003年10月,原告向北京第一中级人民法院提起诉讼,要求被告停止播放背景音乐,赔偿经济损失215 900元。

被告认为,原告仅是著作权人自我管理权利的民间社会组织,其与著作权人之间的合同,仅能约束合同双方当事人,不能对抗第三人;原告非行政管理组织,没有强制性收费的权利;原告制定的收费标准,没有经国家物价管理部门的批准,不具有行政管理性质,对被告没有约束力。被告还认为,在其商场播放背景音乐不是以盈利为目的,而是对特殊场合气氛的烘托,为消费者创造良好的购物环境,应该说受益者不仅仅是被告,更大的受益者应该是著作权人(其作品得到广为传诵)和消费者(免费得到听觉和环境享受)。原告无权对其在商场中播放背景音乐的行为收取使用费。

法院受理此案后,于2004年2月开庭审理。原告向法庭提交了被告侵权播放20首歌曲作为背景音乐的证据，这是随机在被告的经营场所抽查录取的，并有公证处进行了公证。同时，原告还向法庭提交了原告和会员的合同、原告和海外同类协会签订的相互代表协议；其他同类商场已缴费的证明；原告制定并经国家版权局批准的收费标准等。被告向法庭提交了其经营场所的实际营业面积。

经法庭调解，被告长安商场同意播放背景音乐应征得原告的许可，向原告按标准支付了相应的费用后，原、被告双方和解，解决此案。

评析

本案是我国第一例由著作权集体管理组织起诉使用背景音乐侵权的案例，在社会上引起了广泛的关注。本案涉及到对表演权的理解，著作权集体管理组织的职能，收费标准制定的依据及效力，集体管理组织诉讼中的举证责任等问题。下面就所涉及的问题进行简单分析。

(一)音乐作品的表演权

本案中被告在其经营场所播放背景音乐，是属于机械表演，为在其商场中营造良好的经营氛围，是对音乐作品的表演权的使用，就像其使用水电一样，应该向著作权人支付报酬。多年来，在经营场所免费使用背景音乐已经是习以为常的事情，认为买CD或磁带时已经花了钱，当然可以随便播放，其实不然。如果在家庭、朋友等私人场所播放没有问题，如果公开播放背景音乐，尤其是在经营场所公开播放，是对著作权人公开表演权的使用，应该征得著作权人或集体管理组织的许可。

什么是公开表演权呢？我国现行著作权法第十条规定：表演权，即公开表演作品，及用各种手段公开播送作品的表演的权利。伯尔尼公约第11条规定：戏剧、戏剧—音乐及音乐作品的作者，享有专有权以授权；以任何方法和方式公演其作品；将其作品的演出向公众做任何传播。具体理解表演权应包含以下几层含义：首先，表演的概念限定在公开的基础上，所谓公开是指该演出不是在家庭、朋友等特定多数人的私人场合，而是在不特定的多数人可以出入的公开场所进行的演出，不管该演出是否盈利。第二，表演包括活表演和机械表演。表演者直接面对观众演唱、演奏音乐作品、戏剧—音乐作品等，称之为活表演或现场表演。用其他任何手段公开传播作品的表演称之为机械表演或间接表演，机械表演包括：通过播放录音、录像、电影等机械手段公开再现了作品的表演；在公众可以进入的地方（如酒吧、餐厅、宾馆），通过接收广播电台、电视台或有线传送（有线广播、闭路电视、VOD系统等）传播作品表演；其他任何方式再现并传播作品的表演，如通过互联网或其他有可能出现的新技术方式。

(二)集体管理和中国音乐著作权协会

本案起诉的原告是中国音乐著作权协会，是中国目前惟一的著作权集体管理组织。原告起诉不是以其所代表的著作权人代理人的身份，而是以自己的名义提起法律诉讼，我国著作权法对此有专门的规定。

我国著作权法第八条对集体管理组织的职能专门作了规定：著作权人和与著作权有关的权利人可以授权著作权集体管理组织行使著作权或者与著作权有关的权利。著作权集体管理组织被授权后，可以以自己的名义为著作权人和与著作权理有关的权利人主张权利，并可以作为当事人进行涉及著作权或者与著作权有关的权利人的诉讼、仲裁活动。

著作权人对其创作的作品享有很多权利，大多数的权利都可有权利人自己直接、方便的行使，如出版图书、拍摄电影、制作唱片等，但有些权利如表演权、广播权等很难由权利人直接行使，尤其是音乐作品，一旦公开发表以后，具有容易传播，容易获得，使用时极具零散、广泛、大量和即时的特点，权利人自己往往无法掌握作品的使用情况并对之进行监督和控制，尽管著作权法规定作者享有这些权利，但在实际生活中完全有效的行使这些权利是不可能的。另一方面，使用者使用众多的音乐作品要向每一位权利人寻求授权，也是不切实际的，有时是不可能的。这样就出现了两难命题，要么使用者停止对音乐作品的使用，要么就侵权使用。为了解决这样一个两难命题，惟一有效的方法就是实行著作权的集体管理。

著作权的集体管理是指众多的权利人通过有限的转让或信托的方式授权一个统一的机构共同行使他们的权利，该机构就是集体管理机构，它可以自己的名义向使用者收取使用费，发放使用许可证，向侵权使用者提出法律诉讼，扣除必要的管理支出后，根据作品的使用情况将其收取的使用费全部向其会员进行分配。集体管理有效的实现了权利人个人无法实现的权利，也给使用者合法使用作品带来了极大的方便，在权利人和使用者之间搭起了桥梁，成为著作权保护制度中非常重要的组成部分。

原告是十年前经国家主管部门批准成立的音乐著作权集体管理组织，现有国内会员3 000多名，与50个海外同类协会签订了相互代表协议，管理全世界1 400万首音乐作品。

(三)诉讼的证据问题

在本案中，原告如何举证被告所使用音乐作品的著作权属原告管理，如何证明被告在其经营场所中使用了原告所管理的音乐作品，是本案的关键问题,也是有许多值得探讨的地方。

按现在法律的一般规范,谁主张谁举证的原则,原告方要求被告方支付整年使用音乐作品的使用费,就需要证明其整年所使用的所有音乐作品都是原告管理,并要证明被告整年都实际使用了这些音乐作品,这在实际操作中,由于客观条件的限制,很难做得到,要求其承担如此沉重的举证责任也是不公平的。原告方提供了其与会员的合同、与海外同类协会的相互代表合同,充分说明其拥有的音乐作品的权利及广泛的代表性,又随机抽取取证20首音乐作品都属于原告管理,可以充分证实其管理权利的代表性。笔者认为,考虑到音乐著作权集体管理的特殊性和被告实际常年使用音乐作品的事实,被告方应承担证明其不侵权的举证责任,这样才能更好的保护著作权人的合法权益。国外的司法实践也有类似的判例,如爱尔兰的著作权法规定,背景音乐的使用者必须取得爱尔兰音乐著作权协会(IMRO)的许可,否则就要承担侵权责任。

本案中原告的上述举证,并按年度使用费提出诉讼赔偿要求,虽然没有经法院以判决书的形式认可,但在法院主持下的调解中,被告已认可原告的对作品的管理权利及代表性,在其经营场所播放背景音乐应该征得原告的许可并支付报酬。这样的结果对原、被告都是积极的。

(四)赔偿额计算

如何计算侵权赔偿额,及按什么标准向原告支付使用费是在庭审中争议最大的焦点问题之一。原告认为,其制定的收费标准是经国家版权局批准并同行业普遍接受的,应按此标准计算使用费。而被告认为不应该按此标准支付使用费,此标准虽经国家版权局批准,但在批准文件中明确指出,此标准只是谈判依据,不具有强制性。

集体管理组织制定收费标准应当遵循以下基本原则:使用者的经营活动对音乐作品的依赖程度;使用音乐作品的行业规模和盈利情况;发放许可证和收取使用费操作的繁简程度;市场环境和消费指数;国际惯例。由于集体管理组织的特殊性和垄断地位,一般其制定的收费标准都要经国家主管部门的批准,保持其操作的合理性。在实际发放许可过程中,要保持操作的公平性,对所有的使用者一视同仁。本案中,原告的收费标准是在参考国际社会主要亚洲各国收费标准的基础上,结合我国的具体情况制定的,只相当于亚洲国家的三分之一到五分之一。虽然国家版权局的批复中,说明此文件只是谈判依据,但在发放许可的实践中被众多商家普遍接受(原告也提交了足够的证据),符合中国的实际国情,已经形成相对稳定的行业标准。如果被告侵权使用音乐作品,比正常申请许可的收费标准还要低的话,对守法的使用者是非常不公平的,也不足以制止侵权,更好的维护音乐著作权人的合法权益。

虽然此案原、被告双方和解解决,但作为我国第一例播放背景音乐侵权案,其对社会的影响和我国集体管理事业的发展有着深远的影响。同时,此案的提起也为我国司法实践提出了新的亟待研究的课题。

(中国音乐著作权协会　马继超供稿)

地方知识产权案例

江 西 省

案例一 “一种微型起重机”实用新型专利侵权纠纷案

“一种微型起重机”实用新型专利侵权纠纷请求人:李咸坤,被请求人:童亮发、童亮才、陈鼎生。2002年10月23日,专利权人李咸坤向江西省知识产权局提出请求,称被请求人童亮发未经其许可于2002年6月份擅自使用其专利产品“一种微型起重机”,以生产经营为目的用于开采红石,侵犯了其专利权号为ZL01241963.X的实用新型专利的专利权。要求请求人立即停止侵权,并赔偿损失。

经审理查明,李咸坤是实用新型专利“一种微型起重机”的专利权人。该专利申请日为2001年8月10日,于2002年5月15日授权,专利号为ZL01241963.X。被请求人童亮发等三人使用的起重机其结构已落入请求人的专利保护范围。在此案中,被请求人不仅没有提供证据,并经江西省知识产权局两次依法传唤拒不到庭。

江西省知识产权局经过缺席审理,依法作出处理决定:被请求人童亮发、童亮才、陈鼎生所使用的微型起重机构造与请求人李咸坤的实用新型专利构造相近似。其未经专利权人许可,以生产经营为目的使用与请求人专利相似结构的微型起重机的行为已构成对请求人的专利侵权,应承担相应的法律责任。被请求人童亮发、童亮才、陈鼎生应立即停止侵权行为,并在十五日内销毁侵权工具。

案例二 “一种高硅石英粉的生产方法”发明专利侵权纠纷案

“一种高硅石英粉的生产方法”发明专利侵权纠纷请求人:江西省萍乡市金宇高新材料有限公司,被请求人:萍乡市明鑫新材料有限责任公司。2003年6月16日,请求人江西省萍乡市金宇高新材料有限公司向江西省知识产权局提出调处请求,称被请求人萍乡市明鑫新材料有限责任公司未经允许,擅自使用其已获独占许可的专利技术“一种高硅石英粉的生产方法”所保护的生产方法,生产高硅石英粉作为中间产品,继而进一步生产其“明鑫系列铸粉”予以销售,其行为已构成对请求人和专利权人合法权益的侵害,要求被请求人立即停止使用“一种高硅石英粉的生产方法”(专利号:00107107.6)生产高硅石英粉产品,没收库存,并向请求人赔偿损失。

被请求人萍乡市明鑫新材料有限责任公司辩称:采用倒焰窑对石英材料进行预处理,是一种成熟的现有技术。倒焰窑的反应温度“1 480～1 600℃”属于原理性发现,不能作为专利来保护,所以其生产方式不属于侵权行为。萍乡市明鑫新材料有限责任公司提出国家经贸委1999年1月22日颁布的《淘汰落后生产能力、工艺和产品的目录》(第一批)复印件;萍乡市湘东区人民政府2002年7月8日下发的《关于印发〈湘东区陶瓷行业治理工作方案〉的通知》(湘府字[2002]73号)复印件;萍乡市湘东区人民政府2002年9月28日下发的《关于关停湘东瓷厂等23家60m³以下倒焰窑陶瓷企业的通知》(湘府字[2002]103号)复印件等证据,意图在于说明倒焰窑是一种国家明令禁止的落后的生产工艺,是早已普遍使用的现有技术。

经江西省知识产权局审理查明,这几份证明均没有记载用倒焰窑生产高硅石英粉的生产方法,不能作为现有技术抗辩的证据。并认为:袁茂豪是“一种高硅石英粉的生产方法”发明专利(专利号:ZL00107107.6)的专利权人,该专利的申请日为2000年4月17日,授权公告日为2003年5月7日,其权利要求书的内容为:“1. 一种高硅石英粉的生产方法,其工艺流程包括石英原矿的精选—装窑—烧结—分选—球磨—筛分—成品,其特征是采用倒焰窑烧制而成。2. 根据权利要求1所述的生产方法,其特征在于其烧成温度为1 480～1 600℃,保温4～10小时。”2003年5月8日,袁茂豪与请求人签订《专利实施许可合同》,以独占许可的方式将专利技术转让给请求人实施。被请求人的总经理黄立原为请求人的董事之一,负责生产和销售,对该专利技术十分了解,后另组建公司,生产铸粉,其中间产品为采用倒焰窑烧制的高硅石英粉。对于请求人侵权指控,被请求人没有提供与涉案专利技术不同的生产方法证据,而其提供的现有技术证据,也没有记载用倒焰窑制备高硅石英粉的技术方案,不能以此作为抗辩证据,应认定其生产方法已落入上述专利技术的保护范围。在本案调处过程中,被请求人就此专利提出了无效宣告请求,以国家经贸委1999年1月22日颁布的《淘汰落后生产能力、工艺和产品的目录》(第一批)作为违背公共利益的证据,以1993年4月印刷的《陶瓷工艺学》(中国轻工业出版社出版)第12～21项,第174～181页,第284～287页作为丧失新颖性证据,专利复审委会对这两项证据均未采信,并于2004年3月19日作出决定,维持该专利权有效。

江西省知识产权局根据《中华人民共和国专利法》第56条、第57条、《专利行政执法办法》第33条的规定,认定被请求人侵权行为成立,应立即停止使用该专利方法制备高硅石英粉的行为。并不得销售、使用尚未售出的依照该专利方法生产的高硅石英粉,库存的该类产品予以没收。

案例三 “高楼自动供水器”实用新型专利侵权纠纷案

“高楼自动供水器”实用新型专利侵权纠纷请求人:胡官元,被请求人:南昌赣江水工业科技有限公司。2003年6月4日,专利权人胡官元向江西省知识产权局提出请求,称南昌赣江水工业科技有限公司生产销售的GQS211型“管网智能增压供水器”侵犯了其专利号为ZL9622733.7的实用新型设计。南昌赣江水工业科技有限公司则认为其公司生产的GQS211A、B型“管网智能增压供水器”是在公司开发的两项专利“ZL95209744.3”、“ZL97227165.1”的技术上进一步完善的产品,与胡官元的JDA型“高楼自动供水器”无论从外观和内在结构上完全不同。这类供水设备主要构件都是由市政给水管、进水管、蓄水管、水泵、闸阀、止回阀、电接点压力表、水位控制器、进排气阀及控制柜所组成,只是在设置的部位和控制方式或一些结构元件上有所不同。因此不能说明采用这些元件(部件)的供水设备,都是侵权。

经审理查明,胡官元是“全压封闭式高楼自动供水装置”实用新型专利的专利权人。该专利申请日为1996年5月22日,于1998年7月3日授权,专利号为96212733.7。权利要求书中描述:“其特征在于:蓄水罐顶部设有排气装置,进排气装置内设有浮子,其上部连接一根故障溢水管”。其实用新型专利说明书中“摘要”内容为:“一种全压封闭式高楼自动供水装置由蓄水罐、电机、水泵、进水管、出水管、自控动力配电箱等构成,其特点是蓄水罐顶部设有进排气装置，进排气装置内设有浮子，浮子的上下移动，可使蓄水罐密封成为低压容器，水泵抽吸罐内有压水，可充分利用市政管网水压这部分能量。本实用新型的供水装置轻便灵活、全自动操作、占地面积小、不需增建蓄水池、安装维护方便，可缓和高峰用水矛盾，不在高峰阶段抢水争电。”其“说明书”中就该专利目的描述为：“本实用新型的目的就是提供一种成本低，可充分利用市政管网中的水压节能，能自动给高楼水箱恒压供水，又能在水箱水满时自动停止供水的全压封闭式高楼自动供水装置”。可见，在胡官元“全压封闭式高楼自动供水装置”(ZL96212733.7)中，“进排气装置内设有浮子”为该专利的一个必要技术特征。被请求人南昌赣江水工业科技有限公司的产品 GQS211 型“管网智能增压供水器”进排气装置是靠水位控制器(装在罐体的下半部)、电瓷阀、进排气阀、电接点压力表(表装在罐体顶部)由控制柜自动控制。“取水直接取于市供水管网，当管网压力低于用户所需压力时，设备 PLC 电脑控制下会自动开机，根据用户用水流量大小，水泵自动调节转速，变频或工频工作，达到设定压力值，恒压供水。”“当调节罐水位降至下止点或管网停水时，控制柜接受信号，设备自动停机；当管网压力等于或高于设定压力值时，设备亦会自动停机，由市政管网直接供水。”在被请求人南昌赣江水工业科技有限公司的产品 GQS211 型“管网智能增压供水器”中，始终没有请求人胡官元“全压封闭式高楼自动供水装置”(ZL96212733.7)权利要求书中记载的“进排气装置内设有浮子”这一必要技术特征。

经江西省知识产权局研究后认为，被请求人南昌赣江水工业科技有限公司生产的 GQS211 型“管网智能增压供水器”与请求人专利不相近似，不构成对请求人的专利侵权。根据《中华人民共和国专利法》第 56 条、第 57 条及《专利行政执法办法》第 12 条、第 13 条规定，裁定请求人胡官元诉被请求人南昌赣江水工业科技有限公司专利侵权不成立，驳回请求人的请求。

案例四 “包装盒(草珊瑚含片)”外观设计专利侵权纠纷案

“包装盒(草珊瑚含片)”外观设计专利侵权纠纷请求人：江西江中制药厂，被请求人：南昌昌荣生物保健品厂。2003 年 6 月 23 日，江西江中制药厂向江西省知识产权局提出请求，称南昌昌荣生物保健品厂生产的外包装盒外观设计侵犯了其“包装盒(草珊瑚含片)”(专利号：ZL96323781.0)的外观设计。该专利申请日为 1996 年 11 月 28 日，于 1998 年 5 月 13 日授权。要求南昌昌荣生物保健品厂立即停止侵权，并赔偿损失。南昌昌荣生物保健品厂称其并不了解草珊瑚喉宝江中已申请专利，也未见包装盒上有专利号。生产之初，在外观设计上与江西江中制药厂的复方草珊瑚含片有些相似。此包装只生产了一些，后听说江中已申请专利，即换了新的包装，新包装的设计与江西江中制药厂的复方草珊瑚含片是绝然不同的，而江西江中制药厂所提供的草珊瑚喉宝包装盒只是南昌昌荣生物保健品厂最初生产的流通在市场上试销的产品，并未在市场上广泛销售，对江西江中制药厂并未造成巨大的经济损失，请求与江西江中制药厂协商解决。

经江西省知识产权局研究后认为，根据《中华人民共和国专利法》第 11 条、第 57 条及《专利行政执法办法》第 33 条、第 34 条规定，被请求人生产的草珊瑚喉宝其包装盒在图案设计及整体布局上均与请求人专利相近似，构成对请求人的专利侵权，应承担相应的法律责任。昌荣生物保健品厂应立即停止对请求人江中制药厂的专利侵权行为，并不得销售尚未售出的侵权包装盒产品或者以任何其他形式将其投放市场；收回所有在市场上尚未售出的使用侵权包装盒的产品；销毁包括库存包装盒在内的所有侵权包装盒。

云南省

原告云南亚太龙黄金实业公司与被告昆明世博园股份有限公司专利侵权、著作权侵权纠纷一案

案情

原告：云南亚太龙黄金实业公司(以下简称亚太龙公司)

被告：昆明世博园股份有限公司(以下简称世博园)

原告制作的黄金立体花卉工艺品金茶花，于 1998 年 2 月 7 日申请，1998 年 10 月 17 日被授予外观设计专利，专利号为：ZL98306815.1(以下称金茶花 1)。1999 年原告又制作了与其外观设计专利略有不同的另一株金茶花(以下称金茶花 2)。2000 年 3 月 2 日，原、被告签订《关于在世博园内展览“金茶花”的协议》，约定将金茶花 2 在世博园中国馆 0 号精品厅内展览之事宜。展览期间，原告依协议约定向游客收取过与金茶花 2 合影拍照的费用，并向被告交纳金茶花照相管理费。展览结束后，原告将金茶花 2 撤出，目前陈列于石林公园门口原告的金茶花展览厅内。从 2002 年 1 月起，世博园将本案被控的“金茶花”(以下称被控金茶花)陈列于世博园中国馆 0 号精品厅内至今。被告的金茶花系云南鑫通旅游服务有限公司(以

下称鑫通公司)赠送。原告认为被告侵权,因而提起诉讼,请求:一、判令被告立即停止侵犯原告专利权和著作权的行为;二、判令被告承担上述侵权行为造成的损失500万元,其中侵犯专利权造成的损失250万元,侵犯著作权造成的损失250万元;三、判令被告承担本案诉讼费。

审判

昆明市中级人民法院经一审审理认为:根据我国《专利法》第五十六条第二款的规定,外观设计专利权的保护范围以表示在图片或者照片中的该外观设计专利产品为准。经审查,被控金茶花与原告专利并不相同或相近似。具体比对如下:二者都由两部分构成:基座和植株。就植株而言,被控金茶花近似松树;专利图案近似茶花树。就基座而言,专利图案中以手的造型托植株;被控金茶花以地球造型托植株。以普通消费者的审美观察能力和一般注意力为标准,即便在时间和空间都适当分离的条件下来判断,也不会误认二者为同一产品。因此,被控金茶花并未落入原告专利权的保护范围。此外,就被告的行为而言,将从他人处获得的金茶花陈列展览,并不属于专利法第11条第2款规定的为生产经营目的制造、销售、进口外观设计专利产品。故该行为不在法律规定的侵权行为之列,不构成对原告外观设计专利权的侵害。

《中华人民共和国著作权法实施条例》第2条规定:著作权法所称的作品,是指文学、艺术和科学领域内,具有独创性并能以某种有形形式复制的智力创作成果。该《条例》第4条又对各种形式的作品的含义进行解释,其中第(七)项规定:美术作品,指绘画、书法、雕塑、建筑等以线条、色彩或者以其他方式构成的有审美意义的平面或者立体的造型艺术的作品。原告的金茶花2符合该条所称作品的含义,依法享有著作权,受著作权法保护。该作品完成于1999年,在被控金茶花之前产生。如果二者相同或者相似,后者将构成侵权。是否相同或者相似,应当以普通观众的审美观察能力和一般注意力为标准,在时间和空间都适当分离的条件下来判断。以这样的方法比对可以看出,二者都由植株和基座构成,就植株而言,金茶花2的枝叶茂密,树冠呈三角形,近似茶花树;而被控金茶花枝叶稀疏,树冠呈"丰"字形,虽然原告称其为"金茶花",实则近似松树。二者植株的造型并不相同或相似。就基座而言,二者都由球状物和球状物下面的"金字塔"形底座构成,"金字塔"形底座四周均有花边,二者在这一部分是相似的。但是,以普通观众的审美观察能力和一般注意力为标准,必然得出的结果是:这些观众的注意力一般只会集中在观察对象的主要部位上,二者的要部毫无疑问是其植株。由于二者的要部不相同或不近似,即便次要部位相同或者近似,从整体上看,并不会得出二者相同或相近似的印象。

对于原告的作品,在进行整体审查和要部审查的基础上,还应当按不同部位的功能加以区分。原告将自然界中原本存在的花、叶、树干等加以组合所表现出来的一个整体造型,即金茶花2植株的造型,虽源于自然,但在创作的取舍上有其自身特点,因此具有独创性而应受到著作权法的保护。而以经纬线装饰的球状物及球状物之下的"金字塔"形底座,其造型为自古生活中所常见,并不具有著作权法所要求的独创性,作为一部作品的审美艺术性也十分低微,因而不应受到著作权法的保护。如对此加以保护,禁止他人使用这样的造型,将与社会的公平理念严重背离,将与著作权法保护作品著作权的目的大相径庭。因此,被告的行为并未侵犯原告的著作权。

至于原告认为被告剽窃了其作品的创意以及作品中所要表达的思想,这是于法无据的。我国的著作权法所保护的作品,必须是能够以某种有形形式加以复制的外在智力创作成果,而不是作品的创意及其所要表达的思想。此外,还应当说明的是:原告的作品之所以引人注意,在很大程度上是由于其制作材料当中使用了黄金金箔这类具有相当价值的材料,但著作权法并不保护作品的材料,在审查被告的行为是否侵权时,本院对此予以了注意。

因被告的行为没有侵犯原告的专利权和著作权,故不应承担任何侵权责任。据此,依照《中华人民共和国民事诉讼法》第六十四条第(一)款之规定,判决:驳回原告云南亚太龙黄金实业公司的诉讼请求。

宣判后,原告亚太龙公司不服原审判决,提出上诉。云南省高级人民法院经二审审理后,作出了"驳回上诉,维持原判"的终审判决。

评析

本案审理涉及外观设计专利和著作权两方面的内容,专利方面的侵权判定在法律及实际审判工作中已有比较明确的认识,即以普通消费者的眼光在时间和空间相对分离的情况下进行整体比较,如相同或者相近似即落入该专利的保护范围,如再有专利法所规定的未经许可的生产销售行为就有可能构成了侵权,本案即是以此标准来进行比较认定而得出被告不侵权的结论。而在著作权方面,原告方的认识则有明显的不足,主要是两个方面的问题:一是著作权保护什么;二是如何来认定著作权领域中的侵权。

(一)著作权保护什么

根据著作权法第二条第一款的规定:中国公

民、法人或者其他组织的作品，不论是否发表，依照本法享有著作权。从此规定可以看出，享有著作权的是作品，著作权保护的是作品。具体就是第三条中所规定的八类作品。什么是作品呢？根据著作权法实施条例，是指文学、艺术和科学领域内具有独创性并能以某种有形形式复制的智力成果。作品是一种智力成果，是体现作者的思想感情的一种方式，其本身是无形的，可存在于人们的思维领域当中，但仅此不足以让人感知，不足以让人们认可，于是就要求可以以某种有形的形式体现出来，这种将作品体现出来的有形形式并不是作品本身，只是作品的一种载体。如我们所看到的书籍，本身并不是作品，其中所体现和反映的体现作者思想和感情并以文字形式让人所了解和感知的内容才是作品，实是无形的，可通过读者的阅读而被读者所了解和掌握，并存于读者的思维中。作品包含了很多方面的内容，包括作者的创作意图，所要表达的思想，创作的手法风格等，但并不是所有方面都能给予保护和适于保护，于是就有了思想和表达的分别，比较明确的认识是，著作权保护的是作品的表达，即其外在于载体上的表现形式，而不是其他。世界贸易组织在知识产权协议中说得也很明确：版权保护应延及表达，而不延及思想、工艺、操作方法或数学概念之类。思想、工艺等可以以其他的方式来进行保护。特别是作品的思想，不同的人会有不同的理解，去衡量一部作品的思想，实是超出了法官所具备的能力，是不现实的，而且也不符合著作权制度设立的目的，对思想的保护，会使一部作品的保护范围无限扩大和无法判断，只会妨碍其他人进行创作，妨碍更多作品的出现。并不是所有的作品和作品中所有的表达都受著作权的保护，其还应当满足一个条件，即具有“独创性”，独创性是一个很难衡量的标准，不同国家、不同人都会有不同的理解，简单说就是作品由作者独立创作完成，体现了作者的个性。当然，如只有一种表达方式，即“惟一表达”时，则不应认为具有独创性，如数学公式和科学发现等。在实际中只能由法官在具体的案件中根据具体情况衡量把握了。故综上所述，著作权保护的是具有独创性作品的表达。本案中原告对此问题的认识是错误的，主张对作品的创意及思想予以保护，不应得到支持。

（二）如何来认定著作权领域中的侵权

这实际上是一个很复杂的问题，因为著作权所保护的作品种类众多，各类作品有其各自不同的特点，在进行比较的时候自然也有各自的方法。总的来说，可借鉴在普通法系国家判例中首先出现，经过实践后得到了众多学者和国家肯定的一种方法，叫做“三步侵权认定法”，即第一步“抽象法”，把作品中属于惟一表达的内容排除；第二步“过滤法”，把作品中不属于原告著作权保护范围内的他人的成果排除；第三步“对比法”，在前两步的基础上，把原被告双方的作品进行对比，看是否相同或相似，从而得出结论。本案中，合议庭正是借鉴了此方法，在第二步过滤法中，对原告作品表达的独创性进行了认定。在肯定了原告作品在植株的造型上具有独创性，享有著作权，应当予以保护后，认为其塔形和球形相邻的底座的造型是前人早已有的成果，在生活中也随处可见，故原告对此并不具有独创性，应从原告著作权的保护范围中予以排除。而后对原告作品植株的造型和被控作品植株的造型进行比对，此时可借鉴在外观设计专利比对中的方法，即以一般人的眼光，在时间和空间相对分离的情况下整体比较被控作品与原告作品的表达是否相同或相似，即是否有抄袭。经比对，合议庭认为两者并不相同或相似，被控作品没有构成对原告作品的抄袭，因此合议庭认定被控的作品并不侵犯原告作品的著作权。因著作权并不保护一个作品的思想，就同一题材和主题进行多个创作并不侵犯他人权益，当然是在没有抄袭别人作品的前提下。

一审判决书：昆明市中级人民法院（2002）昆民六初字第32号判决书。

二审判决书：云南省高级人民法院（2003）云高民三终字第15号判决书。

四川省

案例一　采用等同特征和增加一个技术特征仍构成侵权

请求人：四川新源现代智能科技有限公司

被请求人：成都同达微电子厂

四川现代控制系统工程有限公司

案情

2000年8月4日，四川新源现代智能科技有限公司向国家知识产权局提出了发明名称为《无插片车载无源防拆电子识别卡》的实用新型专利申请。该专利申请于2001年3月29日获得专利权。其专利公告载明的独立权利要求是：一种无插片车载无源防拆电子识别卡，包括A、印刷电路(1)；B、及与其焊接的IC芯片(2)，其特征在于C、印刷电路的基板为玻璃片(3)；D、玻璃片(3)上有孔(4)；E、芯片(2)位于孔(4)内；F、玻璃片(3)敷有电路(1)的一面通过粘结层(6)与车窗玻璃固连。

2002年初，请求人发现成都同达微电子厂和四川现代系统工程有限公司未经许可，擅自制造“电子识别卡”专利产品，并销往深圳等地，其产品技术特征包括：印刷电路、与印刷电路焊接的IC

芯片、印刷电路的基片(或者称为基板)为陶瓷片、陶瓷片上有孔、芯片位于孔内,基板上有防碎的两个条形漏孔,使用时用玻璃胶粘结在汽车挡风玻璃背后。

当事人的诉辩主张

请求人认为成都同达微电子厂和四川现代控制系统工程有限公司未经许可,擅自制造、销售与专利产品相一致的产品的行为侵犯了自己的专利权,故请求省知识产权局责令两被请求人停止侵权行为。

成都同达微电子厂认为,其生产的电子识别卡是根据四川现代控制系统工程有限公司的委托进行生产的,其产品特征不一样,不存在侵权问题。

四川现代控制系统有限公司则认为自己委托成都同达微电子厂制造的电子识别卡与专利产品具有不同的技术特征,通过对玻璃片与陶瓷片的技术性能反复进行研究和比较,决定抛弃玻璃片而采用陶瓷片,同时将专利产品的圆形孔改为方形孔,在使用时与专利产品的粘贴面正好相反,因此也不存在专利侵权问题。

处理结果

四川省知识产权局经审理认为,专利权的保护范围应以其权利要求书内容为准,说明书及附图可以用于解释权利要求。将被请求人制造的被控产品与请求人的权利要求书中的独立权利的内容进行对比,被控产品的印刷电路、与印刷电路焊接的IC芯片、芯片位于孔内与专利技术特征 A、B、E相对应并且是相同的;被控产品的印刷电路的基片(或称基板)为陶瓷片,陶瓷片上有孔与专利的技术特征 C、D是对应的。区别仅在于被控产品以陶瓷片替代了专利中的玻璃片,这种替代在本案中应属等同替换,至于被控产品较之独立权利要求多出的一个技术特征:两个长条形漏孔,并不影响特征覆盖前提下的相同或等同与否的判断,故两被请求人制造的电子识别卡已经落入了请求人的专利保护范围。两被请求人未经专利权人许可,签订委托加工合同,制造出侵权产品,导致侵权行为的发生,已构成了共同侵权,均应承担相应的民事责任,省知识产权局作出了责令两被请求人立即停止制造侵犯专利权的电子识别卡,并且不得销售、使用尚未售出的侵权产品或者以任何其他形式将其投放市场。

两个被请求人对省知识产权局的处理决定不服,向人民法院提起行政诉讼,认为省知识产权局认定事实不清楚,证据不足,理由是自己制造的电子识别卡与专利相比较,虽然都有印刷电路和与之焊接的IC芯片,以及有一个能容纳芯片,但自己生产的产品基板是用陶瓷片,并通过增加防碎漏孔,防拆破损记忆线达到防止拆卸的目的。并且处理适用法律不当,程序违法,因为专利权利未提交实用新型检索报告,故请求法院判决撤销。一审法院经审理认为省知识产权局处理决定事实清楚,证据确凿,适用法律、法规和规章正确,程序合法,判决维持决定。两被请求人对判决不服又以同样的理由提起上诉,二审法院经过审理,判决驳回上诉。

本案涉及的法律问题

1. 等同特征的认定
2. 增加技术特征的认定
3. 共同侵权的认定

评析

专利侵权纠纷案件在判断是否构成侵权时,应用专利权人的专利要求书所载明的保护范围以及说明书及附图对权利要求的解释与被控产品(或方法)进行比较。专利法第56条规定:“发明或者实用新型专利权的保护范围以其权利要求的内容为准,说明书及附图可以用于解释权利要求”。确认侵权的原则是:被控侵权产品(或者方法)的技术特征包含了专利独立权利要求中记载的全部技术特征即完全覆盖了专利权保护范围,即构成侵权。但是,目前真正的一对一的专利侵权行为已经不多见,侵权人往往采用增加或减少一个或几个从属技术特征或采用等效替换的方法达到侵权目的。

本案从实物上来观察被控产品是无插片的,被请求人的产品技术要求为无源电子识别卡,使用时安排在汽车挡风玻璃上并且要防拆动,该产品的技术特征包括:1. 印刷电路;2. 与印刷电路焊接的IC芯版片;3. 印刷电路的基片(即基板)为陶瓷片;4. 陶瓷片上有孔;5. 芯片位于孔内;6. 基片上有防碎的两个长条形漏孔;7. 该电子识别卡在使用时用玻璃胶粘结在汽车挡风玻璃背面。与专利的独立权利要求相比较,被控产品的技术特征1、2、5分别与专利的技术特征 A、B、E相对应并且是相同的,被控产品的技术特征3、4与专利技术特征 C、D是对应的,区别仅在于被控产品以陶瓷片替代了专利中的玻璃片。由于本案中的基板都是用作印制电路层衬底,为了防止拆动,宜选择易碎材料,而玻璃片和陶瓷片是适于这种用途的两种最常用的材料。这是本领域的普通技术人员无需经过创造劳动就能联想到的。因此被控产品的技术特征3、4与专利技术特征 C、D是等同的技术特征,陶瓷片与玻璃片之间属于等同替换。关于专利的技术特征 F即“玻璃片敷有电路的一面通过粘结层与车窗玻璃固连”,第一,该技术特征并不是对形状、构造或者其结合的限定，而是对该识别卡的使用状态或使用条件的限定；第二，根据该技术特征的全面含义，专利的识别卡“与车窗玻璃固连”的方式存在识别卡位于车窗玻璃内侧和外侧两种情况。从安全性和使用，环境的角度看，识别卡位于车窗内侧应当是最为正常的理解；而被控产品是贴在车窗玻璃内侧，为防止拆动而采用玻璃胶来粘贴，但技术要求中对哪一面通过涂敷玻璃胶与车窗玻璃接触并没有特别限制，因此，如果被控产品的带有电路的一面通过玻璃胶粘贴在车窗玻璃上，这种使用状态与专利的技术特征F的使用状态是相同的；如果被控产品不带电路的一面通过玻璃胶粘贴在车窗玻璃上，由于这种使用状态对识别卡与外部控测信号之间的相互作用以及对识别卡的功能和效果没有影响，故这种使用状态与专利技术特征F是等同的，即被控产品的技术特征6是相同或等同的。被控产品较之专利的独立权利多出的技术特征7，并不影响特征覆盖前提下的相同或等同与否的判断。由于被控侵权产品与专利独立权利要求的区别仅在于被控产品以陶瓷片替代了专利中的玻璃片。这种替代是所属技术领域的普通技术人员经过研究专利权人的专利说明书、附图和权利要求书，不经过创造性劳动就能联想到的技术方案，其手段、功能、效果与权利要求里记载的技术特征或方案的手段、功能、效果是基本相同的，因此属于等同特征。也就是说被请求人采取用易碎的陶瓷片替代玻璃片这种基本相同的手段，实现了在拆卸或移动时就会损坏这种功能，实现了防止拆动的技术效果，故而构成专利侵权。

被请求人认为在请求人受保护的权利要求特征中增加长条形漏孔的技术特征，因而其产品与专利权利要求书的内容不同，故不构成侵权的认识是错误的。按照全面覆盖原则，被控侵权产品(技术)的技术特征等于或多于专利的全部必要技术特征时，即为全面覆盖，构成侵权。当其增加的技术特征具有实质性特点和进步时，则可申请新的专利，但此新专利为原专利的从属专利，其实施仍需原专利权人的许可，否则仍构成侵权。相反，如果被控侵权产品与权利要求书相比，该产品少了一个必要技术特征，则由于未实施该专利全部必要技术特征，没有落入权利要求的保护范围，就不构成侵权。

成都同达微电子厂认为自己是根据委托合同加工生产，不存在侵权问题的抗辩理由是不成立的。因为根据专利法第10条的规定，凡未经专利权人许可而实施其专利的，构成专利侵权，不论是其自己研发的，还是从其他别处获得的。本案中的委托方如果未得到专利权人许可，则与被请求人构成共同侵权行为，为共同侵权人，也应承担相应的民事责任。

至于专利检索报告，是因为实用新型专利申请未经过实质审查即授予专利权，与发明专利相比，法律稳定性较差。为了维护公众利益，防止实用新型专利权人过于轻率起诉，尤其是防止某些专利权人利用恶意申请获得的实用新型专利权影响和妨碍他人正常的生产经营活动而作出的规定，但这条规定是“可以要求专利权人”出具检索报告，“可以要求”是知识产权局根据实用新型专利专利的具体情况，结合执法人员的知识而作出判断，不会影响执法程序。

此案告诉我们，企业在研制开发和改进产品的过程中，应注意查寻专利情报，通过专利文献，研究分析同行业企业的专利情况，绕开专利保护范围，如果的确绕不开，又非要制造时，就应取得专利权人的许可，否则，就会发生专利侵权行为，给企业带来不可挽回的损失。

对于加工企业来说，在接受委托生产时，一定要向委托人了解清楚产品有无专利保护情况，对于侵权产品一定不能接受委托，否则也会给企业带来巨大的损失。（王道伟供稿）

案例二　侵权产品已停止生产、销售在诉讼时效内仍应承担侵权责任

请求人：管某　陈某

被请求人：成都某公司

案情

1997年2月26日，管某、陈某向国家知识产权局递交名为“开关量接线座”的专利申请，国家专利局于1998年7月10日授予其专利权，专利号为ZL97206616.0。管某、陈某于2002年1月发现被请求人成都某公司生产的产品“接线端子”涉嫌侵犯其专利权，即以上海某人的名义书面致函成都某公司，要求其停止生产、销售涉嫌侵权产品，成都某公司回函表示已停止销售工作，但专利权人发现被请求人仍然在生产“接线端子”产品，遂于2002年11月6日向上海市知识产权局提出专利侵权调处请求，上海市知识产权局经过审查后，将该请求移送至四川省知识产权局进行处理。

四川省知识产权局经口头审理以及调查取证后，查明以下事实：被请求人自2002年（即接到上海某厂书面函时）以生产销售一种“接线端子”。该产品的技术特征落入了请求人专利的保护范围；被请求人于2002年1月以后生产、销售的“接线端子”是在其原有产品的基础上进行了改进、改进后，其技术特征与请求人专利的技术特征已是不相同也等同，未落入专利保护范围。

处理结果

在四川省知识产权局的指导、建议下,双方当事人纠纷自行达成和解协议,由被请求人2002年1月以前生产产品"接线端子"的行为向请求人提供经济赔偿,其2002年1月以后生产"接电端子"的产品,请求人表示认可。请求人遂向四川省知识产权局撤回调处请求。

本案涉及法律问题

侵权人已停止侵权产品的生产、销售是否应当承担侵权责任请求时,若认定侵权行为成立一般是指立案时侵权行为仍然成立并呈持续状态,而本案被请求人应该说是存在一定的专利法律意识,当对方发函告知时,即关于对产品进行改进,从而跳出了请求人专利保护范围,专利法第62条规定的"侵犯专利权限诉讼时效为2年,自专利权人或利害关系人得知或者应当得知侵权行为之日起计算,民法通则第118条规定:公民、法人的著作权、专利权、商标专用权、发明权和其他科技成果系列剽窃、篡改、假冒等侵害时,有权要求停止、消除影响、赔偿损失。

本案能够证明请求人得知被请求人生产侵犯其专利权的产品的时间为2002年1月,也即上海某厂向被请求人发出告知函之日,而请求人在向上海知识产权局提起调处请求之日为2002年11月6日,四川省知识产权局于2003年1月13日立案,因此,其对被请求人追究侵权责任的法律行为在诉讼时效之内,所以,被请求人仍应对其过去的侵权行为承担法律责任。

案例三　绵阳市丰谷酒业与德阳市丰各酒业专利侵权纠纷案

请求人绵阳市丰谷酒业有限责任公司与被请求人德阳市丰各酒业有限公司专利侵权纠纷一案,于2003年7月由我局受理后,按规定组成调处组,于2003年8月8日进行了口头审理,请求人的委托代理人杨云光和那顺贵,被请求人的委托代理人陈向阳参加了审理,现该案已审理终结。

请求人称,公司于2002年8月23日申请了名称为酒瓶(二)的外观设计专利,国家知识产权局经审查于2003年4月23日授予专利权,专利号为ZL02356137.8。2002年9月该酒瓶用于丰谷头曲投入市场。2003年4月,公司发现在绵阳、德阳、广元、遂宁等地市场上有大量仿制该获得外观设计专利酒瓶的丰各头曲销售,经查侵权产品来自德阳市丰各酒业有限公司,侵权产品与专利产品仅有微小差异视觉效果看完全近似,被请求人未经专利权人许可,制造和销售专利产品,应承担侵权责任,故请求省知识产权局责令停止侵权行为,赔偿经济损失。

被请求人辩称:公司于2002年4月开始试产"丰各头曲",5月已有少部分"丰各头曲"试销,由于在2002年8月以前已使用了"丰各头曲"酒瓶,认为其专利权保护应予甄别对待;其二,公司2002年8月底以来,由于被旌阳区工商局检查责令整改,生产极不正常,产量有限;第三,公司使用被控酒瓶与专利酒瓶本身也有很大区别,其主要差异在:1.酒瓶的整体高度和瓶颈高度不一样;2.酒瓶背部标有"丰各酒业"四字和菱形图案;3.酒瓶直径小于专利;4.酒瓶底部纹路和底座纹路,视图也与专利不同,故请求驳回请求人的无理请求,维护其合法权益。

针对被请求人是否侵犯了ZL02356137.8专利权,请求人提供了以下证据:1.ZL02356137.8专利证书,专利年费收据,专利公报;2.购买指控侵权产品"丰各头曲"一件的发票一张,发票号为NO7032492;3.2003年1月19日生产的450ml"丰各头曲"一瓶;4.2002年8月4日生产500ml"丰各头曲"一瓶;5.德阳工商行政管理局旌阳分局封存通知书复印件(德阳工商旌封字(2002)第003号)。

对以上证据被请求人无异议,但被请求人认为自己在专利申请前已生产使用了该酒瓶,并提供了以下证据:1.四川绵竹齐福玻璃包装厂2003年8月5日出具的证明书;2.绵竹市齐福玻璃包装厂与被请求人2002年4月16日签订的《产品购销合同》;3.2002年5月21日和2003年1月20日绵竹齐福玻璃包装厂发货单各一张;4.2002年5月21日、2003年1月20日入库单各一张和2002年8月8日入库单两张;5.2002年8月8日德阳市黄许纸箱厂出具纸箱款收据一张;6.2002年8月18日、27日收据各一张。

对上述证据,请求人对真实性和关联性表示异议,认为证据1是证人证言,且证人与被请求人是合作关系,并无其他证据印证;证据2、3、4、6自被请求人自己,相当于自己的陈述,并属极易伪造的书证,证据5缺乏关联性,证据与陈述自相矛盾,无法印证。

经审理查明:请求人于2002年8月23日向国家知识产权局提交了发明名称为"酒瓶(二)"的外观设计专利申请,2003年4月23日被授予专利权,专利号为ZL02356137.8,该专利现处于有效保护期内,该外观设计专利分为三部分。1.瓶颈:瓶颈横截面为圆环,外部由两节圆台锥形和瓶口组成;2.瓶身:瓶身上部与瓶颈的结合部有一圆环台面,外直径与瓶身下部最小处基本一致,瓶身似坛,在瓶身正面中部有一长轴在水面方面的凹形椭圆,用于张贴商标;3.瓶座:瓶座底面为圆环形,底座圆周面均匀布有竖条延伸至瓶身约1/3处。

被请求人于2000年7月登记成立,地址在德阳市旌阳区双东镇龙凤工业区,法定代表人是张占光,企业经营范围为白酒和饮料生产销售,企业生产的“丰各头曲”酒曾采用过两种酒瓶,一种是500ml扁平形酒瓶,一种是450ml宝塔形酒瓶,500ml扁平形酒瓶到2002年8月4日还在生产销售,2002年8月16日德阳市旌阳区工商行政管理局依法对该公司进行现场检查时,在该公司仍未发现有450ml宝塔形的酒瓶和酒。2003年7月17日,本局在被请求人库房内登记封存了20 750只涉嫌侵权酒瓶。

以上事实,有1.专利证书;2.年费收据;3.专利公报;4.2003年1月19日生产450ml丰各酒头曲一瓶;5.2002年8月4日生产500ml丰各头曲一瓶;6.德阳市旌阳区工商行政管理局2003年11月7日出具的情况说明和2002年8月19日证据提取单一份、2003年2月27日证据提取单3份;7.调处笔录;8.现场照片、本局2003年7月17日登记封存书为证。

根据上述事实,调处组认为,请求人的专利为有效专利,依法应予保护。被请求人主张在专利申请日前已制造销售,由于提供证据无其他证据佐证,并且与自己的陈述相矛盾,德阳市旌阳区工商局在2002年8月16日依法对该公司进行现场检查时,也未发现有450ml的丰各头曲酒和酒瓶,因而被请求人提供的证据缺乏客观性和真实性,调处组不予采信。将被请求人生产的450ml宝塔形酒瓶的丰谷头曲与专利公告图片相比较:1.瓶颈部分横截面为圆环,外部由两节圆台锥形和瓶口组成;2.瓶身上部与瓶颈的结合部有一圆环台面,外直径与瓶身下部最小处基本一致,瓶身似坛,在瓶身正面中部有一长轴在水面方面的凹形椭圆,用于张贴商标,瓶身后面中部有一棱形凹面,在凹面上有“丰各酒业”四个凸字;3.瓶座底面为圆环形,底座圆周面均匀布有竖条延伸至瓶身约1/3处。通过对比,调处组认为:被请求人使用的450ml丰各头曲酒瓶与专利(酒瓶)是同类产品,设计是相近似的设计,虽然产品尺寸有差异,但形状的大小不影响外观设计相近似的判断,底座纹路和瓶身后面的棱形凹面和文字,不易引起消费者的注意,仍然容易与专利产品产生混淆。

综上所述,被请求人的450ml丰各头曲酒瓶与请求人的专利“酒瓶(二)”相近似,落入了请求人的专利保护范围,根据《中华人民共和国专利法》第11条第2款,第56条第2款,第57条第1款,《专利行政执法办法》第33条第1项之规定,作出处理决定如下:一、被请求人立即停止制造、销售侵犯ZL02356137.8专利权的450ml“丰各头曲”,并不得以其他任何方式将侵权产品投入市场;二、本案调处费2 050元由被请求人承担。(此费已由请求人预交,被请求人可直接支付请求人)。

当事人如不服本处理决定,可于收到处理决定之日起15日内向成都市中级人民法院提起行政诉讼。

调处员:王道伟　常继蓉　卢志红

二〇〇三年十二月十日

宁夏回族自治区

专利权人陆乃炽在宁委托人诉吴忠市印刷包装有限公司、李明生专利侵权案

案情

请求人陆乃炽诉称,其于1995年6月9日申请了“一种防近视书簿”发明专利,2000年1月5日获得授权,专利号ZL95111654.1。2001年6月10日通过签订专利技术许可合同许可,宁夏永宁中学印刷厂独家在宁夏回族自治区区域内印刷、销售各种规格的“防近视书簿”。2003年2月份被许可人宁夏永宁中学印刷厂发现被请求人李明生委托吴忠市印刷包装有限公司印刷、销售同样的“黄色作业本”,遂告知专利权人,专利权人认为被请求人的行为侵犯了其“一种防近视书簿”发明专利权,影响了其专利产品信誉和销售,通过特别授权代理委托被许可人宁夏永宁中学印刷厂请求宁夏知识产权局进行处理。要求:1.被请求人立即停止侵权行为;2.被请求人赔偿由其侵权行为给请求人造成的经济损失。

被请求人银川市李明生辩称:2003年春季开学前,内蒙古阿盟教体局勤工俭学办的同志来定做一批作业本,他从青铜峡造纸厂购来14件纸委托吴忠市印刷包装有限公司印刷了一批“黄色作业本”,自己不知道《专利法》的有关规定,请求在鉴定确认侵权的基础上积极配合知识产权局处理好该案。

被请求人吴忠市印刷包装有限公司辩称:2003年开学前,被请求人李明生来公司说:“受内蒙古阿盟教体局勤工俭学办委托,需要购进一批“黄色作业本”发放给学生,其已从青铜峡造纸厂购来14件“40克黄色书写纸”,希望吴忠市印刷包装有限公司负责印刷,因李明生是该公司的老客户,就口头约定了4万册作业本印刷合同,自己不知道《专利法》的有关规定,请求在鉴定确认侵权的基础上积极配合知识产权局处理好该案。

处理结果

经本局立案调查查明:请求人陆乃炽于1995年6月9日申请了“一种防近视书簿”发明专利,2000年1月5日获得授权,专利号ZL95111654.1。

该发明专利的权利要求为："一种练习本，其特征在于：其制作采用黄色纸张，该黄色纸张的反射光波频谱为波长550~610纳米的色光。我局曾委托江苏省质量技术监督纸张印刷产品质量检验站对青铜峡造纸厂生产的黄色纸张进行过检验，其反射波长为565~567纳米之间，被请求人用该厂生产的纸张印刷的"黄色作业本"落入了ZL95111654.1发明专利权利要求书所载明的技术保护范围。根据《中华人民共和国专利法》第56条第1款"发明或者实用新型专利权的保护范围以其权利要求的内容为准，说明书及附图可以用于解释权利要求。"及发明专利侵权判定有关之规定，专利纠纷处理组认为，李明生委托吴忠市印刷包装有限公司印刷、销售的"黄色作业本"构成对该发明专利的侵权。根据《中华人民共和国专利法》第57条之规定，本局作出如下处理决定：被请求人吴忠市印刷包装有限公司、李明生在自治区知识产权局的监督下：1. 立即停止印刷、销售侵权产品的行为；2. 在达成赔偿协议的情况下，请求人可以将该批货一次性发送订货单位。如不服本处理决定可在收到本处理决定之日起15日内向银川市中级人民法院提起诉讼。

处理决定下达后，根据《中华人民共和国专利法》第57条之规定，我局就请求人的赔偿要求，主持双方达成如下调解协议：被请求人在自治区知识产权局的监督下：1. 按照四万本的印量，核定被请求人向专利权人支付专利使用费人民币贰千元整（￥2 000）；2. 被请求人在2003年3月1日前，将支付的专利使用费人民币贰千元整交由自治区知识产权局转交专利权人；3. 被请求人将生产的侵权产品在2003年3月1日前一次性交付订户；4. 如再发生侵权现象，请求人保留要求赔偿的权利。

本协议经双方签字后生效。

处理决定下达后，被请求人将赔偿费交付专利权人，一次性将订货发往用户，本案处理终结。

（宁夏回族自治区知识产权局　马小明供稿）

新疆维吾尔自治区

案例一　维权人依法巧妙来取证，侵权者面对证据无言对

——"货车气压淋水装置"实用新型专利侵权纠纷案

请求人（被许可方）：王海林，住址：新疆昌吉市昌建花园小区2幢3单元401号房

发明人（许可方）：邵一刚，住址：四川省成都市东城根下街4栋10号房

被请求人（1）：高建红，住址：乌鲁木齐市燕尔窝路23号A-49号汽车维修站

被请求人（2）：罗枳才，住址：乌鲁木齐市燕尔窝路23号A-49号汽车维修店

被请求人（3）：张源，住址：乌鲁木齐火车北站最佳汽车附件制作安装中心

被请求人（3）：张源的委托代理人：刘志明，住址：乌鲁木齐火车北站最佳汽车附件制作中心

受理、调处单位：新疆维吾尔自治区知识产权局（简称：新疆知识产权局）

（一）案情梗概

王海林通过与"货车气压淋水装置"实用新型专利权人邵一刚签订专利许可合同后，获得在新疆维吾尔自治区范围内独占实施"货车气压淋水装置"实用新型专利权。

由于"货车气压淋水装置"实用性好，深受广大客户的欢迎，在新疆的许多汽车维修服务点为了经济利益，未经专利权人的许可便开展了生产、安装"货车气压淋水装置"的侵权活动。被许可方王海林在发现其权益被侵害时，依法开展了维权活动，他通过巧妙取证，获得证据，并通过专利行政执法机关依法来维护自己的合法权益。

2003年7月，新疆知识产权局受理了王海林的请求，并根据请求人的要求和专利法的规定决定立案调查，并分别向请求人和多名被请求人送达了《专利侵权纠纷请求受理通知书》、请求书副本、专利证书复印件和《答辩通知书》等材料。在经过广泛调查取证的基础上，分批进行了开庭处理，到2003年年底，已开庭3次，对被请求人高建红、罗枳才和张源进行了调处，从而有效地维护了专利权人的合法权益。

该案涉及的除被请求人高建红、罗枳才和张源以外，还有李浩、刘栋、刘涛3人，由于李浩、刘栋、刘涛3个被请求人当时逃匿，使调处工作推迟在2004年进行，到目前撰写该稿时，审理工作正在进行之中。

（二）案情经过

2003年8月27日，请求人王海林向新疆知识产权局递交了《专利侵权纠纷处理请求书》等材料，该请求书称：请求人与专利权人邵一刚于2003年4月14日在四川省知识产权局签订了《专利实施许可合同书》。该专利名称为"货车气压淋水装置"实用新型专利（专利号为：ZL96233645.9）。根据该合同第二条约定，专利权人邵一刚许可请求人王海林在新疆维吾尔自治区范围内独占许可该专利；合同第七条约定：合同双方签章后生效，合同有效期自签订之日起至2006年6月16日止。

2003年8月请求人王海林发现位于乌鲁木齐市南郊停车场内的乌鲁木齐市燕尔窝路23号A-49号、A-51号汽车维修店和位于乌鲁木齐火车北站的最佳汽车附件制作中心等汽车维修点开展经营安装货车气压淋水器业务，请求人王海林认

为其独占实施权受到侵害，为维护其自身权益，向乌鲁木齐市第二公证处提出对位于乌鲁木齐市燕尔窝路23号A-49号、A-51号店面正在经营安装货车气压淋水器的全过程进行证据保全公证申请。乌鲁木齐市第二公证处根据请求人王海林的申请和《中华人民共和国公证暂行条例》的规定，指派该公证处公证员王嵬和杨晓莉在驾驶新B-03307号车驾驶员刘玉明的带领下，于2003年8月27日下午(北京时间，下同)17时50分来到了乌鲁木齐市南郊停车场内乌鲁木齐市燕尔窝路23号A-49号、A-51号店面前，驾驶员刘玉明提出为新B-03307号车安装气压淋水器，该店工作人员同意并对该车进行了气压淋水器的安装，22时20分，该气压淋水器安装完毕，驾驶员刘玉明付款后，该店工作人员高建红出据了500元的收据。在安装的过程中公证人员进行了认真查看，并对安装完毕的气压淋水器及其车辆拍照了16幅照片。公证人员杨晓莉在现场制作了《工作记录》一份，共2页。事后，乌鲁木齐市第二公证处向请求人王海林出据了由公证员签字盖章的《公证书》([2003]新乌证内字第9612号)，并提交了公证的附件《工作记录》、《安装气压淋水器的收款收据》和现场拍摄的16张照片。

依据上述证据，请求人王海林以"货车气压淋水装置"实用新型专利的独占实施许可人的身份向新疆知识产权局分别对被请求人高建红、罗枳才和张源提出专利侵权纠纷处理请求：

第一，请求专利管理机关对此案进行立案调查；第二，责令侵权人高建红、罗枳才停止其侵权行为；第三，要求侵权人高建红赔偿请求人因侵权所造成的经济损失。

(三)立案受理

新疆知识产权局根据王海林的请求，分别于2003年7月7日、7月14日向第(1)(2)(3)被请求人送达了请求书副本、专利证复印件和答辩通知书，并组成合议组，2003年8月20日、21日分别开庭进行专利纠纷案件进行了调查和口头审理。请求人王海林和被请求人高建红、罗枳才和张源双方参加了口头审理，并进行了答辩。

请求人称：根据"货车气压淋水装置"实用新型专利权要求书，该专利权主要由减压阀、冷却水管、冷却水箱、控水阀以及三通、四通构成，利用汽车自身贮气筒中的气压推动冷却水，使水箱、刹车和轮台在需要降温时得到冷却。被请求人未经许可，生产、组装了大量与该专利产品相同的货车气压淋水装置，并安装在来往的车辆上，被请求人的这种行为严重损害了专利权人及请求人的合法权益。

请求人为了证明其主张，向合议组提交了专利证书复印件、实用新型专利权利要求书等专利文献、检索报告及乌鲁木齐市第二公证处出具的公证书([2003]新乌证内字第9612号)等证据。

第(1)(2)被请求人辩称：首先，他们认为邵一刚的该项专利不具有新颖性，因为早在这项专利被授予前即从1995年起，被请求人就已在陕西省渭南维修这种货车气压淋水装置；其次，他们在乌鲁木齐市南郊的维修店里主要从事的是汽车维修业务，安装的淋水装置是电磁阀淋水装置，与专利权人的有所不同；再次，他们认为邵一刚的这项专利不符合道路运输法规，不具有合法性。

经当庭质证，第(1)(2)被请求人和第(3)被请求人的委托代理人对请求人提交的证据无异议，并承认其制造、安装了与专利产品相同的货车气压淋水装置。

经合议组审理查明，请求人王海林实施的"货车气压淋水装置"实用新型专利(专利号：ZL96233645.9)由减压气阀、冷却水箱、喷淋刹车股阀、喷淋汽车水箱阀、喷淋轮胎阀、冷却水管、喷嘴及四通、三通构成，减压气阀安装在储气筒阀输出端，冷却水箱固定在汽车车箱下任意空闲位置，减压后的气体送入冷水箱，使其内的水加压送出，与四通、各控制阀和三通相连接，直接将冷却水送至汽车水箱、前、后刹车股和后轮胎喷淋降温，从而延长了货车各发热部分，特别是刹车股和轮胎的寿命。被请求人制造、安装的货车气压淋水装置由减压阀、冷却水管、冷却水箱、控水阀以及三通、四通构成，利用汽车自身贮气筒中的气压推动冷却水，使水箱、刹车和轮台在需要降温时得到冷却。这落入了请求人专利权的保护范围。

在充分听取请求和被请双方答辩和请求人提交的相关证件辨认的基础上，合议组认为：请求人所提交的专利证书复印件、实用新型专利权利要求书等专利文献、检索报告及乌鲁木齐市第二公证处出具的公证书([2003]新乌证内字第9612号)等证据真实有效，予以认定。被请求人辩称的几点理由不能成立，其理由是：首先，他没有出具证据来证明他早在"货车气压淋水装置"专利被授权前的1995年起就已在陕西省的渭南维修过货车气压淋水装置，加之请求人又有对该项专利新颖性检索报告，因此，被请人提出的"货车气压淋水装置"专利不具有新颖性的观点是站不住脚的；其次，被求人认为"邵一刚的'货车气压淋水装置'专利不符合道路运输法规，不具有合法性"的意见也是不能成立的。专利管理机关在专利权被依法宣告无效之前，应实施专利权保护以专利合法、有效为原则。

(四)案件调处

2003年11月10日，新疆知识产权局合议组，根据上述事实和《中华人民共和国专利法》第11条第1款的规定，认定被请求人制造、安装了与专利产品相同的货车气压淋水装置的行为构成侵权行为，下发了《新疆维吾尔自治区知识产权局专利纠纷处理决定书》(新知法字[2003]11号)、《新疆维吾尔自治区知识产权局专利纠纷处理决定书》(新知法字[2003]12号),作出如下处理决定:

1. 三个被请求人立即停止生产、安装与请求人专利产品相同的货车气压淋水装置。

2. 三个被请求人承担本案的立案费和办案费500元整。

3. 根据《中华人民共和国专利法》第五十七条的规定和请求人和第(3)被请求人代理人双方达成的和解协议,作出了《新疆维吾尔自治区知识产权局专利纠纷调解书》(新知法字[2003]13号),该调解书决定:第一,第(3)被请人承认生产、安装与请求人专利产品相同的货车气压淋水装置;第二,第(3)被请求人仍可以继续安装货车气压淋水装置至2003年12月31日止;此后第(3)被请求人是否可以继续使用该专利等问题,双方当事人再另行商定。

上述处理决定(调解协议)自2003年11月10日生效。当事人如果不服的,可以自收到本处理决定书之日起十五日内向乌鲁木齐市中级人民法院起诉。

(五)案例启示

启示之一:“货车气压淋水装置”专利权侵权纠纷案件,是一个典型的多家侵权案例。如请求人王海林一次起诉了6个被请求人。

启示之二:请求人王海林的维权行为说明,随着专利法律知识的宣传和普及,人们的专利保护意识已有明显增强,他们不但懂得依法保护自身的合法权益,而且还能巧妙的取证,已真正达到保护自身权益的目的。例如,请求人王海林在发现自己的权益被侵犯以后,没有急于直接和被请求人接触,而是通过研究对策,通过具有合法取证地位的乌鲁木齐市第二公证处带领驾驶员去取证,在获得了侵权的实物、照片后,再向专利管理机关起诉,这样以来,一方面使自己处于主动地位,另一方面确保了证据的说服力。

启示之三:根据不同的情况,对被请求人进行了不同的处理结果。作为专利行政执法机关,主要的职能是对专利侵权案件进行调解。只要是当事人双方有调解意愿的,专利管理机关就可以依法进行调解并达成调解协议。反之,当事人双方,通过调解而不能达成协议的,专利管理机关也不能强求,应依法作出处理决定。

案例二 专利管理部门密切配合,依法调处跨省专利纠纷案

——跨省区外观设计专利纠纷案

(一)案件梗概

2003年11月,宁夏知识产权局受理请求人——“香山有限公司”起诉被请求人——“白洋河公司”、“独山子商行”和“金源有限公司”侵犯请求人“瓶子”(专利号:ZL01308246.9)、“酒瓶”(专利号: ZL0234070.34)、“包装盒” (专利号:ZL02328507.9)外观设计专利纠纷案。在受理的过程中发现,3个被请求人均属新疆维吾尔自治区管辖的单位,因此,按照专利法的有关规定,将相关材料移送新疆知识产权局。

新疆知识产权局在调处过程中,发现被请求人之一的宁夏银川纳赛龙酒业有限公司在2003年7月29日(即请求人提出请求之前)就已经向国家知识产权局专利复审委员会提出过“酒瓶”(专利号:02340703.4)专利权无效的请求。另一个被请求人——“白洋河酒业公司”也在接到知识产权局的送达通知书后,向国家知识产权局专利复审委员会提出了专利“瓶子”(专利号:01308246.9)无效宣告的请求。而且,在国家知识产权局专利复审委员会作出维持01308246.9外观设计专利权有效的决定后,该公司仍不服。请求人在此情况下提出撤回请求。当事人双方进行了和解。值此,新疆知识产权局对该案件作出中止的处理意见,并将此意见书面告诉宁夏知识产权局。

(二)案情经过

宁夏知识产权局收到专利权人及请求人——“香山有限公司”提出的专利侵权纠纷处理请求,经审查认为该纠纷不属于宁夏知识产权局的管辖范围。因此,根据《中华人民共和国专利法》第5条第1款第4项的规定,按照《省间专利行政执法协作协议》,于2003年11月21日,向新疆知识产权局移送了《省际间专利侵权纠纷材料移送单》(宁知局移字[2003]第16、17、18、19、20)及请求人所提供的证据材料。

宁夏知识产权局的(宁知局移字[2003]第16、17、18、19、20号)材料指出:“香山有限公司”是自治区重点扶持的优势骨干企业和农业产业化龙头企业。2000年,“香山有限公司”依托该地区独特的枸杞资源优势,与科研院所合作开发了具有鲜明地方民族特色的“宁夏红”系列枸杞酒,并对产品名称及外观赋予了独特的创意设计,加强了知识产权的自我保护,及时向国家知识产权局申请了产品整套包装外观设计专利,并依法取得专利权。

宁夏知识产权局的(宁知局移字[2003]第16号)材料指出:“白洋河公司”销售的“宁夏枸杞酒”,其名称、包装、装潢均冒充请求人的“枸杞红酒”,且经本局认定所使用的酒瓶与请求人授权的专利“瓶子”(专利号ZL01308246.9)相近似,构成外观设计专利侵权。

宁夏知识产权局的(宁知局移字[2003]第17号)材料指出:“白洋河公司”销售的“宁夏枸杞

酒”,其名称、包装、装潢均冒充本公司的“枸杞红酒”,且经本局认定所使用的酒瓶与请求人授权的专利“酒瓶”(专利号 ZL02340703.4)相近似,构成外观设计专利侵权。

宁夏知识产权局的(宁知局移字[2003]第 18 号)材料指出:独山子益分利商行销售的“宁夏枸杞红酒”,其名称、包装、装潢均冒充请求人的“宁夏红”枸杞酒,且经本局认定所使用的酒瓶与请求人授权的专利“瓶子”(专利号 ZL01308246.9)相近似,构成外观设计专利侵权。

宁夏知识产权局的(宁知局移字[2003]第 19 号)材料指出:“独山子商行”销售的“宁夏枸杞酒”,其名称、包装、装潢均冒充请求人的“枸杞红酒”,且经本局认定所使用的酒瓶与请求人授权的专利“酒瓶”(专利号 ZL02340703.4)相近似,构成外观设计专利侵权。

宁夏知识产权局的(宁知局移字[2003]第 20 号)材料指出:“金源有限公司”销售的“金葡庄园枸杞红”酒,包装装潢均与请求人“宁夏红”枸杞酒相近似,且其瓶子与请求人已授权的专利“瓶子”(专利号 ZL01308246.9)相近似,其行为严重侵犯了请求人的专利权。

宁夏知识产权局的(宁知局移字[2003]第 16、17、18、19、20 号)材料分别提出上述被请人侵权理由后指出:“白洋河有限公司”、“独山子商行”未经请求人和“金源有限公司”许可,擅自销售请求人的专利产品,其行为严重侵犯了请求人的专利权。请求人提出,被请求人立即停止侵权行为,公开赔礼道歉;销毁侵权产品“宁夏·枸杞红酒”;被请求人赔偿请求人经济损失。宁夏局还提出,请求贵局依法查处被请人的专利侵权行为,保护企业自主知识产权,培育和提高宁夏产品在国内的竞争力。

根据宁夏知识产权局移送的材料,新疆知识产权局于 2003 年 12 月 2 日收到宁夏局移送的材料后,向移送单位发了《省际间专利侵权纠纷材料移送回执》5 份。并于同年 12 月 5 日进行了立案并逐个向被请求人送达了请求书副本、专利证复印件和答辩通知书。同年 12 月 24、26 日,3 个被请求人分别向新疆知识产权局递交了书面答辩书,对被请求一事进行了答辩。

“白洋河有限公司”在答辩书中说:该公司是宁夏银川纳赛龙酒业有限公司在新疆指定的经销商。本公司的委托方的产品“宁夏枸杞红酒”手续齐全,有外观设计证书:外观设计名称为“包装盒”(宁夏枸杞红,专利号:ZL02345466.0);权利人:宁夏银川纳赛龙酒业有限公司;授权日期:2003 年 6 月 1 日。外观设计名称:瓶贴(宁夏枸杞红,专利号:ZL02345475.X);专利权人:宁夏银川纳赛龙酒业有限公司。同时,该公司以下岗职工为主组成的企业,合法纳税,手续齐全,自觉遵守国家的法律法规。请贵局保护好该公司的自主知识产权,更好地保护该公司的合法权益,培育和提高宁夏枸杞红产品在国内市场的竞争力。如果“香山有限公司”有异议,请与他们公司交涉。

“独山子商行”在答辩书中谈到:该商行是宁夏银川纳赛龙酒业有限公司在新疆独山子指定的代理商。“香山有限公司”诉该商行有侵权行为,该公司对此提出抗议。宁夏银川纳赛龙酒业有限公司的宁夏枸杞红酒手续齐全,并有外观专利证书(附上,其专利名称和专利号与“白洋河有限公司”提供的相同)。该商行要求新疆知识产权局保护该商行的合法办权益。如果请求人提出异议,他们愿与其交涉。

“金源有限公司”答辩中针对请求人提出:被请求人侵犯其专利“瓶子”(专利号:ZL01308246.9)和“包装盒”(宁夏红,专利号:ZL02328507.9)之专利侵权纠纷,作如下答辩:请求人提的两项专利“瓶子”(专利号:ZL01308246.9)和“包装盒”(宁夏红,专利号:ZL02328507.9)已经在专利申请日之前上市销售了,外观设计“瓶子”(专利号:ZL01308246.9)是一个很老的瓶形,很早就公开使用了,因此,根据专利法第 23 条的规定,该外观设计专利瓶子和包装盒在专利已在申请日之前使用而不符合授予专利权的条件。该公司依据专利法第 45 条的规定,于 2003 年 12 月 26 日由代理人向国家知识产权局专利复审委员会提出“瓶子”(专利号:ZL01308246.9)和“包装盒”(宁夏红,专利号:ZL02328507.9)两项专利权无效宣告请求。同时,被请求人建议新疆知识产权局,在国家知识产权局作出“瓶子”(专利号:ZL01308246.9)和“包装盒”(宁夏红,专利号:ZL02328507.9)专利权无效宣告决定之前中止两项专利权纠纷。

国家知识产权局专利复审委员会受理了无效宣告请求人——宁夏亨泰枸杞保健品有限公司、宁夏银川纳赛龙酒业有限公司对无效宣告被请求人——“香山有限公司”的专利“瓶子”(专利号:01308246.9)的请求。经专利复审委员会复审,于 2003 年 9 月 1 日作出了无效宣告请求审查决定(第 5393 号)。该决定指出,根据《中华人民共和国专利法》第 46 条第 1 款的规定,专利复审委员会对无效宣告请求人所提出的专利权无效请求进行了审查后决定:维持 01308246.9 外观设计专利权有效。决定的理由是:无效请求人提出的证据均不能适用专利法第 23 条的规定,所有证明既不能独立证明,也未形成完整有效的证据链证明在本专利申请日以前已有与其相同或相近似的外观设计公开使用过,即请求人提交的证据不能支持其主张,其无效宣告请求的理由不能成立。专利权无效宣告请求人对专利复审委员会的决定不复,决定向法院提起诉讼。

在这之前,2003 年 7 月 29 日宁夏银川纳赛龙酒业有限公司就已经向国家知识产权局专利复审委员会提出过“酒瓶”(专利号:02340703.4)专利权无效的请求。

在新疆知识产权局受理该案以后的 2003 年 12 月 26 日,“金源有限公司”分别向国家知识产权局专利复审委员会提出了“香山有限公司”专利“包装盒”(专利号:02328507.9)和“瓶子”(专利号:01308246.9)专利权无效请求。

(三)案件调处

鉴于上述情况,新疆知识产权局在等待有关复审结果和进行调处的过程中,“香山有限公司”于 2004 年 2 月 9 日向新疆知识产权局提出了《撤案申请》。该申请谈到:我公司于 2003 年 11 月 3 日请求贵局处理的“金源有限公司”、“独山子商行”和“白洋河公司”涉嫌侵犯我公司 ZL01308246.9 外观设计专利权案,因被请求人“金源有限公司”已向国家知识产权局专利复审委员会对该项专利权提出无效宣告请求,并向贵局提出中止审理请求。因此,我公司决定撤回以上专利侵权纠纷的处理请求。

根据上述情况,新疆知识产权局对此案作出如下处理决定:根据请求人撤回处理请求,特对本案作出中止处理。2004 年 2 月 18 日,将上述处理决定通过《省际间专利侵权纠纷结案通知书》反馈给宁夏知识产权局。

(四)案件启示

对跨省、区专利纠纷案的处理,省、区之间的知识产权机关应依法开展案件材料的移送和信息的反馈,尤其是要积极配合,以保证案件的及时、顺利的移送和处理。(撰稿单位:新疆维吾尔自治区知识产权局　撰稿人:史治勋)

各省市知识产权局通讯录

单　位	邮编	通讯地址
北京市知识产权局	100009	北京市西城区德胜门东大街8号东联大厦2层
天津市知识产权局	300192	天津市南开区科研西路2号金辉大厦五楼
河北省知识产权局	050021	石家庄市体育南大街290号
山西省知识产权局	030001	太原市迎泽大街366号
内蒙古知识产权局	010010	呼和浩特市新城西街141号科技大厦701房间
辽宁省知识产权局	110013	沈阳市河区惠工街247号
吉林省知识产权局	130051	长春市文化胡同2号
黑龙江省知识产权局	150001	哈尔滨市中山路204号
上海市知识产权局	200041	上海市静安区成都北路333号(市招商局广场南楼九楼)
江苏省知识产权局	210008	南京市中山北路49号江苏机械大厦20层
浙江省知识产权局	310006	杭州市环城西路33号
安徽省专利管理局	230001	合肥市马鞍山路44号(省科技厅综合楼3楼)
福建省知识产权局	350009	福州市五一南路22号
江西省专利管理局	330046	南昌市省府大院南1路007号
山东省知识产权局	250014	济南市千佛山东二路19号
河南省知识产权局	450003	郑州市政三街四号2号楼4层
湖北省知识产权局	430072	武汉市武昌广八路8号
湖南省知识产权局	410006	长沙市潇湘路1号
广东省知识产权局	510070	广州市先烈中路100号
广西知识产权局	530012	南宁市新民路55号
海南省知识产权局	570203	海口市海府路89号
重庆市知识产权局	401147	重庆市渝北区龙溪镇华莹路380号
四川省知识产权局	610041	成都市一环路南四段二号
云南省知识产权局	650051	昆明市北京路542号省科技大楼
贵州省知识产权局	550001	贵阳市延安东路外文书店六楼
西藏知识产权局	850001	拉萨市北京中路93号区科技厅知识权局
陕西省知识产权局	710006	西安市新城省府大院北门内
甘肃省知识产权局	730030	兰州市庆阳路128号
青海省知识产权局	810008	青海省西宁市冷湖路4-1号
宁夏知识产权局	750001	宁夏回族自治区银川市公园街8号
新疆知识产权局	830011	乌鲁木齐市北京南路40号
新疆兵团专利管理处	830002	乌鲁木齐市光明路15号

各省市版权局通讯录

单　位	邮　编	通讯地址	联系电话	传　真
北京市版权局	100013	北京市和平区11区甲24号	010－84253628	84251190
天津市版权局	300211	天津市尖山路82号	022－28335745	28308463
河北省版权局	050061	石家庄市友谊北大街370号	0311－8641078	8641104
山西省版权局	030001	太原市新建南路15号	0351－4922117	492219
内蒙古版权局	010050	呼和浩特市老缸房街15号	0471－4913871	4913873
辽宁省版权局	110001	沈阳市北一马路108号	024－23262508	23255549
吉林省版权局	130021	长春市人民大街124号	0431－5644760	5642914
黑龙江版权局	150010	哈市道里区森林街68号	0451－84616590	84614852
上海市版权局	200020	上海市绍兴路5号	021－64670303	64332452
江苏省版权局	210009	南京市高云岭56号	025－3359836	3359836
浙江省版权局	310006	杭州市庆春路225号	0571－87163132	87163132
安徽省版权局	230063	合肥市迴龙桥路1号	0551－2846150	2822677
福建省版权局	350001	福州市东水路76号	0591－7535956	7532711
江西省版权局	330002	南昌市新魏路17号	0791－6895176	8511398
山东省版权局	250002	济南市省府前街1号	0531－6061779	6061795
河南省版权局	450002	郑州市农业路73号	0371－5730413	5711231 5730093
湖北省版权局	430077	武汉市黄鹂路75号	027－86782369	86783629
湖南省版权局	410005	长沙市展览馆路66号	0731－4302557	4307063
广东省版权局	510030	广州环市东水荫路11号	020－37605411	37605967
广西省版权局	530022	南宁市金湖路53号	0771－5516027	5516005
海南省版权局	570203	海南省海口市海府大道59号	0898－65337894	65337894
四川省版权局	610015	成都市桂花巷20号	028－87026938	87028968
贵州省版权局	550001	贵阳市中华北路289号	0851－6828615	6828614
云南省版权局	650031	昆明市东风西路16号	0871－4110370	4196648
重庆市版权局	400043	重庆市渝中区李子坝正街102号	023－67708385	67708863
西藏版权局	850000	拉萨市夺底路	0891－6827279	6833531
陕西省版权局	710003	西安市北大街131号	029－7205508	7205004
甘肃省版权局	730000	兰州市东岗西路174号	0931－8455793	8456677
宁夏版权局	750001	银川市解放西街47号	0951－5014264	5046836
青海省版权局	810001	西宁市同仁路10号	0971－6143650	6141890
新疆版权局	830001	乌鲁木齐市解放南路346号	0991－2815713	2815715

农业植物新品种保护代理机构与测试机构通讯录

一、农业植物品种权申请代理机构通讯录

名　称	通讯地址	邮政编码	联系人	电话
北京中农恒达植物品种权代理事务所有限公司	北京市麦子店街 18 号楼 809 室	100026	唐杰伟	64194640
北京众合诚成知识产权代理有限公司	北京市西城区车公庄大街甲 4 号物华大厦 A 座 1707 室	100044	翟卫华 李光松	68003961 68003962 68003963

二、农业植物新品种测试机构通讯录

名　称	通讯地址	邮政编码	联系人	电　话	传　真
植物新品种测试中心	北京市麦子店街 41 号楼 302 室农业部科技发展中心植物新品种测试处	100026	吕　波	010－64195213	64195213
植物新品种测试(杨凌)分中心	陕西杨凌农业高新 4 区渭惠路 3 号西北农林科技大学	712100	赵锁牢	029－87082409	87082431
植物新品种测试(济南)分中心	山东济南市桑园路 28 号山东省农业科学院作物研究所	250100	姚凤霞	0531－3179088	89611148
植物新品种测试(乌鲁木齐)分中心	新疆维吾尔自治区乌鲁木齐南昌路 38 号新疆维吾尔自治区农业科学院品资所	830091	陆峻君	0991－4502146	4559569
植物新品种测试(昆明)分中心	昆明市北效龙头街云南省农业科学院品资所	650000	王建军	0871－5894732	5892196
植物新品种测试(北京)分中心	北京市中关村南路 12 号中国农业科学院蔬菜花卉研究所	100081	杜永臣	010－68919515	62174123
植物新品种测试(公主岭)分中心	吉林省公主岭市西兴华街吉林省农业科学院生物技术研究中心	136100	王凤华	0434－6283096	6240762
植物新品种测试(南京)分中心	江苏省南京市孝陵卫钟灵街 50 号江苏省农业科学院	210014	陈　敏	025－4391260	4391966
植物新品种测试(西宁)分中心	青海省西宁市宁清路 83 号青海省农业科学院作物所	810016	熊国富	0971－5311179	5311179
植物新品种测试(儋州)分中心	海南省儋州市宝岛新村中国热带农业科学院农牧所	571737	漆智平	0898－23300597	23300650
植物新品种测试(广州)分中心	广东省广州市五山华南农业大学	510642	任永浩	020－85280203	85281377
植物新品种测试(哈尔滨)分中心	黑龙江哈尔滨市学府路 368 号黑龙江省农业科学院作物所	150086	孙连发	13796083189	
植物新品种测试(成都)分中心	四川省成都市外东狮子山四川省农业科学院作物研究所	610066	余　毅	028－84504249	84790147
植物新品种测试(杭州)分中心	浙江省杭州市体育场路 356 号中国水稻研究所	310006	魏兴华	0571－63370366	63370366
植物新品种测试(上海)分中心	上海市北瞿路 2901 号上海市农业科学院	201106	陈海荣	021－52230526－2207	62204010

林业植物新品种权代理机构

第一批林业植物新品种权代理机构

序号	单位	邮编	通迅地址
1	北京中林绿秀植物新品种权代理事务所	100091	北京颐和园后
2	南京南方植物新品种权事务所	210007	南京市龙蟠路
3	山东植物新品种权事务所	250014	济南市文化东路42号
4	北京北林方圆植物新品种权事务所	100083	北京市北京林业大学
5	北京众合诚成知识产权代理有限公司	100088	北京市海淀区新外大街5号

第二批林业植物新品种权代理机构

序号	单位	邮编	通迅地址
1	福建绿闽植物新品种权代理事务所	350012	福州市晋安区新店镇上赤桥35号
2	上海林业植物新品种权代理事务所	200072	上海市沪太路975号
3	黑龙江北方植物新品种权代理服务中心	150040	黑龙江省哈尔滨市哈平路134号
4	海南林业植物新品种权代理中心	571100	海口市琼山区府城凤翔路省林科所大院
5	广东林业植物新品种权事务所	510173	广州市中山七路343号
6	湖南省林业植物新品种保护代理处	410004	长沙市天心区韶山南路120号
7	甘肃省林业植物新品种权代理事务所	730020	兰州市城关区段家滩440号
8	浙江植物新品种权事务所	310020	杭州市凯旋路226号
9	北京海虹嘉诚知识产权代理有限公司	100083	北京市海淀区北四环中路281号海淀科技320室
10	云南植物新品种权事务所	650215	昆明东郊黑土下凹云南省林木种苗站
11	东林植物新品种权代理事务所	150040	哈尔滨市动力区和兴路26号
12	富阳亚热带植物新品种权事务所	311400	浙江省富阳市富阳镇大桥路73号
13	安徽省林业植物新品种权代理中心	230001	合肥市无为路35号省林业厅大楼4楼
14	山西省林业植物新品种保护事务所	030012	太原市新建南路185号
15	湖北省楚林植物新品种权事务所	430079	武汉市洪山区雄楚大街339号
16	安徽省林科新品种权代理公司	230031	合肥市长江西路820号

知识产权出版物

图 书

序号	书 名	著(译)编者	出版时间	定(估)价	出 版 社
1	一个知识产权法官的判案札记:东涛说法	李东涛著	2003.02	20.00	知识产权出版社
2	WTO知识产权协定常识问答	黄晖等编著	2003.04	10.00	知识产权出版社
3	中国知识产权法律法规选编:汉英对照	国家知识产权局编	2003.04	35.00	知识产权出版社
4	知识产权在中国	中国知识产权研究会编	2003.04	70.00	知识产权出版社
5	知识产权法学案例教程	费安玲编	2003.09	36.00	知识产权出版社
6	中国知识产权年鉴 .2003	田力普主编	2003.10	160.00	知识产权出版社
7	电子商务知识产权法律制度研究	鲍永正著	2003.10	20.00	知识产权出版社
8	技术创新中的知识产权保护评价:实证分析与理论研讨	张平主编	2003.10	28.00	知识产权出版社
9	知识产权强国之路——国际知识产权战略研究	徐明华,包海波著	2003.09	26.00	知识产权出版社
10	知识产权经典判例	北京高级人民法院编	2003.07	110.00	知识产权出版社
11	知识产权诉讼研究	北京市高级人民法院编	2003.07	60.00	知识产权出版社
12	知识产权审判规范	北京市高级人民法院编	2003.07	50.00	知识产权出版社
13	知识产权法教程	费安玲主编	2003.06	34.00	知识产权出版社
14	释放知识经济的能量	(印)甘古力(Ganguli,P.);宋建华,姜丹明,张永华译	2003.11	30.00	知识产权出版社
15	中国专利发明人大全 . 第5卷	张武太主编	2003.01	258.00	知识产权出版社
16	商标专利纠纷代理纪实	朱妙春著	2003.04	28.00	知识产权出版社
17	图解专利文献与信息 ABC	朱宏主编	2003.04	12.00	知识产权出版社
18	专利法研究 .2003	国家知识产权局条法司编	2003.12	50.00	知识产权出版社
19	专利申请须知	国家知识产权局,国家专利局编 .—4版(修订本)	2003.10	18.00	知识产权出版社

序号	书　　名	著(译)编者	出版时间	定(估)价	出 版 社
20	专利法教程	文希凯主编	2003.05	35.00	知识产权出版社
21	中国专利法的孕育与诞生	赵元果编著	2003.04	20.00	知识产权出版社
22	专利激情在燃烧：一名日本专利人的自述	(日)池内宽幸著；丁英烈，胡建新，黄剑锋译	2003.03	28.00	知识产权出版社
23	知识产权法	崔桂台编著	2003.01	12.00	北京大学出版社
24	知识产权经济学	陈昌柏著	2003.09	35.00	北京大学出版社
25	知识产权保护制度	杜文娟主编	2003.08	24.00	北京工业大学出版社
26	计算机软件法律保护的理论与实践	孙海龙等编著	2003.09	16.00	北京航空航天大学出版社
27	知识产权法学习指导	朱长宝编著	2003.07	16.50	东南大学出版社
28	知识产权法教程	朱长宝编著	2003.07	16.50	东南大学出版社
29	知识产权法	郑成思著	2003.01	28.00	法律出版社
30	新编知识产权法教程	黄勤南主编	2003.01	30.00	法律出版社
31	知识产权与电子商务	薛虹著	2003.04	34.00	法律出版社
32	知识产权审判指导与参考	最高人民法院民事审判第三庭编	2003.03	38.00	法律出版社
33	知识产权判案解析	唐安邦主编	2003.08	20.00	法律出版社
34	知识产权案例题解	熊英编著	2003.12	28.00	法律出版社
35	新世纪初的若干研究重点	郑成思著	2003.11	24.00	法律出版社
36	知识产权法精要：专利、商标和著作权	(美)米勒，(美)戴维斯著	2003.12	33.00	法律出版社
37	知识产权法关联导读	刘春田主编	2003.10	30.00	法律出版社
38	知识产权理论与实务	张玉敏主编	2003.10	24.00	法律出版社
39	知识产权法	吴汉东主编	2003.10	29.00	法律出版社
40	美国知识产权法	李明德著	2003.10	34.00	法律出版社
41	知识产权法论	郑成思著	2003.09	39.00	法律出版社
42	知识产权法	金勇军著	2003.08	39.00	法律出版社
43	知识产权的合理性、危机及其未来模式	李扬主编	2003.06	22.00	法律出版社
44	知识产权侵权民事救济	张广良著	2003.04	15.00	法律出版社
45	知识产权法	刘春田主编	2003.02		高等教育出版社
46	信息时代知识产权教程	寿步等主编	2003.08		高等教育出版社

序号	书 名	著(译)编者	出版时间	定(估)价	出 版 社
47	知识产权教育读本:初级版	唐善新主编	2003.08		广东高等教育出版社
48	广东知识产权年鉴 .2003	广东省知识产权局编	2003.09	280.00	广东经济出版社
49	知识产权合同大全	傅云新主编	2003.06		广东人民出版社
50	知识产权案例分析	徐兆宏等主编	2003.01	16.00	汉语大词典出版社
51	现代知识产权管理	商晓帆著	2003.03		黑龙江人民出版社
52	知识产权法原理	陈福胜编	2003.05		黑龙江人民出版社
53	法官办案手记 . 知识产权卷	李杨主编;青岛市中级人民法院编	2003.11		湖南大学出版社
54	知识产权 200 问	曾荇编著	2003.07		湖南人民出版社
55	知识产权法学	蒋言斌主编	2003.08	45.00	湖南人民出版社
56	律师知识产权业务实战百事通	陈雄飞,刘超编著	2003.03	33.00	机械工业出版社
57	知识产权法律法规汇编	中国政法大学知识产权法教研室编	2003.09	28.00	机械工业出版社
58	知识产权纠纷法律解决指南	李显乐主编	2003.08	25.00	机械工业出版社
59	涉外·知识产权实用文写作	黄平槐等编著	2003.06	12.00	江西高校出版社
60	知识产权法新论	李光曼著	2003.12	28.00	江西人民出版社
61	知识产权法律法规选编	国防科技工业知识产权管理研究中心编	2003.01	45.00	经济科学出版社
62	世贸法学	刘太刚著	2003.04	23.00	经济科学出版社
63	知识产权裁判文书集 . 第 3 卷	程永顺主编	2003.04	93.00	科学出版社
64	知识产权裁判文书集 . 第 2 卷	程永顺主编	2003.04	89.00	科学出版社
65	知识产权裁判文书集 . 第 5 卷	程永顺主编	2003.04	100.00	科学出版社
66	知识产权裁判文书集 . 第 4 卷	程永顺主编	2003.04	73.00	科学出版社
67	网络时代的知识产权信息管理	马海群著	2003.06	35.00	科学出版社
68	知识产权裁判文书集 . 第 1 卷	程永顺主编	2003.04	94.00	科学出版社
69	知识产权法考点与题典	王肖主编	2003.11	12.00	辽宁大学出版社
70	知识产权法双语普及读本:英汉对照	李晖,陈建东编著	2003.09	25.00	南开大学出版社
71	知识产权许可	(美)德雷特勒著;王春燕等译	2003	80.00	清华大学出版社
72	打知识产权官司	蔡菁著	2003.01		群众出版社
73	知识产权法哲学初论	龙文懋著	2003.06	20.00	人民出版社
74	领导干部知识产权读本	全国干部培训教材编审指导委员会编写	2003.08	28.50	人民出版社
75	TRIPS 视野下的中国知识产权制度研究	刘剑文主编	2003.12		人民出版社
76	中华人民共和国最高人民法院判案大系 . 知识产权卷	最高人民法院民事审判第三庭编	2003.01	50.00	人民法院出版社

序号	书　名	著(译)编者	出版时间	定(估)价	出版社
77	知识产权判案评述	童兆洪主编	2003.01	30.00	人民法院出版社
78	知识产权法律原理与实证解析	孙应征主编	2003.11	35.00	人民法院出版社
79	法官解析知识产权案例	周溯主编	2003.10	35.00	人民法院出版社
80	知识产权审判指导.2003年.第2辑:总第2辑	最高人民法院民事审判第三庭编	2003.10	40.00	人民法院出版社
81	知识产权审判指导.2003年.第1辑:总第1辑	最高人民法院民事审判第三庭编	2003.10	40.00	人民法院出版社
82	知识产权法学	曹新明主编	2003.07	31.50	人民法院出版社
83	全国法院优秀知识产权裁判文书选	蒋志培主编	2003.05	24.00	人民法院出版社
84	知识产权案件技术鉴定实务与研究	杨林村主编	2003.04	15.00	人民法院出版社
85	知识产权法学	马治国,曹新明主编	2003.03	31.00	人民法院出版社
86	知识产权理论与实务	孙君主编	2003.08	18.00	山东大学出版社
87	网络与软件案例精选	吕国强主编	2003	18.00	上海人民出版社
88	知识产权案例精选:2001~2002	金长荣主编	2003	18.00	上海人民出版社
89	知识产权	杨勇,蒋应铨,刘柯主编	2003.09	10.00	四川大学出版社
90	知识产权法学	王建华主编	2003.09	25.00	四川人民出版社
91	搭上智力成果市场化的快车:入世后的知识产权维护	王建平主编	2003.12	15.00	四川人民出版社
92	网络与电子商务立法之民事权利保护立法研究	齐恩平著	2003.05		天津人民出版社
93	知识产权保护应用手册	钮新强,宁立志主编	2003.09		武汉出版社
94	知识产权法指南:维吾尔文	阿曼江·迪力瓦尔地编著	2003.04	8.50	新疆人民出版社
95	国防科技工业知识产权案例点评	吴伟仁主编	2003.07	25.00	原子能出版社
96	知识产权法学习指导与应试指南	王莲峰编	2003.11	16.00	郑州大学出版社
97	知识产权前沿问题初探	张冬梅著	2003.08	146.00	中国财政经济出版社
98	知识产权法	《高校教学与司法考试必读法规系列》编写组编	2003.08		中国方正出版社
99	知识产权法原理	曲三强编著	2003.10	60.00	中国检察出版社
100	民事行政司法疑难问题解答.知识产权法适用部分	吕忠梅主编	2003.10	20.00	中国检察出版社
101	知识产权法:本科	余里江著	2003.11	18.50	中国经济出版社
102	生命形式知识产权及国家政策	田志康著	2003.12	35.00	中国农业出版社
103	知识产权法案例分析应试指导	姚欢庆编著	2003		中国人民大学出版社
104	知识产权法典型案例	姚欢庆等编著	2003	23.00	中国人民大学出版社

序号	书 名	著(译)编者	出版时间	定(估)价	出版社
105	知识产权法	韩松主编	2003		中国人民大学出版社
106	知识产权法	刘春田主编	2003		中国人民大学出版社
107	知识产权法哲学	冯晓青著	2003.03	23.00	中国人民公安大学出版社
108	民法民事诉讼法基础课堂笔记	李显冬等著	2003.06	59.00	中国人民公安大学出版社
109	中国知识产权法比较法案例分析(汉英对照)	张玉卿,葛毅主编	2003.12		中国商务出版社
110	知识产权学术前沿问题研究	南振兴,刘春霖著	2003.01	30.00	中国书籍出版社
111	知识产权保护教程	王救文编著	2003.01	12.00	中国铁道出版社
112	思科华为之争	孙丽主编	2003.03	20.00	中国言实出版社
113	知识产权法教程	黄勤南主编	2003.04		中国政法大学出版社
114	新技术时代的知识产权	(美)摩吉斯等著;齐筠译	2003.10		中国政法大学出版社
115	数据库法律保护研究	李扬著	2003.07		中国政法大学出版社
116	中药知识产权保护	洪净主编	2003		中国中医药出版社
117	知识产权经济新引擎正在轰鸣	唐善新主编	2003.12	25.00	中山大学出版社
118	知识产权法 = Intellctual Property:英文	(美)麦克约翰著	2003.07	59.00	中信出版社
119	知识产权法	黄勤南主编	2003.07	36.00	中央广播电视大学出版社
120	最高人民法院关于审理专利纠纷案件适用法律问题的若干规定		2003.01	2.00	法律出版社
121	中华人民共和国专利法实施细则		2003.04	3.00	法律出版社
122	专利行政诉讼实务	程永顺主编	2003.07	29.00	法律出版社
123	商标与专利代理	于泽辉主编	2003.12	18.00	法律出版社
124	专利法实务	福建省建达律师事务所编著	2003.08	25.00	福建人民出版社
125	专利法实例说	江石,李煜兴,余睿编著	2003.07		湖南人民出版社
126	Internet 专利检索教程	(美)西考科(Hitchcock,D.)著;何绍华,王非,赵春明译	2003	30.00	辽宁科学技术出版社
127	专利法分解适用集成	马原主编	2003.03	88.00	人民法院出版社
128	欧洲专利公约:汉英对照	(德)高得,(德)阿贝尔特著;王志伟译	2003.10	48.00	上海世界图书出版公司
129	专利法通	孔祥林编著	2003.01		新世纪出版社
130	成功与失败:教你如何用专利	马修山编著	2003.01		中国对外经济贸易出版社
131	最高人民法院关于审理专利纠纷案件适用法律问题的若干规定	中国法制出版社编	2003.04	6.00	中国法制出版社

序号	书　名	著(译)编者	出版时间	定(估)价	出 版 社
132	中华人民共和国专利法·中华人民共和国专利法实施细则		2003.02		中国方正出版社
133	专利法实务与案例评析	周正义主编	2003.05	29.00	中国工商出版社
134	最新专利技术现状及趋势预测报告：来自专利审查员的权威分析．第1辑	中国知识产权研究会编	2003.09		中国人口出版社
135	电子商务与电脑软体之专利保护	刘尚志，陈佳麟著	2003.07		中国政法大学出版社
136	专利法概论 = An Introductionto Patent Law:英文	(美)米勒著	2003.09	70.00	中信出版社
137	最高人民法院关于审理名誉权案件若干问题的解释		2003.01	2.00	法律出版社
138	最高人民法院关于审理名誉权案件若干问题的解释	中国法制出版社编	2003.04	5.00	中国法制出版社
139	名誉权纠纷	祝铭山主编	2003.09	17.00	中国法制出版社
140	奥林匹克标志保护条例关联法规精选	法律出版社法规出版中心编	2003.04	3.00	法律出版社
141	商标法	王连峰著	2003.08	19.00	法律出版社
142	中华人民共和国商标法实施条例释义	董涛主编	2003.04	10.00	法律出版社
143	最高人民法院关于审理商标民事纠纷案件适用法律若干问题的解释		2003.01	2.00	法律出版社
144	新商标法释解	王肃元，张秀玲编著	2003		兰州大学出版社
145	当代外国商标法	卞耀武主编	2003.03	24.00	人民法院出版社
146	商标法分解适用集成	马原主编	2003.03	48.00	人民法院出版社
147	商标权及其私益之扩张	崔立红著	2003.04	16.00	山东人民出版社
148	商标法专论	王莲峰编著	2003.09	35.00	郑州大学出版社
149	商标法专论	王莲峰编著	2003.08	全套140.00	郑州大学出版社
150	中国商标注册与保护	吴凯等编著	2003.10	68.00	知识产权出版社
151	最高人民法院关于审理商标民事纠纷案件适用法律若干问题的解释	中国法制出版社编	2003.04	6.00	中国法制出版社
152	商标法实务与案例评析	刘云芳，宋玉池主编	2003.05	29.00	中国工商出版社
153	中华人民共和国商标法释义	国家工商行政管理总局商标局编	2003.04	18.00	中国工商出版社
154	商标与商号的权利冲突问题研究	宿迟主编	2003.10	32.00	中国人民公安大学出版社
155	中国商标报告	曹中强编著	2003.05		中信出版社
156	中国商标报告．第2卷	曹中强主编	2003.11		中信出版社
157	商标法选论	杨和义著	2003		重庆出版社
158	最高人民法院关于审理著作权民事纠纷案件适用法律若干问题的解释		2003.01	2.00	法律出版社
159	中华人民共和国著作权法实施条例释义	董涛著	2003.04	8.00	法律出版社
160	著作权法	李明德，许超著	2003.08	22.00	法律出版社
161	著作权法论	赵蓉，王维国著	2003		甘肃人民出版社

序号	书　　名	著(译)编者	出版时间	定(估)价	出版社
162	著作权法分解适用集成	马原主编	2003.03	56.00	人民法院出版社
163	中华人民共和国著作权法律、法规:汉英对照	国家版权局版权司编	2003		商务印书馆
164	著作权法概论	沈仁干,钟颖科著	2003		商务印书馆
165	著作权法教程	费安玲编著	2003.04	22.00	知识产权出版社
166	中国著作权人档案.第1卷	中国影视音像交流协会编委会,燕京国际文化艺术研究会主编	2003.06		中国档案出版社
167	最高人民法院关于审理著作权民事纠纷案件适用法律若干问题的解释	中国法制出版社编	2003.04	6.00	中国法制出版社
168	著作权法实务与案例评析	刘稚主编	2003.05	29.00	中国工商出版社
169	著作权纠纷	付立庆主编	2003		中国检察出版社
170	全球信息化经济中的著作权法	(美)科恩编著	2003.08	128.00	中信出版社
171	中国版权经理人实务指南汉英对照	(英)欧文著;袁方译	2003.12	16.00	法律出版社
172	中国近代版权史	李明山著	2003.06		河南大学出版社
173	版权保护手册	刘清,李硕编著	2003.06	18.00	华艺出版社
174	互联网上的版权保护与限定	李祖明著	2003.05		经济日报出版社
175	版权贸易与华文出版	辛广伟著	2003		重庆出版社

杂　志

《著作权》
中国版权研究会
北京市西城区西绒线胡同甲7号　100031
(010)66082503

《电子知识产权》
信息产业部电子科技情报研究所
信息产业部知识产权咨询服务中心
北京市石景山区鲁谷路35号　100040
(010)68636280

《中国专利与商标》
中国专利代理(香港)有限公司
香港湾仔港湾道23号鹰君中心22字楼
(852)28284688

《中华商标》
中华商标协会
北京市西城区南礼士路头条7号414房间
100045
(010)68014395

《知识产权》
中国知识产权研究会
北京市海淀区蓟门桥西土城路6号　100088
(010)64882152

使用说明：

1. 本索引案例按汉语拼音字母顺序排列；图表按书中先后顺序排序；
2. 索引词条后的数字为内容所在页码。

案　例

R

S

T

W

X

Y

Z

图 表

科技专家档案

KEJI ZHUANJIA DANGAN

高庆狮院士

中国科学院计算技术研究所

高庆狮

高庆狮，漳州市人，1957年毕业于北京大学数学力学系。现任北京科技大学教授、所长，中国科学院计算技术研究所终身研究员。

高庆狮教授从事大型和巨型计算机体系结构研究和工程设计(57—80)，并行算法(73—)，机器翻译(80—)，人类智能及其模拟和应用(80—)和网络安全(00—)。

高庆狮是中国计算机领域最早两名院士之一(1980年当选)。中国第一颗人造卫星地面计算控制中心早期设计负责人之一、中国第一台自行设计的大型通用电子管和第一台大型通用晶体管计算机体系结构设计负责人之一、中国第一台十万次／秒以上晶体管计算机(专为两弹一星服务被誉为“功勋计算机”)体系结构设计负责人、中国第一台超大型向量计算机新体系结构原理提出者和总体设计负责人、中国第一个管理程序总体设计负责人、第一个防病毒的新体系结构提出者；在国际会议及国内外学报发表70多篇学术论文，近50篇是第一作者；指导过博士、硕士生70多名，目前正指导十多名博士、硕士生，向机器翻译50多年的方法挑战，研制无语无伦次、无正错混杂的实用机器翻译系统。

高庆狮教授近三年，已经申请的专利：

1．基于语义语言的多自然语言实用的自动互译方法和系统(发明专利01131689.6，200310114331.X等)

该发明是经历了20多年研究的成果，它具有其他翻译系统所不具备的以下特点(有关论文已被SCI检索)：

(1) 只提供合乎习惯的译文。

(2) 如果已经建立英汉和俄日双向互译系统，经过语义单元表示补齐之后，就可以自动形成英日、英俄、日汉、汉俄等双向互译系统。

(3) 汉语到任何其他自然语言的翻译不需要先对汉语进行切分。

(4) I－语言到J－语言的翻译只需要两步：在I－语言上的语义分析和在J－语言上的代入展开(后者时间可以忽略不计)。

(5) 翻译时间与庞大的语义单元表示库的大小(百万计)无关。

(6) N 种自然语言的开发工作，绝大部分是在各自的单语语种中进行。

(7) 本系统可以同时提供多自然语言(根据上下文自动缩小词义的范围的)电子词典。

2．一种有效防计算机病毒攻击的新型计算机系统结构(发明专利 ZL00126373.0等)。

这是国际上第一个有效防新旧及未被发现的计算机病毒攻击的新型计算机系统结构。曾获国家知识产权局和辽宁省政府合办的中国国际专利技术与产品交易会金奖，有关论文已被SCI检索。

3.提高语音、文字识别准确率的方法和装置(发明专利200410062566.3)。

该发明有效提高语音、印刷体及手写体文字、在线手写输入识别的准确率；并且同时可以进行自动翻译。

4．电子读物浏览新方法和自动制作(发明专利00126373.0)。

该发明自动建立一些方便读者的超文本连接的方法和系统及相应的阅读浏览方法和系统。

Email：qsgao@public.bta.net.cn
地 址：北京2704信箱，中国科学院计算技术研究所，高庆狮院士（邮编：100080）

四川大学材料学院　肖定全

杭州会议期间小憩

肖定全，1946年6月出生。理学硕士、教授、四川大学博士生导师；中国物理学会理事、中国材料研究学会理事、中国物理学会电介质物理专业委员会主任、教育部教学指导委员会委员；四川省首批学科带头人、四川省《功能材料物理化学与工程》重点实验室主任。

1968年四川大学物理系毕业，1968–1978年国防科委1410所和电子工业部1426所从事压电铁电陶瓷材料与器件的研究，1978–1980年四川大学物理系固体物理专业硕士研究生，1980–1982年英国伦敦大学玛丽皇后学院进修，1990年和1998年分别到美国宾州大学和休斯顿大学高访。1983年以来曾任副教授、教授、系主任、副院长、四川大学教务处长等职。1987–1994年任国家“863”计划新材料领域第一、二届功能材料专家组成员、副组长；1995–1999年任国家S–863计划新材料技术领域专家组成员，参加国家新材料技术领域（2001–2010年）发展战略研究，作为专家执笔组副组长，执笔撰写从初稿到终稿的新材料发展战略研究报告；2001–2004年任国家“十五”、“863”计划首届新材料领域专家委员会委员。此外，还参加了中国科协组织的“我国纳米科技发展战略研究”，执笔编写“关于我国纳米科技发展急待解决的几个重大问题”的报告，报国务院。

负责主持国家863计划项目、国家973计划项目、国家自然科学基金重大项目、国家自然科学基金重点项目和国家教学改革重大项目等共十余项研究课题；负责主持省部级研究课题近十项；此外还参加国家863计划项目、国家军工民口配套项目等多项。在铁电薄膜基础和应用基础研究、无铅压电铁电陶瓷新体系和器件应用研究、新型半导体陶瓷和气敏传感器研究、生态环境材料和材料环境协调性评价研究、新型理工科大学高素质创新人才培养等方面，做出了在国际上有影响的研究成果。在Appl. Phys. Lett., Mater. Lett., Ferroelectric Lett., Chem. Phys. Lett., J. Appl. Phys.等国际著名期刊、大型国际学术会议及国内核心期刊上发表科研论文200余篇（SCI, EI收录100余篇次）、出版著作(含合作)20余部、完成鉴定成果8项、获部委级科技进步一、二、三等奖4项、获国家教学成果二等奖1项，申请国家发明专利12项（3项已批准）、获国家实用新型专利2项、连续多年担任国际学术会议共同主席或国际顾问委员会委员，14次在大型国际会议上做邀请报告，培养并已毕业博士、硕士近40名。

在国际学术大会上作报告

参观日本东京大学国际产学研中心

参加研究生学位答辩

清华大学材料科学与工程系教授

周和平

周和平教授，国务院有突出贡献专家。1945年出生于福建省晋江县，1970年3月毕业于清华大学金属材料专业并留校任教。曾在日本京都陶瓷研究所、东京大学、美国密歇根大学进行合作研究和学术访问。现在清华大学材料科学与工程系工作，曾任无机非金属材料教研组主任兼“新型陶瓷与精细工艺”国家重点实验室常务副主任；兼任广东省信息与功能陶瓷研究开发基地主任，珠海粤科清华电子陶瓷有限公司副董事长兼总经理；社会兼职：中国硅酸盐学会特陶分会常务理事、功能陶瓷分会主任，北京硅酸盐学会理事，“硅酸盐通报”、“现代技术陶瓷”编委，中国物理协会介电专业委员会委员，福建省晋江市科技顾问，IEEE高级会员，日本化学会会员等。

长期从事无机非金属材料的教学与科研工作。研究内容涉及铁电、压电、介电、半导体敏感和高温超导体等新材料领域，以及瓷釉化学研究。至今，在完成国家重要和省部级科研项目过程中申请了国家发明专利19项。

已经获得授权的国家发明专利有：

01．钛酸锶基晶界层电容器材料的制造方法　ZL 94 1 04451．3
02．钛酸锶基晶界层电容器材料的制造方法　ZL 94 1 04452．3
03．氮化铝纤维的合成方法　ZL 98 1 03408．X
04．氮化铝晶须的制备方法　ZL 98 1 03409．X
05．陶瓷基板的流延法制备工艺　ZL 98 1 03410．1
06．多层叠片结构热敏电阻器
07．一种多层电感器用堇青石基微晶玻璃陶瓷介质材料的制备　ZL 01 1 02209．4
08．一种多层电感器用硅酸锌基玻璃／陶瓷介质材料的制备　ZL 01 1 02210．8

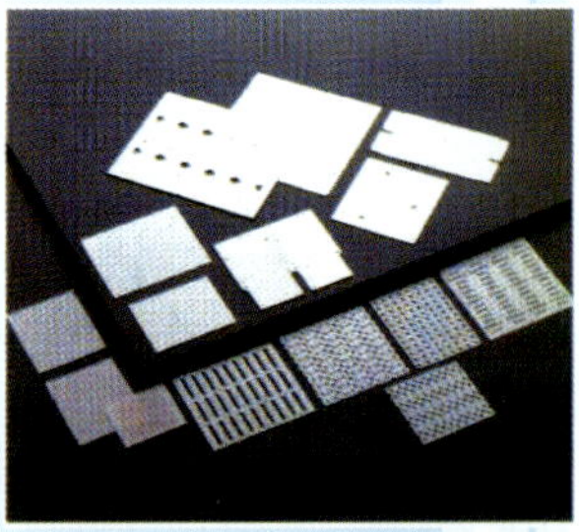

各种规格的96Al—O— 陶瓷基板

已经申请及公开的国家发明专利有：

09．一种高频片式电感用微晶玻璃陶瓷的配方及其制备方法
10．一种低介电常数低损耗微晶玻璃陶瓷的配方及其制备方法
11．高热导率氮化铝陶瓷
12．一种燃烧合成制备高性能氮化铝粉体的方法
13．一种低压燃烧合成高?相氮化硅粉体的方法
14．低温烧结的99氧化铝陶瓷及其制造方法和用途
15．由流延法制备氧化锆陶瓷的方法及其由该方法获得的产品
16．超薄墙地砖的制造方法及其陶瓷墙地砖
17．高热导绝缘硅脂及其制造方法
18．一种合成高性能氮化铝粉体的新方法
19．梯度分布法燃烧合成高性能氮化铝粉体

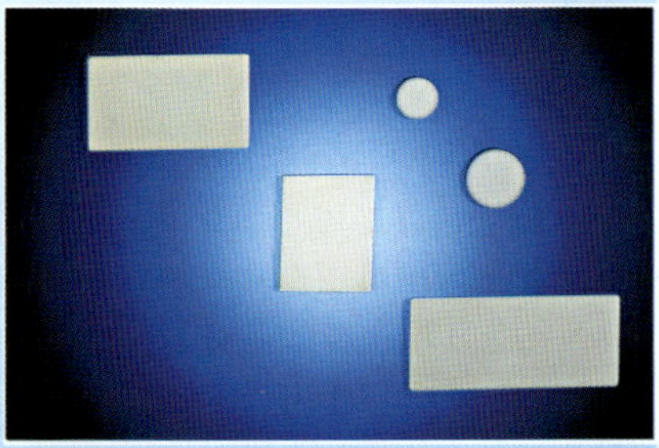

各种规格的AlN陶瓷基板

其中，“陶瓷基板的流延法制备工艺”和“高热导率氮化铝陶瓷”两项专利技术已经在广东省珠海实现产业化。流延法制备技术的主要特点有：与通常采用苯或甲苯等作为溶剂不同，采用无公害的混合溶剂及其独特的分散剂，所制备的流延浆料具有分散性能好、溶剂可回收循环使用、无污染、无公害、低成本的特点；高热导率氮化铝陶瓷专利的主要技术特点是：与通常采用的1820℃～1850℃的高温烧结技术不同，采用1650℃/6h的低温烧结的AlN陶瓷，无压烧结的产品热导率可达208W/m·K。另外，“一种燃烧合成制备高性能氮化铝粉体的方法”专利技术，也已经在福建省晋江市实现产业化。

压注水泵达8000台，目前存在设备工艺陈旧，泵效低，自动化程度低，单耗平均高达6.8—8KWH/m3，成为油田降低成本的制约因素，而且注水泵的排量和压力不可调(除非用耗能节流方法)，不能适应油田注水工艺生产需要，影响油田石油的采收率，由于自动化程度低，不能有效运行。

世界各国对此非常重视，投入了巨资和人力对注水技术和设备进行研发，我国也将其作为重点攻关项目。

通过对国内外油田现状的考察分析，在吸收各国的经验教训和科技成果的基础上，经过几年的努力，研究开发了一套适合油田生产实际，可以大大提高油田生产技术水平，经济效益，投资回收快的“PCP”（泵控泵）压流可调高效自动化注水泵站系统，简称PCP技术（Pump-Control-Pump)，也是原石油系统重大课题。它既可用于新泵站建设，也可对原有泵站进行改造。

系统原理构成：该系统由一台注水泵和一台增压泵，注水泵驱动电机，增压泵驱动电机及保证运行的润滑系统，水冷却系统，供电系统，仪表测控系统，变频调速系统，计算机控制系统等组成，它是机电仪－体化，涉及多学科，综合高科技术，大型非常复杂的集成系统。

注水泵与增压泵串接，通过变频调速系统，计算机仪表测控系统，控制增压泵达到控制注水泵的输出压力和流量，并使大功率注水泵工作在高效区，从而实现泵控泵，DCS计算机系统实现自动监控，依注水工艺要求（地层情况）实现大闭环优化运行。

关键技术与创新点：首次提出PCP（泵控泵）的技术思想原理，并形成一套完整的PCP技术，注水泵站系统大闭环寻优及其控制软件；可利用高压大排量高效清水泵改造成注含油污水泵（电机6800KW电机驱动，国内最大电机，最高泵排量可达1040m^3 /h，扬程20MPa；同时开发了400m^3 /h、280m^3 /h、160m^3 /h，扬程十几MPa，国内主力泵型的PCP系统及装置)，泵效不降低，不断轴；实现大系统供电及联锁保护，高压供电整合；双备份应急系统；大系统防失控，高可靠性技术；多变量三维空间安装精度求解及振动问题，机械密封问题；高压大功率变频调速系统分步控制和无反馈并联系统；宽频、变程特性增压泵；拥有大滑环在线修整技术；大电机电刷替续系统，自动化应急润滑系统等。PCP系统目前处于国际先进水平，已获省科技进步一等奖，并获得了国家专利，专利号码：02224695.9。

PCP第一套系统在胜利油田从研制成功起已正常运行了四年，获得了巨大经济效益，泵站系统效率比一般泵站提高近10%，每日节电2.5万KWH，至2002年10月累计节电费

胜利油田PCP压流可调注水泵站系统机房内部

1400多万元，累计注水2800万m^3，增产原油效益已有11.4亿元，由于PCP技术的开发应用，使停废十余年3000万的进口设备盘活利用，解决了原石油部胜六引进站的老大难问题。单耗已降至4.87KWH/ m^3，根据全国油田情况，如果应用PCP系统，每年节电费就达15亿元。

目前已进一步产业化运作，形成的PCP专利技术设备产品，由四大部分组成：1、PCP-O-400增压泵机组；2、PCP-ZT-300转速控制装置系统；3、PCP-YC-200仪表测控操作装置系统；4、PCP-DCS-100计算机操作控制系统。

已在胜利油田、大庆油田、中原油田、新疆油田逐步推广应用。大庆油田北II3注水泵站PCP系统已于2004年8月9日投运成功，泵管压差下降了1.8MPa，可控制在0.3MPa以下，流量提高20%，主泵泵效益提高7%，单耗每m^3 注水下降1KWh，而且压流可适应注水管网要求，取得了巨大效益。PCP项目成果可以形成研发、生产、安装和调试一条龙产业，可成为新经济增长点，潜在市场达100亿元，并可出口国外，还可应用于管线输油，自来水供水网，排灌系统。目前已定型160 m^3 /h、280 m^3 /h、400 m^3 /h、1000 m^3 /h排量几种规格。

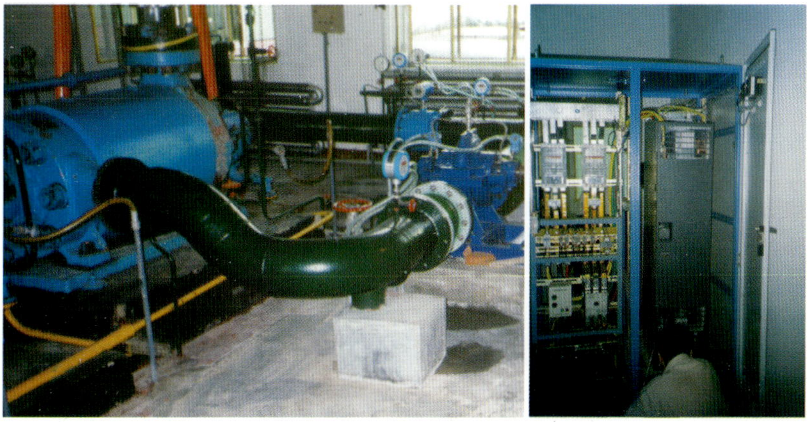

大庆油田北II3注水泵站PCP系统：泵机装置系统部分(右为转速控制系统)

基因诊断专家　阎小君

阎小君教授

阎小君，1962年9月生，1984年第四军医大学本科毕业，1992年在第四军医大学获医学博士学位，1998年晋升为教授，博士研究生导师；1994年创建第四军医大学全军基因诊断技术研究所并担任研究所所长；1997组建第四军医大学基因诊断与治疗中心并担任中心主任；2001年总部在研究所设立全军基因芯片重点实验室；2002年陕西省在研究所设立陕西省临床基因检测质量控制中心；担任十多个各级学术委员会的主任委员、副主任委员及常务理事等；近五年来获省部级以上奖励7项，承担省部级以上的课题11项，发表科研文章100余篇，主编出版专著6部，获授权专利证书7个，50多个专利技术正在审批之中；与有关企业合作，获得国家一类新药证书2个，三类和二类器械证书4个，美国FDA器械注册号（体外诊断试剂）3个。

阎小君教授多年来一直致力于基因诊断相关技术、方法和产品的研究和推广，尤其在将高新技术与我国国情的结合方面做出了突出贡献。1990年，参与中国首台PCR仪的研制，1991年主持二十余种病原微生物定性、分型和多重PCR试剂的研制，1995年由他领衔的科研队伍在基因诊断设备和试剂方面双获全军评比第一，并在全国近千家单位应用。1996年开始进行高通量基因分析方法和产品的研究，1998年推出第一代生物芯片阅读系统，2000年获注册生产许可，并相继推出包括胃癌早期诊断和预警基因芯片、多种病原微生物诊断、分型、耐药性分析等生物芯片试剂和分析仪器。上述系统已在我国300余家医疗机构应用，并逐步成为临床疾病诊断和预警的重要方法。

目前，阎教授经过艰辛的研究，已成功地解决了生物芯片生产过程中难以控制的大规模生产工艺问题，并在生产原料标准化这一国际难题上取得了重大突破。

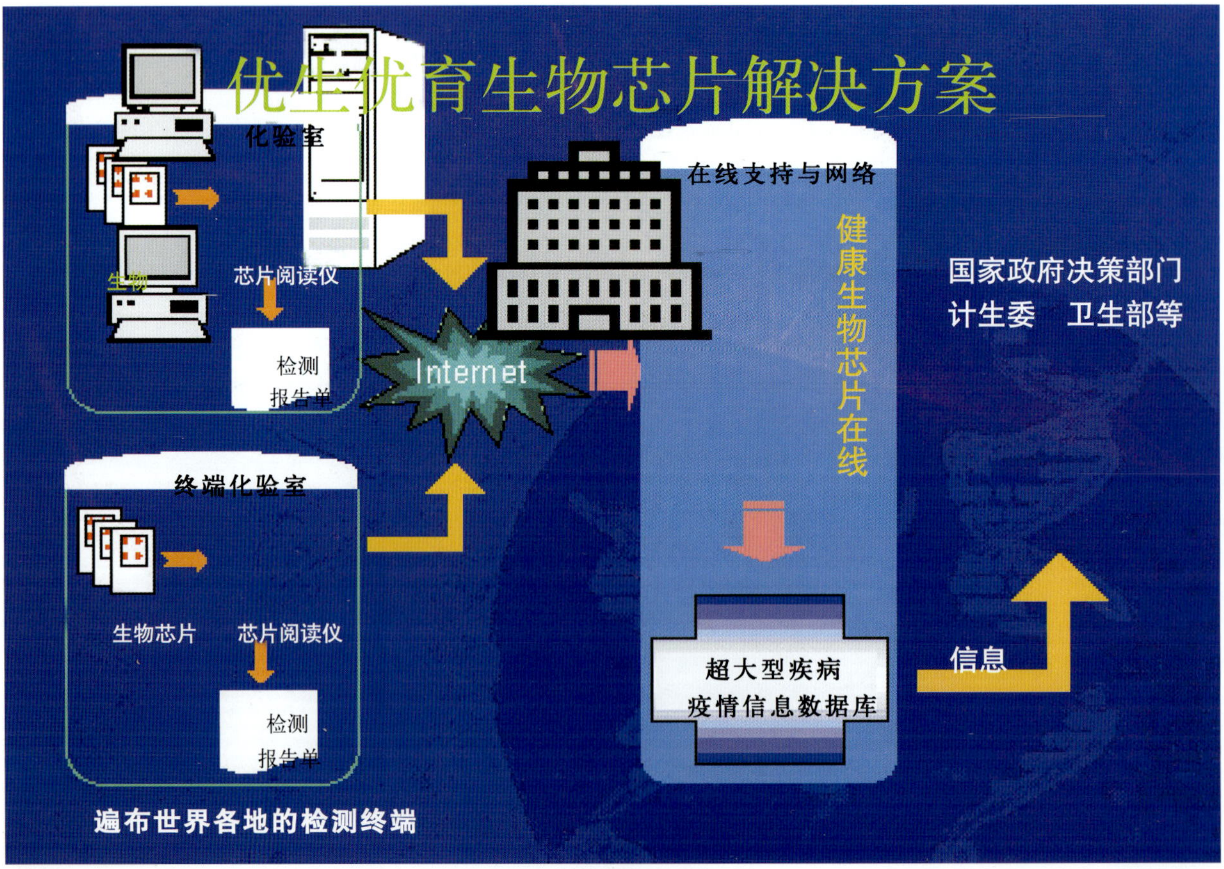

这是阎教授结合我国国情设计并已在运行的优生优育生物芯片诊断与分析系统。

创新型企业家　陈大川

总经理：陈大川

陈大川，1956年出生，广东汕头人，毕业于华南理工大学，高级工程师。现任汕头澳利坚建筑五金有限公司总经理、汕头市澳利坚实业有限公司总经理。

在中国改革开放浪潮中，他以敏锐的市场洞察力，抓住机遇，创建了汕头澳利坚不锈钢制品有限公司（现为汕头澳利坚建筑五金有限公司）。在企业改革和经营管理中，强化现代化管理，加大科技投入，增加现代化生产设备。其中“不锈钢滑轨自动冷拉成型生产线”获2003年度汕头市火炬计划。努力实现：产品系列化、规模化、品牌化；申请各项产品专利，保护知识产权，创造企业产品品牌，并遵循合法、守信、互利的经营宗旨。创造产品领先、技术领先、市场领先、面向世界，迎接全球经济一体化的挑战。

主要业绩：2000年获中国科技与人才开发中心科技进步奖，编入《世界科技专家人才库》。主要科研成果：发明了门窗用的金属滑撑铰链。申请多项产品专利：专利号：ZL98246367.7；专利号：ZL00238867.7(该专利产品于1998年10月至今，被国家住宅工程中心作为建筑新技术、新产品对全国推广使用，并获得香港国际新产品、新技术博览会金奖)；专利号：ZL01227364.3；专利号：ZL02246401.8；专利号：ZL200410029894.3；专利号：ZL200410007957.5；专利号：ZL200420005342.4。在企业经营发展历程中利用产品的实用、新型、极好的质量稳定性和经济性，为国家取得了很好的经济效益和社会效益。

MOUNTAINS

产品商标

公司名称：汕头澳利坚建筑五金有限公司

公司地址：汕头市金园工业城5A2-2片厂房

联系电话：0754-8206813　8206823

图文传真：0754-8206863

http：//www.aurican.com

E-mail：aur2@aurican.com

中国生物技术专家 丁家宜

丁家宜教授

丁家宜，教授。1939年出生，江苏沭阳人。毕业于北京农业大学。现任中国药科大学中药生物技术研究室主任，江苏省植物生理学会副理事长，中国植物学会组织与细胞培养专业委员会委员，中国自然资源学会天然药物资源专业委员会委员。

他大学毕业后在四川省原子核应用技术研究所工作，1972年至今在中国药科大学工作，先后主持省、部级多项重点项目和国家“七五”、“八五”科技攻关研究。

丁家宜教授近20年来主要从事人参属植物资源、生物技术的研究和教学工作，系统地完成了人参细胞、原生质体和Ri质粒转化形成毛状根的培养、细胞株系筛选、培养工艺、培养物中的人参皂甙、人参细胞多糖、超氧化物

人参细胞大量培养

人参毛状根大量培养

歧化酶（SOD）、有机锗等有效成分产生和代谢规律及有关药理学、急性和累积性毒理学以及诱变(Ames)和畸变等试验。近年来，从事筛选体内抗氧化以及清除自由基等植物活性物质，并以人参生物技术培养物作为反应器，通过添加前体物质生物合成熊果苷（arbutin）等天然有效成分，目前已在保健品和化妆品开发中加以使用。

丁家宜教授在国内首次将植物生物技术研究成果推向产业化和商品化，创建了集研究、生产、经营为一体的中国药科大学神农生物技术公司，并与台商庄文阳先生合资成立南京珈侬生化有限公司，生产富有高新科技含量的“丁家宜”系列化妆品，已走上产、学、研良性循环的大道。

丁家宜教授在进行科学研究的同时，仍不忘从事教学及人才培养工作，先后培养硕士生10多人，博士生4人，并为日本、朝鲜培养研究人员各1人。先后参编《经济植物组织培养实用技术》、《药用植物组织培养》等著作，共发表论文70多篇。“人参细胞培养研究”获江苏省科技进步三等奖；他还获国家医药管理局医药发明专利二等奖和国家专利局中国专利优秀奖；他对薏苡研究取得的成果获

人参产地考察

江苏省科学大会奖。

1992年“人参细胞简易培养方法”获国家发明专利（专利号：ZL 87102382.2）；1994年与林莉等人合作申请“含有人参活性细胞的护肤化妆品”国家专利（专利号：ZL 94111309.4）。

TJOY丁家宜 系列化妆品

森林遗传育种专家 中国林科院首席科学家

洪菊生

洪菊生教授

洪菊生，1935年出生，福建省福州市人，1959年毕业于北京林学院林学系(现北京林业大学)，获学士学位。曾任中国林业科学研究院副院长、学术委员会副主任、北京林业大学兼职教授、林业部科学技术委员会和科学进步奖评委会委员、中国国家星火奖农业评审组副组长、中国国家自然科学奖评委、中国林学会常务理事学术委员会主任、林木引种驯化专业委员会副主任、森林遗传改良分会常务理事、国际林业研究组织联盟(IUTRO)的执行委员国际理事会中国代表、国家“六五”至“九五”科技攻关专题和课题组长等。现为中国林业科学院首席科学家、研究员、博士生导师，国家林业局世界银行贷款项目领导小组成员科研推广支持组组长，兼国际林业研究组织联盟亚洲松树组主席、国际热带木材组织(ITTO)中国海南岛热带森林分类经营永续利用[PD14/92ReV・2(F)](1993—2000年/2003年验收)课题组长和ITTO中国热带天然林可持续经营标准与指标体系的研制与推广的[PD12/00 ReV・3(F)](2001—2003年)的课题组长等。

在日本出席ITTO执委会

主要业绩

洪菊生同志在林业科研生产第一线拼搏、耕耘近44年。他主编专著9部，参编专著2部，主编丛书2套，编写研究报告和参考资料11部，讲义4部，发表学术论文96篇(其中国外刊登6篇)。他主持的科研成果先后获得国家科技进步一等奖1项，部级科技进步一等奖2项，部级科技进步二等奖1项，部级科技进步三等奖1项，海南省科技进步一等奖1项，广西科学大会奖1项。1994年受林业部委托组织编写《中国21世纪林业行动计划》，洪菊生同志任编写组长，该书于1994年用中英两种语言出版，成为中国林业可持续发展的基础文件，受到国务院和林业部的高度评价。1986年和1989年分别荣获林业部和国家级“有突出贡献的中青年专家”称号。2001年被选为全国侨联学术带头人和中国林学会森林遗传育种分会有突出贡献的专家。2003年，他作为第一完成人主持的我国政府与国际热带木材组织(ITTO)合作的“中国海南岛热带森林可持续经营研究与示范”项目，在历时8年的努力后，圆满完成项目预定计划和目标，共取得2项重要基础科学进展，3项创新理念，27项技术成果，出版学术著作16部，发表论文62篇(其中英文论文16篇)。该成果在海南全省及国内部分省区推广，每年产生直接的经济效益和生态效益约为100亿人民币，受到了ITTO的肯定和表扬。

六峰山林场3年生树高，全树平均4.8m

沈健：努力处于表（界）面化学工程技术研究前沿

沈健，教授、博士生导师，1957年4月生，浙江奉化人，1982年1月毕业于南京大学化学系高分子化学专业，历任南京大学化学系党总支副书记，总支书记，南京大学化学化工学院党委书记，1997年12月任南京大学党委副书记、校长助理，2002年4月起任南京师范大学党委书记、第十届全国人大代表、江苏省表面和界面化学工程技术研究中心主任、江苏省生物医药功能材料工程研究中心主任，中国复合材料学会常务理事、中国复合材料学会界面科学与工程专业委员会主任、生物医用材料专业委员会副主任、中国化工学会常务理事、江苏省青年科技工作者协会主席、江苏省化学化工学会副理事长、江苏省复合材料学会副理事长、南京市科协副主席、南京化学化工学会理事长、《精细化工》副主编、《复合材料学报》和《精细石油化工进展》编委。

沈健同志长期从事表（界）面化学科研工作，独立开辟了高性能、功能、智能聚合物基复合材料的研制及其界面化学研究和固/液两相体系的界面化学研究及精细高分子的合成、表征、应用两个研究领域。

近年来，沈健同志主持了10项国家及省部级科研项目和3项较大规模的横向科研项目，获省（部）级科技进步奖5项；通过省（部）级鉴定5项；在国内外核心刊物上发表研究论文100余篇，参编专著4本，申报和获准中国发明专利14项；1996年被江苏省人民政府授予“江苏省科技成果向生产力转化先进个人”，1997年开始享受“政府特殊津贴”，1998年被共青团中央、国家科技部、全国青联联合授予“第三届中国优秀青年科技创业奖”，1999年被确定为江苏省“333跨世纪学术、技术带头人培养工程”第二层次培养对象，2002年被评为“江苏省有突出贡献中青年专家”，2003年荣获南京市“十大科技之星”称号，2004年被评为“江苏省首届十大杰出专利发明人”。

1992年起，沈健同志主持和领导了对煤/水界面相互作用、阴离子型高分子水煤浆添加剂的合成、表征和应用及其结构与性能的关系的系统分析。1997年"三元共聚高分子化合物及其制法和用途"申请了中国发明专利，2003年获得授权，并为此取得了以下研究和应用成果：

第一、在界面力学分析的基础上，提出了水煤浆（Coal Water Mixture，简称为CWM）稳定模型和CWM添加剂的作用机理，根据作用机理进行分子设计，制备可适应多种煤种和不同制浆条件的高效CWM添加剂；

第二、研制了一种三元共聚的CWM添加剂，能方便地调节分子量及其分布和亲水基团的种类、数量、位置，使其同时发挥电荷稳定、位阻稳定和自由稳定三种作用，且对较多的煤种具有良好的适应性，使不同粒径的煤粒子在水中受到的合力为零，不需采用其他特殊的稳定措施，便能制得相当稳定的CWM；

第三、发现对于有不同粒径的粒子组成分散体系，具有一定分子量分布的分散剂能达到更好的稳定分散的效果；

第四、提出的CWM添加剂作用机理、相应的分子设计原则和据此研制的阴离子型高分子CWM添加剂NDF，同样适用于其它固/液、液/液类型两相体系；

第五、经上海科学技术情报研究所查新：NDF的结构为国际首创；NDF被我西北化工研究院和日本宇部兴产珠式会社评价为"世界上最好的CWM添加剂"；NDF已通过教育部主持的产品鉴定，被评价为"整体上达到国际先进水平"；NDF被列为1998年国家级火炬计划和重点新产品计划，并荣获2000年教育部科技进步三等奖（发明类）和2002年江苏省科技进步二等奖、2002年南京市优秀新产品奖；

第六、建立了我国第一个CWM添加剂的产品标准，填补了CWM添加剂技术标准的空白，对于推动我国的CWM技术，并使中国生产的CWM添加剂早日跻身于国际市场具有重要意义。该标准获南京市科技进步二等奖；

第七、江苏合义化工新材料有限公司应用该技术成果，已形成年产1500t/aNDF的能力，累计新增加产值4600万元，累计增加利税1200万元，新安置员工50名。国内用户运用NDF已累计新增产值18.5亿元，新增利税1.1亿元，为国家节约了大量的外汇，创造了显著的经济和社会效益。

近年来，沈健同志共培养了博士后3名，博士研究生12名，硕士研究生27名，其中2名获南京大学优秀博士后，1名获第二届"挑战杯"中国大学生创业计划竞赛金奖、3名获第4-6届"挑战杯"全国大学生课外学术科技作品竞赛一等奖。

中国机器人足球的开拓者

——洪炳镕教授

中国机器人足球开拓者洪炳镕 教授

世界杯机器人足球无论在学术上还是在技术上都具有深远意义，它不但是一个发展人工智能的新“里程碑”，而且是衡量双方技术水平的“技术战争”，同时它也是为青年大学生提供培养科学精神的“理想平台”，因此在国内外受到高度重视。

洪教授为促进中国机器人足球事业的发展首先提出了战略目标，即机器人足球的最终目标不是机器人足球队之间的竞争，而是将来用机器人足球队来打败人类足球冠军队，这个目标不仅是一个梦想，而且也是一个具有挑战性的课题。在人类历史上曾经出现过的“登月计划”和“计算机象棋”都是里程碑项目，它们曾经都是一个梦想，但它们的实现将人类带到宇宙航天时代和信息化时代。机器人足球也和这些已经实现的梦想一样是个里程碑项目，它将大大加快“机器人社会”的实现。

为了实现机器人足球的目标，洪教授进一步提出了中国发展机器人足球的三步战略规划，即第一步研究初级水平的半自主型机器人足球（MiroSot），第二步研究中级水平的全自主型机器人足球（RoboSot），第三步研究高级水平的类人机器人足球（HuroSot）。

为了实现这个战略目标与规划，洪教授于1997年7月在哈工大成立了中国第一支机器人足球队及国际机器人足球联盟（FIRA）中国分会。在中国人工智能学会与FIRA总部的支持下，经过6年多的风风雨雨，将中国的机器人足球队从零发展到50多个，在国内兴起了机器人足球热，已举办过“德达杯”、“滨化杯”、“大庆杯”、“哈工大杯”、“西华大学杯”、“武汉工程大学杯”、“北华大学杯”等全国锦标赛，2001年还在北京举办了9个国家参加的“世界杯”机器人足球大赛，将中国机器人足球推向新高潮。他还从2000年起至今多次带领中国机器人足球队参加世界杯机器人足球大赛，每次都有项目获得世界杯冠军。可以说中国的机器人足球已经冲出亚洲，打入世界四强。与此同时洪教授带领十几名博士生开发了具有中国自主知识产权的全自主型足球机器人和仿真机器人足球比赛软件平台，其中全自主型足球机器人已获得了发明专利，仿真机器人足球比赛软件平台获得了软件著作权。在2001年北京举办的“世界杯”机器人足球大赛上首次推出了全自主型机器人足球比赛项目和仿真机器人足球比赛项目，并且在2004年第五届全国机器人足球锦标赛中洪教授又首次推出了类人二足足球机器人，为国际机器人足球的发展做出了不可磨灭的贡献。

哈工大机器人足球队在2001年世界杯机器人足球大会上获四项世界冠军杯

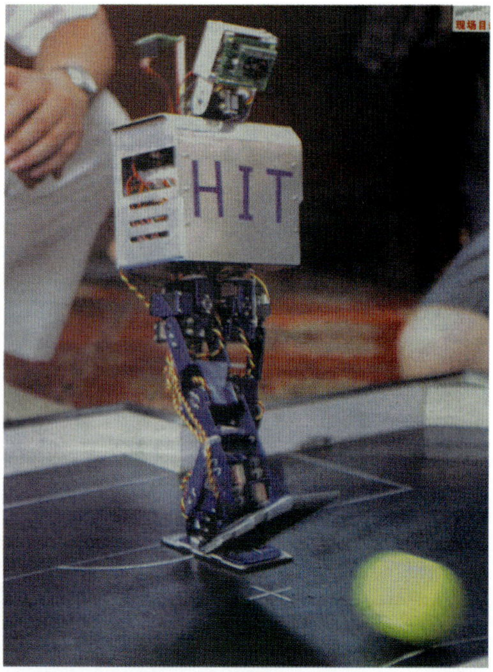

哈工大开发的类人二足机器人在比赛场上

北京理工大学材料学科专家　谭惠民

谭惠民教授从事著述工作

功能高分子材料是一类具有光学、电学、磁学等功能的高分子材料。其在工业、农业、国防、信息行业等领域具有广泛的应用。

北京理工大学功能高分子材料课题组是一支年龄、知识结构合理，并具有朝气和创新能力的学术集体。由北京理工大学材料学科的首席专家谭惠民教授带领，课题组有博士生导师2人，教授3人，副教授5人，讲师2人，实验员1人，并有博士后1人，博士生26人，硕士生9人。研究课题涉及到功能高分子材料的多个领域，并取得了一批有创新意义的研究成果，代表性的研究方向有：树枝形聚合物，一种具有高度支化结构和纳米尺寸的功能高分子材料。该课题先后获得国家自然科学基金、国防科学基础研究计划、中国博士后基金等资助。先后合成出3类17种树形高分子及数十余种衍生物，其中一类8种树形高分子已经达到了工业化生产的水平，并在石油分离、TNT红水处理、乳化炸药稳定剂、纳米滤膜技术等方向取得了一批具有国际先进水平和自主知识产权的应用成果。已获得国家发明奖3项，出版著作1部，发表论文20余篇。目前正在进行丙纶染色、催化剂、仿生合成等方向的应用研究。

热塑性聚氨酯弹性体（TPU），一种具有广泛应用前景和重大社会经济效益的合成高分子材料。先后获得国家“863”高技术计划，国家自然科学基金、兵器预研基金的资助。在国防和民用领域有很好的应用前景。已完成鉴定成果1项，获国家发明专利2项。

环境控制温室功能膜，基于聚合物光氧化降解和雾滴清除原理，采用纳米增强技术、锚合技术等，使得该功能膜具有特殊的光学功能，延长了使用寿命和防雾滴的特效性，并使保温性也同时得到很大的提高。应用领域包括生产特种优质蔬菜和花卉为主的温室。主要产品有环境控制温室用薄膜，环境控制温室用板材等。

蒸汽闪爆技术，通过物理的方法改变纤维素的分子结构，破坏纤维素分子内的微晶区，提高纤维素的可及度与反应能力，为制备高性能的纤维素衍生物提供原材料。此外，在甲壳素改性、高吸水性高分子材料、水性聚氨酯、可降解高分子材料等方面开展了大量的工作。

该课题组学术带头人谭惠民教授，北京理工大学首席专家，材料科学与工程学院首席教授，我国特种材料著名专家。1936年生，广西桂平人。1965年北京工业学院化工系研究生毕业。曾任国家特种材料专业组副组长、国家发明奖、技术进步奖特种材料组评委、美国《应用聚合物科学》（JAPS）杂志编委等职。

他30多年来一直从事功能高分子材料及特种材料的研究及教学，在所研究的领域有很深的造诣，先后获国家高技术发展计划先进个人、先进专题、“七五”、“八五”、“九五”特种材料优秀专家等荣誉称号，有部级科技进步一等奖及发明专利等10项成果。在功能高分子材料方面与美、日、波兰等科研机构有广泛合作。年发表论文近20篇，其中有些在国际上被引用达150多次。著作有《树枝形聚合物》、《聚合物物理及其进展》等。现指导在读博士、博士后等近30名。

与学生在进行树形高分子处理染料废水试验

功能高分子材料课题组讨论纳米粒子增强覆盖膜

生物工程学专家　陈正华

陈正华，1932年出生，生物工程学会细胞工程专业组成员。曾任中国科学院遗传与发育生物学研究所研究员、博士生导师、实验室主任，“Bio Techniques”杂志编委，国际科学基金会博士后导师。

陈正华研究员在承担国家863与国家攻关项目，开展新基因的分离及转基因育种研究，如克隆了Bt杀虫蛋白基因，被国际命名委员会命名为Cry1 Aa10，已获授权发明专利。并将该基因导入棉花，与上海昆虫所李文谷研究员、原郑州棉花所刘英华研究员合作，育成抗虫棉新品种“英华1号”。

她还与中国农业科学院棉所邢以华研究员合作，获得转Bt基因杂交棉，已通过山东省区域试验。将克隆的抗真菌病的木霉几丁质酶基因和β－1，3葡聚糖酶基因的双价基因导入棉花，获得了抗枯萎病及黄萎病转基因株系，与新疆石河子大学乐锦华等协作后，已进入田间释放及新疆区域性试验。在转基因方法方面已获1项授权发明专利，改进了生殖细胞转化技术，不依赖于组织培养再生可使油菜和棉花转化频率达1－2%。与本实验室王兰岚等合作用微束激光穿刺技术将外源基因导入植物细胞中，已在7种植物中获得成功，这在国内外尚未见报道。

陈正华研究员用油菜花药液体漂浮分步培养技术与云南生物技术研究所寸守铣合作，育成油菜双低新品种有7个，均通过了云南省品种审定。其中“H165”通过了国家品种审定，被国家科委批准为“国家级科技成果重点推广项目”，且在青海省、内蒙古自治区都通过了品种审定。2000年农业部第122号公告将“H165”列为适合于当前种植结构调整推荐优质品种。

陈正华研究员

陈正华研究员克隆了抗病与抗虫基因，获3项授权发明专利。曾获中国科学院科学技术进步二等奖、三等奖，云南省优质油菜选育科技进步二等奖，云南省优质油菜星火一等奖，新疆生产建设兵团科学技术进步二等奖。在承担863项目及国家攻关项目中，合作获授权发明专利4项，实用新型专利4项。发表论文200多篇，专著4本，如《木本植物组织培养及其应用》、“Hand book of Plant Cell Culture (Volume VI)”、合作主编了“Plant Biotech-nology for Substainable Development of Agriculture”等专著。指导博士及硕士生29名，博士后4名。

陈正华与实验室工作人员在组培室观察转基因植株

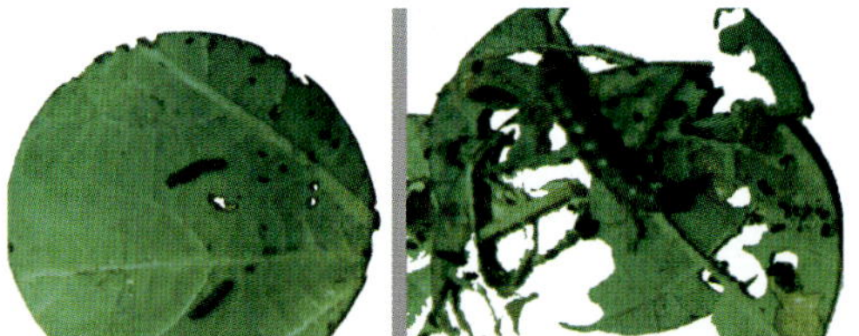

陈正华与抗病虫转基因棉花协作组在南繁基地合影

“H165”油菜大面积丰产田

中国科学院微生物研究所研究员

陈远童

陈远童研究员

陈远童，广东省普宁市人，毕业于北京大学化学系有机化学专业。现任中国科学院微生物研究所研究员、博士生导师，政府特殊津贴获得者，中共党员。

1972年起，师从已故的中科院院士方心芳先生，在石油微生物领域，从事微生物正烷烃代谢的基础理论研究和发酵正烷烃生产混合长链二元酸的应用研究，获国家发明三等奖。1986年，由方心芳院士推荐为课题组负责人，从事发酵生产单一长链二元酸系列产品的应用开发研究，1986—1990年，在中国石化总公司的资助下，完成了十六碳和十七碳两种长链二元酸的实验室小试研究，获2项国家发明专利。从1991年承担国家“八五”和“九五”科技攻关以来，取得2项国际领先水平和2项国际先进水平的科研成果，获“八五”和“九五”国家科技攻关重大科技成果奖和优秀科技成果奖，获中科院发明一等奖和三等奖，获中科院与省市、企业合作奖个人二等奖。申报7项国家发明专利，已授权6项，在产业化方面成绩突出，使微生物发酵生产长链二元酸的技术形成一个可持续发展的新兴绿色化学大产业，产生了较好的经济和社会效益。

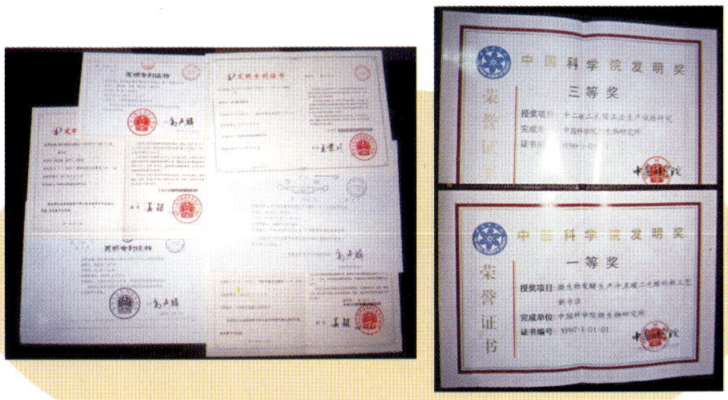

专利和部分获奖证书

专 利 号： ZL 87105445.0
专利名称： 微生物发酵正烷烃生产长链α,ω－二羧酸的方法
专利权人： 中国石油化工总公司
中国科学院微生物研究所
发 明 人： 陈远童等
专利介绍： 用一株热带假丝酵母UH-3-9菌株发酵正十六烷(nC_{16})生产十六碳二元酸(DC_{16})。

专 利 号： ZL 89102548.0
专利名称： 微生物发酵正烷烃生产长链α,ω－二羧酸的方法
专利权人： 中国石油化工总公司
中国科学院微生物研究所
发 明 人： 陈远童等
专利介绍： 用一株热带假丝酵母NP-260菌株发酵正十七烷(nC_{17})生产十七碳二元酸(DC_{17})。

专 利 号： ZL 94100594.1
专利名称： 微生物发酵正烷烃生产长链α,ω－二羧酸的方法
专利权人： 中科院微生物所
发 明 人： 陈远童等
专利介绍： 用一株热带假丝酵母高产菌株NP-6-126，发酵正十五烷（nC_{15}）生产十五碳二元酸（DC_{15}）。

专 利 号： ZL 95117436.3
专利名称： 微生物同步发酵正烷烃生产长链α,ω－二羧酸的方法
专利权人： 中科院微生物所
发 明 人： 陈远童等
专利介绍： 用一株热带假丝酵母突变菌株同步发酵正十二烷（nC_{12}）生产十二碳二元酸（DC_{12}）。

专 利 号： ZL 97103876.7
专利名称： 微生物同步发酵正十三烷生产十一烷1,11－二羧酸的方法
专利权人： 中科院微生物所
发 明 人： 陈远童等
专利介绍： 用一株热带假丝酵母突变菌株P-12-242，同步发酵正十三(nC_{13}),高产十三碳二元酸(DC_{13})。

专 利 号： ZL 02100215.0
专利名称： 微生物同步发酵正十四烷生产十二烷1,12－二羧酸的方法
专利权人： 中科院微生物所
发 明 人： 陈远童等
专利介绍： 用一株热带假丝酵母突变菌株NP-6-5，同步发酵正十四烷(nC_{14}),生产十四碳二元酸(DC_{14})。

北京航空航天大学　张玉茹

张玉茹教授

张玉茹，大连理工大学机械工程学士（1978－1982），北京航空航天大学机械工程硕士（1982－1984）、博士（1984－1987）。北京航空航天大学讲师（1987.10－1990.4），副教授（1990.5－1997.6），教授、博导（1998－），机器人所副所长（－2001），机械工程与自动化学院副院长（2003－）。加拿大Simon Fraser 大学Postdoctoral Fellow，Research Associate（1994－1996），香港城市大学Research Fellow（1999.1－1999.3）。

学术活动与兼职

IEEE 会员，ASME 会员，中国机械工程学会机械传动分会委员，中国机械工程学会机构学专业委员会委员（2000－），中国自动化学会《机器人》编委会委员（2004－），教育部留学回国人员科研启动基金评审专家，IMG04 国际会议程序委员会委员（International Conference on Intelligent Manipulation and Grasping，Italy，July 1－2，2004），两次获国家自然科学基金资助，出席IEEE 智能机器人与系统国际会议，并担任分会主席。

学术成就

发表论文70余篇，SCI、EI、ISTP 累计收录43篇，获国家专利1项，受理6项。科研成果获省部级2等奖两次、3等奖一次；教育部“跨世纪优秀人才”，航空工业总公司“做出突出贡献的中国博士学位获得者”，北京市青年学科带头人和优秀青年骨干教师。近年来主要研究方向为机器人灵巧操作、医用机器人和触觉人机交互技术。

主要科研项目

1、国家自然科学基金专著基金，“机器人灵巧手：设计、控制与规划”（2004.1－12）

2、国家自然科学基金，“面向口腔临床操作模拟训练系统的触觉再现技术研究”（2003.1－2005.12）

3、教育部跨世纪优秀人才基金，“力觉交互装置研究”（2004.1－2005.12）

4、863计划，“机器人辅助微创手术系统研究”（2001.10－2003.10）

5、国家自然科学基金，“基于6维力传感器的灵巧手控制和操作规划”（2000.1－2002.12）

6、科技部国家重点科技项目（攻关）计划，“K10S 工业机器人性能的理论研究与实验分析”（1997.6－2000.6）

德瑞钻采新技术发展有限公司

杜晓瑞

简历

1956年8月　毕业于西安石油学校
1958年8月　北京石油学院进修结业
1964年3月　克拉玛依油田钻井队技术员
1975年10月　胜利油田钻井队技术员
1978年8月　中原油田钻井指挥部技术科技术员
1983年3月　中原油田钻井指挥部副指挥兼总工程师
1984年9月　中原油田钻井二公司经理兼总工程师
1992年3月　中原油田副总工程师
1996年12月　中原油田总工程师兼钻井集团总经理
至　今　退休被石化集团公司聘为科技咨询专家

本公司是一个从事石油天然气钻采工艺、工具研究、开发、推广的专业化公司，现已申请专利64项，其中发明专利三项，已全部授权加工试制42项，实验定型23项已进行批量生产。

现将部分专利功能简介如下：

专利名称	功能及价值
耐超高压钻井设备（发明）	使钻进泵压提到40－45MPa，可使机械钻速提高2倍以上，缩短建井周期20%以上，降低工程造价10%以上。能使钻井速度水平达到国际领先水平。
超短曲率半径水平井钻井、完井的方法及其装置和柔性螺杆钻具（发明）	用于钻新井和老井改造。利用单层辐射状坑道开采方法，可使日产量提高3～5倍，可使油田的最终采收率提高50%至数倍，特别适应用稠油、低渗油、裂缝、溶洞油田及老井改造。
双作用减震器	接在钻头上，消除和减轻各种原因引起的跳钻，保护钻头，保护钻具，提高在钻头的使用寿命，促使钻进参数合理化，提高钻井速度，减少钻具事故。
恒压减震接头	接在钻具的中和点上，确保上部钻具不会受压和跳动，保护钻具。保护井壁，促进安全且司钻送钻均匀、稳定。
遥调扶正器	钻进中需经常调整井眼轨迹，现有方法是起出钻具，改变扶正器位置或外径，这样耗时多、费用高，利用该工具，可以从地面对井下扶正器改变尺寸，达到改变井眼轨迹的目的。
双作用单流阀	接在方钻杆上下，接单根时具有防溅功能，并可以关闭钻具水眼，可加装压力表观察钻具内的压力，接在井下钻具上，可以利用开泵次数数控制阀的开关。
多轮打捞器	多个牙轮或其他磁吸金属落井，利用该工具可一次捞获，操作简单，使用寿命长，适应温度分120和200摄氏度两种。
井底清洁器	井底有碎的金属块或砾石，影响井下安全和钻头特别是PDC钻头使用寿命，此工具可一次下井有效清除。两次打捞中子原都是一次成功。
水力弯接头	井下发生断钻具，当鱼头进入大肚子井眼，打捞很困难。此工具多次使用效果可靠。其弯曲度达15度。
独轮扩大器	用于已钻成井眼，可以把120毫米井径扩大到600毫米，把215毫米井径扩大到1000毫米

本公司对所售出工具进行培训，对复杂工具进行现场指导。本公司产品由于设计和加工质量问题，负责免费修理和召回退换。

董事长、经理：杜晓瑞
地　址：中国河南濮阳市中原路59号 邮　编：457001　电　话：0393－4896872　传　真：0393－4823730
开户银行：濮阳工行油办　帐　号：1712020409049013620

农业进步　科技先行

——农药专家 张鸿秀

张鸿秀工程师

张鸿秀，**1940**年出生，江苏泰兴人，大学毕业。高级工程师，现任中国植保学会杂草研究会、中国林学会化学除草研究会聘其为常务委员或常务理事等职。

张鸿秀工程师90年代初，开始进行农药助剂的制取与应用的专题研究，成功开发出高效植物源非离子型助剂SD、SDP系列产品，获国家级新产品和江苏省高新技术产品称号。与此同时，他展开了草甘膦制剂生产方法的创新研究，在1997年研制成功“草甘膦可溶性固体剂型”，经我国农药学界和植保学界的著名专家科技鉴定后，评述为“创造性的将新型、高效植物源助剂与草甘膦原药配制而成”，“解决了草甘膦原药在水中溶解度低的难题。避免目前常用的草甘膦盐类产品生产过程中化学反应所造成的有毒、易爆、易燃物质的使用，十分安全”，“该成果属国际领先水平”。同年申报了国家发明专利，2001年获《发明专利证书》。

张鸿秀工程师2002年又研制成功两个高新技术产品，一个是98%高纯度草甘膦铵盐原药，被评价为“国际先进”。另一个新产品是使用98%高纯度草甘膦铵盐原粉配制的88.8%草甘膦铵盐水溶性粒剂，这是世界上最高含量的铵盐制剂，在科技成果鉴定中被评价为“国际领先”。这两个高新技术产品均在2002年8月7日申报了发明专利，2002年8月12日国家知识产权局核发了《专利申请受理通知书》（申请号：02138099.6和02138098.8）。以上2个专利申请，目前均处于实审阶段。

张鸿秀工程师对农药作出重大贡献，其事迹被收入到《民族的精英》和《当代世界华人杰出科技专家》，并被载入大型文献《三个代表的理论与实践》中。他的发明，先后被香港国际新技术新产品博览会、伦敦国际科技博览会、日内瓦国际专利技术成果博览会评为金奖。张鸿秀本人也被世界专利交易评估及促进委员会聘为国际专利事务评估师，日内瓦全球发明家公会会员，北京中科首创应用技术研究院终身会员，伦敦应用技术研究院高级研究员，香港国际科学院院士等。

专利名称：“草甘膦可溶性固体剂型”
专　利　号：ZL97107058・X
专利简介：该专利发明的“混和直溶法”的物理方法，比传统的“成盐法”的化学反应生产的制剂，无论从药效、毒性及对环境的保护等诸多方面，均具有许多新的优良特性

部分奖章及证书

浙江农科院　陈锦清

陈锦清博士在实验田

陈锦清，留日归国博士，研究员，病毒学与生物技术研究所所长，浙江绿洲生态股份有限公司副董事长，全国“五一”劳动奖章获得者。

学成归国后，他一直致力于作物品质改良基因工程研究。从光合产物分配角度出发，根据蛋白质、油脂生物合成以磷酸烯醇式丙酮酸为共同底物的代谢原理，原创性提出拥有自主知识产权的调控籽粒蛋白质/油脂含量比率的“底物竞争”假说和反义PEP基因提高种子含油量技术途径。自主克隆PEP基因片段并成功构建anti-PEP植物表达载体。首先运用ASOND法，将其导入向日葵、蓖麻、芝麻等作物中，种子含油量得到显著提高；继而建立油菜高效农杆菌转化体系，获得了高油优质食用“超油1号”、超高油高芥工业用“超油2号”两个高油反义PEP油菜品系，含油量均较受体品种提高25%以上，其提高幅度在现有转基因提高油菜含油量技术中是最高的。将Anti-PEPC导入大豆基因组，得到转基因大豆种子油脂含量亦大幅上升。目前“利用反义基因调控籽粒油脂含量的方法”已获国家发明专利，多国国际专利已进入实审。超油1号和超油2号油菜，经农业部批准进行生产性试验，成为国内首批进入生产性试验阶段的主要转基因农作物。该项研究荣获由568位两院院士评选出的2002年度中国十大科技进展。

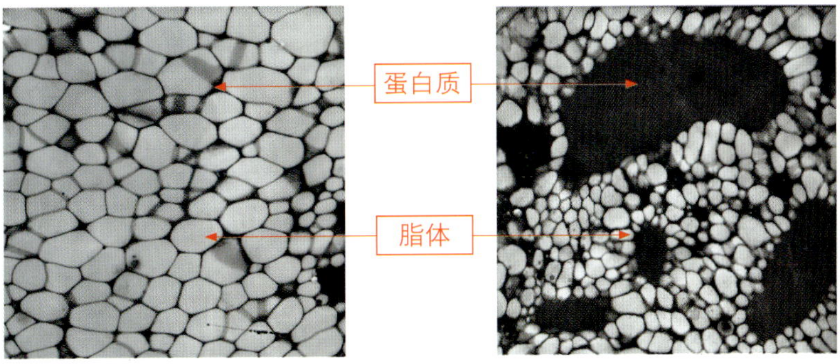

超油2号(*1000)　浙优油1号(*1000)

油菜籽粒贮藏细胞超微结构

现在陈锦清博士主持国家科技部转基因专项“转基因新技术在作物育种中的应用研究”，国家“863”计划、国家自然科学基金等重大国家级研究项目及省部级课题20多项，“浙江省植物代谢基因工程试验基地”省级重点试验基地建设项目通过专家论证，已经启动。迄今，他在国内外重要学术刊物上发表论文40多篇，获浙江省科技进步三等奖2项，国家专利1项，申请国家发明专利3项。

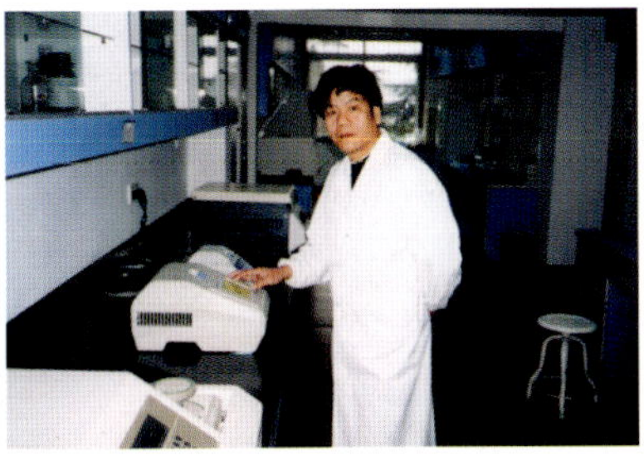

陈锦清博士在实验室

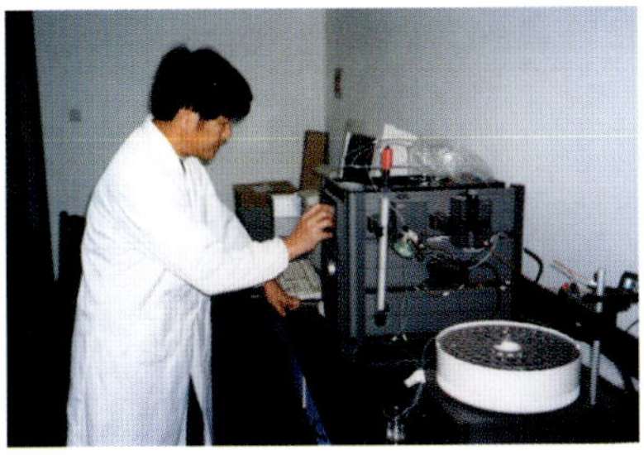

工作中的陈锦清博士

2004 绍兴大田

武汉大学化学与分子科学学院

周元全

周元全，1946年生，武汉大学化学与分子科学学院副教授。长期从事物理化学（电化学）教学与科研工作。主持参加了地方企业、省、市、国家以及国防多项研究课题，并取得多项科研成果。发表学术论文20余篇。

周元全教授

他主持的6项研究成果，先后通过省、市级技术鉴定验收，其中："电解水杀菌器"、"饮食器皿消毒机"、"电化学臭氧发生器"以及"臭氧化水处理器"4项成果鉴定为"国内首创"。"SPE膜复合电极电解臭氧发生器技术中试"、"臭氧消毒剂生成机研制及应用研究"2项技术成果鉴定为"国内首创，达到国际先进水平"。"饮食器皿消毒机"、"臭氧化水处理器"2项获"湖北省科技进步奖"三等奖，"电解臭氧技术及其应用"获2002年湖北省"技术发明奖"二等奖。

他主持研究并申请和获批有效专利共16项，正在受理中3项，其中获批日本发明专利1项，获批台湾发明专利1项，获批国内专利11项。1987年获武汉大学"先进工作者"称号，1991年获武汉大学"75期间先进科技工作者"称号，1996年获"武汉市优秀科技工作者"称号，2001年被武汉市环保产业领导小组聘请为"武汉市环保产业专家委员会委员"。

1999年武汉大学与企业共同组建了"武汉康桥环保设备有限公司"。近几年，企业以他的发明专利技术为依托，实施产业化。在这个过程中，已开发了"水处理"、"空气净化"、"医用消毒治疗"和"家用消毒"等4大系列共10多个品种的产品。该系列产品于2001年分别获湖北省药品监督局颁发的"医疗器械生产企业许可证"、"中华人民共和国医疗器械注册证"。于2002年在国内唯一获得中华人民共和国卫生部颁发的"国产消毒药剂和消毒器械卫生许可批件"，为"高浓度臭氧水"在医疗卫生领域的应用开辟了广阔的前景。

质子交换膜型电解式臭氧发生装置

"武汉康桥环保设备有限公司"被评为"武汉市高新技术企业"、"青山国家环保科技园骨干企业"，2001年9月产品"电解式臭氧发生器"被列入国家级火炬计划项目，同年"臭氧消毒保鲜剂生成机生产项目"被列入国家级星火计划项目。公司实施了多项发明专利的产业化，累积实现产值达6500万元，改善和提高了人民生活质量和健康水平。周元全作为专利发明者，为国民经济建设、国防、环境保护和人类健康事业做出了重要贡献。

江苏大学机械工程学院　　张永康

张永康，汉族，教授，博士生导师，江苏大学机械工程学院书记兼副院长，激光技术研究所所长。1963年3月出生于江苏省张家港市。1984年毕业于南通纺织专科学校纺织机械与制造专业。1984年7月——1989年8月期间，在江苏省句容县农机二厂内拖车间工作，1989年9月——1992年2月在江苏理工大学机械制造工程系攻读硕士学位，并光荣地加入了中国共产党。1992年3月——1995年6月，在南京航空航天大学机械制造工程系攻读博士学位。1995年7月——1997年12月，在南京大学物理学博士后流动站工作。

学术兼职：中国光学学会激光加工专业委员会委员；中国机械工程学会特种加工专业委员会委员，束流及超声加工技术委员会副主任；江苏省声学学会理事。

荣誉称号：享受国务院政府特殊津贴，江苏省普通高校“青蓝工程”跨世纪学术带头人，江苏省第六届青年科技奖获得者，江苏省劳动模范，江苏省有突出贡献的中青年专家。江苏省“333新世纪科学技术带头人培养工程”的第三层次培养对象，教育部跨世纪优秀人才。江苏大学机械制造及其自动化省重点学科带头人，2002年被评为江苏省普通高等学校“青蓝工程”优秀学科梯队。

科研成果：“激光冲击硬化处理系统及其应用研究”获中国科学院成果进步二等奖，“航空结构抗疲劳断裂的激光冲击强化技术”获航空工业总公司科技进步三等奖，“激光冲击强化技术”获江苏省科委科技进步三等奖，“金属材料的激光冲击强化技术”获江苏省教委科技进步二等奖。发表论文100多篇，申请专利12项，其中发明专利9项。专著3部，参编教材1部。

主要研究方向：激光加工与检测、先进制造技术。最新成果是原创性地提出金属板材激光冲击快速成形的新概念，这将形成新的高应变率塑性成形理论，开辟新的成形技术，并且获得发明专利3项。

目前正在承担的课题有：国家863计划课题2项（主持）、教育部跨世纪优秀人才培养计划基金1项（主持）、国家自然科学基金1项（主持）、航空基金1项。

联系电话：0511－8797198

传真：0511－8791739

E－mail：ykzhang@ujs.edu.cn

药物化学专家　　宫平

博士生导师宫平教授

宫平，1964年2月生，新疆乌鲁木齐市人，博士，博士生导师，教授。现担任沈阳药科大学制药工程学院化学制药系主任，沈阳市创新药物重点实验室主任，主要从事药物化学专业的教学和科研工作。

宫平教授长期从事抗感染药物和抗肿瘤药物等的创新研究工作，主要包括5－羟基吲哚类、大环内酯类、噁唑烷酮类、碳青霉烯类抗生素以及酪氨酸激酶抑制剂等的设计合成与研究。作为课题负责人，先后承担国家、省、市级科技计划项目8项，其中，抗流感病毒化合物AIV－018的研究获国家"十五"重大科技专项资助，5－羟基吲哚类化合物的研究获国家自然科学基金资助。对其抗病毒活性进行深入研究，得到了抗乙肝病毒和抗SARS冠状病毒活性较好的新化合物，已申请相关国内发明专利3项，有望开发成为具有独立知识产权的新型抗病毒药物；进行了治疗乙型肝炎一类新药草酸阿地福韦双特戊酰氧甲酯的研发工作，并申请相关发明专利1项，现已开始临床研究工作；先后完成了一系列仿制新药的研发工作，已获得四类新药证书四个，其中头孢泊肟酯、盐酸头孢他美酯、盐酸头孢吡肟、那格列奈等7个新药品种已向企业转让，投产后累计为企业创利近6千万元，实现利税约3500万元，为企业创造了巨大的经济效益，成为推动企业发展的动力。

宫平教授共指导硕士研究生28人，博士研究生9人，已在国内药学核心刊物发表论文近30篇，其中SCI收载6篇。

重庆第三军医大学　邹全明

办公中的邹全明教授

邹全明，汉族，四川西充人，41岁，1984年本科毕业于西南农业大学动物医学专业，1987年硕士毕业于解放军兽医大学人兽共患传染病专业，1991年博士毕业于第三军医大学免疫学专业。德国汉诺威大学访问学者。

现任重庆市生物制药工程技术研究中心主任、第三军医大学生物医药中试研究基地暨医学检验系临床微生物及免疫学教研室主任、教授，博士生导师。同时担任中国生物工程学会医药技术专业委员会委员、中国微生物学会医学微生物与免疫学专业委员会委员、重庆市生物医药技术协会常务理事、重庆市生物医学工程学会常务理事、重庆市微生物学会理事、重庆市人民政府科技顾问团顾问、重庆市卫生科技顾问团顾问、重庆市新药评审委员会委员等学术职务。

长期从事分子免疫学、微生物学、临床检验诊断学、生物制药学的研究与应用开发工作，先后获军队及重庆市科技进步奖4项；2002年获军队育才奖银奖，培养博士后3名，博士16名，硕士31名。发表论文110余篇；申请国家发明专利8项；获得具有自主知识产权的国家一类新生物制品临床试验批文1项、国家卫生部保健食品批文2项。创建集“产、学、研”一体化的第三军医大学生物医药中试研究基地。主持了国家“十五”重大科技专项、国家863高技术计划、国家科技重点攻关计划、国家新药基金、国家中小企业创新基金、国家自然科学基金以及军队、重庆市等重点科研项目15项。

国家FSDA前副局长戴庆俊参观GMP车间邹全明教授作讲解

重要成果（专利技术）

1. 口服重组幽门螺杆菌疫苗，国家一类新生物制品I、II期临床试验批文（2003L01782），专利申请号99103724.3、200410022186.7、200410022360.8；
2. 新型免疫调节剂——鳖甲氨基酸钙胶囊，卫食健字(2000)第0510号，专利号ZL 99 1 17445.3；
3. 免疫活性素胶囊，卫食健字(1999)第0508号，专利号：ZL99 1 15043.0；
4. 酵母表达人白细胞介素10的方法，专利申请号02128001.0；
5. 人和易感动物O157菌感染免疫预防和治疗用途的基因工程疫苗构建及其制备方法，专利申请号200410032026.0；
6. 一种大肠杆菌不耐热肠毒素新型突变体及其制备方法，专利申请号200410040236.4。

负责的重大、重点科研课题

1 国家重大科技专项（2003AA2Z3C64）——口服重组幽门螺杆菌疫苗临床研究；

2 “十五”863课题（2001AA215161）——基因工程人幽门螺杆菌疫苗；

3 国家“九五”科技攻关重点项目（96-901-01-54）、重庆市重大科技攻关项目——幽门螺杆菌双价亚单位分子内佐剂疫苗研究；

主要代表性论文

1. 幽门螺杆菌UreB与大肠杆菌LTB融合蛋白的表达及生物活性研究 中国生物制品学杂志2003，16（4）：201-204［通信作者］
2. Expression, purification and immunocharacteristics of recombination UreB protein of H. pylori. World Journal of Gastroenterology. 2001;7(3):389-393［通信作者］
3. 幽门螺杆菌长期感染蒙古沙鼠模型的建立 中华微生物学和免疫学杂志 2001;21(6):683-684［通信作者］
4. 重组人幽门螺杆菌热休克蛋白A亚单位在大肠杆菌中的表达及免疫学分析 中华微生物学和免疫学杂志 2000，20（3）：192，199-201［通信作者］
5. 人幽门螺杆菌保护性抗原HspA基因克隆的研究。生物技术通讯，1997；8（3）：137［第一作者］
6. 不同诱导因素对PL.PR启动子控制人IL-2基因转录影响。免疫学杂志，1996；12（4）：254［第一作者］
7. 显著提高人IL-2cDNA基因在大肠杆菌中表达的研究。第九届国际免疫学大会论文集，1995，296［第一作者］
8. 重组CHO细胞高效表达人IL-2R α链的研究。免疫学杂志，1992，8（4）：223［第一作者］
9. 人IL-2的基因结构与表达调控。免疫学杂志，1992，8（2）：71［第一作者］

南化集团研究院　王祥云

南化集团研究院大楼

南化集团研究院 始建于1958年，前身为化工部南京化工研究院，经过40多年的发展，南化集团研究院在化工催化剂、化工原料气体净化技术、化工环保技术、氨和甲醇合成反应器、化工计算机应用技术、硫酸工业技术、仪表及自动化等领域形成了系列技术和产品优势，先后获多项荣誉称号。共取得400余项重大科技成果，荣获国家和省市级以上科技奖励242项，国家级“九五”重点推广项目5项。为我国化学工业的科技发展、技术进步做出了重大贡献。作为技术创新主体，南化集团研究院紧紧围绕形成自主知识产权，加强核心技术竞争能力这一企业战略目标，强化全员知识产权意识，积极推进院知识产权工程。

近几年，院领导层采取了一系列措施加强专利工作，安排了专门人员从事专利工作，出台了一系列管理制度，每年拨出专门经费用于专利申请、维持、奖励等，有效促进了院专利事业的发展。目前，南化集团研究院自1985年专利法颁布实施以来至2003年底，共申请专利94项，其中发明专利82项，实用新型专利12项，共获得授权专利41项，其中发明专利33项，实用新型8项，现专利权仍处在有效期的31项，发明专利25项，其中实用新型6项。在同类科研院所中，专利申报量和授权量名列前茅。

王祥云 南化集团研究院教授级高级工程师，1966年毕业于中国科学技术大学。20多年来他主持完成了国家科技攻关项目和部、省级重点科研项目10多项。获国家、部、省、市科技成果奖10多项。其中，国家‘七五’攻关项目“空间位阻胺脱除二氧化碳新技术”与“气液传质数学模型的开发及应用”，建立的气体净化流程模拟系统比国际著名的ASPEN、PROCESS、APSS等化工通用、专用流程模拟系统的气体净化部分更精确、完善，由此开发的“气体净化计算机节能辅助操作系统”达到90年代国际先进水平；此两项目1995年获化工部科技进步二等奖，并被列入国家科委“八五”重点推广项目，由他开发的“低供热源变压再生新工艺”具有创新性，其流程和操作指标为国际首创，达到同类脱碳工艺国际先进水平。1999年获国家石油和化学工业局科技进步二等奖、国家优秀发明专利。两年来已有14家中型合成氨厂以及越南民主共和国的河北化肥厂采用此项技术，每年合计节省蒸汽160万吨、年经济效益1亿元以上 。上述3项相关技术1999年合评为国家科技进步三等奖，并列入国家“九五”科技成果重点推广项目。他还在国内外发表论文40余篇，有的论文被SCI和EI收载。

他曾获南京市科技战线先进工作者、化工部“全国化工科技先进工作者”、江苏省“有突出贡献的中青年专家”称号，以及国务院颁发的政府特殊津贴。2001年12月 被评为南京市“十大科技之星”。2004年获江苏省首届十大杰出发明人称号。

重庆大西南燃气有限公司

高级工程师尹朝国

尹朝国高级工程师

尹朝国，1941年出生，1967年毕业于重庆大学压力加工专业，高级工程师，历任重庆锻造厂技术厂长，重庆市经委锻造行业规化办副组长，国家派出赴扎伊尔手工农具厂专家组副组长、工程师，重庆市巴南区星合工贸有限公司副总经理等，现任重庆大西南燃气有限公司常务副董事长、总工程师。

尹朝国工程师发明的电热电子点火天然气燃料燃具，结构简单、使用方便、燃料充分、污染小，用该专利原理，重庆大西南燃气有限公司2004年拟与重庆市圣达交通能源发展有限公司在重庆市巴南区星合工贸有限公司的巴南区和新疆木垒县各建一个“JHJ98醇烷仿真(超级)”天然气供气站示范站，为全镇3000户居民管道就地产气，建站输送各家各户使用，直接用现市面的天然气各类电子点火灶与热水器满足已小康富裕的各城市、县、乡镇居民、餐馆、食堂与部队，以及工业锅炉，窑炉用气使用。居民3–5口之家月气费30元左右，深受用户好评，是取代液化气罐与补充天然气不足的替代新能源。

尹朝国工程师曾获发明专利2项，其中“环抱钩式通用车辆矿车安全自动联接器“(专利号: 93238570.2)获“中州杯”专利科技成果展览会金奖。“电热电子点火天然气燃料燃具”(专利号: 98228712.7)于1999年7月6日获得世界著名机构活动委员会颁发的“21世纪的发明家”证书和“千年之交”金质勋章一枚；2000年4月1日经世界发明家国际协会专家评审团评定，荣获国际发明金奖；2001年8月16日经美国国际发明发展中心颁发专利资产评估报告书，其无形资产为252万美元；2001年10月2日美国国际发明发展中心内部股东资格证书认证，股权37万美金。

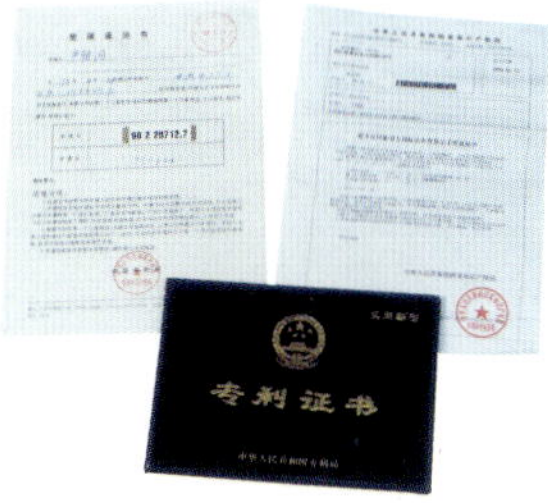

专利号：98228712.7

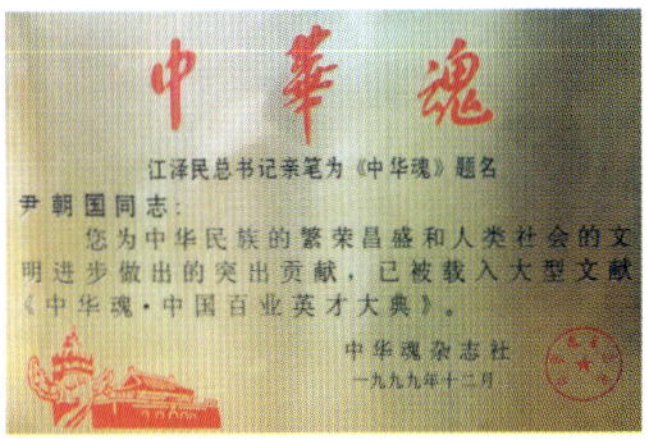
中華魂

江泽民总书记亲笔为《中华魂》题名

尹朝国同志：

您为中华民族的繁荣昌盛和人类社会的文明进步做出的突出贡献，已被载入大型文献《中华魂·中国百业英才大典》。

中华魂杂志社

一九九九年十二月

所获部分专利及证书

变压器专家　郭欲平

郭欲平，高级工程师，出生于1939年11月，湖南大学电机专业毕业，现任长沙顺特变压器厂总工程师。他一直从事产品设计，先后担任过80多项新产品的开发与研究工作。参加了国家“七五”和“八五”重大科技攻关项目。共获得省、部级科技进步奖14项，专利9项；今年又开发了2项新产品，填补了国内空白。在省级以上刊物或全国性学术会议上发表论文12篇。

自1987年以来先后两次被评为湖南省优秀专业技术工作者和长沙市有突出贡献的专家。1989年被评为省、市劳动模范和市科委授予的先进个人称号。1992年获长沙市特殊贡献奖，将事迹记入长沙市志，并享受副市级干部待遇。同时，还获得国务院政府津贴、机电部有突出贡献专家，以及由湖南省机械工业厅授予的优秀研究所长称号。1994年由湖南省经委授予先进个人称号。同时，分别列入《当代科技之星》、《当代世界名人》、《中国当代名人大典》。1995年获湖南省优秀中青年专家称号，同年被《变压器》杂志聘为编委，连续聘任至今。1996年被选入由英国剑桥国际传记中心（IBC）主编的《国际传记词典》和《国际知识分子》。同年还获长沙市冶金机械工业局授予的优秀技术工作者称号。1997年又被美国ABI传记学院编入《国际五百位杰出领导者》。1999年由湖南省经贸委授予《技术创新先进个人》称号，同年5月其事迹被载入《科学中国人·中国专家人才库》；8月又被英国剑桥国际传记中心（IBC）授予“20世纪2000位杰出知识分子”称号。

由他设计的2000 kVA中频变压器被用于亚洲一号通讯卫星发射架大型园环进行中频淬火，获得一次性成功。研制成功31500kVA双频变压器，目前是我国最大容量的中频变压器，也是上海宝钢第二期重点工程的配套设备，该产品解决了大型轧辊双频淬火设备需要进口变压器的难题。非晶合金铁心变压器是国家“七五”重大科技攻关项目之一，在此期间由他主持研制了两种产品，一种是配电变压器、另一种是曲轴淬火中频变压器。这一课题的研究成功引起了国内外有关专家的关注，由美国出版的《ELECTRICAIREVIEW》杂志曾作过报导。

在他的工作范围内，大部份内容是研究铁路电气化所需的牵引变压器新产品。在解决了韶山1型电力机车变压器可靠性难题以后，近年来主要从事铁路沿线牵引变电所的主变压器研究。为了提高变压器的抗短路能力，首先采用了圆柱形弹簧压紧装置（已授权专利）。同时改进了变压器内部的绝缘结构，使其能达到线圈的同步压紧。因此，在他所在的工厂生产的牵引变压器自挂网运行至今，从未出现过重大质量事故。

应用线圈的交叉原理，成功地解决了绕组设置的电磁耦合问题，而使AT供电方式的31 500KVA单相牵引变压器一次性研制成功。在此基础上，又成功地开发了新产品三相V/V接线牵引变压器（已授权发明和实用新型专利）。

由于电力机车是大型单相直流负荷，不但造成电网不平衡，负序分量增加。同时，还会造成谐波干扰。尤其是近年来铁路电气化的高速发展，这种影响越来越引起人们的关注。所以，大力研究和推广平衡牵引变压器是改善上述不利因素的有力措施。他与湖南大学合作，研制的多功能平衡牵引变压器就是目前较为理想的产品，不但在抑制谐波的理论上有很大突破，而且在变压器内部结构上也有新的发展，该产品已在多条铁路线上采用。

为了适应经济发展的需要，国家将会加大铁路基本建设的力度，特别是我国石油资源紧缺，发展电力牵引是必然的方向。为了适应这一市场的需求，他在年内又成功地研发出220KV单相和V/X接线牵引变压器。目前，已在有关线路上运行，达到了预期的效果，今后将会以更多更好的产品贡献给铁路电气化建设。

贝氏体钢研究及推广中心　　方鸿生

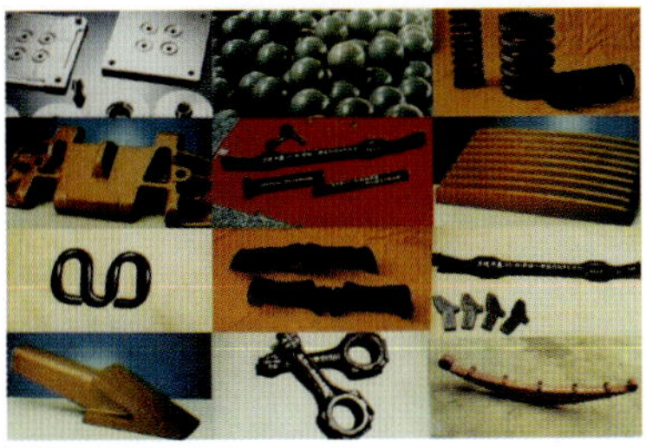

部分贝氏体钢产品：模具、钢球、弹簧、汽车前桥、连杆、耐磨件等

清华大学方鸿生教授是国际上两大类空冷贝氏体钢之一锰系贝氏体钢的发明人和代表人物，是贝氏体相变扩散学说重要代表人之一。

他发明以廉价锰、硅、铬为主要合金元素的锰系空冷贝钢系列材料12种；创立钢中空冷获各类贝氏体的新合金化途径，有自主知识产权；创立适应于大生产的成套技术，空冷自硬，可免除淬火或淬回火，节能、降成本、高效益。

获中、美、澳、新西兰等国的10多项发明专利，获国家发明二等奖，北京市科技进步一等奖，中国专利发明创造金奖，杜邦科技创新奖等。发表《贝氏体相变》等专著3部，论文233篇，SCI收录73篇，EI收录115篇。贝氏体钢被列为国家级推广项目，科技部和教育部在清华大学设立了“贝氏体钢研究及推广中心”，该中心承担了“973”、“863”等多项国家项目及与企业合作项目。新型贝氏体钢已在汽车、石油、机械、铁路等多个工业领域，并在二汽、济钢、攀钢、包头钢铁公司、大同矿务局等大中型企业得到广泛大量的生产和应用，创显著经济社会效益。

高强高韧贝氏体钢制造的高速重载铁路用道岔

贝氏体钢中厚板在济南钢铁集团公司进行工业性轧制生产

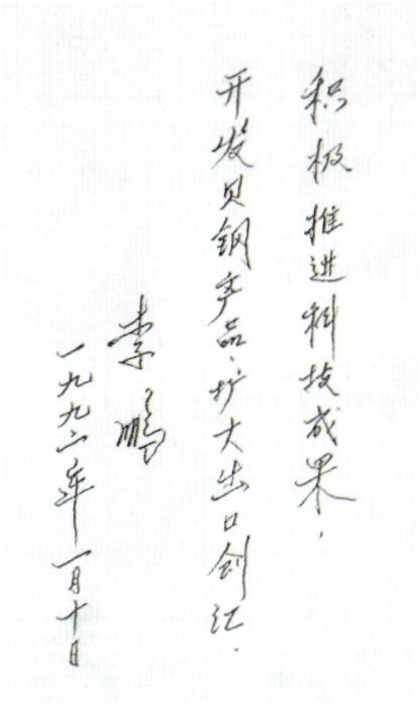

李鹏同志为清华大学贝氏体钢研究及推广中心题字

温州大学应用技术学院　　郭玉生

郭玉生，教授，中共党员，1941年生于山西晋城，1965年毕业于中国科技大学近代化学系，毕业后被分配到核工业203所任高级工程师，1990年后在西安石油大学和温州大学任教授。长期从事分析测试的实验工作，理论研究和教学工作。在实验室工作40年，从事过原子发射光谱分析、等离子发射光谱分析、原子吸收光谱分析、红外光谱分析、紫外光谱分析、色谱分析，完成了许多分析和剖析数据报告。发表论文50余篇，专著1部，获发明专利1项，先后获得部局级科技进步奖共9项，获中国石油天然气总公司高教实验室先进工作者和陕西省教委高教实验室先进工作者。在温大任分析测试中心主任期间，通过分析测试密切学校与温州企业的联系，每年都解决企业生产和产品开发中的许多实际问题，大大促进了地方经济的发展。

取得的一些成果：

1、专著《有机物的原子光谱分析》，1997年辽宁省科技出版社出版。本书系统论述了原子光谱法分析有机物基本理论、现代仪器、现代分析方法，总结了各类有机试样的分析实例，特别是系统地阐述了通过原子光谱法间接分析有机物的方法。

2、1993–2003年期间，研究创建了“碳化酸溶法”消解有机试样，拟称“郭玉生消解法”，简称“郭氏消解法”。“碳化酸溶法”是他创建的一种消解有机化合物试样的通用方法，经长期系统研究，成功地完成了各类有机试样的消解，如原油、石蜡、沥青、润滑油、环烷酸盐、尼龙、橡胶、工程塑料、化妆品、皮革、动植物体等。消解过程中。虽然使用了高氯酸，但不会发生爆炸。该法简单、方便、通用，并发表了系列文章。

3、1996–1999年期间，研究创建了“中小型造纸厂污水污泥零排放污水处理方法”，并获得发明专利，专利号：ZL 99 1 15716.8。

4、在1990年前后，对鸡蛋保鲜进行了研究，并以“一种鸡蛋保鲜剂”申请了发明专利。

5、提出了“支高点建井，等高梯田灌溉法”的建议。

重庆大学材料学院　丁培道

丁培道，1935年2月生于江苏徐州，1957年毕业于重庆大学，1987–1988年曾留学英国帝国理工学院。现任重庆大学教授，博士生导师，国家有突出贡献中青年专家，教育部科技委材料学部委员，重庆材料学会理事长。

他的主要研究工作在高速钢及相关技术、环境材料、轻合金材料等领域。共获奖16项，其中国家科技进步二等奖1项、三等奖2项，国家发明四等奖1项；省部委一等奖5项、二等奖3项。获国家发明专利3项。发表论文190多篇，其中被SCI、EI收录85篇次，被他人引用100篇次以上。主编参编专著5本。

丁培道为我国高速钢的发展在基础理论、工程技术及应用等方面做出了重大贡献，是我国高速钢领域有影响的学术带头人。创造性地发展了高速钢合金化与碳化物相理论；研究出第一个含硅低合金高速钢，开创了我国高速钢的新领域，该类钢种大量推广应用、出口创汇；与企业共同进行科技攻关，解决了工艺与质量的重大关键技术；创造了二次合金资源的高效再生利用技术，为高速钢行业普遍采用；用激光和快速凝固技术推进高速钢材料技术向前发展，高速钢薄带连铸技术已取得重要突破；发明了铸造金属陶瓷表面复合新技术。在轻合金材料的某些领域也做出了突出贡献。已研制出国内外尚没有的镁合金大型中空特种型材；率先用立式双辊快速凝固技术铸出了镁合金薄带；与工厂合作已实现镁合金在交通工具上的产业化应用。

纳米材料专家　梁勇

梁勇研究员在工作

1959年毕业于清华大学机制系，中国科学院金属研究所，研究员，博士生导师。社会兼职：中国颗粒学会理事，中国粉体工业技术协会（筹）理事，“中国粉体技术”和“材料热处理”学报编委。

在激光制备纳米材料方面具有深厚的学术造诣和技术创新成果。1982年来在国内率先开展激光制备低纤维材料（纳米粉体、涂层纤维和薄膜）和材料激光加工的研究。作为学术带头人，在上述科技领域内，从1986–1997年负责完成了6项国家攻关，“863”计划项目和6项国家自然科学基金项目，取得了8项国际先进水平国家级鉴定的重大科研和产业化成果。激光一步法制备纳米硅基、铁基和硼基三大系列粉体创新技术，完成从实验室到产业化的突破。1997年在国家火炬计划支持下，建成我国第一条吨级激光法硅基纳米粉生产线。1993—1998年在国内首先完成了具有重大的技术经济效益的纳米复合陶瓷和纳米磁控靶向药物等高技术从应用基础到产品的可行性研究。上述成果体现学术上，在国内外SCI工和EI收录刊物上发表论文100余篇，在知识产权上已获授权发明专利16项，专利产业化转化率50%，其中硅基纳米粉制备专利4项，铁基纳米粉制备3项，固相法制备纳米碳管1项，纳米材料应用包括纳米复合微晶陶瓷，生物医药靶向材料等8项。1996年获辽宁省科学进步一等奖，1998年获中科院发明一等奖和1999年获国家发明三等奖。在纳米材料方面已培养博士生12名，硕士生11名。1991年评为国务院特殊津贴专家，2002年评为辽宁省“优秀专家”。

电子信箱：yliang@imr.ac.cn

华中科技大学人工智能研究所　　李德华

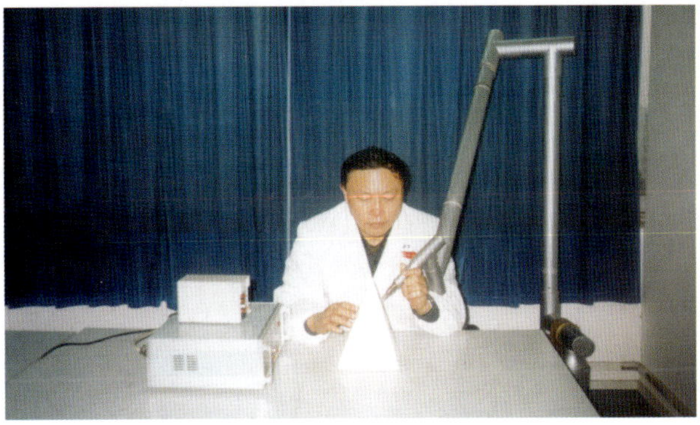

多关节机械臂式三维扫描仪

李德华教授1946年9月出生于武汉，1970年武汉大学数学系数学专业毕业，1989—1990年作为国家公派的高级访问学者在英国爱丁堡大学人工智能系进修并从事科学研究工作。现任华中科技大学教授、博士生导师、人工智能研究所所长。

近三十年来，李德华教授潜心从事计算机科学、人工智能和思维科学等领域的基础理论和应用研究，取得了丰硕成果：主持完成了“地形匹配技术原理研究；主持研制成世界上第一个柑橘专家系统、我国第一个计算机科学发现系统——经验定律发现系统、我国第一个专业电影导演专家系统、我国第一个“矿工肺癌风险人群计算机预报系统”、我国第一台三维激光彩色扫描仪、我国第一台多关节机械臂式三维扫描仪、我国第一套电视台全数字化无压缩/可压缩硬盘编播系统、国内领先的“棉花生产管理专家系统；在国内外率先提出“创造性思维中的可能性构造空间理论”。

他先后在国内外刊物发表论文140篇，获省部级一等奖1项、三等奖3项，获国家专利3项。先后被评为“国家七五科技攻关先进个人”、“武汉市电子技术推广应用先进工作者”、“武汉科协先进工作者”。他的名字被载入《湖北省专家辞典》、《亚洲科技名人录》、英国剑桥《国际名人录》和《面向21世纪的科技名人录》等。

三维激光彩色扫描仪

新疆农科院　　石玉瑚

具国际先进水平“863”成果（参加全国“863”15年成果览）

石玉瑚，研究员，汉族，生于1938年9月，1964年毕业于北京农业大学微生物专业。现任新疆农科院学术委员会副主任、农科院微生物应用研究所副所长，兼任南京工业大学特聘教授及博士生导师、江苏大学博士生导师、新疆医科大学博士生导师。

他主持承担的11项国家和自治区重大科研项目，达到国际先进水平和领先水平。其中主要获奖成果有：联合国“TIPS”奖1项、国家中华农业科教贡献一等奖1项、省部级一等奖3项、二等奖3项、三四等奖各1项，申报美国和中国发明专利各1项（专利号分别为PCTusol/32153、OM266-3.9CN）在国际上发表论文11篇，国内刊物上发表论文85篇，专著、合著2部。在以上成果中，“新疆黄地老虎颗粒体病毒生物学和分子生物学特性、DNA分子克隆、DNA全基因组序列测定及生物信息分析等”，连续26年研究一直处于国际领先水平；“新疆豆科植物根瘤菌资源调查与分类研究”新发现55个结瘤豆科植物种和一个根瘤菌属，定名为《中华根瘤菌属》，所有的根瘤菌都被收人联合国菌种目录库，填补了我国在世界上根瘤菌资源空白；在此基础上又进行了“新疆苜蓿草根瘤菌资源的开发及配套技术研究”，筛选出优良生产菌种CX 103和CX 107的抗逆性和固氮能力是世界上罕见的。

石玉瑚在1988年获《国家级有突出贡献的中青年专家》称号；1988、1995、2000年连续3次获《自治区有突出贡献优秀专家》称号；1999年获国务院特贴专家称号；2001年获全国优秀农业科技工作者称号；2002年获全国“五一”劳动奖章。

北京师范大学物理系教授 刘大禾

刘大禾教授

刘大禾，北京师范大学物理系教授，博士生导师。任北京市应用光学重点实验室主任。先后在加拿大和美国进行研究工作。1998年回国后，一直从事光学方面的教学和科研工作。

刘大禾教授的主要研究领域包括布里渊散射及应用、光学全息的物理基础、信息光学、光子晶体等。他在国内首次提出了用布里渊散射进行海洋实时监测的课题，并用该方法精确测量了水中的声速、水的体粘系数。还首次提出了用布里渊散射方法实时探测水中隐身目标的课题。该课题在“九五”和“十五”期间连续得到了国家“863”计划的支持，目前，正在进行这一技术的实用研究。这一方法还可以推广到探测空中目标。他还将光散射方法用于血液流变学和血液动力学的研究，进行血液参数的体内实时测量，以期能够对某些疑难病症进行早期诊断，并对一些疑难病症的成因给出解释。

刘大禾教授目前主持着多项科研项目，包括：国家“863”计划项目，国家自然科学基金项目、国防科工委基础研究项目，教育部重点科研项目等。他目前正培养着20名博士和硕士研究生。

凝聚态物理专家 厦门大学教授 黄美纯

黄美纯教授

黄美纯，1937年生于福建省泉州市，1958年毕业于北京大学物理系五年制半导体物理专业。1962—1964年在复旦大学物理系，师从谢希德教授从事半导体能带理论研究。1981年底至1984年初在美国西北大学物理系进行学术访问，从事凝聚态理论和计算物理领域的研究。1990年经国务院学位委员会批准，任凝聚态物理专业博士点博士生导师。1990—1995年兼任国家自然科学基金委数理科学部专家评审组成员；1997–2003任第四届国务院学位委员会物理学和天文学学科组成员。1986–2003年任福建省物理学会副理事长兼学术委员会主任。1994—2003年为厦门大学学位委员会委员，现任厦门大学研究生教育指导委员会委员，厦门市国家半导体照明工程产业化基地专家组副组长。

1984年以来，黄美纯教授主持过21项科学基金（其中国家自然科学基金16项、省市科技课题3项、国家科委863计划子课题2项）的研究。黄美纯及其合作者，发展了计算开结构共价半导体化合物及其混晶电子结构的理论和方法；用第一性原理FLAPW方法澄清了C15结构金属间化合物的磁性和超导性的来源和特性；发展了计算半导体异质结界面能带带阶的新方法–平均键能理论，确定了一系列晶格匹配及失配的异质组合的带阶行为；发展了光信息处理中的分数变换理论；对硅基光电子新材料的设计进行了能带工程的理论探索并提出一种可获得直接带隙硅基光发射材料的计算设计新原则，设计出一系列有知识产权和特殊性能的硅基新材料。已在十几种中外著名期刊和国内外学术会议上发表学术论文约200篇。曾获国家教委科技进步奖和国防科工委光华科技奖。

在国际发光学术会议上与法国物理学家Cuire教授在一起

美国物理学家Birmen教授访问厦门大学物理系

参加洛杉矶物理大会的中国留美学者与黄昆、谢希德教授合影

自动化技术、家用电器检测控制技术专家

宋坚华

宋坚华近照

宋坚华，广州电器科学研究院（广州擎天实业公司）教授级高级工程师。1940年出生于澳门。1962年毕业于广东工业大学工业企业电气化专业。1962年至1975年就职于合肥智能机械研究所，从事程序控制、微磁场测量、微波测距、数控裁剪、输气管线监控系统等研究。1976年至今就职于广州电器科学研究院，主要从事小型工业控制计算机、参数稳压电源开发；电机、家用电器检测设备、型式试验设备和污水处理自动化设备的开发和推广。现任广东省自动化学会理事长，广东省制冷学会副理事长，广东省科学技术协会委员。

学术和技术上的主要贡献有：（1）成功将激光技术及数控技术用于成衣裁剪中。（2）在负责工业控制计算机系统研究时，详尽研究了数字和模拟技术的抗干扰和可靠性问题；指导了CWY型参数稳压器的开发、投产（3）首次成功将微型计算机应用于家用电器测试技术中。（4）研究开发和推广平衡环境型房间量热计、焓差试验室、洗碗机及洗衣机综合测试装置等，对我国家用电器行业的质量监督具有重大意义。（5）提出空调可靠性试验的概念和方法，对提高我国空调的可靠性有重要作用。（6）近年又与日本厂家合作在国内推广各种开发空调、冰箱、汽车等用的试验室。这些试验装备将为提高我国自主开发能力提供有力的条件。

先后发表个人或合作论文20余篇，专著2本。曾获总后勤部科技大会奖1次；机械工业部科研成果二等奖1次；科技进步奖3次；广东省火炬计划三等奖1次；联合国科技之星奖1次。获国家实用新型专利2项。1986年被选为中国科学技术协会第三次全国代表大会广东代表。1992年10月起获国务院政府特殊津贴等奖励。

宋坚华和科学院院士陈翰馥、工程院院士许国志合照

长春天成生物工程研究所 苟仕金

苟仕金出席中国名医论坛

苟仕金，1940年生，四川苍溪人。曾任沈阳军区生物技术研究所所长、国家长春生物工程制药中试基地主任、长春市凯旋药厂厂长、中日合资吉林省富春化医药有限公司董事长、长春市人大代表、中国家畜传染病与免疫学会副理事长等职。从军40余年来，他先后荣立军队三等功12次。1999年创办长春天成生物工程研究所。

苟仕金把科研、开发、生产、经营融为一体。1982年他提出了“以所办厂、以厂养所、科研促生产、生产养科研”的发展模式，从1981年至1996年已创下资产9000多万元。他研制开发出5大系列（生物、生化、血液，中西药、诊断试剂）40余个产品，获国家和军队科技进步二等奖6项、三等奖15项。苟仕金用这些技术先后为部队创办4个制药企业，培育了20余名博士、硕士研究生。

20世纪80年代初他自筹经费建造国内第一个生物工程实验楼，又于1995年获国家批准，建成重点工业性试验项目“长春生物工程制药中试基地”。1998年—2004年申报国家发明专利20项。最近6年来，他主要从事生物制药研究和开发工作。完成了3项新药品申报；与吉林大学合作完成了《PEC—修饰猪血血蛋白代替人血蛋白》和《基因工程蝇蛆》研制的前期工作，已申报国家攻关课题；协助辽宁天成生物工程公司完成了《玉米SOD及副产品项目》和《纤维素酶产品项目》国家技术产业化推进项目建议书，分别于1999年和2000年经国家计委批准立项，计划投资2.2亿元，并在沈阳建立生物工程示范园。

苟仕金主编了《动物免疫学技术》、《动物微生物学》、《动物生物制品手册》，参编了《医用生物制品手册》和《中国实用科技成果大辞典》等7部著作。发表论文150余篇。其事迹分别载入《中国药学家辞典》、《中国企业家大辞典》、《世界名人录》等多种典籍，1993年被国家授予“有突出贡献的科技工作者”。

与辽宁天成生物工程有限公司研讨生物产业化开发

河北医科大学第二临床医学院　赵玲

赵玲，1951年9月出生，汉族，北京市人，中共党员。1976年8月毕业于华北煤炭医学院。现任河北医科大学护理学院院长，河北医科大学第二临床医学院副院长，教授、主任医师，硕士研究生导师。担任中华医学会临床教学分会常务理事、中华医学会河北分会理事、河北省医院管理学会理事、河北省教育促进会理事、河北省女医生协会副会长、《中华医院管理》、《中国现代医院管理杂志》、《中华临床医药杂志》《河北医学科教信息》、《医学进展与医学教育》等杂志的编委等社会职务。

赵玲共撰写论文30余篇，国家级论文22篇，专著7部。获得教学成果奖12项，目前还承担着省级课题3项，卫生部世行贷款项目1项。她共获国家专利4项。1998年3月她研制的“手术摄像与系统导轨装置”获国家知识产权局专利、专利名称。随着该项技术的不断改进，于1999年12月、2000年3月、2000年4月又分别获得了3项专利。并于1998年河北省电化教学一等奖，被北京丰台医院、邯郸市人民医院等医疗教学单位引进并应用，效果很好。

赵玲多次被评为河北医科大学第二医院和河北医科大学先进工作者和优秀党员，2000年被评为河北省卫生系统的先进工作者，2002年被全国妇联和国家知识产权局评为“新世纪巾帼发明家”。2003年被授予“河北省新世纪发明家十杰”称号。2003年8月，赵玲出席了第九届全国妇女代表大会。

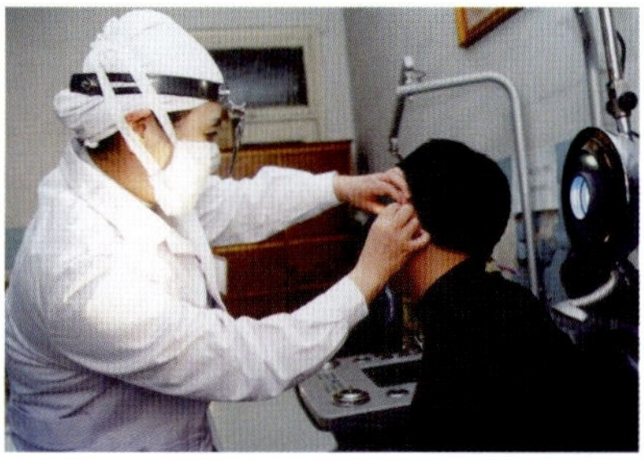

华南农业大学　黄自然

1999年华南农业大学与深圳艺鹏实业公司合建深圳艺鹏生物工程有限公司，主要生产抗菌肽生物技术产品（左一为黄自然教授）

黄自然，1930年8月生，广东顺德人，华南农业大学教授，深圳市艺鹏生物工程有限公司首席科学家，1952年毕业于中山大学农学院蚕桑系，多年从事蚕业资源综合利用及生物技术的教学、研究和开发，多次获国家教委及省科技进步奖，申请5项专利，先后发表150篇论文。曾赴美国、日本、意大利、澳洲、印度、泰国等国进行国际学术交流。

黄自然教授发明了生物技术新产品——抗菌肽(第一发明人)，专利号：ZL99108802.4、ZL99117076.8、ZL01107584.8。抗菌肽是来源于柞蚕的杀菌多肽，运用基因工程设计、合成抗菌肽转化于酵母中高效表达，通过发酵生产抗菌肽生物技术新产品。抗菌肽作为新型饲料添加剂，代替禁用的氯霉素等抗生素，应用于小鸡、小猪及对虾养殖防制与治疗疾病取得成效，又在广东、山东及海南省获得农业部转基因生物安全证书，以及有关饲料添加剂——抗菌肽的企业标准和生产许可证。

抗菌肽还可以与生长因子（bFGF、EGF及KGF-II）等作为化妆品的主要原料，配制成8大类110个品种，推出市场，有较大经济与社会效益。另外，天然抗菌肽作为药物原料，生产肾肝宁治疗肾炎及肝炎获1996年新药证书，柞蚕素作为治疗乙型肝炎的西药二类已进入临床试验。黄自然教授经过十多年的努力，将科研成果与企业结合转化为生产力做出了巨大的贡献。

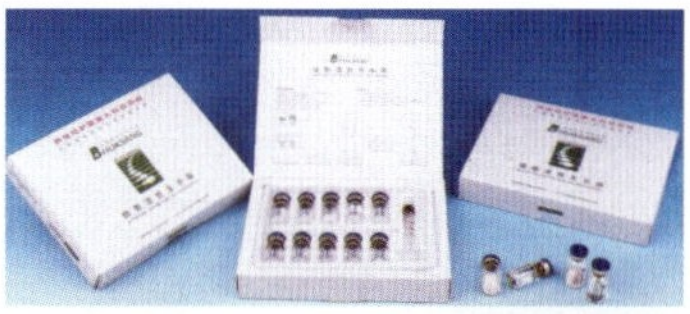

广州市华桑生物工程公司的专利特色化妆品（ZL99108802.4）

抗菌肽新型饲料添加剂饲喂小鸡代替抗生素，对防治鸡的疾病有良好效果

江西中医学院病理生理学教授　李雪梅

李雪梅，江西中医学院病理生理学教授。长期从事抗癌中草药研究，先后担任多项国家和省级抗癌中草药重点研究课题负责人。在全国杂志及学术大会发表或宣读科研论文30余篇。

1978年李雪梅在国内外首次发现槐定碱具有抗癌作用，经20余年艰苦努力，她领导发明人组成的课题组，完成了槐定碱药理、药化、临床的系统研究。1996年“槐定碱抗癌研究”专题被列为“九五”国家重点科技攻关计划“新药研究与产业化开发”项目，于2001年4月通过国家科技部验收。2002年国家知识产权局、全国妇联等联合授予李雪梅教授“优秀巾帼发明者”称号，2004年获江西省首届专利发明十杰称号。

专利介绍：从中药苦豆子中提取的槐定碱作为活性成份与药用载体及添加剂混合制成针剂、片剂、胶囊和其他制剂。本发明制得的抗癌药槐定碱对绒癌、恶葡、肺癌、消化道癌作用明显而稳定，毒副反应低，属国内外首创的具有新型结构的抗癌新药，本发明创造了突出的社会效益与经济效益。

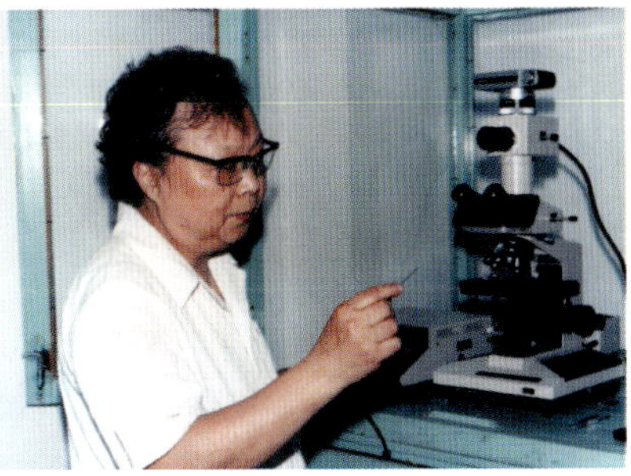

抗癌新药——槐定碱

发明专利名称：槐定碱的用途

专利号：ZL 93 1 00881.6

专利权人：江西中医学院

发明人：李雪梅、吴运光、潘达鑫、吴联奎、余月华、陈绍励

地　址：南昌市阳明路56号江西中医学院

邮　编：330006

电　话：(0791) 6814802 (宅)

大豆遗传育种专家　王连铮

王连铮，我国著名大豆遗传育种专家。1930年出生于辽宁省海城市，1954年毕业于东北农学院，1962年毕业于莫斯科农学院。1962–1987年与王彬如共同主持育成12个大豆品种，累计推广七千多万亩，增收7亿多公斤，其中高产高油大豆“黑农26”获国家发明二等奖，高蛋白高产大豆“黑农35”获黑龙江科技进步二等奖。1987年底调任中国农业科学院院长，主持黄淮海大豆育种研究，在1991–2004年，主持育成的品种有5个被国家审定，有7个被省市区审定。他主持育成的国审品种有中黄13，高产亩产达250–300公斤，蛋白质达42.84–45.8%，适应性广，可在华北地区南部夏播，又可在华北北部春播；中黄20系高油品种，含油量达23.5%，已列入农业部2002年农业科技跨越计划；中黄19蛋白含量为44.45%，在河南周口区域试验亩产高达322公斤；中黄22蛋白质含量高达47.76%。他主持育成的上述7个品种已被国家审定，省市自治区审定17个。他在高产、高油、高蛋白、广适应性和抗孢囊线虫育种有很多建树。

在大豆育种理论上，他提出降低大豆株高的四种途径，有限与无限结荚习性大豆杂交可产生超亲遗传，提出单株粒重与产量相关极显著，倒伏性、每荚粒数、三四粒荚数、每节荚数和百粒重与产量呈显著相关。同时对野生大豆、半野生大豆及栽培大豆的进化和分类进行了研究，野生大豆蛋白高含油量低、油酸低、亚麻酸高。

他与国际农学界有广泛交往，先后被选为国际农业和生物科学中心理事(英国)，苏联农业科学院(现俄罗斯农科院)和印度农业科学院院士，国际农发基金会理事，联合国粮农组织亚太地区农业科研机构执行理事。与美国Wittwer等合著《温饱十亿人》，与王金陵教授合著《大豆遗传育种学》等，并撰写论文160余篇。

王连铮教授曾任第四、五届中国科学技术协会副主席，中国作物学会第五、六届理事长，中国农学会副会长。现任中国种子协会、中国农村专业技术协会理事长。

俄大使向王连铮教授转送院士证书

与专家们一起考察美国大豆(左一)为Bernord教授

陪同诺贝尔奖获得者N.布劳格(中)、左天觉博士(右一)考察新疆农业。

高产大豆中黄13

首都师范大学生物系　杜桂森

杜桂森教授

杜桂森，1947年出生，教授，博导。1973年大学毕业后在首都师范大学生物系任教至今。一直从事本科生、研究生《植物学》、《环境植物学》等课程的教学和科学研究工作。

主要研究方向为：（1）苔藓植物细胞生物学；（2）藻类生态与水资源保护。他作为主持人或主要承担人已经很好地完成了9个省部级以上科研项目的实验研究。已发表论文60多篇，主编或参编出版著作4本。曾3次获优秀教学成果奖，5次获优秀科研成果奖。2002年被首都师范大学的学生评选为“最受欢迎的十佳教师”。

近年来主持和承担的科研项目主要有：（1）北京地区藓类植物细胞学研究；（2）藓类植物孢子形态的系统学研究；（3）密云水库水体富营养化控制因子；（4）密云水库上游水环境污染形成、输送机理及其环境效应。

2000年以来发表的论文主要有：

(1) Observation of spore morphology of some acrocarpous mosses in china, Acta Botanica yunnanica, 2000, Vol.22(3):277-281;

(2) Study o morphology of Encalypta in china, CHENIA, 2000, Vol.6:41-46;

(3) Observation on the spore 9 taxa of chines Politrichaceae, CHNIA, 2000, Vol.6:47-53;

(4)Karyotype study on four species of liverworts from Wuling Mt., North china, CHENIA, 2000, Vol.6:79-83;

(5) Karyotype study of three species of mosses from china, CHENIA, 2000, Vol.6:85-88;

(6) 藓类孢子的形态观察，电子显微学报，2001, Vol.20(4): 503-504;

(7) 密云水库浮游植物的群落结构与密度，植物生态学报，2001, Vol.25 (4): 501-504;

(8) 八种藓类孢子的形态结构研究，首都师范大学学报，2001, Vol.22(4): 41-47;

(9) 数值分类在藓类植物中的应用，首都师范大学学报，2001, Vol.22(4): 48-55;

(10) 苔藓植物分子系统学研究进展，首都师范大学学报，2002, Vol.23 (2): 57-60;

(11) 浮游藻类与分子体富营养化控制，首都师范大学学报，2002, Vol.22 (4): 56-59;

(12) 密云水库水体营养状态分析，水生生物学报，2004,Vol.28(2):191-196;

(13)Establishment of In Vitro Regeneration System of the Atrichum Mosses, ACTA BOTANICA SINICA, Vol.45(12):1474-1480。

广州能源研究所海洋能实验室

广州能源研究所海洋能实验室自1979年开始研究海洋中各种可再生能源转换的基础理论、原理和技术。其中包括海洋波浪能、潮流能、风能的独立发电技术、多能互补技术、综合利用技术研究以及非线性水波力学等基础研究，获得了多项发明专利。掌握了将不稳定的波浪能、风能直接转换成稳定电能技术；不稳定能源转换的自适应变阻尼技术；不同种类能量汇集技术；各种装置在台风中的自动保护技术等。目标是研制各种高效、稳定的海洋能装置；为水上、水下各种设备供电；为边远海岛、钻井平台提供稳定电力和淡水。

海洋能实验室具有造波水槽、动力试验平台、往复透平试验台、实海况试验基地等设施。目前已有600余台自行开发和制造的用波浪能发电的航标灯装置用于广东、上海、福建等省沿海及河口区域，或者出口到日本和英国；新研制的机械式波浪能发电装置具有非常高的转换效率，有望为在小浪区域工作或能量需求较大的水面漂浮或固定装置供电；“十五”期间研制的振荡浮子式波浪能独立发电与制淡系统，无需任何其它动力系统的辅助便可稳定的发电，系统装机容量40kW，日发电量约200度，日产淡水10吨，可供500人日常使用，目前已完成1/10比例模型试验，1/6装机容量实型动力试验，达到了预想的效果。

主要研究骨干：

游亚戈研究员，48岁，负责总体设计、能量高效转换、台风中的自动保护技术等研究。

郑永红研究员，34岁，负责水动力学计算、波浪载荷、运动响应等研究。

马玉久副研究员，33岁，负责机械、液压系统设计。

吴必军副研究员，39岁，负责控制、测量系统设计。

电　　话：(020) 87057612　　传真：(020) 87057597

电子邮件：youyg@ms.giec.ac.cn　　网址：www.giec.ac.cn

华中科技大学电动汽车研究院　金国栋

金国栋，中共党员、教授、博士生导师，1944年出生于江苏吴县，1981年获清华大学内燃机专业工学硕士学位。现任华中科技大学电动汽车研究院副院长兼总工程师，兼任中国汽车工程学会特聘专家、中国电工技术学会电动车辆专业委员会委员、湖北电动车辆专业委员会副主任委员、湖北省公路学会常务理事、武汉市科技专家委员会委员等职。

金国栋长期从事汽车及其动力装置的教学和科研工作，取得国际先进或国内领先的鉴定成果7项，所提出的多组分燃油液滴在高压下的蒸发模型被国际著名的三维燃烧软件KIVA所采用，所提出的柴油机准维燃烧模型软件为东风汽车公司和第七零研究所采用。1994年以来，他把主要精力投入电动车辆开发和产业化工作上，主持并完成了湖北省经委项目“电动汽车研究”，华科大行动计划项目“纯电动轿车和混合动力电动中巴样车研制”。参加并完成了国家863电动汽车重大专项中“EQ6110混合动力电动客车多能源控制系统开发”的第一阶段攻关任务。正式出版著作《内燃机燃烧学》、《内燃机排气净化》、《汽车概论》等。

通讯地址：湖北武昌华中科技大学电动汽车研究院
邮　　编：430074
联系电话：027-87541946（O）　027-87544718（H）
传　　真：027-87544718
E-MAIL：gdjin@mail.hust.edu.cn

新疆药物研究所　新疆奥斯曼生物科技公司　刘庆华

刘庆华在国家雪莲种植基地考察雪莲生境

刘庆华，1965年毕业于沈阳药科大学，同年分配在新疆药物研究所工作至今。历任室主任、所长等职，现任药学研究员、博士生导师、新疆药学会理事长、中国药学会理事、自治区专家顾问团成员。享受国家特殊津贴专家、自治区优秀专家、发明家、劳动模范。

刘庆华先后承担并完成国家重点科技攻关计划项目5项，国家自然科学基金1项，省部级重大科技项目6项。获国家科学技术进步奖三等奖1项、自治区科学技术进步奖二等奖2项和科技成果5项。获巴黎、日内瓦及国内民间重大发明奖15项。获国家发明专利6项和外观设计专利1项。(以上均为第一完成人和发明人)

在雪莲、贝母、欧洲菘蓝、麻黄、黑种草籽、恰木吾尔、红花、苦豆子、岩白菜和全叶青兰等中药维吾尔药材的化学成份、生物活性、GAP种植等研究及开发中做出成绩。开发新药2个，化妆品保健品12个，均实现产业化和商品化。

1992年他创办了新疆奥斯曼生物科技有限公司，发明的专利奥斯曼生眉笔系列产品畅销国内外，为企业和国家创造了显著的经济和社会效益。完成国家九五重点科技攻关项目——濒危物种新疆雪莲人工种植及产业化开发，通过国家科技部验收。发明专利：雪莲3种种植方法、雪莲标本制作以及巧曼姑沐浴液制作方法均实现产业化，转化率达100%。

2001年8月7日金庸在雪莲基地栽下一棵雪莲苗，并接受刘庆华制作的雪莲标本

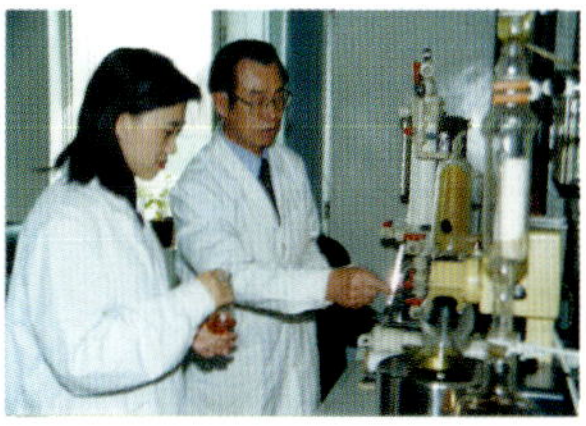

刘庆华在分析种植的雪莲与野生雪莲的化学成分

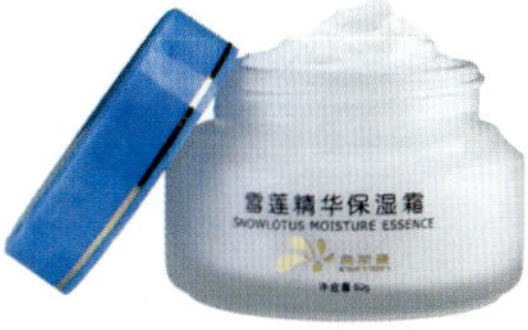

专利产品雪莲防晒润肤系列

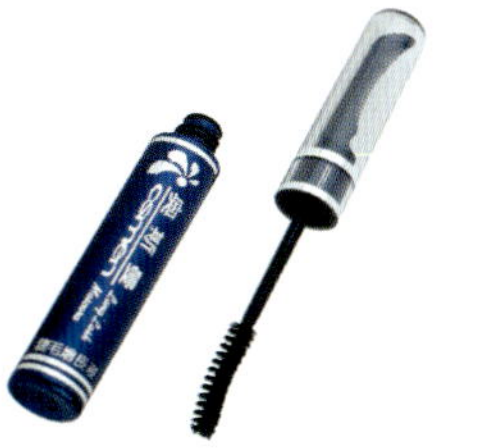

专利产品奥斯曼生眉笔系列

生物医学工程专家　张元亨

生物医学工程专家
张元亭教授

张元亭教授，博士生导师，现任香港中文大学生物医学工程联合研究中心主任，国际电气与电子工程师协会(IEEE)高级会员。1990 年毕业于加拿大新布伦瑞克大学（University of New Brunswick)，获得博士学位。1989—1994年在加拿大卡尔加里大学（University of Calgary）任副研究员(Research Associate)、辅助助理教授(Adjunct Assistant Professor)职务。1994年加入香港中文大学（Chinese University of Hong Kong）任讲师职务，并分别于1996年、2002年晋升为副教授、教授。创建并讲授生物医学建模、医学仪器与传感器、远程医疗技术与应用等多项课程。多年来一直致力于生物建模、生物信号处理、神经系统工程以及适用于移动保健的穿戴式医疗仪器与生物传感器的研究，以拓展医疗仪器与生物传感器在远程医疗领域中的应用。其科研成果发表在多部著作、20多种学术期刊以及大量国际会议论文集中。

主要学术任职包括：曾任第20届IEEE—EMBS生物医学工程学会国际年会技术程序主席，任1996—1997年和2000—2001年香港工程师协会生物医学分会主席，1999年选任为IEEE—EMBS管理委员会成员，2000年、2001年选任为IEEE—EMBS副主席；现任IEEE Transaction on Biomedical Engineering副编辑、IEEE Transaction on Mobile Computing副编辑、John Wiley & Sons和IEEE Press生物医学工程书集编委会成员，并任2005年第27届IEEE—EMBS国际年会主席。

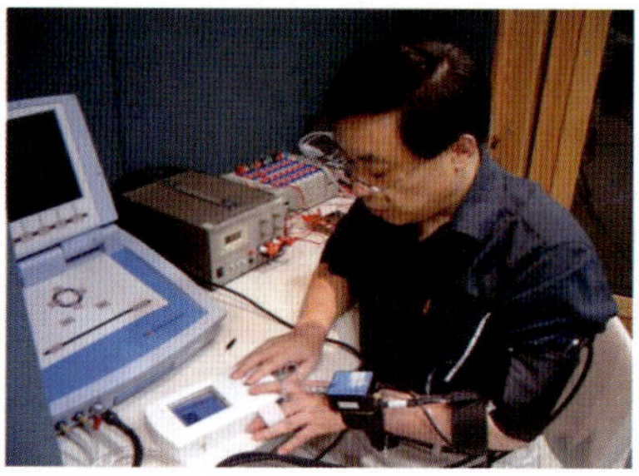

张元亭教授正在研制可穿戴式动脉血压连续测量仪

工作中的张元亭教授

计算机专家　程代杰

程代杰教授在比利时 Namur 大学

程代杰，汉族，1936年1月出生，重庆市人。1958年毕业于北京航空学院无线电专业。现任重庆大学计算机研究所教授、博士生导师。曾任计算机系主任、信息学院副院长、兼任第五和第六届中国计算机学会理事。首届国家教委计算机科学教学指导委员会委员，首届四川省科学评议组成员，多届四川省政府和重庆市政府科技顾问团顾问以及重庆市解决计算机2000年问题专家组组长。现兼任重庆市政府科技顾问团顾问，重庆市政府信息化领导小组专家组成员，重庆市首届学科评议组成员，重庆市首届计算机系统结构学科学术技术带头人。

主要工作：1958年北航毕业留校在新建计算机教研室任教，随即去中科院计算机所进修计算机技术一年半，1972年调重庆大学任教，长期从事计算机教学和研究工作，1985年作为高访去美国执安州立大学访问研究一年，1994年作为重庆市科委与欧共体信息司大型国际合作项目中方技术负责人随团去比利时进行技术考察。研究方向为航空计算机、并行处理、网络技术及商务智能等。近年还参加了重庆市电子政务建设和重庆市电子商务国家示范项目的建设。主持研究成功“超低空无人驾驶侦察机程序控制系统”、“MPSCU多处理机系统”、“重庆市科技信息网络系统”等多个国家、军工及市级项目。发表有《多处理机及智能多机系统》（与童兆页）专著及学术论文70多篇，培养研究生60多名，所著《多处理机及智能多机系统》一书，1992年获机电部优秀教材一等奖，所主持完成的《重庆科技信息网络系统》获重庆直辖后首届科技进步一等奖，所主持《并行处理技术研究》1993年获国家教委科技进步三等奖，《重庆市智能交通综合管理服务系统》2001年获中国高校科学技术一等奖，1996年获英国国际传记中心（IBC）20世纪成就奖，1998年获美国传记学会（ABI）金质成就奖章，以及《MPSCU多处理机系统》研究成果被收入“世界优秀专利技术精选”（中国卷）。曾获“北京市先进工作者”，“四川省优秀教师”，“信息产业部解决计算机2000年问题先进个人”和“重庆市解决计算机2000年问题先进个人”等荣誉称号，并被收入《世界名人录》（美国）和“杰出人物录”（英国）等，1992年起享受国务院特殊津贴。

向原国家税务总局项怀诚局长和重庆市刘志忠市长演示税务管理软件

复旦大学遗传工程国家重点实验室
抗家畜口蹄疫病毒基因工程疫苗研究组

抗家畜口蹄疫病毒基因工程疫苗研究组成员
前排左起：郑兆鑫，徐泉兴，陈维灶
后排左起：郭杰炎，严维耀，刘明秋

口蹄疫病毒是感染牛、羊、猪等最严重的烈性传染病。在世界上分布极广，造成的经济损失巨大。复旦大学遗传工程国家重点实验室于1983年成立抗家畜口蹄疫病毒基因工程疫苗研究组，该小组由郑兆鑫教授领导，与上海市农业科学院教授徐泉兴，浙江省农业科学院教授盛祖恬及中国农业科学院卢永干教授协作。20年来研制多种抗口蹄疫病毒疫苗，抗病毒的生物因子和神经肽。其中抗猪O型口蹄疫基因工程疫苗正在申请新兽药证书，已通过初审和复审。1993-2004年完成25000多头免疫实验证明，安全高效。将由内蒙古金宇集团，复旦复华科技股份有限公司，复旦大学和上海市农业科学院成立新公司，在申领新药证书后将组织实施工业化生产。

该小组已申请的专利有：专利号 ZL 93112596.0（已授权）；专利号 97106570.5（已授权）；专利号申请号 03129229.1；专利号申请号 02137010.9；专利号申请号 02137011.7；专利号申请号 200310108506.6；专利号申请号 200410016826.3；专利号申请号 125048.5；专利号申请号 200410016826.3。

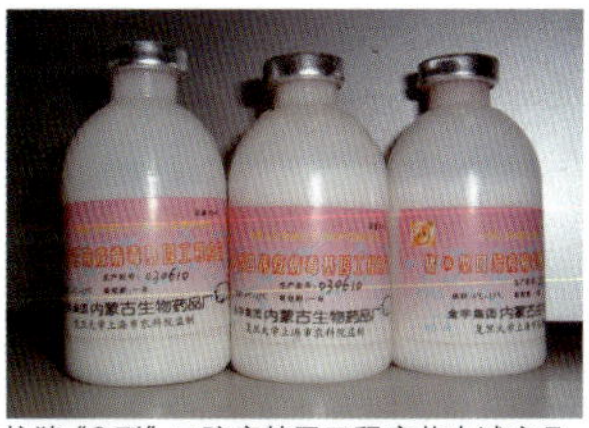

抗猪“O型”口蹄疫基因工程疫苗中试产品

未用基因工程疫苗免疫的猪，经口蹄疫病毒攻击后100%发病

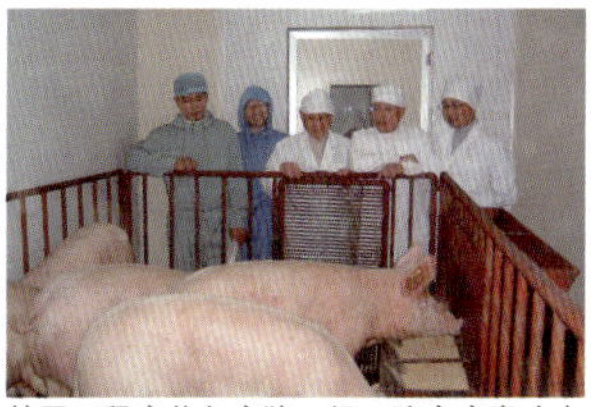

基因工程疫苗免疫猪，经口蹄疫病毒攻击后100%保护

上海复旦大学材料科学系　　徐伟

徐伟博士

徐伟，博士，复旦大学材料科学系教授，博士生导师。1967年生，浙江天台县人。1989年复旦大学化学系应用化学专业本科毕业，后又在复旦大学获得有机化学硕士学位和物理电子学博士学位。1996年1月至今在复旦大学材料科学系任教，主要从事跨学科的交叉研究以及新材料和新技术的开发工作。曾获得上海市优秀发明选拔赛特等奖和一等奖（各1项）。2001年，入选教育部跨世纪优秀人才培养计划。发表研究论文近40篇，申请发明专利20项。目前的研究方向为：功能信息材料、纳米技术以及光电功能器件。

主要技术成果：发明单晶聚合物超薄膜的制备方法，这类聚合物薄膜具有原子级的平整度在纳米电子器件和介质薄膜方面有重要的应用价值；开发出一批分子电子材料，包括有机电双稳材料、分子整流材料和有机半导体材料，该类材料可用于制作分子基电子器件；开发出新型空穴传输材料和发光材料，在有机电致发光器件的产业化方面有实用价值。此外，在纳米有机介质材料、功能分子材料以及有机导线的制作方法等方面也有多项成果。

联系地址：上海市邯郸路220号
（复旦大学材料科学系）
邮　　编：200433
电　　话：021-65642871
手　　机：13341638568
E-mail：wexu@fudan.edu.cn

天津市富生科技有限公司　李伏生

李伏生总工程师

李伏生，1944年出生，天津市人，高级工程师，现任天津市富生科技有限公司总工程师。曾在电子元件行业从事专用设备设计制造工作，有多台富有创意的自动化设备项目成功投产。曾主持或参加了“制冷压缩机电机保护器及启动器生产线”、“彩电配套电位器生产线”、“电子继电器生产线”等项目的技术引进工作。近年来和著名骨科专家合作，设计研制成功了“遥控式多功能骨科复位治疗机”，并获国家专利（专利号：ZL99205536.9）。期望从根本上提高我国骨科复位医疗器械的水平，造福于民。

遥控式多功能骨科复位治疗机是目前骨科领域里一种新型高科技综合治疗系统，集骨科创伤性疾病的诊断、复位、手术、治疗等程序为一体化。它采用的是低剂量X光在全复位过程中监视以达到解剖复位的治疗方法。复位中需要的拉伸、扭转、抬起和下压等全部动作完全由遥控气动机械手精确完成，并且在精确定位之后，不撤消复位所施加的外力，立刻采用独特的双侧外固定架加以固定，此固定架轻便、可靠，避免了打石膏给病人带来的痛苦和不便，直至骨折部位痊愈拆下。此复位过程是主治医生隔着含铅防护玻璃在室外遥控操作，由影象放大器荧光屏上X光图象精确控制复位。采用的气动机械手施力均匀、柔和似人力操作，且较少污染，便于消毒。此治疗机为国内首创，在已查找国外医学资料中也未见有类似报道。

南京工业大学制药与生命科学学院　应汉杰

应汉杰，1969年7月生，教授，博士生导师，南京工业大学制药与生命科学学院副院长，享受国务院政府特殊津贴。应汉杰同志曾于2003年入选教育部跨世纪优秀人才培养计划、2002年获江苏省第七届青年科技奖、同年入选江苏省“333工程”跨世纪学科带头人第二层次培养人选计划、2001年入选江苏省新世纪学科带头人培养人选。曾获国家“八五”重大科技成果、联合国TIPS发明新科技之星奖、外经贸部优秀技术奖、国家化工科技进步一等奖等奖项。

应汉杰长期以来，一直从事生物催化和生物转化以及生物分离的研究工作，已承担国家“863”项目1项，负责和参加国家科技攻关项目4项，负责和参加国家自然科学基金2项，承担和参加省部级项目及企业委托项目多项。近年来，已发表论文30余篇，申请专利6项，获专利2项，已有多个项目通过国家级和省部级鉴定，其中酶法合成果糖-1,6-二磷酸项目在海南长安国际制药有限公司成功实现产业化以来，已取得了明显的经济效益和社会效益。

应汉杰的研究领域主要集中在两个方向，即糖的磷酸化合物和多肽化合物的制备。在糖的磷酸化合物方面，已成功地制备了果糖-1,6-二磷酸、单磷酸核苷（UMP、GMP、CMP、AMP）、二磷酸核苷（UDP、GDP、CDP、ADP）和三磷酸核苷（UTP、GTP、CTP、ATP）、SFP等。在多肽化合物的制备方面，承担了国家“863”项目-多肽的大规模制造技术平台，在多肽的大规模合成和分离方面取得了突破性进展。应汉杰最近研究的对预防肥胖和治疗糖尿病的生物技术产品——α-淀粉酶抑制剂也取得了成功。该产品最大的特色是能使糖尿病人吃饱饭，消除饥饿感（专利申请号为200410041455.4）。

多功能农机车发明人　　尹建欣

厂长兼总工程师尹建欣

尹建欣，1939年11月出生于河北饶阳县，毕业于内蒙古水利水电学院（农田水利专业）。现任农用车辆厂厂长兼总工程师。

主要业绩：60年代设计农运三轮、四轮车，70年代设计研究成功农用三轮及四轮车，1987年试制成功现在的农用四轮车，1996年设计成多功能农机车，1997年试制功能成功，并获第七届中国专利新产品博览会金奖。多功能农机车的功能非常齐全、稳实、可耕地、播种、运输、搬运、推土、收割、脱粒、抽水、装载、泥水地稻田作业等。它向前行驶时时速可达 50—70公里，反向开时时速可达15—20公里，而且方向机和司机座位可互换，这个过程只需8—10分钟即可完成，并且它转弯半径小，能急转弯，适合在我国任何道路及田间作业（有14档、20档），此车已获国家专利（专利号为972232583）。它的研制开发成功是我国拖拉机和农用运输车的更新换代产品，是我国农机的一次突破性的改革，这在我国是前所未有的。

研制成功多功能碎茬机DG1200和DG1600型。多功能碎茬机是将粉碎、耙、磨、旋耕、合墒为一体的现代化农机具，用它整地省工省时，而且能高效率的将各种作物秸秆及根系、土地、杂草等破碎。国家专利号为：ZL002355175，经联合国评估认证为“国际A级产品”（国际领先水平）。

多功能碎茬机是农民当前最受欢迎的机具之一

农机车是农民一机多用有中国特色的现代化农机

蜂学专家　陈盛禄

陈盛禄教授

陈盛禄，浙江大学教授，1938年出生，浙江省义乌市人。1962年福建农学院中国首届高校养蜂专业毕业，1979年陈盛禄到了浙江农业大学，此后他的工作重心从以养蜂生产为主转移到以蜂学科研、教学为主，就是在任浙江农大动科学院副院长和代院长期间，仍能紧抓科研不松手。20余年来，他在蜜蜂遗传育种、蜂机具创新、蜂饲料研制、蜂群饲养技术、蜂病防治、蜜蜂为农作物授粉、蜂产品深加工等众多研究方向取得了较大成就和贡献。

1994年荣获国家有突出贡献的中青年专家称号。获国家科技进步三等奖和国家发明二等奖各1项（国家发明二等奖属我国蜂学有史以来国家级成果最高奖，该成果填补了我国蜜蜂品种和世界王浆高产蜂种空白，使我国王浆高产蜂种培育跃居世界领先水平，创造了蜂王浆年产7.7千克的世界最高记录和我国蜂蜜小面积高产最高记录）；获国家实用新型专利3项；国家发明专利2项。蜜蜂饲养技术和蜂产品加工技术出口东南亚，填补了我国蜂学软件出口空白。主编和参编专著13本；在SCI期刊源等多种刊物上发表论文90余篇，其中获得中国养蜂学会和中国畜牧兽医学会优秀论文证书的11篇。我国蜂学第一个博士生导师，已培养获得博士学位的研究生7名。中国养蜂学会副理事长，负责蜂学学术。

为表彰在促进科学技术进步工作中做出重大贡献，特颁发此证书，以资鼓励。

国家科学技术进步奖评审委员会

王浆高产全塑台基条荣获国家科技进步三等奖、排名第一

为了表彰在科学技术现代化方面作出重大贡献的发明者，特颁发此证书，以资鼓励。

颁发给

获 二 等国家发明奖项目的第 一 发明人陈盛禄

项目名称：王浆、蜂蜜双高产浙农大1号意蜂品种的培育

项目编号：13-2-002-01

国家发明二等奖，个人获奖排名第一

证书编号：940829

陈盛禄　同志：

在农业部颁发的一九九四年部级科学技术进步奖壹等奖项目浙农大I号意蜂品种的培育为第壹完成人，特发此证，以资表彰。

中华人民共和国农业部

一九九四年十一月

农业部科技进步一等奖获奖证书

华中科技大学电气学院　　王雪帆

王雪帆，华中科技大学电气与电子工程学院教授，博士生导师，从事《电机学》、《现代电源技术》等课程的教学和新型特种电机理论方面的科研工作。

王雪帆教授

他在参加华中理工大学教授许实章先生主持的“谐波起动感应电动机研究”课题时，提出“无感绕组”理论，使转子绕组在启动时能自动呈现高阻态及启动完成后自动转为低阻态，不再需要任何附加电阻，取得了重大突破。许实章先生在其近年出版的《新型电机绕组理论与设计》一书中评价此研究是“非常出色的”，也因此研究，1993年他获得国家发明二等奖，1998年获得1项国家发明专利。

1996年，王雪帆因在绕线转子变极电动机方面的研究，获1996年国家教委科技进步二等奖。随后他在澳大利亚悉尼理工大学（UTS）学习，回国后进行翻车机变极调速驱动研究，提出“复合线圈对”理论与技术应用于变极电机。目前这种新型的变极调速方式已成为较大功率翻车机主流调速方式，其理论及技术也用于塔吊驱动电机调速，2001年被国家知识产权局和世界知识产权组织联合授予中国专利金奖。

王雪帆近年来主要研究软磁粉末材料在永磁电机中的应用，及从事绕线转子无刷双馈电机的研究和在此基础上进行的利用双馈电机原理的变极启动无刷绕线转子异步电动机的研究，这些项目分别获得湖北省自然科学基金和国家自然科学基金的支持，已经取得阶段性成果并申请了国家发明专利。

华东师范大学教授　　王耀发

王耀发，教授，1934年出生于上海，1957年毕业于华东师范大学生物系。现任华东师范大学生命科学学院教授、博士生导师，获上海市先进教育工作者、上海市劳动模范荣誉称号，享受国务院特殊津贴。

主要贡献：长期从事心血管细胞损伤与修复的研究工作，研究一种抗心脏早博新药，列入上海市重大科技攻关项目。90年代初，研制成功皮肤细胞抗衰老酶系（SOD）的天然激活剂，该成果由扬州美容化妆品厂开发生产出“康丽娜”抗衰防皱霜，深受广大群众喜爱。

在研究工作中王耀发教授发现咽喉炎是医学上的一大难题。临床上采用口服抗生素或某些清热解毒中药来治疗咽喉疾病，由于药物进入人体后，会全身分配，而咽喉发炎组织获得的药量却极少。他研制成功的“金嗓子缓释含片”，能使药物有效成分集中作用于局部咽喉组织，获得令人十分满意的效果。

“金嗓子喉片”具有入口见效的独特药效，是用现代生物科学技术，从祖国医学宝库中发掘出来的奇葩，在国内已成为家喻户晓的著名品牌。目前已打入美国、加拿大、东南亚等许多国家的市场，深受世界人民的喜爱。

基因芯片专家 李瑶

李瑶，博士，教授，现工作于上海博星基因芯片有限责任公司，共发表论文68篇，发表著作：《现代实用细胞与分子生物学实验技术》、《基因工程》、《基因芯片技术——解码生命》、《基因芯片技术与功能基因组》。

专利申请情况：

1、用于多样本检测的基因芯片（专利号：ZL01132159.8）；2、基于标记引物杂交的基因芯片技术；3、基于末端脱氧核糖核酸转移酶的基因芯片技术；4、用于肿瘤易感基因检测的寡核苷酸芯片；5、一种用于转基因植物检测的寡核苷酸芯片的制造方法及其应用；6、一种基于基因芯片进行抗肿瘤药物筛选的方法；7、一种基因芯片的酶联显色检测法及其专用读片仪。

近几年主要专业成果：

1999年研制的"基因芯片的研制"通过上海市科委的成果鉴定；2001年7月参加研究的项目"寡核苷酸芯片的研制与应用"通过上海市科委的成果鉴定；2001年7月参加的研究项目"博星高密度cDNA芯片技术的研究与应用"通过上海市科委的成果鉴定；2001年7月"基因芯片基片"也通过的上海市科委的鉴定；负责国家教委重点项目：利用转基因共生菌防治植物病虫害和国家863项目：用基因工程技术改良超级稻品质和抗性。

目前负责的科研项目有：国家自然科学基金项目：同时应用cDNA表达谱和Array—CGH技术研究前列腺癌雄激素敏感和耐受的转变机制（课题编号：30371422），为项目负责人；上海科技攻关项目：主要转基因农产品的荧光定量PCR检测技术研究（课题编号：03dz19305），为项目负责人。

主要获奖情况："基因芯片技术及产品的应用研究与开发"这个项目获得了2001年度上海市科技进步一等奖，为第三完成人（技术主持人）；研发的"Biodoor chip4000基因芯片（微矩阵）"荣获2000年度上海市优秀新产品一等奖，为主要完成者（技术主持人）；2002年被评为杨浦区第5批专业技术拔尖人才；2003年获上海市总工会颁发的"上海市第五届上海市十大工人发明家"称号；被上海市科委聘为2003—2004年度的上海市科委技术预见专家。

中国科学院力学研究所 柳春图

在法国国际断裂会议上

柳春图，1935年2月出生于江苏镇江，研究员、博士生导师。1957年毕业于北京大学力学专业后，在中国科学院力学研究所工作。历任固体力学研究室主任、海洋工程研究部主任、力学所学术委员会副主任等，现为力学研究所学术顾问。曾兼任国际断裂学会常务理事、副主席，远东及大洋洲断裂学组织副主席，中国力学学会理事、常务理事，北京力学学会理事长等。现兼任中国科学院海洋工程研究中心副主任、国际断裂学会理事、远东及大洋洲断裂组织常务理事等。培养了20多名博士、硕士研究生毕业，在读博士生5名。在国内外学术刊物上发表论文120余篇，专著2部。

他主要从事的研究工作有：

断裂力学与工程应用的研究，包括：1、含裂纹板壳理论的研究；2、分析和计算方法的研究；3、断裂力学的工程应用，上述部分工作获1987年中科院科技进步二等奖，由于在板壳断裂力学的理论和应用方面所做的成果，1989年被国际规模最大断裂会议（ICF7）邀请，作大会邀请报告，于2000年发表在该领域中的第一部专著《板壳断裂力学》。

海洋工程力学研究，主持了中国海洋石油总公司"八五"攻关，"涠11-4导管架平台结构强度全尺度原位监测"研究项目，获得1998年中国科学院科技进步二等奖，1999年国家科技进步三等奖。

夹层结构研究，发表专著《夹层板壳的变形、振动和稳定性》，这是国际上发表在此领域的第一部专著，获1978年全国科学大会奖重大成果。

太原理工大学教授　徐重

徐重教授

徐重，教授，1937年生于江苏宝应，现任太原理工大学表面工程研究所所长、教授、博士生导师。材料加工工程国家重点学科、博士点首席学科带头人。

他长期从事离子氮化技术的研究，1980年发明并试验成功“双层辉光离子渗金属技术”，双层辉光离子渗金属技术是具有世界领先水平的等离子表面冶金技术，是迄今为止最有效的表面合金化技术之一。其基本原理是利用低真空条件下气体放电所产生的低温等离子体，使普通材料表面形成具有特殊物理、化学性能的合金层。具有节约资源和能源、无公害、可大面积处理及表面成分可控等明显优点。双辉技术在航空、航天、机械、化工、海洋以及能源等工业领域有着十分广阔的应用前景。1985年获美国专利，后又相继获得加、英、澳、日等多国专利；1992年获国家发明二等奖，同年被“863”高技术研究计划选中。徐重教授到目前为止，已申报中国发明专利20项，已获授权8项。

双层辉光离子渗金属技术获国家发明二等奖证书

智能控制与智能机器人专家　徐心和

徐心和教授

徐心和，教授、博导、东北大学人工智能与机器人研究所名誉所长。主要涉足科研领域：自动控制理论及应用、模式识别与人工智能、计算机控制与仿真、智能机器人等。

他先后在国内外学术刊物与重要学术会议发表论文300余篇。主持完成国家自然科学基金、863基金、国家“八五”、“九五”攻关课题13项，攀钢、宝钢等企业课题20余项，其中8项通过省、部级鉴定，获科技进步奖国家三等1项，省部级一等2项，二等2项，国家专利2项。先后被评为辽宁省优秀教师、辽宁省先进（科技）工作者、辽宁省优秀专家等。

他领导的中国第一支机器人足球队——“东大牛牛”在1999年的世界杯赛上实现了中国金牌零的突破；由他提出的异构双腿机器人是一种新型的机器人，是开展智能假肢研究与实验的理想平台；他还与学生发明了人工路标，可以使室内自主导引小车(AGV)实现视觉定位与视觉导航；他们研究与开发的铁水运输仿真系统，不仅在技术上达到国际先进水平，而且取得了良好的经济效益。

地质专家　高振敏

高振敏在攀枝花野外工作

高振敏，1939年生，河北霸州人，中共党员，研究员，博士生导师。1965年毕业于北京大学，毕业后分配到中科院地化所工作，任过课题负责人和科技处副处长，1990－1997年被中国科学院任命为中科院地球化学研究所副所长，党委副书记兼纪委书记。

1994年被评为博士生导师，1997年获中国科学院第二届野外工作先进个人奖，1998年被中共贵州省委组织部和省人事厅评为省管专家。担任过两个全国性学会的专业委员会的副主任和委员，任过四个专业期刊的副主编和编委。近40年来他先后参与出版著作7部，发表学术论文120余篇，这些成果获得过国家科技进步二等奖一项（证书号：04－02－001－09）、中国科学院科技进步特等奖（证书号：97J－0－001－09）、中国科学院自然科学一等奖（证书：99Z－1004－2），2003年获贵州省科技进步一等奖。另外他还培养出博士生7名、硕士生9名，博士后6名。

物理学家　孙汉城

孙汉城在黄河壶口

孙汉城，1952年毕业于清华大学物理系，研究员，博士生导师。他曾任原子能院中子物理研究室主任，核技术应用研究所所长，并曾兼任中国物理学会理事，中国核物理学会与中国高能物理学会常务理事，《物理》、《原子核物理》、《核技术》杂志编委。

1996年退休后，任“北京深鸣远科技开发中心”与“北京华夏宁技术开发有限责任公司”总工程师，并兼任核工业研究生部教授，中国核学会核技术工业应用分会常务理事。主要从事核测井、安检仪器的开发与应用工作。

孙汉城发表了论文80余篇。主要贡献是：1、研制成性能优良的原子核乳胶；2、建立了快中子能谱测量的多种方法；3、发现了低能准自由散射与链式准分子共振的实验证据；4、支持完成了高纯锗自然γ能谱测井仪，参与了的物理设计，主持了中子刀以及集装箱检查系统的物理设计；5、与人合作有两项专利：检测导火索火药的均匀性（专利号：93100241.9），钴60γ射线源—碘化铯或钨酸镉探测器集装箱检测设备（专利号：ZL01259228.5）。

专利成果展示

ZHUANLI CHENGGUO ZHANSHI

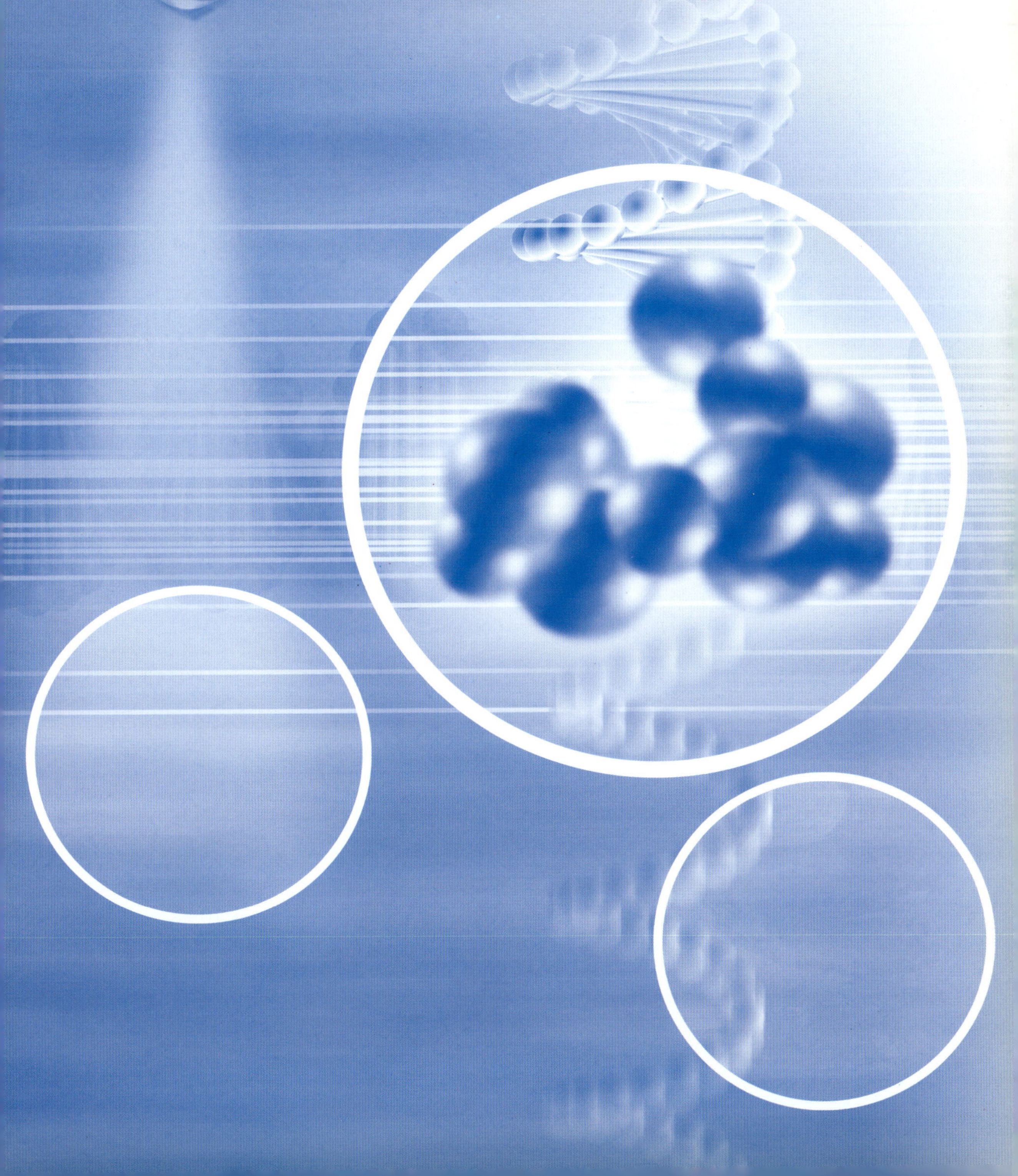

专利发明人　赵碧华

1999年在美国访问

赵碧华，教授。1939年出生，四川成都人，毕业于西南石油学院油藏工程专业。曾任大学教研室主任、实验室主任，已指导硕士研究生20名。曾主持石油大学（北京）采收率站研究工作。

赵碧华教授担任过国家级、省部级共20项科研项目的负责人及主研人员。其中，“四川阳新灰岩酸化的数学物理模拟”获1978年四川省科技大会奖；“酸沿裂缝流动有效作用距离计算软件及图版”获石油部1982年优秀科技成果二等奖；“泡沫酸压裂酸化施工设计软件”获西南石油学院1990年优秀科技成果一等奖，石油部1991年优秀科技成果二等奖；“用CT确定岩石物理参数”获河南石油管理局1994年科技进步二等奖；“油水两相流试井解释技术”获1996年大庆石油管理局科技进步三等奖；“岩芯流动实验参数自动显示记录装置研制”获石油大学（北京）1998年科技进步二等奖。

发明了“一种岩芯物性自动检测装置”专利，专利号为ZL97231193.9。退休后仍继续石油科技研究工作，研制了“混流分相计量方法及装置”，该成果已申请专利，专利号为02125493.1；研制成功了“A型岩芯物性自动检测仪”，现已投入使用，经专家评议为国内领先。

建立了“快速检测的水电模拟装置”，对寻求合理的布井方案、提高油气田产能及采收率，研究水平井和分支井开采效果、地层裂缝及岩性变化对产能的影响有重大意义；将CT扫描技术应用于油田开发，研究岩石的孔隙结构、裂缝、溶洞分布，岩芯中液流特性，酸化效果评价，污染伤害程度及岩石力学等，获得良好效果。

赵碧华教授已发表学术论文20多篇，其中国际会议宣读1篇，全国计算机流体力学会议宣读3篇，日本《科技文献速报》1篇及美国《石油文摘报》报道3篇，《中国改革经纬科技专著》收入1篇，获黑龙江省石油学会优秀论文二等奖1篇；曾翻译俄文专著《地下流体力学》；2002-2003年分别在第十六、十七届全国水动力学研讨会发表论文2篇。

申 请 号： ZL 02125493.1

专利名称： 混流分相计算方法及装置

专利简介： 能计算出混合流动的两种物质中每一种的瞬时流速；实现了计量、计算自动化；实现了对流动过程的监控，由监控曲线告知过程是否正常

专 利 号： ZL 97231193.9

专利名称： 一种岩芯物性自动检测装置

专利简介： 以独特的手段实现了微流量(0～0.1ml/min 0～0.5ml/min)的自动测量。可在2秒之内实现12项参数的采集、储存、显示，并给出参数动态变化曲线。该技术适用于需要微流量测量的各种领域，如石油、地质、水利、化工、医药等

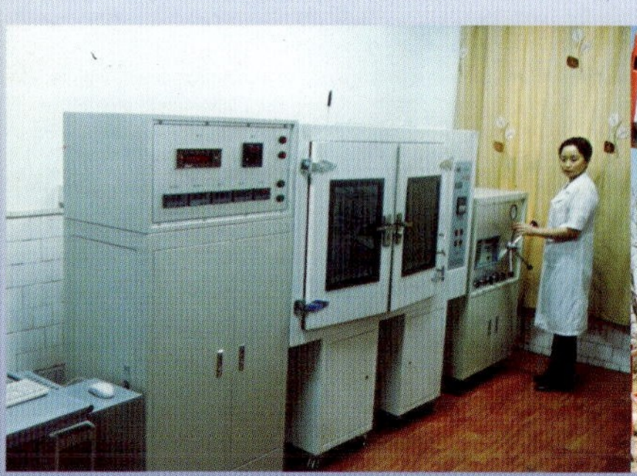
A型岩芯物性自动检测仪

1987年在美国参观油田

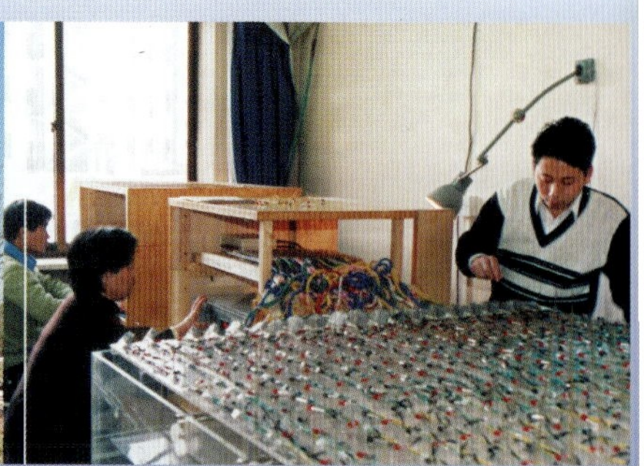
自动检测水电模拟装置

“划了一根火柴”

——世界知名太阳能专家殷志强教授

殷志强教授

殷志强教授性格开朗、谈话风趣，对所从事的太阳能专业研究充满了热爱，对太阳能的应用前景充满了信心。殷志强教授告诉我们，在我国，能源结构中主要以矿物燃料特别是煤为主体，它燃烧后的产物，是大面积酸雨和大气中温室气体CO_2增高的直接原因，造成了生态环境的恶化。此外，化石能源日渐枯竭。在20世纪70年代初爆发的“世界能源危机”就是例证，而太阳对人类来说是一个取之不尽，用之不竭的洁净能源库。

20世纪70年代，美国欧文斯－依利诺伊公司的工作人员生产出世界首支全玻璃真空太阳集热管，但由于当时的真空太阳集热管吸收涂层性能低下，因此并没有引起广泛关注。在1979年清华大学确立全玻璃真空集热管新型涂层的课题以来，殷志强教授开始致力于研发多种薄膜及制造方法，并于1984年在世界上开创了用单个铝阴极通过非反应与反应磁控溅射制备红外低发射铝底层、铝－氮化铝吸收太阳光的复合薄膜和氮化铝减反膜三个部分，使溅射系统结构简化，材料利用率提高。这种渐变“Al－N/Al”选择性吸收涂层将太阳光的93%转化为热，而热发射只有5%，1987年获国家发明专利（专利号85100142.4），1988年生产出中国首批具备此种涂层的“晒乐”牌全玻璃真空集热管。中国由此掌握太阳能热利用领域的核心技术，在国家“产、学、研”工程的推动下，我国发展成为世界最大的太阳能热利用产品生产国与使用国，至今在低、中温应用的真空太阳集热管涂层仍处于世界领先水平，并且性能价格比最优。在开发真空管太阳集热器与系统中，殷志强教授带领科研人员创新了集热管东－西向水平放置的集热器（专利号ZL94218448.3），结构简单，使用方便，经济实用，占我国真空管家用太阳热水器市场95%以上，目前在国内大面积工程中广泛应用。全玻璃真空管太阳热水器设计之初，真空管与贮热水箱连接处的个别漏水问题是痼疾，以殷志强教授为首的科研人员研发出一种新型密封橡胶圈（专利号ZL94218450.5），成功解决这个难题，目前国内绝大部分太阳热水器产品都在使用这项专利技术。中国太阳热水器产品，真空管规格样式繁多，但其长度与直径的关系都在遵循一个固定的比率，这源于殷志强教授等科研人员1995年申请的一项专利“一种新型全玻璃真空太阳能集热管”（专利号ZL95215311.4），此项专利提出了有效的真空管长度与直径关系。可以看出，在殷志强教授申请的众多专利中，不管是核心技术还是太阳热水器某个部件，都对中国太阳能热利用产业产生了难以估量的影响。尽管这样殷志强教授对此虚怀若谷，不愿多言，说我只是“划了一根火柴”。

到目前为止，全国共有2000多家太阳能热利用企业，2002年全国销售1000万平方米太阳热水系统，全行业从业人数约20万。我国太阳能热利用产值约106亿元，有效地节约了我国宝贵的常规能源，保护了环境。可以说，殷志强教授和同事们在建立我国太阳能热利用产业中起到了决定性作用。

多年来，殷志强教授的学术研究工作取得了丰硕的成果，令人难以置信的14项发明专利以及国家发明奖三等奖、聂荣臻发明创新奖、国家科技进步二等奖、世界技术组织（WTN）能源领域奖（共20个领域，每领域1人）等重量级奖项。殷志强教授也众望所归地成为中国太阳能热利用行业学科带头人，在国内外太阳能界享有极高的声誉。在2003的世界太阳能大会上，瑞士国际权威太阳能检测中心负责人U.Frei博士报告中称AI－N/AI涂层及罩玻璃管直径47毫米（殷教授1986年提出的）为”Dewar－China“（杜瓦—中国），真空集热管。

殷志强教授认为我国虽然已经成为世界上太阳热水系统生产与使用大国，但需向技术强国努力，他愿与同行业的广大科研及工程技术人员为太阳能应用从补充能源向战略能源过渡而奋斗！

清华阳光太阳能设备有限责任公司（专利权情况表）

序号	专利名称	专利号／申请号	发明人	持有人	备注
S01	一种薄壁柱形园筒端部翻边装置	ZL 99 2 13563.X	王继才 石红恩 邹辉煌	清华阳光公司	实用新型获权
S02	具有刚性连接的太阳热水器内水箱	ZL 98 2 50926.X	张 剑 邹辉煌	清华阳光公司	实用新型获权
S03	一种模块化的太阳反射器	ZL 98 2 50927.8	薛祖庆 王继才 石红恩	清华阳光公司	实用新型获权
S04	太阳热水器中相变热导管的密封接头	ZL 99 2 14989.4	桂裕宗 李春梅	清华阳光公司	实用新型获权
S05	一种开口薄壁圆筒形热导金属翼片	ZL 99 2 48442.1	张 剑 殷志强	清华阳光公司	实用新型获权
S06	一种用于分层热水容器的充取水装置	ZL 99 2 44045.9	邹辉煌 张 剑 薛培杰	清华阳光公司	实用新型获权
S07	一种薄壁圆筒容器环缝平面缝焊工装	ZL 99 2 08973.5	王继才 邹辉煌	清华阳光公司	实用新型获权
S08	一种用于相变热导管的换热结构	ZL 00 2 57796.8	邹辉煌 石红恩 殷志强	清华阳光公司	实用新型获权
S09	嵌插型全玻璃真空太阳集热管尾座	ZL 00 2 57797.6	薛培杰 张国斌 张 剑	清华阳光公司	实用新型获权
S10	插装式铝合金框架	ZL 00 2 62092.8	邹辉煌 石红恩 张国斌 张 剑	清华阳光公司	实用新型获权
S11	热管干式全玻璃真空管太阳集热器	ZL 01 2 27148.9	邹辉煌 石红恩 张 剑 殷志强	清华阳光公司	实用新型获权
S12	一种气动铆接机	ZL 02 2 00611.7	王继才 薛培杰 邹辉煌	清华阳光公司	实用新型获权
S13	一种承压容器疲劳试验装置	ZL 02 2 03366.1	邹辉煌 季生齐 李学勤 薛培杰	清华阳光公司	实用新型获权
S14	一种新型挡风圈	ZL 02 2 35426.3	邹辉煌 殷志强	清华阳光公司	实用新型获权
S15	一种新型金属型材夹口压紧连接结构的太阳反射器	ZL 02 2 35539.1	张国斌	清华阳光公司	实用新型获权
S16	一种新型太阳热水器贮热水箱外壳	02 1 20883.2	桂裕宗 颜 敏	清华阳光公司	发明申请中
S17	一种气动压紧设备	ZL 02 2 39846.5	张国斌 钟洪伟	清华阳光公司	实用新型获权
S18	一种非承压式太阳热水器贮热水箱的防冻通气管	ZL 02 2 39844.9	桂裕宗 颜 敏	清华阳光公司	实用新型获权
S19	一种半自动合缝机	ZL 02 2 44293.6	王凤英 王继才	清华阳光公司	实用新型获权
S20	一种太阳集热器连集管	ZL 02 2 44294.4	张 剑 郭慧惠	清华阳光公司	实用新型获权
S21	一种新型发泡工装	ZL 02 2 57562.6	王继才 颜 敏	清华阳光公司	实用新型获权
S22	太阳热水器	ZL 02 3 40162.1	桂裕宗 颜 敏	清华阳光公司	外观设计获权
S23	太阳热水器中相变热导管的密封接头	200420007023.7	霍守锋 刘克	清华阳光公司	实用新型申请中
S24	一种承压太阳热水器贮热水箱的防冻通气装置	200420064283.8	霍守锋 刘克 岳瑞菊	清华阳光公司	实用新型申请中

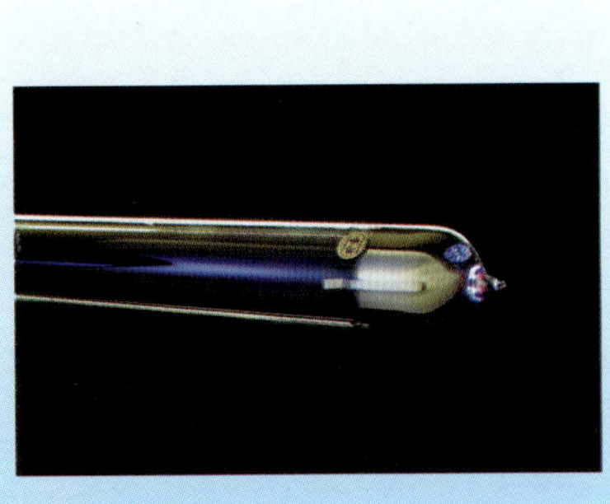

“晒乐”牌全玻璃真空太阳集热管

“清华阳光”牌太阳热水器

“清华阳光”牌联集管型太阳集热器

清华阳光能源开发有限责任公司（专利权情况表）

序号	专利名称	专利号／申请号	发明人	持有人	备注
N01	溅射太阳选择性吸收涂层及制造方法	ZL 85100142.4	殷志强	清华大学	发明获权
N02	一种用于太阳能集热器的联集管	ZL 87212970.5	殷志强　吴家庆 王凤春	清华大学	实用新型获权
N03	一种全玻璃真空太阳能集热管	ZL 8721003.2	殷志强　史月艳	清华大学	实用新型获权
N04	一种新型镀膜玻璃	ZL 94 2 06532.8	殷志强	清华阳光公司	实用新型获权
N05	一种新型联集管	ZL 94 2 18448.3	李德坚　薛祖庆 张　剑	清华阳光公司	实用新型获权
N06	一种新型密封橡胶圈	ZL 94 2 18450.5	李德坚　薛祖庆 张　剑	清华阳光公司	实用新型获权
N07	一种新型全玻璃真空太阳能集热管	ZL 95 2 15311.4	殷志强　候苏平 唐　轩　安瑞红	清华阳光公司	实用新型获权
N08	一种内壁为波形的密封圈	ZL 96 2 16122.5	李德坚　薛祖庆 张　剑	清华阳光公司	实用新型获权
N09	复合式保温承压连集管	ZL 96 2 15867.4	张　剑　邱纯一	清华阳光公司	实用新型获权
N10	便携式太阳开水器	ZL 96 2 18941.3	刘学臣　邱纯一	清华阳光公司	实用新型获权
N11	具有漏斗形端部的联集管	ZL 96 1 20414.1	张 剑　邱　松	清华阳光公司	发明获权
N12	可控热发射率的太阳选择性吸收涂层及制造方法	ZL 96 1 20413.3	殷志强　严习元	清华阳光公司	发明获权
N13	一种排气台的烘烤装置	ZL 96 2 41453.0	严习元　牛传瑾	清华阳光公司	实用新型获权
N14	隧道式组合烘箱	ZL 96 2 41491.3	管祚尧　严习元	清华阳光公司	实用新型获权
N15	圆柱外表面反射率谱测量用的支架	ZL 96 2 41452.2	殷志强　安瑞红	清华阳光公司	实用新型获权
N16	一种新型太阳能漫反射器	ZL 96 1 20442.7	殷志强　吴锦发 刘学臣　安瑞红	清华阳光公司	发明获权
N17	一种新型热导金属翼片	ZL 99 2 49224.6	殷志强　李春梅	清华阳光公司	实用新型获权
N18	全玻璃真空管太阳集热器的密封结构	日本登录3051227号	张　剑 李德坚　薛祖庆 邱　松	清华阳光公司	实用新型获权
N19	便携式开水器用全玻璃真空太阳集热管	ZL 00 2 43227.7	薛祖庆	清华阳光公司	实用新型获权
N20	便携式开水器盒	ZL 00 2 45368.1	薛祖庆	清华阳光公司	实用新型获权
N21	便携式开水器盒	ZL 00 3 28624.X	薛祖庆	清华阳光公司	外观设计获权
N22	紧凑式太阳热煲	ZL 00 2 50233.X	李德坚 吴锦发 周小雯 殷志强	清华阳光公司	实用新型获权
N23	便携式太阳开水器包装盒	ZL 00 3 38194.3	薛祖庆	清华阳光公司	外观设计获权
N24	紧凑式太阳热煲锅	ZL 00 2 58073.X	李德坚 吴锦发 周小雯 殷志强	清华阳光公司	实用新型获权
N25	一种冷面密封火头	ZL 00 2 00674.5	阎宝忠　严习元	清华阳光公司	实用新型获权
N26	一种更长寿命全玻璃真空太阳集热管	ZL 02 2 35541.3	殷志强　周小雯 严习元 牛传瑾	清华阳光公司	实用新型获权
N27	一种太阳热水器及热水系统集热量的混水法测试装置	ZL 02 2 39845.7	吴锦发　范　军	清华阳光公司	实用新型获权
N28	一种太阳热水器及热水系统贮热水箱热损系数测试装置	ZL 02 2 39847.3	吴锦发　范　军	清华阳光公司	实用新型获权
N29	一种新型全玻璃真空管太阳集热器及热水器的密封结构	ZL 02 2 57563.3	李德坚　安瑞红	清华阳光公司	实用新型获权
N30	一种新型全玻璃真空管太阳集热器及热水器	ZL 02 2 57564.2	李德坚　周小雯　安瑞红	清华阳光公司	实用新型获权
N31	一种多目高频线圈	200310115335X	李曾豫	清华阳光公司	发明申请中
N32	一种多目高频线圈	2003201220260	李曾豫	清华阳光公司	实用新型申请中
N33	一种全玻璃真空太阳集热管	200320128094.8	安瑞红　李德坚　牛传瑾	清华阳光公司	实用新型申请中
N34	全玻璃真空太阳集热管吸气剂蒸散自动生产装置	200420007022.2	李曾豫	清华阳光公司	实用新型申请中
N35	一种全玻璃热管式真空太阳集热管	200420050936.7	殷志强　李春梅	清华阳光公司	实用新型申请中

青岛市中韩海兴海洋研究所

简　介

研究所是由国家海洋局海洋研究所研究员展广海，英国“伦敦应用技术研究院”海洋工程研究员、北京北方交通大学MBA研究生韩南平创办的国家专利高科技深海沉浮式养殖沉箱技术的科技型海洋科技研究所，拥有多项知识产权的国家专利（附专利证书），并获得过“国家专利技术发明博览会金奖”，曾获得过省、市科学技术成果奖，并在环境保护、海洋资源开发、海洋生物制品、太阳能源高新技术产品开发研究，最近研究发明专利环境保护产品LZ0020898“干型洁便器”产品技术获得青岛市高新技术产品，被人民日报社信息产业部例为“国家重点推广项目”。由本所研究员展广海、韩南平研制的“沉浮式养殖沉箱”获得“香港专利技术发明博览会金奖”同时本所助理研究员韩静超获得“香港专利技术发明博览会发明成果奖”，同时获得英国“伦敦国际专利技术博览会金奖”。

沉浮式组合养殖浮箱是目前投资少，见效快，收益高，风险小，社会效益快，一年投资，年年见效的获利项目，我所通过有关部门国际检索该项目属于国际先进水平。说明“沉浮式养殖沉箱养殖鲍鱼类技术”的国际先进性和该技术已受到国际养殖业的、科技领域的重视。

青岛市崂山区沿海海域，水域面积宽阔，“沉浮式组合养殖沉箱”科技示范园建设在崂山区500亩海域。以赤岛为界处于大陆沿海与外海水相连，水质优良。年平均气温20度，平均降雨800mm，属于北亚热带南缘季风型气候，海潮属于规则不半日潮，涨潮流速在1.5节左右。由于海区潮流畅通，海水因子适合贝类、鲍鱼、海参、虾类、海蟹生长，所以有“青岛鲍鱼王”的美称。

“地基处理大王”司炳文

尤里卡主席奥里约给司炳文教授及DDC技术颁发骑士勋章及证书

司炳文，教授级高级工程师，1932年出生于陕西长安，毕业于西北建筑工程学院。原为北京工业设计研究院结构设计高级工程师，长期从事建筑结构设计研究工作，对建筑结构，地基与基础，腐蚀与防护的设计经验丰富，尤其对地基处理方法与地基施工机械有独特的见解与构思。1992年先后发明了《孔内深层强夯法》(DDC)、《孔内深层超强夯法》(SDDC)、《孔内灌注强夯混凝土桩》(DCP)、《地基处理设备》、《超压强自动打桩机》等13项专利技术。他的发明获得北京市优秀发明奖、中国国际专利与名牌博览会特别金奖。他获得了“发明家”的称号，还被称为“地基处理大王”、“人类社会的清道夫”、“碴土桩之父”、“西部十大杰出创业者”、“西部之子”。《人民日报》、《各界导报》、《新西部》、《市场报》等30多家媒体对他给人类社会作出的贡献进行多次报道。2003年11月他在布鲁赛尔获第52届尤里卡世界发明博览会比利时王国骑士勋章，获马其顿生态环境保护奖，获波兰发明家协会拯救星球生态环境发明奖，获罗马尼亚教育研究部最高水平发明奖，获波兰发明家协会、第52届尤里卡评委会主席、欧共体经济合作部部长最高发明金奖。2004年8月被中国西部大开发活动组委会评为“中国西部开发杰出贡献奖”。司炳文先生创办了司炳文技术开发研究所，北京瑞力通地基基础工程有限责任公司和西安长城岩土工程有限公司，任董事长，总经理。他被聘为中国深基础工程协会理事，湿陷性黄土专业委员会。他在技术方面精益求精，求其精髓，不断完善现有技术，愿为世界环保业和建筑业做出更大的贡献！

本发明将从“方法”和“设备”的机理对地基和碴土进行处理和消纳，获得了更新换代的技术效果、社会和环保效益，在地基处理及环卫领域掀起了一次绿色革命，在全国范围内全面推广处理“各类”疑难地基，节约钢材、水泥，降低工程造价，更重要的是消纳治理垃圾及垃圾场污染，他解决了国内外人们渴望要解决而没有解决的问题。

教授及其专利介绍

评委会主席: DDC技术掀起了一项技术革命，它保证了我们地球母亲的健康，在此表示衷心的祝贺并诚挚的希望此技术推广到全世界，谢谢您对我们下一代的关心。

斯克颇亚大学教授及马其顿创造发明委员会主席: DDC技术确实是一项新的技术改革创新，它对环境保护方面作出了巨大的贡献。DDC也是科学技术实践应用研究方面的一座丰碑。

尤里卡世界科技展览会主席: 首先祝贺DDC这项成功的科技发明，它在建筑、环卫领域方面的意义重大。祝愿司炳文教授取得进一步的成功。

欧共体经济合作部部长: DDC技术具有划时代的意义，其具有名副其实的“绿色工程”称号。感谢司炳文教授对世界的贡献。

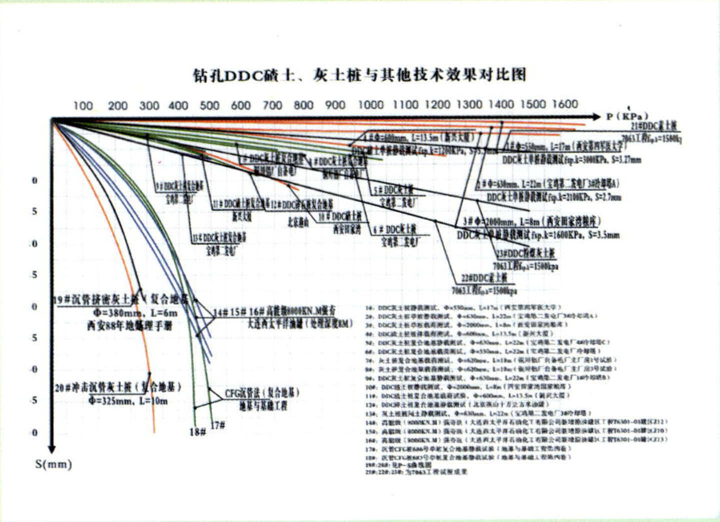

2003年8月在昆明 获中国国际与名牌博览会特别金奖

罗马尼亚发明家协会授予司炳文教授及DDC专利技术 拯救星球生态环境发明最高奖

第52届世界发明、研究和新技术展览会授予司炳文教授及DDC专利技术最高发明金奖

荣获比利时王国埃唯创业发明 骑士勋章奖

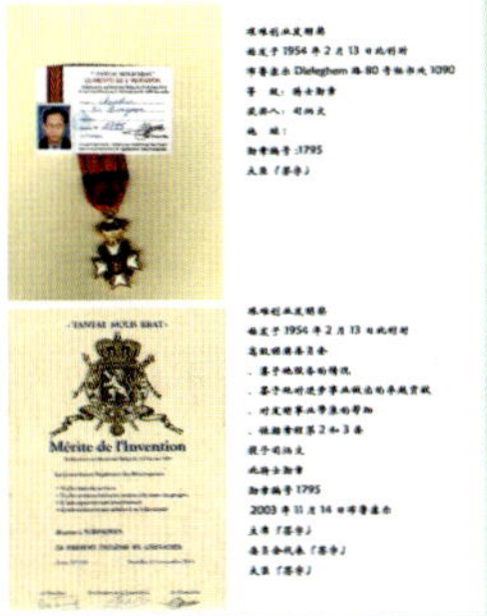

罗马尼亚青年教育研究部授予司炳文教授及DDC技术最高水平发明奖及奖章

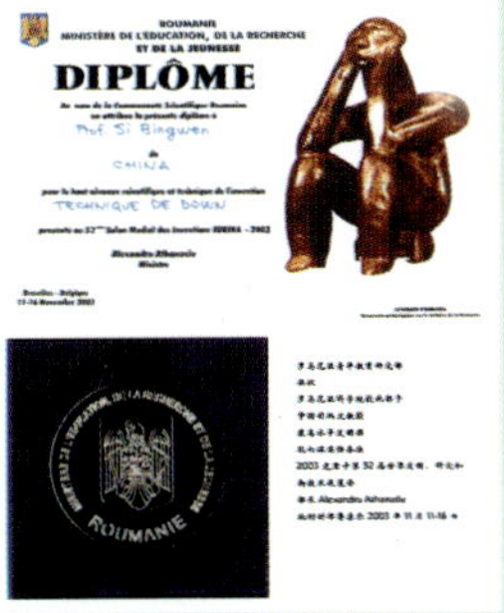

马其顿共和国工业产权保护局马其顿发明家和创造者技术进步联盟授予司炳文教授及DDC技术生态环境保护奖

波兰发明家协会授予司炳文教授 最高发明金奖

公司名称：北京瑞力通地基基础工程有限责任公司
公司地址：北京市槐柏树街市府大院3号楼
联系电话：010-63165852 63049365
邮　　编：010053
网　　站：www.chinaddc.com
邮　　箱：chinaddc@sina.com

公司名称：西安长城岩土工程有限公司
公司地址：西安市建国路88号新兴大厦908室
联系电话：029-87450220
邮　　编：710001
网　　站：www.sbwddc.com
邮　　箱：chinasddc@sbwddc.com

国际专利大王　王德良

王德良，1938年出生于湖南长沙，中共党员、高级经济师，主要从事机械、经营管理及化工工作。曾任科长、处长、厂长兼党委书记、副董事长、总经理、总工程师。兼任省模协常务理事、《中国市场信息》特约编辑、《发现》杂志特约记者、理事、中国管理科学研究院终身研究员等职务。

他酷爱发明创造，在1989—2001年期间，先后申报授权172项专利，其中：发明专利1.74%、实用新型8.72%、外观设计89.54%。发明专利《组合框架》——新型铝合金型材及制品于1995年列入国家火炬计划项目(编号：95D141B3060506)，国家重点新产品。

2002—2004年，他先后申报授权54项专利，其中：发明专利14.81%、实用新型31.48%、外观设计53.71%。专利《全新结构节能环保隔热保温金属门窗》，产品于2003年列入国家火炬计划项目（编号：2003EB030989)。

王德良的业绩先后被载入《世界当代专利发明人名典中国卷》第一卷、《中国专家大辞典》12卷、《21世纪中国知名专家优秀成果总览》、《中国专家人名辞典》13卷、《中国专利发明人大全》第6卷、《中国优秀人物大典》。他的论文《企业自主投资策略论》被列入《21世纪中国知名专家文库》，并评为优秀作品奖。

王德良先生的发明专利国家级火炬计划项目及部分获奖目录

获奖时间	名称	奖品种类
1997年8月	获中国专利第六届新技术新产品博览会金奖及特别金奖	奖牌、奖状、奖杯
1997年	获美国国际新技术新产品博览会金奖	奖杯、奖牌、证书
1997年	获美国爱迪生、香港、澳门科学院国际联合评定的国际专利大王金牌奖	奖牌、勋章、证书
1997年11月	获第46届尤里卡世界发明博览会银奖	奖牌、奖状
1999年12月	获第二届欧共体尤里卡世界发明博览会国际最高金奖	奖杯、奖牌、证书
1999年12月	获第三届爱迪生世界发明博览会国际最高金奖	奖杯、奖牌、证书
1999年12月	获国际荣誉联合、英联邦荣誉联合评审授予的“对人类贡献”荣誉称号	金牌、勋章、证书
1999年12月	获加拿大东方国际展览会、香港科学院国际荣誉评委会、美国爱迪生发明中心联合评定“对人类贡献”荣誉称号	金牌、勋章、证书
1999年12月	获世界科学院授予的“世界科技成功人士”称号	证书
2002年3月	王德良先生关于《王牌新型铝合金型材及制品》等发明专利业绩被载入大型文献《21世纪中国知名专家优秀成果总览》并获荣誉证书	证书
2003年	全新结构节能环保金属（不锈钢、稀土铝合金）门窗，获国家级火炬计划（编号：2003EB030989)	证书
2004年5月	《中华优秀人物大典》（世纪精英版）	水晶纪念牌

山东大正天丰不锈钢建材有限公司
单位地址：山东济南历城区大正工业示范区东正村218号（邮编：250104）
常住地址：成都市八宝街1号万和苑A座1107（邮编：610031）
电　　话：028-86241688

北京昌福医疗仪器器材有限公司　王运昌

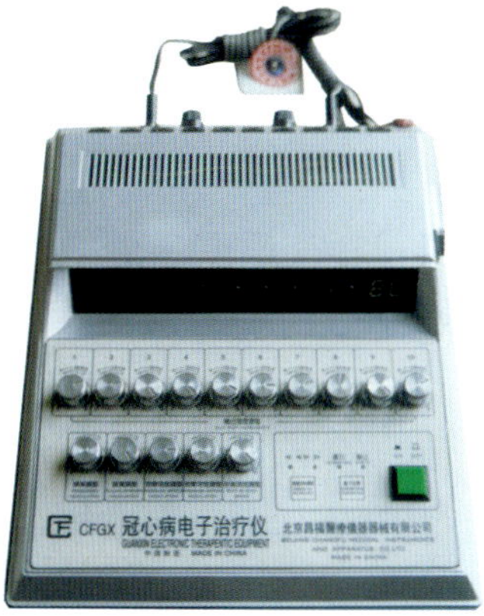

冠心病电子治疗仪

我国是个有13亿人口的大国，早已进入了老龄化国家的行列，60岁以上的老年人有1亿3千多万，根据卫生部门统计，在死亡的人口总数中，因患心脑血管病死亡的占54%以上，为死亡人数之首，而患心脑血管病者，已不再是老年人的“专利”。由于在竞争中精神上的紧张、饮食不规律不科学，以及不良的生活习惯等多种原因，心脑血管病正悄悄而又迅速地往年轻化上发展，使许多青壮年患上了心脑血管病。现代医学（西医）虽已很先进发达，但只是在诊断方面，如：B超、CT、核磁共振等，而在治疗上很多问题还是束手无策，如心血管病，除“搭桥”手术外，还没有更有效的真正解决心脏缺血问题的方法，而“搭桥”手术费用的昂贵是人所共知的。心脑血管病更无有效的治疗方法，这不仅使患者本身致残、生活不能自理还更给家庭和子女带来了痛苦，给社会带来了很大的负担。这项发明就是针对这一严峻的现实考虑的，为了让每个人都健康，提高人类的生存质量。为了改善人体的血液循环，特别是对健康起重要作用的微循环，畅通经络，从而提高人体自身抵抗外来病毒的能力，并针对目前中老年人的健康现状，王运昌发明了一种“治疗方法”，并获得了国家知识产权局的发明专利。

这项发明称“冠心病电子治疗仪与专用电极”。该发明以“中医经络理论为基础、以内病外治为手段、发挥中草药独特的治疗效果、用电子仪器做工具”四者一体的一种“综合治疗方法”。“经络”对人体有“决生死、处百病、调虚实”的重要作用。尽管现代医学（西医）有的人还不完全承认，但它确实客观存在，是几千年来指导中医临床的基础；“内病外治”是一种新的给药手段，见效快、作用强、不靠肠胃吸收没有任何毒副作用；“专用电极”是选择多种有针对性的中药，按中医“君、臣、佐、使”的原则组方配制加工而成，治疗时按病症贴在不同的穴位上与仪器相连进行治疗，患者毫无不适感，简单易操作。治疗冠心病，经正式临床证实，其治疗效果是：1、降低血脂的总有效率90%以上；2、改善微循环总有效率80%以上；3、患者的胸闷、气短、心绞痛、心率不齐等症状的缓解或消失达90%以上；4、改善心电图（T波）总有效率50%以上；5、使劣化了的红细胞逆转，提高高密度脂蛋白。从这5个方面说明真正有效地改善了心脏缺血（氧），如此的治疗效果，得到了301、中日、北京、协和、人民、北大、同仁、友谊等医院以及临床单位：西苑、东直门、泰山疗养院的心血管专家在论证会上的肯定。

1997年被科技部列为国家级“星火计划”，被北京市列为“火炬计划”。该项发明，当改变电极中的中药成分和穴位后，通过正式临床证实，对治疗脑血管病获得良好的效果。以发明人王运昌为例，1999年9月，由于工作的劳累，再加上年龄较高，他外出工作回来时摔在马路上，患上了半身不遂，在未服一剂汤药，没扎过一针，完全用本治疗方法治疗的情况下，写字、走路（5、6公里）毫无问题，无人认为他曾是患过半身不遂的病人，这应该说是全国乃至全世界独一无二的奇迹。2002年被列为北京市100个重大科技成果推广计划之一。

该发明不仅造福于中老年人，提高他们的健康素质和生存质量，更减轻了其家庭特别是子女的负担，使他们能全身心地投入到祖国建设的各项事业中去，真是造福全社会乃至全人类的伟大发明。

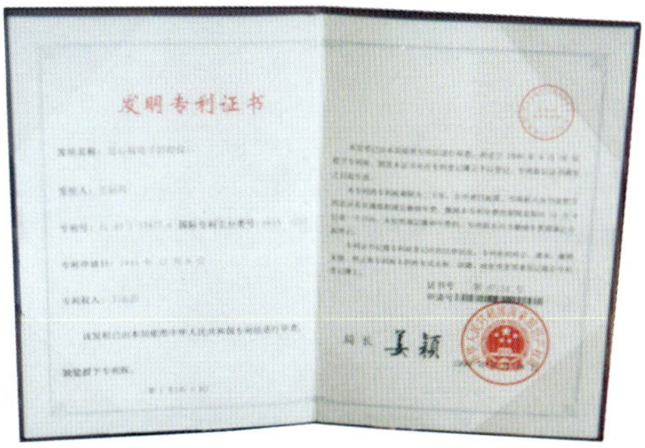

发明专利证书

天津市韦尔柏基因治疗公司　　冯宝章

冯宝章教授

专利权人简介

冯宝章，中国医学科学院、中国协和医科大学教授、血液学研究所研究员、硕士生导师、政府特贴专家。1965年毕业于厦门大学生物系动物专业。当年分配上述单位从事白血病发病原理研究，包括家族性白血病和骨髓增生异常综合症（MDS）的研究。于1999年退休。2000年创立韦尔柏（V-erb）基因治疗公司，继续上述研究，并构建出白血病发病四步理论模型及相关基因包括癌基因异常。同时进行专利产品的市场运作和临床试用申报。发表第一作者论文50多篇，主编基础血液学专著《恶性血液病遗传学原理和应用》，先后获得国家和卫生部科技进步二、三等奖各1项，时任天津市遗传学会理事、中华医学遗传学会肿瘤组组长。

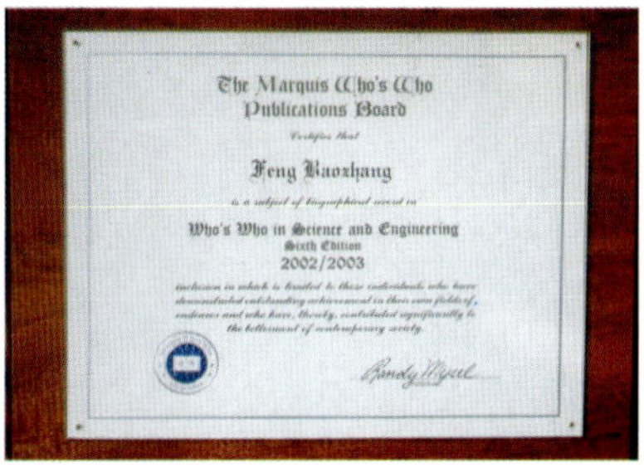

世界名人证书

专利名称：反基因V-erbB寡核苷酸及其应用

批准号：D40119099

专利号：00109023.2

项目简介

专利权人自1987年开始应用禽类原始红细胞增多症病毒癌基因V-erbB和V-erbA作探针，和Sonthern印迹杂交，发现MDS病态造血和其他癌症早期上皮不典型增生均与C-erbB1重排/扩增，C-erbA缺失/失活相关。表明人类癌症早期致病基因及异常可能与禽红白血病相似。应用V-erbB PCR和重排位置寡核苷酸原位杂交技术均显示有发病学和诊断学意义，由此发明反基因V-erbB寡核苷酸，经磷酸硫代修饰，保证其进入细胞达到重排位置，形成巩固的三链DNA结构、抑制表皮生长因子受体即EGFR（C-erbB1）基因的表达和扩增。应用此产品于大鼠MDS全身用药治疗，发现逆转成功率为100%。几乎每只动物均在用药后1-2个月骨髓恢复正常或接近正常。其对高发区食管癌早期（不典型增生者）逆转成功率为80.5%。这是迄今为止，高发区其他治疗从未曾达到的新水平。近期研究，发现癌细胞基因组内存在内源性V-erbB并证明可能是它的缺失突变和扩增导致癌症的发生。其后续的其他增殖相关基因的协同扩增以及血管新生等导致癌症从前期发展为临床期并浸润和转移。

此产品局部用药每例成本数百元，利润数千元，全身用药每例1-2万元，利润1－2万元。一旦取得新药证书，以每年治疗血癌早期1-200例计，利润1-200万元。换言之，临床应用第一年便可收回全部投资。

合作方式及投资金额：

目前专利估价为1000万元人民币。专利人愿意出让10-20%产权获得1-200万元资金，作为临床试用经费，以便获得新药证书。然后再作整体市场运作。如投资方愿意控股，可以面谈，但对方最好为跨国制药企业包括美国、澳大利亚、加拿大的企业。

天津市韦尔柏基因治疗公司

地址：天津市南京路300号 2-12-3

邮编：300020

冯宝章教授被吸收为″世界教科文卫组织专家成员″

发明专利获日内瓦国际发明专利博览会金奖之牌

上海吴宇生物科技有限公司　　樊永金

总工程师 樊永金

樊永金，生于1951年，苏州市人，南京中国药科大学〈生化系〉毕业。曾工作于苏州生化制药厂，历任化验员、工艺员、车间主任等职。现任上海吴宇生物科技有限公司总工程师，中国科技研究交流中心研究员，兼任上海生物医学工程高级顾问。

近30年来一直致力于生化药物的研制，积累了丰富的实践经验，项目成果：猪胆提取物结合草本药物，治疗胆囊综合症的新药“金胆黄胶囊”；猪胰脏提取物结合草本药物，治疗预防胰腺炎续发症新药“清胰胶囊”；利用猪血加工成血纤维经水解获得的，人体多种必需氨基酸高营养滋补品“水解蛋白”。由于这些药品填补了国内外药品市场的空白，曾在2001年的国际生物制药技术新里程研讨会上，作为重点介绍的生化高技术发展企业。特别是利用肝素钠生产中筛选被废弃的低分子肝素钠研制的外用新药，可介入加工成居家必备的保健护肤品“手足适霜”——荣获了亚洲国际新技术、新产品博览会金奖及2001年国内及国际专利技术成果博览会金奖等多项国内外大奖。

樊永金长期以理论和实践相结合，他的生化科研工作取得了优异的成绩，并获得了国家多项发明专利，其成果已先后被《中国世纪专家》、《世界华人名人录》记载入丛书。1998年以来贯彻实施《中国21世纪议程》，推行清洁生产，可持续发展战略针对国内生化制药业普遍存在的技术落后，经济效益差、生产污水、乱排放，造成自然生态环境的严重破坏等不良局面。自主创造发明了国内外最先进的“酶解肝素钠清洁生产流水线”。较传统生产工艺使生产周期缩短了3/4、成本降低了1/3、产品收率提高1/3，又可获得1倍量低分子肝素钠，使经济效益提高了300%，产品质量达到美、英欧洲国家的标准，产品可直接出口国外。“酶解肝素钠清洁生产流水线”的发明获得了国内外专家和生物学术界的高度重视和一致好评。2002年被中国——加拿大江苏企业管理和环境项目办权威专家认定为“肝素钠清洁生产样板工程”。

在国家鼓励发展大中型民营企业的今天，特别注重发展高科技和符合环保，清洁生产的绿色产品企业。为了将现有的科技成果转化为产业化更好的造福人类，选址在盐城响水（贫困县）创办国内最大最先进的种猪繁殖、饲养、肉制品加工生化制药一条龙清洁生产线项目。项目将以自主的技术成果结合引进国际最先进的饲养、屠宰设备，同时按照美、欧质量标准配套引进质量检测设备，以保证达到清洁生产创造企业绿色品牌产品，配合国家新的食品卫生质量体系认证，维护我国的肉制品质量与国际接轨工作。项目一旦实施可保证长江三角洲大中城市绿色放心肉的供应。同时将已研制的生化系列药品早日炮制于市场。

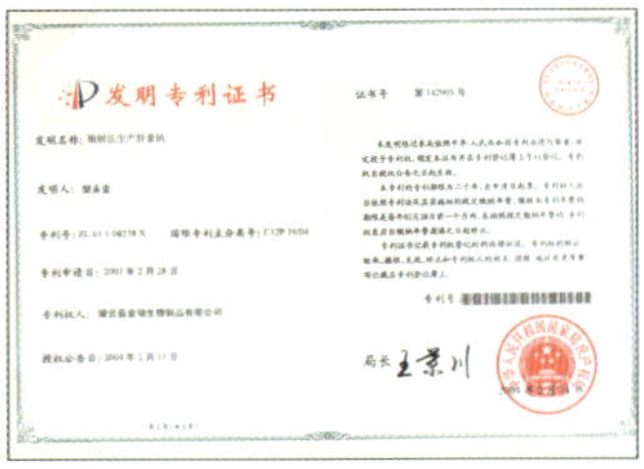

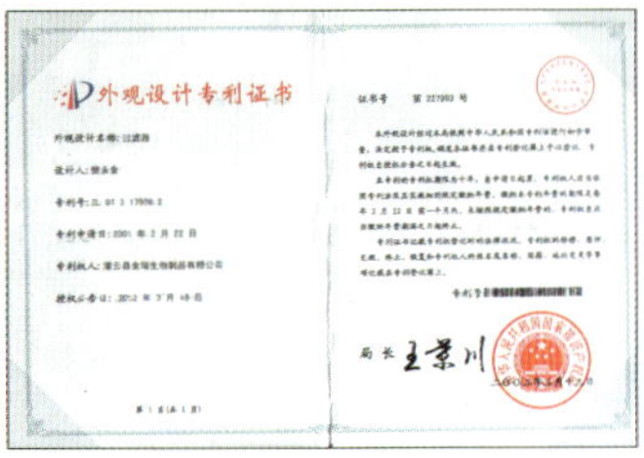

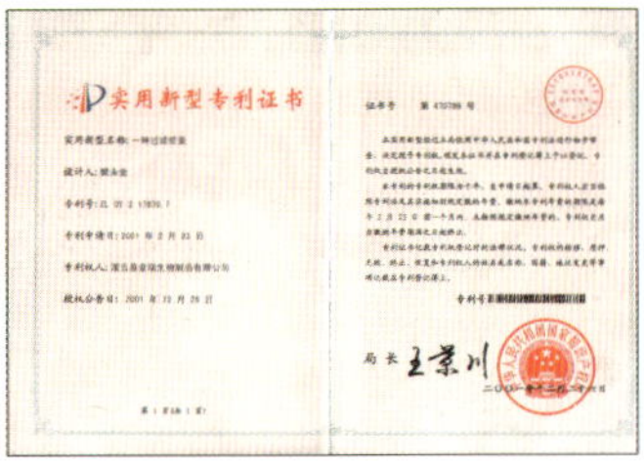

生物工程是任重道远的，樊永金肩负使命，理应为国家培养出一批新生力量为共同营造一个绿色地球，造福人类做出他毕生的贡献。

工作中的樊永金

长春轿车消声器厂　苏绍禹

苏绍禹，1945年生，1970年大连理工大学毕业。高级工程师，现任长春轿车消声器厂副总工程师。著有《风力发电机设计与运行维护》；发表《中国农业产业化将促进农业公有制的发展》、《专利SSWZ重型、SSWCZ超重型万向联轴器》等30余篇论文并有多篇获特等、一等奖；科技成果“NBJ-70泥钵机的研制”1982年获林业部科技成果三等奖；NBJ-70泥钵机制造的营养钵为黑松、松树等珍贵树种育苗，使其载植成活率由原来不足5%增加到95%以上，为内蒙植树造林改善生态环境做出了贡献。“SSWZ300型重型万向联轴器的开发”1994年获吉林省优秀新产品开发三等奖，1995年获国家级新产品称号；专利“有滚动止推轴承的联轴器”（专利号：95223268），是苏绍禹经8年苦心研究所获得的成果，苏绍禹在十字轴4个轴端巧妙地设计了滚动止推轴承，打破了国内外用止推垫这种滑动轴承来承担十字轴的轴向力的传统格局，变滑动为滚动，并用价值工程设计十字轴，使之比国内外相近机型承担扭矩高30%，重量轻、噪音小、可靠性高、寿命达到8000—20000小时，是国内外相近机型的2—4倍。2000年获世界发明家国际协会国际发明金奖，2004年7月获吉林优秀科技成果一等奖。此专利在通钢公主岭机械厂和长春轿车消声器厂生产多年，创利累计1000余万元。长春轿车消声器厂就2004年1—4月已经生产500余套1000余万元，安排下岗职工100余人，渴望2004年达到2000万元销售额，预计2005年可达3000—3500万元；不仅为生产企业创造了可喜的经济效益和社会效益，同时为用户降低轧钢成本4000余万元。专利“高效永磁交流发电机”（专利号：98211145），是苏绍禹经24年苦心研究所获得的成果，其结构简单到只需要维护轴承的程度，电压三相可达440/280V至几千伏，功率几KW至几千KW，效率比常规律磁交流发电机高2—8%，噪音低2—8dB，重量轻40—60%，适于水电、火电、柴电，可做成多极低转速，尤其适合风力发电机。苏绍禹现在正在开发适合中国国情的风力发电机及深入研究永磁体的机理。苏绍禹多次获得市、地区奖励，2003年获吉林省“五一”劳动奖章、于2004年10月获全国职工技术创新成果三等奖。

昆明辰龙润东科技有限公司 徐有生

徐有生，研究员，出生于1940年，现任云南矿冶高新技术研究开发中心主任、总工程师；昆明辰龙润东科技有限公司董事长、总工程师。

1996年毕业于昆明工学院有色冶金专业，派遣到甘肃白银有色金属公司冶炼厂工作，获“先进工作者”、“模范工作者”称号；1976年调昆明工学院冶金系任教，获“先进教师”称号。1980—1981年于北京钢铁学院、清华大学、中科院力学所进修《流体力学》；1983—1989年任昆明工学院冶金高温熔体研究室副主任等职；1989—1992年承担国家级“火炬计划”实施项目：“热等离子体在钛冶金中的应用”及“铜镍硫化矿WB-热等离子体直接获取高冰镍”等；1992年10月创办“云南矿冶高新技术研究开发中心”，任主任兼总工程师至今，并承担国家计委批准的重点工业性试验项目：“铜镍硫化矿WB-热等离子体直接获取高冰镍并制取电镍”及“硫（砷）化矿微波脱硫（砷）并直接制取元素硫（砷）”。1998年获中国科联英才奖；2001年被选为世界生产率科学院中国分院院士，同年被中国科联经济发展研究中心授予“技术创新奖”；2002年获中国科联经济发展研究中心“科联精英奖”。

1983年始从事微波能及等离子体技术在矿冶中的应用研究，至今有20多项已能工程化和产业化的发明成果，其中已申报中国专利15项（已获专利权9项，转入实审6项）。目前已能实现工程化和产业化的专利主要是：“铜镍硫化矿WB-热等离子直接获取高冰镍”、“硫化矿微波脱硫并直接制取元素硫”、“一种处理难选氧化镍矿的方法”、“WB-热等离子体生产活性富钛料及人造金红石的方法”（获第二届国际“爱因斯坦”新发明、新技术博览会暨国际荣誉评奖会国际金奖）、“WB直接由铁精矿或铁磷生产铁粉的方法”、“WB-热等离子体处理含钴氧化矿”、“多功能工业实用型微波能加热反应系统”（获第二届国际“爱因斯坦”新发明、新技术博览会暨国际荣誉评奖会国际金奖）、“铜、镍硫化矿无污染火冶法”（获首届国际“牛顿”科技发明成果博览会国际金奖）、“难处理金矿无污染提金法”、“流体处理专用工业微波炉”、“一种微波废水处理的方法”等。

微波能和等离子体技术的结合在矿冶（选矿和冶金）中的应用，具有高效、节能、消除环境污染，使国家宝贵的矿产资源节约化利用（提高有价元素综合回收率）等效果。废水微波处理技术是现行所有的废水处理技术不可比拟的，它将从根本上解决人类社会因生产和生活对江河湖泊造成的污染，使之水环境步入良性循环。由于“流体处理专用工业微波炉”的开发成功，实现该技术工程化和产业化的技术难关已全获解决。本废水处理技术已在北京等地的示范工程中获得了完满成功。

上述成果曾先后在《科技日报》、《经济参考》等报上作过专题报道。并曾入编《中国国情报告》、《鲜红的党旗》、《世界优秀专家人才名典》、《世界科技专家》、《中国人才世纪献辞》、《中国专家大辞典》、《国魂—跨世纪中华兴国精英大典》、《中国专家人才库》、《2000中国风、杰出人特集》、《当代中国科学家与发明家大辞典》、《祖国万岁》、《中国科联人才大典》、《中华万象》、《中华人物大典》、《中国大文化英才传略会典》、《国家级科技成果研制功臣录》、《世纪语录·专家5000言大典》、《中国当代发明家大辞典》、《中华科技精英大典》、《中国优秀实用专利大全》、《中华优秀专利技术精选》、《中国专利发明人大全》等。

单　位：辰龙润东科技有限公司
地　址：昆明市环城东路41号
邮　编：650051
电　话：（0871）5160077

SJC 型水泥搅拌桩浆量监测记录仪

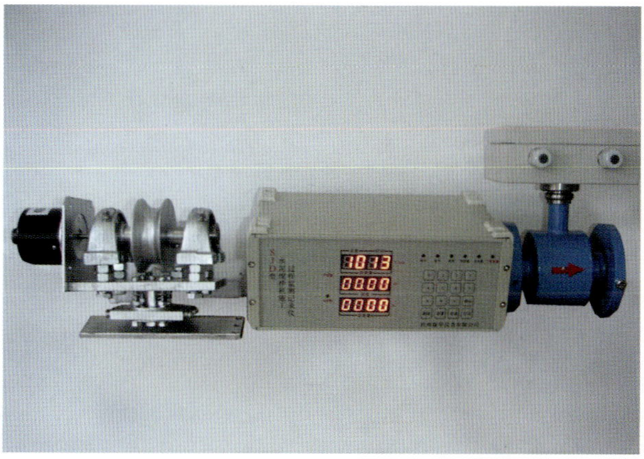

SJC 型水泥搅拌桩浆量监测记录仪（专利号：97241952.7)的转化和应用，开创了“计算机测控技术”应用于建筑施工地下隐蔽质量参数的“实时监测记录”。仪器在高速公路软基处理、长江等水利防渗墙施工监测中得到广泛使用。仪器的存档记录数据，对防止豆腐渣工程起到巨大威慑作用。被评为“上海市高新技术转化项目”。本专利现已发展升级型 SJD 型仪器，欢迎合作。

发明人——李堃武，计算机测量控制专业，高级工程师，现任上海锦盈自动化仪器设备有限公司总经理、总工程师。长期投身航天事业的火箭计算机测量、控制、发射系统应用研究，后转入工程勘察、建筑施工等地下隐蔽工程质量参数监测仪器的应用研究。

另外，李堃武获得的专利还有多功能静探测斜仪（专利号：95243366.4）、荷载—沉降—时间相关参数记录仪（专利号：93240903.2）、柔性位移传感器（专利号：93245539.5）等。

地　址：上海市武夷路 461 弄 1 号 1804 室
邮　编：200050
电　话：021—62126670
传　真：021—62137410
手　机：13601756177

温州市科丰仪器仪表有限公司

温州市科丰仪器仪表有限公司是一家专门从事宝石检测鉴别仪器研发、生产、销售于一体的科技型企业。目前，拥有自主知识产权四项，并已付之实施。

专利名称：定时式光控开光（ZL99.208597.7)，该发明旨在利用自然光源的日昼亮度变化控制照明电器使其与环境同步开灯，到设定时间自动关灯，对节电非常有效。

专利名称：合成碳硅石检测仪（ZL01264391.2)，该发明旨在解决天然钻石与合成碳硅石的鉴别问题。不论是裸钻石还是已镶嵌在首饰的钻石均可一测便知，不会对钻石造成任何伤害。

专利名称：两功能宝石检测鉴别仪（ZL03236264.1)，该发明旨是把热导仪、电导仪一体化；使二种仪器合二为一；操作者使用该仪器一次检测即能区分、鉴别仿钻石、天然钻石、还是合成碳硅石。

专利名称：单片机控制的宝石检测鉴别仪(200420007929.9)，该发明利用现代大规模集成电路——单片机的强大功能和无比优越性，通过运算、控制、输出组成一台多功能宝石检测鉴别仪器，是单片机技术在宝石检测鉴定领域应用的先行者。

以上四项专利已由本公司转化为市场商品，并批量出口欧、美、中东、东南亚等地区。在 2004 年 4 月召开的瑞士巴塞尔国际珠宝钟表博览会上，多个国家的珠宝仪器批发商均展示了本公司的专利技术产品，在国际上赢得了很高的声誉。专利权人——许济苍，浙江温州人，工程师。40 多年来长期在国有企业从事新产品研发和生产的技术设计及管理工作，2001年独自创办了科技型的科丰仪器仪表有限公司，3 年来在创汇、就业、税收等方面为国家做出了重大贡献。

地　　址：浙江温州市学院东路天盛花园 7-606
邮　　编：325000　　网址：www.kefeng.cc
电子邮件：kefeng@kefeng.cc 或 changlong@21cn.net
电　　话：0577-88220887　传真：0577-88225174

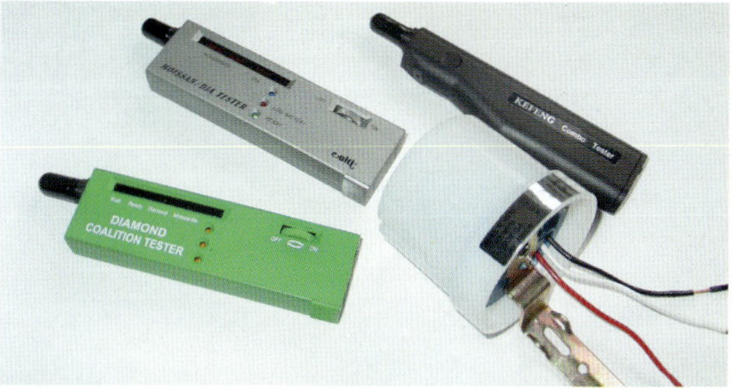

兰州生物药厂

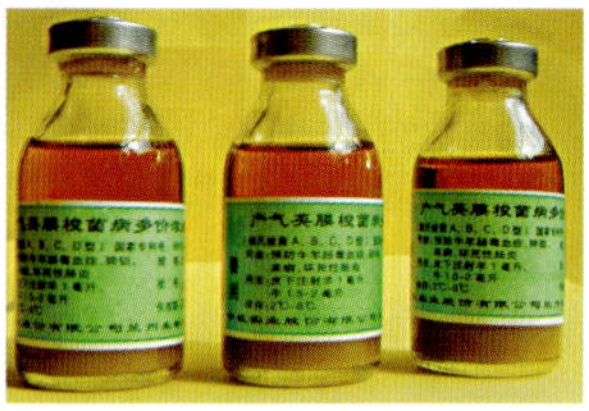

专 利 号：99101943·1

专利名称：牛产气荚膜梭菌病灭活疫苗及其制备工艺

专利权人：农业部兰州生物药厂

发 明 发：马乐英

专利介绍：本发明涉及一种牛产气荚膜梭菌病灭活疫苗。该疫苗将产气荚膜梭菌A型菌用胰酶消化汤培养，C型、D型菌用肉肝胃酶消化汤培养。所有菌液用甲醛灭活脱毒，盐析法浓缩提取类毒素后，用氢氧化铝胶盐水熔化，经杀菌、防霉处理，得到成品。用本发明制成的牛产气荚膜梭菌病灭活疫苗，可预防产气荚膜梭菌A型、C型、D型菌引起的牛猝死病，效果良好。

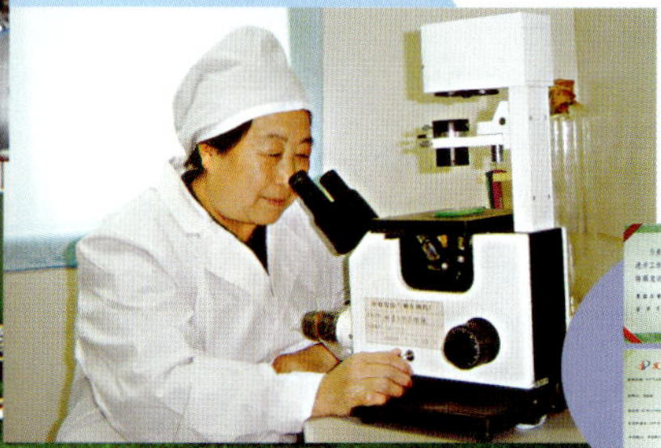

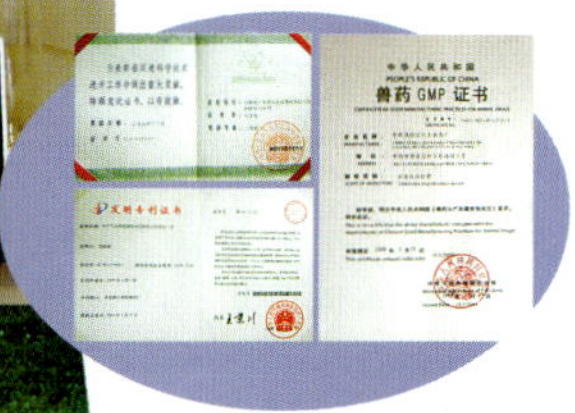

发明人简介：马乐英，女，1941年生，甘肃临洮人。1966年大学本科毕业。曾任农业部兰州生物药厂车间主任、研究室主任多年。从事口蹄疫苗研究获国家科学技术进步三等奖1项、省级科学技术进步一等奖1项。退休后继续从事动物疫苗研究，获专利2项。

兰州生物药厂：始建于1934年，现隶属中牧实业股份有限公司，是主要的家畜疫苗基地。2004年通过农业部GMP认证。

组织工程相关仿生材料

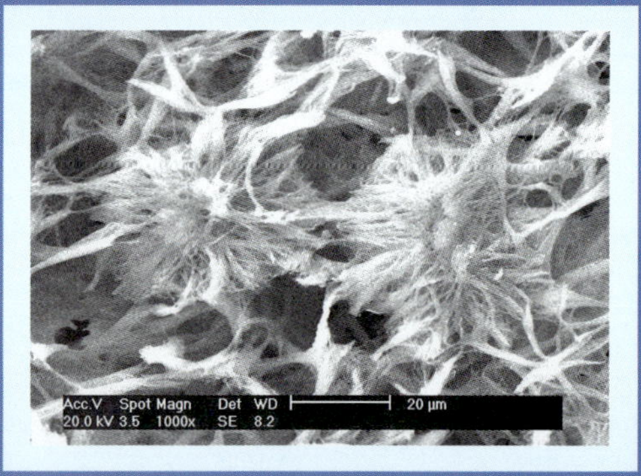

专 利 号：001062875

专利名称：壳聚糖／明胶网络支架

专利权人：天津大学

发 明 人：姚康德、沈峰、尹玉姬、成国祥

专利介绍：一种用于生物医用的壳聚糖／明胶网络支架材料及其制备方法。采用相分离法制备的壳聚糖／明胶多孔支架材料，材料价格低廉，生物相容性好，亲／疏水平衡性可调。该支架材料适于皮肤和软骨组织工程。将壳聚糖／明胶(Cs-Gel)网络和羟基磷灰石(HAP)或β－磷酸三钙复合则能用于骨重建。

西安测绘研究所　　陈广学

陈广学，1963年出生于河南杞县，博士生，研究员。

1983年毕业于郑州测绘学院地图制图系，1995年11月西北大学硕士毕业，郑州信息工程大学在职博士研究生。2002年10月至2003年10月作为国家公派高级访问学者在日本东京大学学习研究。现任职于西安测绘研究所数字地图与地理信息工程研究室，兼任郑州信息工程大学硕士研究生导师，陕西省测绘学会理事，中国测绘学会地图学与GIS专业委员会委员。曾任西安测绘研究所地图学与GIS研究室主任，中国测绘学会第七届理事会理事，中国感光学会青年工作委员会委员。主持或参与完成“地图电子出版系统”、“手持式地形信息系统”、“GS-Ⅱ型正性重氮感光撕膜片”、“KM-300地图刻图膜片”、“地图彩色缩微技术”等10余项科研成果；作为第一发明人申报国家发明专利4项，分别是“感光斯膜片的冲洗方法”（专利号：88108606.1，证书号：第14557号）、“刻图膜片及其制法”（专利号：ZL93106589.5，证书号：第35795号）、“正负两用型重氮感光撕膜片”（专利号：ZL95113744.1，证书号：第47473号）、“预染色重氮胶片的曝光方法”（申请号：99115774.5）。其中，被评为国家级新产品1项，获部级科技进步一等奖1项、二等奖7项，三等奖6项。目前正在承担三维地图符号系统和嵌入式地理信息系统等课题的研究。合著有《地图制版与印刷》一书，发表论文50余篇。1993年起享受政府特殊津贴，1994年被评为省优秀青年科技工作者，1996年被评为部级优秀中青年专家。

通讯地址：西安市雁塔路中段1号
邮　　编：710054　电话：13389227922

“太阳光采光装置”发明人　　伍太光

高级工程师　伍太光

伍太光，**1941**年**9**出生，四川营山人。重庆大学毕业，1965年参军入伍，在军委工程兵国防工程设计院、总参工程兵第四科研设计院从事电气工作，1996被评为高级工程师，1997年晋升为五级高工。先后参加过“北京京城大厦”、“北京罗马花园”、“北京军区陆军总医院大型综合病房楼”等宾馆、礼堂及地下工程的设计、科研，当过业主代表及监理工程师，编写过专用规程，获得过部委级优秀工程设计等奖励4项。

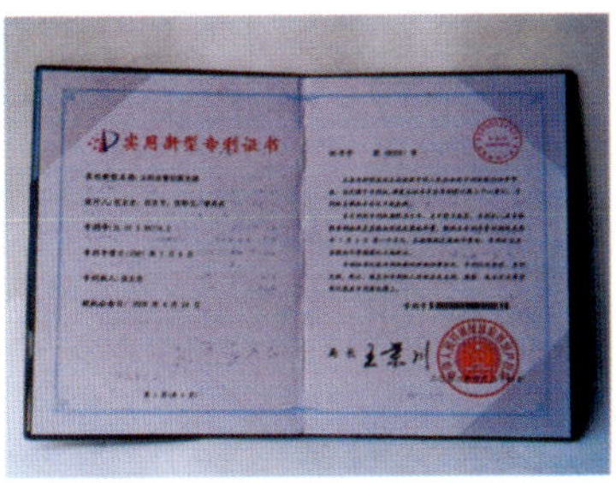

太阳光管状聚光器所获的专利证书、奖牌

退休后曾被聘为多家工程建设监理公司的监理工程师、业主代表及工程施工公司的总工程师，之后完成“太阳光采光装置”、“太阳光管状聚光器”、“跟踪拓展式超高密度太阳照明聚光器”以及“聚光隧道式太阳光光电能源系统（待公开）”、“组合聚光式太阳电池发电堆（待公开）”等专利技术的开发，其中“太阳光采光装置”获2002、2003年国际、国内金奖、特等奖3项，“太阳光管状聚光器”获2002年第51届尤里卡世界发明博览会等国际、国内金奖、特等奖5项，“跟踪拓展式超高密度太阳照明聚光器”获2003年香港国际专利技术博览会金奖。曾被聘为伦敦应用技术研究院及世界生产力促进委员会专利开发中心等国际技术单位的高级研究员及高级技术顾问。

太阳光采光装置样机

本溪冶炼厂　　谢廷声

谢廷声，1939年出生。大学文化。历任中学教师、教导主任、政府干部、本溪冶炼厂厂长、书记、总工程师、高级工程师。

曾获得发明专利8项："硅铝钡"、"硅铝钡锶钙锰"、"铝锰钛"、"硅钡镁"、"硅铝锰钡铁"、"硅钡钙锶铁"、"铝镁铁"、"铝造渣球"。此8项专利均为炼钢脱氧剂。

"硅铝钡"、"硅铝钡锶钙锰"主要用于炼钢连铸，它解决炼钢水口结瘤，改善钢中三氧化二铝的夹杂，提高钢材质量，现已在全国炼钢中广泛应用。"铝锰钛"是冶炼低合金钢和微合金钢的脱氧剂和添加剂，替代较为昂贵的铌、钛、钒，有较好的经济效益。"硅钡镁"和"硅钡钙锶铁"是满足无铝钢的需要而研制。上述产品均已投入大批量生产，在全国炼钢中普便应用。改变了传统的炼钢用金属铝脱氧的工艺，节省了大量的金属铝，不但提高钢材的质量，降低炼钢成本，而且创造了巨大的经济效益和社会效益，推动了我国炼钢脱氧合金的发展，为我国炼钢脱氧剂处于世界顶尖水平做出了贡献。

"中国专利发明创造金奖"

——高重频调制多脉冲YAG激光刻花系统及加工方法

杨明江博士

发明专利号：ZL92113223.9

专利权人：中国科学院力学研究所

发明人：杨明江

杨明江，博士，现任中国科学院"产学研激光毛化技术开发推广中心"主任。1990年以来，他主持了"YAG激光毛化冷轧辊技术与装备攻关"，是国家"八五"、"九五"科技攻关和中国科学院"九五"重大项目负责人。YAG激光毛化技术与装备获得国家专利8项，其发明专利1997年获中国专利局与世界知识产权组织联合颁发的"中国专利发明创造金奖"。杨明江获中国科学院有突出贡献中青年专家称号（1994），是国家"八五"科技攻关先进个人，并获奖章（1996）。

大型YAG激光毛化设备装备

这项专利技术研究出了独特的高重频声光波形调制技术，在世界上首次实现了YAG激光毛化在钢厂大规模生产应用。十年来，我国钢厂使用YAG激光毛化技术已生产出上百万吨优质冷轧板带，实现产值40多亿元。这项专利在1997年，又发展了高重频激光可设定二维分布毛化（刻蚀）技术。使其成功应用于我国铝加工厂新型亚光铝板箔产品开发，并使铝板箔由轧制引起的延伸率各向异性减小30%以上。2000年以来，开发高重频激光毛化强化新技术。这项以高重频脉冲激光为特色的材料表面改性新技术，将发展成一种新的激光加工方法，在国民经济、军工多个领域获得广泛应用。

欢迎加盟多媒体广播事业
共创“希望工程”教育平台

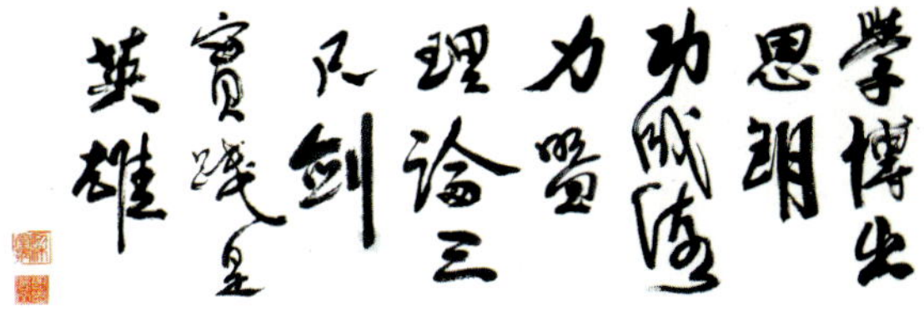

发明专利“一种模拟信号发射调制加密及接收控制系统”、“模拟包络数码调制发射及接收系统和方法”、和实用新型“移动式多媒体广播接收机”旨在利用全国广播网络，进行数字图文广播，使中国学生“一个不能少”地接受到网络教育。

梁堂振博士技术讲座《半导体致冷与日用电器》在《日用电器》上连载，《证券广播图文显示的探讨与实践》论文在《中国广播》上发表获奖，股市上加密广播机的“购机也疯狂”接受中央电视台“发明与创造”节目专访，这一系列事件映射出上世纪80年代电器科学研究院课题负责人到90年代电子进出口经营开发处长至本世纪创业者坚持走自主知识产权道路的曲折历程。“学博出思朗，功成倚力盟”，我们深信多媒体广播项目的“希望工程”将开创教育新天地。

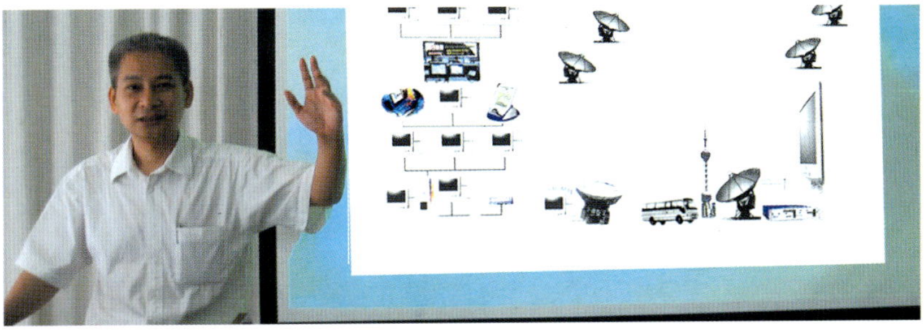

血稀疗法发明人　　肖锋

发明人：肖锋

中国专利血稀疗法　专利号码：98202630.7

专利名称：恒变互割光幅照血疗仪　发明人：肖锋

血稀疗法集防、治、抢救心脑血管病于一体，是根治五高症最特效的疗法，是预防根治心脑血管病的最特效疗法。28年来，曾获国家卫生部、国家专利局、北京1993年、1994年全国专利金奖。

此疗法以其快速净化血液，消除血液中的垃圾，迅速降粘、降脂，2小时可降血脂50%，胆固醇降40%，一个月左右可改善血液的生化、电磁场、微量元素、免疫、渗透压和血液的解毒功能，直接溶解血管壁粥样硬化斑块，达到彻底软化血管的目的，彻底快速溶解血栓，快速改善因脑出血、脑血栓所至的半暗带，半衰期脑细胞的缺血缺氧状态，激醒、激活睡眠状态下的脑神经、脑细胞，一次血稀的功效远远大于口服半年药物的效果，只花大医院1/10的经费，且巩固时间长，不需要季节性输液。

新疗法对脑血栓、脑出血、冠心病、心肌梗塞、血粘稠、高血脂血糖、糖尿病、脉管炎、静脉炎的治愈率高达96%。另外，此疗法使用纯中药，使用一次性净化过滤装置，绝无交叉感染，是绝无毒副作用无损伤的绿色生命疗法。

地址：河北保定城隍庙街83号保定老军医专利医院　电话：0312-2039802

地址：重庆沙坪坝区高滩岩第三军医大学干休所亚光医院　电话：023-65423346

中国血稀网址：http://www.xiaofeng.com/cgalntm　医药网联系电话：0311-6684343

中国科学院化学研究所　孙文华

孙文华研究员

在中国科学院知识创新工程项目、"百人计划"项目和国家"863"计划的支持下，中国科学院化学研究所孙文华研究员的课题组开展了新型乙烯齐聚和聚合以及降冰片烯聚合催化剂研制和催化工艺的研究工作，在全组同事和同仁的共同努力下，取得了大量的研究成果，申请了系列化的研究专利技术多件。化学所目前将部分专利技术进行公开，寻求合作开发和技术转化的企业。根据化学所的职务发明管理的规定，技术成果属于单位所有，化学所希望企业投入研发资金，化学所占有在开发成功后所得纯利润的15%—20%作为回报和研究经费的支持。

已获得授权的专利技术包括：

1、8－氨基喹啉及其衍生物镍的配合物催化剂和用途，授权号：ZL 00 1 21033.5，授权公告日：2003.1.8

2、一种制备支化聚烯烃的后过渡金属乙烯聚合催化体系，授权号：ZL 00 1 32106.4，授权公告日：2004.1.28

3、一种复合载体催化剂及其制备方法和用途，授权号：ZL 01 1 18315.2，授权公告日：2003.12.31

4、一种载体化后过渡金属催化剂及其制法和应用，授权号：ZL 01 1 18568.6，授权公告日：2003.12.3

5、一种氮－膦镍配合物催化体系及制备方法和应用，授权号：ZL 02 1 23213.X，授权公告日：2003.11.19

6、一种降冰片烯催化体系及制备方法和应用，授权号：ZL 02 1 26508.9，授权公告日：2004.2.25

单位：中国科学院化学研究所
地址：北京市中关村北一街二号（邮编：100080）
传真：010－62618239　电话：010－62557955
邮箱：whsun@iccas.ac.cn.

吉林省农科院农产品加工研究中心

1、含碳酸气蛋白饮料的制造方法（专利号：99125161.X）

研制单位：吉林省农科院农产品加工研究中心

研制人员：孙洪斌 、刘兆庆、曹龙奎

该技术是一种新型蛋白饮料的制作方法。该技术以牛奶、豆奶、花生奶、核桃奶、杏仁奶、椰奶中的一种或几种原料混合，采用无菌等压充气技术在奶基质中充入碳酸气，克服了奶制品不爽口、碳酸饮品无高营养的缺点，增加了相融性和爽口性。该产品不仅含有一定量的蛋白质，而且90%以上的蛋白质是以氨基酸、多肽类形式存在，同时还富含水溶性膳食纤维和其它功能因子，更易被消费者所接受。该项目被列为国家科技部农业科技成果转化资金项目，具有较高的推广价值。

2、可调参数式行星球磨机（专利号：ZL03240029.2）

研制单位：吉林省农科院农产品加工研究中心

研制人员：曹龙奎、 孙洪斌、刘继田、宫玉华、马毓霞、孙威

该实用新型属于超微粉碎加工领域，特别适合山野菜等植物体动物骨壳及肉干的超微粉碎和花粉孢子等物料的破壁。该可调参数式行星球磨机是在普通行星球磨机的基础上进行了技术改进和改善，使该设备粉碎物料更加合理、高效。该设备新颖点在于：1、能够方便的进行公转与自转比、公转盘倾角、自转粉磨筒与公转盘中心的距离等影响磨粉参数的调整；2、为解决粉碎、研磨时物料的过热问题，增设冷却装置，较好地实现了对热敏性物料的粉碎、研磨难题；3、可以对粉磨筒内部进行抽真空，以防止磨筒内的物料在粉碎、研磨过程中与空气接触发生氧化反应。通过试验粉碎效果超过了一般行星式球磨机，粉碎效率高，颗粒的粒径小，粒度分布较均匀，同时还能够很好进行花粉和灵芝的干粉等的破壁，破壁率接近100%。

发明人简介：曹龙奎，1965年出生，博士，副研究员，现任吉林省农业科学院农产品加工研究中心副主任，中国农产品贮藏与加工学会理事，吉林省食品学会理事，吉林省食品学会专家顾问组包装与食品机械分会副会长。

地址：吉林省公主岭市西兴华街6号
邮编：136100
联系人：黄威
电话：0434－6283260

加汽奶

北京颂张催吐疗法中医研究院

院长　宋鑫博

宋鑫博院长

宋鑫博，医师。1954年9月生，山东邹城人。现任山东邹城市催吐养生研究所所长，北京颂张催吐疗法中医研究院院长。

宋鑫博医师倡导"催吐养生疗法"协调各科治疗相关疾病；推荐"圣洁免疫"理论，创立"中医西式疗法"，防瘫、防癌、防衰，有利于儿童提高智力，且有益寿美容之效；倡议"越百圣洁人瑞颐养工程"推荐四十岁后每年跟踪治疗一次。他是迎世纪世界疗法师"十大疗法师"获得者，获"世界华人专利技术博览会金奖"及"世界华人科学技术发明奖"，元旦之际又获英国应用技术研究、英国国际专利技术开发中心"伦敦国际专利技术成果博览会金质奖"，并被聘为研究员。

宋鑫博医师发明专利"一种催吐清胃注射液"(96119828.1)，中毒创救，疑难杂症治疗。1996年报请专利，1998年办理入美"TTL"认证，1999年纳入科经贸"99重点推广优秀专利项目"，在世界养生大会获"99世界创新"一等金奖。

地址：北京颂张催吐疗法中医研究院
电话：(O) 0537-5570408　(H) 0537-5378821
手机：13681580559

济南军区第152医院麻醉科

孟庆友

孟庆友，1954年生，1972年入伍，现任济南军区第152医院麻醉科主任，副主任医师。1982年1月，荣立三等功一次。1999年12月被评为济南军区科技工作先进个人(荣立三等功一次)。2003年被评为优秀科主任。曾获国家实用新型专利5项，3次发明奖；曾获科技成果奖5项（科技进步二等奖2项，科技进步四等奖3项。全军医药卫生重大成果推广项目1项）

从1987年至今有16年的临床麻醉经验。能熟练完成婴幼儿及老年人的中心静脉置管、硬－腰联合麻醉、各部位神经阻滞、静吸复合麻醉、无痛腔镜诊疗。疑难鼻气管插管复合麻醉和各种急、重、危病人的麻醉与心肺脑复苏，能有效地处理失血性休克的麻醉，感染性的休克的麻醉，多器管功能不全综合症（SODS）的麻醉手术。能熟练完成心脏外科的冷血、温血心肌保护工作。能开展非手术治疗颈椎、腰肩盘突出症几神经痛的止痛工作。

曾获国家实用新型专利5项：（已被两家厂家生产2个（准）字产品

1、(95227191.5) 便携多用气动呼吸机(15*25*30cm)
2、(98206435.7) 气动呼吸机集成化调节器(6*6*4cm)
3、(98251916.8) 气控低压报警器 (5*1.5cm)
4、(99302524.2) J-III 袖珍呼吸机外观设计
5、(99212444.X) 自动减压呼吸接头

地　址：河南省平顶山市第152医院麻醉科（邮编：467000）
电　话：0375-3393349（办）

悬浮填料发明人　周增炎

周增炎，现任同济大学研究员、博士生导师，享受国务院颁发的政府特殊津贴。曾荣获省部级科技进步一等奖1项、二等奖2项、三等奖7项，发表论文60余篇，国家专利11项。

发明名称：一种新型悬浮生物载体填料，专利号：02215505.8；一种容易挂膜的悬浮生物载体，专利号：02265966.8；一种比重可调的悬浮生物载体，专利号：02218096.6。(高廷耀教授为以上专利的共同专利权人)

发明简况：悬浮填料为新一代高科技生物载体专利产品，可用于水和废水生物膜法处理工艺中，与现行填料相比，具有诸多优点：1、材料有特殊配方和适当的比重，易于生物膜生长，曝气时能全池流化，不需外加动力；2、巧妙的设计，使其具有巨大的比表面积和理想的空隙率，易于生物膜的脱落；3、传质效率高，悬浮填料的流化、碰撞能极大地提高充氧速率、氧利用率和传质效率；4、安装更换简便，直接投入生化反应池即可。应用场合：除可用于新建生物接触氧化法工艺外，还可用于活性污泥法污水厂的改造，向曝气池中投加悬浮填料，能增加池中生物量，降低污泥负荷和去除氨氮的作用。向曝气池中投加悬浮填料与新建的曝气池和二沉池相比，投资将节省50%左右。

通讯地址：上海市同济新村148号401室
邮　　编：200092
联系电话：021-65980872

专利药物"强化破瘀通络散"

药物简介：由穿山甲、木香、水蛭、地龙等近二十几味天然中草药科学配伍精制而成，无西药成分和激素类药。在祖传秘方的基础上又吸取了我国历代骨科方剂，以及蒙、藏等少数民族骨科精髓，所用药物经过严格筛选，用特种泡制方法科学配伍，经临床药力药效验证而成。此方剂药效快、持久、渗透力强、能迅速扩张血管、疏通经络、破散瘀血块，有把淤滞物排出体表的作用力。对于人体、肌腱、韧带、关节、血脉经络等部位常年积存在血管内的栓塞、淤滞、血块及阻滞物有显著的清除功能，并有养颜、生乌发之功效。

此专利药物对跌打损伤、车祸撞伤、以及因气滞血瘀、栓塞、阻滞引起的各种疑难杂症有极好的疗效，是目前市场上同类药的数倍，效果神奇。对目前医学三大难治之症的心脑血管病、糖尿病均有治愈的病历，且不复发。对治疗小脑萎缩、痱豆状核变形、二尖瓣狭窄、风湿性心脏病、栓塞、白发脱发、胆囊炎等也有特殊的疗效。欢迎此类病患者前来就诊，无效退款。

发明人简介：韩春茂，河南舞阳人，中医世家，三代皆为骨科名医。他在深得家传骨科绝技和秘方的基础上，为提高自身医术，完善家传正骨绝学，并发扬光大和宏扬中国的中医学文化，曾赴四川、青海、新疆、蒙古、东北等少数民族地区，吸取骨科精髓验方，历经40年苦难行医生涯，终于研制出医学界前所未有的特效神奇之药"强化破瘀通络散"。

此专利在转化之中，欢迎厂家有志之士联合办厂，可转让。可推出以上病员前来治疗、免费送药，待你相信此专利疗效时，在沪协商合作事宜。

地址：河南省漯河市中华路天主教堂按摩学校（邮编：462000）
电话：0395-2189136或3610098　手机：13084252778
上海办事处：021-52805429 59191123（宅）　手机：13901611367

浙江孙氏本草中医药研究所

专利权人简介：孙传正，浙江义乌人，1946年10月出生，中华中医药学会会员，国际卫生医学研究院博士、教授，中国管理科学研究院特约研究员，第三届中国名医论坛特邀嘉宾，国际医学发展终身成就奖和“华夏医魂”百名优秀人物奖获得者，现为东阳市孙氏本草中医药研究所所长。

发明专利简介：

研究所所长孙传正 1、一种用于大脑保健的中药“脑醒宝”（专利号ZL00119290.6）。该专利除了在增强记忆，敏锐思维，提高大脑整合功能和听视力等智商指标上可获得迅速优化效能外，还在延缓衰老，促进代谢，提高免疫机能和增强抗病能力等整体生命质量上取得了同步效果。

2、一种治疗和预防艾滋病的系列中药制品“艾立康“（申请号02108668.0）。2001年以来，“艾生康”在河南省上蔡县对HIV/AIDS进行无偿治疗实施的在案总数为169人，治愈或临床治愈73人，效果显著者91人，3年病亡数5人，总有效率达97%。

联系地址：浙江义乌市稠城街道下骆宅片八足坎下郑
邮　　编：322013　**联系人：**孙传正
电　　话：0579-5088890　**传　真：**0579-5085390
电子信箱：sunchuanzheng@hotmail.com

新型专利产品“真空玻璃”

发明人 唐健正

唐健正，江苏南通人，1938年出生，1957—1963年北京大学物理系毕业，1989年任北京大学物理系副教授。1990年赴澳大利亚悉尼大学物理学院任高级访问学者。期间与物理学院院长R.E.Collins教授合作申请5项“真空平板玻璃”国际发明专利，并且合作在《太阳能》杂志发表的“透明真空平板玻璃”一文获1997年国际太阳能协会颁发的“鲁道夫最佳论文奖”。日本“板硝子”玻璃公司于1996年取得上述专利的使用权，于1997年建成世界首条真空玻璃生产线，使“真空玻璃”这一科技界的百年梦想成真。1998年10月回国继续从事真空玻璃研发，又申请了10多项有开创性的专利。**已获授权的例如：**

01140012.9	包封吸气剂
01275879.5	带吸气剂的真空玻璃
02243513.1	多真空层真空玻璃
02256440.3	真空玻璃边缘封接结构
03239669.4	真空玻璃太阳能平板集热器
03279695.1	内管式平板真空太阳能集热器

这些专利可以提高真空玻璃寿命并向多真空层玻璃和太阳能集热等新领域开拓。真空玻璃是新型深加工门窗玻璃产品，与现已普及的中空玻璃相比，其保温隔热、隔声、抗风压、防结露、厚度等方面具有综合性能优势，且易于和中空、夹层、钢化等其它玻璃深加工技术结合制成性能超群的“组合玻璃”或“超级真空玻璃”，利于节能和改善环境，有很大的经济和社会价值，发展前景广阔。

昆明食用菌研究所　罗星野

中国著名的菌物学家和菌文化研究者卯晓岚教授（左一）、罗星野（左二）

罗星野，1979—1988年在云南农科院工作，1988年10月—2001年12月在昆明食用菌研究所工作，职称：副研究员，2003年创办昆明云蕈科技开发有限责任公司，任董事长兼总经理。

主要成果：“滇瑞410”籼稻新品种选育，1982年获云南科技进步三等奖。“滇瑞408”优质中籼新品种选育，1986年获云南科技进步一等奖。1992年“鸡腿蘑驯化栽培研究” 项目，获云南科技进步三等奖，该项目还被选编入“中国优秀创新成果通报”第一卷并获证书。2002年申请的“一种食用菌保健食品及制备方法” 被国家知识产权局受理，申请号：02127936.5，公开号：CN1416741A。2004年，发明专利“人工培养裂褶菌子实体及其培养方法”被授权公告，专利号：ZL00112649.0。

主要论文：1990年《全国第四届食用菌学术讨论会》发表“鸡腿蘑人工栽培初报”，1991年在《中国食用菌》杂志第四期发表“鸡腿蘑昆研C—901菌株驯化栽培研究”。经过十多年的栽培推广，鸡腿蘑在国内已发展成为我国又一个人工驯化栽培前景看好的优质食用菌新品种。

清华大学物理系　周铁英

发明专利：基于压电柱的弯曲振动超声波微电机

专利号码：ZL 01109049.9

发明人：周铁英 张凯 姜开利

电机结构与实物照片：

电机直径1mm，长约5mm，重量仅有36毫克.转速1800rpm，堵转力矩4μNgm.

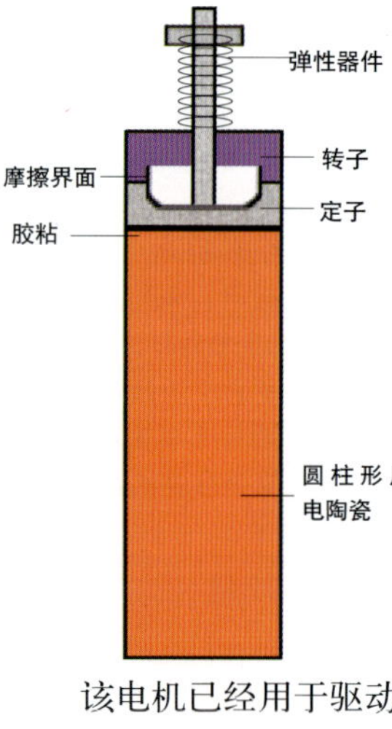

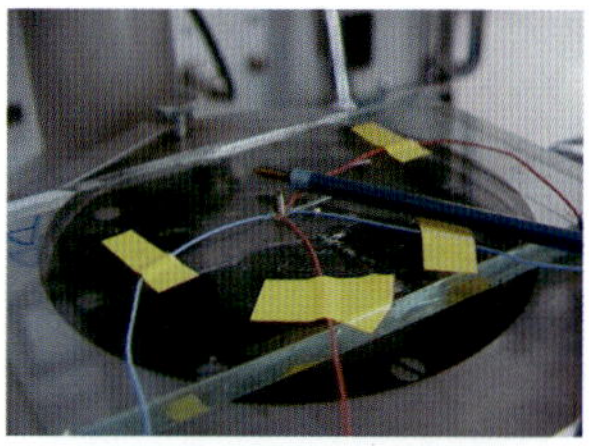

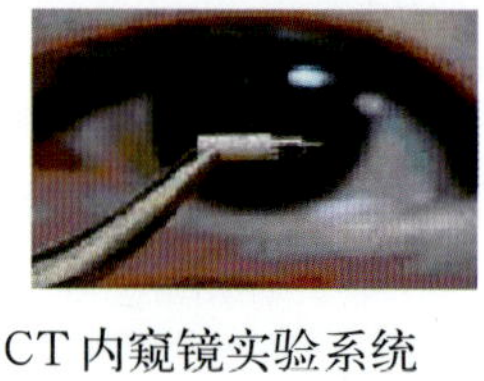

该电机已经用于驱动OCT内窥镜实验系统

南开大学元素有机化学研究所

刘同英

刘同英，男，河北沧县人，1940年9月生，大本文化，教授级高级工程师。1965年8月毕业于南开大学化学系。迄今一直在南开大学元素有机化学研究所工作。长期从事农药合成、剂型、香精香料和医药中间体合成的研究开发，取得了上百项研究成果，创造了几千万元的经济效益。20世纪70年代至今先后7次分别获化工部、国家教委、国家烟草专卖局、天津市、山东省和南开大学科技进步二、三等奖。

1985年至今先后获得了10 项农药烟雾剂发明专利，如三唑酮、毒死蜱、氟硅唑、阿维菌素、松脂酸铜、Bt15A−3、天幼脲、波尔锰锌、锰锌霜脲、敌畏哒螨等。

农药烟雾剂（亦称热雾剂）是一个很有前途的新制剂。它有很强的抗雨水冲刷能力、很高的防治效率，节省原药，节约大量淡水，特别适合林区、山区、丘陵和高大密闭作物病虫害防治。农药烟雾剂可将大多数农药原药加工制成该类制剂，尤其对那些找不到合适高沸点溶剂的农药原药也可制成烟雾剂。欢迎开发。

成都四川大学水电学院

无论是矿井、港工码头、桥基、水利水电工程防冲、抗滑，还是高层建筑物承载，快速沉井特别适用于工期短在建筑群中进行涤软基处理。它突出的优点是下沉速度快，可根据地层结构控制其下沉速度，减少对井周土体及其相领建筑物的影响。它能较快穿过砂层，对土层的厚度没有特殊限制。井架结构可工厂化生产，质量更有保证，结构较薄、成本较低。当需要清挖下沉，下沉到位后，清除井内土体便可将隔壁上的夹板和动力装置拆下以便重复利用。激振装置在井结构内分布较均匀，单个装置功率不大，致使井内外土体受力较均匀，既可防止激振力太大太集中损伤井架，又不致使动力在井架上传播衰减过快影响下沉。由于结构薄、重量轻。当激振停止，井壁的摩阻力回升，工人在井内清挖、产生突降和涌砂的可能性很小，对保证井下施工安全十分有利。若基础地层结构组成适度尚可采用注浆的方式关注井内土体结石，则更为快速经济。

联系地址：成都四川大学水电学院
电话：028−85402843

在苏铁类植物中发现导管

成果研究主持人：黄玉源

单位：广西大学，仲恺农业技术学院

苏铁类植物有3个科，起源古老，为现存最古老的种子植物，分布于世界的4个大洲。由于其古老性、稀少和重要的学术价值，所以为国际上重点保护的植物类群，被称为“活化石”植物。在黄玉源教授及其领导的课题组的潜心研究下，首次在苏铁类泽米铁科植物中发现了导管，引起很大反响；在国家自然科学基金委的大力支持下，他们接着又在苏铁科和托叶铁科植物中陆续发现了导管。以往国际学术界一直认为，导管是很进化的产物，输送水分和无机营养物的能力比管胞强许多倍，在5个纲的裸子植物中，只有最进化的买麻藤纲才有导管，其它纲均只有管胞而无导管。本研究的发现，对于这一传统理论来说是一个重要的突破。对于进一步了解古老植物对环境的适应机制，采取合理措施保护和扩大其类群，对于植物演化生物学、植物系统学、植物解剖学和生态学研究方面均具有极为重要的意义。

我国杂交水稻育种大户
全国农业植物新品种保护先进集体
四川省宜宾市农业科学研究所

四川省宜宾市农业科学研究所是全国农业植物新品种保护先进集体、国家水稻原原种基地、国家“863”攻关计划承担单位。近年该所培育出了具有国际领先水平的优质不育系“宜香1A”、“宜香2A”和以“宜恢1577”为代表的5个优势恢复系；组配了宜香系列水稻品种60余个；“宜香2292”等5个品种通过国家审定，“宜香1577”被列为全国水稻主导品种，3个品种列入全国示范展示。该所在杂交水稻育种上迅速崛起成为了我国育种界公认的杂交稻育种大户之一。该所已申请植物品种权33个，位列全国同行第五位，已获品种权6个。该所授权隆平高科独家生产经营“冈优1577”、“冈优3551”，获得1600多万元的品种权使用费，创全国杂交稻单项知识产权交易最高记录。欢迎各界同仁到该所合作洽谈、考察。

联系人：周先生　刘女士
地　址：四川省宜宾市西郊天池坝（邮编：644000）
电　话：86−0831−6257217　传真：86−0831−8270584
网　站：www.ybnks.com　邮箱：yr1577@163.com

辣 素 防 污 漆

——无公害防污技术的重大突破

林茂福研究员在浙江省科技厅主持召开的技术鉴定会上

辣素防污漆是浙江省科技厅和国家科技部创新基金资助项目，由国家海洋局第二海洋研究所林茂福研究员领衔完成。本项目采用有机粘土化学与生物活性物质复合的技术路线，产品经中国船级社检测和认可试验，各项技术指标符合《国际公约》要求。在2002年9月浙江省科技厅主持召开的技术鉴定会上，与会专家一致认为：该成果具有较高的创新性和环保功能，在解决船舶和海上设施无公害防污损生物附着的国际难题上，取得了具有实用价值的重大成果，产品填补了国内空白，其技术达到国际先进水平。该成果对保护海洋生态环境和促进海洋经济可持续发展具有极其重要的意义。

发明人：林茂福，研究员，1965年毕业于中国科技大学地球化学专业，1998年至今，在国家海洋局第二海洋研究所从事海洋船舶无公害防污技术的研发工作。在40年科技实践中，林茂福紧密联系经济建设为经济建设服务，取得了一批具有理论和实用价值的成果，为我国科学技术的发展做出了积极贡献。

玻纤水泥发明人　张丕兴

玻纤水泥（专利号：ZL98117267.9）是一种用于制作玻璃纤维增强水泥制品或混凝土的优质水泥。它不仅能提高玻璃纤维的耐碱性，又能减轻水泥对玻璃纤维的侵蚀，是一种早强、高强、低碱、抗渗、耐腐蚀、抗冻融、抗碳化、微膨胀补缩、负温施工、着色耐久等多种性能于一体的21世纪新型水泥。获世界发明协会国际发明金奖（2000年）和首届香港中华专利技术博览会金奖（2000年）。

张丕兴，中国建筑材料科学研究院高级工程师，美国经济发展集团和英国伦敦应用技术研究院研究员，世界华人交流协会教授，荣誉博士，世界科技专家顾问。获国家科委发明创造奖（1980年），国家自然科学奖（1981年），上海重大科技成果奖（1982年），国家经贸委优秀实用技术奖（1996年）。被授予“世界华人重大学术成果”荣誉、“20世纪科技功臣”、“中华成功者”等，载入《中国建材名人录》、《当代中国科学家与发明家大辞典》、《世界名人录》、《中国专家人才大典》、《世界优秀专家名典》等十几部专著。

发明人：张丕兴
地　址：北京朝阳区管庄东里39楼1-501室
邮　编：100024　手　机：13601373481
传真／电话：010-51163358

脑血管新药

—— “治疗中风胶囊”

在众多国产药中，有6种年销售额超过5亿元，其中中药就占3种，即地奥心血康、复方丹参滴丸、步长脑心通。很显然，心脑血管类药物在我国药品市场占有显著地位。近两年我国该市场每年以26%的速度增长，高于整个医药市场平均增长水平近1倍，可见心脑血管类药物在市场中是迅速膨胀的。尽管目前在心脑血管类药物市场中这三大品种属于强势品牌，但相对庞大且规模迅速膨胀的市场而言，三大品种并没有绝对优势，因为它们加在一起，充其量也只占有10%左右的市场份额，所以其他药物企业的机会还是很大的。“治疗中风胶囊”最大的特点是：既有地奥心血康、复方丹参滴丸活血化瘀的优点，又有步长脑心通通经活络的功效。该品活血化瘀，通经活络，降脂降压，平肝熄风，对中风先兆（高血压、脑血栓形成）和中风后遗症（脑栓塞）有较好疗效，且药源广，费用低廉，无毒副作用。所以该品是目前治疗心脑血管病的又一理想药物，一旦投产即可产生巨大的经济效益（3－5亿元）和显著的社会效益。

发明专利号：ZL01121337.X
联 系 人：赵文远　　联系电话：0377-3375616
地　　址：河南南阳工农路52号 南阳中医中药研究所

冷却塔出风口消声器

本专利技术为广大用户提供了一种应用范围广、效果明显的冷却塔出风口消声器。本产品被评为中国优秀实用专利，对冷却塔的风机噪声有消声量大、消声频带宽、吸声体消声系数大、通风阻力小、耐高温且不怕潮湿、使用寿命长等特点，还可应用于其他行业通风机的噪声控制。本新产品产业化的实施一方面能充分满足广大用户及社会的需求，树立企业品牌形象，带来良好的社会效益，另一方面，由于该产品生产成本低，加工方便，市场前景广阔，投资商能从中获得丰厚的经济效益。

据统计，我国目前冷却塔的保有量已达80万台，年产量约在2万台左右。随着国家对于环境噪声污染控制标准的不断严格，本产品进入市场后，一定会有较为广阔的发展空间。本产品现已被授予专利证书，专利号：ZL00221254.4。专利发明人，潘全芳，高级工程师，1990年获江苏省科技进步四等奖1项，1993年获江苏省建材行业科技进步四等奖1项。

联系人：潘全芳
地　址：江苏省常州市武进区礼河街河头村潘家13号
邮　编：213145
手　机：13861286090 传真：0519-3661523

宜昌中天建筑设计有限公司

发明名称：节能储水箱
专　利　号：ZL 99 2 37276.3
专利权人：周余贵　周铭锋
发　明　人：周余贵　周铭锋
专利代理人：宜昌中天建筑设计有限公司
董事长、院长：周铭锋
发明简况：

节能储水箱，其特征是密闭、与管网供水用水前后接通，视为一中间水库，水压正常时充分利用管网压力供水。安全、卫生、免维护、节能、无污染，当压力不足或断水时储箱供水，容量按需要确定，可大可小，可高可低。广泛应用于城乡居住区、家庭、公共建筑、工矿、农村。其创新要点为顶端补气阀，压水正常时常闭，断水、压力不足时用水过程常开，保证通畅，与大气相通无负压。克服普通浮球阀易坏，不节能等相关缺陷。制作工艺简单易行，可以机械化大生产，亦可小型家庭办厂。

本项专利应用QC小组获2001年度湖北省工程建设(勘察设计)优秀QC小组一等奖。

通讯地址：湖北省当阳市南正街34号　邮编：444100
联系电话：0717-3223323　3222724
电子信箱：dyzyg@tom.com　yczmf@tom.com

保健专利发明人

王根成工程师

王根成，工程师。1952年生，辽宁本溪人。申请并成功获得多项专利，其中2项专利符合美国国际专利发展中心6条原则规定，并被列入2000年300项跨世纪重点推广科技项目。

专利名称：一种多功能脚踏板
专　利　号：ZL 96239312.6
专利简介：通电源冬季用于足下取暖，夏季用于按摩。

转让方式及费用：全国独家转让费6000万元，省独家转让费300万元；技术入股联合办厂分明人销售额提成20%，期限8年；普通转让100万元。

多功能脚蹬板

专利名称：一种多功能座椅
专　利　号：96239313.4
专利简介：改变传统座椅的单一功能，可冬季取暖，夏季乘坐。

转让方式及费用：全国独家转让费3000万元，省独家转让费150万元；技术入股联合办厂分明人销售额提成20%，期限6年。

地址：辽宁省本溪市本钢歪头山铁矿运输车间电务工段
邮编：117006　电话：0414-5611897

双能源热水器发明人

发明人：张儒益

专利号：ZL 01235331.0
专利名称：双能源热水器
专利权人：张儒益
发明人（设计人）：张儒益

专利产品简介：该专利产品由太阳能热水器和微压发生炉两部分组成。太阳能热水器采用以获取太阳总能为依据而确立采光面积（1.2m²），确保90 Ky井水加热到最高温度87℃，又能控制最低温度45℃，可供第二天清晨淋浴。水箱内备有电热器，微压发生炉确保用户冬季采暖，也可为太阳能热水器补热，使用户一年四季可使用免费能源和廉价能源。该专利产品造价低廉(太阳能热水器500元，微压发生炉150元)，故障概率低，有水源的地方都可使用，最适合广大农村用户。有意开发者可来人来函联系。

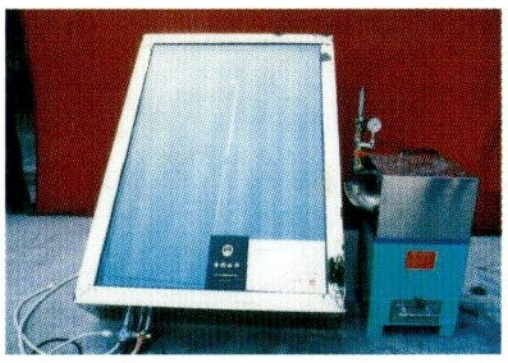

地　址：湖南澧县乡镇企业局　邮　编：415500
联系人：张儒益　　电　话：0736-3227340

广西横县纯正蚂蚁粉厂

广西横县纯正蚂蚁粉厂以广西和横县山区独特的自然资源——“拟黑多刺蚂蚁”为原料，生产“家”牌纯正山蚁粉胶囊、纯正山蚁粉和“家钾”牌纯正山蚁干。

“拟黑多刺蚁”无毒，营养极其丰富，蛋白质占40－67%，含有28种游离氨基酸，人体必需的8种氨基酸，还含维生素B1、B2、B12、E等，并含有19种酶和辅酶，矿物质钙、磷、铁、微量元素锌等，有扶正固本，补肾、养肝、活血化瘀、驱风散寒的作用。

该系列产品被中国科学技术协会管理服务中心保健专家委员会定为：“专家特别推荐产品”；被中国保健科技学会天然保健食品开发中心确认为：“推荐产品”等奖状、奖牌共20项。且已加入“全国打假网3.15防伪查询系统”，并被确认为“中国质量万里行质量信誉跟踪品牌”。

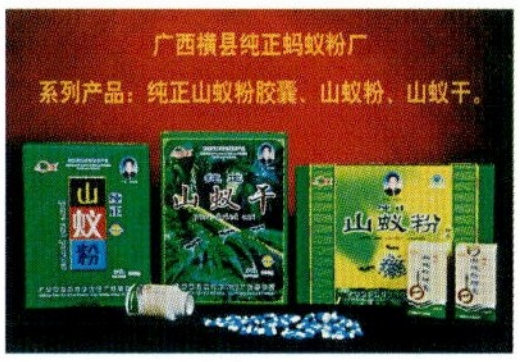

地址：广西横县横州镇城司街378号　邮编：530300
电话：0771-7223710　7292900　传真：0771-7214438
网址：http//www.jia-jia.com

普及型鞋底清洗机

新型“泰米”保健凉席、坐垫

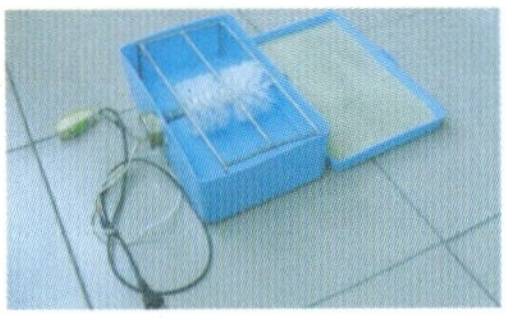
普及型鞋底清洗机

普及型鞋底清洗机（申请号：200420034399.7）——门内门外都可安放、体积小、美观、节能、无污染、经济实用，适合多种场所和家庭，安全可靠。它用同步电机带动毛刷，毛刷沾上水清洗鞋底，清洗后配有专用吸水垫，把水汁吸干，清洗效果好。另外，如果需要可在水中加入消毒液，效果更佳。该产品具有很大的市场，制造容易，成本低，见效快，是一个很好的新品项目。

新型“泰米”保健凉席、坐垫（专利号：200420033432.4）——它是一种全新的床上用品、沙发、椅子、坐垫系列产品，它打破了传统竹编、草编、牛皮、竹块编织等用天然材料的手工制作加工方法，科学的根据人体皮肤、毛孔、排汗、散热等特点，独特地设计出了新型“泰米”保健凉席、坐垫，使凉席具有更好的舒适保健功能。

生产新型“泰米”保健凉席、坐垫，比传统手工凉席要快上百倍，采用热压注膜一次成型，加工成本低，经久耐用，而且能制出不同色彩图案，改变了传统凉席色彩单一的不足。它易清洗、安全卫生，不需要防虫、防霉，换季时无需收藏，秋冬用品可直接盖在上面，是现代生活的首选。

发明人：崔成宝

地址：四川泸州市龙马潭区罗汉乡石梁村糖房社3号

邮编：646600　联系电话：0830—2790756

自调双滑轮

专利号：01210902.9　01340934.4

发明人：温兴忠，1955年出生，现任副厂长。1987年开始在乐清市南塘电动器材厂工作，生产钢门窗附件，后增产铝、塑钢、木门窗附件。获多项国家专利产品、获北京市建设工程材料准用证、中国建筑五金委“优秀产品”奖、浙江省“地产名品”、浙江省“质量过硬持续合格产品”奖、《中国专家人名辞典》和《中国新世纪创业功臣大典》“特别优秀”奖。

发明简况：现最新研制成功“自调双滑轮”。该产品的使用特点是：准确度高、使用灵活、自调性能好、活动能力强，具有超负荷、耐磨等优点。适用各种建筑型材，高低大小均可，经济实惠、安装方便，该自调双滑轮已荣获国家专利，专利号为01210902.9和01340934.4。据目前已使用过的广大用户普遍公认：该双滑轮具有结构合理、工艺先进、使用方便、外表美观、质量上乘的优点，具有独特的创造性和先进性。目前该双滑轮已供不应求，一旦被市场认可和接受后，对此可以断定，在一般高中档的建筑房屋中，大部分必须要求使用该双滑轮。因此该厂决定将该双滑轮的专利技术向全国各省市转让，若有意接产者，请速来电联系，具体事项当面洽谈。

通讯地址：浙江省乐清市南塘镇江宅工业园区（乐清市南塘电动器材厂）邮政编码：325618

电　话：0577-62255491　传　真：62251452

手　机：13806866067

多项优秀专利发明人　王双德

王双德，高级工程师，济宁高新区博深知识资本开发研究所董事长、总经理。主要业绩：发明了15项专利。其中：

1、车辆电子轨迹智能管理系统（专利号：00111391.7），可以记录每辆运行的机动车辆的车型、车号、经过时间，经管理软件处理显示运行的电子轨迹。为交通综合管理提供准确信息，可实现全国联网不停车路桥收费。

2、井下人员智能定位安全管理系统（专利号：01122258.1），利用数字技术、微电脑技术、无线通信技术和多层次软件技术，实现煤矿井下人员智能定位，机车跟踪定位，瓦斯、粉尘、温度、压力等环境状况全天候自动监测。为矿井安全管理、生产调度，特别是事故后的迅速救援提供现代化、数字化信息。社会效益可达10亿元以上，项目年效益可达2亿元以上。

3、公交车到站电子预报系统（专利号：011302348），可以实现到站预报、车与候车人的双向信息交流、公交信息化管理等功能。项目年利润可达2000万元。

4、直升可调向多面立体停车塔（专利号：02214618.0）未来车库技术的潮流产品，10年内国内社会效益可达300亿元，项目效益50亿元。

5、灭火弹（952345889）。6、防暑空调帽（002060809）。

7、雷电感应安全发电系统。另有8项专利，欢迎咨询，欢迎投资，对外转让技术。

地址：山东省济宁高新区火炬工业园（邮编：272023）

电话：0537-2365000　8755403

电子信箱：jskf@chinaminerlamp.com

不平衡型全截止网络

专利号：88104618.3

专利权人：余本立

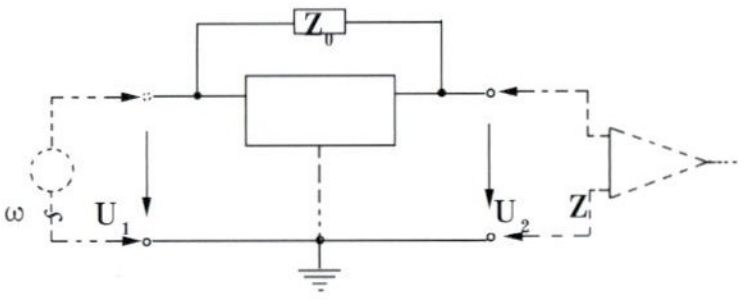

该发明是一种多用途电路，属四端网络，如图所示，图中Z_0是一个可以任意给定的阻抗，称为“被测阻抗”，网络内部包含有一个可调元件。这个网络具有下述的特性：它不论作正向或反向传输，其输出电压U_2在任何频率ω、任何负载Z下恒等于零，即图中之$U_2(\omega, Z) \equiv 0$。在实用中，考虑到网络内部分布参数的影响，只需在很宽的频带内，输出电压U_2接近于零（等于最小值），即认为符合要求。

这一特性乃是无线电电子学界梦寐以求而又无法实现的世界性技术难题，有了这一特性，不但可用以测量电路元件参数R、L、C、Q、tg δ；而且它还可以与传感器件相配合，制成用以测量各种物理量、化学量或生物量的仪器，或者制成各种类型的自动控制装置。

该发明可使仪器、装置的灵敏度、准确度、分辨率人为地任意提高；而其终端反应则较用复杂的逻辑电路大步提前。

有志于此者请与专利权人联系，技术转让方式面议，《可行性分析》每册工本费50元，如来函索取自当按址奉寄。

地址：北京朝阳区将台路芳园里35楼1单元402

邮编：100016　电话：010-64388229

江阴职业技术学院

专利名称：路桥伸缩缝全封闭弹性接合件

专 利 号：ZL 00112185.5

专利介绍：该专利品具有设计先进合理、制造成本低、产业化前景好的优点。该产品以解决公路交通难题为目的，以公路的路桥伸缩缝接合处能完全实现封闭、平滑、长命、施工及维修方便为宗旨。

专利权人：江阴职业技术学院

全国唯一一所以“培养企业班组长”为办学目标的高职院校，走“定向招生、双向培养、工学结合、顶岗实践”的办学道路，毕业生就业率连续多年保持在98%以上，且校企合作很有特色。

发 明 人：王凤才

1948年8月生，高级工程师。毕业于南京航空航天大学力学专业，现任江阴职业技术学院成教院院长，曾被评为江阴市技术创新功臣。

联系人：王凤才、袁朝钢
地　址：江苏省江阴市君巫路242号
邮　编：214431
电　话：0510-6832383　6022686

安康烧伤膏

专利号：02137989.0

专利名称：烧伤膏及其配制方法

发明人（设计人）：单正安

专利介绍：该发明属中成药及其制备工艺，特别是一种用于治疗因热液、火焰、电击、强碱和强酸等原因造成的大面积深度烧伤的外敷烧伤膏及其配制方法。安康烧伤膏系纯中药膏剂，为祖传秘方，已成功攻克了烧伤治疗领域内控制感染和疤痕增生两大难题，开创了仅使用外用药就能治愈大面积深度烧伤的先例，为国内首创。

该发明经多年临床应用具有以下优点：止痛迅速、护液效果明显，创面愈合快、抗感染能力强、无疤或薄疤愈合、疗程短恢复快，创面治愈率100%、无毒副作用、操作简单，价格低廉。本药膏自出世以来，已彻底治愈1600余例烧烫伤患者，得到了非常满意的效果，是目前治疗烧伤的最理想药物。发明人为了让此专利尽快问世，更好地服务大众，有意与天下有识之士进行合作，合作方式包括一次性转让或投资入股等。

地　　址：安徽省定远县永康医院(邮编：233280)
联 系 人：单正安
电　　话：0550-4405736　13515502280
电子信箱：51782hb@sina.com

中医药发明家　黄伟明

黄伟明，中医药专家。先后发明并申报国家发明专利6项，愿与有关企业合作，或以各种方式技术转让，有意者请来电联系。

“抗胃癌药方”（专利号：0211749.4）是一种抗胃癌中草药剂，对胃切除再复发有很好的疗效。

“治颈部淋巴结方”（专利号：03100712.0）是一种外用中药配方的治颈部淋巴结配方。

“除痔疮药方”（专利号：02117347.8）特别涉及外用中药化痔的药方。

“蓖麻籽在制备与性有关的疾病药中的应用”（专利号：03102237.5）是制备治疗子宫炎、尖锐湿疣中药的应用，还涉及治疗、预防淋病、艾滋病药物中的应用。

“用于治疗水火烫伤的中成药配方”（专利号：03100713.9）是一种用于治疗水火烫伤的中成药配方，即涂即解痛。

“肝保健茶”（专利号：03156975.7）本发明属于保健饮品，特别涉及一种肝保健茶。

地址：广西贵港大圩镇草医肝病黄伟明诊所（537109）
电话/传真：0775-4732275　手机：13977509538

玉米遗传育种专家　王义发

王义发，1950年出生，现任上海市农业科学院作物育种栽培研究所推广研究员，上海市农科院作物所玉米育种课题组组长。

王义发研究员从事玉米遗传育种工作30余年，尤其在特用玉米遗传育种上进行了长期的理论与实践探索，通过充分挖掘中国丰富的糯玉米地方种质资源，创新选育出优质、早熟、多抗、高配合力的申W22、申W48等骨干自交系；在甜玉米育种上，以品质为切入点，进行了育种发法和育种技术的研究；在青贮玉米育种上，在国内较早提出以干物质生产力为主要育种目标，注重青贮玉米营养品质改良，同时积极开辟新的研究方向，他主持育成的品种有：国家审定品种“泸玉糯一号”、上海市审定品种“泸玉糯二号”、“泸玉糯三号”、“申甜一号”、“沪清一号”及“沪立爆玉米”特用新品种6个。

王义发研究员获上海市科技进步一等奖、二等奖和三等奖各1项。他主持上海市重点公关项目3项，中法合作项目1项。发表论文20余篇，参与编著2本。

天津广宁医院　白璋华

白璋华，1935年出生，江苏镇江人，主任医师。1955年被评为天津市劳动模范、1956年被评为交通部先进工作者，同年在中南海怀人堂受到毛主席等领导人的接见。1992年2月获中国发明专利权，专利名称“治疗免疫功能缺乏症的组合物的制造方法”研制成血液灵，专利号：891095977。运用此方法治疗各类白血病，取得了突破性的进展，治疗红斑狼疮也获成功，对各类转移癌可大幅度延长生存期，对治疗艾滋病也很有效果。

白璋华医师曾获当代专利金奖，获国际名医奖、国际荣誉奖，获世界知名医学家成就奖，获香港紫荆花医学金奖，获全球中医师执照。多次出席国际医学研讨会，是美国中华医学会会员，世界药学研究会会员，获英国、加拿大传统医学理事，获美国世界科学院传统医学博士院士学位，获卫生部血液灵验证推荐证书，获卫生部全国“德艺双馨”医护工作者。1999年获“诺贝尔”国际特别荣誉金奖，2000年获中国百名名医，获中华英才。

地址：天津河东区中山门广宁路广宁医院血液科
邮编：300181　宅电：022-23319614
电话：022-84265947　022-84265984转216

戚墅堰发电有限公司　武晓宝

武晓宝，1943年11月出生，上海市人。伦敦应用技术研究员。

他长期从事电力安装建设、发电生产。发明了“波浪动力高压泵”（专利号：ZL 01108098.1）把波浪动力能量转换应用发电的新技术。

该发明根据浮差原理，利用海洋与浮力发电，在深海区利用大与小的浮力、重与轻的差距在波浪的作用下，产生压力与流量驱动水轮机发电，该装置的结构根据浮差原理，建造了蓄电池、浮箱，具有架体与架体联接的活动链杆，在链杆另一侧固定有浮箱，靠近链杆浮箱固定有增压套管，增压套管下端设有自由开启的叶门，集水管上端口接有集水总管，它能直接利用波浪与浮力产生高压水流驱动水轮机。本发明可用于发电、蓄水、航海、海鲜养殖、海水淡化、制盐、灌溉等。可节约大量煤炭与钢材，对保护全球环境有十分积极的意义。

地址：江苏常州市戚路南秧街66号　邮编：213011

专利发明人　朱史鉴

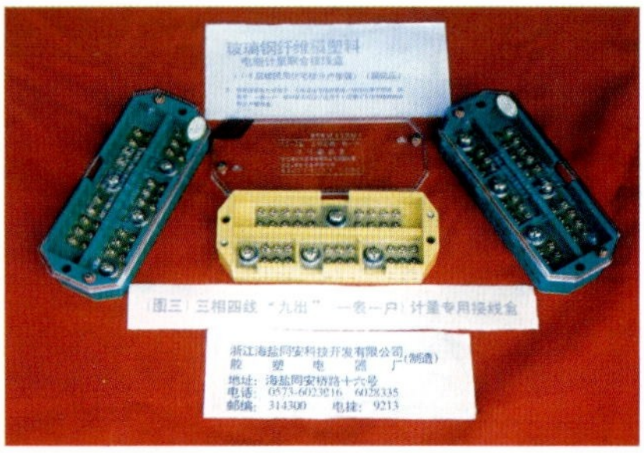

朱史鉴，男，1939年出生，浙江海盐人。他热爱科学，经过艰苦钻研，不断探索实践，研究出国内外尚无先例的“一种线路接线盒”，专利号ZL98223693.X和“迷你彩电能计量接线盒盒体”配套系列专利产品，专利号ZL993232017.2。

此产品1999年8月获得第三界爱因斯坦世界发明博览会“国际最高金奖”；2000年获得法国科技质量监督评价委员会、中国国际贸易促进委员会“高质量科技产品”称号；2002-2003年他所在的海盐同安科技开发有限公司被中国中轻产品质量保障中心评为“质量管理先进企业”，他个人也被评为“先进质量工作者”。

地址：浙江海盐金源花苑7幢201－101　邮编：314300
电话：0573-6026839　6023216

便携式家庭医药保健箱

该新型产品充分利用内部空间对药品的存放进行合理分类和安排，可储放医疗档案及大量内服、外用急救或家庭备用药，存、取方便，适合老年病人、各种慢性疾病患者及家庭使用。也可作为医生的保健出诊或急救药箱使用，并且可放于公共场所中作紧急救护之备用，也可作为高档礼品或会议赠品。是现代社会及家庭作为医疗卫生预防、保健、急救的最佳选择，项目具有较好的投资回报率，项目实施必将产生良好的社会及经济效益。

发明人：陈耀，中国红十字会会员，1996年福建医科大学毕业后，他进入福建长乐市医院内科工作至今，2001年满分通过全国卫生系统中级专业技术资格考试，取得主治医师资格。热心发明创造，另有多篇论文在中华牌杂志上发表。

专　利：便携式家庭医药保健箱
专利号：ZL 01210566.X（尚未转让）。
地　址：福建省长乐市吴航镇郑和东路 长乐市医院内科
邮　编：350200
电　话：0591-8710178 8817464（护士办）
8817473（医生办）
传　真：0591-8931014（注明收件人）
电子邮箱：cy_118@163.com

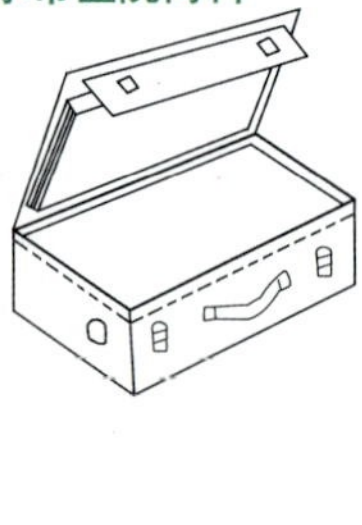

北京理工大学化工与材料学院

专利号：011 24053.9

名称：一种烟火型灭火剂及其灭火器

专利权人：松全才、金韶华

发 明 人：松全才、金韶华

专利介绍：

该发明是一种气体发生剂型灭火剂，在燃烧时生成大量惰性气体（CO_2，N_2，H_2O），以之扑灭火焰。它含有：40—60%氧化剂，10—20%燃料，20—40%催化剂，0—5%添加剂，3—7%燃速调节剂。氧化剂指硝酸铵，燃料指分子式为$C_nH_{2n+1}O_{n-1}$的合成或天然的化合物，催化剂指某些硝酸盐及其混合物，添加剂指表面活性剂，燃速调节剂指氯化物，无机或有机酸盐。本产品特点在于使用燃速调节剂，它可以：1. 改进、调节灭火剂燃速，适应多种要求；2. 促进化学反应完全。由于灭火剂产物温度较高，故用于大型灭火器时，需加降温附件。该灭火剂可用于装填手提、移动式灭火器，成本低，原料常见。

联系人：松全才　北京朝阳区武圣东里50楼807号

邮　编：100021　电话：010-67391267

联系人：金韶华　北京和平里东街9号院2号楼801

邮　编：100013　电话：010-84210070

太原理工大学　孟庆森

孟庆森教授

孟庆森，1950年生，山西太谷人，研究生毕业，博士学位。现任太原理工大学教授、材料科学系主任，博士生导师，山西省腐蚀与防护学会副理事长，中国机械工程学会微纳制造分会理事，山西省焊接学会副理事长。

主要研究方向：功能材料的制备与连接和焊接材料及材料焊接性。已承担或完成国家、省、部级科学研究项目7项，获国家科技进步二等奖1项，山西省科技进步二等奖3项，华北电力总公司科技一等奖1项。获国家发明专利5项。在国内外发表学术论文70余篇。现承担项目：国家自然科学基金项目《陶瓷与金属的场致扩散连接机理研究》；山西省自然科学基金项目《梯度功能材料电场SHS制备》。

获得专利：1、敷置非晶态氧化膜的陶瓷与金属的场致扩散连接方法，专利号：02123962.2。2、一种耐磨损的堆焊焊条，专利号：ZL97104063.X。3、奥氏体不锈钢焊条及其制备方法，专利号码：ZL88100884.2。

通讯地址：山西省太原市太原理工大学材料学院

邮　　编：030024

电　　话：0351-6018254

E-mail：mengqingsen @263.net

城市给水多级变压供水泵

（自动控制特种节能水泵）

国家专利号：02130015.1　02229659.X　02243522.0

城市给水多级变压供水泵，系工业与民用建筑给水机电设备技术领域，实现水泵自身调节节能。它在原有单级水泵仅输出单一水压的基础上，在调节的范围内，设置多级变压装置，实现多级变压输出，根据供水扬程的变化，有级调节水泵的供水压力，使其提高水泵的运行效率，节约电能消耗。该项目结构及电气系统较简单、易于实施、可靠性高、造价低、性能好、节电效益佳，是一项技术含量高、实用性广、生命力强的特种水泵取代现有普通水泵的城市给水机电设备。

“城市给水多级变压供水泵”被香港国际专利技术专利产品博览会组委会评为“科技发明金奖”。《城市给水多级变压供水泵产品开发可行性报告》被中国第二届科学家论坛组委会评为优秀论文一等奖。经中国知识产权局、中国国际交流促进委员会、中国专利技术推广中心等部门评定该项目为中国优秀专利全国重点招商引资项目，批准编号为A40131144。

专利权人：赖宣芹（武汉市市政工程设计研究院高级工程师、全国水泵调速节能研究会会员）

地址：湖北省武汉市汉口花桥育才一村16号501信箱

邮编：430015　电话：（027）82624933（宅）

专利发明人　冯建光

冯建光，讲师，广东高州人，1956年出生，大学毕业。

发明和发现有

1、**步行车系列**——新一类用腿代替车轮行驶的汽车、童车、游乐车（专利号：95103360.2　93107542.2　94100703.0　01121396.5　02114833.3等），由直柱式车腿和曲伸性车腿及其转向的结构组成，可曲伸式车腿能在间接动力推动下实现步行及其转向，由曲伸式车腿组成的步行挂车能实现步行和转向，总转让10亿美元或来人合作洽谈。2、**仿生飞机系列**——首创仿鸟翼羽毛空气动力学方面的技术；**仿生船系列**——首创仿鱼鳍式推进器的船技术。3、**灭虫灭草技术**——首创一种无需现行农药和化学剂而灭虫灭草的技术。4、**防腐防锈技术**——首创一种不需药剂和化学剂而能将粮食保存1000年和钢铁等金属保存2000年以上不腐烂、不生锈的技术，可灭虫、水果防腐、防霉变等。

最近还有一项首创性的发现：一种力的测定装置，发现了磁旋力。直接指出了万有引力定律的误区，万有引力定律和质能转化定律可能被他否定，从而引发天文学、物理学等学科的新革命。

地址：广东省湛江市麻章区民乐中街51号旧61号

邮编：524094　电话：0759-3300906

痛立消酊

项目简介：一组治疗疼痛性疾病的药物组合，它是由雪上一枝蒿、穿山甲、生三七、甘草、天南星、藏红花等10多味药物用乙醇浸提，浸提液中加入冰片而成。经四川省卫生厅审批为院内外用制剂，经6年多500多例临床观察，对各种慢性闭合性软组织损伤和各种无菌性炎症疾病如颈椎病、网球肘、肩周炎、腱鞘炎、坐骨神经痛、风湿及类风湿性关节痛、腰椎间盘突出症、腰肌劳损、骨质疏松痛等疾病的有效率达91%，其中治愈率35%，显效率37%，比现有同类产品疗效高出20—24%，而价格却降低了24.5元／百毫升。

该发明于2000年向本市专利局申报和审批，认为是一种"内病外治"、"透皮给药"的治疗方法，具有安全稳定和急慢性疼痛病人适应性好等特点。故于2001年报请国家知识产权局审批，2003年12月被授予了国家发明专利证书，证书号：第131171号，专利号：ZL01129023.4。

专利权人简介：崔凤德，现任四川绵阳三医院骨病疼痛科主任、副主任医师，兼任泸州医学院骨科副教授，中国腰椎间盘突出症研究会副理事长，四川骨病骨肿瘤专委会委员，伦敦技术应用学院研究员。在省和国家级杂志上发表学术论文20多篇，著有《中华实用临床医学研究》专著。

联系人：崔凤德
地　址：四川绵阳三医院疼痛（骨）科
电　话：(0816) 2991998　13008163635
传　真：(0816) 2994272

厨房油烟净化装置

专利名称：厨房油烟净化装置
专利号：ZL01257947.5
专利权人：何炳枢

该专利为实用新型专利，由清洗塔、电除尘塔组成。对于饮食业油烟治理有良好的效果。其工作原理为：厨房油烟进入清洗塔，由塔顶部大流量的循环液喷淋。由于清洗塔结构特殊，油烟在清洗塔里充分洗涤，使油烟里的油及各种气味和有害物质留在循环液里。出口连接到电除尘塔，电除尘塔采用立式旋风水膜高压静电除尘结构。清洗塔出口的气流里含大量水珠，在高压电场作用下水珠及碳化的油及石油气燃烧的碳粉尘被电离，经塔壁形式水膜往下排出，经净化的气流已成为没有污染的气体，排入大气里。本专利符合国家环保局于2001年发布的饮食业油烟净化设备技术要求及检测技术范围。

该专利还具有多种用途：1、可作化工、吸收塔使用；2、可作空气及有害气体净化；3、可作厨房油烟净化；4、可作燃煤、燃气锅炉柴油机废气除尘脱硫之用，除尘率可达99%。该专利发展前景广阔，欢迎国内外投资商前来洽谈合作。

合作方式：转让或合作开发
地　　址：广东中山市中区狮子街真君里9号202
邮　　编：528403
电　　话：0760—8846992　8563181

铁岭大城市绿色炊具有限责任公司

单面镀铝锅（ZL01251227.3）是一种新型金属复合锅具。内侧接触食物表面的是铁，使用中可生成人体需要的铁盐，外侧表面为金属结合的铝层，抗高温、耐锈蚀、镀层与锅同在。是对健康有益而无污染的环保产品。填补了国内外空白。也可制成电饭锅内锅，内侧补铁，避免铝锅对人体的危害，外侧铝可满足电饭锅的导热要求。还可制成炒锅、煎锅、农用大铁锅等系列产品，节能、聚热快、不怕碰磕、不怕烧干锅，可在任何灶具上使用。"铝对人体有害，不粘锅引起危害健康的质疑，人类回归自然，呼唤环保产品"，必将引起锅具更新换代，蕴藏极大的商机。

发明人还发明了铁合金炊具锅（ZL03211968.2），耐热性相当于18-8不锈钢，表面硬度是不锈钢的2.5倍，耐磨系数是不锈钢的10倍，导热系数是不锈钢的4—5倍。系列锅具利税空间在20—30元之间。铁岭大城市绿色炊具有限责任公司正以年产50万只的能力批量生产，法人代表发明人闫家声寻求1600万元（设备投资600万）融资合资，达到每年生产400万只的规模，并提出单面年产300万只镀铝铁电饭锅的合作意向。

联系人：闫家声
地址：辽宁铁岭邮政南环支局99信箱
电话：0410—7856123　13188677508
传真：0410—7856200

快速"高真空击密法"

发明专利——快速"高真空击密法"软地基处理工法（专利号：ZL01.127046.2）是一种质量可控（能有效控制软土含水量、密实度、工前沉降、差异沉降），造价低（常规方法的40—80%），工期快（常规方法的1/3—1/2）的软地基处理工法。本专利在上海、广东、浙江、江苏、山东等重大工程软地基处理方面成功应用，面积达1000万平方米，节约造价超亿元。设计、施工项目多次被评为科技成果奖，2001年上海科委鉴定"达世界先进水平"，2003年宁波港获一等科技成果奖。

"高真空击密"工法是一种快速加固软土地基的新技术，它有6点创新：1、采用高真空系统，合理控制施工参数，减小了饱和土的饱和度；2、正确控制夯能、击数，避免软土成为"橡皮土"；3、缩短了软粘土2遍夯击间隙时间；4、使浅层地基（<8—10m）形成超固结硬壳层，改善地基受力性能；5、由于深层软土不形成排水通道，深层软土工后沉降将明显减小；6、大面积加固，对地基有一定的降水预压作用。

专利发明人：徐士龙
公 司 地 址：上海金山漕经济开发区
经营部地址：上海周家嘴路628号景泰大楼1701—1706号
经营部电话：021—65128103　021—65372053
传　　　真：021—65128103
手　　　机：13501826319　13818508038
网　　　址：www.hvdm-xusl.com

深圳市中晶微电子技术开发有限公司

郭仁龙

2001 年伦敦国际发明专利展览会金奖

专利号：ZL00102135.4

发明人：郭仁龙

发明名称：一种快速精确测出继电器的二次吸合电压的方法和装置

专利介绍：本发明公开一种快速精确测出继电器的二次吸合电压的方法和装置，在继电器线圈上加一个可调电压，并使电压由低到高逐渐增加，用电流采样电路获取线圈上流过的逐渐增大的电流信号，并将该信号送入电流拐点探测电路，测出其拐点处的电压值。该电压即为该继电器的二次吸合电压，本发明可使二次吸合电压的测量实现自动化、精确化。

发明人郭仁龙研究员1969年毕业于军事电信工程学院，现任深圳市中晶微电子技术开发有限公司董事长、总经理，从事科研工作几十年，申请发明专利3项，授权2项；在各种会议和杂志上发表论文10多篇；开发新产品40余种，特别是继电器测试仪器和试验设备远销国内外，并用在航天、航空等高新技术领域，其科研成果和新产品曾多次获国家、省、部级奖励。“一种快速精确测出继电器的二次吸合电压的方法和装置”专利，获2001年伦敦国际发明专利博览会金奖。

助焊套管

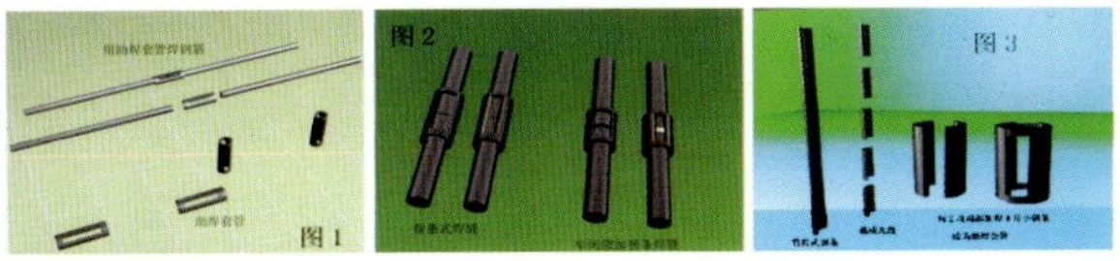

专利号：ZL02253826.7

发明人：建设部工程质量监督师、海南首届十大专利发明人蒙理明高级工程师

项目简介：本实用新型属于金属焊接技术领域，特别是用于建筑施工现场的钢筋焊接。主要用于建筑施工现场的梁、柱、剪力墙、基础的钢筋焊接。

开发前景：1、专家们肯定助焊套管是梁钢筋现场焊接的好方法；2、在柱子钢筋焊接方面是很受欢迎的产品；3、由于制造方面的容易能带来很大的经济效益；4、容易达到国家规范、标准的要求。

市场及社会效益：每平方米钢筋混凝土建筑有2个钢筋接头，一个省每年建500万平方米这种建筑，全国约建1.5亿这种建筑，按本产品市场占有率20%计算，有6000万个接头，每个接头净利润0.5元，每年就是3000万元。同时，大大提高我国的钢筋混凝土房屋抗震安全水平。

合作方式及合作意向：全国拥有转让费36万元（但保留海南省的专利权。由合作方投资试产，时间半年，决定投向市场才付转让费）。

地　址：海南省海口市滨海大道16号城建宿舍大院

联系人：蒙理明　　**联系电话**：13907559906

杭州余杭临平节能技术应用研究所

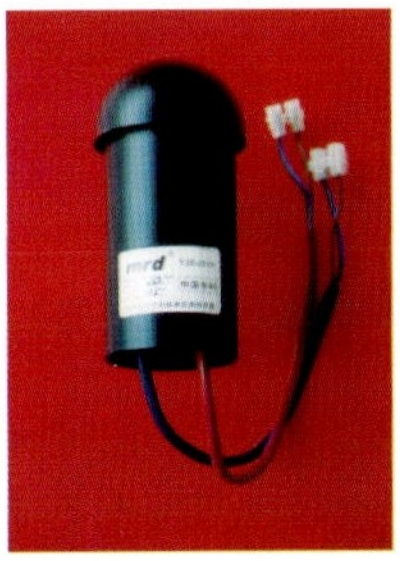

我国近年来的电荒问题严重，对于电力资源如此短缺的情况，浙江杭州临平节能技术应用研究所提前掌握能源动态趋势，着力研制节能电光源，取得实质性成效，攻克了反电势消除的难题，获得了国家发明专利（ZL99124815.5）和外观设计专利（ZL033569290）并已注册“mrd”商标。此产品主要用于工矿企业，隧道马路、公共设施等处，在发光效率相同的情况下克服了汞灯、钠灯等工业用灯的耗电大、温度高（350℃）、偏色等诸多不足。“mrd”产品已投入批量生产和销售，经美国博雷公司、日本在下沙工业区的工厂、浙江衢化集团、浙江猎马集团、浙江恒友集团等企业使用后反应良好。

使用“mrd”产品不仅节省社会的用电量，而且也节省了企业的用电开支，具有良好的经济、社会效益和环保效益。产品发明人，研究所所长裘梦熊愿与各界同仁共志合作，为我国的节能电光源事业创造辉煌。故作诗一首，共勉之——

怀源志

智志取其胜，新则求其存，人会本能，行者得成功！数以国先行，漫际全球闻，商略商术更注时，业亦环保、节能、生态时代至。仍与真人君主共合志，看江山如画，沧海之宽，谁能与天地试比高！壮我河山，强我中华，久年硕果利于千秋，春光无限好。

地址：临平西大街17号　　邮编：311100

联系人：裘梦熊　电话／传真：0571—86139463

液力无级变矩器

发明人 王守义

申请号：02102051.5

本发明已由中华人民共和国国家知识产权局于2003年7月30日公布

公开号：CN1432744A

本发明是一种新型液力变矩器，采用最大限度地消除液体在向心流动时的离心阻力的方法来提高流量Q，同时用加大液流通过面积F的方法降低被增加的流速。本发明可以用于大小轿车和卡车，还可用于船舶及其他车辆（包括内燃机车、军用车辆、工程机械和石油机械等）。

本发明可取代车辆传动中的手动普通齿轮变速器和自动变速器（AT），使车辆实现完全无级变速，其后无须再加有档变速器。因此，结构简单，成本仅与普通齿轮变速器相当，但因与发动机配合良好，且不用换档，使发动机工作平稳，则整车性能远远大于普通齿轮变速器、自动变速器（AT）及钢带无级变速器（CVT）。另外，它操作方便，传动柔和，不仅大大减少本身的维修，而且减少发动机和传动系的维修，因此，不仅它本身的寿命长，而且大大提高发动机和传动系的使用寿命。本发明投资少，见效快，产品利润率高，其经济效益和社会效益是不言而喻的。

发明人：王守义，湖北应城人，1938年生。1998年4月研究液力无级变矩器，2000年后研究流体力学和数学的著名问题——Navier-Stokes方程的解及湍流问题，由此得到“等离子燃料发电机”原理，现正在开发中，已申请专利，专利申请号：200410012971.4（未公布）。

集成热管

集成热管，一种利用热管工作腔结构和形状变化使热管获得大沸腾面和大冷凝面，进而改善热管散热器与外部热源和散热环境匹配能力的新型结构的热管。

主要结构特点：

1、立体分布的热管工作腔；用矩形工作腔截面替代圆形截面；结构合理紧凑；热管沸腾和凝结表面积大。2、热管散热器与外部热源和散热环境接触充分，接触面积大。3、明显改善热管散热器与热源和散热环境匹配能力，有进一步开发应用的潜质。4、结构变化丰富，有广阔的应用前景，扩展热管技术应用领域。

主要应用领域：功率电子散热；新型金属材料（非晶、准晶和微晶金属材料；快速凝固金属材料）的制备；冶金行业的连续铸扎结晶器、铸轮、轧轮的散热；机械转子、发动机转子、透平叶片转子等转动热源或转动轴的散热；化工热交换器等。

专利名称：集成式热管及其换热方法（专利号：PCT/CN03/00018） 发明人：杨洪武

Tel:86-411-86774867/86673691 Fax:86-41186774867
Web:byjd6788.com E-mail:byjd@vip.sina.com

蒸汽余热回收器

产品介绍：蒸汽余热回收器体积小，结构简单，安装在其他设备的排气口，有气流就自动工作，具有余热回收彻底、治理废蒸汽彻底、不受气流大小限制高效率工作的优点。产品涉及许多行业：造纸、化工、食品、制药等，凡是有废蒸汽或污蒸汽排放的都需要。本专利产品既能变废为利增加经济效益，又能解决环境污染问题。产品标准备案登记证书（生产许可证书）450800—241。

应用范围：锅炉过压蒸汽排放时作消声和热回收；蒸煮制浆喷放塔作污蒸汽治理和热回收；产品也可以用于空气除尘或作除尘设备使用。

主要性能：产品工作状态对蒸汽余热回收率达100%（自然散热除外），出水温度100℃以下范围可调。

发明人简介：黄远华，1965年出生，1980年参加工作，获厂内先进青年、先进团支委称号。由于特殊工作环境，黄远华长期接触蒸汽，为了解决蒸汽浪费和污染问题，他从1985年开始研究废蒸汽的回收技术，经过17年的苦心研究，于2002年完成。

本专利项目可转让或入股或引资。
地址：广西贵港市人民西路红旗纸厂生活区1—5—1
邮编：537100 电话：0775—4262611

自熄香烟

专利介绍：本实用新型提供一种会自动熄灭的香烟（专利号：ZL022288414）。在烟丝与过滤嘴的连接处放入一个直径小于过滤嘴的“熄火配件”，配件内存有清水，当香烟燃烧到该配件边沿时，配件升温，清水流出，将燃烧的烟蒂熄灭。本实用新型减少了烟民熄灭烟头的麻烦，消除了随手扔烟头造成的火灾隐患，工艺简单，成本低廉，无毒无味，不影响吸烟的效果。该专利已于2004年3月由国家商务部国际贸易经济合作研究院编制完成了《可行性研究报告》。

发明人介绍：李炳生，福建人，工程师。自熄香烟专利于2003年2月获第二届亚洲国际新技术新产品博览会科技发明进步奖，2003年3月获香港国际专利技术博览会金牌奖，2003年5月获中国上海“经都杯”专利成果金奖，2003年7月被中国管理科学研究院聘为中国管理科学研究院学术委员会特约研究员，2004年7月加入中国发明协会，8月入编《中华名人大典》当代卷、《共和国专家名典》、《当代中华优秀儿女》等书。

通讯地址：福建省福州市杨桥东路32号建兴广厦906
电话／传真：0591—7675058

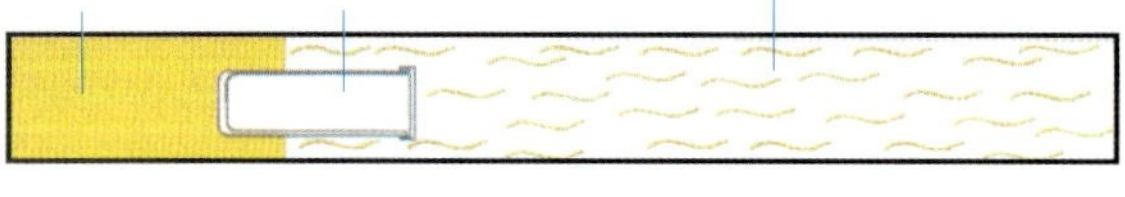

愈伤灵膏

ZL：99112853.2

此发明专利提供了一项人体肌肤自然修复工程技术。通过一种可以应用任何烧伤创面的纯中药软膏剂，利用中药成份的脱腐生肌、去瘀生新、清热排毒功效，解除创面疼痛、感染、创面进行性坏死，即使大面积深度创面，也能实现创面皮肤自然修复无疤愈合。由于具有对骨骼、肌腱包埋超强修复功能，还可用于褥疮、刀口不愈、痈肿破溃久不收口、糖尿病及脉管炎坏疽疮面等顽疾，均具有良好疗效。本专利技术易于掌握和普及，费用较低。经5000例以上临床应用效果证明，这项技术成果已经得到诸多同行专家的认可，并得到广大患者的普遍接受和欢迎。

“愈伤灵膏”曾荣获葫芦岛市科技进步二等奖，列入辽宁省科学技术计划项目。该产品对皮肤无刺激和任何毒副作用，使用安全，产品为纯天然中药软膏剂，剂型稳定可控，原生药材来源广泛易取，适合大批量工业化生产。成本价格较为低廉，具有良好利润空间。适合各级医院专科治疗及家庭应急备药，市场潜力巨大，开发前景广阔。

合作方式：专利转让、专科医院技术入股等多种形式。
地　　址：辽宁省葫芦岛市建昌县康复医院
联 系 人：张国臣
电　　话：0429—7131697 手机：13942903017

商标展示

SHANGBIAO ZHANSHI

中国银行简介

诞生于**1912**年，中国银行的事业历百年而弥新。2003年，在《银行家》按核心资本的排名中，中国银行列全球第15位，居中国银行业首位，是中国资本最为雄厚的商业银行。以资产规模计，中国银行资产总额达38,422亿元人民币，是中国第二大商业银行。中国银行网络机构覆盖全球27个国家和地区，其中境内机构共计11,609个，境外机构共计549个。

在多年的发展历程中，中国银行曾创造了中国银行业的许多第一，目前在外汇存贷款、国际结算、外汇资金和银行卡等业务领域仍居领先地位。中国银行一方面巩固商业银行业务的市场地位，另一方面通过旗下的全资附属机构——中银国际和中银保险，积极拓展投资银行业务和保险业务，力求为客户提供全方位金融服务和解决方案。

近年来，中国银行的声誉、地位稳中有升。中国银行连续14年入选《财富》“世界500强”企业；2003年分别被《银行家》和《资产》杂志评为“2003年度中国最佳银行”和“中国最佳国内银行”；被美国《环球金融》杂志评为“中国最佳贸易融资银行”；《远东经济评论》选择中国银行为“中国地区产品服务十强企业”。

中国银行

BANK OF CHINA

中 银

B O C

中 行

Corporate Profile

Established in 1912, Bank of China (the "Bank") is China's leading international bank. With 11,609 domestic branches, 549 overseas branches and subsidiaries in 27 countries and regions around the world, the Bank was recently ranked 15th amongst the world's largest 1,000 banks in terms of tier-one capital by The Banker magazine. At the end of 2003, the Bank's total assets were RMB3,842.2 billion, the second largest in China.

Bank of China has been a pioneer in China's banking industry. By embracing innovation, the Bank remains one of the market leaders in foreign currency deposits and loans, international settlement and trade finance services, foreign exchange trading and treasury activities, and bank card services. In response to rapid changes in China's domestic economy, the increasingly sophisticated and diverse needs of its customers, and evolving competitive forces, the Bank has continued to strengthen its foothold in commercial banking through the expansion of its retail services and diversification into businesses that complement its core banking strategy. In this regard, Bank of China's investment banking and insurance activities have grown rapidly in Chinese Mainland, enabling the Bank to provide its customers with a broad range of products and services.

Bank of China has been a Fortune Global 500 company for 14 consecutive years. Its achievements were recognised in 2003 when it was named Bank of the Year for China by The Banker magazine, Triple A Best Domestic Bank, China for 2003 by The Asset magazine, and the Best Trade Finance Bank in China by US-based Global Finance magazine. The Far Eastern Economic Review selected Bank of China as TOP TEN in the category of high quality service/product for China in 2003.

华夏银行简介

华夏银行成立于1992年10月，是一家全国性的商业银行，总行设在北京。1995年经中国人民银行批准开始进行股份制改造，改制变更为华夏银行股份有限公司(简称华夏银行)。注册资本人民币25亿元。2003年9月12日，华夏银行股份有限公司股票在上海证券交易所公开发行。

经过11年的发展，华夏银行的发展实力不断增强。特别是近年来，市场规模和市场份额迅速增长，资产规模最近三年平均增速为30%，市场份额不断扩大，表现出较强的增长性。截止2003年末，银行总资产额人民币2468.28 亿元，存款余额人民币2093.13亿元，贷款余额人民币1507.55亿元；11年来累计实现利润人民币65亿元；华夏卡发行量突破800万张，并形成了以华夏丽人卡等为代表的一批品牌产品；网上银行发展迅速，陆续推出网上银行数字证书跨行通用、华夏互联通企业展示平台、电子保管箱、网站增值服务和B2B结算业务，仅2003年累计实现网上交易量1923.07亿元，交易笔数11.9万笔。国际合作进一步巩固和扩大，代理行结算网络不断完善，业务可辐射到世界56个国家和地区的188个城市，代理行总数达到1056家。2002年华夏银行在英国《银行家》杂志世界1000家大银行排序（按一级资本）中，位居第440位，在中国企业500强中排名227位。

华夏银行具有独立法人资格，按照《公司法》、《商业银行法》和《华夏银行股份有限公司章程》的要求和规定建立了完善的法人治理结构，实行一级法人体制和董事会领导下的行长负责制。截止目前，在我国经济发达、金融资源丰富的长江三角洲、珠江三角洲、环渤海地区和中西部经济中心城市发展机构、拓展业务。到2003年末，已在北京、上海、广州、南京、杭州、济南、昆明、深圳、沈阳、武汉、重庆、成都、西安、乌鲁木齐、太原、石家庄、大连、温州、青岛、苏州、无锡、烟台、聊城、玉溪等24个城市设立19家分行（直属支行）、5家异地支行、营业机构网点总数219家，逐步建立了“立足经济发达城市，辐射全国”的机构体系。拥有一支近6700人的年轻化和知识化的员工队伍。

展望未来，华夏银行将坚持走速度、质量、效益、结构相协调的高质量发展之路，坚持以结构调整为主线，质量效益为中心，全面提升竞争力，以持续发展为主题，以深化改革为手段，以先进信息技术为支撑，转换经营机制，创造“以人为本”的企业文化，按照商业银行的办行规律，稳健经营，规范管理，努力创造精品商业银行。

华夏银行

HUAXIA BANK

HUAXIA
BANK

HUAXIA BANK
华夏银行

中远集团

中国远洋运输（集团）总公司的前身是成立于1961年4月27日的中国远洋运输公司。1993年2月16日组建以中国远洋运输（集团）总公司为核心企业的中国远洋运输集团。经过几代中远人40余年的艰苦创业，依靠智慧、勤劳和真诚，带着光荣与梦想，中远集团已由成立之初的4艘船舶、2.26万载重吨的单一型航运企业，发展成为今天拥有和经营着600余艘现代化商船、3000余万载重吨、年货运量超过2亿吨的综合型跨国企业集团。作为以航运、物流为核心主业的全球性企业集团，中远在全球拥有近千家成员单位、7万余名员工。在中国本土，中远集团分布在广州、上海、天津、青岛、大连、厦门、香港等地的全资船公司经营管理着集装箱、散装、特种运输和油轮等各类型远洋运输船队；在海外，以日本、韩国、新加坡、北美、欧洲、澳大利亚、南非和西亚8大区域为辐射点，以船舶航线为纽带，形成遍及世界各主要地区的跨国经营网络。标有"COSCO"醒目标志的船舶和集装箱在世界160多个国家和地区的1300多个港口往来穿梭。

今天的中远集团，在致力于为全球客户提供航运、物流等全球优质承运服务的同时，还能够为客户提供船舶和货物代理、船舶工业、码头、贸易、金融、房地产和IT等多个行业的服务。

COSCO

Founded on April 27, 1961 as the pioneer of international shipping carrier in China, China Ocean Shipping (Group) Company (COSCO) has grown into a $17 billion corporation by clearly focusing on the goal of enabling commerce around the globe. It is an international giant, specializing in shipping and modern logistics, serving as a shipping agency and providing with services in freight forwarding, shipbuilding, ship-repairing, terminal operation, trade, financing, real estate and IT industry as well with an aim at taking one of the leading roles in these areas. Today, followed by more than 40 years of arduous efforts, COSCO has successfully molded itself into a global company with one of the most recognized and admired brand name in the world.

麦当劳公司® 简介

麦当劳在全球的发展

麦当劳公司总部座落在美国伊利诺斯Oakbrook，是拥有数十亿美元资产的国际公司。麦当劳是全球规模最大、最著名的快餐集团，每天向全球4,700万顾客提供快餐服务，而所售卖的快餐食物包括：巨无霸®(Big Mac)、烟肉蛋汉堡®(Egg McMuffin)、麦乐鸡®(Chicken McNuggets)等食物。从1955年创始人雷.克洛克在美国伊利诺斯州斯普兰开设第一家餐厅至2004年，它在全世界119个国家已开设了超过30,000家餐厅。现在仍以快速的趋势迅猛发展。麦当劳的黄金拱门早已深入人心，成为人们最熟知的世界品牌之一。而2004年的雅典奥林匹克运动会，麦当劳第四次成为国际奥运会全球合作伙伴计划（TOP计划）的全球赞助计划正式赞助商之一，向整个奥林匹克运动提供支持。TOP合作伙伴在全球范围内享有奥林匹克市场开发权利，并且是奥运会、国际奥委会、奥运会组委会以及200多个国家（地区）奥委会和奥运会代表团的正式赞助商。

麦当劳®

麦当劳在中国的发展

1990年，麦当劳在深圳开设了中国的第一家麦当劳餐厅，开幕当天无数市民举家前往，共用喜悦；随后1992年4月在北京的王府井开设了当时世界上面积最大的麦当劳餐厅，当日的交易人次超过万人。从1992年以来，麦当劳在中国迅速发展。相继数年间在各级政府的有关部门和中方合作伙伴的协助下，麦当劳已在北京、天津、上海、重庆4个直辖市；内蒙古、广西2个自治区及其他如广东、江西、福建、江苏、浙江、湖北、湖南、河南、河北、山东、山西、安徽、辽宁、吉林、黑龙江、四川、海南岛、云南和陕西等22个省的101个大、中城市开设了将近600家餐厅，在中国的餐饮业市场占有重要地位。麦当劳秉承“品质、服务、清洁和物有所值”的经营原则，并坚持在中国建立完善的食品供应网路系统和人力资源管理及培训系统的理念，应与本地共同发展、共同进步和繁荣。麦当劳也于2004年被国家工商总局商标局认定为中国的驰名商标之一，而2008年的北京奥运会麦当劳将第五次成为国际奥运会全球合作伙伴计划（TOP计划）的正式赞助商之一。

國窖·1573

国窖·1573

1996年11月，国务院将泸州老窖具有400年以上窖龄的酿酒窖池群明令颁布为国家级重点文物保护单位予以保护。该窖池群始建于明朝万历年间（公元1573年），是我国唯一建造最早、保存最完好、连续使用至今的酿酒窖池群，被誉为“活文物”，是中华民族的宝贵遗产，具有不可估量的文物价值、社会价值和独特的生产价值。其酿造之酒已成为中国白酒鉴赏标准级酒品，故名“国窖·1573”。

包装——设计理念诠释无尚品位

★ 酒瓶采用水晶玻璃烧制，瓶身呈突破性截面切割，辅以繁星衬托，瓶体镂刻烧花红黄衬色。

★“国窖”：以官方行文使用最广之宋体为本，因400多年岁月而呈“古印”之风。

★“1573”：纯金压边，衬托酒液的晶莹剔透。基座装饰以金色牡丹国花。外包装由大面积正红铺陈，整体风格承传统玉玺造型，整体色调承国旗红基本色。

★ 五角繁星寓意：

1. 与“国旗”五星红旗之五星相应。
2. 遍数每瓶“国窖·1573”（包括“产品手册”），五星数恰为960颗，寓意大中国960万平方公里之领土概念。
3. 吾国逢盛世，酒业如繁星无数般得以光大。

★ 基座两侧之“V”形，寓意：“Victory to Victory”。
尊贵陈酿乃成功人士之鉴证。

科龙公司简介

科龙公司的前身系广东珠江冰箱厂，成立于1984年10月，目前已发展成为中国最大的制冷家电公司，成为香港H股、国内A股上市公司，是唯一一家拥有两个驰名商标（科龙、容声）的国内家电企业。主要产品有家用电冰箱、房间空调器、商用冷藏柜、商用空调器、家用小电器等，形成年产冰箱1000万台、空调器300万台的能力。

科龙专利概况

在近20年的发展过程中，科龙在技术上经历了引进仿制、消化吸收到自主开发的过程，专利从无到有，年申请量逐年递升。历年来，科龙取得了多项科技成果，其中无氟节能电冰箱技术、碳氢物质替代CFCs制造系统改造分别于1996、2000年获得国家科技进步二等奖，对每一项科技成果的取得和应用，科龙均申请专利进行保护，专利对成果的保护及技术创新的发展起到了很大的作用。特别是近几年以来，在省、市、区政府有关部门的大力支持下，我公司的专利意识和管理水平有较长足的进步，发明、实用新型专利申请量大幅度上升，多项发明专利获得授权，被评为广东省专利工作先进单位、知识产权优势企业等，并于2004年2月被确定为第二批全国企事业专利工作试点单位。

专利申请情况

科龙公司截止至2004年6月，累计申请专利851项，其中发明82项，已授有25项，实用新型392项，外观设计377项，根据统计，2000年以来，我公司历年专利申请的总体指标居广东省企业的前三位。在全国进入了前50名之列。2003年我公司申请专利134项，其中发明专利13项，实用新型78项，外观设计43项。今年上半年我公司已申请专利118项，其中发明12项、实新52项、外观54项，申请量比去年已大幅度的上升。其中，我公司对“一种分立并列多路循环制冷的电冰箱及其控制方法”申请了PCT专利，已通过初审，被美、日、韩、德、英、法、意等技术发达国家以及我公司产品的出口国家受理，以达到技术输出和市场保护的双重目的。这是我公司冰箱产品的第一件国际发明专利，标志着我公司从产品输出到技术输出的起步。现再有两个专利正在办理PCT申请。

科龙专利工作取得的效果

通过开展专利工作，科龙人专利意识普遍提高，无形资产不断增值，技术创新产品创新层出不穷，推动企业不断发展壮大。具体表现为：

（1）公司领导、科技人员、营销人员专利保护意识普遍增强，新技术、新产品等科技成果以及商标的保护意识明显增强。

（2）科技人员的技术创新积极性得到极大提高，专利申请量不断上升。

（3）广大科技人员自觉利用专利文献为科研服务，有效地提高了创新能力和水平。

（4）处理专利纠纷的能力得到极大提高。

随着我国加入WTO，市场竞争日趋激烈的今天，要想使自己的产品在市场站稳脚跟，除不断地技术创新外，更重要地是要得到合法的保护，专利工作将显得日益重要。我们的专利工作虽然取得了一定的成效，但今后的工作任重而道远。

珠海格力集团公司
ZHUHAI GREE GROUP CORP.

珠海格力集团是珠海市政府、市国经局授权经营的大型企业集团。经过19年的发展，形成了以工业为主体，商贸、房地产为两翼的综合发展格局。2003年集团全资及控股企业实现销售额198亿元，实现税前利润4.85亿元，荣列中国最大500家企业百强之列。

格力集团拥有“格力”、“罗西尼”两个中国驰名商标，格力空调和罗西尼手表先后获得“中国名牌产品”称号。工业是格力集团的支柱产业，全集团具有年产空调器系列产品1000万台（套）、小型家电800万台、石英手表150万只、空调压缩机300万台、特种漆包线12000吨、电子元器件12亿只、打印机墨盒1000万只等产品的能力。其中，格力空调已连续8年产量、销量、出口量排名全国同行业第一，罗西尼手表综合效益在全国钟表行业连续12年排名第一。格力的商贸业务发展迅速，建立了覆盖全国的销售网络，同时大力开拓海外市场，在美国、欧洲、东南亚、香港、澳门等国家和地区建立了分支机构，将格力产品行销到世界各地。格力的房地产业呈现出强劲的发展势头，累计开发总建筑面积近250万平方米，旗下的格力置业股份有限公司具有国家一级房地产开发资质。

格力的发展目标是，在全球经济一
化的浪潮中成为国际化、多元化、现代
型企业集团。

址：广东省珠海市北岭工业区
编：519020
电　话：0756-8131888
传　真：0756-8885701
网　址：http://www.gree.com
电子邮箱：info@gree.com

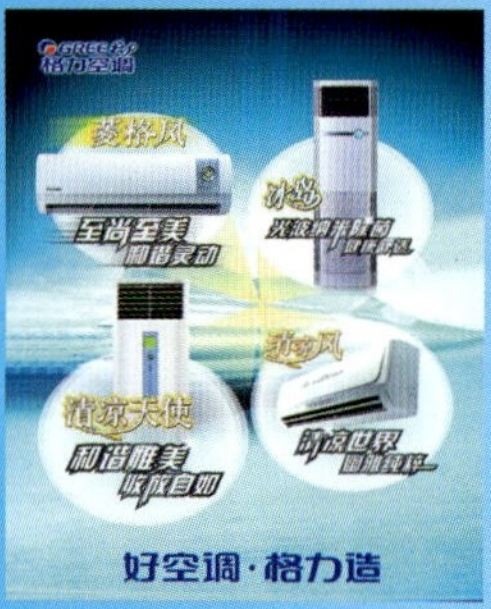

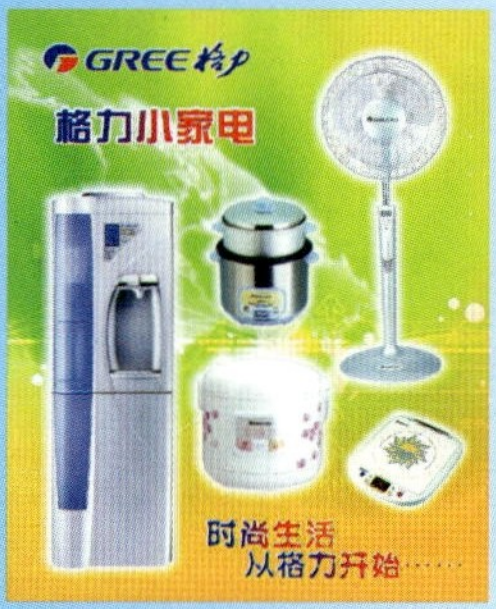

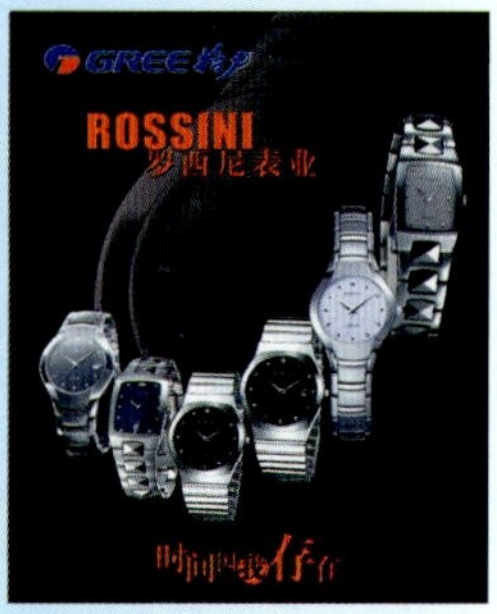

商标独占使用人——

上海回力鞋业有限公司

名　　称：回力牌
使用商品：鞋
续展日期：2003.1.20
总 经 理：桂成钢
联 系 人：许桂宝
电　　话：(021)65357086
地　　址：上海市怀德路1002号
邮　　编：200082

金陵药业股份有限公司

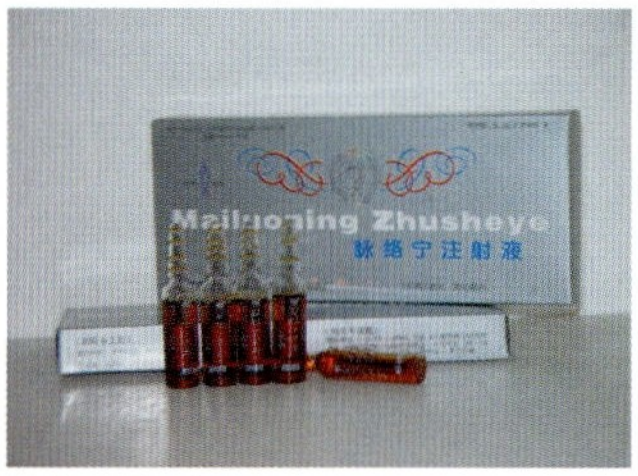

脉络宁注射液

金陵药业股份有限公司是江苏省3家医药上市公司之一，公司横跨江苏、浙江、福建、安徽4省，拥有5个生产分公司，3个控股子公司及2个中药材生产基地。2000年实现利润1.41亿元，2001年达1.71亿元，目前拥有总资产16亿元，是南京医药产业集团的顶梁柱企业，也是江苏省生产中药制剂的重点骨干企业。

位于南京经济技术开发区的金陵制药厂是公司的核心企业，厂区占地面积14万平方米，设备1283台（套），主要生产天然植物药、西药的针剂、片剂、胶囊剂、口服液、海绵剂等140多个品种。重点产品桂冠牌脉络宁注射液是首批全国中医院急诊科（室）必备中成药，国家2级中药保护品种，2000年6月被列入《国家基本医疗保险药品目录》。

桂冠商标

注　册　人：东北制药总厂
商标名称：东北牌
注册登记号：217420
注册日期：1984.12.30
使用商品：第5类 中西药品
地　　址：沈阳市铁西区重工北街37号（东北制药总厂企划部）
联 系 人：张智
电　　话：(024)25806715
邮　　编：110026

注　册　人：广西源安堂药业有限公司
商标名称：源安堂
注册登记号：996834
商标名称：肤阴洁
注册登记号：1340836
使用商品：第5类
中成药，酊剂，杀菌剂，医用敷料，药液卫生纸
地　　址：广西桂平市中沙开发区
负 责 人：韦裕平
电　　话：（0775）3050019
传　　真：（0775）3050795
邮　　编：537216

注　册　人：天津市美伦医药有限公司
商标名称：美伦　MEILUN
注册登记号：734499
使用商品：第5类
中成药、中药材
地　　址：天津市北辰经济开发区
联 系 人：李爱萍
电　　话：（022）26980897
邮　　编：300400

注　册　人：重庆美德（集团）公司
商标名称：核心
注册登记号：1555231
使用商品：第31类
非医用饲料添加剂、猪饲料、动物催肥剂、牲畜强壮饲料、牲畜饲料、家畜催肥熟饲料、动物食用蛋白、下蛋家禽备料、动物可食用咀嚼物、宠物用食品
地　　址：重庆市高新区渝州路8号泰兴大厦20-12号
联 系 人：唐道品
电　　话：（023）68886978-64
邮　　编：400039

上海市著名商标

中国驰名商标“龙虎”

具有近百年历史的“龙虎”品牌创立于1911年，产品连续9年荣获“上海市品牌产品”称号，畅销海内外80多个国家和地区，并获得“驰名商标”、“上海市著名商标”等殊荣；“天坛”清凉油在德国莱比锡国际博览会上荣获金质奖，实现了我国药品在莱比锡国际博览会上获奖零的突破。

生产“龙虎”、“天坛”清凉系列产品的上海医药（集团）有限公司中华药业分公司（原上海中华制药厂），隶属于中国最大的医药集团企业——上海医药（集团）有限公司所属的非处方药事业部。上药集团OTC事业部着力培育以品牌营销为重点的核心竞争力，做强、做大OTC品牌药，努力成为拥有强势品牌的、规模最大的、中国最重要的、专业的OTC品牌药供应商，为“龙虎”、“天坛”品牌再谱新篇，为上药集团再创辉煌。

上海医药集团有限公司－非处方药分公司
地址：上海市长宁区延安西路1448弄139号
邮编：200052
电话：021-62812717
传真：021-62810882

注 册 人：广东美的电器股份有限公司
商标名称：美的 Midea
注册登记号：1523735
注册日期：2001.2.14
使用商品：空调、微波炉、电饭煲、电风扇、饮水机、电暖器、电磁炉、电火锅、热水器、燃气灶、抽油烟机、电冰箱、消毒柜
地 址：广东省佛山市顺德区美的工业城
联 系 人：张心聪
电 话：0757－26338888
邮 编：528311

注 册 人：成都旭光科技股份有限公司
商标名称：旭光
注册登记号：1193325
使用商品：第9类
频率合成电子调谐器、视频电子调谐器、卫星接受电子调谐器、射频调制器、天线分配器、天线(系统)、中频放大器、计算机处理设备、计算机外部设备、接口（计算机用）
地 址：中国成都市龙泉驿区公园路二段
电 话：0086－28－84841800
传 真：0086－28－84841800
邮 编：610100

注 册 人：广东格兰仕企业(集团)公司
商标名称：格兰仕
注册登记号：3171239
注册日期：2003.9.7
使用商品：第11类
微波炉、电烤炉、电饭锅、冰箱、空气调节器、电磁炉、电热油汀、电炊具
地 址：广东省顺德市容桂大道南25号
联 系 人：莫美华
电 话：(0757)28886389转2039
邮 编：528305

注 册 人：江苏东强股份有限公司
商标名称：东强
注册登记号：3161609
使用商品：第9类
电缆、电线、纤维光缆、同轴电缆、电话线、电线识别线、磁线
地 址：江苏省东台市高新技术创业园区18号
联 系 人：陈子洪
电 话：（0515）5481123
传 真：（0515）5482999
邮 编：224247

注 册 人：珠海市进祯企业有限公司
商标名称：COMPETITION
注册证书号：3316151
注册日期：2003.10.28
使用商品：第9类
报警器；报警电铃；铃（报警装置）电子防盗装置；火警报警器；门窥视孔(广扩镜)；电锁；电蜂音器；电门铃等。
地 址：广东省珠海市吉大园林路106号3单元信海大厦4楼西区
联 系 人：杨伟光
电 话：(0756)3369555
邮 编：519015

注 册 人：山西省高平市三甲散热器有限公司
注册登记号：600715
注册日期：1992.6.30
使用商品：铸铁型散热器、轻型铜铝复合散热器
地 址：山西省高平市三甲镇三甲南村
联 系 人：杨 群
电 话：(0356)5883121
邮 编：048402

注　册　人：杭州张小泉集团有限公司
商 标 名 称：张小泉
注册登记号：544568
注 册 日 期：2001.2.28
使 用 商 品：第8类
剪刀、日用刀具、工业用手工刀具、园艺农业用手工刀具
地　　　址：杭州大关路33号
联　系　人：章新发
电　　　话：(0571)88066751
邮　　　编：310011

注　册　人：阳江十八子厨业有限公司
商 标 名 称：十八子作
注册登记号：958320
注 册 日 期：1997.3.7
使 用 商 品：第8类
刀(手工具)、菜刀、折叠刀、开罐头刀
地　　　址：广东省阳江市阳东县那霍工业区1号
联　系　人：陈佩月
电　　　话：(0662)6600770
邮　　　编：529931

注　册　人：温州市中轻五金刀具有限公司
商 标 名 称：Jin
注册登记号：882898
注 册 日 期：1996.10.14
法 人 代 表：金德赋
使 用 商 品：刀具、日用五金餐具、剪刀、打火机
地　　　址：温州市鹿城区双屿嵇师新街102号
联　系　人：彭兆棣
电　　　话：(0577)88781389-8130

注　册　人：北京栎昌王麻子工贸有限公司
商 标 名 称：王麻子
注册登记号：107847
注 册 日 期：2003.3.11
使 用 商 品：第8类
菜刀、KNIEF
地　　　址：北京昌平区沙阳镇沙阳路20号
联　系　人：陆文耀
电　　　话：(0662)69730433
邮　　　编：102206

注　册　人：河南省莲花味精集团有限公司
商 标 名 称：莲花（1999年被认定为中国驰名商标）
注册登记号：181283
注 册 日 期：1983.7
使 用 商 品：味精
地　　　址：河南省项城市莲花大道18号
联　系　人：张锦山
电　　　话：(039）44298955
邮　　　编：466200

注　册　人：陕西省午子绿茶有限责任公司
商 标 名 称：午 子
使 用 商 品：午子绿茶、午子仙毫绿茶系列产品
地　　　址：中国·西安高新区新汇大厦B座 1603号
电　　　话：(029)88322208
(029)88324289
传　　　真：(029)88329829
http://www.greenteachina.com
http://www.516tea.com

laFang 拉芳®

注 册 人：广州熊猫日化用品有限公司
商 标 名 称：拉芳
注册登记号：1745378
注 册 日 期：2002.4.14
使 用 商 品：第3类
洗涤剂、香皂、洗面奶、洗发剂、护发素、化妆品、增白霜、摩丝、牙膏、去渍剂
地 址：广东省汕头市潮南区324国道新庆路段拉芳工业城
联 系 人：奚伟鹏
电 话：(0661)2803515
邮 编：515041

普蘭娜
PULANNAN

注 册 人：天津市化妆品科学技术研究所
商 标 名 称：普兰娜 PULANNA
注册登记号：514666
使 用 商 品：第3类
香波、化妆品
地 址：天津市新技术产业园区北辰科技工业园兴中路9号148
联 系 人：李爱萍
电 话：(022) 26980897
邮 编：300400

读者®

注 册 人：读者杂志社
商 标 名 称：读者
注册登记号：704750
注 册 日 期：1994.9.7
使 用 商 品：第16类 杂志
地 址：兰州市南滨河东路520号
联 系 人：何东平
电 话：(0931)8773109
邮 编：730030

SR 陳士榮

注 册 人：靖江市鸿运酒楼
商 标 名 称：陈士荣
注册登记号：1591117
使 用 商 品：第30类
包子，饺子、方便米饭、煎饼、馒头、八宝饭、元宵、春卷
地 址：江苏省靖江市江平路227号鸿运酒楼
负 责 人：陈士荣
电 话：(0523) 4823750
邮 编：214500

Chengshan

山东成山集团是由荣成市橡胶厂改制设立的，现有员工6000人，总资产29亿元，占地面积100万平方米，成山集团主要下属企业有：山东成山轮胎股份有限公司、荣成成山钢帘线有限公司、荣成北大科技园、荣成现代装饰有限公司、荣成市成山宾馆，同时涉足技术开发、力车轮胎、钢丝帘线、工程安装、房地产开发、餐饮服务、汽车运输、维修、机械制造等行业，是大型一档轮胎生产企业。

成山集团建有国家级技术中心和博士后工作站，多次荣获国家科技进步奖，是全国轮胎行业迄今为止荣获科技奖励档次最高，获奖项目最多的轮胎企业。企业先后被授予"全国先进基层党组织"、"全国500强"、"全国市场公众形象优良企业"、"高新技术企业"等荣誉称号，成山牌商标被认定为"中国驰名商标"、"消费者最受欢迎第一品牌"。企业和产品先后通过了ISO9001质量体系认证、ISO14001环境体系认证、美国汽车工业QS—9000和德国汽车工业VDA6.1标准质量体系认证、"CCC"强制性产品认证、美国DOT和欧洲ECE安全认证。

在新的历史发展时期，成山集团提出了"建设东方轮胎城，创国际知名品牌"的发展目标，以党的十六大精神为指导，坚定不移地走新型工业化发展道路，加快技术创新步伐，实现超常规跳跃式发展，从而跻身"规模千万化，管理数据化，经营国际化"的国际知名轮胎集团行列。

图书在版编目(CIP)数据

中国知识产权年鉴.2004/田力普主编.北京:知识产权出版社,2004.11

ISBN 7-80198-077-8

Ⅰ.中… Ⅱ.田… Ⅲ.知识产权－工作－中国－2004－年鉴 Ⅳ.D923.4-54

中国版本图书馆 CIP 数据核字(2004)第 107614 号

中国知识产权年鉴 2004

国家知识产权局主办

责任编辑：张丽荣　　责任校对：韩秀天

装帧设计：王朝设计　　责任出版：杨宝林

知识产权出版社出版、发行

地址：北京市海淀区马甸南村1号

通信地址：北京市海淀区蓟门桥西土城路6号　邮编：100088

http://www.cnipr.com

(010)82000893　(010)82000860 转 8101

知识产权出版社电子制印中心印刷

新华书店经销

2004年11月第1版　2004年11月第1次印刷

787mm×1092mm　1/16　印张：44　字数：1470千字

印数：1～2000册

ISBN 7-80198-077-8/Z·434

定价：160.00元

如有印装质量问题，本社负责调换。